# EUROPE
## 유럽 5개국

영국 · 프랑스 · 스위스 · 이탈리아 · 스페인

최철호 · 최세찬 지음

SIGONGSA

# CONTENTS

| | |
|---|---|
| ★ | **특별부록** |
| | 융프라우 철도 할인 쿠폰(P.807) |
| 4 | 저자의 말 |
| 5 | 저스트고 이렇게 보세요 |
| 6 | 유럽 전도 |
| 10 | 5개국 기초 정보 한눈에 보기 |

## 베스트 오브 유럽

| | |
|---|---|
| 16 | 영국에서 꼭 가봐야 할 명소 |
| 17 | 프랑스에서 꼭 가봐야 할 명소 |
| 18 | 스위스에서 꼭 가봐야 할 명소 |
| 19 | 이탈리아에서 꼭 가봐야 할 명소 |
| 20 | 스페인에서 꼭 가봐야 할 명소 |
| 21 | 유럽 최고의 박물관·미술관 |
| 24 | 유럽인들이 사랑하는 휴양지 |
| 26 | 최고의 전경을 감상할 수 있는 유럽의 전망대 |
| 27 | 새롭게 도전해보는 유럽의 체험 투어 |
| 28 | 명장면 속 그곳! 유럽의 영화 촬영지 |
| 30 | 드라마틱한 역사가 있는 유럽의 왕과 왕비 |
| 32 | 유럽의 맛있는 음식 |
| 35 | 유럽 여행에서 꼭 사야 할 기념품 |
| 36 | 유럽 여행 노하우 |
| 41 | 배낭 여행자를 위한 절약 여행 노하우 |

## 베스트 여행 코스

### 4~5개국 유럽 핵심 여행 코스

| | |
|---|---|
| 46 | 유럽 5개국 20일 |
| 48 | 유럽 4개국 15일 |
| | ① 영국·프랑스·스위스·이탈리아 |
| 50 | 유럽 4개국 15일 |
| | ② 프랑스·스위스·이탈리아·스페인 |

### 2개국 여유로운 코스

| | |
|---|---|
| 52 | 유럽 2개국 10일 영국·프랑스 |
| 53 | 유럽 2개국 10일 프랑스·이탈리아 |
| 54 | 유럽 2개국 10일 프랑스·스위스 |
| 55 | 유럽 2개국 10일 스페인·이탈리아 |
| 56 | 유럽 2개국 10일 스위스·이탈리아 |

### 1개국 집중 코스

| | |
|---|---|
| 57 | 영국 7일 |
| 58 | 프랑스 10일 |
| 59 | 스위스 10일 |
| 60 | 이탈리아 10일 |
| 61 | 스페인 10일 |

## 영국

| | |
|---|---|
| 64 | 영국 기초 정보 |
| 68 | 런던 |
| 137 | 옥스퍼드 |
| 143 | 케임브리지 |
| 148 | 윈저 |
| 151 | 그리니치 |
| 154 | 스톤헨지 |

## 프랑스

| | |
|---|---|
| 160 | 프랑스 기초 정보 |
| 164 | 파리 |
| 253 | 베르사유 |
| 260 | 퐁텐블로 |
| 263 | 지베르니 |
| 265 | 오베르 쉬르 우아즈 |
| 270 | 몽생미셸 |
| 275 | 루아르 |
| 285 | 아를 |
| 291 | 님 |
| 294 | 니스 |
| 302 | 에즈 |

| | |
|---|---|
| 304 | 모나코 공국 |

## 스위스
| | |
|---|---|
| 310 | 스위스 기초 정보 |
| 315 | 인터라켄 |
| 338 | 루체른 |
| 356 | 취리히 |
| 367 | 체르마트 |
| 376 | 베른 |
| 388 | 로잔 |
| 400 | 몽트뢰 |
| 402 | 제네바 |
| 417 | 바젤 |

## 이탈리아
| | |
|---|---|
| 432 | 이탈리아 기초 정보 |
| 436 | 로마 |
| 519 | 티볼리 |
| 523 | 나폴리 |
| 534 | 폼페이 |
| 540 | 아말피 해안 |
| 552 | 피렌체 |
| 579 | 피사 |
| 582 | 아시시 |
| 586 | 시에나 |
| 594 | 친퀘테레 |
| 599 | 밀라노 |
| 613 | 베네치아 |

## 스페인
| | |
|---|---|
| 636 | 스페인 기초 정보 |
| 640 | 바르셀로나 |
| 678 | 몬세라트 |
| 680 | 마드리드 |
| 710 | 톨레도 |
| 719 | 세고비아 |
| 724 | 그라나다 |
| 738 | 세비야 |
| 745 | 코르도바 |
| 750 | 론다 |

## 여행 전 알아두기
| | |
|---|---|
| 756 | 여행 준비 과정 한눈에 보기 |
| 758 | 여행 경비 |
| 759 | 여권 & 항공권 |
| 760 | 유레일패스 |
| 762 | 현지 저가 항공 |
| 764 | 숙소 선택 |
| 765 | 환전 & 신용카드 |
| 766 | 짐 꾸리기 |
| 767 | 휴대폰으로 인터넷하기 |
| 768 | 출입국 수속 |
| 770 | 저렴하게 식사하기 |
| 771 | 트러블 대처 |
| 773 | 기차 예약과 열차 타기 |
| 776 | 유럽의 기차역 |
| 778 | 유럽 기차의 종류 |
| 780 | 열차 시각표 활용하기 |
| 782 | 유럽 기차의 내부 구조 |
| 784 | 자동차 여행법 |
| 792 | 나라별 놓치면 후회하는 여행 장소 |
| 795 | 주요 명승지와 지하철 |
| | |
| 798 | 기초 단어 |
| 803 | 찾아보기 |

## 저자의 말

《저스트고 유럽》이 출간되자 독자들로부터 분에 넘치는 좋은 반응이 있었다. 세월 따라 예전엔 처음 유럽을 찾는 여행객들이 욕심을 내서 한 번에 많은 나라를 여행하는 것을 자랑삼곤 했었는데, 최근에는 유럽이 첫 방문이더라도 가급적 3~4개 국가로 범위를 좁혀 여유롭게 즐기는 추세로 바뀌고 있다. 그래서 유럽에서 가장 핵심적인 국가인 영국, 프랑스, 스위스, 이탈리아, 스페인만을 소개하는 《저스트고 유럽 5개국》을 출간했는데 이 또한 전편 못지않은 독자들의 사랑을 받았다. 이에 보답하기 위해 다시 초심으로 들어가 전면개정판을 집필하기 시작했다. 이번 전면개정판은 핫한 트렌드에 감각이 뛰어난 최세찬 작가와 함께 공동 작업을 하면서 가급적 독자들이 읽기 쉽게 일목요연하고 짜임새 있는 내용과 포맷으로 모던 스타일리시하게 재탄생했다. 그간 50회 이상 유럽을 종횡무진 답사하면서 터득한 여행 노하우를 가감 없이 책 속에 담았다. 부족한 부분은 매년 개정판을 통해 생동감 넘치는 최신 정보만을 독자들에게 제공하는 게 저자의 책무라 생각하고 늘 초심을 잊지 않고 여행의 질을 높이도록 노력할 것이다. 여행의 환한 등불이 켜질 수 있도록 도와준 가족과 시공사에게 깊은 감사를 표하고 싶다.

### 글·사진 최철호

경희대 지리과와 한국외국어대 영어과를 졸업하고, 서강대 경영대학원을 수료했다. 오랫동안 염광고등학교 지리교사로 일한 경험을 살려 아시아, 오세아니아, 북미, 중남미까지 전 세계를 두루 누비고 다녔다. 지금까지 50회 이상 유럽 대륙을 일주하며 구석구석 안 가본 데 없이 돌아다녔다. 저서로는 《드라이브 인 유럽》, 《저스트고 로맨틱 기차여행 유럽》, 《내가 가고 싶은 유럽 vs 유럽》, 《저스트고 유럽》, 《저스트고 유럽 소도시 여행 1·2》가 있다.

이메일 choiccho2@naver.com

### 글·사진 최세찬

한국외대 국제경영학과를 졸업하고 현재 아시아나항공사에서 캐빈승무원으로 재직 중이다. 직업의 특성을 살려 유럽, 미국, 아시아, 오세아니아 등 수많은 지역을 섭렵한 여행 마니아다. 특히 유럽 골목에 숨겨진 핫 플레이스를 찾아내는 데 일가견이 있으며 유럽 여행의 트렌드를 빠르게 캐치하는 등 여행 센스가 남다르다. 저서로는 《내가 가고 싶은 유럽 vs 유럽》, 《저스트고 유럽 소도시 여행 1·2》 등이 있다.

이메일 choisc05@naver.com

## 저스트고 이렇게 보세요

이 책에 실린 모든 정보는 2025년 2월 《저스트고 유럽 5개국》 전면 개정판 1쇄까지 수집한 정보를 기준으로 했으며, 이후 변동될 가능성이 있습니다. 특히 교통편의 운행 일정과 요금, 관광 명소와 상업 시설의 영업시간 및 입장료, 현지 물가 등은 수시로 변동될 수 있으므로 여행 계획을 세우기 위한 가이드로 활용하시고, 직접 이용할 교통편은 여행 전 홈페이지를 통해 검색하거나 현지에서 다시 확인하는 것이 좋습니다.

- 지명과 관광 명소, 상점 등의 표기는 국립국어원의 외래어 표기법을 최대한 따랐습니다.
- 관광 명소, 식당, 상점의 휴무일은 정기 휴일, 공휴일을 기준으로 했습니다. 연말연시나 설날 등 이탈리아 명절에는 달라질 수 있으니 주의하시기 바랍니다.
- 관광 명소의 성당 입장이 무료인 곳은 표기하지 않았으며, 유료인 곳만 입장료를 표기했습니다.
- 교통 정보의 열차 요금은 비수기 최저가 요금을 기준으로 했습니다. 여행 시기에 따라 요금은 달라질 수 있으니 홈페이지를 참고하시기 바랍니다.
- 맛집의 예산은 1인 식사비 또는 메뉴를 기준으로 했습니다.
- 숙박 요금은 비수기 최저 요금을 기준으로 했습니다. 예약 시기와 숙박 상품 등에 따라 실제 숙박료는 달라집니다.
- 프랑스와 이탈리아, 스페인이 포함된 EU 국가의 통화는 유로(€)이며, EU에 속하지 않는 영국의 통화는 파운드(£), 스위스의 통화는 스위스 프랑(CHF)입니다. 환율은 수시로 변동하므로 여행 전 확인은 필수입니다.

## 지도 보는 법

각 명소와 상업 시설의 위치 정보는 '지도 P.83-F'와 같이 본문에 표시되어 있습니다. 이는 83쪽 지도의 F구역에 찾는 장소가 있다는 의미입니다.

스마트폰으로 아래의 QR코드를 스캔하면 책에 소개한 장소들의 위치 정보를 담은 '구글 지도(Google Maps)'로 연결됩니다. 웹 페이지 또는 스마트폰 애플리케이션의 온라인 지도 서비스를 통해 편하게 위치 정보를 확인할 수 있습니다.

### 지도에 삽입한 기호

| | |
|---|---|
| 버스정류장 | 관광안내소 |
| 주차장 | 우체국 |
| 숙박시설 | 학교 |
| 음식점 | 택시승강장 |
| 상점 | 병원 |
| 나이트라이프 | 교회 |

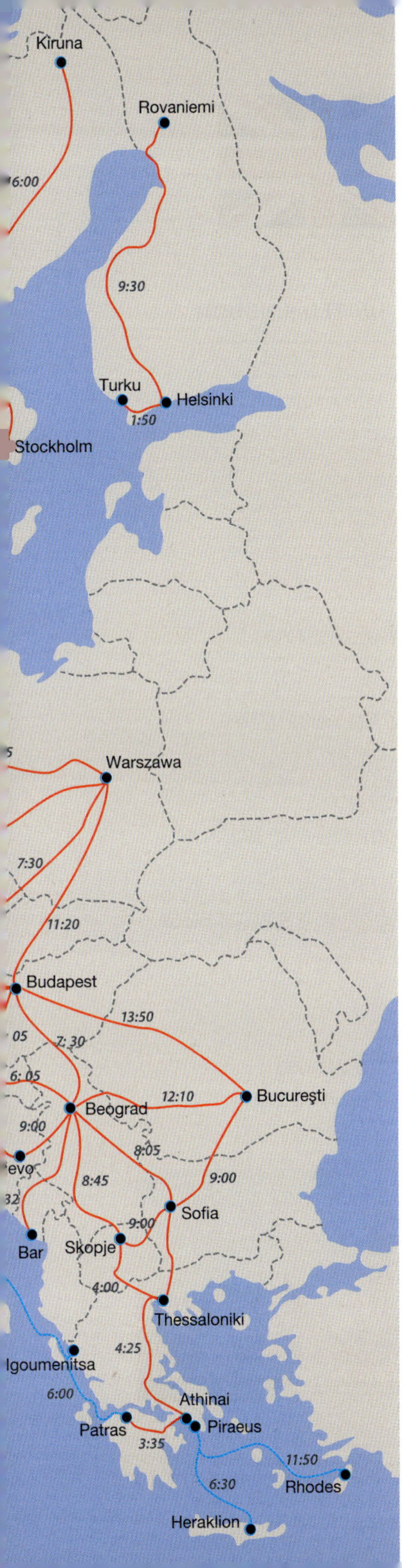

프랑스, 파리

스위스, 루체른

이탈리아, 베네치아

스페인, 그라나다

# BASIC INFORMATION

## 5개국 기초 정보 한눈에 보기

## 영국 UNITED KINGDOM

**CAPITAL**
수도 런던(London)

**LANGUAGE**
언어 영어

**MONEY**
통화 파운드(£)
£1 ≒ 1,809.58원(2025년 2월 기준)

**AIRLINE**
항공편 인천 – 런던 직항 노선(12시간 소요)

**TIME**
시차 한국보다 9시간 늦다.
서머타임 기간(3~10월)에는 8시간 늦다.

**VOLTAGE**
전압 240V, 50Hz(우리나라와 콘센트가 다르므로 멀티어댑터 준비)

**TELEPHONE**
국가번호 영국 44
지역번호 런던 0207, 윈저 01753
옥스퍼드 01865, 케임브리지 01223

## 프랑스 FRANCE

**CAPITAL**
수도 파리(Paris)

**LANGUAGE**
언어 프랑스어

**MONEY**
통화 유로(€)
€1≒1,505.78원(2025년 2월 기준)

**AIRLINE**
항공편 인천-파리 직항 노선(12시간 소요)

**TIME**
시차 한국보다 8시간 늦다.
서머타임 기간(3~10월)에는 7시간 늦다.

**VOLTAGE**
전압 220V, 50Hz(우리나라와 콘센트가 같으니 그대로 사용)

**TELEPHONE**
국가번호 프랑스 33
지역번호 파리 01, 니스 04

## 스위스 SWITZERLAND

**CAPITAL**
수도 베른(Bern)

**LANGUAGE**
언어 독일어 65%, 프랑스어 18%,
이탈리아어 10%, 로망슈어 1% 등

**MONEY**
통화 스위스 프랑(CHF). 유로화가 통용된다.
CHF1≒1,602.41원(2025년 2월 기준)

**AIRLINE**
항공편 인천-취리히 직항 노선(11시간 소요)

**TIME**
시차 한국보다 8시간 늦다.
서머타임 기간(3~10월)에는 7시간 늦다.

**VOLTAGE**
전압 220V, 50Hz(우리나라와 콘센트가 다르므로 멀티어댑터 준비)

**TELEPHONE**
국가번호 스위스 41
지역번호 취리히 044, 루체른 041, 인터라켄 033

## 이탈리아 ITALIA

**CAPITAL**
수도 로마(Roma)

**LANGUAGE**
언어 이탈리아어

**MONEY**
통화 유로(€), €1≒1,505.78원(2025년 2월 기준)

**AIRLINE**
항공편 인천 – 로마(12시간), 인천 – 밀라노(13시간), 인천 – 베네치아(12시간) 직항 노선

**TIME**
시차 한국보다 8시간 늦다.
서머타임 기간(3~10월)에는 7시간 늦다.

**VOLTAGE**
전압 220V, 50Hz(콘센트 모양은 같지만 꽂는 구멍이 좁아 멀티어댑터 필요)

**TELEPHONE**
국가번호 이탈리아 39
지역번호 로마 06, 밀라노 02, 베네치아 041, 피렌체 055, 나폴리 081

## 스페인 SPAIN

**CAPITAL**
수도 마드리드(Madrid)

**LANGUAGE**
언어 스페인어

**MONEY**
통화 유로(€), €1≒1,505.78원(2025년 2월 기준)

**AIRLINE**
항공편 인천 – 바르셀로나(13시간), 인천 – 마드리드(13시간) 직항 노선

**TIME**
시차 한국보다 8시간 늦다. 서머타임 기간(3월 마지막 일요일~10월)에는 7시간 늦다.

**VOLTAGE**
전압 220V(콘센트 모양이 비슷해 그대로 사용)

**TELEPHONE**
국가번호 스페인 34
지역번호 마드리드 91, 바르셀로나 93, 세고비아 921, 톨레도 925, 그라나다 958, 세비야 954, 코르도바 957

## 유럽 5개국의 주요 도시 간 이동 수단과 소요 시간

| 기점 도시 | 주요 도시 | 이동 수단 | 소요 시간 |
|---|---|---|---|
| 런던 | 파리 | 유로스타 | 2시간 15분 |
|  |  | 비행기 | 1시간 |
|  | 옥스퍼드 | 열차 | 1시간 |
|  |  | 버스 | 1시간 50분 |
|  | 케임브리지 | 열차 | 45~60분 |
|  |  | 버스 | 1시간 50분~2시간 |
|  | 윈저 | 열차 | 30분~1시간 20분 (출발역에 따라 다름) |
|  |  | 버스 | 1시간 |
| 파리 | 취리히 | TGV열차 | 4시간 |
|  | 로마 | 야간열차 | 13시간 |
|  | 바르셀로나 | 야간열차 | 13시간 |
|  | 니스 | TGV열차 | 5시간 40분 |
|  | 베르사유 | 열차 | 30~40분 |
|  |  | 버스 | 30분 |
|  | 퐁텐블로 | 열차 | 40분 |
|  | 지베르니 | 열차+버스 | 1시간 10분~1시간 40분 |
|  | 오베르 쉬르 우아즈 | 열차 | 1시간 20분 |
|  | 몽생미셸 | 열차+버스 | 3시간 40분~ |
|  | 투르(루아르 지역) | 열차 | 2시간 |
|  | 아를 | TGV열차 | 3시간 |
|  | 님 | TGV열차 | 3시간 |
|  | 모나코 | TGV열차+Ter열차 | 6시간 40분 |
| 인터라켄 | 취리히 | IC열차 | 1시간 55분 |
|  | 루체른 | IR/IC열차 | 1시간 50분 |
|  | 제네바 | IR/IC열차 | 2시간 40분 |
|  | 로잔 | IR/IC열차 | 2시간 5분 |
|  | 베른 | IC/ICE열차 | 55분 |
|  | 체르마트 | 열차 | 3시간~3시간 30분 |
| 루체른 | 취리히 | IR열차 | 50분 |
|  | 제네바 | IC/IR열차 | 3시간 |
|  | 파리 | TGV/IC열차 | 4시간 40분 |
|  | 밀라노 | EC/RE열차 | 3시간 30분~4시간 30분 |
|  | 체르마트 | 열차 | 3시간~3시간 30분 |
|  | 베른 | IR열차 | 1시간~1시간 30분 |
| 취리히 | 밀라노 | EC열차 | 3시간 40분 |
|  | 파리 | TGV열차 | 4시간 |
|  | 로마 | EC/ES열차 | 7시간 30분 |
|  | 체르마트 | 열차 | 3시간~3시간 30분 |
|  | 베른 | IC열차 | 1시간 |
|  | 로잔 | IC열차 | 2시간 10분 |
| 제네바 | 파리 | TGV열차 | 3시간 10분~4시간 20분 |
|  | 베른 | IC/IR열차 | 1시간 50분 |
|  | 로잔 | IC열차 | 36~45분 |
|  | 취리히 | IC열차 | 2시간 45분 |
|  | 몽트뢰 | 열차 | 1시간 10분 |
| 바젤 | 파리 | TGV열차 | 3시간 |
|  | 취리히 | IC열차 | 53분 |

| 기점 도시 | 주요 도시 | 이동 수단 | 소요 시간 |
|---|---|---|---|
|  | 베른 | IC열차 | 53분 |
|  | 제네바 | IC열차 | 2시간 40분 |
| 베른 | 밀라노 | EC열차 | 3시간 30분~4시간 30분 |
|  | 로잔 | IC열차 | 1시간 6분 |
| 몽트뢰 | 로잔 | 열차 | 20분 |
| 로마 | 파리 | 야간열차 | 14시간 |
|  | 취리히 | 야간열차 | 12시간 30분 |
|  | 니스 | 야간열차 | 12시간 |
|  | 베네치아 | ES열차 | 3시간 30분 |
|  | 밀라노 | ES열차 | 3시간 |
|  | 피렌체 | ES열차 | 1시간 30분 |
|  | 나폴리 | ES열차 | 1시간 10분 |
|  | 티볼리 | 열차 | 30~40분 |
|  | 폼페이 | 열차 | 2시간 |
|  | 소렌토 | 열차 | 1시간 |
|  | 피사 | 열차 | 2시간 50분 |
|  | 아시시 | 열차 | 2시간 20분 |
| 피렌체 | 파리 | 야간열차 | 12시간 |
|  | 밀라노 | ES열차 | 1시간 45분 |
|  | 나폴리 | ES열차 | 3시간 |
|  | 베네치아 | ES열차 | 2시간 10분 |
|  | 피사 | 열차 | 1시간 |
|  | 아시시 | 열차 | 2시간 25분 |
|  | 시에나 | 열차 | 1시간 30분 |
|  | 라스페치아 (친퀘테레) | 열차 | 2시간 30분 |
| 피사 | 시에나 | 열차 | 1시간 40분 |
| 밀라노 | 파리 | 야간열차 | 9시간 |
|  | 니스 | IC/RE열차 | 5시간 |
|  | 베네치아 | ES열차 | 2시간 30분 |
|  | 몬테로소 알 마레 (친퀘테레) | 열차 | 3시간 |
| 베네치아 | 파리 | 야간열차 | 13시간 |
|  | 취리히 | EC열차 | 6시간 30분 |
| 바르셀로나 | 마드리드 | AVE열차 | 2시간 30분~3시간 |
|  | 세비야 | AVE열차 | 5시간 30분 |
|  | 코르도바 | AVE열차 | 4시간 40분 |
|  | 그라나다 | 야간열차 | 11시간 |
|  | 몬세라트 | 열차 | 1시간 |
| 마드리드 | 파리 | 야간열차 | 12시간 30분 |
|  | 세비야 | AVE열차 | 2시간 30분 |
|  | 코르도바 | AVE열차 | 1시간 50분 |
|  | 그라나다 | Ataria열차 | 4시간 30분 |
|  | 톨레도 | AVE/Avant열차 | 30분 |
|  |  | 버스 | 1시간 |
|  | 세고비아 | Avant/Alvia열차 | 30분 |
|  |  | 버스 | 1시간 |
|  | 론다 | 열차 | 4시간 |
| 그라나다 | 론다 | 열차 | 2시간 40분 |
| 세비야 | 론다 | 버스 | 2시간 30분 |

※ 이동 수단 및 환승 정보 등 자세한 방법은 해당 지역의 교통 정보를 확인한다.

# 베스트 오브 유럽

## BEST OF EUROPE

영국에서 꼭 가봐야 할 명소

**런던의 타워 브리지**
빅벤과 함께 런던의 랜드마크인 도개교.
포토존으로 유명하다.

**런던의 웨스트민스터 사원**
역대 왕들의 대관식을 올렸고, 숱한 역사적 이야기를 간직하고 있는 최고의 수도원.

**런던의 버킹엄 궁전**
역대 국왕들의 거처로 쓰이는 영국 왕실의 상징이자 수백만 여행객이 찾는 영국의 랜드마크.

**런던 타워**
거대한 성채이자 감옥이었던 타워.
런던의 역사와 전통을 간직한 명소.

## 프랑스에서 꼭 가봐야 할 명소

### 파리의 에펠 탑
파리 최고의 명소. 1889년 프랑스 혁명 100주년을 기념하기 위해 철의 마술사 구스타브 에펠이 설계한 철제 탑.

### 베르사유 궁전
유럽 최대, 최고로 손꼽히는 화려하고 웅장한 궁전. 프랑스 궁정문화의 진수를 엿볼 수 있다.

### 몽생미셸
노르망디 북서 해안에서 2km 떨어진 있는 바위섬에 우뚝 세운 신비로운 수도원.

### 루아르 고성
루아르 계곡 지역은 천혜의 요충지로서 왕정시대의 흔적을 볼 수 있는 고성들이 30여 개 이상 남아 있다.

### 님의 가르교
로마제국의 장군 아그리파가 기원전 19년에 님에 식수를 공급하기 위해 세운 석조 다리.

### 스위스에서 꼭 가봐야 할 명소

**융프라우요흐의 알레치 빙하**
유네스코 세계자연유산으로 지정된 알레치 빙하. 해발 3,645m로 유럽의 지붕이라 불린다.

**베른의 구시가**
중세의 역사와 문화가 공존하는 구시가 산책.

**루체른의 카펠교**
유럽에서 가장 오래된 목조 다리. 천장에는 17세기 화가 베크만이 그린 112개의 판화 작품이 있다.

**체르마트의 마터호른**
파라마운트 영화사 로고로 쓰일 만큼 산세가 수려하고 아름다운 산으로 스키와 하이킹의 천국이다.

**빙하 특급열차**
체르마트~생모리츠 횡단 루트를 운행하는 알프스 최고의 특급관광열차.

**로마의 포로 로마노**
약 1000년간 정치, 경제, 종교의 중심지로 로마제국의 심장 역할을 한 공회장

**이탈리아에서 꼭 가봐야 할 명소**

**시에나의 캄포 광장**
세계에서 가장 아름다운 조개 모양의 광장.

**폼페이 유적**
79년 베수비오산의 폭발로 도시 전체가 화산재에 묻혀서 1,700여 년간 잊힌 도시.

**로마의 콜로세움**
로마인의 뛰어난 건축공학기술을 엿볼 수 있는 기념비적인 건축물.

**아시시의 산 프란체스코 성당**
사랑의 삶을 실천한 이탈리아 수호성인 성 프란체스코를 기리기 위해 세운 대성당.

## 스페인에서 꼭 가봐야 할 명소

### 바르셀로나의 사그라다 파밀리아
'사람들의 성당'을 구상하면서 가우디가 40년간 혼신을 바친 고딕양식의 건축물.

### 그라나다의 알람브라 궁전
이슬람 건축의 백미. 알카사바, 헤네랄리페, 카를로스 5세 궁전, 나스르 궁전의 4개 부분으로 나뉜다.

### 몬세라트
가우디의 불후의 명작 사그라다 파밀리아의 모티프가 되는 등 많은 예술가에게 영감을 준 성지.

### 톨레도
수세기 동안 그리스도와 이슬람교가 공존하며 독특한 매력을 발산하는 중세도시.

### 론다의 누에보 다리
론다의 절경을 감상할 수 있는 다리. 론다의 명물로 멋진 협곡의 조망권을 자랑한다.

## 유럽 최고의 박물관·미술관

**영국 런던**
### 영국 박물관
세계 3대 박물관 중 하나. 40만여 점에 이르는 세계 최대 규모의 예술품을 소장하고 있다. 이집트의 로제타 스톤, 람세스 2세의 석상, 그리스의 파르테논 신전 등 귀중한 보물들을 만날 수 있다. 영국 박물관 안에는 하이테크의 대가 노먼 포스터가 설계한 그레이트 코트가 있다.

**영국 런던**
### 내셔널 갤러리
영국 최초의 국립미술관으로 유럽 3대 미술관 중의 하나다. 고야, 보티첼리, 라파엘로, 모네, 레오나르도 다빈치, 세잔, 반 고흐 등 거장의 작품들이 전시되어 있다.

**프랑스 파리**

### 루브르 박물관

세계 3대 박물관 중 하나. 40만여 점에 이르는 세계 최대 규모의 예술품을 소장하고 있다. 레오나르도 다빈치, 미켈란젤로, 라파엘로, 베르메르, 루벤스, 뒤러, 제리코 등 거장들의 작품을 만날 수 있다.

제리코의 〈메두사호의 뗏목〉

**프랑스 파리**

### 오르세 미술관

유럽 3대 미술관 중 하나. 19세기 중반에서 20세기 초반의 인상파 작품들이 많다. 모네, 고흐, 고갱, 마네, 세잔 등 인상파 화가들의 숨결을 느껴볼 수 있다.

**바티칸**

### 바티칸 박물관

세계 3대 박물관 중 하나. 세계 최고의 보물을 소장하고 있다. 미켈란젤로의 〈천지창조〉, 〈최후의 심판〉, 라파엘로의 〈아테네 학당〉 등 주옥 같은 작품들이 있다.

**이탈리아 피렌체**
## 우피치 미술관
르네상스 회화를 모아놓은 세계 제일의 미술관. 보티첼리의 〈비너스의 탄생〉, 〈봄의 향연〉, 다빈치의 〈수태고지〉, 미켈란젤로의 〈성가족〉, 라파엘로의 〈어린 요한과 함께 있는 예수와 성모-검은 방울새의 성모〉 등이 있다.

보티첼리의 〈비너스의 탄생〉

**스페인 마드리드**
## 프라도 미술관
세계 3대 미술관 중 하나. 스페인 3대 거장인 엘 그레코, 벨라스케스, 고야를 비롯해, 르네상스 거장인 라파엘로, 보티첼리 등의 걸작들을 볼 수 있다.

**스페인 마드리드**
## 국립 소피아 왕비 예술센터
스페인 근대 및 현대미술품 1만 6,000여 점을 소장하고 있다. 피카소, 달리, 미로 등 유명 화가의 작품이 전시되어 있다.

유럽인들이
사랑하는
휴양지

**프랑스**
**니스**   태양이 작열하는 코트다쥐르 지방의 중심지. 리비에라 해안의 여왕이라 불린다.

**프랑스**
**에즈**   코트다쥐르 지방의 에즈는 프랑스에서 가장 예쁜 마을로 소문난 곳이다. 연중 일조량이 풍부해 천혜의 휴양지로 꼽힌다.

**스위스**
**몽트뢰**
레만호를 끼고 있는 몽트뢰는 스위스의 리비에라라고 불릴 만큼 스위스에서 가장 아름다운 호반의 도시로 손꼽힌다. 연중 기후가 온난하고 경치가 수려하다.

**이탈리아**
**친퀘테레**
해안 절경이 아름다운 5개 마을로 1998년 유네스코 세계자연유산에 등재되었다.

**이탈리아**
**아말피 해안**
이탈리아에서 가장 아름다운 나폴리 연안부를 따라 소렌토, 포지타노, 아말피, 살레르노까지 이르는 좁은 해안선이다.

최고의 전경을 감상할 수 있는 유럽의 전망대

**스페인 세비야**
### 메트로폴 파라솔
독특한 건축물 메트로폴 파라솔에서 바라본 구시가 전경.

**스페인 그라나다**
### 알카사바
오래된 성채인 알카사바에서 바라본 알바이신 지구.

**스페인 바르셀로나**
### 카탈루냐 미술관
미술관 발코니에서 바라본 에스파냐 광장.

**영국 런던**
### 런던 아이
런던 아이 캡슐 안에서 바라본 템스 강변.

**이탈리아 피렌체**
### 미켈란젤로 광장
중세의 모습이 남아 있는 피렌체의 전경.

**이탈리아 베네치아**
### 산 마르코 광장의 종루
종루에 올라 내려다보는 베네치아의 전경(산 조르조 마조레 교회).

**프랑스 파리**
### 몽마르트르 언덕
사크레 쾨르 사원의 모습과 그 앞의 몽마르트르 언덕.

새롭게 도전해보는 유럽의 체험 투어

#### 이탈리아
### 베네치아의 곤돌라
미로 같은 소운하 사이를 곤돌라가 물살을 헤치며 나아가면 비로소 물의 도시 베네치아만의 운치를 맛볼 수 있다.

#### 스위스
### 체르마트의 마터호른 하이킹 코스
리펠제 호수에서 리펠베르크로 가는 하이킹 코스는 지척에서 마터호른을 볼 수 있고 지형이 완만해 인기가 있다.

#### 스페인
### 플라멩코 공연
15~16세기 안달루시아 지방에서 탄생한 플라멩코는 춤과 노래, 기타 연주가 조화를 이루어 완성된다.

#### 스위스
### 패러글라이딩
기류의 영향을 받으며 새가 된 듯 계곡을 따라 이동하면서 광활한 알프스 계곡과 빙하 호수의 경관을 즐긴다.

#### 영국
### 런던의 뮤지컬
배낭여행의 필수 코스가 된, 런던 웨스트엔드에서 세계적인 뮤지컬을 감상할 수 있다.

명장면 속 그곳! 유럽의 영화 촬영지

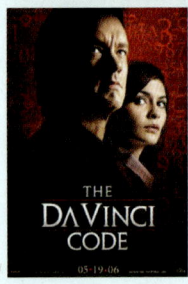

**프랑스 파리**

**루브르 박물관에서 촬영된 영화 〈다빈치 코드〉**

2006년 론 하워드 감독 작품. 전 세계적으로 4,300만 부 이상 팔린 댄 브라운의 동명 베스트셀러를 영화화했다. 로버트 랭던(톰 행크스)과 소피 느뷔(오드리 토투)가 〈모나리자〉, 〈최후의 만찬〉 등 다빈치의 작품에 숨겨진 코드의 비밀을 추적하며 벌이는 미스터리물.

#### 프랑스 파리
### 퐁 네프 다리를 배경으로 한 영화
### 〈퐁 네프의 연인들〉

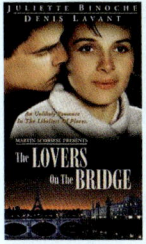

1992년 레오 까락스 감독 작품. 파리에서 가장 오래된 다리 퐁 네프에서 만난 거리의 화가 미셸(줄리에트 비노슈)과 곡예사 알렉스(드니 라방)의 애틋한 사랑 이야기. 실제 퐁 네프가 아닌 비슷한 세트장을 제작해 촬영했다.

#### 스위스 인터라켄
### 쉴트호른에서 촬영된 영화
### 〈007 여왕 폐하 대작전〉

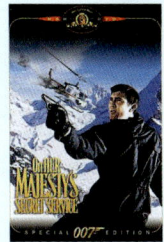

1969년 피터 헌트 감독의 첩보물. 2대 제임스 본드를 맡은 조지 라젠비는 이 한 편을 끝으로 하차한다. 스위스 쉴트호른을 배경으로 한 스키와 썰매 추격 장면은 007 시리즈를 통틀어 최고의 스턴트로 꼽힌다.

#### 영국 런던
### 노팅 힐에서 촬영된 영화
### 〈노팅 힐〉

1999년 로저 미첼 감독 작품. 웨스트 런던 노팅 힐에서 작은 여행 책자 서점(현재는 여행 용품점으로 바뀜)을 운영하는 윌리엄 태커(휴 그랜트)는 인기 여배우 안나 스콧(줄리아 로버츠)을 우연히 만나 사랑을 시작한다.

#### 스위스 인터라켄
### 스페인 광장, 진실의 입, 트레비 분수에서 촬영된 영화 〈로마의 휴일〉

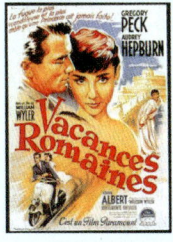

1953년 거장 윌리엄 와일러의 명작. 흑백영화로 유럽 각국을 순방 중이던 소국의 공주(오드리 헵번)가 우연히 만난 미국 기자(그레고리 펙)와 벌이는 소동을 로맨틱하게 그렸다.

> 드라마틱한
> 역사가 있는
> 유럽의
> 왕과 왕비

**영국**
### 헨리 8세 (1491~1547년)
영국 역사에서 가장 많이 회자되고 있는 왕으로, 영국 왕 중에서도 가장 강력한 왕권을 휘두른 동시에 6명의 왕비를 두었던 것으로도 유명하다. 두 번째 부인인 앤 불린에게서 엘리자베스 1세를 낳았다.

**영국**
### 메리 여왕 (1516~1558년)
헨리 8세가 첫 번째 왕비 캐서린과의 사이에서 얻은 딸이 메리 여왕이다. 훗날 여왕이 되는 앤 불린의 딸 엘리자베스 1세와는 이복자매인 셈이다. 영국 역사상 최초의 여왕으로, 국교를 성공회에서 가톨릭으로 바꾼 인물이다. 이 과정에서 개신교와 성공회를 탄압하며 많은 이들을 처형해 '블러드 메리(Blood Mary, 피의 여왕)'라는 별명이 붙었다.

**영국**
### 앤 불린 (1507~1536년)
'천 일의 앤'으로 우리에게 친숙한 비운의 왕비 앤 불린은 세기의 스캔들을 일으키며 헨리 8세와 결혼했다. 하지만 훗날 여왕이 되는 엘리자베스 1세를 출산한 후 아들이 없자 왕과의 관계가 소원해졌고 결국 앤 불린은 6명의 남자와 간통했다는 혐의로 왕비가 된 지 천 일 만에 처형당했다.

**영국**
### 엘리자베스 1세 (1533~1603년)
앤 불린의 딸로 훗날 세계를 주름잡았으며 영국 절대주의의 전성기를 이룬 여왕이다. 국교를 확립해 종교적 통일을 이루기 위해 노력했다. 두뇌가 명석했으며 평생 학문을 사랑했다. 죽을 때까지 결혼을 하지 않은 것으로도 유명하다.

**프랑스**
### 루이 14세 (1638~1715년)
프랑스 절대주의 왕권을 확립한 태양왕 루이 14세는 막강한 권력을 행사하며 화려한 궁정 생활의 극치를 보여준 인물이다. 태양왕으로서 자신에게 걸맞은 무대를 갖기 위해 베르사유 궁전을 지었다.

**프랑스**
### 루이 16세 (1754~1793년)
왕권 쇠퇴와 대혁명으로 단두대의 희생양이 된 나약한 군주의 대명사이다. 국력이 쇠약해졌을 시기에 왕에 오른 그는 프랑스를 개혁하고자 했으나 심성이 나약하고 추진력이 약해 실패하고 훗날 프랑스 혁명이 일어나 퇴위한 후 처형되었다.

**프랑스**
### 마리 앙투아네트 (1755~1793년)
루이 16세의 왕비로 14세에 베르사유 궁전에서 화려하게 결혼식을 올렸다. 사치스러운 생활, 향락과 낭비로 프랑스 혁명을 재촉했다고 이야기되기도 한다. 루이 16세와 함께 대혁명 때 단두대의 이슬로 사라지지만, 그녀의 극적인 삶은 소설, 만화, 영화 등에 자주 등장한다.

## 유럽의 맛있는 음식

**프랑스**
### 빵
Pain

크루아상(Croissant), 바게트(Baguette) 등 프랑스 빵은 맛있기로 유명하다.

**프랑스**
### 에스카르고
Escargot

세계적으로 유명한 달팽이 요리. 특히 와인 산지의 달팽이가 맛이 좋다.

**프랑스**
### 푸아그라
Foie gras

거위 또는 오리의 간 요리. 그대로 굽기도 하고, 토스트 위에 얇게 바르거나 수프에 넣어 먹는다.

**프랑스**
### 홍합 요리
Moules

신선한 홍합에 당근, 토마토, 양파를 넣어 끓인 얼큰한 국물 맛이 일품이다.

**프랑스**
### 농어 요리
Bar

다른 생선 요리보다 약간 비싸지만 우리 입맛에 맞다. 몸통, 머리, 껍질로 분리해 서빙하기도 한다.

**프랑스**
### 크레이프
Crepe

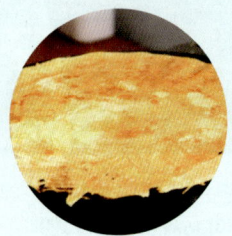

우리나라 부침개와 비슷하다. 달걀, 채소, 햄 등을 넣어 요리한다.

**스위스**
## 퐁뒤
Fondue

2~3종의 치즈와 와인을 넣어 끓인 후, 긴 포크로 빵을 꽂아 녹인 치즈에 찍어 먹는다.

**스위스**
## 뢰스티
Roesti

가늘게 간 감자를 버터로 볶은 요리로 치즈나 달걀 프라이를 올려 먹거나 다른 요리에 곁들인다.

**스위스**
## 그뤼에르
Gruyere

스위스를 대표하는 치즈 중 하나. 퐁뒤에 사용되는 하드 치즈로 그뤼에르에서 만든다.

**영국**
## 피시 앤드 칩스
Moules

대표적인 서민 음식으로, 튀긴 흰살생선과 크게 자른 감자튀김을 같이 담아 준다.

**스페인**
## 코치니요 아사도
Cochinillo Asado

생후 2주 정도 된 새끼 돼지를 통째로 구운 요리이다.

**스페인**
## 하몬
Jamón

돼지 뒷다리를 건조, 숙성시켜 만드는 생햄. 얇게 잘라 먹거나 빵에 곁들여 먹기도 한다.

### 스페인
**파에야**
Paella

프라이팬에 올리브오일을 붓고 쌀과 해산물 등을 섞어 볶은 스페인의 전통요리.

### 스페인
**판 콘 토마테**
Pan con tomate

토마토와 올리브오일을 뿌린 빵. 서민들이 즐겨 찾는 바(Bar)에서 부담 없이 먹을 수 있다.

### 이탈리아
**마르게리타 피자**
Margherita Pizza

토마토 소스와 모차렐라 치즈만으로 만드는 이탈리아 본토 피자.

### 이탈리아
**젤라토**
Gelato

이탈리아에서 꼭 먹어봐야 하는 아이스크림. 매일 만들어 맛이 신선하고 부드럽다.

### 이탈리아
**봉골레 스파게티**
Spaghetti alle vongole

스파게티 중 가장 우리 입맛에 맞다. 면에 해산물과 올리브오일을 넣어 만든다.

### 프랑스 · 이탈리아
**와인**
Vin / Vino

전 세계적인 명품으로 인정받는다. 세계 제일의 생산량을 자랑한다.

## 유럽 여행에서 꼭 사야 할 기념품

**영국**
### 홍차
Tea

포트넘 앤 메이슨(Fortnum & Mason), 트와이닝(Twinings), 테틀리(Tetley) 등이 유명하다.

**프랑스**
### 약국 화장품
Cosmetics

달팡(Darphin), 유리아쥬(Uriage), 꼬달리(Caudalie) 등을 한국의 절반 가격으로 구입할 수 있다.

**스위스**
### 프라이탁
Freitag

방수천, 고무튜브 등의 소재를 재활용해 만든 수제 가방 브랜드.

**이탈리아**
### 리몬첼로
Limoncello

이탈리아 남부(아말피 해안)의 명물인 레몬으로 만든 술.

**스페인**
### 꿀국화차
Manzanilla con Miel

그윽한 꽃향기와 꿀맛이 나는 차로 감기 예방에 좋다.

**스페인**
### 엑스트라 버진 올리브오일
Extra Virgin Olive Oil

샐러드 드레싱이나 디핑 소스로 좋은 고급 올리브오일.

## 유럽 여행 노하우

### 여행 시기 Season

**유럽 여행, 언제가 좋을까**

유럽은 계절과 지역에 따라 여행 상황이 다르므로 여행 일정을 달리 짜도록 한다.

**여름**은 해가 길어 여행 시간이 여유롭지만 여행자들이 몰리는 시기여서 박물관(미술관), 명소의 입장 대기 시간이 길고, 숙박비 등 여행 경비가 많이 든다. 또한 지구 온난화의 영향으로 매우 더우니 가급적 피한다. 특히 스페인의 안달루시아 지방(그라나다, 세비야 등)이나 이탈리아 남부(로마, 폼페이 등)는 여름이 매우 더워 여행 자체가 힘들다.

**겨울**은 해가 짧아 여행 시간이 단축되나, 대기 시간 없이 박물관, 명소를 이용할 수 있고 상대적으로 여행 경비가 좀 더 저렴하다. 영국, 프랑스 등 중서부 유럽은 겨울에 비가 자주 내리고 해가 짧으니 박물관, 미술관, 뮤지컬, 오페라 등을 관람하는 게 좋다. 이탈리아, 스페인 등 남부 유럽은 겨울이 비교적 온난하므로 여행하기에 괜찮다.

**봄·가을**은 통상 쾌적하여 여행하기 가장 무난하다. 특히 4월은 서머 타임이 시작되는 달로 저녁 시간(현지 저녁 8시도 훤하다)이 길어지고 아직 비수기라 숙박비 등 여행 경비가 적게 든다. 미술관, 명소 등도 대기 시간이 짧아 시간, 경비 면에서 효율적이다.

### 기차역에서 In Train Station

**다음 행선지 열차 예약 ★**

유럽 대부분의 고속열차(야간열차 등)는 **좌석 예약이 필수**이니 역에 도착하면 바로 티켓 창구로 가서 다음 행선지를 예약한다. 최근 대부분의 역내 티켓 창구가 붐벼 대기 시간이 길어지고 있다. 한국에서 열차 예약을 대행하는 업체(수수료 있음)를 이용하면 현지에서 불필요한 시간을 절약할 수 있다.

### 가볍게 여행하려면 코인로커 활용

목적지에 도착해 관광하고 당일 다른 지역으로 이동할 경우 역내 코인로커(무인 보관함)에 짐을 보관하고 가볍게 여행한다. 또는 오후에 도착해 당일 관광 시간이 촉박하면 코인로커에 짐을 맡기고, 관광을 마친 다음 짐을 찾아 숙소로 이동한다.

### 미처 여행 계획을 세우지 못했다면 여행 안내소 활용

주요 기차역에는 여행 안내소가 있으니, 역에 도착하면 우선 여행 안내소에 들른다. 숙소를 비롯해 궁금한 사항이 있으면 이곳에 문의하자. 대부분 시내 지도는 무료(일부 유료)이다.

### 지하철 티켓은 가급적 담배 가게에서 구입

자동발매기보다는 직원이 있는 티켓 창구를 이용하는 편이 안전하다. 이탈리아 경우, 자동발매기 진행 속도가 느리고 현금 결제를 했음에도 티켓이 주입구에서 나오지 않은 경우가 종종 있으니, 역내 티켓 창구 또는 담배 가게에서 직접 구입하는 편이 안전하다.

### 언제나 소매치기 조심

기차역과 관광지 주변은 고가의 스마트폰과 소지품을 노리는 소매치기가 상주하고 있으니 빈틈을 보이지 않도록 한다. 특히 런던, 파리, 로마, 나폴리, 마드리드, 바르셀로나 등 대도시에서는 더욱 조심한다.

### IMEI만 알면 소매치기 걱정 NO ★

핸드폰 설정에서 휴대전화 정보로 들어가면 IMEI(고유번호)가 있다. 고유번호를 메모지에 적어두면 도난(분실) 시 큰 도움이 된다. 도난 시 경찰서에 신고할 때 번호를 알려주면 도난당한 휴대폰을 찾을 확률이 매우 높다.

## 숙소에서 In Hotel

### 목적지에는 일찍 도착 ★

도착지에는 가급적 해가 지기 전에 도착한다. 여름은 밤 9시 전에, 겨울은 저녁 5시 전에는 도착하는 게 좋다. 낯선 곳에 밤늦게 도착하면 컴컴해서 위험할 뿐만 아니라 숙소 찾기도 힘들다.

### 숙소 예약은 한국에서

성수기에는 숙소 구하기가 쉽지 않다. 관광 시간보다 숙소 찾는 데 시간을 낭비하는 우를 범하지 말자. 한국에서 미리 예약해두면 현지에서 시간이 절약된다.

### 숙소는 역 부근에 ★

낯선 곳에 도착해 숙소가 역에서 멀면 찾아가는 게 여간 힘든 게 아니다. 역 근처에 숙소가 있으면 찾아가기도 쉽고, 교통비와 이동 시간을 절약할 수 있다. 또한 역 주변은 대중교통이 발달해 있어 명소로 이동하는 데에도 편하다. 단 역 주변에서는 소매치기를 조심해야 한다.

### 먼저 숙소에 짐 풀기

아침에 도착한 경우에 역내 코인로커는 비용이 발생하므로 숙소로 먼저 가서 짐을 맡긴다. 대부분의 호텔, 유스호스텔, 민박은 아침 일찍 찾아가도 짐을 맡아준다. 아침 10시쯤 가면 호텔에 따라 체크인을 해주기도 한다. 아침에 체크아웃할 경우 당일 관광하고 저녁에 다른 지역으로 이동한다면 호텔 수하물 보관소에 짐을 맡겨둔다.

### 호텔 인포메이션을 최대한 활용

호텔이야말로 최고의 여행 안내소다. 여행 안내소는 다소 불친절할 수 있으나 호텔 인포메이션에 문의하면 친절하게 시내 지도(무료), 교통편 등 다양한 정보를 구할 수 있다. 또한 호텔 로비에 비치된 유인물들은 각종 이벤트, 축제 등 편리한 정보로 가득하다.

### 호텔 연락처를 꼭 챙겨두기

무심코 호텔을 나선 다음, 돌아올 때 호텔 이름이 생각나지 않으면 그것처럼 난감한 경우도 없다. 호텔에 짐을 풀고 호텔을 나설 때는 꼭 연락처(호텔명, 전화번호, 주소, 약도)와 객실 호수를 휴대폰에 저장해 두거나 호텔 카운터에 비치된 호텔 명함을 챙긴다.

## 여행지에서 In Europe

### 투어버스 활용
낯선 곳을 처음 방문할 때 어디가 어디인지 전혀 감이 잡히지 않는다면 시내 주요 관광 명소를 도는 투어버스(€20~)를 이용해보자. 1~2시간 정도 돌고 나면 도시의 윤곽이 대충 파악된다.

### 중요 박물관, 미술관, 명소는 한국인 가이드 투어에 참여
전문 지식이 필요한 박물관, 미술관은 한국인 가이드 투어에 참여하자. 전문 가이드(또는 오디오 가이드)의 도움을 받으면 내용을 쉽게 이해할 수 있어 훨씬 알차게 관람할 수 있다. 요즘은 한국어 오디오 가이드를 갖춘 곳도 늘고 있다.

### 미술관 등 명소를 방문할 경우 사전에 휴무 확인은 필수 ★
만일 피렌체를 여행한다면, 피렌체 여행의 핵심인 우피치 미술관을 꼭 관람하고 싶을 것이다. 그런데 미술관이 문을 닫는 월요일에 도착했다면 어찌 될까? 아찔한 순간을 피하려면 내가 방문할 곳의 휴무일을 잘 확인해 두어야 한다.
로마의 바티칸 박물관은 일요일, 피렌체의 우피치 미술관(아카데미아 미술관)은 월요일, 파리의 루브르 박물관은 화요일, 오르세 미술관은 월요일에 휴관이니 유의한다. 마드리드의 프라도 미술관은 연중무휴이다.

### 유명 관광 명소(미술관 등) 관람 시 반드시 사전 예약 ★
최근 급증하는 관광객들로 유명 관광 명소(미술관 등)는 줄 서는 데 1~2시간은 기본이다. 시간 절약을 위해서 방문할 관광지는 반드시 사전 예약을 해둔다. 바티칸 박물관은 2~4개월 전에는 예약을 해야 한다.

### 현지 문화를 적극 체험하기
평소 접하기 힘든 유럽 각국의 문화 체험에 도전해보자. 낯선 곳에서 그들만의 삶의 문화를 체험해보는 것이야말로 여행의 참맛을 느끼게 해준다. 런던의 뮤지컬, 인터라켄의 레포츠(번지점프, 패러글라이딩, 빙하 체험 등), 스페인의 플라멩코 관람 등이 그 예다.

### 거점 도시를 축으로 주변 도시를 공략하기
숙소(거점 도시)에서 가는 데 1~2시간 걸리는 인근 도시를 관광할 때는 일단 무거운 짐을 숙소에 맡긴 후에 관광한다. 예를 들어 유레일패스 소지자라면 교통비 부담이 없으니 파리에 숙소를 정하고 기차로 지베르니, 퐁텐블로, 몽생미셸 등을 쉽게 다녀올 수 있다.

### 구글지도 앱 활용하기 ★
현지에서 구글지도 앱(한국어 안내)은 가성비가 매우 높다. 현지에는 길 찾는 데 가장 훌륭한 가이드가 구글지도 앱이다. 특히 자동차 이용 시 매우 유익하다. 유심칩이나 포켓 와이파이, 또는 통신사의 데이터 로밍 상품에 가입해둔다.

### 스마트폰 도난 유의 ★
한국인이 쓰는 휴대폰은 고급용이라 소매치기의 타깃이 된다. 사진 찍느라 정신없을 때 휴대폰을 낚아채는 경우가 빈번하니, 핸드폰 스트랩을 사용해 예방하자.

### 화장실 이용하기 ★
현지에서 가장 힘든 것 중 하나가 화장실 문제이다. 우리와 달리 유럽은 화장실 사용도 유료이고 찾기도 쉽지 않다. 가장 좋은 방법은 인근 카페(패스트푸드점 등)에 들러 커피 한 잔하며 용변을 해결하는 것이다. 런던은 박물관(미술관)이 무료 입장이니 이를 활용해보자. 최근 파리 등 대도시 도심에 무료 공중 화장실을 설치한 곳들이 늘고 있다. 또한 열

무료 공중화장실

차 이동 중이거나, 유료 박물관 관람 중이라면 그곳에서 용변을 해결하는 것이 좋다.

### 컨택리스 카드 사용
최근 유럽 대부분 상점은 물론, 대중교통(지하철, 버스 등), 화장실 등에서도 소액(€1~) 카드 사용이 가능해져 굳이 해당 국가 화폐로 환전할 필요가 없다. 또한 현금은 도난당하면 되찾기 힘들지만 카드는 분실 시 정지 신고를 하면 위험을 최소화할 수 있다. **교통카드 기능도 있는 컨택리스(Contactless, 와이파이 표시가 있는 카드) 기능이 있는 카드를 사용하자.**

### 여유로운 마음으로 여행 즐기기
여행하는 동안 자신의 행색이 방문한 나라 사람들에게 그대로 노출된다는 사실을 명심하자. 자신이 행복해지는 것, 즐길 수 있는 것에 너무 인색하지 말자. 유독 외국에 가서 돈을 아낀 다고 벌벌 떨면 여행이 힘들어진다. 쓸 때는 과감하게 쓸 필요도 있다.

레보드 프로방스의 빛의 아틀리에

### 식당에서 In Restaurant
### 하루 한 끼는 현지식으로 해결
여행의 즐거움 중 하나가 먹는 즐거움이다. 그 나라 음식을 먹어보면 그 나라의 문화를 이해할 수 있기 때문이다. 센트로(도심)를 다니다 보면 의외로 먹자 골목이 많다. 또한 재래시장을 가면 다양한 현지식을 저렴하게 먹을 수 있다. 메뉴를 보기 힘들면 종업원에게 물어보자. 친절하게 가르쳐줄 것이다.

### 추천 레스토랑도 호불호 ★
여행 정보 사이트나 책자 등에 자주 추천되는 레스토랑은 호불호가 있으니 유의한다. 현지인들이 자주 찾던 레스토랑이 웹사이트나 책자에 소개되면, 한국인들이 자주 이용하게 되면서 간혹 서비스와 음식에 대해 자신이 차별받는다는 느낌이 들 수도 있고 많은 손님이 몰리면서 이전의 서비스나 음식 맛을 기대하기 어려운 경우도 있다. 가급적 현지인들에게 물어 관광객보다는 현지인들이 자주 찾는 레스토랑을 이용하는 게 좋다.

피렌체 파올리 레스토랑

### 유럽요리는 다소 짜다 ★
유럽의 요리는 우리 입맛에 다소 짠 경우가 많아 실망할 수 있다. 특히 **이탈리아, 스페인**을 비롯한 남부 유럽 음식은 대부분 짠 편이다. 따라서 주문할 때 가급적 소금을 많이 넣지 않도록 요청하고, 필요 시 소금을 따로 뿌려 먹는 것이 낫다.

생선구이(filet de dorade)

### 팁은 본인이 만족했을 때 감사의 표현
유럽은 미국과 달리 반드시 팁을 요구하지 않는다. 만약 직원 서비스가 형편없거나, 맛이 없다면 당연히 팁을 줄 필요가 없다. 고급 레스토랑이 아닌 중급 이하의 레스토랑은 팁을 무시해도 괜찮다. 서비스가 좋아 팁을 주고 싶으면 식사 후 계산할 때 준다. **팁은 보통 €2~3, 최대 €5가 무난하다.** 이탈리아는 계산서에 자릿세가 붙는다. 이 경우에는 서비스가 포함된 가격이니 팁을 줄 필요가 없다. 계산서를 반드시 확인하는 습관을 갖는다.

## 유럽 내에서 이동할 때 From city to city

### 교통편 발착 시각표는 출발 전 반드시 확인 ★
이 책에 수록된 교통편(항공, 열차, 버스 등) 발착 시각표는 현지 사정에 따라 다를 수 있으므로 출발 전에 홈페이지 또는 현지에서 확인하고 이동해야 차질이 생기지 않는다. **특히 늦은 밤이나 이른 아침에 이동할 때는 더욱 신경 써야 한다.**

### 야간열차를 꼭 타야 한다면 쿠셋이나 침대칸을 이용
야간열차는 늘 도난의 위험이 있어, 숙면하기가 쉽지 않다. 가급적 주간에 이동하고 밤에는 숙소에서 편하게 자는 게 체력 관리상 좋다. 야간 이동은 여행의 질이 저하되므로 가급적 피하되, 일정상 꼭 해야 한다면 쿠셋이나 침대칸을 이용해 숙면을 취한다.

### 열차 이동 시 한가한 열차 칸은 가급적 피하기 ★
이른 아침이나 늦은 저녁 시간에는 열차 내 안전망이 취약하다. 가급적 이 시간대는 피하고, 부득이 이 시간에 이동해야 한다면 승객이 많은 열차 칸을 이용한다. 승객이 뜸한 열차 칸에는 간혹 불량배 그룹에게 집단 린치를 당하는 경우가 발생하기도 하니 주의해야 한다.

### 저가 항공을 적극 활용 ★
유럽 내에서 장거리 이동을 할 때는 기본적으로 기차를 많이 이용하게 된다. 하지만 구간에 따라 저가 항공을 잘 활용하면 기차 여행보다 시간이 절약되고 여행의 질을 높일 수 있다. 저가 항공은 미리 예약하면 비용도 저렴하다. 야간열차를 염두에 두고 있다면, 그보다는 저가 항공을 적극 권하고 싶다.

## 떠나기 전에 Before Travel

### 초보는 호텔팩이나 에어텔로 시작
해외여행이 처음인 초보 여행자에게 가장 부담스러운 게 저렴한 항공권 구입과 숙소 구하기이다. 여행사를 통해 항공권과 숙박이 함께 묶인 호텔팩(에어텔)을 이용해도 좋다. 현지 가이드(또는 여행사 가이드)가 인솔해서 일정에 맞춰 항공편과 여행지, 숙소를 해결해주므로 초보 여행자가 여행하기에 편하다.

### 이벤트 시기에는 주변 지역의 숙소를 공략
목적지의 여행 시기가 축제나 행사 기간과 겹쳐 숙박비가 비쌀 경우는 목적지의 인근 도시에 숙소를 정하면 저렴하게 숙박할 수 있다. 예를 들어 베네치아 축제가 시작되면 숙소를 구하기 힘들고 숙박비도 2배 이상 뛰므로 인근의 파도바 또는 베로나 등에 숙소를 정한다.

### 여행의 즐거움은 간소한 짐에서 시작 ★
기차 여행의 성공은 짐이 얼마나 가벼운가에 달려 있다. 능숙한 여행자는 절대로 짐 때문에 고생하지 않는다. 기내용 슈트케이스 정도의 부피와 무게면 힘들지 않게 여행할 수 있다. 꼭 필요한 것들만 간단하게 추려보자. 일상에 필요한 물품은 현지 마트나 벼룩시장에서도 얼마든지 구할 수 있다. 참고로 유럽의 도로는 네모꼴 돌멩이로 울퉁불퉁하므로 무거운 짐을 들고 이동하기 여간 힘든 게 아니다.

배낭 여행자를 위한
**절약 여행 노하우**

## 교통비 Transportation Fee

### 가급적 걷기
런던, 파리를 제외한 대부분의 유럽 도시는 도심(센트로)을 중심으로 도보 20~30분 거리에 볼거리가 몰려 있다. 이동 중간에 식당, 카페에 들러 휴식시간을 가지면 걷는 것이 그리 힘들지 않다.

### 유레일패스를 적극 활용
유레일패스 소지자는 대부분 유람선 승선이 무료(또는 할인)이다. 스위스 4대 특급열차도 추가 요금만 지불하면 된다. 공항에서 시내로 가는 열차편도 무료다. 기차 이용 외에 여러 무료(할인) 혜택이 있으니 꼼꼼히 체크한다. 1개 국가만 간다면 해당 국가 패스를 구한다. 특히 스위스 패스는 열차 및 시내교통, 명소(미술관 포함) 대부분이 무료이므로 매우 유용하다.

스위스의 유람선

## 입장료 Admission Fee

### 요일에 따라 박물관, 미술관, 명소 입장 무료! ★
런던은 대부분의 박물관(미술관) 입장이 무료다. 파리는 박물관과 유명 명소가 매월 첫 번째 일요일(또는 11~3월의 첫 번째 일요일)에, 이탈리아(바티칸은 매월 마지막 일요일, 피렌체 우피치/아카데미아 미술관은 매달 첫 번째 일요일)에 무료로 입장이 가능하다. 스페인 프라도 미술관은 연중 저녁 시간이 무료이니 잘 활용한다. 유럽의 입장료는 2~5만 원이 기본일 정도로 비싼 편이지만, 꼼꼼히 체크하면 의외로 입장료를 절약할 수 있는 경우가 많다.

## 식비 Food Expenses

### 조식, 석식은 공짜 해결

유럽의 레스토랑은 식사비가 평균 3만 원 이상 들어 부담스럽다. 나라에 따라 다소 차이가 있지만 한인 민박은 대부분 아침, 저녁식사를 제공해줘 식비를 상당히 절약할 수 있고 한식을 먹을 수 있어 든든하다.

### 점심은 간단히 해결

점심식사는 맥도날드 또는 기차역이나 포장마차에서 파는 케밥, 핫도그, 샌드위치, 조각 피자 등으로 저렴하게 해결할 수 있다. 또한 현지 슈퍼마켓을 적극 이용하자. 유럽의 **슈퍼마켓(LIDL, AIDI 등)** 에서 파는 빵, 과일, 채소, 음료 등은 한국보다 훨씬 저렴해 푸짐하게 한 끼 식사를 해결할 수 있다. 이런 식으로 기본 식사비를 아끼는 대신, 유명 레스토랑이나 카페에 들려 간단하게 커피나 음료를 마시며 현지 분위기를 즐겨도 좋다.

유럽의 대표 슈퍼마켓 LIDL

런던의 맥도날드

## 숙박비 Lodging Expenses

### 저렴한 숙소 찾기

저렴하게 숙박할 수 있는 곳으로 한인 민박, 유스호스텔이 있다. 민박은 조식과 석식이, 유스호스텔은 조식이 포함되지만, 여럿이 함께 방을 쓰기 때문에 사생활이 보장되지 않고 도난 위험이 있다.

### 저가형 체인호텔 이용 사진

이비스 체인호텔

최대한 저렴하면서 깔끔한 호텔을 찾는다면, 아코르 호텔을 추천한다. 유럽 전역에 체인 호텔을 운영해 호텔 스타일이 비슷하다. 호텔 등급은 이비스 버짓 호텔 〈 이비스 호텔 〈 머큐어 호텔 〈 노보텔 호텔 순으로 객실 요금이 비싸진다. 특히 이비스 버짓 호텔은 3인용(2층 침대) 객실 요금이 1인과 3인 요금이 별로 차이가 없어 셋이 함께 부담하면 저렴해진다. 숙박비가 많이 올라 €50~90 정도이지만, 1인당 €18~30면 숙박이 가능하다. 최근에는 2인실로 바뀌는 추세이다. 회원 가입하면(부가 비용 없음) 할인되므로 가급적 가입해둔다.

@ 아코르 호텔 www.all.accor.com

### 그룹이라면 아파트먼트 호텔 이용

최근에는 아파트먼트 호텔이 인기가 있어 대부분의 관광지에서 많이 찾아볼 수 있다. 방이 여러 개 있고 취사도구도 갖춰져 있어 여러 명이 취향에 맞게 한국 요리와 숙박을 해결할 수 있으므로 그룹이 이용한다면 가성비가 높다. 호텔 예약 사이트는 P.764 참조.

> **tip** 유럽 여행 노하우 한눈에 보기

**유연한 사고(발상의 전환)는 여행의 질을 높인다.** 늘 열린 마음으로 그때 그때 상황에 맞게 처신한다면 의외로 여행이 쉬워진다. 아래 사례는 모두 〈유럽 여행 노하우〉에 소개된 내용이지만 총정리 차원에서 사례를 통해 복습해 본다.

**사례 1. 파리 드골 공항에 도착해 숙소를 찾아갈 때, 통상 버스나 지하철을 타고 이동한다. 이때 택시를 타면 어떨까?**
- 최근 파리 택시는 정찰제 요금을 실시해 센강을 기준으로 €50~60 정도이다. 만약 2인(3인)이 이용한다면 €25~30(€16~20) 정도 든다. 지하철 이용 시 공항에서 시내까지 €13, 시내에서 숙소까지 €2.5, 총 €15.5이므로 택시 비용과 별 차이가 없다. 택시로 이동하면 도난 사고나 짐 걱정 없이 편하게 숙소까지 갈 수 있다.

**사례 2. 자유 여행을 하다 보면 우선 이동 수단을 기차만 생각하고 무심코 유레일패스를 구입한다. 만약 운전에 자신 있다면 과감하게 렌터카를 이용한다면 어떨까?**
- 유럽은 자동차 문화가 발달되어 있어 교통 법규만 잘 지킨다면 별로 힘들지 않다. 또한 저가 항공을 곁들여 이용해 본다. 1~2개월 전에 티켓을 끊으면 기차 요금보다 저렴하게 먼 거리를 이동할 수 있다. 바르셀로나에서 니스(로마)로 장거리 이동 시 저가항공이 훨씬 경제적이고 빠르다. 기차와 저가항공, 렌터카를 번갈아 가며 이동한다면 여행이 더 수월해진다.

**사례 3. 유럽 여행에서 가장 힘든 게 화장실 이용이다. 공중화장실을 찾으려고 고생하지 말고 주변의 카페를 이용하면 어떨까?**
- 유럽은 화장실 인심이 좋지 않아 화장실이 유료이고 또한 찾기가 여간 힘든 게 아니다. 시내에서 찾기 쉬운 카페에 들러 커피를 마시면서 용변도 해결하고 잠시 휴식도 취하면 여행이 즐거워진다. 몇 푼 아끼려다 힘만 든다.

**사례 4. 여행을 준비할 때 커다란 여행 가방(트렁크)에 모든 짐을 쌓으려고 한다. 현지에서 큰 가방 들고 헤맨다고 생각해보자. 끔찍하지 않을까? 작은 배낭 하나로 여행을 떠나면 어떨까?**
- 소형 배낭 안에 꼭 필요한 필수품만(노트북, 카메라 등) 넣고 나머지는 현지 벼룩시장(재래시장, 매우 저렴하다)에서 해결한다. 유럽의 도로는 울퉁불퉁해 큰 트렁크를 끌고 다니기 쉽지 않다. 특히 지하철역 내의 계단을 오르내리며 이동하려면 여간 힘든 게 아니다.

**사례 5. 여행 전 필수 준비 중 하나가 환전하는 것이다. 지갑에 상당한 현금을 소지한 채 조마조마하며 다니지 말고 과감히 신용카드 한 장만 소지하면 어떨까?**
- 도난 위험이 상존하는 현금보다는 카드 이용이 안전하고 편하다. 카드는 분실 시 지불 정지하면 되고 소액(화장실 이용 시 결제 가능)도 결제할 수 있다. 특히 컨택리스 카드는 보안상 안전하고, 교통카드 기능이 있어 대중교통을 이용하기도 편하다.

**사례 6. 청년들은 숙박 시 민박이나 유스호스텔을 1순위로 고려한다. 저렴하게 1박을 할 수 있어 선호되는 편이지만 사생활 노출과 도난 위험이 있다. 만약 저렴한 체인호텔이나 아파트먼트 호텔을 이용한다면 어떨까?**
- 여행 시 자주 이용하는 아코르 호텔(all.accor.com)은 저렴하게 이용할 수 있는 체인호텔이다. 유럽 전역에 체인망을 구축해 쉽게 찾아갈 수 있다. 모던하면서 깔끔해 사용하기 편하다. 특히 이비스 버짓(IBISBUDGE HOTEL)은 2층 침대(1층 2명, 2층 1명)로 3명이 이용할 수 있다. 1/N로 분담 시 1인당 €15~20이면 숙박할 수 있다. 4명 이상이 한곳에 며칠 머물 예정이라면 아파트먼트 호텔에서 숙박해도 숙박비(1/N)와 식비를 절약할 수 있다.

유연한 사고는 여행의 상당히 중요한 덕목이다. 고정된 틀에서 벗어나면 여행의 실마리가 보이기 시작한다. 〈유럽 여행 노하우〉는 저자의 오랜 노하우의 결정체이므로, 독자들이 숙지해서 처음 가는 유럽 여행 길잡이에 도움이 되길 바란다.

# 베스트 여행 코스

## BEST COURSE

## 4~5개국 유럽 핵심 여행 코스
## 유럽 5개국 20일

20일 코스에서 여행자들이 가장 선호하는 코스. 핵심 4개국인 프랑스, 스위스, 이탈리아, 스페인에 영국(런던)을 추가한 코스는 유럽 여행의 진수를 볼 수 있는 좋은 기회가 될 것이다.

| 일자 | 도시 | 교통수단 | 이동 시간 | 여행 포인트 |
|---|---|---|---|---|
| 1일째 | 인천 공항→런던 공항 | 항공편 | 12~16시간 | |
| 2일째 | 런던 시내 | 지하철/버스 | | 종일 관광 |
| 3일째 | 런던 시내 | 지하철/버스 | | 오전 관광 |
| | 런던→파리 | 유로스타 | 2시간 30분 | 런던 팽크러스역 출발, 열차 시간 12:31→15:47 |
| | 파리 시내 | | | 오후 관광 |
| 4일째 | 파리 시내 | 지하철/도보 | | 종일 관광 |
| 5일째 | 몽생미셸 (투어 이용 €110~) | 기차/버스 | | 개별 이동 시 파리 몽파르나스역에서 출발해 렌을 경유 |
| 6일째 | 베르사유 궁전 | RER | | 파리 리옹역에 14:40 전 도착 |
| | 파리→체르마트 | TGV/IR/R열차 | 7시간 | 열차 시간 16:16→23:48(2회 환승) |
| 7일째 | 체르마트(마터호른) | 특수열차 | | 종일 |
| | 체르마트→인터라켄 | R/IC열차 | 2시간 15분 | 열차 시간 18:13→20:28(2회 환승) |
| 8일째 | 인터라켄(융프라우요흐) | 특수열차 | | 종일 |
| 9일째 | 인터라켄→루체른 | IR열차 | 1시간 50분 | 열차 시간 08:04→09:55(직행) |
| | 루체른 시내(근교) | 도보 | | 오전 관광, 오후 리기산 등 |
| 10일째 | 루체른→취리히 | IR/IC열차 | 50분 | 열차 시간 08:09→08:50(직행) |
| | 취리히 시내 | 도보 | | 종일 관광 |
| | 취리히→바젤 | IC/IR열차 | 53분 | 열차 시간 18:34→19:28(직행) |
| 11일째 | 바젤→로마 | 저가 항공 | 1시간 30분 | 이지젯 06:15→07:45 |
| | 로마 시내 | 지하철/버스/도보 | | 종일 관광 |
| 12일째 | 나폴리/폼페이 | ES고속/사철 | | 당일치기 여행(로마 숙박) |
| 13일째 | 로마 시내 | 지하철/버스/도보 | | 종일 관광 |
| 14일째 | 로마→피렌체 | ES고속열차 | 1시간 30분 | 열차 시간 07:10→08:46(직행) |
| | 피렌체 시내 | 버스/도보 | | 오전 관광 |
| | 피렌체→베네치아 | ES고속열차 | 2시간 5분 | 열차 시간 13:20→15:34(직행) |
| | 베네치아 시내 | 바포레토 | | 오후(야간) 관광 |

| 15일째 | 베네치아 → 니스 | 저가 항공 | 1시간 20분 | 이지젯 10:30 → 11:50(요일따라 다름) |
|---|---|---|---|---|
| | 니스 시내 | 도보 | | 오후 관광 |
| 16일째 | 니스 → 바르셀로나 | 저가 항공 | 1시간 15분 | 부엘링 09:15 → 10:30 |
| | 바르셀로나 시내 | 지하철/도보 | | 오후 관광 |
| 17일째 | 몬세라트 | FGC R5열차 | | 오전 관광(에스파냐역에서 출발) |
| | 바르셀로나 시내 | 지하철/도보 | | 오후 관광 |
| 18일째 | 바르셀로나 → 마드리드 | AVE고속열차 | 3시간 10분 | 열차 시간 08:00 → 11:10 |
| | 마드리드 시내 | 지하철/도보 | | 오후 관광 |
| 19일째 | 톨레도/세고비아 | AVE고속열차 | 33분(28분) | 둘 중 한곳 당일치기 여행 |
| | 마드리드 공항 → 인천 공항 | 항공편 | 12~16시간 | 저녁 출발 |
| 20일째 | 인천 공항 도착 | | | |

※ 출발 시각표(항공/열차)는 현지 사정에 따라 달라질 수 있으니 출발 전 반드시 확인 필요.
※ 위의 일정은 돌아올 때 저녁에 출발하는 항공편 이용 시를 기준으로 한다.

## Travel Budget

**항공권** ₩1,500,000
런던 IN, 마드리드 OUT 왕복 티켓

**교통비** ₩925,000
시내교통비 €80
유로스타(런던→파리) €74
OUIGO열차(파리↔렌) €32
버스(렌↔몽생미셸) €30
글로벌 플렉스 패스 7일권(2등석, 유스) €286
저가 항공(베네치아→니스) €52
저가 항공(니스→바르셀로나) €47
저가 항공(바젤→로마) €37

**숙박** ₩2,700,000
1박 150,000원(2~3성급) × 18박

**현지 경비** ₩2,340,000
시내교통, 입장료, 식비 1일 130,000원 × 18일

★ 유로스타, OUIGO열차, 저가 항공은 최저 요금 기준

**총 경비(학생 기준)** ₩7,465,000

### tip 여행 포인트

☐ 한국과의 항공편은 런던 IN, 마드리드 OUT
☐ 유레일패스는 글로벌 플렉시 패스 7일권(2등석, 유스)을 구입한다.
☐ 런던에서 파리에 갈 때 이동 시간은 실제 2시간 30분이지만, 시차(런던이 파리보다 1시간 느리다) 때문에 3시간 30분이 된다.
☐ 14일째 일정이 빠듯하면 피렌체와 베네치아 중 본인의 취향에 맞는 1곳만 선택해 관광한다.

## 4~5개국 유럽 핵심 여행 코스
# 유럽 4개국 ① 15일

유럽의 핵심 4개국인 영국, 프랑스, 스위스, 이탈리아로 구성한 15일 일정으로, 여행자들이 가장 선호하는 코스이다. 비교적 짧은 기간에 유럽 여행의 진수를 맛볼 수 있는 좋은 기회가 될 것이다.

| 일자 | 도시 | 교통수단 | 이동 시간 | 여행 포인트 |
|---|---|---|---|---|
| 1일째 | 인천 공항→런던 공항 | 항공편 | 12~16시간 | |
| 2일째 | 런던 시내 | 지하철/버스 | | 종일 관광 |
| 3일째 | 런던 시내 | 지하철/버스 | | 종일 관광 |
| 4일째 | 런던 시내 | 지하철/버스 | | 16시까지 관광 |
| | 런던→파리 | 유로스타 | 2시간 15분 | 열차 시간 16:31→19:47/18:01→21:28 |
| 5일째 | 파리 시내 | 메트로/도보 | | 종일 관광 |
| 6일째 | 몽생미셸 (투어 이용 €110~) | 기차/버스 | | 개별 이동 시 파리 몽파르나스역에서 출발해 렌을 경유 |
| 7일째 | 파리 시내 | 메트로/도보 | | 종일 관광 |
| 8일째 | 베르사유 궁전 | RER | | 오전 관광 후 파리 리옹역에 13:30 전에는 도착 |
| | 파리→체르마트 | TGV/EC/R | 6시간 50분 | 열차 시간 14:16→21:14(2회 환승) |
| 9일째 | 체르마트(마터호른) | 특수열차 | | 14시까지 관광 |
| | 체르마트→인터라켄 | R/IC열차 | 2시간 20분 | 열차 시간 14:37→16:57(2회 환승) |
| 10일째 | 인터라켄(융프라우요흐) | 특수열차 | | 융프라우 철도 할인 티켓 챙기기 |
| | 인터라켄→루체른 | IR | 1시간 50분 | 열차 시간 18:04→19:55(직행) |
| 11일째 | 루체른 시내 | 도보 | | 12:30까지 관광 |
| | 루체른→취리히 | IR열차 | 45분 | 열차 시간 13:10→13:56(직행) |
| | 취리히 시내 | 도보 | | 중앙역 코인로커에 짐 보관 |
| | 취리히→베네치아 | EC/EN | 14시간 18분 (야간) | 열차 시간 19:33→08:34(1회 환승) |
| 12일째 | 베네치아 시내 | 바포레토 | | 산타루치아역 코인로커에 짐 보관 후 관광 |
| | 베네치아→로마 | ES열차 | 3시간 45분 | 열차 시간 15:26→19:25(직행) |
| 13일째 | 로마 시내 | 도보 | | |

| 14일째 | 로마 시내 | 도보 | | |
|---|---|---|---|---|
| | 로마 공항→인천 공항 | 항공편 | 12~16시간 | 대한항공 22:20/<br>중국국제항공(CA) 19:50 출발 |
| 15일째 | 인천 공항 도착 | | | |

※ 출발 시각표(항공/열차)는 현지 사정에 따라 달라질 수 있으니 출발 전 반드시 확인 필요.
※ 위의 일정은 돌아올 때 저녁에 출발하는 항공편 이용 시를 기준으로 한다.

## Travel Budget

항공권 ⋯⋯⋯⋯⋯⋯⋯⋯⋯⋯ ₩1,500,000
  런던 IN, 로마 OUT 왕복 티켓

교통비 ⋯⋯⋯⋯⋯⋯⋯⋯⋯⋯⋯⋯ ₩870,000
  시내교통비 €60
  유로스타(런던→파리) €74
  OUIGO열차(파리↔렌) €32
  버스(렌↔몽생미셸) €30
  글로벌 플랙스 패스 7일권(2등석, 유스) €239

숙박 ⋯⋯⋯⋯⋯⋯⋯⋯⋯⋯⋯⋯ ₩1,950,000
  1박 150,000원(2~3성급) × 13박

현지 경비 ⋯⋯⋯⋯⋯⋯⋯⋯⋯⋯ ₩1,690,000
  시내교통, 입장료, 식비 1일 130,000원 × 13일

총 경비(학생 기준)    ₩6,010,000

베네치아 종루와 두칼레 궁전

---

**tip  여행 포인트**

☐ 한국과의 항공편은 런던 IN, 로마 OUT
☐ 유레일패스는 글로벌 플래시 패스 5일권(2등석, 유스)을 구입한다.
☐ 런던에서 파리로 갈 때 이동 시간은 실제 2시간이지만 시차(런던이 파리보다 1시간 늦음) 때문에 3시간이 된다.
☐ 11일째 취리히에서 베네치아로 갈 때는 야간열차를 이용한다. 도중에 뮌헨 중앙역에서 환승한다.
☐ 11일째 피렌체를 일정에 넣고 싶으면 스위스 취리히, 루체른 중 한곳을 생략한다.

## 4~5개국 유럽 핵심 여행 코스
## 유럽 4개국 ② 15일

앞서 소개한 4개국 15일 코스와 달리, 프랑스, 스위스, 이탈리아, 스페인 4개국으로 구성된 코스. 마찬가지로 여행자들이 선호하는 코스다.

| 일자 | 도시 | 교통수단 | 이동 시간 | 여행 포인트 |
|---|---|---|---|---|
| 1일째 | 인천 공항→파리 공항 | 항공편 | 12~16시간 | |
| 2일째 | 파리 시내 | 지하철/도보 | | 종일 시내 관광 |
| 3일째 | 몽생미셸<br>(투어 이용 €110~) | 기차/버스 | | 개별 이동 시 파리 몽파르나스역에서 출발해 렌을 경유 |
| 4일째 | 베르사유 궁전 | RER | 5시간 30분 | 파리 리옹역에 14시 전 도착 |
| | 파리→인터라켄 | TGV/EC/R | | 파리→인터라켄 TGV/EC/R<br>열차 시간 14:21→19:58(1회 환승) |
| 5일째 | 인터라켄(융프라우요흐) | 특수열차 | | 종일 |
| 6일째 | 인터라켄→루체른 | IR열차 | 1시간 50분 | 열차 시간 08:04→09:55(직행) |
| | 루체른 시내(근교) | 도보 | | 오전 관광, 오후 리기산 등 |
| 7일째 | 루체른→취리히 | IR/IC열차 | 46분 | 열차 시간 08:10→08:56(직행) |
| | 취리히 시내(근교) | 도보 | | 종일 관광 |
| | 취리히→바젤 | IC/IR열차 | 53분 | 열차 시간 18:34→19:28(직행) |
| 8일째 | 바젤→로마 | 저가 항공 | 1시간 30분 | 이지젯 06:15→07:45 |
| | 로마 시내 | 지하철/버스/도보 | | 종일 관광 |
| 9일째 | 로마 시내 | 지하철/버스/도보 | | 종일 관광 |
| 10일째 | 로마→피렌체 | ES고속열차 | 1시간 30분 | 열차 시간 07:10→08:46(직행) |
| | 피렌체 시내 | 버스/도보 | | 오전 관광 |
| | 피렌체→베네치아 | ES고속열차 | 2시간 5분 | 열차 시간 13:20→15:34(직행) |
| | 베네치아 시내 | 바포레토 | | 오후(야간) 관광 |
| 11일째 | 베네치아→바르셀로나 | 저가 항공 | 1시간 15분 | 부엘링 09:15→10:30 |
| | 바르셀로나 시내 | 지하철/도보 | | 종일 관광 |
| 12일째 | 바르셀로나 시내 | 지하철/도보 | | 종일 관광 |
| | 바르셀로나→마드리드 | | 2시간 30분 | 열차 시간 18:25→20:55(직행) |
| 13일째 | 톨레도/세고비아 | AVE고속열차 | 33분(28분) | 둘 중 1곳 당일치기 여행 |

| 14일째 | 마드리드 시내 | 지하철/도보 | | 종일 관광 |
|---|---|---|---|---|
| | 마드리드 공항 → 인천 공항 | | | 저녁 출발 |
| 15일째 | 인천 공항 도착 | | | |

※ 출발 시각표(항공/열차)는 현지 사정에 따라 달라질 수 있으니 출발 전 반드시 확인 필요.
※ 위의 일정은 돌아올 때 저녁에 출발하는 항공편 이용 시를 기준으로 한다.

### Travel Budget

**항공권** ₩1,500,000
파리 IN, 마드리드 OUT 왕복 티켓

**교통비** ₩662,000
시내교통비 €60
OUIGO열차(파리↔렌) €32
버스(렌↔몽생미셸) €30
글로벌 플랙스 패스 7일권(2등석, 유스) €239
구간권(인터라켄-루체른) CHF17
저가 항공(바젤→로마) €37
저가 항공(베네치아→바르셀로나) €42

**숙박** ₩1,950,000
1박 150,000원(2~3성급) × 13박

**현지 경비** ₩1,690,000
시내교통, 입장료, 식비 1일 130,000원 × 13일

**총 경비(학생 기준)** ₩5,802,000

인터라켄의 하더쿨룸

### tip 여행 포인트

☐ 한국과의 항공편은 파리 IN, 마드리드 OUT
☐ 기차 이동일수가 6일이므로 4일째 1일 구간권을 끊고, 나머지는 글로벌 플렉시 패스 5일권을 사용한다.
☐ 7일째 취리히에서는 로마행 저가 항공이 없으니 바젤로 이동해 로마로 간다, 11일째 베네치아에서 바르셀로나도 저가 항공을 이용한다. 저가 항공은 항공사별로 운항구간이 다르므로 이지젯, 라이언에어, 부엘링 등 홈페이지를 잘 활용해 지역 간 이동에 차질이 없도록 유의한다.
☐ 10일째 일정이 빠듯하면 피렌체와 베네치아 중 본인 취향에 맞는 한곳만 선택해 관광한다.

**2개국 여유로운 코스**

# 유럽 2개국 10일

## 영국·프랑스

섬나라 영국의 런던과 유럽 대륙의 프랑스 파리를 비교하면서 짧게나마 유럽을 감상할 수 있는 코스로 직장인이나 시간 여유가 없는 여행자에게 적합하다.

| 일자 | 도시 | 교통수단 | 이동 시간 | 여행 포인트 |
|---|---|---|---|---|
| 1일째 | 인천 공항→ 런던 공항 | 항공편 | 12~16시간 | |
| 2일째 | 런던 시내 | 지하철/버스 | | 종일 관광 |
| 3일째 | 런던 근교 | 열차/버스 | 1~2시간 | 옥스퍼드, 스톤헨지, 윈저 중 1곳 관광 |
| 4일째 | 런던 시내 | 지하철/버스 | | 16시까지 관광 |
| 4일째 | 런던→ 파리 | 유로스타 | 2시간 15분 | 세인트 팽크러스역(18:01)→ 파리 북역(21:28) 직행 |
| 5일째 | 파리 시내 | 메트로/도보 | | 종일 관광 |
| 6일째 | 몽생미셸(투어 이용 €110~) | 전용버스 | | 개별 이동 시 파리 몽파르나스역에서 출발 |
| 7일째 | 파리 시내 | 지하철 | | 종일 관광 |
| 8일째 | 파리↔베르사유 궁전 | 지하철 | 30~40분 | 종일 관광 |
| 9일째 | 파리 근교 | 열차 | 1시간 30분~2시간 | 오베르 쉬르 우아즈, 또는 지베르니 종일 관광 |
| 10일째 | 파리 시내 | 메트로 | | 오전 관광 |
| 10일째 | 파리 공항→ 런던 공항 | 항공편 | | 대한항공 21:00 / 아시아나항공 19:50 출발 |

### tip 여행 포인트

- 한국과의 항공편은 런던 IN, 파리 OUT
- 국적기 이용 시 시차(한국이 영국보다 8~9시간 빠르다) 때문에 인천에서 출발하면 런던에 당일 도착하고 파리에서 출국 시 다음 날 인천에 도착한다.
- 런던-파리의 유로스타 구간권은 여행 1~2개월 전에 예매한다(요금 £38~).
- 파리에서 OUT할 때 국적기를 이용하면 대부분 저녁에 출발하므로 마지막 날 하루를 꼬박 관광할 수 있어 시간 활용면에서 경제적이다.
- 1일째 국적기 이용 시 당일 오후에 도착해 숙소로 이동하면 저녁이 된다. 여름이라면 밤 9시까지 어둡지 않으니 저녁 시간을 활용할 수 있다. 아시아권 항공편은 출발 다음 날 새벽 런던에 도착하니, 숙소로 이동해서 짐을 풀고 바로 관광을 시작한다.
- 3일째 런던 근교는 취향에 따라 1곳을 선택한다. 숙소에 짐을 놓고 가벼운 차림으로 다녀온다.

### Travel Budget

| | |
|---|---|
| 항공권 | ₩1,500,000 |
| | 런던 IN, 파리 OUT 왕복 티켓 |
| 교통비 | ₩269,000 |
| | 시내교통비 €60 |
| | 유로스타(런던→ 파리) €74 |
| | OUIGO열차(파리↔렌) €32 |
| | 버스(렌↔몽생미셸) €30 |
| 숙박 | ₩1,200,000 |
| | 1박 150,000원(2~3성급) × 8박 |
| 현지 경비 | ₩1,040,000 |
| | 시내교통, 입장료, 식비 1일 130,000원 × 8일 |
| **총 경비(학생 기준)** | **₩4,009,000** |

## 2개국 여유로운 코스
# 유럽 2개국 10일

## 프랑스 · 이탈리아

10일 동안 유럽의 핵심인 프랑스와 이탈리아를 여유 있게 관광할 수 있는 일정. 직장인이나 시간 여유가 없는 여행자들이 무리하지 않고 다닐 수 있는 일정이다.

| 일자 | 도시 | 교통수단 | 이동 시간 | 여행 포인트 |
|---|---|---|---|---|
| 1일째 | 인천 공항→파리 공항 | 항공편 | 12~16시간 | |
| 2~3일째 | 파리 시내 | | | 종일 관광 |
| 4일째 | 몽생미셸(투어 이용 €110~) | 전용버스 | | 개별 이동 시 파리 몽파르나스역 출발, 렌 경유 |
| 5일째 | 베르사유 궁전과 파리 시내 | RER/메트로 | | |
| 5일째 | 파리→베네치아 | 저가 항공 | 1시간 40분 | 이지젯 18:55→20:35(요일마다 다름) / 라이언에어 08:40→10:20 |
| 6일째 | 베네치아 시내 | 바포레토 | | 16시까지 관광 |
| 6일째 | 베네치아→피렌체 | ES고속열차 | 2시간 | 17:26→19:39(직행) |
| 7일째 | 피렌체 시내 | 버스/도보 | | 18시까지 관광 |
| 7일째 | 피렌체→로마 | ES고속열차 | 1시간 32분 | 열차 시간 19:14→20:50(직행) |
| 8일째 | 로마 시내 | 메트로/도보 | | 종일 관광 |
| 9일째 | 로마 시내 | 메트로/도보 | | 종일 관광 |
| 9일째 | 로마 공항→인천 공항 | 항공편 | 12~16시간 | 대한항공 21:25 / 아시아나항공 17:50 출발 |
| 10일째 | 인천 공항 도착 | | | |

### Travel Budget

**항공권** ₩1,500,000
파리 IN, 로마 OUT 왕복 티켓

**교통비** ₩370,000
시내교통비 €50  OUIGO열차(파리↔렌) €32
버스(렌↔몽생미셸) €30
저가 항공(파리→베네치아) €36
le frece고속 열차(베네치아→피렌체) €53
le frece고속 열차(피렌체→로마) €50

**숙박** ₩1,200,000
1박 150,000원(2~3성급) × 8박

**현지 경비** ₩1,040,000
시내교통, 입장료, 식비 1일 130,000원 × 8일

**총 경비(학생 기준)** ₩4,110,000

### tip 여행 포인트

☐ 한국과의 항공편은 파리 IN, 로마 OUT
☐ 철도는 패스보다 구간권(1~2달 전 예매)을 구입하는 게 저렴하다.
☐ 4일째 하늘과 바다가 만나는 전설적인 바위섬 몽생미셸은 당일 투어에 참여한다.
☐ 5일째 파리에서 베네치아로 갈 때 저가 항공(라이언에어 €18~, 1~2개월 전 예매)을 이용하면 야간열차(19:45→09:45)보다 저렴하면서 편하게 이동할 수 있다.
☐ 7일째 피렌체에서 명품 아웃렛에 가고 싶으면 오전에 시내 관광, 오후는 쇼핑 투어에 참여한다.

## 2개국 여유로운 코스

# 유럽 2개국 10일

## 프랑스 · 스위스

유럽의 낭만을 대표하는 프랑스와 알프스의 절경을 만끽할 수 있는 스위스를 여유 있게 관광할 수 있는 코스. 직장인이나 시간 여유가 없는 여행자에게 적합하다.

| 일자 | 도시 | 교통수단 | 이동 시간 | 여행 포인트 |
|---|---|---|---|---|
| 1일째 | 인천 공항 → 파리 공항 | 항공편 | 12~16시간 | |
| 2~3일째 | 파리 시내 | 메트로/버스 | | |
| 4일째 | 몽생미셸(투어 이용 €110~) | 전용버스 | | 개별 이동 파리 몽파르나스역 출발, 렌 경유 |
| 5일째 | 베르사유 궁전 | RER | | 파리 리옹역에 14:40 전에는 도착 |
| | 파리 → 체르마트 | TGV/EC/R | 7시간 | 열차 시간 16:16 → 23:48(2회 환승) |
| 6일째 | 체르마트 → 몽트뢰 | R열차 | 2시간 35분 | 열차 시간 16:37 → 19:16(1회 환승) |
| 7일째 | 몽트뢰 → 베른 | IR열차 | 2시간 | 열차 시간 11:47 → 13:26 |
| | 베른 시내 | 도보 | | 오후 관광 |
| | 베른 → 인터라켄 | ICE/IC열차 | 55분 | 열차 시간 19:04 → 19:57(직행) |
| 8일째 | 인터라켄(융프라우요흐) | 특수열차 | | 종일 관광 |
| | 인터라켄 → 루체른 | IR열차 | 1시간 50분 | 열차 시간 19:04 → 20:55 |
| 9일째 | 루체른 시내 | 도보 | | 오전 관광 |
| | 루체른 → 취리히 | IR열차 | 50분 | 열차 시간 13:10 → 13:56 |
| | 취리히 시내 | 도보 | | 오후 관광 |
| | 취리히 공항 → 인천 공항 | | | 대한항공 19:30 출발 |
| 10일째 | 인천 공항 도착 | | | |

### tip 여행 포인트

- 한국과의 항공편은 파리 IN, 취리히 OUT
- 5, 6, 7, 9일은 글로벌 플렉시 패스 4일권을 끊고, 8일은 구간권을 구입하는 게 경제적이다.
- 상기 스위스 일정 대신 일반 여행자가 놓치기 쉬운 환상적인 특급열차 여행을 만끽할 수 있는 코스도 있다.
- 7일째 세계에서 가장 느린 빙하특급을 타고 싶으면 코스 일부를 변경한다. 빙하특급은 체르마트에서 쿠어(생 모리츠)까지 가면서 태곳적 아름다운 알프스 절경을 즐기는 코스인데, 코스가 길어 지루할 수 있으니 안데르마트까지만 빙하특급을 이용하고 인터라켄으로 되돌아간다. 8일째는 융프라우요흐를 오전 등반한 후 오후에 루체른으로 이동한다.

### Travel Budget

**항공권** ₩1,500,000
파리 IN, 취리히 OUT 왕복 티켓

**교통비** ₩510,000
시내교통비 €60  유로스타(런던 → 파리) €74
OUIGO열차(파리 ↔ 렌) €32
버스(렌 ↔ 몽생미셸) €30
글로벌 플렉스 패스 4일권(2등석, 유스) €212
구간권(인터라켄 – 루체른) CHF17

**숙박** ₩1,600,000
1박 200,000원(2~3성급) × 8박

**현지 경비** ₩1,200,000
시내교통, 입장료, 식비 1일 150,000원 × 8일

**총 경비(학생 기준)** ₩4,810,000

## 2개국 여유로운 코스
# 유럽 2개국 10일

## 스페인·이탈리아

스페인과 이탈리아는 유럽에서 가장 볼거리가 많은 나라이다. 스페인은 기독교와 이슬람교가 접목된 이국적인 분위기를, 이탈리아는 찬란한 로마제국의 발자취를 느껴볼 수 있다.

| 일자 | 도시 | 교통수단 | 이동 시간 | 여행 포인트 |
|---|---|---|---|---|
| 1일째 | 인천 공항→마드리드 공항 | 항공편 | 12~16시간 | |
| 2일째 | 마드리드 시내 | 지하철/도보 | | |
| 3일째 | 톨레도/세고비아 | AVE고속열차 | 33분(28분) | 둘 중 한곳 당일치기 여행 |
| 4일째 | 마드리드→바르셀로나 | AVE고속열차 | | 열차 시간 08:00→10:30 |
| | 바르셀로나 시내 | 지하철/도보 | | 오후 관광 |
| 5일째 | 바르셀로나 시내 | 지하철/도보 | | 종일 관광 |
| | 바르셀로나→베네치아 | 저가 항공 | 2시간 | 부엘링 19:25→21:10 |
| 6일째 | 베네치아 시내 | 바포레토 | | 오전 관광 |
| | 베네치아→피렌체 | ES고속열차 | 2시간 5분 | 열차 시간 12:26→14:39(직행) |
| | 피렌체 시내 | 버스/도보 | | 오후 관광 |
| 7일째 | 피렌체→로마 | S고속열차 | 1시간 30분 | 열차 시간 07:48→09:30(직행) |
| | 로마 시내 | 지하철/버스/도보 | | 종일 관광 |
| 8일째 | 아말피 해안 | ES고속열차/사철/버스 | | 당일치기 여행(투어 참여) |
| 9일째 | 로마 시내 | 지하철/버스/도보 | | 종일 관광 |
| | 로마 공항→인천 공항 | 항공편 | 12~16시간 | 대한항공 21:25→15:40(+1일) |
| 10일째 | 인천 공항 도착 | | | |

## Travel Budget

| | |
|---|---|
| 항공권 | ₩1,500,000 |
| 마드리드 IN, 로마 OUT 왕복 티켓 | |
| 교통비 | ₩530,000 |
| 시내교통비 €60 | |
| 글로벌 플렉스 패스 5일권(2등석, 유스) €239 | |
| 저가 항공(바르셀로나→베네치아) €42 | |
| 시외버스(마드리드→톨레도) 왕복 €12 | |
| 숙박 | ₩1,200,000 |
| 1박 150,000원(2~3성급) × 8박 | |
| 현지 경비 | ₩1,040,000 |
| 시내교통, 입장료, 식비 1일 130,000원 × 8일 | |
| 총 경비(학생 기준) | ₩4,270,000 |

### tip 여행 포인트

- 한국과의 항공편은 마드리드 IN, 로마 OUT
- 3일째는 구간권을 끊고, 나머지 일정은 글로벌 플렉스 패스 5일권을 구입해 이동한다.
- 5일째 바르셀로나→베네치아 구간은 저가 항공을 이용한다.
- 6일째(7일째) 피렌체역(로마역)에 도착하면 바로 호텔로 가지 말고 역내 코인로커(로마역은 유인 짐 보관소)에 짐을 맡기고 관광한 후 숙소로 이동하는 게 시간이 절약된다.
- 6일째 일정이 빠듯하면 피렌체와 베네치아 중 본인 취향에 맞는 한곳만 선택해 관광한다.

**2개국 여유로운 코스**

**유럽 2개국 10일**

# 스위스 · 이탈리아

스위스의 아름다운 알프스 절경과 이탈리아의 2,000년 고도(古都)에서의 시간 여행을 즐기기에 알맞은 코스다. 10일 동안 두 나라의 핵심을 둘러보는 일정이다.

| 일자 | 도시 | 교통수단 | 이동 시간 | 여행 포인트 |
|---|---|---|---|---|
| 1일째 | 인천 공항 → 취리히 공항 | 항공편 | 12~16시간 | |
| 2일째 | 취리히 | 도보 | | 오전 관광 |
| | 취리히 → 루체른 | IR열차 | 45분~1시간 | 열차 시간 13:10 → 13:51(직행) |
| | 루체른 | 도보 | | 오후 관광 |
| 3일째 | 루체른 → 인터라켄 | IR열차 | 1시간 50분 | 열차 시간 07:06 → 08:55(직행) |
| | 인터라켄(융프라우요흐) | 특수열차 | | 종일 관광 |
| 4일째 | 인터라켄 → 체르마트 | IC열차 | 2시간 15분 | 열차 시간 08:00 → 10:14(직행) |
| | 체르마트(마터호른) | 특수열차 | | 종일 관광 |
| 5일째 | 체르마트 → 밀라노 | 일반열차 | 3시간 30분 | 열차 시간 06:13 → 09:40(1회 환승) |
| | 밀라노 → 베네치아 | 고속열차 | 2시간 30분 | 열차 시간 09:45 → 12:12(직행) |
| | 베네치아 시내 | 곤돌라 | | 오후 관광 |
| 6일째 | 베네치아 → 피렌체 | 고속열차 | 2시간 5분 | 열차 시간 07:26 → 09:39(직행) |
| | 피렌체 시내 | 도보 | | 종일 관광 |
| 7일째 | 피렌체 → 로마 | 고속열차 | 1시간 30분 | 열차 시간 07:48 → 09:30(직행) |
| | 로마 | 도보/버스 | | 종일 관광 |
| 8일째 | 로마 ↔ 폼페이 | 지역열차 | | 종일 관광 |
| 9일째 | 로마 시내 | 도보/버스 | | 종일 관광 |
| | 로마 공항 → 인천 공항 | 항공편 | 11시간 30분 | 대한항공 21:25 / 아시아나항공 17:50 출발 |
| 10일째 | 인천 공항 도착 | | | |

**tip 여행 포인트**

☐ 한국과의 항공편은 취리히 IN, 로마 OUT
☐ 2~3일은 각각 구간권을 끊고, 4~7일은 글로벌 플랙스 패스 4일권을 구입한다.
☐ 5일째, 6일째는 일정을 융통성 있게 짜도 좋다. 만약 밀라노를 반나절 관광하고 싶으면 오전 밀라노 관광, 오후에 베네치아로 이동하고 다음 날 피렌체 관광을 반나절로 줄여도 좋다.
☐ 8일째는 로마 ↔ 폼페이는 사철을 이용하므로 유레일패스가 적용되지않는다.

## Travel Budget

항공권 ······································· ₩1,500,000
취리히 IN, 로마 OUT 왕복 티켓

교통비 ········································· ₩395,000
시내교통비 €30
글로벌 플랙스 패스 4일권(2등석, 유스) €212
구간권(취리히 - 루체른 - 인터라켄) CHF30

숙박 ·········································· ₩1,600,000
1박 200,000원(2~3성급) × 8박

현지 경비 ····································· ₩1,040,000
시내교통, 입장료, 식비 1일 130,000원 × 8일

**총 경비(학생 기준) ₩4,535,000**

## 1개국 집중 코스
# 영국 7일

7일 일정은 영국의 분위기를 어느 정도 느껴볼 수 있는 의미 있는 코스이다. 영국은 과거와 현재가 공존하는 다양한 볼거리가 있어 여행객들에게 매력 넘치는 곳이다.

| 일자 | 도시 | 교통수단 | 이동 시간 | 여행 포인트 |
|---|---|---|---|---|
| 1일째 | 인천 공항→런던 공항 | 항공편 | 12~16시간 | |
| 2일째 | 런던 시내 | 지하철/도보 | | 종일 관광 |
| 3일째 | 런던 시내 | 지하철/도보 | | 종일 관광 |
| 4일째 | 런던 근교 | 열차/버스 | 20분~1시간 | 윈저 성 또는 그리니치 중 1곳 선택 관광 |
| 5일째 | 런던 근교 | 열차 | 1시간~1시간 30분 | 옥스퍼드 당일 관광 |
| 6일째 | 런던 근교 | 열차 | 2시간 30분 | 스톤헨지 당일 관광 |
| 7일째 | 런던 시내 | 지하철/도보 | | 종일 관광 |
| | 런던 공항→인천 공항 | 항공편 | 12~16시간 | 대한항공 19:35 / 아시아나항공 20:50 출발 |
| | 인천 공항 도착 | | | |

### Travel Budget

- 항공권 ············ ₩1,500,000
  런던 IN, OUT 왕복 티켓
- 교통비 ············ ₩230,000
  시내교통비 €30
  런던 근교 €100
- 숙박 ············ ₩1,200,000
  1박 200,000원(2~3성급) × 6박
- 현지 경비 ············ ₩900,000
  시내교통, 입장료, 식비 1일 150,000원 × 6일
- 총 경비(학생 기준) ₩3,830,000

### tip 여행 포인트

- ☐ 한국과의 항공편은 런던 IN, OUT
- ☐ 근교 이동 시는 열차보다 버스편이 더 저렴하다.
- ☐ 아시아권 항공편을 이용하면 출발 다음날 새벽에 도착하고, 국적기를 이용하면 당일 오후에 도착한다. 런던 OUT 시 국적기는 밤(20:05, 21:00)에 출국해 당일 하루를 절약할 수 있다.
- ☐ 영국은 겨울보다는 여름에 알찬 여행을 할 수 있다. 겨울에는 오후 4시에 어두워지기 시작하는데, 여름에는 밤 9시까지도 해가 지지 않아 여행하기에 좋다.
- ☐ 배낭여행할 때 첫 관문(IN, OUT)은 런던에서 시작한다. 영어권으로 주변 상황에 빨리 적응할 수 있고, 도버 해협을 2번 횡단하는 불편을 피할 수 있기 때문이다.

## 1개국 집중 코스
# 프랑스 10일

유럽의 낭만을 대표하는 프랑스를 여유 있게 즐길 수 있는 코스. 이번 기회에 쉽게 가기 힘든 몽생미셸을 비롯한 파리 근교 지역의 아름다운 전원 풍경을 만끽해 본다.

| 일자 | 도시 | 교통수단 | 이동 시간 | 여행 포인트 |
|---|---|---|---|---|
| 1일째 | 인천 공항 → 파리 공항 | 항공편 | 12~16시간 | |
| 2일째 | 파리 시내 | 메트로/도보 | | 종일 관광 |
| 3일째 | 베르사유 궁전 | 메트로/도보 | | 종일 관광 |
| | 파리 시내 | RER | | 야간 관광 |
| 4일째 | 몽생미셸(투어 이용 €110~) | 기차/버스 | | 개별 이동 시 파리 몽파르나스역 출발, 렌 경유 |
| 5일째 | 파리 근교(지베르니) | 기차/버스 | | 파리 생 라자르역에서 출발, 오전 관광 |
| | 파리 근교 (오베르 쉬르 우아즈) | 기차/버스 | | 파리 북역에서 출발, 오후 관광 |
| 6일째 | 루아르 고성 | 기차/버스 | | 파리 몽파르나스역에서 출발 |
| 7일째 | 파리 → 님(또는 아를) | TGV열차 | 3시간 | 열차 시간 08:10 → 11:11(직행) |
| | 님(가르교) | 도보 | | 오후 관광 |
| 8일째 | 님 → 니스 | Ter/IC열차 | 4시간 30분 | 열차 시간 08:12 → 12:41(직행) |
| | 니스 | 트램, 도보 | | 오후 관광 |
| 9일째 | 니스 → 에즈 | Ter열차 | 15분 | 열차 시간 08:06 → 08:20(직행) |
| | 에즈 → 니스 | Ter열차 | 15분 | 열차 시간 12:07 → 12:23(직행) |
| | 니스 공항 → 인천 공항 | 항공편 | 13~17시간 | 니스 → 파리 : 에어프랑스 18:05 출발<br>파리 → 인천 : 대한항공 21:00 출발 |
| 10일째 | 인천 공항 도착 | | | |

### tip 여행 포인트

- □ 한국과의 항공편은 파리 IN, 니스 OUT
- □ 프랑스 패스 4일권을 구입하고, 몽생미셸, 루아르 고성은 버스투어로 다녀온다. 버스투어 대신 혼자 당일로 다녀오려면 프랑스 패스 5일권을 끊는다.
- □ 5일째 취향에 따라 1곳을 선택해 다녀온다.
- □ 7일째 님, 아를 중 한 곳을 택해 여행한다. 님의 가르교는 기억에 남을 아름다운 로마교이니 꼭 방문하길 추천한다. 만약 님, 아를 2곳을 모두 관광하려면 9일째 일정에서 에즈를 생략한다.
- □ 니스에서 OUT하면 프랑스 남부 여행 일정을 늘릴 수 있다.

### Travel Budget

**항공권** ₩1,500,000
파리 IN, 니스 OUT 왕복 티켓

**교통비** ₩430,000
시내교통비 €40 OUIGO열차(파리↔렌) €32
버스(렌↔몽생미셸) 왕복 €30
글로벌 플랙스 패스 5일권(2등석, 유스) €193

**숙박** ₩1,200,000
1박 150,000원(2~3성급) × 8박

**현지 경비** ₩1,040,000
시내교통, 입장료, 식비 1일 130,000원 × 8일

**총 경비(학생 기준)** ₩4,170,000

## 1개국 집중 코스
# 스위스 10일

일반 여행자가 놓치기 쉬운 특급열차 여행을 만끽할 수 있는 코스. 이번 기회에 쉽게 가기 힘든 스위스의 태곳적 비경을 만끽해보자.

| 로잔 | 도시 | 교통수단 | 이동 시간 | 여행 포인트 |
|---|---|---|---|---|
| 1일째 | 인천 공항→ 취리히 공항 | 항공편 | 12~16시간 | |
| 2일째 | 취리히 | 도보 | | |
| | 취리히→ 루체른 | IR열차 | 1시간 5분 | 열차 시간 14:10→ 14:51(직행) |
| | 루체른 | 도보 | | 오후 관광 |
| 3일째 | 루체른→ 인터라켄 | IR열차 | 1시간 50분 | 열차 시간 08:06→ 09:55(직행) |
| | 인터라켄(융프라우요흐) | 특수열차 | | 종일 관광 |
| 4일째 | 인터라켄→ 베른 | IC열차 | 1시간 | 열차 시간 08:00→ 08:52(직행) |
| | 베른 | 도보 | | 오전 관광 |
| | 베른→ 몽트뢰 | IC/RE열차 | 2시간 20분 | 열차 시간 14:04→ 15:41(1회 환승) |
| 5일째 | 몽트뢰→ 로잔 | IR열차 | 25분 | 열차 시간 08:17→ 08:39(직행) |
| | 로잔 | 도보 | | 오전 관광 |
| | 로잔→ 제네바 | IR열차 | 40분 | 열차 시간 14:13→ 14:50(직행) |
| | 제네바 | 도보 | | 오후 관광 |
| 6일째 | 제네바 | 도보 | | 오전 관광 |
| | 제네바→ 체르마트 | IR열차 | 3시간 40분 | 열차 시간 15:12→ 18:51(1회 환승) |
| 7일째 | 체르마트 | 특수열차 | | 종일 관광 |
| 8일째 | 체르마트→ 생 모리츠 | 빙하특급 | 7시간 50분 | 열차 시간 08:52→ 16:39(직행) |
| 9일째 | 생 모리츠→ 취리히 공항 | IR/RE열차 | 3시간 40분 | 열차 시간 13:02→ 16:42(직행) |
| | 취리히 공항→ 인천 공항 | 항공편 | 12~16시간 | 대한항공 19:30 / 에어프랑스 17:50 출발 |
| 10일째 | 인천 공항 도착 | | | |

### Travel Budget

항공권 ·········································· ₩1,500,000
취리히 IN, OUT 왕복 티켓

교통비(스위스 패스 8일권) ········ ₩570,000

숙박 ············································· ₩1,600,000
1박 200,000원(2~3성급) × 8박

현지 경비 ····································· ₩1,200,000
시내교통, 입장료, 식비 1일 150,000원 × 8일

총 경비(학생 기준)     ₩4,870,000

> **tip 여행 포인트**
> 
> ☐ 한국과의 항공편은 취리히 IN, OUT
> ☐ 스위스만 여행한다면 스위스패스가 제일 효율적이다. 열차의 구간요금만 따지면 스위스패스보다 100달러 정도 저렴하지만, 스위스패스(8일)를 구입하면 일반열차는 물론 빙하특급 같은 특급열차를 비롯해 시내교통 무료 승차 및 박물관 등의 명소도 무료 입장할 수 있다.

## 1개국 집중 코스
# 이탈리아 10일

찬란했던 고대 로마제국의 발자취를 차분히 느껴볼 수 있는 코스. 최근에는 치안 상태가 많이 개선되어 로마, 나폴리 등 이탈리아 남부 여행을 즐기기 좋다.

| 일자 | 도시 | 교통수단 | 이동 시간 | 여행 포인트 |
|---|---|---|---|---|
| 1일째 | 인천 공항→로마 공항 | 항공편 | 12~16시간 | |
| 2일째 | 로마 시내 | 메트로/도보 | | 종일 관광 |
| 3일째 | 로마 시내 | 메트로/도보 | | 종일 관광 |
| 4일째 | 로마→나폴리 | ES/사철 | 1시간 10분 | 오전은 폼페이 유적 관광 |
| | 나폴리 시내 | 메트로/도보 | | 오후 관광 |
| 5일째 | 나폴리→아말피 해안→로마 | ES/사철/버스 | | 아말피 해안은 투어 참여 또는 페리 이용 |
| 6일째 | 로마→피렌체 | ES고속열차 | 1시간 31분 | 열차 시간 08:10→09:46(직행) |
| | 피렌체 시내 | 버스/도보 | | 종일 관광 |
| 7일째 | 피렌체↔피사 | RV열차 | 3시간 15분 | 열차 시간 : 갈 때 07:00→07:50, 올 때 10:28→11:28(직행) |
| | 피렌체↔아시시 | R열차 | 2시간 33분(편도) | 열차 시간 : 갈 때 12:13→14:46, 올 때 17:21→19:51(오후 관광) |
| 8일째 | 피렌체→밀라노 | ES열차 | 2시간 | 열차 시간 07:55→09:50(직행) |
| | 밀라노 시내 | 메트로/도보 | | 15시까지 관광 |
| | 밀라노→베네치아 | ES열차 | 2시간 25분 | 열차 시간 16:45→19:10 |
| 9일째 | 베네치아 | 바포레토/도보 | | 종일 관광 |
| | 베네치아 공항→인천 공항 | 항공편 | 28시간 | 폴란드항공 19:20 출발 |
| 10일째 | 인천 공항 도착 | | | |

### tip 여행 포인트

☐ 한국과의 항공편은 로마 IN, 베네치아 OUT. 아시아나항공에서 인천-베네치아 직항 노선을 2018년 5월부터 운항하고 있다.
☐ 이탈리아 패스 4일권을 구입한다.
☐ 4·5일째 투어버스를 이용하면 로마 남부 지역(나폴리, 아말피 해안, 카프리섬)을 1박 2일로 다녀올 수 있다.
☐ 인기 높은 여행지 친퀘테레에 가고 싶으면 8일째 밀라노를 생략하고 피렌체에서 당일치기로 다녀온다.
☐ 7일째 피렌체에서 피사/아시시 2곳 일정이 부담스러우면 본인 취향에 맞게 한곳만 다녀온다.

### Travel Budget

항공권 ······················· ₩1,500,000
로마 IN, 베네치아 OUT 왕복 티켓

교통비 ······················· ₩420,000
시내교통비 €30  이탈리아 패스 4일권 €196
로마-아말피해안 왕복 €60

숙박 ························· ₩1,200,000
1박 150,000원(2~3성급) × 8박

현지 경비 ···················· ₩1,040,000
시내교통, 입장료, 식비 1일 130,000원 × 8일

총 경비(학생 기준)         ₩4,160,000

### 1개국 집중 코스
# 스페인 10일

스페인은 기독교와 이슬람교가 접목된 이국적인 분위기로 볼거리가 많아 여행의 만족도가 높을 것이다.

| 로잔 | 도시 | 교통수단 | 이동 시간 | 여행 포인트 |
|---|---|---|---|---|
| 1일째 | 인천 공항→마드리드 공항 | 항공편 | 12~16시간 | 새벽 도착 |
| | 마드리드 시내 | 메트로/도보 | | |
| 2일째 | 마드리드↔톨레도 | Avant/Alvia열차 | 33분 | 열차 시간: 갈 때 09:20→09:53, 올 때 16:13→16:46(직행) |
| 3일째 | 마드리드↔세고비아 | Avant/Alvia열차 | 28분 | 열차 시간: 갈 때 08:50→09:17(직행), 올 때 16:44→17:11(직행) |
| 4일째 | 마드리드→코르도바 | AVE열차 | 1시간 40분 | 열차 시간 07:35→09:17(직행) |
| | 코르도바 시내 | 도보 | | 오전/오후 관광 |
| | 코르도바→세비야 | AVE열차 | 50분 | 열차 시간 15:47→16:34(직행) |
| | 세비야 시내 | 도보 | | 오후 관광 |
| 5일째 | 세비야 시내 | 도보 | | 오전 관광 |
| | 세비야→그라나다 | AVE열차 | 4시간 | 열차 시간 15:30→17:52(직행) |
| 6일째 | 그라나다 시내 | 도보/버스 | | 종일 관광 / 야간에 플라멩코 관람 |
| 7일째 | 그라나다→바르셀로나 | 저가 항공 | 1시간 30분 | 부엘링 09:40→11:10 |
| | 바르셀로나 시내 | 도보/지하철 | | 오후 관광 |
| 8일째 | 바르셀로나 시내 | 도보/지하철 | | 종일 관광 |
| 9일째 | 바르셀로나↔몬세라트 | FGC열차 | 왕복 2시간 | 종일 관광 |
| | 바르셀로나 공항→인천 공항 | | | 아시아나항공 21:00 |
| 10일째 | 인천 공항 도착 | | | |

## Travel Budget

**항공권** ₩1,500,000
마드리드 IN, 바르셀로나 OUT 왕복 티켓

**교통비** ₩416,000
시내교통비 €30  AVE열차 3회 €123
저가 항공(그라나다→바르셀로나) €69
바르셀로나→몬세라토(통합권) €65

**숙박** ₩1,200,000
1박 150,000원(2~3성급) × 8박

**현지 경비** ₩1,040,000
시내교통, 입장료, 식비 1일 130,000원 × 8일

**총 경비(학생 기준)** ₩4,156,000

### tip 여행 포인트

☐ 한국과의 항공편은 마드리드 IN, 바르셀로나 OUT
☐ 열차의 경우 이동 날짜가 짧아 스페인 패스보다는 구간 티켓이 더 저렴하다.
☐ 그라나다에서 바르셀로나로 이동 시 저가 항공을 이용한다. 저가 항공은 계절과 시간에 따라 시간, 요금이 변경되니 홈페이지에서 확인한다.
☐ 톨레도와 세고비아는 약 6시간(이동시간 포함) 정도면 어느 정도 둘러볼 수 있다. 남은 시간은 마드리드 시내를 관광한다.

# 영국

## United Kingdom

# 영국 기초 정보

### 국가 기본정보

**국명** 영국
(정식 명칭은 United Kingdom of Great Britain and Northern Ireland)
**수도** 런던(London)
**면적** 242,514㎢
**인구** 6,702만 명
**종교** 성공회 50%, 개신교 30%
가톨릭 11%, 기타 9%
**인종** 앵글로색슨족, 켈트족
**언어** 영어
**체제** 입헌군주제(내각책임)
**통화** 파운드(£)
**전압** 240V, 50Hz
우리나라와 콘센트가 다르다.
멀티어댑터를 준비할 것.
**시차** 한국보다 9시간 늦다.
서머타임 기간(3~10월)에는 8시간 늦다.

영국의 콘센트

### 긴급 연락처

• 한국 대사
📍 60 Buckingham Gate, London SW1E 6AJ
📞 0207-227-5500
@ gbr.mofat.go.kr
• 경찰 📞 999  응급차 📞 999
• 병원 📞 020-8846-1234

### 역사

청동기 시대에 켈트족이 브리튼 섬으로 이주하면서 영국의 역사가 시작된다. 켈트 사회는 약 400년 동안 로마 문명의 영향을 받는다. 고트인의 로마 침입으로 로마가 영국에서 철수하자, 앵글로색슨족이 잉글랜드 저지대에 정착해 여러 왕국이 생긴다. 1066년에 노르망디 공이 헤이스팅스 전투에서 잉글랜드군을 격퇴하고 윌리엄 1세(정복왕)가 되는데 이를 '노먼 콩퀘스트'라 부른다. 이후 프랑스에서 노르만인들이 건너와 정착, 프랑스어가 상류어가 되고 봉건제도가 뿌리내리게 된다.
존 왕의 실정으로 지방 봉건귀족들은 영국 최초의 헌법인 마그나카르타(대헌장)에 서명하게 한 뒤 왕권을 제한한다. 권리청원, 청교도 혁명, 명예혁명 등을 겪으면서 의회민주주의가 견고해진다. 그리고 백년전쟁과 장미전쟁으로 중앙집권체제의 기틀이 마련된다.
절대왕정과 산업혁명으로 해외 식민지를 건설하고 근대공업이 발달하면서 '해가 지지 않는 나라'로 거듭난다. 20세기에 1·2차 세계 대전, 식민지 독립, 경제 대공황 등으로 점점 쇠퇴해 왔지만 아직도 세계의 정치·경제·문화 등에 미치는 영향력은 크다.

### 지리와 기후

인구밀도가 낮은 북부 스코틀랜드 산지를 제외하고는 대부분 구릉과 저지대의 농경지이다. 영국과 프랑스를 잇는 도버 해협을 사이에 두고 대륙과 떨어져 있는 섬 나라이며, 사면이 대서양으로 둘러싸여 있어 전형적인 서안해양성 기후를 나타낸다.
여름에도 시원하다 보니 긴소매 웃옷과 긴 바지가 필요하고, 겨울에는 비가 자주 내려 우산이 필요하다. 겨울 추위는 매서운 편은 아니고 서서히 추워지는 날씨에 비가 내리거나 종일 흐린 날이 지속된다. 영국인들이 남부 유럽에 사는 라틴족에 비해 표정이 없고 무뚝뚝해 보이는 것도 날씨와 관계가 있을 듯하다.

## 유의사항

영국의 치안 상태는 비교적 양호하지만 관광지의 소매치기는 늘 조심해야 한다. 영국 도로는 우리와 달리 좌측통행이고 운전석이 우측에 위치하므로 주의하자. 길을 건널 때 먼저 오른쪽에서 오는 차량에 유의한다. 오른쪽에서 차가 오기 때문에 왼쪽을 보는 것에 익숙한 우리로서는 자칫 교통사고가 날 수 있다. 런던 도심으로 들어오는 모든 차량에는 혼잡세를 부과한다.

※ 최근 스마트폰 도난 사건이 자주 발생하니 유의하자. 주로 핸드폰을 쳐다보며 걷거나 사진을 찍을 때 순식간에 오토바이 또는 자전거를 이용해 낚아채는 수법이다.

## 음식

영국은 토양이 척박해 이웃나라인 프랑스처럼 음식 문화가 다양하지 않다. 부담없이 먹을 수 있는 것으로 피시 앤드 칩스(Fish & Chips), 키드니 파이(Kidney Pie) 등이 있다. 런던에서는 차이나타운의 식당이 비교적 저렴하므로 그곳에서 점심을 해결하는 것도 좋은 방법이다. 그리고 퍼브(Pub)라고 부르는 선술집에 들러 흑맥주인 기네스 스타우트(Guiness Stout) 등 영국 맥주를 마셔 보는 것도 좋다.

영국의 수돗물은 여느 서유럽 국가처럼 석회질이 많아 배탈이 날 수 있으니 가급적 생수를 사 마신다. 탄산수(Sparkling)보다는 일반 생수(Still Water)가 우리 입맛에 맞는다.

## 통화

영국은 유로(€)를 쓰지 않고(2020년 EU국가에서 정식 탈퇴) 파운드(£)를 사용한다. 보조 통화는 펜스(p)이며 £1=100p.

## 전화

### 영국에서 시내, 시외로 전화할 때(공통)
**지역번호(0 포함) + 상대방 전화번호**
런던  0207-123-4567 → 0207 + 123 + 4567
윈저  01753-123456 → 01753 + 123456

### 영국에서 한국으로 전화할 때
**국제식별번호(00) + 국가번호(82) + 0을 뺀
지역번호 + 상대방 전화번호**
서울  02-1234-567 → 00 + 82 + 2 + 1234 + 5678

## 공휴일

1월 1일  신년 연휴
4월 18일  성금요일 ★
4월 21일  부활절 ★
5월 5일  얼리 메이 뱅크 홀리데이 ★
5월 26일  스프링 뱅크 홀리데이 ★
8월 25일  서머 뱅크 홀리데이 ★
12월 25일  크리스마스
12월 26일  복싱데이
★는 매년 날짜가 바뀜

## 영업시간

**은행**  월~금요일 09:30~15:30,
토·일요일 휴무
**상점**  월~금요일 09:30~17:30,
토요일 09:00~13:00, 일요일 휴무
**우체국**  월~금요일 09:00~17:00,
토요일 09:00~12:30, 일요일 휴무

## 전화번호

영국 국가번호  44
지역번호
런던 0207  윈저 01753
옥스퍼드 01865  케임브리지 01223

## 숙소

영국은 중서부 국가 중 가장 물가가 비싸 숙박료도 상당히 부담스럽다. 체인 호텔이나 한인 민박, 유스호스텔이 비교적 저렴하다. 현지인이 운영하는 B&B에 묵으며 그들의 생활을 경험하는 것도 좋다.

공중전화

INFORMATION

### 영국의 철도 정보
@ www.britrail.com

### 할인 승차권의 종류
**Advance Ticket**
출발 전날 18시 이전에 미리 구입하는 티켓
**Cheap Day Ticket**
승차권을 구입한 당일에만 사용할 수 있는 티켓
**Savery Ticket**
평일 피크 타임과 금요일, 성수기(토·일요일)에는 사용할 수 없는 할인 티켓

### 할인 승차권 구입
**내셔널 철도**
@ www.nationalrail.co.uk

### 화장실
기차역, 지하철역, 버스터미널 내 화장실은 대부분 무료이다.

## 철도

영국 내 주요 도시와 지방을 이어주는 영국의 철도망은 1996년 민영 철도 체계로 바뀌면서 25개의 회사들이 각각 서로 다른 노선을 운영하고 있다. 현대적인 시설을 갖추어 대체로 편안한 여행을 할 수 있지만, 민영화로 인한 미숙한 경영과 미비한 투자로 낙후된 선로, 노면, 신호 등의 수리나 교체 시기가 늦어져 최근에는 대형 열차 탈선 사고가 발생하기도 하고 기상 상태에 따라 연착하는 경우도 자주 있다.

### 열차의 종류

영국 열차는 좌석 예약이 필요 없다. 단, IC열차(InterCity)는 주말과 성수기에는 예약이 필수이며, 야간열차(침대칸)도 예약 필수. 영국철도패스 소지자는 무료 승차가 가능하다.

| 열차명 | 주요 노선 | 예약 유무 |
|---|---|---|
| IC (InterCity) | 인터시티의 원조. 영국에서 가장 빠른 열차 | 예약 불필요 (주말과 성수기에는 예약 필수) |
| EIC (Electric InterCity) | 런던~스코틀랜드 구간을 운행하는 전기열차 | 예약 불필요 |
| Local Trains | 대도시 근교나 소도시를 운행하는 완행열차 | 예약 불필요 |

### 승차권을 저렴하게 구입하려면

2019년부터 영국도 유레일패스가 통용되어 유레일패스 활용도가 더욱 높아졌다. 교통비가 매우 비싸지만, 여행 시기·거리·예약 날짜에 따라 얼마든지 절약할 수 있다. 미리 예약 또는 반환 불가 승차권을 구입하거나, 피크 타임(월~금요일 05:00~10:00, 15:00~20:00)을 피하면 보다 저렴하게 구입할 수 있다. 즉, 평일보다 주

티켓 창구

역내 대합실

말(금·토요일)이, 편도보다 왕복이, 현장 구입보다 인터넷 예매가, 당일보다 1~2달 전 예매가 할인 폭이 크다. 할인 승차권 판매 사이트를 잘 활용하면 저렴하게 예매할 수 있다.

## 티켓 예약 및 구입

구간승차권 구입은 티켓 창구나 자동발매기에서 하고, 예약은 여행센터(Travel Center)나 국철 창구(Britrail Office)에서 한다. 평상시에는 통상 2개월 전부터 출발 2시간 전까지 예약이 가능하다. 단, 이른 아침에 출발하는 열차의 경우는 전날 16:00에 예약을 마감하므로 주의한다. 성수기(주말, 공휴일)에는 2~3일 전에 예약해야 한다. 영국 국철은 침대차를 제외하고는 특급열차(IC 등)를 이용할 때 추가 비용을 지불하지 않는다. 예약료는 무료이지만, 지정석은 £1~2 정도 수수료를 지불한다.

## 개찰과 승차

영국의 기차역은 유럽 대륙의 기차역과는 달리, 역사에 따라 개찰구에서 개찰을 해야 플랫폼으로 진입할 수 있다. 일반 승차권은 플랫폼 입구에 설치된 개찰기에 반드시 펀칭(개찰)을 하고 승차한다. 같은 역이라 하더라도 장거리열차나 공항열차 플랫폼에는 개찰구가 없는 곳도 있다. 개찰구가 없는 곳은 열차 내에서 검표원이 검표를 한다. 대부분의 간선철도와 지방철도는 열차 내에서 검표를 한다. 영국철도패스 소지자는 개찰구가 있을 시 차장에게 패스를 제시하고, 개찰구가 없을 시 열차 내에서 검표원에게 패스를 제시하면 된다.

## 영국에서 사용 가능한 철도패스와 카드

중장거리가 아닌 런던 근교를 한두군데 다녀온다면, 굳이 영국철도패스나 레일카드를 구입할 필요는 없다. 철도보다 저렴한 버스를 이용하는 게 경제적이다.

- **레일카드 Railcard**

레일카드 소지자는 거의 모든 철도 노선을 정규 요금의 3분의 1 할인된 가격으로 구입할 수 있다. 주말, 공휴일, 7~8월, 평일(10시 이후)에는 이용할 수 있으나, 평일(월~금요일 04:30~10:00)에 사용할 때는 £12가 추가된다. 유효기간은 1년이며, 구입 시 여권 사진 1매와 여권이 필요하다. 영국 내 주요 역과 여행사에서 발행해준다.

@ www.railcard.co.uk

**16-25 Railcard**
만 16~25세 또는 학생만 이용 가능하다. 가격은 £35.

**Family & Friends Railcard**
성인 1명, 어린이 1명 이상이 그룹으로 이용할 수 있으며, 1장에 어른과 어린이 각각 최대 4명까지 등록할 수 있다. 가격은 £35.

**Senior Railcard**
60세 이상만 이용 . 가격은 £30.

- **영국철도패스 Britrail Pass**

2019년부터 영국(잉글랜드, 스코틀랜드, 웨일즈)에서도 유레일패스가 통용되었다. 영국만 이용한다면 유레일패스보다는 영국철도패스를 이용한다. 영국철도패스는 잉글랜드·스코틀랜드·웨일즈의 열차를 정해진 기간에 무제한 탑승할 수 있는 특별할인 탑승권이다. 패스 소지자는 유로스타를 이용할 때 할인 요금을 적용받고 공항열차(Heathrow Express, Gatwick Express, Standsted SKY Train) 또한 무료 이용이 가능하다. 개시 및 사용 방법은 유레일패스와 같다.

@ www.britrail.net

유럽의 다른 국가와 달리 영국은 개찰구를 통과해야 플랫폼이 나온다.

# London

## 런던

잉글랜드 남동부의 템스강 하구에 위치한 런던은 영국의 수도로서 유럽에서 가장 인구가 많은 도시 중 하나이다. 또한 정치·경제·문화·교육·패션의 중심지로서 세계적으로 그 위상이 높으며, 다양한 문화·종교·언어가 어우러진 국제도시이기도 하다. 런던은 위치상 여행의 기·종착점으로 들르게 되며, 과거와 현재가 공존하는 다양한 볼거리가 있어 여행객에게는 매력 넘치는 여행지로 다가온다. 특히 오랜 역사를 간직한 도시답게 전통을 자랑하는 명품과 명소가 많다. 런던의 랜드마크로 가장 먼저 떠오르는 버킹엄 궁전을 비롯해 타워 브리지, 런던 아이, 영국 박물관, 내셔널 갤러리, 국회의사당 등은 런던에서 꼭 가봐야 할 대표적인 명소다.

## 런던 가는 법

**주요 도시와의 이동 시간**
인천→ 런던 비행기 12시간
파리→ 런던 유로스타 2시간 15분
비행기 1시간 15분

### ◆ 비행기로 가기 ◆

런던에는 모두 5개의 공항이 있는데, 한국에서 출발하는 항공기는 히스로 공항과 개트윅 공항에 도착한다. 우리나라(인천)에서 런던으로의 직항편은 대한항공과 아시아나항공, 영국항공이 있다. 그 밖의 항공사는 1~2번 경유해 간다. 스텐스테드 공항, 루튼 공항 등은 주로 저가 항공이 운항된다. **한국에서 유럽으로 갈 경우는 런던을 기·종점으로 하는 것이 여러모로 유리하다.** 파리, 프랑크푸르트, 암스테르담을 기·종점으로 하면 도버 해협을 2번 횡단해야 하기 때문에 시간과 비용이 2배로 들어 비효율적이다.

### 히스로 공항 Heathrow International Airport

런던에서 서쪽으로 25km 정도 떨어진 히스로 공항에는 5개의 터미널이 있다. 항공사와 노선에 따라 터미널이 다르므로 자신의 항공편이 어디에 도착하는지 미리 확인한다(아시아나항공 2터미널, 대한항공 4터미널, 영국항공 5터미널). 1·2·3터미널(1터미널은 공사 중)과 4·5터미널은 떨어져 있으며, 각 터미널을 연결해 주는 무료 셔틀버스(Transfer Bus)가 10분마다 있다.

@ www.heathrowairport.com

### 히스로 공항에서 시내로 이동하기
**도착하면 Arrival / Baggage Reclaim 표지판 따라 이동**

표지판을 따라 이동해 공항 자동 입구 심사대(한국은 자동 입국 심사 대상 국가, 2022년부터 입국 신고서 폐지)를 통과한다. 히스로 공항에는 모두 3개 지하철역이 있는데, 2·3터미널에 1곳(2,3터미널 가운데 위치), 4·5터미널에 각각 1곳이 있다. **교통수단(급행열차, 지하철, 버스)을 선택해 시내로 이동한다.**

- **Trains/Heathrow Express/Elizabeth Line 표지판**

표지판(히스로 익스프레스/엘리자베스 라인)을 따라 이동하면 Terminal Station이 나온다. 요금은 비싸지만 안락하고 신속하게 이동할 때 이용한다.

표지판을 따라간다.

- **Underground-Piccadilly Line 표지판**
표지판(피카딜리 라인)을 따라 이동이면 지하철 역사가 나온다. 협소하고 소요 시간이 많이 걸리지만, 저렴한 비용으로 시간적 여유가 있을 시 이용한다. 티켓은 공항역(지하철) 티켓 자동발매기에서 구입한다.
- **Buses/Taxis 표지판**
표지판(버스, 택시, T2·3)을 따라 이동하면 버스미터널(Central Bus Station)이 나온다. 요금은 비싸지만 짐이 많거나, 일행이 3인 이상(1/N부담), 또는 야간 도착일 경우 이용한다.

## 피카딜리 라인 Piccadilly Line
시내까지 이동 시간은 꽤 걸리지만, 가장 저렴한 교통수단이다. 킹스 크로스/세인트 팽크러스역까지 환승 없이 바로 갈 수 있다.

**주요 지하철역** 얼스 코트(Earls' Court)→하이드 파크 코너(Hyde Park Corner)→레스터 광장(Leicester Square)→코벤트 가든(Covent Garden)→홀본(Holborn)→킹스 크로스/세인트 팽크러스(King's Cross & St.Pancras International)

🕐 월~토요일 05:12~23:48, 일요일 05:56~23:39, 공항~피카딜리 서커스역 50~60분 소요 💰 £7

※ 공항에서 시내로 갈 때 1Day Travelcard를 구입하면 공항과 시내 모든 구간을 무제한 이동 가능하다. 공항에서 시내로 09:30 이전에 출발 시 1Day Travelcard(Daily Anytime: 1~6존 £23.6)를 구입한다. 09:30 이후에 출발 시 1Day Travelcard(Day Off Peak: 1~6존 £16.6)를 구입한다. 좀 더 저렴하게 가려면 오이스터 카드(1~6존 £16.3)를 구입한다. 단, 오이스터 카드는 나중에 미사용금을 환불(보증금은 환불 불가) 받아야 손해보지 않는다.

## 엘리자베스 라인 Elizabeth Line
2022년 5월 22일 새로 개통된 엘리자베스 라인은 런던의 동-서를 연결하는 지하철 노선으로, 히스로 공항에서 런던 시내와 근교의 핵심 지역을 지나가는 TFL의 새로운 노선이다. 최근에 완공된 지하철로 신속하면서 내부 공간이 넓고 깔끔해 공항에서 시내 이동 시 가장 인기 있는 교통수단이다. 전동차 내부에 에어컨 설치, 역사에는 무료 화장실도 있다.

**주요 정류장** 히스로 공항→패딩턴역→본드거리→토트넘 코트 로드

🕐 월~토요일 05:20~24:00, 일요일 05:50~24:00. 터미널마다 차이(±5분)가 있음, 패딩턴 역↔공항역 약 30~40분
💰 공항역 ↔ 패딩턴역 요금 £12.8/시내까지(토트넘 코트 로드) £13.3, cf) 히스로 익스프레스 £25 〉 엘리자베스 라인 £12.8 〉 피카딜리 라인 £7
**결제 가능 카드** 오이스터 카드, 트래블 카드, 컨텍리스 카드(와이파이 표시 있는 카드). 엘리자베스 라인, 히스로 익스프레스, 피카딜리 라인에 이용할 수 있다.

## 히스로 익스프레스 Heathrow Express
히스로 공항에서 런던 북서부에 있는 패딩턴역까지 15분 만에 가는 직통 열차. 시내까지 가장 빠르게 가는 대신 요금은 비싼 편이다. 짐 보관칸이 별도로 있다. 타는 곳은 2·3·5터미널에 도착하면 공항역에서, 4터미널에 도착하면 셔틀버스(6분 소요)를 타고 5터미널로 이동해 히스로 익스프레스로 갈아타면 된다.

🕐 05:10~23:25(15분 간격), 공항~패딩턴역 15분 소요 (4·5터미널에서는 20분) 💰 peak time £25, off-peak £22, Early Bird tickets £15.5

## 내셔널 익스프레스 National Express
공항에서 버스를 타면 주요 관광지와 호텔 주변에 내릴 수 있어 편리하지만, 도로 교통이 정체될 때는 1시간 이상 걸릴 수 있으니, 짐이 많거나 시간적 여유가 있는 경우에만 이용한다. 타는 곳은 터미널(T2,3) 셔틀트레인 탑승구 근처 엘리베이터를 타고 0층으로 내려가 Exit A로 나가면 Central Bus Station이 있다.

**주요 정류장** 켄싱턴→하이드 파크→마블 아치→베이커 스트리트→유스턴역→영국 박물관→러셀 광장
@ www.nationalexpress.com
🕐 24시간(수시 운행), 공항~빅토리아 코치스테이션 50~60분 소요 💰 £6~

## 야간버스 N9
늦은 시간 공항-시내 간을 이동할 때 편리하고 요금도 저렴하다.

**노선** 공항→얼스 코트→트라팔가 광장
🕐 24:00~밤 05:00(30분 간격), 1시간 소요
💰 £2.5

엘리자베스 라인

엘리자베스라인 내부

### 개트윅 공항 Gatwick Airport

런던 시내에서 남쪽으로 약 60km 떨어진 곳에 위치한 개트윅 공항은 영국항공을 비롯한 유럽계 항공사가 주로 이용하고 있다. 북쪽 터미널(North Terminal)과 남쪽 터미널(South Terminal)을 연결해주는 무료 셔틀버스가 있다. 최근에 대한항공이 암스테르담을 경유해 개트윅 공항으로 운항한다.

@ www.gatwickairport.com

### 개트윅 공항에서 시내로 이동하기

**개트윅 익스프레스 Gatwick Express**
개트윅 공항에서 런던 시내까지 직통으로 가는 열차.

@ www.gatwickexpress.com
- 03:30~24:01(15분 간격), 30분 소요
- £19.5(온라인 예약 £17.8), 영국철도패스 소지자는 무료

**내셔널 익스프레스 National Express**
Flight Line 777 버스가 공항에서 시내까지 운행한다. 1·2·3터미널 센트럴 코치 스테이션, 4·5터미널 도착층 13·14번 정류장에서 출발.

- 24시간(15분 간격), 공항~빅토리아 코치 스테이션 95~110분 소요 £7~

**이지버스 EasyBus**
인터넷 예약 시 공항과 시내를 연결하는 가장 저렴한 수단이다.

@ www.easybus.com  24시간(20분 간격)
Earl's Court 또는 West Brompton까지 1시간 5분(직행) 소요  인터넷 예약 £2~

### 스탠스테드 공항 Stansted Airport

영국의 제3공항으로, 런던에서 북서쪽으로 56km 떨어져 있다. 영국 국내선과 일부 유럽 노선이 이용한다.

@ www.stanstedairport.com

### 스탠스테드 공항에서 시내로 이동하기

**스탠스테드 익스프레스 Stansted Express**
시내까지 가장 빨리 가는 대신 요금이 비싸다. 국철 Liverpool Street역에 하차한다.

@ www.stanstedexpress.com
- 45분 소요(15분 간격)
- £16.6~(요일, 날짜, 시간대에 따라 다름)

**내셔널 익스프레스 National Express**
A6 버스를 타고 Victoria Coach Station에 하차한다.

- 85~100분 소요(10분 간격)  £12~

**이지버스 Easy Bus**
이지버스 EB2를 타고 Baker Street에 하차한다.

- 24시간, 75분 소요(25분 간격)  £2~

### 루튼 공항 Luton Airport

저가 항공인 이지젯과 위즈에어가 이용하는 공항이다.

@ www.london-luton.co.uk

### 루튼 공항에서 시내로 이동하기

**내셔널 익스프레스 National Express**
빅토리아 코치 스테이션에 하차한다.

- 1시간 20분 소요(20분 간격)
- £5~(요일, 날짜, 시간대에 따라 다름)

**그린라인 Green Line**
757 버스를 타고 그린라인 코치 스테이션에 하차한다.

@ www.greenline.co.uk  1시간 20분 소요(20분 간격)
- £8.5(요일, 날짜, 시간대에 따라 다름)

**이지버스 Easy Bus**
Earl's Court 또는 London Victoria Buckingham Palace Road(Stop 6) 하차.

- 1시간 20분 소요(15분 간격)  인터넷 예약 £2~

### 런던 시티 공항 London City Airport

런던에서 동쪽으로 10km 거리의 도클랜드에 위치한 공항. 시내로 가려면 도클랜드 경전철(DLR)을 타고 Bank역으로 간 후 지하철로 환승해 목적지까지 간다. 공항에서 Canning Town까지 7분 정도 걸린다.

- 런던 시티 공항 www.londoncityairport.com
- 도클랜드 경전철(DLR) www.tfl.gov.uk

◆ **기차로 가기** ◆

런던에는 세인트 팽크러스(St. Pancras)역을 비롯해 여러 기차역이 있다. 어느 역이나 지하철과 연결되어 있어 런던 시내까지 쉽게 갈 수 있다. 또한 역마다 여행 안내소, 환전소, 서점, 편의점 등이 있어 편리하다.

Internationa Trains 표지판

International departures 표지판

### 유로스타 Eurostar

유로스타는 런던 세인트 팽크러스역에서 파리 북역까지 2시간 15분(브뤼셀까지 2시간 10분)만에 연결해주는 초고속 열차이다. 런던 시내에서 파리 시내까지 신속하게 이동해 편리한 것이 최대 장점이지만, 열차 요금이 다른 교통편에 비해 비싸다. 하지만 연령, 좌석, 패스, 시간대에 따라 할인요금이 다양하다. 출발일 1~3달 전에 이른 아침이나 늦은 저녁 시간대로 예약하면 비교적 저렴하다 이런 할인 티켓은 환불, 일정 변경이 안 되니 주의한다.

### 입출국 수속 절차

유로스타는 항공편과 마찬가지로 입출국 수속을 밟는다. 역에 도착하면 International Trains 표지판을 따라간 후, International Departure 선에 대기한다. 티켓과 여권을 제시하고 입구로 들어가면 보안 검색대가 나온다. 수하물 검사가 끝나면 대합실에 대기하고 전광판에 해당 열차 플랫폼 번호가 뜨면 플랫폼으로 가서 유로스타를 탄다.

- 유로스타 www.eurostar.com

### 국철 British Rail (BR)

런던과 시외 지역을 연결하는 가장 저렴하고, 빠르고, 편한 교통수단이다. 지하철역과도 연결되며 구간 내에서 1일권을 사용할 수 있다.
영국 열차는 대부분 문 안쪽에 손잡이가 없다. 창문을 열고 밖으로 손을 내밀어 손잡이를 돌

유로스타의 발착역인 세인트 팽크러스역

### 런던의 주요 역과 노선

| 역명 | 주요 노선 |
| --- | --- |
| 세인트 팽크러스역 St. Pancras | 유로스타 발착역. 파리, 브뤼셀을 연결. 유인 수하물 보관소가 있음. |
| 빅토리아역 Victoria | 도버, 포츠머스 등 잉글랜드 남부 지역을 연결. 페리와 연결 |
| 킹스 크로스역 King's Cross | 뉴캐슬, 요크, 에든버러 등 영국 북부 지역을 연결 |
| 패딩턴역 Paddington | 옥스퍼드, 윈저, 버밍엄 등 영국 서부 지역을 연결 |
| 리버풀 스트리트역 Liverpool Street | 케임브리지 등 영국 동부 지역을 연결 |
| 유스턴역 Euston | 맨체스터, 글라스고, 스코틀랜드 등 영국 북서부 지역을 연결 |
| 워털루역 Waterloo | 윈저, 솔즈베리를 연결 |

려야 문이 열린다. 교외를 다니는 열차를 제외하고는 구형과 신형에 관계없이 대부분 수동문이다.

@ www.nationalrail.co.uk

♦ 버스로 가기 ♦

영국 열차는 요금이 비싼 편이므로, 영국 내 장거리 여행을 할 경우에는 상대적으로 저렴한 장거리 버스인 내셔널 익스프레스(National Express)를 이용하고, 런던에서 유럽 대륙을 횡단할 때는 플릭스버스(Flixbus)를 이용한다. 두 버스 모두 영국 최대 규모의 **빅토리아 코치 스테이션(Victoria Coach Station)**에서 발착한다.

두 버스 회사 말고도 투어버스나 스코티시 시티링크(Scottish Citylink) 버스도 이곳에서 발착한다. 빅토리아 코치 스테이션과 빅토리아역 사이에 있는 그린라인 코치 스테이션에서는 그린라인 장거리 버스가 발착한다. 저가 항공을 이용해 루튼 공항을 갈 경우

빅토리아 코치 스테이션

그린라인을 이용하면 된다. 근거리를 이용할 때는 편도보다 왕복 티켓을 구입하는 것이 더 경제적이다.

@ 내셔널 익스프레스 www.nationalexpress.com
그린라인 www.greenline.co.uk

### 플릭스버스 Flixbus

최근 플릭스버스가 유로라인을 통합 인수해 운행 중이다. 런던 빅토리아 코치 스테이션에서 버스를 타고 도버 해협을 건너 유럽 대륙(파리, 브뤼셀, 암스테르담)으로 나가거나 들어올 때 이용한다. 미리 예매(6개월~1년 전 예매가 가장 저렴)하면 요금이 저렴한 것이 장점이다. 야간에 이동하면 숙박비를 절약할 수는 있지만, 비좁은 고속버스 좌석에서 오랜 시간을 앉아서 꼬박 밤을 새야 하니 몸이 무척 힘들다. 주 노선은 파리, 브뤼셀, 암스테르담이다.

🚍 **출발지** 파리, 브뤼셀, 암스테르담
@ www.global.flixbus.com
🕒 **소요 시간** 런던→파리(11시간)/브뤼셀(8시간)/암스테르담(9시간~) **출발** 1시간~1시간30분 전에는 버스에 탑승
**수속 절차** 항구에서 출국수속 절차를 밟고 버스를 탄 채 페리에 승선
**승선 후** 파리로 갈 때는 도버(Dover)항으로 들어가서 파리 국제터미널(Paris Gallieni)에 도착한다.
💰 런던→파리/브뤼셀/암스테르담(€33.98~)

---

**tip** 런던에서 대륙으로 가는 교통편은 어느 것이 좋을까?

런던에서 파리 또는 브뤼셀로 갈 때는 유로스타를 이용하는 게 가장 편하고, 런던에서 프라하, 부다페스트, 로마, 마드리드, 취리히 등 장거리 이동 시는 저가 항공을 이용하는 게 편하다.

| 교통수단 | 장점 | 단점 | 소요 시간 | 요금 |
|---|---|---|---|---|
| 저가 항공 | 신속히 이동할 수 있다. 일찍 예약하면 저렴하다. | 공항버스 요금이 따로 든다. 공항~시내 이동 시간이 추가된다. 이른 아침이나 밤에 출발한다. | 1시간 20분 | £29~ |
| 유로스타 (기차) | 시내에서 시내로 신속히 이동할 수 있다. 이른 시간대에 예약하면 저렴하다. | 정상 요금이 비싸다. | 2시간 15분 | £52~ |
| 플릭스버스 (버스) | 요금이 저렴하다. | 이동 시간이 많이 걸린다. 야간 이동 시 비좁은 좌석에서 밤을 새야 해 체력적으로 힘들다 | 7~10시간 | £32~ |

> **tip** 저가 항공으로 대륙 횡단하기

저가 항공은 요일과 시간대만 잘 활용하면 저렴하고 빠르게 유럽 대륙으로 이동할 수 있어 이용하는 여행객들이 점점 증가하는 추세이다. 유럽 주요 도시로 가는 저가 항공 요금은 도시별, 시기별, 예매 시기별로 달라지며 보통 £30부터 시작한다.

**장점**
- 유럽 국가들을 1시간~1시간 30분 내에 편하고 빠르게 이동할 수 있다.
- 시간을 절약할 수 있고 여행의 질을 높일 수 있다.
- 일찍(1~2달 전) 예매하거나 시간대를 잘 활용하면 아주 저렴하게 이동할 수 있다.

**단점**
- 시내에서 공항까지 멀어 교통비와 이동 시간이 추가된다.
- 이른 시간에 출발하거나 늦은 시간에 도착하게 되면 시내로 가는 교통편이 끊길 수 있다(우선 검색을 통해 교통편을 미리 확인하고 가급적 공항 근처에 숙소를 정해야 한다).
- 홈페이지에 제시된 요금에 추가 옵션(좌석 지정, 수하물 추가 이용), 텍스가 별도 부과되므로 최종 요금은 더 비싸다.
- 수하물 무게가 20kg을 초과하면 추가 요금이 부과된다.
- 티켓 환불, 일정 변경이 안 된다.

※ 저가 항공사 홈페이지에서 예매할 때 결제 과정에 여러 가지 옵션이 나오는데 이를 무시하고 건너뛰면 텍스가 부과된 최종 요금만 나온다.

**저가 항공사**
이지젯 www.easyjet.com   라이언에어 www.ryanair.com
위즈에어 www.wizzair.com   부엘링 www.vueling.com
스카이 스캐너 www.skyscanner.co.kr

※ 유로스타(기차)로 대륙 횡단하기→ P.72
※ 플릭스버스(버스)로 대륙 횡단하기→ P.73

**효율적인 저가 항공 이용법**
- 성수기, 비수기, 요일, 시간대, 항공사에 따라 요금이 천차만별이니 수개월 전부터 부지런히 해당 사이트를 비교 체크한다.
- 티켓 구입 후 출발 전 온라인 체크인을 해서 보딩패스를 출력해 보관한다. 출력한 보딩패스(또는 스마트폰에 저장된 보딩패스)를 제시하면 바로 출국장으로 들어갈 수 있다. 최근 라이언에어 등 일부 항공사들은 온라인 체크인을 하지 않고 당일 공항에서 체크인을 하면 상당한 금액의 페널티를 부과하니 유의한다.
- 온라인 체크인을 했더라도 좌석 배정을 받으려면 좌석 결제(비용 추가 €4~)를 해야 한다. 좌석을 확정하지 않으면 공항 데스크에서 대기해야 하므로 추가 요금을 내더라도 가급적 좌석 결제를 하는 편이 좋다.
- 1인 가방 무게가 20kg을 초과하면, 온라인 체크인을 했더라도 해당 항공사 티켓 창구에서 추가 요금을 지불하고 짐을 부쳐야 하므로 대기 시간이 길어진다.
- 이지젯은 노선이 다양하지만 항공 요금이 좀 더 비싸고, 라이언에어는 요금이 저렴하지만 온라인 체크인을 하지 않으면 비싼 페널티가 부과된다. 부엘링은 노선이 다양하고 요금도 저렴한 편이다.
- 체인호텔(이비스 등)은 대부분 공항 근처에 위치해 있어 셔틀버스를 운행하는 경우가 많으니 홈페이지를 통해 확인해둔다. 또한 아침 5시부터 조식이 가능한 곳도 있다.

# 런던의 시내 교통

런던은 교통망이 잘 갖추어져 있어 지하철이나 버스를 이용하면 시내 명소나 교외 유명 관광지를 편하게 돌아다닐 수 있다. 세계 최초로 개통된 지하철과 영국의 트레이드마크인 빨간색 2층 버스(더블 데커)를 타고 런던 구석구석을 다녀 보자.

@ 대중교통 정보 www.tfl.gov.uk

### ◆ 승차권 ◆

런던을 총 6개의 존(Zone)으로 나누고 요금은 거리가 멀수록 올라간다. 관광지는 대부분 Zone 1이나 2에 모여 있으니 Zone 1~2를 기준으로 승차권을 구입한다. 히스로 공항은 Zone 6에 해당하니 공항과 시내를 이동할 때는 Zone 1~6 승차권을 구입한다. 단, 버스는 존 구분 없이 요금이 동일하게 적용된다. 지하철과 도클랜드 경전철(DLR)은 각 역의 자동발매기나 매표소에서 구입하며, 버스는 오이스터 카드만 사용할 수 있다.

**1회권 Single**
● 지하철·DLR(Zone 1~2) £7(2025년 3월 5일 요금 인상)
※ 버스는 최근 1회권(Single Ticket)이 없어졌으니, 오이스터 카드(1회 £1.75 차감)를 충전해 사용해야 한다.

### 유용한 교통카드

**트래블 카드 Travelcard**
지정된 지역(Zone)에서는 마음대로 지하철과 버스를 환승해서 탈 수 있는 교통카드. 관광 명소는 대부분 Zone 1~2에 몰려 있으므로 Zone 1~2 카드를 구입해도 충분하다.

**1일권 1 Day Travelcard**
1~2존은 출퇴근 시간대(Peak Time)에 관계없이 요금이 동일하게 적용된다.
● 1~2존 £16.6

**7일권 7 Day Travelcard**
출퇴근 시간대(Peak Time)에 관계없이 1주일 동안 아무 때나 쓸 수 있는 카드. 4일 이상 이용한다면 7일권을 구입하는 게 경제적이다.
● 1~2존 £44.70

**오이스터 카드 Oyster Card**
충전식 선불 교통카드. 공항이나 지하철역을 비롯해 오이스터 카드 로고가 표시된 자동발매기나 유인 창구에서 보증금(£7)을 지불한 후, 원하는 만큼 금액을 충전해 런던 지하철, 도클랜드 경전철(DLR), 버스, 트램, 일부 국철에서 사용할 수 있다.

**카드 환불 가능한 역사**
미사용 금액(보증금 환불 불가)은 지하철역(£10 미만은 visitor center-히스로 공항T2·3/킹스 크로스 center-히스로 공항T2·3/킹스 크로스/팽크러스역/피카딜리 서커스역/빅토리아 철도역 등)에서 환불한다.

**가성비 높은 카드**
일반 티켓보다 저렴하고 이용하기 편하다. 예를 들어 Zone1~2의 지하철 1회권 요금이 £7인데, 오이스터

카드는 £3.5만 빠져나간다. 또한 요금상한제(Price Cap)가 있어 지하철, 버스, 트램을 하루에 몇 번 사용하든 Peak Time에 관계없이 £8.9 이상의 돈이 빠져 나가지 않아 무척 경제적이다.

## 오이스터 카드 사용법
1. 화면이 뜨면 오른쪽 오이스터 Get New Cards를 누른다.
2. Top up pay as you go 화면 아래 사용할 만큼의 금액을 누른다. (예: 충전 요금 £15)
3. 오이스터 카드 개수를 선택한다. (예: 1, 2)
4. 충전 금액을 선택한다. Please pay £22 창이 뜬다.
   - Oyster card deposit £7(카드 보증금 요금)
   - Pay as you go credit £15(충전 요금)
5. 카드 주입구에 해당 금액(카드)를 넣고 비번을 누른다.
6. 결제 완료 후 카드를 빼면 맨 아래 주입구에서 오이스터 카드가 나온다.

## 오이스터 카드 소지자가 충전할 때
티켓 자동발매기 오른쪽 맨 아래 노란색 둥근 버튼을 누른다. 이하 동일하다.

※ **유의할 점** 사용 후 카드에 얼마 정도 충전 금액이 남아 있는지 수시로 확인한다.

### ◆ 지하철 Underground(Tube) ◆
지하철을 영국에선 언더그라운드(Underground)라고 한다. 지하철 내부 천장이나 차량 지붕이 둥근 튜브 스타일이어서 '튜브(Tube)'라고도 부른다. 1863년 세계 최초로 개통하여 140년의 역사를 자랑한다.

## 노선 방향
노선별로 색깔과 이름이 정해져 있다. 지하철 진행 방향은 목적지가 아니라, 동쪽 방향(East-bound), 서쪽 방향(West-bound), 남쪽 방향(South-bound), 북쪽 방향(North-bound)으로 표시된다.

## 전동차문 사용법 & 출구 방향
자동과 수동이 있다. 수동은 내릴 때 도어 버튼을 누르거나 도어 손잡이를 돌려야 문이 열린다. 한 플랫폼에 양방향의 노선이 모두 지나가는 역이 많으니 노선을

## 오이스터 카드 vs 트래블 카드(지하철 이용 시)

| 구역 | 요금 (1회권) Single Ticket | 오이스터 카드 ||| 트래블 카드 |||
|---|---|---|---|---|---|---|---|
| | | Peak Single | Off Peak Single | Daily Anytime | Day Off Peak | Daily Anytime | Day Off Peak | 7 Days |
| Zone 1 | £7.0 | £2.9 | £2.8 | £8.9 | £8.9 | £16.60 | £16.60 | £44.70 |
| Zone 1~2 | £7.0 | £3.5 | £2.9 | £8.9 | £8.9 | £16.60 | £16.60 | £44.70 |
| Zone 1~6 | £7.0 | £5.8 | £5.8 | £16.3 | £16.3 | £23.60 | £16.60 | £81.60 |

※ 2025년 3월 5일부터 요금 인상, 버스(트램)는 2026년까지 동결. 관광지가 밀집되어 있는 1~2존과 공항이 포함된 1~6존만 소개했다.
※ 1~2존은 오이스터 카드, 트래블 카드 모두 Daily Anytime, Daily Off Peak 요금이 동일하다.
※ 오이스터 카드는 트래블 카드보다 저렴하지만 잔액과 보증금을 환불받지 않으면 손해이므로, 환불 절차가 귀찮다면 트래블 카드를 이용한다. 트래블 카드 1일권은 Daily Anytime와 Day Off Peak(1·2존 £16.6)가 요금이 같지만 1~6존은 요금이 다르니 유의한다(Daily Anytime £23.6, Day Off Peak £16.6). 트래블 카드가 오이스터 카드보다 비싸지만 2명이서 트래블 카드를 이용하면 관광지에 따라 2명 중 1명은 입장이 무료인 곳이 있다. 해당 관광지는 홈페이지(www.day-soutguide.co.uk)에서 확인한다.
- 버스 이용 시 존(Zone) 구분 없이 오이스터 카드 1회 £1.75 차감, 1일 상한제 £5.25 적용(버스는 1회권 사용 불가).
- **Single** 1회 사용 / **1 Day** 1일권 / **7 Day** 7일권 / **Peak** 출퇴근 시간(06:30~09:30, 16:00~19:00) **Off Peak** 출퇴근 이외의 시간대 / **Price Cap** 요금 상한제로, 하루에 초과 사용해도 한도를 넘으면 차감되지 않는다. **Day Off Peak 트래블 카드**는 09:30 이후 사용 가능하다.

확인하고 전동차를 탄다. 나갈 때는 Way Out 표지판을 따라간다. 출구(개찰구)에 티켓을 터치하면 바가 열린다.

- 평균 05:30~24:00   1~2존 1회권 £7

지하철역 표지판

지하철 개찰구

역 이름

전동차 문. OPEN이라고 표시된 곳을 누르면 문이 열린다.

출구 표지판

2층 시내버스

소와 런던의 명물을 한눈에 볼 수 있는 장점이 있다. 정류장에는 버스의 노선 번호와 주요 정류장 이름이 표시되어 있다. 'Fare Stage(Bus Stop)'라고 쓰인 정류장은 버스가 항상 정차하지만, 'Request Stop'이라 쓰인 정류장에서는 승객이 손을 들어야만 버스가 선다. 버스는 1회권 및 현금 사용 불가이므로 오이스터 카드를 구입해 사용한다.

- Zone 구분 없이 요금 동일. 오이스터 카드 사용(1회 £1.75 차감) ※ 지하철과는 달리 버스는 구간에 관계없이 요금이 동일하므로, 하차 시 그냥 내린다. 개찰기에 오이스터 카드를 터치하면 이중으로 결제되니 유의한다. 버스를 탈 때 오이스터 카드는 1회 £1.75, 종일 이용해도 £5.25(상한제 적용)만 차감된다. 버스를 일주일 정도 이용한다면 카드에 7Day Bus & Tram Pass £24.7, 1Day Bus & Tram Pass £6를 충전해 사용한다. 2026년까지 버스(트램) 요금은 동결.

### 나이트버스

밤 12:00 이후 운행하며, 요금은 주간과 동일하다. 1시간에 1대꼴로 다니니 정류장에서 시간표를 확인하자. 대부분 트라팔가 광장을 경유하여 주요 호텔까지 운행한다. 정차하는 버스정류장에는 표지판에 'N'이라고 쓰여 있다. 밤에 탈 때는 위험할 수 있으니 2층에 앉지 말고 1층의 운전사 주변 좌석에 앉도록 한다.

◆ 버스 Bus ◆

영국 하면 떠오르는 런던의 명물인 빨간색 2층 버스 더블 데커(Double Decker)는 원래 런던 시내의 도로가 협소하여 2층 버스가 한꺼번에 더 많은 사람을 태울 수 있어 애용하기 시작했는데, 지금은 런던 시민뿐만 아니라 관광객들도 한번쯤은 꼭 타봐야 하는 명물이 되었다. 지하철과 달리 버스는 출퇴근 시간에 상당히 혼잡한데, 지하가 아닌 지상을 달리므로 관광 명

### 유용한 버스 노선

| 버스 번호 | 경유지 |
| --- | --- |
| 15 | 옥스퍼드 서커스, 피카딜리 서커스, 트라팔가 광장, 세인트 폴 대성당, 런던 타워 |
| 23 | 세인트 폴 대성당, 트라팔가 광장, 피카딜리 서커스, 마블 아치, 패딩턴역 |
| 38 | 빅토리아, 버킹엄 궁전, 피카딜리, 소호, 채링 크로스 고서점가, 블룸즈버리, 영국 박물관 |

### ◆ 도클랜드 경전철 ◆
**Dockland Light Railway (DLR)**

지하철과도 연결되는 뱅크역(Bank)에서 남부의 루이샴(Lewisham), 북부 스트랫퍼드(Stratford), 동부 벡튼(Beckton)까지 운행하는 지상 열차. 런던을 방문한 대부분의 여행자들은 그리니치 천문대를 가기 위해 도클랜드 경전철을 이용한다. 런던 타워 부근에 있는 타워 게이트웨이역(Tower Gateway)에서 경전철을 타면 그리니치 천문대를 갈 수 있다.

🚇 1~2존 £7

### ◆ 택시 Taxi ◆

2층 버스 못지않게 런던의 명물이 된 것이 검은색 세단형 택시, 일명 '블랙 캡(Black Cap)'이다. 영국의 택시 운전사는 친절하고 정직하며 안전운행을 하기로 유명하다. 특히 여성이 밤늦은 시간에 목적지까지 안전하게 이동할 수 있는 교통수단이 바로 런던 택시이다.

런던의 택시

철도역 주변에 택시 승차장이 있고, 지나가는 택시를 잡을 수도 있다. 택시 지붕에 있는 'TAXI'(For Hire) 신호등에 노란불이 켜져 있으면 빈 택시다. 운전사 옆 자리에는 탈 수 없고(짐은 실을 수 있다), 뒷좌석에 5명까지 탈 수 있다. 팁은 택시 요금의 10~20% 정도를 주면 된다. 지불할 때는 차에서 내린 다음 조수석 창문으로 건네준다.

블랙 캡 외에 우리나라의 콜택시 같은 미니 캡(Mini Cap)이 있다. 전화 호출로 운행하는 택시인데 블랙 캡보다 저렴해서 많이 이용한다. 지하철역 주변에 미니 캡 영업소가 있다. 단, 목적지까지의 요금을 확인한 후에 이용해야 뒤탈이 없다. 간혹 바가지 요금을 씌우는 일도 있으므로 가급적 호텔이나 여행 안내소에 부탁하는 것이 안전하다.

🚖 기본 £3.8, 1마일당(6~13분) 평일 £6.4~10 추가
**콜택시(24시간)** 📞 0207-272-0272

### ◆ 투어버스 Tour Bus ◆

초보 여행자들이 가장 효율적으로 여행을 즐길 수 있는 방법 중 하나가 바로 투어버스를 이용하는 것이다. Hop-on, Hop-off 방식이라 마음대로 승하차하면서 여행을 즐길 수 있다.

관광지 주변의 정류장에는 항상 투어버스가 정차하고 있으니 티켓을 끊고 바로 타면 된다. 투어버스에 승차하면 곧바로 전망이 좋은 2층 맨 앞좌석으로 간다. 투어버스가 정차할 때마다 정류장을 투어 지도에 표시하면 위치를 금방 파악할 수 있다.

런던에 처음 온 사람은 도중에 내리지 말고 처음부터

---

| tip | **영국 도로는 좌측통행** |

영국이 좌측통행을 하게 된 동기는 마차(Coach) 문화 때문이다. 기원전 로마의 카이사르가 이곳을 정복해 도로를 건설할 때 마차를 좌측통행하도록 선언한 게 불문율이 되었다. 그리고 마부가 마차를 몰 때 왼쪽보다는 오른쪽에 앉아서 말을 채찍질해야 옆자리에 앉아 있는 사람이 방해를 받지 않으므로 자연히 우측에 운전대가 있게 된 것이다.

차량이 좌측통행이므로 횡단보도를 건널 때는 시선을 오른쪽으로 향하는 것이 안전하다.

횡단보도

끝까지 버스를 타고 런던 시가지 전체의 윤곽을 잡는다. 어느 정도 윤곽이 잡히면 그때부터는 블록별로 구역을 정해 집중적으로 관광한다.

🏠 **티켓 구입처** 여행 안내소, 정류장 주변. 또는 버스 운전사에게 직접 구입
@ The Original Tour www.theoriginaltour.com
The Big Bus www.bigbustours.com
🚌 클래식 티켓 £47(온라인 £39)

투어버스

### tip 에어컨 없는 버스

버스를 비롯한 대중교통수단과 옛 건물에는 아직도 에어컨 시설이 없다. 예전에는 영국의 날씨가 여름에도 서늘했기 때문에 에어컨을 설치할 필요가 없었다. 그러나 최근에는 지구 온난화로 인해 여름에도 상당히 더운 날씨가 지속되어 버스를 타면 여간 더운 게 아니다. 새로 버스를 모두 교체하자니 그 비용도 엄청나고 또한 다시 예전 날씨로 회복될 수도 있어 이러지도 저러지도 못하는 상태다.

### tip 런던패스 London Pass

관광 명소 80곳과 버스투어를 무료로 이용할 수 있는 패스. 무엇보다 관광 명소에 줄 서지 않고 바로 입장할 수 있어 편리하다. 만약 대중교통 무제한 무료 이용 혜택을 원하면 Optional Oyster Travelcard를 추가해야 한다.

**무료 입장 관광지** 런던 타워, 타워 브리지, 세인트 폴 대성당, 웨스트민스터 사원 등. 자세한 내용은 안내 책자 참조.
@ www.londonpass.com
🚌 1일권 £114, 2일권 £159, 3일권 £184

### tip 여행 안내소

**여행 안내소**
City of London Information Centre
@ www.cityoflondon.gov.uk/things-to-do/city-information-centre
🕐 금·토요일 10:00~16:00  📍 세인트 폴 대성당 남쪽

King's Cross St Pancras Travel Information Centre
🕐 월~일요일, 뱅크 홀리데이 09:00~17:00  📍 세인트 팽크라스역 내

Victoria Station Travel Information Centre
@ www.visitlondon.com  🕐 수~토요일 09:30~16:45  📍 Victoria역 8번 플랫폼 맞은편

**우편·인터넷**
**중앙 우체국**
🕐 월·목·토요일 08:00~20:00, 금요일 08:30~20:00  📍 Charing Cross역에서 하차

**트라팔가 광장 우체국**
🕐 월~금요일 08:30~18:30, 토요일 09:00~17:30  📍 Trafalgar역에서 하차

**인터넷 카페 EasyInternet**
@ www.easyeverything.com  🕐 24시간(지점에 따라 다름)
🚌 £1~  📍 Victoria역 맞은편, Charing Cross역 부근

# ◆ 런던의 추천 코스 ◆

## [ Start ]

**지하철 District/Circles 선 Westminster역**
↓ 4번 출구에서 나와 바로.

**국회의사당(빅벤)**
↓ 빅벤 옆 처칠 동상(팔러먼트 광장 내) 뒤쪽 11시 방향에 웨스트민스터 사원이 보인다. 도보 2분 소요.

**웨스트민스터 사원**
↓ 사원 정면을 등지고 북쪽으로 이동해 Great George St. (Westminster역 4번 출구에서 오른쪽 대로)를 따라 왼쪽으로 직진하면 세인트 제임스 파크와 인접한 Birdcage Walk 거리와 연결된다. 도보 3~10분 소요.

**세인트 제임스 파크**
↓ 세인트 제임스 파크 끝자락으로 Birdcage Walk 거리(공원 옆길)를 따라 직진한다. 도보 1~7분 소요.

**버킹엄 궁전**
↓ 빅토리아 여왕 기념비를 등지면 바로 빨간색 보도블록의 대로, 더 몰로 연결된다. 도보 10분 이내 소요.

**더 몰**
↓ 더 몰 거리 끝자락의 애드미럴티 아치를 통과하면 트라팔가 광장, 내셔널 갤러리가 있고, 뒤쪽에 레스터 광장이다. 광장 북쪽에 차이나타운이 있다. 도보 7분 소요.

**차이나타운(점심 식사)**
↓ 식사 후 다시 내셔널 갤러리로 되돌아간다. 도보 5분 소요.

**내셔널 갤러리**
↓ 바로 앞. 시간이 되면 내셔널 갤러리 뒤편에 있는 국립 초상화 미술관(무료, P.106)을 관람한다.

**트라팔가 광장**
↓ 도로 사거리 코너마다 설치된 안내판을 보면서 이동한다. 도보 7분 소요.

**코벤트 가든**
↓ 도보 10분 이내 (런던 아이까지는 도보 15분).

**웨스트엔드 또는 런던 아이**

## [ Finish! ]

### Q & A

**교통비는 얼마나 들지?**
걸어다닐 수 있으니 오이스터 카드를 구입해 숙소 이동 시만 사용.

**점심 식사는 어디서 할까?**
차이나타운 또는 레스터 광장 주변.

**저녁에 뮤지컬을 감상하고 싶다면**
오전에 레스터 광장에서 티켓을 예약해둔다. 당일 티켓을 구하지 못했거나 아직 시차 적응이 안됐다면 1일째와 3일째 저녁 일정을 맞바꿔서 3일째 저녁에 관람한다. 이럴 경우 국회의사당과 런던 아이를 함께 묶어 관광.

**근위대 교대식을 보려면**
오전 11시 30분(4~7월 매일, 8~3월 격일)에 교대식이 있다.

**런던 도심을 능숙하게 다니고 싶다면**
사거리 코너마다 설치된 상세 지도판을 활용. 현 위치에서 목적지로 찾아가기 쉽다.

**최고의 포토 스폿은?**
런던 특파원처럼 사진을 찍고 싶으면 런던 아이 앞에서 국회의사당을 배경으로 찍는다.

**시내에서 화장실 이용하려면**
무료 입장할 수 있는 내셔널 갤러리, 국립 초상화 미술관, 영국 박물관을 활용.

# Day 2

## [ Start ]

지하철 District/Circles선
Tower Hill역

Tower of London 출구로
나와 왼쪽.

### 런던 타워

출구로 나와 템스강 변을 따라
왼쪽으로 직진, 타워 브리지
굴다리를 통과해 오른쪽 계단으로
올라가면 바로 연결된다.
도보 4~10분 소요.

### 타워 브리지

타워 브리지 끝에서 계단으로
내려가면 오른쪽에 반원형의
시청사가 보인다. 도보 7분 소요.

### 시청사

템스강 변을 따라 계속 서쪽으로
직진. 런던 브리지 계단으로 올라가
왼쪽 대로(Borough High St.)를
따라가다 굴다리를 통과하면
오른쪽. 도보 12분 소요.

### 보로 마켓(점심 식사)

보로 마켓과 인접한 서더크
대성당을 끼고 왼쪽 강변으로
직진하면 보이는 벽돌색 건물이
테이트 모던이다. 도보 10분 소요.

### 테이트 모던

바로 앞.

### 밀레니엄 브리지

밀레니엄 브리지를 통과해
직진하면 세인트 폴 대성당이
나온다. 입구는 왼쪽에 있다.
도보 10분 소요.

### 세인트 폴 대성당

성당 정면을 등지고 직진해 2번째
나오는 정류장에서 15번 버스
(10분 소요)를 타고 Tower Hill 하차.

### 타워 브리지(야경 감상)

(TIP) 시간이 있을 경우
주변 현대 건축물을 구경하고
템스강 변의 야경을 즐긴다.

## [ Finish! ]

보로 마켓

## Q&A

**여행 적기는?**
5~6월, 9~10월, 비가 자주
내리는 겨울은 피한다.

**교통비는 얼마나 들지?**
도보 범위이지만 숙소로 이동 시
등 필요하면 오이스터 카드 사용.

**점심 식사는 어디서 할까?**
시청사(동쪽)에서 밀레니엄
브리지(서쪽)까지 템스강 변을
끼고 분위기 있는 카페와
레스토랑이 즐비하다. 특히
보로마켓(P.134)은 저렴하게
한 끼를 해결할 수 있는
먹자골목이다.

**런던 하이테크 건축물을 보고
싶다면**
시청사(서더크 지구), 거킨,
잉글랜드 은행, 로이즈 빌딩 등
(시티, 뱅크 지구)을 둘러본다
(P.122).

**타워 브리지 도개 장면을 보려면**
도개 시간대는 부정기적이니
홈페이지를 통해 미리 확인해
둔다.

**최고의 포토 스폿(야경)은?**
- 런던 타워 후문 또는 시청사
  옆 템스강 변에서 바라본
  타워 브리지의 야경
- 테이트 모던에서 바라본
  밀레니엄 브리지의 야경

타워 브리지

# Day 3

## [ Start ]

**지하철 Central선
Tottenham Court Rd.역
또는 Holborn역**

│ 도로 안내판을 확인하면서
│ 이동한다. 도보 5~7분.
↓

**영국 박물관**

│ Holborn역에서 Central선
│ (3정거장)을 타고 Bond St.역에서
│ Jubilee선(1정거장)으로 환승,
│ Baker St.역에서 하차.
│ Madame Tussuad's 출구로
│ 나와 도보 2분.
↓

**마담 투소 밀랍인형관
(관람 후 점심 식사)**

│ 마담 투소에서 Baker St.역을
│ 지나 사거리에서 오른쪽 길로
│ 직진하면 왼쪽에 셜록 홈스
│ 박물관이 나온다. 도보 4분 소요.
↓

**셜록 홈스 박물관**

│ Baker St.역 앞에서
│ 74번 버스를 타고
│ South Kensington에 하차.
↓

**빅토리아 & 앨버트 박물관**

│ Exhibition Rd.를 건너면 바로.
│ 도보 2분 소요.
↓

**자연사 박물관**

│ Exhibition Rd.를 따라 직진.
│ 켄싱턴 가든으로 들어가기 전
│ 왼쪽에 로열 앨버트 홀이 있고,
│ 길 건너 켄싱턴 가든 안으로
│ 들어가면 앨버트 공 기념비가 있다.
│ 도보 10분 소요.
↓

**앨버트 공 기념비
(또는 로열 앨버트 홀)**

│ 켄싱턴 가든 내 표지판을
│ 따라가면 켄싱턴 궁전이 나온다.
│ 도보 10분 소요.
↓

**켄싱턴 궁전**

│ 켄싱턴 가든 북쪽 끝에
│ 위치한 Queensway역
↓

(켄싱턴 궁전을 등지고 왼쪽
산책로로 가면 나온다)에서
Central선(3정거장)을 타고
Bond St.역에서 Jubilee선
(2정거장)으로 환승해
Westminster역 하차. 4번
출구로 나와 왼쪽으로 가면 바로.
↓

**런던 아이
(또는 웨스트엔드에서 뮤지컬 감상)**

## [ Finish! ]

런던 아이에서 바라본 런던 시내

## Q&A

**교통비는 얼마나 들지?**
3일째 코스는 이동이 잦으니 오이스터
카드(또는 트래블 카드 1일권)를
사용한다.

**점심 식사는 어디서 할까?**
Baker St.역 주변에서(마담 투소
밀랍인형관, 셜록 홈스 박물관 부근).

**아웃렛 쇼핑을 하고 싶으면**
버버리 팩토리 아웃렛이나 비스터
빌리지 아웃렛을 간다(P.128, 131
참조).

**최고의 포토 스폿은?**
런던 아이 캡슐에서 내려다본
런던 시가지 풍경,
웨스트민스터 다리에서 바라본
런던 아이의 야경 촬영을 추천.

밀레니엄 브리지

런던은 볼거리가 여러 구역으로 나뉘어 있어 1박 2일 코스로 구경하기에는 무리가 따른다. 최소 3일 코스가 가장 무난하고 근교까지 관광하려면 4~5일 코스로 일정을 짜야 한다.

### 도심 지역 _ 웨스트민스터, 소호

웨스트민스터 주변은 국회의사당, 빅벤, 웨스트민스터 사원, 트라팔가 광장, 버킹엄 궁전 등 역사적으로 유서 깊은 관광 명소가 모여 있다.
한편 소호는 리전트 스트리트를 따라 클럽, 바, 레스토랑 등의 유흥업소와 상점이 즐비하고, 웨스트엔드에는 60여 개의 극장이 모여 있다.

### 북부 지역 _ 매릴러번, 블룸즈버리

매릴러번은 런던 북서쪽의 최대 공원인 리전트 파크를 중심으로 마담 투소 밀랍인형관, 셜록 홈스 박물관 등 이색적인 볼거리가 있다. 런던을 상징하는 영국 박물관을 비롯해 개성있는 작은 박물관들이 있는 블룸즈버리도 놓치기 아까운 곳이다.

### 동부 지역 _ 시티

런던 금융의 중심지이자 최대의 관광 지역으로 런던 타워와 런던 브리지 등 볼거리가 풍부하다. 세인트 폴

영국 출신의 세계적인 아티스트 데미언 허스트의 〈The Virgin Mother〉

대성당을 비롯해 테이트 모던을 밀레니엄 브리지가 연결하면서 런던의 최신 패션과 레스토랑이 밀집되어 있는 곳이다.

### 서부 지역 _ 켄싱턴 구역과 첼시

런던 시민들의 휴식처인 하이드 파크, 켄싱턴 가든이 있는 켄싱턴 구역, 나이츠브리지의 빅토리아 & 앨버트 박물관, 역사와 전통을 자랑하는 해러즈 백화점을 비롯한 유명 상점들, 남부 첼시의 고급 주택가와 골동품 가게 등이 밀집되어 있다.

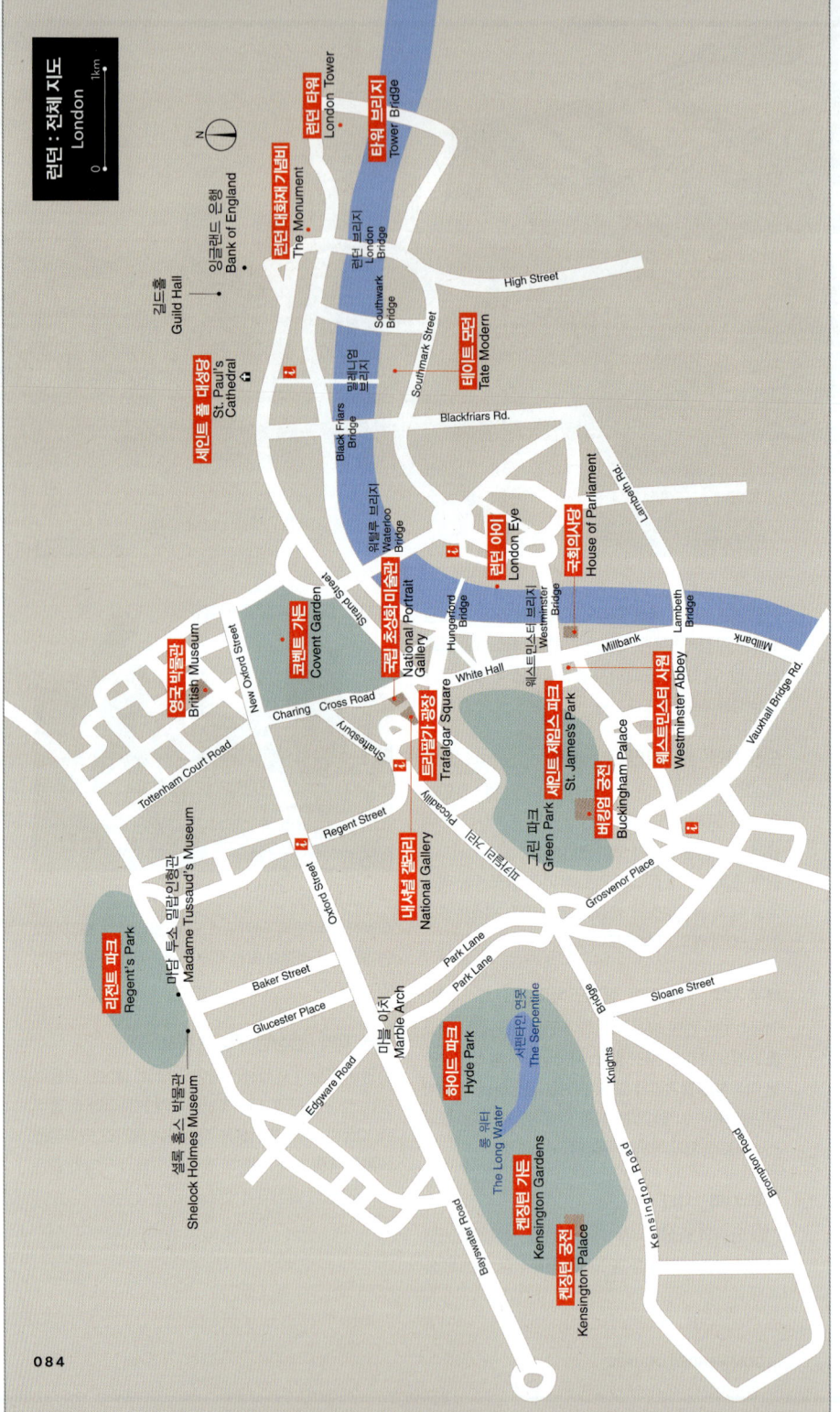

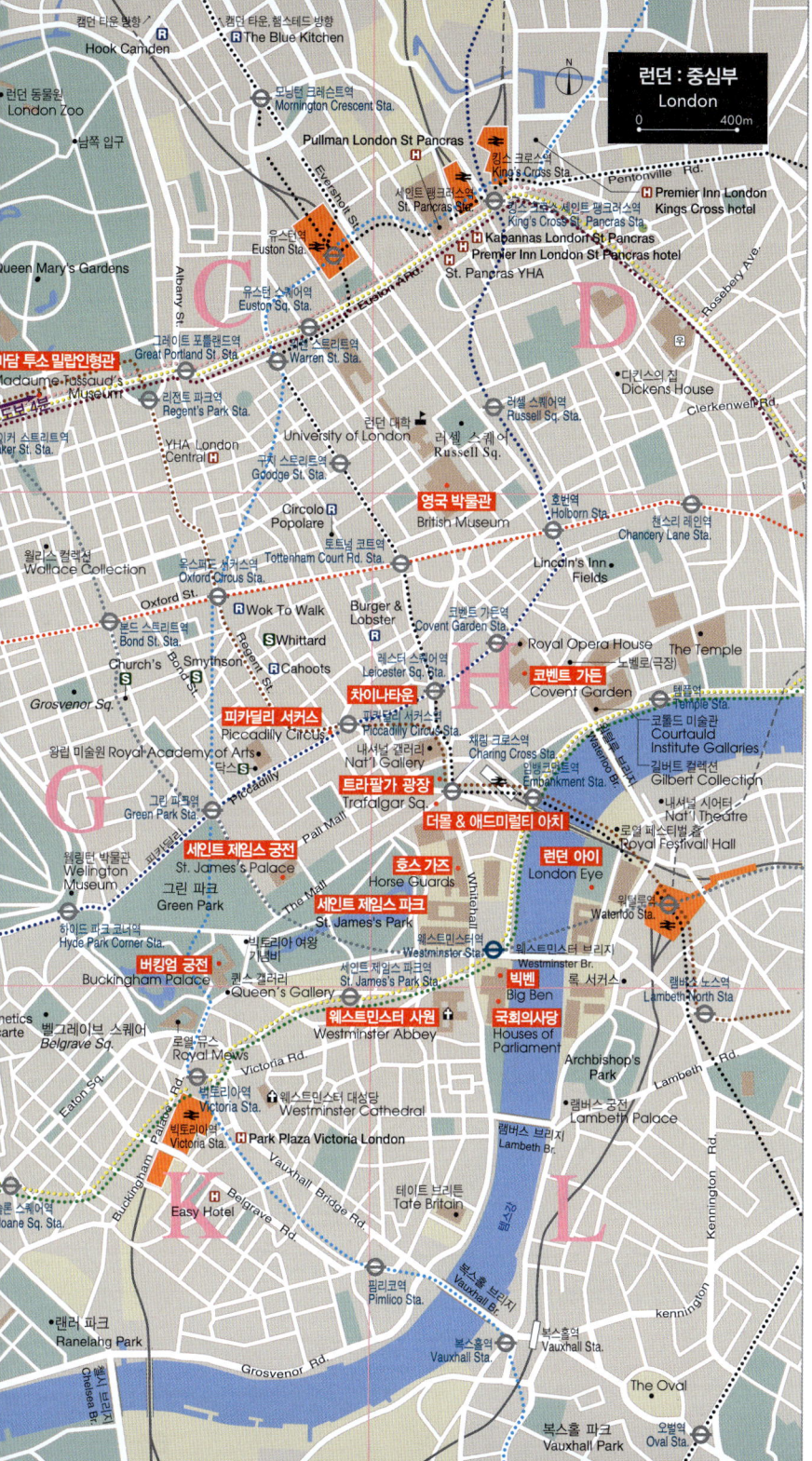

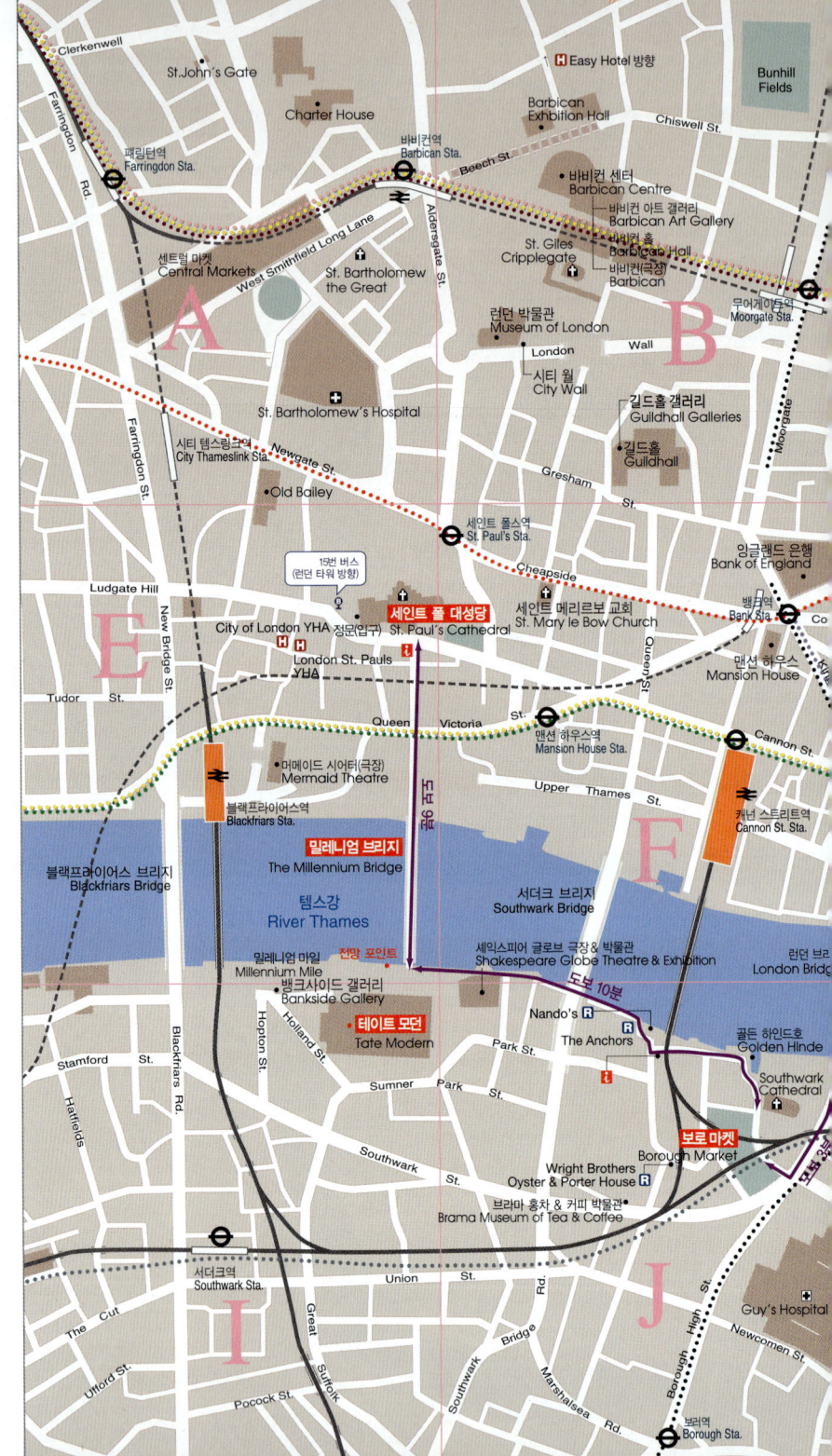

# 런던 지하철 노선도

런던 버스 노선도

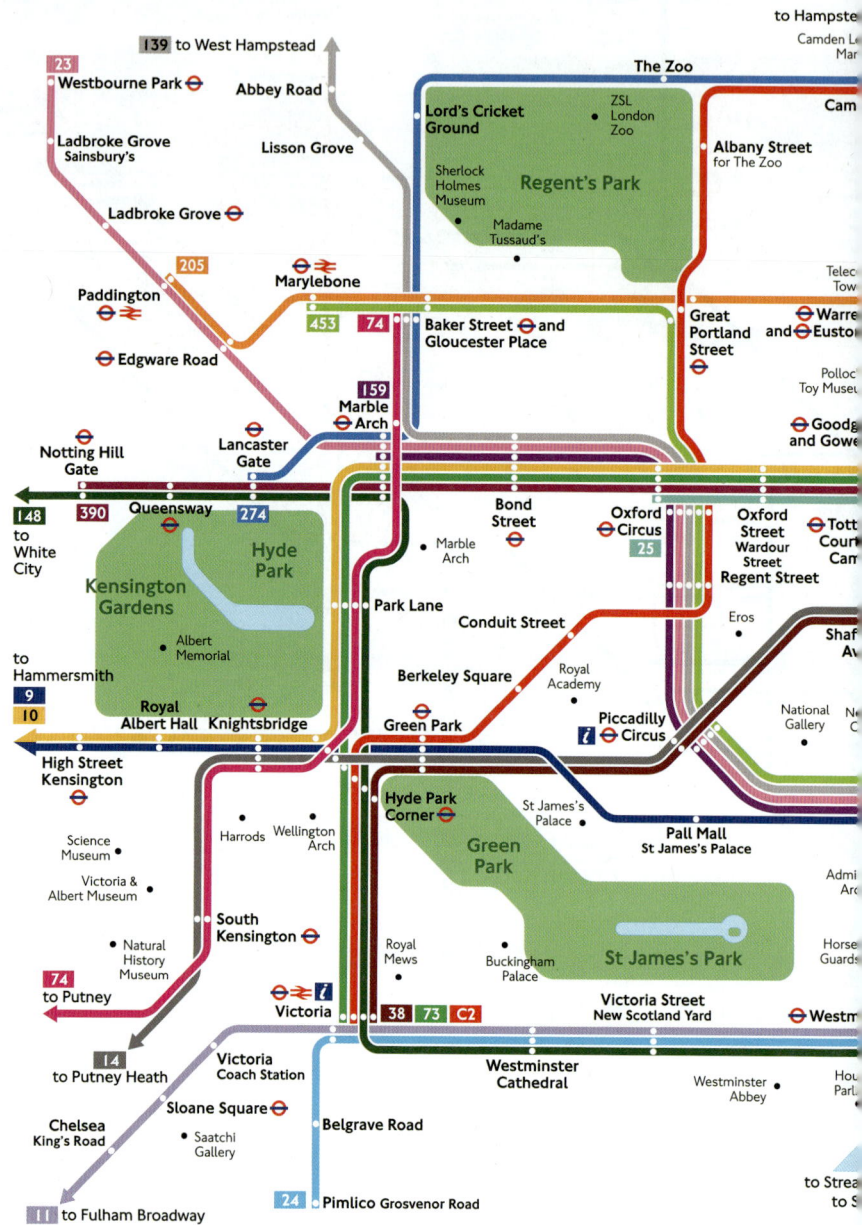

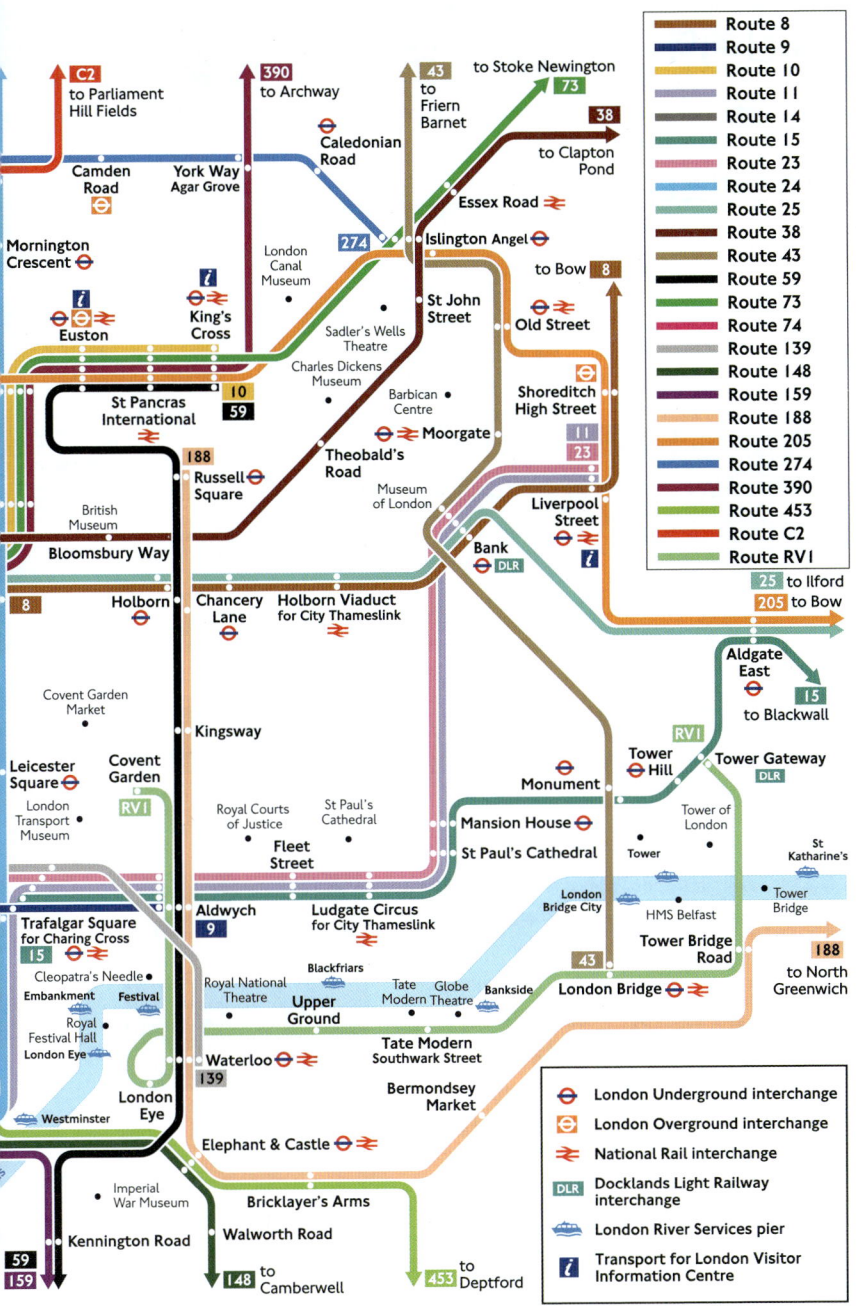

## SIGHTSEEING
# 도심 지역

## 웨스트민스터

웨스트민스터(Westminster) 주변은 여행객들에게 가장 인기가 많은 지역으로, 템스강 변에 볼거리가 모여 있으며 걸어서 충분히 돌아다닐 수 있다.

런던의 국회의사당과 빅벤

## 국회의사당과 빅벤(엘리자베스 타워)
### Houses of Parliament (Big Ben)

빅벤

영국의 국회의사당은 세계 최초의 의회민주주의의 산실로 템스강 변에 위치해 있다. 찰스 베리 경의 설계로 1867년에 고딕양식으로 완성되었으며 총면적 3만 3,000㎡에 이르는 넓은 규모를 갖추었다. 중앙 홀을 기준으로 북쪽은 하원 의사당이고 남쪽은 상원 의사당이다. 의사당에는 2개의 탑이 있는데, 바로 개원 중 국기가 게양되는 빅토리아 타워와 런던의 상징인 빅벤이다. 특히 빅벤 시계탑은 무게가 13톤이나 나가는 거대한 종이 매 15분마다 국제표준시를 알려준다. 국회의사당과 빅벤을 배경으로 사진을 찍고 싶다면 웨스트민스터 다리를 건넌다. 런던 아이 근처에서 템스강을 낀 웨스트민스터 사원을 배경으로 사진을 찍으면 마치 자신이 런던 특파원이 된 것 같은 분위기가 연출된다.

⊙ 지하철 Westminster역에서 도보 3분　⊙ 지도 P.85-F

**국회의사당**
- www.parliament.uk　투어 종류, 계절, 요일에 따라 오픈 시간이 변경되니 홈페이지 참조
- 멀티미디어 투어(90분) 성인 £25, 학생 £18　가이드 투어 성인 £32, 학생 £26

# 웨스트민스터 사원
## Westminster Abbey

### 수도원 중의 수도원

11세기 참회왕 에드워드가 세운 세인트 페트로 성당이 지금의 수도원의 모체이다. 13세기 헨리 3세가 헨리 오브 레인즈에게 설계를 맡겨 프랑스에서 유행했던 고딕양식으로 완성되었다. 1066년 정복자 윌리엄을 비롯해 엘리자베스 2세에 이르기까지 **역대 왕들이 이곳에서 대관식을 올렸고 이곳에 묻혔다.** 1997년에는 다이애나 왕세자비, 2022년에는 엘리자베스 2세 여왕의 장례식을 치르기도 했다. 헨리 8세가 캐서린 왕비와의 이혼 문제로 로마 교황청과 대립하면서 영국 내의 로마 가톨릭 교회나 수도원이 모두 몰수되거나 파괴되었지만, 왕실과 관련 깊었던 이곳은 파괴를 면할 수 있었다.

### 역대 왕과 역사적 인물들의 묘비

대리석과 스테인드글라스가 장엄한 분위기를 자아낸다. 제단 뒤에 있는 1300년경에 만들어진 대관식용 의자에는 스코틀랜드 왕실과 연합했던 촛대의 돌(스콘의 돌, 1996년 에든버러 성에 보관)이 있었다. 성당 내부의 벽면과 바닥은 역대 영국 왕을 비롯해 처칠, 셰익스피어, 워즈 워스, 뉴턴 등과 같은 역사적 인물들의 묘비와 기념비로 가득 차 있다.

- East Cloisters, Westminster Abbey
- www.westminster-abbey.org
- 월~금요일 09:30~15:30,
토요일 09:00~13:00(~15:00, 계절에 따라 다름)
- 성인 £30, 학생(시니어) £27
- 지하철 Westminster역에서 도보 2분. 또는 지하철 St. James Park역에서 하차 ● 지도 P.85-F

---

🔔 **청교도 사상이 영국인에게 미친 영향**

청교도 사상의 여파가 오늘날에도 도처에 남아 있는 것을 보면 지도자의 역량이 참으로 크다고 할 수 있다. 그 중심에 청교도 혁명의 지도자인 윌리엄 크롬웰이 있었다. 청교도 사상에 의하면 인간은 원죄가 있으므로 평생 회개하고 금욕하며 살아가야 한다. 이는 영국 특유의 기후와도 결합되어 우리나라에서 흔히 볼 수 있는 스탠드바, 룸살롱, 단란주점 같은 유흥 문화 대신 가족과 함께 즐길 수 있는 건전한 선술집 퍼브(Pub)와 뮤지컬이 발달하게 되었다.

## 런던 아이
### London Eye

**밀레니엄을 담은 런던 최고의 전망대**

2000년 밀레니엄 시대를 맞이하기 위해 제작한 것으로 런던 시내를 한눈에 내려다볼 수 있어 관광객들의 사랑을 듬뿍 받고 있다. 공모전에서 발탁된 데이비드 마크와 줄리아 버필드의 디자인으로 완성되었으며, 360도 회전을 하면서 시내 전체를 관망할 수 있도록 유리 캡슐형으로 제작되었다. 캡슐 안에는 난방시설과 안전용 카메라 등의 첨단장치가 설치되어있다.

**전망대와 포토 스폿**

운행 시간은 30분 정도 소요되는데 날씨가 좋으면 외곽까지 볼 수 있다. **특히 야간의 시내 전망이 무척 아름다워 주말과 밤에는 대기 시간이 길어지니, 사전에 예매해둔다.** 국회의사당과 런던 아이 사이로 흐르는 템스강 주변은 야간 데이트 코스로 인기가 있다. 템스강을 따라 런던 명소를 돌아보는 런던 아이 리버 크루즈는 런던 아이 밀레니엄 피어에서 출발한다. 빅벤, 국회의사당, 타워 브리지, 런던 타워 등을 색다른 시각에서 볼 수 있다. **런던 아이를 배경으로 사진을 찍고 싶다면 웨스트민스터 다리를 건너 국회의사당 쪽에서, 국회의사당을 배경으로 사진을 찍고 싶다면 런던 아이 쪽에서 찍으면 멋진 구도가 잡힌다.**

🌐 www.londoneye.com
🕐 11:00~18:00, 4~8월 10:00~20:30 (요일, 날짜에 따라 다르니 홈페이지 참조)
💷 스탠더드 £42(온라인 £29), 패스트 트랙(우선 입장) £57 (온라인 £44) 🚇 지하철 Westminster역에서 도보 5분. 또는 지하철 Waterloo역에서 하차 🗺 지도 P.85-F

# 버킹엄 궁전
## Buckingham Palace
★

### 영국 왕실의 상징

영국 왕실을 상징하는 버킹엄 궁전. 궁전 앞에는 영국 최고의 전성기를 구가했던 빅토리아 여왕의 기념비가 황금빛을 발하며 위풍당당하게 서 있다. 꼭대기의 황금 천사 조각(**브리타니아 여신**: 영국을 상징하는 여신으로 창과 방패를 들고 있다. 영국 주화에 새겨져 있다)이 마치 궁전의 수호천사처럼 사방을 환하게 비춰주고 있다. 원래 버킹엄 공작의 집으로 지어졌는데, 1762년 조지 3세가 왕비 샤를로테를 위해 구입했다. 그 후 조지 4세가 당대 최고의 건축가 **존 내쉬**에게 명하여 개축했다. 엄청난 건축비에 국민의 비난을 사기도 했지만, 지금은 매년 수백만 여행객이 찾는 영국의 랜드마크가 되었다. 빅토리아 여왕이 처음 거주한 이래로 역대 국왕들의 거처로 쓰이면서 명실상부한 영국 왕실이 되었다. 현 국왕 찰스 3세도 평일에는 이곳에 머무른다. **왕이 거주할 때는 궁전 중앙의 게양대에 왕의 깃발인 로열 스탠더드(Royal Standard)가 내걸린다.** 대영

스테이트 룸(White Drawing Room)

무도회장(Ball Room)

로열 뮤스의 명품 마차

제국의 위용을 자랑하듯 궁전 뒤쪽에 16만 m²에 달하는 널따란 정원이 있고 방도 650개가 넘는다. 궁전의 실내 장식도 화사하게 꾸며졌지만, 당시 의회의 견제가 심했기 때문에 다른 유럽 궁전만큼 화려하지는 않다.

### 꼭 봐야할 포인트

1992년 윈저성에 화재가 나서 이를 재건할 기금을 마련하기 위해 그 다음해부터 **매년 8~9월** 2달 동안 궁전의 일부(State Rooms)를 공개하고 있다. **퀸스 갤러리(Queen's Gallery)**에는 왕실의 미술품을 전시하는데, 반다이크, 한스 홀바인, 렘브란트, 푸생의 그림과 베르메르의 음악교실(Music Lesson)을 볼 수 있다. 왕립 마구간인 **로열 뮤스(Royal Mews)**는 퀸스 갤러리와 같은 라인에 있는 건물로 버킹엄 궁전과는 떨어져 있다. 조지 4세 이래 역대 국왕들의 대관식에 사용되었던 명품 마차가 전시되어 있다. 오전 11시(8~3월 월·수·금·일요일, 4~7월 매일)에 **근위병 교대식**이 거행된다. 이를 보기 위해 몰려드는 인파가 엄청나므로 요령껏 관람하자.

ⓘ www.rct.uk
🕐 **궁전** 7/10~8/30 09:30~19:30(입장~17:30), 9/1~9/28 09:30~18:30(입장~16:30) **휴무** 화~수요일(Royal Mews, State Rooms)
Royal Mews 3/13~11/2 10:00~17:00(입장~16:00)
💷 **궁전** 성인 £35(온라인 £32), 학생 £22.5(온라인 £20.5)
Royal Mew 성인 £19(온라인 £17), 학생 £12(온라인 £11)
🚇 지하철 Victoria역에서 도보 10분. 또는 버스 11·211·C1·C10번 이용 📍 지도 P.87-G

---

**tip  근위병 교대식을 제대로 보려면**

근위병 교대식은 우선 세인트 제임스 궁전에서 출발해 퍼레이드를 하면서 더 몰을 거쳐 빅토리아 기념비를 돌아 버킹엄 궁전으로 들어간다. 궁전 앞에서 근위병 교대식을 끝내고 나면 다시 병영으로 되돌아간다. 이 순서를 잘 활용하는 게 관람 노하우이다. 근위병 교대식을 꼭 봐야겠다면 적어도 2~3시간 전에 버킹엄 궁전에 도착해서 명당을 확보한다.

근위병 퍼레이드

### 명당을 차지하라
명당은 궁전 정면 입구의 앞쪽 〉 정면 오른쪽 〉 빅토리아 기념비의 높은 곳 순이다. 위병 교대식이 열리는 시간(11:00~12:00)에 딱 맞춰서 가면 인파에 밀려 제대로 보지도 못하고 허탈하게 돌아가야 한다. 시간 여유가 충분하지 않다면 근위병 교대식을 과감하게 포기하고 퍼레이드가 펼쳐지는 길목을 지키고 있다가 이를 즐기는 것도 괜찮다.

### 퍼레이드의 길목을 지켜라
근무를 마친 근위병은 세인트 제임스 궁전을 출발해 더 몰을 지나 빅토리아 기념비를 돌아서 버킹엄 궁전 정면의 왼쪽 문에서 앞마당으로 들어간다. 더 몰 거리는 비교적 한산하므로 이곳에서 편안하게 구경하자.

### 대타를 즐겨라 - 호스 가즈의 근위병 교대식
화이트 홀 근처에 있는 여왕 기마병 사령부인 호스 가즈(Horse Guards)에서도 매일 오전 11시(일요일 10시)에 근위병 교대식이 있다.

### 윈저 성의 근위병 교대식
런던 근교의 윈저 성에서도 근위병 교대식을 즐길 수 있다. 이곳 광장에서 행해지는 근위병 교대식은 버킹엄 궁전보다 규모는 작지만 절차가 똑같고 여유 있게 사진도 찍으면서 편히 관람할 수 있다. 교대식은 오전 11시(8~3월 월·수·금·일요일, 4~7월 매일)에 한다.

## 호스 가즈
### Horse Guards

**왕실의 근위기병대 사령부**

화이트 홀 거리의 뱅퀴팅 하우스(Banquet-ing House, 헨리 8세가 세운 궁전. 찰스 1세가 청교도 혁명으로 끌려가 이 건물 창을 통해 단두대로 올라가 처형을 당했다) 맞은편에 있는 근위기병대 사령부이다. 사령부 정문 입구에는 오전 10시부터 오후 4시까지 항상 근위병이 말을 타고 보초를 선다. 그 외 시간에는 보초병이 서서 경비를 본다. 월~토요일 11:00, 일요일 10:00에 시작되는 근위병 교대식은 버킹엄 궁전의 교대식만큼 거창하지는 않지만 엄숙하고 절도 있게 진행하는 모습은 비슷하다 (우천 시 취소). 무엇보다도 근위병과 함께 사진 찍을 수 있어 좋다. 뒤편에는 넓은 연병장과 해군본부, 1·2차 세계대전의 위령비가 있다.

호스 가즈의 보초병

🚇 지하철 Charing Cross역이나 Westminster역 하차
🗺 지도 P.85-F

## 더 몰 & 애드미럴티 아치
### The Mall & Admiralty Arch

**런던 시민들의 산책로**

더 몰은 트라팔가 광장에서 버킹엄 궁전까지 1km에 이르는 붉은 보도블록이 깔린 거리이다. 지금은 교통이 매우 혼잡하지만 위풍당당하고 장엄한 옛 모습이 아직 남아 있다. 17세기까지 작은 시골길에 불과했는데, 제임스 1세가 이곳에서 **팰맬(Pal-le-maille)**이라고 알려진 프랑스 게임 놀이를 하곤 했다. 골프와 크리켓을 혼합한 이 게임은 유행에 뒤쳐져 사라졌지만, The Mall과 Pall Mall의 이름으로 아직도 기억되고 있다. 찰스 2세가 왕실 공원인 세인트 제임스 파크와 그린 파크를 일반인에 공개하면서 인기 산책로가 되었다. 그린 파크는 수선화가 만발하는 봄에 가장 빛을 발하며, 세인트 제임스 파크는 연중 푸른 잔디로 환하게 빛난다.

**애드미럴티 아치**는 빅토리아 여왕을 기념하기 위해 1911년에 세운 아치문이다. 옆에 해군본부(Admiralty)가 있어 붙여진 이름이다. 3개 출입구 중 양쪽 문은 일반인이 통과하고, 중앙문은 국왕만 드나들 수 있다. 평소에는 닫혀 있고, 공식 행사가 있을 때만 열린다. 교대식을 하기 위해 근위병들이 이 길을 지나간다.

🚇 지하철 Charing Cross역에서 도보 3분
🗺 지도 P.85-C·E

## 화이트 홀
### White Hall

**영국 정치의 중심가**

트라팔가 광장에서 팔러먼트 광장에 이르는 넓은 거리로 좌우에 해군 본부를 비롯한 정부 기관이 즐비하게 서 있는 영국 정치의 중심지이다. 호스 가즈에서 국회의사당 쪽으로 내려가다 보면 도로 한가운데에 전몰자 기념비가 세워져 있다. 좀 더 내려가 오른쪽으로 돌면 **수상관저(10번지)가 있는 다우닝가**가 나온다. 최근에는 테러 사태가 자주 발생하여 경찰

이 상주하면서 출입을 통제하고 있다. 시간 여유가 있다면 트라팔가 광장에서 화이트 홀 거리를 따라 내려가면서 호스 가즈와 다이닝가를 지나 국회의사당까지 걸어가보자.

📍 지하철 Charing Cross역이나 Westminster역에서 도보 3분 ➕ 지도 P.85-F

## 세인트 제임스 파크
### St. James's Park
★

1532년 헨리 8세가 화이트 홀 궁전의 정원으로 조성한 공원. 청교도 혁명 때 찰스 1세가 세인트 제임스 궁전에서 당시 단두대의 화형식으로 이용되었던 화이트 홀을 향해 지나갔던 곳이다. 그 후 찰스 2세가 프랑스식 정원으로 조경을 다듬었으나 19세기에 존 내쉬에 의해 지금의 영국식 정원으로 개조되었다. 공원 내 의자는 유료다(1시간 £3).

@ www.royalparks.org.uk
📍 지하철 St. James's Park역에서 도보 5분
➕ 지도 P.85-E

| tip | **영국 왕실은 부동산 재벌?!** |

여왕은 영국에서 가장 많은 부동산(버킹엄 궁전, 윈저 성 등)을 소유하고 있다. 여왕 외에도 왕족들이 세인트 제임스 궁전(왕족 거주), 켄싱턴 궁전(찰스 왕세자 거주) 등 여러 별장들까지 소유하고 있다. 또한 세계에서 가장 크고 값비싼 다이아몬드, 에메랄드가 박힌 왕관 등 보석과 예술품 및 골동품 등 엄청난 재산을 보유하고 있다. 왕실에 대한 인식이 예전과 많이 달라 왕실 무용론이 제기되기도 하지만, 여전히 여왕은 국가의 상징이자, 영국을 대표하기 때문에 필요하다는 사람들도 많다. 버킹엄 궁전의 근위병 교대식을 보러 수많은 관광객이 몰려들어 왕실은 관광 상품으로도 중요한 역할을 하고 있다. '영국' 하면 여왕이 떠오르듯 무형의 국가 이미지는 왕실이 세금으로 호화스러운 생활을 하는 것 이상으로 국익에 많은 보탬이 된다고 생각한다. 무엇보다 왕실 스스로 국민들과 소통하려고 노력하고 있다. 일례로 왕족의 자녀들을 개인교사 대신 일반학교에 보내고 여왕도 자선단체를 통해 소외된 계층을 배려하는 데 많은 시간을 할애하고 있다.

지구상의 모든 왕들이 사라져도 영국 왕만은 꿋꿋하게 살아남을 거라는 우스갯소리도 있다. 전통을 지키려는 마음과 국가의 상징인 왕실을 국익으로 연결시키는 영국인들의 지혜 덕분에 왕실은 여전히 영국인들에게 사랑받고 있다.

※ 영국 왕실이 궁금하다면 넷플릭스 미니 시리즈 〈더 크라운(The Crown)〉 참조.

켄싱턴 궁전

영국의 로열 패밀리

## SIGHTSEEING
# 도심 지역

## 소호

소호(Soho)는 북쪽의 옥스퍼드 스트리트, 동쪽의 채링 크로스, 서쪽의 리전트 스트리트로 둘러싸인 지역이다. 런던은 이곳을 중심으로 이스트엔드와 웨스트엔드 두 지역으로 나뉜다. 정치의 중심지인 웨스트민스터 주변과는 사뭇 분위기가 다르다. 이스트엔드는 서민적인 분위기이고, 웨스트엔드는 관광객이 붐비는 화려한 지역이다. 영화관과 레스토랑이 밀집되어 있어 낮에는 항상 젊은이들로 북적거린다. 특히 밤에는 휘황찬란한 네온사인으로 유흥가의 분위기를 자아내는 최대의 환락가로 변한다.

# 트라팔가 광장
## Trafalgar Square

★

### 나폴레옹을 격파한 승리의 상징

1805년 넬슨 제독이 트라팔가 해역에서 나폴레옹이 지휘하던 프랑스·에스파냐 연합 함대를 격파하고 영국을 구해내자 이를 기념하기 위해 트라팔가 광장을 만들었다. 중앙에 넬슨 제독의 동상이 있고, 광장에는 네 마리의 사자상이 넬슨 제독을 수호하고 있다. 높은 곳에 동상을 세운 이유는 **'내가 죽어서도 프랑스를 감시할 수 있는 높은 곳에 올려 달라'**는 유언에 따른 것이다. 넬슨 동상에 한쪽 눈과 한쪽 팔을 잃은 모습이 그대로 재현되어 있다.

### 축복의 광장 & 사자상

매년 12월에는 영국이 나치로부터 노르웨이를 구해준 보답으로 노르웨이 정부에서 보내온 크리스마스 트리가 장식된다. 또한 연말에는 런던 시민뿐만 아니라 여행객들로 광장이 인산인해를

사자상

이룬다. 낯선 사람끼리도 서로 키스를 하면 새해에 복을 받는다는 속설이 있어서인지 광장 곳곳에서 키스신이 연출된다. 광장에서 가장 인기 있는 곳이 **사자상**이다. 자세히 보면 사자 다리가 크로스가 아닌 일자형인 것을 알 수 있다. 왕권을 상징하는 사자의 자세가 싸울 자세를 포기한 일자형이라는 것은 왕권의 쇠퇴를 의미한다. 건축가 존 내쉬가 영국을 구한 넬슨을 영웅시하기 위해 사자(왕권)를 무기력하게 묘사한 것이다.

※ 광장 계단 옆에 유료 화장실이 있다.
🚇 지하철 Charing Cross역에서 도보 2분
🗺 지도 P.85-D

# 내셔널 갤러리 National Gallery

런던의 내셔널 갤러리는 파리의 오르세 미술관, 마드리드의 프라도 미술관과 함께 유럽의 3대 미술관으로 손꼽힌다. 영국 최초의 국립미술관으로 1824년 시티의 은행가인 존 줄리어스 앵거스타인이 유산으로 남긴 38점의 컬렉션을 의회가 매입하면서 시작되었다. 그 후 의회의 적극적인 지원에 힘입어 지금은 컬렉션이 2,200여 점이 넘는다. 1250~1900년대(이탈리아 르네상스 초기부터 19세기 말까지)의 작품들이 총 66개의 전시실에 시대별로 전시되어 있어 방 번호를 따라 감상하면 유럽 미술사가 한눈에 들어온다. 렘브란트, 고야, 보티첼리, 라파엘로, 모네, 레오나르도 다빈치, 세잔, 르누아르, 반 고흐 등 거장들의 작품 세계를 감상해보자.

- Trafalgar Square  www.nationalgallery.org.uk
- 10:00~18:00(금요일 ~21:00) 휴무 1/1, 12/24~26  무료(특별 전시는 유료)
- 지하철 Charing Cross역, Leicester Square역에서 도보 3분. 트라팔가 광장 바로 북쪽에 위치. 또는 버스 3·6·9·11·12·13·15·23·24·29·53·77A·88·91·139·176번 등 이용  지도 P.85-C

> **tip  효율적으로 관람하려면**
>
> - 지하 Clockroom의 짐 보관소에 가방, 외투를 맡긴다.
> - 세인즈베리관은 2025년까지 공사 중이다.
> - 관람 도중 허기가 지면 신관 2층의 National Dining Room(코스 요리)이나 본관 1층의 National Cafe(간단한 식사)에서 식사를 한다.
> - 시대 순으로 감상하자. 신관(세인즈베리관) → 서관(West Wing) → 북관(North Wing) → 동관(East Wing)의 순서가 좋다. 만약 시간 없을 때는 안내 지도에 표시된 컬렉션 하이라이트만 관람하자.

### ◆ 주요 작품 ◆

## 아르놀피니 부부의 결혼식 (1434년)
### The Arnolfini Portrait
| 얀 반 에이크 Jan Van Eyck |

## 비너스와 마르스 (1485년)
### Venus and Mars
| 보티첼리 Botticelli |

보티첼리의 신화를 볼 수 있는 유일한 작품. 황금, 비둘기, 장미, 큐피드는 비너스를 상징하고, 갑옷과 투구는 전쟁의 신인 마르스를, 사티로스(Satyros, 상반신은 어린 아이의 모습이고 하반신은 염소)는 음탕한 퇴락을 의미한다. 오른쪽은 어린 사티로스가 곤히 잠자고 있는 마르스의 귀에 소라 껍데기로 나팔을 불고 있고, 왼쪽에는 걱정스러운 표정으로 왠지 불안해 보이는 비너스가 앉아 있다.

마르스는 잠에 곯아 떨어져 있고, 비너스는 흐트러진 잠옷 차림인 것을 보면 두 연인의 불륜 장면을 그린 것으로 추정된다. 비너스의 표정이 자신은 나중 일이 걱정스러워 죽겠는데 세상 편하게 잠이나 자고 있는 마르스를 원망하는 눈치다. 결국 나중에 남편에게 발각되어 여러 신들 앞에서 망신을 당하는 신세가 된다.

이 그림은 15세기 말 남녀의 침실에 액자로 걸어두는 게 유행이었다고 한다.

네덜란드 출신인 얀 반 에이크의 작품으로 1400년대 중산층의 가정과 신교의 결혼식 장면을 그린 것이다. 이탈리아 상인과 그의 아내의 실제 결혼식을 화폭에 담은 그림인데, 손을 잡고 있는 혼인 장면을 유심히 보면 배가 부른 처녀임을 알 수 있다. 이는 순결을 의미한다. 두 사람 앞에 서 있는 강아지는 충성, 복종, 신의를 다짐하는 뜻이고, 사과는 여자의 원죄를 말한다. 작품 중앙의 거울을 보면 인물 2명이 거울에 비치는데 이는 결혼식 증인을 표현한 것이다. 신과 함께 동석한 성스러운 자리이므로 신발을 벗고 맨발로 서 있다. 촛불 1개는 하나님이 천지창조를 하실 때 첫째 날 '빛이 있으리'를 의미한다.

조지 스티브스의 〈휘슬재킷〉

## 비너스와 큐피드의 알레고리 (1540~1550년)
### An Allegory with Venus and Cupid
| 브론치노 Bronzino |

사랑의 여신 비너스와 그의 아들 큐피드의 사랑에 대해 순간적인 쾌락에서 벗어나라는 작가의 훈화가 담겨 있는 작품이다.

비너스의 발은 가면(인간의 양면성)을 말한다. 비너스와 큐피드의 키스는 선을 넘어선 사랑을 의미한다. 큐피드가 비너스의 머리칼을 잡아당기는 것은 질투와 시기의 화신을 말해준다. 소녀의 한 손은 사랑은 항상 달콤하다는 것을, 다른 한 손은 언젠가 달콤한 사랑 뒤에는 침에 찔린다는 양면성을 보여 준다.

소년은 장미 꽃다발을 던지려 한다. 망각의 여신을 통해 지우고 싶어 하지만, 쾌락이 지나면 대가를 지불하게 되니 현재에 충실하라는 메시지를 전하고 있다.

## 암굴의 성모 (1483년) The Virgin of the Rock
| 레오나르도 다빈치 Leonardo da Vinci |

레오나르도 다빈치가 이탈리아 남부 지방의 섬 동굴 (에트나산 등)이 너무 아름다워 이를 화폭에 담은 것이다.

성모 마리아가 한가운데에 있고, 왼쪽에는 마리아의 가운 아래 십자가를 든 어린 세례요한, 오른쪽에는 아기 예수와 천사가 삼각 구도를 이루고 있다. 세례요한은 아기 예수를 경배하고, 아기 예수는 오른손을 들어 이에 답하고 있다. 어두운 동굴 틈새로 아기 예수에게 광명의 빛을 비추어 축복을 암시하고 있다.

당시 교회는 성모와 성인을 반드시 화폭에 담으라고 요구하던 시절이다. 성모가 나오면 반드시 광명과 자비가 나와야 한다. 그러나 다빈치는 동굴 내에 있는 성모를 고려해 어두운 곳에 우울한 장면을 그리자 교회가 반발해 교회와 다빈치의 갈등이 고조되었고, 다빈치가 자신의 그림을 채색하고 제자에게 다듬게 한 다음 자신이 마무리해서 그림을 완성시켰다. 이러한 스푸마토 기법(음영 기법)으로 그림이 더욱 신비롭게 느껴진다.

## 대사들 (1533년) The Ambassador
| 한스 홀바인 Hans Holbein |

루터파의 종교개혁으로 교회와의 갈등이 심화되자 교회에서는 더 이상 그림 주문을 하지 않았고 마침내 한스 홀바인은 영국으로 망명하게 된다. 친구인 에라스무스의 도움을 받아 헨리 8세 때 영국 황실 궁중화가로 활동하게 된다. 그는 특히 기념 초상화에 남다른 재주가 있었다. 뛰어난 관찰력으로 있는 그대로의 인물을 사실적이고 생생하게 묘사했다. 이 그림은 영국 주재 프랑스 대사인 장드 댕트빌(왼쪽)이 주문해서 그린 것이다. 오른쪽에 있는 사람은 런던을 방문한 라보르의 주교인 동료 조르주 드 셀브이다.

사물을 중앙에 두고 좌우로 인물을 배치하는 기법을 구사한 것이 특징이다. 탁자 위에는 천체 지식이 해박

하다는 것을 보여주는 지구의와 4월 11일 오후 10시 30분을 나타내며 멈춰 있는 원통형 해시계 등 다양한 천문도구 등을 배치했다. 위쪽은 신의 조화로운 질서를 나타내고 있지만 아래쪽 선반 위에는 튜트의 줄이 끊어져 있고 튜트 옆에는 '영혼의 창조자여 오소서(Veni Creator Spiritus)'가 펼쳐진 찬송가가 놓여 있다. 이는 종교개혁으로 인해 파괴된 유럽 사회 조직을 상징하고 있다.

### 아니에르의 물놀이 (1833~1834년)
### Bathers at Asnieres
| 조르주 쇠라 Georges Seurat |

파리 근교 북서쪽에 있는 센강 변의 아니에르를 배경으로 한 작품. 강을 가로지르는 다리가 보이고 오른쪽

에는 그랑자트섬이 보인다. 멀리 클리쉬의 큰 공장이 있고, 노동자들이 여가에 잠시 휴식을 취하고 있는 모습을 담았다. 이 작품은 프랑스 신인상주의 화가인 조르주 쇠라가 점묘법(점으로 찍어 표현하는 화법)을 사용한 첫 작품이다. 점묘법은 멀리서 보면 하나의 통일된 색깔처럼 보이지만 가까이서 보면 여러 개의 색깔이 찍혀 있다는 것을 알 수 있다. 이 작품은 전체적으로 밝게 빛나는 풍경을 보여주고 있다.

### 해바라기 (1888년) Sunflowers
| 빈센트 반 고흐 Vincent Van Gogh |

화가라면 한번쯤 습작해보는 그림이 바로 〈해바라기〉다. 1888년 2월 고흐는 프랑스 남부 지방에 예술가의 부락을 찾아 떠난다. 고갱이 그와 합류하겠다고 동의하자, 고갱이 도착하기 전에 그를 환영하기 위해 여러 점의 12송이 해바라기를 그리기 시작했다. 그는 시들어가는 해바라기를 바라보며 모두 4점의 그림을 그렸고, 그중에서 가장 마음에 드는 2점을 고갱의 방에 걸어놓았다. 이곳에 전시된 해바라기는 빛을 그리는 데 있어 첫 번째 실험작이었다.

## 국립 초상화 미술관
### National Portrait Gallery
★

### 영국 유명인들의 초상화

헨리 8세의 초상화

내셔널 갤러리 뒤쪽에 위치한 미술관으로 약 5,000여 점에 이르는 초상화를 소장하고 있는 점이 특징이다. 헨리 8세 이후의 역대 국왕은 물론 셰익스피어, 다윈, 나이팅게일, 처칠, 대처, 다이애나 왕세자비 등 영국 역사를 대표하는 인물들을 만날 수 있다. 가장 인기 있는 초상화는 헨리 8세와 엘리자베스 1세이다. 전시실은 아래층에서 위층으로 갈수록 옛 인물들을 볼 수 있다. 1층은 20세기의 인물, 2층은 18~19세기의 인물, 3층은 튜더 왕조~17세기의 인물들이 전시되어 있다. 시대순으로 감상하고 싶으면 3층에서 내려오면서 관람하면 된다. 최근 리모델링을 마치고 산뜻하게 재개관했다.

 St Martin's Place 2  www.npg.org.uk
일~목요일 10:30~18:00, 금~토요일 10:30~21:00
무료(특별 전시는 유료)
지하철 Charing Cross역에서 도보 5분. 내셔널 갤러리 뒤쪽에 위치  지도 P.85-D

## 레스터 광장
### Leicester Square

### 극장 거리와 연예인의 핸드 프린팅

차이나타운 남쪽에 위치한 광장으로 주변에 극장과 영화관이 많이 있다. 셰익스피어 동상 맞은편 광장 모퉁이에는 뮤지컬 티켓을 반액에 살 수 있는 반액 티켓부스(tkts: 여러 극장의 표를 한 곳에서 저렴하게 구입. 10시 오픈)가 있어 늘 젊은이들로 붐빈다. 17~18세기에는 귀족들의 화려한 저택이 즐비했는데, 지금은 영화관 거리로 바뀌어 그 흔적을 찾아보기 어렵다. 공원 입구에는 유명 연예인들이 동판에 주조한 핸드 프린팅이 눈에 띈다. 주변에는 피자, 햄버거 등의 패스트푸드점과 퍼브, 카페 등이 많이 있으니 잠시 쉬어가자. 여름에는 거리에서 퍼포먼스도 많이 열려 볼만하다.

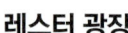 지하철 Leicester Square역이나 Piccadilly Circus역에서 도보 5분  지도 P.85-C

## 차이나타운
### China Town
★

### 중국 분위기가 물씬거리는 동네

극장들이 모여 있는 샤프츠버리 거리(Shaftesbury Ave.)의 남쪽 일대가 차이나타운이다. 특히 제라드 스트리트(Gerrard St.)와 리슬 스트리트(Lisle St.) 사이에 중국 요리점이 즐비하다. 한자로

된 간판이 빼곡하게 차 있어 마치 홍콩에 온 느낌이 들 정도이다. 중국 요리는 소박하면서도 맛이 좋고 **저렴하게 한 끼 식사를 해결**할 수 있어 여행객뿐만 아니라 현지인도 자주 이용한다. 가장 부담 없고 저렴하게 맛보고 싶다면 뷔페 식당으로 가자. 그밖에 중국빵과 과자를 파는 제과점, 한국 라면을 비롯한 각종 식료품을 싸게 파는 아시아 슈퍼마켓도 있다.

@ www.chinatown.co.uk
🚇 지하철 Leicester Square역이나 Piccadilly Circus역에서 도보 5분  지도 P.85-C

## 피카딜리 서커스
### Piccadilly Circus
★

### 낮과 밤이 화려한 최대 번화가

런던 최대의 번화가이며 사통팔달로 뻗어 나가는 교통의 요지답게 늘 차량과 인파로 혼잡하다. 피카딜리라는 이름은 16세기에 스트랜드 거리에서 양복점 주인이 고안한 피카딜이라는 레이스 칼라에서 유래했다. 귀족들의 양복을 재단해주면서 부를 얻어 호화 주택 피카딜 홀을 세워 피카딜리라는 이름이 생겼다고 한다. **서커스(Circus)는 광장을 의미한다.** 광장 중앙 분수대에는 아동보호법의 주창자이자 정치가였던 샤프츠버리(Shaftesbury)경을 기념하기 위해 세운 **에로스 동상**이 있다. 광장에 앉아 잠시 쉬면서 사람들을 구경하는 재미가 있다. 밤이면 휘황찬란한 네온사인과 입간판들이 볼만하다.

🚇 지하철 Piccadilly Circus역에서 도보 1분
 지도 P.85-C

## 코벤트 가든
### Covent Garden
★

### 활기찬 시장 & 문화의 명소

옛날에는 수도원(Covent)의 채소밭이었으나 17세기부터 청과시장으로 이용되었다. 오드리 헵번이 꽃 파는 아가씨로 열연한 영화 〈마이 페어 레이디〉의 무대로 유명세를 탔다. 1974년 청과시장이 교외로 이전하며 쇼핑센터로 재정비되었다. 수공예와 골동품을 파는 상설시장이 들어서고, 애플마켓에는 상점, 레스토랑, 카페 등이 즐비하여 늘 관광객들로 붐빈다. 250년 이상 런던인의 사랑을 받고 있는 오페라 하우스와 무대 예술의 모든 분야를 망라하는 극장 박물관, 교통기관의 역사를 보여주는 런던 교통박물관을 비롯해, 파격적인 패션으로 무장한 펑크족들이 펼치는 거리의 퍼포먼스가 공존하는 곳이다.

※ 지하 1층에 공중화장실이 있다.
@ www.coventgardenmarket.co.uk
🚇 지하철 Covent Garden역에서 도보 2분
🗺 지도 P.85-D

피카딜리 서커스

코벤트 가든

## THEME PAGE
## 웨스트엔드
### WEST END

뉴욕의 브로드웨이와 더불어 런던의 웨스트엔드는 세계적인 뮤지컬을 공연하는 대표 지역이 된 지 오래다. 특히 배낭여행의 필수 코스인 웨스트엔드에는 50개 이상의 극장이 모여 있다. 피카딜리 서커스에서 코벤트 가든까지 이어지는 거리는 저녁때가 되면 뮤지컬을 보려는 사람들로 늘 혼잡하다. 특히 성수기에 인기 있는 뮤지컬을 보려면 며칠 전에 예약을 해야 하니, 런던에 도착하면 바로 레스터 광장에 가서 예매(또는 사전 인터넷 예매)부터 해야 한다. 티켓은 직접 극장 매표소에 가서 구입하는 방법과 레스터 광장에 있는 박스오피스에서 예약하는 방법이 있다.

### 뮤지컬 예약 방법

#### TKTS (Half Price Theatre Ticket Booth)
극장개발기금협회에서 운영하는 뮤지컬 할인 매표소. 레스터 광장에 위치해 있으며, 당일 표를 반액(수수료 별도)으로 판매하기 때문에 유명한 뮤지컬은 금방 매진된다.

- https://tkts.co.uk
- 월~토요일 10:30~18:00, 일요일 12:00~16:30

#### 티켓 에이전시
레스터 광장과 코벤트 가든 주변에 매표소가 많이 있으니 한두 군데 요금을 문의해보고 저렴한 곳에서 구입한다. 피켓에 반액이라 크게 써놓고 광고하지만 실제로 반값에 판매하는 경우는 거의 없다.

티켓 에이전시

단지 극장까지 가지 않고도 구입할 수 있는 장점 때문에 구입을 한다. 보고 싶은 뮤지컬이 있으면 담당 직원에게 말하고 티켓을 구입하면 된다.

#### 극장 매표소
수수료 없이 제값에 살 수 있다. 무엇보다 현장에서 좌석표를 확인하고 구입할 수 있어 좋은 좌석을 고를 수 있다. 운이 좋으면 반환된 당일표(아침 10시 판매, 또는 공연 1시간 전 판매)를 저렴하게 구입할 수도 있다.

#### 인터넷·전화 예매
국내에서 출국하기 전에 뮤지컬 전문 홈페이지를 검색하여 미리 예매를 해둔다. 결제는 해외 사용이 가능한 신용카드 정보를 기입하면 된다. 영수증을 인쇄해서 잘 보관했다가 공연 1시간 전에 해당 극장 창구로 가서 좌석표로 교환한다.

- www.ticketmaster.co.uk

## 인기 뮤지컬 정보

### 오페라의 유령 The Phantom of the Opera

1987년 초연된 작품으로, 지금까지도 연일 매진을 기록하고 있다. 현재 극장에서 팔고 있는 입장권은 10개월 뒤의 예약권으로 당일 표를 산다는 것은 불가능하다. 미리 알아보고 준비하자.

**허 매저스티스 극장 (Her Majesty's Theatre)**
- Haymarket
- www.thephantomoftheopera.com
- 월·화·목·금요일 19:30, 수·토요일 14:30, 19:30
- £22.5~
- 지하철 Piccadilly Circus역 하차. 또는 버스 6·13·15·23·139·159·453번 이용
- 지도 P.85-C

### 레 미제라블 Les Miserables

'불쌍한 사람들'이라는 제목의 레 미제라블은 빅토르 위고의 대표작이며 우리에게는 '장발장'이라는 이름으로 더 유명하다. 뮤지컬 '레 미제라블'은 환상의 콤비 클로드 미셸 쉔버그와 알랑 부브릴에 의해 1980년 파리에서 오리지널 작품을 초연하고, 1984년 런던에서 영어판 뮤지컬 '레 미제라블'이 상연되었다. 20년이 넘는 장기 공연 기록을 세우며, 아직도 표를 구하기 힘든 웨스트엔드 최고의 흥행 뮤지컬 Big 4에 오른다.

**손드하임 극장 (Sondheim Theatre)**
- 51 Shaftesbury Avenue
- www.lesmis.com
- 월·수·금요일 19:30, 목·토요일 14:30, 19:30, 일요일 14:30 £47.5~, 프리미엄 £125~
- 지하철 Piccadilly Circus역 하차
- 지도 P.85-C

### 라이온 킹 The Lion King

라이온 킹의 연출은 줄리 테일러가 맡았는데, 그 웅대함과 기발함에 탄성을 자아낸다. 그녀는 기린, 타조, 얼룩말, 코끼리, 표범, 날아가는 새까지 선보인다. 의상과 분장 사이로 배우의 얼굴이 나타나 조화를 이룬다(머리 위에 가면을 쓰면 배우와 동물이 함께 보이고, 머리를 숙이면 가면만 보여 동물의 이미지를 강조). 음악 또한 아프리카 특유의 강렬한 멜로디와 팝이 환상적인 조화를 이룬다. 세계적인 싱어송 라이터 엘튼 존을 비롯해 '에비타', '지저스 크라이스트 슈퍼스타'의 작사가 앤드루 로이드 웨버 등 저명한 아티스트들이 참여해 완성도를 높였다.

**라이시엄 극장 (Lyceum Theatre)**
- 21 Wellington Street, Covent Garden
- www.thelionking.co.uk 화·목·금요일 19:30, 수·토요일 14:30, 19:30, 일요일 14:30 £23.5~
- 지하철 Charing Cross역 하차. 또는 버스 1·6·9·11·13·15·23·68·91·176·341번 이용 지도 P.85-D

### 맘마미아 MAMMA MIA!

1999년 런던 웨스트엔드에서 초연된, 영국의 대표 뮤지컬로 20년이 지난 지금도 뜨거운 사랑을 받으며 공연되고 있다. 2008년에는 영화로 제작되어 뮤지컬 영화사상 최고의 흥행을 기록했다. 그리스 지중해 외딴 섬을 배경으로 작은 모텔 여주인 도나와 그녀의 딸 소피가 주체적인 삶을 살아가는 당당한 여성의 모습을 그리고 있다.

**노벨로 극장 (Novello Theatre)**
- Aldwych www.novellotheatrelondon.info
- 월·수·금요일 19:30, 목·토요일 15:00, 19:30, 일요일 14:30 스탠더드 £17.5~(12주 전에 예약 시), 프리미엄 £85 지하철 Covent Garden역에서 도보 5분
- P.85-H

# 영국 박물관 The British Museum

### 세계적인 박물관

영국 박물관은 1753년 박물학자인 한스 슬론 경(Sir Hans Sloane)이 6만 5,000점의 수집품과 4만 5,000권의 장서를 기증하면서 시작되었다. 몬태규 후작이 건축가 피에르 퓌제에게 설계를 의뢰해 완공 후 1759년에 일반에게 공개되었다. 18~19세기에 이집트, 그리스, 메소포타미아 고고학 유물, 1801년 프랑스가 이집트 원정 때 발견해 영국이 전리품으로 가져온 로제타 스톤, 그리스의 파르테논 신전의 조각군, 서아시아의 발굴 유물 등 세계 각국에서 가져온 전리품들을 수집해 명실상부한 세계적인 박물관이 되었다. 600만 점이 넘는 소장품이 있다. 영국 박물관은 워낙 규모가 크고 방대하므로, 가이드북이나 역사 교과서에 실린 중요한 소장품 전시실을 중심으로 관람하는 게 좋다. 1층 데스크에서 박물관 안내 지도(무료)를 챙긴다.

그레이트 코트

### 그레이트 코트와 리딩 룸

1999년 관람객에게 편의시설을 제공하기 위해 박물관 중앙에 유리천장으로 단장한 그레이트 코트(Great

Court, 하이테크 건축의 대가 **노먼 포스터**의 작품, 총 공사비 £1억)는 박물관의 또 다른 볼거리이다. 3,400권의 장서가 보관되어 있는 리딩 룸(Reading Room)은 베드로 성당보다도 더 길고 높을 정도로 규모가 크다. 이용자 티켓이 있어야 관람할 수 있다. 전설적인 현대무용의 대가인 이사도라 던컨도 10년을 이용한 후에야 이용자 티켓을 받을 정도였다고 한다.

- Great Russel Street  www.britishmuseum.org
- 갤러리 10:00~17:00(금요일 10:00~20:30) **그레이트 코트** 10:00~17:30(금요일 10:00~20:30) **휴무** 12/24~26
- 무료  지하철 Tottenham Court Road역, Holborn역에서 도보 5분  지도 P.85-B

---

◆ **주요 작품** ◆

---

### 로제타 스톤 Rosette Stone

1799년 나폴레옹이 이집트 원정 시 발견했던 상형문자가 새겨진 검은 돌(길이 1.25m, 너비 0.7m, 두께 0.28m)이다. 유물을 약탈하기 위해 고고학자 170명을 동원하여 발굴했는데, 한 병사가 로제타 마을에서 직사각형의 돌을 발견해 보고했다. **돌에는 3가지 언어로 글자가 새겨져 있었다. 돌 윗부분에는 이집트 상형문자, 가운데는 이집트 민용문자, 아래쪽은 기원전까지 사용했던 그리스 문자였다.**

1828년 **샹폴리옹**이라는 언어학자가 논문을 발표할 때까지 어느 누구도 로제타 스톤을 해독하지 못했다. 그는 10살 때 사본을 보고 몇 년 안에 해독해보겠다고 다짐했다. 그 후 계속 연구를 하면서 이집트 문자 기호가 아니고 발음 기호일지 모른다는 중요한 사실을 깨닫는다. 그는 마침내 1822년 27개 파라오(왕)의 이름을 해독함으로써 이집트 상형문자의 음가를 모두 밝혀냈다. 그러나 샹폴리옹은 아쉽게도 1832년 41세의 젊은 나이로 죽고 만다. 그가 죽은 지 64년이 지난 후 독일인 렙시우스가 그의 이론을 지지하면서 오늘날 학자들은 샹폴리옹이 밝혀낸 문법을 토대로 이집트의 옛 글을 해독한다.

이집트의 상형문자가 새겨진 로제타 스톤

---

**tip  효율적으로 관람하려면**

영국 박물관은 지하 1층~지상 2층의 총 3층으로 되어 있다. 워낙 규모가 커서 하루에 다 관람하기 어려우므로 관심 있는 분야만 집중적으로 관람한다.

- 1층 정문으로 들어가 안내 데스크에서 안내 지도를 먼저 챙긴다.
- 한국어판 가이드북(£6)을 구입하거나 한국어 오디오 가이드(성인 £7, 회원·학생 £6)를 대여한다. 가방이나 외투는 물품 보관소(개당 £1~£5)에 보관한다.
- 관람 중 배가 고프면 코트야드 레스토랑(2층 그레이트 코트), 갤러리 카페(12실 근처), 코트 카페(24실 근처)에서 해결한다.
- 이동 루트는 정문 왼쪽 통로→이집트 전시실(4실), 근동(서아시아) 지역 전시실(6~10실), 그리스·로마 전시실(11~23실)→이집트 전시실(2층 61~65실)→한국 전시실(67실)→일본, 중국 등의 아시아 전시실(33실) 순서가 효율적이다.
- 반드시 감상해야 할 것은 로제타 스톤(4실), 람세스 2세 석상(4실), 아메피노스 3세 석상(4실), 파르테논 신전(18실)이다. 이집트 전시실(61~65실, 1층 21실과 연결된 2층)의 미라와 부장품들도 놓치지 말자.

아시리아의 라마수 석상(아시리아를 지키는 수호상)

### 아메노피스 3세의 석상

적색 화강암으로 된 아메노피스 3세의 머리 부분의 석상. 왕관을 쓴 두상의 높이가 약 3m이다. 기원전 1390년 제219왕조의 왕으로서 이집트 남북을 통일한 인물이다.

### 파르테논 신전

기원전 479년 그리스 아테네가 페르시아와의 전쟁에서 승리하고 이를 기념하기 위해 세운 신전이다. 건축가 이크티노스와 칼리크라테스가 건축을 하고 조각가 페이디아스가 조각품의 총감독을 맡았다. 신전 페디먼트(Pediment), 메토프(Metope), 프리즈(Frieze)에서 떼어 온 조각들이 박물관에 전시되어 있는데, 19세기경 터키 주재 영국 대사였던 엘긴 경이 이 조각들을 영국으로 가져와 그의 이름을 따서 '**엘긴 마블(대리석)**'이라고도 한다. 그 중에서도 머리와 팔이 없고 옷 주름이 섬세하게 보이는 〈세 여인〉의 조각상이 가장 유명하다.

### 람세스 2세의 석상

이집트 19왕조 3대 왕인 람세스 2세(기원전 1279~1213년)의 석상은 이집트 테베 신전에서 발견된 거대한 화강암 석상이다. 그는 대표적인 전제군주로 그의 치세 때 이집트는 최고의 전성기를 누린다. 람세스 2세는 각지에 자신의 조상(彫像)을 남겨 왕의 위엄을 과시하기를 좋아했다. 또한 100명이 넘는 자식을 낳았다고 한다. 그의 석상을 유심히 보면 오른쪽 가슴에 구멍이 뚫려 있다. 이는 프랑스군이 무덤에서 지렛대로 운반하기 위해 석상에 구멍을 뚫은 것이라고 한다. 그 후 영국군이 도르래를 이용해서 본국으로 옮겨왔다.

네레이드 기념관, 터키 남서쪽 리키아왕국 크산토스에 위치했던 것을 가져온 것이다.

람세스 2세의 석상

아메노피스 3세의 석상

세 여인의 조각상

## SIGHTSEEING
# 북부 지역

## 매릴러번 주변

옥스퍼드 스트리트 북쪽에서 리전트 파크에 이르는 넓은 지역이 매릴러번(Marylebone)이다. 볼거리가 많아 정신없이 이동하면서 다녀야 하는 웨스트민스터, 소호, 시티 지역과는 달리 도심 속의 한가로운 전경을 즐길 수 있는 런던 시민들의 휴식 공간이다. 셜록 홈스의 팬이라면 셜록 홈스 박물관을 관람하고, 시간적 여유가 없으면 마담 투소 밀랍인형관만 관람한 다음 다른 곳으로 이동한다. 모두 관람하고 나면 런던에서 가장 큰 공원인 리전트 파크로 가서 잠시 휴식을 취해보자.

인형관에는 낯익은 유명 인사나 연예인들의 인물을 재현해 놓은 인형들이 300여 점 전시되어 있다. 톰 크루즈, 줄리아 로버츠, 비틀즈 등 유명 연예인과 엘리자베스 2세, 다이애나 비 등의 정치인, 베컴을 비롯한 스포츠인 등의 밀랍인형들이 실제 모습과 무척 흡사하다. 또한 단두대나 사형집행 장면을 재현한 공포의 방에 들어가면 등골이 오싹해진다. 이곳의 인기 비결은 유행을 선도하는 인물을 바로 반영하는 신선함이다. **성수기에는 입장 대기 시간이 길어지니 사전에 예매를 해둔다.**

### 마담 투소 밀랍인형관
**Madaume Tussaud's Museum**

#### 유명 인사를 닮은 밀랍인형
1761년 프랑스에서 태어난 마담 투소는 공포정치 분위기를 피해 영국으로 건너가 영국인이 경영하던 조그만 밀랍인형관을 인수하여 1835년 개관했다.

- Marylebone Road
- www.madametussauds.com
- 비수기 10:00~15:00(또는 16:00), 성수기 10:00~16:00(또는 09:00~17:00) 휴무 12/25
※ 날짜에 따라 개방 시간이 다르므로 홈페이지에서 확인 바람
- 표준티켓 £43.5(온라인 £33), 패스트 트랙 티켓 £58.5(온라인 £45.5)
- 지하철 Baker Street역에서 도보 2분
- 지도 P.87-C

실제 인물처럼 정교하게 제작된 비틀즈의 밀랍인형들

엘리자베스 2세와 에든버러 공작 필립 밀랍인형

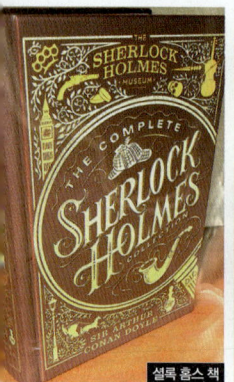
셜록 홈스 책

셜록 홈스 박물관

- 09:30~18:00 휴무 12/25
- 성인 £16, 학생(16세~) £14
- 지하철 Baker Street역에서 도보 5분
- 지도 P.86-B

## 리전트 파크
### Regent Park

### 아름다운 장미 정원

19세기에 리전트 황태자가 건축가 존 내쉬에게 설계를 의뢰하여 조성한 아름다운 공원으로, 면적이 190만 ㎢에 이른다. 공원 중앙에는 **메리 여왕의 장미 정원**이 있다. 이곳에 잠시 머무르면 어느새 장미 향에 흠뻑 취해 여독이 풀리는 느낌이 든다. 공원 내에는 동물원과 야외극장이 있으며 여름에는 셰익스피어의 연극이 공연된다

- 05:30~일몰
- 지하철 Bank역이나 Regent Park역에서 도보 10분. 셜록 홈스 박물관에서 북쪽으로 직진
- 지도 P.86-B

## 셜록 홈스 박물관
### Sherlock Holmes Museum

### 소설 속 홈즈의 집을 재현

영국의 추리소설가 아서 코난 도일의 작품에 나오는 셜록 홈스의 집을 재현해 놓은 박물관이다. 건물에 **'221b 베이커 스트리트'**라고 번지가 표시되어 있다. 소설 속 가공의 번지였지만 1930년대 도로를 정비하면서 실제 주소가 되었다. 건물 벽면에 홈스의 동판이 새겨져 있다. 내부는 예전 아파트를 개조하여 소설에 등장한 모습 그대로 재현해 놓았다. 좁은 입구를 지나 소설처럼 17개의 계단을 올라가면 **홈스의 서재**가 나온다. 천문학, 식물학, 해부학 등에 천부적 재능을 가진 홈스와 그의 동료 왓슨 박사가 머리를 맞대고 추리하는 모습을 볼 수 있다. 1층에는 기념품 가게가 있고, 입구에는 스코틀랜드 복장을 한 직원이 지키고 있다.

- 221b Baker Street
- www.sherlock-holmes.co.uk

### 🔔 런던의 겨울 잔디는 왜 푸릇푸릇할까?

하이드 파크나 세인트 제임스 파크 같은 큰 공원은 물론이고 시내의 작은 공원들을 거닐다 보면 겨울인데도 잔디 색깔이 싱싱하고 푸릇푸릇하다. 이곳의 잔디가 푸릇한 이유는 간단하다. 겨울에도 따뜻하고 비가 자주 내리기 때문에 잔디가 말라 죽지 않아 늘 싱싱하고 푸른 상태를 유지할 수 있는 것이다. 이런 기후는 영국을 비롯한 서부 유럽이 서안해양성 기후이기 때문이다.

**SIGHTSEEING**

# 동부 지역

## 시티

웨스트민스터가 영국 정치의 중심지라면 시티(City)는 영국 경제의 중심지이다. 런던이 생기기 오래전부터 경제의 중심으로 발전해온 덕분에 왕가가 지배권을 획득한 후에도 막강한 재력과 힘을 가진 상인과 은행가들이 이곳을 정부의 규제로부터 지켜내 자치권을 유지해왔다. 그래서인지 옛 로마시대부터 지금에 이르기까지 역사의 숨결을 느낄 수 있는 유물과 흔적들이 곳곳에 남아 있다.

찰스 황태자와 다이애나 비의 결혼식도 이곳에서 올렸다.

### 속삭이는 회랑 & 전망대

**속삭이는 회랑**(Whispering Gallery)은 여행객에게 가장 인기 있는 곳이다. 돔으로 올라가는 입구에서 259개의 계단을 따라 올라가면 돔 아래를 회전하는 복도 모양의 회랑이 나온다. 파동의 반사성질에 의해 이곳 벽에 가까이 대고 속삭이듯 이야기를 하면 32m 떨어진 반대편에서 들을 수 있다고 한다. 나선형의 계단을 따라 돔까지 올라가면 환상적인 템즈강의 시내 전경이 한눈에 들어온다.

- Montague Close @ www.stpauls.co.uk
- 월~토요일 08:30~16:30, 수요일 10:00~16:30
- 성인 £26, 학생(시니어) £23.5
- 지하철 St. Paul's역에서 하차  지도 P.88-E

### 세인트 폴 대성당
**St. Paul's Cathedral**
★

#### 건축의 대가 크리스토퍼 렌의 작품

바티칸의 산 피에트로 대성당 다음으로 규모가 큰 성당이다. 건축가 크리스토퍼 렌이 로마의 산 피에트로 대성당에서 영감을 얻어 1710년에 완성했다. 영국의 노르만 건축양식을 받아들인 이 건물은 나중에 워싱턴의 국회의사당과 파리의 판테온에 상당한 영향을 미쳤다고 한다.
성당 입구인 그레이트 웨스트 문(Great West Door) 앞에는 앤 여왕의 동상이 서 있다. 성당 북쪽으로 돌아가면 2차 세계대전 때 희생된 시민들을 기리는 기념물이 있다. 성당 내부는 모자이크로 장식된 화려한 벽화가 있으며 아름다운 천장화도 볼 수 있다. **지하 예배당**에는 건축가 크리스토퍼 렌, 웰링턴 장군, 넬슨 제독, 처칠 총리의 묘가 있다. 1981년

## 테이트 모던
### Tate Modern
★

**세계 최대 규모의 현대미술관**

템스강 남쪽에 위치한 테이트 모던은 밀레니엄 브리지를 건너면 바로 나온다. 1891년 뱅크 사이드 화력 발전소를 개조해서 문을 연 세계 최대 규모의 현대미술관으로 런던 시민들에게 새로운 문화 공간을 제공하였다. 7층 건물 중 3~5층만 전시장으로 사용하는데, 20세기 이후의 작품을 누드, 정물화, 풍경화, 역사화 등 4개의 주제로 나누어 전시했다. 또한 피카소, 세잔, 폴록, 달리, 모네, 헨리 무어 같은 유명 현대 작가의 작품들도 상당수 전시되어 있다.

**포토 스폿**은 5층에서 엘리베이터를 타고 7층 전망대로 올라가면 템스 강변의 밀레니엄 브리지와 세인트 폴 대성당이 한눈에 들어온다. 라운지에서 커피 한 잔을 마시며 눈앞에 펼쳐지는 전경을 즐겨보자.

- Tate Modern, Bankside
- www.tate.org.uk
- 매일 10:00~18:00 휴무 12/24~26
- 무료
- 버스 45·63·100번 Blackfriars Bridge Road 하차.
  버스 381번 Southwark Street 하차.
  버스 344번 Southwark Bridge Road 하차
- 지도 P.88-I

## 밀레니엄 브리지
### Millennium Bridge
★

세인트 폴 대성당과 맞은편의 테이트 모던을 잇는 다리가 밀레니엄 브리지이다. **2000년 밀레니엄을 맞이하여 테이트 모던, 런던 아이와 함께 지은 야심찬 건축물이다.**

아치 모양의 보행자 전용 다리인 밀레니엄 브리지는 런던의 새로운 명소가 되었지만 한꺼번에 여러 사람이 다리를 건너는 바람에 심한 흔들림 현상이 발생했다. 지금은 다리를 건널 수 있지만, 한때 통행을 금지하고 보수 공사를 하는 바람에 밀레니엄 프로젝트에 오점을 남겼다. 영화 〈러브 액추얼리〉의 무대이기도 하다.

- 지하철 London Bridge역에서 도보 10분. 또는 Blackfriars역이나 Mansion House역에서 도보 5분
- 지도 P.88-E

현대적인 감각과 세련미가 넘치는 밀레니엄 브리지

## 타워 브리지
### Tower Bridge
★

### 런던의 랜드마크

런던 타워에서 바로 보이는 다리가 빅벤과 함께 런던의 랜드마크인 타워 브리지이다. 지금의 다리 모습은 영국 최고 전성기였던 빅토리아 여왕 시대에 **호레이스 존스 경**의 설계로 완성되었다.

### 도개교 跳開橋

2개의 고딕양식으로 세워진 탑에는 대형 선박이 지나갈 때 다리 가운데가 위로 올라가 여덟 팔(八)자 모양이 되는 **도개교**(배가 통과할 수 있도록 다리의 한 끝 또는 양쪽이 들리게 만든 다리)를 들어 올리는 동력장치가 있다. 당시에는 1년에 6,000회나 사용됐으나 지금은 연 200회 정도에 불과하다. 다리를 설치한 이유는 템스강이 조수간만의 차로 수심이 최고 6m 이상 차이가 나기 때문에 배들의 원활한 소통을 위해 필요했다. 타워브리지 옆에는 2차 세계대전 당시 노르망디 상륙 작전에 사용되었던 크루즈 **HMS 벨파스트 군함**도 있으니 함께 구경해보자.

### 런던 최고의 포토 스폿 ★

최고의 전망대는 두 탑을 잇는 유리 통로로 된 인도교이다. 유리창 너머로 보이는 템스강 변의 전경이 매우 멋있다. 타워브리지를 배경으로 사진을 찍으려면 런던타워 주변에서 포즈를 취하면 멋있게 나온다. 최고의 뷰는 야경을 배경으로 했을 때이다. 겨울에는 해가 짧아 오후 4~5시면 야경 촬영이 가능하지만, 여름에는 해가 길어 밤 10시가 넘어야 가능하다.

※ 도개 시간대가 부정기적이니 홈페이지 참조
@ www.towerbridge.org.uk
⊙ 09:30~18:00 휴무 1/1, 12/24~26
₩ 성인 £13.4, 학생(시니어) £10.10
🚇 지하철 Tower Hill역에서 도보 15분. 또는 15·42·78·100번 버스 이용 ✪ 지도 P.89-L

# 런던 타워
## London Tower

헨리 8세의 비운의 왕비 앤 불린과 그녀의 딸이자 훗날 여왕이 된 엘리자베스 1세가 이곳에 유폐되었다.

### 런던의 역사와 전통을 간직한 명소

1066년 노르만의 **정복왕 윌리엄**이 외적을 막기 위해 세운 성채이다. 실은 **오래전부터 자치 조직을 갖춘 시티 지역은 왕의 군대로도 정복할 수 없는 막강한 곳이라 이를 견제하기 위해 세웠다.** 처음에는 중앙의 화이트 타워를 비롯해 3개의 성채만 지었으나, 그 후 수백 년 동안 역대 국왕에 의해 증·개축을 거듭하면서 지금과 같은 대규모의 성채가 완성되었다. 1529년 헨리 8세가 화이트 홀을 떠나면서 궁전보다는 감옥으로서의 역할이 더 커졌다. 에드워드 5세와 그의 동생 헨리 6세, 헨리 8세의 왕비 앤 불린 등이 이곳에 유폐되었고, 앤 불린의 딸 엘리자베스 1세도 어린 시절 이곳에 유폐되었으며 토머스 모어 경과 월터 롤리 경도 옥살이를 했다. 2차 세계대전 때 독일 스파이였던 루돌프 헤스가 처형되면서 감옥으로의 역할은 막을 내리게 된다. 오늘날 런던 타워는 궁전도 감옥도 아닌 런던의 역사와 전통을 간직한 장소로서 사랑받는 명소로 거듭나고 있다.

### 크라운 주얼스 ★

런던 타워 북쪽에 있는 크라운 주얼스(Crown Jewels)는 국왕이 쓰던 왕관과 눈부실 정도로 많은 보

크라운 주얼스

석류가 전시되어 있다. 2,800개나 되는 다이아몬드가 장식되어 있는 왕관과 빅토리아 여왕을 위해 제작된 세계 최대 **컬리넌 다이아몬드**(Cullinan Diamond, 1905년 남아프리카 컬리넌 광산에서 발견된 3,106캐럿 다이아몬드)는 그중에서도 압권이다. 사진 촬영은 금지.

### 화이트 타워
노르만 왕조의 권력을 과시하는 성채이다. 중앙에 4개 첨탑이 있는 화이트 타워(White Tower)에는 중세의 전투용 갑옷과 무기류가 전시되어 있다.

화이트 타워

### 비피터와 6마리 까마귀
미들타워 입구에 들어서면 붉은색 망토와 튜터풍 보닛(테 없는 모자)을 착용한 위병 **비피터**(Beefeater)가 눈에 띈다. 대부분 퇴역 군인 할아버지들로 가이드와 봉사 활동을 한다. 까마귀들이 떠나면 런던 타워와 왕국은 무너진다는 오싹한 속설 때문인지 지금도 6마리의 까마귀(Raven)를 기르고 있다.

### 역적문
템스강 입구에 있는 문인데, 죄수들이 배를 타고 와서 역적문(Traitor's Gate)을 통과해 탑 안으로 들어간다. 이곳에 갇힌 죄수들이 나중에 호주로 이주해 그곳의 선조가 된다.

화이트 타워의 무기류

### 블러디 타워
이곳에서 많은 사람들이 투옥, 처형을 당해 블러디 타워(Bloody Tower)라고 부르게 되었다. 무엇보다 12살의 에드워드 왕자와 그의 동생 리처드 왕자가 처형당한 곳으로 유명하다.

- www.hrp.org.uk
- 3/1~9/18 매일 09:00~17:30, 9/19~10/31, 월·일요일 10:00~17:30, 화~토요일 09:00~17:30, 11~2월 월·일요일 10:00~16:30, 화~토요일 09:00~16:30
  **휴무** 12/24~26
- 성인 £34.8, 시니어 £27.7, 학생(16~17세) £17.4
- 지하철 Tower Hill역에서 하차
- 지도 P.89-H

비피터의 성 안내

## 🚽 유럽의 화장실은 왜 유료일까

여행객이 유럽 화장실을 사용할 때마다 궁금해지는 것이 있다. 우리나라에서는 화장실이 공짜인데 이들은 왜 냄새 나는 곳에 앉아 돈을 받을까? 궁금증을 역사적인 배경에서 찾아보자.

중세 때 유럽 도시는 대부분 자치권을 갖고 있어 자유를 얻을 수 있는 희망의 탈출구였다. 농노들이 자유를 얻기 위해 도시로 몰려들다 보니 규모가 작은 도시는 포화상태가 될 수밖에 없었다. 아무 데나 버리는 쓰레기로 인해 자신의 동네 골목이 결국 쓰레기소굴이 되는 악순환을 겪게 되었다. 또한 잘 씻지도 않아 매우 더러웠다. 로마시대에는 목욕 문화가 발달되었으나 혼욕으로 인한 퇴폐로 인해 중세 기독교사회에서는 점점 사라지게 되었다. 도시 전체가 더러워져 결국 14세기 흑사병으로 전 유럽인의 3분의 1이 사망하는 참담한 사건이 발생했다. 그러나 여전히 물은 전염병을 가져다주는 사탄이라 간주하게 되어 더욱 씻는 일을 등한시하게 되었다.

프랑스의 베르사유 궁전에도 화장실이 없을 정도로 17세기까지도 화장실이 전무했다. 그러니 모든 배설물은 길거리에 버려져 걸어가다 오물 벼락을 맞는 일이 비일비재했다. 우리가 흔히 거리를 걸을 때 여자를 건물 안쪽으로 배려하는 것도 언제 창가에서 오물이 투척될지 몰라서 시작된 것이라는 이야기가 있다. 거리가 온통 오물 천지다 보니 이를 피하기 위해 하이힐을 신고, 치마폭을 넓게 해서 아무 데서나 앉아서 볼일을 봤다. 유럽 영화 속 마담들이 치마 끝단을 약간 잡으면서 엉금엉금 걷는 게 다 그런 이유이다. 또한 향수 문화가 발달한 것 역시 악취를 제거하기 위해서였다.

옛날 우리 조상들의 집에는 늘 화장실이 있었다는 게 그만큼 청결을 중요시했다는 반증이기도 하다. 지금까지도 유럽의 화장실 인심이 고약한 것에는 이런 배경이 한몫한다. 유럽을 여행할 때는 마음을 비우고 기부한다는 생각으로 동전을 준비해 가자.

---

## 🚽 영국은 디자인 수출대국

런던은 최근 디자인 전문 회사가 4,000개가 넘고 아이디어 수출로 연 매출 8조 원을 넘기는 세계 최대의 디자인 왕국으로 변모하고 있다. 그 중에서도 템스강 변의 런던 아이는 세계 최대 규모의 회전 관람차로 얼핏 보면 수백 년의 역사를 간직한 고풍스러운 도시 런던과는 어울릴 것 같지 않지만, 예상을 뛰어넘고 멋지게 조화를 이루며 영국인과 관광객들의 사랑을 독차지하는 명물로 자리 잡았다. 제조업을 대신해서 창조 산업을 육성하려는 영국 정부의 노력을 상징적으로 보여주는 건축물이다.

노먼 포스터가 설계한 시청사

런던 아이에서 차로 20분 정도 달리면 릴리 로드가 나오는데, 이곳은 영국 산업구조 변화의 최전선에 있는 세계적인 디자인 회사 시무어파월(Seymourpowell)과 더불어 쌍벽을 이루는 탠저린(Tangerine) 등이 위치해 있다. 영국에서는 디자인을 포함한 연극 문화 등의 창조 산업이 GDP의 8%를 차지하고 있다. 영국이 디자인 산업의 허브로 성장할 수 있었던 데는 왕립 예술학교(RCA)와 센트럴 세인트 마틴 같은 디자인 학교를 집중적으로 육성하기 위한 정부의 투자가 있었기 때문이다. 제조업과 식민지 건설로 태양이 지지 않는 제국은 사라졌지만 지금은 디자인을 비롯한 창조 산업이 영국을 대국으로 이끌어나가고 있다.

## 🔔 영국 왕실의 비운의 여인들

### 천 일의 앤과 엘리자베스 여왕 1세

천 일의 앤으로 우리에게 잘 알려진 앤은 영국의 왕 헨리 8세의 2번째 왕비이며 엘리자베스 여왕의 어머니이다. 1509년 **헨리 8세**는 전왕인 헨리 7세가 일찍 죽자 곧바로 그의 뒤를 이어 잉글랜드 왕이 되었다. 그러나 그가 왕위에 오르기 위해서는 스페인 왕의 딸인 형수 **캐서린**(스페인 가톨릭 부부 왕 페르난도 2세와 이사벨라 여왕의 4째 딸로 헨리 7세 장남 아서와 결혼 후 그가 사망하자 시동생 헨리 8세와 결혼)과 결혼을 해야 했다. 하지만 헨리 8세는 곧 **앤 불린**(An Boleyn)이라는 예쁜 처녀와 사랑에 빠진다. 그리고 그녀의 소원대로 캐서

엘리자베스 1세

홀바인이 그린 앤 불린 1세의 초상화

린과 이혼하고 결혼하기로 한다. 문제는 교황청. 당시 스페인의 국력이 막강했기 때문에 교황청도 절대 이혼을 허락할 수 없었다.

헨리 8세는 결국 교황청과의 단절까지 불사하고 앤과 비밀리에 결혼했으며 그해 부활절에 이 사실을 공포했다. 1534년 국왕지상법을 발표한 후 1536년 로마의 감독권을 폐지하는 법령을 발표했다. 그리고는 왕 자신이 교회의 수장이 되었으니 이것이 **영국성공회의 기원**이다. 앤은 1533년 9월에 훗날 엘리자베스 1세가 되는 딸을 낳고 1536년에는 아들을 사산하고 만다. 결국 헨리 8세가 그토록 원했던 아들을 낳지 못한 앤은 간통했다는 죄를 뒤집어쓰고 단두대에 처형된다. 그 기간이 천 일(1,000일). 그래서 **앤 불린을 '천 일의 앤'**이라 부른다. 비운의 왕비 앤의 딸이 훗날 세계를 쥐락펴락했던 **엘리자베스 1세**이니 역사의 아이러니가 아닐 수 없다. 헨리 8세는 앤과 이혼한 후 제인 시머와 재혼해 아들 **에드워드 6세**를 얻는다. 에드워드 6세가 16세의 어린 나이로 죽자 캐서린의 딸인 **피의 여왕 메리**가 왕위를 이어받는다. 엘리자베스 1세는 궁에서 4일만 살고 궁전을 떠난다. 그러나 이복언니인 메리 여왕이 가톨릭 복귀 정책을 써서 와이어트 반란으로 확대되자 엘리자베스가 이에 가담했다는 이유로 1554년 런던 타워에 유폐된다. 일체 외부인의 접근을 금했지만 혐의를 찾지 못하자 두 달 후 풀려나와 목숨을 보존한다. 그 후 메리 여왕의 뒤를 이어 대영제국의 기틀을 세우는 위대한 여왕으로 남게 된다

### 비운의 여왕 제인 그레이

헨리 7세의 증손녀로 9일 동안 영국을 통치했던 비운의 여왕이다. **에드워드 6세**(헨리 8세와 3번째 부인 제인 시모어의 아들)가 후사 없이 죽자 신교 측은 자신들의 권력을 유지하고자 11세의 어린 제인 그레이(헨리 8세의 여동생 메리 튜어의 딸)을 여왕으로 등극시

폴 드 라 로쉬 〈제인 그레이 여왕의 사형〉

메리 여왕

킨다. 에드워드 6세의 배다른 누이 메리(1세 여왕)가 크게 반발해 가톨릭 교도의 세력을 등에 업고 제인을 9일 만에 쫓아낸 후 왕위를 찬탈한다. 권좌에서 쫓겨난 제인은 하루아침에 여왕에서 반역자로 몰려 런던 타워에서 참수형을 당한다.

※ **헨리 8세의 자녀들**: 에드워드 6세(적장자) → 제인 그레이(조카) → 메리 여왕(적장녀) → 엘리자베스 여왕(적차녀)

## ♣ 영국이 낳은 천재 건축가들

### 크리스토퍼 렌 Christopher Wren
자연과학에 뛰어난 재능을 가지고 있던 크리스토퍼 렌은 런던의 건축물에 독보적인 업적을 남긴 영국의 천재 건축학자이다. 런던 대학과 옥스퍼드 대학의 천문학 교수로 재직하다가 파리로 건너가 근 1년간 독학으로 건축 공부에 전념했다. 1666년 런던 대화재로 인해 시티 지역의 대부분이 소실되자 그는 런던 재건 프로젝트를 정부에 제안하여 재건 활동의 총감독으로 임명되었다. 시내의 51개 교회와 그의 대표적인 역작 세인트 폴 대성당을 재건시켜 지금의 모습을 갖추게 만들었다.

• **잉글랜드 은행 Bank of England**

시티를 대표하는 세계적인 금융의 3대 조직이 잉글랜드 은행, 왕립 증권 거래소, 로이즈 보험 회사다. The Bank 라고도 불리는 잉글랜드 은행은 1694년에 세워진 세계에서 가장 오래된 중앙은행이다. 경영학을 전공하는 학생이라면 3대 금융 조직을 방문해 봐도 좋다.

• **왕립 증권 거래소 Royal Exchange**
뱅크역 앞 광장에 서면 왼쪽에 잉글랜드 은행, 오른쪽에 맨션하우스(시티 시장 관저), 그리고 가운데에 왕립 증권 거래소가 있다. 1566년 시티의 상인 토머스 그레셤이 투자하여 현재와 같은 왕립 증권 거래소가 되었다. 2차례의 화재로 기존 건물은 소실되었으며 지금의 건물은 3번째 건물이다.

🚇 지하철 Bank역에서 도보 1분.

• **로이즈 Lloyd's**
1688년 에드워드 로이드가 커피 하우스를 설립해 그곳에서 상인, 해운업자, 은행가, 보험업자들이 모여 항구의 선적 정보를 모아 일간지 <로이드 리스트>를 발행한 것이 오늘날 로이즈 보험의 시초다. 첨단의 모습을 갖춘 본사 빌딩은 파리의 퐁피두 센터를 설계한 리처드 로저스의 작품이다. 예전에는 관람이 가능했지만 지금은 일반에게는 공개하지 않는다.

🚇 지하철 Bank역에서 도보 1분.

세계 최대의 보험 회사인 로이즈

### 노먼 포스터 Norman Foster
하이테크 건축의 대가인 노먼 포스터(1935년~)는 영국의 문화 아이콘이라 불린다. 영국은 일찍이 디자인의 중요성을 깨닫고 디자인을 의류, 가전제품, 생활용품 등에 적용시켜 1997년 이후 연 6%에 이르는 경제 성장을 견인했다. 그 중심에는 걸출한 영웅 노먼 포스터가 있다. 영국 박물관의 그레이트 코트, 런던 시청, 거킨(Gherkin-스위스화 재보험사) 등이 그의 작품이다.

• **시청사 City Hall** (P.120 시청사 사진 참조)
달걀을 닮은 런던 시청은 냉난방 장치가 필요 없게 설계한 친환경 빌딩이다. 내부는 나선형 슬로프를 통해 시민들과 원활하게 소통하도록 설계했다.

🚇 지하철 Tower Hill역 하차. 타워 브리지를 건너면 바로 왼쪽.
🗺 지도 P.89-K

• **거킨 Gherkin**
템스강에서 가장 눈에 띄는 특이한 빌딩이 180m 높이의 거킨 빌딩이다. 2004년에 지은 것으로, 원래 이름은 30 세인트 메리 액스 빌딩(St. Mary Axe Building)인데 그 모습이 오이처럼 생겨 '거킨'이라 불린다. 스위스 리 보험회사 본사로 사용 중이다.

🚇 지하철 Bank역에서 도보 5분. Cornhill 거리를 따라가다 3번째 블록에서 좌회전하면 바로.

## SIGHTSEEING
# 서부 지역

## 켄싱턴 · 나이츠브리지

런던에서 가장 넓은 공원인 하이드 파크와 켄싱턴(Kensington) 가든이 있으므로 이중 1곳만 선택해서 가본다. 켄싱턴 구역은 다른 지역보다 한적하고 조용한 고급 주택가들이 모여 있으며, 노팅 힐 주변은 액세서리나 앤티크 제품을 파는 벼룩시장으로 유명하다. 과학 박물관과 빅토리아 & 앨버트 박물관도 관람해보자.

서펀타인 호수

하이드 파크

### 하이드 파크
#### Hyde Park

**시민들의 휴식 공간**

원래 웨스트민스터 수도원의 소유였는데, 헨리 8세가 1536년 수도원 해산령을 발표해 몰수하여 자신의 사냥터로 이용했다. 이후 1637년 찰스 1세가 공원으로 조성하여 일반인에게 공개했다. 총 면적 160만 km²의 공원은 아름다운 서펀타인 호수와 주변의 수목이 조화를 이루어 시민들의 좋은 휴식처가 되고 있다. 워낙 넓어서 보트나 자전거를 타고 휴식을 즐기는 사람들이 많다.

하이드 파크 동쪽에는 빅토리아 여왕이 버킹엄 궁전으로 가는 정문인 **마블 아치**(외관 공사 중)가 있다. 공원 내에는 여러 조각상이 있는데, 그중에서 가장 눈에 띄는 조각상은 그리스 신화의 영웅 아킬레스를 조각한 **웰링턴 기념비**이다. 또한 마블 아치 근처의 스피커스 코너(Speaker's Corner)에서는 주말이면 다양한 주제로 격의 없이 난상토론을 즐기는

웰링턴 아치

연사와 사람들로 북적거린다. 1872년부터 민주주의의 요람이 된 이곳에서 연설자들의 열변(토·일요일 11:00~16:00)을 들을 수 있다.

🕐 05:00~일몰
🚇 지하철 Marble Arch역, Hyde Park Corner역, Lancaster Gate역에서 도보 3분
🗺 지도 P.86-F

## 노팅 힐
### Notting Hill
★

### 영화 〈노팅 힐〉 촬영지
노팅 힐은 1999년 줄리아 로버츠와 휴 그랜트가 열연한 **영화 〈노팅 힐〉의 촬영지**로 우리에게 더욱 친숙해진 동네다. 영화에 나온 윌리엄 데커(휴 그랜트)가 운영하는 서점(Travel Bookshop)은 아쉽게도 여행용 상품을 판매하는 숍으로 바뀌었다. 거리 초입에는 작가 조지 오웰의 저택(22호)이 있다.

### 이민자 마을 & 포토벨로 마켓
1950~1970년대에 카리브 해안과 서인도 제도에서 이민 온 사람들이 주축이 되어 현지인들과 공존하면서 다양한 세계의 레스토랑과 사람들로 북적거리는 동네로 변모했다. 노팅 힐은 2km에 걸쳐 2,000개 이상의 가게들이 늘어서는 **런던 최대 시장 포토벨로 마켓(Portobello Road Market)이 서는 곳**으로 유명하다. 일용 잡화, 앤티크, 액세서리를 비롯한 먹거리와 볼거리를 제공하는 벼룩시장 거리로 장이 서는 토요일에는 온종일 관광객들로 북적거린다. 오래된 은제 그릇 세트 등을 파는 앤티크 숍, 잡동사니, 액세서리, 민속품 등을 파는 상점, 푸짐한 과일, 채소, 고기 등을 파는 노점상이 거리를 차지하고 손님을 맞이한다. 즉석에서 먹는 현지 음식도 맛있다.

### 노팅 힐 카니발
**8월 마지막 주 일요일, 월요일에 축제가 열린다.** 카니발은 캐러비안 스타일로 분장한 화려한 연출자들이 춤과 거리 공연을 하며 분위기를 한층 뜨겁게 달군다. 매년 백만 명 이상이 참가해 €1억 이상의 경제적 가치를 창출하고 있다.

※ 〈귀여운 여인〉→〈노팅힐〉→〈러브 액츄얼리〉 영화를 감상해 보자. 각 영화마다 주인공들의 극과극의 신분 변신을 생각하며 영화 감상하는 재미도 쏠쏠하다.
@ www.portobellomarket.org
🚇 지하철 Notting Hill Gate역에서 도보 10분. 3번 출구(Portobello Road Market)로 나오면 포토벨로 거리로 연결된다. 버스 7·12·23·27·28·31·52·70·328번
🗺 지도 P.86-E

영화 〈노팅 힐〉의 남주인공이 운영하는 여행 서점

노팅힐 거리

조지 오웰의 저택(22호)

골동품 숍

## 켄싱턴 궁전
### Kensington Palace

**왕족들이 생활하는 궁전**

하이드 파크 서쪽에 있는 넓은 켄싱턴 가든 안에 위치해 있다. 1689년 윌리엄 3세(메리 여왕의 부군)가 구입하여 개인 저택으로 사용하다가 1760년 이후 국왕 친족들이 생활하는 궁전이 되었다. 크리스토퍼 렌이 개축해서 외관을 치장했다. **빅토리아 여왕이 태어난 곳**으로 여왕의 유품들이 많다. **다이애나 왕세자비**가 마지막으로 살았던 궁전답게 그녀의 추모 정원도 예쁘게 조성되었다. 왕과 여왕의 방, 아파트, 렌 하우스 등으로 구성되어있다. 별관에 레스토랑을 운영 중이다.

@ www.hrp.org.uk/kensingtonpalace
🕐 12~2월 10:00~16:00, 3~10월 10:00~16:00, 11월 11:00~17:30 휴무 월·화요일 💰 성인(18세~) £24, 시니어 £19, 학생(16~17세) £12 🚇 지하철 High Street Kensington역에서 도보 10분 🗺 지도 P.86-E

빅 트리(Big Tree)의 나이테(2층)

후해 보이는 외관이 돋보인다. 규모와 내용 면에서 타의 추종을 불허할 정도로 화려한 이 건축물은 디자인 설계를 담당한 알프레드 워터하우스의 이름을 따서 아직도 본관을 '워터하우스'라 부르고 있다.

### 라이프 갤러리 & 어스 갤러리

**라이프 갤러리(Life Galleries)**에는 블루 존, 그린 존이 있다. 블루 존(Blue Zone)에는 공룡, 포유류(청고래), 어류(양서류), 수중 무척추동물 등 다양한 생명체가 전시되어 있다. 그린 존(Green Zone)에는 조류, 곤충류, 화석 등이 전시되어 있다. 입구에 들어서면 가장 넓은 공간인 힌츠 홀(Hintze Hall)은 그린 존에서 가장 인기 있는 공간으로 25.2m 크기의 흰 긴 수염고래의 실제 골격이 있다.

**어스 갤러리(Earth Galleries)**에는 레드 존, 오렌지 존이 있다. 레드 존(Red Zone)은 화산 폭발, 지진, 광물, 보석류와 귀금속(다이아몬드, 루비, 사파이어), 인간 진화 등을 볼 수 있다. 일본 고베 지진의 진동도 체험할 수 있다. 오렌지 존(Orange Zone)에서는 다윈 센터에서 작업 중인 연구원들을 볼 수 있다. 2,300만 개가 넘는 표본이 알코올 컬렉션에 보관되어 있다. **4개 존으로 구분된 갤러리 안내도(유료)를 구입하면 효율적으로 관람할 수 있다.**

📍 Cromwell Road @ www.nhm.ac.uk
🕐 10:00~17:50(입장 마감 17:30) 휴무 12/24~26
💰 무료 🚇 지하철 South Kensington역 또는 Piccadilly and Circle lines역에서 도보 2분. 또는 버스 14·49·70·74·345·360·414·430번 타고 박물관에서 하차.
🗺 지도 P.86-J

## 자연사 박물관
### Natural History Museum

**자연과학의 학습장**

원래 영국 박물관에 있던 전시물을 분리 독립해 1881년 자연사 박물관으로 개관했다. 웅장하고 중

자연사 박물관의 마스코트인 공룡

# 빅토리아 & 앨버트 박물관
## Victoria & Albert Museum

### 세계 최대의 공예 미술관

1851년 하이드 파크에서 개최한 세계 최초의 만국박람회가 성공리에 끝나자 교육과 문화에 조예가 깊었던 빅토리아 여왕과 부군인 앨버트 공이 공예품 전문 미술관을 건설하여 1859년에 현재의 건물로 옮겼다. 1899년 부군을 무척이나 사랑했던 빅토리아 여왕이 그의 공적을 기리기 위해 빅토리아 & 앨버트 박물관으로 이름을 바꾸었다.

기증과 구입으로 소장품이 늘어나자 건물을 증·개축하여 전시실을 140여 개로 확장했다. 수집된 컬렉션이 500만 점이 넘는다. 도자기·가구·유리 공예·드레스·장신구·은제품 등 다양한 분야의 공예품이 전시되어 있는 세계 최대의 공예 미술관이다. 또한 나라별로 고대부터 현대까지 총망라되어 있다. 특히 영국 왕실 컬렉션과 아시아 컬렉션이 볼만하다. 1992년부터는 한국관 전시실(삼성 갤러리 오브 코리언 아트)이 생겨 우리나라의 도자기와 보석함 등도 볼 수 있다. 또한 놓쳐서는 안 될 것이 의상 컬렉션이다. 영국 산업의 산실이었던 섬유 산업의 역사를 한눈에 볼 수 있다. 17세기의 화려한 복장부터 현대 의상까지 일목요연하게 전시되어 있다.

- Cromwell Road
- www.vam.ac.uk
- 10:00~17:45(금요일 ~22:00) 휴무 12/24~26
- 무료
- 지하철 South Kensington역에서 도보 5분
- 지도 P.86-J

---

### 🔔 영국 축구의 자존심 프리미어리그?

스페인 프리메라리가와 더불어 프리미어리그는 세계에서 가장 오래된 리그로, 영국의 자존심이다. 4부로 운영되고 있는 영국 프로리그 중 1부 리그의 프리미어리그는 세계 최고의 선수를 비롯해 한국의 손흥민, 박지성, 이청용 선수 등으로 인해 더욱 우리에게 친밀하게 다가선다. 1898년 12개 클럽이 시작한 잉글랜드 프로축구 리그(The Football League)가 모체가 되어 현재에 이르고 있다.

그러나 1982년 스페인 월드컵축구대회 이후 세계적인 축구 스타들이 거액 연봉을 제시하는 스페인이나 이탈리아로 대거 이탈하면서 축구 종주국의 자리를 위협받은 위기도 있었다. 그때마다 승점제 도입, 클럽수 제한 등 여러 개혁적인 방안을 마련해 아직까지 세계적인 명성을 유지하고 있다. 지금까지 1부 리그 최다 우승 클럽인 맨체스터 유나이티드 FC와 첼시 FC, 아스널 FC 등이 최상위 그룹을 이루고 있다.

#### 1부 프리미어리그 경기
정규 시즌은 8월~다음해 5월에 열린다. 20개 소속 클럽이 참가하는 홈앤드어웨이 방식(클럽당 38경기)으로 운영되며, 총점이 가장 높은 클럽이 우승한다. 정규 시즌 후 하위 3개 클럽이 2부 리그로 강등된다. 2부 리그는 24개 클럽이 경기하여 상위 2개 클럽은 1부 리그로 올라가게 된다.

티켓 구입 각 클럽의 홈페이지 £30~52

- 프리미어리그 www.premierleague.com   맨체스터 유나이티드 www.manutd.com
- 첼시 www.chelseafc.com   아스널 www.arsenal.com   토트넘 www.tottenhamhotspur.com

#### 아스널 홈경기장 에미레이츠 스타디움 찾아가기
- Piccadilly Line을 타고 아스널(Arsenal)에서 하차하면 바로
- 아스널 스타디움투어 £27(10:00~16:00)

## 앨버트 공 기념비
Albert Memorial

### 빅토리아 여왕의 부군을 위한 기념비
1883년에 세운 네오고딕양식의 기념비로, 빅토리아 여왕의 부군인 앨버트 공의 공적을 기념하기 위해 세웠다. 하노버 왕가의 앨버트 공은 인품과 성격이 좋고 박식한 지식으로 국민의 존경을 받았지만, 아쉽게도 42세의 젊은 나이로 세상을 떠났다. 기념비의 4면에 하얀 동물 조각상이 있는데, 이는 빅토리아 여왕이 세계를 정복했던 대륙을 상징한다. 유럽은 소, 아시아는 코끼리, 아프리카는 낙타, 아메리카는 버펄로를 나타낸다.

ⓘ 지하철 South Kensington역에서 도보 10분
ⓘ 지도 P.86-F

## 로열 앨버트 홀
Royal Albert Hall

### 콜로세움을 본뜬 콘서트 홀
빅토리아 여왕이 부군의 죽음을 슬퍼하고 그를 애도하기 위해 1871년에 완공한 콘서트 홀. 켄싱턴 가든 남쪽에 위치한 로열 앨버트 홀은 로마의 콜로세움을 본떠 건설했다. 7~9월 야간에는 클래식부터 현대음악에 이르기까지 다양한 연주를 하는 프롬나드 콘서트가 열린다.

ⓘ www.royalalberthall.com
ⓘ 지하철 South Kensington역에서 도보 10분. 앨버트 공 기념비 건너편에 위치
ⓘ 지도 P.86-F

> **tip  해리포터 스튜디오 투어** Warner Bros Studio Tour
>
> 워너브라더스가 영화 〈해리포터〉의 영화 속 장면을 생생하게 재현한 스튜디오로, 2012년에 오픈했다. 새롭게 떠오른 런던의 필수 관광 코스 중 하나이다.
>
> ⓘ www.wbstudiotour.co.uk
> ⓘ 기차 이동 시 런던 Euston역(20분 소요) 또는 Birmingham New Street역(1시간 소요)에서 기차로 이동해 Watford Junction역에서 내린다. 이곳에서 스튜디오까지 셔틀버스(왕복 £3, 15분 소요, 20분마다 운행)로 이동한다.
> 버스 이동 시 홈페이지에서 'Ticket+Travel(입장료+교통편 £105)'을 신청하면, 스튜디오 투어와 함께 런던과 스튜디오를 오가는 셔틀버스(빅토리아 코치 스테이션, 패팅턴역, 킹스크로스역에서 승차)를 이용할 수 있다. 교통편을 이용하지 않고 입장료(Studio tour)만 구입하면 £53.5이다.
>
>

## THEME PAGE
## 영국의 대표 브랜드 쇼핑

쇼핑 하면 파리나 로마, 밀라노 등을 먼저 떠올리겠지만, 런던도 그에 못지않은 하이패션의 도시다. 특히 영국의 전통적인 대표 브랜드들은 연령대에 구애받지 않고 폭넓게 사랑받고 있다.

### 영국의 대표 브랜드

#### 버버리 Burberry
**영국을 대표하는 세계적인 브랜드**
버버리 코트의 시작은 창업자인 토머스 버버리가 개버딘을 방수 가공 처리하여 레인코트용으로 쓰면서부터이다. 내수성과 방한성이 우수하여 장교들의 참호용 코트로 제작되었다. 그 후 대중들에게도 좋은 반응을 얻어 세계적인 브랜드로 발전했다. 리전트 스트리트에 있는 매장은 선물용 중심이고, 헤이마켓(Haymarket)에 있는 본점이 서비스나 제품 면에서 우수하다. 버버리 제품을 40~50% 정도 할인된 가격으로 싸게 사고 싶다면 런던 동쪽 Zone 2에 위치한 버버리 팩토리 아웃렛을 찾아가자.

- 121 Regent Street London
- https://stores.burberry.com
- 매일 10:00~20:00
- 지하철 Piccadilly Circus역에서 도보 5분
- 지도 P.87-G

#### 버버리 팩토리 아웃렛 Burberry Factory Outlet
**70%까지 할인**
런던 시내에서 북동쪽에 위치한 버버리 팩토리 아웃렛은 버버리 제품을 최대 70%까지 할인해 판매하고 있다.

- 29-53, Chatham Place Hackney London E9 6LP
- www.burberryfactoryoutletstores.com
- 월~토요일 10:00~18:00, 일요일 11:00~17:00

- 지하철 Hackney Central역(1~2존 내)에서 도보 10분. 또는 옥스퍼드 스트리트에서 38·55번 버스를 타고 Hackney Central 정류장 하차. 좁은 골목길이 이어지다가 Paddy Power라는 숍이 보이면 오른쪽으로 직진해 철길 아래로 50m쯤 가면 삼거리가 나온다. 삼거리(왼쪽 50m쯤에 TESCO가 보인다)에서 우회전하면 Morning Lane 거리 쪽에 초등학교가 있는데 바로 건너편이 버버리 팩토리 아울렛이다.

## 멀버리 Mulberry Flagship
### 최고급 가죽을 사용한 제품들

1971년 창업한 가죽 전문 브랜드. 최고급 가죽을 사용한 핸드메이드 백(가방)과 액세서리 평판이 좋다. 알렉사 백, 록산느, 베이스 워터 등이 인기가 있다.

- 100 Regent St., London
- www.mulberry.com
- 10:00~20:00, 일요일 11:00~18:00
- 지하철 Piccadilly Circus역에서 도보 3분
- 지도 P.87-G

## 바버 Barbour
### 영국 왕실이 인정한 브랜드

영국 왕실도 인정한 헤리티지 아웃도어 브랜드. 왁스 재킷으로 유명. 웨이딩 재킷은 낚시용 기능성 재킷인데, 지금은 스타일리시한 아우터로 인기 있다. 방수와 방풍 기능이 탁월하다.

- 71-77 Regent St., London
- www.barbour.com

- 10:00~20:00, 일요일 12:00~18:00
- 지하철 Piccadilly Circus역 근처
- 지도 P.87-G

## 비틀즈 스토어 London Beatles Store
### 비틀즈 팬들의 성지 중 하나

1960년대 팝 세계를 휩쓸었던 비틀즈의 의류, 핀, 가방, 지갑, 머그, 포스터, 사진, 음반, 액세서리, 가정용품 등을 판매한다. 셜록 홈스 박물관 옆에 위치해 찾기 쉽다.

- 231/233 Baker St.
- www.beatlesstorelondon.co.uk
- 10:00~18:30
- 지하철 Baker Street역에서 도보 5분
- 지도 P.86-B

## 처치스 Church's
### 영국의 장인 정신을 보여주는 명품 구두

구두 한 켤레를 만드는 데 10주나 걸릴 정도로 정성을 들여 제품의 완성도가 높다. 자신의 발에 딱 맞는 구두를 신고 싶다면 이곳에 들러보자. 가격은 £100~.

- 163 New Bond Street
- www.church-footwear.com
- 10:30~19:00, 일요일 12:00~18:00
- 지하철 Piccadilly Circus역에서 도보 5분
- 지도 P.87-G

---

**tip 런던의 백화점**

런던을 대표하는 기념품이라면 해러즈의 오리지널 상품을 빼놓을 수 없다. 경비원의 감시하에 들어가는 고급 백화점 해러즈는 규모와 내용이 훌륭하다. 해러즈 주변에 있는 하비 니콜스, 리전트 스트리트 주변에 있는 리버티, 피카딜리 서커스 주변에 있는 포트넘 앤 메이슨 등 모두 개성 넘치고 전통을 지닌 백화점들이다. 옥스퍼드 스트리트에 있는 셀프리지, 막스 앤 스펜서 등 서민들의 백화점에서도 의외의 보물을 만날 수 있다.

**해러즈 Harrods**
- 지하철 Knightsbridge역에서 바로

**하비 니콜스 Havey Nichols**
- 지하철 Knightsbridge역에서 바로

**리버티 Liberty**
- 지하철 Oxford Circus역에서 도보 2분

**포트넘 앤 메이슨 Fortnum & Mason**
- 지하철 Piccadilly Circus역에서 도보 3분

**셀프리지 Selfridges**
- 지하철 Bond Street역에서 도보 2분

**막스 앤 스펜서 Marks & Spencer**
- 지하철 Bond Street역이나 Marble Arch역에서 도보 5분

# 런던의 쇼핑

### ✦ 쇼핑 거리 ✦

**리전트 스트리트** Regent Street
1825년 영국의 유명 건축가 존 내쉬가 황태자였던 조지 4세를 위해 설계한 거리로, 옥스퍼드 서커스역에서 피카딜리 서커스역까지 활처럼 굽은 우아한 곡선의 거리이다. 소호와 메이페어 지구의 경계가 되는 대로인데, 거리 양쪽에는 버버리, 베네통, 웨지우드 등의 명품점이 밀집되어 있다. 볼거리가 많은 곳이니 꼭 쇼핑을 하지 않더라도 거닐어보자.

◎ 지하철 Piccadilly Circus역이나 Oxford Circus역에서 도보 1~3분  ◎ 지도 P.85-C

리전트 스트리트

**카너비 스트리트** Carnaby Street
리전트 스트리트 동쪽과 평행을 이루는 좁은 도로. 전통적인 분위기의 리전트 스트리트와는 달리 캐주얼한 분위기를 풍긴다. 개성적인 옷과 액세서리 등을 파는 상점들이 모여 있다. 1960년대 이래 런던 패션의 발상지로 유명하다. 지금도 유럽 각지에서 찾아오는 젊은이들로 붐빈다.

◎ 지하철 Piccadilly Circus역이나 Oxford Circus역에서 도보 3분  ◎ 지도 P.85-C

**옥스퍼드 스트리트** Oxford Street
서쪽의 마블 아치부터 동쪽의 Tottenham Court Road역까지 이어지는 거리. 런던 최고의 쇼핑가로 고급 브랜드와 캐주얼 제품이 고루 있어 젊은이들이 즐겨 찾는다. 대형 백화점 셀프리지(Selfridges)를 비롯해 서민들이 좋아하는 크고 작은 6개의 백화점이 있다.

◎ 지하철 Bond Street역, Oxford Circus역, Marble Arch역에서 도보 1~3분
◎ 지도 P.85-A

옥스퍼드 스트리트

**본드 스트리트** Bond Street
본드 스트리트역과 옥스퍼드 스트리트역 사이에서 그린 파크역과 피카딜리 서커스역 사이를 남북으로 가로질러 뻗어 있는 쇼핑가. 아르마니, 이브 생 로랑, 에르메스, 처치스, 불가리, 샤넬, 루이뷔통, 카르티에 등 세계적인 명품 매장이 즐비하게 들어서 있어 쇼핑을 좋아하는 사람이라면 놓칠 수 없는 거리이다. 남쪽의 거리를 '올드 본드', 북쪽의 거리를 '뉴 본드'라 부른다. 본드 스트리트 앤티크 센터(Bond Street Antique Centre)는 30여 개의 점포가 들어선 앤티크 빌딩으로, 고급 시계와 보석을 취급하는 숍이 많다.

🚇 지하철 Bond Street역에서 도보 2분
📍 지도 P.87-G

본드 스트리트

## 닐 스트리트 Neal Street

Covent Garden역에서 북서쪽으로 뻗어 있는 좁은 거리. 이 거리는 슬럼가로 유명했던 일대를 토머스 닐이 재개발해 오늘날의 쇼핑가로 만들었으며 그의 이름을 따서 닐 스트리트라고 부른다. 현지 멋쟁이들에게 인기 있는 고급 쇼핑가로 좁은 도로를 따라 카페와 식당이 줄지어 있다.

🚇 지하철 Covent Garden역에서 도보 2분
📍 지도 P.85-B

◆ 추천 상점 ◆

## Cosmetics a la carte

런던의 유명한 코스메틱 전문점으로 파운데이션, 파우더, 아이섀도, 립글로스 등 다양한 제품을 판매한다. 60여 가지 색상의 립스틱이 특히 눈에 띈다. 무엇보다 페이스컬러는 여러 컬러를 적절하게 혼합하여 소비자에게 잘 맞는 색상을 골라준다. 직원들의 서비스 질이 매우 높다. 메이크업 세션을 예약할 수 있다.

📍 192 Pavilion Road Sloane Square
🌐 www.cosmeticsalacarte.com
🕐 월~토요일 10:00~18:00
🚇 지하철 Sloane Square역 근처  📍 지도 P.87-K

## Floris

8대째 이어오는 향수 전문점. 향수, 오드투알레트, 목욕용품 등이 진열되어 있다. 1765년에 혼합된 전통 향기를 비롯해 제니아 등 10여 종의 시리즈가 있다. 향수 15ml가 £37~, 오드투알렛 50ml가 £19~. 그밖에 비누나 화장품 케이스, 향수병도 있다.

📍 9 Jermyn Street  🌐 www.florislondon.com
🕐 월~토요일 09:30~18:30, 일·공휴일 11:00~17:00
🚇 지하철 Piccadilly Circus역에서 도보 3분
📍 지도 P.85-C

## Smythson

영국식 디자인을 추구하는 고급 문구점. 피혁 제품을 비롯한 지갑, 노트, 수첩 등 종류도 다양하고 품질도 최상급이다. 편지지는 이곳에서 가장 인기 있는 소품이다. 편지지 세트 주문도 가능하고 자신의 이름과 주소를 넣을 수도 있다. 편지지 100매 £63~. 완성되면 한국으로 배송해준다. 수첩 종류도 승마 수첩, 오페라 수첩, 여행용 수첩 등 다양하다.

📍 Selfridges, Lower Ground, Oxford St, London
🌐 www.smythson.com
🕐 월~토요일 10:00~18:00, 일요일 12:00~18:00
🚇 지하철 Bond Street역에서 도보 5분
📍 지도 P.87-G

## Whittard

런던의 인기 홍차 전문점. 시내에 여러 지점이 있다. 저렴하고 포장도 예뻐 선물용으로 괜찮다.

📍 17 the Marketplace Covent Garden
🌐 www.whittard.co.uk  🕐 10:00~20:00
🚇 지하철 Covent Garden역에서 도보 2분
📍 지도 P.87-G

◆ 아웃렛 ◆

## 런던 아웃렛 비스터 빌리지 Bicester Village

전 세계 명품 패션 브랜드가 입점해 있는 고급 마을 스타일의 쇼핑 단지. 아르마니, 펜디, 벨렌티노 등 명품들을 최대 60% 할인된 가격으로 구입할 수 있다.

📍 50 Pingle Dr, Bicester OX26 6WD
🌐 www.thebicestercollection.com
대행 업체 www.klook.com
🕐 월~화요일 09:00~20:00, 수~토요일 09:00~19:00, 일요일 10:00~19:00
🚆 **기차 출발지** 런던 메릴본(London Marylebone)역 **출발** 09:30~16:00, **요금** 왕복 £24
🚌 **버스** Evan Evans Tours **출발지** 빅토리아역, 마블아치, 켄싱턴 **출발** 09:30, **요금** 왕복 £45
📍 지도 P.85-C

# 런던의 맛집

영국 요리는 프랑스나 이탈리아 요리처럼 특별히 내세울 만한 메뉴는 없지만 유럽 각국의 요리를 비롯해 아시아 등 전 세계의 요리를 받아들이고 있다. 피시 앤 칩스 등 퍼브의 런치 메뉴는 £10 이하. 저렴하게 식사하고 싶다면 레스터 광장과 소호 주변에는 중국 식당을 비롯한 아시아 식당들이 밀집되어 있다.

◆ 도심 · 소호 ◆

## Wok to Walk
2008년 오픈한 프랜차이즈 중국 식당. 저렴하고 맛있어 줄 서서 먹을 정도로 인기가 있다. 런던 시내 16곳에서 운영하고 있다. 밥(면) £4~.

@ www.woktowalk.com

**15 Argyll St. 지점**
- 일~수요일 11:00~02:00, 목~토요일 11:00~05:00
- 지하철 Oxford Circus역에서 도보 1분  지도 P.85-C

**21 Cranbourn St. 지점**
- 월~목요일 11:00~03:00, 금~일요일 11:00~05:00
- 지하철 Leicester Square역에서 도보 1분
- 지도 P.85-D

## Sherlock Holmes Pub
소설 〈셜록 홈스〉의 서재를 재현한 퍼브. 1층 벽에는 홈스와 관련된 그림과 장식물들이 걸려 있고, 2층에는 홈스의 서재가 재현되어 있다.

- 10-11 Northumberland Street
- @ www.green eking-pubs.co.uk
- 월~토요일 11:00~23:00, 일요일 11:00~22:30
- 지하철 Charing Cross역에서 도보 3분  지도 P.85-D

## Pret A Manger
런던에만 180개 이상의 매장이 있는 샌드위치 전문점. 품질 좋은 식자재를 사용하면서도 가격이 저렴해 현지인에게 인기가 많다. 샌드위치 £2~.

**Trafalgar Square South 지점**
- 62-65 Trafalgar Square  @ www.pret.com
- 월~금요일 06:00~19:00, 토요일 06:30~19:30, 일요일 07:30~19:30  지하철 Charing Cross역에서 도보 2분
- 지도 P.85-C

## Cahoots
열차 콘셉트로 인테리어를 꾸민 칵테일 바. 1950년대를 재현해 놓은 고풍스러운 분위기가 눈길을 끈다. 칵테일 £10~.

- 5 kingly street, Carnaby London WIB 5PF
- @ www.cahoots-london.com
- 월~수요일 17:00~01:00, 목요일 17:00~02:00, 금요일 16:00~03:00, 토요일 13:00~03:00, 일요일 16:00~24:00  지하철 Piccadilly Circus역이나 Oxford Circus역에서 도보 7분  지도 P.85-C

## Burger & Lobster
랍스터 전문 레스토랑. 햄버거, 랍스터, 랍스터 롤 3가지 메뉴만을 판매한다. 가격 대비 맛이 훌륭해 식사 시간이면 길게 줄이 늘어설 정도로 인기 있다. 인기 메뉴는 그릴드 랍스터, 스팀드 랍스터. 가격은 랍스터 £28.5~37, 버거 £16~25. 런던에 분점이 9곳 있다.

**Soho 지점**
- 36-38 Dean Street, Soho
- @ www.burgerandlobster.com
- 월~목요일·일요일 12:00~22:00, 금·토요일 12:00~23:00  지하철 Leicester Square역에서 도보 6분
- 지도 P.87-H

## Hawksmoor Seven Dials
코벤트 가든 주변에 위치한 스테이크 전문 레스토랑. 분위기와 서비스, 음식 맛이 좋아 인기 있다. 런던에

분점 6곳이 있다. 주 메뉴인 스테이크 £25~.

🏠 11 Langley Street 🌐 www.thehawksmoor.com
🕐 월~목요일 11:45~22:30, 금~토요일 11:45~23:00, 일요일 11:45~22:00 🚇 지하철 Covent Garden역 근처
📍 지도 P.85-B

## Circolo Popolare
유럽에서 유명한 빅마마 그룹의 이탈리안 맛집 레스토랑. 2만 개의 병으로 벽면을 장식한 분위기에 압도당한다. 음식맛과 분위기 평판이 좋다. 예약 필수(한 달 전). 예산 £30~. Mafaldine al Tartufo(파스타 £19), Emrata Burrata(피자 £14.5), Tiramisu (케이크 £7)가 인기 있다. 런던에 5개 분점(Gloria, Ave Mario, Jacuzzi, Carlotta, Circolo Popolare)이 있다.

🏠 40-41 Rathbine PL. London 🌐 www.bigmammagroup.com/en/trattorias/circolo-popolare
예약 www.sevenrooms.com/reservations
🕐 월~금요일 12:00~22:30, 토요일 11:00~22:30, 일요일 11:00~22:00 🚇 Tottenham Court Road역 근처
📍 P.87-G

## Nando's Covent Garden
런던의 유명한 포르투갈식 치킨 요리점. 페리페리 소스를 넣은 페리페리 치킨이 인기. 포크, 나이프, 소스, 냅킨과 음료 세팅은 셀프이며, 계산대에서 음식을 주문한다. 런던에만 60여 개의 분점이 있다. 치킨 £4.5~, 버거 £7.5~, 샐러드 £8.5~ Sharing platters £20.5~, Veggie £7.25~.

🏠 66-68 Chandos Pl Covent Garden WC2N 4HG
🌐 www.nandos.co.uk 🕐 매일 11:30~22:00
🚇 Covent Garden/Charing Cross역 근처
📍 지도 P.85-A

♦ 동부 시티 ♦

## Coco Grill & Lounge
분위기, 음식, 서비스 모두 만족시켜 주는 고급 레스토랑. 타워 브리지와 템스강의 멋진 전망을 감상하면서 식사를 즐길 수 있다. 와인, 카테일은 무알콜(mocktails)만 제공한다. 양고기(lamb chops), 디저트는 로투스 치즈케이크(lotus), 쿠나파(kunafa) 등이 인기. 예산 1인당 £60~.

🏠 34a Shad Thames, London SE1 2YG
🌐 www.coco-restaurants.com
🕐 월~금요일 17:00~23:30, 토~일요일 09:00~23:30
🚇 지하철 Bermondsey역에서 도보 13분. 타워 브리지(남쪽) 근처. 📍 지도 P.89-L

## Wright Brothers Oyster & Porter House
보로 마켓에 있는 시푸드 레스토랑. 오이스터(굴) 요리가 신선하고 맛있다. 전체적으로 요리평이 좋은 곳. 굴 요리(Oyster) £10.5~, 조개류(Shellfish & Platters) £45~.

🏠 11 Stoney Street, Borough Market
🌐 www.thewrightbrothers.co.uk
🕐 월~토요일 12:00~22:00, 일요일 12:00~21:00
🚇 사우스워크 대성당(Southwark Cathedral) 근처
📍 지도 P.88-J

♦ 리전트 파크 주변 ♦

## The Blues Kitchen
라이브 뮤직 퍼브 & 레스토랑. 라이브 뮤직 쇼로 유명한 곳이라 음악을 즐기면서 식사하기 좋다. 라이브 뮤직은 21~22시에 시작한다. 런치 메뉴(치킨 or 버거+음료) £10, BBQ 12.5~, 비어 £5.3~.

🏠 111-113 Camden High St, London, NW1 7JN
🌐 www.theblueskitchen.com/camden
🕐 월·화요일 12:00~24:00, 수·목요일 12:00~01:00, 금요일 12:00~02:30, 토요일 10:00~03:00, 일요일 10:00~01:00 🚇 Camden Town역에서 도보 5분
📍 P.87-C

> **tip 팁은 어떻게 줘야 할까**
> 
> • 레스토랑에서는 약 10~15%의 팁을 준다. 서비스 차지(12.5%)가 계산서에 포함되는 경우도 있는데, 이런 경우에는 따로 팁을 지불하지 않는다. 패스트푸드점, 셀프 레스토랑, 바, 퍼브에서도 팁을 내지 않는다.
> • 호텔 요금에 서비스 차지(10~12%)가 포함되어 있지만, 짐 포터나 객실을 청소해 주는 직원에게는 팁으로 약간의 동전을 놓아둔다.
> • 택시기사에게는 팁을 별도로 준다. 단거리는 £1, 중장거리(무거운 짐을 들어줄 때)는 £5 정도.

| tip | **런던 최고의 재래시장,
보로 마켓** Borough Market |

런던 시민들에게 매일 신선한 생선, 치즈, 채소, 과일 등 다양한 식재료를 제공해주는 재래시장이다. 즉석에서 음식을 먹을 수 있는 저렴한 가판식당과 유명 레스토랑도 있다. 타워 브리지나 시청에 갈 경우 들러보자.

🏠 8 Southwark Street
@ www.boroughmarket.org.uk
🕐 월~금요일 10:00~17:00, 토요일 08:00~17:00,
일요일 10:00~15:00
🚇 지하철 London Bridge역에 하차해 Borough High Street (굴다리 통과)를 건너면 나온다.
🗺 지도 P.88-J

| tip | **영국 시민들이 사랑하는 퍼브** Pub |

퍼브(Public House)는 일반 대중에게 음료·술·차·식사 등을 제공하는 서민들의 장소이다. 11~13세기에여관 겸 선술집 개념으로 시작되었다가 19세기 빅토리아 시대에 오늘날 같은 퍼브로 발전하게 되었다. 클럽(Club)이 상류층의 사교장이라면 퍼브는 서민들의 사교장이다. 이곳은 어린 시절 추억이 남아 있는 고향의 사랑방과 같다. 오랜 친구들이 은퇴 후에 다시 만나서 옛시절을 이야기하고, 축구, 크리켓, 럭비를 TV로 함께 보면서 목청 높여 응원하고, 사회현상에 대해 토론을 하는 정겨운 곳이 바로 퍼브이다. 영국 분위기가 물씬 나는 곳에서 저렴한 가격에 식사와 음료를 먹을 수 있으니 꼭 이용해보자.

**퍼브 이용하기**
**주요 메뉴** 소프트 드링크(커피, 홍차 등), 식사(샌드위치, 피시 앤드 칩스, 재킷 포테이토, 각종 파이 등), 맥주(라거 Lager, 에일 Ale, 포터 Porter, 흑맥주 스타우트 Stout)
**주문 방법** 주문은 셀프. 위스키 병이 거꾸로 매달려 있고 생맥주 펌프 꼭지가 설치되어 있는 바(Bar)로 가서 웨이터에게 주문을 한다. 카운터에서 원하는 요리를 주문하고 음식이 나오면 돈을 지불한 다음 마실 것을 들고 의자나 소파에 앉아서 먹으면 된다. 맥주를 주문할 때에는 카운터에 "A pint of lager, please"라고 말하면 맥주를 따라준다. 1파인트가 많으면 "Half pint"라고 말한다.
**유의사항** 퍼브나 나이트클럽 등에서 낯선 사람이 여성들에게 지나친 친절을 베풀며 접근하여 수면제가 든 음료수를 제공해 소지품을 훔치는 경우가 자주 발생한다. 또는 늦은 시간에 폭력사건이 발생하기도 하니 한적한 거리는 다니지 않는다.

HOTEL

# 런던의 숙소

- 오랜 역사를 지닌 런던의 특성상 대부분 호텔 객실이 구식이고 호텔 요금도 비싸다.
- 계절, 요일에 따라 호텔 요금 차가 크므로 이를 잘 활용해 일정을 짠다.
- 환승 없이 숙소로 이동할 수 있는 호텔(역에서 도보 5분 내)을 추천한다. 요금은 조식 별도다.

### ◆ 히스로 공항 주변 ◆

히스로 공항 In/Out 시 편리하다.

**Crowne Plaza London Heathrow T4, an IHG Hotel**

히스로 공항 4터미널 내에 위치한 4성급 호텔이다. 객실이 최신 스타일로 넓고, 깨끗하다. 조식도 양호하다. 공항에서 입·출국하는 경우 가성비가 좋다.

- Heathrow Airport, Terminal 4 Swindon Road, London, Hounslow TW6 3FJ 영국
- www.ihg.com ▸ 2인 1실 £96~
- 히스로 공항 4터미널에 위치

### ◆ 패딩턴 역 주변 ◆

히스로 공항에서 엘리자베스 라인/히스로 익스프레스 이용 시 편리, 도심 이동이 수월하다.

**Hilton London Paddington**

4성급 호텔로 19세기의 빅토리아 시대의 고풍스러운 건물이다. 패딩턴 역내 1층에 위치해 도심과 공항 이동이 매우 편리하고, 지근거리에 쇼핑, 유명 관광지가 몰려있다.

- 146 Praed St, London W2 1EE 영국
- www.hilton.com/en
- 2인 1실 £160~ ▸ 패딩턴역내 1층에 위치
- 지도 P.86-F

**Mercure London Paddington Hotel**

4성급의 아코르 체인 호텔이다. 패딩턴역에서 가까운 거리에 위치해 있어 도심과 공항 이동이 수월하다. 객실은 약간 오래되었지만, 직원들의 서비스가 친절하다.

- 144 Praed St, London W2 1HU 영국
- www.all.accor.com
- 2인1실 €155~ ▸ 패딩턴역에서 도보 5분
- 지도 P.86-F

**Norfolk Towers Paddington**

4성급 호텔로 계절, 요일에 따라 요금 차(22% 할인 요금 적용)가 크다. 런던 대부분 호텔이 오래된 건물인데 반해 노폭 호텔은 최신 스타일의 새 건물로 객실이 매우 깨끗하다. 패딩턴에 가까워 공항과 주요 관광지 이동이 편하다.

- 34 Norfolk Place, Paddington
- www.norfolktowershotel.com
- 2인 1실 £106~ ▸ 패딩턴역에서 도보 5분
- 지도 P.86-F

**Easy Hotel london Paddington**

저가 항공 이지젯 그룹의 호텔이다. 런던에 사우스 켄싱턴 등 5개 지점이 있다. 객실이 구식이고 방과 화장실이 매우 협소해 불편하지만, 1인이 저렴하게 이용하기에는 무난하다.

- 10 Norfolk Pl, Tyburnia, London W2 1QL
- www.easyhotel.com
- 2인 1실 £78.30~, 회원 가입 시 £9.7 할인
- 패딩턴역에서 도보 5분. 노폭 광장(Norfolk Square)에 위치 ▸ 지도 P.86-F

### ✦ 세인트 팽크러스 역 주변 ✦

유로스타 이용 시 편리, 도심 이동이 수월하다.

**Pullman London St Pancras**
4성급 호텔이다. 조용하고 안락한 객실로 투숙객 만족도가 높은 편이다. 또한 킹크로스역과 팽크러스역, 버스정류장이 지근거리라 교통이 매우 편리하다. 아코르 호텔 회원(무료 가입)은 10%할인이 된다.

- 📍 100-110 Euston Rd., London NW1 2AJ 영국
- 🌐 www.pullmanlondonstpancras.com
- 💷 2인 1실 £226~  🚇 세인트 팽크러스 역에서 도보 5분
- 🗺 지도 P.87-D

**Premier Inn London Kings Cross Hotel**
3성급 호텔로, 비교적 만족도가 높은 중저가 호텔이다. 유로스타가 발착하는 세인트 팽크라스역과 킹트로스역 맞은편에 위치해 있어 이동이 편리하다. 계절과 요일에 따라 요금차가 크다.

- 📍 26-30 York Wy, London N1 9AA 영국
- 🌐 www.premierinn.com  💷 2인 1실 £70~
- 🚇 킹스크로스/세인트 팽크러스역에서 도보 3분
- 🗺 지도 P.87-D

**Premier Inn London St Pancras Hotel**
3성급 호텔이다. 깨끗하고 위치도 좋은 중저가 호텔이며 조식이 양호하다. 모던 스타일로 캐주얼한 분위기의 객실을 갖추고 있다. 계절과 요일에 따라 요금차가 크다.

- 📍 88 Euston Rd., London NW1 2RA 영국
- 🌐 www.premierinn.com  💷 2인 1실 £78~
- 🚇 킹스크로스/세인트 팽크러스역에서 도보 5분
- 🗺 지도 P.87-D

**Kabannas St. Pancrass**
교통 요지에 자리 잡은 런던 유스호스텔이다. 카페, 바 운영, 로커룸, 세탁실, 수납 공간, 와이파이를 갖추고 있다. 지근거리에 음식점, 바, 관광지가 있어 편리하다.

- 📍 79-81 Euston Road, London, NW1 2QE
- 🌐 www.kabannas.com/london-st-pancras
- 💷 도미토리(8인실) £30.6~, 4인실 £32.3~
- 🚇 세인트 팽크러스역(맞은편에 위치)이 도보 5분
- 🗺 지도 P.87-D

### ✦ 얼 코트 역 주변 ✦

히스로 공항에서 저렴하게 피카딜리 라인으로 이동 시 유리, 도심 이동 시 편리하다.

**Ibis Earl's Court**
여행객들에게 매우 인기 있는 호텔이다. 비교적 저렴한 가격에 조식이 양호하고 2존에 위치해 접근성이 좋다. 히스로 공항 및 도심 어느 곳에도 지하철로 10~20분 내에 이동 가능하다.

- 📍 47 Lillie Road, Earl's Court
- 🌐 www.all.accor.com  💷 더블 £85~
- 🚇 피카딜리 라인을 타고 Earl's Court역에서 내려 West Brompton역 행 열차(1정거장)로 환승한다. West Brompton역에서 도보 5분. 역에서 나와 왼쪽으로 직진
- 🗺 P.86-I

### ✦ 빅토리아 역 주변 ✦

공항에서 내셔널 익스프레스 이용 시 편리, 주요 명소 주변에 있다.

**Park Plaza Victoria London**
4성급 호텔로 시설이 깔끔하고 조식이 매우 양호하다. 이탈리아 요리 전문 식당에서 조식, 점심, 석식이 가능하다. 역 근처에 위치해 버킹엄 궁전을 비롯해 주요 명소가 도보 15분내 있어 교통, 관광, 쇼핑하기 편하다.

- 📍 239 Vauxhall Bridge Rd, Pimlico, London SW1V 1EQ 영국  🌐 www.radissonhotels.com
- 💷 2인 1실 £141.75~  🚇 빅토리아역에서 도보 3분
- 🗺 지도 P.87-K

### ✦ 저렴한 유스호스텔 ✦

- Oxford Street YHA
- London St. Paul YHA
- YHA London Central
- YHA London Earl's Court

🌐 www.yha.org.uk

# 옥스퍼드
## OXFORD

12세기 헨리 2세는 런던에서 북서쪽으로 약 100km 떨어져 있는 중소도시 옥스퍼드에 산재해 있던 학교들을 통합하면서 대학 도시의 기틀을 마련했다. 이후 13세기에 프란체스코회 수도원 등이 생기면서 신학 부분에 두각을 나타내기 시작한다. 비슷한 시기에 베일리얼 대학과 머튼 대학이 생기고 14세기에는 위클리프, 에라스무스, 토마스 모어 등의 걸출한 인물들이 옥스퍼드에서 문예 부흥의 중심 역할을 한다. 19세기에 여러 여자 단과대학이 생겨났고, 지금은 35개의 단과대학이 있다. 오늘날 옥스퍼드 대학은 케임브리지와 함께 영국의 아카데미를 상징하며 영국을 리드해 가는 명문대학이다. 마거릿 대처, 토니 블레어(역대 총리 중 8명이 옥스퍼드 출신) 등 수많은 영국의 정치 지도자를 배출했다.

## 옥스퍼드 가는 법

근교 이동 시 열차와 버스는 각각 장단점이 달라, 본인에게 맞는 교통편을 고른다. 열차는 이동 시간이 빠르지만, 요금이 비싸고, 버스는 이동 시간이 느리지만 요금이 저렴하다. 또한 옥스퍼드 버스터미널이 도심에 있어 접근성도 좋다.

### 기차
**런던 패딩턴역 → 옥스퍼드역**
- www.nationalrail.co.uk  1시간 소요
- 왕복 £30~ (요일, 날짜, 시간대에 따라 다름), 유레일패스 소지자 무료

### 버스
**옥스퍼드 튜브 Oxford Tube**
버스정류장이 수시 변경되는데, 현재는 런던 빅토리아 코치 스테이션(메인 입구)에서 대각선 방향에 10번 버스정류장(Oxford Tube 버스)이 있다.
→ 옥스퍼드 버스터미널(Gloucester Green Bus Station)
- www.oxfordtube.com  왕복 £18~

## 옥스퍼드의 추천 코스

[ Start ]

옥스퍼드 버스터미널
↓ 도보 10분.

셀도니언 극장
↓ 도보 1분.

탄식의 다리
↓ 바로.

래드클리프 광장(보들리언 도서관),
세인트 메리 교회(타워 전망대)
↓ 도보 4분.

카팩스 타워
↓ 도보 3분.

크라이스트 처치
↓ 도보 10분.

애슈몰린 박물관

[ Finish! ]

브로드 거리와 콘 마켓 사이에 볼거리가 몰려 있어 3~4시간이면 관광할 수 있다. 옥스퍼드 버스터미널에 도착하면 주변에 먹자 광장이 나온다. 직진하면 브로드거리와 연결되며 여행 안내소에 갈 수 있다. 이곳에서 지도와 정보를 구하고, 애슈몰린 박물관에서 시작해 브로드 거리와 캐틀 거리의 셀도니언 극장, 탄식의 다리, 래클리프 광장, 보들리언 도서관을 가본다. 특히 세인트 메리 교회 전망대에서 바라본 구시가 전경이 매우 아름답다. 최고의 하이라이트는 크라이스트 처치 칼리지이다. 〈해리포터〉의 팬이라면 마법학교 식당의 배경이 되었던 대학 홀은 놓치고 싶지 않을 것이다. 카팩스 타워에서 일정을 마무리해도 되고, 애슈몰린 박물관을 마지막에 관람하는 것도 좋다. 쇼핑에 관심 있다면 카팩스 타워 근처에 수제 식료품점인 카버드 마켓과 현대식 쇼핑몰인 클라렌든 센터 옥스퍼드(Clarendon Centre Oxford)를 이용해보자.

무료 화장실 옥스퍼드 버스터미널 내, 카버드 마켓 입구, 클라렌든 센터 옥스퍼드 내.
@ 여행 안내소 www.experienceoxfordshire.org

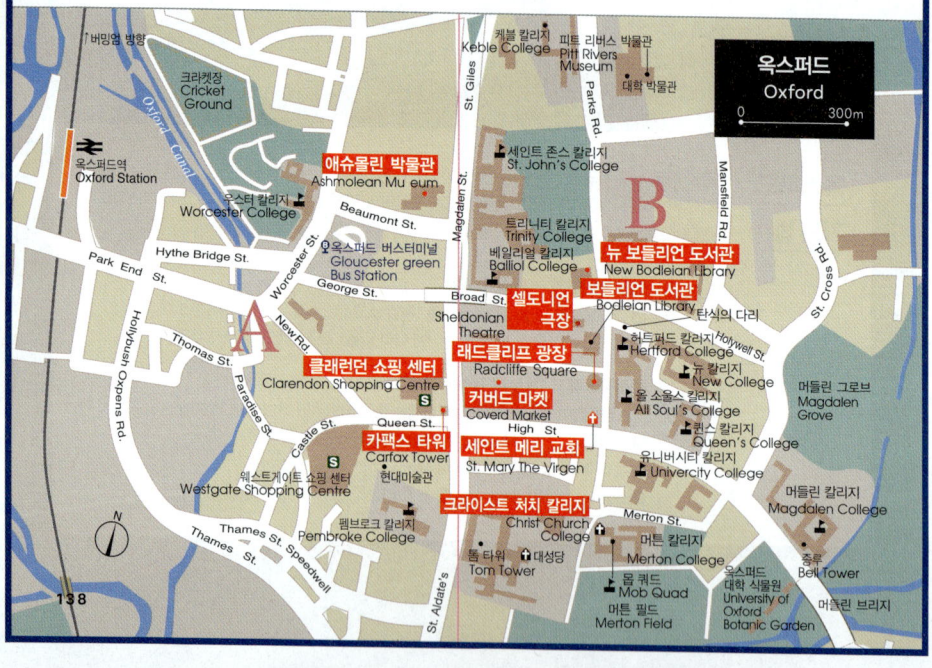

## 애슈몰린 박물관
### Ashmolean Museum
★

**영국 최고(最古)의 공립박물관**

애슈몰린 박물관

17세기에 왕실 정원사였던 존 트래즈캔트는 식물 수집을 위해 유럽, 오리엔트 등을 여행하며 희귀품들을 수집했다. 그가 죽자 고미술 수집가였던 애슈몰린이 1683년 그의 수집품을 구입한 후 옥스퍼드 대학에 기증했다. 이 수집품들을 전시하기 위해 애슈몰린 박물관을 세웠다. 청동기 시대의 고고학과 관련된 전시품과 이집트, 중동의 미술품 등이 전시되어 있다. **박물관에서 가장 소중한 10가지 전시품**은 알프레드 보석, 랜턴(Guy Fawkes), 옥스퍼드 왕관, 메레사문 미라, 옥토퍼스 병, 석가, 낙타, 숲속의 사냥, 꽃병(Namikawa Yasuyuki), 코벤트의 생각 등이다.

🏠 Beaumont Street
🌐 www.ashmolean.org
🕙 10:00~17:00  💰 무료
🚶 옥스퍼드역에서 도보 10분 또는 옥스퍼드 버스터미널에서 도보 5분  📍 지도 P.138-A

아드리안 드 브리의 머큐리와 큐피드(좌), 알프레드 보석(우)

## 카팩스 타워
### Carfax Tower

**가장 번화한 거리**

사거리를 뜻하는 카팩스는 색슨 시대 이래 도시의 중심축을 이루며 가장 번화한 거리이다. 이곳 십자로에 위치한 카팩스 타워는 11세기에 세워진 탑으로 세인트 마틴 교회의 일부로 남아 있다. 14세기에 교회 탑에 시계와 로마 군복을 착용한 인형을 설치해서 15분마다 종을 치게 했다. 탑 전망대에 올라가면 옥스퍼드 시가지가 한눈에 들어와 포토 스폿으로 좋다. 주변에 레스토랑과 대형 쇼핑센터 등이 모여 있다.

🏠 Carfax  🌐 www.experienceoxfordshire.org/venue/carfax-tower/
🕙 4~9월 10:00~17:00, 3·10월 10:00~16:00, 11~2월 10:00~15:00 휴무 1/1, 12/25~26
💰 £3  🚶 옥스퍼드역에서 도보 15분 또는 옥스퍼드 버스터미널에서 도보 7분
📍 지도 P.138-A

톰 타워

크라이스트 처치 칼리지

# 크라이스트 처치 칼리지
## Christ Church College
★

### 옥스퍼드 최대의 대학
1525년 울시 추기경이 거대한 캠퍼스를 짓겠다는 포부를 가지고 설립한 옥스퍼드 최대의 대학으로, 케임브리지의 킹스 칼리지와 더불어 대학 내에 성당이 있는 곳이다. 울시 경이 홀과 부엌, 안뜰을 둘러싼 정사각형 건물(Great Quadrangle) 중 3면을 완성한 다음, 1546년 헨리 8세가 대학 내에 대성당을 통합해 재건축했다. 크라이스트 처치는 16명의 영국 수상, 시인, 학자 등을 배출한 명문대학이다. 〈이상한 나라의 앨리스〉의 저자인 루이스 캐럴도 이 대학 출신이다.

- St. Aldate's
- www.chch.ox.ac.uk
- 월~토요일 10:00~17:00, 일요일 14:00~17:00(개방·휴무 시간이 수시 변경되므로 홈페이지에서 확인 요망)
  **휴무** 12/24~1/1
- **비수기** 평일 성인 £20, 학생 £18.5, 주말 성인 £22, 학생 £20.5 **성수기** 평일 성인 £22, 학생 £20.5, 주말 성인 £24, 학생 £22.5
- 카팩스 타워에서 도보 3분
- 지도 P.138-B

### 대성당
대성당(Cathedral)은 700년 프리즈와이드가 세운 후 1122년 어거스티니안이 재건축했다. 현재의 모습은 12세기말 노르만과 초기 영국풍의 건축양식으로 지은 것이다. 대성당 내의 화려한 스테인드글

요나의 창(좌), 프리즈와이드 성녀의 묘소(캐서린 왕비)(우)

UNITED KINGDOM

라스 〈성 프리즈와이드 창〉, 〈요나의 창〉 등을 비롯해 성녀 프리즈와이드의 묘지도 볼만하다.

## 톰 타워

1681년 세인트 폴 대성당을 건축한 **크리스토퍼 렌**이 울시 추기경의 수위실과 무게 6톤이 넘는 커다란 종(Great Tom)이 달려 있는 거대한 팔각형의 톰 타워(Tom Tower)를 건축했다. 이 종은 1963년까지 매일 밤 9시 05분에 101차례 울렸는데, 이는 당시 수학하는 101명의 학생들에게 통금 시간을 알려주는 메시지였다고 한다. 옥스퍼드는 그리니치 천문대(밤 9시)보다 왼쪽에 위치해 있기 때문에 5분의 시차가 있어 9시 05분에 울린다.

## 대학 홀

영화 〈해리포터〉에서 **호그와트 마법학교 식당**으로 나와 우리에게 더욱 친숙한 중세풍의 식당 홀에는 크라이스트 처치와 관련 있는 저명인사들의 초상화가 벽면 전체를 장식했다. 초상화들 중에서 가장 눈에 띄는 것은 헨리 8세의 초상화이다. 홀 식탁에는 촛불이 켜져 있어 분위기를 고조시킨다.

래드클리프 광장의 보들리언 도서관

## 래드클리프 광장
### Radcliffe Square
★

### 옥스퍼드의 랜드마크

카팩스 타워 교차로에서 하이 스트리트를 따라 조금만 올라가면 래드클리프 광장이 나온다. 고풍스러운 세인트 메리 교회, 올 소울스 대학, 보들리언 도서관 등으로 둘러싸인 아담하고 기다란 광장이다.

### 래드클리프와 보들리언 도서관

광장 중심에 있는 원형 건물은 존 래드클리프의 후원하에 1749년 제임스 깁스가 건축한 바로크양식의 도서관인 래드클리프 카메라(Radcliffe Camera, 라틴어로 방을 의미)이다. 초창기에는 과학 발전에 도움을 주기 위해 세웠으나 지금은 보들리언 도서관의 일부 기능을 담당하는 개인적인 열람실로 사용되고 있다. 래드클리프 광장 북쪽에 영국 최대 도서관인 **보들리언 도서관**(Bodleian Library)이 있는데, 영국에서 발행된 대부분의 도서(550만 권 이상)를 소장하고 있다.

🚶 카팩스 타워에서 도보 5분
🗺 지도 P.138-B

영화 〈해리포터〉의 호그와트 마법학교에서 교내식당으로 나왔던 대학 홀

옥스퍼드 관광의 기점인 브로드 스트리트

## 셀도니언 극장
### Sheldonian Theatre
★

### 크리스토퍼 렌의 최초 설계
1669년 고대 로마 극장인 마르셀루스(Marcellus)를 모델로 하여 크리스토퍼 렌이 최초로 설계한 작품이다. 이곳에서는 콘서트나 강연은 물론 대학 학위 수여식 같은 행사가 열린다. 로버트 스트리트가 그린 천장화는 예술과 과학이 무지를 물리치고 승리한다는 의미로 정교하게 묘사한 작품이다.

### 옥스퍼드 최고의 포토 스폿 ★
**옥스퍼드 최고의 포토 스폿**으로 쿠폴라에 올라가면 옥스퍼드 시가지의 경관을 즐길 수 있다. 추가로, **세인트 메리 교회 전망대(보들리언 도서관 앞)**에 올라가도 보들리언 도서관을 비롯한 주변 파노라마 경관을 볼 수 있다.

- Broad Street
- www.sheldonian.ox.ac.uk
- 09:00~16:30, 계절과 요일에 따라 변경되므로 홈페이지에서 확인 바람
- 성인 £4.75, 학생(시니어) £4
- Oxford역에서 도보 15분, 또는 옥스퍼드 버스터미널에서 도보 7분
- 지도 P.138-B

### tip 뱃놀이 '펀팅'

펀팅(Punting)은 옥스퍼드를 여행할 때 빼놓을 수 없는 인기 있는 이동수단이다. 조그만 나무배에 기다란 노를 저으면서 즐기는 뱃놀이의 일종이다. 자신이 직접 노를 저을 수도 있고, 능숙한 사공의 도움을 받을 수도 있다. 굽이굽이 휘어지는 처웰 강을 따라 노를 저으면서 옥스퍼드의 아름다운 전경을 감상하는 재미가 쏠쏠하다. 펀팅을 하고 싶으면 머들린 대학 부근 머들린 다리에 있는 보트 승선장에서 배를 빌리면 된다. 대여료는 45분에 성인 £18, 학생 £16, 1시간에 성인 £20, 학생 £18이며, 매일 09:00~18:00(6~8월 09:00~21:00)에 운영한다.

@ www.punting-in-cambridge.co.uk

탄식의 다리(보들리언 도서관 근처에 위치)

# 케임브리지
## CAMBRIDGE

옥스퍼드 대학과 더불어 영국에서 가장 오랜 역사와 전통을 자랑하는 대학이 있는 도시이다. 케임브리지의 역사는 로마인이 캠강에 외적을 방어하기 위한 요새를 세우면서 시작되었다. 케임브리지의 어원은 '캠강(River Cam)에 다리(Bridge)를 놓는다'에서 유래하였다. 1209년에 발생한 옥스퍼드 대학 내의 소요로 인해 많은 학자들이 이곳으로 이주하여 대학을 세웠고, 14세기에는 위클리프 사건으로 옥스퍼드 대학이 이교(異敎) 혐의를 받게 되자 학생들도 케임브리지 쪽으로 많이 옮겨오면서 케임브리지의 위상은 점점 높아지게 되었다. 특히 하이테크놀로지에서 국제적인 명성을 얻게 되어 노벨상 수상자 81명을 배출할 정도의 명문 대학으로 성장했다. 도시 내에 흩어져 있는 대학들을 돌아보고 나면 캠강에서 펀팅을 즐기며 케임브리지의 아늑한 중세 분위기를 느껴 보자.

## 케임브리지 가는 법

### 기차
**런던 킹스 크로스역 또는 리버풀역 → 케임브리지역**
 45분~1시간 소요　왕복 £30.8~(요일, 날짜, 시간대에 따라 다름)
케임브리지역에서 Station Road를 지나 Hill Road를 따라 20분 정도 걸으면 시가지가 나온다. 또는 케임브리지역에서 시내버스 1·3·7번(요금 £1.45)을 타면 Andrew's Street에서 내린다.

### 버스
**내셔널 익스프레스**
런던 빅토리아 코치 스테이션→케임브리지 버스 정류장(Park side: City center)
@ www.nationalexpress.com
 2시간~2시간 반 소요　왕복 £22.5~(요일, 날짜, 시간대에 따라 다름)
케임브리지는 기차보다는 버스를 이용하는 편이 낫다. 기차역에서 시내까지는 도보 15~20분 걸리지만, 버스 이용 시 Drummer Street 정류장(크라이스트 피스 공원 부근)에서 도보 5~10분이면 시내로 진입할 수 있다. 단, 버스보다 기차가 빠르니 시간이 촉박하다면 기차로 이동한다.

## ◆ 케임브리지의 추천 코스 ◆

[ Start ]

버스터미널(National Express Coach Station)
↓ 도보 15분.

퀸스 칼리지
↓ 바로.

펀팅 투어
↓ 도보 10분.

킹스 칼리지
↓ 도보 7분.

트리니티 칼리지
↓ 도보 13분.

피츠윌리엄 박물관

[ Finish! ]

### 걸어서 둘러볼 수 있다
케임브리지는 걸어서 구경할 수 있는 작은 도시이다. 버스터미널에 내려 잔디밭 오솔길(파커스 피스)을 따라가면 앤드류 거리(Andrew's Street)가 나온다. 이곳에서 다우닝 거리(Dowing Street)를 따라 직진하면 퀸스 칼리지가 보인다. 시간적으로 여유가 있으면 퀸스 대학 아래에 위치한 피츠 윌리엄 박물관을 들르고 그렇지 않으면 바로 퀸스 칼리지로 간다.

### 대학 구경하기
킹스 퍼레이드 거리(King's Parade Stre et)와 트리니티 거리(Trinity Street)를 따라 일직선상으로 퀸스 칼리지, 킹스 칼리지, 클레어 칼리지, 트리니티 칼리지, 세인트 존스 칼리지가 왼쪽에 연달아 위치하고 있다. 케임브리지 대학은 대부분 입장료를 받는다는 것을 기억해 두자.

킹스 칼리지

## 퀸스 칼리지
Queen's College
★

**여왕들이 세운 대학**

1448년 헨리 6세의 왕비인 마거릿이 설립한 후 1475년 에드워드 4세의 왕비인 엘리자베스가 완성시킨 대학이라 퀸스 칼리지라 불린다.

케임브리지에서 캠퍼스가 가장 아름답기로 유명하다. 대학 뒤에 있는 캠강을 가로지르는 목조 다리가 **수학의 다리**(Mathematical Bridge)이다. 1904년에 지금의 모습으로 재건축되었다.

※ 옥스퍼드, 케임브리지 대학은 학사 일정에 따라 일반인에게 개방 시 오픈/휴무 등이 수시로 변경되므로 방문 전 홈페이지를 통해 확인하기 바람.

- Queen's lane
- www.queens.cam.ac.uk | www.queens.ox.ac.uk
- 1/4~4/21, 7/5~12/21 10:00~16:30 휴무 4/22~7/4, 7/10~7/11, 10/2~10/10, 12/22~1/3  £5
- 킹스 칼리지에서 도보 3분  지도 P.144-A

수학의 다리

## 킹스 칼리지
King's College
★

**고딕양식의 아름다운 칼리지**

1441년 헨리 8세가 설립한 단과대학. 대학 내에 있는 **킹스 칼리지 교회**(King's College Chapel)는 1446년부터 거의 100년 동안 국왕 5명(헨리 2세~헨리 8세)의 손을 거쳐 완성한 화려한 고딕양식의 건축물이다. 특히 성당 천장에 장식된 부채꼴 모양의 조각 장식은 튜더 왕조의 석공 대가 4명이 완성해 낸 작품으로, 너무나도 정교하고 아름답다. 제단에 있는 루벤스의 그림 〈동방박사의 경배(Adoration of the Magic)〉도 놓치지 말고 감상하자. 참고로 킹스 칼리지의 성가대는 매년 크리스마스 공연 때 BBC 방송을 통해 전국에 생방송될 정도로 유명하다.

※ 현재 대학과 교회 일부가 공사 중이다. 교회 관람은 가능하지만 개방 시간이 수시 변경되니 홈페이지에서 확인한다.

- King's Parade
- www.kings.cam.ac.uk
- **평일** 성인 £16(온라인 £15), 학생 £13.5(온라인 £12.5), **주말** 성인 £17(온라인 £16), 학생 £14.5(온라인 £13.5)
- 퀸스 칼리지에서 도보 3분
- 지도 P.144-A

트리니티 칼리지

## 트리니티 칼리지
Trinity College

### 찰스 3세 왕의 모교
헨리 8세가 1546년에 설립한 트리니티 대학은 케임브리지에서 가장 규모가 큰 대학이다. 30명의 노벨 수상자를 배출했으며, 러셀이나 바이런 같은 유명인사도 이곳 출신이다. 특히 영국의 물리학자이자 천문학자인 뉴턴이 1661년에 이 대학을 다녔고 그 후 33년 동안 교수로 재직하면서 '만유인력의 법칙'을 정립했다. 찰스 3세 왕도 이곳 출신이다. 중앙 정원에 있는 분수는 바이런이 나체로 목욕하던 곳으로 유명하다.

- Trinity Street
- www.trin.cam.ac.uk
- 그레이트 코트 09:00~17:00, 도서관 월~금요일 12:00~14:00, 토요일 10:30~12:30
- 가이드 투어 (10:00, 14:00) £5
- 킹스 칼리지에서 도보 3분
- 지도 P.144-A

## 세인트 존스 칼리지
Saint John's College

탄식의 다리

1511년에 세운 단과대학. 이 대학에서 가장 유명한 것은 1831년에 베네치아의 탄식의 다리(Bridge of Sighs)를 모방하여 만든 탄식의 다리이다. 영국의 시인 워즈워드도 이 학교 출신이다.

- Saint John's Street  www.joh.cam.ac.uk
- 1/2~1/19, 3/22~4/27, 7/7~10/1 10:00~16:00
  휴무 1/20~3/21, 4/28~7/6, 10/2~12/5
- 성인 £15, 학생(시니어) £8
- 트리니티 칼리지에서 도보 3분
- 지도 P.144-A

# 피츠윌리엄 박물관
## Fitzwilliam Museum

### 방대한 미술품 컬렉션
1816년 피츠윌리엄 자작이 자신의 소장품과 장서, 거액의 기금을 케임브리지 대학에 기증하여 세워진 박물관이다.
1층에는 고대 이집트, 그리스, 로마의 고대 유물과 미술품이 전시되어 있고, 2층에는 토머스 게인즈버러와 존 컨스터블 등의 미술품들과 피카소, 모네, 르누아르, 세잔 등 인상주의 화가의 작품과 현대작가들의 작품이 전시되어 있다. 그밖에 베토벤, 바흐의 자필 악보들도 있다.

- Trumpington Street
- www.fitzmuseum.cam.ac.uk
- 화~토요일 10:00~17:00, 일요일 12:00~17:00
- 휴무 월요일, 성금요일, 12/23~26, 12/30~1/1
- 무료
- 퀸스 칼리지에서 도보 10분
- 지도 P.144-A

### 🔔 케임브리지 대학생들의 캠퍼스 생활

케임브리지 대학의 많은 학생들은 옛 대학 건물에서 거주하며 공부하고 있다. 과거에는 학생들이 밤에 몰래 외출을 하면 펄럭거리는 가운을 입은 학생감이 그들의 뒤를 쫓아다니며 탈선을 감시하곤 했는데 이제는 옛 추억으로 남아 더 이상 볼 수 없는 풍경이다. 학생들의 방은 아직도 깨끗하고 그들의 침대는 침실 담당 사환이 만든 것으로 사용한다. 그러나 사환이나 하인들 또한 사라진 지 오래다. 밤늦은 시간에 기숙사 정문을 닫기 전에 되돌아와야 하는 옛 규율 역시 사라지고 없다.

로잉(셸 보트레이스)

재학생들은 더 이상 가운을 입고 다니지 않는다. 그들은 강의, 채플, 식당, 또는 밤에 대학 밖에서는 가운을 착용하곤 했지만, 지금은 예배를 보거나 홀에서 공식적인 식사를 하거나 학위식 때에만 가운을 착용한다.
중간고사가 끝나면 이를 기념하기 위해 5월에 야구 시합이 개최된다. 5월의 이벤트 중 하나인 'Bumps(보트 레이스)'는 좁은 캠강을 가로지르며 펼쳐진다. 앞 보트가 뒷 보트보다 보트 길이의 1.5배 앞에서 먼저 출발하여 뒷 보트가 앞 보트를 추돌하면 이기는 게임이다.
또한 '로잉(셸 Shell 보트레이스)'도 케임브리지 학생들의 전통적인 스포츠이다. 강변에는 그들 소유의 보트 창고가 있다. 옥스퍼드-케임브리지 보트 경주 시합 때면 케임브리지 보트 선수단은 엘리(Ely)에서 실습을 한다. 템스강 변의 주변 상황과 너무 비슷해서 현지에서 적응하기가 쉽다. 또한 케임브리지 학생들은 음악과 드라마에도 일가견이 있다. 킹스 칼리지와 세인트 존스 칼리지의 성가대는 공연 시 실황 중계로 전 세계에 방송된다.

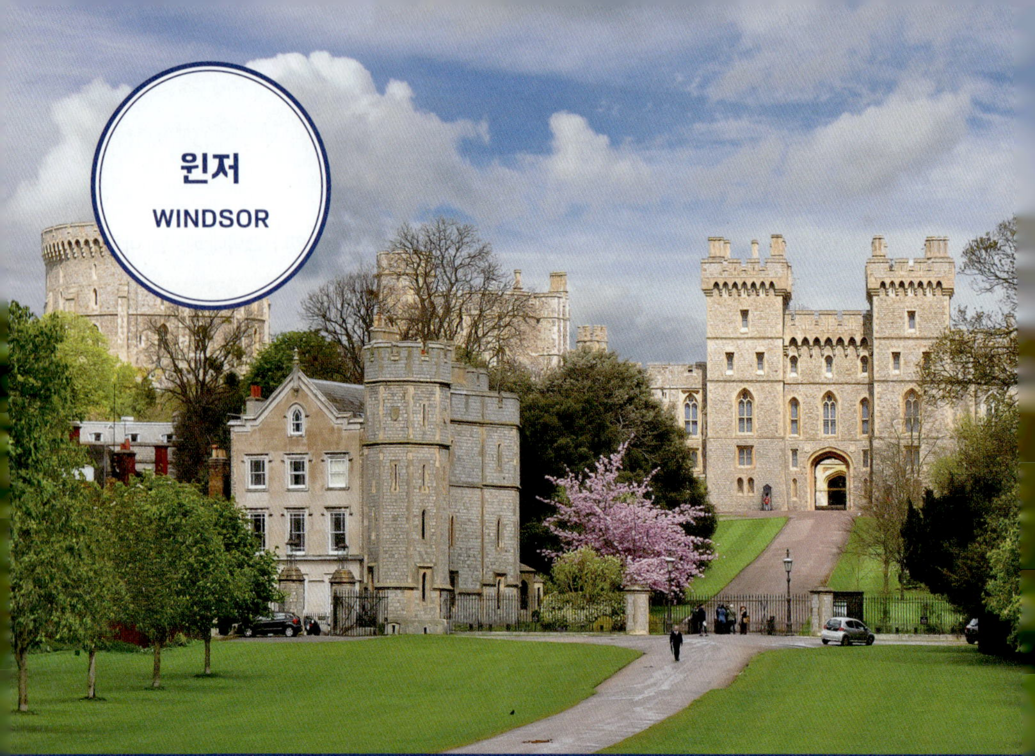

# 윈저
## WINDSOR

런던 교외에 있는 명소 중 여행자에게 가장 인기 있는 곳이 윈저 성이다. 런던에서 약 35km 떨어져 있으며 템스강이 굽이굽이 흐르는 언덕 위에 세워져 있다. 강 반대쪽에는 녹음으로 둘러싸인 이튼 칼리지가 보인다. 시간이 되면 영국의 명문학교인 이튼 칼리지도 들러보자.

### 윈저 가는 법

기차로 윈저 성에 갈 경우 기차역에서 판매하는 패키지 티켓(기차 왕복 티켓과 윈저 성 입장권)을 구입하면 좀 더 저렴하다.

**기차**

**런던 패딩턴역에서 출발할 때**

패딩턴역→First Great Western사 열차→슬라우(Slough)역 하차→윈&이튼행 열차 환승→윈저&이튼 센트럴역(Windsor&Eton Central) 하차. 언덕 위에 윈저 성이 있다.

30~50분 소요(1시간 2~3편 운행) 왕복 £10.4~(요일, 날짜, 시간대에 따라 다름)

**런던 워털루역에서 출발할 때**

워털루역→South West Trains사 열차→윈저&이튼 리버사이드역(Windsor&Eton Riverside) 하차

1시간 20분 소요(1시간 2편 운행) 왕복 £11.7~(요일, 날짜, 시간대에 따라 다름)

**버스**

버스정류장은 수시 변경되는데, 현재는 런던 빅토리아 코치스테이션(메인 입구)에서 대각선 방향에 7번 버스정류장(702번 버스)이 있다.

1시간 소요(1시간에 1~2편 운행) 편도 £7, 왕복 £13

세인트 조지 성당

## 원저 성
### Windsor Castle

### 영국 왕실의 주말 별장
템스강 변 언덕 위 가파른 경사지에 세워진 원저 성은 드넓은 공원이 펼쳐지는 아주 넓은 성이다. 1087년 정복왕 윌리엄이 성채에 기거하기 위해 목조 요새를 세우면서 시작되었고 그 후 여러 세기에 걸쳐 증·개축되었다. 현재는 영국 왕실의 주말 별장으로 이용한다. 헨리 2세는 둥근 탑(Round Tower)을 지탱하기 위해 석조를 사용했고, 조지 4세는 통치 기간 중에 위엄을 나타내기 위해 둥근 탑을 높였다. 1992년 대화재로 스테이트 아파트먼트가 훼손되었으나 1997년에 복원되었다. 성 내부는 3구역(Lower, Middle, Upper)으로 나뉘어 있다.

### 로어 워드 Lower ward
원저 성의 성문인 헨리 8세 문 입구로 들어서면 **세인트 조지 성당(Saint George's Chapel)**이 나온다. 헨리 8세에 축조한 고딕양식의 이 교회에는 헨리 8세를 비롯한 10명의 왕족의 묘소가 있다. 천장 밑에는 가터(Garter) 작위를 받아 기사가 된 사람들의 문장이 찍힌 기사석이 있다.

### 미들 워드 Middle ward
성의 심벌인 둥근 탑이 있다. 평상시에는 영국 국기가 게양되지만 여왕이 머물러 있는 동안에는 왕실기로 바뀐다.

### 어퍼 워드 Upper ward
안에서 가장 볼거리가 많은 곳이 **스테이트 아파트먼트(State Apartment)**이다. 여왕이 거주하는 방들인데 공식 행사가 있을 때만 사용된다. 루벤스나 뒤러의 그림, 가구 장식품, 갑옷류 등이 전시되어 있다. 이곳에서 가장 인기 있는 **퀸 메리 인형관(Queen Mary' Dolls House)**은 한 건축가가 여왕을 위해 실제 크기의 12분의 1로 축소 제작한 미니어처의 저택으로 가구, 식기, 전등이 정교하게 만들어져 있다. **성 조지 홀, 왕의 침실** 등도 볼만하다. 여왕이 체류하는 동안은 관람을 제한하므로 미리 확인해두자. 원저 성은

스테이트 아파트먼트의 왕의 침실

성 조지 홀(St.George's Hall)

스테이트 아파트먼트 내부

화~수요일은 휴무이니 방문 시 유의한다.

## 근위병 교대식

성 정문 앞에서는 화·목·토요일 11시(성수기에는 월~토요일)에 근위병 교대식이 진행된다. 버킹엄 궁전의 교대식만큼 화려하지는 않지만 가까이에서 편하게 구경할 수 있다.

- www.royalcollection.org.uk
- 3~10월 10:00~17:15, 11~2월 10:00~16:15, **휴무** 화·수요일, 1/9, 1/13, 6/16
- 성인 £35(온라인 £31), 학생 £23(온라인 £20)
- 윈저 & 이튼센트럴역에서 도보 2분
- 지도 P.150

### tip 효율적으로 둘러보려면

- 성 관람은 약 3시간 소요.
- 윈저 성은 언덕 위에 위치해 있어 가급적 편한 신발을 준비한다.
- 성 내부는 촬영을 금지하니 유의한다.
- 시간 절약을 위해 미리 입장권을 예매한다.

## 윈저 성과 관련있는 영국 왕 계보

**윌리엄 1세 (1066~1087년)**
정복왕, 윈저성 건설

**헨리 1세 (1100~1135년)**
왕실 건축

**헨리 2세 (1154~1189년)**
라운드 타워를 석조로 대체

**헨리 3세 (1216~1272년)**
외벽 확장

**에드워드 3세 (1327~1377년)**
어퍼 워드 재건축

**에드워드 4세 (1461~1483년)**
성 조지 채플 지음

**헨리 8세 (1509~1547년)**
게이트하우스 재건축

**엘리자베스 1세 (1533~1603년)**
노스 테라스 석조로 대체

**찰스 1세 (1625~1649년)**
사형 당함. 군대 본부와 감옥으로 사용

**찰스 2세 (1660~1685년)**
스테이트 아파트먼트 변형

**조지 3세 (1738~1820년)**
성 외관을 중세풍으로 개조

**빅토리아 여왕 (1837~1901년)**
스테이트 아파트먼트 개방

**엘리자베스 2세 (1952~2022년)**
테이트 아파트먼트 일부 화재와 복원, 근무병 교대식 출범

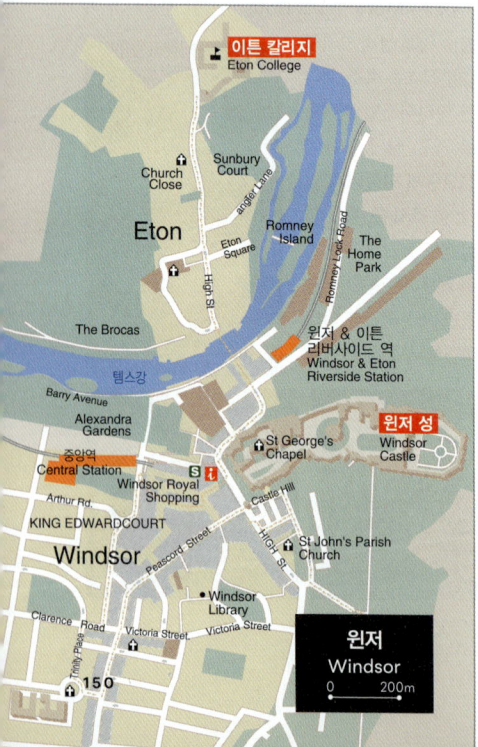

# 그리니치
## GREENWICH

템스강 남쪽 연안에 위치하며, 세계 시간의 기준점이 되는 그리니치 천문대가 있던 곳으로 유명하다. 예로부터 교통의 요충지로서 경제·사회적으로 발전을 이루었으며 과거의 화려함과 유산을 간직한 채 과감한 개발을 시도하여 뉴타운으로 거듭났다. 도시 곳곳의 중세 건물들과 현대적인 첨단 건물들이 잘 조화되고 있다. 맞은편의 포플러 지역과는 해저 터널로 연결되어 있다. 도시 규모가 작아 걸어서 다닐 수 있으며 3~4시간이면 여유 있게 둘러볼 수 있다.

## 그리니치 가는 법

### 기차
런던의 뱅크역에서 출발
뱅크(Bank)역 또는 타워 힐(Tower Hill)역→루이샴(Lewisham)행 DLR 탑승→커티 사크(Cutty Sark)역 하차
 20분 소요(10분마다 운행)　 런던~그리니치(Zone 2) 편도 £7
런던~그리니치 구간은 도클랜드 경전철 DLR로 이동하면 된다. 만약 해저 터널을 거닐고 싶으면 이전 역인 아일랜드 가든스(Island Gardens)역에 내려 보행자 전용 터널(Greenwich Foot Tunnel)을 통해 그리니치로 간다.
도클랜드 경전철 DLR https://tfl.gov.uk/

### 배
런던 아이 선착장→ 그리니치 선착장 하차
런던 아이 아래쪽에 있는 선착장(4번 플랫폼)에서 그리니치행 배를 탈 수 있다.
노선과 시간표 www.thamesclippers.com
 30분 소요(30분마다 운행)　 Central & East 티켓 편도 £10.8, 왕복 £21.6

## 왕립 천문대
### Royal Observatory
★

### 크리스토퍼 렌이 설계한 천문대

그리니치는 북극과 남극을 연결하는 상상의 선인 자오선(경도 0°)에 위치해 있다. 태양이 규칙적인 간격으로 통과하는 축이기 때문에 오랫동안 달과 별을 관찰하는 최적의 입지로 이용되었다. 1675년 찰스 2세가 천문, 경도 문제 등을 연구하기 위해 건축가이자 천문학자였던 크리스토퍼 렌에게 명하여 건축한 것이 바로 이 왕립 천문대다. 본관 남쪽 정면에 해시계가 있고, 옥상에는 템스강을 향해 오는 배에 정확한 시간을 알려주기 위한 장치가 있다.

1945년 스모그와 먼지 공해의 영향으로 왕립 천문대에서 천체 관측이 어려워지자 잉글랜드 남동부에 있는 서섹스의 허스트몬슈 성(Herstmonceux Castle)으로 이전했고, 1956년 국립 해양 박물관으로 퀸스 하우스와 함께 편입되어 지금은 시계사 관련 문헌을 전시하고 있다.

ⓘ Natonal Maritime Museum  @ www.rmg.co.uk
⏰ 성수기 10:00~18:00, 비수기 10:00~17:00
휴무 12/24~26  성인 £24, 학생 £18, 어린이 £12
🚶 그리니치 선착장에서 도보 20분, 버스 129·177·180·188·286·386·N1  지도 P.153

### 국립 해양 박물관
### National Maritime Museum

### 세계 최고의 해상 수집품 전시

1934년 로열 파크에 세워진 국립 해양 박물관은 세계 최고의 해상 수집품이 전시되어 있다. 지금은 퀸스 하우스와 왕립 천문대가 박물관 건물의 일부가 되어 있다. 그러나 거대한 해상 수집품은 퀸스 하우스와 연결된 갤러리 단지에 엘리자베스 여왕의 초상화와 해양 계측 기구, 배의 모형들과 함께 전시되어 있다. 이곳에는 넬슨 갤러리를 포함하여 영국에서 가장 위대한 해군 영웅의 업적을 보여주는 중요한 자료들이 전시되어 있다. 넬슨이 전사했을 때 입었던 유니폼을 보노라면 왠지 숙연해 진다.

ⓘ National Maritime Museum  @ www.rmg.co.uk
⏰ 성수기 10:00~18:00, 비수기 10:00~17:00
휴무 12/24~26  무료
🚶 그리니치 선착장에서 도보 20분  지도 P.153

왕립 천문대의 정문

### 커티 사크호
### Cutty Sark

### 차(茶)를 운반하던 옛 범선

범선은 17~19세기에 중국에서 영국으로 차(茶)를 운반해 오던 대표적인 교통수단이었다. 런던 상인들이 차를 신속하게 운반하기 위해 만든 커티 사크호는 길이 85.34m, 폭 10.94m, 깊이 6.40m에 이

르는 거대한 규모이다. 이 범선은 고속선으로 명성을 날리며 중국의 차와 호주의 양모를 운반하는 데도 쓰였는데, 당시 증기선이 범선을 대체하는 시기로 효용 가치가 떨어지자 1895년 포르투갈 상인에게 팔리고 말았다. 28년이 지난 후 **콘월의 선원인 윌프레드 도우만이 구입해서 복원**했다. 1953년 커티 사크 보존협회에 기증된 후 그리니치 드라이 도크로 옮겨져 일반인에게 전시되고 있다. 커티 사크호의 앞머리는 로버트 번스의 시 '샌터의 탐(Tam O'Shanter)'에 마녀가 입고 있는 모직 시프트 옷에서 따온 것이다.

- Cuttysark Garden
- https://www.rmg.co.uk/cutty-sark
- 성수기 10:00~18:00, 비수기 10:00~17:00
- 휴무 12/24~26  성인 £22, 학생 £16.5, 어린이 £11
- 그리니치 선착장에서 도보 1분
- 지도 P.153

### ⚠ 그리니치 표준시가 무엇인가요?

그리니치는 북극과 남극을 연결하는 상상의 선인 자오선(경도 0°)에 위치해 있다. 이곳은 태양이 규칙적인 간격으로 통과하는 축으로 지구가 동경, 서경으로 구분된다.

그리니치 자오선을 중심으로 15° 이동할 때마다 시간은 1시간씩 차이가 나는데 동쪽으로 이동하면 시간이 빨라지고 서쪽으로 이동하면 느려진다. 그래서 그리니치가 세계의 표준시가 된 것이다. 1884년 워싱턴 회의에서 25개국 대표들이 모여 그리니치 자오선을 세계 표준시로 결정했다. 그리니치 표준시는 G.M.T(Greenwich Mean Time)라고 표기한다.

우리나라는 그리니치 천문대 동쪽(동경 135°)에 위치해 있어 그리니치보다 9시간이 빠르다. 우리나라는 호주 동부, 뉴질랜드 등 태평양에 있는 군도(135°E~180°E 사이에 있는 나라)를 제외하고는 다른 나라보다 시간이 빠르다는 사실을 기억해두자.

# 스톤헨지
## STONEHENGE

세계에서 가장 미스터리한 유적 중 하나로 바로 런던에서 130km 떨어진 서남부 솔즈베리 평원에 위치한 스톤헨지이다. 유럽의 수많은 세계 자연유산 가운데 스톤헨지만큼 숨 막힐 정도로 아름다우면서 추측과 가설, 신비로움으로 어우러진 유적도 없을 것이다.

## 스톤헨지 가는 법

**기차**
- 런던 패딩턴역에서 바스(Bath)역까지 55분 소요. 런던 워털루역에서 솔즈베리(Salisbury)까지 1시간 30분이 걸린다. 역 앞에서 택시 또는 투어버스(매시 출발)를 타고 20분(19km) 정도 가면 스톤헨지에 도착한다.
- 런던 빅토리아 코치 스테이션, 또는 바스에서 렌터카나 투어 버스를 이용하면 편하게 이동할 수 있다. 로마 목욕의 진수를 볼 수 있는 바스에서 1박을 하면서 스톤헨지와 솔즈베리를 묶어 다녀와도 좋다.

**버스**
솔즈베리역 → 스톤헨지
 www.gosouthcoast.digitickets.co.uk
성수기 11:00~16:00(매시 운행), 비수기 11:00~14:00(매시 운행), 20분 소요
£13

**기타**
가이드 투어
바스(the Abbey Hotel on Terrace Walk, Bath. BA1 1LF) 출발
 www.scarpertours.com
10~3월 13:00, 4~9월 09:00/14:00, 4시간 소요
 비수기 £50, 성수기 £60

## 스톤헨지
### Stonehenge
★

### 유럽에서 가장 미스터리한 세계 자연유산

스톤헨지는 기원전 3,000년~1,000년에 걸쳐 완성된 선사시대 유적지로, 흙을 쌓아 만든 제방 위에 거대한 돌기둥을 세워 놓은 거석(고인돌과 비슷)이다. 바깥쪽은 둥근 고리 모양으로 거대한 돌기둥을 세우고 덮개돌로 기둥 사이로 올려 연결했다. 안쪽은 두 개의 선돌을 세워 놓고 그 위에 덮개돌을 수평으로 눕혀놓은 ∏ 모양의 5개 삼석탑을 세운 다음 근처에 작은 신전을 만들어 종교 의례를 행했다.

### 미제로 남은 의문들

최첨단 과학이 발달함에도 불구하고 아직껏 스톤헨지에는 3가지의 의문(who, when, why)이 미제로 남아있다. 외계인들이 가져와 만들었다거나, 중세 마법사 멀린이 거대한 바위들을 옮겨와 세웠다는 가설까지 허무맹랑한 얘기들이 많다. 가장 오래된 역사 기록물인 8세기 역사학자 네니우스의 〈영국사〉와 12세기 제프리 경의 〈영국 왕과 역사〉를 보면, 요술사의 초능력으로 아일랜드에서 이곳으로 옮겨와 제사 때 춤을 추었다고 한다. 여러 이론 중 17세기의 오브리 이론이 오늘날까지 가장 설득력이 있는데, 거석을 세울 주변에 흙으로 둑을 쌓아 올린 후, 돌이 들어갈 수 있는 구덩이를 파고 돌을 세웠다는 이론이다. 거석을 세운 이유는 태양 신전, 치료센터, 무덤, 천체 관측으로 이용하기 위함으로 추측된다.

거대한 블루스톤, 앞에 누워있는 돌이 슬러터 스톤이다.

## 거대한 암석의 이동

가장 궁금한 점은 주변에 돌산이 전혀 없는 평원 지역에서, 돌 높이가 7m, 무게가 무려 40t 이상이 되는 거대 암석을 도대체 어디서 어떻게 옮겨 왔는가 하는 것이다. 아마도 세일(sarcen stone)은 북쪽 윌트셔에서, 블루스톤(청색사암: 물에 젖으면 파란색으로 변함)은 240km 떨어진 서쪽 웨일즈에서 가져왔으리라 추측한다. 최근 영국 BBC에서 이를 입증하기 위해 수십 명의 학자와 학생들을 동원시켜 실물 크기의 돌을 당시 배에 실어 바다와 강을 건너 스톤헨지까지 고대인들이 사용했던 똑같은 방식으로 통나무를 바닥에 깔고 바위에 줄을 매달아 끌고 온 과정을 방영했다. 현재 스톤헨지 전시장에는 실물 크기의 아주 큰 돌멩이가 있는데, 관광객들이 시험 삼아 밧줄을 불끈 쥐고 잡아당겨보지만 끄떡 없다.

세일 셔틀 밖에 세워져 있는 힐 스톤

놓고 있다. 비록 거석 안으로는 직접 들어가지는 못해도 그나마 지근거리에서 볼 수 있다는 걸로 아쉬움을 달래본다.

여행객이 전시된 거석을 잡아당겨보지만 전혀 꼼짝도 않는다.

> **tip** **Stonehenge Visitor Centre**
>
> 2013년 12월에 개장한 방문자 센터는 보석류, 도자기, 인간 유해 등 현장에서 발견된 약 300개의 고고학 보물을 포함해 상설 및 임시 전시관을 운영하고 있다. 갤러리, 선물 가게, 110석 규모의 카운터 서비스도 마련되어 있다. 스톤헨지 현장까지 셔틀 서비스가 운행된다.
>
> @ www.english-heritage.org.uk
> 🕐 10/21~6/9 09:30~17:00,
> 6/10~10/20 09:30~19:00
> 💰 성인 £25.4, 학생(시니어) £22.7

## 일출, 일몰에 비치는 거석의 멋진 연출

이곳의 하이라이트는 계절과 일출, 일몰의 빛의 각도에 따라 스톤헨지의 모습이 달라지는 신비스런 광경을 제시간에 맞춰 관찰하는 것이다. 거석이 일출과 계절의 변화와 일치하도록 배열되어 있는데, 원시인들의 건축 능력이 놀랄 정도로 탁월했음에 틀림 없다. 특히 6월 하지에는 일출, 일몰에 비쳐지는 거석의 멋진 연출을 보기 위해 2만 여명 이상이 이곳을 방문한다.

## 거석 내 출입금지

일반인들이 무질서하게 거석 안으로 들어와 유적지를 심하게 파괴하자, 최근 영국 정부에서는 거석 보호를 위해 안으로 접근하지 못하도록 울타리를 쳐

> **tip** 선사시대의 유적지를 찾아서

### 솔즈베리 Salisbury

솔즈베리는 잉글랜드 윌트셔주에 있는 종교 도시로, 에이번강을 비롯한 여러 강이 합류하는 지점에 위치한다. 주변에 선사시대 유적지인 **스톤헨지**와 고대주거지 **올드 사름(Old Sarum)**이 있다. 솔즈베리 축제는 10월 세 번째 월요일부터 3일간 대성당 내 마당에서 열린다.

@ www.visitwiltshire.co.uk/salisbury

### 솔즈베리 대성당 Salisbury Cathedral

도시의 랜드마크인 솔즈베리 대성당은 13세기 잉글랜드 건축을 대표하는 고딕양식의 성당이다. 123m의 첨탑은 영국에서 가장 높은 첨탑으로 중세 건축물의 걸작이다. 무엇보다 **대장전(마그나 카르타)의 원본**이 전시되어 있어 중세 문화재를 보려는 여행객들로 붐빈다.

- 6 The Close, Salisbury, Wiltshire, SP1 2EF
- @ www.salisburycathedral.org.uk
- 월~토요일 09:30~17:00, 일요일 12:30~16:00
- 성인 £12(온라인 £10), 학생 £8.50(온라인 £7.50)
- 기차역에서 도보 15분

### 올드 사름 Old Sarum

잉글랜드 솔즈베리에서 북쪽으로 약 3km 떨어진 언덕 위에 있는 고대 주거지이다. 선사시대부터 정착민들이 거주하면서 발전했으나 잦은 외적의 침입과 자연재해로 점차 쇠퇴했다. 13세기부터 거주민들이 남쪽의 솔즈베리로 이전하면서, 지금은 폐허가 된 우물과 대성당 터를 비롯한 외성벽 등 잔해만 남아 있다.

### 올드 사름과 스톤헨지 투어

@ www.visitwiltshire.co.uk

# 프랑스

## France

# 프랑스 기초 정보

## 국가 기본정보
- **국명** 프랑스(France)
- **수도** 파리(Paris)
- **면적** 552,000㎢(한반도의 2.5배)
- **인구** 6,800만 명
- **종교** 가톨릭 83%, 기타
- **인종** 튜튼족, 슬라브족, 바스크족
- **언어** 프랑스어
- **체제** 공화제(대통령제)
- **통화** 유로(€)
- **전압** 220V, 50Hz (우리나라와 콘센트가 같아 그대로 사용한다.)
- **시차** 한국보다 8시간 늦다. 서머타임 기간(3~10월)에는 7시간 늦다.

## 긴급 연락처
- **주프랑스 한국 대사관**
  - 125 Rue de Grenelle(메트로 13호선 Varenne역 하차)
  - 01-47-53-01-01
  - (근무시간 외 06-80-28-53-96)
  - 월~금요일 09:30~16:30
  - fra.mofat.go.kr
- **경찰** 17
- **응급차** 15
- **응급약국**
  - 84 Av. des Champs-Elysées
  - 01-45-62-20-41

## 역사
게르만 민족의 대이동으로 서로마제국이 멸망하면서 여러 종족들이 작은 나라를 세운다. 그중 클로비스 1세가 프랑크왕국을 건설한 후 동프랑크, 서프랑크, 중프랑크로 분할되고 서프랑크 왕국이 오늘날 프랑스의 모체가 된다. 백년전쟁과 종교개혁운동으로 초토화되나 이후 강력한 중앙집권 국가로 탈바꿈해 루이 13~14세 때는 절대왕권의 절정에 달한다. 그러나 재정 위기로 인해 프랑스 대혁명이 발발, 로베스피에르의 공포정치가 시작된다. 1799년 쿠데타를 일으킨 나폴레옹은 스스로 황제라 칭하며 독재정치를 펴 유럽을 전쟁의 공포로 몰아넣지만 그의 최후는 비참했다. 나폴레옹의 조카인 나폴레옹 3세가 제2제정을 수립하고 오스망 남작에게 오늘날 파리의 근간이 되는 도시개혁을 추진할 것을 명한다. 2번에 걸친 세계대전으로 초토화됐으나 예술의 나라로서의 위상은 한층 강화된다. 전후 드골 장군의 등장으로 안정을 되찾아 제5공화국을 출범시키나 독재정치로 인해 1968년 대통령직을 사임한다. 미테랑과 시라크, 올랑드, 마크롱이 그의 뒤를 이어 오늘에 이른다.

## 지리
서쪽으로 대서양, 북쪽으로 베네룩스 3국, 동쪽으로 독일·스위스, 남쪽으로 피레네 산맥·지중해와 접해 있다. 광활한 평원과 분지로 평탄한 평야에서 농업이 발달했다. 프랑스에서 음식 문화가 발달한 것도 농업과 다양한 기후 덕분이다. 또한 평야가 많아 고속철도 TGV(테제베)가 거미줄처럼 유럽 전역으로 뻗어 있다.

## 기후
넓은 지역이라 기후가 다양한 편이다. 북서부 지역은 서안해양성 기후로 여름은 서늘하고 겨울에 따뜻하지만 영국처럼 비가 자주 온다(우산 필수). 동부 지역(로렌, 알프스 산맥) 등 내륙 지방은 대륙성 기후로 여름은 고온건조, 겨울은 춥고 눈이 내린다. 그러나 남부 지역(니스, 칸 등 코트다쥐르 지방)은 지중해 영향으로 연중 온난해 피한지로 많은 사람들의 사랑을 받는다. 여행의 적기는 5~6월, 9~10월이다.

## 유의사항

치안은 비교적 좋다. 그러나 소매치기는 이탈리아 못지않게 유명하니 관광지에서는 조심해야 한다. 특히 파리 시내 메트로에서 소매치기가 자주 발생한다. 이른 아침이나 늦은 야간에 메트로 이용 시 가급적 승객이 많이 있는 전동 칸으로 이동하고, 주간에는 출입구 쪽에 서 있지 말고 가급적 빈 좌석(창 쪽)에 앉는다.

## 전화

**프랑스에서 시내, 시외로 전화할 때 (공통)**
지역번호(0 포함) + 상대방 전화번호
파리 01-47-37-01-01 → 01 + 47 + 37 + 01 + 01

**프랑스에서 한국으로 전화할 때**
국제식별번호(00) + 국가번호(82) + 0을 뺀
지역번호 + 상대방 전화번호
서울 02-3456-5678 → 00 + 82 + 2 + 3456 + 5678

## 음식

프랑스는 세계 제일의 음식 문화로 인정받는 만큼 음식의 질이나 다양성 면에서 으뜸이다. 유명한 음식으로는 푸아그라(Foie gras, 거위 간 요리), 에스카르고(Escargot, 달팽이 요리), 코코뱅(Coq au vin, 닭 요리) 등 수없이 많다. 다양한 크레이프(Crepes, 부침개)도 간식으로 즐겨보자. 프랑스인들이 즐기는 빵은 바게트(Baguette), 크루아상(Croissants)을 비롯해 다양하다. 프랑스를 비롯한 대부분의 유럽 국가에서는 석회질 성분이 많아 수돗물보다 생수를 주로 마신다. 민박집에서 제공하는 식수는 대부분 수돗물이다. 생수는 시내 상점보다 슈퍼마켓이 훨씬 저렴하다. 탄산가스가 들어 있어 톡 쏘는 맛을 내는 탄산수(오 가주스, Eau gaseuse)와 우리 입맛에 맞는 일반 생수(오 미네랄, Eau minerale/Still water)가 있다.

## 공휴일

1월 1일 신년 연휴
4월 21일 부활절 ★
5월 1일 노동절
5월 8일 승전기념일
5월 29일 예수승천일 ★
6월 9일 성령강림일 ★
7월 14일 혁명기념일
8월 15일 성모승천일
11월 1일 만성절
11월 11일 휴전기념일
12월 25일 크리스마스
★는 매년 날짜가 바뀜

## 영업시간

**은행** 월~금요일 09:00~12:00, 14:00~17:30, 토·일요일 휴무
**상점** 월~토요일 09:00~19:00, 일요일 휴무
**우체국** 월~금요일 08:00~19:00, 토요일 08:00~12:00(우표는 담배 가게 Tabac에서 판매), 일요일 휴무

## 전화번호

**프랑스 국가번호** 33
**지역번호**
파리 01 니스 04

## 숙소

여름에 파리나 니스 같은 곳에는 엄청난 관광객이 몰려 숙소 구하기가 쉽지 않으므로 미리 예약해야 한다. 현지인들의 본격 휴가철인 8월은 파리 호텔비가 저렴한 편이다. 최근에 파리를 비롯한 대부분의 도시에서 숙박시설을 이용한 모든 여행객들에게 관광세(city tax: 지역, 호텔 등급에 따라 1인 1박 기준 €0.3~2)를 적용한다.

**파리 아파트 정보**
@ www.studiosparis.net

TGV

## 철도

프랑스는 주요 도시와 주변 국가들의 철도망이 잘 연결되어 있고 차창 밖으로 펼쳐지는 전원 풍경도 매우 아름다워 기차여행의 즐거움을 한껏 누릴 수 있다. 프랑스의 철도는 SNCF(프랑스 국영철도)에서 프랑스 전역의 철도를 운영하고 있으며, 장거리 노선인 그랑 리뉴(Grands Linges)는 정규 Corail Train과 TGV Trains(초고속열차, 시속 300km)가 있다. 또한 지방 노선인 리뉴 레지오날(Linges Regionals)은 Ter Trains(급행열차, 파리에서는 트랜지엥 Transilien이라 부름)이 있다. 최근에는 야간열차 구간이 TGV 열차로 바뀌어 프랑스 전 지역을 편안하고 신속하게 이동할 수 있다. 2012년부터 저가 고속열차 위고(OUIGO)가 파리에서 프랑스 남부 지역을 저렴한 비용으로 고속 운행하고 있다.

### 프랑스 국영철도 SNCF
@ www.transilien.com
@ www.sncf-connect.com

- **부티크 SNCF**
역까지 가지 않아도 시내에 있는 SNCF의 직영 대리점인 Boutique SNCF에 가면 승차권을 구입하거나 예약할 수 있다. 각종 철도 정보와 요금 정보도 확인할 수 있어 편리하다. 호텔에서 마지막 목적지로 수하물을 보내고 싶으면 SNCF 수하물 서비스를 이용한다.

### 역에서 알아야 할 용어
역 Gare(가흐)
플랫폼 Quai(께)
출발 Départ(데파)
도착 Arrivée(아리비)
출구 Sortie(쏘르티)
입구 Entree(앙트레)
승차권 Billet(비엣)
매표소 Billet Ventes Guichet (비엣 본트 기세)
편도 Aller simple(알레 쌩쁠)
왕복 Aller Retour(알레 르투르)
수하물 보관 Consigne(꽁씨뉴)

### 열차 예약 국가
인기 있는 국가 철도는 수많은 여행자들이 찾기 때문에 예약 필수.
- 열차 예약이 많은 나라 : 프랑스, 이탈리아, 스페인
- 일부 열차 예약이 필요한 나라 : 스위스

## 티켓 예약 및 구입

파리는 기차역이 7곳으로 분산되어 있어 행선지에 따라 출발역이 다르니 해당 역에 가서 예약을 하거나 구간 티켓을 끊어야 한다. 성수기에 예약하려면 30분~1시간 이상 줄을 서야 하므로, 파리(다른 인기 도시 포함)에 도착하면 우선 다음 행선지부터 예약한다(1~7일 전). 파리 근교 지역을 갈 때 플렉시패스나 셀렉트패스인 경우는 하루 사용 날짜로 간주하니 요금이 비교적 저렴한 구간 티켓을 끊는 것이 낫다. 물론 사용 일수가 여유 있을 때에는 패스를 활용해도 좋다.

## 열차 종류별 예약 포인트

- 유럽에서 가장 인기 있는 노선인 파리-밀라노의 TGV 2등석은 €62, 1등석은 €89이다.
- 프랑스 **고속열차(TGV) 예약은 필수**다. **야간열차(EN)도 예약이 필수**지만 선택하는 침실 숙박 유형에 따라 예약비가 달라진다. 우등열차(EC/IC)는 열차에 따라 예약 유무가 다르지만 지역열차는 예약이 필요 없다. 단 우등열차가 지역열차보다 빠르고 정차역도 적다.
- ICE열차는 예약 필수는 아니지만 성수기(주말)에는 예약을 권장한다. 일부 구간은 예약 필수다. 특히 파리 → 프랑크푸르트 구간의 ICE국제열차는 예약 필수다(2등석 예약비 €13, 1등석 예약비 €30, 식사 포함).
- 테제베(TGV), 탈리스(Thalys), 이체(ICE)열차는 연중 유레일패스 소지자에게 할당되는 좌석이 한정되어 있다. 만약 할당 좌석이 남아 있지 않으면 정상 요금 티켓을 구입해야 한다. 성수기에는 해당 홈페이지나 여행사를 통해 3개월 전에 미리 예약해두는 게

좋다. 만약 패스 소지자를 위한 열차 좌석 배정이 끝났을 경우 대체 노선(독일 열차나 스위스 열차 홈페이지 참조)을 찾아 우등(지역)열차편으로 이동해도 된다.

(예) 파리 → 프랑크푸르트 ICE열차(3시간 52분 소요)를 놓칠 경우의 대체 노선
① 파리 동역 → Chalons en Champagne : RE 1시간 32분 소요
② Chalons en Champagne → Metz Ville : RE 1시간 33분 소요
③ Metz Ville → Saarbrücken Hbf : RE 1시간 10분 소요 또는 Metz Ville → Strasbourg Ville : IC 1시간 17분 소요
④ Saarbrücken Hbf → Frankfurt(Main) Hbf : ICE 2시간 소요 또는 Strasbourg Ville → Frankfurt(Main) Hbf : TGV 2시간 소요

### 위고(OUIGO) 저가 고속열차

최근 운행을 시작한 위고 열차는 프랑스 남부 지방(엑상프로방스, 아비뇽, 님, 리옹, 마르세유 등)을 매우 저렴한 요금(€10~, 아비뇽 €25)에 고속으로 갈 수 있는 인기 열차이다. 인터넷으로만 예약이 가능하고 1인당 1개 짐만 허용. 짐 추가 시 €5 부과. 타는 곳은 Marne la Valee역(RER A선 종점).
@ www.ouigo.com/fr

### 열차의 종류와 예약 유무

| 열차명 | 주요 노선 | 예약 유무(예약 시) | 유레일 시간표 표기 |
|---|---|---|---|
| TGV | 국내외 주요 도시를 운행하는 고속열차 | 예약 필수(국내 1·2등석 €10~20) | TGV |
| TGV Lyria | 파리와 제네바, 취리히를 연결하는 고속열차 | 예약 필수 (2등석 €25, 1등석 €52) | TGV |
| Thalys | 파리와 암스테르담, 브뤼셀, 쾰른을 연결하는 고속열차 | 예약 필수 (암스테르담 1등석 €35, 2등석 €25 / 브뤼셀 1등석 €30, 2등석 €20) | THA |
| ICE | 파리와 프랑크푸르트, 뮌헨을 연결하는 고속열차 | ICE 열차는 예약 불필요지만 파리-프랑크푸르트(뮌헨) 노선은 예약 필수(1등석 €30, 2등석 €13) | ICE |
| Renfe-SNCF | 파리와 바르셀로나를 연결하는 고속열차 | 예약 필수(파리-바르셀로나 1등석 €48, 2등석 €34) | TGV |
| InterCités de Nuit | 파리와 프랑스 동부, 서부, 남부, 스페인 국경을 연결하는 야간열차 | 예약 필수 (조절식 좌석 €19, 쿠셋 €25) | NZ |
| IC (InterCité) | 프랑스 주요 도시와 소도시 운행 (열차에 따라 예약 필수 또는 권장) | 예약 필수(1·2등석 €10, 좌석이 만석일 경우 예약 수수료 €20) | IC |
| OUIGO | 프랑스 남부를 주로 운행하는 고속열차 | 인터넷 예약 필수 | OUIGO |
| Ter | 프랑스 소도시와 도시를 연결 | 예약 불필요 | RE |

※ 예약비는 2등석 기준이고 현지 사정에 따라 별도 요금이 발생할 수 있어 달라질 수 있다.
※ TGV 국내선 경우 좌석 예약비가 €10인데, 한정된 €10 좌석의 예약이 완료되면 예약비가 €20인 좌석을 예약해야 한다.
※ 파리/코펜하겐에서 출발하는 City Night Line은 2014년부터 모두 중단되었다.
※ TGV는 좌석 예약이 완료되면 정상 요금으로 티켓을 구입해야 한다.

# Paris
## 파리

예술과 낭만의 도시로 유명한 파리는 세계 젊은이들이 가장 가고 싶어하는 도시 1위의 자리를 늘 지키고 있다. 프랑스의 수도이자 전체 인구의 6분의 1인 1,000만 명이 살고 있는 정치·경제·사회·교통의 중심지이며 또한 세계 문화의 중심지이기도 하다.
파리는 그 자체가 하나의 박물관이다. 괴테의 표현처럼 거리 모퉁이 하나를 돌고 다리 하나를 건널 때마다 그곳의 역사가 전개된다. 또한 1860~1914년에 걸친 도시 계획에 의해 7~8층 이하의 건물만 짓도록 하여 도시 미관도 세계 최고 수준을 자랑한다. 동서 12km, 남북 9km로 다른 나라의 수도에 비하면 면적이 매우 좁은 편이지만 옛 성벽이었던 환상도로에 둘러싸여 낭만과 운치가 깃들어 있다. 파리는 메트로와 도보로 충분히 여행이 가능하지만 방사형 구조의 거리 때문에 길을 잃기 쉬우니 각 지역의 대표 건축물을 잘 기억해두자.

# 파리 가는 법

### 주요 도시와의 이동 시간
- 인천 → 파리 비행기 12시간
- 런던 → 파리 비행기 1시간
  유로스타 2시간 30분
- 뮌헨 → 파리 야간열차 11시간
- 취리히 → 파리 TGV열차 4시간
- 니스 → 파리 TGV열차 5시간 30분
- 로마 → 파리 야간열차 13시간
- 빈 → 파리 야간열차 13시간
- 바르셀로나 → 파리 야간열차 13시간

### ◆ 비행기로 가기 ◆

우리나라에서 파리의 샤를 드골 공항으로 직항하는 항공편에는 대한항공(KE), 아시아나항공(OZ)과 에어프랑스(AF)가 있는데 1~2회 경유하는 다른 항공사에 비해 항공료가 다소 비싼 편이다. 유럽에서 파리로 이동할 경우는 저가 항공사인 이지젯이나 라이언에어를 이용하면 훨씬 저렴하게 갈 수 있다.

### 샤를 드골 공항
**Aéroport Charles de Gaulle (CDG)**

시내에서 북동쪽으로 23km 정도 떨어져 있는 샤를 드골 공항은 3개의 터미널이 있다. 제1터미널은 아시아나항공, 네덜란드항공, 루프트한자, 말레이시아항공, 타이항공, 싱가포르항공 등이 이용하고, 제2터미널은 프랑스 자국 항공사와 대한항공, 영국항공, 오스트리아항공, 캐세이퍼시픽, 일본항공 등이 이용한다. 제3터미널은 국내선과 런던 등 근거리를 운행하는 저가 항공사들이 이용한다. 터미널의 항공사는 늘 변동이 있으므로 출발 전에 반드시 확인해야 한다. 제1터미널과 제2터미널, RER(국철) 타는 곳 사이는 거리가 꽤 있어 무료 셔틀 트레인(CDGVAL)이 운행된다.

🌐 www.adp.fr
🌐 교통 정보 www.parisaeroport.fr

### 샤를 드골 공항에서 시내로 이동하기

시내로 가는 교통편은 루아시버스, RER, 택시 등 다양하다.

- **짐이 많고 숙소가 오페라 극장 근처일 경우**
  → 루아시 버스 이용
- **짐이 적고 숙소가 파리 북역(또는 동역) 근처일 경우**
  → RER B(국철) 이용
- **짐이 많거나, 일행이 3인 이상(1/n부담), 또는 야간 도착일 경우** → 택시로 이동
  - RER B승차권은 공항역에서, 루아시버스 티켓은 운전사(또는 티켓 자동발매기)에게 구입한다.
  - 출국할 때는 공항에 정시 도착하는 RER B(40~50분 소요)를 이용한다.
  - 최근 택시 요금이 정찰제(세느강 上(우안) €55/下(좌안) €62 : 40~50분 소요)라 부담 없다.

### 국철 RER B선

**노선** 공항-파리 북역(Gare de Nord)-샤틀레 레 알역(Châtelet-Les-Halles)-생 미셸역(Saint Michel)-당페르 로슈로역(Denfert Rochereau)
- 드골 공항 1역(1·3터미널), 드골 공항 2역(2터미널) (공항 제1터미널에서 역까지 무료 셔틀버스 이용)
- www.sncf-connect.com
- 04:53~24:15(10~15분 간격), 파리 북역까지 약 25분 소요 ※ RER B선은 2025년까지 현대화 공사로 일부 구간 (저녁 시간, 주말) 폐쇄 ⊙ €13

### 루아시버스 Roissy Bus(RATP)

**노선** 오페라 극장 방면(Corner of rue Scribe and rue Auber)
- 승차장 1터미널, 3터미널, 2터미널 A·C/D/E·F 승차장
- 05:15~24:30(15~20분 간격) / 75분 소요
- €13, 나비고 패스(1~5존) 사용 가능

---

> **tip** 샤를 드골 공항 터미널에서 RER 타기

**공항 제1터미널(T1)에 도착하면**
제1터미널은 공항역이 없으므로 제3터미널로 이동한다. CDGVAL(Airport Shuttle) 표지판을 따라가다 Airport Shuttle Train via Lift 표지판이 보이면 지하 1층으로 내려간다. 플랫폼에서 셔틀트레인(CDGVAL)을 타고 제3터미널에서 내린다.

RER(paris par train) 표지판을 따라 가면 공항역이 나온다.

**공항 제2터미널(T2)에 도착하면**
RER B/Trains 표지판을 따라 10분 정도 걸어가면 제2터미널(지하 1층)이 나온다.

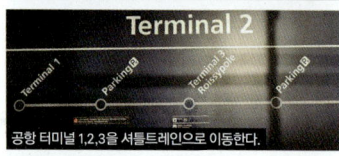
공항 터미널 1,2,3을 셔틀트레인으로 이동한다.

**셔틀트레인 운행(T1/T3/T2로 이동 시 CDGVAL 타고 해당 터미널로 간다)**
제1터미널(공항역 없음) → 제3터미널(공항1역: 공항 호텔 있음) → 제2터미널(공항2역)

**티켓 선택하기**
1회권이나 카르네는 사용할 수 없으니, 구간권(공항→파리 시내 €13)을 구입한다. 프랑스 패스 소지자는 창구에 패스 (유레일패스는 불가)를 제시하면 공항→파리 북역 무료 티켓을 준다. 만약 파리에 3일 이상 머물면서 공항을 왕복하고 파리 근교를 다녀올 예정이라면 파리 비지트를 구입하는 편이 경제적이다.

시내로 이동할 경우 RER 개찰구로 들어간다.

**개찰구를 혼동하지 말 것**
개찰구가 Grandes Lignes(장거리 노선)와 RER B(지하철) 두 곳이 있다. 파리 시내로 갈 경우 RER B 개찰구를 통과해 계단 아래로 내려가면 플랫폼이 나온다.

RER 개찰구로 들어가 계단을 따라 내려가면 공항역 RER B 플랫폼이 나온다. 이곳에서 RER B선을 타고 파리 북역으로 간다.

**공항 호텔 이용하기**
파리가 초행이거나 늦게 도착 시 공항에 숙소를 정해도 좋다. 숙소 찾기도 쉽고, 짐 없이 시내를 관광할 수 있어 편하다. 제1터미널 또는 제2터미널에서 셔틀트레인(CDGVAL)을 타고 제3터미널에 도착해 1층 출구로 나가면 Ibis Hotel과 Mercure Hotel이 있다.

## 오를리 공항 Aéroport Orly

파리 시내에서 남쪽으로 14km 정도 떨어져 있다. 주로 국내선(저가 항공)이 운행되며, 일부 국제선(유럽과 미주 노선)도 운행되고 있다. 4개(T1~4)의 터미널 사이는 무료 셔틀버스가 운행되고 있다.

@ www.adp.fr

### 오를리 공항에서 시내로 이동하기

시내로 가는 교통편은 오를리버스, 일반버스, RER 등이 있다. 최근 메트로 14호선이 연장 운행하면서 환승 없이 시내까지 갈 수 있는 **메트로 14호선으로 이동하는 게 제일 편하다.**

### 짐이 많을 경우
- 공항에서 메트로 14호선을 타고 시내(리용역, 샤틀레 레알역 방향)로 간다.
- 공항에서 택시로 이동한다. 요금은 세느강 북쪽 €41, 남쪽 €35이다.

### 짐이 가벼울 경우
- 공항에서 오를리버스를 타고 당페르 로슈로역에서 환승(RER B선, 메트로 4,6호선)해 목적지로 간다.
- 공항에서 오를리발(Orlyval)을 타고 안토니역에서 환승(RER B선)해서 목적지로 향한다.
- 공항에서 183번 버스를 타고 Pont de Rungis-Orly Aéroport역(RERC선)에서 환승해 목적지로 간다.

@ RER www.sncf.com

### 오를리버스 Orlybus

공항(T1~4)밖 정류장(Gare Routiere)에서 오를리버스를 타고 당페르 로슈로(Place Denfert Rochereau) 정류장에 내린다. 당페르 로슈로역에서 RER B선, 메트로 4·6호선으로 환승해 목적지로 간다.

- 오를리버스 www.ratp.fr
- 05:35~00:30(10~15분 간격), 30분 소요
- €13, 나비고 패스(1~4존) 사용 가능

---

**tip  RER B·C선을 타고 공항(샤를 드골/오를리) 갈 때**

파리 북역에서 공항(샤를 드골/오를리)으로 갈 때, 성수기 출퇴근 시간대에는 전동차가 만원이라 혼잡하고 열차 타기도 힘들다. 이럴 경우는 비교적 덜 붐비고 찾기 쉬운 샤틀레 레알(Châtelet-Les Halles)역이나 생 미셸(Saint Michel)역에서 갈아탄다. 샤를 드골 공항으로 갈 때는 RER B선을 탄다.
오를리 공항으로 갈 때는 기존에 이용하던 RER C, RER B선 보다는 최근 연장노선이 개통된 지하철 14호선을 이용하는 게 가장 편하다. 도심(샤틀레 레알역, 리용역, 생 라자르역)에서 이동하면 환승 없이 바로 오를리 공항까지 갈 수 있다.

**tip  샤를 드골 공항에서 세금 환급받기 Tax Refund**

프랑스(또는 다른 유럽 국가)에서 면세 품목을 구입해서 파리 샤를 드골 공항에서 최종 출국할 때는 출국 3시간 전 공항에 도착해 먼저 세금 환급처(Customs Tax Refund, Douanes Detaxe)로 간다. 항공권, 여권, Tax Refund 서류와 구입 물품을 보여주면 면세 도장(Tax Free Stamp)을 찍어준다. 환급처에서 준 영수증 2장 중 1장(분홍색)은 근처 우체통(Drop off Box)에 넣고 남은 한 장(녹색)은 보관한다. 이 영수증을 공항 내 환전소(은행)에 제출하면 유로화로 돌려준다. 또는 귀국 후 국내 은행에 제출해도 원화로 돌려준다.

**tip  공항 수하물 보관소**

당일 공항에서 머무는 시간이 길어져 시내 이동 시, 공항 수하물 보관소(Consigne a bagages Left Luggage)에 짐을 보관한다.

- 2터미널 내. 표지판(터미널 2A, 2C, 2E, Consigne a bagages Left Luggage)을 따라간다.
- 보관료 3시간 미만 €3~8, 3~6시간 €5~12, 6~12시간 €7~20, 12~24시간 €10~34. 캐리어 종류, 크기, 무게에 따라 요금차가 있다.

### RER B

공항역(T1.2.3. 출국층 Niveau Depart. 14번 출구/T4 RATP 카운터)에서 전동차인 오를리발(Orlyval, 6~8분 소요)을 타고, Antony RER B역에서 환승해 목적지로 간다.

- www.parisaeroport.fr/en
- 06:00~23:35(4~7분 간격), 안토니역 → 당페르 로슈로 역(17분), 샤틀레 레알역(25분), 북역(23분)
- RER B(RER+Orlyval) €13, 나비고 패스(1~3존, 안토니 역까지 사용 가능, 오를리발은 사용 못함)

### RER C + 버스 183번

오를리 공항(T4-47d출구)에서 183번 버스를 타고 RER C역(Pont de Rungis-Orly Aéroport 10분 소요)에서 환승(에펠 탑, 오르세 미술관, 생 미셸 방향)해 간다.

- 06:00~23:00(4~7분 간격), 50분 소요
- €4.5(공항 → Pont de Rungis €2.5+버스€2), 나비고 패스(1~4존) 사용 가능

### 지하철 14호선 연장 운행

2024년 파리 올림픽을 계기로 메트로 14호선 연장 노선이 개통되어 오를리 공항(南)에서 생 드니 플레옐(Saint-Denis Pleyel-北)역까지 확대 운행한다. 공항에서 도심까지 환승 없이 신속히 이동할 수 있다.

- www.parisaeroport.fr/en
- 06:00~23:00(4~7분 간격), 40분 소요, 리용역(23분), 샤틀레 레알역(25분)
- €13

### 보베 공항 Aéroport de Beauvais

라이언에어와 위즈에어 등 저가 항공사가 취항하며, 로마와 동구권 도시를 연결하는 비행편들이 이용한다. 라이언에어는 제2터미널, 위즈에어는 제1터미널을 이용한다.

- www.aeroportparisbeauvais.com

## 보베 공항에서 시내로 이동하기

### 셔틀버스

보베 공항 승차장은 제1터미널 옆에 위치. 파리 시내 승차장은 Porte Maillot역(RER C선/메트로 1호선)에서 나와 특이하게 설계된 커다란 건물(Le Palais des Congres) 뒤쪽으로 가면 나온다.

**노선** 보베 공항~포르트 마이요(Porte Maillot)
- 공항에서는 비행기 도착 20분 후에 파리 시내로 출발. 파리 시내에서는 비행기 출발 3시간 15분 전에 출발 약 1시간 15분 소요
- €17.5(매표소는 공항 터미널 1 건물의 입구 왼쪽에 위치), 온라인 €16.9

### ◆ 기차로 가기 ◆

파리는 7개의 기차역이 있고, 역에 따라 연결되는 국가와 노선이 다르니 주의한다. 내가 이용하는 기차가 어느 역을 이용하는지 유레일 타임테이블이나 철도 여행 안내소에서 미리 확인해야 한다. 파리의 기차역은 북역, 동역, 오스테를리츠역, 리옹역, 생 라자르역, 몽파르나스역, 베르시역이 있는데, 특히 북역은 런던의 세인트 팽크러스역과 연결되는 유로스타가 운행되고 있어 가장 붐빈다.

생 라자르역 앞의 멋진 시계탑. 세계적인 미술가 아르망 페르난데스의 〈모두를 위한 시간〉(1985년)으로 시계들이 저마다 다른 시간을 가리키지만 어느 것도 틀린 것은 아니라는 의미

### 유로스타 Eurostar

런던의 세인트 팽크러스역(St. Pancras)과 파리 북역을 연결하는 기차로 2시간 35분이 걸린다. 유로스타를 탈 때는 짐 검사와 출국 심사를 받아야 하므로 출발 1시간 전에는 역에 도착하여 수속을 밟는 것이 좋다. 출국 심사대에서 약간의 인터뷰를 마친 후 보안 검색대를 통과하면 면세점이 나오고 게이트가 보인다. 파리에서 런던행 유로스타를 탈 때는 시내에서 메트로를 타고 북역에 도착한 후 'Trains Grandes Lignes(또는 Mainline Trains)' 표지판을 따라간다. 기차역 플랫폼이 나오면 'Eurostar' 표지판이 보이

는 계단으로 올라간다. 그리고 'Enregistrement'라고 적힌 출입문으로 들어가면 출국 심사대가 나온다. 여권을 보여주면 보안 요원이 도장을 찍어준다.

### ◆ 버스로 가기 ◆

런던, 프랑크푸르트, 암스테르담, 로마 등의 주요 도시에서 파리까지 저렴하게 가고 싶을 때 장거리 버스인 플릭스버스를 이용한다. 단, 성수기에는 30일 전에 미리 예약해야 하며, 기차보다 느리고 불편하다.

## 플릭스버스 Flixbus

**노선** 런던(Victoria Coach Station) – 파리(Galliéni Coach Station 갈리에니 코치 스타시옹)
📞 월~금요일 09:30~18:30(1일 5~6편), 토요일 10:00~13:00, 14:00~18:00(1일 6편) / 8시간 소요
🌐 https://global.flixbus.com

플릭스버스

## 각 기차역의 연결 국가와 도시

| 기차역 | 연결 노선의 국가 및 도시 | 메트로 환승 |
|---|---|---|
| **북역 Gare du Nord** (파리에서 가장 규모가 크고 여행객이 많이 이용하는 역, 소매치기 조심) | 런던(유로스타), 프랑스 북부(릴, 칼레), 독일 북부(하노버, 베를린), 벨기에(브뤼셀), 네덜란드(암스테르담), 북부 유럽 **파리 근교**(오베르 쉬르 우아즈) **샤를 드골 공항**(RER B선) | 메트로 4·5호선, RER B·D·E선과 연결 |
| **동역 Gare de l'Est** (북역과 1정거장 거리) | 프랑스 동부, 룩셈부르크, 스위스(취리히), 독일 남부(뮌헨), 동유럽 | 메트로 4·5·7호선과 연결 |
| **오스테를리츠역 Gare d'Austerlitz** (동쪽 센강 바로 아래에 위치. 리옹역에서 1정거장) | 프랑스 남서부(베르사유, 툴루즈, 보르도), 스페인, 포르투갈 **오를리 공항**(RER C선) | 메트로 5·10호선, RER C선과 연결 |
| **리옹역 Gare de Lyon** (동쪽 센강 바로 위에 위치) | 프랑스 남동부(아를, 님, 아비뇽, 니스), 스위스, 이탈리아 북부 **파리 근교**(퐁텐블로) | 메트로 1·14호선, RER A·D선과 연결 |
| **생 라자르역 Gare St-Lazare** (시내 오페라 부근에 위치) | 프랑스 북서부(노르망디), 영국에서 오는 배편 연결하는 열차 발착지 **파리 근교**(지베르니) | 메트로 3·12·13·14호선과 연결 |
| **몽파르나스역 Gare Montparnasse** (몽파르나스 타워 근처에 위치) | 프랑스 서부의 브르타뉴 지방 (**몽생미셸, 루아르**)과 아키텐 지방(TGV) | 메트로 4·6·12·13호선과 연결 |
| **베르시역 Gare de Bercy** (리옹역에서 1정거장 거리의 작은 역) | 국내선 북동부 근교 지방(상스 등), 이탈리아 야간열차 | 메트로 6·14호선과 연결 |

TRANSPORT

# 파리의 시내 교통

파리는 시내를 중심으로 Zone 1에서 Zone 5로 구분된다. 파리의 대중교통은 시내 중심가인 Zone 1~2, 라데팡스가 있는 Zone 3, 오를리 공항, 베르사유가 있는 Zone 4, 샤를 드골 공항과 디즈니랜드가 있는 Zone 5로 구분된다. 예전에는 존에 따라 요금이 달랐는데, **2025년 1월부터 단일 요금 체제로 변경해서 구간에 관계없이 동일 요금이 적용된다.** 승차권은 지하철 창구, RER역 매표소, 자동발매기에서 구입할 수 있다. 시내 관광지는 Zone 1~2에 몰려있다.

◎ 교통(요금) 정보 www.vianavigo.com
https://www.iledefrance-mobilites.fr/

### ◆ 승차권 ◆

수년 동안 종이 승차권과 나비고 이지패스(Navigo Easy Pass, 구매 요금 €2: 충전식 교통카드)를 병행하여 사용해 왔으나, 2025년 1월 1일부터 종이 승차권(Ticket T+)은 폐지되고, 나비고 이지패스만 사용한다. 지하철(공항) 내 서비스센터(또는 역 창구)에서 카드를 구입한 후 용도에 따라 메트로역, 기차역 창구, 자동발매기에서 재충전해 사용한다. 지하철 입구나 버스(트램) 내에 각각 나비고 전용 개찰기(구)가 설치되어 있다.

### 변경된 교통 요금 체계 특징

- 종이 티켓(TICKET + 1회권, 카르네 10매)이 폐지
- 나비고 유스 주말권(청년들의 주말 할인 티켓) 폐지
- 단일 요금 체계로 시스템을 단순화
  일 드 프랑스 지역의 대중교통 요금이 변경되었다.

지하철과 RER을 이용할 때, 모든 구역을 이용할 수 있는 단일 요금 티켓이 도입되어 존 구분이 사라진다. 전 노선 가격이 €2.5 단일 요금으로 변경해 시스템을 단순화시키고 교통수단을 더 쉽게 이용할 수 있도록 했다. 1회권 요금(€2.5)으로 베르사유, 퐁텐블로도 갈 수 있어 예전보다 저렴하게 이용할 수 있다.

- **공항에서 시내 이동 시 1회권 요금이 €13로 통일**
  드골 공항, 오를리 공항에서 시내로 이동 시 교통수단(RER, 공항버스)에 관계없이 요금 €13이다.

### 충전식 교통카드 사용법

1. 나비고 이지 소지자 또는 미소지자 화면이 뜨면 해당 사항을 누른다.
2. 미소지 시 구매 화면이 뜨면 사용인 개수(보증금, 1인 €2)를 선택한다.
3. 티켓 종류(Metro-Train Ticket or Airport, Forfait Navigo Jour, Bus-tram ticket, paris-visit pass)를 선택한다.
4. 선택한 티켓(예시: Metro-Train Ticket, 1개) 개수를 선택한다.
5. 충전 금액(€2.5)을 누른다.
6. 카드 주입구에 해당 금액(카드)을 넣고 비밀번호를 누른다.
7. 결제 완료 후 카드를 빼면 아래 주입구에서 나비고 이지카드가 나온다.

※ 나비고 이지카드를 1개 2인이 동시에 사용할 수 없으므로, 1인당 카드 1개씩 사용한다. 한 장 카드에 여러 종류 교통권을 충전하면 상황에 맞게 교통권이 자동으로 사용된다.

## 충전식 교통카드

### 파스 나비고 이지 Passes Navigo Easy

종이 티켓 대신 교통카드에 충전해 사용하는 교통카드. 거주자, 비거주자(관광객, 단기 방문자 등) 모두 구입이 가능하며, 비접촉식 카드를 구입(€2, 환불 불가)하여 카드에 승차권을 충전해 사용하는 전자 교통카드이다. 무기명식 카드이므로 사진 부착과 이름 표기가 불필요하며, 양도가 가능하나 다인승 승차는 불가능하다. 즉, 카드 1개를 구입해 2인이 동시에 사용할 수 없다. 한 장 카드에 여러 종류 교통권을 충전하면 상황에 맞게 교통권이 자동으로 사용된다.

#### Ticket Métro-Train-RER
메트로, RER, 기차를 1회만 사용할 수 있는 티켓. 대중교통 요금이 단일화되어 목적지에 상관없이 동일 요금이 적용된다. 즉, 베르사유, 디즈니랜드 등도 단일 요금(€2.5)이라 예전보다 저렴하게 이용할 수 있다. 90분간 지하철, 기차, RER, 버스, 트램 모두 탑승(환승) 가능하다. 예전에는 지하철(RER)과 버스(트램)간 환승이 불가했다.
● €2.5

#### Ticket Bus-Tram
버스, 트램을 1회만 사용할 수 있는 티켓. 버스와 트램 간 탑승(환승)은 가능하지만, 메트로, RER은 환승이 안 된다.
● €2.0

#### 공항티켓 Paris Region ↔ Airports Ticket
공항을 경유하는 모든 노선에 단일 요금이 적용되는 1회권 티켓. RER, 메트로, 루아시 버스 탑승 및 환승이 가능하다.
● 메트로 14호선(오를리 공항 경유) €13, RER B선(드골 공항) €13, 오를리버스(오를리 공항) €13, 루아시버스(드골 공항) €13

#### 1일권 Navigo Day Ticket (Forfait Navigo Jour)
파리 시내의 메트로, 버스, RER 등 모든 교통수단을 승차 횟수에 관계없이 온종일 사용할 수 있는 1일권 티켓. 구입 당일 24시간(0시부터 24시까지) 유효.
● €12(모든 구간 가능, **공항 제외**)

#### 파리 비지트 Paris Visite Ticket
지하철, RER, 트램, 기차, 드골 공항, 오를리 공항, 일 드 프랑스(디즈니랜드, 베르사유, 퐁텐블로 등)등 구간에 관계없이 무제한으로 이용할 수 있다.
● 모든 구간(1~5존) 1일권 €29.90, 2일권 €44.45, 3일권 €62.30, 5일권 €76.25

## 파스 나바고 데쿠베르트
**Passe Navigo Découverte**

통상 나비고 패스라 부르는 충전식 카드로 정식 명칭은 파스 나비고 데쿠베르트이다. 메트로, RER, 버스, 트램, 열차를 무제한 이용할 수 있다. 일일권, 주간권, 월간권, 연간권 4종류가 있다. 나비고 이지패스와는 달리 구매 시 신분증, 증명 사진 1매가 필요하다. 타인에게 양도 불가.
충전금액 외에 카드 구입비(€5, 환불 불가)가 추가된다. 구매 시기에 관계없이 1주일권은 월요일(0시)부터 일요일(24시)까지, 1달권은 1일부터 31일까지 사용 가능하니 유의한다. 만약 1주일권을 수요일에 구입하면 월, 화요일은 사용하지 못해 이틀 치를 손해 보게 된다.

#### 1일권 Navigo Day Ticket (Forfait Navigo Jour)
● €12(모든 구간 가능, 공항 제외)

#### 1주일권 Navigo Weekly Ticket (Forfait Navigo Semaine)
파리 전역을 1주일 동안 무제한으로 이용할 수 있는 충전 카드. 월요일(0시)부터 일요일(24:00)까지만 사용할 수 있다.
● 1~5존 €31.60

#### 한달권 Navigo Monthly Ticket (Forfait Navigo Mois)
파리 전역을 한 달 동안(1일부터 31일까지) 무제한으로 이용할 수 있는 충전 카드. ● 1~5존 €88.8

### 내게 맞는 티켓은 무엇일까?

| 티켓 종류 | 특징 |
| --- | --- |
| 나비고 이지 1일권<br>Navigo Day Ticket | 하루에 메트로를 자주 타는 경우 (5회 이상 사용 시). 4번 이하면 1회권(€2.5 또는 €2)을 사용한다. |
| 파리 비지트<br>Paris Visite Ticket | 3일 이상 머물면서 파리 시내, 근교와 공항 버스(메트로)를 이용하는 경우 |
| 나비고 데쿠베르크<br>Navigo Weekly Ticket | 1주일 동안 머물면서 파리 시내, 근교, 공항 등을 다닐 경우. 단, 여행 기간이 월요일부터 일요일까지 머물 경우 유용하다. |
| 공항 티켓<br>Airports Ticket | 공항(드골 공항, 오를리 공항)에서 대중교통으로 시내 이동 시는 무조건 공항 티켓을 구입한다. 1회권 요금이 €13로 균일하다. RER, 오를리버스, 루아시버스, 메트로 14호선. |

PARIS

메트로(지하철)역 입구

### ◆ 메트로 Metro ◆

유럽의 메트로역 표시는 'M'으로 통일되어 있어 찾기 쉽다. 각 노선은 번호, 색깔, 목적지로 구별한다. 16개의 노선 중 1호선(동 → 서 방향)과 4호선(남 → 북 방향)이 주요 명소들을 연결한다.

🕐 05:30~밤 01:15

**승차권 구입** 티켓 창구, 승차권 자동발매기
**들어갈 때** 개찰기에 승차권을 각인하면 유리 차단기가 자동으로 열림
**나갈 때** 유리 차단기(또는 철판 차단기)가 자동 열림, 출구는 Sortie
**환승 시** 환승(Correspondance) 표지판을 따라감. 목적지 노선 번호와 종착역명 확인

**유의사항**
- 나갈 때까지 승차권을 잘 보관한다. 불심 검문 시 승차권 없으면 무임승차로 간주해 상당한 벌금을 부과한다.
- 일부 노선 전동차는 자동문이지만, 대부분 수동식이라 승객이 직접 문고리를 시계 방향으로 돌리거나 버튼을 눌러야 문이 열린다.
- 지하철 이미지 개선을 위한 대대적인 보수 공사로 구간별, 시간대별로 일부 노선을 중단한다.

최근 스크린 도어가 설치된 역이 많아지고 있다.

입구(좌), 출구(우).
나올 때는 손으로 철문(자동 또는 반자동)을 열고 나온다.

Sortie는 출구를 의미

### ◆ 국철 에르에르 RER ◆

고속교외철도 RER는 5개의 노선(A·B·C·D·E)으로 파리 시내와 교외를 연결하며 시내는 지하로, 교외는 지상으로 달린다.

🕐 05:30~밤 01:20

📍 A선 동↔서, B선 북역↔샤를 드골 공항, C선 오를리 공항과 베르사유 궁전.

💶 €2.5. 2025년부터 교통 요금 단일체로 메트로, RER 모두 구간에 관계없이 동일 요금이 적용된다. 예전에는 라데팡스는 추가 요금 구간이었지만, 2025년부터는 단일 요금에 포함된다.

**유의사항** 차내에서 폭행, 강간 사건 등이 종종 발생하니, 이른 아침이나 늦은 밤에는 이용을 삼가야 한다.

RER 열차 표지판

### ◆ 버스 Bus ◆

버스는 노선에 따라 운행 시간(주·야간, 평·휴일)이 다르므로 버스 노선도를 잘 확인한다. 승차 시 버스가 오면 손을 든다. 앞문으로 승차 후, 승차권을 개찰기에 각인한다. 모빌리스나 나비고 카드는 승차 시 운전사에게 보여주면 된다. 하차 시엔 빨간 버튼을 누르고 뒷문으로 내린다. 야간버스(Noctilien, 녹틸리앙)는 버스번호 앞에 'N'이 붙어 있다.

🕐 야간버스 운행시간 24:30~05:30

💶 €2. 야간버스 요금도 동일. 승차권 트램 티켓과 공용, 2025년부터 교통 요금 단일체로 메트로, 버스, 트램 모두 구간에 관계없이 동일 요금이 적용된다.

버스정류장 표지판

---

> **tip 파리에서 유용한 모바일 앱 활용하기**
>
> 파리에서 즉흥적으로 도움 받을 수 있는 가이드 앱이므로, 현장에서 필요 시 활용한다.
> @ 오디오 가이드 AudioGuide Paris https://audioguide-paris.com
> @ 개인 여행일정 설계 Glib www.glib.fr  @ 파리의 역사 TimeStreet https://timestreet.eu
> @ 화장실 찾기 ICI Toilettes www.ici-toilettes.fr  @ 분실물 찾기 Lucky-Lost www.lucky-lost.com
> @ 근접 숍 찾기 ProximityStore www.proximitystore.com
> @ 베스트 이벤트 By The Way https://web-app.newbtw.com

### 파리의 유용한 버스 노선

버스는 아름다운 시내 전경을 즐기며 이동할 수 있어 좋다. 특히 주요 노선버스를 이용하면 편안하게 관광할 수 있다.

| 노선 번호 | 주요 정류장 |
| --- | --- |
| 21번 | 생 라자르역 → 오페라 극장 → 루브르 박물관 → 시테섬(퐁 네프, 생 미셀) → 뤽상부르 공원 |
| 69번 | 오페라 바스티유 → 시청사 → 루브르 박물관 → 센강 → 앵발리드 → 에펠 탑 |
| 72번 | 시청사 → 루브르 박물관 → 콩코르드 광장 → 알마 다리 → 에펠 탑 |
| 73번 | 오르세 미술관 → 콩코르드 광장 → 샹젤리제 거리 → 개선문 → 라 데팡스 |
| 96번 | 몽파르나스역 → 생 제르맹 데 프레 → 클뤼니 → 시청사 |

### ◆ 택시 Taxi ◆

### ◆ 벨리브 Velib ◆

짐이 많거나 야간에 이동하는 경우는 택시를 이용한다. 메트로역 주변이나 대로변 택시 승강장에서 탈 수 있다. 택시 지붕에 붙어 있는 'Taxi Parisien'이라고 쓰인 부분에 불이 켜져 있으면 빈 차이고, 그 아래의 작은 전등 3개(A·B·C) 중 하나가 켜져 있으면 승차 중이다. C〉B〉A 순(A가 가장 저렴)으로 요금이 적용된다. 택시는 조수석에는 앉을 수 없으니 뒷문을 열고 뒷좌석에 앉는다.

기본요금은 €2.6이고, 최소 주행 요금은 €7이다. 5번째 승객부터는 추가 요금 €4가 붙는다. 짐을 트렁크에 실을 때에도 2번째 짐부터는 추가 요금이 붙는다. 분쟁과 분실을 대비하여 하차 시 영수증을 요구하자. 팁은 €1 정도 주면 충분하다. 공항에서 시내까지의 요금은 €55~62.

@ www.taxisg7.fr

환경오염 예방과 시민 건강을 위해 자전거를 대여해주는 공용자전거 서비스. 파리 시내 반경 300m마다 1,800개 벨리브 대여소(자전거 총 2만 대)가 있고 곳곳에 벨리브 표지판이 부착되어 있어 찾기 쉽다. 슈퍼마켓 모노프리(Monoprix) 또는 여행 안내소에서 자전거 전용도로 지도(€3)를 구입할 수 있다.

@ www.velib-metropole.fr/en/
- 30분까지 €1(전기 자전거 45분 €3), 30분 초과 시 €1 (전기 자전거 €2), 30분 초과 시 €2, 24시간 €5, 3일 €20

**대여** 대여소의 무인발권기에 신용카드 번호를 입력하고 카드를 발급받는다. 그리고 대여소에서 발급받은 카드 번호를 입력해 녹색등이 켜지는 동안 기다리다 신호가 오면 자전거를 받을 수 있다. 만약 신용카드가 없다면 미리 메트로 역내 자동발매기에서 벨리브 카드를 발급받는다(보증금 €150 필요). 자전거를 반납하거나 분실하지 않으면 보증금은 결제되지 않는다. 나비고 카드가 있으면 대여소에서 바로 사용할 수 있다.

---

**tip  파리 화장실은 대부분 유료(€1~)**

간이 공중화장실

입장료를 내고 들어간 박물관(미술관, 기타 명소)이나 주문한 카페, 레스토랑 또는 백화점, 슈퍼마켓, 공중화장실(지하철, 공원 내)은 무료로 이용할 수 있다. 무료였던 패스트푸드점(맥도날드 등) 화장실도 최근에는 유료인 곳이 많아, 영수증을 제시하거나 코드번호를 입력해야 사용할 수 있다. 최근 현찰 대신 카드 결제도 된다.

**관광지 주변 도로변의 간이화장실(Superloos)은 무료!**
가운데 큰 버튼(Open)을 누르면 문이 열린다. 큰 버튼 아래 작은 버튼 4개가 있는데, 왼쪽부터 비어 있음(Vacant), 사용 중(Occupied), 세척 중(Wash Cycle), 고장(Out of order) 버튼이다. '비어 있음'에 불이 들어오면 위의 큰 버튼을 누르고 들어간다. 용변을 보고 안쪽 문 옆 버튼을 누르면 열린다.

@ https://opendata.paris.fr

**반납** 벨리브 대여소에 가서 자전거 클립을 풋말(post)에 밀어넣는다. 삐 소리가 2번 연속 나면서 녹색등이 켜지면 자전거가 제대로 잠겼다는 표시다. 제대로 잠겼는지 확인하려면 대여소 무인발권기에서 영수증을 인쇄해본다. 영수증이 인쇄되면 OK. 만약 'You currently have a bike on hire' 메시지가 나오면 미반납이 되어 보증금이 결제되므로 ☎ 01-30-79-79-30으로 전화해야 한다.

### ◆ 투어버스 ◆

투어버스는 유명 명소들을 운행하며 영어와 프랑스어로 가이드를 해주는데, 짧은 시간에 핵심 명소를 파악할 수 있어 좋다.
Hop on-Hop off 방식으로 운영하므로 수시로 승하차할 수 있다. 처음에는 출발지에서 종착지까지 투어버스를 타고 전체적인 흐름을 파악한다. 그 다음부터는 보고 싶은 곳에서 내려 관광을 하다가 다시 투어버스 정류장에서 수시로 오는 투어버스를 타고 다음 관광지로 이동하면 된다.

### 투투버스 toot bus

@ www.tootbus.com
🎫 Paris Discovery 1일권 €45(온라인 €38.25), 2일권 €53(온라인€45.05), 3일권 €58(온라인 €49.3)
**티켓 구입** 로팡투르 버스 내, 여행 안내소, 호텔(티켓은 2일간 유효)에서 판매

개선문 포토 스폿. 도로 중앙선에서도 사진을 찍을 수 있다.

### 빅 버스 Big Bus, Les Cars Rouges

@ www.bigbustours.com
🎫 Discover Ticket 1일권 €47(온라인 €43)
**티켓 구입** 운전사에게 구입.
인터넷 예약 10% 할인(티켓은 2일간 유효)

투어버스

### 유로 자전거 나라

한국인 가이드 투어. 한국에서 예약하거나 현지에서 신청 가능하다. 비수기에는 현지에서 신청하는 게 저렴하다.

@ www.eurobike.kr/
🎫 투어에 따라 다름(시내투어 : 예약금 1만 원 + 현지 지불 €20)

> **tip 소매치기 주의!**
>
> 메트로에서는 소매치기가 자주 일어난다. 가급적 이른 아침이나 늦은 밤에는 타지 말고, 타더라도 사람이 많은 칸으로 이동한다. 주간에는 전동차가 출발하려는 순간 2~3인조가 가방을 낚아채 문을 열고 밖으로 도망치기 때문에 출입구 쪽에 서 있지 말고 가급적 빈 좌석에(창 쪽) 앉는다. 배낭은 앞으로 메고, 귀중품은 복대에 넣어 보관하며, 특히 스마트폰은 보이지 않는 곳에 잘 간수한다.

## tip 각종 실용 정보

### 파리에서 무료로 즐기기

**1 박물관(미술관) 무료 공략하기**

사전 예약 필수인 곳도 있으니 홈페이지 확인 요망.

**무료 입장** 매주 첫 번째 토요일(18:00~21:00 입장 시), 7월 14일, 매월 첫 번째 일요일 ※ 사전 예약 필수

- 매월 첫 번째 일요일
  퐁피두 현대미술관, 중세 박물관, 오랑주리 미술관, 오르세 미술관, 피카소 미술관
- 매월 첫 번째 일요일(10/1~3/31)
  로댕 미술관, 로댕 하우스
- 매월 첫 번째 일요일(11/1~3/31)
  개선문, 콩시에르주리, 팡테옹, 생트 샤펠, 베르사유 궁전
- 매월 첫 번째 금요일 18:00~
  루브르 박물관

**2 시내 조망 즐기기**
- 라파예트 백화점(Galeries Lafayette Haussmann) 테라스
- 사크레쾨르 사원 앞 계단
- 샤요 궁전 테라스

**3 갈증 해결하기**

파리 시내에서 안심하고 마실 수 있는 200여 개의 공공 분수가 있다.

- 월러스 분수(Wallace fountains) 위치
  - 샤크레 쾨르 성당 바로 앞
  - 에펠 탑 유리 방화벽 안쪽
  - 뤽상부르 공원 내
  - 페르 라셰즈 묘지 앞

**4 생일에 센강 유람선 무료 탑승하기**

브데트 유람선(Vedettes de Paris)에서 무료 탑승+샴페인(샴페인 1잔 or 와인 1잔)+팬케이크+음료수 제공(P221 참조).

@ www.vedettesdeparis.fr

**5 무료로 아름답게 변신하기**

무료 헤어 커트를 원하면 메이크업 예술 아카데미(Franck de Roche Académie)로 향하자.

@ 프랑크 드 로슈 아카데미의 페이스북 페이지
(the Facebook page of Franck de Roche Académie)

**6 무료 영화 시간 즐기기**

라빌레크 공원(the Parc de Villette): 7월 말~8월 말, 수~일요일 매일 저녁)에서 무료 영화 상영.

ⓐ 라빌레트 야외극장(the Cinéma en plein air de La Villette) – 메트로 7호선 Porte de la villette역

### 관광 정보 웹사이트

**파리 관광회의소**
@ www.parisinfo.com | www.paris.fr

**파리 관광청**
@ www.franceguide.com(한글)

### 문화 정보

**파리 뮤지엄 패스 Paris Museum Pass**

파리 시내와 근교 유명 박물관(루브르, 오르세, 로댕, 중세 박물관 등), 유적지(개선문, 노트르담 대성당, 콩시에르주리, 팡테옹, 앵발리드, 생트 샤펠, 베르사유 궁전, 퐁텐블로 등)를 이용할 수 있다.

**유의사항**
- 패스로 각각의 박물관은 1회만 입장 가능하다. 예전과는 달리 중복 방문 불가.
- 패스는 구입 시점이 아니라 처음 사용하는 시점을 기준으로 시간이 적용된다. (예) 2일권: 5일 14시에 첫 개시했다면 7일 14시 전까지 사용할 수 있다.
- 패스 겉표지와 속지를 분리하면 무효이니 원본 그대로 유지한다.
- 루브르 박물관, 베르사유 궁전 등 인기 지역은 방문자 수를 제한하므로 사전 예약이 필수이다. 모바일-e티켓(예약확인증) + 뮤지엄 패스 제시 후 입장
- 시간 절약을 위해 현장 구입보다 한국 대행 업체에서 미리 구입한다.
- 판매처: 여행 안내소, 박물관, 한국 대행 업체(대부분 여행사 등)

@ https://www.parismuseumpass.fr
ⓐ 2일권 €70, 4일권 €90, 6일권 €110
※ 18세 미만은 파리 대부분의 박물관(미술관)이 무료 입장이니 유의한다.

# ◆ 파리의 추천 코스 ◆

## Day 1

[ Start ]

**메트로 1·7호선 Palais Royal Muse du Louvre역**
6번 출구로 나오면 루브르 박물관 지하 나폴레옹 홀로 연결.

**루브르 박물관(관람 후 점심 식사)**
루브르 박물관 피라미드 입구 맞은편에 바로.

**카루젤 개선문**
개선문을 통과하면 바로.

**튈르리 정원**
개선문을 통과하면 바로.
(TIP) 튈르리 정원을 생략하려면 Palais Royal Musée du Louvre역에서 1호선(1정거장)을 타고 Concorde역 하차. Place de la Concorde 출구로 나가면 콩코르드 광장으로 연결된다.

**콩코르드 광장**
메트로 Concorde역에서 1호선을 타고 Champs-Élysées–Clemenceau역 → Franklin D. Roosevelt역 → George V역 중 1곳에서 하차(또는 도보로 15분 이상 소요).

**샹젤리제 거리(그랑팔레)**
도보 15분 이하. 또는 메트로 1호선 Charles de Gaulle Étoile역에서 1번 출구(Arc de Triomphe)로 나오면 바로. 개선문 앞 지하 통로로 들어가면 개선문 입구와 연결된다.

**개선문**
Charles de Gaulle Étoile역으로 되돌아와서 메트로 1호선(2정거장)을 타고 종점인 La Défense에서 하차.

**라 데팡스**
메트로 La Défense역에서 1호선을 타고 Charles de Gaulle Étoile역에 내려 6호선(3정거장)으로 환승, Trocadéro역에서 하차. 1번 출구(Tour Eiffel)로 나와 직진해 왼쪽.

**샤요 궁전**
분수대에서 이에나 다리를 건너면 바로.

**에펠 탑(야경)**
(TIP) 에펠 탑 앞에 샹 드 마르스 공원이 펼쳐진다. 에펠 탑 2층에는 레스토랑이 있다.

[ Finish! ]

## Q&A

**여행 적기는?**
5~6월, 9~10월. 한여름과 겨울은 피한다.

**라데팡스로 갈 때 추가 요금은?**
2025년부터 추가 요금 없이 모든 구간은 단일 요금 1회권(€2.5)으로 이용할 수 있다.

**기다리지 않고 루브르 박물관에 입장하고 싶다면**
사전 예약한다. 뮤지엄 패스 소지자도 사전 예약해야 대기 없이 입장할 수 있다.

**루브르 박물관 관람 유의사항**
화요일은 휴관이니 유의한다. 매월 첫 번째 금요일(18:00~21:45)은 무료 입장(사전 예약 필수)이다.

**야경을 즐기려면**
샤요 궁전 분수대 주변은 쉬면서 에펠 탑의 야경을 즐기기에 안성맞춤이다. 센강을 즐기고 싶다면 유람선을 타본다. 이에나 다리(에펠 탑과 샤요 궁전을 연결한 다리) 아래에 유람선 선착장이 있다.

**최고의 포토 스폿은?**
샤요 궁전에서 에펠 탑을 배경으로 촬영.

**파리 MUST SEE 10 ★**
에펠 탑, 루브르 박물관, 오르세 미술관, 오페라 극장, 생트 샤펠, 그랑 팔레, 노트르담 대성당, 샤크레쾨르 사원, 센강, 페르 라셰즈 묘지, 뤽상부르 공원

RECOMMENDED COURSE

# Day 2

**[ Start ]**

### RER C선 Musée d'Orsay역

Musée d'Orsay 출구로 나오면 바로.

↓

### 오르세 미술관
### (관람 후 점심 식사)

Musée d'Orsay역에서 RER C선 (1정거장)을 타고 Invalides역에서 13호선(1정거장)으로 환승, Varenn역에서 하차. 출구(1곳뿐)로 나와 뒤로 돌아 직진해 첫 번째 왼쪽 길(Rue de Varenn)로 가면 바로 오른쪽.

↓

### 로댕 미술관

미술관에서 나와 Invalides 대로를 건너 왼쪽 담장을 따라 직진하면 오른쪽에 입구가 있다. 도보 3분 소요.

↓

### 앵발리드

앵발리드 정문에서 나와 확 트인 광장으로 직진하면 다리와 연결. 도보 10분 소요.

↓

### 알렉상드르 3세 다리

Invalides역에서 8호선(2정거장)을 타고 Madeleine역에서 하차. 2번 출구(Église)로 나와 사거리에서 오른쪽으로 가면 바로.

↓

### 마들렌 교회

교회 정문에서 왼쪽 대로 Boulevard de la Madeleine로 직진해 첫 번째 사거리에서 90° 방향(Rue des Capucines 쪽)으로 우회전, 직진해 사거리 오른쪽. 도보 7분 소요.

↓

### 방돔 광장

광장에서 북쪽의 Rue de la Paix로 직진하면 바로. 도보 5분 소요.

↓

### 오페라 극장(팔레 가르니에)

Opéra역에서 7호선(3정거장)을 타고 Pont Neuf역 하차. 3번 출구로 나오면 바로.

↓

### 퐁 네프

퐁 네프에서 센강 변(루브르 방향)을 따라가면 목조 다리인 예술의 다리가 보인다. 도보 5분.

**[ Finish! ]**

## Q&A

**오르세 미술관 관람 유의사항**
월요일은 휴관이니 유의한다. 매월 첫 번째 일요일은 무료(사전 예약 필수).

**점심 식사는 어디서 할까?**
오르세 미술관 내 레스토랑(0, 2, 5층)과 그 주변, 또는 로댕 미술관 주변에서.

**파리의 유명 식료품을 구입 하려면?**
마들렌 교회(정문 뒤쪽) 양쪽 대각선 방향에 있는 포숑(P.240 참조)을 이용.

**피곤을 풀면서 센강을 감상하고 싶다면?**
목조 다리인 예술의 다리는 분위기가 좋아 다리 바닥에 앉아 노닥거리며 쉬는 관광객들이 많다.

**저녁 시간을 활용하고 싶다면?**
루브르 박물관(금요일), 오르세 미술관(목요일)은 야간에도 개장하므로 목·금요일 야간 시간을 잘 활용해보자.

**최고의 포토 스폿은?**
앵발리드를 배경 삼아 사진을 찍고 싶다면 알렉상드르 3세 다리에서 앵발리드 방향에 있는 잔디밭에서 서서 찍는다.

FRANCE

# Day 3

**[ Start ]**

### 메트로 4호선 Cité역
출구를 나와 광장 서쪽(꽃시장) 길인 Rue de la Cité에서 앞으로 직진하면 왼쪽. 도보 3분 소요.

### 노트르담 대성당
왔던 길로 되돌아와 4호선 Cité역 앞을 지나 서쪽(왼쪽)으로 가면 바로. 도보 5분 소요.

### 생트 샤펠
Cité역에서 4호선(3정거장)을 타고 Saint Germain des Prés역 하차, 1번 출구로 나와 직진하면 오른쪽.

### 생 제르맹 데 프레 교회 (시간이 촉박하면 생략)
메트로 4호선(1정거장)을 타고 Odéon역에 내려 10호선 (1정거장)으로 환승, Cluny-la Sorbonne역 하차, 2번 출구로 나와 왼쪽 대로(Bd. St. Michel)로 가다 첫 번째 왼쪽 골목길로 가면 바로.

### 중세 박물관
교회 정문에서 왼쪽 대로 Boulevard de la Madeleine로 직진해 첫 번째 사거리에서 90° 방향(Rue des Capucines 쪽)으로 우회전, 직진해 사거리 오른쪽. 도보 7분 소요.

### 뤽상부르 공원
Bd. St. Michel 거리로 나와 오른쪽으로 직진해 Cluny-La Sorbonne역 사거리를 지나 바로 오른쪽(1시 방향) 골목길로 가면 한 끼 €10~ 정도의 저렴한 먹자골목이 나온다. 도보 10분 소요.

### 생 미셸 먹자골목(점심 식사)
St. Michel역에서 RER C선을 타고 종점 Versailles-Rive Gauche역 하차(30~40분 소요). 역에서 나와 오른쪽(Avenue du Général de Gaulle)으로 가면 가로수가 있는 파리 대로가 나온다. 왼쪽으로 직진하면 아름 광장과 루이 14세 기마상이 보인다.

### 베르사유 궁전

**[ Finish! ]**

노트르담 대성당

## Q&A

**일정을 어떻게 짜지?**
베르사유 궁전은 성수기나 주말에는 입장시 줄 서는 데만 2시간 이상 걸리니 한가한 시간인 오후 3~4시 이후에 입장하도록 일정을 짠다. 또는 오전에 오르세 미술관 관람과 점심 식사를 한 후, 오후에 오르세 미술관에서 RER을 타고 베르사유 궁전으로 가도 괜찮다. 입장 대기 시간을 줄이려면 사전 예약이 최고의 방법이다.

**교통비는 얼마나 들지?**
2025년부터 추가 요금 없이 베르사유를 비롯해 모든 구간은 단일 요금 1회권(편도 €2.5)으로 이용할 수 있다.

**점심 식사는 어디서 할까?**
레 두 마고(생 제르맹 데 프레 교회 앞, P.242 참조) 또는 생 미셸 먹자골목 St. Michel역 근처에서(P.250 참조).

**최고의 포토 스폿은?**
센강과 주변 건물 풍경을 찍고 싶다면, 노트르담 대성당 타워 전망대(화재로 잠정 폐쇄 중)로 올라가자.
노트르담 대성당을 배경으로 멋진 연출을 하고 싶다면, 요한 2세 광장에서 바라보는 각도가 좋다 (노트르담 대성당 정면을 바라볼 때 왼쪽 담장을 따라간다). 또는 아르슈베스 다리(남쪽)를 건너면 센강과 성당을 멋지게 사진에 담을 수 있다.

# Day 4

**[ Start ]**

**메트로 8호선 Chemin Vert역**

1번 출구로 나와 왼쪽 골목길로 직진. 2번째 사거리를 지나 첫 번째 오른쪽 길로 가면 바로. 도보 7분 소요.

↓

**피카소 미술관**

왔던 길로 되돌아가다 작은 공원을 끼고 우회전해 직진. 도보 5분 소요.

↓

**카르나발레 저택**

저택에서 나와 왼쪽 길(Rue des Francs-Bourgeois)을 따라 직진하면 바로. 도보 2분 소요.

↓

**보주 광장**

광장 남문으로 나와 첫 번째 대로(Rue St. Antoine)에서 왼쪽으로 직진. 도보 5분 소요.

↓

**바스티유 광장**

Bastille역에서 1호선(2정거장)을 타고 Hôtel de Ville역에서 하차.

↓

**시청사(외관만 감상)**

도보 5분, 또는 Hôtel de Ville역에서 11호선(1정거장)을 타고 Rambuteau역 하차, 1번 출구로 나오면 바로.

↓

**퐁피두 센터 (관람 전후 점심 식사)**

Rambuteau역에서 11호선(4정거장)을 타고 Belleville역에 내려 2호선(6정거장)으로 환승, Anvers역에서 하차. 출구로 나와 오른쪽 길(Bd. de Rochechouart) 건너 골목길(Rue de Steinkerque)로 직진(도보 10분).

↓

**몽마르트르 언덕 (사크레 쾨르 사원)**

사원 입구에서 나와 오른쪽 골목길을 따라간다. 도보 3분 소요.

↓

**테르트르 광장**

시간 여유가 있으면 주변 몽마르트르 묘지도 가본다. 푸니쿨라 승강장으로 내려와 오른쪽 좁은 길(지도상에서 동→서 방향: Rue Tardieu → Yvonne le Tac)로 가다 Abbesses역을 지나 Rue des Abbesses로 직진하면 나온다. 도보 15분 소요.

**[ Finish! ]**

## Q&A

**관광 시 조심해야 할 곳은?**
사크레 쾨르 사원 앞 계단의 잡상인을 조심한다. 주의를 분산시킨 후 소매치기한다.

**사크레 쾨르 사원에 편하게 올라가려면**
사크레 쾨르 사원 계단을 오르기 전에 생 피에트르 광장 왼쪽 승강장에서 푸니쿨라(당일 사용한 1회권으로 이용 가능)를 탄다.

**몽마르트르 언덕은 언제 가면 좋을까?**
10월 축제 기간에는 볼거리, 먹거리가 다양해 더욱 즐겁다.

**최고의 포토 스폿은?**
- 파리 시가지 풍경을 담고 싶으면, 사크레 쾨르 사원 앞 계단에서 촬영한다.
- 사크레 쾨르 사원을 배경 삼아 찍고 싶으면, 사원 계단 아래에 있는 잔디밭에서 촬영한다.

**페르 라셰즈 묘지를 가고 싶다면 코스를 변경**
페르 라셰즈 묘지 → 바스티유 광장 → 보주 광장 → 피카소 미술관 → 퐁피두센터 → 몽마르트르 언덕 → 테르트르 광장

사크레 쾨르 사원

파리 플라주(시에서 7월 중순부터 8월 중순까지 센강 변을 인공 해변가로 만들어 파리 시민에게 휴식 공간을 제공한다)

### 최소 3일은 둘러봐야 한다

파리는 시가지 전체가 아름답고 볼거리가 풍부한 곳이어서 최소한 3일 정도는 머무르며 둘러봐야 제대로 즐길 수 있다. 우선 파리에 도착하면 북역에 내려 역내에 있는 여행 안내소에서 시내 지도와 메트로 노선도를 챙긴다. 숙소를 정하지 않았다면 이곳에서 호텔 예약도 부탁한다. 우선 숙소로 가서 짐을 풀고 일정에 맞춰 이동한다.

### 도보와 메트로를 이용

도착한 첫날에는 무리하지 말고 도심(루브르 박물관, 개선문 주변)이나 숙소 주변에서 워밍업을 한다. 파리 도심의 볼거리는 대부분 걸어서 충분히 구경할 수 있는 거리에 있다. 라 데팡스, 에펠 탑, 몽마르트르 언덕, 몽파르나스 타워 등의 외곽 지역은 메트로를 타고 이동한다. 에투알 개선문에서 라 데팡스로 이동할 때는 꽤 먼 거리이므로 메트로 1호선을 이용한다.

### 다양한 문화 체험 즐기기

파리는 특히 유명한 미술품이 많은 곳이므로 미술에 관심이 있다면 미술관이나 관광 명소를 횟수에 관계없이 무료 입장할 수 있는 파리 뮤지엄 패스를 구입하는 게 좋다. 또한 명품 쇼핑에 관심이 있다면 황금의 삼각지대라 불리는 몽테뉴 대로, 샹젤리제 거리에 가본다. 그리고 세계 최고의 미식(美食)을 자랑하는 프랑스 요리를 맛보고 싶다면 샤르티에(Chartier), 레피뒤팽(L'Epi Dupin) 같은 유명 레스토랑에 가보고, 와인을 즐기려면 슈퍼마켓에서 저렴하게 파는 보르도, 부르고뉴산 와인을 구입하여 마셔보자. 야경을 즐기고 싶다면 바토 무슈를 타고 센강을 유람하거나 버스투어에 참여해본다.

### 시간이 있다면 파리 근교로 가자

시간적으로 여유가 있다면 파리 근교를 다녀오는 것도 좋다. 궁정의 화려함을 볼 수 있는 베르사유 궁전, 한 폭의 그림 같은 모네의 지베르니, 파란만장한 삶을 마감한 고흐의 오베르 쉬르 우아즈, 중세 고성의 분위기가 물씬 풍기는 퐁텐블로와 루아르 고성, 신비로운 섬의 수도원 몽생미셸 등 갈 곳이 너무나도 많다.

보주 광장

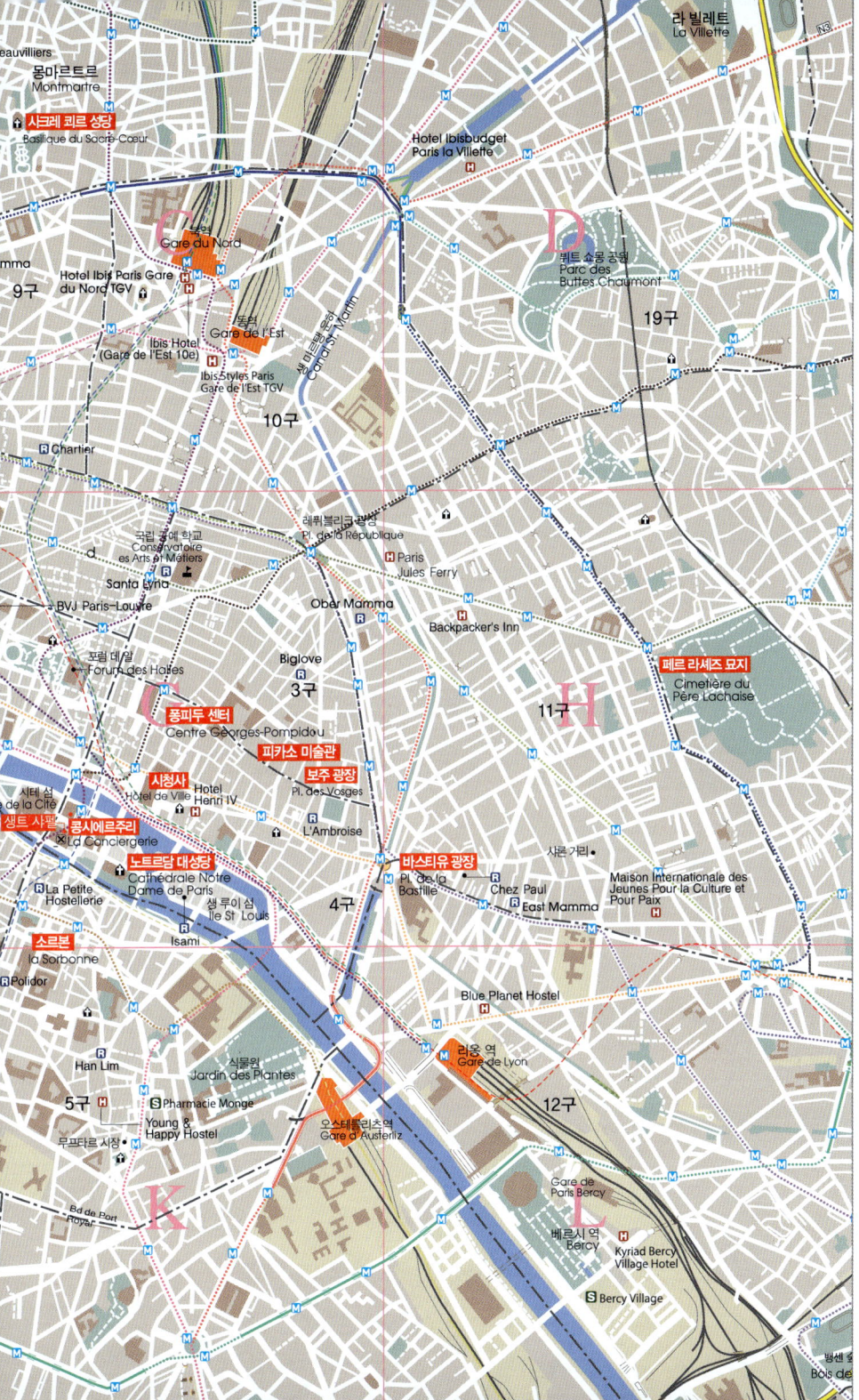

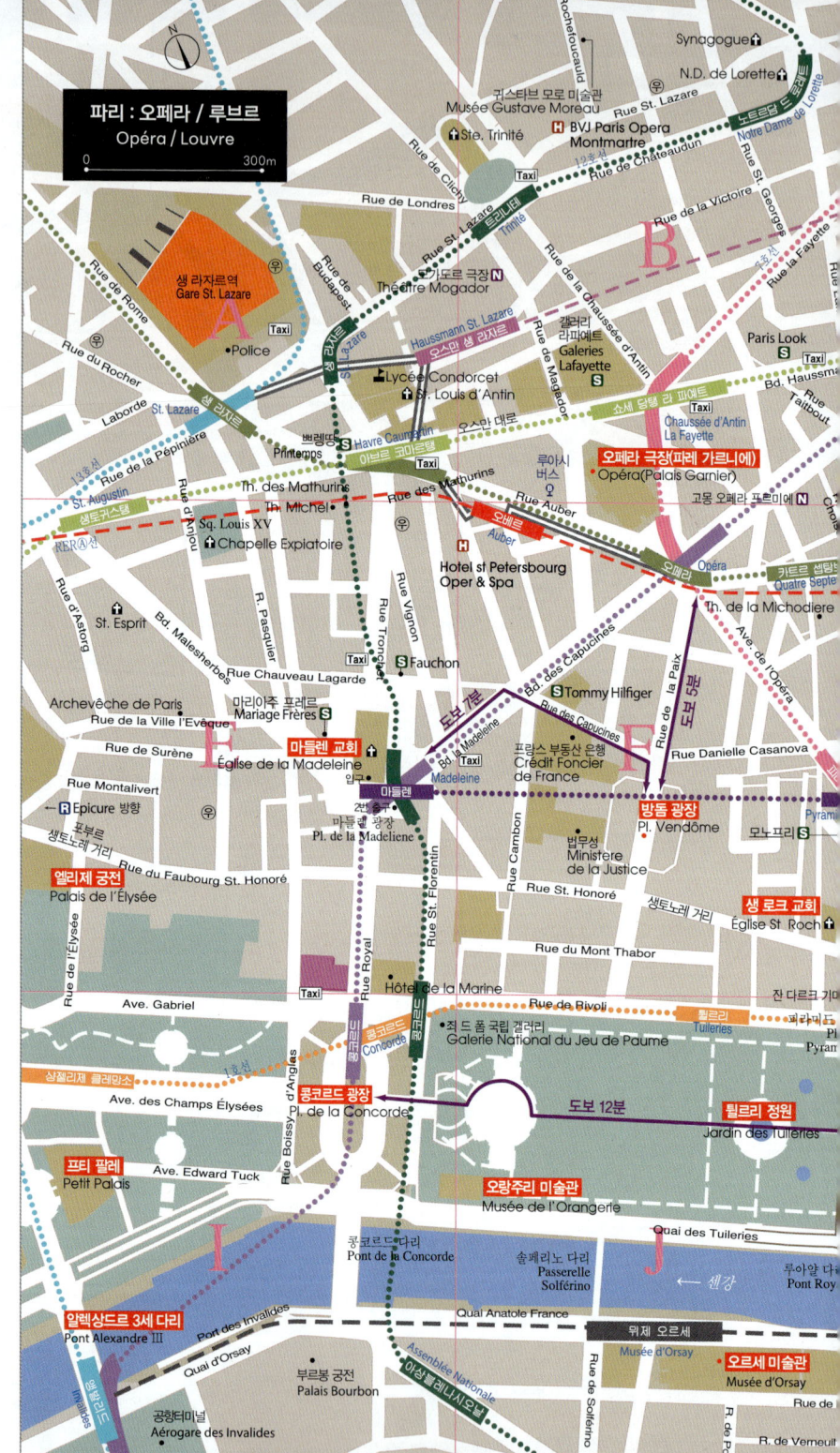

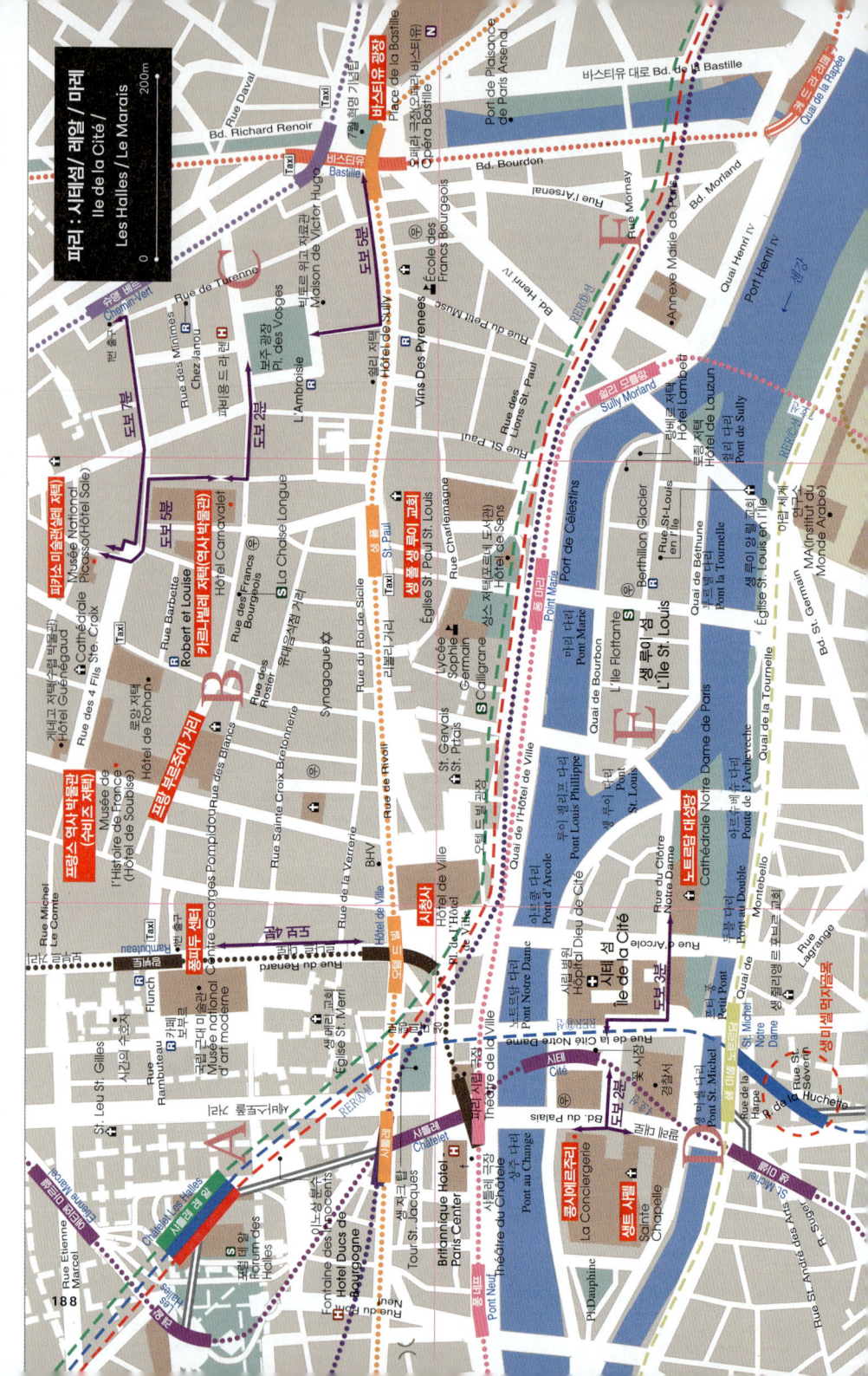

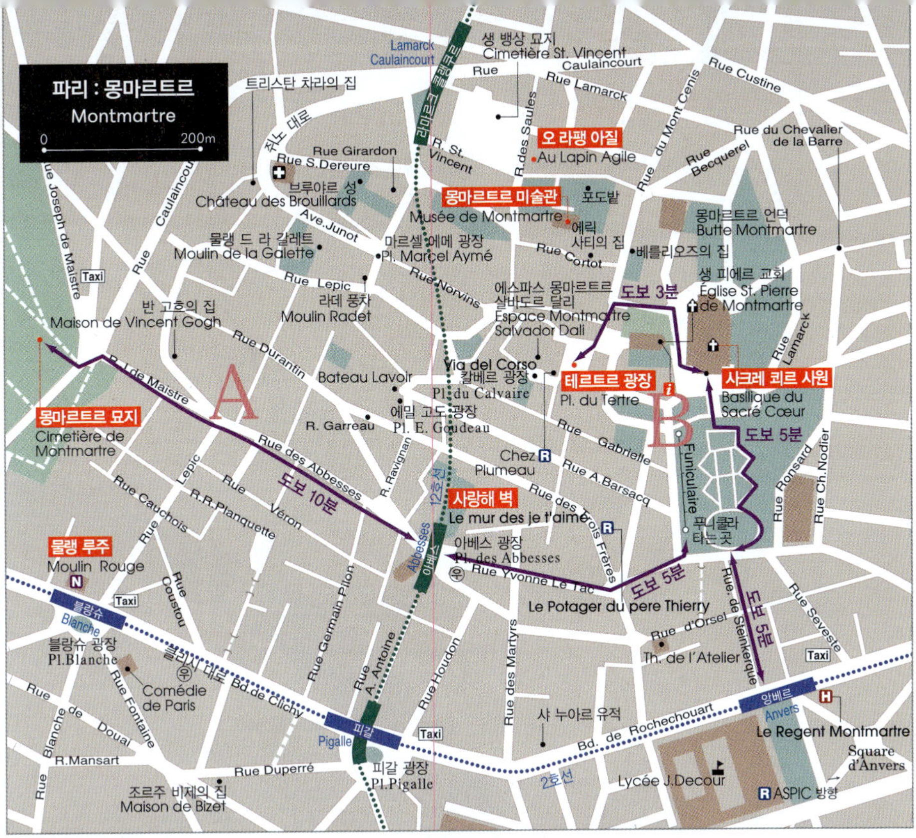
파리 : 몽마르트르
Montmartre
0 200m
트리스탄 차라의 집
Lamarck Caulaincourt
생 뱅상 묘지
Cimetière St. Vincent
Rue Caulaincourt
Rue Lamarck
Rue Custine
Rue du Chevalier de la Barre
오 라팽 아질
Au Lapin Agile
Rue du Mont Cenis
Rue Becquerel
쥐노 대로
Rue Girardon
Rue S.Dereure
브루야르 성
Château des Brouillards
몽마르트르 미술관
Musée de Montmartre
포도밭
에릭 사티의 집
베를리오즈의 집
몽마르트르 언덕
Butte Montmartre
Ave.Junot
물랭 드 라 갈레트
Moulin de la Galette
마르셀 에메 광장
Pl. Marcel Aymé
Rue Cortot
생 피에르 교회
Église St. Pierre de Montmartre
Rue Lepic
라데 풍차
Moulin Radet
Rue Norvins
에스파스 몽마르트르 살바도르 달리
Espace Montmartre Salvador Dali
도보 3분
반 고흐의 집
Maison de Vincent Gogh
Rue Durantin
Bateau Lavoir
Via del Corso
칼베르 광장
Pl. du Calvaire
테르트르 광장
Pl. du Tertre
사크레 쾨르 사원
Basilique du Sacré Cœur
몽마르트르 묘지
Cimetière de Montmartre
R. de Maistre
A
에밀 고도 광장
Pl. E. Goudeau
R. Garreau
B
도보 5분
Chez Plumeau
Rue Gabrielle
Rue A.Barsacq
Funiculaire
Rue Ronsard
Rue Ch.Nodier
Rue des Abbesses
도보 10분
R. Ravignan
12호선
사랑해 벽
Le mur des je t'aime
Rue des Trois Frères
Rue Caulaincourt
R.R.Planquette
Rue Véron
아베스
Abbesses
아베스 광장
Pl. des Abbesses
Rue Yvonne Le Tac
푸니쿨라 타는 곳
물랭 루주
Moulin Rouge
Le Potager du pere Thierry
도보 5분
Rue de Steinkerque
도보 5분
Rue Seveste
블랑슈
Blanche
Taxi
Rue Coustou
Rue Germain Pilon
Rue A. Antoine
Rue Houdon
Rue des Martyrs
Rue d'Orsel
Th. de l'Atelier
블랑슈 광장
Pl.Blanche
클리시 대로
Bd.de Clichy
Comédie de Paris
Rue Fontaine
샤 누아르 유적
Bd. de Rochechouart
앙베르
Anvers
Le Regent Montmartre
Rue Blanche
Rue de Douai
R.Mansart
피갈
Pigalle
Square d'Anvers
Rue Duperré
피갈 광장
Pl.Pigalle
2호선
Lycée J.Decour
조르주 비제의 집
Maison de Bizet
ASPIC 방향

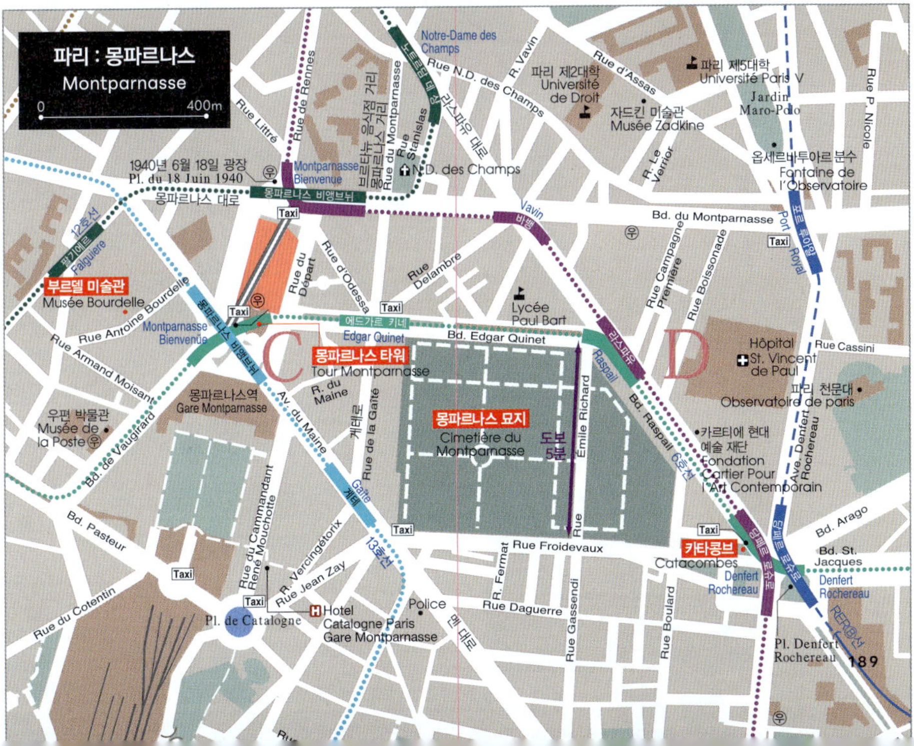
파리 : 몽파르나스
Montparnasse
0 400m
Notre-Dame des Champs
노트르담 데 샹
Rue N.D. des Champs
R. Vavin
Rue d'Assas
파리 제2대학
Université de Droit
파리 제5대학
Université Paris V
Jardin Maro-Polo
자드킨 미술관
Musée Zadkine
Rue P. Nicole
Rue Littré
Rue de Rennes
Rue du Montparnasse
Rue Stanislas
라스파유 대로
1940년 6월 18일 광장
Pl. du 18 Juin 1940
Montparnasse Bienvenue
몽파르나스 비앵브뉘
N.D. des Champs
R. Le Verrier
옵세르바투아르 분수
Fontaine de l'Observatoire
몽파르나스 대로
Vavin
바뱅
Bd. du Montparnasse
Port Royal
포르 루아얄
12호선
팔기에르
Falguière
Rue du Départ
Rue d'Odessa
Rue Delambre
Rue Campagne Première
Rue Boissonade
부르델 미술관
Musée Bourdelle
Rue Antoine Bourdelle
Lycée Paul Bert
Montparnasse Bienvenue
에드가르 키네
Edgar Quinet
Bd. Edgar Quinet
라스파유
Raspail
Hôpital St. Vincent de Paul
Rue Cassini
Rue Armand Moisant
C
몽파르나스 타워
Tour Montparnasse
D
R. du Maine
파리 천문대
Observatoire de paris
우편 박물관
Musée de la Poste
몽파르나스역
Gare Montparnasse
케테르
Rue de la Gaîté
몽파르나스 묘지
Cimetière du Montparnasse
도보 5분
Émile Richard
Bd. Raspail
카르티에 현대 예술 재단
Fondation Cartier Pour l'Art Contemporain
6호선
Ave. Denfert Rochereau
Bd. de Vaugirard
Av. du Maine
게테
Gaîté
Bd. Pasteur
13호선
Rue du Commandant René Mouchotte
Rue Vercingétorix
Rue Froidevaux
카타콩브
Catacombes
Denfert Rochereau
Bd. Arago
Bd. St. Jacques
Rue Jean Zay
R. Fermat
Rue Gassendi
Rue Boulard
RER B선
Rue du Cotentin
Pl. de Catalogne
Hotel Catalogne Paris Gare Montparnasse
Police
멘 대로
Rue Daguerre
Pl. Denfert Rochereau

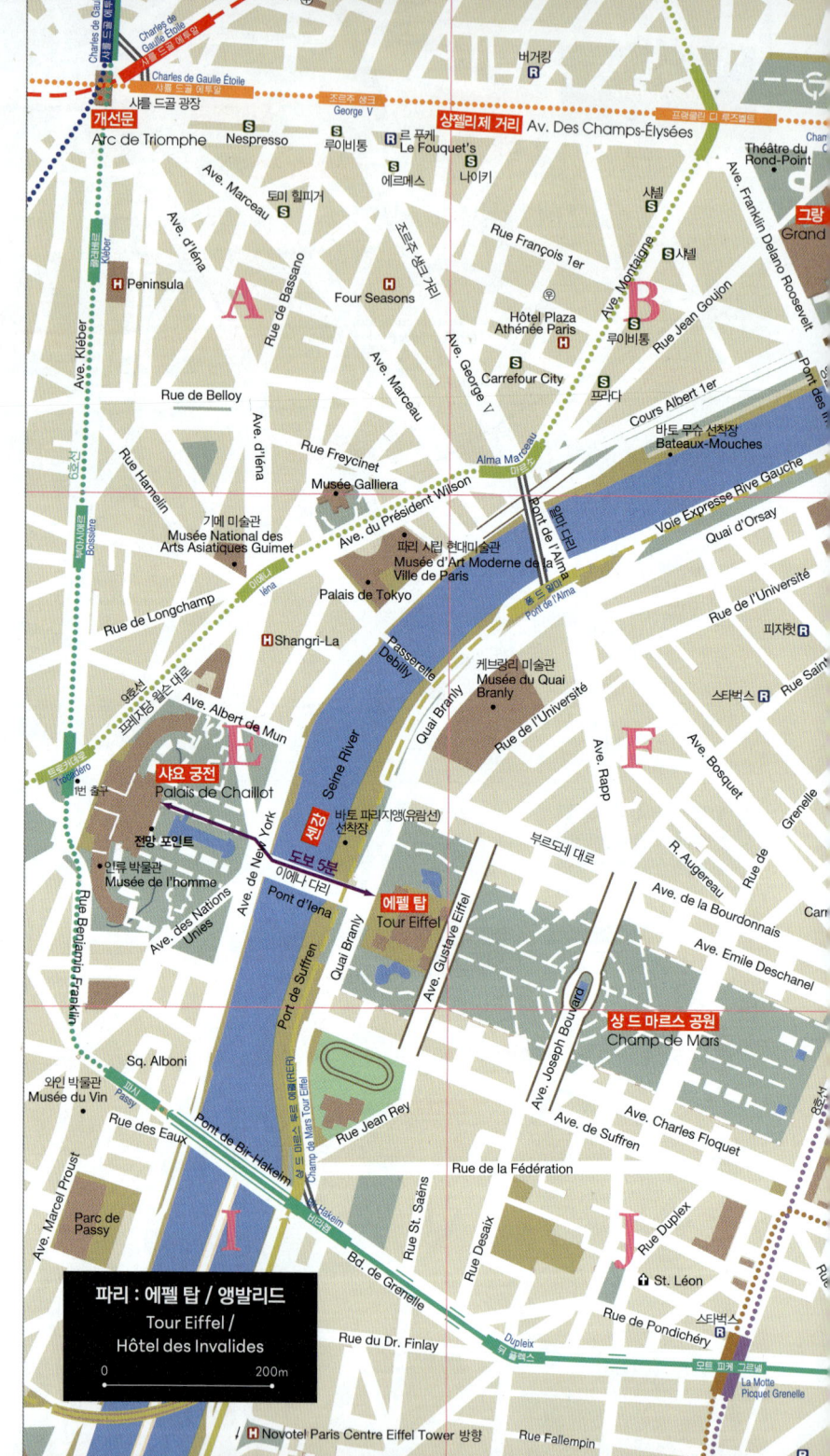

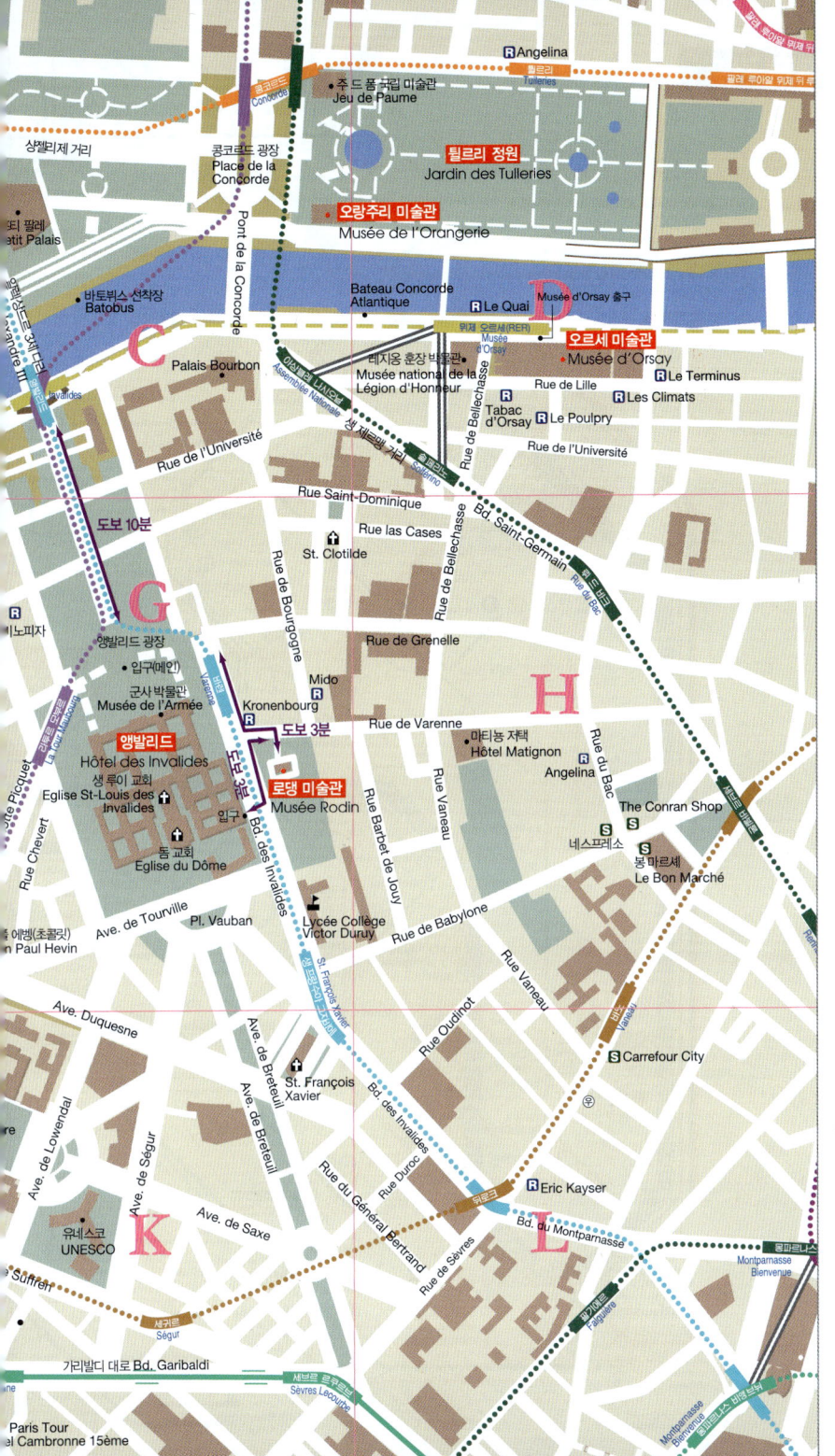

**SIGHTSEEING**

# 개선문 ~ 루브르 박물관

파리에 오는 관광객들이 가장 먼저 찾는 곳은 바로 개선문. 파리에서 가장 번화한 거리인 샹젤리제 거리가 이곳에서 시작되기 때문이다. 개선문에서 콩코르드 광장을 지나 튈르리 정원과 루브르 박물관까지 일직선상으로 연결된 도로망을 보면 도시계획이 얼마나 체계적으로 이루어졌는지 알 수 있다. 우선 루브르 박물관을 관람하고 머리를 식힐 겸 튈르리 정원에서 샹젤리제 거리까지 거닐며 파리의 분위기를 느껴보자. 개선문 전망대에 올라가면 12개의 도로망으로 뻗어나가는 시가지의 모습이 환상적이다.

## 샤를 드골 광장(에투알 광장)
### Place Charles de Gaulle (Place de l'Etoile)

개선문을 중심으로 12개의 도로가 방사형으로 뻗어 있는 모습이 마치 **별(Etoile, 에투알)** 모양 같다고 해서 '에투알 광장'이라 부르는데, 프랑스 초대 대통령의 이름을 따서 샤를 드골 광장이라고도 부른다.

## 개선문
### Arc de Triomphe

**파리의 랜드마크 개선문**

샤를 드골(에투알) 광장 중앙에 있는 개선문은 파리의 상징으로 높이 49.54m, 폭 44.82m의 거대한 위용을 자랑한다. 개선문은 1806년 오스테를리츠 전투(1805년 나폴레옹이 오스트리아, 러시아 연합군을 궤멸하고 신성로마제국을 무너트린 전투)에서 승리를 기념하기 위해 **나폴레옹 1세가 건축가 샬그랭에게 명하여 건설한 기념문**이다. 그러나 1836년

방사상으로 뻗어 있는 개선문(샤를 드골 광장) 주변 전경

개선문

무명용사 기념비. 그들을 기리기 위해 지하무덤 위에 햇불을 켜놓은다

뤼르의 작품(1792년 의용병들의 출정-마르세예즈)

에 완성되어 나폴레옹 1세는 이를 보지 못하고 죽었다. 2차 세계대전 때는 독일군에 의해 점령당한 **파리를 해방시킨 드골**이 통과한 역사적 의미가 깃든 문이다.

개선문 내부 벽면에 가득 새겨진 10개의 부조는 대부분 나폴레옹 1세 때 전쟁에 참가한 장군 558명의 이름들이다. 샹젤리제 거리에서 봤을 때 오른쪽에 새겨진 프랑수아 뤼드의 〈1792년 의용병들의 출정〉, 일명 **〈라 마르세예즈(La Marseillaise): 애국가〉**가 유명하다. 파리를 지키기 위해 진군하는 의용병들의 모습을 표현한 작품인데, 혁명을 향한 강렬한 의지를 보여 준다.

### 전망대 포토 스폿 & 관람 골든타임

개선문 입구는 지하 통로로 연결된다. 지상은 도로에 차가 가득하여 횡단할 수 없기 때문이다. 엘리베이터(또는 272개 계단)로 전망대에 오르면, 방사형으로 뻗은 12개 도로를 감상할 수 있다. 에펠 탑과 라데팡스의 신 개선문도 한눈에 들어온다. 특히 신 개선문 → 개선문 → 샹젤리제 거리 → 콩코르드 광장 → 튈르리 정원 → 카루젤 개선문 → 루브르 박물관이 일자형으로 놓인 도로가 선명하게 보인다. 최근 샹젤리제 거리 한복판에서 개선문을 배경으로 사진 촬영을 허용하고 있다.

관람하기 가장 좋은 시간대는 아침 햇살이 소각상을 비추는 오전과 태양이 지붕 꼭대기를 비추는 정오, 반짝거리는 불빛이 시가지의 지도를 만들어주는 저녁 시간이다.

⊙ www.paris-arc-de-triomphe.fr
⊙ 4~9월 10:00~23:00, 10~3월 10:00~22:30 (입장마감 45분 전까지), 화요일 연중 11:00~23:00
**휴무** 1/1, 5/1, 5/8 오전, 7/14(오전), 11/11(오전), 12/25
⊙ 성인 €16, **무료 입장** 18세 미만, 파리 뮤지엄 패스 소지자, 첫째 일요일(11~3월)
⊙ 메트로 1·2·6호선, RER A선 Charles-de-Gaulle-Etoile역 하차. 또는 버스 22·30·31·52·73·92 이용
⊙ 지도 P.184-A

---

### 🔔 파리의 방사상 도로

방사상 도로

1854년 나폴레옹 3세는 파리를 국제도시로 만들겠다는 야심찬 계획을 세우고 오스망 남작에게 명하여 도시를 설계하게 했다. 당시 파리의 길은 좁고 구불구불했다. 오스망 남작은 17년 동안 블르바르(Boulevard), 뤼(Rue) 등 크기에 따라 도로를 나누어 개선문을 중심으로 방사상으로 뻗은 새로운 거리를 만들었다.

일설에 의하면 프랑스 대혁명, 7월 혁명, 2월 혁명 등에 신물이 난 왕이 거리에 바리케이드를 치고 데모하는 것을 막기 위해 방사형 도로를 만들었다는 얘기도 있다. 어찌 됐든 이들 거리를 따라 오페라 극장 같은 새로운 건물이 세워졌고 상류사회를 위한 부티크들도 생겨났다. 샹젤리제, 그랑 블르바르, 몽수리, 몽소 공원도 이때 지어졌고, 총 20개의 구를 만들어 지금에 이르렀다.

세계적으로 유명한 하수도 시설도 이 무렵에 만들어졌다. 하수도 천장이나 벽에는 전기, 가스, 상수도용 파이프가 개설되고 이후 전화선도 추가되었다. 재미있는 건 압축공기를 이용해 편지를 보내던 당시의 최신식 파이프인데, 편지를 전용 캡슐에 담은 후 입구에 넣고 핸들을 당기면 공기의 압력으로 순식간에 다음 우체국까지 날아갔다고 한다.

## 샹젤리제 거리
### Avenue des Champs Élysées
★

### 파리에서 가장 화려한 번화가

이곳은 원래 습지였는데 앙리 4세의 왕비 마리 드 메디시스가 산책길을 만들기 시작하면서 도로를 확장하였다. 샹젤리제는 그리스 신화에서 낙원을 의미하는 '엘리제'를 따서 **샹젤리제(엘리제의 들판, 낙원의 들판)**라고 불렸다.

에투알 광장에서 콩코르드 광장까지 길이 2km, 폭 70m의 일자형으로 이어지는 거리다. 파리에서 가장 화려한 번화가로 플라타너스 등의 가로수들이 우거져 아늑한 분위기를 자아낸다. 유명 카페와 레스토랑, 은행, 영화관, 명품 브랜드숍이 많아 늘 쇼핑객들로 붐빈다. 저녁에는 개선문의 환한 불빛과 거리의 네온사인이 조화를 이루어 아름다운 야경을 만들어낸다.

※ 개선문을 바라볼 때 샹젤리제 거리(왼쪽편) 맨 끝자락 왼쪽(**개선문 근처**)에 유료 공중화장실이 있다.

🚇 메트로 1·2·6호선 Charles de Gaulle Etoile역, 메트로 1호선 Franklin D. Roosevelt역이나 George V역에서 하차 📍 지도 P.184-B

## 그랑 팔레
### Grand Palais
★

### 파리 만국박람회 기념 건물

1900년 파리 만국박람회를 기념하기 위해 그랑 팔레, 프티 팔레, 알렉상드르 3세 다리가 세워졌다. 알렉상드르 3세 다리를 중심으로 그랑 팔레와 프티 팔레가 대칭을 이루고, 다리와 일직선으로 뻗은 앵발리드의 금빛 난간은 환상적인 조화를 이룬다. 그랑 팔레의 가장 돋보이는 특징은 곡선을 이루는 **거대한 돔형의 유리 지붕**이다. 내부에는 길이 200m, 폭 55m에 달하는 유럽 최대 규모의 유리 천장을 갖춘 중앙홀과 기획전이 열리는 국립 그랑 팔레 전시실(Galeries nationales du Grand Palais)과 과학박물관(Palais de la Découverte)이 있다. 밤에는 내부의 불빛이 매혹적인 야경을 연출한다. 이오니아식 기둥과 둥근 지붕에 있는 4마리의 마차 조각이 눈여겨볼 만하다.

🏠 3 Av. du Général Eisenhower
🌐 www.grandpalais.fr
🕐 10:00~20:00, 2025년 개방 예정(현재 리모델링 중)
휴무 화요일, 1/1, 12/25
💰 무료
🚇 메트로 1·13호선 Champs Élysées Clemenceau역에서 하차
📍 지도 P.184-C

그랑 팔레

## 프티 팔레
### Petit Palais

**프랑스 대표 예술품을 소장**

그랑 팔레와 마주보고 있는 프티 팔레는 그랑 팔레와 함께 파리 만국박람회를 위해 세워진 건축물로 지금은 미술관으로 이용되고 있다.
내부로 들어가면 천장의 돔까지 뚫려 있는 현관 홀과 남북으로 뻗어 있는 회랑의 기둥 장식 및 천장화가 압권이다. 회화, 조각, 도자기, 가구, 태피스트리, 칠보 등 다양한 소장품들이 전시되어 있다. 동쪽 회랑으로 가면 18~19세기에 활동한 쿠르베, 마네, 모네 등 프랑스 회화의 컬렉션을 볼 수 있다.

- Av. Winston Churchill  http://www.petitpalais.paris.fr
- 화~일요일 10:00~18:00(금·토요일 ~19:00)
- 휴무 월요일, 1/1, 5/1, 7/14, 11/11, 12/25
- 무료 입장, 특별전시는 요금 부과, 오디오 가이드 €5
- 메트로 1·13호선 Champs Élysées Clemenceau역에서 하차  지도 P.184-C

## 콩코르드 광장
### Place de la Concorde
★

**프랑스의 역사와 함께한 파리의 대표 광장**

콩코르드 광장은 신 개선문-개선문-샹젤리제 거리-콩코르드 광장-튈르리 정원-카루젤 개선문-루브르 박물관까지 일자형 도로망을 이루는 중심축에 있으며 파리의 대표적인 광장이다. 1755년 루이 15세의 기마상을 장식하기 위해 20년에 걸쳐 만들어져 '**루이 15세 광장**'이라 불렸는데, 프랑스 혁명으로 기마상이 무너지면서 '**혁명 광장**'으로 바뀌었다. 1793년에는 루이 16세, 마리 앙투아네트, 혁명 주도 세력인 로베스피에르 등 1,343명이 이곳에서 처형되었다. 1795년 피로 얼룩진 공포정치가 막을 내리자 갈등과 상처의 아픔을 잊고 미래에 대한 희망을 갖기 위해 광장 이름을 '**콩코르드(화합)**'로 바꾸었다. 광장 중앙에는 이집트에서 기증받은 높이 23m의 룩소르 신전 오벨리스크가 세워졌다. 오벨리스크 양쪽에(개선문 바라볼 때) 강의 분수(右), 바다의 분수(左)가 있다.

- 메트로 1·8·12호선 Concorde역에서 하차
- 지도 P.186-I

콩코르드 광장

## 튈르리 정원
### Jardin des Tuileries
★

### 메디치 가문의 카트린 드 메디시스

1563년 앙리 2세의 왕비인 카트린 드 메디시스의 명으로 튈르리 궁전과 이탈리아식 정원을 **르 노트르**(베르사유 궁전 정원과 샹젤리제 거리 조경 담당)가 완성했다. 조각상, 연못, 화단 등을 대칭적으로 배치하고, 가지런히 깎은 잔디로 꾸미고, 중앙에는 가로 수길을 통해 원근법을 이용한 장대한 조망을 만들었다.

### 파리지앵의 안식처

1871년 파리코뮌으로 소실되었으나 르 노트르가 설계한 부분은 그대로 남아 있다. 특히 남북으로 조성된 2개의 긴 테라스는 과거에 왕족과 귀족들의 유흥장으로 사용되었다. 지금은 파리에서 가장 오래되고 아름다운 정원으로 파리지앵에게 사랑받고 있다. 특히 계절마다 다른 모습을 보여주는 플라타너스와 마로니에의 녹색 물결은 파리지앵과 관광객을 매료시키기에 충분하다. 정원 내에 오랑주리 미술관이 있다.

※ 튈르리 정원 정문(콩코르드 광장 방향) 안쪽 왼편에 무료 공중화장실이 있다.

- 4~9월 07:00~21:00, 10~3월 07:30~19:00
- 메트로 1·8·12호선 Concorde역, 메트로 1호선 Tuileries역에서 하차 지도 P.186-J

## 오랑주리 미술관
### Musée de l'Orangerie
★

### 모네의 <수련> 시리즈 & 르누아르 화법

하이라이트는 인상주의 화가 모네의 회화 <수련> 시리즈이다. 오르세 미술관이나, 마르모탕 모네 미술관의 <수련>보다 **오랑주리 미술관의 작품을 최고로 꼽는다.** 그동안 <수련>이 전시되었던 공간은 작품 보호 차원에서 자연채광을 차단한 곳이었지만, 2006년 재개관 공사를 통해 모네가 의도했던 대로 자연채광을 받아들여 하루 중 시시각각으로 변하는 빛의 강도에 따라, 또한 계절에 따라 다른 분위기로 감상할 수 있도록 했다. 또 눈여겨볼 만한 작품은 르누아르의 <피아노 앞의 두 소녀>(1892년)이다. 19세기 말 프랑스의 가정환경을 자세히 표현하고 있다. **거친 느낌과 엄격함 등을 절제하고 색채를 부드럽게 하기 위해 온화한 황금빛으로 감쌌다. 이를 전통적인 르누아르 화법**이라 불린다.

- Jardin des Tuileries
- www.musee-orangerie.fr
- 09:00~18:00(입장 마감 17:15)
- 휴무 화요일, 5/1, 7/14 오전, 12/25
- €12.5, 무료 입장 18세 이하, 매달 첫 번째 일요일
- 메트로 1·8·12호선 Concorde역에서 도보 7분
- 지도 P.186-J

## 카루젤 개선문
### Arc de Triomphe du Carrousel

**오스테를리츠 전투 승리의 기념문**

1808년 나폴레옹 1세가 오스테를리츠 전투에서 승리한 것을 기념하기 위해 세운 문. 높이가 18m밖에 되지 않는 카루젤 개선문을 보고 실망하여 나폴레옹이 다시 크고 웅장하게 만든 문이 바로 에투알 개선문이다. 8개의 원기둥으로 나뉜 사방 6면에는 1805년의 전승 부조가 새겨져 있다. 건축 당시 문 위에는 나폴레옹 1세가 베네치아 산마르코 성당에서 약탈해 온 **4마리의 청동마상**이 장식되었는데, 그가 실각된 후 1815년에 바로 철거되었다. 원래의 청동마상 조각상은 베네치아로 돌려보냈고, 그 자리는 왕정복고의 상징을 의미하는 **마차를 타고 있는 여신상**이 대신하고 있다.

🚇 메트로 1·7호선 Palais Royal Musée du Louvre역에서 하차 📍 지도 P.187-K

---

### tip 물랭 루주와 맞먹는 유명한 카바레, 리도 Lido

파리의 밤을 만끽하는 데는 쇼를 보며 식사를 즐기는 카바레를 빼놓을 수 없다. 그중에서도 물랭 루주와 리도는 파리에서 가장 유명한 카바레이다. 리도는 물랭 루주보다 늦은 1946년에 문을 열었지만 그간 매우 화려한 레뷔 쇼를 공연해왔다. 특히 블루벨 걸(Bluebell Girls), 보이 댄서(Lido Boy Dancers)와 함께 무대에서 70여 명의 아티스트들이 열연한 레뷔 (Bonheur(행복))은 환상 그 자체. 23개의 세트와 600벌의 현란한 의상은 보는 이의 눈길을 사로잡는다.

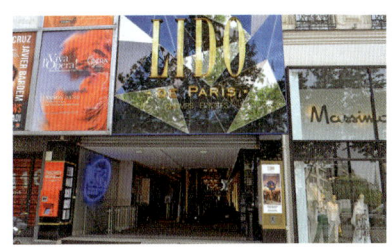

시설이나 무대장치가 물랭 루주보다 더 화려하고 파리의 도심인 샹젤리제 거리에 위치한 덕분에 야간에 쇼를 보고 나서 안전하게 귀가할 수 있어 여행객들이 선호한다.

📍 116 bis Av. des Champ Élysées 🕐 19:00~밤 02:00 💰 저녁 식사+쇼 €170~320
🚇 메트로 1호선 George V역에서 도보 2분 📍 지도 P.184-B

## 루브르 박물관 Musée du Louvre

### 세계 3대 박물관이 되기까지

세계 3대 박물관 중 하나로 손꼽히는 루브르 박물관은 기원전 700년경의 고대 유물부터 1850년대 작품에 이르기까지 225개의 방에 40여 만 점의 세계 최대의 예술품을 소장하고 있다. 건축물은 ㄷ자 모양이며 유리 피라미드를 중심으로 총 3개의 전시실로 구성되어 있다. 리슐리외관(북쪽), 쉴리관(동쪽), 드농관(남쪽)은 반지층과 지상 3층이 모두 연결되어 있다. 원래는 12세기경 필립 2세가 바이킹의 침입을 방어하기 위해 지은 성채인데, 16세기 프랑수와 1세가 궁전으로 개조하여 다빈치, 라파엘로 등 이탈리아 거장의 작품 12점을 모으면서 미술관으로 탄생한다. 그 후 나폴레옹 1세가 원정에서 가져온 전리품과 역대 국왕들의 소장품들이 모여 지금과 비슷한 면모를 갖추게 되었다

### 신구가 조화된 유리 피라미드

중국계 미국인 건축가 **에이오 밍페이**가 설계한 높이 21.6m, 창유리 793개의 유리 피라미드는 1989년 건축 당시 논란이 많았지만 지금은 신구(新舊)가 조화된 세련된 건물로 사랑받고 있다.

※ 시간 절약을 위해 반드시 사전 예약한다.
- 2 Place du Carrousel ☞ www.louvre.fr
- 09:00~18:00, 수·금요일 09:00~21:00
- **휴무** 화요일, 공휴일, 1/1, 5/1, 12/25
- €22, **무료 입장** 매달 첫 번째 금요일 18:00~(7·8월 제외), 7/14, 18세 이하
- 메트로 1·7호선 Palais Royal Musée du Louvre역에서 하차
- P. 187-K

루브르 박물관 내의 역피라미드

### ◆ 반지층 Entresol ◆

리슐리외관에는 이슬람 미술과 프랑스 조각, 쉴리관에는 중세 루브르 유적, 드농관에는 이탈리아, 에스파냐 조각과 고대 이집트, 그리스 조각(기원전 3000~500년)이 전시되어 있다.

## 쉴리관
### 중세 루브르의 유적(중세 성채의 유물)

필리프 2세부터 샤를 5세 시대까지의 성채 흔적을 공사 중에 발견되었다. 주탑과 10개의 작은 탑으로 이루어진 외곽을 외호(성벽 바깥에 도랑을 파서 물을 괴게 한곳)가 빙 둘러싸고 있었다. 우아한 궁전의 시작이 파리 방위를 위한 견고한 요새였음을 알 수 있다.

### ◆ 1층 Rez-de-chaussée ◆

기원전 5세기부터 근대까지의 유럽 조각 작품과 수많은 고대미술의 걸작들이 전시되어 있다.

## 리슐리외관
### 함무라비 법전

세계에서 가장 오래된 성문법. '이에는 이, 눈에는 눈'이라는 원칙에 따라 부유층을 보호하던 법으로, 바빌로니아 왕국의 함무라비 왕이 즉위 38년에 반포했다. 총 3,000행으로 전문(全文) 282조의 설형문자로 기록되어 있다.

### 사르곤 2세의 코르사바드 궁전

기원전 9~7세기에 번영한 아시리아 제국의 사르곤 2세가 니네베(현재의 이라크) 부근에 건설한 궁전으로 1843년에 발굴되었다. 4m의 높이와 사람 머리에 날개를 가진 라마수 석상에 의해 보호를 받던 거대한 유적이 재현되어 있다.

사르곤 2세의 코르사바드 궁전

---

### tip 박물관 관람 노하우

**루브르에서 반드시 봐야 할 작품 5**
- 레오나르도 다빈치의 〈모나리자〉
- 리코의 〈메두사호의 뗏목〉
- 미켈란젤로의 〈죽어가는 노예〉
- 〈밀로의 비너스〉
- 〈사모트라케의 승리의 날개〉

**혼잡한 시간 피하기**
- 아침 일찍 또는 금요일 저녁 시간을 이용하고, 가장 붐비는 일요일은 피한다.
- 파리 뮤지엄 패스를 구입하거나 인터넷을 통해 미리 예약해둔다. 사전 예약을 해야 뮤지엄 패스 줄에 서서 비교적 빨리 들어간다.
- Palais Royal Musée du Louvre역(7번 출구)에 내려 지하 나폴레옹 홀로 들어가면 입장이 빠르고 편하다. 또는 Porte des Lions 입구(Corrouse, 카루젤 개선문 왼쪽)로 들어가도 된다.

**효율적으로 관람하기**
- 지하 나폴레옹 홀[안내센터, 레스토랑, 커피숍, 뮤지엄 숍(뮤지엄 패스 판매), 무료 짐 보관소]을 활용한다.
- 안내 데스크에서 한국어 안내서(무료)를 챙기고, 짐 보관소에 가방이나 외투를 맡긴다.
- 한국어 오디오 가이드(€6)를 활용한다.
- 관람 도중 허기지면 나폴레옹 홀 레스토랑(Universal Resto: 햄버거, 피자 등)에서 해결한다.
- 박물관 투어(영어 투어, 한국인 가이드 투어)에 참여한다.

**효율적인 관람 순서**
층별로 관람하되 주요 작품 위주로 감상한다.
- 반지층–쉴리관(중세 루브르의 유적)
- 1층–쉴리관(밀로의 비너스), 리슐리외관(함무라비 법전/사르곤 2세의 코르사바드 궁전), 드농관(죽어가는 노예/에로스의 키스로 되살아난 프시케)
- 2층–리슐리외관(나폴레옹 3세 아파트), 쉴리관(사모트라케의 승리의 날개), 드농관(모나리자/메두사호의 뗏목/민중을 이끄는 자유의 여신/나폴레옹 1세의 대관식)
- 3층–리슐리외관(레이스를 짜는 여인/뒤러의 자화상/사기꾼/목욕하는 여인/그랑 오달리스크)

## 쉴리관

### 람세스 2세의 좌상

람세스 2세는 이집트 제19왕조의 제3대 왕(재위 기원전 1279~1213년)으로 이집트 왕조의 전성기를 이루었던 절대군주로서의 업적을 과시하기 위해 전국에 자신의 좌상을 세웠으나 현재는 6개 중 3개만 남아 있다.

### 〈밀로의 비너스〉

기원전 200년경에 만들어진 높이 202cm의 대리석 조각. 이 작품은 옆에서 볼 수 있도록 만들어졌으며, 조각가가 아름다운 육체를 모델링할 때 사용한 명료성과 단순성 그리고 거칠거나 모호한 점 하나 없이, 신체의 주요 부분을 구분해서 보여주는 방법에 감탄하지 않을 수 없다.

〈밀로의 비너스〉

## 드농관(회화)

### 미켈란젤로 〈죽어가는 노예〉

1513~1516년 미켈란젤로가 교황 율리우스 2세의 묘비로 조각한 작품. 비틀린 육체와 비장한 표정은 절정기에 있으면서도 불안감을 내포한 미켈란젤로 자신의 고뇌와 한탄을 표현했다.

미켈란젤로의 〈죽어가는 노예〉

### 카노바 〈에로스의 키스로 되살아난 프시케〉

신고전주의 대표 작가인 안토니오 카노바의 조각작품 (1787~1789년)으로 에로스(사랑의 신, 큐피드)의 키스로 죽음의 잠에서 깨어나는 프시케의 모습을 형상화한 작품이다. 신화를 육감적이면서도 우아하게 재현했다.

에로스의 키스로 되살아난 프시케

## ◆ 2층 1er étage ◆

드농관에서는 이탈리아, 스페인, 영국의 회화 및 19세기 프랑스 회화 작품을 전시하고 있다. 세계적으로 유명한 대작이 많아 루브르에서 가장 혼잡한 곳이다. 리슐리외관의 모든 전시실과 쉴리관 서쪽 일부와 북쪽은 미술 공예 부문이 전시되어 있다.

## 리슐리외관

나폴레옹 3세의 아파트 중 서남쪽 끝 모퉁이의 큰 살롱은 국무대신을 위해 만들어진 호화스러운 방. 천장에서 벽에 이르는 조각 장식과 곡선의 가구 등을 통해 화려한 제2제정 시대의 특징을 엿볼 수 있다.

## 쉴리관

### 아네모피스 4세 아케나톤

고대 이집트 제18왕조의 파라오.

### 서기 좌상

고대 이집트의 조각상 중에서 가장 인지도가 높다. 어떤 인물을 표현하고 있는지는 명확하지 않지만 무릎 위에 펼쳐 놓은 파피루스(풀줄기 섬유로 만든 최초의 종이)로 짐작해볼 때 사회적 지위가 높은 인물임을 알 수 있다.

서기 좌상

## 드농관(회화)

### 〈사모트라케의 승리의 날개〉

1863년에 에게해의 사모트라케섬에서 발견된 헬레니즘 조각의 걸작.

### 다빈치 〈모나리자〉

너무나도 유명한 이 작품은 1804년 루브르 박물관으로 옮겨질 때까지 나폴레옹의 침실을 장식하고 있었다. 작품의 실제 여성은 피렌체의 상인인 조콘다의 부인일 뿐 그다지 중요한 인물은 아니다. 접두어인 〈모나〉는 부인, 즉 Mrs.를 가리키는 경칭이다. 〈모나리자〉의 미소는 특히 유명한데, 초상화가 지니는 어색함을

FRANCE

〈사모트라케의 승리의 날개〉

〈레오나르도 다빈치의 〈모나리자〉〉

피하기 위해 레오나르도 다빈치가 악사와 광대를 동원해 모델을 즐겁게 했다고 한다.
자신의 손이 그의 상상력에 미치지 못하는 것을 비관한 레오나르도는 이 작품을 미완성인 채로 내버려두었다는 일화도 전해진다. 하지만 오늘날 걸작으로 칭송받으며 다음 세대의 화가들에게 지대한 영향을 미쳤다.

### 제리코의 〈메두사호의 뗏목〉

테오도르 제리코는 이 작품으로 낭만주의의 진수를 보여주었다. 당대에 정치적 파문을 일으켰던 배의 조난 사고를 약 7x5m의 거대한 캔버스에 묘사한 것. 프랑스 식민지였던 세네갈로 프랑스인들을 나르던 이민선 메두사호는 아프리카 서부 해안에서 조난당했다. 선장과 선원들은 구호선으로 도피한 후 임시로 만든 뗏목에 149명의 승객들을 싣고 밧줄로 끌고 가기로 했다. 그러나 선원들은 뗏목과 연결된 밧줄을 끊고 도망쳤으며 승객들은 적도의 태양 아래에서 12일 동안 물과 식량도 없이 표류하며 말로 형언할 수 없는 고초를 겪었다. 결국 구조선이 이들을 발견했을 때 생존자는 오직 15명이었다고 한다.

제리코는 기자처럼 이 사건을 취재하면서 생존자를 만나 기아로 인해 서로를 잡아먹기에 이르렀던 무시무시한 체험담을 직접 들었다. 이 같은 특이한 작업 과정이 세부 묘사에 그대로 반영되어 있다. 승객들의 비틀린 육체는 살기 위해 그들이 얼마나 격렬하게 투쟁했는지 잘 보여주고 있다.

### 들라크루아의 〈민중을 이끄는 자유의 여신〉

1830년의 7월 혁명 기간 3일 중 가장 전투가 치열했던 7월 28일을 표현한 것으로, 이 그림의 주제는 민중을 이끌어가는 자유의 여신을 말하고 있다. 혁명에 관한 정치적 관심에서가 아니라 해방되어 가는 자유에 대한 공감이 사실적이고 역동적으로 묘사되어 있다. 프랑스 삼색기를 손에 들고 전진하며 시민군을 지휘하는 서민으로서의 여신 형상을 통해 진정한 자유, 평등, 박애의 자유주의 구호를 묘사하고 있다.

### 다비드의 〈나폴레옹 1세의 대관식〉

교황 피오 7세의 입회하에 파리의 노트르담 대성당에서 거행되고 있는 나폴레옹 황제의 대관식을 묘사하고 있다. 군집한 인물들을 적절하게 배치하고 밝은 빛을 사용하여, 거대한 군중을 묘사함에 있어 혼란스럽고 복잡해질 위험을 효과적으로 최소화하였다. 개개의 인물들은 매우 사실적으로 묘사되어 있으면서도 전체적으로 위엄과 장대함을 갖추고 있다.

제리코의 〈메두사호의 뗏목〉

들라크루아의 〈민중을 이끄는 자유의 여신〉

다비드의 〈나폴레옹 1세의 대관식〉

다비드의 〈사비니 여인의 중재〉

## 다비드의 〈사비니 여인의 중재〉

비극적으로 보이는 이 작품이 그려진 때는 프랑스혁명이 한창일 때이다. 다비드가 동족상잔의 비극을 주제로 그린 것이지만 그 이상의 의미를 내포하고 있다. 로마가 만약 프랑스 혁명 당시 무한 권력을 누리던 자코뱅당을 상징한 것이라면, 이 작품은 다비드 특유의 냉소가 엿보인다.

## 아폴로 갤러리
### 루이 15세의 왕관
1722년 제작한 왕관으로 루이 15세가 대관식 때 사용했다.

♦ 3층 2ème étage ♦

루브르의 핵심이라고 할 수 있는 회화 작품을 모두 한 층에 전시(일부 소묘, 판화 포함)하고 있다. 쉴리관의 전시실과 리슐리외관 일부에는 소장 회화의 3분의 2를 차지하는 프랑스 회화를 연대순, 계통별로 전시하고 있다. 북서쪽 모퉁이에서 시계 방향으로 쉴리관을 한 바퀴 돌면, 14~19세기 프랑스 회화의 흐름을 알 수 있다. 한편 쉴리관에는 14~17세기의 네덜란드, 플랑드르, 독일 등의 북방 회화가 전시되어 있다.

## 리슐리외관
### 17세기 네덜란드 회화
#### 베르메르의 〈레이스를 짜는 여인〉
얀 베르메르의 작품들은 대부분 전형적인 네덜란드 가옥의 실내에 있는 인물들을 그린 풍속화가 주를 이룬다. 이 그림에서 전반적으로 따뜻한 질감이 느껴지는 이유는 색채나 형태가 완벽에 가깝도록 치밀하게 묘사되어 있기 때문이다. 정확한 윤곽을 먼저 만들고, 불필요하거나 거친 선들은 하나씩 제거시켰으며 창문이 있을 법한 곳에서 쏟아지는 빛이 닿는 부분마다 부드럽고 따뜻한 색채를 사용했다. 베르메르는 이 작품에서 단순하면서도 가식 없는 서민들의 삶의 한 단편을 특유의 부드러운 회화 기법을 사용해 잔잔한 감동을 불러일으키고 있다.

### 17세기 플랑드르 회화
#### 루벤스의 〈마리 드 메디시스 시리즈〉
루벤스가 3년 동안 혼자서 완성한 대작으로, 프랑스 여왕 마리 드 메디시스의 생애를 기념하는 21개의 연회작이다. 이 시리즈를 그리는 데 있어서 가장 큰 어려운 점은 이렇다 할 업적이 없는 그녀의 생애를 어떻게 영광스럽게 윤색해내는가의 문제였다. 그는 뛰어난 재능으로 마리 드 메디시스가 아들을 낳는 장면을 장엄한 탄생화로 바꾸고 있다. 마리의 교육 장면에서는 미네르바와 아폴로 신이 직접 음악과 웅변술을 가르치고 있다.

#### 〈마리 드 메디시스의 입성〉(1622~1625년)
명예의 여신이 황금 나팔을 불며 그녀의 프랑스 입성을 환영하고 있다. 그는 일부러 마리의 이중 턱을 그려 넣지 않았는데(그러나 다음 장면의 초상화에서는 그녀의 비만한 모습이 여실히 묘사되어 있다), 그 대신 보는 이의 시선이 전면에 있는 풍만한 육체의 관능과 바다 요정들에게 가도록 하고 있다. 이 그림에서 루벤스는 화려한 색채, 호화로운 의상, 금으로 만든 배처럼 바로크 시대의 과장된 표현을 보여주고 있다.

#### 〈앙리 4세의 신격화와 마리 드 메디시스의 섭정 선언〉
폭이 7m가 넘는 이 대작은 루벤스가 1622년부터 1625년까지 그린 24점의 대형 그림 중 하나이다. 24점의

베르메르의 〈레이스를 짜는 여인〉(좌),
루벤스의 〈마리 드 메디시스의 입성〉(우)

그림을 하나로 모으면 약 90평 정도가 된다고 한다. 신화와 역사를 통합하는 웅장한 상상력은 바로크의 대표적 화가 루벤스의 붓 터치에 힘입어 완벽하게 탄생한다. 왕의 비극적인 암살 사건(1610년)은 신격화된 그림으로 표현되었고 마리 드 메디시스는 미네르바, 페르세우스 등의 신과 귀족들에 의해 섭정으로 추대받으며 자신이 통치할 세상을 상징하는 공을 건네받고 있다.

### 15~16세기 독일 회화
### 뒤러의 〈자화상〉

알브레히트 뒤러는 사실주의라는 북유럽 미술의 특성과 이탈리아 르네상스의 혁신적인 요소들을 결합시킨 화가이다. '북유럽의 레오나르도 다빈치'라고도 불리던 그는 수많은 자화상을 그렸는데, 그의 나이 스물여덟 살 때 그렸던 것들이다. 어깨까지 늘어뜨린 곱슬곱슬한 머리카락, 특이한 모자와 우아한 옷, 가만히 양손을 모으고 앉아 있는 모습 등에서 귀족적인 분위기가 물씬 풍긴다. 특히 섬세한 붓 터치가 돋보인다.

뒤러의 〈자화상〉

## 쉴리관

### 17세기 프랑스 회화
### 조르주 드 라 투르의 〈사기꾼〉

일명 촛불 화가로 알려져 있는 조르주 드 라 투르는 빛의 강렬한 대비를 보여주는 것이 특징이다. 이 그림에서 빛과 어둠의 배분은 등장인물의 관계를 강조하는 역할을 한다. 오른쪽 벽 주위, 즉 돈 잃을 사람 뒤쪽으로만 밝은 빛이 보이는 반면 나머지 3사람의 어두운 배경은 같은 세계에 속해 있음을 뜻한다. 이는 순진함과 속임수의 영역을 보여주는 것이기도 하다. 이 그림은 이런 속임수에 넘어가지 않으려면 그림 속의 젊은이보다 더 신중하고 주의 깊어야 한다는 교훈을 담고 있다. 그들을 유혹하는 여자를 조심해야 하고, 취할 정도로

조르주 드 라 투르의 〈사기꾼〉

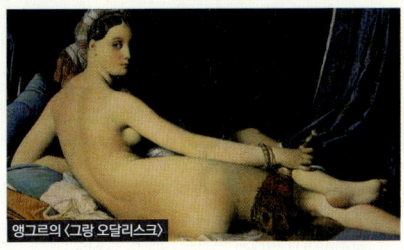

앵그르의 〈그랑 오달리스크〉

술을 마시지 말아야 하며, 모든 것을 잃고 싶지 않다면 도박에 손을 대지 말아야 한다는 것을 보여 준다.

### 18세기 프랑스 회화
### 프라고나르의 〈마리-마들렌 기마르 초상화〉

프라고나르는 프랑스 로코코 시대의 유명 화가이다. 그는 화려한 빛과 색채를 사용하여 궁정생활의 화려함과 흰 레이스에 둘러싸인 여인들의 모습을 묘사했다. 작품 속 여인은 무척 밝고 환한 인상을 보여 준다. 그녀에게 세상의 근심과 걱정은 전혀 다른 세상 이야기처럼 보인다.

### 19세기 프랑스 회화
### 앵그르의 〈목욕하는 여인〉

장 오귀스트 도미니크 앵그르는 깨끗하고 정확한 형태, 이상화된 아름다움, 균형 잡힌 구성으로 신고전주의양식의 정상을 보여주고 있다. 그는 전 생애에 걸쳐 여성 누드라는

앵그르의 〈목욕하는 여인〉

주제에 관심을 갖고 다양한 작품을 내놓았으며 이 작품은 〈그랑 오달리스크〉와 함께 19세기 당시 동양에 대한 관심을 나타낸 것이다.

### 카미유 코로의 〈모르트퐁텐느의 추억〉

카미유 코로는 사실주의적인 화풍을 고수한 화가로 특히 풍경화가 유명하다. 그는 자연이야말로 진정한 스승이라 여기며 자연 풍경에 전념했다. 퐁텐블로 숲을 자주 찾아 그림을 그렸으며, 이탈리아 곳곳을 여행하며 남유럽의 찬란한 햇빛과 투명한 경치를 성실하게 그려 나갔다. 시적인 감성을 담아 표현하는 그의 풍경화는 부드러우면서도 은은한 분위기가 감돌아 보는 이의 마음을 평온하게 한다.

## SIGHTSEEING
# 라 데팡스

파리 도심의 옛 시가지를 그대로 보존하면서 현대적 감각을 더해 만든 신도시. 라 데팡스(La De'fense)는 외곽에 있기 때문에 일정을 짤 때 '루브르 박물관 – 에투알 개선문 구역' 코스에 추가하거나, 외곽 지역만 순환하는 코스로 잡는 게 좋다.

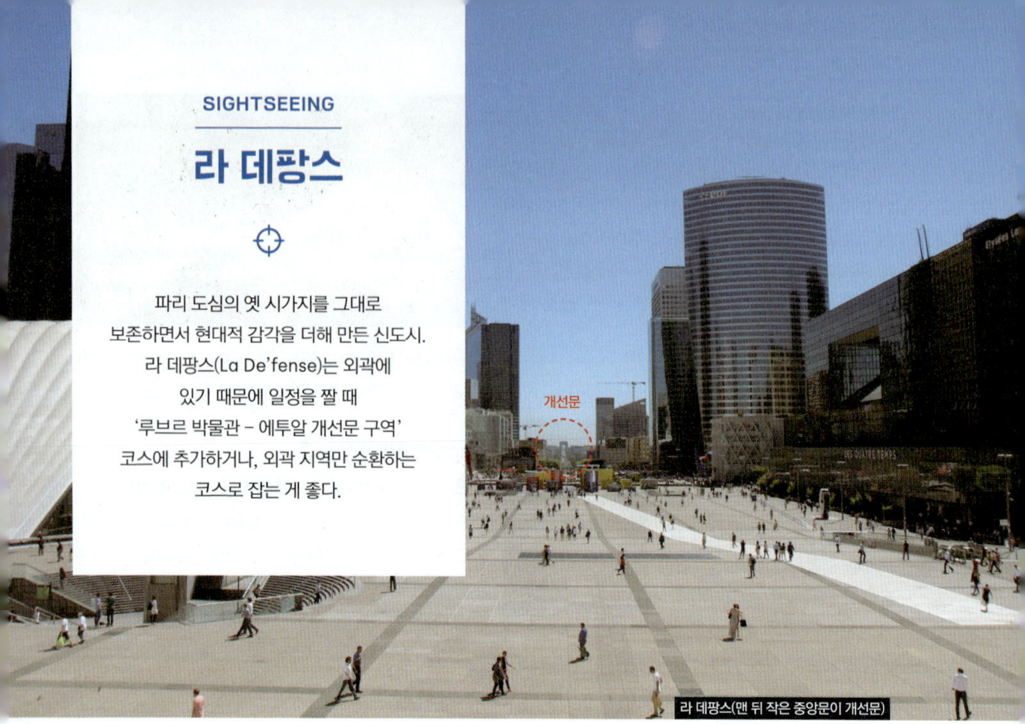

개선문

라 데팡스(맨 뒤 작은 중앙문이 개선문)

### 신 개선문(그랑드 아르슈)
#### La Grande Arche
★

**프랑스 혁명 200주년 기념작**

1989년 프랑스 혁명 200주년을 기념하기 위해 덴마크 건축가 오토 본 스프레켈션이 설계했다. 신 개선문은 높이 110m의 거대한 문으로 가운데를 뚫어 사각형 모양으로 만들고 벽면은 유리 창문으로 장식했다. 유리로 된 엘리베이터를 타고 전망대로 올라가면 **탁 트인 전망**을 볼 수 있다. 에투알 개선문–샹젤리제 거리–콩코르드 광장–튈르리 정원–카루젤 개선문–루브르 박물관이 일직선을 이루는 아름다운 광경에 감탄이 절로 난다. 신 개선문 주변에 늘어선 현대적 감각의 빌딩들은 라 데팡스의 또 다른 볼거리다. 광장에는 손가락 조각상을 비롯한 현대미술가들의 야외조각상이 설치되어 있다.

📍 Parvis de La Défense
🌐 www.lagrandearche.fr ⏰ 매일 10:00~19:00
💰 전망대(프롬나드 Promenade) 성인 €15, 학생 €10
🚇 메트로 1호선, RER A선 La Défence Grand Arche역에서 하차. 또는 버스 73·141·158·159 이용 📖 지도 P.182-A

라 데팡스의 상징, 신 개선문

## SIGHTSEEING

# 시테섬

센강 한가운데에 있는 시테섬(Ile de la Cité)은 파리의 발상지답게 거리 곳곳에서 역사의 숨결이 느껴진다. 낭만이 깃들어 있는 퐁 네프 다리에서 어두운 역사가 숨겨진 콩시에르주리를 보고 생트 샤펠을 지나 노트르담 대성당에 들러보자.

## 생트 샤펠
### Sainte Chapelle
★

### 가장 아름다운 고딕양식의 교회

루이 9세가 동로마제국 콘스탄티노플 황제에게서 구입한 그리스도의 가시면류관과 십자가의 일부를 보관하기 위해 세운 곳으로, 파리에서 가장 아름다운 고딕양식 교회. 내부 아래층은 서민들이 예배하던 곳으로 고딕양식의 특징인 **교차리브**(아치형태의 천장을 지탱하는 대들보)와 기둥, 벽 등을 장식한 채색조각이 매우 아름답다. 위층은 왕족과 귀족들이 예배를 보던 곳으로 벽면에 장식된 스테인드글라스는 마치 벽이 없는 것처럼 투명하고 화려하며 눈부실 정도로 아름답다.

**빛의 성경이라 불리는 스테인드글라스**는 파리에서 가장 오래된 것이자 최고의 걸작으로 평가받는다. 성경에 나오는 창세기의 아담과 이브를 비롯해 그리스도의 어린 시절 등 여러 신약·구약성서 이야기를 시대 순으로 새겨놓았는데, 대부분 13세기 당시의 모습 그대로이다. 해가 비칠 때 관람하면 내부가 빨강, 초록, 파랑, 황금빛으로 물들어 환상적인 분위기를 자아낸다. 색다른 체험을 원하면 촛불 방에서 정기적으로 열리는 콘서트에 참가해보자. 자세한 내용은 입구 매표소나 여행 안내소에 문의한다.

4 Bd. du Palais  www.sainte-chapelle.fr
10~3월 09:00~17:00, 4~9월 09:00~19:00
**휴무** 1/1, 5/1, 12/25
€13, 생트 샤펠+콩시에르주리 €20,
**무료 입장** 18세 이하, 매월 첫째 일요일(11~3월)
메트로 4호선 Cité역 하차. 버스 21·24·27·38·58·85·96번 이용. 콩시에르주리 바로 옆  지도 P.188-D

## 콩시에르주리
### La Conciergerie

### 공포의 상징이었던 감옥

필리프 4세가 세운 궁전으로 14세기 당시의 옛 모습을 그대로 간직하고 있다. 센강 오른쪽 기슭에서 바라보면 4개의 탑을 가진 고풍스런 건물이 중후하고 위엄 있는 모습으로 서 있다. '콩시에르주리'는 왕실의 고관과 그 관리부를 의미한다. 프랑스 혁명 때는 감옥으로 사용되어 공포의 대명사가 되기도 했다. 고딕양식의 대형홀인 '위병의 방'은 원래 궁전

신하들의 식당으로 사용되었으나, 이후 남자 죄수들의 수용소로 사용되었다. 위층으로 가면 대혁명 시대의 감옥 모습을 소개하는 자료실이 있다. 이곳에서 76일을 보냈던 **마리 앙투아네트의 독방**이 그대로 재현되어 있으며 그녀의 유품들도 전시되어 있다.

- 2 Bd. du Palais
- www.monum.fr | www.paris-conciergerie.fr
- 09:30~18:00(티켓 구입은 폐관 30분 전까지)
- 휴무 5/1, 12/25
- €13, 생트 샤펠＋콩시에르주리 €20, **무료 입장** 만 18세 이하, 11~3월 첫 번째 일요일(사전 예약 필수)
- 메트로 4호선 Cité역, 1·7·11·14호선 Châtelet역 하차. 또는 버스 21·24·27·38·58·81·85·96번 이용
- 지도 P.188-D

## 노트르담 대성당
### Cathédrale Notre-Dame de Paris
★

### 프랑스 고딕양식의 최고 걸작

1345년에 완공된 **노트르담**(성모 마리아를 의미) 대성당은 매년 1,200만 명 이상의 방문객이 찾을 정도로 그 인기가 대단하다. 빅토르 위고의 명작 〈노트르담의 꼽추〉로도 잘 알려져 있다. 길이 130m, 폭 48m, 높이 35m에 이르는 대성당에는 북쪽 〈성모 마리아 문〉, 중앙 〈최후의 심판문〉, 남쪽 〈성 안나의 문〉이 있다. 각각의 문에는 성서 이야기들이 새겨져 있다. 이러한 부조와 조각들은 당시 문맹자를 위한 배려이다. 본당에서 가장 유명한 것은 **장미창(스테인드글라스)**이다. 서쪽 장미창이 가장 오래되었고, 남쪽·북쪽 장미창은 지름이 13m나 될 정도로 규모가 크다. 쿠아즈보의 〈피에타〉를 중심으로 왼쪽에 루이 14세상, 오른 쪽에 루이 13세상이 있다. 날씨가 좋으면 이곳에 햇살이 쏟아져 매우 아름답다. 성당 안에는 프랑스에서 가장 큰 파이프 오르간(7,952개의 파이프)이 있다.

정면에서 본 노트르담 대성당

가고일과 파리 시내 전경

괴물 모양의 빗물받이 가고일

생 루이 섬에서 바라본 노트르담 대성당

### 전망대 & 포토 스폿

북쪽 탑으로 연결되는 나선형 계단을 따라 전망대에 올라가면 시내와 센강이 한눈에 들어온다. 혀를 깨물거나 무언가를 물어뜯는 뿔이 달린 **가고일(Gargoyle)** 을 보는 것도 또 다른 재미. 가고일은 기독교 교회의 지붕 네 귀퉁이에 있는 아주 추한 괴물 모양의 빗물받이다. 원래 악마의 석상인데 기독교가 전파되면서 하느님의 전능으로 악마가 교회에 침범하지 못하도록 망을 보는 수호자 역할을 하게 되었다. 성당 앞 광장에는 파리의 중심지를 나타내는 별 모양 표시인 **'포앵 제로(Point Zero)'**가 있다. **성당의 모습은 아르슈베슈 다리를 건너 센강 왼쪽 기슭에서 바라보는 남쪽과 뒤쪽에서 볼 때 가장 아름답다.** 현재는 외관 보수 공사로 멋진 풍경을 포착하기 쉽지 않다.

포앵 제로

※ 2019년 발생한 화재로 보수 공사를 진행하고 있으며, 2024년 12월 성당의 일부를 재개관했다. 성당을 마주볼 때 성당 건물 오른쪽에 유료 화장실이 있다.

📍 6 Place du Parvis Norte-Dame
🌐 www.cathedraledeparis.com(대성당)
www.monum.fr(탑) | www.notredamedeparis.fr
🚇 메트로 4호선 Cité역에서 도보 2분. 또는 버스 21·38·47·58·70번 이용   🗺 지도 P.188-E

---

🔔 **로마의 흔적이 깃든 시테섬**

고대에는 켈트계의 파리시(Parisii)족들이 거주하는 선착장과 취락에 불과했지만 로마시대에 센강의 양안까지 발전하여 오늘날 파리의 발상지가 되었다. 파리의 상징인 이 섬은 9개의 다리로 센강의 양안과 상류에 있는 생 루이섬과 이어진다.
섬의 남동부에는 12~13세기에 건립된 노트르담 대성당과 파리 시립병원, 경시청, 콩시에르주리 감옥, 생트 샤펠이 있는 재판소가 있다. 끌뤼니 공동목욕탕(Hotel de Clunny : 중세 박물관)과 함께 검투사 시합에 1만 명 이상이 모였던 원형 경기장 옛터에 로마인이 정착했던 흔적이 남아 있다. 그중 수많은 유적들이 노트르담 대성당의 지하주차장을 건설하는 중에 발견되었다.

## SIGHTSEEING

# 카르티에 라탱 · 생 제르맹 데 프레

생 미셸 거리를 중심축으로 동쪽은 카르티에 라탱(Quartier Latin) 지구, 서쪽은 생 제르맹 데 프레(St. Germain des Pre's) 지구로 나뉜다. 카르티에 라탱 지구는 800년 이상의 전통을 지닌 소르본 대학을 비롯한 대학가를 이루고 있으며 서점과 레스토랑이 많다. 생 제르맹 데 프레 지구는 생 제르맹 거리와 생 미셸 거리를 따라 1950년대에 사르트르, 보부아르 등 철학자, 작가, 음악가들이 모여 토론하고 담소를 나눴던 흔적이 남아 있다. 최근에는 생 제르맹 거리에 유명 브랜드숍이 생겨나고 있다.

## 생 제르맹 데 프레 교회
### Église St. Germain des Prés

**프랑스에서 가장 오래된 교회**

542년에 세운 로마네스크양식 교회로 프랑스에서 가장 오래된 교회이다. 576년에 파리 주교 성 제르맹이 묻힌 후 '생 제르맹 데 프레'라고 불렸다. 오랜 세월을 거치면서 로마네스크에서 고딕, 신고전주의, 고딕부흥양식으로 교회 모습이 변천해왔다.

내부에는 14세기 대리석상 〈평안의 성모 마리아상〉, 18세기 니콜라 베르탱의 로코코양식의 유화 〈환관의 세례〉, 〈간다게 여왕 내시의 세례〉가 볼만하다. 그밖에 철학자이자 수학자인 데카르트의 묘비도 있다. 최근 보수·복원 공사를 통해 대부분 완성했다.

※ 교회 앞에 위치한 레 두 마고, 카페 드 플로르 등의 유명 카페가 있다.

🏠 3 Pl. St. Germain des Prés
@ www.eglise-sgp.org
www.eglise-saintgermaindespres.fr
📞 일~월요일 09:30~20:00, 화~토요일 08:30~20:00
💰 무료  🚇 메트로 4호선 St Germain des Pres역(1번 출구) 하차  📍 지도 P.185-A

## 생 쉴피스 교회
### Église St. Sulpice

**로마네스크와 바로크양식의 혼합**

6세기경 성 쉴피스에게 헌정된 교회로 길이 113m, 폭 58m, 높이 33m에 이르는 매우 큰 규모이다. 13세기 로마네스크양식으로 지은 후 여러 차례 증축을 통해 바로크양식으로 완성했다. 본당과 익랑, 둥근 성가대, 방사형 예배당, 둥근 천장 등이 있다. 프랑스에서 가장 큰 규모를 자랑하는 6,558개의 파이프 오르간과 들라크루아의 프레스코화 〈천사와 싸우는 야곱〉, 〈사원에서 쫓겨난 헬리오도로스〉가 볼만하다. 피갈의 조각상과 제단 뒤 장 밥티스트 피갈 〈성모와 아기상〉도 놓치지 말자. **영화 〈다빈치 코드〉의 배경**이 되어 유명세를 탔다.

※ 성당 앞 생 쉴피스 광장에는 카트로 포앵 카르디노 분수(앞에 식수대가 있음)가 있다.

들라크루아의 〈악마를 무찌르는 대천사 미카엘〉

〈유니콘과 여인〉

- Pl. St-Sulpice
- www.paroissesaintsulpice.paris
- 08:00~19:45 메트로 4호선 St. Sulpice역에서 도보 3분. 또는 버스 58·63·70·86·87·89·95번 이용
- 지도 P.185-C

## 중세 박물관
### Musée de Cluny
### (Musée national du Moyen Âge)
★

### 프랑스 중세 예술의 보고
클뤼니 수도원이 파리로 상경하는 사제들의 거처를 마련하기 위해 1500년경에 지은 건물. 프랑스 대혁명 후 알렉상드르 뒤 솜므라드가 인수해 40여년 동안 중세와 르네상스 예술품을 수집했다. 그의 사후 국가에서 인수해 1844년 중세 박물관으로 개관했다. 현재 총 24개 전시실에 2만 점 이상의 미술품을 전시하고 있다.

### 꼭 봐야 할 작품들
박물관은 크게 2개의 층과 정원으로 구성된다. U자형으로 설계된 중세 수도원 건물의 한쪽에는 떼르메 드 클뤼니(Thermes de Cluny)로 알려진 3세기 골-로마인의 '**냉욕장**'의 유적이, 다른 건물에는 예술품들이 전시되어 있다. 전반적으로 로마네스크 양식이지만 기도실은 천장이 높은 고딕양식으로 지어졌다. 지하 입구는 건축물 보존 상태가 완벽하여 건축사적으로도 매우 가치가 높다. 1층에는 노트르담 대성당의 조각을 중심으로 교회 장식이 전시되어 있다. 8번 방에 있는 〈**왕들의 조각상(Têtes des Rois de Juda)**〉은 12~13세기에 제작된 왕들의 머리 조각상이다. 2층에는 박물관에서 가장 유명한 〈**유니콘과 여인**〉이라는 태피스트리가 전시되어 있다. 1482~1500년에 제작된 것으로 추정되는 작가 미상의 작품이다. 푸른 천막 안에서 젊은 부인이 자신의 욕망을 억제하며 시종이 든 보석함에 자신의 보석을 넣고 있으며, 여인의 양 옆에는 유니콘과 사자처럼 생긴 동물이 서 있는데, 인간의 욕망을 적나라하게 표현하고 있다. 원형 전시실은 벽면이 모두 검은 색이고 통로나 창문이 없어 빛이 전혀 들어오지 않는다.

- 6 Place Paul Painlevé
- www.musee-moyenage.fr
- 09:30~18:15(티켓 마감 17:25)
- 휴무 월요일, 1/1, 5/1, 12/25
- 성인 €12, 학생 €10, **무료 입장** 18세 이하, 매달 첫째 일요일, 파리 뮤지엄 패스 소지자
- 메트로 10호선 Cluny-La-Sorbonne(2번 출구), Saint-Michel, Odéon역에서 도보 5분. 또는 버스 21·27·38·63·85·86·87번 이용
- 지도 P.185-B

## 팡테옹
### Panthéon
★

### 프랑스 위인들이 잠든 곳
로마 판테온의 영향을 받은 **신고전주의양식**의 건물. 1744년 루이 15세가 자신의 병이 쾌유된 것에 대한 감사의 표시로 파리의 수호신인 성 주느비에브를 모시기 위해 세운 성당이다. 건축가 스플로가 설계하여 높이 83m, 길이 110m, 폭 80m의 성당을 짓기 시작했는데 재정 부족과 사고 등으로 지연되어 1789년 프랑스 대혁명 때 완성되었다. 혁명정부 때는 혁명 영웅들의 시신이 안치되는 영묘(靈廟)로, 나폴레옹 1세 때는 교회로, 파리 코뮌 때는 사령부가 되는 등 파란만장한 역사를 지니고 있다. 지하묘실에는 미라보, 루소, 볼테르, 퀴리 부부 등의 묘가 안치되어 있다.

### 영웅과 역사를 모티프한 장식화
내부는 벽면에 클로비스 1세, 생 루이, 잔 다르크 등의 영웅과 역사적인 에피소드를 모티프로 한 장식화가 눈에 띈다. 특히 퓌비 드 샤반의 **〈성 주느비에브의 생애〉**가 유명하다. 천장에 매달린 추는 1849년 물리학자 푸코가 지구의 자전을 처음 실험할 때 사용한 것이다. 264개의 계단을 따라 돔에 올라가면 파리 전경을 한눈에 볼 수 있다.

🏠 Place du Panthéon  🌐 www.paris-pantheon.fr

🕐 4~9월 10:00~18:30, 10~3월 10:00~18:00
휴무 1/1, 5/1, 12/25
💶 €13, 파노라마 €3.50, **무료 입장** 부모를 동반한 16세 이하, 매월 첫 번째 일요일(11~3월), 파리 뮤지엄 패스 소지자
🚇 메트로 10호선 Cardinal-Lemoine역이나 RER B선 Luxembourg역에서 도보 5분
📍 지도 P.185-D

## 소르본 대학
### La Sorbonne

### 프랑스 최고의 대학
1253년 로베르 드 소르본 신부가 세운 대학으로, 총 13개로 나뉘어 있는 파리의 대학 중 3, 4 대학이 이곳에 있다. 소르본은 파리 대학의 옛 문학부와 옛 인문과학부의 총칭이다. 빅토르 위고, 퀴리 부인 등 수많은 노벨상 수상자와 유명인사를 배출해낸 프랑스 최고의 대학이다.

최근에는 외부인의 출입을 통제한다. 특별한 날이나 이벤트가 있을 때만 공개되는 대학 부속 교회가 있다. 1635~1642년에 만들어진 예수회양식의 건물로 제단 중앙에는 이곳 교장을 지냈던 리슐리외 추기경의 조각상과 묘비가 있다.

🏠 47 Rue des Écoles
🌐 www.sorbonne-universite.fr
🚇 메트로 10호선 Cluny-La Sorbonne역 또는 Maubert-Mutualité역 하차  📍 지도 P.185-D

뤽상부르 공원

뤽상부르 궁전

## 뤽상부르 공원과 궁전
### Jardin et Palais du Luxembourg
★

### 파리 시민들의 휴식처인 프랑스식 공원
수많은 예술가들이 찬미한 뤽상부르 공원은 파리에서 가장 오래된 공원이자 25만 ha에 이르는 넓은 규모를 자랑하는 파리 시민들의 휴식처이다. 줄지어 나무를 심고 울타리를 치고 깨끗한 잔디 분수와 연못, 벤치 라인에 자갈길이 있는 전형적인 프랑스식 공원이다.

### 마리 드 메디시스의 이탈리아식 궁전
1627년 앙리 4세의 왕비 마리 드 메디시스(루이 13세 母)의 명으로 완성되었다. 루브르 궁전이 마음에 들지 않았던 그녀는 왕이 죽은 후 이곳에 자기의 고향인 이탈리아식 궁전을 세웠다. 그 궁이 뤽상부르 궁전이고 정원이 뤽상부르 공원이 되었다. 하지만 그녀가 궁에 머문 기간은 5년에 불과했으며 추기경 리슐리외에 의해 블루아 성으로 추방되어 쓸쓸한 최후를 맞았다. 왕족의 거주 공간으로 쓰이다가 프랑스 대혁명이 일어나자 감옥으로 사용되기도 했다. 현재는 프랑스 상원 건물로 쓰이고 있다. 공원에는 파리의 수호 성녀인 주느비에브를 조각해놓은 동상이 있다.

※ 메디치 가문 출신의 프랑스 왕비: 카트린 드 메디시스(앙리 2세의 왕비), 마리 드 메디시스(앙리 4세의 왕비)
※ 식수대, 무료 화장실이 있다.

🏠 Jardin du Luxembourg-19 Rue de Vaugirard
🕐 07:00~해 지기 전(겨울 08:00~)
🚇 메트로 4호선 St. Sulpice역, Odéon역, RER B선 Luxembourg역에서 하차  📍 지도 P.185-C

## 아랍 세계 연구소
### Institut du Monde Arabe

프랑스에서 이슬람풍 분위기를 느껴볼 수 있는 건물. 기획과 상설을 합쳐 모두 6개의 전시장이 있다. 아랍의 전통 문양인 아라베스크 무늬를 배치한 유리로 된 하이테크 건축물은 건축가 장 누벨이 완성했다. 8층에는 이슬람 국가들의 공예품 등이 있고, 9층에는 파리 시가지를 전망할 수 있는 레스토랑과 아랍풍의 액세서리, 그림엽서 등을 판매하는 숍이 있다.

🏠 1 Rue des Fossés Saint-Bernard
@ www.imarabe.org
🕐 화~금요일 10:00~18:00, 토~일요일 10:00~19:00
휴무 월요일, 이슬람 기념일, 5/1
💶 성인 €9, 학생 €7, 파노라마 테라스 무료(화~일요일 10:00~18:00), 파리 뮤지엄 패스 소지자는 무료
🚇 메트로 10호선 Cardinal Lemoine역, 메트로 7호선 Jussieu역에서 하차
📍 지도 P.188-E

## SIGHTSEEING

# 몽파르나스

몽파르나스(Montparnasse)는 1900~1945년까지 근 45년 동안 예술과 유행의 선봉에 섰던 곳이다. 지금은 당시와 같은 열정은 사라졌지만 르 돔, 라 로통드, 르 셀렉트 등 옛 카페에서는 모딜리아니, 샤갈, 헤밍웨이 등이 예술에 열정을 쏟았던 자취들을 엿볼 수 있다. 초고층 건물 몽파르나스 타워는 지금의 몽파르나스를 상징하고 있다. 산책 겸 몽파르나스 묘지에 들러 보들레르, 보부아르, 모파상 등 예술가들을 만나보자.

## 몽파르나스 타워
### Tour Montparnasse
★

#### 파리에서 가장 높은 빌딩

몽파르나스 지구를 재개발하면서 지은 현대식 건물로 높이 209m에 이르는 59층짜리 빌딩. 초고속 엘리베이터를 타면 38초 만에 올라간다. 56층에 내려 3층을 걸어 올라가면 전망대가 나온다. 전망대에서는 파리의 전경을 감상할 수 있다. 전망대 외에는 일반 사무실로 이용되고 있다.

- 33 Av. du Maine
- www.tourmontparnasse56.com
- 4~9월 09:30~23:30, 10~3월 일~목요일 09:30~22:30 (금~토요일, 축제 전날 ~23:00)
- €22.5(온라인 €18.5), 계절·요일에 따라 요금이 다름
- 메트로 4·6·12·13호선 Montparnasse Bienvenue 역, 메트로 7호선 Jussieu역에서 하차. 또는 버스 28·58·82·91·92·95·96 이용 ● 지도 P.189-C

## 몽파르나스 묘지
### Cimetière du Montparnasse

#### 보들레르, 사르트르가 잠든 곳

파리에서 2번째로 큰 묘지로 페르 라셰즈 묘지와 함께 유명하다. 마치 공원처럼 밝은 분위기의 이 묘지는 몽파르나스역 동쪽 라스파이 대로(Bd. Raspail)와 에드가 퀴네 대로(Bd. Edgar Quinet) 사이에 있다. 묘지 한가운데에 길이 있어 2군데로 나뉘어 있다. 〈연인〉으로 유명한 마르그리트 뒤라스를 비롯해 보들레르, 보부아르, 모파상의 묘가 이곳에 있다. 입구 관리실에 가면 유명인사의 묘지가 표시된 안내도(무료)를 준다.

몽파르나스 타워

사르트르의 묘지

모파상의 묘지

📍 3 Bd. Edgar Quinet
🌐 www.paris.fr/lieux/cimetiere-du-montparnasse-4082
🕐 3월 중순~10월 월~금요일 08:00~18:00,
토요일 08:30~18:00, 일요일, 공휴일 09:00~18:00
11월~3월 중순 월~금요일 08:00~17:30,
토요일 08:30~17:30, 일요일, 공휴일 09:00~17:30
💰 무료  🚇 메트로 4·6호선 Raspail역, 메트로 6호선 Edgar Quinet역에서 하차. 또는 버스 83·91번 이용
🗺 지도 P.189-D

레한 팬부터 나이 어린 팬들까지 그의 묘지를 점거하는 모습을 자주 볼 수 있다. 특히 오스카 와일드의 묘소에는 열광적인 팬들의 립스틱 자국이 그의 화려했던

짐 모리스 묘지

인생만큼 현란하게 찍혀 있다. 가장 인상적인 곳은 파리 코뮌 병사의 벽. 파리 코뮌 때 처형당한 자유로운 영혼들이 이곳에 잠들어 있다. 입구 앞쪽에 식수대가 있다.

## 페르 라셰즈 묘지
### Cimetière du Père Lachaise

### 각계 유명인들이 잠들어 있는 묘지

파리에서 가장 큰 묘지로 쇼팽, 발자크, 프루스트, 모딜리아니 등의 유명인들이 잠들어 있다. 1971년 요절한 전설적인 록 밴드 도어스의 보컬인 짐 모리슨의 묘지도 이곳에 있다. 가죽바지를 입은 늙수그

📍 Bd. de Menilmontant  🌐 www.paris.fr/dossiers/bienvenue-au-cimetiere-du-pere-lachaise-47
🕐 3월 중순~10월 월~금요일 08:00~18:00,
토요일 08:30~18:00, 일요일, 공휴일 09:00~18:00
11월~3월 중순 월~금요일 08:00~17:30, 토요일 08:30~17:30, 일요일, 공휴일 09:00~17:30  💰 무료
🚇 메트로 2·3호선 Père Lachaise역에서 하차
🗺 지도 P.183-H

외벽에 연도별로 사망자 명단이 적혀있다.

---

**tip** | **달팽이처럼 나선형으로 배치된 파리의 20구**

파리 시내 중심에 흐르는 센(Seine)강은 동남쪽에서 서남쪽으로 흐르며 거리를 크게 둘로 나눈다. 북쪽으로 펼쳐진 것이 우안(Rive Droite), 남쪽으로 펼쳐진 것이 좌안(Rive Gauche)이다. 우안과 좌안은 20구로 구성되어 있다. 파리의 거리는 '에스카르고(달팽이)'라고 부르는데, 이는 전체 20구가 마치 달팽이처럼 배치되어 있기 때문이다.
시테섬 일부와 루브르 궁전, 팔레 루아얄 등의 구 왕궁을 1구로 하여, 페르 라셰즈 묘지가 있는 20구까지 오른쪽으로 도는 나선형으로 되어 있다. 주로 나선의 중심부에 관광 명소들이 모여 있고, 바깥으로 갈수록 주택가가 많은 편이지만 몽마르트르나 몽파르나스처럼 외곽에 있는 명소들도 있다.

## SIGHTSEEING

# 에펠 탑 ~ 오르세 미술관

여행객들이 파리에 오면 가장 먼저 찾는 곳. 파리의 랜드마크인 에펠 탑과 황금빛으로 물든 앵발리드는 귀족 거리 (Noble Faubourg)로 주변에 저택이 많이 남아 있다. 현재는 부르봉 궁전 (국민의회), 마티뇽 저택(총리관저), 크레테유 저택(교육부)처럼 타국의 대사관이나 관공서로 이용되고 있다. 나폴레옹이 다녔다는 육군사관학교에서 에펠 탑까지는 녹색 카펫이 깔려 있는 샹 드 마르스 공원이 있다. 동쪽 센강 부근에는 인상파 화가들의 명화가 전시된 오르세 미술관이 있다.

## 에펠 탑
### Tour Eiffel
★

### 구스타브 에펠의 설계

1889년 프랑스 혁명 100주년을 기념하여 개최된 파리 만국박람회 때 철의 마술사라 불리는 구스타브 에펠의 설계로 건설되었다. 2년에 걸쳐 완공되었을 때 엘리베이터가 작동되지 않자 에펠과 동료들이 **1,710개의 계단**을 직접 올라가서 전망대에 프랑스 국기를 꽂았다고 한다. 건설 당시에는 철골을 그대로 드러내어 외관을 해친다는 이유로 당시 **예술인들의 거센 반발**을 샀다. 특히 문인과 예술인들의 반발이 컸는데, 그중 모파상은 어딜 가도 에펠 탑이 보이는 게 싫어 에펠 탑 안에 있는 레스토랑에서 커피를 마셨다고 한다.

### 3개의 전망대와 시내 야경

탑에는 3개의 전망대가 있는데, 제1전망대는 높이 57m 지점에, 제2전망대는 115m 지점에, 제3전망대(정상)는 274m 지점에 있다. 제2전망대까지는 계단과 엘리베이터로 올라가지만, 제3전망대는 제2전망대에서 엘리베이터로 환승해 올라간다. 제1전망대에는 탑의 역사를 전시한 미니 박물관과 우체국이 있고, 제2전망대에는 당일 입장객 수를 나타내는 전광판과 고급 레스토랑이 있다. 제3전망대는 사방이 철망으로 둘러싸여 있어 바람이 세차게 분다. 여름에는 시원하지만 겨울에는 상당히 춥다. **전망대에서 내려다보는 파리의 전경, 특히 야경은 무척 환상적이다.** 철탑 위나 아래 광장에서는 연주나 거리 공연이 자주 열려 여행객들을 즐겁게 한다. 최근 보안 검색을 위해 에펠 탑 주변에 유리 방화벽을 설치해 출입구로만 입·퇴장(무료)할 수 있다.

※ 연못 있는 곳(sortie2)에 무료 화장실, 출구(sortie1)에 식수대가 있다.

에펠 탑

- Champ-de-Mars  @ www.toureiffel.paris
- 비수기 09:30~22:45, 성수기 09:00~24:00
휴무 7/14
- 엘리베이터 2층까지 성인 €23.1 학생 €11.6
엘리베이터 꼭대기까지 성인 €36.1 학생 €18.1
계단 2층까지 성인 €14.5 학생 €7.3
- 메트로 6호선 Bir-Hakeim역, 8호선 École Militaire역, RER C선 Champ de Mars Tour Eiffel역에서 하차. 또는 버스 42·69·82·87번 이용, 메트로 9호선 Trocadero역(1번 출구)  지도 P.190-E

## 샹 드 마르스 공원
### Champ de Mars

에펠 탑에서 육군사관학교까지 이어지는 광대한 공원. 인공 폭포와 산책로로 조성된 영국식 정원과, 일직선상으로 넓게 뻗은 프랑스식 정원으로 이루어져 있다. 사방이 숲으로 둘러싸여 있는 잔디밭에 누워 잠시 휴식을 취해보자.

- RER C선 Champ de Mars Tour Eiffel역, 메트로 8호선 école Militaire역에서 하차
- 지도 P.190-F

## 샤요 궁전
### Palais de Chaillot
★

### 파리 박람회장으로 세워진 궁전

1937년 파리 박람회장으로 세워진 궁전으로 건물 좌우가 반원형의 날개 모습으로 뻗어 있어 매우 아름답다. 궁전 안에는 해양 박물관, 인류 박물관, 샤요 국립극장, 영화관, 수족관 등이 있다. **샤요 궁전의 트로카데로 광장(Place du Trocadéro)은 에펠 탑의 전경을 한눈에 볼 수 있는 최고의 포토 스폿이다.** 테라스 아래 있는 트로카데로 정원의 연못과 분수, 에펠 탑, 샹 드 마르스 공원 등이 일직선으로 뻗어 있어, 테라스 위에 서 있기만 해도 가슴이 확 트이는 느낌이다. 특히 야간에는 에펠 탑에서 쏘아대는 레이저 불빛과 분수, 이에나 다리의 조명이 어우러져 장관을 이룬다.

- Place du Trocadéro
- 메트로 9호선 Trocadéro역에 하차(바로 에펠 탑 전경이 펼쳐진다). 지도 P.190-E

### tip 최고의 에펠 탑을 즐기려면

혼잡을 피하려면 인터넷 예약을 하거나 아침 일찍 또는 밤늦게 간다. 최상의 전망을 보고 싶으면 해지기 바로 전에 도착한다. 사방이 어두워져서 에펠 탑에서 쏘아대는 레이저 불빛이 비칠 때 에펠 탑 자체가 가장 멋있게 보인다.

**에펠 탑의 전망대**
- 남동쪽 : 샹 드 마르스 공원, 앵발리드의 돔, 몽파르나스 타워가 보인다.
- 북동쪽 : 센강과 오페라 극장, 사크레 쾨르 사원도 보인다.
- 북서쪽 : 샤요 궁전과 개선문이 보인다.

**에펠 탑 사진 찍기 ★**
에펠 탑을 배경으로 사진을 찍을 때 가장 멋있게 나오는 곳은 **샤요 궁전의 트로카데로 광장**에서 에펠 탑을 뒤로 하고 포즈를 취했을 때이다. 비싼 입장료를 내고 에펠 탑 전망대에 가는 것보다 이곳에서 에펠 탑의 야경을 즐기는 게 낫다.

로댕의 〈생각하는 사람〉

# 로댕 미술관
## Musée Rodin

### 아름답게 꾸민 정원과 조각품들
대저택의 화려한 외관도 일품이지만 아름답게 가꾸어진 정원을 보러오는 관람객도 많아서 정원 관람권만 따로 판매할 정도이다. **귀족 저택인 로코코풍의 비롱 저택(Hôtel Biron)**은 댄스 홀, 수녀원, 학교로 사용되다가 20세기 초 예술인들의 스튜디오가 되어 **마티스, 무용가 이사도라 던컨, 릴케** 같은 유명 예술인이 거주했다. 제정시대에는 교황 특사와 러시아 황제도 이곳에 머물 정도로 호화로웠다. 릴케의 권유로 **근대 조각계의 거장인 로댕**이 1층에 아틀리에를 두고 생을 마칠 때까지 주옥같은 작품을 창작했다. 그의 사후 1919년 로댕 미술관으로 개관해 일반에게 공개되었다. 정원에 들어가면 왼쪽에 〈칼레의 시민〉과 〈지옥의 문〉이 있고, 오른쪽으로 가면 그의 대표작인 〈생각하는 사람〉이 있다.

### 〈키스〉 vs 카미유 클로델 작품
미술관은 1~2층에 총 13개의 방으로 구분되어 제12 전시실까지는 제작 연대 순으로 배치, 제13전시실에는 로댕이 수집한 회화와 고대 유물 컬렉션, 제4전시실에는 〈키스〉등의 대작이, 제6전시실에는 로댕과 카미유 클로델의 작품이 나란히 전시되어 있고, 제9전시실에는 〈지옥의 문〉을 위한 다양한 습작들로 꾸며져 있다. **로댕의 연인이었던 카미유 클로델**의 작품은 예술가로서의 천재성을 유감없이 보여주는 아름다운 조각들은 뛰어난 작품성에도 불구하고 비극적인 미학을 담고 있다. 이는 여성으로서도 예술가로서도 로댕이라는 거대한 벽을 넘지 못하고 파멸의 길로 치달은 클로델의 비원이 서려 있기 때문이기도 하다.

### 청동 시대 The Age of Bronze
미켈란젤로의 〈묶인 노예상〉에서 영향을 받았는데 고전주의적인 전통을 버리고 사실적인 요소를 조각 예술에 도입한 대표작이다. 이 작품에서 보이는 고도의 자연주의 기법은 당시 비평가들을 놀라게 했고, 그들은 로댕이 인체의 주물을 떴다고 비난했다. 로댕은 이 작품의 사실성에 대하여 '나는 자연에 복종하며 결코 자연을 지배할 수 있다고 우기지 않는다'고 말했다.

로댕의 〈칼레의 시민〉

로댕의 〈지옥의 문〉

### 키스 The Kiss

인간의 신체를 돌에서 해방시키려 했던 로댕의 생각은 미켈란젤로에 대한 존경심을 반영한다. 그는 조각이라는 보편적 전통에 있으면서도 후기 낭만주의에 속하는 인물이며 또한 현대미술의 선구자이기도 하다.

### 지옥의 문 The gates of Hell

로댕의 조각은 인간의 고뇌 정도와 미묘함을 전달하기 위해 인물상이 지닌 거의 무한한 가능성을 표현하였다. 부조의 깊이는 마치 청동 바탕에 불규칙적으로 파동 치는 얕은 불꽃 같은 것부터 팔을 뻗어 관객을 붙잡을 것 같은 3차원적인 인물상에 이르기까지 다양하다.

📍 79 Rue de Varenne  🌐 www.musee-rodin.fr
🕐 미술관·정원 10:00~18:30(티켓 판매 10:00~17:45), 12/24, 31 10:00~17:30 휴무 월요일, 1/1, 5/1, 12/25
🎫 €14 오디오 가이드(한국어) €6.5, 로댕 미술관+오르세 미술관 €25, 무료 입장 18세 이하, 매달 첫째 일요일(10~3월), 파리 뮤지엄패스 소지자
🚇 메트로 13호선 Varenne역에서 바로. RER C선 Invalides역에서 도보 8분. 또는 버스 69·82·87·92번 이용
🗺 지도 P.191-G

로댕의 정원

---

### 🔔 메트로역에서 만나는 아르누보 Art Nouveau

19세기 말~20세기 초 유럽과 미국 각지에서 유행했던 건축·미술양식. 영국과 미국에서는 아르누보, 독일과 오스트리아에서는 유겐트슈틸(Jugendstil), 프랑스에서는 기마르(Guimard)라고 부른다. 아르누보는 기존의 전통을 탈피하여 새로운 양식의 창조를 지향하는 장르이다.

파리의 파시 지구에는 엑토르 기마르의 건축 장식이 많이 남아 있다. 메트로역 입구에 장식된 담쟁이덩굴 같은 부드러운 곡선미의 철제 기둥과 유리 지붕의 양식이 대표적인 아르누보양식이다.

• 메트로 12호선 Abesses역 출입구  • 메트로 2호선 Porte de Dauphine역 출입구
• 메트로 2·3호선 Père Lachaise역 출입구  • 샤요 궁전 서쪽의 고급 주택가 파시 지구

아르누보 양식

앵발리드

## 앵발리드
### Hôtel des Invalides
★

### 바로크양식의 황금빛 돔
알렉상드르 3세 다리에서 일직선상으로 보이는 황금빛 돔 건물은 프랑스 대표적인 바로크 양식이다. 길이 195m의 점판암 파사드는 17세기 클래식 건축물의 화려한 견본이 되고 있다. **1670년 루이 14세가 전쟁 부상자를 위해 세웠던 요양소**로, 지금도 100명 정도의 퇴역 군인이 요양 생활을 하고 있다. 이곳은 현재 **군사 박물관(Musée de Armée)**으로 공개되고 있어, 각종 갑옷과 방패 등 고대에서 현대까지의 군사 관련 무기와 미술품·장식품을 전시하고 있다.

### 나폴레옹 1세의 유해 안치
이곳에서 가장 눈에 띄는 것은 나폴레옹 관련 유물. 107m 높이의 황금빛 돔 내부 지하에는 나폴레옹 1세의 유해가 안치되어 있다. 제단 뒤 입구에는 "나는 내가 깊이 사랑하는 프랑스 국민에 둘러 싸여 센강에서 쉴 수 있기를 바란다"라는 그의 유언이 새겨져 있다.

- Esplanade des Invalides, 129 Rue de Grenelle
- www.musee-armee.fr
- 매일 10:00~18:00, 첫 번째 금요일(18:00~22:00) 휴무 1/1, 5/1, 12/25 성인 €17, 학생 €12, 첫 번째 금요일 €10, 무료 입장 18세 이하, 파리 뮤지엄 패스 소지자
- 메트로 13호선 Varenne역에서 도보 2분. 메트로 8호선 La Tour Maubourg역에서 도보 2분. RER C선 Invalides역에서 도보 8분. 버스 28·63·69·82·83·92·93번 이용
- 지도 P.191-G

### 알렉상드르 3세 다리
### Pont Alexandre III

### 파리에서 가장 화려한 다리
1900년 파리 만국박람회 때 건설한 다리로 센강을 가로지르는 다리 중 가장 화려하고 아름답다. 1893년 러·불 동맹이 체결되면서 이를 기념하기 위해 러시아 알렉상드르 3세의 이름이 붙여졌다. 강물에 기둥을 세우지 않은 아치형 다리인데 4모퉁이에 세운 기둥이 인상적이다. 각 기둥에는 황금색 조각상이 아르누보양식으로 세워져 있다.
화려한 촛대 램프, 날개 달린 말, 사자, 금박 입힌 님프와 화환으로 장식되어 빛을 발하는 다리의 모습이 무척 매혹적이다. 특히 밤이 되면 더욱 아름답다.

- RER C선 Invalides역에서 하차  지도 P.191-C

알렉상드르 3세 다리

### tip 센강에서 유람선을 타자

파리의 중심을 동서로 가로지르는 센강에서 유람선을 타고 파리 전경을 즐겨 보자. 특히 밤에는 불빛이 반짝거려 로맨틱한 분위기를 자아낸다. 유람선은 에펠 탑 관광 후의 일정으로 짜는 것이 편하다. 에펠 탑 바로 아래에 유람선 선착장이 있기 때문이다.

#### 바토 무슈 Bateaux Mouches
- www.bateaux-mouches.fr
- 4~9월 10:00~22:30, 10~3월 10:15~22:00, 1시간 10분 소요
- €15, 크루즈 런치 €80, 크루즈 디너 €85~325
- **선착장** 에펠 탑·알마 다리·앵발리드 다리·오르세 미술관·루브르 박물관·노트르담 대성당

#### 바토 파리지앵 Bateaux Parisiens
- www.bateauxparisiens.com
- 4~9월 10:00~22:30, 10~3월 10:30~22:00, 1시간 소요
- €16, 크루즈 런치 €69~99, 크루즈 디너 €89~149
- **선착장** 메트로 6호선 Bir-Hakeim역, 9호선 Trocadero역, RER선 Champs de Mars역, 에펠 탑 근처 이에나 다리(Pont d'Iena) 아래 선착장(port de la bourdonnais)

#### 레 브데트 뒤 퐁 네프 Les Vedettes du Pont Neuf
- www.vedettesdupontneuf.com
- 3/15~10/31 10:30~22:30(30~60분 간격), 11/1~3/14 10:30~21:00(45~60분 간격), 단 12/24·31 마지막 배는 17:45, 1시간 소요
- €15(온라인 €13), 스낵 크루즈 €21(온라인 €19), 크루즈 디너 €59
- **선착장** 레 브데트 뒤 퐁 네프 출발(7호선 Pont Neuf역), 루브르 박물관, 노트르담 대성당, 오르세 미술관, 에펠 탑

#### 바토뷔스 Batobus
시내 투어버스처럼 8개 선착장에서 자유롭게 승하차할 수 있는 배.
- www.batobus.com
- 9/2~4/18 10:00~19:00(25분 간격), 4/19~9/1 10:00~21:30(20분 간격), 1시간 15분 소요
- **1일권** 성인 €20(온라인 €19), 어린이(3~15세) €10(온라인 €9) **2일권** 성인 €24(온라인 €23), 어린이(3~15세) €14(온라인 €13)
- **선착장** 에펠 탑, 샹젤리제, 오르세 미술관, 루브르 박물관, 노트르담 대성당, 시청사, 생 제르맹

에펠 탑 유람선 선착장

## SIGHTSEEING

# 오페라

역사적 건물이 많이 남아 있는 파리의 중심지. 오페라 극장을 중심으로 관광은 물론 쇼핑, 엔터테인먼트, 나이트라이프를 즐길 수 있는 상업지구이기도 하다. 팔레 루아얄이 있는 앙드레 말로 광장부터 오페라 극장까지 일직선으로 이어지는 오페라 대로는 밤늦게까지 붐비는 번화가로, 특히 오페라 극장에서 발산하는 조명은 파리 야경의 아름다움을 한층 더 빛나게 한다.

## 퐁 네프
### Pont Neuf
★

**영화 <퐁 네프의 연인>으로 유명**

퐁 네프의 원래 의미는 '새로운(Neuf) 다리(Pont)'라는 뜻인데, 실은 파리에서 가장 오래된 다리다. 루브르 궁전과 생 제르맹 데 프레 교회를 다니기 위해 앙리 4세가 1578~1607년에 건설했다. 뷔르츠부르크의 알테마인교처럼 다리 중간 중간에 반원형 벤치와 조각상(앙리 4세의 기마상)이 있어 그곳에서 쉬면서 센강의 경치를 즐길 수 있다.

 메트로 7호선 Pont Neuf역에서 하차  지도 P.187-L

## 방돔 광장
### Place Vendôme

**루이 14세의 영광을 전한다**

루이 14세를 기념하기 위한 광장. 광장 가운데에 세워진 루이 14세의 기마상이 프랑스 혁명으로 부서지자 1805년 나폴레옹 1세의 오스테를리츠 전승을 기념하기 위해 44m의 기념탑을 다시 세웠다. 기념탑 꼭대기에 있는 동상은 시대에 따라 당시 권력자의 모습으로 바뀌어 권력의 무상함을 새삼 느끼게 한다. 광장 주변은 최고급 호텔과 크리스찬 디올 등의 명품 숍들이 들어서 있다.

 메트로 3·7호선 Opéra역에서 하차. 또는 메트로 1호선 Tuileries역에서 도보 5분
 지도 P.186-F

## 예술의 다리(퐁 데 자르)
### Pont des Arts

★

1801년 귀족들의 산책로를 만들기 위해 나무로 지은 보행자 전용 다리. 바닥이 나무로 되어 있어 아늑한 분위기다. 연인들과 여행객들이 모여 앉아 음료와 빵을 먹으며 피로를 푸는 모습을 자주 볼 수 있다. 이 다리에서 바라보는 시테섬과 퐁 네프의 전경이 매우 아름답다.

 메트로 7호선 Pont Neuf역에서 도보 5분
 지도 P.187-K

## 마들렌 교회
### Église de la Madeleine

마들렌은 '막달레나'의 프랑스식 발음으로, 이 성당의 주보 성녀 마리아 막달레나의 이름을 딴 것이다. 높이 20m, 코린트양식 기둥이 52개인 마들렌 교회는 그리스·로마시대 건축양식의 영향을 받은 신고전주의양식의 건축물. 나폴레옹 1세가 님의 메종 카레에서 영감을 받아 지어서인지 파르테논 신전을 연상시킨다. 거대한 청동문에는 십계명이 적혀 있는 얕은 부조가 있다. 정면 기둥 벽에 부조된 앙리 르메르의 〈최후의 심판〉과 프랑수아 뤼드의 〈그리스도 세례상〉이 볼만하다. 가장 유명한 것은 파이프 오르간인데, 가브리엘 포레가 오르간 연주자였기에 더욱 사람들에게 알려졌다. 참고로 교회 북쪽(정문 뒤쪽) 대각선 방향에 유명 식료품 가게 포숑이 있다.

- Place de la Madeleine
- www.eglise-lamadeleine.com  09:30~19:00
- 무료  메트로 8·12·14호선 Madeleine역에서 하차. 또는 버스 24·42·43·52·84·94번 이용  지도 P.186-E

## 오페라 극장(팔레 가르니에)
### Opéra (Palais Garnier)
★

### 세계적인 오페라 극장
이탈리아 밀라노의 라 스칼라와 쌍벽을 이루는 세계적인 오페라 극장. 1875년에 완성된 세계 최대 규모의 극장으로, 클래식에서 바로크까지 다양한 건축양식이 혼합된 화려한 건축물이다. 오페라 극장은 나폴레옹 3세 때 파리의 영광을 재현할 도시 재개발 계획의 일환으로 공모전을 통해 뽑힌 35세의 무명건축가 샤를 가르니에에 의해 건설되었다.

### 웅장한 대연회장 그랑 푸아예
건물 외관에 장식된 조각 중 카르포의 복제품 〈춤〉이 가장 유명하다. 내부로 들어가면 그랜드 홀과 연결된 큰 계단이 나온다. 온통 하얀 대리석으로 깔려 있는 바닥, 핑크빛 난간, 녹색 기둥은 마치 모든 색상의 집합체 같다. 계단을 올라가면 대연회장 **그랑 푸아예**가 있고, 객석 2,200개와 450명이 춤을 출 수 있는 넓은 무대가 있다. 천장에 그려진 **샤갈의 프레스코화 〈꿈의 꽃다발〉**은 눈이 부실 정도로 아름답다. 극장에서 활약한 가수나 작곡가의 초상, 의상, 무대장치 등이 전시되어 있다. 리허설과 공연이 없을 때에는 박물관 티켓으로 내부 관람이 가능하다. 극장 밖의 오페라 거리 주변도 볼거리가 많다. 오페라 광장에서 앙드레 말로 광장까지 이어지는 이 거리는 쇼핑, 엔터테인먼트, 레스토랑 등이 즐비한 번화가이다. 특히 저녁에는 거리 조명이 극장 주변을 휘황찬란하게 비추어 샹젤리제 거리 못지않은 화려함을 보여 준다.

- Pl. de l'opéra  www.operadeparis.fr
- 10:00~17:00(7·8월 ~ 18:00) 휴무 1/1, 5/1, 12/25
- 셀프 가이드 성인 €15, 학생 €10/오페라 공연 €8~180 (좌석에 따라 다름)
- 메트로 3·7·8호선 Opéra역 바로 앞
- 지도 P.186-B

# 오르세 미술관 Musée d'Orsay

### 오르세역의 혁신적 변신

파리에서 루브르 박물관 못지않게 많은 인기와 사랑을 받고 있는 미술관. 원래 오르세역이었던 건물을 이탈리아 건축가 아울렌티의 주도하에 현대적 감각에 맞춰 리모델링해 1986년 미술관으로 개관했다. 천장을 유리로 장식하여 자연광이 비추도록 만들어 환하고 아늑한 느낌이 든다. 또한 날씨에 따라 조명의 밝기를 컴퓨터로 조절해 어느 미술관보다도 화사하고 밝은 분위기다.

### 인상파 위주의 전시 작품

루브르 박물관이 19세기 초기까지의 작품을 전시하는데 반해, 오르세 미술관은 19세기 중반~20세기 초반까지의 작품을 전시하여 우리에게 친숙한 인상파 그림들이 많은 편이다. 특히 모네, 고흐, 고갱, 마네, 세잔 등의 인상파 화가들의 숨결을 느낄 수 있다. 이곳에 전시 중인 작품들은 이전에 루브르 미술관, 죄드 폼 미술관, 국립 현대미술관에 소장되어 있던 작품들을 이전한 것이다. 연대적으로 볼 때 루브르 미술관과 퐁피두 센터를 이어주는 역할을 한다.

미술관은 모두 3층으로 구성되어 있으며, 규모에 비해 작품 수가 많고 유명한 작품이 많다. 전부 둘러보려면 하루도 부족하므로 시간적 여유를 두고 보거나, **평소 관심 있는 작품 위주로 선택해서 본다**. 배치 구조가 간단해 관람하기 편하다. 파리 체류 기간이 짧다면 루브르 박물관보다는 오르세 미술관을 추천한다. **오르세 미술관과 루브르 박물관은 시간 절약을 위해 반드시 사전 예약한다**.

🏠 62 Rue de Lille
🌐 www.musee-orsay.fr
🕐 화~일요일 09:30~18:00, 목요일 09:30~21:45, 입장 마감 17:00(목요일 21:15) 휴무 월요일, 1/1, 5/1, 12/25
💶 **입장료** 성인 €14(온라인 €16),
**공용 티켓** 오르세 미술관+로댕 미술관 €25, 목요일 18:00 이후 입장 €10(온라인 €12)
**무료 입장** 18세 이하, 파리 뮤지엄 패스 소지자, 매월 첫 번째 일요일은 예약 필수 **오디오 가이드(한국어)** €6
※ 박물관 내 가이드(€6)나 사설 미술관 투어(영어, 한국어 투어)에 참여하면 작품 이해의 폭을 넓힐 수 있다.
🚇 RER C선 Musée d'Orsay역, 메트로 12호선 Solferino역에서 하차. 또는 버스 63·68·69·73·83·84·87·94번 이용
🗺 지도 P.191-D

◆ 대표 작가와 작품 ◆

## 장 오귀스트 도미니크 앵그르
### Jean Auguste Dominique Ingres

19세기 프랑스의 고전주의를 대표하는 화가. 초상화가로서 소묘력과 고전풍의 세련미를 발휘했다. 그리스 조각을 연상케 하는 우아한 나체화로 그의 천재성을 발휘했다.

### 샘 (1857~1859년)

물가에서 물 항아리를 지고 있는 풍만한 나신의 젊은 여인이 샘의 정령이다. 일부러 쏟아버리려는 듯한 자세로 들고 있는 물병에서는 자연의 근원을 뜻하는 맑은 물이 떨어지고 있다. 이 젊은 여인의 포즈는 그의 다른 작품 〈비너스의 탄생〉에서도 반복된다.

앵그르의 〈샘〉

## 장 프랑수아 밀레 Jean Francois Millet

바르비종의 대표적인 화가. 나이프를 사용해 거친 땅의 모습과 인물의 표정을 섬세하게 나타냈다. 그의 그림은 농부들을 주인공으로 하여 육체노동을 찬양하는 그림이 많다.

### 만종 (1857~1859년)

농사일을 마친 부부가 감사의 기도를 드리는 평화로운 농촌 풍경을 담은 작품인 줄 알았으나 그 바구니에는 배고픔을 견디지 못해 죽은 아기의 시체가 있었고, 죽은 아기를 위해 마지막으로 기도하는 모습을 그린 것이다.

### 이삭줍기 (1857년)

언뜻 전원의 풍경을 낭만적으로 표현하는 것 같지만 자세히 보면 맨 뒤에 말을 타고 있는 사람이 지주이고 앞에 떨어진 짚을 줍고 있는 사람들은 농민이다. 인물들의 얼굴이 자세히 표현되지 않은 것은 농부 개개인보다는 농민이라는 노동계급을 표현한 것이다.

## 구스타프 쿠르베 Goustave Courbet

있는 그대로, 눈에 보이는 대로 그려야 한다는 사실주의의 대표적인 화가이다. 견고한 마티에르와 큰 스케일의 명쾌한 구성이 19세기 후반의 젊은 화가들에게 많은 영향을 미쳤다.

### 화가의 아틀리에 (1855년)

고향 풍경을 그리는 자신을 중심으로 왼쪽에는 사회의 갖가지 비참함을 나타내는 인사들을 오른쪽에는 친구인 철학자, 작가, 시인들을 배치했다. 작가 자신과 주변 세계와의 대조를 강조하기 위해 중심부는 밝고 선명하게 하고 배경과 측면은 어둡게 한 것이 특징.

### 세상의 근원 (1849~1850년)

터키의 부호이자 희대의 방탕아로 유명한 카릴 베이의 은밀한 주문을 받고 그린 그림. 얼굴과 몸매는 과감

밀레의 〈만종〉

밀레의 〈이삭줍기〉

> **tip** 효율적으로 관람하기
>
> 0층 안내 데스크에 비치된 안내도를 챙기고 왼쪽에 있는 짐 보관소에 가방과 외투 등을 맡긴다.
>
> **관람 순서**
> 0층(Rez-de-chaussée : 사실주의 화가 : 앵그르, 밀레, 쿠르베 등)→5층(Niveau supérieur : 인상파 화가 : 마네, 드가, 르누아르, 모네)→2층(Niveau médian : 자연주의, 신인상파, 후기인상파 화가 : 고흐, 고갱)

쿠르베의 〈오르낭의 매장〉

히 생략하고 여성의 생식기만을 등장시킨 이 그림은 너무나도 파격적이어서 130년이라는 긴 세월 동안 음지에 있다가 오르세 미술관에 걸리게 되었다.

### 오르낭의 매장 (1849~1850년)
오르낭이라는 시골 마을의 장례식을 그린 것인데, 장례식에 온 사람들을 보면 슬퍼하기보다는 모두 딴청을 피우고 있다. 그는 이 그림을 통해 현실의 죽음은 아무도 죽은 자에게 오랜 관심을 표하지 않으며, 그 슬픔도 오래가지 않는다는 것을 보여주고 싶었던 것 같다.

### 에두아르 마네 Eduard Manet
독특한 화풍을 확립하여 인상주의의 길을 열었다. 세련된 감각의 소유자로 전통과 혁신을 연결하는 중개역할을 훌륭히 한 전례 없는 화가.

### 풀밭 위의 점심 (1863년)

대자연 앞에 스스럼없이 내놓은 여인의 나체, 벗어놓은 옷과 과일 바구니 등 당시로서는 매우 대담한 연출이었기에 맹렬한 비난을 받았으나 인상주의가 탄생하는 데 결정적인 역할을 했던 중요한 의미를 지닌 작품이다.

### 올랭피아 (1863년)
도발적인 자태로 관람객을 응시하는 듯한 이 작품은 당시 전통과 도덕적인 관념을 깨뜨린다 하여 사회적으로 물의를 일으켰던 작품. 여인이 누워 있는 흰 침대와 꽃다발을 들고 있는 흑인 여자, 그리고 침대 끝에 있는 검은 고양이가 흑백의 강렬한 대비를 이룬다.

### 피리 부는 소년 (1863년)

마네의 〈피리 부는 소년〉

손과 발을 제외하고는 그림자가 없는 평면적 묘사로 인물의 실재감을 표출시킨 마네의 대표작. 원근법이나 수평 감각을 배제한 단순함이 오히려 실재감을 강조한 효과를 낸다.

### 에드가 드가 Edgar Degas
움직이는 대상(특히 경주마와 발레 무용수)을 그린 그림이 많으며 자신만의 독특한 기법을 구사하여 화단에 참신한 바람을 일으켰다.

수많은 걸작들을 남겼음에도 불구하고 말년에는 시력을 잃고 우울증에 빠져 은둔하는 등 황폐한 나날을 보냈다고 한다.

에드가 드가의 〈발레 수업〉

### 무대 위의 무희 (1876~1877년)
당시 유행하던 일본 판화(우키요에)의 영향을 받은 것으로 보이는 이 작품은 인물을 캔버스 구석에 위치시켜 그림틀 바깥으로 잘려나간 것처럼 묘사하는 대담한 구성법이 돋보인다.

### 압생트 (1876년)
평범한 카페 안에 남녀가 함께 앉아 있고 탁자 위에는 압생트(값싼 독주) 술잔이 놓여 있다. 함께 앉아 있지만 서로 아무 상관도 없어 보이는 이 두 사람은 시선도 각기 다른 곳을 향해 있다. 급속한 산업화로 소외된 도시생활의 단면을 날카롭게 포착한 작품이다.

### 무용 수업 (1874년)
우측 하단을 사선으로 갈라 인물을 한쪽으로 치우치는 구도를 사용하고 있다. 왼쪽에서 오른쪽으로 이어지는 원근감과 오른쪽 구석진 곳에 서 있는 어머니들의 나들이 의상은 무용수들의 가볍고 우아한 의상을 돋보이게 한다.

### 피에르 오그스트 르누아르
Pierre-Auguste Renoir
낙천주의적인 성격을 가진 르누아르는 그림도 아름다운 여인, 예쁜 꽃, 귀여운 어린이들, 화창한 야외 풍경처럼 유쾌하고 예쁜 것만을 그려 대중들에게 많은 사랑을 받았다.

### 물랭 드 라 갈레트의 춤 (1876년)
몽마르트르 거리에 있는 '물랭 드 라 갈레트'라는 술

르누아르의 〈물랭 드 라 갈레트의 춤〉

집에서 무도회가 열리고 있는 장면을 생생하게 그린 것으로 인물들의 표정을 보면 인생의 즐거움을 만끽하고 있는 듯하다. 햇빛과 그림자의 효과를 창조해낸 르누아르의 화법이 두각을 보인 작품.

## 클로드 모네 Claude Monet

'빛의 화가'라고도 불리는 모네는 빛에 의해 변화되는 자연의 순간순간의 아름다움을 화폭에 담기 위해 끊임없이 노력했다. 찬란한 빛과 풍부한 색채가 살아 있는 것이 그의 작품의 특징이며, 캔버스를 바꾸어가며 같은 주제를 연작으로 그리는 방법을 개발했다.

### 루앙 대성당 (1893~1894년)

모네의 다양한 연작 시리즈 중 '성당'을 주제로 한 연작은 40점 정도인데, 이 작품도 그중 하나. 빛에 의해 시시각각 다른 색채로 변화되는 루앙 대성당의 정면 모습을 아름답게 묘사하였다.

### 소풍 (1865~1866년)

퐁텐블로 숲에 무리 지어 있는 소풍객들의 모습을 솔직하게 묘사했다. 생활의 실제 장면에 새로운 관심을 가졌다는 점에서 마네와 공통점을 가지며, 이 작품은 좀 더 직접적인 경험에 바탕을 두고 있다는 점에서 쿠르베의 사실주의를 더욱 확장한 작품이다.

### 수련 (1916~1919년)

모네의 〈수련〉

모네는 1883년부터 1926년 생을 마칠 때까지 지베르니로 주거를 옮겨 작품을 그렸는데 '수련' 연작도 이때의 작품이다. 계절과 시간에 따라 다른 느낌을 자아내는 수련의 모습을 그만의 독특한 색채와 화법으로 아름답게 묘사했다.

### 양산을 들고 있는 여인 (1886년)

순간적 이미지를 포착하기 위해 빠르게 크로키 스케치를 한 후 그 순간 받았던 인상을 그린 것으로 보인다. 강한 붓터치와 색조의 굴곡이 보는 이로 하여금 마치 현장에서 바람을 맞고 햇빛을 쐬고 있는 듯한 착각이 들게 한다.

모네의 〈양산을 들고 있는 여인〉

## 빈센트 반 고흐 Vincent Van Gogh

후기 인상주의의 대표적인 화가로 현재 그의 작품은 높이 평가되고 있지만 생전에는 전혀 인정받지 못했고 정신 발작을 겪는 등 불운한 생을 살았다. 주로 노동자, 농민 등의 하층민과 주변 생활 풍경을 담은 작품이 많으며 모델을 살 돈이 없어 자화상도 많이 그렸다.

### 오베르 교회 (1890년)

정신병원에서 돌아온 후 살았던 작은 마을 오베르 쉬르 우아즈에 있는 교회를 그린 것. 거친 밀밭 사이로 꼬불거리는 길과 짙푸른 하늘은 깊은 가을의 정서와 불안한 화가의 심리를 잘 나타낸다.

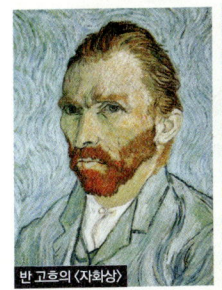

반 고흐의 〈자화상〉

반 고흐의 〈오베르 교회〉

반 고흐의 〈닥터 가셰〉

반 고흐의 〈반 고흐의 침실〉

### 닥터 가셰 (1890년)
가셰 박사는 고흐의 주치의이자 인상주의 화가들의 후원자이기도 했다. 단조로운 파란색 바탕에 역동적인 터치로 생기를 불어넣고, 두드러진 색을 사용해 가셰 박사의 열정적인 모습을 표현했다.

### 폴 세잔 Paul Cezanne
구도와 형상을 단순화한 거친 터치로 독자적인 화풍을 개척해 나갔으며 이후 야수파와 입체파에 큰 영향을 주어 근대회화의 아버지로 불리게 되었다. 또한 모든 물체의 근원이 구, 원뿔, 기둥이라 여기며 정물화의 틀을 정립했다.

### 바구니가 있는 정물 (1888~1890년)
언뜻 보면 사물들이 산만하게 흩어져 있는 것 같지만 묘한 생기와 긴장감을 지니고 있다. 특히 어느 한 사물이 다른 사물을 위해 장식되거나 전체를 위해 부분적인 요소로 희생되지 않고, 모든 사물이 고유의 세계를 가진 정물을 형상화하면서도 전체적으로 조화를 이루고 있다.

### 카드놀이 하는 사람들 (1890~1895년)
와인 병을 가운데 두고 양쪽에 소박한 인물들을 배치하여 좌우대칭을 이루게 하였다. 특히 이 작품은 인물의 표정보다는 강렬한 색채와 단순한 구도가 특징.

### 툴루즈 로트렉 Henri de Toulouse-Lautrec
152cm에서 키가 멈춰버린 신체적 결함을 그림으로 승화시켰다. 물랭 루주의 댄서들과 매춘부들의 그림을 많이 그려 '밤의 화가', '물랭 루주의 화가' 등으로 일컬어진다.

### 춤추는 잔 아브릴 (1891년)
날렵한 선의 움직임이 아브릴의 춤 동작을 더욱 생생하게 보여 준다. 검은색 스타킹이나 속치마와 대조되는 흰색 드레스가 매우 화려하다. 하지만 화려한 의상과는 대조적으로 그녀의 얼굴은 쓸쓸해 보인다. 순탄치 못한 그녀의 생활과 불안한 심리를 표현한 듯하다.

툴루즈 로트렉의 《춤추는 잔 아브릴》

### 여자 광대 챠우카오 (1895년)
변화무쌍한 무대, 언제나 오는 사람, 빨래하는 사람, 물랭 루주의 프리마돈나가 된 발레리나, 슬픔을 전하는 광대 등 눈에 보이는 모든 것을 구석 테이블에 앉아 재빠르게 스케치한 것.

### 폴 고갱 Paul Gauguin
후기 인상주의 화가로, 문명에 혐오감을 느껴 남태평양의 타히티섬으로 떠나 원주민의 건강함과 열대의 밝고 강렬한 색채를 화폭에 담았다. 그의 상징성과 내면성, 그리고 비자연주의적인 경향은 20세기 회화 출현에 근원적인 역할을 했다.

### 타히티의 여인 (1891년)
해안가에 있는 두 여인을 야생적인 색채로 힘있게 그려냈다. 순수한 세계의 형태를 생각해 재발견된 무구의 자연 속에 종교적인 요소가 깃들어져 있는 그림.

폴 고갱의 《타히티의 여인》

### 조르쥬 쇠라 Georges Pierre Seurat
신인상주의 미술을 대표하는 프랑스의 화가. 인상파의 색채 원리를 과학적으로 체계화하고 인상파가 무시한 화면의 조형 질서를 다시 구축한 점에서 매우 의의가 있으며, 폴 세잔과 더불어 20세기 회화의 새로운 장을 열었다.

### 서커스 (1891년)
쇠라의 마지막 작품이자 대표작. 원과 나선, 타원 등 곡선적인 요소가 현저히 나타나며 윤곽선도 뚜렷해지고 동적인 것에 대한 동경을 엿볼 수 있다.

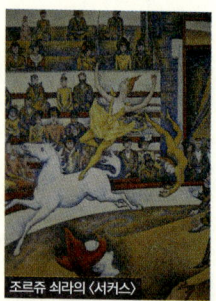

조르쥬 쇠라의 《서커스》

## SIGHTSEEING

# 몽마르트르

해발 130m의 낮은 구릉성 산지인 몽마르트르(Montmartre) 언덕은 순교자의 언덕(Mont des Martyrs)에서 유래된 지명이다. 이곳은 한때 피카소나 고흐 같은 유명 예술인들이 압생트와 사과향 나는 칼바도스를 마시며 예술혼을 불태웠던 곳이다. 그래서인지 아직도 그들의 흔적이 곳곳에 남아 있다. 언덕 위에 세워진 사크레 쾨르 사원 앞에서는 파리 시내의 전경을 한눈에 볼 수 있고, 바로 옆 골목의 테르트르 광장에서는 무명화가들이 초상화를 그려주기도 한다. 화가 위트리요의 작품에 자주 나오는 비탈길과 계단을 따라 내려가 보고, 환락가의 상징인 물랭 루주와 하이네, 에밀 졸라 등 유명인들이 잠들어 있는 몽마르트르 묘지도 가 보자.

## 사크레 쾨르 사원

**Basilique du Sacré Coeur**

★

### 로마네스크와 비잔틴양식 사원

로마네스크와 비잔틴양식으로 지어진 이 사원은 '성스러운 마음'을 뜻한다. 1870년 보·불 전쟁의 패배로 나폴레옹3세가 몰락하고 프로이센에 알자스 로렌의 일부를 빼앗기는 치욕을 겪고 파리코뮌으로 심한 상처를 입은 **파리 시민들에게 위로와 희망을 주기 위해** 40년간의 공사 끝에 완공되었다. 사원 내부로 들어가면 뤼 올리비에 메르송의 작품인 〈그리스도 천장 모자이크〉가 눈에 띈다. 그리스도, 성모 마리아, 교황, 성 프라수아 파리 주교들의 모습이 그려져 있다. 종루에는 말 28마리를 동원해서 옮긴 16톤이나 되는 무거운 종이 있다.

### 포토 스폿 & 참고 사항

**정문 앞 계단에서 내려다보이는 시가지의 전경이 아름답다.** 사원을 배경으로 사진을 찍으려면 계단 아래에 있는 잔디 정원에서 찍어야 멋있게 나온다. 광장 왼편에 있는 승강장에서 푸니쿨라를 타고 올라가면 수월하다. **메트로 승차권(1회권)으로 무료 이용**할 수 있다. 윌레트 광장에서 성당을 따라 올라가는 계단 주변에는 물건을 팔거나 구걸하는 집시들이 많으니 조심하자. **소매치기**가 많으니 계단 옆에 겉옷이나 중요 소지품은 놓지 않도록 한다.

📍 35 Rue de Chevalier de la Barre
🌐 www.sacre-coeur-montmartre.com
🕐 바실리카 06:30~22:30, 돔(파노라마 뷰) 10:30~20:30
💰 성당 무료 🚇 메트로 12호선 Abbesses역, 메트로 2호선 Anvers역에서 도보 10분 🗺 지도 P.189-B

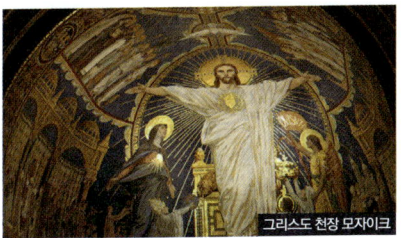

그리스도 천장 모자이크

## 테르트르 광장
### Place du Tertre
★

### 예술인들의 마을

사크레 쾨르 사원 앞 계단을 내려와 카르디날 뒤부아 거리에서 생 엘뢰테르 거리를 따라 올라가면 작은 언덕인 테르트르 광장이 나온다. 원래는 포도밭이었는데 나이트클럽인 오 라팽 아질을 선두로 광장 주변에 레스토랑과 카페들이 하나둘씩 들어섰다. 또한 피카소, 마티스, 고흐 등의 예술인들이 모여 작품 활동을 하면서 예술인의 마을이 형성되었다.
지금은 초상화를 그려주는 무명화가와 관광객들로 발 디딜 틈 없을 정도로 붐비는 관광 명소가 되어 있다. 초상화를 그린 다음 **바가지를 씌우는 경우가 종종 있으니 미리 가격을 흥정**하고 나서 그린다. 밤 9시가 넘으면 몽마르트르 언덕 거리 곳곳의 노천카페에서 라이브 음악이 연주된다. 특히 이 주변 일대는 **소매치기와 날치기가 많으므로 항상 경계를 늦추지 않도록 한다.**

메트로 12호선 Abbesses역에서 도보 8분
지도 P. 189-B

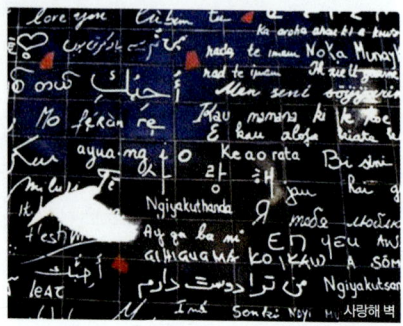
사랑해 벽

## 사랑해 벽
### Le mur des je t'aime
★

### 핫 플레이스한 만남의 장소

최근 파리에서 가장 핫하고 로맨틱한 만남의 장소 중 한 곳이 바로 사랑해 벽이다. 몽마르트르의 아베스 광장에는 제한 리투스 광장(Jehan Rictus Square)의 정원에 세워진 기념비가 있다. 프레데릭 바론(Frédéric Baron)과 클레어 키토(Claire Kito)가 벽면에 다양한 언어로 쓴 '사랑해' 벽을 만든 후, 입소문을 통해 전 세계 연인들의 만남의 장소로 유명해졌다. 사랑해 벽은 **화해의 장소, 사랑과 평화의 이미지를 비추는 거울**을 상징한다.

※ '사랑해' 한글 찾아보기

Square Jehan Rictus, Pl. des Abbesses, 75018 Paris  월~금요일 08:00~17:30(~21:30), 토~일요일·공휴일 09:00~17:30(~21:30), 계절에 따라 개방 시간이 다르다.  메트로 12호선 Abbesses역에서 도보 3분
지도 P. 189-B

테르트르 광장의 화가들

## 오 라팽 아질
### Au Lapin Agile

### 예술가들이 사랑한 나이트클럽

1860년에 오픈한 파리에서 가장 유명한 나이트클럽 중 하나로, 몽마르트르 포도원 옆에 있다. 1880년 앙드레 질이라는 화가가 나비넥타이를 맨 민첩

한 토끼(라팽)가 냄비에서 튀어나오는 모습을 간판에 그리고, 자신의 이름과 라팽을 따서 '오 라팽 아질'이라 부르게 되었다. 1903년 유명 가수와 카바레 업자가 인수하면서 카바레 클럽으로 번창하게 된다. 모딜리아니, 마티스, 르누아르, 피카소 등의 유명 예술인들도 자주 드나들었다고 한다.

내부는 낡은 탁자와 의자들이 그대로 있어 옛 분위기를 느낄 수 있다. 매일 밤 9시 이후에는 옛 샹송을 감상할 수 있다.

- 22 Rue des Saules  www.au-lapin-agile.com
- 화·목~토요일 21:00~밤 01:00
- 성인 €35, 학생 €25, 술 추가 €5/€9, 음료 €3/€5
- 메트로 12호선 Lamarck Caulaincourt역 하차
- 지도 P.189-B

## 몽마르트르 묘지
### Cimetière de Montmartre

### 유명인들이 잠들어 있는 묘지

몽마르트르 묘지 내의 에밀 졸라 묘

이곳을 찾는 참배객들과 사크레 쾨르 성당이나 테르트르 광장을 찾는 방문객들이 뒤섞여 항상 사람들이 많다. 에밀 졸라, 밀레, 오펜바흐, 하이네 등의 묘지가 있다. 입구 관리실에서 묘지 지도를 받아 유명인들의 묘를 찾아가 보자.

- 20 Ave. Rachel
- 3월 중순~10월 월~금요일 08:00~18:00, 토요일 08:30~18:00, 일요일·공휴일 09:00~18:00, 11월~3월 중순 월~금요일 08:00~17:30, 토요일 08:30~17:30, 일요일·공휴일 09:00~17:30
- 무료  메트로 2호선 Place de Clichy역에서 하차
- 지도 P.189-A

## 물랭 루주
### Moulin Rouge

### '빨간 풍차'라는 뜻의 나이트클럽

1889년에 문을 연 카바레의 원조. 툴루즈 로트렉이 이곳을 화폭에 담으면서 더욱 유명해졌다. 무희들이 다리를 뻗어올려 추는 캉캉 춤은 워낙 유명해서 이제는 웬만한 나이트클럽에서 흔히 볼 수 있다. 신작 〈몽환극〉은 벨 에포크의 화려함을 그대로 재현한 쇼이다.

외관은 옛 모습 그대로이지만 내부 인테리어는 현대 감각에 맞춰 모두 바꾸었다. 주변에 환락가가 많으므로 밤늦게는 돌아다니지 말자. 입장 시 정장 필수.

- 82 Bd. de Clichy  www.moulinrouge.fr
- 21시 vip evening show €210~
- 메트로 2호선 Blanche역에서 하차  지도 P.189-A

---

**tip 소지품 조심! 또 조심!**

파리 내 최대 사고 다발 지역(에펠 탑, 루브르 궁전, 베르사유 궁전 등) 중 하나인 몽마르트르 언덕에서는 2~3인조 외국인이 말을 걸어오거나 신체적으로 접근할 때 특히 주의한다. 경찰관을 사칭하며 여권 등 신분증 제시를 요구하면 함부로 보여주지 말고, 그들에게 먼저 신분증 제시를 큰소리로 요구하고, 지나가는 행인에게 도움을 청한다. 특히 사크레 쾨르 사원 앞 계단에서는 스마트폰 관리에 신경을 쓴다. 무심코 바닥이나 무릎 위에 놓고 있을 때를 노려 소매치기가 잽싸게 낚아챈다.

SIGHTSEEING

# 마레

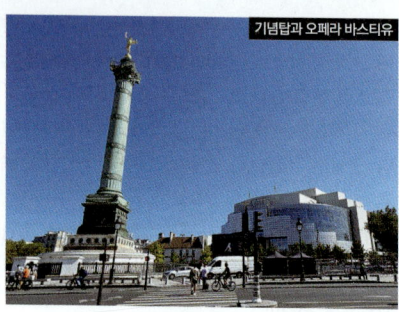

기념탑과 오페라 바스티유

주변에 늪지가 많아 '늪'이라는 뜻을 지닌 마레(La Marais) 지구는 센강 오른쪽 기슭 일대에 위치하고 있다. 14세기 찰스 5세가 시테섬에서 이곳으로 왕궁을 옮겨오면서 마레의 역사가 시작되었다. 16~17세기 앙리 4세가 보주 광장을 주택지로 개발하면서 마레 지구는 파리의 대표적인 귀족 저택가가 되었다. 프랑 부르주아 거리를 중심으로 화려한 귀족 저택들이 즐비하게 들어서 있는데, 아직도 당시의 분위기가 남아 있는 저택들이 있고 그중 일부는 미술관으로 이용되고 있다. 프랑 부르주아 거리에는 레스토랑과 카페, 잡화점들이 많아 여행객들의 발길이 끊이지 않는다.

업으로 세워진 **'오페라 바스티유'**는 현대식 외관에 음향 시설도 최고 수준이다. 이 일대는 화려한 숍, 갤러리, 카페, 바, 나이트클럽이 많다.

🚇 메트로 1·5·8호선 Bastille역에서 하차
📍 지도 P.188-C

## 바스티유 광장
### Place de la Bastille
★

### 프랑스 혁명의 시발점

14세기에 파리의 동쪽을 지키기 위한 요새로 지어졌는데, 루이13세 때 재상 리슐리외가 정치범을 잡아넣기 위한 감옥으로 사용하였다. 프랑스 혁명의 출발점이 되었던 1789년 숱한 정치범을 가두어 악명을 떨쳤던 바스티유 감옥은 가장 먼저 시민들의 습격을 받아 파괴되었다. 이날을 기념일 삼아 축제를 했고, 혁명으로 희생된 파리 시민을 기리기 위해 그 자리에 50m 높이의 **청동 기념탑**을 세웠다. 탑 아래에는 이때 희생당한 시민들의 유해가 안치되어 있고, 기둥에는 희생자 명단이 적혀있다. 내부 계단을 따라 올라가면 전망대가 나오는데 파리 시가지가 한눈에 들어온다. 프랑스 대혁명 200주년 기념 사

## 보주 광장
### Place des Vosges
★

### 당대 파리 최고의 부촌

마레 지구를 대표하는 곳으로, 1605년 앙리 4세 때 루이 메트조가 설계를 시작해 1612년 루이 13세 때 완성되었다. 사각형 광장을 중심으로 왕과 왕비의 저택을 남북 대칭으로 배치하고 동서남북에는 귀족들의 저택 36채를 지었다. 리슐리외 등 당대의 실력자들이 이곳으로 이주하면서 파리 최고의 부촌이 되었다. 초창기에는 **루아얄 광장(Place Royale)**이라 불렸는데, 1800년에 프랑스에서 가장 먼저 납세를 완료한 보주 지역에 경의를 표하기 위해 **'보주 광장'**이라 불렀다. 광장 중앙에는 루이 13세의 기마상이 복원되어있다. 광장 6번지에는 〈레 미제라블〉로 유명한 **빅토르 위고**가 1832~1848년까지 16년 동안 살았던 저택이 있는데, 지금은 '빅토르 위고 박물관'으로 이용되고 있다.

🚇 메트로 1·5·8호선 Bastille역, 8호선 Chemin Vert역에서 도보 5분 📍 지도 P.188-C

**빅토르 위고 박물관 Musée Victor Hugo**
🌐 www.museevictorhugo.fr/pratiques

보주 광장

- 4~9월 10:00~12:30, 14:00~18:00, 일요일 14:00~18:00 10~3월 14:00~17:30 휴무 화, 일요일(오전), 1/1, 5/1, 11/1, 12/25 성인 €5, 학생 €3
- 센강 변(Quai Victor Hugo in Rives-en-Seine, Villequier 76490)

## 피카소 미술관
### Musée National Picasso
★

### 피카소 예술의 변천사를 한눈에

스페인의 천재 화가 피카소의 유작을 기증받아 정부가 마레 지구의 호텔 살레를 개조해 만든 미술관. 피카소의 회화 250점을 비롯해 조각품, 도자기, 판화와 데생 등 총 5,000여 점을 소장하고 있다. 각 작품들은 연대순으로 전시되어 **피카소 예술의 변천사를 한눈에** 알 수 있다. 내부는 청색 시대의 대표 자화상 〈파란 초상(L'Auto Portrait)〉으로 시작한다. 장밋빛 시대와 아프리카시대, 입체주의시대를 거쳐 〈피리부는 소년〉 등 대형인

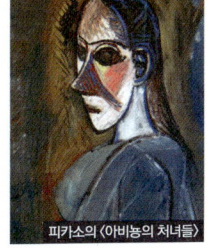

피카소의 〈아비뇽의 처녀들〉

물화가 중심이 된 신고전주의 시대로 넘어간다. 그 다음 초현실주의에서 자주 볼 수 있는 피카소 특유의 초상화가 등장한다. 눈여겨볼 작품은 최고의 조각품 〈황소 머리〉, 연인들에 대한 작품은 〈책상에서 독서하는 여인〉, 〈안락의자에 앉은 올가〉, 〈인형을 안고 있는 마야〉, **〈아비뇽의 처녀들〉**, 〈풀밭 위의 점심 식사〉 등이다. 최근 리모델링을 통해 산뜻하게 단장했다. 지하 1층의 휴대품 보관소에 짐을 맡기고 작품을 감상한다.

- 5 Rue de Thorigny
- www.museepicassoparis.fr
- 09:30~18:00 휴무 월요일(공휴일 포함), 1/1, 5/1, 12/25
- 성인 €16, 학생 €12, **무료 입장** 18세 이하, 파리 뮤지엄 패스 소지자, 매월 첫 번째 일요일
- 메트로 8호선 Saint-Sébastien-Froissart역, Chemin-Vert역, 1호선 St. Paul역에서 도보 7분. 또는 버스 20·29·65·75·69·96번 이용
- 지도 P.188-B

카르나발레 박물관

## 카르나발레 저택(역사 박물관)
### Musée Carnavalet

#### 파리의 역사가 한눈에

3층짜리 대저택에 층마다 **선사시대부터 현재까지의 64만 점 이상의 작품**을 전시하고 있다. 프랑스 혁명의 모습이나 화재 등 그림을 통해 당시 상황을 알 수 있다. 가장 볼만한 곳은 위제 대저택의 연회장, 2층에 있는 루이 14~16세의 가구들과 유품이 있는 방, 세비녜 부인의 전시실, 벤델 대저택의 무도회장, 로베스피에르의 편지 등이다. 최근 리모델링 공사를 통해 지하에는 중석기시대(기원전 9600~6000년)부터 16세기 중반까지의 컬렉션 룸을 만들었고, 3,800여 점의 작품과 대형 장식물이 모두 복원됐다.

**볼만한 작품**은 자크 루이 다비드의 〈주드 파우메의 맹세〉, 작자 미상 〈퐁네프 다리의 기괴한 안면상〉, 클로드 니콜라 르두의 〈밀리떼르의 파넬링〉, 프랑수와 부셰의 〈질 드마토의 거실 장식 패널〉, 세비녜 후작 부인의 〈마리 드 라부탱 샹탈〉, 나데르망의 〈페달 하프〉, 작가미상 〈프랑스 혁명〉등이다.

- 23 Rue de Sévigné
- https://www.carnavalet.paris.fr
- 화~일요일 10:00~18:00 휴무 월요일, 1/1, 5/1, 12/25
- 무료  메트로 1호선 St. Paul역, 8호선 Chemin Vert 역에서 도보 5분  지도 P.188-B

## 시청사
### Hôtel de Ville

#### 프랑스 혁명의 본거지

1357년 샤틀레 광장에서 현재 위치로 이전해 공사(公舍)로 사용했다. 그 후 프랑스 대혁명으로 인해 파리 시민들이 바스티유 감옥을 공격하면서 시청사를 거점삼아 혁명의 본거지로 활용했다. 1871년 파리코뮌 때 화재로 소실되었으나 1874~1882년에 복원했다. 전체적으로 중후하고 **화려한 르네상스양식의 건물**이다. 길이 110m, 높이 48m 규모로 유럽에서 가장 규모가 크고 외관도 화려하고 아름답다. 건물 4면에는 136개의 조각상이 있다. 내부는 프랑스 르네상스양식과 벨에포크양식(19세기 말~20세기 초 문화가 번창하면서 평화를 구가한 시기의 건축양식)이 혼재되어 장엄하고 화려하다. 필베르드롬이 설계한 화려한 계단과 연회장 등도 볼만하다. 로댕의 〈공화국 여신상〉도 놓치기 아깝다. 건물 정면의 대형 시계 밑에는 '**자유·평등·박애**'라는 문자가 새겨져 있다. 앞마당은 늘 행사장으로 북적인다. 겨울에는 스케이트장으로, 여름에는 배구장과 축구장으로 사용되어 파리지앵의 사랑을 듬뿍 받고 있다.

- Mairie de Paris  www.paris.fr
- 월~금요일, 예약 시 그룹·개인 방문 가능
- 휴무 토·일요일, 공휴일
- 메트로 1·11호선 Hôtel de Ville역에서 하차
- 지도 P.188-B

## 퐁피두 센터
### Centre Georges Pompidou

### 파격적인 외관 노출
전통적인 건축양식을 탈피해 마치 한창 공사 중인 것처럼 수도관, 가스관, 철골 등이 원색으로 칠해진 채 외관이 그대로 노출되어 있다. 미적 배려뿐 아니라 기능을 구분하기 위해서라고 한다. 내부는 현대 미술관으로 프랑스뿐만 아니라 세계 각국의 아티스트들의 명작이 많이 전시되어 있다. 장르도 회화, 조각, 사진, 영화, 뉴미디어, 건축, 디자인 등 다양하다. 1905년 이후에 창작 예술작품 4만 5,000점 이상이 소장되어 있다.

### 근대 & 현대 컬렉션
5층에는 1905~1960년대의 '근대 컬렉션' 900여 점이 전시되어 있다. **피카소, 마티스, 칸딘스키, 레제, 미로, 자코메티 등 유명 아티스트들의 대작**이 한곳에 모여 있다. 4층에는 '현대 컬렉션'으로 정크 아트의 거장 장 팅겔리를 비롯해 앤디 워홀, 세자르, 바자렐리, 조셉 보이스 등 컨템포러리 아트 작품을 접할 수 있다. 2~3층은 도서관이고 4~5층은 국립 현대미술관, 7층은 현대미술 전람회장이다.

### 투명 에스컬레이터 & 조각 분수 공원
건물 외부에 설치한 투명 에스컬레이터를 타보는 것

니키 드 상팔과 팅겔리가 만든 조각 분수 공원

도 재미있다. 한 층씩 올라가다 보면 사크레 쾨르 사원, 에펠 탑, 노트르담 대성당, 라 데팡스 등 주요 건축물들을 한눈에 볼 수 있다. 관람 시간이 부족하면 4층의 전시품들을 집중적으로 보자. 센터 밖 광장에는 세계적인 조각가 **니키 드 상팔과 팅겔리**가 만든 재미난 조각 분수 공원이 있다. 파리의 명물 스트라빈스키 분수대(현재 공사 중)에서 잠시 머리를 식히는 것도 좋다.

🏠 Place George-Pompidou
@ www.centrepompidou.fr/en
🕐 11:00~22:00, 미술관(전시관) 11:00~21:00(목요일 ~23:00) **휴무** 화요일, 5/1 💰 성인 €15, 학생 €12(기간에 따라 €1~2 할인), 첫째 일요일 무료
🚇 메트로 11호선 Rambuteau역에서 도보 1분. 또는 버스 29·38·47·75번 이용 🗺 지도 P.188-A

### tip 일요일에는 무엇을 할까

**벼룩시장 가기**
신선한 식품이나 좋은 물건을 사려면 가급적 아침 일찍 움직인다.

**무료 입장 미술관 공략하기**
매월 첫째 일요일은 대부분의 미술관이 무료 입장이다. 평일에 비해 엄청난 관람객이 몰려드니 아침 일찍 서두르자. 루브르와 오르세를 제외한 다른 미술관(중세 박물관 등)은 생각만큼 복잡하지 않다. 방문 시 사전 예약 필수.

**센강에서 자전거 타기**
주말이면 한적해지는 센강의 강변도로를 따라 자전거로 질주해보는 것도 꽤 재미있다. 바스티유 광장(오스테를리츠역)에서 에펠 탑까지 자전거 전용 도로가 있다. 벨리브(자전거) 대여소 정보는 P.174.

마치 공사 중인 것처럼 보이는 퐁피두 센터

## THEME PAGE
## 파리의 유명 백화점

최신 트렌드를 한눈에 읽을 수 있는 백화점에 들러 쇼핑을 하며 여행의 즐거움을 만끽하자. 오페라 하우스 뒤쪽에 가면 파리에서 가장 유명한 라파예트, 쁘렝땅 백화점이 있다.

### 쇼핑 노하우

**여행 안내소, 호텔 등에서 10% 할인 쿠폰을 챙긴다**
할인 쿠폰을 그대로 사용할 수는 없고 매장 카운터에서 카드로 교환해 사용한다.

**세일(Soldes) 기간을 활용한다**
우리나라처럼 세일이 자주 있는 것이 아니라 1년에 2~3번밖에 없다. 거품 가격이 아닌 정상 가격에서 세일을 하기 때문에 상당히 저렴한 가격으로 구입할 수 있다. 대부분 1월과 7월, 크리스마스 때 대대적인 세일을 한다.

**부가세 환급을 잊지 말고 챙긴다**
라파예트, 쁘렝땅 백화점은 면세부서(Tax-free Service Desk)를 별도로 운영한다. 구입한 물품을 계산한 후에는 잊지 말고 한국인 직원에게 부탁해 부가세 환급 영수증을 받는다.

### 주요 백화점

**라파예트** Galeries Lafayette
1895년에 문을 연 파리에서 가장 큰 규모의 백화점. 1층은 가방·화장품·액세서리, 2층과 3층은 첨단 패션을 선보이는 젊은 디자이너들의 매장이 있다. 한국인 직원이 상주하는 안내 데스크가 있다. 종종 무료 패션쇼도 열린다.

- 40 Bd. Haussmann
- www.haussmann.galerieslafayette.com
- 월~토요일 10:00~20:30,
  일요일, 공휴일 11:00~20:00 휴무 1/1, 5/1, 12/25
- 메트로 7·9호선 Chaussée d'Antin Lafayette역에서 도보 1분  지도 P.186-B

라파예트

FRANCE

### 쁘렝땅 Printemps

갤러리 라파예트와 더불어 파리의 대표적인 백화점이다. 1865년에 문을 열었고 최근 대대적인 보수 확장 공사를 마쳐 화려하게 재단장했다. 최신 유행하는 액세서리·가정용품·명품 매장을 비롯, 세계 최대의 뷰티 공간을 갖추고 있다. 매주 화요일 10시에 무료 패션쇼가 열린다. 한국인 직원이 상주하는 안내 데스크가 있다.

- 64 Bd. Haussmann
- www.printemps.com
- 월~토요일 10:00~20:00, 일요일 11:00~20:00
- 메트로 3·9호선 Harve Caumartin역, Opéra역에서 도보 1분  지도 P.186-A

봉 마르셰

쁘렝땅

### 포럼 데 알 Forum des Halles

1983년에 완공된 지하 4층, 지상 1층의 종합 쇼핑몰로 현대적 감각이 돋보이는 건물이다. 유리와 강철로 디자인한 외관이 독특하며 내부에는 유명 브랜드숍, 레스토랑, 영화관 등이 있다. 실내가 항상 환하고 밝다. 지하 4층에서 메트로역과 연결된다.

- 1-7 Rue Pieres Lescot
- www.westfield.com/fr/france/forumdeshalles/boutiques
- 월~토요일 10:00~20:30, 일요일 11:00~19:00
- 메트로 4호선 Les Halles역, RER A·B·C선 Châtelet Les Halles역에서 하차
- 지도 P.187-H

포럼 데 알

### 봉 마르셰 Bon Marche

1852년에 문을 연 파리 최초의 백화점. 구스타프 에펠이 설계한 백화점으로도 유명하다. 클래식한 브랜드와 상품들을 취급한다. 별관의 식품 매장에는 전 세계의 맛있고 고급스런 제품들이 진열되어 있다.

- 24 Rue de Sevres
- www.lebonmarche.com
- 월~토요일 10:00~20:00, 일요일 11:00~20:00
- 메트로 10·12호선 Sèvres-Babylone역에서 도보 1분
- 지도 P.191-H

> **tip 파리의 인테리어 숍에 가 보자**
>
> 파리는 집값이 비싸서 작은 집에 사는 것이 보통이다. 작은 집을 효율적이면서 아름답게 꾸미려는 사람들이 많아서인지 예쁘고 다양한 소품들을 판매하는 숍들도 많다. 인테리어에 관심이 많다면 루브르 박물관 지하의 Resonance, 퐁 네프 다리 옆의 Habitat에 들러 봐도 좋다.

## THEME PAGE
## 활기 넘치는 파리의 시장

현지인들의 생활을 깊숙이 들여다보고 싶다면 시장에 가보는 것이 제일이다. 파리지앵들의 활기 넘치는 모습을 볼 수 있고, 맛있는 먹거리를 맛보는 즐거움도 있다.

### 재래시장

**무프타르 시장 Marche Mouffetard**

파리에서 가장 오래된 재래시장으로 과일, 채소, 고기, 꽃, 올리브, 와인, 초콜릿 등 다양한 식료품을 판다. 상인이 직접 재배한 싱싱한 농산물을 저렴하게 살 수 있다.

- Rue Mouffetard
- www.rue-mouffetard.com/market.html
- 화~일요일 08:00~13:00
- 메트로 7호선 Censier-Daubenton역에서 도보 1분
- 지도 P.183-K

**칼 마르레티(Carl Marletti)**

무프타르 시장에 위치한 빵집으로 밀푀유(Mille-Feuille, 파이의 켜가 여러 겹을 이루는 페이스트리)가 맛있기로 유명하다. 가격 €4~.

- 51 Rue Censier
- www.carlmarletti.com
- 화~토요일 10:00~19:00, 일요일 10:00~13:30
- 휴무 월요일, 1/1, 5/1, 7/14

### 벼룩시장

파리의 벼룩시장은 주말에만 장이 선다. 잘만 이용하면 값진 물건을 저렴한 가격에 살 수 있다. 의류, 신발, 안경, 모자, 가구, 은식기, 액세서리, 완구, 장신구, 군수용품, 고미술품 등을 다양하게 판매한다.

- **아침 일찍 간다**
몽트뢰유, 방브는 오전 7시, 생 투앙은 오전 10시에 도착해야 한다.

- **반드시 흥정을 한다**
부르는 가격의 30~50%를 깎으면서 흥정을 한다. 절대 부르는 가격에 사지 말자.

- **물건을 잘 고른다**
먼저 관심 없는 물건을 고르고 탐나는 물건은 관심 없는 척하다가 가장 나중에 고르면서 가격을 묻는다.

- **소매치기를 조심한다**
사람들이 많이 붐비는 곳은 항상 위험이 도사리고 있다. 절대 방심하지 말고 미리 지갑에서 쓸 돈만 꺼내서 주머니에 넣어 둔다.

**생 투앙 벼룩시장 (클리냥쿠르 벼룩시장)**
Marche aux Puces Saint-Ouen

- Av. de la Porte-de-Clignancourt(파리 북부)
- www.parispuces.com
- 임시 휴업
- 메트로 4호선 종점 Porte-de-Clignancourt역에서 바로(맥도날드 방향으로 나온다)

**방브 벼룩시장 (2곳) Marche aux Puces Vanves**

- ① Av. Georges Lafenestre(파리 남부)
- ② Rue Marc-Sangnier(파리 남부)
- pucesdevanves.typepad.com
- 토·일요일 07:00~14:00
- 메트로 13호선 Porte-de-Vanves역에서 바로

**몽트뢰유 벼룩시장 Marche aux Puces Montreuil**

- Av. de la Porte-de-Montreuil(파리 동부)
- 토, 일, 월요일 08:00~18:30
- 메트로 9호선 Porte-de-Montreuil역에서 도보 5분. 1번 출구로 나와서 걷다 보면 R/A(로터리)가 나온다. 로터리 건너편의 이비스 호텔 앞에 천막을 치고 장사를 한다.

# THEME PAGE
## 파리의 쇼핑 거리

유행의 첨단을 달리는 파리에서 루이비통, 샤넬, 프라다 등의 고급 명품을 사고 싶다면 파리 최고의 번화가 '트라이앵글 도르(황금의 삼각지대)'인 샹젤리제 거리, 몽테뉴 거리, 조르주 생크 거리로 가보자.

### 생 제르맹 거리 Blvd. St. Germain
예술인과 문화인들이 많이 모이는 생 제르맹 거리는 명품 브랜드숍이 차례로 들어서면서 파리 유행의 발신지로 거듭나고 있다.
폴카(Paule Ka, 가방·구두), 에트로(Etro, 의류·가방), 소니아 리키엘(Sonia Rykiel, 슈트·원피스), 알랭 마누키앙(Alan Manoukian, 캐주얼 의류), 제라르 다렐(Gerald Darel, 캐주얼 의류), 카르티에(Cartier, 장신구), 루이비통(Louis Vuitton, 가방) 등의 브랜드숍이 있다.

🚇 메트로 4호선 St. Germain des prés역 하차
🗺 지도 P.185-A

### 프랑 부르주아 거리 Rue des Francs Bourgeois
고풍스럽고 품격이 돋보이는 마레 지구에 자리한 동서로 연결되는 쇼핑 거리이다.
빌라 마레(Villa Marais, 인테리어 숍), 아르 뒤 뷔로(Art du Bureau, 사무용 문구), 카미유(Camille, 카페), 라셰즈 롱그(La Chaise Longue, 주방용품), 데칼라주(Decalage, 액세서리), 파리 뮈제(Paris Musee, 장식품) 등 다양한 숍을 만날 수 있다.

🚇 메트로 1호선 St. Paul's역 하차
🗺 지도 P.188-B

### 몽테뉴 거리 Avenue Montaigne
파리 최고의 명품 거리. 최근에는 캐주얼 상품과 이탈리아 패션 매장이 다수 들어서고 있다.
프라다(Prada), 루이비통(Louis Vuitton), 조제프(Joseph), 이네스 드 라 프레상주(Ines de la Fressange), 돌체 & 가바나(Dolce & Gabbana), 크리스챤 디올(Christian Dior), 니나리찌(Nina Rich), 샤넬(Chanel) 등을 만날 수 있다.

🚇 메트로 9호선 Alma Marceau역, Franklin D Roosevelt역 하차 🗺 지도 P.184-C

### 샤론 거리 Rue de Charonne
젊은이들이 많이 모이는 최첨단 패션의 거리. 힙합과 테크노 마니아, 스케이트보드를 즐기는 신세대들의 뉴 패션을 한눈에 볼 수 있다.
라 페 마라부테(La Fee Maraboutee, 니트), 벨 레르(Bel Air, 스커트), 이자벨 마랑(Isabel Marant, 뉴에이지 패션), 샤인(Shine, 가방·벨트), 카트린 마낭(Catherine Magnan, 오리지널 의류) 등이 있다.

🚇 메트로 8호선 Ledrue Rollin역 하차 🗺 지도 P.183-H

### 샹젤리제 거리 Av. des. Chaps-Élysées
개선문에서 콩코르드 광장으로 이어지는 샹젤리제 거리는 명품 브랜드숍, 화장품 가게, 카페, 영화관, 레스토랑 등이 밀집되어 있는 파리 최대의 번화가이다. 카르티에(Cartier), 몽블랑(Mont Blanc), 루이비통(Louis Vuitton), 찰스 주르당(Charles Jourdan), 베네통(Benetton) 등이 있다.

🚇 메트로 1호선 Charles de Gaulle Etoile역, Franklin D. Roosevelt역 하차 🗺 지도 P.184-B

# 파리의 쇼핑

## Pharmacie Monge
늘 여행객들로 매장이 붐비는 몽쥬 약국은 한국인들에게 아주 인기 있는 쇼핑 코스로 소문나 있다. 코스메틱 숍으로 기초 화장품부터 보디샴푸, 헤어샴푸, 향수 등 다양한 화장품들을 취급하고 있다. 진열대 한 곳은 한국인 담당 직원이 있어 한국어로 친절하게 제품을 설명해준다. 양질의 제품에 저렴한 가격(한국의 1/2~1/3) 때문에 자주 찾게 된다. 무료 샘플을 푸짐하게 얻고 싶으면 이른 아침에 가야 한다.
당일 구매 금액이 €176 이상이면 13.5% 면세가 된다. 영수증을 잘 보관해 출국 시 환급받도록 한다.

- 74 Rue Monge ⊕ www.pharmacie-monge.fr
- 월~토요일 08:00~20:00 휴무 일요일
- 메트로 7호선 Place Monge역 바로 앞 ● 지도 P.183-K

## Fauchon
파리의 유명한 식료품 가게. 100년 이상의 전통을 지닌 포숑은 세계 각지에서 가져온 다양한 식품들이 진열되어 있다. 빵, 과자, 와인, 잼은 선물로도 인기 만점이다. 포장을 해갈 수 있는 반찬들과 거대한 크기의 케이크도 있다.

- 26-30 Place de la Madeleine
- ⊕ www.fauchon.com
- 월~토요일 10:30~14:00, 15:00~18:30 휴무 일요일
- 메트로 8·14호선 Madeleine역에서 하차해 마들렌 교회 건너편에 위치 ● 지도 P.186-E

## La Vallée Village
라 발레 빌라쥬 아웃렛은 1992년에 오픈한 파리의 대표적인 럭셔리 아웃렛으로, 세계를 선도하는 패션과 라이프 브랜드 90여 개가 입점해 있다. 샤넬, 디오르,

루이비통 등의 프랑스 명품이 없어 아쉽지만, 다양한 핸드백, 구두, 액세서리, 보석류, 스포츠용품, 주방용품, 유아용품 등 중저가 상품 등을 30~70% 할인된 가격에 살 수 있어 부담 없이 쇼핑할 수 있다. 구역 내에 레스토랑, 카페, 각종 상점, 수족관 등이 있다. 파리 동쪽 디즈니랜드 근처에 위치해 RER선을 타고 30분 정도면 편히 다녀올 수 있다.

- 3 Cours de la Garonne
- ⊕ www.lavalleevillage.com
- 10:00~19:00 휴무 1/1, 5/1, 12/25
- RER A선을 타고 Val d'Europe/Serris Montévrain역에서 나와 오른쪽으로 10분 정도 걸어가면 나온다. 나비고(Navigo)가 있으면 주말과 공휴일에 추가 요금 없이 어디서든 타고 갈 수 있다.
Val d'Europe역에서 La Vallée Village까지 매주 일요일 셔틀버스를 무료로 운행한다.

**셔틀버스(Shopping Express)**
- 타는 곳 메트로 14선 Cour St Emilion역(출구 1~2번)
- 예약 www.thebicestervillageshoppingcollec-

tion.com 🚩 출발 Cour St Emilion역 09:00/13:30, La Vallée Village 14:30/18:45 🚌 왕복 €25

## Bercy Village

베르시 빌라주는 파리의 중심부에 있는 조용한 곳으로, 1960년대까지 거대한 와인 시장이었으나 1990년 건축가 데니스 발도르에 의해 복원되었다. 노천 쇼핑센터인 이곳은 부티크, 레스토랑, 레저 시설, 꽃 테라스, 상점, 극장, 42여 개의 와인 농장 등이 갖춰져 있다. 명품 브랜드는 별로 없으나 프랑스인들이 즐겨 찾는 소품들이 많아 서민의 삶을 엿볼 수 있는 곳이다. 규모는 작지만 상점마다 각종 인테리어 소품, 화장품, 주방용품, 캐주얼용품 등 아기자기한 소품들을 20~50% 이상 할인 판매한다. 현지인들이 자주 찾는 노천카페에 들러 그들의 분위기를 느껴보자.

🏠 Cour Saint Émilion 🌐 www.bercyvillage.com
🕐 숍, 레스토랑 10:00~02:00
🚇 메트로 14호선 Cour Saint-Émilion역 하차. 버스 64·109·111번 이용 ➕ 지도 P.183-L

베르시 빌라주

## La Chaise Longue
**Paris 9th la Madeleine 지점**

라 셰즈 롱그는 참신한 아이디어가 돋보이는 생활용품을 취급하는 가게이다. 파리지앵 스타일로 디자인된 제품이 주를 이룬다. 사무용품, 액세서리, 가방, 게임, 가구, 주방용품 등 다양한 아이템을 판매한다. 가격도 대부분 €10~50 미만이라 부담 없다. 토마토 모양의 냄비, 입술 모양의 적색 지갑 등이 인기가 있다.

🏠 2, Rue de Sèze 75009 Paris
🌐 www.lachaiselongue.fr
🕐 10:00~15:00, 16:00~19:00 휴무 월요일
🚇 3·7·8호선 Opera역에서 4분 ➕ 지도 P.188-B

## Calligrane

1979년 개업한 종이 전문 부티크. 일반 문구점에서 보기 힘든 깜찍하고 예쁜 편지지와 봉투를 비롯해, 선물 용품으로 적합한 다양한 종류의 노트, 카드, 장식 용지 등이 있다.

🏠 6 Rue du Pont Louis-Philippe, 75004 Paris
🌐 www.calligrane.fr
🕐 화~토요일 12:00~19:00 휴무 일·월요일, 공휴일
🚇 7호선 Pont Marie역에서 도보 3분
➕ 지도 P.188-E

## Paris Look

오페라 근처에 위치한 면세점인 파리 룩은 라파예트, 쁘렝땅 백화점 등 고급 상가 주변에 있다. 화장품, 가방, 시계, 액세서리, 초콜릿, 주류, 향수 등 다양한 브랜드를 판매한다.
약국 화장품도 구입할 수 있고, €176 이상 구입 시 세금 환급(13.5%)이 가능하다. 한국인 직원이 상주하면서 안내해준다.

🏠 16 Bd. Haussmann
🌐 www.paris-look.com
🕐 11:00~19:00 휴무 일요일, 공휴일
🚇 메트로 7·9호선 Chaussee d'Antin La Fayette역 하차. 오스만 대로(라파예트 백화점) 부근에 위치
➕ 지도 P.186-B

> **tip** 파리의 슈퍼마켓

프랑스인들의 미식에 대한 욕구는 대단하다. 그래서인지 백화점 식품 매장이나 슈퍼마켓에서 다양하고 질 좋은 과일, 채소, 치즈, 와인 등을 저렴하게 구입할 수 있다. 유럽 물가가 비싸긴 하지만 슈퍼마켓의 식료품은 대체로 저렴한 편. 대표적인 슈퍼마켓 체인으로는 모노프리(Monoprix)와 오샹(Auchan) 등이 있다.

## THEME PAGE

# 파리의 카페 즐기기

파리지앵에게 있어 카페는 생활 그 자체이다. 친구와 담소를 나누기 위해, 피로를 풀기 위해, 신문이나 책을 읽기 위해 그들은 습관적으로 카페에 들른다. 파리를 이해하는 데 이보다 더 좋은 곳은 없다.

### 카운터에 서서 마시면 절반 가격

가장 저렴하게 마실 수 있는 곳은 카운터. 이 경우 커피 한 잔에 €1~2 정도로 절반 가격이 된다. 스툴(등받이와 팔걸이가 없는 의자)이 있는 가게는 이곳에 앉아도 된다.

### 편하게 마시려면 실내나 테라스석에

몸이 피곤하거나 좀 더 편안한 분위기를 원한다면 카운터보다는 비싸지만 실내나 테라스석에 앉는다. 이 때 아무 데나 빈자리에 앉으면 안 되고 종업원의 안내를 받아야 한다. 점심 때 음료만 마시고 싶으면 식탁보가 없는 좌석에 앉으면 된다.

### 주문과 계산

만약 주문을 받으러 오지 않으면 "무슈(Monsier Monsieur)" 또는 "씰 부 플레(S'il vous plaît)"라고 말한다. 계산할 때는 카운터 옆의 가격표를 보고 지불한다. 카운터(콩투아르, Comptoir), 테이블석(살, Salle), 테라스석(테라스, Terrasse)으로 나누어 계산한다. 테이블이나 테라스석은 종업원이 주문한 음료와 함께 계산서를 갖다준다. 또는 종업원에게 "콩비앵?(Combien, 얼마예요?)"이나 "라디씨옹 씰 부 플레(L'addition s'il vous plaît, 계산서 주세요)"라고 물어본다.

### ▶ 추천카페

#### 레 두 마고 Les Deux Magots

파리에서 가장 인기 있는 카페 중 하나로 예술인들의 단골 약속 장소. 1881년에 문을 열었다. 저널리스트 앨버트 티보테는 레 두 마고를 '길, 동업자, 아이디어의 교차로'라고 표현했다.
피카소와 헤밍웨이가 자주 들렀으며, 사르트르와 보부아르 등이 신문학을 제창한 문학 살롱으로도 유명하다. 최근 리모델링을 끝내고 산뜻하게 개장했다. 커피 €4.9~, 맥주 €9~, 브런치 €52~.

- 🏠 170 Bd. St. Germain
- @ www.lesdeuxmagots.fr
- 🕐 07:30~01:00
- 📍 메트로 4호선 St. Germain des Prés역에서 도보 1분. 생 제르맹 데 프레 교회 바로 옆
- 🗺 지도 P.185-A

## 카페 드 플로르 Café de Flore

레 두 마고의 길 건너편에 위치한 카페 드 플로르는 생 제르맹 지구의 예술인들이 자주 이용했던 카페. 특히 카뮈, 사르트르, 보부아르 같은 실존주의 철학자들의 사랑을 받았다. 2층에는 책을 보면서 커피를 마시는 사람들이 많아 학구적인 분위기가 풍긴다. 커피 €4.9~.

- 172 Bd. St. Germain
- www.cafedeflore.fr  07:30~01:30
- 메트로 4호선 St. Germain des Prés역에서 도보 1분. 생 제르맹 데 프레 교회 바로 옆  지도 P.185-A

## 르 푸케 Le Fouquet's

샹젤리제 거리에 있는 이 카페는 1901년 루이 푸케가 창업한 이래 정치가와 영화 관계자들이 자주 찾는 곳으로, 라디오·TV·영화 무대로도 자주 등장해 유명해졌다. 작가 제임스 조이스도 종종 찾았다고 한다. 커피 €8~, 조식 €21~, 점심 €45~.

- 99 Ave. des Champs Élysées
- www.hotelsbarriere.com/fr/paris/le-fouquets.html  07:30~24:00
- 메트로 1호선 George V역에서 도보 1분
- 지도 P.184-B

## 카페 마를리 Café Marly

최근 유명 건축가와 디자이너들이 연이어 현대식 카페를 열고 있는데, 이 카페는 신예 디자이너인 올리비에 가네르가 루브르 박물관 옆에 오픈한 매혹적인 카페이다. 유리 피라미드를 세팅해서 중후한 나폴레옹 3세 시대의 양식과 현대적인 디자인을 절묘하게 조화시켰다. 회랑석에서 유리 피라미드가 있는 안뜰을 감상하며 커피를 마실 수 있다. 샌드위치 €10~15, 메인 요리 €17~35, 커피 €4.9~.

- 93 Rue de Rivoli
- www.cafe-marly.com  08:00~밤 02:00
- 메트로 14호선 Palais Royal역에서 도보 1분. 루브르 박물관 바로 옆  지도 P.187-K

## 카페 보부르 Café Beaubourg

현대식 카페의 원조라고 일컬어지는 곳으로 퐁피두 센터 정면이 보이는 곳에 위치하여 전망이 좋다. 세계적인 건축가 크리스티앙 포르장파르크가 실내 장식을 맡았다. 붉은색, 검은색, 흰색이 조화를 이루는 포르장파르크의 등받이 의자로 가득 찬 넓은 테라스가 인상적이다.

실내에 들어가 2층으로 가는 계단을 올라가면 노트북을 켜고 원고를 쓰거나, 책·신문을 보며 커피를 마시는 사람들이 눈에 많이 띈다. 지하로 내려가면 동굴 스타일로 디자인한 화장실이 독특하다. 커피 €5~.

- 43 Rue St. Merri
- www.cafebeaubourg.com
- 08:00~밤 01:00
- 메트로 11호선 Rambuteau역에서 도보 1분. 퐁피두 센터 옆
- 지도 P.188-A

## THEME PAGE
# 프랑스 요리 맛보기

프랑스는 3면이 대서양·지중해와 접해 있고, 독일을 비롯한 6개국과도 접해 있다. 기후도 연중 온화하고 비도 적절히 내려 국토의 대부분이 평야 지역이며 토양이 비옥해 세계적인 농업 국가가 될 수 있는 조건을 갖추고 있다. 이 같은 천혜의 자연 조건 덕분에 맛있는 요리에 필요한 좋은 재료를 무궁무진하게 제공받을 수 있다. 프랑스 요리의 특징은 재료를 충분히 활용하고 고도의 조리법을 가미하여 섬세한 맛을 내는 데 있다. 요리에 따라 포도주, 향신료, 소스를 적절히 배합하여 미묘한 맛을 낸다.

### ▶ 전채 요리

**에스카르고 Escargot**
세계적으로 유명한 달팽이 요리. 주원료인 헬릭스포마티아가 포도나무를 좋아하여 와인 산지의 달팽이가 특히 맛이 좋다. 그중에서도 샹파뉴와 부르고뉴의 달팽이 요리를 최고로 쳐준다.

**푸아그라 Foie gras**
거위 또는 오리의 간 요리. 북동부 알자스 지방이 유명하다. 간

을 그대로 굽기도 하고, 토스트 위에 얇게 바르거나 수프를 넣어 먹는다.

### ▶ 간식

**크레이프 Crepe**
브르타뉴 지방의 명물 요리로, 우리나라의 부침개 같은 음식. 달걀, 채소, 햄, 해산물 등을 넣어 요리하면 아주 맛있다. 콩코르드 광장 근처의 노점상이나 몽파르나스 근처(6호선 Edgar Quinet역) 크레프리 거리 주변에 있는 레스토랑에 가면 쉽게 먹을 수 있다(샐러드 포함 €15 정도).

### ▶ 빵

프랑스인에게 빵은 매일 식탁에 오르는 주식. 신선하고 맛있는 빵을 먹기 위해 인기 있는 빵집은 줄을 서서 기다려야 한다. 빵은 구운 지 8시간 내에 먹어야 제맛을 즐길 수 있다.

**크루아상 Croissant**
커피와 함께 아침이나 간식용으로 자주 먹는 빵. 원래는 헝가리 빵인데 루이 16세 왕비인 마리 앙투아네트에 의해 프랑스에 전해졌다. 초승달 모양의 크루아상은 속이 겹겹이 층을 이룬다. 맛이 고소하고 버터향이 난다. 안에 치즈, 채소, 베이컨 등을 넣어 샌드위치로 만들어 먹는다.

**바게트 Baguette**
기다란 막대 모양의 빵. 껍질은 단단하지만 바삭바삭

하고, 속은 솜처럼 부드러워 호두 같은 구수한 맛이 난다. 베이컨, 양배추, 햄, 토마토, 치즈, 채소 등을 넣어 샌드위치로 만들어 먹는다. 파리지앵을 비롯한 여행객들이 길거리에서 바게트를 먹으며 걸어 다니는 모습을 자주 볼 수 있다.

### 팽 오 쇼콜라 Pain au chocolat
속에 초콜릿이 들어 있고 건포도가 군데군데 박혀 있는 빵. 간식으로 인기가 좋다.

## 치즈

### 카망베르 Camembert
노르망디의 흰곰팡이 치즈로 유명하다. 표면이 흰곰팡이로 덮여 있는 표피는 제거하고 부드러운 내용물만 먹는다. 보졸레 빌라주와 같이 먹으면 잘 어울린다.

### 로크포르 Roquefort
루에크 지방 로크포르의 석회 동굴에서 숙성시킨 푸른곰팡이 치즈. 매우 짜고 진하다. 건포도 빵과 어울린다.

## 레스토랑 이용하기

- **예약을 한다**
특히 고급 레스토랑은 반드시 예약해야 하며, 일반 레스토랑은 붐비는 시간(오후 1시)만 아니면 좌석 여유가 있으므로 예약하지 않아도 된다.
- **종업원을 따라 자리에 앉는다**
- **메뉴판을 보고 요리를 고른다**
주문하기 어려우면 코스 메뉴인 '므뉘(Menu)'라고 주문하거나, 가장 간단하게 오늘의 요리인 '르 쁠라 뒤 주르(Le Plat du Jour)'를 주문한다. 오늘의 요리는 정식 코스를 생략하고 간단하게 한 접시에 주 요리를 담아 나오며 비교적 저렴하다. 또는 옆 사람이 먹는 요리를 똑같이 달라고 해도 된다.

– 저것과 같은 걸로 주세요.
　Meme chose que ca. [멤므 쇼즈 크 싸.]

- **음료 또는 와인을 고른다**
와인 한 잔은 €10, 물 한 병은 €10 정도 한다.
- **계산을 한다**
계산은 카운터에 가서 하는 것이 아니라 앉은 테이블에서 한다. 계산서를 가져오면 돈을 지불하고 팁으로 요금의 3~5%를 테이블 위에 놓고 나오면 되지만, 팁은 계산서에 이미 포함되어 있으니 그냥 나와도 괜찮다.

– 계산서 주세요.
　L'addtion, s'il vous plait. [라디씨옹 씰 부 플레.]

---

**tip　프랑스 식당의 종류**

**레스토랑 Restaurant**
드레스코드가 있는 곳이 많으니 복장에 신경을 쓰자.

**비스트로 Bistro**
가격과 서비스는 레스토랑과 비슷하나 가정적인 분위기가 난다. 술과 요리를 파는 작은 식당.

**브라스리 Brasserie**
비스트로보다 규모가 큰 식당. 밤 늦게까지 영업을 한다.

**카페 Café**
커피뿐 아니라 조식 세트, 점심 세트를 제공하며 그 외 시간대는 가벼운 요리를 제공한다. 아침부터 밤늦게까지 영업한다.

**살롱 드 테 Salon de Thé**
카페보다 격식 있고 우아한 티 살롱(tea salon). 점심에는 샐러드와 일품요리를 먹을 수 있다.

**크레프리 Creperie**
브르타뉴 지방의 명물인 크레이프를 파는 식당

**와인 바 Wine Bar**
와인을 파는 술집. 식사도 가능하다.

## 프랑스 코스 요리의 순서와 요리 이름

| 요리 순서 | 요리 이름과 프랑스어 | |
|---|---|---|
| 전채 요리<br>Entrée [앙트레] | 양파 수프 Soupe a loignon [수프 아 루아뇽]<br>진한 새우 수프 Bisque de homard [비스크 드 오마르]<br>달팽이 Escargot [에스카르고]<br>거위(오리)간 Foie gras [푸아그라]<br>햄 Jambon [장봉]<br>훈제연어 Saumon fume [소몽 퓌메]<br>생굴 Huitre [위트르]<br>계절 샐러드 Salade de saison [살라드 드 세종] | |
| 메인 요리<br>Plat [쁠라] | 생선 요리<br>Poisson [푸아송] | 그릴에 구운 연어 Saumon grille [소몽 그리예]<br>화이트와인 소스를 넣은 홍합 요리<br>Moules Marinieres [물 마리니에르]<br>도미구이 Daurade rotie [도라드 로티]<br>지중해식 생선 스튜 Bouillabaisse [부야베스] |
| | 육류 요리<br>Viandes [비앙드] | 비프 스테이크 Bifteck [비프테크]<br>와인 소스를 넣은 수탉 찜 Coq au Vin [코코뱅]<br>송아지 커틀릿 Escalope de veau [에스칼로프 드 보]<br>레드와인을 넣은 소고기 찜 Boeuf bourguignon [뵈프 부르기뇽]<br>고기와 채소 스튜 Pot au feu [포토푀]<br>돼지족발 구이 Pied de porc grille [피에 드 포르 그리유]<br>달걀 요리 Omelet [오믈레] |
| 디저트<br>Desserts<br>[데세르] | 딸기 타르트 Tarte aux fraises [타르트 오 프레즈]<br>서양 배 타르트 Tarte aux poires [타르트 오 푸아르]<br>과일 샐러드 Salade de fruits [살라드 드 프뤼]<br>바닐라 아이스크림 Glace vanille [글라스 바니유]<br>초콜릿 케이크 Gateau au chocolat [가토 오 쇼콜라] | |

## 요리 재료의 이름

| 육류 | 생선·해산물 | 채소류 |
|---|---|---|
| 소 boeuf [뵈프]<br>메추라기 caille [카유]<br>오리 canard [카나르]<br>수탉 coq [코크]<br>토끼 lapin [라팽]<br>돼지 porc [포르크]<br>송아지 veau [보]<br>영계 poulet [풀레]<br>새끼양 agneau [아뇨] | 새우 crevette [크레베트]<br>왕새우 gamba [감바]<br>바닷가재 homard [오마르]<br>굴 huitre [위트르]<br>홍합 moule [물]<br>연어 saumon [소몽]<br>송어 truites [트뤼트]<br>참치 thon [통]<br>농어 bar [바르] | 아티초크 artichaut [아르티쇼]<br>양배추 chou [슈]<br>버섯 champignon [샹피뇽]<br>무 navet [나베]<br>오이 concombre [콩콩브르]<br>파 poireau [푸아로]<br>호박 potiron [포티롱]<br>시금치 epinard [에피나르]<br>옥수수 mais [마이스] |

## 와인

세계에서 가장 뛰어나다고 손꼽히는 와인은 단연 프랑스다. 포도 재배에 적합한 기후, 지형, 토양을 갖춘 데다가 그들만의 재배 기술이 가미되어 세계 최고 와인 국가의 명성을 누리고 있다. 무엇보다 프랑스 요리에서 와인이 차지하는 비중은 매우 크다. 와인에 대한 전문 지식을 갖춘 사람을 소믈리에(Sommelier)라고 한다.

와인은 레드·화이트·로제로 나뉜다. 화이트 와인은 8~12도, 스위트 화이트 와인은 좀 더 차게 마시면 되고, 약한 레드 와인은 12~14도, 강한 레드 와인은 15~18도 정도이다.

일반적으로 생선 요리에는 화이트 와인, 고기 요리에는 레드 와인을 곁들여 마시는데, 개인의 취향에 따라 달라질 수 있다.

### 와인 산지

프랑스 최고의 와인 산지는 보르도(Bordeaux), 부르고뉴(Bourgogne), 샹파뉴(Champagne) 등이다. 그중에서도 **최고는 보르도 와인**이다.

보르도 와인이 이토록 많은 사람들의 사랑을 받게 된 것은 등급을 체계화하고 엄격한 품질 관리와 마케팅을 적절히 활용했기 때문이다.

풍부한 물의 혜택을 받은 날씨와 햇빛, 훌륭한 배수는 포도알이 익는 데 더할 나위 없이 좋은 조건이다. 보르도에는 메독(Medoc), 마르고(Margaux), 그라브(Grave), 생테밀리옹(Saint Emillion) 등이 유명하다. **특히 보르도에서 특1등급으로 분류되는 그랑 크뤼(Grand Cru. 1등급)의 5대 샤토는 라피트 로칠드(Lafite Rothschild), 마르고 라투르(Margaux Latour), 무통 로칠드(Mouton Rothschild), 오 브리옹(Haut Brion), 마고(Margot)이다.**

전 세계 와인 애호가들이 찾는 5대 샤토의 연간 총생산은 90만 병에 불과해 이를 선물이나 접대로 하면 최고의 가치를 발휘한다. 5대 샤토의 공통점은 카베르네 소비뇽 포도 품종을 기본으로 한다. 빈티지(Vintage. 와인을 수확하는 해)에 따라 포도 품종의 블렌딩 비율이 달라지기 때문에 맛도 다르고 가격 또한 빈티지가 좋은 해의 와인이 평범한 해보다 2~3배 더 비싸다.

샤토는 원래 성을 의미하는데, 여기서는 와인을 만드는 양조장이 있는 집을 말한다.

해마다 세계적인 화가의 그림으로 라벨을 만드는 샤토 무통 로칠드는 '와인과 예술의 조화'로 유명하다. 무통과 이웃하는 라피트는 '완벽한 밸런스'를 자랑하며, 라투르는 어떤 빈티지에도 '최고의 강건함'이 특징이다. 헤밍웨이가 좋아했던 샤토 마고는 마고 여왕을 연상시키는 우아한 와인으로 '와인의 여왕'이라 불린다. 오 브리옹은 '부드럽고 화사한 와인'으로 표현된다.

부르고뉴에는 화이트 와인과 레드 와인이 모두 생산되고 있다. 코트 드 뉘(Cote de Nuits), 코트 드 본(Cote de Beaune)의 와인을 생산한다. 특히 나폴레옹이 즐겨 마셨다는 샹베르탱(Chambertin)과 샤블리(Chablis)가 유명하다.

그밖에 샴페인 주생산지인 샹파뉴(Champagne)와 매년 11월 셋째 목요일 0시에 전 세계에 동시 판매되는 보졸레 누보(Beaujolais Nouveau)를 생산하는 보졸레 지방이 있다.

### 와인 등급

프랑스는 1935년에 제정된 와인법(AOC)에 따라 와인 품질을 엄격하게 구분 관리하고 있다.

AOC법에 보증을 받으려면 포도 품종, 재배 방법, 수확량, 생산 과정이 규격에 통과되어야 하며 라벨에 AOC를 사용할 수 있다.

등급은 AOC(최우수 등급) 〉 VDQS 〉 Vins de Pay 〉 Vins de Table (일반 와인) 순이다.

# 파리의 맛집

### ◆ 오페라, 루브르박물관 ◆

## Santa Lyna - Everyday Brunch
캘리포니아 스타일의 브런치 레스토랑. 신선한 농산물로 매일 조리되는 풍성한 가정식 요리를 자랑하는 브런치 일품 요리, 아구아케이트 토스트(aguacate toast) €14, 조식 도넛 €15, 핫 베네딕트 €15, 와플 €14.5, 칼리 타코(Cali Tacos) €14.5.

- 96 Boulevard de Sebastopol, 75003 Paris
- www.thehungryfamily.com/santa-lyna
- 매일 09:00~17:00
- 메트로 3/4호선 Réaumur Sébastopol역에서 도보 2분
- 지도 P.183-G

## Pizzeria Popolare
파리에서 가장 핫 플레이스인 이탈리안 피자집. 생산지에서 식자재를 일주일에 3번 직수입해 신선한 맛을 유지한다. 다양한 주류와 세계 최고 칵테일을 제공하는 파리 최대 규모의 바도 운영한다.
빅 마마 그룹이라는 젊고 트렌디한 외식업체가 운영한 피제리아로 다양한 술병들로 장식한 벽면 인테리어로 유명하다. 파리에 7개 분점을 운영 중이다. 사전 예약 필수. 푸타네스카 스파게티(Spaghetti alla puttanesca) €18, 마르게리타 €12, 트러플 크림 파스타(La Fameuse Pâte À La Truffe) €20.

- 111 Rue Réaumur, 75002 Paris
- www.bigmammagroup.com
- 매일 11:45~14:15, 18:25~22:45
- 메트로 3호선 Bourse역 근처, 팔레 루아얄 근처
- 지도 P.187-G

## East Mamma 분점
- 133 Rue du Faubourg Saint-Antoine, 75011 Paris
- 메트로 8호선 Ledru-Rollin역에서 도보 3분
- 지도 P.183-H

## Ober Mamma 분점
- 107 Bd Richard-Lenoir, 75011 Paris
- 메트로 5/9호선 Oberkampf역에서 도보 5분
- 지도 P.183-G

## Pink Mamma 분점
- 20bis Rue de Douai, 75009 Paris
- 메트로 2호선 Blanch/Pigalle역에서 도보 4분
- 지도 P.183-C

## BigLove 분점
- 30 Rue Debelleyme, 75003 Paris
- 메트로 8호선 Saint-Sébastien-Froissart역에서 도보 4분
- 지도 P.183-G

## Epicure
미슐랭 3스타 레스토랑. 가격이 비싸 부담스럽지만 최고의 요리와 분위기를 즐길 수 있다. 정장 차림을 추천한다. 모던 요리 €360~.

- 112 Rue du Faubourg Saint-Honoré
- www.oetkercollection.com/hotels/le-bristol-paris
- 12:00~13:30, 19:30~21:30 휴무 일·월요일
- 메트로 9호선 Miromesnil역에서 도보 4분
- 지도 P.186-E

### ◆ 샹젤리제 거리 ◆

## Pierre Hermé
파리에서 놓치면 후회하는 피에르 에르메의 마카롱. 홍차와 곁들여야 제맛이 난다. 파리에만 20개 이상의

분점이 있는데, 분점에 따라 카페, 레스토랑, 마카롱&
초콜릿, 패스트리로 나뉘어 영업한다.

🏠 133 Avenue des Champs Elysées/39 Av. de l'Opéra,
75002 Paris @ www.pierreherme.com
🕐 매일 10:30~22:30
🚇 메트로 1/3호선 샤를 드골 에투알역. 상제리제 거리에 위치.
📍 지도 P.184-B

### Leon de Bruxelles
벨기에 홍합 요리 전문점. 저렴한 가격으로 싱싱한 홍합을 먹을 수 있어 여행객들에게 인기 있다. 파리에 분점이 여러 곳 있다. 예산 홍합 €15.9~.

**Les Halles 분점**
🏠 120 Rue Rambuteau  🕐 11:45~24:00
🚇 메트로 4호선·RER A·B·D선 Les Halles역에서 하차
📍 지도 P.187-H

♦ **시테섬, 레알, 마레 지구, 보주 광장** ♦

### L'Ambroisie
미슐랭 3스타를 받은 곳이다. 1983년에 문을 연 전통 있는 레스토랑이다. 주방장 베르나르 파코가 엄선된 재료를 사용하여 최고의 맛을 선보인다. 예산 €190~. 랍스터, 양고기 맛이 좋다.

🏠 9 Pl. des Vosges
@ www.ambroisie-paris.com
🕐 12:15~13:15, 20:00~21:15 휴무 일·월요일
🚇 메트로 1호선 St. Paul역에서 도보 5분
📍 지도 P.188-C

### Berthillon Glacier
프랑스의 대표 아이스크림인 소르베 가게. 이탈리아 젤라토와 비교해 맛보는 재미도 쏠쏠하다. 파리 시내에 분점이 많이 있는데, 생 루이섬에 있는 가게가 본점이다. 우유, 크림, 설탕, 달걀, 신선한 자연향이 조화를 이루는 소르베는 어느 누구도 흉내내지 못한 베르시옹의 전통과 자랑이다. 성수기에는 줄을 설 정도로 인기가 많다. 가격 €3~.

🏠 31 Rue Saint Louis en L'ile
@ www.berthillon.fr
🕐 10:00~20:00 휴무 월·화요일
🚇 메트로 7호선 Pont Marie역 하차. 또는 버스 86·87·63·67·24번 이용  📍 지도 P.188-E

### Flunch
프랑스 요리 셀프서비스 레스토랑. 저렴한 비용으로 다양한 프랑스 요리를 푸짐하게 먹을 수 있어 여행객들에게 인기 있다. 먼저 접시와 포크, 칼을 챙기고 샐러드, 과일, 아이스크림, 고기 코너 등에서 접시에 음식을 담아 계산대에서 정산한 후 테이블로 가서 식사한다. 예산 €10~. 샐러드 소 €2.56, 중 €3.65, 대 €4.95.

🏠 21 Rue de Beaubourg
🕐 매일 11:00~21:30
🚇 메트로 11호선 Rambuteau역 하차. 퐁피두 센터 뒤에 위치  📍 지도 P.188-A

### Chez Janou
한국 여행자에게 잘 알려진 레스토랑으로 마레 지구 보주 광장 주변에 있다. 우리 입맛에 맞는 오리고기 요리(Magret de Canard au Romarin)가 인기 있다. 메인 요리 €15~.

🏠 2 Rue Roger Verlomme
@ www.chezjanou.com  🕐 매일 08:00~02:00
🚇 메트로 8호선 Chermin Vert역에서 도보 2분. 역에서 나와 직진하다 첫 번째 골목길에서 좌쏠전해서 Rue des Tournelles를 조금 걸으면 오른쪽에 있다.
📍 지도 P.188-C

### Vins Des Pyrénées
프랑스 요리 레스토랑. 비교적 저렴한 가격에 맛있는 고급 프랑스 요리를 맛볼 수 있다. 점심 메뉴(앙트레+메인 요리+디저트) €25, 피레네산 오리가슴살 €31.

🏠 25 Rue Beautreillis, 75004 Paris
@ www.vinsdespyrenees.com
🕐 매일 07:30~02:00
🚇 메트로 1, 5, 8호선 Bastille역에서 도보 5분
📍 지도 P.188-C

### Robert et Louise
피카소 미술관 근처에 위치한 프랑스 요리 레스토랑. 오리 가슴살 스테이크가 일품이다. 음식 맛과 직원의 서비스가 좋다. 에스카르고(달팽이) 요리가 유명하다. 립 스테이크 €25, 오리가슴살 €32.

🏠 64 Rue Vieille-du-Temple, 75003 Paris
@ www.robertetlouise.com
🕐 월~금요일 18:00~22:00, 토요일 12:00~15:00, 18:00

~22:00, 일요일 12:00~22:00
- 메트로 8호선 Chemin Vert역에서 도보 10분
- 지도 P.188-B

◆ 몽마르트르 주변 ◆

### Chez Plumeau
분위기 있는 레스토랑. 낮에는 테라스 앞에서 첼로 연주를 들으며 식사를 할 수 있다. 포토푀(Pot aufeu)는 소고기 국물 맛과 비슷하다. 예산 €20~.

- 4 Place du Calvaire
- www.privateaser.com/lieu/16794-chez-plumeau-paris-restaurant
- 08:00~24:00  테르트르 광장 뒤쪽 골목에 위치
- 지도 P.189-B

### Le Potager du Père Thierry
프랑스 요리 레스토랑. 가정식 분위기를 풍기는 작은 규모 식당인데, 실내 공간이 좁지만 가격이 적당하고 직원도 친절하다. 양고기, 푸아그라(거위 간 요리)가 인기 있다. 사전 예약 필수. 예산 €20~.

- 16 rue des trois freres, 75018 Paris
- www.la-potager-du-pere-thierry-restaurant-paris.eatbu.com
- 월~목요일 18:00~00:30,
  금~일요일 12:00~16:00, 18:00~00:30
- 메트로 8호선 Chemin Vert역에서 도보 10분
- 지도 P.189-B

◆ 생 제르맹 데 프레 주변 ◆

### Polidor
19세기에 문을 연 전통 있는 레스토랑. 〈미드나잇 인 파리〉 촬영지로 유명세를 탔다. 예나 지금이나 저렴한 가격으로 가난한 학생들과 화가들에게 맛있는 음식을 제공해 단골손님이 많다. 런치 메뉴(3코스) €22. 1코스 €16.5.

- 41 Rue Monsieur le Prince
- www.polidor.com
- 12:00~15:00, 19:00~24:00
- 메트로 4·10호선 Odéon역에서 도보 3분
- 지도 P.185-D

### Eric Kayser (Bakery 14 Monge)
파리에 16개 매장이 있을 정도로 유명한 프랑스 빵집. 자연효모를 이용해 만드는 웰빙 빵으로 담백한 맛이 난다. 바게트 €1.3~, 마카로나드 €5.9, 파이 €3.8, 레몬 타르트 €3.8.

- 14 Rue Monge Maubert-Mutualité, Sorbonne 75005 Paris  www.maison-kayser.com
- 07:30~20:00 휴무 월·화요일
- 메트로 10호선 Maubert-Mutualite역에서 도보 1분
- 지도 P.185-B

### Le Relais de l'Entrecote
1959년 개업한 전통 있는 스테이크 레스토랑. 신선한 육질과 고소한 소스 맛이 좋다. 샐러드, 감자튀김, 스테이크가 세트로 나온다. 파리에 몽파르나스 등 4군데 분점이 있다.

- 20 Rue Saint-Benoit, Paris
- www.relaisentrecote.fr
- 12:00~14:30, 18:45~23:00,
  토·일·공휴일 12:00~15:00, 18:45~23:00
- 메트로 4호선 Saint Germain-des-Pres역에서 도보 3분  지도 P.185-A

> **tip**  생 미셸 먹자골목
>
> 좁은 골목길 사이로 프랑스 요리는 물론 그리스를 비롯한 다양한 국가의 요리를 맛볼 수 있는 먹자골목이다. 뤼 생 세브랭(Rue St-Sévrin), 뤼 자비에 프리바(Rue Xavier Privas), 뤼 들라 위셋(Rue de la Huchette), 뤼 들라 아흐쁘(Rue de la Harpe) 거리로 이어진다.
>
> - RER B선 St. Michel Notre Dame역 또는 메트로 4호선 St. Michel역 하차. 맞은편 골목길에 위치  지도 P.185-B

## 파리의 숙소

※ 대부분 호텔이 계절, 요일에 따라 요금 차가 크므로 이를 잘 활용해 일정을 짠다.
※ 공항에서 환승 없이 숙소로 바로 이동할 수 있는 호텔을 추천했다. 요금은 조식 별도.
※ RER B선과 골드라인 4호선(도심 주요 관광지)이 통과하는 호텔로 지하철역에서 도보 5분 내.

### ◆ 드골 공항 3터미널 ◆

드골 공항 In/Out 시 편리하다.

**ibis Paris CDG Airport**

공항 3터미널 내에 위치한 3성급 호텔. 밤늦게 공항에 도착할 경우 편하게 갈 수 있어 1박 하기 무난하다. 2개의 레스토랑이 있고 조식이 양호하다. 공항 내에 노보텔 호텔(4성급)도 있다.

- 📍 3 rue de Bruxelles, BP 11122 93290 Roissy Charles de Gaulle  🌐 www.all.accor.com
- 💶 2인 1실 €87~  🚇 공항 3터미널에 위치. 1, 2터미널에 도착한 경우 셔틀트레인(CDGVAL)을 타고 이동한다.

### ◆ 북역 주변 – RER B선 ◆

드골 공항과 도심 이동이 수월하다.

**Hôtel ibis Paris Gare du Nord TGV**

3성급의 아코르 체인호텔. 북역 근처에 위치해 있다. 주변에 레스토랑, 바 등과 작은 슈퍼도 있어 편하나, 역 주변이라 노숙자가 많으므로 야간 이동에 유의한다.

- 📍 31 33 Rue de Saint-Quentin, 75010 Paris
- 🌐 www.all.accor.com  💶 2인 1실 €112~
- 🚇 RER B, 메트로4호선 북역(Gare du Nord)에서 나오면 바로 위치  🗺 지도 P.183-C

### ◆ 몽파르나스 주변 – RER B선 ◆

환승 없이 드골 공항 이동과 도심 진입이 수월하다.

**Pullman Paris Montparnasse Hotel**

몽파르나스 근처에 위치한 고급스런 4성급 호텔. 리모델링한 호텔 시설과 음식 모두 수준급이고, 수영장도 있다. 두 개의 레스토랑과 바가 있다. 객실에서 바라본 파리 야경도 아름답다. RER B선을 타면 환승 없이 드골 공항으로 이동하기 편하다.

- 📍 19 Rue du Commandant René Mouchotte, 75014 Paris  🌐 www.all.accor.com  💶 2인 1실 €221~
- 🚇 RER B선 몽파르나스(Gare Montparnasee)역에서 도보 3분  🗺 지도 P.185-E

### ◆ 황금 노선 4호선 주변 ◆

4호선은 북역과 연계되어 있어 공항과 주요 관광지 이동 시 수월하다.

**ibis Styles Paris Gare de l'Est TGV**

3성급 호텔. 이비스 스타일은 아코르 체인호텔 중에서 가장 늦게 개업한 호텔이라 비교적 시설이 모던하고 깔끔한 편이다. 최근 객실 리모델링을 해서 깨끗하고, 바로 지하철과 연계되어 교통이 편리하다.

- 📍 6, Rue St Laurent 75010 PARIS
- 🌐 www.all.accor.com  💶 2인 1실 €109~
- 🚇 메트로 4호선 동역에 나오면 바로 위치
- 🗺 지도 P.183-C

**Britannique Hotel-Paris Centre**

고풍스런 3성급 호텔로 숙박객의 평이 우수한 숙소이다. 클래식한 객실 상태가 매우 청결하고 직원들의 친절한 서비스도 대단하다. 사마리텐 백화점, 레스토랑, 카페, 제과점 등이 도보권에 있어 여러모로 편리하다. 일찍 예약하면 할인율이 높다.

- 20 Avenue Victoria, 75001 Paris
- www.hotel-britannique.fr
- 2인 1실 €95~
- 메트로 4호선 샤틀레(Chatelet)역에서 도보 4분
- 지도 P.188-A

## Hôtel Ducs de Bourgogne

4성급 호텔. 호텔 시설이 깨끗하고 주변 환경도 좋다. 걸어서 5분 거리에 샤틀레 레알역(4호선, RER B선)이 있어 공항 이동도 수월하고, 루브르 박물관을 비롯한 주변 관광지와 사마리텐 백화점 인근에 있어 아주 편하다.

- 19 Rue du Pont Neuf, 75001 Paris
- www.bestwestern-bourgogne.com
- 2인 1실 €179~
- 메트로 4호선 레알(Les Halles), RER B선 샤틀레 레알역에서 도보 4분
- 지도 P.188-A

◆ 오페라 가르니에 주변 ◆

드골 공항에서 루아시버스 이용 시 편리하고, 도심 접근성이 수월하다.

## Hotel St Pétersbourg Opéra & Spa

오페라 가르니에 근처의 4성급 호텔. 고급스럽고 클래식한 객실을 깔끔하게 관리하고 직원들의 친절한 서비스에 고객들의 만족도 높다. 주변에 고급 백화점들이 입점해 있다. 드골 공항을 오가는 오를리버스 정류장이 지근거리에 있어 편리하다.

- 35 Rue de Caumartin, 75009 Paris
- www.hotelsaintpetersbourg.com
- 2인 1실 €179~
- RER E선 Haussmann Saint-Lazare역에서 도보 4분, RER A선 Auber역에서 도보 2분
- 지도 P.186-F

◆ 가성비 높은 역세권 유스호스텔 ◆

## BVJ louvre : 루브르 박물관

- www.bvjhostelparis.com/en.
- 메트로 14호선 Loure-Rivoli역에서 도보 5분
- 지도 P.187-G

## BVJ Opéra Montmartre : 오페라 가르니

- www.bvjhostelparis.com
- 메트로 12호선 Saint-Georges역에서 도보 6분
- 지도 P.186-B

## Le Regent Montmartre Hostel : 몽마르트르 지구

- www.leregent.com
- 메트로 2호선 Anvers역에서 도보 2분
- 지도 P.189-B

## 3 Ducks Boutique Hostel & Bar : 에펠 탑 남쪽 외곽

- www.3ducks.fr
- 메트로 8호선 Commerce/Boucicaut역에서 도보 3분
- 지도 P.182-I

## 파리 로뎀의 집 Rothem House : 남쪽 외곽(오를리 공항 방향)

- www.rothem82.com
- 메트로 7호선 Villejuif Louis Aragon역에서 도보 2분

◆ 가성비 높은 체인호텔 ◆

## Hôtel ibis budget Paris La Villette 19ème

- 메트로 2/5호선, Jaurès역에서 도보 5분
- 지도 P.183-D

## Ibis Budget Paris-Porte de Vanves

- 메트로 13호선 porte de Vanves역에서 도보 5분
- 지도 P.190-C

## Ibis Budget Paris-Porte de Montreuil

- 메트로 9호선 Paris-Porte de Montreuil역에서 도보 5분
- 지도 P.183-H

# 베르사유
## VERSAILLES

파리를 중심으로 반경 100km 정도의 지역을 일 드 프랑스(Il de France)라고 한다. 파리 근교는 광활하게 펼쳐지는 평원을 배경으로 센강, 루아르강 등 하천이 발달해 곡창지대로 유명하며, 늘 역사의 중심축이 되어 왕족과 귀족 생활의 무대가 된 곳이다. 그중에서도 베르사유에 가면 화려한 궁정생활의 모습을 직접 확인할 수 있다.

## 베르사유 궁전 가는 법

 기차

파리 RER C선(오르세 미술관·앵발리드·생 미셸역) → 베르사유 리브 고슈역(Versailles-Rive Gauche) 하차(30~40분 소요, 편도 €2.5, 2025년부터 모든 구간 단일 요금, 유레일패스 소지자는 무료 : 티켓 창구에 패스를 보여주면 구간 티켓을 준다) → 궁전 입구(도보 10분)

역에서 나와 오른쪽(Avenue du Général de Gaulle)으로 가면 가로수가 펼쳐진 파리 대로가 나온다. 왼쪽으로 직진하면 바로 아름 광장(pl.d'Armes)과 루이 14세 기마상, 뒤쪽에 중앙 철문이 보인다. 문 안으로 들어가면 궁전 입구가 나온다.

파리 생 라자르역(국철) → 베르사유 리브 드루아트역(Versailles-Rive Droite) 하차(30분 소요) → 궁전 입구(도보 15~20분)

파리 몽파르나스역(국철) → 베르사유 샹티에르역(Versailles Chantiers) 하차(30분 소요) → 궁전 입구(도보 15~20분)

 버스

메트로 9호선 종점인 퐁 드 세브르 Pont de Sérvres역 앞 정류장에서 Versailles Place d'Almes행 171번 버스 이용(30분 소요).

€2

# 베르사유 궁전
## Château de Versailles

### 정치·문화·예술의 중심지

파리에서 남서쪽으로 23km 떨어진 곳에 위치한 베르사유 궁전은 유럽 최대·최고로 손꼽히는 화려하고 웅장한 궁전으로 최고의 인기 명소이다. 루이 14세가 이곳으로 왕정을 옮긴 후부터 프랑스 대혁명으로 루이 16세가 떠날 때까지 프랑스의 정치·문화·예술의 중심지였다.

지나치게 화려하고 사치스럽게 지어 결국 재정 파탄을 가져와 왕권 쇠퇴와 대혁명의 빌미가 되었고, 루이 16세와 마리 앙투아네트 왕비가 파리로 끌려가 단두대의 희생양이 된다. **부르봉 왕조의 흥망성쇠**를 볼 수 있는 역사의 학습장이다. 1871년 독일과의 보불 전쟁에서 패해 처참하게 파괴되었지만, 2차 세계대전 후 복구되어 지금에 이른다. 궁전에는 루이 13세·14세와 단두대에서 목숨을 잃은 루이 16세, 마리 앙투아네트, 나폴레옹 1세의 자취를 살필 수 있다.

넷플릭스 미니시리즈 〈베르사유〉를 보면 당시 왕족, 귀족들의 생활상을 이해하는 데 많은 도움이 된다.

### 궁전 관람 순서 & 편의 시설

예배당과 오페라의 방을 제외하고는 궁전 2층에 모든 볼거리가 있다. 왕실 예배당→ 비너스의 방→ 다이애나의 방→ 머큐리의 방→ 아폴론 방→ 전쟁의 방→ 거울의 방→ 평화의 방→ 왕비의 방 순서로 관람하고 나가면 바로 정원으로 연결된다.

**준비물**로는 간편한 복장과 신발 착용, 도시락, 생수, 여름에는 선글라스나 선크림, 모자를 준비한다.

**편의 시설**로는 궁전과 정원 곳곳에 간이매점, 레스토랑, 카페, 화장실(무료) 등이 설치되어 있다. **소요 시간**은 약 1시간~1시간 30분 정도 걸린다.

@ www.chateauversailles.fr
- **궁전** 11~3월 09:00~17:30(입장 마감 17:00), 4~10월 09:00~18:30(입장 마감 18:00)
**그랑 트리아농** 11~3월 12:00~17:30, 4~10월 12:00~18:30
**정원** 11~3월 08:00~18:00, 4~10월 08:00~20:30
**휴관** 월요일, 1/1, 12/25(정원과 공원은 개방)
- **궁전**(+정원) €21, **1일 패스포트**(궁전+정원+트리아농영지+임시전시회+마차갤러리) €32, 비수기 €24, **트리아농 영지**(그랑 트리아농+프티 트리아농+마리 앙투아네트영지) €12, **뮤지컬 가든**(개방일 홈페이지 참조) €10, **가이드 투어**

왕실 예배당

거울의 방

€10, **무료 입장** 18세 이하, 뮤지엄 패스 소지자(사전 예약 필수), 매월 첫 번째 일요일(11~3월)

🚇 역에서 나와 Ave. du Général de Gaulle 방향으로 가다가 사거리에서 좌회전하여 Ave. de Paris로 직진하면 넓은 아름 광장이 나온다. 🗺 지도 P.254

### 왕실 예배당

1710년에 완성한 왕실 예배당(Chapelle Royale)은 루이 14세가 매일 예배를 드리던 곳이다. 이곳에서 궁전의 중요한 일상사와 성령 의식을 행했다. 1770년 루이 16세와 마리 앙투아네트도 이곳에서 결혼식을 올렸다. 1710~1789년에는 프랑스 자제들의 결혼식장으로 사용되기도 했다.

### 아폴론의 방

비너스의 방, 다이애나의 방, 머큐리의 방, 마르스의 방 등 **모두 로마신의 이름을 붙여 장식했는데 이는 태양왕 루이 14세의 왕권을 돋보이게 하기 위해서다.** 그중에서도 아폴론 방(Salon d'Appollon)이 가장 호화로운데, 루이 14세가 공식 접견실로 사용할 때 높이 260cm의 은으로 만든 왕좌에 앉아 업무를 보면서 왕의 위용을 과시했다고 한다.

1689년 루이 16세는 군주가 바뀌면서 변화를 보여주기 위해 은좌 대신 금박한 목조 왕좌로 스타일을 바꾸었다. 천장에는 샤를 드 라 포스의 작품 〈4계절 신과 4마리의 말을 끌고 전차를 탄 아폴론〉이 그려져 있다.

### 거울의 방

베르사유 궁전에서 가장 인기 있고 호화스러운 곳이 거울의 방(Gallerie des Glaces)이다. 길이 75m, 폭 10m, 높이 13m의 규모로, 17개의 아치형 거울과 맞은편 17개의 대형 유리창이 대칭을 이루고 있다. 정원을 볼 수 있는 17개의 창문에서 빛이 들어오면 **17개의 아치형 거울**에 그대로 반사된다. 천장에는 루이 14세의 업적을 묘사한 찰스 르 브링의 대형 천장화가 그려져 있다. 41개의 크리스털로 장식된 샹들리에와 황금 촛대 등은 눈이 부실 정도로 화려하다.

1770년 루이 16세와 마리 앙투아네트의 결혼식을 위한 가면무도회 행사나, 1919년 6월 제1차 세계대전 후의 국제 관계를 확정지었던 **베르사유 조약을 체결**한 곳도 바로 이곳이다. 그 후로는 프랑스 대통령이 공식 귀빈을 위한 접견실로 사용하고 있다.

### 왕비의 처소 & 왕비의 침실

왕비의 처소(Appartment de la Reine)는 왕의 처소와 좌우 대칭을 이루고 있다. 거울의 방을 지나면 바로 왕비의 방이 나온다. 왕과는 달리 왕비는 하나의 침실만 가질 수 있다. **루이 14세 왕비부터 루이**

머큐리의 방

전쟁의 방

왕비의 방

**16세 왕비 마리 앙투아네트가 사용했던 침실이다.** 왕비의 침실(La Chambre la Reine)은 황금빛으로 장식한 커튼과 침대가 매우 화려하다. 이곳 침실에는 왕족들이 모두 보는 앞에서 왕비가 아기를 출산하는 관습이 있었고, 19명의 황태자와 공주가 태어난 곳이기도 하다.

### 정원

궁전 대신 이곳 정원(Les Jardins)만 구경해도 만족할 만큼 아름답다. 물의 정원에서 바라보는 전경은 마치 한 폭의 그림 같다. **조경사 르 노르트**가 직접 설계하여 1688년에 완공한 **최고의 프랑스식 정원**이다. 정원 뒤쪽에 있는 라톤의 샘이 십자형 대운하까지 일직선으로 뻗어 있어 탁 트인 느낌을 준다. 라톤의 샘을 중심으로 4귀퉁이에는 여름의 샘(세레스의 샘), 가을의 샘(바쿠스의 샘), 겨울의 샘(샤투른의 샘), 봄의 샘(플로르의 샘)이 있다. 주변에는 형형색색의 예쁜 꽃들로 장식한 화단, 분수, 그리스 신화를 소재로 한 조각들이 배치되어 있다.

대운하에서는 일반인도 배를 빌려 보트 놀이를 할

그랑 트리아농 정원

왕비의 집 호수

수 있다. 여름에는 시원하게 내뿜는 분수쇼와 조명을 밝힌 야간 분수쇼도 볼 수 있다.

### 그랑 트리아농

1670년 루이 14세가 건축가 루이 르 보에게 명하여 지은 것인데, 1687년에 파괴되었다가 이듬해 장밋빛 대리석으로 지은 대리석 트리아농으로 대체되었다. 트리아농 정원(Grand Trianon)은 색상뿐만 아니라 향기까지도 고려한 아름다운 정원으로 루이 14세와 그의 가족들이 자주 이용하곤 했다. 특히 이곳은 **루이 14세와 연인 맹트농 부인이 밀회를 즐겼던 장소로도 유명하다.**

왕비의 집 전통 가옥

### 왕비의 집

프티 트리아농에서 오솔길을 따라 15분쯤 걸어가면 왕비의 집(Hameau de la Reine)이 나온다. 1783년에 **루이 16세가 마리 앙투아네트를 위해 만든 것이다.** 12채의 전통 가옥과 작은 호수로 이루어진 아름다운 프랑스식 정원으로 당시 왕족과 귀족들이 이곳에서 농사일을 하며 소일하곤 했다. 내부 관람은 불가.

프티 트리아농

### 프티 트리아농

프티 트리아농(Petit Trianon)은 1768년 **루이 15세가 애인 퐁파두르 부인을 위해 지은 식물원**이었는데, 나중에 건축가 가브리엘이 네오클래식한 사각형 건물에서 식물원을 바라볼 수 있도록 디자인했다.

이후 1774년 루이 16세가 궁전 생활에 싫증을 느낀 마리 앙투아네트를 위해 이곳을 선물하였다. 내부에서는 비제 르브룅이 그린 〈장미 한 송이를 들고 있는 마리 앙투아네트〉가 볼만하다.

## 🔔 비운의 왕비 마리 앙투아네트

각 나라를 여행하다 보면 자주 눈에 띄는 역사적 인물들이 있다. 오스트리아에는 엘리자베트 황후(애칭 시시)가 있듯이 프랑스에는 극적인 삶을 산 마리 앙투아네트 왕비가 있다. 그녀처럼 만화, 소설, 영화 등 여러 장르에 자주 등장하는 인물도 없을 것이다. 사치와 향락으로 국고를 낭비해 프랑스 혁명을 자초한 인물로 또는 혁명으로 인한 마녀사냥으로 단두대에서 처형된 비운의 여인으로 평가받기도 한다.
1755년 오스트리아 마리아 테레지아 여제의 막내딸로 태어난 마리 앙투아네트는 국민요정으로 자라면서 늘 용모단정하고 상냥하며 친절했다. 또한 궁정예법과 교양을 쌓으며 프랑스어, 이탈리아어를 유창하게 구사했다. 1770년 14세였던 마리 앙투아네트는 프랑스와의 관계 회복을 위해 루이 16세(당시 15세, 루이 15세의 손자)와 정략결혼을 했다. 그러나 합스부르크가에 심한 반감을 품은 부르봉가의 불신으로 그녀를 음모하고 조종하려는 자들이 많았다. 그녀는 프랑스에 불운을 가져다주고, 혼외정사하는 음탕한 여자이고, 그녀의 자식은 외간남자의 자식이라는 흉흉한 소문을 퍼뜨렸다. 결국 일당들이 왕비를 사칭해 다이아몬드를 사취한 목걸이 사건으로 그녀의 명성에 큰 상처를 입혔다. 당시 국민들이 기근에 시달릴 때 **"빵이 없으면 케이크를 먹으라고 하세요"** 라는 말 속에 그녀가 얼마나 국민들의 처참한 삶에 무관심하고 무지했는가를 보여 준다. 궁정생활의 외로움을 달래기 위해 자주 파티와 무도회를 열고 베르사유 궁전 별장을 개조하면서 국고를 탕진하였다. 결국 1789년에 시작된 프랑스 혁명으로 인해 루이 16세는 1793년 1월 21일, 마리 앙투아네트(38세)는 그해 10월 16일 단두대의 이슬로 사라졌다.

마리 앙투아네트와 자녀들

### tip 베르사유 궁전은 어떻게 일정을 짜야 시간을 낭비하지 않을까?

**사전 예약은 필수**
유럽의 유명 인기 관광지는 최근 급증하는 여행객들로 입장 대기 시간이 1~3시간은 기본일 정도로 붐빈다. 줄을 서지 않고 입장하고 싶다면 꼭 사전 예약을 한다.

**성수기**
**사전 예약 시**
오전에 파리를 관광하고 오후(3~4시)에 베르사유 궁전을 관람하면 더위를 피할 수 있다.
- 오전: 파리 생 제르맹 데 프레 지구(또는 오르세 미술관)에서 관광과 점심식사를 마친다.
- 오후: 생 미셸역(또는 오르세 뮤지엄역)에서 RERC선(베르사유 궁전 행)을 타고 간다.

**미 예약 시**
전날 베르사유에서 1박 하거나, 파리에서 아침 일찍 출발해 궁전에 08시 전후에 도착한다.
**단, 하루에 현장 판매하는 티켓이 정해져 있어 일찍 마감될 수 있으니 주의한다.**

**비수기**
- 오전에 파리를 관광하고, 오전보다 덜 추운 오후(2~3시)에 베르사유 궁전을 관람한다.
- 아침 일찍 도착하면 성수기보다 대기 시간이 짧아 입장하는 데 지장은 없다.

**궁전 내 이동 방법**
그랑 트리아농, 프티 트리아농, 마리 앙투아네트 영지는 걸어서 가기에는 먼 거리이니 꼬마 열차(1~2인일 경우)나 미니 자동차(4인 가족일 경우)를 이용한다. 물론 시간적 여유가 있다면 산책하는 기분으로 걸어가도 좋다.

미니 자동차

# 퐁텐블로
## FONTAINEBLEAU

파리에서 남동쪽으로 약 65km 떨어진 곳에 위치한 울창하고 넓은 숲이다. 중세부터 왕실의 수렵지였던 이곳에 16세기 프랑수아 1세가 르네상스양식의 퐁텐블로 성을 세웠다. 이곳은 역대 여러 왕들(프랑수아 1세~루이 16세)의 사랑을 받으면서 계속적으로 증·개축을 하여 지금의 모습이 되었다.

프랑스 대혁명 후에는 나폴레옹 1세, 나폴레옹 3세까지 살았던 흔적들을 볼 수 있다. 퐁텐블로의 매력은 8세기에 걸쳐 이룩한 다양한 건축양식과 역대 왕들의 발자취, 넓은 숲과 아늑한 성 주변의 분위기를 느껴볼 수 있다는 점이다.

퐁텐블로 성의 슈발블랑 정원

### 퐁텐블로 가는 법

**기차** 파리 리옹역(Lyon) → 퐁텐블로역(Fontainebleau-Avon), 직행 1시간 소요
퐁텐블로-아봉역에 내리면 역 앞 버스정류장에서 1번 버스(Les Lilas행)를 타고 10분 정도 가다 Château에서 하차한다. 퐁텐블로역에서 궁전까지는 시내버스(€1.9)로 이동한다. 파리 리옹역에서 퐁텐블로까지는 2025년 1월부터 1회권(Metro-Train-RER, €2.5)을 이용해 이동할 수 있다.

**여행안내소**
 4 Rue Royale  www.fontainebleau-tourisme.com
월~토요일 10:00~18:00,
일요일, 공휴일 4~10월 10:00~13:00, 14:00~17:30, 11~3월 10:00~13:00
휴무 1/1, 12/25  퐁텐블로 성 앞 버스정류장

## 퐁텐블로 성
### Château de Fontainebleau

### 프랑스 역사의 산증인

파리에서 남동쪽 방향으로 45km 떨어져 있는 퐁텐블로 성은 역대 제왕들이 각별한 사랑을 쏟았던 곳이다. 당시 이탈리아의 건축가·조각가·화가 등을 동원하여 장식을 하고 호수와 운하를 비롯한 정원을 설계해 만든 최고의 성이다. 왕궁 생활의 변천사와 프랑스 역사의 산증인이다.

프랑수아 1세 때 세운 것이 많아서인지 성 외관에 **프랑수아의 첫 글자인 'F'**가 많이 새겨져 있다. 금으로 도금한 프랑수아 1세 갤러리의 벽에 그려진 프레스코화(그의 일대기)는 미켈란젤로의 제자였던 로소(Rosso)의 작품이다. 프랑수아 1세 아들 앙리 2세 때 완성된 무도의 방에서는 벽난로 옆에 중후한 옥좌가 눈에 띈다. 나폴레옹 1세도 프랑수아 1세 못지않게 이 궁전을 사랑했다. 그가 사용했던 방은 **나폴레옹의 이니셜인 'N'**이 새겨져 있다. 황제의 생활상을 볼 수 있는 나폴레옹 황제의 아파트와 1814년 양위를 사인했던 원탁 의자가 있는 양위실이 그의 역사를 고스란히 보여준다.

### 디안의 정원

궁전을 에워싸고 있는 아름다운 정원들도 꼭 봐야 한다. 궁전 입구에 들어서면 이별의 정원과 개인 정원처럼 아담한 디안의 정원(Jardin de Diane)이 나온다. 앙리 4세가 세운 달의 여신 '다이애나의 분수'가 당시의 모습 그대로 남아 있다.

디안의 정원

페라슈발 계단

### 페라슈발 계단

'이별의 정원(Cour des Adieux)'이라 불리는 **슈발블랑 정원(Cour du Cheval-Blanc)**은 나폴레옹 1세가 엘바섬으로 귀양갈 때 페라슈발 계단(Escalier du Feràcheval, 말발굽형 계단)에서 내려와 작별 인사를 했던 슬픈 역사의 현장이기도 하다.

### 대화단과 잉어의 연못

궁전에서 가장 넓은 대화단(Grand Parterre)은 베르사유 궁전을 설계한 르 노트르가 17세기에 조경 공사를 다시 하여 프랑스식 정원으로 꾸몄다. 기하학적으로 배치한 잔디와 화단, 연못이 조화를 이룬다. 특히 정원에서 보는 궁전의 모습이 매우 아름답다. 중앙에는 잉어의 연못(Etang des Carpes)이 있다. 영국 정원도 빼놓을 수 없다.

📍 Chateau de Fontainebleau 77300
🌐 www.chateaudefontainebleau.fr
🕐 **궁전** 10~3월 09:30~17:00(입장 마감 16:15), 4~9월 09:30~18:00(입장 마감 17:15)
**정원** 11~2월 09:00~17:00, 3·4·10월 09:00~18:00, 5~9월 09:00~19:00 **공원** 연중 24시간 개방
**휴무** 궁전은 화요일, 1/1, 5/1, 12/25 휴관, 정원과 공원은 연중무휴
💶 **대궁전**(Grands Appartements+Papal Apartment+Renaissance Rooms+Saint Saturnin+Diana Gallery+Napoleon Museum) 성인 €14, 학생 €12, 매달 첫째 일요일(7~8월 제외) 무료
🚌 퐁텐블로-아봉역에서 버스로 10분

황제 사실(私室)

잉어의 연못

나폴레옹 황제의 침실

# 지베르니
## GIVERNY

파리 근교에서 자연의 아름다움과 함께 예술의 정취를 흠뻑 느낄 수 있는 곳이 바로 모네의 지베르니와 고흐의 오베르 쉬르 우아즈이다. 지베르니는 파리에서 북서쪽으로 80km 정도 떨어져 있는 곳으로 모네가 1883년부터 86세의 나이로 생을 마감할 때까지 이곳에 머물며 주옥같은 명작을 남긴 것으로 유명하다. 따라서 지베르니에서 가장 으뜸가는 볼거리는 모네의 정원이다. 한 폭의 수채화 같은 정원의 풍경을 만끽하려면 꽃이 만발하는 4~6월이 가장 좋다. 그가 이곳에 살면서 남긴 작품으로는 연작 〈수련〉, 〈장미 오솔길〉, 〈포플러〉 등이 있다.

## 지베르니 가는 법

**기차**
파리 생 라자르역(Paris St. Lazare) → 베르농역(Vernon Giverny, 직행 1시간 소요) → 지베르니행 셔틀버스 → 모네 정원 앞 공영주차장(20분 소요)
총 1시간 20분 소요

**버스**
베르농 역 앞 버스정류장에서 지베르니행 버스(왕복 €10)를 타고, 지베르니 주차장 내 셔틀버스 정류장에서 내린다. 길 건너편 주차장을 통과하면 모네의 집이 나온다. 시간적 여유가 있으면 베르농역 앞에서 자전거를 빌려 타고 전원풍의 샛길을 따라 즐겨본다.
셔틀버스 왕복 €10 편도 20분 소요
베르농 → 지베르니 출발 월~금요일 09:25, 11:10, 13:15, 15:10, 18:00
※ 주말은 평일보다 ±5분 정도 시차 있음.
지베르니 → 베르농 출발 월~금요일 10:20, 11:00, 12:20, 13:20, 15:10, 16:20, 17:20, 18:20, 19:20 ※ 주말은 평일보다 ±5분 정도 시차 있음.

**여행 안내소**
 36 Rue Carnot, 27201 Giverny  www.giverny.org
 3/14~11/4월 화~토요일 09:30~12:15, 14:15~18:30, 일요일 10:00~12:00,
11/5~3/22월 화~토요일 10:00~12:00, 14:00~17:00

모네의 아틀리에

## 모네의 정원과 집
### Maison de Claude Monet
★

### 모네의 꽃의 정원 & 물의 정원
'꽃의 정원'은 모네가 손수 조경한 정원이다. 장미, 벚꽃, 아네모네 등 수백 종에 달하는 꽃들과 일본식 다리가 조화를 이루고 있다. 5~6월에 이곳을 찾으면 철쭉과 일본다리의 등나무에 꽃이 만발하는 화사한 풍경을 감상할 수 있다.

'물의 정원'은 모네 정원의 하이라이트이다. 꽃의 정원에서 표지판 〈Water Lily Pont〉을 따라 T자형 지하 통로를 통과하면 이곳이 나온다. 센강에서 물을 끌어와 만든 세계에서 가장 유명한 연못이다. 연못을 가득 채우며 다양한 자태를 뽐내는 수련의 풍경이 매우 아름답다. 모네의 연작 〈수련〉도 이곳을 배경으로 그린 것이다. 모네의 정원은 4~10월만 관람할 수 있으며, 겨울(11~3월)에는 휴관하니 관람 기간에 유의한다.

### 아틀리에(안채)와 주변 볼거리
1926년까지 모네가 살았던 안채는 그가 사용하던 가구와 실내 장식을 옛 모습 그대로 볼 수 있다. 안채와 정원은 모네가 좋아했던 독특한 색채로 통일하여 장식했다. 안채는 장밋빛 벽과 녹색 창틀로, 부엌은 파란색으로, 식당은 노란색으로 통일했다. 안채에서 바라보는 정원 풍경은 한 폭의 그림 같다. 모네의 작품은 모두 마르모탕 클로드 모네 미술관으로 이전해서 복사본만 전시 중이다.

클로드 모네 거리(Rue Claude Monet)는 지베르니의 주도로 모네의 집과 정원을 비롯해 주변에 인상파 뮤지엄, 내추럴 메커니컬 뮤지엄, 모네의 무덤(천주교 성당 안) 등이 있다. 예전에 하숙집 겸 바였던 **앙시앙 오델 보디(Ancien Hôtel Baudy)**는 레스토랑으로 영업 중이다. 이곳에서 모네는 르누아르, 로댕을 비롯해 제자 예술가들을 만나 담소를 나눴다.

- 8 Rue Claude Monet
- www.claudemonetgiverny.fr
- 4/1~11/1 09:30~18:00(입장 마감 17:30)
- 티켓(모네 정원+아틀리에) 성인 €12, 학생(7~17세) €6.5
- 베르농역에서 버스로 15분

모네의 아틀리에 내부

모네의 정원

# 오베르 쉬르 우아즈
## AUVERS-SUR-OISE

반 고흐의 흔적이 남아 있는 대표적인 곳은 프랑스 남부의 아를과 파리 북부의 오베르 쉬르 우아즈이다. 아를에 머물던 반 고흐는 고갱과의 갈등으로 면도칼로 자신의 귀를 자르고 결국 정신병원을 가야만 했다. 아를을 떠나 1890년 그가 마지막으로 간 곳은 오베르 쉬르 우아즈이다. 파리에서 북쪽으로 30km 정도 떨어져 있고 우아즈강을 낀 아주 작은 목가적인 마을이다. 이곳은 반 고흐 외에도 세잔, 장 프랑스, 판화가 라종, 화가 괴뇌트, 블라맹크 등이 작품 활동을 했던 곳이다. 1890년 7월 권총을 쏴아 자신의 생을 마감할 때까지 70일 동안 머문 이곳에서 고흐는 무려 80점이나 되는 그림을 남겼다. 그의 작품에 등장하는 풍경들은 오베르 쉬르 우아즈에 그대로 남아 있다.

## 오베르 쉬르 우아즈 가는 법

**기차**

**파리 북역에서 갈 때**
북역(Paris-Nord) → Persan-Beaumont(또는 Valmondois) 환승 → 오베르 쉬르 우아즈(Auvers-sur-Oise), 약 1시간 소요

**파리 생 라자르역에서 갈 때**
Paris Saint-Lazare → Pontoise(42분 소요) 환승 → Auvers-sur-Oise (13분 소요)

🚆 2025년 1월부터 오베르 쉬르 우아즈는 1회권(Metro-Train-RER, €2.5)을 이용해 이동할 수 있다.

4~10월 주말·공휴일에는 북역에서 직행열차를 운행한다.
단, 운행 시간이 변경될 수 있으니 기차역에서 확인해야 한다.
파리 북역(09:30) → 오베르 쉬르 우아즈(10:22) 44분 소요
오베르 쉬르 우아즈(18:15) → 파리 북역(18:50) 35분 소요

**여행 안내소**

🏠 Parc Van Gogh, 38 rue du Général de Gaulle, Auvers-sur-Oise
@ www.tourisme-auverssuroise.fr
🕐 4~10월 화~금요일 09:30~13:00, 14:00~18:00, 토~일요일 09:30~18:00, 11~3월 화~금요일 10:00~13:00, 14:00~16:30, 토~일요일 10:00~16:30
📍 고흐의 집 뒤쪽 골목길을 가면 나온다.

# ◆ 오베르 쉬르 우아즈의 추천 코스 ◆

[ Start ]

기차역
↓ 도보 2분.

반 고흐 공원
↓ 도보 5분.

오베르 시청사
↓ 길 건너 바로.

반 고흐의 집
↓ 도보 5분.

오베르의 노트르담 교회
↓ 도보 5분.

오베르 묘지
(반 고흐의 묘지)

[ Finish! ]

### 고흐 그림의 배경지 산책

반 고흐의 집에서 나와 옆쪽 골목길로 들어가면 왼쪽에 여행 안내소가 나온다. 한국어판 가이드(무료)가 있으니 꼭 챙기자.
여행 안내소에서 나와 왼쪽 골목길로 가면 양 갈래 길이 나온다. 거리 표지판을 따라 오른쪽 골목길(Rue Daubigny)로 걸어가면 고흐의 그림에 자주 나오는 오베르의 노트르담 교회가 나온다. 이곳에서 약간 비스듬한 언덕길(Avenue du Cimetiere)을 올라가면 왼쪽에 넓은 밀밭이 보인다. 〈까마귀 나는 밀밭〉의 무대가 되었던 이곳이 바로 고흐가 권총으로 파란만장한 생을 마감한 가슴 아픈 장소다. 오른쪽에 오베르의 묘지가 있다. 입구에서 맨 왼쪽 벽면 쪽 가운데로 가면 고흐와 그의 반려자였던 친동생 테오의 묘지가 나란히 있다.

FRANCE

## 반 고흐의 집
### Maison de Vincent Van Gogh
★

### 고흐의 명작이 탄생한 라부씨 여관

'라부씨 여관'은 고흐가 아를 정신병원에서 퇴원한 후 이곳으로 이주해 **생을 마감할 때까지 70일간 살았던 곳이다.** 고흐가 살았던 집 중에서 유일하게 손상되지 않고 남아 있는 집이기도 하다. 이 기간에 그는 무려 80점이나 되는 작품을 그렸으며, 그 중에서도 〈닥터 가셰의 초상화〉, 〈오베르 교회〉, 〈까마귀가 나는 밀밭〉이 유명하다. 고흐는 당대에 아무에게도 인정을 받지 못하였고 그의 생전에 유일하게 판 유화는 400프랑에 팔린 〈붉은 포도밭〉뿐이다. 그의 정신적·물질적 지주였던 그의 동생 테오도 그가 죽은 지 6개월 만에 사망하고 만다.

### 복원된 고흐의 방

개인 역사 기념물로 지정되어 고흐의 방을 원래의 모습대로 복원했고 거실과 전면은 1890년대 장식을 되찾았다. 건물 1층은 당시의 모습을 간직하고 있는 레스토랑(수~일요일 12:00~18:00), 2층은 고흐 박물관이다. 박물관에는 그가 생전에 사용했던 침대, 책상, 의자 등이 있다. 비록 썰렁한 고흐의 빈 방이지만 **광란이 멈춘 침묵의 성지**를 보기 위해 매년 수많은 팬들이 찾아온다. **반 고흐의 집은 월·화요일이 휴관이니 유의한다.**

- 52 Rue de General de Gaulle
- www.maisondevangogh.fr
- 3/6~11/24 10:00~18:00 휴무 월·화요일
- 성인 €10, 학생 €8
- 오베르 쉬즈 우아즈역에서 도보 3분
- 지도 P.266

## 오베르의 노트르담 교회
### Eglise Notre-Dame-de-l'Assomption

### 고흐의 〈오베르 교회〉 배경지

11세기에 건축된 교회로, 본당의 오른쪽 반원은 고딕양식이고 제단은 로만양식이다. 루이 16세의 왕비였던 아델라이드 드 모리앤느가 과부가 되어 오베르에 머물면서 기도실로 사용했다. 1331년 고딕양식으로 건축해 제단의 왼쪽과 동정녀 예배당은 16세기에 지었다. 프랑스 벡센 지방의 양식인 이중 경사 지붕을 가진 사각형 종루가 독특하다. 내부는 첨두식 기둥이 겹교차된 천장, 작은 원기둥, 고아한 회랑과 조각들이 볼만하다. 교회 앞에는 고흐가 그린 〈오베르 교회〉 복사본이 세워져 있다.

- 반 고흐의 집에서 도보 5분   지도 P.266

## 🏛 반 고흐의 발자취

오베르 쉬르 우아즈의 고즈넉한 길을 따라, 고흐가 화폭에 담았던 마을의 숨겨진 보석을 발견해보자. 마을 구석구석을 거닐며 그림 하나하나의 의미를 가슴으로 느껴본다면 이곳에서의 여행이 더 특별한 의미로 다가올 것이다.

### 공동묘지(Cimetière)
반 고흐와 친동생 테오가 묻혀 있는 묘지. 둘은 20년 가까이 수백 통의 편지를 주고받을 정도로 깊은 형제애를 가진 영혼의 동반자였다. 두 형제는 이곳에 나란히 묻혀 영원히 함께하게 되었다.

공동묘지 안 고흐와 테오의 묘지

### 노트르담 교회(L'Eglise Notre-Dame-de-l'Assomption)
반 고흐의 〈오베르 교회〉로 유명해진 교회다.

반 고흐의 〈오베르 교회〉

오베르의 노트르담 교회

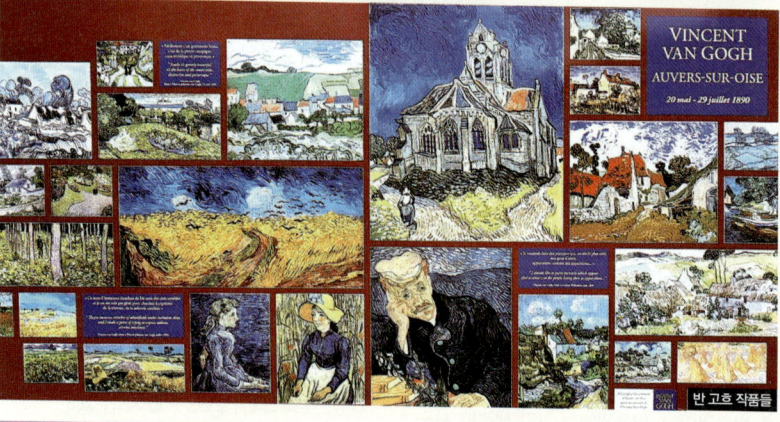

반 고흐 작품들

### 닥터 가셰의 집(Maison du Docteur Gachet)
1층에는 닥터 가셰의 미발표작과 그의 아들이 캔버스에 그린 인상적인 유화가 전시되어있다. 의사이자 아마추어 화가였던 닥터 가셰는 반 고흐가 죽기 전 그를 치료해 준 인물이다.

### 압생트 박물관(Musee Absinthe)
압생트는 벨 에포크(Belle Epoque: 19세기 말~20세기 초 프랑스가 예술·문화적인 번영을 누렸던 시기) 시대에 인상파 화가들이 사랑했던 술이다. 술에 녹색을 띠고 있어 녹색 요정(Green Fairy)이라 불린다.

### 오베르 성(Château d'Auvers)
17세기 이탈리아 금융인 지노비 리오니가 지은 성. 프랑스식 정원이 돋보인다.

### 도비니의 아틀리에(Atelier de Daubigny)
도비니(Charles François Daubigny)는 인상주의의 선구자 중 한 명으로 풍경화를 주로 그렸고 오베르 쉬르 우아즈에 정착한 최초의 예술가이다. 도비니와 그의 자녀(Corot Daumier)와 가족 친구들이 아름답게 장식품을 복원한 아틀리에이다.

반 고흐 공원에는 오십 자드킨(Ossip Zadkine)의 반 고흐 동상이 있다.

시청사

반 고흐의 〈오베르의 거리〉

반 고흐의 〈닥터 가셰 초상화〉

고흐의 마지막 작품 〈까마귀 나는 밀밭〉

## tip  해바라기와 빈센트 반 고흐

로마인들에게 라벤더가 있었다면 그리스인들에게는 해바라기가 있었다. 해바라기에 얽힌 전설은 이렇다. 그리스 연못에 두 요정이 살았는데, 이들은 해가 진 후, 동트기 전까지라는 조건으로 나가서 놀아도 된다는 아버지의 허락을 받았다. 그러던 어느 날, 노는 데 정신이 팔려 해가 뜨는데도 계속 밖에 있었다. 자매가 서둘러 돌아가려 할 때, 태양의 신 아폴론이 황금 마차를 타고 하늘을 가로질러 가다가 그들을 보고 미소를 지었다. 아폴론의 찬란한 미소에 반한 자매는 넋을 놓고 사랑에 빠졌다. 언니는 아폴론의 사랑을 독차지하기 위해 아버지에게 동생을 고자질했고, 화가 난 아버지는 동생을 감옥에 가두었다. 그 사실을 안 아폴론은 언니를 거들떠보지도 않았고, 슬픔에 빠진 그녀는 종일 서서 하늘만 바라보다가 발이 땅에 뿌리박혀 해바라기가 되었다. 이런 배경 때문에 **해바라기의 꽃말은 숭배, 기다림**이 되었다. 유럽인들의 해바라기 사랑은 유난한 면이 있다. 그 중에서도 첫 손 꼽히는 사람이 바로 빈센트 반 고흐이다. '**해바라기의 화가**'라 불릴 정도로 고흐는 해바라기를 아꼈고, 많은 작품의 모델로 삼았다. 고흐가 해바라기를 본격적으로 그리기 시작한 것은 그가 아를에 살게 되면서부터다(P.285 아를 편 참조).

해바라기

반 고흐의 〈해바라기〉

# 몽생미셸
## MONT-SAINT-MICHEL

1984년 세계문화유산으로 지정된 프랑스에서 가장 매혹적인 명소. 몽생미셸은 노르망디 북서쪽 해안에서 2km 정도 떨어져 있는 바위섬에 우뚝 세운 신비로운 수도원인데, 썰물 때는 육지지만 밀물 때는 섬이 되다 보니 자연스럽게 천혜의 요새가 되었다. 최근에는 제방을 쌓아서 육지와 바로 연결시켜 쉽게 찾아갈 수 있다. 원래는 화강암으로 된 원뿔형의 바위섬이었는데, 8세기경 아브랑슈의 주교인 생 오베르가 꿈속에서 이 섬에 예배당을 세우라는 대천사 생 미셸(성 미카엘)의 계시를 받고 수도원을 건설했다. 수도원 꼭대기 탑에 생 미셸의 동상이 있다. 매년 350만 명 이상의 순례자와 관광객이 찾아오는 프랑스 최고의 명소다.

## 몽생미셸 가는 법

※ 파리에서 몽생미셸로 가는 직행 편은 없으므로 열차와 버스를 교대로 타고 이동해야 한다.

 **파리 몽파르나스(Montparnasse)역 → 렌(Rennes)역 → 몽생미셸(Mont-saint-Michel)**

파리 몽파르나스역에서 고속열차(TGV)를 타고 렌역으로 간다. 렌역 북쪽 출구로 나와 오른쪽 방향으로 Gare Routière 표지판을 따라가면 버스정류장이 나온다. 몽생미셸행 버스(Keolis, 편도 €15, 왕복 €25)로 이동한다.

- 기차 파리 몽파르나스역 → 렌역(1시간 30~40분)
- 버스 렌역 → 몽생미셸(1시간 10분)

 **파리 몽파르나스역 → 렌역 → 퐁토르송(Pontorson)역 → 몽생미셸**

파리 몽파르나스역에서 고속열차(TGV)를 타고 렌역으로 간다. 렌역에서 TER열차(퐁토르송행)열차로 환승한다. 퐁토르송역에서 몽생미셸행 버스(Keolis, 편도 €3.1)로 이동한다.

- 기차 파리 몽파르나스역 → 렌역(1시간30~40분) → 퐁토르송역(50분)
- 버스 퐁토르송역 → 몽생미셸(25분)

※ 1코스는 기차와 버스를 한번만 갈아타는데, 버스편이 1일 2회(비수기), 3회(성수기) 운행된다.

※ 2코스는 기차 2회, 버스 1회를 갈아타지만, 버스편이 1일 4~6회 운행된다.

@ 기차 정보 www.sncf-connect.com
@ 버스 정보 시간표(렌 → 몽생미셸) www.keolis-armor.com
(퐁토르송 → 몽생미셸) www.ot-montsaintmichel.com

## 렌역/퐁토르송 ↔ 몽생미셸 버스 시각표

- 렌역(Rennes) 버스터미널 ↔ 몽생미셸(Mont-Saint-Michel) 2024/11/4~2025/3/31

| 렌역 Gare routière | 출발 | 08:45 | 12:45 |
|---|---|---|---|
| 몽생미셸 Le Verger | 도착 | 10:00 | 14:00 |
| 몽생미셸 Le Verger | 출발 | 11:15 | 17:00 |
| 렌역 Gare routière | 도착 | 12:30 | 18:15 |

※ 매일 2~3회 운행 ● 편도 €15, 왕복 €25
※ 계절별로 시각표가 변경되니 홈페이지에서 확인 바람 @ www.keolis-armor.com

- 퐁토르송역(pontorson) ↔ 몽생미셸(Mont-Saint-Michel) 2024/12/20~2025/3/31

| 퐁토르송 출발 | 월~금 | 09:00 | 12:35 | 14:00 | 19:10 |
|---|---|---|---|---|---|
| | 토 | 11:00 | 13:05 | 18:40 | |
| | 일, 공휴 | 12:00 | 13:05 | 18:40 | |
| 몽생미셸 도착 | 월~금 | 09:27 | 13:02 | 14:27 | 19:37 |
| | 토 | 11:27 | 13:32 | 19:07 | |
| | 일, 공휴 | 12:27 | 13:32 | 19:07 | |
| 몽생미셸 출발 | 월~금 | 07:05 | 11:20 | 12:50 | 17:55 |
| | 토 | 09:50 | 17:10 | 17:25 | |
| | 일, 공휴 | 10:50 | 17:10 | 17:25 | |
| 퐁토르송 도착 | 월~금 | 08:17 | 11:47 | 13:17 | 18:22 |
| | 토 | 10:17 | 17:37 | 17:52 | |
| | 일, 공휴 | 11:17 | 17:37 | 17:52 | |

※ 매일 2~4회 운행 ※ 성수기에는 5~6회 운행 ● 편도 €3.1
※ 계절별로 시각표가 변경되니 홈페이지에서 확인 바람 @ www.ot-montsaintmichel.com

### tip 몽생미셸 도착지에서 수도원 찾아가기

버스를 타고 몽생미셸 갯벌 주차장(Le Verger stop)에 도착하면, 탑승장에서 무료 셔틀버스(수시 운행)로 갈아타고 2.5km 떨어져 있는 수도원 입구(주위가 갯벌) 앞에서 내린다. 이곳에서 몽생미셸 입구까지 우드 데크가 깔려 있다. 주변 풍광이 멋있어 사진 찍기 좋다. 몽생미셸 입구에 있는 왕의 문을 통과해 좁은 비탈길(그랑드 뤼)을 따라 올라가면 수도원이 나온다.

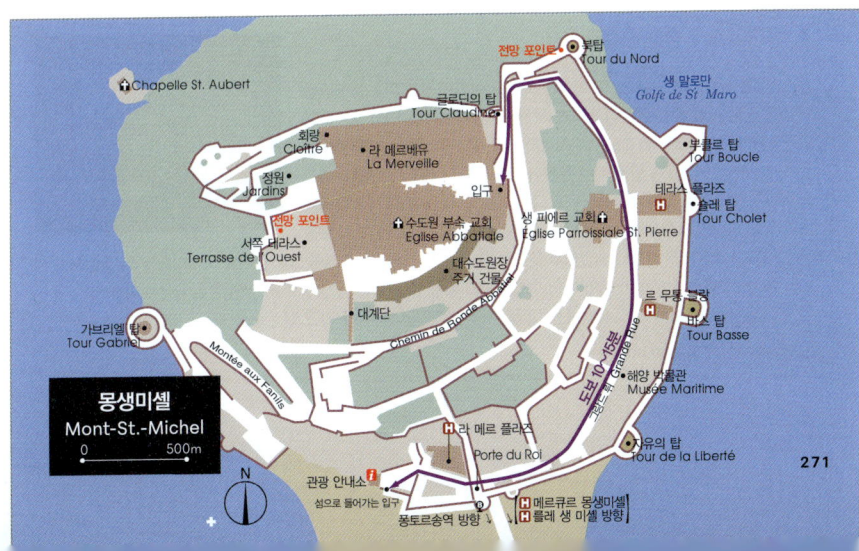

왕의 문

수도원

## 그랑드 뤼
### Grande Rue

그랑드 뤼

### 수도원으로 가는 비탈길

섬 입구에서 '**왕의 문**(Porte du Roi)'을 지나면 수도원으로 가는 작은 비탈길이 나온다. 초입에는 백년전쟁 때 영국군을 무찌르기 위해 사용했던 대포가 위용을 자랑하고 있다. 비좁은 비탈길 주변에 중세의 모습을 간직한 음식점, 선물가게, 호텔, 우체국 등이 이어지는데, 이 거리를 **큰 길이라는 의미의 '그랑드 뤼'**라 부른다. 언제나 관광객들로 붐비는 이곳에서 몽생미셸의 대표 요리인 오믈렛도 먹어보자.

---

### ♣ 몽생미셸의 명물 오믈렛

몽생미셸을 유명하게 만든 것 중 하나가 바로 거대한 오믈렛이다. 몽생미셸의 갯벌을 닮은 이 오믈렛은 이곳의 첫 복원을 맡은 문화재관리국의 건축가 코쿠라예의 가정부였던 풀라르 아주머니가 만들었다. 당시에는 방파제가 없었기 때문에 여행객들이 썰물 때만 통행이 가능해져 이곳에 도착했다. 배도 고프고 시간도 별로 없는 여행객들은 풀라르 아주머니의 식당에서 기다리는 동안 오믈렛을 먹고 환호했다. 이후 변함없는 서비스와 맛으로 이곳의 오믈렛은 나날이 유명해져 정계의 인물들과 문학가, 예술계의 거물들을 불러들였다. 풀라르 아주머니는 이제 없지만 지금도 몽생미셸에는 오믈렛이 남아 있어 여행객들의 입을 즐겁게 한다. 양이 조금 많은 편이어서 느끼할 수도 있다. 라 메르 풀라르(La Mere Poulard)는 풀라르 아줌마 후손들이 전통을 잇고 있는 오믈렛 레스토랑이다.

@ www.merepoulard.com

몽생미셸 수도원

생 미셸 동상이 서 있는 본당

## 몽생미셸 수도원
### Abbaye du Mont-Saint-Michel
★

### 바위섬 위에 세워진 수도원

몽생미셸은 바위섬 위에 세워진 수도원으로 프랑스 북서부 해안에서 1km 떨어져 있다. 966년에 노르망디 공 리처드 1세가 베네딕트 수도원을 세운 뒤, 수세기에 걸쳐 증개축되었다. 백년전쟁이 끝날 때까지 난공불락의 요새였고, 프랑스 대혁명으로 해산되자 감옥으로 사용 후 1874년부터 대대적인 복원공사를 거쳐 옛 영광을 되찾으면서, 1979년 **유네스코 세계문화유산에 지정**되었다. 본당 꼭대기 탑에 서 있는 동상의 주인공은 주교인 성 오베르의 꿈에 나타나 이 섬에 예배당을 세우라고 예언한 **대천사 생 미셸**(성 미카엘, 악마의 상징인 용과 맞서 싸워 무찌르는 인물)이다. 수도원 매표소 입구 앞 계단 중간쯤에 위치한 테라스에 우물가가 있는데, 동전을 넣으면 행운이 온다고 해서 늘 관광객으로 붐빈다. 이곳 테라스에서 내려다 본 간석지의 전경이 멋있어 **포토 스폿으로 좋다**. 특히 안개가 낀 을씨년스러운 날에는 더욱 신비롭게 보인다.

### 라 메르베유

수도원은 바위산의 피라미드 형태의 3층으로 세워졌다. 대계단(Grande Degre)에 오르면 전망이 확 트인 서쪽 테라스(Terrass de l'Ouest)가 나온다. 테라스 정면에는 노르만양식으로 지어진 본당(Abbatiale), 기도실로 가는 길목에 빗물을 막아주는 지붕이 있는 회랑(Cloître)과 휴게실 식당

몽생미셸 성벽에서 바라본 전경

기사의 방

회랑(복도)

기도실

(Réfectoire), 귀빈들의 순례자를 수용하는 순례자의 방(Salle des Hôtes, 접대실), 큰 수레바퀴 방(Grande roue, 수감자들의 식량을 끌어올릴 때 사용), 고딕양식으로 건축된 기사의 방(Salle des Chevaliers, 수도사들의 작업실과 연구실), 사제관을 끝으로 마무리된다. 특히 13세기 초 필리프 왕이 노르망디 정복을 축하하기 위해 세운 '라 메르베유(La M erveille)'는 고딕양식의 수도원 건축의 백미다. 상층의 식당과 회랑, 중층의 기사의 방이 여기에 속한다.

### 관람 순서

입구 → 대계단 → 서쪽 테라스 → 본당 → 회랑 → 식당 → 순례자의 방 → 지하 기도실 → 수도사들의 유골 안치소(큰 수레바퀴 방) → 생테티엔 예배당 → 북남쪽 계단 → 산책장 → 기사의 방 → 사제관

- BP4, Mont St-Michel 50170
- www.abbaye-mont-saint-michel.fr
  www.ot-montsaintmichel.com
- 5~8월 09:00~19:00(입장 마감 18:00), 9~4월 09:30~18:00(입장 마감 17:00), 7~8월은 야간에도 개방한다. **휴무** 1/1, 5/1, 12/25
- 수도원 €13, **무료 입장** 매달 첫 번째 일요일(11~3월), 18세 이하(부모 동반 시)
- 베아트릭의 탑(Tour Beatrix)을 통과해서 그랑드 뤼의 좁은 비탈길을 따라 끝까지 올라간다. 지도 P. 271

### tip | 몽생미셸 수도원의 여행 노하우

**옷차림과 준비물**
이 지역은 전형적인 서안해양성 기후라 연중 흐리고 비가 내리며 바람이 세차게 분다. 따라서 여름에도 긴 점퍼나 우비를 준비해야 한다.

**최고의 포토 스폿은?**
몽생미셸 입구 주변(셔틀버스 하차 지점)

**몽생미셸 산책하기**
수도원 주변의 간석지를 거닐어 보거나 수도원에서 성벽을 따라 산책을 즐겨보자. 메인 도로(그랑드 뤼)가 사람들로 붐빈다면 파닐관(Bâtiment des Fanils) 쪽(섬 입구에서 왼쪽 방향)에서 수도원 입구까지 연결된 성벽 길을 따라 올라간다. 사람들이 별로 없어 한적하고 썰물 때 드러나는 갯벌의 모습을 보며 올라갈 수 있어 좋다.

**3~4월과 9~10월에는 더욱 멋지다**
이 시기에는 조수간만의 차가 심해 바닷물이 밀려오는 장관이 연출된다. 썰물 때는 섬이 갯벌에 둘러싸여 있다가 밀물 때는 섬 주위로 바닷물이 들어온다. 보름달이 뜬 1~2일 후에는 섬이 완전히 바닷물로 둘러싸이게 된다.

**입장료를 아끼고 싶다면**
일요일 정오 미사 시간에 맞춰 무료 입장한다. 검표 요원에게 티켓(Participant Messe)을 받고 가슴에 부착한다.

# 루아르
## LOIRE

프랑스에서 가장 긴 하천인 루아르강을 끼고 발달한 루아르 평원은 온난한 기후와 비옥한 토양 덕분에 양질의 포도가 재배되고, 강을 따라 발달한 계곡에는 울창한 숲이 펼쳐져 예로부터 프랑스의 정원이라 불렸다. 특히 루아르의 계곡 지역은 천혜의 요충지로서 왕정시대의 흔적을 볼 수 있는 고성들이 30여 개 이상 남아 있어 이곳을 찾는 관광객들의 발길이 끊이지 않고 있다.

그러나 고성들이 한곳에 모여 있는 게 아니라 여러 곳에 흩어져 있어 교통편이 불편하다. 개인적으로 움직이면 기차나 버스 운행 편수가 적어 부지런히 다녀도 하루에 2곳만 볼 수 있다. 비용이 들더라도 투어버스나 렌터카로 이동하면 기동력이 있어 하루에 4곳은 볼 수 있다.

## 루아르 가는 법

**기차**

투르(Tours)역을 고성 투어의 출발점으로 삼아 이동하되 열차, 버스 운행 횟수가 적으니 사전에 버스(기차) 시각표를 확인하고 일정을 짠다. 개별로 당일 여행할 경우 앙부아즈 성과 슈농소 성, 또는 블루아 성과 샹보르 성을 보는 게 적당하다. 개인으로 성 4곳을 모두 보려면 투르역 부근에서 숙박하고, 1일 앙부아즈–슈농소 성, 2일은 블루아 성–샹보르 성 순으로 보면 된다.

투르역에 도착하면 우선 티켓 창구에서 루아르 고성으로 가는 열차 시각표를 챙긴다. Tours, Blois 열차 시각표에 앙부아즈 성, 블루아 성이 있고, Tours, Bourges 열차 시각표에 슈농소 성이 있다.

- 개별 여행자는 각 성으로 가는 법 참조.
- 투르에서 투어버스를 이용할 경우나 투르에서 숙박하며 성 4곳을 모두 돌아볼 경우는 파리 몽파르나스역이나 오스테를리츠역에서 일반열차를 타고 투르역에 내린다(약 2시간 소요).

**루아르 고성 버스투어(파리에서 출발)**
@ Paris City Vision   www.pariscityvision.com

> **tip** 앙부아즈 성과 슈농소 성의 당일치기 일정(예)
>
> 1. 몽파르나스역(Montparnasse)에서 07:31에 TGV열차를 타고 생 삐에르 데 꼬르역(Saint-Pierre-des-Corps)에 08:35에 도착.
> 2. 생 삐에르 데 꼬르역에서 09:08 지역열차(ter)를 타고 앙부아즈역(Amboise)에 09:21에 도착.
> 3. 앙부아즈 성을 2~3시간 관람.
> 4. 앙부아즈역에서 12:07 지역열차를 타고 생 삐에르 데 꼬르역에 12:19에 도착. 생 삐에르 데 꼬르역에서 대기 시간에 점심 식사.
> 5. 생 삐에르 데 꼬르역에서 14:12 지역열차를 타고 슈농소역(Chenonceaux)에 14:35에 도착.
> 6. 슈농소 성을 2~3시간 관람.
> 7. 슈농소역에서 18:06 지역열차를 타고 생 삐에르 데 꼬르역에 18:26에 도착.
> 8. 생 삐에르 데 꼬르역에서 19:04에 TGV열차를 타고 몽파르나스역에 20:12에 도착.
> ※ 열차 시각표는 수시로 바뀌니 출발 전에 다시 확인한다.

## ♠ 이탈리아 문화를 사랑한 프랑수아 1세

프랑수아 1세는 16세기 이탈리아의 르네상스 문화를 프랑스에 접목시켜 문화 수준을 한 단계 높인 위대한 선구자이다.

그는 어린 시절 앙부아즈 성에서 자라 1515년에 왕위에 올랐다. 샤를 7세부터 시작된 이탈리아와의 전쟁이 계속되면서 프랑수아 1세는 1525년 파비(Pavie) 전쟁에서 패배하는 치욕을 겪기도 했다.

프랑수아 1세

프랑수아 1세의 아파트

장기간의 원정을 통해 이탈리아의 선진 문화에 깊은 감명을 받은 프랑수아 1세는 많은 유물과 예술가를 데리고 오고 레오나르도 다빈치, 첼리니 같은 이탈리아 당대 최고 예술가들을 초빙하여 앙부아즈 성의 일부 설계를 맡겼다. 또한 왕립학교를 세워 이탈리아의 인문학을 보급했다. 이탈리아 문화의 유입으로 프랑스의 건축양식도 많은 영향을 받았다. 루아르강 주변의 슈농소 성, 샹보르 성, 빌랑드리 성, 퐁텐블로 성 등이 그 대표적인 성들이다.

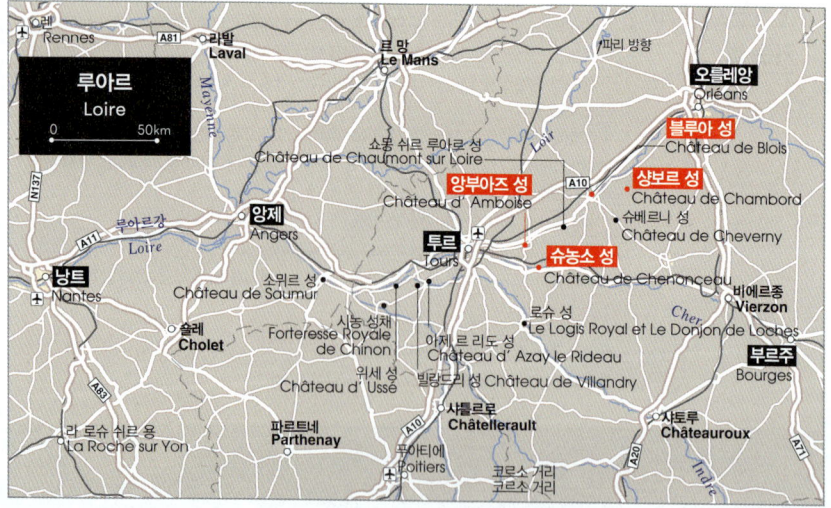

## 앙부아즈 성
### Château d'Amboise

**다빈치의 손길이 곳곳에 남아있다**

앙부아즈 성은 2개의 건물이 직각을 이루고 있는데 루아르강을 향한 성은 샤를 8세 때 완성한 고딕양식의 성이고, 바로 옆의 루이 12세와 프랑수아 1세가 증축한 르네상스양식의 성이다.

15세기 이탈리아와의 전쟁 때 오랜 원정을 하면서 이탈리아의 르네상스에 감명을 받아 루아르 계곡에 이를 재현한 것이다. 한때 수많은 신교도들이 사형을 당하면서 감옥으로 사용되었던 적도 있다.

성 안을 둘러볼 때는 고딕양식의 천창과 르네상스양식의 천창을 비교해서 감상한다. 내부로 들어가면 화려한 **어전 회의실**(Chamber of the State General)이 눈에 띈다. 궁전에서 가장 규모가 큰 방으로 공식 접견, 궁중 연회와 축제를 열었던 곳이다. 1518년 레오나르도 다빈치가 감독한 페스타 델 파라디조(Festa del Paradiso) 축제가 이곳에서 열렸다. 또한 테라스에서 바라보는 루아르강 변과 주변의 풍경이 매우 아름답다.

미님 탑

**tip 앙부아즈 가는 법**

**기차로 가기**
- 파리 오스테를리츠 Austerlitz역(지역열차) → 앙부아즈 Amboise역(2시간 20분 소요)
- 파리 몽파르나스 Montparnasse역(TGV열차) → 생 삐에르 데 꼬르 Saint-Pierre-des-Corps역(1시간 소요) 하차 → 오를레앙(Orleans) 행 열차로 환승(15분 소요) → 앙부아즈역

**버스로 가기**
투르 Tours역 앞의 유로라인 정류장(옆 사무소에서 티켓 구입)에서 버스를 탄다. 1일 2~3편 왕복 운행.

성 위베르를 위해 지어진 **생 위베르 성당**(St. Hubert Chapel)에는 프랑수아 1세의 초청으로 이곳에서 여생을 마친 레오나르도 다빈치의 유해가 안치되어 있다. 그는 이곳에서 불멸의 명작 〈모나리자〉를 완성했다.

동그런 **미님 탑**(Minim's Tower)에 오르면 앙부아즈 성의 지붕들과 루아르강의 전경을 한눈에 볼 수 있다. 미님 탑에서 내려와 출구로 나오면 르네상스 양식의 넓고 푸른 정원에 레오나르도 다빈치의 조각상이 있다. 루이 12세의 초대로 이곳에 온 나폴리의 정원사 돈 파첼로가 설계한 이탈리아풍 정원이다. 그는 회양목, 떡갈나무, 삼나무 같은 지중해의 묘목을 심었다. 정원 높은 곳에는 커다란 레바논의 삼나무와 회양목 장식숲과 동양 정원이 아름다운 경관을 이룬다.

📍 Montée Abdel-Kader, 37403 Amboise
🌐 www.chateau-amboise.com
🕐 1/1~2/9 10:00~12:30, 14:00~16:30, 2/10~2/29 09:00~17:00, 3월 09:00~17:30, 4·9월 09:00~18:00, 5·6월 09:00~18:30, 7·8월 09:00~19:00, 10/1~10/18, 09:00~18:00, 10/19~11/3 09:00~17:00, 11/4~12/20, 09:00~12:30, 14:00~16:30, 12/21~12/31 09:00~16:30 **휴무** 1/1, 12/25 💶 성인 €16.9, 학생 €14.30
🚶 Amboise역에서 나와 왼쪽으로 5분 정도 가면 셰르(Cher) 강이 보이며 다리를 건너면 바로 성이 나온다. 역에서 도보 15분 🗺️ 지도 P.276

### 관람 순서
입구 → 생 위베르 성당 → 고딕식 궁전(경호원실-경호원 산책장-귀족경호장교 방-북치기 방-어전 회의실) → 르네상스식 궁전(술시중 방-앙리 2세의 침실) → 루이 필립 왕의 아파트먼트(루이 필립 집무실-침실-음악실) → 미님 탑 → 궁전에서 나온다 → 르네상스양식의 정원 → 레바논 삼나무 → 회양목 장식숲 → 기념품 가게

고딕양식의 생 위베르 성당

📢 **앙부아즈에서 말년을 보낸 레오나르도 다빈치**

레오나르도 다빈치는 화가, 건축가, 조각가, 발명가일뿐 아니라 르네상스 인문주의를 대표하는 예술가이다. 프랑수아 1세가 이탈리아 원정 때 레오나르도 다빈치와 친분을 맺으면서 1516년 이곳으로 초대되었다. 앙부아즈 성에서 가까운 클로 뤼세(Le Clos Lucé)에 살면서 운하·신도시 건설 등을 맡으며 말년을 보냈다. 샹보르 성 일부도 그가 설계했으며, 궁중 연회의 연출 감독도 맡았다.

그가 프랑스로 올 때 〈모나리자〉를 비롯한 여러 작품을 가지고 왔기 때문에 그의 명작은 이탈리아가 아닌 프랑스의 루브르 박물관에서 관람할 수 있다. 그는 1519년 앙부아즈 성에 묻어 달라는 유언을 남기고 세상을 떠났다. 주요 작품으로는 〈모나리자〉, 〈최후의 만찬〉, 〈암굴 성모〉, 〈동방박사 예배〉 등이 있다.

**클로 뤼세(다빈치 박물관) Les Clos Luce**
📍 Rue de Clos-Luce 2 🌐 https://vinci-closluce.com/en
🕐 1월 10:00~18:00, 2~6월·9~10월 09:00~19:00, 7~8월 09:00~20:00, 11~12월 09:00~18:00 휴무 1/1, 12/25
💶 성수기 성인 €19.50, 학생(7~18세) €14.50
🚶 앙부아즈 성에서 도보 5분

클로 뤼세

마허크 탑

슈농소 성과 디안 드 프아티에 정원

# 슈농소 성
Château de Chenonceau

★

슈농소는 앙부아즈에서 남동쪽으로 12km 떨어져 있는 셰르강 변에 위치해 있다. 슈농소 성은 루아르의 고성들 중 가장 우아하고 여성적인 분위기를 자아내는 르네상스양식의 성이다.

## 여섯 부인의 성
역사적으로 유난히 여성들의 주도권 다툼이 치열하여 그 흔적들이 성 곳곳에 남아 있다. 프랑수아 1세 때 지어진 이 성을 아들인 앙리 2세가 애첩 **디안 드 프아티에**에게 주었고, 앙리 2세가 죽자 왕비 **카트린 드 메디시스**가 성을 빼앗아 자신의 취향에 맞게 꾸몄다. 이후 앙리 3세의 부인인 **루이 드 보드몽**이 성을 상속받았으나 앙리 3세가 암살당한 후 이곳에서 슬픔의 나날을 보냈다. 4세기에 걸쳐 6명에 이르는 여성주가 살았다고 해서 '여섯 부인의 성'이라 부른다. 셰르강 한가운데에는 적을 감시하는 성채인 **마허크 탑(The Marques Tower)**이 우뚝 서 있다.

## 카트린 드 메디시스 정원 vs 디안 드 프아티에 정원
카트린 드 메디시스 정원은 마허크 탑 오른쪽에 있다. 규모가 작지만 세련되고 우아하게 꾸며져 있다. 고풍스런 원형 못과 화양목, 장미, 라벤더가 분위기를 자아낸다. 디안 드 프아티에 정원은 마허크 탑 왼쪽에 있는 정원으로, 소관목, 화양목 등이 리듬감 있게 꾸며져 있다, 여름에는 백여 송이 넘는 진분홍의 하이비커스가 자태를 뽐낸다.

## 성 내부에서 봐야할 것
**디안 드 프아티에의 침실(Diane de Poitiers' Bedroom)** 앙리 2세의 애첩이었던 디안 드 프아티에의 침실. 벽난로에는 앙리 2세와 카트린 드 메디시스 이니셜, 벽난로 위에는 카트린 드 메디시스 초상화가 걸려있고, 침대 위에는 2개의 태피스트리 (힘의 승리, 자비의 승리)가 있다. 디안 드 프아티에 (Diane de Poitiers, 1499~1566년)는 앙리 2세가 슈농소 성을 기증할 만큼 총애했던 애첩이다. 아름다움에 총명하고 재력도 뛰어나 일정 부분 정무에도 관여할 정도로 왕의 신뢰가 대단했지만, 왕의 사후 왕비 카트린 드 메디시스에 의해 철저히 몰락한다.
**프랑수아 1세의 침실(Francois' Room)** 가장 아름다운 르네상스양식의 벽난로가 있고, 3개의 테이블과 16세기 이탈리아풍의 캐비닛이 있다. 벽에는 〈디안 드 프아티에의 초상화〉(다이아나 여신으로 표현)를 비롯한 여러 초상화들이 걸려 있다.

디안 드 프아티에 침실

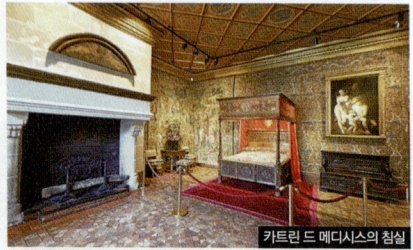
카트린 드 메디시스의 침실

**5인 여왕들의 침실(Five Queens' Bedroom)** 카트린 드 메디시스의 두 딸과 세 며느리를 기념하기 위해 이름 지었다. 벽면은 16세기 플레미쉬의 태피스트리로 장식되어 있다. 두 딸은 마고 여왕(앙리 4세 부인), 엘리자베스 드 프랑스(스페인 필립 2세 부인), 세 며느리는 마리 스튜어트(프랑수아 2세 부인), 엘리자베스 도트리치(샤를 9세 부인), 루이즈 드 로렌(앙리 3세 부인)이다.

**카트린 드 메디시스의 침실** 금박을 입히고, 색을 칠한 천장의 사각 격자가 눈에 띤다. 방안에는 카트린 드 메디시스와 앙리 2세의 이니셜 C와 H가 여러 군데 있다. 방 한가운데 르네상스양식의 캐노피 침대가 자리 잡고 있다. 카트린 드 메디시스(Catherine de Médicis, 1519~1589년)는 앙리 2세가 죽자, 디안 드 프아티에를 추방하고 카트린 드 메디시스 정원을 아름답게 꾸민다. 비록 남편의 사랑을 받지 못했지만, 10명의 자식 중 3명이 왕위에 오르고, 그녀 또한 권력의 핵심에 섰던 여걸이다. 메디치 가문의 후손답게 이탈리아 예술과 요리를 프랑스 궁정에 도입해 이탈리아 르네상스 문화가 부흥하는 계기가 되었다.

디안 드 프아티에

카트린 드 메디시스

- Château de Chenonceau
- www.chenonceau.com
- 1/1~1/7, 12/21~12/31 09:30~18:00, 1/8~4/5, 11/4~11/8, 11/12~12/6, 12/9~12/13, 12/16~12/20 09:30~16:30, 4/6~7/7, 8/26~9/29 09:00~18:00, 7/8~8/25 09:00~19:00 9/30~11/3, 11/9~11/11 09:00~17:30 12/7,8~12/14,15 09:30~17:30
- 성인 €17, 학생 €14 / 오디오 가이드 성인 €22, 학생 €19, 한글판 안내서 무료
- 슈농소역에서 도보 5분
- 지도 P.276

---

**tip 슈농소 가는 법**

열차편이 자주 없으므로 기차, 버스 시간표를 잘 확인한다. 역에서 왼쪽 철길을 건너면 슈농소 성 매표소가 나온다.

**기차로 가기**
투르/생 삐에르 데 꼬르역 → Never행 열차 → 슈농소역(15~30분 소요). 1일 7~8편 운행

**버스로 가기**
투르역/생 삐에르 데 꼬르역에서 슈농소 성행 버스 이용. 1일 2~3편 운행

# 블루아 성
### Château de Blois

**프랑스 건축양식의 변천사**

중세의 모습이 고스란히 남아 있는 블루아 거리의 고지대에 위치해 있어 루아르강의 경치를 한눈에 감상할 수 있다. 원래는 블루아 백작의 성이었으나 루이 12세와 프랑수아 1세가 이곳에 기거하면서 궁전으로 사용되었다. 16세기 궁정문화의 중심지로서 당시 왕실의 화려함과 장대함을 보여주는 대표적인 성이다. 프랑스 건축양식의 변천 과정을 상세히 볼 수 있는 곳이다. 내부에는 초상화와 회화를 전시한 미술관과 당시의 소품으로 복원한 방들이 있다.

입구로 들어가 명예의 안뜰 오른쪽에 위치한 **루이 12세 건물**은 벽돌과 돌로 지어졌으며 완벽한 플랑브와 고딕양식이다. 곳곳에 루이 12세를 상징하는 문장이 새겨져 있다. 1층에 있는 왕가 아파트는 1869년에 미술관(Fine Arts Museum)이 되었다. 모두 8개의 방에는 16~19세기의 조각, 태피스트리, 그림들이 전시되어 있다.

루이 12세 건물이 지어진 15년 후에 건축된 **프랑수아 1세 건물**은 이탈리아 르네상스의 영감을 받아 장식에 급속한 진전을 보였지만 여전히 전통적인 프랑스 건축양식을 응용하는 수준이었다. 나선형 계단 타워가 대표적인 혼합 건축물이다. 갤러리에 있는 기둥은 프랑스 왕실 문장과 산족제비 꼬리가 교대로 둘러싸고 있는 다이아몬드 모양으로 장식되어 있다. 수세기 동안 이 아파트에서 프랑수아 1세와 카트린

> **tip 블루아 가는 법**
>
> **기차로 가기**
> - 파리 오스테를리츠역(지역열차) → 블루아역(직행 1시간 30분)
> ※ 직행이 아니라 환승해야 하는 열차도 있으니 주의. 환승할 경우 총 2시간 소요.
> - 파리 몽파르나스역(TGV열차) → 생 삐에르 데 꼬르역(1시간 소요)에서 환승 → 블루아역(30분 소요)
>
> **투르/생 삐에르 데 꼬르역에서 갈 때**
> - 투르/생 삐에르 데 꼬르역(지역열차) → 블루아역(30분 소요)

드 메디시스, 앙리 3세, 가스통 도를레앙이 살았다. 2층에 있는 **기즈의 홀(Hall of the Guises)**은 1588년 왕위계승권을 둘러싸고 앙리 3세가 기즈 공을 암살한 곳으로 유명하다. 이 홀에 걸려 있는 그림들은 종교전쟁과 연관된 비극적인 인물과 사건들을 묘사하고 있다. 한편 베르사유 궁전 건축에 참여했던 프랑수아 망사르가 루이 13세의 동생인 가스통 도를레앙을 위해 지은 **가스통 도를레앙 건물**은 고전주의 건축의 걸작으로 손꼽히고 있다.

### 관람 순서

매표소 → 입구 → 명예의 안뜰(Cour d'Honneur) → 루이 12세 건물(오른쪽 건물) → 프랑수아 1세 건물(입구 정면) → 가스통 도를레앙 건물(왼쪽 건물)

🌐 www.chateaudeblois.fr
🕐 1/6~2/28, 11/3~12/19 10:00~17:00, 3/1~3/31 10:00~17:30, 4/1~9/30, 10/18~11/2 09:00~18:30, 10/1~10/17 09:00~18:00, 12/20~1/4(2026) 10:00~18:00
💶 성인 €14.50, 학생 €11
📍 Blois역에서 도보 10분. 역에서 나와 표지판을 따라 대로(Avenue Jean Laigret)를 10분 정도 걸어가다 약간 경사진 길로 내려가면 블루아 성이 나온다.
🗺 지도 P.276

## 샹보르 성

Château de Chambord

★

### 베르사유 궁전에 버금가는 성

샹보르 성은 루아르의 성들 중 가장 규모가 크며 베르사유 궁전에 버금가는 성이라는 찬사가 붙을 만큼 웅장하고 화려하다. 특히 우아한 곡선을 이루는 건물 형태와 수많은 첨탑들은 보는 이의 감탄을 자아내 **프랑스 르네상스 시대의 최고 걸작**으로 손꼽힌다.

프랑수아 1세 때 이탈리아의 르네상스양식을 도입해 지은 이 성은 건물 네 귀퉁이에 둥근 탑을 대칭적으로 세워 루아르의 고성들 중에서도 특히 눈길을 끈다.

원래는 왕이 사냥을 나올 때 묵는 숙소였으나 루이 14세 때 대대적인 증·개축 공사를 하여 426개의 방과 282개의 벽난로, 365개의 창을 가진 장대하고 화려한 성으로 완성시켰다. 루이 14세는 이곳에서 사냥과 다양한 문화 공연을 즐겼다.

이 성에서 특히 유명한 것은 홀 중앙에 있는 **이중 나선형 계단**인데 이는 프랑수아 1세의 초대로 프랑스에 온 **레오나르도 다빈치**가 설계한 것이라고 한다. 이 계단은 3층까지 연결되며, 이중으로 되어 있어 올라가는 사람과 내려오는 사람이 서로 볼 수는 있어도 만나지 않게 되어 있다. 계단에 있는 장식용 조각품들도 매우 아름답다. 0층에는 오디오 룸이 있어 샹보르 성의 역사와 건축 개요를 15분 동안 상영한다. 1층의 **프랑수아 1세의 방**은 침대와 2개의 서재, 작은 기도실, 회의실이 있다. **루이 14세의 방**은 성에

플랑브와양식의 루이 12세 건물

프랑스 왕실의 문장

루이 14세의 침실

나선형 계단

마리 테레즈의 침실

서 가장 규모가 큰 방으로, 벽면이 온통 태피스트리로 장식되어 있고 거대한 벽난로가 있다. 루이 14세의 2명의 부인인 스페인의 마리 테레즈와 맹트농 부인의 방이었던 **여왕의 아파트**는 왕의 아파트 인근에 있는 탑에 위치해 있다.
2층 홀에서 꼭 봐야 할 것이 **장식 아치형 천장**이다.

프랑수아 1세의 첫 글자 F와 그의 상징인 불도마뱀을 결합해서 만들었다. 이중 나선형 계단을 따라 맨 꼭대기로 올라가면 **테라스**가 나온다. 테라스에서 보이는 뾰족한 탑, 둥근 지붕, 굴뚝들의 전경이 신비로운 분위기를 낸다. 테라스에서 내려다보이는 광활한 정원의 풍경도 매우 아름답다.

### 관람 순서
입구 → 매표소 → 프랑수아 1세의 방 → 이중 나선형 계단 → 루이 14세의 침실 → 테라스

> **tip 샹보르 성 가는 법**
> 파리, 투르역, 생 삐에르 데 꼬르역에서는 샹보르 성으로 가는 직행열차가 없다. 우선 열차편으로 블루아로 가서 샹보르 성행 2번 버스(4~11월 운행, 40분 소요)로 갈아탄다. 하루에 3~4회만 운행되므로 여행 안내소에서 반드시 출발 시각표를 확인한다. 블루아역에서 나오면 왼쪽 광장에 버스정류장이 있다.

@ www.chambord.org
⏱ 1/2~4, 3/29~10/26, 12/20~12/31 09:00~18:00, 1/5~3/28, 10/27~12/19 09:00~17:00
**휴무** 1/1, 3/20, 12/25
💶 성인 €19(당일 열차티켓을 제시하면 €16.5), 학생 €16.50
🗺 지도 P.276

## ♛ 앙부아즈·블루아·슈농소·샹보르 성에 살았던 왕들의 계보

**샤를 8세 (1483~1498년)**  이탈리아 전쟁

**루이 12세 (1498~1515년)**  샤를 8세의 종형. 샤를 8세의 왕비 안느와 재혼. 이탈리아 원정

**프랑수아 1세 (1515~1547년)**  루이 12세의 사위 겸 조카인 프랑수아 앙굴렘이 왕위 계승
이탈리아 원정, 이탈리아의 르네상스 문화를 적극 받아들임

**앙리 2세 (1547~1559년)**  프랑수아 1세의 아들. 왕비는 카트린 드 메디시스(메디치 가문의 딸, 앙리 4세 왕비도 메디치 가문). 이탈리아풍의 취미와 예술을 발전시킴. 애첩 디안 드 프아티에게 슈농소 성을 선물

**프랑수아 2세 (1559~1560년)**  15세에 왕위에 오름. 모후 카트린 드 메디시스가 섭정(첫째 아들)

**샤를 9세 (1560~1574년)**  프랑수아 2세의 동생(둘째 아들)

**앙리 3세 (1574~1589년)**  샤를 9세의 동생(셋째 아들)
앙리 드 기즈가 쿠데타를 일으켜 앙리 3세를 쫓아내지만 앙리 3세가 재반격을 하여 앙리 드 기즈를 암살시킴. 그 후 앙리 3세도 암살당함

**앙리 4세 (1589~1610년)**  부르봉 왕가의 앙리 드 나바르가 왕위 계승. 마리 드 메디시스(메디치 가문의 딸)와 재혼. 종교 개혁을 종식시키고 왕권 강화. 샤를마뉴 대제, 성 루이 왕, 잔 다르크와 더불어 프랑스의 위대한 영웅으로 불림. 앙리 4세의 "하느님은 내 왕국의 모든 국민들이 일요일이면 닭고기를 먹길 원하신다"는 유명한 말이 있듯 지금까지도 닭의 풍요로운 프랑스를 상징하고 있다.

**루이 13세 (1610~1643년)**  앙리 4세의 아들. 9살에 즉위하여 모후 마리 드 메디시스가 섭정
그 후 모후를 블루아 성으로 귀양 보냄

**루이 14세 (1643~1715년)**  루이 13세의 아들
5세에 즉위하여 모후 안느 도트리쉬가 섭정. 절대 왕정 체계 완성

**루이 15세 (1715~1774년)**  루이 14세의 증손자. 2세에 즉위
루이 14세의 조카 겸 사위인 오를레앙 공이 섭정. 애첩 퐁파두르 부인이 정치에 참여. 사치 절정, 계몽사상가 후원

**루이 16세 (1774~1793년)**  루이 15세의 둘째 손자. 오스트리아 황후 마리아 테레지아의 딸 마리 앙투아네트와 결혼. 프랑스 대혁명으로 왕비와 함께 단두대에서 처형당함

**루이 18세 (1814~1824년)**  루이 16세의 동생. 왕정 복고

앙리 4세 | 루이 13세 | 루이 15세 | 루이 16세 | 마리아 테레지아

# 아를
## ARLES

프랑스에서 가장 아름다운 도시 중 하나로 손꼽히는 아를은 찬란한 과거와 풍요로운 예술, 그리고 청정한 공기와 행복이 가득한 도시로 최고의 찬사를 받는 곳이다. 로마제국시대에 가장 규모가 큰 3대 도시가 로마, 콘스탄티노플, 그리고 프랑스 남부의 아를이었다.

지중해 연안에 위치하여 해상 무역이 발달했고 연중 따뜻한 날씨 덕분에 포도를 비롯한 여러 작물의 곡창지로 번창했다. 기원전 46년 로마의 식민지가 되면서 로마의 영향을 가장 많이 받은 도시이기도 하다. 당시 아를 원형경기장이 2만 명 이상을 수용할 정도였으니, 아를의 도시 규모가 어느 정도인지 짐작할 수 있다. 아직도 시내 곳곳에 로마의 흔적들이 많이 남아 있다.

아를은 비운의 천재 화가 빈센트 반 고흐가 그의 광기를 불태워 그린 〈해바라기〉, 〈씨 뿌리는 사람〉, 〈론가의 별이 빛나는 밤〉 등 불후의 명화를 탄생시킨 곳이기도 하다.

## 아를 가는 법

**기차** 파리 리옹역 → 아를역(TGV열차로 3시간 소요, 예약 필수)
아를역에서 나와 왼쪽으로 15분 정도 걸으면 구시가(원형경기장)가 나온다.
※ 아를과 님(P.291)은 RE 또는 D열차로 30분 정도 걸리는 가까운 거리이니, 2곳 중 1곳에 숙소를 정하고 당일치기로 다른 도시에 다녀와도 된다. 아를역 앞에 님으로 가는 버스 정류장이 있다.

**여행 안내소**
 Bd. des Lices-13200 Arles @ www.arlestourisme.com
09:00~18:00(비수기 월~금요일 09:00~12:45, 14:00~16:45, 토 09:00~13:15, 14:30~16:45, 일·공휴일 10:00~13:00) 휴무 1/1, 1/8~1/14, 12/25
 Pass Liberté(유적지 4곳+박물관 1곳) 성인 €15 학생 €11
레퓌블리크 광장에서 조지 클레망소 대로로 나오면 건너편에 있다.

## ◆ 아를의 추천 코스 ◆

[ Start ]

아레나(원형경기장)
↓ 도보 3분.

고대 극장
↓ 도보 3분.

생 트로핌 성당
↓ 도보 5분.

에스파스 반 고흐
↓ 도보 5분.

포럼 광장
↓ 도보 5분.

반 고흐 재단 미술관

[ Finish! ]

### Q&A

**도보 30분 이내에 명소가 밀집**
우선 역에서 나와 왼쪽 길을 따라 내려가면 라마르틴 광장(Place Lamartine)이 나온다. 폐허가 되어 돌기둥만 남아 있는 카발르리 문(Portes de la Cavaleries)을 지나 카발르리 거리(Rue de la Cavaleries)와 볼테르 거리(Rue Voltaire)를 따라 계속 가면 아레나(원형경기장)가 나온다.

**시간이 남는다면 추가할 곳은?**
시간적 여유가 있을 시 레 잘리스캉을 일정에 넣어 마무리한다.

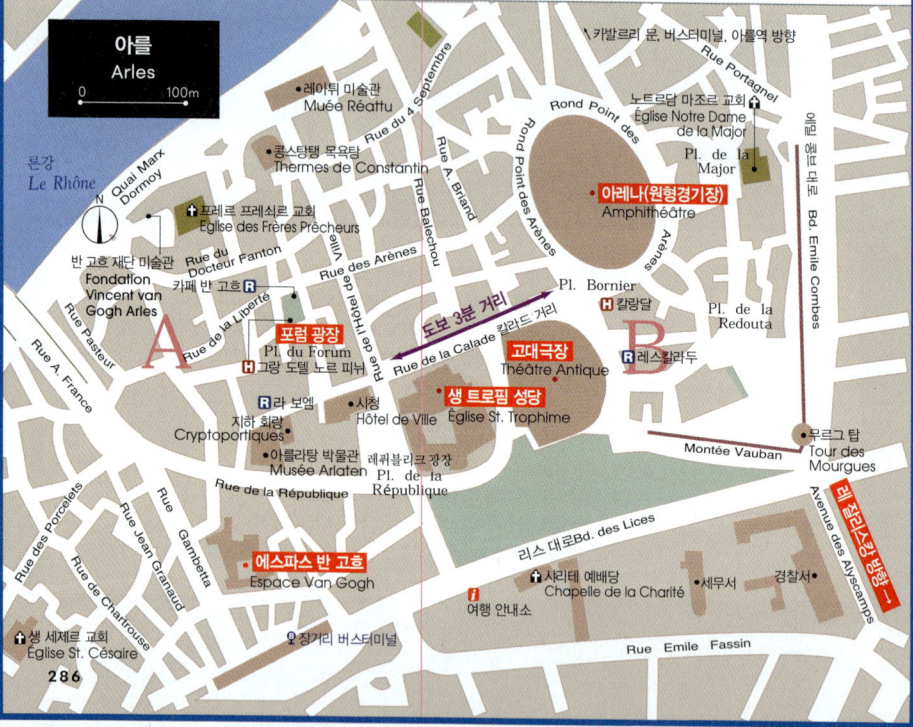

## 아레나(원형경기장)
### Arena(Amphithéâtre)
★

### 원형 그대로 보존한 건축물
얼핏 보면 로마의 콜로세움과 무척 흡사하다. 그보다 규모는 작지만 거의 완벽할 정도로 원형이 보존되어 있다. 기원전 90년에 세워진 아를의 아레나는 님(Nîmes)의 아레나와 더불어 로마제국시대의 가장 오래된 건축물이다. 길이 136m, 높이 107m의 타원형으로 2만 4,000명 이상을 수용할 수 있다. **1층은 도리아양식, 2층은 코린트양식**으로 된 60개의 아치로 이루어져 있다. 이후 다른 건축물의 건축 자재로 사용하기 위해 경기장 내부 건물들이 많이 파괴되었다. 사라센족을 막기 위한 요새로도 사용된 후, 빈민층의 거주 공간으로도 쓰였다. 1825년 복구한 후 지금의 경기장이 되었다.

### 글레디에이터의 치열한 격투장
경기장은 주로 검투사와 야생 동물이 싸우는 투기장으로 이용되었는데, 님의 아레나와 달리 야생동물이 관중을 덮치는 것을 보호하기 위해 중앙 경기장과 관중석 사이의 난간을 높게 만들었다. 2층 계단 위로 올라가면 고풍스런 아를의 시가지를 볼 수 있다.

- www.arenes-arles.com
- 5~9월 09:00~19:00, 3·4·10월 09:00~18:00, 11~2월 10:30~16:30 휴무 1/1, 5/1, 11/1, 12/25
- 통합권(아레나+고대 극장) 성인 €11, 학생 €9
- 아를역에서 도보 10분
- 지도 P.286-B

## 고대 극장
### Théâtre Antique
★

### 2개의 코린트식 기둥만 남은 반원형 극장
기원전 1세기경 아우구스투스 대제 때 세운 극장으로 1만 명 이상 수용할 수 있는 규모의 **반원형 극장**이다. 5세기 이후 교회 건축 자재, 개인 주택, 방어벽 등에 사용하기 위해 심하게 파괴되어 지금은 2개의 커다란 코린트식 기둥만 남아 있다. 매년 8월이면 이곳에서 축제가 열리는데 유명 미술인, 무용수, 가수, 바이올리니스트, 배우 등이 참가한다. 현재 일부 공사 중이다(관람 가능).

- 5~9월 09:00~19:00, 3·4·10월 09:00~18:00, 11~2월 10:30~16:30 휴무 1/1, 5/1, 11/1, 12/25
- 통합권(아레나+고대 극장) 성인 €11, 학생 €9
- 아를역에서 도보 12분
- 지도 P.286-B

아레나 내부

아레나(원형경기장)

고대 극장

## 생 트로핌 성당
### Église St. Trophime

### 아름다운 로마네스크 건축물

유네스코 세계문화유산으로 등재된 이 성당은 프로방스 지방에서 가장 아름다운 로마네스크양식의 건축물이다. 1078년에 건축되어 중세의 분위기가 가득하다. 성당 문에는 최후의 심판을 묘사하는 루넷(반월창)이 있다. 북쪽과 동쪽 회랑에는 성 스테파누스와 유다의 조각이 새겨져 있다. **꼭 봐야 할 부분**은 고딕양식 제단, 대리석 묘지, 의자, 세례반, 스테인드글라스, 제단 앞 대리석 석판, 예배당 봉헌패가 있다. 성당 옆에는 생 트로핌 수도원이 있다.

- 6 Pl. de la République, 13200 Arles
- www.arlestourisme.com
  paroisse-catholique-arles.fr
- 5~9월 09:00~19:00, 3·4·10월 09:00~18:00, 11~2월 10:30~16:30 휴무 1/1, 5/1, 11/1, 12/25
- 성당 무료, 수도원 성인 €6, 학생 €5
- 아를역에서 도보 13분
- 지도 P. 286-B

대리석 묘지

최후의 심판을 묘사한 루넷(반월창)

## 에스파스 반 고흐
### Espace Van Gogh

### 고흐의 명작이 탄생한 곳

파리의 생활에 지친 반 고흐는 1888년 아를로 옮겨와 이 지역의 빛과 색감을 화폭에 담아 〈해바라기〉, 〈씨 뿌리는 사람〉, 〈론강의 별이 빛나는 밤〉 등 불후의 명작들을 탄생시켰다. 하지만 강한 개성과 고갱과의 갈등으로 자신의 귀를 자르고 결국 정신병원으로 가야만 했다. 그는 회복될 때까지 이곳에서 요양하며 보냈다. 입원 당시의 모습과 색채(노란색)의 흔적을 재현해서 이 **병원을 종합 문화 센터로 리모델링**했다. '반 고흐의 정원'에 있는 형형색색의 꽃들은 옛 모습 그대로지만, 아쉽게도 작품은 전시되어 있지 않다.

- 지도 P. 286-A

생 트로핌 성당

에스파스 반 고흐

## 반 고흐 재단 미술관
### Fondation Vincent van Gogh Arles
★

2014년에 반 고흐 재단에서 세운 미술관(Fondation Vincent van Gogh Arles). 남프랑스의 풍부한 채광을 반영해 모던 스타일로 지었다. 반 고흐는 1888년 2월부터 1889년 5월까지 15개월 동안 아를에 머물면서 200여 점의 작품을 창작했다. 우리에게 익숙한 〈해바라기〉, 〈별이 빛나는 밤에〉, 〈밤의 카페〉 등이 이때의 작품들이다. 그로부터 영감을 받은 현대 화가들의 다양한 미술품과 고흐 일부 작품을 전시하고 있다. 고흐 작품은 시기에 따라 전시 작품이 달라진다.

반 고흐의 〈눈 내리는 풍경〉

반 고흐의 〈작은 시냇물이 있는 계곡〉

- 35 Rue du Dr Fanton, 13200 Arles
- www.fondation-vincentvangogh-arles.org
- 10:00~19:00, 비수기 10:00~18:00
- 휴무 월요일, 1/1, 12/25 성인 €10, 학생 €3, 무료 입장 18세 이하, 매달 첫 번째 일요일(7~8월 제외)
- 원형 경기장에서 도보 7분
- 지도 P. 286-A

## 포럼 광장
### Place du Forum
★

아를과 반 고흐를 상징하는 포럼 광장(Place du Forum). 호텔 노르 피뉘의 입구 왼편에 있는 2개의 원기둥은 2세기에 지어진 신전의 잔재다. 광장을 내려다보는 동상의 주인공은 시인 프레데릭 미스트랄(1830~1914년)이다. 광장에는 여러 곳에 카페, 레스토랑이 있다. 특히 진한 노랑색의 파라솔이 있는 Le Café Van Gogh 카페(지금은 Le Cafe Nuit가 입점)가 반 고흐가 그린 〈밤의 카페〉의 배경이 된 곳이다.

- 에스파스 반 고흐에서 도보 3분
- 지도 P. 286-A

반 고흐의 〈밤의 카페〉

반 고흐 재단 미술관

반 고흐의 〈별이 빛나는 밤에〉

포럼 광장, 옆에 카페 반 고흐가 있다.

## 레 잘리스캉
### Les Alyscamps

### 작품의 영감이 떠오르는 가로수 길

아를에서 감동을 자아낼 정도의 아름다운 가로수 길이 바로 레 잘리스캉(Les Alyscamps)이다. 이 길은 예부터 시인, 화가, 작가들에게 작품의 영감을 떠오르게 만드는

반 고흐의 〈레 잘리스캉〉

유명한 곳이다. 4세기에 기독교인들이 이곳에 묻히면서 그 후 기독교인들이 선호하는 공동묘지가 되었다. 1888년 이곳에서 반 고흐는 그의 절친한 친구 고갱과 함께 그림을 그렸다. 똑같은 장소에서 그렸지만 너무나 대조적이었다. 고갱은 숲속의 풍경을 섬세하고 부드럽게 그린 반면, 반 고흐는 가장 밝은 색상과 급하고 전율적인 방식으로 그의 감정을 표현했다. 그 작품이 바로 레 잘리스캉이다.

- rue Pierre-Renaudel
- 5~9월 09:00~18:00,
3·4월·10월 09:00~11:30, 14:00~17:30,
11~2월 10:00~11:30, 14:00~16:30
- 성인 €3.5, 학생 €2
- 여행 안내소 〈i〉에서 Blouevard des Lices를 따라 오른쪽으로 직진하다 사거리에서 우회전 후 좌회전하면 나온다. 여행 안내소에서 도보 10분 거리
- 지도 P. 286-B

---

> **tip** 관광 후 휴식을 취하려면

〈밤의 카페〉의 모델이 된 '카페 반 고흐(Café Van Gogh)'가 있는 포럼 광장(Place du Forum)에 가고 싶으면 레퓌블리크 광장에서 Rue de l'hôtel 거리를 걷다 2번째 블록에서 왼쪽으로 간다. 이쯤 돌아보고 나면 꽤 지칠 것이다. 북쪽으로 향해 론강으로 가자. 제방 위에 앉아 론강을 가로지르는 트랭크타유 다리(Pont de Trinquetaile)를 보며 잠시 휴식을 취한다.

> **tip** 반 고흐의 발자취

1888년 2월, 고흐는 파리 생활에 지쳐 새로운 활력소를 찾고자 프랑스 남부의 예술가 마을인 아를로 떠났다. 기후가 온난하고 자연 경관이 수려한 아를은 그가 창작 활동하기에 더할 나위 없이 좋은 장소였다. 아를은 론강 하류에 접해 있는 프랑스에서 가장 아름다운 도시 중 하나이다. 알퐁스 도데의 희곡 〈아를의 여인〉과 이를 각색하여 만든 조르주 비제의 가곡으로도 유명한 곳이기도 하다.

- 포럼 광장(Place du Forum): 밤의 카페 배경
- 트랭크타유 다리(Pont de Trinquetaille) 계단
- 라마르틴 광장(Place Lamartine)
- 루 미레유(the Rue Mireille to the old mill),
- 에스파스 반 고흐(Espace Van Gogh)
- 랑글루아 다리(Langlois bridge): 반 고흐 다리
- 론강 부두(quai du Rhône): 별이 빛나는 밤 배경
- 레 잘리스캉(Les Alyscamps)

※ P.265 오베르 쉬르 우아즈 편 참조

반 고흐의 〈론강의 별이 빛나는 밤에〉

# 님
## NÎMES

아우구스투스 때 건설된 도시로, 아를처럼 곳곳에 로마의 유적과 기념물들이 많이 남아 있어 'the French Rome'이라고도 부른다. 아레나(원형경기장), 투르마뉴(큰 탑) 등 로마시대의 유적들이 있었으나 게르만족에 의해 상당 부분 파괴되었다. 1185년 툴루즈 백작의 영토가 되었다가 1229년에 프랑스 왕령이 되었다. 이곳은 신교도들이 많아 종교전쟁 때 참혹한 학살의 무대가 되기도 했다.

## 님 가는 법

**기차**
파리 리옹역 → 님역(TGV열차, 3시간 소요, 1~2시간에 1편 운행)
아를역 → 님역(D열차, 30분 소요)
님역(Gare de Nimes)에는 열차 시각표 게시판이 없으니 주의. 역에서 나오면 시내버스 정류장과 시외버스 정류장이 따로 있다.

## 아레나
### Arènes
★

### 로마 문명의 백미

기원전 1세기 말에 건설된 원형 경기장 아레나는 시내 한가운데에 있다. 높이 21m, 길이 133m, 너비 101m의 규모로 25,000명의 관객을 수용할 수 있을 정도로 크다. 로마의 콜로세움과 같은 시기에 지었지만 원형 그대로 잘 보존되어 있어 로마 문명의 백미로 일컬어진다. 관중이 계단과 통로를 통해 바로 좌석으로 이동하도록 지었고, 사회적 신분에 따라 좌석 위치가 다르게 배치되어 있다. 밧줄로 막대기를 지지하면서 차양을 설치해 그늘지게 만들었다. 경기장은 원주를 둘러싸고 있는 60개의 아치로 구성되어 있다. 경기장에서는 **스페인식 투우 경기**가 진행되었다.

@ www.arenes-nimes.com
⏰ 1·2·11·12월 09:30~17:00, 3·10월 09:00~18:00, 4·5·9월 09:00~18:30, 6월 09:00~19:00, 7·8월 09:00~21:00 휴무 1/1, 12/25
💶 성인 €11, 학생 €9 통합권(아레나+메종 카레+마뉴 탑) 성인 €14.5, 학생 €7
🚶 님역에서 나와 푀세르 거리로 직진하면 찰스 공원을 끼고 2갈래의 길이 나오는데 왼쪽으로 가면 나온다.
📍 지도 P.291-A

## 메종 카레
### Maison Carrée

### 아폴로 신전을 모방

남아 있는 신전 중 가장 보존이 잘 된 것 중 하나가 메종 카레이다. 사각형의 집이라는 의미를 지닌 메종 카레는 폭 15m, 높이 17m, 길이 26m 규모의 작은 신전이지만, 30개의 세로 홈을 새긴 기둥이 우아하고 조화롭게 배치되어 아름다운 모습을 이룬다. 로마 근처의 아폴로 신전을 모방해 조각한 건축물로 현재는 고대 박물관으로 사용되고 있다.
나폴레옹 1세가 메종 카레에서 영감을 얻어 파리에 **마들렌 교회**를 건설했다. 특히 밤에는 조명이 환하게 비쳐 야경이 매우 아름답다. 메종 카레는 님의 과거와 현재를 잇는 가교 역할을 할 정도로 문화의 정수를 보여주는 역사적 유산이다.

@ www.maisoncarree.eu | www.arenes-nimes.com
⏰ 1·2·11·12월 10:00~12:45, 14:00~17:00, 3·10월 10:00~18:30(10월 12:45~14:00), 4·5·9월 10:00~19:00, 6월 10:00~19:30, 7·8월 09:30~20:30
💶 성인 €6.5, 학생 €5.5, 통합권(아레나+메종 카레+마뉴 탑) 성인 €14.5, 학생 €12
🚶 아레나에서 나와 빅토르 위고 대로(Boulevard Victor Hugo)를 따라 북쪽으로 가는 길에 있다.
📍 지도 P.291-A

# 가르교
## Pont du Gard
★

### 유네스코 세계문화유산 등재
1985년 유네스코 세계문화유산에 지정된 가르교는 아그리파가 기원전 19년 님에 식수를 공급하기 위해 세운 다리다. 로마시대 물 공급망의 일부로서, 50km 떨어진 위제스(Uzes) 근처의 외르강에서 흘러나오는 물을 님까지 끌어와서 500년간 공급했으며 중세에는 다리로도 사용되었다.

### 원형 그대로 보존된 아치형의 3층 구조
아치형의 가르교는 3층으로 되어 있는데, 1층은 마차, 2층은 사람이 통행, 3층은 물을 공급하는 기능으로 이용되었다. 2000년이 지난 지금도 훼손되지 않고 거의 원형 그대로 보존된 가장 장대하고 위엄 있는 다리로, 로마인들의 우수한 건축 기술이 그대로 증명되는 산물이다.
**가르교는 섬세한 돌 색상과 우아하면서 독창적인 건축에 있어, 기술적인 면만 아니라 심미안적 면에서도 놀랄 만한 건축물이다.** 높이 49m, 길이 295m의 3단의 아치형 수로구를 만들기 위해 수많은 노동력을 동원해 엄청난 크기의 석회암 돌멩이를 끌어올렸다. 아래쪽 2단의 아케이드는 가장 깊은 수심에 맞추고 홍수에 대비하여 기둥 수를 제한해 아치의 지름이 각각 다르다. 아랫단은 아치 6개, 가운데 단은 아치 11개, 윗 단에는 아치 35개로 이루어졌다. 난간 벽돌에는 채석장에서 새긴 고유번호나 상호, 로고가 새겨져 있다.

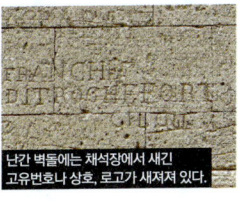
난간 벽돌에는 채석장에서 새긴 고유번호나 상호, 로고가 새겨져 있다.

🏛 Exhibition Centre, Pont du Gard
🌐 www.pontdugard.fr
🕒 매일 08:00~24:00 박물관 11~2월 09:00~17:00, 3·10월 09:00~18:00, 4~6·9월 09:00~19:00, 7~8월 09:00~20:00 휴무 박물관(월요일 오전, 1/1, 12/25)
💶 가르교 유적지 무료, CULTURAL AREAS(가르교+박물관+영화 등) 성인 €9, 학생 €6, 가이드 투어 성인 €15, 학생 €13, 주차(차량 이용 시) €9, 18세 이하 무료
🚌 열차는 없고 버스만 하루 4~6회 운행. 님과 아비뇽에서 출발한다.

**님(Nîmes) – 121번 버스(요금 €1.5)**
출발지 님 중앙역(Gare Routière) 앞에서 07:30, 13:20, 15:35, 16:35, 19:10 출발
도착지 가르교(Vers-Pont-du-Gard) 정류장(Rond Point Pont du Gard)에 08:19/14:03/16:20/17:18/19:53 도착
※ 운행 시각표는 현지에서 변경될 수 있으니 가르교 홈페이지나 여행안내소에서 반드시 확인한다.
📧 버스 시각표 www.edgard-transport.fr

# 니스
## NICE

니스는 계절에 상관없이 유럽 각지에서 수많은 관광객들이 몰려드는 천혜의 휴양지이다. 태양이 작열하는 코트 다쥐르(Cote d'Azur) 지방의 중심지이며 리비에라 해안의 여왕이라고도 불린다. 니스를 축으로 주변에 망통, 모나코, 칸, 마르세유 등의 해양도시가 네트워크를 형성하고 있다. 1860년까지는 이탈리아의 일부분이었기 때문에 구시가지를 중심으로 아름다운 이탈리아풍 건축물이 남아 있다.

1920년대에는 따스한 날씨와 아름다운 해변가에 살기 위해 니체, 모파상, 샤갈, 마티스, 피카소 등의 유명 예술인들이 모이기 시작하면서 예술의 도시로도 명성을 날렸다. 지금은 인구 40만 명에 이르는 프랑스의 5번째 도시로, 예술·문화뿐 아니라 산업·과학·전문기술이 발달한 도시이다. 매년 2월이면 세계 3대 축제 중 하나로 꼽히는 니스 카니발이 열려 수많은 관광객들이 몰려든다. 15일 동안 다양한 테마의 화려한 카니발 퍼레이드가 하루 종일 열리는데, 재미있는 가장 행렬과 꽃 퍼레이드, 각종 공연 등도 즐길 수 있다.

### 여행 안내소
- Av Thiers Gare SNCF 06000 Nice
- www.nicetourisme.com | www.explorenicecotedazur.com
- 6~9월 09:00~19:00, 10~5월 월~토요일 09:00~18:00, 일요일 10:00~17:00
- 휴무 1/1, 5/1, 12/25  니스 빌역에서 나와 왼쪽

# 니스 가는 법·시내 교통

### ◆ 기차로 가기 ◆

파리 리옹역 → 니스 빌역 (5시간 40분)
파리 오스테를리츠역 → 니스 빌역 (11시간 30분)
바르셀로나 산츠역 → 니스 빌역 (10시간)
로마 테르미니역 → 니스 빌역 (야간기차 11시간)

### ◆ 비행기로 가기 ◆

**니스 코트다쥐르 공항** Nice Côte d'Azur Airport

파리, 암스테르담, 바르셀로나, 로마, 나폴리, 베네치아 등의 주요 도시와 니스를 연결하는 저가 항공사 Easyjet, Transavia, Vueling 등을 이용할 경우 니스 코트다쥐르 공항으로 간다.
공항에서 시내까지 약 20분 정도 걸리는데, 최근 공항에서 시내로 운행하는 버스 노선이 모두 트램 노선으로 교체되었다. 공항 1·2터미널 앞에 바로 트램 정류장이 있다. 티켓(€1.7)은 근처 자동발매기(동전, 카드만 사용 가능)에서 구입해서, 트램 1·2번(Port Lympia 방향)을 타고 시내(Jean Médecin, Place Masséna)로 이동한다. 티켓은 75분 동안 이용할 수 있고, 시내버스 환승도 가능하다.

### ◆ 시내 교통 ◆

관광은 도보와 버스, 트램을 이용하면 된다. 버스와 트램은 1회권이 €1.7이고, 1일권(€7)도 판매한다. 여행 안내소에서 시내 노선도를 무료로 배부하니 챙겨두자.

@ www.lignesdazur.com

## 프렌치 리비에라 패스 French Riveria Pass

니스는 물론 에즈, 칸느를 비롯한 인근 지역의 미술관, 박물관 등 관광지 입장 및 투어버스를 이용할 수 있는 카드. 1일 €32(온라인 €28), 2일 €48(온라인 €40), 3일 €71(온라인 €59). 1일 €4를 추가하면 코트다쥐르의 교통 요금이 포함된다. 단 앙티브와 모나코 교통 요금은 별도.

> **tip** 로맨틱한 미니열차 여행
> 
> 마세나 광장(Pl. Massena) 근처(프로메나드 데 장글레)의 니스 해변에서 출발하는 미니열차는 꽃시장을 통과한 뒤 구시가지의 좁은 골목길을 통해 성터의 언덕으로 올라간다. 이 길은 숲속을 지나가는 것 같은 착각이 들 정도로 운치가 있다. 정상에 올라서면 코발트색의 지중해 풍경이 마음을 설레게 한다.
> 
> @ www.trainstouristiquesdenice.com |
> www.francevoguette.com/trains-touristiques-a-nice
> ⏰ **성수기** 09:30~17:30(매시간 2회),
> **비수기** 10:30~16:30(매시간 1회), 일주 45분 소요
> 💰 €10

니스의 트램은 파리 지하철과 비슷하다.

## ◆ 니스의 추천 코스 ◆

[ Start ]

샤갈 미술관·마티스 미술관
↓ 버스 10분.

마세나 광장
↓ 도보 5분.

프로메나드 데 장글레
(앙글레 산책로)
↓ 도보 10분.

구시가·성터의 언덕

[ Finish! ]

니스 해변

### 여행 안내소부터 들르자
우선 니스 빌역에 도착하면 여행 안내소에 들러 시내 지도와 숙소 정보를 구한다. 미술에 관심이 있다면 역에서 가까운 샤갈 미술관에 가본다. 시미에 대로(Bd. Cimiez)를 따라 언덕으로 15분쯤 가면 나온다. 시미에 지구는 로마의 흔적이 많이 남아 있어 니스의 또 다른 모습을 느껴볼 수 있다. 근처에 시미에 고고학 박물관도 있다.

### 아름다운 해변가로 고고!
시미에 지구를 돌아본 후에는 버스 5번을 타고 마세나 광장(Pl. Massena)으로 간다. 정면에 보이는 바다를 중심으로 왼쪽으로 가면 버스터미널이 있는 구시가지이고 오른쪽으로 가면 해변이 나온다. 해안 따라 길게 뻗은 프로메나드 데 장글레(앙글레 산책로)를 거닐어보자. 종려나무와 해안의 아름다운 곡선이 어우러져 장관을 이룬다. 앙글레 산책로 맞은편에 있는 건물을 따라 여행 안내소, 패스트푸드점, 마세나 미술관, 쥘세레 미술관 등이 있다.

### 산책로를 따라 성터의 언덕으로
앙글레 산책로를 따라 (바다를 바라볼 때) 서쪽으로 계속 가면 구시가지에 있는 '성터의 언덕'이 나온다. 전망대에서 더 올라가면 산 위에 공원이 있고, 바위산 밑에는 해양 박물관이 있다.
공원에서 내려다보면 붉은 지붕으로 빼곡한 구시가지가 한눈에 들어온다. 특히 언덕에서 내려다보는 일몰과 일출이 무척 아름답다. 17~18세기의 이탈리아 건물들이 모여 있는 좁은 골목길도 거닐어보자.

프레메나드 데 장글레

## 프로메나드 데 장글레
### Promenade des Anglais
★

### 아름다운 해변가 산책로

'앙글레 산책로'라 알려진 이 산책로는 **천사의 만(Baide des Anges)**을 따라 타원형을 그리며 펼쳐지는 천혜의 해변이다. 자갈이 깔린 해안가에 3.5km에 이르는 산책로가 뻗어 있다. 산책로의 종려나무와 자갈 해안의 아름다운 곡선이 어우러져 장관을 이룬다. 해변 자갈밭에는 일광욕을 즐기는 사람들과 연인들이 관광객의 시선을 사로잡는다. 산책로 건너편에는 대로를 따라 고급 호텔과 카지노가 즐비하다. 2021년 유네스코 세계문화유산으로 지정되었다.

🚋 니스 빌역에서 도보 25분. 또는 역 건너편 정류장에서 버스 15·17번 이용
🗺 지도 P.297-F

## 구시가지 & 성터의 언덕
### Vielle Ville & La Colline du Château
★

### 서민적인 분위기

17~18세기의 옛 건물들이 모여 있는 구시가지는 좁은 길목을 따라 다양한 볼거리가 있다. 그 중에서도 **샬레야 광장(Marché Cours Saleya)**은 서민적인 분위기를 접할 수 있다. 꽃시장과 벼룩시장(월요일)이 열리고, 언제나 신선한 생선과 채소 상점들이 즐비해 많은 사람들로 북적인다. 2021년 유네스코 세계문화유산으로 지정되었다.

구시가지에서 동쪽으로 조금만 가면 동쪽 바위산 위에 **니스 성터**가 있다. 성이 있던 자리에는 공원이 조성되어 시민들의 휴식처가 되고 있다. 공원 전망대에서 내려다보는 코발트색의 지중해 전경이 매우 아름답다. 1826년에 세워진 **베란다 타워(Tourre Bellanda)**에서 바라본 지중해 풍광도 놓치지 말자.

🚋 니스빌역에서 트램 10분, 앙글레 산책로에서 바다를 바라볼 때 왼쪽 끝자리에 있는 언덕이 성터의 언덕
🗺 지도 P.297-H

샬레야 광장의 재래시장

성터의 언덕 공원 전망대에서 바라본 니스 전경

마세나 공원의 태양의 분수

프로므나드 뒤 빠이용 분수 공원

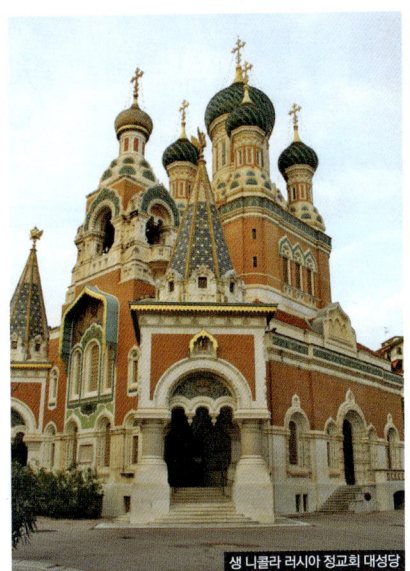
생 니콜라 러시아 정교회 대성당

## 마세나 광장
### Place Massena
★

**구시가 중심지**

구시가의 중심지이자 번화가인 마세나 광장은 늘 관광객들로 붐빈다. 트램 1,2호선이 경유하는 교통의 요충지이다. 광장 중앙에는 **태양의 분수**(Fontaine du Soleil)가 있고 주변에는 숍과 레스토랑들이 몰려있다. 근처에 **프로므나드 뒤 빠이용 분수 공원**(promenade du paillon)이 있어 휴식공간으로 제격이다. 인근의 프로메나드 데 장글레 해변가와 성터로 산책하기 좋다.

🚇 니스 빌역에서 도보 25분. 또는 역 건너편 정류장에서 버스 15·17번 이용, 트램1,2호선 마세나 광장역 하차하면 바로.
➕ 지도 P. 297-G

## 생 니콜라 러시아 정교회 대성당
### Cathédrale Orthodox Russe St.Nicolas

**러시아 종교 예술의 극치**

러시아 밖에서 러시아인이 세운 건물 중 가장 아름답고 보석 같은 성당이며, 해외에 러시아의 종교예술을 가장 완벽하게 표현한 건축물이다. 알렉산더 2세의 미망인 **마리아 페더로바 황비**는 아들이 죽자 성당을 짓도록 거금을 기부했고, 1903년부터 1912년까지 건축가 프레오브라젠스키가 설계를 맡아 완공했다. 이 건물은 목각, 은, 성상(聖像)으로 장식한 플랑브와양식으로 지어졌다. 정원에는 마리아 페더로바가 자신보다 먼저 세상을 떠난 아들 니콜라스 2세를 추모하기 위해 세운 **비잔틴양식의 채플**이 있다.

🏠 Avenue Nicolas 2
@ www.sobor.fr
🕐 10:00~12:00, 14:00~18:00
🚇 니스 빌역에서 오른쪽으로 5분 정도 걷다가 사거리에서 우회전하여 대로(Bd. Gambetta)로 가 2번째 골목에서 좌회전한다.
➕ 지도 P. 297-A

샤갈 미술관

마티스 미술관

## 샤갈 미술관
Musée National Marc Chagall
★

### 소박하지만 볼거리가 풍성

고급 주택이 즐비한 시미에 지구 언덕에 있는 작은 미술관. 화가·시인·음악가·디자이너로서 다재다능했던 샤갈의 작품이 450점 이상 소장되어 있다. 특히 〈성서의 메시지〉를 담은 작품들(1967~1977년)을 소장하고 있어 어느 정도 성경지식이 필요하다. 대형 캔버스의 〈창세기 연작〉, 〈아브라함과 3천사〉, 〈인간 창조〉 등이 볼만하다. 아름다운 정원과 스낵바가 있어 잠시 휴식하기 좋다.

샤갈의 〈인간 창조〉

📍 Avenue Dr Ménard
🌐 www.musees-nationaux-alpesmaritimes.fr/chagall/
🕐 5~10월 10:00~13:00, 14:00~18:00, 11~4월 10:00~13:00, 14:30~17:00 💶 성인 €8, 학생 €6, 첫째 일요일 무료, 임시 전시회 €2 추가
🚌 버스 5번 또는 니스 투어 버스(Nice Le Grand Tour)를 타고 Musée Chagall 하차. 트램1번 Gare Thiers 정류장에서 하차 후, 도보 15분 📍 지도 P. 297-C

## 마티스 미술관
Musée Matisse Nice
★

### 야수파 화가 마티스

1917년부터 1954년까지 니스에서 살았던 야수파 화가 마티스의 개인 소장품을 전시한 미술관. 붉은색 외관 건물은 17세기 제노아양식으로 지어졌다. 유화 65점, 드로잉 및 판화 454점, 컷 아웃 38점, 조각 57점을 소장하고 있다. 조각, 기하학적 문양들을 모아놓은 컬렉션을 비롯해 집을 꾸민 당시의 다양한 인테리어 소품들이 전시되어있다.

### 유명 작품 〈춤〉, 〈푸른 누드〉, 〈꽃과 과일〉

평소 기관지염으로 몸이 약했던 마티스는 1917년 이곳에서 요양하면서 지중해의 푸른빛과 따사로움을 친구 삼아 순수하면서도 아름다운 작품들을 쏟아냈다. 〈춤(La Danse)〉을 비롯해 컷 아웃 기법의 〈푸른 누드(Nu bleu)〉, 기념비적인 장식 작품 〈꽃과 과일(Fleurs et fruits)〉 등을 놓치지 말자. 주변 니스 공원의 고대 유적도 볼만하다.

마티스의 〈푸른 누드〉

샤갈의 〈아브라함과 3천사〉

마티스의 〈꽃과 과일〉

- 164 Avenue des Arenes de Cimiez
- www.musee-matisse-nice.org
- 11~3월 10:00~17:00, 4~10월 10:00~18:00
- 휴무 화요일, 1/1, 5/1, 12/25
- 성인 €12(24시간 사용 가능), 18세 이하 무료
- 5·18·16·33번 버스를 타고 Arénes/Musée Matisse에서 하차. 표지판을 따라가 로마시대의 유적지인 원형 극장(Arènes de Cimiez)을 지나면 붉은색의 미술관 건물이 보인다.
- 지도 P. 297-C

### 🔔 색채의 마술사 마르크 샤갈

마르크 샤갈(Marc Chagall, 1887~1985년)은 러시아 태생의 프랑스 화가로, 표현주의와 초현실주의 요소를 결합한 독창적인 작품 세계로 잘 알려져 있다. 유대교적 전통, 고향의 풍경, 사랑을 주제로 독특한 상징성을 보여주었으며, 대표작으로는 〈나와 마을(I and the Village)〉, 〈생일(The Birthday)〉, 〈파리 오페라 천장화(The Ceiling of the Paris Opera)〉가 있다. 그는 색채를 통한 감정 표현과 상상력으로 현대 미술의 경계를 확장하며 조각, 스테인드글라스 등 다양한 분야에서도 혁신을 이루었다.

샤갈의 모습
샤갈의 〈나와 마을〉

### 🔔 야수파의 창시자 앙리 마티스

앙리 마티스(Henri Matisse, 1869~1954년)는 프랑스를 대표하는 화가이자 조각가로, 야수파(Fauvism)를 창시한 인물이다. 그의 작품은 강렬한 색채와 단순화된 형태로 독창적인 표현을 강조하며 현대 미술에 큰 영향을 끼쳤다. 대표작으로는 〈붉은 방〉, 〈춤〉, 〈푸른 누드〉가 있다. 마티스는 조각, 드로잉, 종이 오리기 기법인 데쿠파주에서도 혁신적인 작업을 선보였다. 그는 전통적인 기법에서 벗어나 색과 구도의 실험을 통해 감정을 시각적으로 전달하는 새로운 길을 열었다. 마티스는 현대 추상 미술과 디자인 분야에서도 중요한 영향을 끼친 예술가로 평가받는다.

마티스의 모습
마티스의 〈이카루스〉

> **tip** 니스에서 하루 머물고 간다면?

니스에서 머물고 간다면 **ibis budget Californie Lenval**을 추천한다. 아코르 체인 호텔로 최근에 개업해 객실이 매우 산뜻하고 욕실도 디자인이 모던하게 세팅되어 만족도가 매우 높다. 공항에서 환승 없이 도심 이동도 수월하고, 길 건너면 바로 프로메나드 데 장글레 해변가와 접해있어 산책하기에 좋다. 조식도 매우 양호하다. 3인실(2층 침대)도 있다.

- 8-60 avenue de la Californie, 06200 Nice, France
- www.all.accor.com  2인 1실 €50~(조식 별도)
- 니스 공항에서 트램 2번 타고 Lenval 정류장에 내리면 바로

니스 이비스 버짓

# 에즈
## ÈZE

프랑스에서 가장 예쁜 마을로 소문난 코트다쥐르 지방에 위치한 에즈는 연중 일조량이 풍부하고 짙푸른 하늘과 코발트빛 바다가 어우러진 천혜의 휴양지이다. 아주 작은 마을이지만, 니체를 비롯한 유명 예술가들이 영감받았을 정도로 에즈의 풍광은 매우 뛰어나다. 에즈는 모나코에서 8km 떨어진 거리에 위치하며, 해발 429m의 가파른 바위산 위에 세워진 성채 도시로 멀리서 보면 마치 독수리 둥지처럼 보인다. 13세기, 로마의 침략을 피해 인근 주민들이 이곳으로 피신해 정착하면서 형성된 요새 마을로 뒤죽박죽 모여 있는 작은 돌집들과 구불구불 춤추는 골목길, 혼을 빼놓는 해안 절경이 장관을 이룬다.

## 에즈 가는 법

### 버스

- 모나코(Monte Carlo)에서 에즈 빌리지까지 112번(08:00/09:55/11:55/15:10/17:15/19:25) 버스를 타고 15~20분 정도 소요 ※ 버스 시각표는 자주 변경되므로 출발 전에 홈페이지(www.lignesdazur.com)에서 확인 바람
- 니스(Nice Vauban)에서 에즈 빌리지까지 **602번, 82번** 버스(05:00~19:00, 매시 운행)를 타고 30~40분 정도 소요. 에즈 내에서는 3번 셔틀버스(요금 €1.5, 티켓은 버스 내에서 구입)를 이용한다.
- 에즈 쉬르 메르역(Èze Sur Mer) 앞에서 83번으로 갈아타면 에즈 빌리지까지 바로 간다. 또는 니체의 길(Nietzche Path)을 따라 가파른 산길을 따라 올라가면 1시간 정도 걸린다.
- 에즈는 에즈 쉬르 메르(Èze Sur Mer)역, 에즈 보르드 드 메르(Èze Board de Mer), 에즈 빌리지(Èze Village) 3개 구역으로 나뉜다. 볼거리는 대부분 에즈 빌리지에 몰려 있다.

※ 기차를 타면 에즈 쉬르 메르역(해안가에 위치)에 도착하는데 볼거리가 있는 에즈 빌리지와는 거리가 떨어져 있으므로, 니스에서 82, 112번 버스를 타고 에즈 빌리지에서 내리는 것이 훨씬 편하다.

### 여행 안내소

- Place du Gl de Gaulle  www.eze-tourisme.com
- 11~1월 월~금요일 09:00~16:00, 토요일 09:00~12:00, 13:00~16:00, 일·공휴일 휴무/2~4, 10월 월~금요일 09:00~17:00, 토~일요일, 공휴일 09:00~12:00, 13:00~17:00
- Pass Liberté(유적지 4곳+박물관 1곳) 성인 €15 학생 €11
- 레퓌블리크 광장에서 조지 클레망소 대로로 나오면 건너편에 있다.

## 에즈 정원
### La Jardin d'Èze
★

**리비에라 해안의 환상적인 풍광**

1949년 농학자 장 가스토드가 429m 높이 마을에 설계한 **하늘 정원**이다. 절벽 위에 자리하고 있어 사방으로 푸른 **리비에라 해안의 환상적인 풍광**이 펼쳐진다. 해가지는 오후에는 주변을 빨갛게 물들이는 석양도 볼 수 있다. 계단을 따라 알로에, 용설란, 선인장 등 수백 종의 열대 식물이 모여 있다. 그 중 반투명한 가시가 돋은 부채 선인장이 바다가 보낸 빛을 반사하는 모습은 오직 이곳에서만 볼 수 있는 풍경이다. 정원 꼭대기에 있는 테라스에는, 1706년 루이 14세 병사들이 커다란 원형 요새를 폐허로 만든 텅 빈 성곽의 흔적만 남아있고, 리비에라 해안의 풍광을 파노라마로 즐길 수 있다.

- Rue du Château
- www.jardinexotique-eze.fr
- 4~6·10월 09:00~18:30, 7~9월 09:00~19:30, 11~3월 09:00~16:30 휴무 12/25 €7, 11~3월 €5
- 에즈 빌리지 입구에서 언덕 계단 길을 따라 도보 10분. 에즈 정상에 위치

### tip 영화에 등장한 샤토 에자 Chateau Èza

영화 〈버킷 리스트〉의 배경이 되었던 곳으로, 영화 속 주인공인 시한부 선고를 받은 두 노인이 코발트 빛 지중해를 바라보며 식사를 즐기던 레스토랑이다. 호텔로도 운영 중인데, 1923년에서 1953년에 걸쳐 스웨덴의 빌헬름 왕자가 거주했던 곳이기도 하다.

- Rue de la Pise
- restaurant@chateaueza.com / www.chateaueza.com
- 12:00~14:00, 19:30~21:30 샤토 런치 €78
- 에즈 정상 부근에 위치

# 모나코 공국
## PRINCIPALITY OF MONACOE

프랑스의 니스와 망통 사이에 위치한 모나코는 바티칸(면적 0.44㎢) 다음으로 세계에서 가장 작은 면적(1.958㎢)을 가진 나라이다. 통상 폰트빌레(Fontvieille), 라콘다민(La Condamine), 모나코빌(Monaco-Ville), 몬테카를로(Monte-Carlo)의 4개 구역으로 나뉜다.

모나코는 푸른 하늘과 코발트빛 바다가 펼쳐져 있어 프랑스 휴양지와 느낌이 비슷하며, 세금도 군대도 없는 나라로 주 수입원 역할을 하는 F1 경주와 카지노가 유명한 관광 도시이다. 우리에게는 할리우드의 스타 그레이스 켈리와 모나코 전 국왕 레니에 3세의 결혼으로 알려져 있다.

## 모나코 가는 법

**기차** 파리 리옹역에서 TGV열차를 타고 Nice Ville역으로 간 다음, 다시 Ter열차(Ventimiglia행)를 타고 Monaco Monte Carlo역으로 간다.
약 6시간 40분 소요(1회 직행 운행, 약 6시간 소요), 니스빌(Nice Ville)역에서 이동 시 20~30분 소요.

**버스** 니스 항구(Le porte/Promenade des Arts) 또는 주요 버스정류장에서 모나코 Place d'Armes역까지 607번 버스 이용(100번 운행 중단).
€5, 약 40분 소요, 06:00~20:00.
니스 항구에서 10시 50분에 출발하는 607번 버스를 타고 모나코에 11시 30분쯤 도착하면, 11시 55분에 열리는 왕궁 위병 교대식을 볼 수 있다.
 모나코 교통편 www.cam.mc

**여행 안내소**
 2 Boulevard des Moulins
 www.monte-carlo.mc | www.visitmonaco.com
🕒 월~토요일 09:30~17:30 휴무 일요일
 몬테카를로역 앞에서 4번 버스(€1.5) 이용 ⓘ 지도 P.306

## 모나코 왕궁
### Palais du Princier
★

**왕궁 위병 교대식과 프랑수아 그리말디**

1215년 제노바인이 요새와 성벽을 지은 후, 수세기에 걸쳐 호화로운 저택으로 변형되었다. 한때는 이탈리아 육군 병원으로 사용된 후, 레이나 왕자가 옛 영광과 현재의 위상에 걸맞게 복원했다. 외관은 소박하나 내부는 호화로운 르네상스양식으로 치장했다. 궁전 남쪽에는 나폴레옹 1세의 유품인 메달, 동전, 유니폼 등이 전시된 나폴레옹 박물관이 있다. **트론실은 현재 알베르 2세 모나코 국왕이 거주**하고 있다. 구 궁전 일부는 역사 박물관으로 연중 공개하고 있다. 왕궁 광장 앞에는 루이 14세가 선물한 대포가 포진하고 있다. 11시 55분의 왕궁 위병 교대식과 대포가 설치된 광장(왕궁을 바라볼 때 오른쪽)에서 내려다본 모나코 전경은 절대 놓치지 말자. 광장 앞에는 **프랑수아 그리말디**(François Grimaldi)의 동상이 있다. 13세기 모로코의 선조인 프랑수아 그리말디가 수도승으로 변장해 성으로 침입해 들어와 경비병들을 죽이고 고성을 점령했다는 전설이 있다.

@ www.palais.mc
www.visitepalaisdemonaco.com
⏰ State Apartments 4/2~6/30, 9/1~10/15 10:00~17:00, 7~8월 10:00~18:00
💶 State Apartments 성인 €10, 학생 €5
🚌 몬테 카를로(Monaco Monte Carlo)역에서 1·2번 버스를 타고 Monaco-Ville역에서 하차 후 요트 정박장에서 왕궁으로 향하는 계단을 따라 올라간다. 버스정류장에서 도보 5분 소요
🗺 지도 P.306

## 모나코 대성당
### Cathédrale de Monaco
★

**그레이스 켈리 부부의 세기의 결혼식이 열린 곳**

13세기에 세운 성 니콜라스 대성당을 로마네스크양식으로 복원한 성당이다. 하얀색 외관이 조각으로 새겨져 있어 모던한 인상을 준다. 무엇보다 **그레이스 켈리(1950년대 미국 최고 여배우)와 레니에 3세가 결혼식을 올렸던 곳으로** 유명하다. 중앙 제단 북쪽으로 그리말디 왕조의 역대 왕들과 그레이스 켈리와 레니에 3세의 왕궁 묘가 있다. 일요일마다 오르간 연주와 함께 합창단의 합창을 감상할 수 있다. 반바지, 미니스커트 차림은 입장불가.

⌂ 4 Rue Colonel Bellando de Castro
🌐 www.visitmonaco.com/en/Places-to-visit/Monuments  ⏱ 09:00~18:00
➡ 모나코 궁전을 등지고 1시 방향으로 5분 정도 내려가면 대성당과 연결되는 산책로가 나온다.
🗺 지도 P.306

모나코 대성당 중앙 제단 주변에 그레이스 켈리 부부 묘지가 있다.

## 해양 박물관과 아쿠아리움
### Musée Océanographique de Monaco
★

**세계 희귀 어종을 집대성하다**

해양의 중요성을 알리기 위해, 1910년 모나코 대공 알베르 1세가 모나코빌 절벽 해안에 세웠다. 내부는 수족관, 실험실, 도서관, 관측선 등이 있고, **해양학자였던 알베르 1세가 수집**한 해양 생물의 표본과 배 모형 등을 비롯해 5만여 권의 장서들이 전시되어 있다. 지하 아쿠아리움에는 지중해 심해에 서식하는 100여 종의 물고기와 200여 종의 무척추동물 등 **전 세계의 희귀 어종**이 있다. 1층 예술 과학관에는 거대한 규모의 상어 전시장이, 지붕 테라스에는 아이들이 뛰어놀 수 있는 놀이터와 세계에서 가장 큰 거북이가 있다. 레스토랑과 바도 운영 중이다.

- Avenue Saint-Martin
- www.musee.oceano.org
- 10:00~18:00(4~6·9월 ~19:00, 7~8월 09:30~20:00) **휴무** F1 대회 주말, 12/25
- 성인 €19, 학생 €12 **통합권**(해양 박물관+아쿠아리움+왕궁) 성인 €25, 학생 €14.5
- 모나코 대성당에서 나와 왼쪽 길을 따라 3분 정도 걷는다.
- 지도 P.306

## 그랑 카지노
### Casino Monte Carlo

**영화 <007 카지노 로열>의 촬영지**

세계에서 가장 유명한 카지노 중 한곳으로, 르네상스양식으로 지은 건물 외관은 고전미가 넘치며, 프랑스 건축가 가르니에가 설계한 동쪽 날개 건물의 외관도 아름답다. 커다란 입구 홀의 대리석 바닥, 벽화와 천장화, 눈부신 샹들리에 등의 호화로운 내부 장식이 눈길을 끈다. 영화 <007 카지노 로열>의 촬영지로 유명세를 탔다. 나이트클럽, 살롱 드 떼, 극장 등도 있다. 카지노 앞에 조성된 정원에 서면 지중해에 접해 있는 요트 정박장과 모나코 시내를 볼 수 있다.

- Place du Casino
- www.casinomontecarlo.com
- 오디오 가이드 10:00~13:00
- €19
- 몬테 카를로(Monaco Monte Carlo)역에서 1·4번 버스를 타고 Place de Casino역에서 하차
- 지도 P.306

해양 박물관과 아쿠아리움

그랑 카지노

# 스위스
## Switzerland

# 스위스 기초 정보

## 국가 기본 정보

**국명** 스위스(Switzerland)
**수도**
베른(Bern, 수도, 정치 중심지)
취리히(Zürich, 경제·사회 중심지)
제네바(Genève, 외교 중심지)
**면적** 41,293km²
**인구** 896만 명(외국인 219만 명 포함)
**종교** 가톨릭 35%, 신교 23%
**인종** 독일계 65%, 프랑스계 18%, 이탈리아계 10%
**언어** 독일어 65%, 프랑스어 18%, 이탈리아어 10%, 로망슈어 1%
**체제** 연방공화제(내각제)
**통화** 스위스 프랑(CHF), 유로화 통용
**전압** 220V, 50Hz(우리나라와 콘센트가 다르다. 멀티 어댑터 필요)
**시차** 한국보다 8시간 늦다. 서머타임 기간(3~10월)에는 7시간 늦다.

스위스의 콘센트

## 긴급 연락처

- 한국 대사관
  - Kalcheggweg 38, 3006 Bern
  - 031-356-2444
  - www.myswitzerland.com
- 경찰 117
- 응급차 144

## 역사

기원전 5세기 켈트족의 일족인 헬베티아인이 정착하면서 역사가 시작된다. 이후 로마에 패해 속국이 된 후 게르만 민족의 이동으로 동부는 알라만족, 서부는 라틴 부르군트족이 정착하면서 국가의 기틀이 마련된다. 6세기에는 프랑크왕국, 11세기에는 신성로마제국이 지배한다.

그리고 13세기 합스부르크가의 지배를 받다가 루돌프 1세 사망 후 독립운동의 기운이 싹터 빌헬름 텔과 북부 산간지역 수장들이 동맹을 맺고 독립을 쟁취한다. 이것이 스위스 연방의 모태가 된다. 츠빙글리와 칼뱅의 종교 개혁은 유럽에 큰 영향을 주었고 이후 베스트팔렌 조약으로 신성로마제국에서 독립해 중립국으로 승인된다.

프랑스 혁명의 영향으로 스위스에서도 혁명이 일어나 헬베티아 공화국이 수립되지만 심한 혼란을 겪는다. 1815년 빈 회의에서 영세 중립국으로 승인되었는데 1, 2차 세계대전 때도 무장중립국으로서 피해를 입지 않아 자연경관이 아름다운, 세계적인 관광 대국이 되었고 금융시장으로도 우뚝 섰다. 그러나 글로벌화로 인한 급격한 변화 속에서 2002년 실시한 국민투표를 통해 190번째 유엔 회원국이 된다.

## 기후

스위스는 내륙에 위치해 있지만 알프스 산맥을 끼고 있어 여름에 덥지 않고, 겨울에는 지중해성 기후의 영향을 받아 한파를 느낄 정도의 추위는 없다. 7~8월은 18~27도 정도, 1~2월은 영하 2~7도 정도이며 봄과 가을은 8~15도 정도이다. 물론 여름에 알프스를 등반할 때는 평지보다 온도가 훨씬 떨어지므로 스웨터나 긴 점퍼는 물론 우산, 자외선 차단제, 선글라스도 필히 준비해야 한다.

## 언어

스위스는 독일어(공용어), 프랑스어, 이탈리아어, 로망슈어 등 4개 언어를 사용한다. 화폐 단위에도 4개의 언어로 표시하고 있다. 지역에 따라 각각의 모국어와 영어를 배우므로 영어를 사용해도 불편은 없다.

## 통화

EU 국가는 아니지만 2002년부터 유로화가 통용되고 있다. 공식 통화는 스위스 프랑(CHF)이다. 유로 사용 시 잔돈은 스위스 프랑으로 받게 된다. CHF1 ≒ 1,602.41원(2025년 2월 기준)

## 전화

**스위스에서 시내, 시외로 전화할 때(공통)**
지역번호(0 포함) + 상대방 전화번호
취리히 044-123-4567 → 044 + 123 + 4567
※ 현지에서 한국 로밍폰 사용 시 국가번호(41)를 눌러야 한다.

**스위스에서 한국으로 전화할 때**
국제식별번호(00) + 국가번호(82) + 0을 뺀
지역번호 + 상대방 전화번호
서울 02-3456-5678 → 00 + 82 + 2 + 3456 + 5678

## 숙소

스위스는 물가가 비싸서 호텔 숙박비도 다른 지역보다 월등히 비싸다. 그러나 스위스 전역 80여 개의 유스호스텔이 학생은 물론 일반인에게도 개방되어 많은 이들이 부담 없이 이용할 수 있다. 또한 도시 외곽보다는 도심 가까이에 위치해 있어 찾아가기 쉽다. 취리히를 비롯한 대부분 도시에서 숙박시설을 이용하는 모든 여행객들에게 관광세(City Tax: 지역별 호텔 등급에 따라 1인 1박 기준 CHF 2.5~4)를 적용한다.

## 음식

낙농업이 발달해 유제품 요리와 초콜릿이 많다. 특히 스위스의 대표적인 음식 퐁뒤(Fondue), 라클레트(Raclette), 뢰스티(Rüsti)가 인기 있다. 알프스 자락에 위치해 있어 오염되지 않은 청정수를 손쉽게 마실 수 있다. 수돗물도 그대로 마실 수 있으므로 굳이 비싼 생수(Ohne Kohlensäure = No Gas)를 사 먹을 필요가 없다.

## 스위스 여행 정보

 www.myswitzerland.com

### 공휴일
1월 1일 신년 연휴
4월 18일 성금요일 ★
4월 21일 부활절 ★
5월 29일 예수승천일 ★
6월 9일 성령강림절 ★
8월 1일 스위스 국경일
12월 25일 크리스마스 연휴
12월 26일 스테판 데이
★는 매년 날짜가 바뀜

### 영업시간
**은행** 월~수·금요일 08:30~16:30,
목요일 08:30~18:00, 토·일요일 휴무
**상점** 월~금요일 09:00~18:30,
토요일 08:00~18:00
**우체국** 월~금요일 07:00~12:00,
14:00~18:30, 토요일 07:30~11:00

### 전화번호
**스위스 국가번호** 41
**지역번호**
취리히 044 루체른 041 인터라켄 033

### 유의사항
유럽에서 가장 치안이 양호한 국가다. 그러나 역이나 번화가에서는 항상 지갑이나 개인 소지품에 유의해야 한다. 최근 동구권 국가 사람들의 원정 범죄 행위가 심심찮게 발생하므로 늦은 밤에 도착하거나 출발하는 여행은 피한다. 2~5인조 절도 사기범들이 신분증을 검사한다며 신용카드를 요구하는 사례가 있으니, 자리를 피하거나 주변 사람들에게 도움을 청한다.

### 스위스 기차 정보

- www.raileurope.co.kr
- www.rail.ch
- www.sbb.ch/en

※ 수하물 서비스는 영문 페이지(상단의 en 선택)로 들어가서 상단 메뉴 Station & Service 메뉴의 Service 중 Baggage로 들어간다.

### 기차역에서 항공 체크인하기

대부분 스위스 기차역에서 항공 탑승 체크인 및 보딩패스를 발급받을 수 있다. 여행자는 원하는 좌석을 우선 확보하고 수하물을 미리 보낸 후에 기내 휴대품만 들고 공항까지 가면 된다. 이 서비스는 항공권에 OK 표시가 있어야 가능하다. 대개 비행기 출발 24시간 안에 신청해야 한다. 서비스를 받고 싶으면 한국 내 스위스 항공권 판매 대리점이나 스위스 50개 기차역, 또는 스위스 항공 창구에서 수하물 1개당 CHF20에 신청할 수 있다.

## 철도

스위스에서만 맛볼 수 있는 특급 관광열차를 타고 수려한 빙하 호수와 U자 계곡을 마음껏 즐길 수 있다. 전국 노선의 국영 철도는 30분마다 출발하고, 최신 설비를 갖춘 IC열차가 스위스 모든 도시까지 운행한다. 유럽에서 가장 깨끗하고 현대적인 역사를 갖추고 있다.

스위스의 열차는 버스, 유람선 루트와 철도망이 연결되는 원스톱 서비스를 하고 있다. 지형과 고도에 관계없이 푸니쿨라와 톱니바퀴 철도(cog railways)를 통해 지형의 장애를 극복하는 전천후 철도망과 유럽에서 가장 긴 철도 터널과 가장 높은 철길을 가지고 있다. 출발역에서 짐을 맡기고 이틀 후 목적지에서 찾을 수 있는 수하물 운반 서비스를 이용하면 편하게 기차여행을 할 수 있다. 참고로, 스위스패스 소지자는 75개 도시에서 시내 교통편을 무료 이용할 수 있다.

베르니나 특급열차

### 열차의 종류와 예약 유무

| 열차명 | 주요 노선 | 예약 유무(예약비) | 유레일 시간표 표기 |
|---|---|---|---|
| TGV Lyria | 취리히, 로잔, 제네바와 파리를 연결하는 고속열차 | 예약 필수 (2등석 €25~, 1등석 €52~) | TGV |
| Eurocity | 유럽 주요 도시를 연결하는 국제특급열차 | 예약 권장 (우측 페이지 참조) | EC |
| Inter City | 국내 주요 도시를 연결하는 특급열차 | 예약 불필요 | IC |
| Euro Night Kálmán Imre | 취리히(뮌헨)과 부다페스트를 연결하는 야간열차 | 예약 필수 (우측 페이지 참조) | CNL |
| Euro Night Lisinski | 취리히(뮌헨)과 자그레브를 연결하는 야간열차 | 예약 필수 (6인용 쿠셋 €34, 4인용 쿠셋 €44) | EN |
| 지역열차(IR/R/RE/S-bahn) | 정기적으로 운행하는 완행열차. 작은 역에도 정차. S-bahn은 대도시 근교를 연결하는 기차 | 예약 불필요 | IR/R/RE |

※ 현지 철도역에서 별도 요금이 발생할 수 있으므로 예약비는 달라질 수 있다.
※ 취리히-바르셀로나행 야간열차는 2012년부터 운행이 중단되었다.

스위스 IC열차

### 열차 종류별 예약의 포인트

스위스 국내열차는 좌석 예약이 필요 없고, 유레일패스 소지자는 무료로 승차할 수 있다. 국제열차(국경을 넘을 경우)는 국가에 따라 예약을 권장하며, 일부는 예약 필수이다.

### 예약 필수인 국제열차와 예약비

- 유로시티(뮌헨-인스부르크-볼차노-베로나-밀라노/베네치아 운행) 2등석 €9, 1등석 €13
- 유로시티(취리히/베른/바젤/제네바-밀라노/베네치아 운행) 1등석 €13, 2등석 €11
- 야간열차인 유로 나이트 칼만 임레(취리히-부다페스트 구간) 예약비는 4인용 쿠셋 €44, 6인용 쿠셋 €34

### 예약을 권장하는 국제열차와 예약비

- ICE 인터내셔널(독일-오스트리아/벨기에/덴마크/네덜란드 운행) ICE 인터내셔널 1·2등석 €6
- RJ(Railjet, 스위스-부다페스트 운행) 1등석 €4, 2등석 €2

### 티켓 예약 및 구입

스위스 국내열차는 유레일패스 소지자가 예약 없이 승차할 수 있으나, 빙하 특급, 베르니나 특급, 골든패스 특급, 고타르 파노라마 특급 등의 특급 관광열차는 추가 요금 지불 및(또는) 좌석 예약이 필요하다. 또한 스위스에서 출발하는 일부 국제열차도 예약이 필요하다. 구간 티켓은 티켓 창구에서 구입하는데, 일찍 예매하면 할인율(40~60%)이 높다. 패스 소지자는 예약이 평상시 통상 출발 15분 전까지 가능하고, 성수기에는 2~3일 전에 예약해야 한다. 예약 필수가 아닌 열차라도 성수기에 좌석을 확보하고 싶다면 미리 예약해 둔다.

### 역에서 알아야 할 용어

역 Bahnhof(반호프), Hauptbahnhof(중앙역)
열차 Zug(추크)
플랫폼 Bahnsteig(반슈타이크)
출발 Abfahrt(압파르트)
도착 Ankunft(안쿤프트)
출구 Ausgang(아우스강)
입구 Eingang(아인강)
승차권 Fahrkarte(파카르테)
매표소 Fahrkartenschalter(파르카르텐샬터)
편도 Einfache Fahrkarte(아인팍헤 파르카르테)
왕복 Rückfahrkarte(뤽파르카르테)
수하물 보관소 Gepäckaufbewahrung(개팩크아우프베봐룽)

### 기차 내에서 유의할 점

스위스의 기차역은 유럽에서 가장 안전하고 시설이 쾌적하다. 역 화장실에 세면시설도 갖춰져 있고 대합실도 깨끗하다. 그러나 최근 열차 내에서 가방 및 귀중품 도난 사고가 빈번히 일어나고 있다. 특히 머리 위 선반에 올려놓은 짐을 도난당하는 사건이 자주 발생하니 유의한다.

- 분실 센터에 신고
- ☎ +41 848 44 66 88

### 포스트버스 Post Bus

1849년부터 운행되고 있는 포스트버스(우편버스)는 스위스에서 볼 수 있는 명물 버스이다. 2,000대가 넘는 포스트버스가 알프스 산길을 종횡무진 달리고 있다. 승차권은 운전사에게 구입한다. 스위스패스 소지자는 무료 탑승하나, 유레일패스 소지자는 요금을 지불해야 한다.

@ www.postbus.ch

### tip  스위스 여행의 노하우

스위스는 유럽에서 가장 가고 싶은 나라 중 하나인데 여행 경비가 많이 들 것 같아 대부분의 배낭여행자들이 루체른 반나절, 인터라켄 1박 2일 코스로 일정을 짧게 짠다. 그러나 비용을 절감하면서도 얼마든지 스위스의 참모습을 즐길 수 있으니, 고정관념에서 벗어나 스위스를 확실히 파악하고 공략하자.

#### 하이킹을 적극 즐긴다
하이킹을 하면서 알프스 비경과 천혜의 아름다움을 직접 체험해본다. 태곳적 빙하 호수와 U자 계곡, 능선에서 이목하는 방울소, 울창한 침엽수림을 동시에 볼 수 있어 좋다.

#### 편견을 버린다
인터라켄에 가면 반드시 융프라우요흐를 등반해야 한다는 편견이 있다. 융프라우요흐의 아름다운 자태는 융프라우요흐 오른쪽에 위치한 쉴트호른에서 보았을 때 더욱 빛을 발휘한다. 알프스는 지명도를 떠나 어느 곳이든 그 자체가 장엄하고 아름답다.

#### 패스를 적극 활용한다
유레일패스(스위스패스) 소지자는 보너스 혜택이 많다. 고속열차, 빙하 호수, 공항 왕복 무료, 박물관(400여 곳) 등 무료 이용, 등반열차(산악열차)는 50% 할인 등. 주로 스위스에 머문다면 유레일패스보다 훨씬 혜택이 많은 스위스패스를 구입한다. 특급 관광열차 대부분을 무료로 탑승할 수 있을 뿐만 아니라 각 도시의 박물관(미술관)과 명소도 대부분 무료 이용할 수 있다.

#### 민박 또는 유스호스텔을 이용한다
비교적 저렴한 유스호스텔은 대부분 도심에서 그리 멀지 않은 곳에 있어 찾아가기 쉽다.

#### 슈퍼마켓을 적극 활용한다
도시마다 있는 쿠프(Coop)와 미그로스(Migros) 슈퍼마켓을 이용한다면 인스턴트 식품, 과일, 채소, 과자, 음료 등을 저렴하게 구할 수 있다. 슈퍼마켓 내에 저렴한 레스토랑도 있다.

#### 튼튼한 다리를 최대한 활용한다
스위스의 도시는 규모가 작아 걸어서 관광이 가능하다. 도보 30분 정도면 주요 관광지에 갈 수 있어 교통비를 절감할 수 있다.

#### 자전거를 타며 대자연을 즐긴다
기차역 내(근처) 자전거 대여점에서 자전거를 빌려보자. 알프스의 맑은 공기를 마시면서 녹색 빛깔의 호숫가를 질주하며 여행의 참맛을 느껴보자. 대부분 자전거 전용도로가 있어 편하게 이동할 수 있다.

인터라켄 상공에서 즐기는 패러글라이딩

빙하 지형

# Interlaken
## 인터라켄

베른 동남쪽의 툰 호수와 브리엔츠 호수 사이에 위치해 라틴어로 interlacus, '호수 사이(between lakes)'라는 의미를 지닌 작은 마을 인터라켄은 스위스에서도 경관이 아름답고 수려한 곳이다. 베르너 오버란트(Berner Oberland)의 관문이자 중심지인 인터라켄은 장엄한 알프스의 3개 봉인 아이거(Eiger), 묀히(Monch), 융프라우(Jungfrau)로 둘러싸여 있다.
19세기 영국인의 산악 관광 붐의 영향이 짙게 남아 있는 도시로, 소박하면서도 고급스런 호텔이 많아 우아한 분위기가 풍긴다. 마을이 작고 볼거리가 그리 많지 않지만, 우리에게 너무나 잘 알려져 있는 융프라우요흐, 쉴트호른 등과 같은 웅장한 봉우리를 등산열차로 올라가는 기착지이며, 또한 하이킹과 스키를 즐길 수 있고, 경관이 빼어난 툰 호수와 브리엔츠 호수 같은 빙하 호수를 볼 수 있어 일 년 내내 관광객들로 붐빈다.

# 인터라켄 가는 법

### 주요 도시와의 이동 시간
- 취리히 → 인터라켄  IC 1시간 55분
- 루체른 → 인터라켄  IR/IC 1시간 50분
- 제네바 → 인터라켄  IR/IC 2시간 40분
- 로잔 → 인터라켄  IR/IC 2시간 5분
- 베른 → 인터라켄  IC/ICE 55분

## 인터라켄 서역 Interlaken West

베른, 로잔, 제네바 등 주요 도시로 연결되는 열차는 서역에서 발착한다. 역내에는 기상예보 모니터가 있다. 플랫폼에서 연결된 지하통로를 따라가면 툰 호수 유람선 선착장이 나온다. 역밖에 우체국이, 건너편에는 대형 쇼핑몰 미그로스가 있다. 주변에 저렴한 숙소와, 은행, 우체국, 기념품 상점, 호텔, 레스토랑 등이 많이 분포하고 있다.

### ◆ 기차로 가기 ◆

인터라켄은 직행 열차편이 없어 취리히, 루체른, 제네바, 베른에서 환승해 간다.

## 융프라우요흐 티켓 구입과 등반 시 유의사항

융프라우 티켓은 동역, 서역, 여행 안내소 등에서 판매하지만, 융프라우 철도할인쿠폰(P.807)은 인터라켄 동역(그린델발트 터미널)에서만 사용 가능하다. 티켓 창구에 할인 쿠폰 또는 패스를 제시해야 할인받을 수 있다. 융프라우 정상은 시시각각 기상 상태가 변화무쌍하니 동역과 서역의 대합실에 설치된 기상예보 모니터를 확인한다. **기상 상태가 안 좋으면 정상은 구름밖에 없으니 등반 일정은 과감하게 포기하고, 레저 스포츠에 참여하는 편이 낫다.** 여름에도 정상 전망대는 기온이 차가우니 긴팔이나 점퍼를 준비한다.

## 인터라켄 동역 Interlaken Ost

융프라우요흐(쉴트호른)를 오가는 등산 열차. 루체른(취리히, 바젤)행 열차는 동역에서 발착한다. 역내에 기상예보 모니터, 플랫폼(1번)에 코인로커가 있다. 역 광장 건너편에 슈퍼마켓(Coop), 오른편에 유스호스텔, 브리엔츠 호수 유람선 선착장이 있다.

인터라켄 동역

플랫폼

# ◆ 인터라켄의 추천 코스 ◆

**[ Start ]**

융프라우요흐 등반
점심 식사는 융프라우요흐 전망대에서, 또는 도시락 지참.

하이킹 또는
하더쿨름과 이제발트
오후는 레저스포츠.

**[ Finish! ]**

### 1일 코스
아침 일찍 융프라우요흐행 등산 열차를 타고 **올라갈 때는 라우터브루넨 방향으로, 내려올 때는 그린델발트 방향**으로 이동하면 코스가 중복되지 않아 색다른 풍광을 즐길 수 있다. 등반 시 압트식 철도(톱니바퀴식 철도)와 샬레(통나무집), U자 계곡을 눈여겨보자. 시간적 여유가 있으면 하산 도중에 클라이네샤이덱(그린델발트, 피르스트)에서 하이킹(겨울: 스키)를 즐긴다. **당일 야간열차 이용 시 막차 시간을 확인**한다.

### 2일 코스
첫째 날은 융프라우요흐를 등정하고 다음 날은 어드벤처 스포츠를 즐기거나 자전거를 빌려 빙하 호수가를 달리며 여독을 푼다. 또는 동역 근처에 위치한 하더쿨름의 멋진 풍경과 최근에 핫 플레이스로 뜨는 이제발트(Iseltwald, 〈사랑의 불시착〉 촬영지)의 수려한 호수 마을도 가보자.

하더쿨룸 정상

인터라켄 길목

그린델발트

## THEME PAGE
### 인터라켄의 레포츠

패러글라이딩 낙하 준비 중

인터라켄 주변은 알프스 산맥의 장엄하고 아름다운 전경으로도 유명하지만, 태곳적 자연에 직접 도전해서 스릴을 느껴볼 수 있는 곳이기도 하다. 스릴 넘치는 레포츠를 즐기기 위해 매년 수많은 사람들이 이곳을 찾는다. 자연 백설의 긴 슬로프를 질주하며 스키를 즐기거나, 수백 미터 높이에서 자신을 던져 짜릿함을 맛볼 수 있는 번지점프에 도전해보거나, 가파른 U자 계곡에서 흘러나오는 급류에 몸을 싣는 래프팅이나 캐녀닝을 하며 스릴을 만끽해본다. 또한 만년설로 뒤덮인 알프스 자락의 품에서 맘껏 날아볼 수 있는 패러글라이딩에 도전해보자.

그러나 여행의 중요한 덕목은 안전에 있다는 사실을 잊지 말자. 물론 항상 전문요원이 함께한다. 회에 거리에는 레포츠 센터가 여러 군데 있으니 비교 방문해서 예약한다. 대부분 숙소에서 레포츠를 예약할 수 있다.

**레포츠 센터** Paragliding Interlaken GmbH

Höheweg 115
www.paragliding-interlaken.ch
패러글라이딩 CHF180~, 스카이다이빙 CHF420~, 캐녀닝 CHF161~, 래프팅 CHF125~

회에 공원 앞에서 레저 회사의 차량이 대기하고 있다.

SWITZERLAND

### 레포츠의 종류

#### 번지점프 Bungy Jump
탄력이 좋은 로프 한쪽을 몸을 묶고 높은 곳에서 뛰어 내리는 스포츠로, 1979년 영국 옥스퍼드대학교 모험 스포츠클럽 회원들이 미국 금문교에서 뛰어내리면서 시작되었다. 그 후 뉴질랜드 해킷이 고향 퀸즈랜드에서 번지점프를 지도하면서 인기 레포츠가 되었다. 이곳의 번지점프는 곤돌라를 타고 가다가 100m 이상의 높이에서 뛰어내리기 때문에 짜릿함의 강도가 훨씬 세다.

#### 헬리콥터 투래프팅 Rafting
고무보트를 타고 계곡의 급류를 헤쳐 나가는 스릴 만점의 스포츠이다. 알프스의 하얀 물살을 따라 내려가면서 느끼는 스릴은 말로 표현하기 힘들 정도다.

#### 헬리콥터 투캐녀닝 Canyoning
보트를 타는 대신 몸에 밧줄을 매고 직접 계곡 급류에 뛰어들어 수영, 다이빙을 하면서 거칠게 굽이치는 계곡을 따라 내려가는 고강도 스포츠이다. 세찬 물거품이 이는 절벽 아래로 점프하고, 쏟아지는 폭포 속으로 하강하고, 물살 위를 미끄러지듯 곡예를 한다.

#### 헬리콥터 투스카이다이빙 Sky Diving
고도의 상공(4,000m)에서 경비행기(또는 헬기)를 타고 가다가 낙하산을 펴지 않고 낙하해 지상에 가까워지면 그때 낙하산을 펴 지상에 상륙하는 스포츠이다. 상공에서 낙하할 때 느껴지는 흥분과 자유로움, 그리고 짜릿함은 말로 표현하기 힘들다.

#### 헬리콥터 투어 Helicopter Tour
색다른 체험을 하고 싶다면 헬리콥터를 타고 알프스의 공중산책을 즐겨보자.
베르너 오버란트 지방의 헬리콥터 회사에서 관광 프로그램을 운영하고 있다. 헬리콥터 서비스에서는 마터호른을 돌아보는 투어를 제공하고 있다. 요금은 CHF280~.

**Bohag**
@ www.bohag.ch
@ www.swisshelicopter.ch

**Air Glacier**
@ www.airglaciers.ch

#### 스키 · 스노보드 Ski & Snowboard
초보자라면 그린델발트 지역에서 시작하고, 중급 이상이라면 클라이네 샤이덱이나 피르스트 구간에서 도전해보자. 인터라켄 역내 여행 안내소에서 스키패스를 구입한다. 패스가 유효한 융프라우 지역 내의 스키 슬로프로 이동하는 데 필요한 모든 교통편(철도, 리프트, 곤돌라 등)을 무제한 이용 가능하다. 지역별 패스마다 패스 종류와 가격이 조금씩 다르다. 반일권 CHF48, 1일권 CHF62, 2일권 CHF112 등 종류가 다양하다.

@ www.interlaken.ch

**여름 스키가 가능한 리조트**
@ 레 디아블레레 www.glacier3000.ch
@ 사스페 www.saas-fee.ch

**체르마트/클라인 마터호른 숙소 정보**
@ www.zermatt.ch

**엥겔베르크/티틀리스 숙소 정보**
@ www.titlis.ch

#### 패러글라이딩 Paragliding
깊은 숨을 쉬고, 비스듬한 내리막길을 몇 걸음 달려가면 어느덧 상공에 떠 있는 자신을 발견하게 된다. 기류의 영향을 받으며 계곡을 따라 이곳저곳 이동하면서 볼 수 있는 광활한 알프스 계곡과 빙하 호수의 경관은 황홀 그 자체이다.

패러글라이딩

# THEME PAGE
## 툰과 브리엔츠 호수 유람선

브리엔츠 호수

'호수 사이'라는 뜻을 지닌 인터라켄을 중심으로 툰 호수와 브리엔츠 호수가 대칭을 이루고 있다. 툰 호수, 브리엔츠 호수 일대는 빙하 호수의 아름다운 풍광을 즐길 수 있는 유람선이 인기 있다. 유람선을 타고 빙하의 절경을 즐겨보자. 유레일패스(스위스패스)소지자는 무료 이용이 가능하다.

### 툰 호수 Thunersee
툰 호수(면적 48㎢)는 브리엔츠 호수(면적 30㎢)보다 더 넓은 빙하 호수이다. 인터라켄 서역에서 툰역까지 운행하는 유람선을 타면 툰 호 주변 중세고성의 고풍스런 풍경과 아이거, 묀히, 융프라우 고봉을 즐길 수 있다.

**선착장** 인터라켄 서역에서 맞은편 방향으로 도보 5분
**인터라켄 서역 → 슈피츠** 왕복 2시간 20분, 툰 4시간 10분

### 브리엔츠 호수 Brienzersee
브리엔츠 호수는 에메랄드빛을 발하는 환상적인 빙하 호수의 풍광을 자랑한다. 유람선을 타고 호수 주변의 이제발트, 브리엔츠 마을의 수려한 풍경과, 인터라켄 동역 근처의 하더쿨룸 전망대에서 파노라마 전경을 즐길 수 있다.

**선착장** 인터라켄 동역 뒤편 오른쪽 방향으로 도보 5분
**인터라켄 동역 → 브리엔츠** 왕복 1시간 15분 소요

> **tip 브리엔츠 호수 주변의 핫 플레이스**
> - 하더쿨름 전망대: 인터라켄의 지붕, 포토스폿
> - 이제발트: 〈사랑의 불시착〉촬영지로 유명

브리엔츠 호수 유람선

## THEME PAGE
## 인터라켄 하이킹

하이킹을 하면서 빙하 호수, 하천, 폭포, 침엽수림, 이목하는 소, 양, 염소 떼의 전원 풍경을 즐길 수 있다. 표지판이 곳곳에 설치되어 있고, 하이킹 코스가 등산열차, 케이블카와 연결되어 있다. 아래 소개한 코스는 초보자용이라 부담없이 즐길 수 있다.

### 코스 1  그뤼취알프 Grutschalp → 빈터레그 Winteregg → 뮈렌 Mürren | 1시간 10분

라우터브루넨 계곡 위쪽에 있는 아름다운 지역을 편안하고 여유 있게 다녀올 수 있는 코스. 이 코스는 대자연의 위대함을 재발견할 수 있는 지름길이다. 라우터브루넨에 숙소를 구하고 쉴트호른까지 케이블카로 이동했다가 뮈렌에서부터 내려오면 수월하다.

### 코스 2  피르스트 First → 바흐알프제 Bachalpsee → 피르스트 First | 1시간 40분

피르스트에서 완만하게 굽이를 돌아서 바흐알프제 호수로 가는 코스. 이 코스는 바흐알프제 호수로 가는 길 뒤쪽에 만년설로 뒤덮인 채 웅장하게 솟아 있는 베르니즈 알프스의 봉우리를 볼 수 있는 코스이다. 융프라우요흐에서 내려올 때 그린델발트역에 내려 승강장에서 피르스트행 케이블카를 타고 피르스트로 간다. 그곳에서 바흐알프제 호수까지 하이킹하고 다시 피르스트에서 케이블카로 내려간다.

### 코스 3  맨리헨 Mannlichen → 클라이네 샤이덱 Kleine Scheidegg | 1시간 10분

하이킹 코스 중 가장 평탄하게 다듬어져 있어 쉽고 편하게 즐길 수 있는 코스. 장엄한 아이거, 묀히, 융프라우 봉이 한눈에 들어온다. 융프라우요흐에서 내려올 때 클라이네 샤이덱역에서 하차해 맨리헨(Mannli-chen)까지 하이킹한다. 시간 여유가 있다면 맨리헨에서 벵겐까지 하이킹한 후 벵겐에서 인터라켄 동역까지 기차로 내려온다.

### 코스 4  파노라마베그 Panoramaweg → 쉬니게 플라테 Schynige Platte | 2시간 30분

브리엔츠 호수와 그린델발트 계곡 사이에 있는 수많은 알프스 야생화와 동물들을 볼 수 있는 매력적인 코스이다. 인터라켄에서 빌더스빌까지 간 다음 쉬니게 플라테행 열차로 갈아타고 간다. 빌더스빌에 숙소를 정하고 이동하면 시간이 많이 절약된다.

### 코스 5  쉬니게 플라테 Schynige Platte → 파울호른 Faulhorn → 피르스트 First | 6시간 10분

반나절 이상이 걸리는 긴 코스. 쉬니게 플라테에서 완만한 길을 따라 6시간 정도 올라가면 파울호른에 이른다. 인터라켄에서는 빌더스빌까지 간 후 쉬니게 플라테행 열차로 갈아타고 간다.
쉬니게 플라테에서 피르스트까지 오랜 시간이 걸리니 산정에 도달하면 산악호텔에서 1박을 하거나 빌더스빌에서 1박하고 아침에 쉬니게 플라테까지 열차로 이동한 다음, 이곳에서 피르스트까지 하이킹을 한다. 피르스트에서 내려올 때 그린델발트까지는 케이블카로 이동하고 그린델발트에서 인터라켄 동역까지 열차로 이동한다.

# THEME PAGE
## 하더쿨름 전망대

하더쿨름

하더쿨름 전망대

인터라켄의 지붕으로 불리는 **하더쿨름(Harder Kulm, 해발 1,323m)**. 맑은 날씨엔 전망대에서 아이거, 묀히, 융프라우뿐만 아니라 인터라켄 마을과 툰과 브리엔츠 호수가 한눈에 들어온다. 융프라우요흐 전망대의 빙하 풍광보다 훨씬 더 아름다운 한 폭의 수채화를 감상할 수 있다. 전망대에는 테라스가 있는 작은 레스토랑이 있다. 이곳에서 컵라면(융프라우 VIP 패스 소지자는 무료)먹는 맛도 꿀맛이다. 여름철에는 늦은 저녁까지 푸니쿨라를 운행해서 해질녘의 풍광도 즐길 수 있다.

- ⏰ 09:00~17:00(시간당 2회 운행)
- 💰 성인 CHF20, 스위스패스 50%, 유레일패스 25% 할인, 융프라우 VIP 패스 무료
- 📍 인터라켄 동역에서 오른편 아레강이 흐르는 강가 따라 걷다가 보리바쥬 다리(Beaurivage Brücke)를 건너면 바로 승강장(Hardebahn)이다. 푸니쿨라 산악열차를 타고 10여 분 올라가면 정상이 나온다.

> **tip 하더쿨름에서 놓치면 후회할 것!**
> - 저녁 노을의 풍광이 너무 아름답다. (4~10월)
> - 스위스 전통 민속 음악을 접할 수 있다. (6~9월, 18:30~20:30)

**THEME PAGE**

# 이제발트

이제발트

이제발트 마을

이제발트 포토존(CHF5)

이제발트(Iseltwald)는 〈사랑의 불시착〉 촬영지로 유명세를 타기 시작한 자그마한 호수마을이다. 최근 핫플레이스로 떠오른 이제발트는 인터라켄에 오면 당연히 들려야 하는 필수 코스이다. 에메랄드빛의 호수 이젤발트에서 현빈이 피아노 치는 장소이다. 주변이 번잡하지 않아 고즈넉한 빙하 호수의 분위기에 넋을 잃을 수 있다. 바쁜 일정 속에 잠시나마 호숫가를 산책하며 여독을 푸는 맛도 쏠쏠하다. 400명 정도가 사는 평온한 작은 마을이 〈사랑의 불시착〉 촬영 후 인파가 몰려 북적거리자 관광객 통제 차원에서 호수가 선착장 포토 존에서 사진 찍는 데 입장료(€5)를 받는다.

➤ 인터라켄 동역/서역에서 103번 버스를 타고 10여 분 정도 브리엔츠 호숫가를 따라간다.

# THEME PAGE
# 융프라우요흐 기차여행

## 인터라켄 동역 Interlaken Ost – 융프라우요흐 Jungfraujoch

♪ **운행 시간** 06:04~15:34(2시간 10분 소요), **운행 간격** 연중 30분, **여행 시간** 6시간~
◎ CHF249.8, 할인 쿠폰+스위스패스 소지자 CHF145, 할인 쿠폰 구간권 CHF160

### 할인 쿠폰 이용하기
본 책의 맨 마지막에 실은 융프라우요흐 쿠폰은 동신항운(www.jungfrau.co.kr)에서 신청할 수 있다. 쿠폰은 인터라켄 동역과 그린델발트 터미널에서만 사용할 수 있다.

### 융프라우요흐 VIP 패스
융프라우요흐, 피르스트, 하더쿨룸, 그린델발트 등 융프라우 지역 이동 시 무제한 이용할 수 있다. 단, 아이거글렛처·융프라우요흐 구간은 1회만 탑승이 가능하다.

◎ 1일권 CHF190(할인 쿠폰 소지자), 2일권 CHF215(할인 쿠폰 소지자)

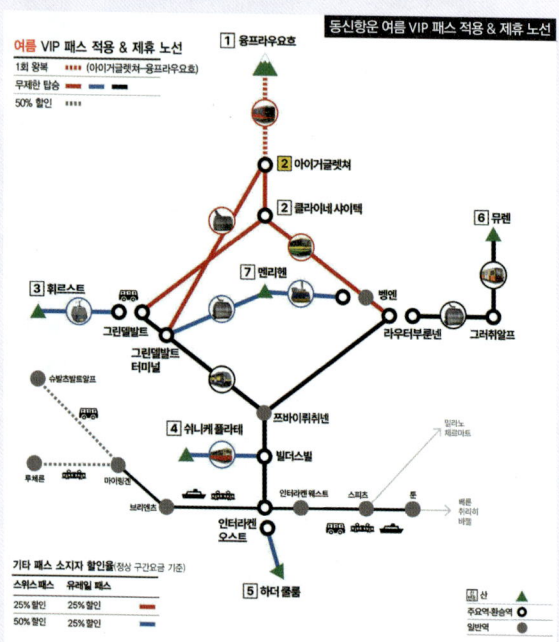

## 융프라우요흐 Jungfraujoch | 3,454m

융프라우요흐는 만년설로 덮인 알프스 봉우리 중에서 가장 유명한 산이다. 베르너 오버란트 중에서 가장 높은 산봉우리가 **융프라우(4,158m)**이고, 융프라우 바로 아래(요흐, Joch)에 있는 봉우리가 유럽의 지붕이라 불리는 **융프라우요흐(3,454m)**이다.

@ www.jungfrau.co.kr

### 준비물과 유의사항

1. 선글라스, 장갑, 운동화, 방한복(여름철에도 착용 추천, 정상 연평균 온도 7.9℃)
2. 고산병 약(등반 3시간 전 복용) ※ 고산병 증상 시 소파에 누워 있거나 역무실에 도움 요청
3. 출발 전 날씨를 꼭 체크하고, 날씨가 흐리면 과감히 포기한다.
4. 인터라켄 동역에서 출발 시 라우터브루넨 또는 그린델발트행 열차인지 확인 후 탑승한다.
5. 열차는 티켓 유효 기간 내 중간 환승역에서 승하차가 가능하지만, 동일 구간을 반복 탑승하는 건 불가하다.

### 융프라우요흐 가는 법

- 그린델발트 방향(열차 이용 시, 2시간 10분 소요)
  인터라켄 동역 → 그린델발트 → 클라이네샤이텍 → 아이거글렛쳐 → 융프라우요흐

- 그린델발트 방향(곤돌라 이용 시, 1시간 30분 소요)
  인터라켄 동역 → 그린델발트 터미널 → 클라이네샤이텍 → 아이거글렛쳐 → 융프라우요흐

  ※ 그린델발트 터미널: 알프스에서 최첨단 시설을 갖춘 최신 복합 터미널. 터미널 내에 명품 브랜드와 스위스 제품의 쇼핑센터, 스포츠 용품점(장비 렌탈), 스키 보관함, COOP 슈퍼마켓, 레스토랑, 지하 주차장이 있다.
  - 융프라우요흐 이동 시 아이거 익스프레스(Eiger Express, 최첨단 삼중 케이블 곤돌라)를 타고 아이거글렛쳐(15분 소요)로 가서 JB 등산열차로 환승해 융프라우요흐로 간다.
  - 멘리헨로 이동 시 10인승 곤돌라를 타고 간다. 25분 소요.

- 라우터브루넨 방향(열차 이용 시, 2시간 10분 소요)
  인터라켄 동역 → 라우터브루넨 → 벵겐 → 클라이네샤이텍 → 아이거글렛쳐 → 융프라우요흐

### 융프라우요흐 정상 투어코스

기차역 → TOUR 표지판 따라 이동 → 융프라우 파노라마(360° 영상 관람) → 초고속 승강기로 이동 → 스핑크스 전망대(3,571m) → 알레치 빙하 → 알파인 센세이션 통로 일주 → 얼음궁전 → 승강기로 이동 → 고원지대(3,485m) → 승강기로 이동 → 메인 홀(기념품 숍, 초콜릿 숍, 티쏘 시계숍/레스토랑/피칸투스 라운지 바이 에딩거)

🕐 1시간 30분~2시간, 스노우펀 참가 시 1~2시간 추가

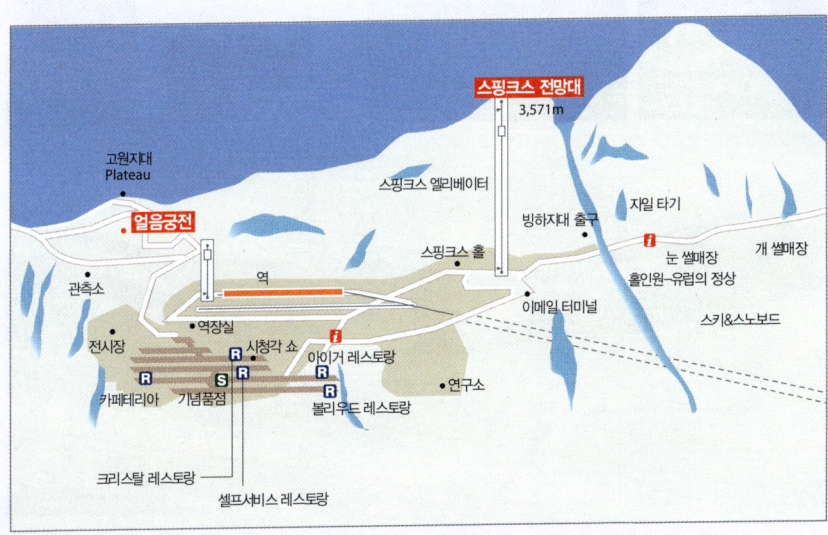

INTERLAKEN

## 융프라우요흐 즐기기

### 스핑크스 전망대(sphinx observatory)
만년설로 덮인 알프스 산봉우리(융프라우, 묀히 등)를 비롯해 알프스에서 가장 긴 24km의 빙하줄기가 펼쳐지는 알레치 빙하(유네스코 세계자연유산 등록)의 전경을 만끽할 수 있다. 맑은 날에는 프랑스 보스레스 산맥, 독일 검은 숲의 파노라마 전망도 즐길 수 있다.

### 알파인 센세이션(Alpine Sensation)
알파인 센세이션 통로 일주는 무빙워크를 타면서 벽면에 전시된 융프라우 철도에 쏟은 극한 노력의 역사를 만날 수 있다.

### 얼음궁전(Eispalast)
빙하 밑을 30m나 뚫고 깎아서 만든 아치형 지붕과 기둥, 얼음으로 조각한 곰을 비롯한 야생 동물들이 볼 만하다. 여름철에도 실내 온도가 낮으니 반드시 점퍼를 입고 들어간다.

### 고원 지대(Glacier Plateau)
해발 3,475m 높이의 고원 지대는 연중 만년설로 덮여 있다. 융프라우요흐에서 가장 인기 있는 스위스 국기가 있는 주변(포토 존)은 촬영 인파로 늘 북적거린다.

> **tip 빙하 트레킹 Ice-climbing**
>
> 만약 색다른 하이킹을 하고 싶다면 빙하투어에 참여해본다. 참여자 모두가 서로 자일(줄)을 연결시키고 빙하 위를 스릴 있게 걸어간다. 긴장감과 스트레스를 떨쳐버리고 편한 보폭으로 빙하 계곡을 거닐면서 감동의 물결을 느껴보자. 스위스에서만 체험해볼 수 있는 소중한 모험이다. 끝없이 펼쳐지는 빙하 주변의 장관은 경외로움 그 자체다.
>
> **알레치 빙하 가이드 하이킹**
> Jungfraujoch~Aletschgletscher~Marjelen
> 🏠 미팅 장소 융프라우요흐 커피숍
> @ www.grindelwaldsports.ch
> 💰 CHF495(4인), CHF395(5~8인)

### 우체국
세계에서 가장 높은 우체국. 바로 옆 기념품 가게에서 엽서와 우편을 구할 수 있다.

### 스노우펀 파크(Snow Fun Park)
겨울 스포츠를 한여름에도 액티비티를 체험해 볼 수 있다. 스노보드, 스키, 썰매 등을 타고 활주로를 질주

알파인 센세이션

얼음 궁전의 Top of Europe

고원 지대

컵라면

융프라우요흐의 알레치 빙하

하거나, 빙하를 가로지르는 짚라인을 타고 공중의 짜릿함도 맛볼 수 있다.

### 컵라면

피칸투스 라운지 바이 에딩거에서 할인 쿠폰(CHF6)을 제시하면 무료 컵라면 1개를 먹을 수 있다. 커피바에서 커피나 컵라면을 먹으면서 빙하 전경을 즐길 수 있다.

### 쇼핑 즐기기

크리스탈 레스토랑(고급), 알레치 셀프서비스 레스토랑, 초콜릿 숍, 기념품 숍에서 식사, 쇼핑을 해결할 수 있다.

### 가파른 융프라우요흐에 열차가 올라갈 수 있는 이유는?

열차는 지형의 제약을 많이 받아 가파른 곳을 올라가기가 쉽지 않다. 이를 극복하기 위해 지형에 맞은 압트식 특수철도(cog railway)를 제작했다. 열차바퀴와 철도궤도를 톱니바퀴식으로 만들면 가파른 길에서 미끄러지지 않고 서로 맞물리면서 올라갈 수 있다. 뮌헨 독일박물관에서 여러 종류의 톱니바퀴식 철로와 열차바퀴를 전시하고 있으니 뮌헨에 갈 경우 들러보자.

특수철도

JB등산열차

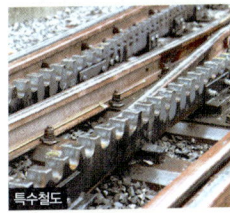

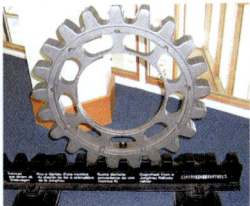

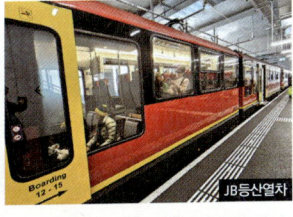

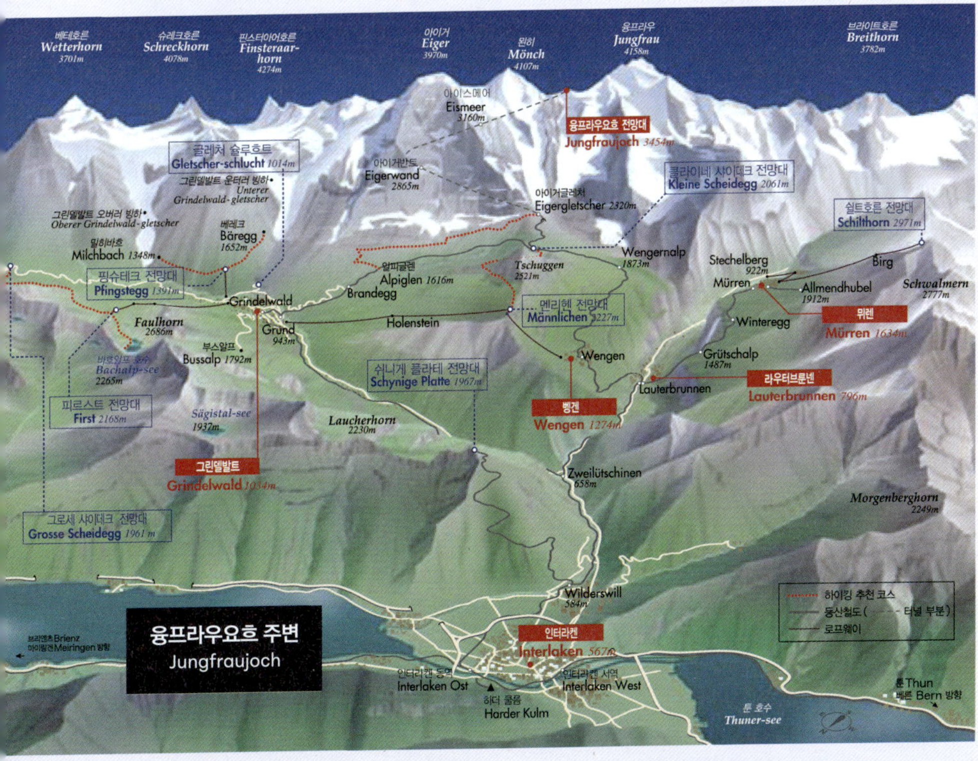

융프라우요흐 주변
Jungfraujoch

## THEME PAGE
## 쉴트호른 기차여행

쉴트호른에서 바라본 웅장한 고봉들의 파노라마 전경

### 인터라켄 동역 Interlaken Ost – 쉴트호른 Schilthorn

- 티켓 판매 쉴트호른 사무소(서역 우체국 앞) www.schilthorn.ch
- 월~금요일 08:00~12:00, 13:00~18:00, 2시간 30분 소요
- 왕복 성인 CHF127.6, 스위스패스 소지자 CHF42.8, 유레일패스 소지자 CHF97  지도 P.329

### 쉴트호른 Schilthorn | 2,970m

007 시리즈 영화 <여왕폐하 대작전>의 배경이 된 쉴트호른. 이곳 전망대에서 펼쳐지는 알프스 절경이 융프라우요흐에서 바라볼 때보다 훨씬 아름답고 멋있다. 아이거, 묀히, 융프라우요흐와 티틀리스, 몽블랑 같은 봉우리가 선명하게 한눈에 들어온다. 여름에는 하이킹 인파로, 겨울에는 스키 인파로 항상 붐빈다. 전망대에는 1시간에 360도 회전하는 '피츠 글로리아(Piz Gloria)'라는 레스토랑이 있어, 자리에 앉아 식사하면서 파노라믹 전경을 즐길 수 있다. 쉴트호른도 3,000m 정도의 고산지역이어서 여름철에도 추우니 항상 긴팔이나 점퍼를 준비해야 한다.

쉴트호른 전망대

#### 쉴트호른 전망대
- 1층 기념품 판매소, 야외 전망대 출입구, Tourist-orama ('쉴트호른의 사계절' 상영)
- 2층 레스토랑 '피츠 글로리아'(360도 회전 파노라마 전망)

### 추천 코스
#### 올라갈 때
인터라켄 동역 → BOB 등산열차 → 라우터브루넨 Lauterbrunnen | 20분 소요

우선 인터라켄 서쪽 우체국 앞에 있는 쉴트호른 사무소에서 쉴트호른행 티켓을 산다. 인터라켄 동역에서 늦어도 14시 35분 라우터브루넨행 열차를 타야 돌아올 때 막차를 놓치지 않는다.

그뤼취알프에서 뮈렌으로 가는 BLM 등산열차

김멜발트의 숙소에서 바라본 알프스의 비경

### 라우터브루넨 → 그뤼취알프 Grütschalp → 뮈렌 Mürren, 1,645m | 30분 소요

라우터브루넨에서 뮈렌까지 가는 방법은 2가지다.
① 코스보다 ② 코스가 더 편하다.
① 라우터브루넨역에서 케이블카(Funicular)를 타고 10분 정도 가면 그뤼취알프에 도착한다. 여기서 다시 BLM 등산열차를 갈아타고 17분 정도면 뮈렌에 도착한다.
② 라우터브루넨역에서 포스트버스(왕복 CHF7.6)를 타고 10분이면 슈테헬베르크(Stechelberg) 케이블카 승강장에 도착한다. 케이블카를 타고 김멜발트(Gimmelbald)로 간 후 다시 뮈렌까지 10분 정도 케이블카를 타고 간다.

### 뮈렌 Mürren → 비르크 Birg → 쉴트호른 Schilthorn, 2,970m | 40분 소요

① 뮈렌에서 15분 정도 언덕을 올라가면 뮈렌 케이블카 승강장이 나온다. 여기서 케이블카를 타고 10분 정도 가면 비르크에 도착한다. 이곳에서 쉴트호른행 케이블카로 갈아타고 5분이면 쉴트호른에 도착한다.

② 전 단계에서 ②번 방법으로 왔다면 바로 뮈렌 케이블카 승강장에 도착하므로 ①번처럼 케이블카 승강장까지 걸을 필요가 없어 더 편하다.

**내려올 때**

### 쉴트호른 → 비르크 → 뮈렌 → 김멜발트 Gimmelwald | 25분 소요

쉴트호른에서 케이블카를 타고 비르크, 뮈렌을 지나면 김멜발트가 나온다. 알프스의 비경을 맛볼 수 있으니 1박하면서 즐겨도 좋다.

### 김멜발트 → 슈테헬베르크 Stechelberg → 라우터브루넨 | 20분 소요

슈테헬베르크에서 포스트버스를 타고 트륌멜바흐 폭포(Trümmelbach Falle, 5~6분 소요)에 들러도 좋다.

### 라우터브루넨 → BOB 등산열차 → 인터라켄 | 20분 소요

라우터브루넨에서 슈타우프바흐(Staubbach Falle) 폭포를 감상한 후에 이동해도 좋다.

---

### 🔊 알프스에는 왜 통나무집이 많을까?

가축을 이끌고 계절에 따라 이동하는 목축 형태를 이목(移牧)이라고 말한다. 가장 전형적인 이목은 기후관계로 인해 대체로 지중해 연안에 분포한다. 지중해 연안은 지중해성 기후의 영향을 받아 여름에는 고온건조하고, 겨울에는 온난습윤하다. 즉, 여름에는 평지가 덥기 때문에 소, 양(산양) 등을 알프스의 저위목장이나 고위목장으로 이동시켜 서늘한 고산지역에서 키운다. 이때 가족들도 함께 이동해 거주하기 때문에 산기슭에 샬레(chalet)라는 통나무집(스위스 전통가옥)을 지어 그곳에서 생활한다. 반면 겨울에는 산지보다는 평지가 따뜻해 산에서 평지로 내려와 마을의 축사에서 가축을 키운다. 그래서 알프스를 하이킹할 때 여행객들의 눈에 가장 많이 띄는 것이 산기슭에서 풀을 뜯고 있는 소나 양 떼들과 통나무집이다.

스위스의 전통 나무집을 '샬레'라고 부른다.

## SIGHTSEEING
# 인터라켄 주변 마을

라우터브루넨. 가운데 흐르는 폭포가 슈타우프바흐 폭포

### 라우터브루넨
**Lauterbrunnen**
★

해발 796m의 작은 마을로 가파른 U자 계곡에서 흘러나오는 수십 개의 크고 작은 폭포가 장관을 이루는 곳이다. 마을 전체가 가파른 빙하 절벽으로 둘러싸여 있다. 70개 이상의 폭포와 강이 있어 '라우터(큰 소리) 브루넨(샘)'이라는 이름이 붙었다. 슈타우프바흐 폭포와 트륌멜바흐 폭포는 놓치기 아깝다.

### 슈타우프바흐 폭포
라우터브루넨역 건너편에 슈타우프바흐 폭포(Staubbach falle)가 보인다. 가파른 빙하 절벽에서 수직으로 흘러내리는 폭포는 한 폭의 그림 같다. 벽에 전등까지 설치되어 있어 밤에는 불빛에 흘러내리는 폭포수의 모습이 요정처럼 아름답다. 케티와 워즈워스는 여기에서 감동받아 아름다운 시까지 지었다고 한다. 트륌멜바흐 폭포로 가는 길에 있다.

### 트륌멜바흐 폭포
아이거(3,970m), 묀히(4,099m), 융프라우(4,158m)의 험준한 빙하 계곡에서 흘러내리는 트륌멜바흐 폭포(Trümmelbach falle)는 매년 2만 톤의 둥근 쇄암을 운반한다. 24㎢ 면적의 배수지 중 절반이 눈과 빙하로 덮여 있다. 또한 1초에 2만 리터의 물이 쏟아져 산 아래 브리엔츠 호수로 흘러내린다. 빙하 동굴의 좁은 계곡을 따라 10개의 폭포가 흘러내리는 기이하면서 신비로운 폭포이다.
캄캄한 동굴 속에서 흘러내리는 폭포와 굉음은 섬뜩할 정도로 무섭다. 평소 보기 힘든 기괴한 폭포이니 꼭 보기 바란다.

- www.truemmelbachfaelle.ch
- 4~11월 09:00~17:00, 7~8월 08:30~18:00, 12~3월 폐쇄 ⓒ 성인 CHF16, 학생 CHF7
- 라우터브루넨역 건너편에 있는 여행 안내소 앞에서 슈테헬베르크(Stechelberg)행 포스트버스를 타고 6~7분 정도 가면 나온다.
- 지도 P.319-P

## 뮈렌
### Mürren

해발 1,650m에 위치한 뮈렌은 베르너 오버란트 지역에서 가장 아름다운 마을이다. 라우터브루넨 계곡에 우뚝 솟은 낭떠러지 위에 자리 잡고 있는 뮈렌은 휘발유 차량 진입금지 구역으로 아름다운 공기와 알프스의 아늑한 분위기가 감돈다. 비탈진 초원에 촘촘히 들어서 있는 샬레(통나무집)와 빙하 계곡이 오묘한 조화를 이루어서인지 경관이 참 멋었다. 맑은 날에는 이곳에서 융프라우, 묀히, 아이거 봉우리를 볼 수 있다. 특히 케이블카를 타고 오른 알멘트후벨에서는 고산식물로 이름난 블루멘탈(꽃의 계곡)과 베르너 산군(山群)의 절경을 바라보며 하이킹을 즐길 수도 있다.

🚩 인터라켄 동역에서 라우터브루넨까지 R열차로 이동, 포스트버스로 환승하여 슈테헬베르크에 내려 케이블카를 타고 간다(총 1시간 소요). ➕ 지도 P. 319-P

## 그린델발트
### Grindelwald
★

해발 1,034m에 위치한 작은 마을이지만, U자 계곡 사이가 넓고 완만해서 시야가 확 트여 있고 주변에 우뚝 솟아 있는 아이거, 묀히, 피르스트 봉우리 등을 볼 수 있는 곳으로 경관이 참 아름답다. 노란색 꽃이 피어나는 봄과 고산식물이 반짝반짝 빛나는 여름에는 피르스트까지 하이킹하는 등산객들로, 겨울에는 스키어들로 붐빈다. 곤돌라 승강장에서 곤돌라를 타고 30분 정도 올라가면 피르스트가 나오는데, 피르스트와 그린델발트 지역은 가파르지 않고 완만한 경사길이기 때문에 하이킹을 하거나 스키를 타기에 제격이다. 특히, 이곳 스키장은 융프라우 지역에서 가장 유명하다. 그린델발트역 전 정거장에 그린데발트 터미널(신설)이 있다.

**그린데발트역** 피르스트행 곤돌라 운행
**그린데발트 터미널** 아이거글렛쳐/메리헨행 곤돌라 각각 운행
🚩 인터라켄 동역에서 R열차(직행) 이용(34분 소요)
➕ 지도 P. 319-P

## 벵겐
### Wengen

라우터브루넨의 U자형 계곡을 끼고 뮈렌과는 반대편의 고지대에 위치한 벵겐은 녹음으로 둘러싸인 한적한 마을이다. 마을에서는 융프라우가 특히 아름답게 보이며, 계곡 바닥의 마을 라우터브루넨, 반대편의 절벽 위 마을 뮈렌이 한눈에 보인다.
LWM 로프웨이(15분 간격 운행)를 이용하면 맨리헨 전망대까지 약 5분이면 갈 수 있는 등 하이킹을 하기에 편해 체류 거점으로 인기 있다. 벵겐역 앞의 언덕을 올라가 아이거 호텔의 모퉁이를 돌면 나오는 도르프 거리(Dorf-strasse)가 이 마을의 중심가이다. 왼쪽에 우체국, 여행 안내소, 오른쪽에 맨리헨 전망대로 가는 LWM 로프웨이 승강장이 있다.

🚩 인터라켄 동역에서 R열차를 타고 라우터브루넨역에서 환승해 벵겐역까지 간다(총 46분 소요). ➕ 지도 P. 319-P

## THEME PAGE
## 스위스의 전통 요리

### 치즈 퐁뒤 Cheese Fondue
도자기 냄비에 그뤼예르 치즈나 에멘탈 치즈 등 2~3종류의 치즈를 넣고 화이트 와인과 키르슈바서로 녹인 다음, 한 입 크기로 자른 빵에 발라 먹는다. 빵을 꽂은 가늘고 긴 포크를 8자를 그리듯이 저어 먹으며, 소화를 돕기 위해 화이트 와인이나 홍차와 함께 먹는다.

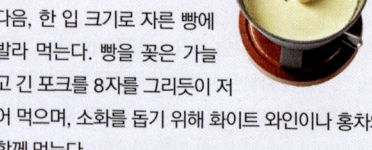

### 미트 퐁뒤 Meat Fondue
별칭은 오일 퐁뒤. 튀김 냄비에 기름을 가열하여 가늘고 긴 포크에 깍둑썰기한 소고기나 돼지고기를 꽂아 직접 튀긴 다음, 여러 종류의 소스에 찍어 먹는다. 프랑스어로 퐁뒤 부르기뇽(Fondue Bourguignonne)이라고도 한다.

### 퐁뒤 시누아즈 Fondue Chinoise
스위스식 샤브샤브 요리. 동으로 만든 냄비에 육수나 콩소메 수프를 넣고 끓인 다음, 얇게 저민 소고기나 돼지고기를 직접 냄비에 넣어 익혀서 여러 종류의 소스에 찍어 먹는다.

### 라클레트 Raclette
소금기가 있는 라클레트 치즈를 반으로 자르고, 자른 면을 장작불이나 전열기로 녹여 칼로 얇게 도려낸다. 이렇게 잘라낸 부드러운 치즈에 삶은 감자를 찍어 먹는다.

### 뢰스티 Rüsti
가장 인기 있는 요리가 스위스식 해시드 포테이토인 뢰스티다. 감자를 뢰스티용 강판에 가늘게 갈아 버터로 볶은 요리로, 치즈나 달걀 프라이를 올려 먹거나 요리에 곁들여 나온다.

### 브라트부르스트(독일어) Bratwurst
### 소시송 드 그리예(프랑스어) Saucisson de Grille
소시지는 스위스의 식탁에 필수적인 식품이다. 브라트(굽다), 부르스트(소시지)라는 뜻으로, 구워먹는 것이 일반적이다. 수백 종에 이르며 상트 갈렌에서 나는 갈색 소시지인 쉬브릭(Schublig)과 흰색의 송아지 고기 소시지인 카브스브라트부르스트(Kalbsbratwurst)가 가장 보편적이다.

### 게슈넷첼테스 Geschnetzeltes
송아지 고기를 얇게 썰어서 양송이와 버터로 볶은 다음, 화이트 와인과 생크림을 넣어 끓인 스튜. 이 요리에 뢰스티를 곁들여 먹는다.

### 베르너 플라테 Berner Platte
'베른의 접시'를 의미하는, 베른 주의 향토요리로 겨울철 농가의 가정요리다. 햄, 소시지, 돼지고기 안심이나 삼겹살, 감자, 식초에 절인 양배추 등을 콩소메 수프로 끓인 것이다.

# RESTAURANT
# 인터라켄의 맛집

◆ 서역·동역 ◆

## Migros · Coop
스위스의 대표적인 슈퍼마켓 미그로스(Migros)는 인터라켄 서역 건너편에 있다. 규모가 크고 시설이 깨끗하다. 과일을 비롯한 먹거리가 풍부하다. 식탁용 스위스 칼이 저렴해 여행용 선물로 제격이다. 동역 광장에는 쿠프(Coop)가 자리 잡고 있다. 규모가 아주 크고 내부에 레스토랑이 여러 개 있다. 숙소가 동역 부근이면 쿠프를, 서역 부근이면 미그로스를 이용하자.

- 지도 P.318-I, P.319-H

미그로스

## Velocafe
채식 카페. 아늑한 분위기에 요리도 맛있어 평판이 좋다. 모든 식자재를 직접 만들어 신선하다. 팬케이크가 부드럽고 맛있다. 팬케이크 CHF16.5, 모짜렐라 CHF13.5.

- Unionsgasse 10, 3800 Interlaken,
- www.velo-cafe.com
- 매일 09:00~17:00
- 인터라켄 서역에서 도보 5분
- P.318-B

## Asllanis Corner
햄버거 전문점. 저렴하면서 양도 많고 맛과 서비스가 좋아 늘 붐빈다. 치즈버거 콤비 CHF23.

- Höheweg 94 3800 Interlaken
- www.asllanis-corner.ch
- 매일 12:00~21:00
- 인터라켄 동역에서 도보 3분
- P.318-B

## 아레 한식당 Aare
인터라켄에서 한식의 맛을 즐길 수 있는 한식당. 직원이 친절하고 맛이 좋아 한국 여행객들이 많이 찾는다. 만두(4개) CHF7.5, 파전 CHF10.5, 비빔밥 CHF25, 불고기 CHF28.

- Strandbadstrasse 15, 3800 Interlaken, 스위스
- www.restaurantaare.com
- 매일 11:30~15:00, 17:00~22:30
- 인터라켄 서역에서 도보 10분. 아레강 변에 위치
- 지도 P.318-B

## Ristorante Pizzeria Arcobaleno
이탈리아 레스토랑. 가성비가 좋고 피자, 파스타 등이 우리 입맛에 잘 맞는다. 스파게티 CHF19.5~, 마르게리타 CHF17.5~, 생선요리 CHF36.50~.

- Hauptstrasse 18
- www.ristorante-pizzeria-arcobaleno.ch www.pizzeriarcobaleno.eu
- 11:30~14:00, 18:00~22:00 휴무 월요일
- 서역에서 아레강을 건너 직진한다. 도보 6분
- 지도 P.318-A

## Café de Paris

인기 있는 프렌치 레스토랑. 평일에도 손님들이 북적거릴 만큼 음식과 커피 맛이 좋다. 파스타(Rustico Ravioli, Peperonata) CHF23, 치킨 버거 CHF27, 뢰스티 CHF24.5, 커피(CHF4~)가 인기 있다.

- Marktplatz, CH-3800 Interlaken
- www.cafe-de-paris-interlaken.ch
- 08:30~23:00  인터라켄 서역에서 도보 5분
- 지도 P.318-E

◆ 회에 거리 ◆

## Hüsi Bierhaus

시내 중심부에 위치한 스타일리시한 레스토랑. 저렴한 비용으로 푸짐하게 먹을 수 있어 현지인은 물론 관광객도 많이 찾는다. 슈니첼은 양이 많으므로 2명이서 1인분만 시키고 가벼운 디저트를 추가 주문해도 좋다. 갈비 CHF32.58, 슈니첼 CHF21.58, 나초스 CHF14.5, 비프 버거 CHF20.9.

- Postgasse 3
- www.huesi-interlaken.ch
- 월·수·목요일 13:30~23:30, 금~토요일 12:30~00:30, 일요일 12:30~23:30 휴무 화요일
- 회에 거리의 여행 안내소에서 도보 2분
- 지도 P.318-F

HOTEL

# 인터라켄의 숙소

융프라우요흐 주변은 겨울철이 스키 시즌이라 매우 붐비므로 반드시 사전에 호텔을 예약해야 한다.

◆ 회에 마테 남쪽 ◆

## Balmer's Hostel

객실 180개를 갖춘 유스호스텔. 가든 레스토랑과 바, 클럽, 유아 시설이 있다. 주변이 조용하고 중심가에 위치한다. 숙박 시 무료 교통 승차권 제공.

- Hauptstr. 23-33
- www.balmers.com
- 10인실 CHF45~, 4인실 CHF55~, 1인실 CHF77~, 조식 포함  서역에서 105번 버스를 타고 Hotel Sonne 하차. 또는 동역에서 104번 버스를 타고 Hotel Tell 하차
- 지도 P.318-N

## Backpackers Villa Sonnenhof

객실 80개의 유스호스텔. 융프라우요흐 전망을 볼 수 있는 객실은 추가 요금을 지불해야 한다. 공원 근처 중심지에 위치해 있다. 숙박 시 무료 교통 승차권 제공.

- Alpenstrasse 16
- www.villa.ch  Eco CHF33~, Jungfrau CHF37~, Comfort CHF41~, 조식 포함
- 동역 또는 서역에서 102번 버스를 타고 Sonnenhof에서 하차  지도 P.319-K

◆ 서역 ◆

### Happy Inn Lodge
객실 19개의 호스텔로 중심가에 위치한다. 금연이며 가든 레스토랑이 있다. 예약 필수, 숙박 시 무료 교통 승차권 제공.

🏠 Rosenstrasse 17   @ www.happy-inn.com
💰 6인실 CHF28.8~, 2인실 CHF107.8~, 1인실 CHF47.8~, 조식 포함   🚶 중앙 광장(Central Platz)에서 곧장 5분 정도 중앙 거리(Centralstrasse)로 걸어가면 오른쪽에 위치
📍 지도 P.318-F

◆ 동역 ◆

### Youth Hostel Interlaken
220개의 객실을 보유하고 있으며 인터라켄 동역 부근에 위치해 있어 이동하기 편하다.
와이파이 무료에 객실마다 샤워실과 화장실이 완비되어 있고 트윈룸에 수건이 비치되어 있다. 1층 부속 레스토랑의 점심 메뉴(오늘의 메뉴)가 매우 인기 있다. 일반인도 이용 가능하다.

🏠 Am Bahnhof Ost Untere Bönigstrasse
@ www.youthhostel.ch/interlaken
💰 6인실 CHF44.1~, 4인실 CHF55~, 2인실 CHF186~,

인기가 있는 오늘의 메뉴

조식 포함   🚶 인터라켄 동역에서 200m 거리. 역에서 나와 오른쪽 unterebönigstrasse 거리로 2분 정도 걸어가면 나온다.   📍 지도 P.319-H

◆ 그린델발트 ◆

### Jugendherberge Grindelwald
스위스의 전형적인 통나무집 건물의 유스호스텔. 산 중턱에 있어 전망이 매우 좋다. 발코니나 객실 창가 바로 앞에 알프스 아이거 봉우리가 장대하게 펼쳐진다. 교통편을 놓치면 15~20분 정도 걸어 올라가야 하니, 버스 시각표를 잘 확인한다.

🏠 Geissstutestrasse 12
@ www.youthhostel.ch/grindelwald
💰 6인실 CHF48~, 4인실 CHF54~, 2인실 CHF124~, 조식 포함   🚶 그린델발트역 앞 버스정류장에서 122번 타고 Gaggi Säge에서 하차

◆ 라우터브루넨 ◆

### Valley Hostel
발코니와 넓은 정원에 서면 융프라우와 스타우프바흐 폭포 전경이 한눈에 들어오는 호스텔. 방마다 발코니가 있어 밤 불빛 조명을 받으며 쏟아지는 폭포의 비경을 즐길 수 있다. 카운터에 가서 문의하면 레포츠에 관한 상세한 정보와 지도를 얻을 수 있다.

🏠 Familie Abegglen Fuhren   @ www.valleyhostel.ch
💰 도미토리(5~8인) CHF30~, 도미토리(4인) CHF32~, 더블 CHF38, 싱글 CHF43
🚶 라우터브루넨역에서 도보 3분, 역에서 나오면 건너편에 우체국과 은행이 보인다. 왼쪽 대로를 따라 직진하면(계속 직진하면 스타우프바흐 폭포가 나온다) 오른쪽에 Coop(슈퍼마켓), 화장품 가게, 시계 보석상이 나온다. 이 상점들 건너편 좁은 길로 내려가면 바로 나온다.

---

**tip 스위스의 숙소는 비싸다**

스위스는 관광대국답게 숙소는 많지만 숙박료가 비싼 편이다. 배낭여행자라면 유스호스텔을 이용하는 게 낫다. 숙박료는 평일보다 주말이 저렴하니 일정을 짤 때 주말을 공략한다.

**스위스 유스호스텔 협회**
@ www.youthhostel.ch   🕐 월~금요일 08:00~12:00, 13:00~18:00

# 루체른
## LUZERN

피어발트슈테터 호(湖)의 지류인 로이스강 서안에 위치한 루체른은 필라투스, 리기, 티틀리스 산봉우리로 둘러싸여 있어 경관이 빼어난 아름다운 호반의 도시이다. 스위스에서 가장 아름답고 수려한 이 도시를 보기 위해 해마다 수많은 관광객이 오고 있다. 700년경 장크트 레오데가르가 베네딕트 수도원을 설립하면서 루체른 호수 연안을 중심으로 작은 어촌을 이루었다. 13세기부터 루체른과 알프스 주변 지역의 상품을 교역하면서 무역의 중심지가 되었다.

> **tip** 스위스패스 소지자는 유람선이 무료
>
> 루체른을 대표하는 루체른 호수(피어발트슈테터 Vierwaldstattersee) 선착장이 중앙역 바로 옆에 있다. 스위스패스(유레일패스 소지자는 50% 할인) 소지자는 무료 승선이므로 유람선을 타고 리기산이나 필라투스산에 가본다. 플뤼렌행 유람선을 타면 리기산으로, 알프나슈타트행을 타면 필라투스산이나 티틀리스산으로 갈 수 있다. 시간이 없으면 유람선을 타고 루체른 호수 주변만 일주해도 좋다. 겨울철에는 일부 노선 운행이 중단되니 여행 안내소나 선착장에 운행 여부를 확인해야 한다.
>
> @ www.lakelucerne.ch/en
>
> **루체른~플뤼렌 구간**
> **목적지** 리기산
> ● 연중 ● 편도 CHF26.5, 왕복 CHF53, 유레일패스 소지자는 50% 할인, 스위스패스 소지자는 무료
>
> **루체른~알프나흐슈타트 구간**
> **목적지** 필라투스산, 티틀리스산
> ● 연중 ● 편도 CHF15.5, 왕복 CHF31, 유레일패스 소지자는 50% 할인, 스위스패스 소지자는 무료

### 주요 도시와의 이동 시간
- 취리히 → 루체른  IR 50분
- 제네바 → 루체른  IC/IR 3시간
- 인터라켄 → 루체른  IR 2시간
- 바젤 → 루체른  IC 1시간 10분
- 밀라노 → 루체른
  EC/RE 3시간 30분~4시간 30분
- 뮌헨 → 루체른  EC/IC 5시간 15분
- 파리 → 루체른  TGV/IC 4시간 40분

## 루체른 중앙역 Luzern-Bahnhof

스페인 건축가 산티아고 칼라트라바(Santiago Calatrava)가 설계한 곡선 지붕의 중앙역은 스위스 중부의 중심이 되는 역으로, 밝은 분위기의 역사이다. 지하에는 레스토랑과 상점들이 있다. 1층에 있는 플랫폼에 내리면 맨 왼쪽에 여행 안내소와 코인로커가 있고, 플랫폼에 내려 직진하면 대합실과 중앙 출구가 나온다. 지하 1층에는 슈퍼마켓, 환전소, 레스토랑, 인터넷 카페, 코인로커(대 CHF7/소 CHF6)가 있다.

루체른 중앙역 내부

### ◆ 루체른 가는 법 ◆

루체른은 스위스 주요 도시와는 연결이 잘 되어 있지만, 다른 나라에서 입출국할 때는 취리히, 제네바, 바젤, 베른 등을 경유해야 한다. 인터라켄에서 루체른까지 기차로 이동할 때는 골든패스 라인(Golden Pass Line, 유레일패스 소지자는 무료)을 이용하자. 이 구간의 경관은 무척 아름다워 놓치기 아깝다.

루체른 중앙역

### ◆ 루체른의 시내 교통 ◆

루체른의 볼거리는 구시가지(도보 20분 내)에 몰려 있어 도보 관광이 가능하니, 도심에서 약간 먼 스위스 교통 박물관이나 리하르트 바그너 박물관 등에 갈 경우만 버스를 이용한다.
단거리(Kurzstrecke: 30분까지) 1회권은 CHF4이고, 1일권(1존)은 1등석 CHF13.6, 2등석 CHF8이다. 티켓은 버스정류장의 자동발매기에서 구입하며, 스위스 패스 소지자는 무료.
자전거 코스가 잘 정비되어 있으니 자전거를 대여해 루체른 호숫가를 질주해 봐도 좋다. 중앙역 앞에 자전거 대여소(1일 CHF28~)가 있다.
@ www.vbl.ch

### tip  여행 안내소

숙소 예약(무료) 서비스, 시내 지도, 한국어판 정보 책자, 리기산·필라투스산·티틀리스산 안내도를 제공한다.
- 중앙역 내 위치(플랫폼에 내리면 맨 왼쪽 출입문 쪽) ● www.luzern.com
- 성수기 월~금요일 08:30~18:00, 토요일·공휴일 09:00~17:00, 일요일 09:00~14:00
- 비수기 월~금요일 08:30~17:00, 토요일·공휴일 09:00~16:00, 일요일 09:00~13:00

루체른의 시내버스

## ◆ 루체른의 추천 코스 ◆

**Day 1**

**[ Start ]**

**리기·티틀리스·필라투스산 중 1곳 등반(오전)**
> 루체른 중앙역 앞 버스정류장에서 10시 방향에 카펠교가 있다(도보 3분 소요). 호수 다리(Seebrüke)를 지나 바로 왼쪽의 카펠교(북→남 방향)를 건넌다.

**카펠교**
> 로이스강가를 따라 지도상에서 동→서 방향으로 직진. 도보 3~9분 소요.

**슈프로이어 다리**
> 다리(북쪽 방향)를 건너 2번째 왼쪽 길(Brüggligasse)로 올라가다 오른쪽 길(Museggstrasse)을 따라 직진. 'Auf Musegg' 표지판을 따라 왼쪽 비탈길로 올라가면 성벽이 보인다. 또는 11시 방향 길로 계속 직진해 왼쪽 계단을 따라 올라가도 된다. 도보 10분 소요.

**무제크 성벽**
> 성벽에서 내려와 왼쪽 길(Museggstrasse)을 따라 직진해 성문을 통과하면 사거리 뮤지엄 광장(Museumplatz)이 나온다. 좌회전해 Alpenstrasse로 직진하면 오른쪽이 뢰벤 광장(Löwenplatz: 버스주차장), 광장 뒤쪽에 Old Swiss Hotel이 있다. 호텔 왼쪽 골목으로 가면 바로. 도보 10분 소요.

**빈사의 사자상(빙하 공원)**
> 다시 뮤지엄 광장으로 되돌아와 가운데 길(Hertensteinstrtasse)로 직진하면 팔켄 광장(Falkenplatz)이 나온다(도보 10분). 또는 뢰벤 광장 앞에서 1번 버스를 타고 Schwanen platz에 하차.

**구시가지**

**[ Finish! ]**

---

### Q&A

**여행 적기는?**
5~10월, 스키 시즌.

**일정을 어떻게 짜지?**
아침 일찍 근교의 리기, 티틀리스, 필라투스산 중 1곳을 하이킹하고 오후에 루체른 시내 관광을 한다.

**교통비는 얼마나 들지?**
도보 15분 내에 볼거리가 몰려 있다.

**점심 식사는 어디서 할까?**
구시가지 주변, 중앙역 지하 1층, 지상 2층에서.

**최고의 포토 스폿은?**
호수 다리에서 바라본 카펠교. 무제크 성벽 위에서 바라본 루체른 전경.

루체른 호수(피어발트슈테터 호수)

## 구시가지는 도보로 충분

호반의 도시인 루체른은 아늑하고 운치가 있어 여행자가 포근함을 느낄 수 있는 곳이다. 반나절 코스라면 구시가지를 중심으로 도보 관광을 즐긴다. 1일 코스이면 오전에 리기, 티틀리스, 필라투스산 중 1곳을 택해 등정하고, 오후에 구시가지에 들른다. 중앙역에서 나오면 바로 앞에 선착장과 넓은 루체른 호수가 보인다. 호수 다리(Seebrücke)를 건너지 말고 왼쪽 호숫가를 따라가면 유럽에서 가장 오래된 목조 다리 카펠교가 보인다. 다리를 건너면 구시가지가 나온다. Rathausquai 거리의 노천카페에서 커피를 마시며 잠시 호반의 풍경에 빠져보는 것도 좋다.

> **tip 루체른 카페 Top 4**
>
> 알피네움(Alpineum) www.alpineum.lu
> 카페 노르드(CAFÉ NORD) www.cafenord.ch
> 카페 시저(Café César) www.cafecesar.ch
> 라비 앙 로즈(La vie en rose) www.lavie-enrose.ch

## 무제크 성벽에서 보는 전경이 훌륭

로이스강을 계속 따라가면 슈프로이어 다리가 보이고, 북쪽으로 10여 분 걸어가면 무제크 성벽이 나온다. 탑 위에 올라가면 구시가지와 루체른 호수의 전경을 한눈에 볼 수 있다. 성벽에서 나와 직진하면 빈사의 사자상이 나온다. 사자상 근처에 있는 빙하 공원도 놓치지 말자. 빙하기의 흔적이 보존되어 있고 생각보다 볼거리가 많다.

무제크 성벽

RECOMMENDED COURSE

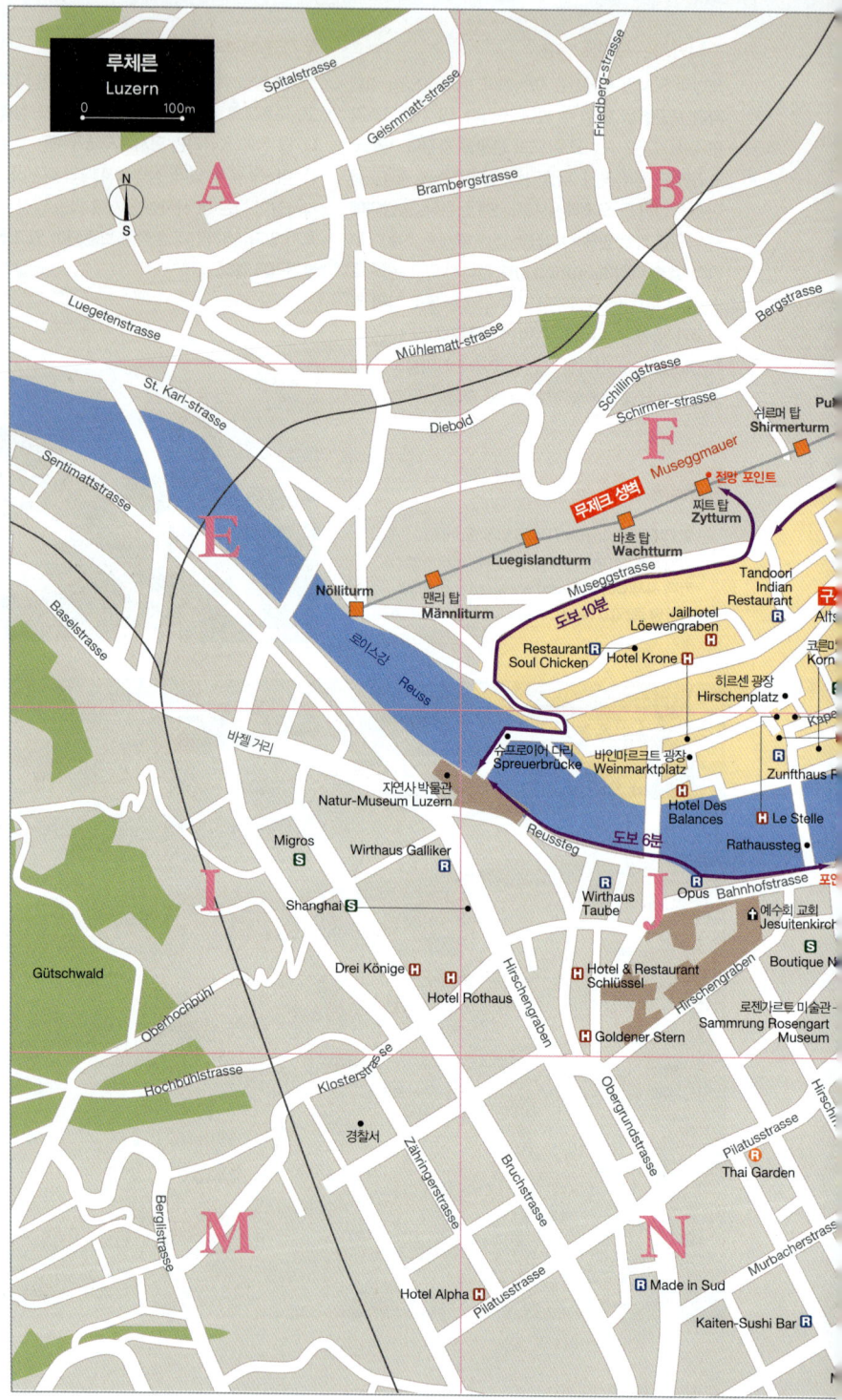

## SIGHTSEEING
# 루체른

카펠교

### 카펠교
**Kapellbrücke**

#### 유럽에서 가장 오래된 목조 다리

중앙역 앞 호수 다리(Seebrücke) 왼쪽에 위치한 카펠교는 유럽에서 가장 오래된 목조 다리이다. 근처의 성 페테 카펠에서 이름을 따온 카펠교는 1333년 루체른 방어를 위해 루체른호와 로이스강이 만나는 곳에 길이 204m의 목조 다리로 세워졌다. 이는 **외부의 적들이 호수를 통해 몰래 잠입하는 것을 막기 위해서다.** 1993년 대화재로 많은 부분이 파손되었지만 지금은 거의 복원되었다.

#### 베크만의 판화 112점

카펠교는 다리 위에 지붕이 있고 천장에는 17세기에 화가 베크만이 그린 112개의 판화 작품이 있다. 루체른의 역사와 도시의 수호신(레오데가르와 마우리티우스)등이 그려져 있다. 다리 중간쯤에 1300년경 34m 높이로 세워진 팔각형 탑 모양의 **물탑(wasserturm)**이 있다. 예전에는 도시를 지켜주는 요새, 감옥, 고문실, 보물창고, 고문서 보관소 등으로 이용되었으나 요즘은 그 자리에 기념품 가게가 들어서 있다.

🔎 중앙역 출입구에서 대각선(북서 방향)으로 보면 바로 카펠교가 있다. 중앙역 앞에 있는 호수 다리(Seebrücke)를 건너면 왼쪽에 카펠교를 건너는 입구가 나온다. 또는 호수 다리를 건너지 말고 반호프 거리(Bahnhofstrasse)를 따라가면 반대편 입구가 있다. 🔎 지도 P.343-K

카펠교의 야경

## 슈프로이어 다리
### Spreuerbrücke
★

### 지붕 밑 판화가 인상적
로이스강을 지그재그로 가로지르는 다리로 카펠교처럼 다리 위에 지붕이 덮여 있다. 루체른을 해적으로부터 지키기 위해 1408년에 80m 길이의 목조 다리를 세웠다.

### 카스파 메글링거의 판화 67점
지붕 밑에는 1626년부터 1635년까지 **중세의 역병 페스트를 주제**로 카스파 메글링거(Kaspar Meglinger)가 〈죽음의 춤〉이라는 제목을 붙인 판화 67점이 있다. 그는 그림에서 남과 여, 사제와 용사, 왕족과 교양인, 젊은 신랑과 신부, 독실한 수녀, 법률가, 사냥꾼, 심지어 자신까지 포함한 다양한 인간상을 묘사하고 있다. 수도원에 있으면 적합할 이 판화들을 매일 이 다리를 건너는 루체른 시민들이 보게 되자, 1568년 다리 중간에 조그마한 예배당을 추가로 건설했다.

다리의 이름은 이 다리에서 강 속으로 보릿겨를 버린 것에서 유래되었다고 한다. 다리 부근의 물갈퀴(Nadelwehr)는 '스파이크'라고 불리는 부분으로 손을 직접 물에 집어넣고 끌어내어 수위를 조절하는 장치다.

🚌 Kasernenplatz 옆. 중앙역에서 길을 건너 반호프 거리를 따라 카펠교를 지나 계속 직진하면서 2개의 다리(Rathaussteg→Reussbrücke)를 지나면 슈프로이어 다리가 나온다. 버스 2·9·12·18번을 타고 Kasernenplatz 하차
🗺 지도 P.344-J

## 무제크 성벽
### Museggmauer
★

### 루체른 시가지가 한눈에
로이스강 북쪽 구시가지를 둘러싸고 있는 무제크 성벽은 1386년에 세워졌는데 지금은 대부분 파괴되어 없어지고 북쪽 900m 정도의 성벽만 남아 있다. 성벽을 따라가면 9개의 탑을 볼 수 있는데 그중에 **쉬르머(Schirmer), 찌트(Zyt), 맨리(Maennli)** 3개 탑만 여름에 한해 공개되고 있다. 찌트 탑에는 한스 루터가 만든 세계에서 가장 오래된 시계가 걸려 있다. 이 시계는 다른 시계보 다 매시 1분 전에 울릴 수 있는 특권을 부여받았다. 그리고 탑 위로 올라가면 루체른 시가지의 전경이 한눈에 들어온다.

🚶 로이스강을 따라 직진하다가 슈프로이어 다리를 건너면 뮐렌 광장(Mühlenplatz)이 나온다. 광장에서 좌회전해 왼쪽 2번째 골목길인 Brüggligasse로 직진해 오른쪽 Museggstrasse 거리를 따라가다 'Auf Musegg' 표지판을 따라 왼쪽 비탈길로 올라간다. 슈프로이어 다리에서 도보 10분
🗺 지도 P.344-F

슈프로이어 다리. 다리 앞에 수위를 조절하는 물갈퀴가 있다.

## 빈사의 사자상
### Löwendenkmal
★

#### 스위스 용병을 기리는 사자상
뢰벤 광장(Löwenplatz)근처 빙하 공원에는 쓸쓸히 누워있는 사자 조각상이 있다. 1792년 프랑스 혁명 때 성난 군중들이 파리 튈르리 궁전을 습격하자 **786명의 스위스 용병들이 루이 16세와 마리 앙투아네트를 지키기 위해 사투하다 전멸**하고 만다. 이를 기리기 위해 1821년에 덴마크 조각가 토르발센이 화강암 벽면에 새긴 작품이다.

#### 사자상에 숨겨진 비유
부러진 창에 꽂혀 있는 사자가 부르봉 왕가의 문장이 새겨진 방패를 부둥켜안고 고통스럽게 죽어가는 모습은 무너져가는 **부르봉 왕가의 몰락을 방패로, 죽어가는 사자를 스위스 용병으로 비유**해 생동감 있게 묘사하고 있다. 마크 트웨인의 표현대로 '**지구에서 가장 슬픈 조각상**'이다. 입장료는 없으며 공원에 들어서면 오른쪽 끝에 화장실(무료)이 있다.

🚌 중앙역에서 도보 15분. 중앙역에서 갈 때 호수 다리(Seebrücke)를 건너 루체른 호숫가(Schweizerhofquai 거리)를 따라가다가 Schwanenplatz에서 우회전해서 계속 호숫가를 따라간다. 3번째 블록에서 좌회전해서 뢰벤 거리(Löwenstrasse)로 가면 뢰벤 광장(버스정류장)이 나온다. 광장에서 우회전해 첫 번째나 2번째 골목길로 좌회전해서 Denkmalstrasse로 직진하면 나온다. 또는 버스 1·19·22·23번을 타고 Löwenplatz에 하차.

📍 지도 P.343-C

## 빙하 공원
### Gletschergarten
★

#### 빙하 지역의 흔적
북부 유럽과 알프스 지역은 옛날에는 빙하로 뒤덮여 있었다. 250~100만 년 전에 4번의 빙하기와 간빙기가 반복되다 뷔름기(7만~1만 5,000년 전)에는 이 지역 전체가 빙하로 뒤덮였다. 빙하 공원에 가면 그 당시의 빙하 지형의 흔적을 볼 수 있다. 스위스가 선사시대에는 열대 기후대에 속했던 곳이라 열대 야자수와 같은 화석이 있다. 이런 화석이이 1872년 빈사의 사자상 부근에서 발굴되면서 빙하 공원으로 조성되었다. 빙하 박물관에는 **공룡을 비롯한 고생물 화석지**가 전시되어 있다. 90여 개 거울을 이용해 만든 **거울의 방**(Mirror Mazor)이 볼만하다.

※ 거울의 방은 2020년 산뜻하게 리모델링 공사를 끝내고 재개관했다.

🏠 Monument Street 4
@ www.gletschergarten.ch
🕐 4~10월 09:00~18:00, 11~3월 10:00~17:00
휴무 2/23
💰 성인 CHF24, 학생 CHF18
📍 빈사의 사자상 왼쪽에 있는 계단으로 올라가면 바로 빙하 공원이 나온다.
📍 지도 P.343-C

구시가지의 바인마르크트

사슴 광장이라 불리는 히르셴 광장

## 구시가
### Altstadt
★

### 중세의 흔적이 있는 거리

슈프로이어 다리에서 카펠교 사이의 로이스강 북쪽에 위치한 구시가지에는 강변을 따라 돌로 포장된 좁은 도로 양쪽에 중세 때의 반목조 건물들이 남아 있다. 좁은 골목길에 옹기종기 모여 있는 카페와 기념품 가게 등은 늘 관광객들로 북적거린다. 얼핏 보면 구시가지가 복잡해 보이지만 기본 틀만 세우면 의외로 쉽게 찾아다닐 수 있다. 구시가지는 위치상 맨 위쪽 거리, 가운데 거리, 아래쪽 거리, 그리고 맨 아래에 로이스강 변 거리가 있다. 볼거리는 가운데와 아래쪽 거리에 몰려 있다. 고딕양식의 프리치 분수가 있는 **카펠 광장**에서 일직선으로 카펠 거리 따라가면 옛날 곡물 시장이었던 **코른마르크트**가 나온다. 요즘도 이 거리는 화·토요일 오전에는 과일, 야채, 화초 등을 판매하는 노점 상인과 여행객들로 북적여 생기가 돈다.

### 바인마르크트의 프레스코화

로이스강 변 쪽 좁은 골목길로 가면 구시청사가 보이고, 코른마르크트에서 서쪽으로 조금만 가면 바인마르크트(Weinmarkt)가 나온다. 이곳은 루체른 주민들이 우리(Uri), 슈비츠(Schwyz), 운터발덴(Unterwalden)과 함께 동맹을 맺은 장소로 유명하다. 역사적인 주변 건물 벽면의 프레스코화가 볼만하다.

🔻 지도 P.342-F

## 스위스 교통 박물관
### Verkehrshaus
★

### 볼거리가 다양하다

유럽에서 가장 크고 볼거리가 많은 교통 박물관으로, 루체른 호수를 끼고 있어 주변 경관이 아름답고 분위기 또한 아늑하다. 12동의 건물과 야외 전시관으로 조성되어 있다. 기차, 자동차, 비행기, 유람선, 케이블카, 우주 비행선 등 다양한 교통수단을 직접 조작하거나 타볼 수도 있다.

케이블웨이 관광관(Cableways & Tourism)과 천문관(Planetarium), 고트하르트 터널(Gotthard Tunnel) 등은 놓치지 말자.

🔸 Liodostrasse 5
🔸 www.verkehrshaus.ch
🔸 여름 10:00~18:00, 겨울 10:00~17:00
🔸 성인 CHF35, 청소년 CHF25
🔸 루체른역 앞에서 버스 6·8·24번을 타고 Verkehrshaus 하차
🔸 지도 P.343-H

# 루체른의 쇼핑

### Emmen Center
루체른에서 가장 큰 쇼핑몰로 시계와 보석류, 스포츠 용품, 기념품, 패션의류, 포토센터, 레스토랑, 선물, 장난감, 건강, 뷰티 코너가 있다.

📍 Stauffacherstrasse 1  🌐 www.emmencenter.ch
🕐 월~목요일 09:00~19:00, 금요일 09:00~21:00, 토요일 08:00~17:00  **휴무** 일요일  🚌 루체른역에서 53번 버스를 타고 Emmen Center에 하차(13분 소요)

### Bachmann
250여 종 이상의 초콜릿을 제작 판매하는 루체른의 유명한 초콜릿 가게. 초콜릿 포장이 예뻐 선물용으로 제격이다. 스위스에서 가장 공연 시간이 긴 초콜릿 쇼가 열린다. 인기 상품 마카롱 CHF25.8, 가디언 엔절(4개) CHF7.9.

### Schwanenplatz 7  🌐 www.confiserie.ch
🕐 월~수요일·금요일 07:00~19:00, 목요일 07:00~21:00, 토요일 07:00~18:00, 일요일 09:30~18:00
🚶 루체른역에서 호수 다리(Seebrücke)를 지나면 Schwanenplatz 광장이 나온다. 광장 입구에 위치. 루체른역에서 도보 10분  🗺 지도 P.343-G

### Casagrande
시내 한복판에 위치한 루체른의 대표적인 기념품 가게(면세점). 스위스 시계, 목각품, 스위스 군용 칼, 험멜 인형 등을 취급한다.

📍 Kapellgasse 24  🌐 www.casagrande.ch
🕐 월~금요일 09:30~18:30, 토요일 10:00~18:00
**휴무** 일요일  🚶 호수 다리(Seebrücke)를 지나 2번째 블록에서 왼쪽으로 가면 나오는 Kapellgasse 거리에 위치
🗺 지도 P.342-F

# 루체른의 맛집

◆ 루체른역 주변 ◆

### Bolero
지중해식 분위기를 연출하는 스페인식 특별요리로 유명한 레스토랑이다. 음식비가 약간 비싸지만 음식맛과 서비스가 좋아 평판이 좋다. 파에야 CHF45, 타파스 2코스 CHF59.

📍 Bundesplatz 18  🌐 www.bolero-luzern.ch
🕐 월~금요일 11:30~13:30, 17:30~22:00, 토·일요일·공휴일 11:30~22:00  🚶 분데스 광장(Bundesplatz) 부근. 중앙역에서 나와 왼쪽 Zentralstrasse 대로를 따라가다 Bundesstrasse로 우회전  🗺 지도 P.343-O

### Tibits Luzern
건강에 좋은 다양한 채식만을 취급하는 뷔페 식당이다. 채소, 과일, 열매 등 신선한 재료로 만든 요리를 매일 2번 제공해 뷔페의 질이 상당히 높다. 저녁 시간에는 대기 시간이 길 정도로 인기가 있다. 접시에 샐러드를 담아 카운터에 있는 저울에 무게를 달아 계산한다.

예산 CHF10~.

📍 Zentralstrasse 1  🌐 www.tibits.ch
🕐 월~목요일 07:00~22:30, 금·토요일 07:00~23:00, 일요일 08:00~22:30  🚶 루체른역 2층  📍 지도 P.343-K

## Made in Sud

스위스에서 최고의 이탈리아 요리를 선보인다고 평가받는 곳이다. 저렴한 가격으로 맛있는 요리를 먹을 수 있어 현지인과 관광객들에게 인기 있다. 테이크아웃 가능. 셰프 특별메뉴 CHF27.5~, 스파게티 CHF20.5.

📍 Obergrundstrasse 26  🌐 madeinsud.ch
🕐 월~목요일 11:30~14:00, 17:30~22:00, 금요일 11:30~

14:00, 17:00~24:00, 토요일 12:00~24:00, 일요일·공휴일 12:00~21:00  🚶 루체른역에서 도보 10분  📍 지도 P.342-N

◆ 구시가지 ◆

## Restaurant Soul Chicken

닭고기 요리 전문 레스토랑. 스위스산 닭고기 요리가 가격 대비 맛있고 친절하다. 예산은 CHF20~.

📍 Löwengraben 31  www.google.ch
🕐 월~금요일 11:30~14:30, 17:30~22:00, 토·일요일 11:30~22:00  🚶 구시가(Löwengrabenstrasse)에 위치
📍 지도 P.343-F

# HOTEL
# 루체른의 숙소

◆ 루체른역 주변 ◆

## Backpackers Luzern

객실 30개의 호스텔. 발코니를 통해 루체른 호수의 절경을 볼 수 있다. 비회원도 이용 가능.

📍 Alpenquai 42  🌐 www.backpackerslucerne.ch
💰 4인용 CHF38~48, 더블 CHF43~53, 싱글 CHF78~85
🚶 루체른역에서 도보 12분. 또는 버스 6·7·8번을 타고 Weinbergli 하차  📍 P.343-P

## Hotel Ibis budget Luzern City

중앙역에서 가까운 곳에 위치해 편리하다. 이비스 체인호텔로 시설이 깔끔하고 1실에 3인까지 사용할 수 있어 매우 경제적이다.

📍 Kellerstrasse 6
🌐 www.all.accor.com  💰 CHF90~(조식 별도)
🚶 루체른역에서 도보 10분. 역에서 나와 왼쪽 대로(Zentralstrasse)를 따라 남쪽으로 계속 직진한다. 첫 번째 로터리에서 왼쪽(Langensand-brücke)으로 직진 후 2번째 길 (Kellerstrasse)로 우회전하면 바로
📍 지도 P.343-O

## Hotel Alpha

침대 85개를 갖춘 곳으로, 스위스 여행 연맹에서 우수 호텔로 인정받았다. 엘리베이터가 있으며 호텔 내는 금연이다. 중심지에 위치하고 있다.

📍 Zähringerstrasse 24, 6003 Luzern
🌐 www.hotelalpha.ch  💰 싱글 CHF80~85, 더블 CHF122~160, 3인실 CHF165~200
🚶 루체른역에서 필라투스 거리를 따라 곧장 10~15분 정도 걸으면 나온다. 또는 중앙역에서 버스 2번을 타고 Pilatus platz에서 하차  📍 지도 P.342-N

◆ 루체른 북쪽 ◆

## Jugendherberge Luzern

루체른의 공식 유스호스텔. 객실 41실, 침대 194개를 갖추고 있다. 배낭족에게 잘 알려져 있는 곳이다

📍 Am Rotsee, Sedelstrasse 12
🌐 www.youthhostel.ch/luzern
💰 6인실 CHF44~, 더블 CHF130~, 싱글 CHF108~
🚶 루체른역에서 18번 버스를 타고 Jugendher-berge에서 하차하면 바로  📍 지도 P.343-C

**THEME PAGE**

## 리기 등산철도 여행

리기 쿨룸의 전망대

### 루체른 Luzern – 리기 쿨룸 Rigi Kulm

- www.rigi.ch
- 약 5시간 소요, 매일 1시간 간격 운행(첫배 05:55~). 겨울에는 유람선 운행 중지
- 루체른~피츠나우 간 유람선은 유레일패스 소지자는 50% 할인, 스위스패스 소지자는 무료. 피츠나우-리기 쿨룸 등산열차는 왕복 CHF78, 유레일패스 소지자는 50% 할인, 스위스패스 소지자는 무료

**티켓 판매** 등산열차 티켓은 루체른 선착장이나 유람선에서 왕복 티켓을 구입

※ 산악지대는 지형의 영향을 많이 받아 날씨가 변화무쌍하다. 숙소나 역 모니터에서 날씨를 확인하고, 날씨가 화창하면 루체른 선착장에서 리기 쿨룸행 티켓을 산다.

피츠나우 선착장에 내리면 바로 기차역이 나온다.

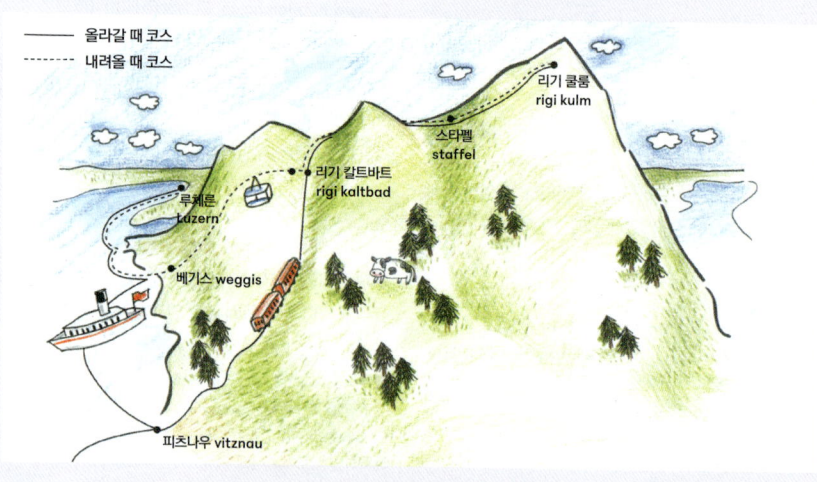

SWITZERLAND

### 리기 Rigi | 1,800m

해발 1,800m의 리기산은 빼어난 산세와 아름다운 경관으로 융프라우요흐나 쉴트호른 못지않게 유명한 곳이다. 높지 않아 고산 증상 없이 아름다운 주변 산세를 즐길 수 있다. 정상에서 바라보는 일출은 이루 말할 수 없을 정도로 멋most다. 1871년 유럽 최초로 특수열차(톱니바퀴식 등산열차)가 설치되어 일반인들도 가파른 정상까지 쉽게 도달할 수 있다.
겨울에는 폭설로 인해 운행이 중단되고 여름에만 운행한다. 시간적 여유가 있다면 비교적 경사가 완만한 지역이니 하이킹을 하며 빼어난 알프스 산을 즐기자.

### 추천 코스

#### 올라갈 때

**루체른 → 유람선 → 피츠나우 Vitznau | 40분 소요**

루체른 선착장에서 리기 쿨룸행 등산열차 티켓(왕복)을 끊고 피츠나우/플뤼렌(Flüelen)행 유람선을 타고 피츠나우로 간다.

**피츠나우 → 등산열차 → 리기 쿨룸 Rigi Kulm | 30분 소요**

피츠나우역에서 빨간색 특수열차로 갈아타고 전원풍의 샬레를 감상한다. 왼쪽 좌석에 앉아야 제대로 풍경

을 볼 수 있다.
정상에는 리기 쿨룸 호텔이 있으니 여유가 있다면 1박 하면서 일출을 감상해보자.

#### 내려올 때

**리기 쿨룸 → 등산열차 → 리기 칼트바트 Rigi Kaltbad | 30분 소요**

내려올 때는 코스를 바꿔 색다른 풍경을 감상해보자. 리기 쿨룸에서 등산열차를 타고 리기 칼트바트로 간다.

**리기 칼트바트 → 곤돌라 → 베기스 Weggis | 20분 소요**

리기 칼트바트(1,453m)에서 베기스까지 로프웨이(곤돌라)를 타고 가자. 이때 펼쳐지는 전경은 이루 말할 수 없이 아름답다. 특히 눈구름과 루체른 호수가 교차해 보이는 자태는 환상적이다. 베기스 승강장에 내려서 Schiffstaion 표지판을 따라 10분 정도 걸으면 베기스 선착장이 나온다.

**베기스 → 유람선 → 루체른 | 40분 소요**

갈 때와 마찬가지로 유람선을 타고 루체른으로 돌아온다.

빨간색의 VRB 등산열차

리기 쿨룸에서 바라본 풍경

> **tip 리기산에서 하이킹 즐기기**
>
> **리기 쿨룸 → 스타펠(Staffel)**
> • 25분 소요
>
> **스타펠 → 리기 칼트바트(Rigi Kaltbad)**
> • 35분 소요
> • 이 구간은 하이킹의 하이라이트 코스이다. 35분 정도 완만한 능선을 따라 내려가면서 볼 수 있는 자연경관은 스위스의 백미이다.
> 만년설로 뒤덮인 빙하호수와 능선에서 풀을 뜯고 있는 방울젖소, 하늘을 향해 우뚝 솟아 있는 침엽수림 사이로 난 길을 내려갈 때 느껴지는 자연의 장엄함은 말로 표현하기 힘들다. 스위스 하이킹은 꼭 체험해 보길 권한다.

방울젖소

# THEME PAGE
## 필라투스 등산철도 여행

### 루체른 Luzern – 필라투스 Pilatus

- www.pilatus.ch
- 3시간 소요, 매일 1시간 간격 운행(첫배 08:15~). 겨울에는 유람선을 운행하지 않음
- 크린스–필라투스쿨름–크린스 CHF80(2025.5~)
- **티켓 판매** 등산열차 티켓은 루체른 혹은 알프나흐슈타트 선착장에서 왕복 티켓 구입

### 필라투스 Pilatus | 2,132m

필라투스산은 해발 2,132m의 비교적 높은 산이다. 경사 40도의 가파른 산길을 세계에서 가장 가파른 톱니바퀴 열차로 아슬아슬하게 정상까지 올라간다. 이 코스는 '골든 라운드 트립'이라 불리며, 정상에서 바라다보이는 융프라우, 묀히, 아이거의 알프스 봉우리와 루체른 호수의 전경은 숨 막힐 정도로 아름답다.

전설과 신화에 의하면, 중세 때 사람들은 이 바위산 협곡에 영원한 축복과 행운을 가져다주는 용과 망령이 산다고 믿었다. 필라투스 지명은 폰티우스 필라테(Pontius Pilate: 예수를 십자가에서 죽게 만든 장본인. 본디오 빌라도)의 망령이 사방을 헤매다가 이곳에 정착했다는 전설에서 유래한다. 그래서 현지인들은 이곳을 악마의 산이라 부르고, 한동안 필라투스산에 입산하는 것을 금지했었다.

리처드 바그너는 1859년에 정상까지 등반해, 스위스 중부 전역의 전경을 보고 숨이 막힐 정도로 놀랐다고 한다. 그 경험을 바탕으로 나중에 〈니벨룽겐의 반지〉를 작곡하여 필라투스가 전 세계인들에게 알려졌다. 그의 영향을 받아 영국 빅토리아 여왕은 말을 타고 이곳을 등반했고, 스페인의 돈 카를로스 국왕, 남극 탐험가 링컨 엘스워스 등도 이곳을 등반했다.

정상에 있는 원통형 건물은 벨뷰 호텔

필라투스 등산열차

## 추천 코스

### 열차 코스

- **필라투스산으로 갈 때**
  루체른 → 기차(20분 소요) → 알프나흐슈타트 → 등산열차(30분 소요) → 필라투스 쿨룸(정상)

- **루체른으로 돌아올 때**
  필라투스 쿨룸(정상) → 케이블카(5분 소요) → 프레크뮌테크 → 곤돌라(15분 소요) → 크리엔저에크 → 곤돌라(10분 소요) → 크린스 베이스 스테이션 → 버스(15분 소요) → 루체른

### 올라갈 때

**루체른 → 유람선 → 알프나흐슈타트**
Alpnachstad | 90분 소요

루체른 선착장(2번)에서 유람선을 타면 알프나흐슈타트에 도착한다. 또는 루체른역에서 기차를 타고 알프나흐슈타트역에서 내려도 된다.

**알프나흐슈타트 → 등산열차 → 필라투스 쿨룸**
Pilatus Kulm | 30분 소요

등산열차를 타고 해발 2,132m, 경사 40도의 가파른 산길을 올라간다. 단 겨울에는 운행이 중단된다. 티켓 창구에 가서 루체른에서 구입한 티켓을 등산열차 티켓으로 교환해 열차를 타야 한다.
정상에 오르면 융프라우, 묀히, 아이거의 알프스 봉우리와 루체른 호수의 전경이 한눈에 들어온다. 정상에는 호텔, 레스토랑, 기념품 가게가 있다. 레스토랑의 요리가 생각보다 저렴하다.

### 내려올 때

**필라투스 쿨룸 → 케이블카 → 프레크뮌테크**
Frakmuntegg | 5분 소요

필라투스 정상에서 케이블카를 5분 정도 타고 프레크뮌테크에 내린다. 이곳에서 스위스에서 가장 길이가 길다는, 스릴 만점의 터보강(Tobo-ggan)을 타보자. 1인 봅슬레이와 비슷하다.

**프레크뮌테크 → 곤돌라(15분) → 크리엔저에크**
Krienseregg → 곤돌라(10분) → 크린스 Kriens →
버스(15분) → 루체른 | 40분 소요

크린스 승강장에서 루체른 버스 표지판을 따라 5분 정도 걸어가면 크린스 버스정류장(1번 정류장)이 나온다. 이곳에서 버스를 타고 루체른으로 간다.
필라투스 티켓에는 크린스-루체른 구간 버스 요금(CHF3)이 포함되어 있다.

**THEME PAGE**

## 티틀리스 등산철도 여행

### 루체른 Luzern – 티틀리스 Titlis

🌐 www.titlis.ch

🕒 5시간 소요, 매시 1시간 간격 운행(첫배 08:00~). 겨울에는 유람선 운행 중지

💰 엥겔베르크-티틀리스 구간 왕복 CHF96, 편도 CHF69. 루체른-엥겔베르크 구간(기차)은 스위스패스(유레일패스) 할인 불가

**티켓 판매** 등산열차는 루체른 혹은 슈탄슈타트 선착장에서 왕복 티켓 구입

※ 트로티 바이크(Trotti bike)를 타고 거쉬니알프와 엥겔베르크 사이 도로를 따라 여행할 수 있다. 케이블카, 번지점프, 마차 타기(트립제 호숫가 주변), 카약, 산악자전거 타기, 데블바이크 체험이 가능하다.

### 티틀리스 Titlis | 3,238m

해발 3,238m의 티틀리스산은 옵발덴 주에 위치하고 있다. 정상에서는 일 년 내내 눈이 쌓여 있는 백설의 만년설과 스펙터클한 빙하 계곡, 숨 막힐 정도로 웅장한 360도 파노라마를 즐길 수 있다. 또한 이곳은 세계에서 최초로 회전식 케이블카(엥겔베르크-티틀리스산)를 운행하는 것으로 유명하다.

일 년 내내 산 정상에서 겨울 스포츠를 즐길 수도 있고, 중간 정차역에 내려 하이킹이나 산악자전거 등을 즐길 수도 있다.

또한 '천사의 마을'이라 불리는 엥겔베르크로 가는 길은 그 이름만큼이나 아름답고 서정적인 여정이다.

---

**tip 티틀리스 정상에는 무엇이 있나?**

레스토랑과 빙하 동굴, 상점 등의 시설이 있다. 티틀리스 정상에서는 빙하 체험(아이스그로토에서 빙하 속을 걷는 체험), 빙하 눈 놀이(6인승 리프트 아이스플라이어를 타고 빙하 공원으로 간다. 썰매, 스노튜브, 스노스쿠터 등 눈놀이 기구를 무료로 빌려 즐길 수 있다), 빙하 트레킹(티틀리스역에서 슈토치크에그 전망대까지 약 30분의 하이킹 코스) 등 각종 체험을 즐길 수 있다.

## 추천 코스

### 열차 코스

- **티틀리스산으로 갈 때**
  루체른역 → 열차(1시간 소요) → 엥겔베르크 → 곤돌라(20분 소요) → 트립제 → 케이블카(10분 소요) → 슈탄트 → 회전식 케이블카(5분 소요) → 티틀리스 정상

- **루체른으로 돌아올 때**
  티틀리스 정상 → 회전식 케이블카(5분 소요) → 슈탄트 → 케이블카(10분 소요) → 트립제 → 곤돌라(20분 소요) → 엥겔베르크 → 열차(1시간 소요) → 루체른역

### 유람선 코스

- **티틀리스산으로 갈 때**
  루체른 → 유람선(1시간 소요) → 슈탄스슈타트 → 기차(20분 소요) → 엥겔베르크 → 곤돌라(20분 소요) → 트립제 → 케이블카(10분 소요) → 슈탄트 → 케이블카(5분 소요) → 티틀리스 정상

- **루체른으로 돌아올 때**
  티틀리스 정상 → 케이블카(5분 소요) → 슈탄트 → 케이블카(10분 소요) → 트립제 → 곤돌라(20분 소요) → 엥겔베르크 → 기차(20분 소요) → 슈탄스슈타트 → 유람선(1시간 소요) → 루체른

트립제 호수

### 올라갈 때

**루체른 → 슈탄스슈타트 Stansstad | 1시간 소요**
루체른 선착장에서 알프나흐슈타트행 유람선을 타고 슈탄스슈타트에 도착한다.

**슈탄스슈타트 → 엥겔베르크 Engelberg | 20분 소요**
슈탄스슈타트역에서 기차를 타고 엥겔베르크역으로 간다. 루체른에서 바로 엥겔베르크행 티틀리스 직행 열차(Titlis Express)를 타면 총 40분이 걸린다.

**엥겔베르크 → 트립제 Trübsee | 20분 소요**
엥겔베르크역(1,300m)에서 표지판을 따라 15분 정도 걸으면 케이블카 타는 곳이 나온다.

**트립제 → 슈탄트 Stand | 10분 소요**
트립제에서 대형 케이블카를 타고 10분 정도 올라가면 슈탄트(2,450m)가 나온다. 전망이 좋고 겨울에는 스키 타기 좋다.

**슈탄트 → 티틀리스 정상 Titlis | 10분 소요**
슈탄트에서 세계 최초의 회전식 케이블카(로테어 Rotair)를 타고 알프스 전경을 360도로 감상하며 환상적인 비경에 빠져본다.

### 내려올 때

**티틀리스 정상 → 엥겔베르크**
올라갈 때의 역순으로 가면 된다.

**엥겔베르크 → 루체른**
등산 시 루체른에서 슈탄스슈타트까지 유람선으로, 하산 시 엥겔베르크역에서 기차로 이동한다.

# Zürich
## 취리히

스위스의 수도로 착각할 만큼 스위스에서 인구가 가장 많고 국제금융업과 상공업이 가장 발달해 있는 도시가 바로 취리히다. 리마트강과 그 지류인 질강에 위치하고 있는 취리히는 사방으로 뻗어나가는 도로와 철도의 결절점인 동시에 스위스의 관문인 취리히 공항이 있는 교통의 요충지이기도 하다. 17세기에는 견직물을 생산해서 취리히 호수를 통해 여러 도시에 직물을 보급해주는 역할을 했는데 이를 계기로 섬유공업이 발달하게 되었다. 19세기 말에는 알프스의 수력발전을 이용해 중화학공업과 세계적인 정밀기계공업 지역으로 탈바꿈했다. 스위스의 시계가 유명한 이유이기도 하다. 20세기에는 정치적 중립성으로 안정을 되찾아 세계의 금융 중심지로 우뚝 서게 된다. 현재는 청정한 취리히 호수와 리마트강을 중심으로 잘 보전되어 있는 중세풍 유적들과 현대적 감각의 쇼핑 거리가 조화를 이루며 여행객들에게 사랑받고 있다.

## 취리히 가는 법

### 주요 도시와의 이동 시간
- 인천 → 취리히 비행기 11시간
- 루체른 → 취리히 IR열차 50분
- 제네바 → 취리히 IC/ICN열차 2시간 40분
- 인터라켄 → 취리히 IC열차 2시간
- 바젤 → 취리히 ICE열차 53분
- 밀라노 → 취리히 EC열차 3시간 40분
- 뮌헨 → 취리히 IC/R열차 5시간
- 파리 → 취리히 TGV열차 4시간
- 쾰른 → 취리히 ICE열차 5시간
- 로마 → 취리히 EC/ES열차 7시간 30분

### ✦ 비행기로 가기 ✦

클로텐 취리히 국제공항(Flughafen Zurich Kloten Airport)은 시내에서 북쪽으로 12km 떨어진 곳에 위치하고 있으며 유럽 최고의 현대적인 시설을 자랑한다. A터미널은 스위스항공, B터미널은 대한항공을 비롯한 대부분의 항공이 이용한다.
대한항공에서 주 3회 직항으로 운항하고 있으며, 약 11시간이 걸린다. 유럽 항공사들은 다른 곳을 1~2번 경유하여 들어온다. 공항역에서 취리히 도심까지 10~20분 간격(10분 소요)으로 열차가 운행되고 있다.
@ www.zurich-airport.com

### 공항에서 시내로 이동하기

지하 2층 공항역 플랫폼으로 내려가 취리히행 직행열차(유레일패스, 스위스패스는 무료)를 탄다. 만약 취리히가 첫 도착지여서 아직 유레일패스를 개시하지 않았고, 취리히에서 1박을 한다면 열차티켓(10~15분 소요, 1회권 CHF7/24시간 CHF14) 또는 트램 10번(35분 소요, CHF7)을 구입해 사용하고 취리히를 떠날 때 유레일패스를 개시한다.

### ✦ 기차로 가기 ✦

취리히 중앙역은 사통팔방으로 연결되는 철도망을 갖추고 있는 교통의 요충지이다. 스위스 전 지역은 물론

콰이 다리 아래쪽이 리마트강이고 다리 위쪽이 취리히 호수이다.

취리히 중앙역

### 취리히에서 유럽의 다른 도시로 이동하기(기차)

| 출발역 | 도착역(환승역) | 열차 | 소요 시간/열차 시간 |
|---|---|---|---|
| 취리히 중앙역 | 파리 리옹역 | TGV열차 | 4시간 |
| | 뮌헨 중앙역 | EC 열차 | 4시간 15분 |
| | 잘츠부르크 중앙역 | RJ 열차 | 5시간 20분 |
| | 프랑크푸르트 중앙역 | ICE열차 | 4시간 |
| | 밀라노 중앙역 | IR/EC열차 | 3시간 25분~4시간 20분 |
| | 로마 테르미니역(밀라노 중앙역) | EC/R열차(야간) | 17:33 → 다음 날 06:40 |

※ 운행 시간표는 현지 사정에 따라 수시로 변경되니 출발 전에 반드시 확인해야 한다.
※ 밀라노, 뮌헨, 프랑크푸르트, 잘츠부르크, 파리 방향으로 이동 시는 취리히에서 주간에 출발하고, 동부 유럽 방면은 야간 열차편으로 이동한다. 프랑스 남부(니스)는 제네바에서 TGV열차로 주간에 이동한다. 취리히-바르셀로나 간 야간열차는 2012년부터 운행이 중단되었으니 주의한다.

유럽 주요 도시와도 바로 직행(TGV, ICE, EC 등)로 연결되어 있어 아주 편리하다. 객차 내부가 깔끔하고 쾌적해 기차여행을 하기에는 안성맞춤이다.

### 취리히 중앙역 Zürich Hauptbahnhof
스위스에서는 가장 규모가 큰 건물이다. 플랫폼(1층)에 내려 직진하면 왼쪽에 철도 예약처(매표소), 환전소, 여행 안내소가 있고, 지하 1층에 유료 화장실(CHF1~2/샤워실 CHF12), 코인로커(대 CHF9/소 CHF6)가 있다. 지하 2층으로 내려가면 Migros 슈퍼마켓과 쇼핑몰 등이 있다. 역내 환 전소는 환율이 좋고, 수수료가 없으니 환전 시 이곳을 이용한다. 지하 3층은 지하철(S-bahn)과 바로 연결된다.
플랫폼에 내려 오른쪽 출구로 나가면 반호프 광장 앞에 스위스 철도왕 알프레드 에셔의 동상이 서있다. 길을 건너면 취리히의 번화가 반호프 거리가 나온다. 플랫폼에 내려서 왼쪽 출구로 나오면 길 건너편에 스위스 국립박물관이 있다. 여름철에는 이벤트의 하나로 역사 내 빈 공간에 미니 축구장을 설치해 축구 경기가 벌어진다.

※ 1등석 유레일패스 소지자는 중앙역 SBB 라운지 무료

> **tip** 여행 안내소 & 트램·버스
>
> **중앙역 여행 안내소**
> @ www.zuerich.com
> ⏱ 11~4월 월~토요일 8:30~19:00, 일요일 9:00~18:00 / 5~10월 월~토요일 8:00~20:30, 일요일 08:30~18:30
> 📍 플랫폼에 내려 계속 직진하면 맨 왼쪽에 있다.
>
> **트램·버스 공용 승차권**
> @ www.zvv.ch
> 💰 **1회권** 30분 CHF2.8, 1시간 1~2존 CHF4.6, 3존(공항) CHF7 **1일권** 1~2존 CHF9.2, 3존(공항) CHF14

취리히의 트램. 정류장에 버스와 트램을 이용할 수 있는 공용 티켓 자동발매기가 있다.

> **tip** 취리히 중앙역에서 자전거를 빌릴 수 있다!
>
> 역내 수하물 센터에서 자전거를 빌릴 수 있다. 시내 관광 도중 자전거를 타고 싶으면 여행 안내소에서 시내 렌탈 가게를 소개받는다.

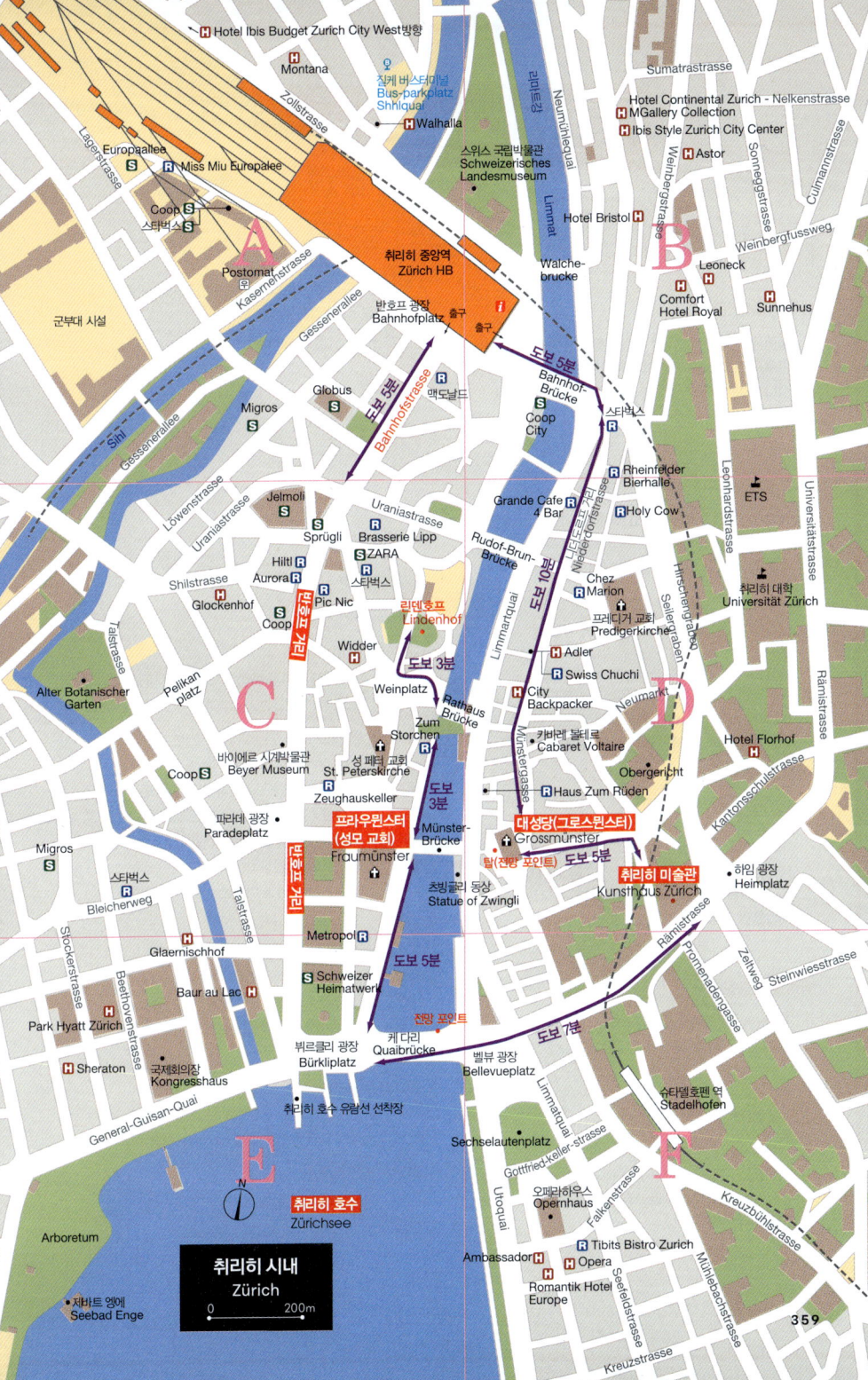

# ♦ 취리히의 추천 코스 ♦

## [ Start ]

### 취리히 중앙역
플랫폼에 내려 직진하다 중앙에서 오른쪽 출구로 가면 반호프 거리, 계속 직진하다 출구로 나와 반호프 다리를 지나 2번째 오른쪽 골목길로 가면 니더도르프 거리 (도보 5분 소요).

### 니더도르프 거리
계속 직진해 Hirschenplatz와 Münstergasse를 지나 Zwingliplatz이 나오면 바로 오른쪽에 2개의 둥형 탑(대성당)이 보인다. 도보 10분 소요.

### 대성당(그로스뮌스터)
대성당 뒤쪽 왼쪽 길(Kirchgasse)을 따라 직진하면 분수대가 나오고, 건너편 골목길 (Krautgartengasse)로 가면 바로(도보 5분 소요). 미술관 입구에 〈지옥의 청동문〉이 있다.

### 취리히 미술관
미술관에서 나와 오른쪽 대로(Rämistrasse: 미술관을 바라볼 때 왼쪽 도로)를 따라 직진하다 콰이 다리 (Quaibrücke)를 지나면 왼쪽 건너편 선착장 있는 곳이 뷔르클리 광장이다. 도보 7분 소요.

### 뷔르클리 광장
광장 건너편 리마트강 변을 따라 북쪽으로 직진하면 왼쪽에 뾰족한 녹색 첨탑이 나온다. 도보 5분 소요.

### 성모 교회(프라우뮌스터)
강변을 따라 직진해 Weinplatz(오른쪽은 한스 발트만 기마상과 시청사 다리가 있다)에서 11시 방향 골목길 (Strehlgasse → pfalzgasse)로 직진하면 아담한 공원이 보인다. 도보 6분 소요.

### 린덴호프
직진해 왼쪽 길(Oetenbachgasse)로 가면 바로. 도보 3분 소요.

### 반호프 거리

## [ Finish! ]

## Q&A

**여행 적기는?**
5~10월, 스키 시즌.

**교통비는 얼마나 들지?**
도보 20분 내에 볼거리가 몰려 있으니 걸어 다닌다.

**점심 식사는 어디서 할까?**
리마트강 변(성모 교회 주변)과 니더도르프 거리 주변에 식당이 많다. 취리히에 아침에 도착하면 제시된 일정과 반대 방향으로 돌아본다. 반호프 거리부터 일정을 시작해 점심 때 니더도르프 거리에서 식사하면 된다. 만일 낮에 도착하면 제시된 일정대로 돌아보되, 저렴하고 맛있는 식당이 많은 니더도르프 거리에 우선 들러 점심 식사부터 한다.

**스위스에서 환전해야 할까?**
취리히, 루체른만 간다면 굳이 환전할 필요 없다. 도보 관광이 가능하니 잔돈이 필요 없고, 식사를 비롯한 생필품과 숙소는 카드 사용이 가능하다. 만약 역 코인로커를 이용할 경우는 현지 동전이 필요하다.

**피로도 풀 겸 잠시 쉴 만한 곳은?**
한적한 분위기가 풍기는 린덴호프는 벤치에 앉아 쉬면서 리마트강 변의 전경을 즐기기에 제격이다.

**최고의 포토 스폿은?**
대성당(그로스뮌스터) 종탑에서 바라보는 취리히 전경을 강력 추천한다.

대성당 전망대에서 바라본 취리히 시가지. 왼쪽의 우뚝 솟은 탑이 성 페터 교회

### 구시가지에 명소가 집중

주요 볼거리는 리마트강 양쪽에 있는 구시가지(도보 30분 거리)에 몰려 있어 걸어서 5~6시간이면 대충 둘러볼 수 있다. 우선 역내 코인로커나 유인보관소에 짐을 맡긴다. 역에서 나와 왼쪽의 반호프 다리를 건너면 구시가지가 시작되는 니더도르프 거리가 나온다. 여행객들로 항상 활기 넘치는 곳으로, 좁은 골목길을 따라 바, 레스토랑, 맥도날드, 기념품 가게, 골동품점이 즐비하게 늘어서 있다. 스위스 전통음식을 저렴하게 먹을 수 있는 레스토랑이 많다.

### 대성당 전망대에 올라보자

길을 따라 계속 직진하면 대성당(그로스뮌스터)이 나온다. 대성당 종탑에 오르면 리마트강 주변의 아름다운 도시 전경이 한눈에 들어온다. 대성당을 나오면 바로 리마트강으로 연결되는 뮌스터 다리가 있다. 강 맞은편에서 리마트강 변을 배경으로 대성당을 찍으면 멋진 사진이 나온다. 만약 대성당에서 뮌스터 다리 쪽으로 가지 않고 곧장 옆길 골목길로 가면 오베르도르프 거리가 나온다. 이곳은 목가적인 분위기가 물씬 나는 거리다.

대성당과 대칭에 있는 건물은 성모 교회(프라우뮌스터)이다. 이곳에서 리마트강을 따라 취리히 호수 방향으로 가면, 뷔르클리 광장이 나온다. 도착한 날이 토요일이면 다양한 골동품과 중고품을 살 수 있는 벼룩시장을 구경하자(5~10월 07:00~16:00). 화·금요일은 채소, 꽃시장이 열린다(06:00~11:00). 광장 맞은편에 유람선 선착장이 있다.

### 번화가인 반호프 거리

뷔르클리 광장에서 다시 북쪽으로 직진하면 가장 번화가이자 쇼핑의 거리인 반호프 거리가 시작된다. 니더도르프 거리가 서민적인 냄새가 풍기는 곳이라면, 반호프 거리는 고급 시계, 보석을 비롯해 프라다, 구찌, 루이비통, 부커러(명품 시계) 등 유명 명품점이 즐비한 곳이다.
거리 중간쯤에 로마시대에 세관 자리였던 린덴호프(Lindenhof Platz)가 나오는데, 아늑한 분위기와 리마트강 주변의 구시가지가 어우러져 볼만하다. 시간 여유가 있으면 취리히 미술관에 들러도 좋다.

후춧가루통이라는 별명이 붙은 쌍둥이 탑이 대성당이다.

반호프 거리

# SIGHTSEEING
## 취리히

린덴호프에서 바라본 구시가지

## 반호프 거리 & 니더도르프 거리
### Bahnhofstrasse & Niederdorfstrasse
★

### 최대 명품 거리 VS 서민 거리
중앙역에서 나오면 알프레드 에셔(Alfred Escher) 동상이 있는 반호프 광장(Bahnhof Platz)이 보이고, 길을 건너면 취리히 호수까지 도로 양쪽에 가로수가 뻗어 있는 거리가 **취리히의 대표적인 번화가 반호프 거리**다. 총 길이 1.4km로 걸어서 20~30분이 걸린다. 세계적인 쇼핑 거리답게 불가리, 버버리, 카르티에, 프라다, 구찌 등 명품점이 즐비하다. 이곳은 보행자 전용 도로로 차량 대신 트램이 운행된다. 계속 직진하면 오른편에 취리히 출신의 세계적인 교육자 **페스탈로치의 동상**이 있다.

### 서민적인 분위기의 니더도르프 거리
**니더도르프 거리는 서민적인 쇼핑 거리**다. 중앙역에서 나와 왼쪽길을 따라가다가 반호프 다리를 지나 오른쪽 좁은 길로 들어서면 바, 레스토랑, 기념품 가게, 골동품점 등이 밀집해 있는 골목길이 나온다. 수많은 사람들로 생기가 도는 이곳이 현지인은 물론 여행객들이 즐겨 찾는 거리다. 비교적 저렴한 가격으로 스위스 전통 음식은 물론 다양한 퓨전 요리를 먹을 수 있어 여행객들에게 인기 있는 먹자골목이다.

⊙ 지도 P.359-C·D

## 린덴호프
### Lindenhof

### 전망 좋은 휴식 공간
구시가지의 언덕 위에 위치한 작은 공원. 리마트강 오른쪽 구시가지(보행자 전용도로인 리마트콰이 거리를 비롯한 시청사 다리, 시청사, 대성당 등)의 정취를 한눈에 바라볼 수 있다. 기원전 107년경에 로마인이 세관(Turicum)을 세웠던 유서 깊은 언덕으로, 괴테가 이곳 프리메이슨 회원 집에서 잠시 기거하기도 했다.

➡ 반호프 거리에서 페스탈로치 동상과 맥도날드를 지나면 왼쪽에 취리히 최대의 명품점 발리(Bally)가 보인다. 발리에서 좌회전해서 계속 직진하다 우회전하면 린덴호프 거리(Lindenhof Str.)가 나온다.

⊙ 지도 P.359-C

## 성모 교회(프라우뮌스터)
Fraumünster

### 세계에서 가장 큰 시계가 있다
9세기에 동프랑크 왕 루트비히 2세가 세운 수녀원으로 대표적인 고딕양식의 교회이다. 아직도 카롤링 왕조의 유적이 도처에 남아 있다. 리마트강 변에 위치한 성모 교회는 뾰쪽한 녹색 첨탑이 있어 쉽게 눈에 띄는데, 첨탑에는 세계에서 가장 큰 시계가 걸려 있다.
내부로 들어가면 1969년 마르크 샤갈이 만든 5개의 스테인드글라스가 있다. 십자가에 매달린 그리스도상과 성모 마리아상이 볼만하다.

- Muensterhof 2
- www.fraumuenster.ch
- 3~10월 10:00~18:00, 11~2월 10:00~17:00
- 무료
- 트램 4·15번을 타고 Rathaus에서 하차. 반호프 거리를 따라 15분 정도 걸어가다 Züghusplatz에서 왼쪽으로 들어가면 나온다.
- 지도 P.359-C

## 대성당(그로스뮌스터)
Grossmünster ★

### 취리히의 대표 랜드마크
카를대제 때 세워진 대성당은 취리히의 대표적인 랜드마크로 스위스 최대의 로마네스크양식 성당이다. 16세기에 칼뱅과 함께 종교 개혁을 이끌었던 **훌드리히 츠빙글리 목사와 하인리히 불링거**가 이곳에 재직하면서 교회개혁에 앞장섰던 성당으로 취리히 종교 개혁을 상징하는 건축물이 되었다.

### 타워 전망대 ★
건물 정면 양쪽에는 2개의 돔형 탑이 세워져 있다. 내부에 있는 알베르토 자코메티의 스테인드글라스와 지하의 카를 대제의 동상을 눈여겨보자. 탑에 올라가면 취리히의 시내 전경을 감상할 수 있다. 대성당 앞에는 한스 발트만 동상(1435~1489년, 취리히 시장을 역임하면서 취리히의 기틀을 닦은 인물)이 서 있다.

- Grossmünster platz
- www.grossmuenster.ch
- 성당 3~10월 10:00~18:00, 11~2월 10:00~17:00
- 탑 3~10월 10:00~17:00, 일요일 12:30~17:00, 11~2월 10:00~16:00, 일요일 12:30~16:00
- 탑 CHF5 성당 무료
- 성모 교회에서 뮌스터 다리 건너편에 위치. 트램 4·15번을 타고 Rathaus에서 하차
- 지도 P.359-D

우뚝 솟은 녹색 첨탑 건물이 성모 교회

대성당인 그로스뮌스터와 한스 발트만 동상

취리히 미술관

## 취리히 미술관
### Kunsthaus Zürich
★

### 스위스 최대 미술관
대성당에서 동쪽으로 250m 정도 떨어져 있는 취리히 미술관은 중세 그림, 조각뿐만 아니라 19~20세기 화가의 작품들도 다수 전시하고 있다. 우리에게 친숙한 **모네, 세잔, 뭉크, 마티스, 샤갈, 칸딘스키, 피카소, 호들러** 등 유명 화가의 작품과 알베르토 자코메티의 독특한 작품도 전시되어 있다. 미술관 입구에는 로댕의 청동 주조물인 **'지옥의 문'**이 위용을 자랑하고 있다.

- Heimplatz 1
- www.kunsthaus.ch
- 화·수·금~일요일 10:00~18:00, 목요일 10:00~20:00 휴무 월요일, 1/1, 12/25
- 성인 CHF24, 학생 CHF17, 무료 입장 수요일, 14세 이하
- 트램 3·5·9번 또는 버스 31번을 타고 Kunsthaus에서 하차. 지도 P.359-D

## 취리히 호수
### Zurichsee
★

### 청정 빙하 호수
취리히 호수는 레만 호수, 루체른 호수에 이어 스위스에서 3번째로 큰 빙하 호수다(폭 4km, 길이 40km). 반호프 거리 끝자락에 있는 뷔르클리 광장(Burkliplatz)에서 바라다보는 취리히 호수의 경관이 일품이다.

호숫가 주변에는 휴식공간과 산책로가 조성되어 있어 좋은 쉼터가 된다. 4~10월에는 광장 옆 선착장에서 취리히 호수를 일주하는 유람선이 있으니 시간이 허락하면 타보자. 유레일패스 소지자는 무료 승선할 수 있다.

- 트램 2·8·9·11번을 타고 Bürkliplatz에서 하차. 걸어갈 경우 중앙역에서 반호프 거리 끝까지 직진하면 나온다(20~30분 소요). 지도 P.359-E

---

🔔 **합스부르크가의 악정에 의연하게 맞선 영웅 빌헬름 텔?**

빌헬름 텔(Wilhelm Tell, 영어로 윌리엄 텔)은 어느 날 아들과 인근 알트도르프에 갔다가 이 도시의 규정을 어겼다. 광장 높은 곳에 걸린 지방관의 모자에 절을 하지 않은 것이다. 병사에 붙잡힌 빌헬름 텔에게 합스부르크가의 지방관 게슬러는 '네 아들의 머리 위에 사과를 올리고 활로 명중시키라'고 명령했다. 그는 무모한 집정에 저항하기 위해 벌을 받아들이고 멋지게 명중시켰다. 분노한 게슬러에게 다시 잡히지만 탈출에 성공해 그를 활로 쓰러뜨린다. 이 일에 용기를 얻은 시민들은 합스부르크가에 저항해 봉기했고 결국 자유를 쟁취하게 되었다.

## SHOPPING
## 취리히의 쇼핑

취리히의 최대 쇼핑 거리는 반호프 거리다. 1월 말과 7월 말은 2주간 정기 세일 기간이다. 스위스를 상징하는 시계, 초콜릿, 군용 칼 등을 부담 없는 선에서 구입해보자.

### Jelmoli
취리히 최대, 최고의 명품점으로 조르지오 아르마니,

크리스챤 디오르, 보스, 아디다스, Joop 등 다양한 종류의 브랜드를 취급하고 있다. 스위스에서 처음으로 Boss Woman Shop이 개장되었다.

⊙ Seidengasse 1 ⓐ www.jelmoli.ch ⏰ 10:00~19:00 휴무 일요일 🚋 트램 6·7·11번을 타고 Rennweg에서 하차. 반호프 거리 중간쯤에 위치 ⊙ 지도 P.359-C

### Coop
전국 체인망을 갖춘 유명 슈퍼마켓 'Coop'의 초대형 매장이다. 지하 1층이 식료품과 일용잡화 매장이므로 들러볼 만하다. 반호프 거리 중간쯤 Jelmoli의 바로 근처에 위치해 함께 구경해도 좋다.

⊙ Bahnhofstrasse ⓐ www.coop.ch ⏰ 월~토요일 09:00~20:00 휴무 일요일 🚋 트램 6·7·11번을 타고 Rennweg에서 하차. Jelmoli 부근 ⊙ 지도 P.359-C

## RESTAURANT
## 취리히의 맛집

풍뒤를 비롯한 스위스 전통음식은 우리 입맛에는 약간 짤 수 있다. 소금을 적게 넣으라고 주문하자.

◆ 반호프 거리 ◆

### Sprüngli
슈프링글리는 취리히에서 가장 유명한 초콜릿 상점이면서 세계적으로 알려져 있는 카페이기도 하다. 초콜릿 맛이 좋고 디자인도 예뻐 선물용으로 인기가 높다.

초콜릿 CHF5.8~.

⊙ Bahnhofstrasse 21 ⓐ www.spruengli.ch

🕐 월~금요일 07:30~18:30, 토요일 08:30~18:00
휴무 일요일 🚋 트램 2·6·7·8·9·11번을 타고 Parade-platz 에서 하차, 반호프 거리의 Paradeplatz에 위치(프라우뮌스터 부근) 📍 지도 P.359-C

## Miss Miu Europaallee

아시안 퓨전요리 전문 레스토랑. 적은 비용으로 한 끼를 맛있게 해결할 수 있어 고객 만족도가 높다. 예산 CHF20~, 점심 도시락 CHF22~.

📍 Europaallee 48, 8004 Zürich @ http://www.miss-miu.ch
🕐 11:00~23:00, 금 토요일 11:00~24:00, 일요일 12:00~23:00 🚋 반호프역에서 도보 5분 📍 지도 P.359-A

## Zeughauskeller

예전에 병기고로 사용되었던 건물을 리모델링한 레스토랑으로 스위스 전통요리로 유명하다. 늘 사람들로 붐빌 정도로 인기가 많다. 무엇보다 한국어 메뉴판이 있어 주문하기 편하다. 점심 메뉴 CHF23.5, 특별 요리 CHF36.5, 꼬르동 블루(얇은 햄을 치즈에 싸서 기름에 튀기거나 구운 고기 커틀릿) CHF32.

📍 Bahnhofstrasse 28a @ www.zeughauskeller.ch
🕐 11:30~23:00 🚋 중앙역에서 도보 15분. 중앙역에서 반호프 거리를 따라가다 파라데 광장에서 왼쪽으로 가면 나온다. 린덴호프 근처에 위치 📍 지도 P.359-C

### ♦ 벨뷰 광장 주변 ♦

## Tibits Bistro Zurich

채식 뷔페 체인으로 루체른, 베른 등에도 지점이 있다. 채소, 과일, 열매 등 신선한 재료로 만든 요리를 매일 제공해 채식주의자들에게 사랑받는 곳이다. 4인 그룹은 미리 예약할 것을 추천한다.

📍 Falkenstrasse 12 @ www.tibits.ch
🕐 월~토요일 11:00~22:00, 일요일 10:00~21:00(브런치 ~14:30) 🚋 벨뷰 광장에서 도보 4분. 오페라 극장 근처
📍 지도 P.359-F

### ♦ 니더도르프 거리 ♦

## Swiss Chuchi

니더도르프 거리 한복판에 위치해 있는 스위스 전통 요리 레스토랑. 뢰스티, 라클레트, 퐁듀 등이 유명하다. 오늘의 메뉴(수프, 샐러드 포함) CHF19~.

📍 Rosengasse 10
@ www.hotel-adler.ch/swiss-chuchi-restaurant
🕐 월~금요일 11:30~23:15, 토·일요일 12:00~23:15
🚋 니더도르프 거리 한가운데. 중앙역에서 도보 10분
📍 지도 P.359-D

# 취리히의 숙소

## ibis Styles Zurich City Center

아코르 체인 호텔. 시설이 깔끔하고 조식도 양호하다. 중앙역에서 도보권이라 시내 이동이 편하다.

📍 Stampfenbachstrasse 60, 8006 Zürich
@ www.all.accor.com
💰 2인 1실 CJF140~, 조식 별도
🚋 중앙역에서 도보 6분
📍 지도 P.359-B

## Zurich Youth Hostel

취리히 공식 유스호스텔(Jugendherberge Zürich) 취리히 호수 인근에 위치해 주변 경관이 아름답고 고즈넉하다. 체크인(15:00~23:59). 자전거 대여, 세탁기, 수하물 센터, 식당, 바 등을 갖추고 있다.

📍 Mutschellenstrasse 114, 8038 Zürich
@ www.youthhostel.ch/en/hostels/zurich
💰 6인실 CHF51~, 4인실 CHF57~, 2인실 CHF67~, 1인실 CHF90~ 🚋 중앙역에서 트램 7번을 타고 Morgental 정거장에서 하차 후 도보 6분

# 체르마트
## ZERMATT

인구 5,000명 정도의 작은 마을인 체르마트는 이탈리아와 국경을 마주하고 있는 알프스 최고봉인 몬테로사산과 마터호른 산자락에 위치하고 있다. 클라인 마터호른, 고르너그라트, 로트호른, 수네가, 몬테로사 산까지는 케이블카와 등산열차로 연결되어 있다. 정상에 오르면 일 년 내내 펼쳐지는 웅대한 알프스와 천혜의 빙하 계곡 절경을 즐길 수 있다. 체르마트는 해발 1,620m에 위치해 있어 여름에도 천연의 백설을 유지하는 스위스 최고의 스키 리조트 지역이기도 하다. 무엇보다 사계절의 전경을 만끽할 수 있는 하이킹 코스는 놓치기 아깝다. 체르마트는 천혜의 맑은 공기와 환경을 보호하기 위해 휘발유 차량 진입을 금지시키고 있다.

## 체르마트 가는 법

**기차**  이탈리아 국경 부근에 위치해 있는 외진 곳이라 체르마트까지 직행으로 가는 열차편이 없다. 스위스 대부분의 도시(취리히, 로잔 등)에서 이동할 때, 대부분 비스프(Visp), 또는 브리그(Brig)에서 환승한다(3시간~3시간 30분 소요).

브리그(비스프)~체르마트 구간(1시간 20분 소요)은 유레일패스가 통용되지 않아 추가 요금을 내야 한다.

체르마트는 청정구역이라 휘발유 차량 진입을 금한다. 만약 차량으로 이동한다면 테쉬(Täsch)에 주차하고 시내까지는 셔틀열차(왕복 CHF16)로 이동해야 한다.

🌐 www.zermatt.ch

### 파리에서 체르마트 가는 법
- 파리 리옹(TGV) → 바젤(IC) → 비스프(RE) → 체르마트 (총 7시간)
- 파리 리옹(TGV) → 제네바(IR) → 비스프(RE) → 체르마트 (총 8시간)

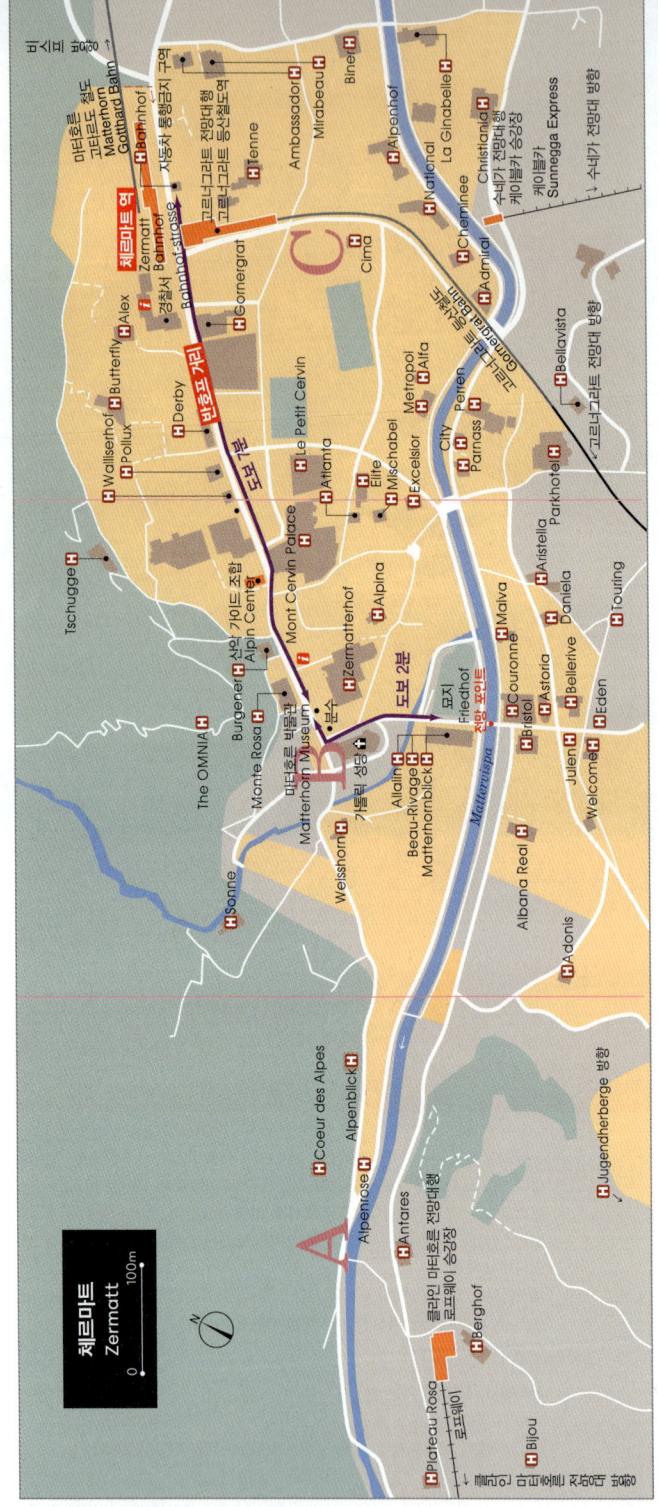

# SIGHTSEEING
## 체르마트

## 마터호른
### Matterhorn
★

### 스키와 하이킹의 천국
**파라마운트 영화사 로고**로 쓰일 만큼 아름다운 마터호른이 작은 마을인 체르마트를 유명하게 만들었다. 마터호른은 봉우리가 4,400m 이상인 고산이기 때문에 일반인이 등반하기에는 무리가 따른다. 통상 마터호른보다 낮은 3,883m 높이의 클라인 마터호른에 오른다.

중앙역에서 전기차로 이동해 **슐루마텐 승강장**으로 간다. 티켓을 끊고 곤돌라를 3번(퓨리 ➝ 트로케너 슈텍 ➝ 클라인 마터호른)갈아타면 전망대가 나온다. 중간 캠프 지역인 트로케너 슈텍은 스키 보관소, 레스토랑, 숍 등 편의시설이 있고 주변 조망도 아름답다. 이곳에서 스키탈 수 있다.

### 클라인 마터호른 전망대
### (마테호른 글래시어 파라다이스: 3,883m)
정상에 서면 날씨가 맑은 날에는 **마터호른 봉우리**(4,478m), **몽블랑**(4,810m: 알프스에서 가장 높은 산), **그랑 파라디소**(4,061m: 이탈리아에서 가장 높은 산) 등이 선명하게 보인다. 여름 스키도 가능한 스키 천국이다. 마터호른 아래 펼쳐진 빙하에 개장

한 유럽 최대의 스노파크 '그래 비티 파크'에 스노 시설이 갖춰져 있다. 빙하 동굴(아이스 글롯)을 비롯해, 주변에 레스토랑이나 매점들이 많다. 봄에 이곳을 찾는다면 빙하가 막 녹

아내리면서 나는 굉음을 들을 수 있다. 들판의 갓 피어난 노란 꽃들과 하늘을 향해 솟구쳐 오른 침엽수림을 보면서 알프스의 맑은 공기를 마시며 하이킹하는 맛은 두고두고 잊을 수가 없을 것이다.

 www.matterhornparadise.ch/en
체르마트~마터호른 글래시어 파라다이스 전망대
**왕복** 여름 CHF120, 봄·가을 CHF109, 겨울 CHF95
**편도** 여름 CHF78, 봄·가을 CHF71, 겨울 CHF62
**peak2peak** 6~8월 CHF224, 5·9·10월 CHF202, 11~4월 CHF172

체르마트 시내 묘지(Friedhof, 가톨릭 성당 근처) 옆의 개천을 지나 오른쪽 좁은 길(Schluhmattstrasse)을 따라 직진하면 마터호른행 곤돌라 승강장이 나온다. 도보 5분
**여행 코스(곤돌라 코스)** 마터호른 포토 스폿(Kirchbrücke) ➝ 마터호른 승강장 ➝ 푸리(Furi. 1,867m) ➝ 트로케너 슈텍(Trockener Steg. 2,939m) ➝ 클라인 마터호른(Klein Matterhorn. 3,883m) 지도 P.369

고르너그라트 전망대

## 고르너그라트
### Gornergrat
★

### 빙하의 장대한 파노라마

스위스 발레 주에 위치한 높이 3,136m의 산이다. 체르마트 남동쪽으로 5km 떨어져 위치해 있다. 전망대에 오르면 4,000m가 넘는 몬테로사, 마터호른과 함께 8km의 기다란 고르너 빙하의 웅대한 파노라마를 즐길 수 있다. **체르마트역 건너편에 등산열차역**이 있다. 열차를 타고 리펠알프를 지나 리펠베르크 중간역에 정차하면 사시사철 각기 다른 자태를 뽐내는 마터호른의 장엄한 전경을 즐길 수 있다. 고르너그라트 정상에 도착하면 철도역 뒤편의 전망대로 간다. 중간 정거장에서 자유롭게 승하차할 수 있다. 체력을 안배하면서 각도에 따라 전혀 다른 모습을 보여 주는 웅장한 마테호른의 경관을 즐기며 하이킹하자.

### 고르너그라트 전망대(3,089m)

여름에는 향내가 물씬 나는 소나무와 낙엽송 숲속의 고산식물이 장관을 이루고 겨울에는 4,000m가 넘는 **몬테로사(Monte Rosa), 마터호른(Matterhorn), 리스캄(Liskamm)**의 웅장한 봉우리와 고르너 빙하가 온통 백설로 뒤덮여 파노라마처럼 펼쳐진다. 여유가 있다면 산장 쿨름 호텔(Kulm Hotel)에서 1박을 해보자. 알프스 지역에서는 가장 높은 곳(3,100m)에 위치해 있어 주변 경관이 아름답고 최고의 식사와 음료를 즐길 수 있다. 효율적인 등반 시간은 **여름철에는 09시 이전, 또는 12시 이후**에 등반하는 게 덜 붐빈다.

### 등산열차
- 승강장 체르마트 중앙역 건너편에 위치
- www.gornergrat.ch  편도 45분 소요
- 체르마트~고르너그라트
여름 CHF132, 봄·가을 CHF114, 겨울 CHF92
**마터호른 글래시어 파라다이스 전망대+고르너 그라트 전망대**
5~10월 CHF197, 11~4월 CHF146
**여행 코스 (고르너그라트 코스)** 편하게 하이킹하려면 정상까지는 곤돌라로 이동하고 내려올 때 걸으며 하이킹을 즐긴다.
고르너그라트 등산열차역(Gornergratbahn)→고르너그라트 전망대(Gornergrat. 3,130m)→로텐보덴(Rotenboden. 2,815m)→리펠베르크(Riffelberg. 2,582m)→리펠알프(Riffelalp. 2,211m)→고르너그라트 등산열차역
- 지도 P.369

> **tip 체르마트 하이킹 코스**
>
> 체르마트 주변에는 약 400km의 하이킹 코스가 있다. 누구나 쉽게 리프트나 산악열차를 타고 정상에 올라 알프스 산맥의 스카이라인을 즐길 수 있다.
>
> **5개 호수길(5-Seenweg)**
> 블라우헤르트(Blauherd. 2,571m)→슈텔리제(Stellisee. 2,537m)→그린디제(Grindjisee. 2,334m)→그륀제(Grünsee. 2,300m)→무스지제(Moosjisee. 2,140m)→라이제(Leisee. 2,232m)→수네가 전망대(Sunnegga Paradise. 2,290m)
>
> **코스 특징** 블라우헤르트(로트호른)에서 수네가 전망대까지 내려오면서 5개의 호수를 볼 수 있는 코스다. 이 구간은 마터호른 최고 뷰를 감상할 수 있는 곳으로, 에델바이스를 비롯한 다양한 야생화와 모레인(빙하에 의한 퇴적 지형), 빙하 호수 등을 볼 수 있다. 체르마트의 패러글라이딩에 참여한다면 평생 잊을 수 없는 좋은 추억이 될 것이다.
>
> **소요 시간**
> - 체르마트–수네가 전망대, 푸니쿨라 6분
> - 수네가 전망대–블라우헤르트, 곤돌라 8분
> - 블라우헤르트–로트호른, 케이블카 5분

## THEME PAGE

# 빙하 특급

**GLACIER EXPRESS**

스위스를 대표하는 2대 알프스 리조트인 생 모리츠와 체르마트를 연결하는 횡단 루트로, '세계에서 가장 느린 특급'이라고 불리는 빙하 특급은 시속 35km로 약 8시간에 걸쳐 291개의 다리와 91개의 터널, 해발 2,033m의 오버알프(Oberalp) 고개를 넘나드는 알프스 최고의 특급 관광열차 노선이다.

수천 년의 태곳적 빙하 지형을 그대로 느껴볼 수 있는 코스로, 생 모리츠, 쿠어, 다보스에서도 출발한다. 필리수르(Filisur) 근처에 가까워지면 시선을 창밖으로 집중한다. 높은 란트바소 비아탁트 교각 위로 달리는 특급열차가 커브를 틀 때 뒤쪽 차량을 보면 멋진 장면을 카메라에 담을 수 있다.

### 체르마트-브리그-안데르마트-쿠어-생 모리츠/다보스
Zermatt-Brig-Andermatt-Chur-St. moritz/Davos

- @ www.glacierexpress.ch
- 8시간 소요
- 거리 300km
- 예약비 장거리 CHF49, 단거리 CHF44

전 구간 1등석 CHF272, 2등석 CHF159
유레일패스는 생 모리츠-디젠티스 구간은 무료 이용이 가능하지만, 디젠티스-체르마트 구간은 구간권(25% 할인)을 끊는다. 예약비는 별도. 스위스패스 소지자는 무료 이용(예약비는 별도)

란트바소 비아탁트 교각을 통과하는 빙하 특급

## THEME PAGE
## 베르니나 특급
### BERNINA EXPRESS

개를 톱니바퀴 없이 올라가는 열차를 타고 간다는 것 자체가 스릴이다.

모르테라치 빙하에서 알프스 베르니나를 지나면 해발 2,091m의 알프 그룹(Alp Grüm) 정상이 나온다. 베르니나 특급의 하이라이트인 이곳에서 빙하 계곡의 절경을 즐길 수 있도록 알프 그룹 휴게소에서 15분 정도 휴식시간을 준다. 브루시오(해발 780m) 가까이 오면 이곳에서만 볼 수 있는 360도 환상(環狀)형의 루프식 철도를 보게 된다.

여름에는 티라노에서 루가노를 연결하는 포스트버스(Post bus)가 운행된다. 스위스의 명물인 포스트버스를 타고 열차가 다니지 못하는 산길 구석구석을 체험하는 것도 즐겁다(예약 필수).

### 쿠어/다보스-생 모리츠-베르니나 고개-포스키아보-티라노-루가노
Chur/Davos-St. Moritz-Bernina Pass-Poschiavo-Tirano-Lugano

- https://tickets.rhb.ch/de/
- 4시간 소요  거리 125km
- **예약비** 단거리(St.Moritz-Tirano) CHF28, 장거리(Chur-Tirano) 5~10월 CHF36, 11~4월 CHF32
  **구간 요금** Chur-Tirano 1등석 CHF113, 2등석 CHF66, Chur-Poschiavo 1등석 CHF101, 2등석 CHF59, St.Moritz-Tirano 1등석 CHF57, 2등석 CHF33

쿠어(생 모리츠)에서 티라노까지 145km 길이의 알프스를 남북으로 가로지르는 환상적인 코스이다. 철도 마니아와 스위스를 다시 찾는 여행자 사이에서 빙하 특급보다 인기가 많은 것이 바로 래티슈 철도가 운행하는 베르니나 특급이다.

눈부신 백설의 알프스가 눈앞에 펼쳐지며, 가파른 바위 사이로 난 지하 통로와 지그재그형 터널을 지나 확 트인 빙하 계곡을 질주하며 달리는 베르니나 특급열차는 스위스 여행의 백미다. 2,253m의 베르니나 고

브루시오의 루프식 다리

알프 그룹 정상

### THEME PAGE
### 골든패스 특급
#### GOLDEN PASS EXPRESS

상적인 코스이다.

스위스에서 가장 아름다운 도시 루체른에서 시작해 브뤼니히 고개를 사뿐히 넘어서 산기슭의 샬레(통나무집)를 지나 알프스의 최고봉이 있는 인터라켄으로 간다. 쯔바이짐멘을 지나 포도넝쿨이 뻗어 있는 몽트뢰를 지나면 빙하 호수인 제네바 호수가 한눈에 들어온다.

골든패스 라인의 특징은 열차궤도 폭이 각각 달라 3개의 노선을 번갈아 타야 한다는 것이다. 물론 한 장의 티켓으로 3개 노선 모두 이용할 수 있다. 어디에서든 승하차가 가능하다. 인터라켄~몽트뢰 구간이 가장 인기 있다.

**취리히-루체른-브뤼니히 고개-인터라켄-쯔바이짐멘-몽트뢰**
Zürich-Luzern-Brunig Pass-Interlaken-Zweisimmen-Montreux

※ 2022년 12월부터 인터라켄-루체른 논스톱 직행 열차 운행
- www.goldenpass.ch
- 6시간 소요, 1일 6편 왕복 운행
- 거리 240km
- 예약비 몽트뢰-인터라켄 CHF20
- 몽트뢰-인터라켄 1등석 CHF96, 2등석 CHF59

한국 배낭객에게 가장 인기 있는 골든패스 라인은 루체른 호수에서 레만 호수까지 5시간 동안 달리는 환

SWITZERLAND

## THEME PAGE
# 고타르 파노라마 특급
### GOTTHARD PANORAMA EXPRESS

**루체른-루체른 호수-플뤼렌-생 고타르-벨린쪼나-로카르노/루가노**

Luzern-Lake Luzern-Flüelen-St.Gotthard-Bellinzona-Locarno/Lugano

- www.sbb.ch/en/leisure-holidays/trains-trips
- 6시간 소요, 4/16~10/16, 화~일요일(공휴일), 1일 1편 운행
- 거리 150km
- 예약 필수. 기차+유람선 1등석 CHF153, 유람선 1등석 CHF93

고타르 파노라마 특급(前 빌헬름 텔 특급)은 스위스의 빌헬름 텔의 연고지인 스위스 중부 지방과 이탈리아어권인 티치노를 연결하는 코스이다.
유람선과 특급열차를 동시에 즐길 수 있다는 점이 특징이다.
유람선을 타고 루체른 빙하 호수를 따라가면서 선상에서 식사를 하며 빌헬름 텔에 관한 설명 책자를 읽다 보면 어느새 플뤼렌에 도착한다. 이곳에서 1등급 파노라마 열차로 갈아타고 생 고타르를 지나면 이탈리아어를 사용하는 티치노에 도착하게 된다.

# Bern

## 베른

베른은 스위스 연방 국가의 수도로 유네스코 세계문화유산에 지정된 도시이다. S자 모양으로 아레강을 가로지르는 중세풍 구시가 모습이 원형 그대로 보존되고 있어 구시가 전체가 1983년 유네스코 세계문화유산에 지정되었다. 역사와 문화가 공존하는 볼거리 풍부한 고도(古都)이자 스위스 연방 수도로 여러 국제기구가 들어선 국제도시이다.

아레강은 천연 요새로 외적으로부터 베른 주민들을 보호하는 역할을 했다. 그러나 15세기 초 발생한 대화재로 도시 전체가 소실되었고, 도시 건물들을 석조 건물로 재건축해 지금의 모습을 갖췄다. 긴 역사를 느낄 수 있는 시계탑과 감옥탑, 르네상스 풍의 분수대들, 베른 대성당 등을 비롯해 독특한 회랑형 석조 아케이드를 따라 다양한 숍과 레스토랑, 카페 등이 늘어서 있어 여행자를 즐겁게 한다.

## 주요 도시와의 이동 시간

프랑크푸르트 → 베른 ICE 고속열차 4시간 6분
밀라노 → 베른
EC열차 3시간 30분~4시간 30분
취리히 → 베른 IC열차 1시간
제네바 → 베른 IC열차 1시간 45분
인터라켄 → 베른 IC열차 52분
루체른 → 베른 IR열차 1시간~1시간 30분

### tip 시티투어 Public tour

유네스코 문화유산의 진미를 맛보는 구시가의 도보 투어. 베른의 구시가지의 독특한 석회암 건물, 중세 도시의 매력적인 작은 골목길, 바로크 건물, 인상적인 기념물, 중요한 명소에 숨겨진 흥미진진한 이야기를 들려준다.

@ www.bern.com
예약 여행 안내소 또는 홈페이지
🕐 월·금·토요일 11:00, 수·일요일 01:00, 1시간 30분 소요  💰 CHF25  📍 여행 안내소(기차역)

## ♦ 베른 가는 법 ♦

스위스 중심부에 위치한 베른은 철도망이 잘 갖춰져 있어 스위스 전역과 유럽의 주요 도시로 ICE, IC, EC 열차가 운행한다. 스위스만 여행할 거라면 기차, 버스, 유람선을 무료로 이용할 수 있는 스위스패스를 구입하는 게 좋다.
베른 중앙역은 3개 건물이 서로 연결되어 있다. 플랫폼에 내려 통로를 따라 지하 1층으로 가면 다양한 숍과 여행 안내소가 있다. 1층의 메인 출구 앞에는 성령 교회와 트램(버스) 정류장이 있다.

**여행 안내소**
📍 Bahnhofplatz 10a
@ www.bern.com
🕐 월~금요일 09:00~18:00, 토·일요일 09:00~17:00
📍 베른 중앙역 안에 위치. 곰 공원 근처에도 여행 안내소가 있다.

## ♦ 베른의 시내 교통 ♦

베른 숙소 예약증은 공항(중앙역)에서 숙소까지 환승 티켓으로 사용할 수 있을 뿐 아니라, 호텔에서 발급해주는 무료 베른 티켓으로 숙박 기간에 한해 시내 교통을 무료로 이용할 수 있다. 스위스패스 소지자 또한 버스와 트램을 무료로 탈수 있다.
중앙역 메인 출구에서 나와 구시가까지는 도보 10분 거리이므로 걸어서 관광할 수 있다.

@ www.mylibero.ch  🎫 1회권(단거리 30분) CHF3, 1회권(1~2존 60분) CHF5.2, 1일권 CHF10.4

트램

베른 중앙역 앞

## ◆ 베른의 추천 코스 ◆

[ Start ]

**베른 중앙역**
↓ 도보 4분.

**감옥탑**
↓ 바로.

**마르크트 거리**
↓ 도보 5분.

**시계탑**
↓ 도보 3분.

**아인슈타인 하우스**
↓ 도보 2분.

**베른 대성당**
↓ 도보 7분.

**곰 공원**
↓ 도보 7분.

**장미 정원**

[ Finish! ]

구시가. 멀리 시계탑이 보인다.

베른 여행의 핵심은 도보 관광이니 오전에는 구시가를 걸어 다니면서 차분하게 고도의 숨결을 느껴본다. 슈피탈 거리에서 니데크 다리에 이르는 길 양쪽으로 이어지는 회랑형 석조 아케이드를 거닐다 보면 거리 곳곳에 분수와 베른을 상징하는 시계탑, 상대성이론으로 노벨상을 수상한 아인슈타인 하우스가 보인다. 거리 끝의 니데크 다리를 건너면 오른쪽에 곰 세 마리를 키우는 곰 공원이 있고, 왼쪽의 완만한 비탈길로 올라가면 장미 정원이 나온다. 베른에서 가장 포토제닉 장소인 장미 정원에서 셀피를 남긴 후 장미 정원 레스토랑에서 전망을 즐기며 식사를 한다.

오후에는 오전에 경유했던 회랑형 석조 아케이드로 되돌아가 쇼핑 시간을 갖고, 다양한 형태의 분수대를 거닐며 고풍스런 구시가의 정취를 음미하자. 저녁에는 럭셔리하고 우아한 바로크풍의 코른하우스 레스토랑에서 품위 있는 요리를 맛보며 여행을 마무리한다.

베렌 광장(Bärenplatz)

베렌 광장의 코른하우스.
과거의 곡물 창고가 현대적 문화 공간으로 재탄생했다.

회랑형 석조 아케이드가 있는 크람 거리. 빨간 곰 장식의 오른쪽이 아인슈타인 하우스이며, 중앙 뒤쪽이 삼손 분수다.

## Q&A

**여행 적기는?** 5~10월.

**교통비를 아끼려면**
볼거리가 몰려 있는 구시가는 도보권 내에 있으니 걸어서 관광한다.

**베른을 제대로 즐기려면**
유네스코 세계문화유산 지구인 베른 관광의 즐거움은 걷는 데서 시작한다. 걸으면서 구시가를 즐기고 장미 정원에서 점심 식사를 하며 멋진 뷰를 감상한다.

**점심 식사는 어디서 할까?**
구시가(마르크트 거리), 베렌 광장 주변, 장미 정원

**최고의 포토 스폿은?**
장미 정원 레스토랑과 시계탑, 베른 대성당 탑.

**근교 도시를 여행하려면**
인터라켄의 빙하 호수인 툰 호수와 브리엔츠 호수, 설봉 융프라우요흐와 하이킹과 스키를 즐길 수 있는 피르스트, 그린델발트, 벵겐 등 베른 주변에는 수려한 알프스 전경을 즐길 수 있는 곳이 많다.

**봄에 베른을 방문한다면?**
베른 축제(Carnival Bern, 2025년 3월 6일~3월 8일)를 즐기자.

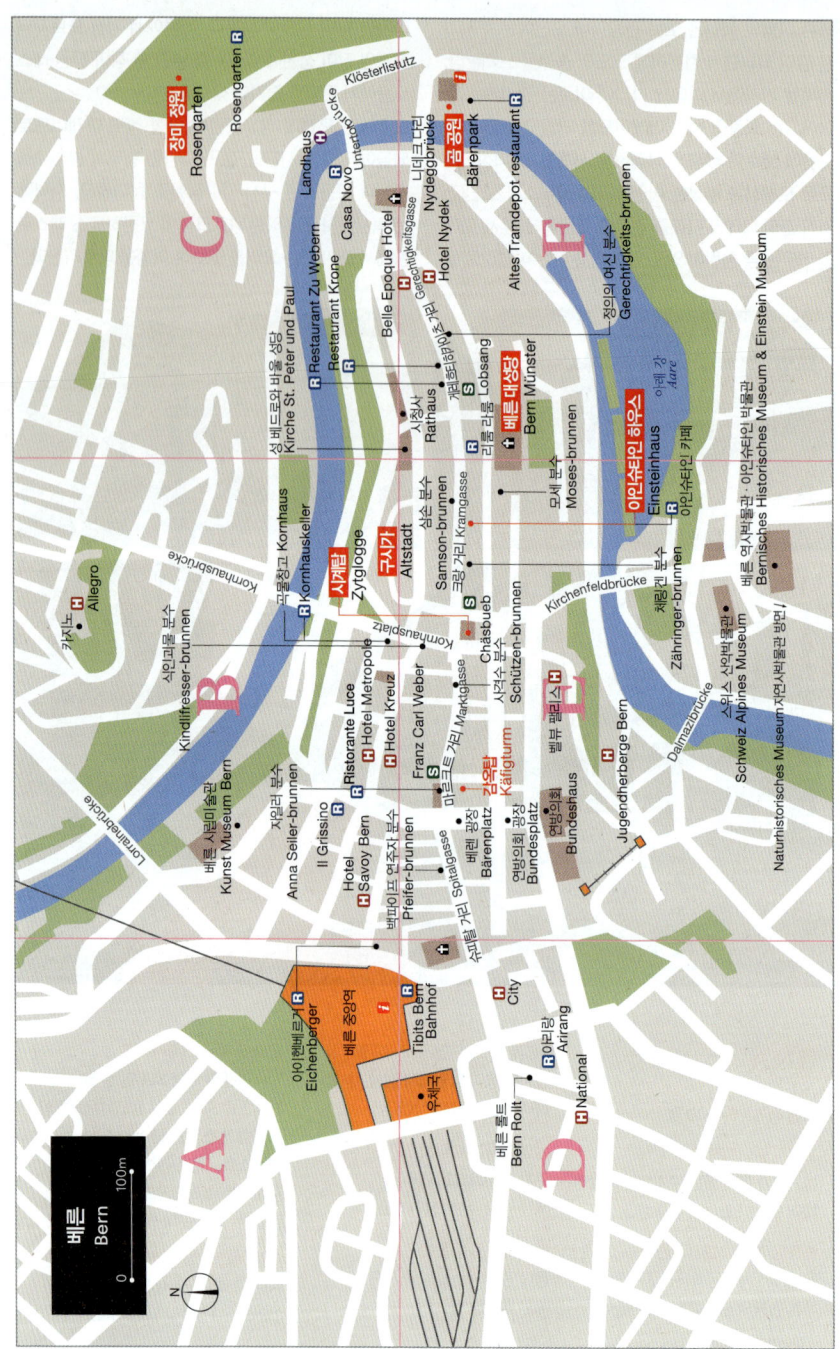

SIGHTSEEING

# 베른

## 구시가

### Altstadt
★

#### 중세의 역사와 문화가 공존

원형 그대로 잘 보존되어 있어 **구시가 전체가 1983년 유네스코 세계문화유산에 지정**되었다. 지금의 구시가지는 15세기 초에 있었던 대화재로 도시 전체가 소실된 것을 석조 건물로 재건축한 모습이다. 구시가를 S자로 감싸며 흐르는 아레강은 과거 외적으로부터 베른을 보호하는 천연 요새였는데, 현재는 베른 시민들이 수영, 보트 등의 액티비티를 즐기는 장소로 변모했다. 구시가는 역사와 문화가 공존한 곳으로, 골목골목을 거닐며 차분하게 돌아보기에 좋다.

#### 회랑형 석조 아케이드

중앙역 근처의 슈피탈 거리(Spitalgasse)에서 마르크트 거리(Marktgasse)를 지나 게레흐티히카이츠 거리(Gerechtigkeitsgasse)까지 6km에 달하는 길 양쪽으로 건물 전체를 회랑형 석조 아케이드로 만들어, 비를 맞지 않고 사시사철 구시가의 중세풍 분위기를 만끽할 수 있다. 이외에도 시계탑과 감옥탑, 르네상스 시대의 화려한 분수대들, 아인슈타인 하우스, 대성당이 있다.

- 중앙역에서 도보 2~10분
- 지도 P.380-B

회랑형 석조 아케이드

## 시계탑
### Zytglogge
★

### 현지의 표준시간 역할

시계탑은 베른의 첫 번째 서쪽 도시문(1191~1256년)으로 도시의 주요 명소 중 하나이다. 1530년 제작된,

천문 시계. 차임이 울리면 오른쪽 곰과 익살꾼이 퍼레이드를 펼친다.

화려한 장식이 인상적인 천문 시계는 베른에서 가장 오래된 건물로 현지의 표준시간 역할을 한다. 해와 달을 표현한 천문 시계는 매시 4분 전부터 시계가 울리면서 차임에 맞춰 닭이 시간을 알리고 작은 곰과 익살꾼이 연이어 등장해 퍼레이드를 펼친다. 내부의 130여 개의 나선형 계단을 따라 올라가면 구시가의 전경이 한눈에 들어온다. 맑은 날에 는 알프스의 풍광을 만끽할 수 있다. 일설에 의하면 **아인슈타인**이 베른의 특허 사무원으로 일하면서 발표한 **상대성이론은 시계탑에서 영감을 받았다**고 한다.

- Bahnhofplatz 10a
- www.bern.com/de/detail/zytglogge-zeitglockenturm
- 가이드 투어 4/1~10/31과 12/26~12/31 월·수·금요일 14:15, 토·일요일 15:15
  ※ 투어 시간 50분, 미팅 장소 시계탑
- 성인 CHF20, 학생 CHF15 중앙역에서 도보 10분. 감옥탑에서 마크크트 거리 끝의 사거리를 지나 크람 거리 초입에 있다. 근처에 식인귀 분수가 있다. 지도 P.380-E

## 감옥탑
### Käfigturm

### 시대에 따라 도시 방어와 감옥으로 사용

감옥탑은 베른의 두 번째 탑이자 문이다. 1256년에 세워진 감옥탑은 베른 시를 적으로부터 방어하는 용도였으나 1345년 도시가 확장되면서 탑의 기능을 상실했고, 1405년의 대화재로 인해 250년간 감옥으로 사용되기도 했다.
1641년 옛 탑을 허물고 1644년 지금의 모습으로 복원했다. 1897년 감옥이 새 건물로 이전한 후, 베른 칸톤을 위한 정부 기록 보관용으로 개조했다. 1999년 이후 스위스 연방정치의 포럼으로 활용되고 있다.

- Marktgasse 67
- www.polit-forum-bern.ch
- 월요일 14:00~18:00, 화~금요일 10:00~18:00, 토요일 10:00~16:00 **휴무** 일요일
- 무료
- 중앙역에서 트램 6·7·8·9번을 타고 베렌 광장에서 하차. 베렌 광장에서 마르크트 거리 초입에 위치
- 지도 P.380-E

## 아인슈타인 하우스
Einsteinhaus

### 상대성이론을 정립한 곳

알버트 아인슈타인이 1902년 베른 연방 특허사무소에서 중책을 맡아 일하면서 1903년부터 1905년까지 가족과 함께 살았던 3층 아파트다. 그는 이곳에서 상대성이론을 정립하여 노벨물리학상을 수상했다.

당시를 재현해 일반에 공개하고 있다.
1층은 카페로 운영 중이고 2층으로 올라가는 오래된 나선형 계단은 원래 상태 그대로 보존되어 있다. 2층에는 상대성이론을 정립한 책들과 그의 전기, 사진, 가구 등이 전시되어 있다. 3층에는 관련 사진들이 전시되어 있고, 옆방에서는 아인슈타인의 일대기를 상영한다.

- Kramgasse 49
- www.einstein-bern.ch
- 10:00~17:00 휴무 12/21~1/30, 4/12, 5/31, 8/1
- 성인 CHF7, 학생 CHF5
- 중앙역에서 49번을 타고 Kramgasse에서 하차. 또는 시계탑을 지나 크람 거리에 있는 체링겐 분수와 삼손 분수 사이의 중간 오른쪽에 위치
- 지도 P.380-E

## 곰 공원
Bären Park

### 베른을 상징하는 곰

곰 공원은 베른을 상징하는 곰을 가까이에서 볼 수 있는 휴식 공간으로, 공원의 주인공인 **핀(Finn), 비요크(Björk), 우르시아(Ursina) 3마리 곰의 고향**

이다. 2009년 비요크는 곰의 겨울 동굴에서 새끼 2마리를 낳았고, 우르시아는 부모와 함께 살고 있다. 2009년부터 곰 생태계와 건강을 위해 아레강 둑을 따라 약 6,000㎡의 비탈

아레 강 산책로로 연결되는 리프트

길 부지를 조성해 곰을 사육하고 있다. 공원에서 갈색곰들이 비탈길을 기어오르고 자유롭게 목욕하고 물고기와 노는 모습을 볼 수 있다. 특히 아버지 곰 핀은 수영을 무척 좋아한다. 비탈면에 엘리베이터를 설치해 아레강 변 둑까지 연결되어 있고, 아레강을 따라 산책로가 조성되어 있다.

- Grosser Muristalden 6
- www.tierpark-bern.ch
- 공원 08:00~17:00, 동물원 09:00~18:00 (11~2월 09:00~17:00) 공원 무료, 동물원(Dählhölzli Zoo) 성인 CHF11, 학생 CHF7
- 중앙역에서 버스 12번(Paul Klee Centre 방향)을 타고 니데크 다리를 건너 하차. 또는 마르크트 거리, 크람 거리(아인슈타인 하우스)를 지나 곧장 직진해 게레흐티히카이츠 거리를 지나 니데크 다리를 건너면 바로 오른쪽 비탈길에 위치
- 지도 P.380-F

거실

아인슈타인 부부

## 베른 대성당
### Bern Münster
★

### 스위스 최대 규모의 후기고딕양식 건축물

스위스에서 가장 규모가 크고 높은 교회 건축물이자 베른에서 가장 인상적인 후기고딕양식 건축물이다. 도시 건축의 중추적 역할을 한 대성당은 1421년 건설하기 시작해 1893년에 첨탑이 세워지면서 완성되었다. 가장 특징적인 곳이 파사드 위에 새겨진 최후의 심판이다. 외벽에 새겨진 200여개의 석조·목조각상은 대부분 진품이지만 일부는 모조품이다. 내부 천장은 고딕양식의 다양한 무늬로 수놓아져 있다. 내부 성가대에는 컬러풀한 6개의 커다란 스테인드글라스가 있고, 1522~1525년 목수 야곱 루스가 오크나무로 만든 성가대석은 좌석마다 다른 문양이 새겨져 있다. 마터 예배당(Matter Chapel)의 스테인드글라스에 모든 인간은 필연적으로 죽게 된다고 표현한 《죽음의 댄스》가 볼만하다.

### 타워 전망대 ★

기념품 가게 옆문으로 난 344개의 좁은 계단을 따라 올라가면 100m 높이 첨탑의 진면목이 드러난다. 구시가의 환상적인 뷰와, 만년설로 뒤덮인 **베르너 오버란트의 장엄한 풍광**이 파노라마처럼 펼쳐진다. 대성당 앞 뮌스터 광장에는 십계명을 들고 있는 모세의 분수가 있다.

※ 광장에서 대성당을 바라볼 때 성당 오른쪽에 무료 화장실이 있다.

🏠 Münsterplatz 1
@ www.bernermuenster.ch
🕐 **10/14(2024)~4/21(2025) 성당** 월~금요일 12:00~16:00, 토요일 10:00~17:00, 일요일 11:30~16:00 **탑** 월~금요일 12:00~15:30, 토요일 10:00~16:30, 일요일 11:30~15:30 **4/22~10/31 성당** 월~토요일 10:00~17:00, 일요일 11:30~17:00 **탑** 월~토요일 10:00~16:30, 일요일 11:30~16:30
💰 **성당** 무료, **탑** 성인 CHF6, 학생 CHF3
🚋 중앙역에서 트램 8번(버스 10·12번)을 타고 시계탑에서 하차 후 도보 3분. 또는 아인슈타인 하우스 뒤쪽에 위치
🗺 지도 P.380-F

성당 파사드의 최후의 심판

고딕양식의 천장 문양

오크나무로 만든 성가대석

# 장미 정원
## Rosengarten
★

### 베른에서 가장 아름다운 공원

꽃을 좋아하는 사람들에게는 힐링 장소로 안성맞춤인 공원이다. 과거 공동묘지였던 곳을 공원으로 조성해 1913년부터 공개하고 있다. 정원은 다양하고 풍부한 꽃으로 장식되어 있다. 매혹적인 수련 연못과 223여 종의 장미, 200여 종의 아이리스 및 28여 종의 진달래꽃이 만발한다. 특히 장미가 만개하는 5~6월에 이곳을 찾는 것이 가장 좋지만, 계절에 상관없이 전망대에서 사진 촬영을 하거나 파빌리온과 독서정원, 어린이 놀이터에서 휴식을 취하기에도 안성맞춤이다.

### 환상적인 포토 스폿 ★

구시가 아레 루프(Aare Loop)의 멋진 전망이 보이는 포토존으로, 날씨가 맑으면 구시가뿐 아니라 인근 알프스 고봉까지 보인다. 정원 안 레스토랑에서도 식사와 풍광을 즐길 수 있다.

- Alter Aargauerstalden 31b
- www.bern.com/en/rosengarten
- 중앙역에서 버스 10번(Ostermundigen 방향)을 타고 Rosengarten역에서 하차. 또는 게레흐티히카이츠 거리(Gerechtigkeits gasse) 끝의 니데크 다리를 건너 곧장 가다가(오른쪽 곰 공원) 삼거리에서 직진해서 Alter Aargauerstalden 거리를 따라 왼쪽으로 올라간다.
- 지도 P.380-C

전망대에서 바라본 구시가

---

### tip 분수의 도시 베른

베른은 분수의 도시답게 100여 개의 분수가 있는데, 구시가에만 다양한 이야기를 간직한 8개의 분수가 있다. 중세부터 세워진 분수들은 화려한 색상으로 장식해 구시가의 모습을 한층 돋보이게 하며 식수와 소방용 수로 사용되고 만남의 장소로도 인기 있다.

체링겐 분수

중앙역에서 가장 가까운 슈피탈 거리에서 일직선상에 있는 거리 끝, 곰 공원에 근처인 게레흐티히카이츠 거리(Gerechtigkeitsgasse)에 7개의 분수가 있다. 백파이프 연주자 분수(Pfeiferbrunnen, 가난한 시인과 음악가를 위한 분수)→ 자일러 분수(Anna Seiler-brunnen, 베른 최초의 병원 설립자)→ 사격수 분수(Schutzen-brunnen, 한스 기엠 작품)→ 식인 괴물 분수(Kindlifresser-brunnen, 아이를 잡아먹은 식인 괴물)→ 체링겐 분수(Zahringer-brunnen, 무장한 곰 병사)→ 삼손 분수(Simson-brunnen, 사자를 때려잡은 삼손)→ 정의의 여신 분수(Gerechtigkeits-brunnen, 니데크 다리 근처에 있는 분수) 순으로 세워져 있다. 그밖에 대성당 앞의 뮌스터 광장에는 구약성서의 예언자 모세가 십계명을 들고 있는 모세 분수(Moses-brunnen)가 있다.

삼손 분수

정의의 여신 분수

식인 괴물 분수

모세 분수

# 베른의 맛집

---

### ◆ 장미 정원 주변 ◆

**Rosengarten**

장미 정원 중심에 위치하고 있는 레스토랑. 구시가의 아름다운 전망을 즐기면서 다양한 종류의 진미를 맛볼 수 있다. 특히 저렴한 세트 메뉴가 인기 있다. 메인 코스는 스파게티 CHF22.5, 소고기 구이 CHF33.5, 그릴 돼지고기 CHF35.5.

- Alter Aargauerstalden 31b
- www.rosengarten.be
- 09:00~23:30
- 중앙역에서 10번 버스를 타고 로젠가르텐(Rosengarten)역에서 하차  지도 P.380-C

### ◆ 코른하우스 광장 주변 ◆

**Kornhauskeller**

바로크 건축 양식이 특징인 베른 최고의 고급 레스토랑. 지중해 요리와 향토 요리가 주 메뉴이다. 와인 저장소에서 제공하는 와인 맛이 일품이며, 베른의 명물 요리인 베르너 플라테(Barner-Platte, CHF37)가 인기있다. 그 외에도 수프 CHF12, 시바스(농어) CHF38, 소고기 구이 CHF52, 뢰스티 CHF38를 판매한다.

- Kornhausplatz 18   www.kornhaus-bern.ch
- 월~토요일 11:30~14:30, 17:30~23:30, 일요일 12:00~14:30, 17:30~22:00   중앙에서 도보 10분, 코른하우스 광장에 위치   지도 P.380-B

### ◆ 베렌 광장 주변 ◆

**Ristorante Luce**

이탈리아 레스토랑. 분위기도 좋고 직원 서비스도 양호하다. 피자, 티라미수 등 요리 맛이 좋은데, 혼자 먹기에는 양이 많아 부담스러울 정도이다. 예산 CHF20~.

- Zeughausgasse 28, 3011 Bern
- www.ristoranteluce.ch   09:30~23:00
- 감옥탑에서 도보 2분
- 지도 P.380-B

### ◆ 중앙역 주변 ◆

**Tibits Bern Bahnhof**

채식을 전문으로 하는 뷔페 레스토랑. 채소, 과일 등 신선한 재료로 만든 요리를 매일 2회 제공한다. 접시에 샐러드를 담아 카운터에 있는 저울에 무게를 달아 계산한다. 예산 CHF10~.

- Bahnhofplatz 10   www.tibits.ch
- 월~금요일 06:30~22:30, 토·일요일 08:00~22:30
- Bahnhofplatz에 위치
- 지도 P.380-D

### ◆ 곰 공원 주변 ◆

### Casa Novo
지중해식 요리와 중유럽 요리 전문 레스토랑. 아레강 가장자리에 위치한 테라스에서 낭만적인 분위기를 느끼며 식사할 수 있다. 예산 CHF25~.

- Läuferpl. 6
- www.casa-novo.ch
- 11:30~14:30, 17:30~23:30(토요일 17:30~23:30)
- 휴무 일·월요일
- 12번 트램을 타고 Nydegg 정류장에 내려 직진해 아레강을 건너지 말고 왼쪽 도로로 가면 로이퍼 광장(Läuferpl) 근처에 있다. 곰 공원에서 도보 5분  지도 P.380-C

# HOTEL
# 베른의 숙소

### ◆ 베른 중앙역 주변 ◆

### Hotel Savoy Bern
베른의 주요 쇼핑가와 비즈니스 중심부에 위치한 4성급 호텔. 중앙역 근처에 있어 쇼핑과 관광에 편하다.

- Neuengasse 26
- www.hotelsavoybern.ch
- 2인 1실 CHF167~
- 중앙역에서 도보 3~5분 거리
- 지도 P.380-B

### ◆ 연방의회 주변 ◆

### Jugendherberge Bern
60년의 전통을 자랑하는 베른의 정식 유스호스텔. 최근 리모델링이 진행했으며 2018년 3월 다시 문을 열었다. 침대 184개, 바와 탁구대, 테이블 축구, 세탁기 등이 갖춰져 있고 와이파이와 로커가 무료로 제공되며, 리셉션은 24시간 운영된다.

- Weihergasse 4
- www.youthhostel.ch/bern
- 6인실 CHF53, 2인실 CHF160~, 1인실 CHF129~
- 중앙역에서 도보 12분, 스위스 연방 궁전 뒤쪽에 위치
- 지도 P.380-E

### ◆ 베른 엑스포 주변 ◆

### Novotel Bern Expo
베른에서 가격 대비 만족도가 높은 4성급 호텔로 객실이 깔끔하고 조식이 양호하다. 구시가에서 약간 떨어진 곳이지만 중앙역에서 트램을 타고 내리면 바로 있어 편리하다. 교통 패스를 제공한다.

- Am Guisanplatz 2
- www.novotelbernexpo.ch/en/
- 2인 1실 CHF143~
- 중앙역에서 트램 9번을 타고 Quisanplatz역에서 내리면 바로, 총 10분 소요

### Ibis Bern Expo
베른에서 비교적 저렴한 아코르 체인호텔. 유럽 전 지역에 있는 유명 체인호텔로 객실이 깔끔하고 직원이 친절하다.

- Am Guisanplatz 4
- www.all.accor.com
- 2인 1실 CHF118~
- 중앙역에서 트램 9번을 타고 Quisanplatz역에서 내리면 바로, 총 10분 소요

# Lausanne

## 로잔

로잔은 보(Vaud) 주의 주도로, 해발 고도 500m의 언덕 위에 조성된 천연 요새의 도시다. 또한 길이 73km, 너비 14km에 이르는, 유럽 최대의 호수인 레만 호수를 끼고 있어 자연 경관이 매우 수려하다. 종교 개혁의 영향을 받아 대부분의 주민이 개신교 신자이며 프랑스어를 사용한다. 로잔 대학을 비롯해 발레 학교, 호텔 학교 등 다양한 교육 시설이 들어선 국제 교육 도시로 늘 젊은이들로 활기가 넘친다. 국제올림픽위원회(IOC) 본부가 있는 올림픽의 도시로, 1994년부터 올림픽 수도로서 국제 스포츠로도 명성이 높다.

# HOW TO GO
# 로잔 가는 법·시내 교통

### 주요 도시와의 이동 시간
- 제네바 → 로잔  IC열차 36분
- 베른 → 로잔  IC열차 1시간 6분
- 루체른 → 로잔  IC열차 2시간 10분
- 취리히 → 로잔  IC열차 2시간 10분
- 인터라켄 → 로잔  IC열차 2시간 10분

### ◆ 시내 교통 ◆

로잔은 도시 규모가 작아 도보 관광이 가능하나, 저지대의 우시 지구에서 고지대의 구시가로 이동하려면 경사가 가파르므로 메트로를 이용할 것을 권한다.

플롱역

메트로는 동서 방향을 운행하는 M1선과 남북 방향으로 고지대와 저지대를 오가는 M2가 운행한다. 로잔역에서 구시가와 우시 지구를 연결해주는 M2선(우시역→로잔역→플롱역)이 여행에 유용한 노선이다. 티켓은 여행 안내소나 역내 자동발매기에서 구입한다. 스위스패스 소지자는 무료 탑승.

- 교통 정보 www.mobilis-vaud.ch/fr/tarifs
- 1회권(단거리) CHF2.3, 1회권 CHF3.2, 1일권 CHF9.2

**로잔 트랜스포트 카드** Lausanne Transport Card

호텔(유스호스텔)에 숙박하면 체류 기간 내에 대중교통 수단을 이용할 수 있는 로잔 트랜스포트 카드를 발급해 준다.

### ◆ 기차로 가기 ◆

로잔 중앙역은 교통의 요지로 철도망이 사방으로 뻗어 있어 제네바, 루체른, 베른 등 스위스 주요 도시로 연결된다. 레만 호수를 따라 브베(15분), 몽트뢰(21분), 제네바(35분)로 바로 이동할 수 있다.

### ◆ 유람선으로 가기 ◆

유럽 최대의 빙하 호수인 레만 호를 끼고 있는 로잔은 주변 몽트뢰, 브베 등 주변 도시를 오가는 CGN 유람선이 운행되고 있다. 스위스패스 소지자는 무료.
- www.cgn.ch

### tip 여행 안내소

로잔의 여행 안내소 본부는 우시(Ouchy) 지구에 있다. 유람선을 이용할 경우에는 선착장이 있는 우시 지구의 여행 안내소를, 기차를 탈 때는 로잔역 앞에 있는 여행 안내소(매일 09:00~18:00)를 이용한다.

- Avenue de Rhondanie 2 CH-Lausanne  www.lausannetourisme.ch
- 08:00~12:00, 13:00~17:00(토·일요일 09:00~)  우시 지구 선착장 근처에 위치

정면 건물 1층이 우시 여행 안내소이다.

## ◆ 로잔의 추천 코스 ◆

[ Start ]

로잔역
↓ 도보 4분.

로잔 주립 미술관
↓ 도보 15분.

플롱 지구
↓ 도보 5분.

팔뤼 광장
↓ 바로.

마르셰 계단
↓ 도보 3분.

로잔 대성당
↓ 도보 5분.

생 메르 성
↓ 도보 7분.

리퐁 광장
↓ 메트로 또는 버스 이동.

올림픽 공원
↓ 도보 5분.

우시 성(호반 산책로)

[ Finish! ]

리퐁 광장

## Q&A

**여행 적기는?**
5~10월, 스키 시즌.

**교통비를 아끼려면**
호텔에서 발급해주는 로잔 트랜스포트 카드나 스위스패스를 활용.

**효율적인 일정을 짜려면**
로잔은 저지대(우시 지구 선착장)에서 고지대(구시가)로 가파르게 연결되는 지형이다. 위에서 소개한 일정대로 로잔역에 도착하면 구시가를 걸어서 관광한 후 메트로를 타고 우시 지구로 이동한다. 만약 유람선을 이용해 우시 지구 선착장에 도착하면, 위의 일정과 반대 방향으로 루트를 짠다.

**근교 도시를 여행하려면**
로잔에서 1박을 한다면 브베, 몽트뢰를 다녀올 것을 추천한다. 열차(버스, 유람선)를 타면 레만 호를 끼고 바로 브베, 몽트뢰와 연결된다. 유네스코 세계유산에 지정된 **라보(Lavaux) 지구의 와이너리**는 산 비탈길에 펼쳐진 포도밭과 레만 호의 전경이 환상적이니 하이킹이나 와인 투어에 참여해보자. 스위스패스가 있다면 유람선을 타고 레만 호수 건너편의 프랑스령인 **생수로 유명한 도시 에비앙**도 가 볼만하다.

**파노라마 풍광 즐기기**
- 소바블랭 타워 Sauvabelin Tower
- 생 매르 성 산책로 On the St. Maire Castle esplanade
- 랑그독 언덕 On the Languedoc hillside
- 몽브농 산책로 Montbenon Esplanade
- 르 크레드 몽트리옹 Le Crêt de Montriond (주소 Av. de Cour 14)
- 로잔 대성당 타워 Lausanne Cathedral

로잔 근교의 라보 지구와 레만 호수

로잔 대성당에서 바라본 구시가와 레몬 호수

근교 여행지로 인기 있는 프랑스령의 에비앙

RECOMMENDED COURSE

SIGHTSEEING

# 로잔

팔뤼 광장, 중앙에 정의의 여신 분수가 있다.

## 팔뤼 광장
### Place de la Palud
★

**중세 시장 광장**

구시가 한가운데 위치한 팔뤼 광장은 중세 시장 광장으로 17세기 전통 지붕이 인상적인 시청사와 아케이드, 용 모양의 2개의 구리 가고일(교회 등의 건물에서 홈통 주둥이로 쓰는 괴물 석상)로 장식된 르네상스풍 파사드로 둘러싸여 있어 중세 분위기가 물씬 풍긴다.

광장 중앙에는 도시에서 가장 오래된 **정의의 여신 분수**가 있다. 분수대 뒤쪽 건물 외벽의 **팔뤼 시계**는 9시부터 19시까지 매시 장난감 인형이 벽에서 나와 시계를 한 바퀴 돌면서 로잔의 역사를 알려 준다.

매주 수요일과 토요일 아침이면 광장은 순식간에 마을장터로 탈바꿈하여 식료품과 생활용품을 파는 시장이 열리고, 매월 첫째 금요일에는 공예품 시장도 선다. 분수 뒤쪽의 메르시에 거리로 들어서면 노트르담 대성당으로 연결되는 마르셰 계단이 나온다.

팔뤼 시계

● 메트로 2호선 Riponne-M. Béjart역에서 하차 후 도보 2분 ● 지도 P.392-A

## 마르셰 계단
### Escaliers du Marché

로잔에서 중세 분위기가 가장 짙게 남아 있는 계단이다. 팔뤼 광장에서 목조 지붕으로 덮인 가파른 목조 계단을 따라가면 노트르담 대성당으로 이어진다. 계단 옆으로는 카페, 숍, 레스토랑이 빼곡히 들어서 있다.

● 메트로 2호선 Riponne-M. Béjart역에서 하차. 팔뤼 광장에서 정의의 여신 분수대 뒤쪽 언덕으로 올라가면 바로 ● 지도 P.392-B

## 로잔 대성당
### La Cathédrale de Lausanne
★

장미창

### 스위스의 정신적 수도
구시가 중심에 위치한 장엄한 분위기의 로잔 대성당은 아름다운 고딕양식 건축물로 매년 40만 명 이상의 관광객이 찾는다. 불어를 사용하는 스위스의 정신적 수도로서, 12~13세기에 가톨릭 성당으로 세워진 로잔 대성당은, 1275년 10월 20일 교황 그레고리 10세와 합스부르크의 루돌프 왕이 참석한 자리에서 봉헌되었다. 1536년 종교 개혁 운동으로 프로테스탄트(개신교) 대성당이 되었으나, 18~19세기에 걸쳐 복원된 후 2007년 완성되었다.

### 고딕양식의 걸작 장미창
현관 남쪽(사도 입구)에는 모세, 예수의 성서 속 인물들이 묘사되어 있다. 남쪽 벽의 장미창은 유럽 예술 유산의 고딕양식 걸작 중 하나이며, 햇살에 반사되어 아름다움의 극치를 보여주는 **스테인드글라스는 창조주 하나님을 중심으로 다양한 소재(땅, 바다, 불, 공기 등)를 배열해 세계 중세적 가치관을 묘사하고 있다.**

### 타워 전망대 ★
정면 입구의 오른쪽 종탑으로 연결되는 232개 나선형 계단을 따라 올라가면 중세풍 구시가와 레만 호수의 전경이 펼쳐진다. 전통에 따라 22:00~02:00에 야경꾼이 5차례 시각을 알려준다.

- Place de la Cathédrale
- www.cathedrale-lausanne.ch
- 4~9월 09:00~19:00(10~3월 ~17:30)
- 탑 4~9월 월~토요일 09:30~12:30, 13:30~18:30, 일요일 13:00~17:30, 10~3월 월~토요일 09:30~12:30, 13:30~17:00, 일요일 14:00~17:00 휴무 1/1, 12/25
- 성당 무료 탑 성인 CHF5, 어린이(1~16세) CHF2
- 메트로 2호선 RIPPON역에서 도보 5분, 마르세 계단을 따라 올라가면 바로 ⊕ 지도 P.392-B

고딕양식 건축물

파이프 오르간

## 로잔 주립 미술관
### MCBA(Musée Cantonal des Beaux - Arts de Lausanne)
★

### 스위스에서 가장 오래된 미술관
1841년 개관한 박물관으로 스위스에서 가장 오래된 미술관 중 하나이다. 1만여 점의 작품을 소장하고 있고 1년에 수차례 특별 전시회를 개최한다. 특히 국제적으로 유명한 보주 출신 화가 들인 뒤크로(Ducros), 글레르(Gleyre), 스탱랑(Steinlen), 발로통(Vallotton), 수테르(Soutter) 등의 작품들을 볼 수 있다. 가이드 투어 및 워크숍을 포함한 문화 프로그램도 운영한다.

### 플랫폼 10
1906년부터 뤼민 궁전(리폰 광장에 위치)에 속한 네오피렌체 건물에서 운영했으나, 2020년 **로잔 프로젝트**의 일환으로 로잔역 인근 현대 공간으로 옮긴 후 플랫폼 10(Platforme 10)을 세워 현대 디자인 미술관, 로잔 주립 미술관, 엘리제 박물관(Musée de l'Élysée)을 한곳에 모아 로잔의 예술 문화를 발전시키는 예술 공간으로 모던하게 조성했다.

- Pl. de la Gare 17, 1003 Lausanne, Suisse
- www.mcba.ch ⏰ 10:00~18:00, 목요일 10:00~20:00
- 휴무 월요일, 1/1, 12/25
- 박물관(1곳) 성인 CHF15, 학생 CHF12, 통합권(박물관 3곳) 성인 CHF25, 학생 CHF19
- 무료 입장 26세 이하, 매월 첫 번째 토요일
- 지하철 2호선 Lausanne역 하차 🗺 지도 P.392-C

샤를 글레르(Charles Gleyre)의 〈사포의 잠자리(Le Coucher de Sappho)〉(좌), 루이스 뒤크로(Louis Ducreux)의 〈체팔루의 야간 폭풍(Orage nocturne à Cefalù)〉(우)

로잔 주립 미술관

## 현대 디자인 미술관
### MUDAC(Musee du design and contemporary applied arts)

디자인, 그래픽 및 패션을 다루는 박물관으로 모든 종류의 현대 응용미술과 다양한 스타일의 가교 역할을 한다. 매년 2회의 상설 전시와 4~6회의 임시 전시회를 개최한다. 상설 전시실에는 유럽에서 가장 규모가 큰 현대 유리 예술품 컬렉션, 이집트와 아시아 고대 미술 컬렉션이 있고, 임시 전시실은 도자기, 사진, 미디어 및 보석을 전시한다. 정기적으로 어린이를 위한 특별 이벤트가 개최되기도 한다. 2020년 로잔역 근처 중앙박물관 부지로 옮겨 새롭게 재개관했다.

- Place de la Gare 17 1003 Lausanne. Suisse
- www.mudac.ch ⏰ 10:00~18:00, 목요일 10:00~20:00
- 휴무 화요일, 1/1, 12/25 💰 성인 CHF15, 학생 CHF12,
- 무료 입장 26세 이하, 매월 첫 번째 토요일
- 지하철 2호선 Lausanne역 하차. 버스 3·20·21·60·85 lausanne 정류장 하차 🗺 지도 P.392-C

## 생 메르 성
### Château Saint-Maire

### 대주교의 관저로 사용

14~15세기에 걸쳐 주교 거주지로서 북이탈리아 석공들에 의해 세워진 성이다. 로잔에서 가장 높은 구시가 언덕 북쪽에 위치해 마치 요새와도 같다. 줄곧 대주교의 관저로 사용되다가 지금은 주청사로 사용되고 있다. 로잔 독립의 영웅인 다벨의 기념상이 성 외벽 앞에 세워져 있다. 내부 관람은 안 되고 현재 산뜻하게 외관공사를 마쳤다.

📍 Place du Château
🚇 메트로 2호선 또는 버스 5·6·8번을 타고 Riponne-M. Béjart역에서 하차 후 도보 8분. 대성당에서 Rue Cite Devant 거리를 따라 3분 정도 올라간다.
🗺 지도 P.392-B

## 플롱 지구
### Quartier du Flon
- ★

### 쇠락한 공업지구에서 첨단 생활지구로 변신

쇠퇴한 대규모 공업지구가 도시 개발 계획 지역으로 개발되어 도시 건축의 미를 살린 첨단 생활지구로 탈바꿈하면서 로잔 심장부의 명소로 밤낮으로 활기가 넘치는 젊음의 장소가 되었다. 플롱 고원에 자리한 공장 창고는, 1894년 플롱 지구가 세워질 당시만 해도 철근 콘크리트를 사용한 최신 건물로, 평평한 지붕과 직선형 정렬의 중세 구시가 건물들과 대조를 이루었다.

### 핫 플레이스로 부상

1999년부터 플롱지구 발전 프로젝트가 시행되면서 공장 창고들은 대체 극장이나 음악 센터로 변모했다. 악취가 풍기던 공장 창고 구역이 갤러리, 인테리어 가구점, 레스토랑, 바, 클럽, 패션 부티크, 영화관, 스포츠 숍 및 전시 공간이 있는 생활권역으로 변하면서, 옥상 테라스에서 음료를 마시고 여름에는 모래사장에서, 겨울에는 아이스링크를 즐기는 로잔의 핫 플레이스로 바뀌었다.

🚇 메트로 1·2호선 Lausanne-Flon역에서 하차
🗺 지도 P.392-A

생 메르 성

플롱 지구

## 올림픽 박물관
Le Musée Olympique
★

**레만 호수와 알프스 조망을 즐길 수 있다**

올림픽 수도인 로잔은 100년 동안 IOC(국제 올림픽위원회)의 본거지로, 1993년 IOC가 레만 호수의 비탈길에 올림픽 박물관을 세우면서 로잔에서 가장 많은 관람객이 방문하는 명소로 인기를 누렸다. 2013년에는 스포츠, 예술 및 교육 시설을 현대적 감각으로 리모델링했다.

3층의 건물 내부에는 올림픽 경기와 관련된 150개의 비디오, 영화와 우표, 주화 등 1,500개의 다양한 물품은 물론 올림픽 성화봉 및 모든 올림픽 게임의 메달과 유명 운동선수의 장비가 전시되어 있다. 건물 내부에 레만 호수와 알프스를 조망할 수 있는 탁 트인 레스토랑이 있다.

- Quai d'Ouchy 1
- www.olympic.org/museum
- 09:00~18:00 휴무 월요일, 1/1, 12/24, 25, 31
- 성인(17세 이상) CHF20, 학생 CHF14
- 메트로 2호선이나 버스 8·20·24·25번을 타고 Ouchy역에서 하차 후 도보 10분, 또는 버스 8·25번으로 갈아타고 Le Musée Olympique역에서 하차하면 바로
- 지도 P.392-F

## 우시 성
Château d'Ouchy

**성을 개조한 네오고딕양식의 호텔**

우시 성은 12세기에 로잔의 우시 지구에 세워진 성이다. 19세기에 성을 개조해서 네오고딕양식의 4성급 호텔로 문을 열었다. 일부 유적은 그대로 남아 있어 중세 분위기를 풍긴다. 레만 호수 기슭에 위치하여 맑은 공기를 자랑하는 천혜의 알프스와 빙하 호수의 환상적인 전망을 선사한다.

과거 어업과 물자 교환 항구였던 우시 지구는 주정부의 관리하에 제네바 호수의 해안이 보호받고 있어 멋진 경관을 간직하고 있다. 우시 성에서 선착장으로 연결되는 호반 산책로는 시민들의 조깅과 산책을 위한 힐링 코스이다.

- Place du Port
- www.chateaudouchy.ch
- 메트로 2호선 Ouchy역에서 나와 왼쪽으로 가면 길 건너편에 위치
- 지도 P.392-E

우시 지구 호반 선착장

LAUSANNE

# 로잔의 맛집

### ◆ 플롱역 주변 ◆

**Brasserie de Montbenon**
테라스에서 레만 호수 전망을 즐길 수 있는 프랑스 요리 레스토랑으로, 몽베농(Montbenon)에서 가장 유명하다. 닭고기 볼로방(Vol au Vents de Poulet, CHF29), 필레 드 뵈프 로시니(Filet de Boeuf, CHF42) 등의 전통적인 미식 요리를 맛볼 수 있다.

- Allée Ernest Ansermet 3
- www.brasseriedemontbenon.ch
- 매일 09:00~24:00
- 메트로 2호선 Lausanne-Flon역에서 도보 6분
- 지도 P.392-A

**Eat Me Restaurant & Cocktail Lounge Lausanne**
이색적인 레스토랑. 아메리카, 유럽, 아시아, 중동, 아프리카의 요리를 한 접시에 담아 맛볼 수 있다. 음식, 서비스, 분위기 모두 좋은 평가를 받고 있다. 런치 小접시 CHF12, 디저트 CHF12, 大접시 CHF26, 3개 접시 CHF34.

- Rue Pépinet 3, 1003 Lausanne
- www.eat-me.ch
- 런치 목~토요일 11:45~14:00, 디너 화~토요일 17:00~23:00 휴무 일·월요일
- 지하철 1·2호선 로잔 플롱역 근처
- 지도 P.392-C

**Luigia Lausanne**
로잔에서 유명한 이탈리안 레스토랑. 극장을 리모델링한 건물로 분위기가 클래식하고, 직원이 친절하고 서비스가 좋다. 피자 종류가 아주 다양하다. 예산 CHF30~, 피자 CHF15~. 티라미수 피스타치오(Tiramisu Pistachio)가 아주 맛있다.

- Rue Saint-Pierre 3, 1003 Lausanne
- www.luigia.ch
- 월~목요일 11:30~14:00, 18:30~22:30, 금요일 11:30~14:00, 18:30~23:30, 토요일 12:00~23:30, 일요일 12:00~22:30
- 메트로 Bessieres역에서 도보 2분
- 지도 P.392-D

### ◆ 올림픽 박물관 주변 ◆

**Anne-Sophie Pic au Beau-Rivage Palace**
럭셔리한 보-리바주 팰리스 호텔 부속의 미쉐린 3스타 레스토랑. 아름다운 정원과 레만 호수의 멋진 전경을 자랑한다. 비용이 다소 비싸지만 멋진 추억을 남길 수 있다. 비즈니스 런치 CHF95.

- Place du Port 17-19   www.brp.ch
- 12:00~13:30, 18:30~21:30 휴무 일·월요일
- 메트로 2호선 Ouchy-Olympique역에서 도보 4분
- 지도 P.392-E

# 로잔의 숙소

### ◆ 로잔역 주변 ◆

**Alpha Palmiers by Fassbind**

로잔역 맞은편에 위치한 4성급 호텔. 2002년에 신축한 모던 스타일의 건물로 객실이 깨끗하고 내부에 멋진 정원이 있다. 대중교통을 이용할 수 있는 시내 교통카드가 무료로 제공된다.

- Rue Du Petit-Chene 34
- www.byfassbind.com  2인 1실 CHF170~
- Lausanne역에서 도보 4분  지도 P.392-C

### ◆ 리폰역 주변 ◆

**Hôtel du Marché**

최근 리모델링을 마쳐 분위기가 산뜻한 2성급 호텔. 물가가 비싼 스위스에서 가성비가 높고 도심 근처에 위치해 쇼핑과 관광에 편리하다.

- Rue Pré-du-Marché 42
- www.hoteldumarche-lausanne.ch
- 2인 1실 CHF100~
- 메트로 2호선 Rippon-M. Béjart역에서 도보 5분
- 지도 P.392-A

### ◆ 외곽 : 로잔 대학교 방향 ◆

**Lausanne Youth Hostel Jeunotel**

로잔 공식 유스호스텔로 공원과 호숫가에 접해 있어 아늑하다. 체크인은 오후 3시부터이며, 리셉션은 24시간 개방한다. TV룸, 잔디밭, 세탁실, 배구장, 탁구대, 자전거 대여, 무료 와이파이를 제공한다.

- Ch. du Bois-de-Vaux 36
- www.youthhostel.ch
- 1인실 CHF85~, 2인실 CHF116~(1인 CHF58), 4인실 CHF216~(1인 CHF54)
- 메트로 2호선 Délices역에서 하차. 또는 버스 25번(Chavannes Glycines 방향)을 타고 Bois de Vaux에서 하차 후 도보 2분

### ◆ 우시성 주변 호텔 ◆

**Château d'Ouchy**

4성급 네오고딕양식 호텔. 내부 시설이 고급스럽고 객실에서 호수 전망을 즐길 수 있다. 실내외 수영장, 스파, 레스토랑이 있어 휴식을 취하기 좋다. 지근거리에 지하철이 있어 이동하기 편하다.

- Hôtel Chateau d'Ouchy Place du Port 1006 Lausanne
- www.chateaudouchy.ch
- 2인실 CHF224~
- 지하철 2호선 우시역에서 바로
- 지도 P.392-E

## 몽트뢰
### MONTREUX

레만 호수를 끼고 있는 몽트뢰는 온난한 기후와 수려한 풍경으로 스위스의 리비에라로 불릴 만큼 스위스에서 가장 아름다운 호반 도시이다. 주변에 펼쳐지는 포도밭과 맑은 햇살에 반짝이는 레만 호수의 풍광에 매료되어 루소, 바이런, 헤밍웨이를 비롯한 유명 예술인들이 이곳을 무대로 수많은 작품을 썼다. 또한 〈봄의 제전〉을 작곡한 스트라빈스키와 세계적인 록 밴드 퀸의 프레디 머큐리, 찰리 채플린이 활동을 하며 말년을 보낸 곳이기도 하다. 동부 레만 호수 위의 시용 성은 바이런의 작품 〈시용 성의 죄수〉로 널리 알려진 신비스러운 성으로 몽트뢰의 인기 명소이다. 매년 여름에 세계적인 음악축제인 몽트뢰 재즈 페스티벌이 개최되는 것으로도 유명하다.

### 몽트뢰 가는 법

**기차**
- 제네바 → 몽트뢰 (1시간 10분 소요, 수시 운행)
- 로잔 → 몽트뢰 (20분 소요, 수시 운행)

**버스**
- 브베 → 몽트뢰 (30분 소요, 수시 운행)
- 브베에서 201번 포스트버스 탑승 시

**유람선**
- 로잔 또는 브베에서 유람선을 타고 레만 호수의 풍경을 즐기면서 갈 수 있다.
- 스위스패스 소지자는 무료 탑승 가능
- 브베 마르셰(Vevey-Marché) → 몽트뢰 (20분 소요, 여름철 1일 8회 운행)
- 로잔 우시(Lausanne-Ouchy) → 몽트뢰 (직행 1시간, 여름철 1일 9회 운행)

**여행 정보**
- www.montreuxriviera.com

## 시옹 성
### Château du Chillon
★

### 레만 호수 위에 떠 있는 신비로운 성
알프스 산자락의 레만 호숫가에서 동쪽 끝머리에 위치한 시옹 성은 마치 호수 위에 떠 있는 천국처럼 신비하고 경이롭다. 19세기말 건축가 알베르 나에프가 발굴 작업하면서 시옹성 터전이 청동기시대부터 자리했던 곳임을 발견했다.

### 전략적 방어 요충지
성이 세워진 바위섬은 원래 북유럽과 남유럽 사이의 통로를 통제하기 위한 전략적인 방어 요충지였다. 9세기에 처음 지어진 후 12세기 사보이 왕국에서 성을 보수해 사용했고, 16~18세기 베른 시절에는 요새, 병기창(兵器廠), 감옥 등으로 사용되다가 보(Vaud) 주가 소유하면서 지금의 모습을 갖췄다. **지하실, 안마당, 대연회실, 성주의 식당, 베른양식의 침실, 영주의 방, 예배당** 등을 눈여겨보자. 한국어 안내서가 비치되어 있다.

Av. de Chillon 21  www.chillon.ch

🕘 4~9월 09:00~19:00, 3·10월 09:30~18:00, 11~2월 10:00~17:00, **휴무** 1/1, 12/25, **입장 마감** 1시간 전
💰 성인 CHF15, 학생 CHF12.5, 스위스패스 소지자 무료
📍 몽트뢰역에서 비토시옹(Veytaux-Chillon, 1시간 1회 운행)행 S1 열차를 타고 비토시옹역에서 하차하여 도보 약 5분 소요. 무인 기차역인 비토시옹역 1번 플랫폼에서 내려 지하 계단을 통과해 왼쪽의 '시옹 성' 표지판을 따라 레만 호숫가를 끼고 좁은 골목길로 10분 정도 가면 나온다. 또는 몽트뢰역에서 계단을 내려온 후 길 건너편에 버스정류장에서 201번 포스트버스(10~20분 간격 운행)를 타고 시옹 성 정류장에서 하차한다. 약 10분 소요.

> **tip** 몽트뢰 최고의 포토 스폿
>
> 호반산책로의 세계적인 록 밴드 퀸의 프레디 머큐리 동상과 원형 무대, 시옹 성 선착장에서 바라본 시옹 성의 전경은 꼭 사진으로 담아 보자.
>
>
> 프레디 머큐리 동상과 원형 무대

# Genève

## 제네바

제네바는 레만 호수를 끼고 있는 호반 도시이자, 종교 도시이며 국제도시로 유명하다. 수세기 동안 로마와 프랑크족의 지배를 받아 프랑스 분위기를 풍긴다. 13세기 말까지 독립된 교구의 지위를 유지하면서, 신성로마제국의 도시로 독수리와 황금열쇠의 문장이 있을 정도로 종교적 상징성을 갖고 있다. 1536년 장 칼뱅이 종교 개혁을 단행해 신교의 중심 역할을 했고, 1798년 프랑스 지배를 받으면서 레만 행정부의 중심지가 된 후 1813년 복구되어 2년 후 스위스로 정식 편입되었다. 1863년 국제적십자위원회 본부가 설립된 이후, 국제연합(유엔) 본부 등 200개 이상의 국제기구와 기관본부가 있는 평화의 전도사인 국제도시로 명성을 유지하고 있다.

# 제네바 가는 법 · 시내 교통

### 주요 도시와의 이동 시간
- 인천 → 제네바 비행기 14~15시간
- 파리 → 제네바 TGV 3시간 10분~4시간 20분
- 베른 → 제네바 IC/IR열차 1시간 50분
- 로잔 → 제네바 IC/IR열차 35~45분
- 루체른 → 제네바 IR열차 2시간 50분
- 취리히 → 제네바 IC열차 2시간 45분

## ♦ 비행기로 가기 ♦

한국에서 제네바로 가는 직항편은 없다. 대한항공에서 취리히까지 취항하는 직항 노선을 이용해 경유해서 가거나, 타 유럽 항공편으로 유럽 주요 도시를 경유해서 간다. 유럽 내에서는 이지젯을 비롯한 저가 항공이 운항하고 있다.

### 제네바 국제공항 Genève Aéroport

시내에서 약 4km 떨어진 곳에 위치한 제네바 국제공항은 스위스에서 취리히 다음으로 규모가 큰 국제공항이다. 시내는 물론 유럽의 주요 도시와 연계되어 있어 열차와 버스로 쉽게 이동할 수 있다.

@ www.gva.ch

### 공항에서 시내로 이동하기

**IR/RE기차**
공항 도착층에서 지하 1층으로 내려가면 바로 제네바 공항역이 나온다. IR/RE열차가 시내 중심역인 제네바 코르나뱅(Geneva-Cornavin station)역까지 운행한다. 러시아워 시 12분마다 운행. 소요 시간 12분, 티켓은 공항 역사에서 구입한다. 요금 CHF3이며, 스위스패스 소지자는 무료다.

**버스**
지상층(체크인 층)에 버스정류장이 있다. 5, 5+, 10번 버스가 시내(제네바 코르나뱅)까지 운행한다. 러시아워 시 8~15분마다 운행, 소요 시간 15분. 티켓은 버스정류장이나 역사 자동발매기에서 구입한다. 요금은 CHF3이며, 스위스패스 소지자는 무료.

## ♦ 기차로 가기 ♦

제네바 중앙역인 코르나뱅역(Gare de Cornavin)은 사통팔방으로 연결되는 철도망을 갖추고 있다. 루체른, 베른 등을 비롯한 스위스 주요 도시는 물론 파리, 리옹 등 프랑스 주요 도시와도 바로 TGV/IC열차로 연결되어 있어 편리하다. 7·8번 플랫폼은 스위스와 프랑스의 국경 검문 역할을 한다.

## ♦ 유람선으로 가기 ♦

유럽 최대의 빙하 호수인 레만 호수를 끼고 있는 제네바는 로잔, 몽트뢰 등 주변 도시를 오가는 유람선이 운

항된다. CGN 유람선은 레만 호수 주변을 연결한다. 스위스패스 소지자는 무료.

@ www.cgn.ch

**제네바 패스** Geneva City Pass

대중교통의 무제한 무료 승차는 물론 박물관, 크루즈, 세그웨이, 래프팅 등 40개 관광지와 액티비티를 무료(할인)로 이용할 수 있는 카드.

🎫 1일권 CHF30, 2일권 CHF40, 3일권 CHF50~

### ◆ 시내 교통 ◆

유니레소(Unireso)는 제네바의 대중교통 수단인 트램, 버스, 국철, 보트를 이용할 수 있는 공용 티켓이다. 시내 중심부는 도보 관광을 하고, 외곽에 위치한 국제연합(유엔) 본부나 박물관은 트램을 이용한다. 스위스만 여행한다면 스위스 내 모든 대중교통 수단이 무료인 스위스패스를 구입한다. 제네바는 호텔 1박 시 무료 티켓인 제네바 트랜스포트 카드를 제공하므로, 호텔에서 발급받아 사용한다.

제네바의 주요 대중교통 수단인 트램

@ www.tpg.ch
🎫 Saut de puce(3개 정거장 사용) CHF2, Tout Genève(1시간 사용) CHF3, DayCard(1일 사용) CHF10

### tip 여행 안내소

시내 지도와 트램, 버스 노선도를 무료로 제공한다.

🏠 Rue du Mont-Blanc 18
@ www.geneve.com
🕐 월~토요일 09:15~17:45, 목요일 10:00~17:45, 일·공휴일 10:00~16:00 휴무 12/25, 1/1
📍 코르나뱅역에서 도보 5분, 우체국 건물 1층에 위치. 코르나뱅역 내에도 여행 안내소가 있다.

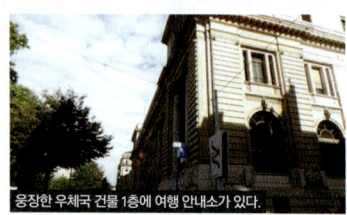
웅장한 우체국 건물 1층에 여행 안내소가 있다.

### tip 공항에서 무료승차하기

제네바를 찾는 여행객(항공권 소지자에만 한함)들에게 공항에서 시내로 가는 대중교통을 무료로 이용할 수 있는 제네바 트랜스포트 카드(Geneva Transport Card)를 제공한다. 제네바 트랜스포트 카드는 80분간 공항에서 시내로 가는 트램, 버스, 열차, 보트 등 대중교통을 이용할 수 있다.

공항 도착층 수하물 찾는 곳에서 밖으로 나가는 게이트 옆에 제네바 트랜스포트 카드 자동발매기가 있다. 발매기 오른쪽 아래 1번 버튼을 누르면 티켓이 나온다. 또는 숙소 예약 시 이메일로 받은 제네바 트랜스포트 카드를 스마트폰 앱을 받아 사용한다.

호텔(유스호스텔 포함) 숙박 시, 호텔 카운터에서 숙박객에게 제네바 트랜스포트 카드(Geneva Transport Card)를 발급해준다. 호텔에 머물 동안 이 카드로 대중교통을 무제한 이용할 수 있다.

**공항에서 호텔까지 운행하는 무료 셔틀버스**
도착층 건물밖에 셔틀버스가 연중 대기 중이니 다음에 소개한 호텔에 숙박한다면 이용해보자.
* Crowne Plaza Genève 06:00~00:00(20분 간격)
* Holiday Inn Express Geneva Airport
  05:50~12:30, 18:30~23:30(20분 간격)
* Ibis Genève Aéroport 05:10~23:30(20분 간격)
* Mövenpick Hotel & Casino Geneva
  05:40~11:40, 17:40~23:40(20분 간격)
* Nash Airport Hotel 04:45~24:00(20분 간격)
* NH Geneva Airport Hotel 06:00~23:40(20분 간격)
* Everness Hotel & Resort Chavannes de Bogis
  07:00~22:45(요청 시 +41 22 960 8181)
* Hilton Geneva Hotel & Conference Centre
  05:10~23:45(15분 간격)

※ 운행 시간은 수시로 변경되니 해당 호텔에 문의 바람(미술관)이 무료 입장이니 유의한다.

# ◆ 제네바의 추천 코스 ◆

**[ Start ]**

**코르나뱅 중앙역**
↓ 도보 5~10분.

**몽블랑 거리**
↓ 도보 5~10분.

**몽블랑 호반 거리**
↓ 거리 중간에 위치.

**제토 분수**
↓ 도보+버스 이동(15분~20분).

**국제연합(유엔) 본부 (부러진 의자)**
↓ 도보+버스 이동(20~25분).

**영국 공원(꽃시계)**
↓ 도보 10분.

**생 피에르 대성당**
↓ 바로.

**종교 개혁 박물관 (또는 고고학 박물관)**
↓ 도보 5분.

**바스티옹 공원**
↓ 도보 10분.

**미술 역사 박물관**

**[ Finish! ]**

생 피에르 대성당에서 바라본 제토 분수

## Q&A

**여행 적기는?**
5~10월.

**교통비를 아끼려면**
국제연합(유엔) 본부를 제외한 구시가는 도보 관광이 가능하다. 대중교통은 스위스패스나 호텔에서 무료로 발급해주는 제네바 트랜스포트 카드를 이용한다. 또 스위스패스는 대중교통(버스, 트램, 열차, 보트)은 물론 특급열차(무료 또는 할인)를 비롯해 대부분의 박물관(미술관)과 명소를 무료로 이용할 수 있다. 스위스만 방문한다면 반드시 스위스패스를 구입한다.

**점심 식사는 어디서 할까?**
구시가와 코르나뱅역, 몽블랑 거리.

**당일 코스를 짜려면**
제네바는 도시가 넓고 볼거리가 많아 당일 여행 코스로는 일정이 빡빡하다. 핵심 코스만 여행한다면 당일 코스로 짠다. 국제연합(유엔) 본부, 박물관, 호수 보트 투어, 쇼핑 등을 여유있게 즐기려면 하루를 더 추가해야 한다.

**제네바의 핫 플레이스는 어디?**
평소에 보기 어려운 장면을 보고 싶다면 9월 첫째 일요일에 개최되는 버블 런닝 축제 때 제네바를 찾자. 잠시 동심의 세계에 빠져들면서 어릴 때 호기심을 자극시킨다.

**근교 도시를 여행하려면**
레만 호수를 끼고 있는 로잔, 몽트뢰, 브베는 제네바와 가까우므로 패키지로 묶어 다녀온다. 특히 **라보 지구는 와이너리로 유명한 유네스코 세계유산 지역이다.** 스위스패스 소지자라면 유람선(무료)을 타고 레만 호수를 둘러보면서 브베, 몽트뢰, 라보 와이너리를 가본다. **생수의 메카 에비앙**(여행 안내소에 들러 출발 시각표 확인)에 가려면 제네바에서는 버스로, 로잔에서는 유람선으로 이동한다.

**최고의 포토 스폿은?**
제토 분수, 나시옹 광장, 생 피에르 대성당 타워.

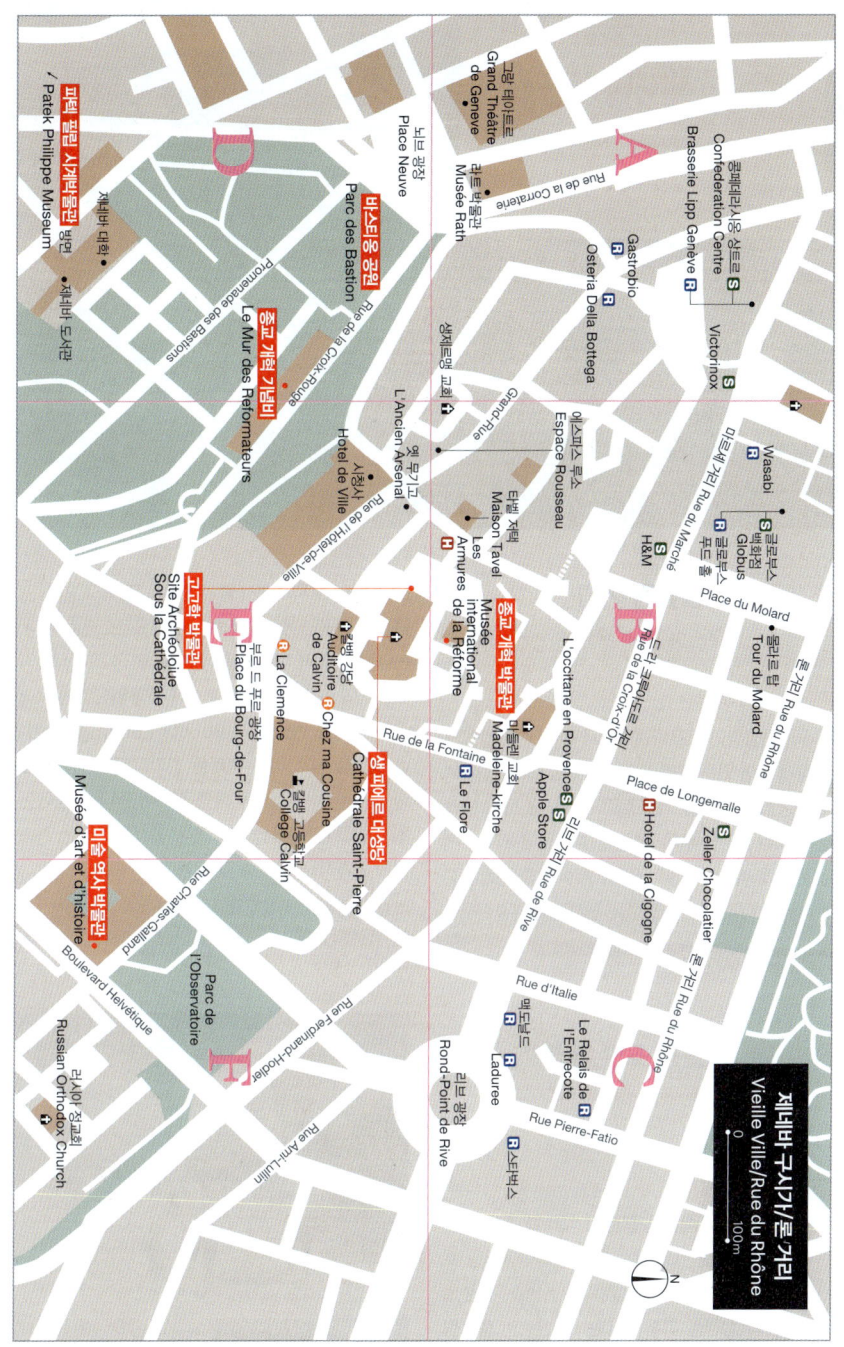

# SIGHTSEEING
## 제네바

## 몽블랑 거리
### Rue du Mont-Blanc

#### 론강 북쪽에 위치

제네바 중앙역인 코르나뱅역에서 레만 호수 방향으로 길게 뻗어 있는 400m 거리의 대로이다. 론강 북쪽의 중심지로 호텔, 레스토랑, 카페, 숍 등이 몰려 있다. 거리 중간쯤 우체국 1층에 여행 안내소가, 우체국 뒤쪽에 버스터미널이 있다. 호수 방향으로 직진해 몽블랑 다리를 건너면 바로 구시가와 연결된다.

◎ Cornavin역 건너편 길  ◎ 지도 P.406-A

## 몽블랑 호반 거리
### Quai du Mont-Blanc
★

#### 몽블랑을 지척에서 볼 수 있다

몽블랑 거리에서 직진해 몽블랑 다리를 건너기 전 왼쪽 레만 호수를 끼고 있는 강변도로가 몽블랑 호반 거리이다. 호반 산책로의 매력은 스위스, 프랑스, 이탈리아와 접경을 이루고 있는 그 유명한 몽블랑(4,807m)을 지척에서 볼 수 있다는 점이다. 연중 만년설로 뒤덮인 몽블랑은 보는 것만으로도 힐링된다. 봄에는 꽃들이 피어 있는 정원과 멋진 조각상들이 여행객의 피로를 풀어준다. **9월 첫째 일요일**에는 이곳에서 **버블 런닝 축제(Bubble Running Festival)**가 열린다. 하프 마라톤 참가자들이 남녀노소 할 것 없이 비누거품에 흠뻑 젖으며 뛴다. 개중에는 뛰지 않고 비누거품을 맞으면서 축제를 즐기는 가족 단위 참가자들도 볼 수 있다.

◎ Cornavin역에서 도보 10분. 또는 중앙역에서 몽블랑 거리로 직진하다 몽블랑 다리를 건너기 전 왼쪽 도로를 따라간다.
◎ 지도 P.406-B

버블 런닝 축제를 즐기는 현지인들

## 제토 분수
### Jet d'Eau
★

**세계에서 가장 규모가 큰 분수**

몽블랑 호반 거리 중간 지점의 레만 호수 가운데, 높은 물줄기를 뿜어내는 분수가 바로 세계에서 가장 규모가 큰 제토 분수이다. 이 웅장한 워터 제트는 **높이 140m**까지 수직 상승하는 분수인데, 시간당 200km 속도로 초당 500리터의 물을 쏟아내는 모습이 장관이다. 1891년부터 항구 센터를 우아하게 장식해 놓은 제네바의 관광 명물로 자리매김했다. 호반 거리와 제토 분수를 연결하는 제방 중앙 지점에 **레만 호수 수영장(Bains des Pâquis, 입장료 CHF2)**이 있다. 여름에는 수영복 차림에 레만 호수에 몸을 맡기고 주변의 아름다운 알프스 전경을 만끽하며 수영을 즐기는 사람들로 북적인다.

- Quai Gustave-Ador
- 영국 공원에서 도보 10분. Cornavin역에서 몽블랑 거리로 직진하다가 몽블랑 다리를 건너기전 왼쪽 도로를 따라가면 몽블랑 산책 거리와 연결되고, 좀 더 가면 레만 호수 가운데 분수가 보인다.
- 지도 P.406-D

## 국제연합(유엔) 본부
### Le Palais des Nation(UNO)
★

**세계 외교 무대의 중심지**

제네바는 평화의 수도로 잘 알려진 만큼, 세계 외교 무대의 중심지인 국제연합 본부(팔레 데 나시옹)가 자리 잡고 있다. 국제연합 본부 건물은 뉴욕의 국제연합 본부 다음으로 규모가 크다. 국제 적십자를 비롯한 200여 개의 국제기구가 몰려 있다. 국제연합 본부 정면에 위치한 나시옹 광장(Place des Nation) 중앙에는 이곳의 랜드마크이자 평화의 조형물인 부러진 의자가 우뚝 서 있다. 5.5톤의 목재로 만들어진 12m 높이의 커다란 3개의 다리를 가진 **부러진 의자(Broken Chair)**는 21세기의 가장 상징적인 예술작품으로, **조각가 다니엘 베르셋(Daniel Berset)**이 1997년에 국제장애단체(NGO Handicap International)를 위해 만들었다. **지뢰 희생자들을 기억하며 각국에 지뢰 설치 금지를 촉구하기 위한 강한 메시지**가 담겨 있다.

- 버스 5·8·11·22·28번이나 트램 15번을 타고 Palais des Nation역에서 하차
- 지도 P.406-B

레만 호수와 제토 분수

나시옹 광장의 부러진 의자

레만 호수 수영장

국제연합(유엔) 본부

## 영국 공원
### Jardin Anglais

**시민들의 안락한 휴식 공간**

1854년 조성된 영국 공원은 제네바 시민들의 안락한 휴식 공간이다. 푸릇푸릇한 잔디밭과 분수, 구불구불한 소로, 우거진 잡목을 통해 도심 중심에서 자연의 향기를 접할 수 있다. 공원 서쪽 구석에 있는 **꽃시계(L'horloge Fleurie)**는 관광객들이 가장 많이 찾는 곳이다. 1955년 제작된 꽃시계는 약 6,500개의 꽃과 식물로 만들었으며, 계절마다 꽃 배열이 달라진다. 꽃시계는 그 자체로도 아름답지만, 스위스의 정확한 시간을 제공하면서 스위스의 상징인 정밀 시계의 위상을 자랑한다. 꽃시계에 나타난 시간은 시시각각 위성을 통해 전송된다. 초침은 2.5m 길이로 세계에서 가장 길다.

● Quai du Général-Guisan 34
● Cornavin역에서 도보 15분. 또는 몽블랑 거리에서 몽블랑 다리를 건너면 바로 ● 지도 P.406-D

## 구시가
### Vieille Ville
★

**제네바의 종교, 정치, 역사의 중심지**

론강 남쪽에 위치한 구시가는 제네바의 종교, 정치, 역사의 중심지로 중세 시대의 흔적을 볼 수 있는 건물들이 많다. 제네바 협정 조인식과 국제 연맹을 창설한 시청사를 비롯해, 프레스코화로 장식된 옛 무기고, 장 자크 루소의 생가인 에스파스 루소, 중세 시대의 생활을 엿볼 수 있는 타벨 귀족 저택, 구시가의 랜드마크인 생 피에르 대성당 등도 볼 수 있다. 여유있게 걸으며 고즈넉한 중세 분위기를 느껴보자.

● 버스 36번을 타고 Cathédrale역에서 하차
● 지도 P.406-C, P.407-B·E

옛 무기고

시청사 안뜰

## 생 피에르 대성당
### Cathédrale Saint-Pierre

### 칼뱅이 주도한 종교 개혁의 중심지
12세기 세워진 성당으로 수세기에 걸쳐 완성된 로마네스크와 고딕양식이 혼재된 제네바의 대표 건축물이다. 1535년 칼뱅이 이곳을 개신교 예배 장소로 정하며 종교 개혁의 중심지가 되었고, 프로테스탄트 종교 운동을 지속했다. 본당 중앙 왼쪽에는 당시 칼뱅이 자주 이용했던 '**칼뱅의 의자**'가 남아 있다. 오른쪽 예배당에는 로마네스크와 고딕양식의 컬렉션과 스테인드글라스가 있고, 대성당 지하에는 고대 그리스·로마의 고고학 유물이 전시되어 있다.

### 타워 전망대 ★
북쪽 탑의 157개 계단을 올라가면 아름다운 구시가와 레만 호수의 환상적인 파노라마가 펼쳐 진다. 6월부터 9월까지는 성당에서 음악 축제(18시~)가 열리며, 일요일에는 성가대의 합창 연습을 볼 수 있다.

- Place du Bourg de Four 24
- www.cathedrale-geneve.ch
- 6~9월 월~금요일 09:30~18:30, 토요일 09:30~16:30, 일요일 12:00~18:30 10~5월 월~토요일 10:00~17:30, 일요일 12:00~17:30 무료, 탑 CHF7
- 버스 36번을 타고 Cathédrale에서 하차. 또는 버스 2·5·7·10·12·17번을 타고 Molard 정류장에서 하차
- 지도 P.406-E, P.407-E

칼뱅의 의자

## 고고학 박물관
Site Archéologique de la Cathédrale

### 초기 기독교 시대의 유물을 전시
생 피에르 대성당 구역은 고고학자들에게 유명한 곳이다. 1976년부터 대성당 내부와 주변을 발굴하기 시작했다. 박물관에는 초기 기독교 시대를 대변해주는 기원전 3세부터 12세기까지의 우물, 밀 가공 구역, 켈트족의 무덤 등 역사적으로 중요한 유물과 유적이 있다. 고고학 박물관은 생 피에르 대성당 바라볼 때 성당 오른쪽의 지하 계단으로 내려가는 통로가 있고 대성당 왼쪽 말레 저택에 종교 개혁 박물관이 있다. 고고학 박물관과 종교 개혁 박물관은 지하 통로로 연결되어 있다.

- Cour Saint-Pierre 6
- www.site-archeologique.ch
- 10:00~17:00
- 성인 CHF8, 학생(16~25세) CHF4, 통합권(고고학 박물관+종교 개혁 박물관+생 피에르 대성당 탑) 성인 CHF18, 학생 CHF12
- 생 피에르 대성당 지하
- 지도 P.407-E

## 종교 개혁 박물관
Musée international de la Réforme
★

### 종교 개혁 운동의 발자취를 볼 수 있다
유럽의 역사를 바꾼 종교 개혁 운동의 생생한 발자취를 더듬어볼 수 있는 박물관이다. 이 박물관은 2005년, 18세기 종교 개혁의 무대가 되었던 생 피에르 회랑 부지였던 말레 저택을 당시 모습으로 재현했다. 아름다운 종교 소품 컬렉션, 회화, 판화, 고서를 통해 기독교의 위대한 종교 개혁 운동의 성공 과정을 알아볼 수 있다. 제네바는 16세기 동안 루터, 칼뱅이 주도한 종교 개혁 운동이 전역으로 퍼지면서 기독교의 거점 도시로 발전했다. **제네바는 16세기 동안 루터, 칼뱅이 주도한 종교 개혁 운동이 전역으로 퍼지면서 기독교의 거점 도시로 발전했다.** 2007년 유럽의 문화유산인 유럽 박물관 상을 받을 정도로 그 중요성을 인정받았다. 고고학 박물관과 종교 개혁 박물관은 지하 통로로 연결된다. 최근 리모델링 공사를 마치고 산뜻하게 재개관했다.

- Rue du Cloître 4
- www.musee-reforme.ch
- 화~일요일 10:00~17:00 휴무 월요일, 1/1, 12/24·25·31
- 성인 CHF13, 할인 CHF8, 오디오 가이드 한국어(무료)
- 생 피에르 대성당을 바라볼 때 왼쪽에 위치
- 지도 P.407-B

SWITZERLAND

바스티옹 공원 안에 자리한 종교 개혁 기념비

## 바스티옹 공원
### Parc des Bastion

### 종교 개혁 기념비가 있는 시민들의 안식처

바스티옹 공원은 구시가 중심지에 위치한 시민들의 안식처로 산책로와 잔디밭이 조성되어 있다. 공원에는 제네바 최초 식물원이 있고, 종교 개혁 기념비를 비롯해 제네바 대학교, 거대한 크기의 말과 체스판(공원 입구), 스위스 국민 영웅 뒤푸르 장군의 동상이 세워진 뇌브 광장(Place de Neuve) 등이 있다.

- 버스 3번이나 트램 12번 트램을 타고 Place de Neuve에서 하차
- 지도 P.407-D

### 종교 개혁 기념비 Le Mur des Reformateurs

공원안의 체스판 뒤쪽 왼쪽잔디밭 끝자락에 1559년에 일어난 종교 개혁을 기념하기 위해 1909~1915년 제작한 기념비(Le Mur des Reformateurs)가 눈에 띈다. 종교 개혁을 이끌었던 중심인물들이 길이 100m, 높이 10m의 거대한 벽을 따라 새겨져 있다. 기다란 벽 중앙에는 종교 개혁의 주역인 **장 칼뱅(John Calvin), 윌리엄 팔레(William Farel), 테오도르 드 베즈(Théodore de Bèze), 존 녹스(John Knox)** 4명이 거대한 크기로 조각되어 있고, 조각상 양쪽 벽면에는 '**POST TENE BRAS LUX(어둠 뒤에 빛이 있으라)**'라는 라틴어가 새겨져 있다.

- 바스티옹 공원에 들어서면 왼쪽 잔디밭 방향에 있다.
- 지도 P.407-D

공원에서 체스 놀이를 하는 사람들

## 미술 역사 박물관
### Musée d'Art et d'Histoire
★

### 스위스 3대 박물관 중 하나

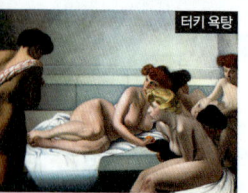
터키 욕탕

1910년 개관한 미술 역사 박물관은 스위스 3대 박물관 중 하나이다. 지하 2층, 지상 3층의 건물로 고고학, 응용 예술 및 회화 컬렉션 등을 소장하고 있다. 지하 1·2층의 고고학 전시실에는 선사 시대의 출토품과 이집트, 그리스, 로마 조각품들이 전시되어 있다. 지하 1층 이집트실(1실)에는 람세스 2세, 로마실(5실)의 〈은판〉과 〈폼페이아 플로티나(트라야누스의 아내) 초상화〉, 1층(현지 0층) 무기실(3실)의 〈사부아의 철갑 투구〉, 중세(9실)의 〈세인트 제임스 대제〉, 3층(현지 2층)에 안토니오 카노바의 〈비너스와 아도니스〉, 콘라트 비츠(Konrad Witz)의 〈기적의 고기잡이〉, 펠릭스 발로톤(Fellix Edouard Valloton)의 〈터키 욕탕〉이 대표 작품들이다.

🚩 Rue Charles-Galland 2 🌐 www.mahmah.ch

안토니오 카노바의 〈비너스와 아도니스〉

람세스 2세

🕐 11:00~18:00, 목요일 12:00~21:00 휴무 월요일, 1/1, 12/25 💰 상설 전시 무료, 특별전 성인 CHF5, 학생 CHF3 (첫째 일요일 무료)
🚌 버스 3·5·7번, 트램 12번을 타고 Musée d'Art et d'Histoire역에서 하차 📍 지도 P.407-F

## 파텍 필립 시계 박물관
### Patek Philippe Museum
★

### 파텍 필립의 혁신적이고 창조적인 시계를 전시

시계 제조의 대가인 파텍 필립이 1839년 세운 시계 박물관이다. 4층 건물로 1층 시계 제조실에서 시계 공정 과정을 볼 수 있고, 2층은 1839년부터 현재까지의 컬렉션을 볼 수 있는데, 1839년 창업한 이래 현재까지의 손목시계와 회중시계를 비롯해 파텍 필립의 혁신적이고 창조적인 시계가 전시되어 있다. 3층은 16세기부터 19세기까지의 독특한 시계와 음악이 나오는 오토마타 등을 볼 수 있다. 4층은 기록 보관실과 도서관이다.

🚩 Rue des Vieux-Grenadiers 7
🌐 www.patek.com/en/company/patek-philippe-museum
🕐 화~금요일 14:00~18:00, 토요일 10:00~18:00, 일요일 14:00~18:00 휴무 4/18~4/21, 5/29, 6/9, 8/1, 9/11, 12/25
💰 성인 CHF10, 학생 CHF7, 18세 이하 무료
🚌 트램 12·15번을 타고 Plainpalais역에서 하차
📍 지도 P.406-E, P.407-D

# 제네바의 맛집

### ◆ 구시가 주변 ◆

#### Les Armures

구시가의 시청사(옛 무기고) 옆에 위치한 레 아무르 호텔(Hôtel Les Armures) 부속 레스토랑. 미국 전 대통령인 빌 클린턴 등 유명 인사들이 방문할 정도로 유명하다. 메뉴는 치즈 퐁뒤(CHF27~31), 스테이크 타르타르(Tar Tare, CHF38), 에스카르고(6개, CHF18.6), 생선 요리(Filets de Perche, CHF45) 등이 있다.

- Rue du puits-Saint Pierre 1
- www.lesarmures.ch/restaurant
- 12:00~22:30 휴무 12/24, 12/25, 1/1
- 구시가의 시청사(옛 무기고) 옆에 위치  지도 P.407-B

생선 요리(Filets de Perche)

에스카르고

### ◆ 레만 호수 산책로 주변 ◆

#### Restaurant Bayview

세계적인 셰프인 미셸 로스(Michel Roth)의 요리를 맛볼 수 있는 미쉐린 2스타 레스토랑. 레만 호수의 멋진 전망과 훌륭한 식사를 즐길 수 있다. 제철 메뉴와 와인 맛 또한 일품이다. 2코스 CHF60, 3코스 CHF68 (3코스＋와인 포함 CHF77), 스테이크 CHF42.

- 47 Quai Wilson
- www.restaurantbayview.com
- 화~토요일 12:00~13:30, 19:00~21:30 휴무 월·일요일
- 레만 호수 수영장(Bains des Pâquis)에서 도보 4분
- 지도 P.406-B

### ◆ 코르나뱅역 주변 ◆

#### Parfums de Beyrouth

저렴한 가격으로 레바논 요리를 즐길 수 있는 레스토랑. 역에서 가깝고 가성비가 좋아 늘 많은 사람들로 붐빈다. 예산은 CHF10~.

- Rue de Berne 18
- www.parfumsdebeyrouth.ch
- 월~목요일, 일요일 11:00~02:00, 금~토요일 11:00~04:00  Cornavin역에서 도보 3분
- 지도 P.406-A

#### Les Brasseurs

가족이 운영하는 양조장 겸 레스토랑. 저렴하게 맥주와 스위스 전통 요리를 맛볼 수 있어 인기 있다. 오늘의 메뉴 CHF17, 뢰스티 CHF23.5.

- Place de Cornavin 20
- www.les-brasseurs.ch
- 일~목요일 11:00~01:00, 금~토요일 11:00~02:00
- Cornavin역 맞은편에 위치  지도 P.406-A

### ◆ 뇌브 광장 주변 ◆

#### Brasserie Lipp Genève

프랑스 요리와 해산물 요리를 전문으로 하는 레스토랑. 홍합, 달팽이 요리를 비롯해 싱싱한 해산물을 다양하게 맛볼 수 있다. 시푸드 세트(Plateau du Mareyeur, 굴＋새우＋고둥) CHF59.

- Confédération centre, Rue de la Confédération
- www.brasserie-lipp.com
- 일~수요일 08:00~24:00, 목~토요일 08:00~01:00
- 바스티옹 공원에서 도보 5분
- 지도 P.406-A

HOTEL

# 제네바의 숙소

제네바는 호텔 요금이 비싸므로, 비교적 저렴한 유스호스텔과 이비스 버짓 호텔을 이용하는 것이 좋다. 이비스 버짓 호텔은 자동차 이용객을 위한 저렴한 체인호텔로, 외곽에 위치해 배낭여행객이 이용하기 쉽지 않다. 하지만 아래 소개된 이비스 버짓 호텔은 대중교통으로 이동할 수 있는 곳만 선별한 곳이므로, 잘 활용하면 숙박비를 절약할 수 있다.

### ◆ 국제연합 본부 방향 ◆

**Auberge de Jeunesse Genève (Geneva Hostel)**
호숫가에 위치해 아늑한 분위기를 내는 유스호스텔이다. 제네바 트랜스포트 카드, 로커, 콘퍼런스룸, 와이파이를 무료로 제공한다. 인터넷(20분 CHF1), 세탁기(CHF6), 비회원은 추가 요금(CHF6).

- Rue Rothschild 28-30
- www.genevahostel.ch
- 도미토리 CHF41.25~, 조식 포함, 1인실 CHF116.5~
- Cornavin 앞에서 트램 15번(Nation 방향)을 타고 Butini역에서 하차 후, 2블록 뒤 왼쪽 로스차일드 거리에 위치
- 지도 P.406-A

### ◆ 제네바 외곽 남서쪽 방향 ◆

**ibis Geneve Petit Lancy**
공항 외곽에 위치해 있는 체인호텔로 비교적 저렴하게 1박할 수 있다. 인근에 저렴한 이비스 버짓 호텔도 있다.

- Chemin des Olliquettes 8, 1213 Geneva
- www.all.accor.com
- 2인 1실 CHF96~, 조식 별도
- 제네바 공항에서 23번 버스를 타고 Les Esserts역에서 하차. 또는 Cornavin역에서 14번 트램(Bernex 방향)을 타고 Les Esserts역에서 하차

### ◆ 코르나뱅역 주변 ◆

**Hotel Ibis Geneve Centre Gare**
역 근처에 위치한 3성급 체인호텔. 유럽 전역에 지점이 있는 아코르 체인호텔로, 가성비가 좋아 현지인들이 선호한다. 회원은 할인 혜택을 받을 수 있으니, 이비스 계열 호텔을 저렴하게 이용하고 싶으면 미리 회원가입을 해둔다. 전 객실이 금연이다.

- Rue Voltaire 10
- www.all.accor.com
- 2인 1실 CHF122~, 조식 별도
- Cornavin역에서 도보 8분.
또는 트램 13·16번을 타고 Isaac Mercier역에서 하차
- 지도 P.406-A

### ◆ 공항 주변 ◆

**Holiday Inn Express Geneva Airport**
공항 근처에 위치한 4성급 호텔. 근처에 Palexpo, ICC, WTC, IATA 등의 무역 센터가 있다. 공항에서 무료 호텔 셔틀버스를 운행하므로 늦게 공항에 도착했을 때 저렴하게 숙박할 수 있다.

- Route De Pre-Bois 16
- www.ihg.com
- 2인 1실 CHF123~, 조식 포함
- 제네바 공항에서 자동차로 5분.
공항에서 나오면 오른쪽에 호텔 셔틀버스(05:50~23:30)가 20분 간격으로 운행한다.

# Basel

## 바젤

바젤은 스위스 북서쪽 끝자락에 자리 잡고 있는 스위스에서 두 번째로 큰 도시이다. 지리적으로는 라인강의 거점 도시이자 스위스, 독일, 프랑스 3개국과 인접한 교통의 요충지로 상공업이 발달했다. 라인강을 중심으로 북쪽은 신시가, 남쪽은 구시가로 나뉜다. 역사의 숨결이 느껴지는 구시가는 스위스에서 가장 오래된 대학이 있는 교육도시, 세계적 건축가 마리오 보타 등이 세운 모던 건축물이 돋보이는 디자인 도시 그리고 팅겔리 미술관 등 다양한 미술관이 있는 문화도시로 유명하다.

### 주요 도시와의 이동 시간

파리 → 바젤  TGV 고속열차 3시간
취리히 → 바젤  IC열차 53분
베른 → 바젤  IC열차 53분
제네바 → 바젤  IC열차 2시간 40분

### ◆ 바젤의 시내 교통 ◆

바젤은 도시 규모가 커서 도보 관광이 힘들므로 대중교통을 이용한다. 승차권은 트램, 버스 모두 공용으로 사용한다. 티켓은 정류장에 있는 자동발매기에서 구입한다. 볼거리는 1, 2존 구간에 있으므로 트램으로 이동하며 구시가 명소를 관광한다. 스위스패스와 바젤카드 소지자는 탑승 무료.

@ www.bvb.ch
① 단거리(같은 방향 노선 환승 가능.
4정거장까지 30분 유효) CHF2.6, 1회권(1존) CHF4.2, 1일권 CHF10.7

트램 정류장

### ◆ 바젤 가는 법 ◆

#### 비행기로 가기
한국에서 바젤로 가는 직항편은 없다. 대한항공에서 취리히까지 취항하는 직항 노선을 이용해 경유해 가거나, 타 유럽 항공편으로 유럽 주요 도시를 경유해 간다. 유럽 내에서는 이지젯을 비롯한 저가 항공이 운항 중이다. 바젤 근교에 바젤 국제공항(Euro Airport)이 있는데, 지리적으로 프랑스에 속해 두 나라가 공동으로 관리한다. 공항에서 시내(중앙역)까지 50번 버스로 20분 정도 걸린다(편도 CHF4.4).

### 바젤카드 Basel card
바젤 호텔에 묵을 경우 무료로 발급해주는 교통 카드. 시내와 공항을 운행하는 모든 대중교통을 무료로 이용할 수 있다. 공항에서 호텔 예약 확인서를 제시하면 공항에서 호텔까지 무료로 대중교통을 이용할 수 있다.

@ www.basel.com/de/baselcard

바젤 중앙역

#### 기차로 가기
바젤은 스위스, 프랑스, 독일과 국경이 맞닿아 있어 기차역이 스위스 바젤역(Bahnhof Basel SBB), 프랑스 바젤역(Gare de Bâle SNCF), 독일 바젤역(Basel Badischer Bahnhof) 3개 국가로 분리되어 있다. 스위스 바젤역과 프랑스 바젤역은 역사가 같지만, 세관과 출입국 관리국은 별도로 분리되어 있고 열차 플랫폼도 다르다. 독일 바젤 역사는 라인강 건너편에 위치해 있다. 스위스 내의 연결된 모든 열차는 스위스 바젤역에 정차한다.

### tip 여행 안내소

@ Steinenberg 14
@ www.basel.com
① 09:00~18:30
(토요일 ~17:00, 일요일 10:00~15:00)
▶ 구시가의 바르퓌서 광장(Barfüsserplatz)에 위치. 바젤 중앙역에도 여행 안내소(토요일 09:00~17:00, 일·공휴일 09:30~15:00)가 있다.

# ◆ 바젤의 추천 코스 ◆

### [ Start ]

**바젤 SBB역**
  ↓ 트램 2번.

**시립 미술관**
  ↓ 도보 3분.

**팅겔리 분수**
  ↓ 도보 2분.

**장난감 박물관**
  ↓ 도보 1분.

**바르퓌서 교회 역사 박물관**
  ↓ 도보 5분.

**바젤 대성당**
  ↓ 도보 8분.

**시청사(마르크트 광장)**
  ↓ 트램 8번+도보 10분.

**3개 국가 국경 지점**
  ↓ 버스 36번+도보 7분.

**팅겔리 미술관**
  ↓ 버스 38번.

**라인강 변 산책로**

### [ Finish! ]

## Q&A

**여행 적기는?**
5~10월.

**교통비를 아끼려면**
바젤은 넓은 지역이라 1일권을 구입해 트램이나 버스로 이동하거나, 호텔에서 발급해주는 바젤 트랜스포트 카드나 스위스패스를 활용한다.

**점심 식사는 어디서 할까?**
구시가의 마르크트 광장, 바르퓌서 광장, 바젤 SBB역 주변.

**반나절 코스로 짜려면**
시립 미술관 → 팅겔리 분수 → 바젤 대성당 → 시청사 → 팅겔리 미술관 순으로 여행한다.

**최고의 포토 스폿은?**
3개 국가 국경 지점, 바젤 대성당 타워.

**건축의 도시, 바젤**
바젤 거리 곳곳에서 마리오 보타, 렌조 피아노 등 유명 건축가들의 건축물을 접할 수 있다. 건축에 관심 많다면 여행 안내소에 문의해 건축 기행 지도를 얻거나 투어에 참여해보자.

**근교 도시를 여행하려면**
라인 선착장에서 유람선을 타고 라인강 변을 즐기고 시간 여유가 있다면 근교 온천 도시인 라인펠덴(Rheinfelden)을 다녀온다. 특히 바젤은 3개 국가의 국경과 접해 있어 3개 국가의 정취를 동시에 느낄 수 있다. 인근 독일의 검은 숲 슈바르츠발트, 프라이부르크, 프랑스 알사스 지방의 콜마르를 가봐도 좋다.

바르퓌서 광장

바르퓌서 광장 앞 노점상에서 파는 다양한 광물

라인강 변의 아름다운 풍경

바젤 시가지 전경. 중앙에 우뚝 선 건물이 바젤 대성당이다.

RENOVATUM ET AMPLI
FICATUM ANNO DOMINI
MDCCCCI

아름다운 시청사 건물

421

## SIGHTSEEING
# 바젤

## 시립 미술관
**Kunstmuseum Basel**
★

### 예술성 높은 작품 소장

피카소의 〈앉아 있는 할리퀸〉

본관은 1936년 건축가 루돌프 크리스트와 파울 보나츠가 공동 건설했다. 이후 길 건너편에 3년의 공사를 마치고 2016년 최신 현대 미술을 총망라한 현대 미술관을 개관했으며 본관과는 지하로 연결된다. 인구에 비해 박물관 수가 가장 많은 바젤에서도, 시립 미술관은 가장 예술성 높은 작품들을 소장하고 있는 미술관이다.

본관은 주로 15세기부터 근대 회화에 이르는 작품을 전시하고 있다. 본관 1층 8실에 한스 홀바인의 작품인 〈보니파키우스 아머바흐의 초상화〉, **〈무덤 안의 죽은 그리스도의 몸〉**, 30실에 폴 고갱의 〈시장 타 마테테〉, 반 고흐의 〈자화상〉, **〈몽마르트르 언덕에서 바라본 풍경〉**, 〈피아노에 앉은 가셰의 딸〉, 31실에 모네의 〈암초 봉우리와 다발 항구〉에 피카소의 〈앉아 있는 할리퀸〉, 〈기타 치는 여인〉, 파울 클레의 〈빌라〉, 〈세네치오〉 등 주옥같은 작품들을 볼 수 있다.

📍 St. Alban-Graben 16
🌐 www.kunstmuseumbasel.ch
🕐 10:00~18:00(수 ~20:00) **휴무** 월요일
💰 성인 CHF25, 학생 CHF12 / 스위스패스 소지자 무료
**무료 입장** 화·목·금요일 17:00~18:00, 수요일 17:00~20:00, 매월 첫 번째 일요일
🚊 바젤 SBB역 앞에서 트램 2번을 타고 Kunstmuseum에서 하차 ➕ 지도 P.420-D

한스 홀바인의 〈무덤 안의 죽은 그리스도의 몸〉

반 고흐의 〈몽마르트르언덕에서 바라본 풍경〉

## 팅겔리 분수
### Tinguely Brunnen
★

### 폐품 조형물로 제작한 특이한 분수

바젤의 핫 플레이스인 팅겔리 분수는 1977년 스위스 프리부르 출신인 **장 팅겔리**가 폐품으로 만든 조형물을 이용해 제작한 특이한 형태의 분수이다. 바젤 영화관 앞에 위치하며 9개의 폐품으로 만든 조각품에서 물을 뿜어내는 모습이 무척 자연스럽다. 여름에는 시원한 분수로, 겨울에는 매혹적인 얼음 조각으로 변신해 시민들과 관광객들에게 즐거운 휴식 공간을 제공한다. 장 팅겔리 팬이라면 팅겔리 미술관을 관람하고, 스위스 프리부르를 방문한다면 팅겔리 분수와 미술관도 놓치지 말자.

- Klostergasse 7
- www.basel.com
- 바젤 SBS역에서 트램 10번을 타고 Theater역에서 하차. 또는 시립 박물관 본관에서 나와 왼쪽 아래 방향(St. Alban Graben)으로 내려가다가 사거리를 지나면 왼쪽에 위치
- 지도 P.420-C

## 장난감 박물관
### Spielzeug Welten Museum Basel

### 2500여종의 테디 베어 컬렉션

6,000여 개의 테디 베어, 인형, 장난감, 회전목마, 미니어처 등을 소장하고 있는 유럽 유일의 장난감 박물관이다. 2,500여 종의 테디 베어 컬렉션은 세계에서 가장 규모가 크다. 미니어처 인형 집은 어린이들이 가장 좋아하는 곳이다. 주로 스위스, 프랑스, 독일, 영국, 이탈리아, 미국의 19~20세기의 역사적 건물에서 영감을 받은 일상생활 장면들이 많다. 박물관 숍에서는 다양한 선물과 기념품을 팔고, 무료로 제공되는 현대적인 오디오 시스템을 활용해보자. 건너편에는 여행 안내소가 있다.

- Steinenvorstadt 1
- www.spielzeug-welten-museum-basel.ch
- 10:00~18:00(12월 매일 운영) **휴무** 월요일, 1/1
- 성인 CHF7, 학생 CHF5
- 트램 3·6·8·11·14·15·16번을 타고 Barfüsserplatz역에서 하차. 또는 트램 10번을 타고 Theater역에서 하차 후 팅겔리 분수에서 아래쪽으로 내려가 왼쪽
- 지도 P.420-C

## 바젤 대성당

**Basel Münster**

★

### 바젤의 랜드마크

1019년 로마네스크양식으로 세웠으나 1356년의 화재와 지진으로 1365년 고딕양식으로 재건축했다. 적색사암의 건물로 2개의 첨탑(남탑과 북탑)이 위용을 자랑한다. 원래 가톨릭 교회였으나 종교 개혁으로 인해 프로테스탄트 교회가 되었다. 본당 좌우로 프레스코화와 장미창이 있고, 본당 계단 위에는 하얀 조각상이 있다. 성당 북쪽통로 쪽에는 〈우신예찬〉을 집필한 르네상스시대의 인문주의 선구자 **에라스뮈스의 묘**와 지하실의 납골당이 볼만하다.

뒤쪽 테라스(무료)에서도 라인강 변의 전망을 즐길 수 있다.

- Münsterpl. 9 @ www.baslermuenster.ch
- 비수기 11:00~16:00(일요일, 공휴일 11:30~)
- 성수기 10:00~17:00(토요일 ~16:00, 일요일, 공휴일 11:30~) 휴무 1/1, 금요일, 12/24
- 성당 무료, 첨탑 CHF6
- 바젤 SBB역에서 트램 2·8·10·11번을 타고 Bankverein역에서 하차. 또는 시립 미술관에서 도보 5분
- 지도 P.420-C

### 타워 전망대

라인강 변의 언덕 위에 위치해 있어 첨탑(유료)에 올라가면 라인강과 바젤 시내의 멋진 풍경을 볼 수 있지만, 성당

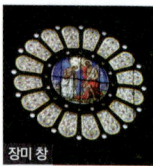
장미 창

성당 내부

본당 위의 하얀 조각상

시청사와 마르크트 광장

## 바르퓌서 교회 역사 박물관
### Barfüßerkirche Historiches Museum
★

### 프란치스코파 교회를 개조한 박물관
14세기에 세워진 프란치스코파 교회를 개조한 역사 박물관. 스위스, 독일, 프랑스 문화의 경계선에 있는 미술품, 금세공품, **태피스트리**(다채로운 색깔의 실로 짜서 그림을 그린 직물) 등을 전시한다. 하이라이트는 〈죽음의 댄서(Basler Totentanz)〉와 르네상스, 바로크 시대의 **쿤스트 캄머(호기심의 방, Kunstkammer)**, 바젤 대성당의 보물과 스테인드글라스 등이다. 중세의 판타지 세계와 일상생활을 보여주는 태피스트리도 볼만하다.

- Barfüsserplatz 7 / www.hmb.ch
- 10:00~17:00 휴무 월요일, 12/24~25 / 성인 CHF15, 학생 CHF8, 바젤카드 50% 할인, 스위스패스 무료, 첫째 주 일요일 무료 / 트램 3·6·8·11·14·16번을 타고 Barfüsserkirche Historiches Museum역에서 하차, 장난감 박물관 건너편 바르퓌서 광장에 위치 / 지도 P.420-C

## 시청사
### Rathaus Basel-Stadt

### 적색 사암의 고딕양식 건축물
구시가 중심인 마르크트 광장에 세워진, 500년의 역사를 간직한 역사적 건축물이다. 16세기에 세워진 시청사는 적색 사암의 고딕양식 건축물로 골드타워와 벽면에 그려진 프레스코화가 돋보인다. 시청사 안뜰에 서 있는 조각상은 율리우스 카이사르 휘하의 장군이었던 무나티우스 플란쿠스로 바젤 지역에 로마 식민지를 세운 인물이다. 현재는 주정부와 의회로 사용되고 안뜰은 개방하지만 내부 견학은 사전 예약(단체 예약만 가능)을 해야 입장할 수 있다.

- Marktpl. 9
- 바젤 SBB역에서 트램 6·8·11·14번을 타고 Marktplatz역에서 하차. 또는 대성당에서 트램 3·11·15번을 타고 Marktplatz역에서 하차
- 지도 P.420-C

바르퓌서 교회 역사 박물관

시청사 안뜰. 오른쪽은 무나티우스 플란쿠스 동상

BASEL 425

## 3개국 국경 지점
### Dreiländereck
★

**라인강을 끼고 3개국이 마주한 곳**

라인강을 끼고 있는 바젤은 지리적으로 스위스, 독일, 프랑스 3개국이 인접해 있다. 라인강이 흘러 내려가다가 3개국으로 갈라지는 지점에 커다란 창처럼 높은 조형물이 세워져 있는데, 이곳이 3개국 국경 지점이다.

조형물이 있는 곳이 스위스이고 오른쪽이 독일, 왼쪽이 프랑스이다. 조형물 앞의 레스토랑 테라스에서 바라본 전경이 근사하다. 근처에 유람선 선착장이 있다.

◉ 바젤 SBB역에서 트램 8번(Kleinhünigen 방향)을 타고 종점인 Kleinhünigen역에서 하차 후 도보 10분
◉ 지도 P.420-A

## 슈팔렌토르
### Spalentor

**스위스에서 가장 아름다운 문**

15세기 초 바젤 서쪽 끝에 세운 성문이다. 현재 남아 있는 성문 중 스위스에서 가장 아름다운 문으로, 붉은 사암의 외벽과 중앙의 삼각형 지붕, 양쪽의 둥근 첨탑이 위용을 자랑한다. 외적이 쳐들어올 때는 첨탑 망루에서 뜨거운 물을 퍼부어 적을 물리쳤다고 전해진다.

◉ Spalenvorstadt
◉ 바르퓌서 광장에서 트램 3번을 타거나, 중앙역에서 버스 30번을 타고 Spalentor역에서 하차
◉ 지도 P.420-C

## 팅겔리 미술관
### Museum Tinguely
★

### 키네틱 아트의 컬렉션을 전시

티치노 출신의 세계적 건축가 마리오 보타(Mario Botta)가 설계한 미술관으로, 라인강 변에 위치해 있다. **20세기의 가장 혁신적 예술가인 스위스의 조각가 장 팅겔리(Jean Tinguely, 1925~1991년)**의 유명 컬렉션이 전시되어 있다. 장 팅겔리는 20세기 키네틱 아트(Kinetic Art, 움직이는 예술)의 거장이다. 1960년대 초 누보 레알리즘(Nouveau Realism, 신사실주의로 현실을 있는 그대로 반영하려는 미술 운동)에 참여하면서, **오감을 이용해 폐품을 우스꽝스럽게 고안한 기계 조형물을 통해 현실에 대한 자각을 일깨웠다.**

### 장 팅겔리의 동반자 니키 드 생팔

전시실에서는 그의 40년에 걸친 작품들을 볼 수 있다. 특별 전시실에는 장 팅겔리에게 영향을 미친 마르셀 뒤샹, 니키 드 생팔(Niki de Saint Phalle, 장 팅겔리의 아내이자 프랑스 여류 조각가), 이브 클라인, 쿠르트 슈비터스의 작품들이 있다. 안뜰의 팅겔리 분수와 잔디밭의 오브제(니키 드 생팔의 인형)도 볼만하다.

⊙ Paul Sacher-Anlage 2 ⊙ www.tinguely.ch
⊙ 11:00~18:00(목요일 11:00~21:00) 휴무 월요일, 3/10, 4/18, 12/25 ⊙ 성인 CHF18, 학생 CHF12
⊙ 바젤 SBB역에서 트램 1·2번을 타고 Wettsteinplatz 역에서 내린 후, 버스 31번(38번)으로 환승해 팅겔리 미술관에서 하차. 또는 3개국 국경 지점(Kleinhünigen)에서 버스 38번 이용 ⊙ 지도 P.420-D

## 라인강 변 산책로
### Rheinweg

라인강의 정취를 느낄 수 있는 산책로. 라인강 변 산책로는 라인강 북쪽의 오베레 라인 산책로(Obere Rheinweg)와 라인강 남쪽 성 알반 라인 산책로(St. Alban Rheinweg) 2곳이 있다. 오베레 라인 산책로는 라인강 왼쪽 끝자락 드라이로젠 다리(Dreirosenbrücke)에서 라인강 오른쪽 베트슈타인 다리(Wettsteinbrücke)까지 이어진다.

⊙ 팅겔리 미술관에서 라인강 변을 따라 직진하면 산책로로 연결 ⊙ 지도 P.420-D

# 바젤의 맛집

### ◆ 바르퓌서 광장 주변 ◆

**Tibits Basel**
채식 전문 레스토랑. 신선한 채소, 과일, 열매 등으로 만든 요리를 매일 2회 제공해 뷔페의 질이 높다. 접시에 샐러드를 담아 카운터에 있는 저울에 무게를 달아 계산한다. 루체른, 베른, 취리히 등에도 체인점이 있다. 예산 CHF10~.

- Stänzlergasse 4
- www.tibits.ch
- 월~수요일 08:00~22:00, 목~토요일 08:00~23:00, 일요일 09:00~22:00
- 장난감 박물관에서 도보 2분
- 지도 P.420-C

**Mr. Pickwick Pub Basel**
40년 전통의 선술집으로 유럽 전역에 체인이 있다. 간단한 수제 영국 요리를 맛볼 수 있는 곳으로, 플래터(Platters, CHF22.90~), 나초스(Nachos, 토르티야+치즈+콩 등, CHF11.50~) 등을 판매한다.

- Steinenvorstadt 13
- www.pickwick.ch
- 월요일 11:45~23:00, 화~수요일 11:45~24:00, 목요일 11:45~01:00, 금요일 11:45~02:00, 토요일 12:00~02:00, 일요일 12:00~23:00
- 장난감 박물관 근처
- 지도 P.420-C

### ◆ 바젤역 주변 ◆

**Mister Wong Basel Bahnhof**
아시아 요리 전문점. 가격 대비 배불리 먹을 수 있어 여행객들에게 인기 높다. 바젤에 2곳의 체인점(Basel Steinenvorstadt, Basel Gerbergasse)이 있다. 카레 CHF19, 닭고기 볶음 CHF15, 김치미소 CHF18.9. Steinenvorstadt와 Gerbergasse에도 분점이 있다.

- Centralbahnpl.
- www.misterwong.ch
- 월~목요일 11:00~21:00, 금요일 11:00~22:00, 토요일 12:00~22:00, 일요일 12:00~21:00
- 바젤 SBB역 앞 슈퍼마켓(Coop) 근처
- 지도 P.420-D

### ◆ 마르크트 광장 주변 ◆

**Restaurant Löwenzorn**
가격 대비 고기의 질과 소스 맛이 좋기로 유명한 스위스 전통 요리 레스토랑. 매주 월요일(Ribs Day)에는 갈비 요리(CHF27.5)를 제공한다. 점심 메뉴(CHF24)가 있으며, 훈제 연어(CHF19.5/26.5), 퐁뒤(CHF27.5~) 등을 맛볼 수 있다.

- Gemsberg 2
- www.loewenzorn-basel.ch
- 월~목요일 11:00~14:00, 16:30~23:00, 금요일 11:00~14:00, 16:30~24:00, 토요일 12:00~24:00, 일요일 14:00~22:00
- 마르크트 광장에서 도보 5분
- 지도 P.420-C

# 바젤의 숙소

### ◆ 바젤 대성당 주변 ◆

#### Youth Hostel Basel

바젤 공식 유스호스텔. 건축가 Buchner & Bründler 가 리모델링한 모던식 건축물이다. 객실 체크인은 15시부터이고, 체크인 시 대중교통을 무료로 이용할 수 있는 모빌리티 카드를 제공한다. 공항에서 유스호스텔 예약 확인서를 보여주면 숙소까지 무료로 버스(트램)를 탑승할 수 있다. 리셉션을 24시간 오픈하며 234개의 침대, 라운지, 식당, 회의실, TV·DVD, 스낵 바, 탁구대, 무료 와이파이, 로커 등의 편의 시설을 제공한다.

- Maja Sacher-Platz 10 4052 Basel
- www.youthhostel.ch
- 6인실 CHF45~, 4인실 CHF53~, 2인실 CHF61~, 1인실 CHF93~
- 바젤 SBB역에서 트램 2번(Aeschenplatz 방향)을 타고 Kunstmuseum역에서 하차 후 St. Alban-Vorstadt 방향으로 도보 5분
- 지도 P.420-D

### ◆ 바젤 SBB역 주변 ◆

#### Ibis Basel Bahnhof

유명 3성급 아코르 체인호텔. 바젤역 근처에 위치해 구시가와 동물원이 가깝다. 금연 호텔이라 비흡연자에게 만족도가 높다. 24시간 바를 운영하고 무료 와이파이가 제공된다.

- Margarethenstrasse 33-35
- www.all.accor.com
- 2인 1실 CHF98~
- 바젤 SBB역에서 도보 5분
- 지도 P.420-C

#### Hotel Victoria Basel

럭셔리한 모던 스타일의 4성급 호텔. 역 근처에 위치해 쇼핑과 관광에 안성맞춤이고, 호텔 바로 앞에 트램 정류장이 있어 근교를 다녀오기도 편리하다.

- Centralbahnpl. 3-4
- www.hotel-victoria-basel.ch
- 2인 1실 CHF153~
- 바젤 SBB역에서 도보 1~2분
- 지도 P.420-C

#### Schweize2rhof

최근 리모델링을 해서 객실이 넓고 모던하며 안락한 분위기가 난다. 바젤 SBB역 앞에 위치해 있어 교통이 편리하고, 구시가가 도보 10분 거리에 있어 관광과 쇼핑하기 좋다. 주말이 평일 요금보다 저렴하다.

- Centralbahnpl. 1
- www.schweizerhof-basel.ch
- 더블 CHF185~
- 바젤 SBB역 앞
- 지도 P.420-C

# 이탈리아

Italia

# 이탈리아 기초 정보

## 국가 기본정보

**국명** 이탈리아(Italia)
**수도** 로마(Rome = Roma)
**면적** 301,230㎢(남한의 3배)
**인구** 5,800만 명
**종교** 가톨릭 90%
**인종** 라틴족
**언어** 이탈리아어
**체제** 공화제(내각책임제)
**통화** 유로(€)
**전압** 220V, 50Hz
(플러그 모양은 같지만 콘센트 꽂는 구멍이 좁아 멀티어댑터가 필요)
**시차** 한국보다 8시간 늦다.
서머타임 기간(3~10월)에는 7시간 늦다.

콘센트 구멍이 작아 멀티어댑터가 필요하다.

## 긴급 연락처

- **한국 대사관**
  📞 06-802461
  📍 Via Barnaba Orlani, 30, Roma
  @ ta.mofat.go.kr
  🕐 월~금요일 09:00~12:30, 14:00~17:00
  🚌 테르미니역 앞(500인 광장)에서 217번 버스를 타고 산티아고 델 칠레 광장(Piazza Santiago del Cile)에서 하차 후 도보 5분.
- **경찰** 📞 112 📞 113
- **응급차** 📞 118

## 역사

로마의 역사는 기원전 8세기에 시작됐다. 삼두정치로 공화정이 쇠퇴하고 옥타비아누스가 권력투쟁에서 승리, 아우구스투스라는 칭호를 받고 로마제국 최초의 황제가 된다. 팍스 로마나 시대를 지나 테오도시우스 황제 때 동서로 분열된 후 476년 게르만에 의해 서로마제국은 멸망한다.
이후 도시국가로 나뉘어 베네치아, 피렌체 등이 산업·상업·금융 중심지로 발돋움하면서 르네상스의 중심지로 부상한다. 동로마제국 멸망으로 터키가 지중해에 진출하고 절대군주국가들이 등장하면서 도시국가는 이들의 속국이 된다. 18세기 말 나폴레옹의 침략을 계기로 프랑스 혁명사상이 전파되면서 가리발디와 마치니를 중심으로 통일운동이 본격화되어 1870년 비토리오 에마누엘레 2세가 이탈리아 반도를 통일한다. 1차 세계대전 때는 연합국에 가담해 전승국이 되었지만 이후 무솔리니가 이끄는 파시스트 정권이 히틀러와 연합전선을 구축해 2차 세계대전을 일으켰고, 결국 패하고 만다. 이후 파시스트 세력이 붕괴된 후 지금까지 내각제를 채택하고 있다.

## 지리와 기후

아펜니노 산맥이 남북으로 길게 뻗어 있는 반도국가로 3면이 지중해로 둘러싸여 있다. 북부 이탈리아는 벼농사를 짓는 한편 알프스 산지의 전력 개발로 섬유, 자동차, 화학공업 등이 발달되었다. 특히 토리노, 밀라노, 제노바 삼각지대는 이탈리아 경제의 중심지이다. 남부 이탈리아는 지중해식 농업이 발달해 여름에는 포도, 올리브, 오렌지, 코르크 등을, 겨울에는 겨울밀을 재배한다. 이곳은 북부 공업지역과 경제적 격차가 심하다.
전형적인 지중해성 기후로 여름에는 대체로 고온건조(선글라스와 선크림 준비)하며 습도가 낮아 그늘에 가면 시원하다. 겨울에는 남쪽이 따뜻하고 북쪽으로 갈수록 춥다. 여행 적기는 봄, 가을이지만, 겨울도 따뜻하고 한산해 여행하기 괜찮다. 단 남부 지방(포지타노, 아말피 해안, 카프리섬 등)은 겨울에 문을 닫는 곳이 많으니 유념한다.

## 유의사항

이탈리아는 배낭족을 늘 긴장하게 한다. 당국의 삼엄한 경비로 로마, 나폴리는 비교적 안전지지만 테르미니역을 비롯한 관광지에서는 긴장을 풀지 말자. 오토바이를 타고 접근해 빈틈이 보이면 잽싸게 가방을 낚아채가는 일이 빈번하게 발생하니, 항상 인도 안쪽으로 걷고 가방은 어깨에 크로스로 메고 다닌다. 명소의 학생 입장 요금은 유럽 국가 학생에게만 적용되는 경우가 많으니 주의한다.

## 숙소

이탈리아는 체인호텔이 별로 없고 대부분 일반 호텔이어서 호텔비가 비싸다. 비수기에는 흥정을 잘하면 객실료를 할인받을 수도 있다. 로마를 비롯한 대부분의 도시들이 2011년부터 숙박시설을 이용하는 모든 관광객에게 관광세(City Tax, 호텔 등급별로 1인 1박 기준 €2~3)를 적용한다.

## 전화

### 이탈리아에서 시내, 시외로 전화할 때(공통)

지역번호(0 포함) + 상대방 전화번호
로마 06-802461 → 06 + 802461

### 이탈리아에서 한국으로 전화할 때

국제식별번호(00) + 국가번호(82) + 0을 뺀
지역번호 + 상대방 전화번호
서울 02-3456-5678 → 00 + 82 + 2 + 3456 + 5678

## 음식

북동부 지방의 전통음식은 신선한 생선과 해산물, 육류와 버터, 치즈를 이용한 것이 많다. 파스타와 폴렌타(옥수수가루로 끓인 죽), 리소토를 즐겨 먹는다. 중부 지방 음식은 소박하면서도 영양가가 높다. 올리브유나 토마토, 햄, 콩 등을 이용한 요리가 많다. 남부 지방 음식은 다양해 나폴리에서는 피자를 즐겨 먹고, 시칠리아의 음식은 감칠맛이 나면서도 소박하다.
수돗물은 배탈이 날 염려가 있으므로 가급적 미네랄워터(아쿠아 미네랄레(Acqua Minerale)를 마신다. 탄산이 든 물을 가사타(Gasata)라 하고, 탄산 없는 물을 논 가사타(Non Gasata)라 한다.

## 공휴일

1월 1일 신년 연휴
1월 6일 주현절
4월 20일 부활절 연휴 ★
4월 25일 해방기념일
5월 1일 노동절
6월 2일 공화국선포일
6월 29일 베드로 성인의 날
8월 15일 성모승천일
11월 1일 제성절
12월 8일 성모무염잉태축일
12월 25일 크리스마스
12월 26일 성 스테파노 축일
★는 매년 날짜가 바뀜

## 영업시간

**은행** 월~금요일 08:30~13:00, 14:30~16:00
**상점** 09:00~13:00, 15:30~20:00
**레스토랑** 12:00~14:30, 19:00~24:00

## 전화번호

**이탈리아 국가번호** 39
**지역번호**
로마 06 밀라노 02 베네치아 041 피렌체 055 나폴리 081

## 공중전화

카드식(Telecarte)이다. 전화카드는 담배 가게(Tabac), 신문 가판대(Kiosque), 메트로 매표소(Metro), 우체국 등에서 판매한다.

## 화장실

다른 유럽 국가처럼 화장실 이용 시 대부분 유료(€0.5~1)이지만, 패스트푸드점(맥도날드 등)은 무료로 이용할 수 있다. 지역에 따라서는 패스트푸드점도 사용료를 낸다. 급할 때는 바(Bar) 화장실을 이용한다. 고속도로 휴게소 화장실도 유료다.

INFORMATION

### 이탈리아 철도 정보

@ www.trenitalia.com

## 철도

이탈리아 열차는 남북으로 길게 뻗어 있는 아펜니노 산맥을 따라가면서 시시각각 변하는 드라마틱한 경관(비탈진 암석, 청록색 바닷가, 고운 모래 해변)을 감상할 수 있다. 밤낮으로 쉬지 않고 질주하며 IC열차와 지방열차가 쉽게 연결되어 있어 유럽에서 가장 저렴하고도 효율적인 철도망을 구축하고 있다. 최근에는 연착되는 일 없이 정시에 출발해 편리하다. 차량도 비교적 깨끗하고 안락해 기차여행의 맛을 제대로 즐길 수 있다. 국영철도(FS, Ferrovie dello Stato)인 트렌이탈리아(Trenitalia)가 국내 전 지역을 운행하고 있다.

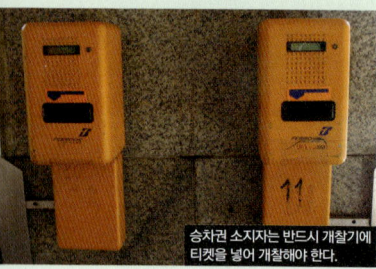
승차권 소지자는 반드시 개찰기에 티켓을 넣어 개찰해야 한다.

### 열차 종류별 예약 포인트

- 유럽에서 가장 인기 있는 노선은 **피렌체-로마, 밀라노-베네치아** 구간. **초고속열차(Le Frecce/TGV)와 유로시티(EC), 야간열차(EN)는 예약 필수**이다.

### 열차의 종류와 예약 유무

| 열차명 | 주요 노선 | 예약 유무(예약비) | 유레일 시간표 표기 |
|---|---|---|---|
| Le Frecce (구 Eurostar Italia) | 이탈리아 주요 도시를 운행하는 고속열차 | 예약 필수(€10) | |
| - Frecciarossa | 밀라노, 볼로냐, 로마, 나폴리, 살레르노 연결. 시속 360km | 예약 필수(€10) | FR |
| - Frecciargento | 로마와 베네치아, 베로나 연결. 시속 250km | 예약 필수(€10) | FA |
| - Frecciabianca | 밀라노와 베네치아, 제노바, 로마 연결. 시속 200km | 예약 필수(€10) | FB |
| EuroCity | 밀라노, 베네치아와 취리히, 베른, 바젤, 제네바를 연결하는 특급열차 | 예약 필수 (1등석 €13, 2등석 €11) | EC |
| IntercCity | 국내 주요 도시를 연결하는 특급열차 | 예약 권장(€3) | IC |
| TGV | 밀라노와 파리를 연결하는 초고속열차 | 예약 필수 (2등석 €62, 1등석 €89) | TGV |
| OBB NightJet | 베를린, 함부르크, 쾰른, 뮌헨, 빈, 취리히, 밀라노, 피렌체, 로마를 연결하는 야간열차 | 예약 필수(6인용 쿠셋 국내선 €26, 국제선 €34/4인용 쿠셋 국내선 €36, 국제선 €44) | EN |
| 지역열차 | Express, Regionale가 있다. | 예약 불필요 | R |

※ Le Frecce와 IC열차처럼 별도 기재하지 않은 경우 예약비는 1, 2등석이 같다. 현지 철도역에서 별도 요금이 발생할 수 있으므로 예약비는 달라질 수 있다.

- 지역열차와 IC(인터시티)열차는 예약 필수가 아니지만, IC열차는 성수기(5~9월)와 공휴일에는 예약을 권장한다. 예약비가 부담되면 국내 이동 시 지역열차를 이용한다.
- 기차역 전광판이나 유레일패스 **시간표에 'R'이라고** 표시된 열차는 유레일패스 유무와 상관없이 **반드시 예약**을 하고 예약비를 지불해야 한다.

## 티켓 예약 및 구입

승차권은 역내 매표소(Sportello Biglietti)나 자동발매기에서 구입한다. 큰 역은 매표소와 예약 창구(Prenotazioni, 쁘레노따지오니)가 따로 있지만 작은 역은 매표소에서 예약 업무까지 겸한다. 또한 큰 역은 한 창구에서 국내선(Biglietti Ordinal)과 국제선(Biglietti International) 업무가 분리되어 있다. 티켓 구입 시 역무원에게 편도(Andata)와 왕복(Andata e Ritorno) 중 어느 것을 구입할 것인지 말한다.

예약은 티켓 창구 또는 사전에 온라인(www.trenitalia.it에서 회원 가입 후 신용카드로 결제)으로 예약한다. **다른 나라보다 예약비가 비싼 편이므로 이탈리아만 여행한다면 유레일패스보다는 구간권을 구입하는 것이 경제적이다.** 구간 티켓의 경우 날짜와 시간대에 따라 요금이 다르므로 잘만 활용하면 매우 저렴하게(최대 60% 할인) 구입할 수 있다. 단 할인 티켓은 한정 판매이므로 일정이 정해졌다면 구입을 서두른다. 4개월 전부터 출발 전일까지 구입 가능하다.

## 좌석 찾기

예약하지 않았을 때는 창가 위쪽에 부착된 좌석표에 '예약석(Posto Prenotato)'이라는 표시가 없으면 아무 좌석에나 앉으면 된다. R 열차를 제외하고는 흡연석 차량이 따로 있다. 이탈리아에서는 남의 예약석을 자신의 예약석이라고 막무가내로 우기며 앉는 불량한 여행객이 있다. 이런 경우에는 자신의 티켓을 보여준 다음 상대방에게 예약 티켓을 보여 달라고 강력히 요구한다.

## 역에서 알아야 할 용어

**역** Stazióne(스따지오네)
**열차** Treno(트레노)
**철도** Ferrovia(페로비아)
**플랫폼** Binario(비나리오)
**출발** Partenza(파르텐차)
**도착** Arrivo(아리보)
**출구** Uscita(우시따)
**입구** Entràta(엔뜨라따)
**승차권** Biglietto(비그리또)
**매표소** Biglietteria(비그리떼리아)
**편도** Andata Sola(안다따 솔라)
**왕복** Andata e Ritorno(안다따 에 리또르노)
**수하물 보관소** Deposito Bagagli(데포시또 바갈리)

## 역에서는 소매치기를 조심하자

기차역에 들어선 순간부터 열차가 출발할 때까지 절대로 긴장을 풀어서는 안 된다. 소매치기는 일단 표적을 정하면 끈질기게 따라붙는다. 조금이라도 빈틈이 보이면(티켓을 사려고 가방을 옆에 놓고 직원과 얘기를 나누고 있을 때나 전광판 열차 시각표를 쳐다보고 있을 때 등) 물건을 가로챈다. 심지어 탄 열차 안까지 미행한다. 열차를 타면 무거운 가방은 반드시 본인의 좌석 위 선반에 올려놓고, 귀중품(카메라 등)은 몸에 지니거나 복도 쪽이 아닌 창가 쪽 좌석에 놓는다. 복도 쪽 좌석에 물건을 놓고 잠시 방심하는 순간 소매치기는 열차가 출발함과 동시에 잽싸게 물건을 훔쳐 열차 밖으로 뛰어내려 도망간다. 특히 남부 지방(나폴리 등)의 역에서는 더욱 조심한다.

ES고속열차

승차권을 개찰기에 터치하면 유리 차단문이 열린다.

# Roma

## 로마

로마는 이탈리아의 수도이자 유럽인들의 정신세계에 주춧돌이 되어온 바티칸 시국의 고향이고, 과거와 현재가 공존하는 3,000년 이상의 역사와 신비로움을 간직한 고도(古都)이다. 또한 유럽의 문화 수준을 한 단계 올린 르네상스의 중심이기도 하다.

로마의 안식처가 되었던 7개의 언덕, 로물루스와 레무스의 건국신화, 노예 반란의 상징 스파르타쿠스, '주사위는 던져졌다'라는 말로 유명한 루비콘 강, 클레오파트라의 코가 1cm만 낮았더라면 달라졌을 것이라는 로마의 역사, 사투의 혈전이 벌어졌던 콜로세움, 동전으로 행운을 바라는 트레비 분수, 청순의 상징 오드리 헵번의 스페인 광장, 거짓을 삼켜버리는 진실의 입, '쿼바디스 도미네'를 외치며 절규한 베드로의 혼이 담긴 세계 최대 규모의 산 피에트로 대성당, 로마의 보고(寶庫) 바티칸 시국 등 사연 많은 역사와 신비를 간직한 채 로마는 지금도 수많은 관광객을 설레게 한다.

## HOW TO GO
# 로마 가는 법

### 주요 도시와의 이동 시간
- 인천 → 로마  비행기 12시간
- 파리 → 로마  야간열차 14시간
- 취리히 → 로마  야간열차 12시간 30분
- 니스 → 로마  야간열차 12시간
- 뮌헨 → 로마  야간열차 12시간
- 베네치아 → 로마  ES열차 3시간 30분
- 밀라노 → 로마  ES열차 3시간
- 피렌체 → 로마  ES열차 1시간 30분
- 나폴리 → 로마  ES열차 1시간 10분

### ◆ 비행기로 가기 ◆

대한항공(KE, 주 3회 운항)과 아시아나항공(OZ, 주 5회), 알리탈리아항공(Alitalia)이 우리나라에서 로마로 직항편을 운항한다. 직항편은 1~2회 경유하는 다른 항공사에 비해 항공료가 다소 비싼 편이다. 유럽 내에서 로마로 이동할 때는 저가 항공사(인터넷 예약만 가능)인 이지젯과 라이언에어를 이용하면 비용을 절약할 수 있다.
우리나라에서 로마까지 비행시간은 직항편 12시간, 경유편 20시간 정도. 유럽 내에서는 1시간 30분~2시간이 소요된다.
로마 공항은 센트로(도심)에서 남서쪽에 위치한 피우미치노 공항(Aeroporto di Fiumicino)과 참피노 공항(Aeroporto di Ciampino)이 있다.

### 피우미치노 공항 Aeroporto di Fiumicino[FCO]

시내에서 남서쪽으로 32km 정도 떨어진 피우미치노 공항은 레오나르도 다빈치 공항이라고도 불린다. 4개 터미널(T1/2/3/5)이 있는데, T1/2는 이탈리아 국적기인 알리탈리아항공의 국내선과 유럽항공, T3은 대한항공, 아시아나항공, 아시아권항공 등이 운항한다. 이곳에서 셔틀 트레인을 타고 공항홀로 이동해서, 자동 입국 심사대(전자여권 소지자)를 통과해 입국장을 빠져나온다.

@ www.adr.it

### 공항에서 시내로 이동하기

공항에서 시내로 이동시 **공항열차(신속)**, **공항버스(저렴)**, **택시(3인 탑승 시 유리)** 중 본인에게 편리한 교통수단을 택한다.

### 공항열차 Leonardo Express
공항열차는 버스보다 비싸지만 공항과 테르미니역까지 안전하고, 신속하게 이동하는 교통수단이다. 입국장을 나와 1층으로 올라가 Train 표지판을 따라 아치형 통로(구름다리)를 따라가면 공항역(Fiumicino Aeroporto)이 나온다.

@ www.trenitalia.com
🕓 피우미치노공항 05:57~23:27, 테르미니역 05:35~22:35, 30분 소요
💶 편도 €14, 유레일패스 1등석 소지자 무료  **티켓 구입** 역내 티켓부스(Train Ticket) 또는 자동발매기에서 구입
**운행 열차** 레오나르도 익스프레스(Leonardo Express)
**개찰구 통과** 개찰구 옆 개찰기에 티켓 QR코드를 접속하면

유리 차단문이 열린다.
**개찰기에 각인** 탑승 전 플랫폼 옆 개찰기에 반드시 티켓을 각인해야한다.
※ 테르미니역에서 공항 갈 때도 **공항행 전용 개찰구(24번 플랫폼)**에서 동일하게 한다.

### 일반열차 FS-Train
오스티엔세역(Ostiense), 투스콜라나역(Tuscolana), 티부르티나역(Tibrutina)과 공항을 연결하는 열차. 해당역 근처에 숙소가 있거나 시간적 여유가 있을 시 이용한다.

※ 기차역과 메트로역(B선) 구간은 소매치기가 빈번하니 유의한다.
- www.trenitalia.com
- 05:01~22:01(Roma Tiburtina역 출발), 31~47분 소요
- €9.5(철도 €8 + 테르미니역으로 갈 경우 메트로 €1.5)

### 공항버스
**공항버스**는 가장 저렴한 요금으로 시내까지 이동하는 교통수단으로, 야간에도 운행하므로 여행객들이 선호한다. 단, 교통이 지체될 수 있으니 출국 시는 일찍 출발하거나 공항열차를 이용한다. 입국장에서 **Bus 표시판**을 따라 **6번 출구**로 나간다. 버스마다 승차장이 다르다.

- 약 1시간 소요
- €6~7(회사별로 약간의 차이가 있음)

**SIT**
- www.sitbusshuttle.it
- 출발 3터미널(T3) 12번 정류장
- 도착 테르미니역 1번 출구 방향 밖의 마르살라 거리

**Terravision**
- www.terravision.eu
- 출발 3터미널(T3) 14번 정류장
- 도착 테르미니역 24번 출구 방향 조바니 졸리티 거리(Via Giovanni Giolitti)

**T.A.M**
- www.tambus.it
- 출발 3터미널(T3) 13번 정류장
- 도착 테르미니역 24번 출구 방향 조바니 졸리티 거리(Via Giovanni Giolitti)

### 야간버스 Cotral
공항 2터미널과 시내(테르미니역, 티부르티나역)를 연결하는 야간버스. 공항 정류장은 공항 셔틀버스 정류장 오른쪽, 시내 정류장은 테르미니역 앞의 500인 광장(Piazza dei Cinquecento)과 티부르티나역에 있다. 목적지와 노선을 확인하고 탄다.
- www.cotralspa.it
- 02:15, 05:00, 10:55, 15:30(시즌과 요일에 따라 시간대가 다르니 사전 확인 필요) / 50분~소요 €5

### 택시 Taxi
요금이 상당히 비싸므로 야간에 도착했거나 짐이 많고 여러 명이 탈 때 이용한다. 출발 전에 미터기가 작동되고 있는지 꼭 확인한다.
요금표는 택시 안에 부착되어 있다. 공항 택시 승차장에 흰색 또는 노란색 택시가 대기하고 있다. 반드시 허가를 받은 택시만 이용한다. 호객꾼의 차는 타지 않는다. 프리나우(Free Now) 애플리케이션(현지 유심 필요)을 설치해 택시를 이용하면 목적지까지 안전하게 이동할 수 있다.

- www.fratarcangelincc.it
- 45분 소요 ■ 피우미치노 공항 ↔ 시내 €55

## 참피노 공항 Aeroporto di Ciampino

로마 시내에서 남동쪽으로 15km에 위치하고 있다. 주로 국내선이 운행된다. 저가 항공사인 이지젯과 라이언에어 등이 주로 취항한다. 참피노 공항은 시내와 연결되는 열차편이 없어 테르미니역까지 셔틀버스로 이동해야 한다. **버스를 한번 놓치면 1시간 이상 기다려야 하니 가급적 티켓을 미리 예약하고, 공항에 도착하면 서둘러 버스정류장으로 직행하거나, 다음 일정을 여유 있게 잡고 이동해야 차질이 없다.**

- www.adr.it

### 공항에서 시내(테르미니역)로 이동하기
**SIT 셔틀버스**
- 45분 소요
- 공항 → 테르미니역 €5, 테르미니역 → 공항 €6, 티켓은 공항 내 티켓 박스나 버스 운전사에게 구입

**Terravision 버스**
- 40분 소요
- €6

## ♦ 기차로 가기 ♦

로마의 기차역은 여행의 시발점이자 모든 국내, 국제선의 발착역인 테르미니역을 비롯해 티부르티나역, 투스콜라역, 오스티엔세역이 있다. 테르미니역은 메트로(A·B선)와 버스로 연결되어 있어 목적지까지 쉽게 이동할 수 있다.

### 테르미니역 Stazione Termini

이탈리아에서 가장 복잡하고 규모가 큰 대형 역사

### 개찰구(유리 차단문)

승객의 안전을 위해 역내 플랫폼 초입에 유리 차단문을 설치했다. 플랫폼에서 나갈 때는 자유롭게 이동할 수 있지만 역내에서 플랫폼으로 들어 갈 때는 **승차권을 QR코드에 접속해야 차단문이 열린다.**

### 편의시설

역내 홀은 전광판 열차 시각표, 티켓 창구, 티켓 자동발매기, 호텔 예약처, 담배 가게(Tabacchi), 지하철 티켓 판매), 패스트푸드점, 레스토랑이 있다. 지하 1층은 메트로(A·B선)와 연결된다.

### 유의사항

- 대합실 전광판에 뜨는 해당 플랫폼 번호를 확인하고 입장한다.
- 열차 탑승 시 플랫폼에 설치된 개찰기에 반드시 승차권을 각인한다.
- 지하철 승차권은 자동발매기보다 담배 가게(Tabacchi)에서 구입하는 게 안전하다. 간혹 자동발매기가 작동을 멈추거나 결제를 했음에도 승차권이 나오지 않는 경우가 종종 있다.

**지하 1층**
- 쇼핑몰과 슈퍼마켓, 유료 화장실, 메트로(A·B선)와 연결

**0층(한국 1층)**
- 역 정문 출구 밖: 로마 전역으로 가는 대형버스·택시 승차장(500인 광장에 위치)
- 1번 플랫폼 방향: 플랫폼에 내려 오른쪽 방향. 우체국, 약국, 슈퍼마켓 등이 있다. 출구 밖은 공항버스 정류장이 있고 마르살라 거리로 가면 유스호스텔과 호텔이 몰려있다.
- 24번 플랫폼 방향: 플랫폼에 내려 왼쪽 방향. 관광 안내소, 유인 수하물 보관소, 커피숍, 공항열차. 출구 밖은 맥도날드, 음식점들이 있다.

**1층(한국 2층)**
- 식당, 카페테리아

테르미니역 지하 1층. 슈퍼마켓, 화장실, 기타 편의시설이 즐비하다.

> **tip 수하물 보관소 Deposito Bagagli 이용하기**
>
> 로마에서는 무인 로커에 넣어놓은 짐을 도난당하는 사고가 잦아 가급적 유인 수하물 보관소를 이용한다. 테르미니역 24번 플랫폼 쪽(플랫폼에 내리면 맨 왼쪽 플랫폼)으로 가면 유인 수하물 보관소 표지판이 보인다. 지하 1층으로 내려가면 바로 보관소가 나온다. 성수기에는 수하물을 맡기려는 사람들이 많이 기다리는 데만 30분 정도 걸린다.
>
> ● 기본(5시간) €6, 초과 시 1시간(€1) 추가

테르미니역 내. 안전을 위해 플랫폼과 대합실 사이에 통유리 차단문을 설치했다.

> **tip 슈퍼마켓 이용하기**
>
> 1번 플랫폼(플랫폼에서 나와 오른쪽) 맨 앞쪽 출구에서 계단 또는 에스컬레이터로 내려가면 오른쪽에 Conad 슈퍼마켓이 있다. 또는 24번 플랫폼(플랫폼에서 나와 역사 왼쪽) 가운데쯤에 작은 De Spar 슈퍼마켓이 있다.

# 로마의 시내 교통

로마 도심은 그리 넓지 않아 걸어서 충분히 구경할 수 있다. 로마의 메트로(Metro)는 테르미니역을 교차하는 A·B·C선(새로 신설) 중 2개 노선(A·B)을 자주 이용하게 된다. 메트로는 주요 명소를 관통하기 때문에 쉽게 이용할 수 있지만, 버스와 트램은 노선이 복잡해 어느 정도 노선도를 잘 파악해야 시내 관광을 즐길 수 있다.

### ◆ 승차권 ◆

메트로, 버스, 트램 모두 승차권을 공용으로 사용한다. 승차권은 역내 자동발매기나 Tabacchi(담배 가게, T 마크로 표시)에서 구입할 수 있다.

**1회권(B.I.T)**
€1.5(개찰 후 100분간 사용. 버스, 트램 환승 가능)

**로마 24H**
€7(개찰 후 24시간 사용. 버스, 트램 환승 가능)

**로마 48H**
€12.5(개찰 후 2일간 사용. 버스, 트램 환승 가능)

**로마 72H**
€18(개찰 후 3일간 사용. 버스, 트램 환승 가능)

**7일권(C.I.S)**
€24(개찰 후 7일째 밤 자정까지 사용. 버스, 트램 환승 가능)

### ◆ 로마 패스 Roma Pass ◆

로마에 3일 이상 머물면서 유명 유적지(유료 입장지)와 미술관을 이용한다면 구입하는 것이 좋다. 로마 시내 교통(공항 직행버스, 공항열차 제외) 무료 이용은 물론, 본인이 선택한 첫 유적지(미술관) 1곳(로마 패스 48시간), 2곳(72시간)은 무료 입장이고, 2번(3번)째부터는 할인된다. 로마 패스 소지자는 줄을 서지 않고 입장 가능하다. (단, 로마 패스 소지자도 보르게세 미술관, 콜로세움 등에 입장 시 미리 온라인 예약을 해야 한다.) 또한 로마 지도, 로마 패스 가이드, 로마 뉴스지(각종 문화공연 및 투어 정보)를 제공한다. 카드 뒷면에 본인의 이름과 개시 날짜를 기입해야 하며, 교통편 이용 시는 개찰기에 터치하면 된다. **포로 로마노+콜로세움+팔라티노(통합권 €16)도 1곳으로 간주하므로 이곳을 먼저 이용하는 게 유리하다.**

- **구입처** 여행 안내소
- www.romapass.it
- **유효기간** 3일(개시일부터 3일째 자정까지), 대부분의 박물관은 월요일과 1/1, 5/1, 12/25이 휴관이니 유의.
- 48시간 €36.50, 72시간 €58.50

### ◆ 메트로 Metro ◆

로마의 지하철인 메트로는 고대 로마 유적을 보존하기 위해 노선 확장을 하지 않아 **현재 4개 노선(A, B1, B2, C)이 운행**되고 있다. 다행히 두 노선이 주요 관광지를 통과하기 때문에 여행자 입장에서는 가장 쉽게 이용할 수 있다.

그러나 혼잡한 출퇴근 시간(07:30~09:00, 12:30 전후, 19:30~20:30)은 피해서 이용하는 것이 좋다. 메트로역 입구에는 붉은색 바탕에 흰색으로 크게 'M'이라 적힌 메트로 마크가 부착되어 있어 메트로역을 쉽게 찾을 수 있다.

메트로는 05:30부터 23:30까지 운행하고, 토요일

로마의 지하철

출구 표시

은 24:30까지 연장 운행한다.
메트로역의 개찰구 앞 노란색 개찰기에 티켓을 넣어 개찰한 후 바를 밀고 들어간다. 전동차문은 대부분 자동식이지만, 일부 수동식은 버튼을 눌러야 열린다. 도착역에 내리면 **출구(Uscita)** 표지판을 따라간다. 개찰구가 나오면 바를 밀고 나간다. 간혹 개찰구에서 검표원이 표 검사를 하니 출구 밖으로 나가기 전까지는 티켓을 버리지 말고 잘 보관한다. 무임승차 시 벌금 €50가 부과된다.

@ www.atac.roma.it

### 자주 이용하는 노선

## A선 (Linea A)
### 동남 → 서 방향의 노선
테르미니역 → 레푸블리카역(공화국 광장) → 바르베리니역(바르베리니 광장/궁전) → 스파냐역(스페인 광장/콘도티 거리) → 플라미니오역(포폴로 광장) → 오타비아노/치프로역(바티칸 시국/산 피에트로 대성당)

지하철 입구 개찰기에 티켓을 터치하면 열린다.
출구 시 바를 밀고 나간다.

담배 가게에서 메트로 승차권을 판매한다

## B선 (Linea B)
### 남 → 북동 방향의 노선
테르미니역 → 카보우르역(산 피에트로 인 빈콜라 교회) → 콜로세오역(콜로세움/포로 로마노) → 치르코 마시모역(치르코 마시모/진실의 입)

### ◆ 버스 Bus ◆

버스는 시내 구석구석을 운행하므로 노선만 잘 익히면 여행이 쉬워진다. 그러나 로마는 고도(古都)가 그대로 보존되어 있어 도로 폭이 아주 좁으므로, 출퇴근 시간에는 교통체증이 심하다. 메트로는 1회권을 사용 후 출구로 나오면 다시 사용할 수 없지만, 버스는 75분간 여러 번 갈아탈 수 있다.

- **티켓 구입/요금** 타바키, 지하철역 내 자동발매기(매표소), 지하철 요금과 동일
- **버스정류장(Una Fermata)에서 버스 표지판 읽기** 맨 위에서 아래 순으로 읽는다. 버스 번호 > 출발지 > 경유지 > 종점
- **승차 시 개찰** 노선 번호와 종점 정류장 명을 확인하고 승차하면 노란 개찰기에 티켓을 넣어 개찰한다. 개찰하지 않으면 무임승차로 간주되어 벌금이 부과된다.
- **하차 시** 목적지에 도달하면 벨을 누르고 내린다. 내릴 곳을 모를 때는 운전사에게 목적지를 적은 쪽지를 보여주며 물어본다. 로마의 버스 노선은 자주 바뀌므로 버스를 타기 전에 정류장에 표시된 버스 노선을 반드시 확인한다.

### ATAC Information Kiosk
주 정류장인 테르미니역 앞 500인 광장에 사무실이 있다. 영어 가능한 직원이 상주하고 있다.

@ www.atac.roma.it  🕒 08:00~18:00

승차권 자동발매기

버스 안내판

**야간버스** N. Notturno

24:00~05:30 사이에 운행된다. 대부분 차장이 있고 버스 운전사에게 승차권(€1.5)을 구입한다.

◆ **택시** Taxi ◆

짐이 많거나 야간에 이동하는 경우에만 이용한다. 주요 관광지의 택시 승차장에서 탑승할 수 있다. 허가받은 택시는 흰색(간혹 노란색도 있다)이고 택시 지붕에 푸른색으로 'Taxi' 표시가 있다. 기본요금은 €3이고, 1km마다 €1.14가 추가된다. 짐 1개당 €1.05의 추가 요금이 붙고, 일요일과 공휴일, 22시~07시에는 €1~3의 추가 요금이 붙는다. 승차 시 미터기가 0으로 되어 있는지 반드시 확인한다. 운전자의 이름과 차량 번호(택시 안에 적혀 있다)를 메모해 경각심을 불러일으키는 것도 좋다.

- www.comune.roma.it
- €3.5(월~금요일), €5(주말), €7.5(야간) 1km마다 €1.31

> **tip** 시내 투어 & 여행 안내소
>
> **시내 투어**
> **시티 사이트싱 로마** City Sightseeing Roma
> 테르미니역, 콜로세움, 치르코 마시모, 베네치아 광장, 바티칸, 트레비 분수, 스페인 광장 등 로마의 주요 관광지를 순회하는 빨간색의 오픈 투어버스.
>
> - 시발점 및 매표소 테르미니역 앞 500인 광장
> - www.city-sightseeing.it/it/roma
> - 09:00~18:00
> - €28.05
>
> **여행 안내소**
> **포리 임페리알리**
> Tourist Infopoint Fori Imperiali
> - Via dei Fori Imperiali
> - www.turismoroma.it
> - 매일 09:30~19:00, 7~8월 매일 09:30~20:00
> - 포리 임페리알리 거리에 위치, 콜로세움역에서 도보 5분

## 유용한 버스 노선

| 버스 번호 | 경유지 |
| --- | --- |
| 40번 | 테르미니역~산 피에트로 대성당. 64번과 같은 노선이나 정류장이 적어 더 빠르다. |
| 64번 | 테르미니역~베네치아 광장~비토리오 에마누엘레 2세 기념관~나보나 광장~산탄젤로 성~산 피에트로 대성당. 40번과 함께 가장 핵심적인 노선이다. |
| 117번 | 산 조반니 인 라테라노 교회~콜로세움~트레비 분수~스페인 광장~포폴로 광장 |
| 170번 | 테르미니역~레푸블리카 광장~베네치아 광장~진실의 입~트라스테베레 |
| 175번 | 테르미니역~레푸블리카 광장~바르베리니~코르소 거리~베네치아 광장~콜로세움~치르코 마시모 |
| 714번 | 테르니미역~산 조반니 인 라테라노 광장~카라칼라 욕장 |

| tip | 로마는 소문대로 위험한가요?

이탈리아에서는 대개 생명에 위협을 느낄 만한 위험은 거의 없는 편이고, 단지 여행객을 상대로 사기를 치거나 소매치기를 하는 수준이다. 이탈리아 북부(베네치아, 밀라노, 피렌체 등)는 비교적 안전한 편이고, 이탈리아 남부(로마, 나폴리 등)는 소매치기가 빈번하므로 조심한다.
최근에는 이탈리아 정부에서 이미지 쇄신을 위해 치안에 상당히 신경 쓰고 있다. 특히 트레비 분수, 스페인 광장, 콜로세움 등 여행객이 많이 모이는 장소에는 경찰들이 곳곳에 배치되어 치안에 만전을 기하고 있다. 여행하다 보면 집시들이 눈에 띄게 줄어들었다는 느낌이 든다. 동부 유럽과 스페인 쪽으로 이동했다는 말도 있다. 그러나 명심하자. 여행객 주변에는 소매치기가 항상 빈틈을 노리고 있다는 사실을. 여행객이 허점을 보일 때 이들은 절호의 기회를 절대로 놓치지 않는다.

관광지를 순찰 중인 경찰

### 메트로에서
메트로에서 고급 사진기로 주변을 촬영하다가는 십중팔구 소매치기의 표적이 된다. 그들은 전동차가 도착하면 같이 승차해서 바로 앞에 선다. 그들은 전동차가 도착하면 같이 승차해서 바로 앞에 선다. **집시 여인 3~4명이 포위하듯 감싸면서 말을 걸면서 시선을 다른 곳으로 유인해 빈틈을 노린다. 특히 임산부로 위장해 접근하니 유의한다.** 승객이 많아 서로 몸이 부딪힐 때 표정 하나 변하지 않고 손으로 주머니를 뒤지기도 하므로 항상 손으로 주머니를 감싸고 손을 떼지 않는다. 메트로에 타면 전동차 입구에 서지 말아야 한다. 문이 닫히는 순간 소매치기가 잽싸게 가방을 빼앗아 달아난다. 작은 배낭은 항상 앞으로 멘다. 특히 밤늦은 시간에는 여성 혼자 타지 않는다.

### 레스토랑에서
맥도날드 같은 패스트푸드점에서는 짐을 소지하고 주문을 한다. 일반 레스토랑에서도 의자 위나 아래에 가방을 둔 채 자리를 떠나서는 안 된다.

### 관광지에서
모르는 사람이 건네는 음료나 음식은 절대로 먹지 않는다. 음료에 수면제를 넣어 기절시킨 다음 소지품을 훔친다. 낯선 사람이 친절하게 접근하면 자리를 피한다. 좋은 레스토랑이나 술집이 있다고 유인하면서 그곳에서 바가지를 씌우기도 한다. 한적한 곳에서 낯선 사람이 사진을 찍어 달라고 하면 무조건 거절하고(사진기를 절대 받지 않는다) 자리를 뜬다. 자신의 카메라를 갑자기 주면서 자꾸 촬영할 곳을 바꾸며 자리 이동을 유도하면 십중팔구 사기꾼이다. 그들은 한적한 곳으로 유인해 자기 지갑에서 돈을 꺼내며 환전해 달라고 부탁한다. 이때 어딘가에 숨어 있던 패거리들이 갑자기 몰려들어 가짜 경찰 신분증을 제시하면서 위협한다. 유럽에서는 절대로 사복경찰이 신분증을 보여 주며 협박하지 않는다. 이럴 때는 무조건 자리를 피하거나, 사정이 여의치 않을 때는 큰소리로 경찰서로 가자고 얘기하고 앞장서는 척한다.

### 거리에서
집시 무리를 조심한다. 전형적인 수법은 2~3명의 어린이와 아이를 업고 있는 집시가 접근해 신문지로 시야를 가리고 정신없이 만들면서 빈틈을 노린다. 집시 등에 업혀 있는 아이는 순진한 보통 아이가 아니라 한 패거리다. 일부러 옷에 음료를 흘리고는 닦아 주는 척하며 물건을 슬쩍 훔치는 경우도 있다. 이럴 때는 괜찮다고 얘기하며 접근하지 못하게 한다. 종종 오토바이족들이 가방을 낚아채기도 하니 가방은 도로 쪽이 아닌 인도 쪽으로 메거나 앞으로 메고 다닌다.

# ◆ 로마의 추천 코스 ◆

[ Start ]

**메트로 B선 Colosseo역**
↓ 바로 앞.

**콜로세움**
↓ 바로 앞.

**콘스탄티누스 황제의 개선문**
↓ 콜로세움에서 개선문을 바라볼 때 오른쪽 좁은 길로 간다. 도보 2분 소요.

**포로 로마노·팔라티노 언덕**
↓ 바로. 포로 로마노 내 셉티미우스 세베루스 개선문 뒤쪽 출구로 나가면 캄피돌리오 광장과 연결된다. (최근 폐쇄 중)

**캄피돌리오 광장**
↓ 세나토리오 궁전을 등지고 오른쪽 계단으로 올라가서 교회 (Basilica S. Maria In Aracoeli)로 들어가(무료) 뒤쪽 출구로 나오면 바로 연결. 도보 2분 소요.

**비토리오 에마누엘레 2세 기념관(전망대)**
↓ 바로 앞.

**베네치아 광장 (구경 후 점심 식사)**
↓ 캄피돌리오 광장의 코르도나타 계단으로 내려와 마르첼로 극장이 있는 왼쪽 대로 Via del Teatro di Marcello를 따라 쭉 내려간다(도보 10분 소요). 또는 코르도나타 계단 왼쪽 정류장 건너편에서 44번 버스를 타고 Santa Maria in Cosmedin (2정거장)에 하차하면 바로.

**진실의 입 (산타 마리아 인 코스메딘 성당)**
↓ 바로. 성당 건물 뒤쪽에 있다. 만일 치르코 마시모 끝자락까지 가려면 도보 7분.

**치르코 마시모(대전차 경기장)**
↓ 카페나 문 광장(Circo Massimo역)에서 치르코 마시모를 등지고 카라칼라 거리를 따라 7분 정도 직진 (진실의 입에서 총 10~15분 소요). 또는 산타 마리아 인 코스메딘 성당 정면을 바라볼 때 성당 왼쪽 정류장에서 118번 버스를 탄다.

**카라칼라 욕장**

TIP 카라칼라 욕장에서 Termini역에 갈 때는 714번 버스를 탄다.

[ Finish! ]

---

## Q&A

**여행 적기는?**
4~6월, 9~10월. 여름은 매우 더우니 가급적 피한다. 겨울은 비교적 영상온도를 유지해 여행하는데 지장 없다.

**점심 식사는 어디서 할까?**
코르소 거리(베네치아 광장) 주변에서.

**관광 시 눈여겨볼 것은?**
캄피돌리오 광장 앞의 코르도나타 계단에서 착시 현상 확인하기.

**포로 로마노를 제대로 관람하려면?**
시간 절약을 위해 사전 예약을 한다. 또한 더운 날씨에 그늘진 곳이 없으니 생수와 모자(양산)를 준비한다.

**최고의 포토 스폿은?**
- 비토리오 에마누엘레 2세 기념관 전망대
- 포로 로마노 최고의 전망대는 세나토리오 궁전 (캄피돌리오 광장 뒤편) 뒤쪽 좌우에 설치된 테라스 (무료)와 포로 로마노 내의 팔라티노 언덕 테라스 (유료, 티투스 황제 개선문 왼쪽으로 올라간다)

# Day 2

[ Start ]

**메트로 A선 Ottaviano역**

Musei Vaticani 출구로 나와 곧장 걷다가 2번째 사거리에서 우회전해서 직진하면 흰 성벽을 따라 줄 서 있는 사람들이 보인다.
도보 7분 소요.

**바티칸 박물관**
**(관람 후 점심 식사)**

박물관을 나와 성벽을 따라 직진한다.
도보 10분 소요.

**산 피에트로 대성당(광장)**

광장에서 대성당을 등지고 직선 방향으로 Via della Conciliazione 대로를 따라간다. 도보 10분 소요.

**산탄젤로 성**

산탄젤로 다리를 건너 직진, 타소니 광장에서 'Campo de Fiori' 표지판을 따라 1시 방향의 골목길(Via d. Banchi Vecchi)로 직진한 후 Via Monserrato을 지나면 바로.
도보 15분 소요.

**캄포 데 피오리**

광장에서 11시 방향 골목길로 직진, 바라코 미술관 → 마시모 궁전 → 로마 박물관 순서로 걷는다. 도보 5분 소요.

**나보나 광장**

광장 한가운데 있는 피우미 분수를 등지고 도로를 따라 Palazzo Madama 옆길로 직진. 지도상에서 동쪽으로 간다.
도보 3분 소요.

**판테온**

판테온 정면을 바라볼 때 왼쪽 골목길로 계속 직진.
도보 8분 소요.

**트레비 분수**

지도상에서 북쪽으로 직진.
도보 8분 소요.

**스페인 광장**

바로. 스페인 광장 계단 정면과 맞닿은 거리가 콘도티 거리다.

TIP 스페인 계단을 등지고 오른쪽 골목길에 메트로역이 있다.

**콘도티 거리(쇼핑)**

[ Finish! ]

# Q&A

**점심 식사는 어디서 할까?**
바티칸 박물관 내 카페테리아, 바티칸 박물관 주변, 캄포 데 피오리, 나보나 광장 주변.

**박물관(미술관)은**
**2~3시간 줄을 선다는데?**
현장에서 티켓을 구입하면 대기 줄이 길지만, 사전 예약하면 대기 시간이 짧아진다.

**박물관(미술관) 무료 입장은?**
바티칸 박물관은 매월 마지막 일요일, 보르게세 미술관은 매월 첫 번째 일요일. 예약 필수이니 2~3개월 전에 미리 예약한다. 예약비 별도.

**박물관(미술관) 휴무일은?**
- 바티칸 박물관 – 일요일
- 보르게세 미술관 – 월요일

**스페인 광장 계단에 앉으면 벌금을 낸다?**
스페인 광장 계단을 보호하기 위해 계단에 앉으면 벌금이 부과된다. 계단에 서서 사진을 찍을 수는 있어도 앉을 수는 없다. 경찰이 상주해 감시한다.

**판테온은 무료 입장 아닌가?**
판테온은 2023년 7월부터 요일에 관계없이 유료 입장이니 유의한다.

**최고의 포토 스폿은?**
- 산 피에트로 대성당 쿠폴라 전망대
- 스페인 광장 계단 위에서 바라본 스페인 광장과 콘도티 거리 풍경

스페인 광장과 콘도티 거리

# Day 3

[ Start ]

### 500인 광장
광장(Termini역에서 가장 끝 정류장)에서 910번 버스를 타고(25분 소요) Pinciana 하차, 길 건너 보르게세 공원 안에 미술관이 있다.

### 보르게세 미술관(관람 후 점심 식사)
다시 910번 버스를 타고 Termini역으로 돌아와서 714번 버스 또는 메트로 A선 (3정거장)을 타고 S. Giovanni역 하차. 총 40분 소요.

### 산 조반니 인 라테라노 교회
교회를 등지고 11시 방향 정류장에서 218번 버스를 타고(20분 소요) Fosse Ardeatine에 하차하면 바로.

### 산 칼리스토의 카타콤베
118번 버스를 타고 Colosseo 하차. 메트로역 옆 계단으로 올라가면 나온다.

TIP 산 칼리스토의 카타콤베 티켓 창구에서 직진해 오른쪽 오솔길로 7분 정도 걸어가면 산 세바스티아노 성당의 카타콤베가 나온다.

### 산 피에트로 인 빈콜리 교회
TIP 교회에서 메트로 B선 Cavour역에 갈 때 교회 앞 굴다리 계단을 내려가 Via Cavour에서 오른쪽으로 가면 나온다.

[ Finish! ]

포로 로마노의 팔라티노 언덕 전망대

카라칼라 욕장

베네치아 광장과 코르소 거리(가운데 길)

## Q&A

**보르게세 미술관 관람 시 유의할 점?**
사전 예약이 필수다. 예약 없이는 현장 관람이 안 된다.

**점심 식사는 어디서 할까?**
바르베리니 광장이나 산 조반니 광장 주변에서. 또는 도시락 준비.

**관광 중 꼭 해볼 것은?**
기독교 신자라면 성지순례하는 마음으로 산 피에트로 인 빈콜리 교회, 산 조반니 인 라테라노 교회, 카타콤베를 다녀온다. 만일 오후에 쇼핑을 하고 싶다면 카타콤베를 생략한다.

### 살아 숨 쉬는 역사 박물관

로마의 거리는 보이는 것 하나하나가 살아 숨 쉬는 박물관이다. 목적지를 향하는 도중에 길을 잃더라도 당황하지 말자. 내가 거닐고 있는 곳이 바로 훌륭한 명소나 관광지이니 있는 그대로 즐기면 된다. 역사의 발자취가 남은 길을 거닐며 그 당시의 로마 분위기에 젖어보자.

우선 테르미니역에 도착하면 여행 안내소에 들러 시내 지도(무료)를 얻고, 티켓 창구에서 다음 행선지로 가는 기차를 예약한다. 역내 Tabacchi(담배 가게)에서 메트로(버스) 티켓을 구입하고 숙소로 간다. 숙소에 짐을 푼 다음 메트로를 타고 콜로세움으로 향한다. 영화 〈글래디에이터〉를 생각하며 원형경기장에 입장해보자. 외부 못지않게 내부 경관도 웅장하고 멋있다. 바로 옆에 위치한 포로 로마노에 가면 마치 로마시대 공회당 한복판에 서 있는 듯한 느낌이 든다. 타임머신을 타고 기원전으로 되돌아가서 카이사르와 대화를 나눠 보자.

### 고도 로마의 분위기를 즐기자

팔라티노 언덕을 거닐면서 북쪽 끝 계단으로 올라가면 캄피돌리오 광장과 미술관이 나온다. 바로 연결된 비토리오 에마누엘레 2세 기념관 전망대에 올라가서 고도(古都) 로마의 전경을 감상한다. 베네치아 광장 쪽에서 비토리오 에마누엘레 2세 기념관을 배경으로 구도를 잡으면 멋진 사진이 나온다. 하얀 케이크 모양의 건물이 한눈에 들어올 것이다.

바로 버스를 타고 산타 마리아 인 코스메딘 성당에 들러 진실의 입 속에 직접 손을 넣어보고, 근처 치르코 마시모(대전차 경마장)를 보면서 영화 〈벤허〉의 전차 경주 장면을 떠올려본다.

또는 일정을 바꿔 코르소 거리를 따라가다 오른쪽으로 가면 그 유명한 트레비 분수가 나온다. 빼곡하게 채운 관광객들 사이에는 늘 집시나 소매치기가 노리고 있다는 것을 유념한다.

### 낮과 밤이 모두 즐겁다

다시 코르소 거리를 따라 계속 직진하면 포폴로 광장이 나오고 도중에 우회전하면 명품점이 즐비한 콘도티 거리가 나온다. 거리 끝 쪽엔 젊은이들로 생기가 넘치는 스페인 광장이 있다. 광장 계단 맨 위에 앉아 바라보는 콘도티 거리의 주변 모습은 마치 영화 속의 한 장면 같다. 이곳에서 사진을 찍으면 구도가 무척 멋있다. 야경을 즐기려면 스페인 광장과 트레비 분수에 다시 한번 들르자. 낮과는 분위기가 사뭇 다르다.

### 최고의 볼거리가 모인 바티칸 시국

다음 날은 아침 일찍(8시 전) 바티칸 박물관으로 향

산 조반니 인 라테라노 교회 내부

**RECOMMENDED COURSE**

한다. 로마 최고의 볼거리가 집중된 곳이라 이른 시간부터 입장객들로 붐벼 성수기에는 1시간 이상(500m 이상) 성곽을 따라 줄을 서야 입장할 수 있다. 바티칸 박물관과 산 피에트로 대성당을 관람하고 나면 오후 3~4시쯤 된다. 물론 꼼꼼하게 관람한다면 오후 6시쯤은 되어야 끝마칠 수 있다. 이해의 폭을 넓히고 싶다면 한국인 가이드 투어에 참여해보는 것도 좋다. 서두르면 산탄젤로 성까지 관람할 수 있다.

입장 시간을 놓쳤으면 외관을 보는 걸로 만족하고 산탄젤로 다리를 건너 캄포 데 피오리 광장과 나보나 광장으로 간다. 이곳은 주변과는 사뭇 색다른 분위기를 연출한다. 베르니니의 조각 분수와 무명 화가들의 그림을 구경하노라면 시간 가는 줄 모른다. 옆 골목길을 지나면 로마 당시의 모습이 원형 그대로 보존되어 있는 판테온을 볼 수 있다.

포리 임페리알리 거리

## 기독교 신자라면 갈 곳이 더 많다

3일째에는 메트로 A선에 있는 포폴로 광장, 보르게세 미술관, 바르베리니 광장을 관광한다. 기독교에 관심이 많다면 산 조반니 인 라테라노 교회와 로마에서 놓치기 쉬운 카라칼라 욕장, 카타콤베(산 칼리스토, 산 세바스티아노)에도 다녀온다.

산 조반니 광장의 주변 성곽

트레비 분수

# 로마의 야경을 즐기는 밤의 산책 코스

| 코스 1 |
테베레강 → 산탄젤로 성 → 산 피에트로 대성당

| 코스 2 |
핀초 언덕 → 스페인 광장 → 트레비 분수 → 판테온 → 나보나 광장

로마의 야경을 즐기려면 석양이 지는 시간부터 시작해 밤 8~9시 정도에 관광을 끝내도록 한다. 너무 늦은 시간까지 즐기다 보면 귀가하는 데 부담스럽다. 야간 관광 시 가급적 혼자 다니지 말되, 귀중품은 호텔 세이프티 박스에 맡기고 교통비만 갖고 다닌다.
**코스 1은 테베레강을 따라가면서 즐기는 코스다.** 해가 질 무렵 테베레강 변의 물빛이 형형색색 다르게 비치는 모습이 무척 아름답다. 야간에는 오렌지색 조명을 받은 산탄젤로 성의 천사상 모습이 요새 같은 낮의 이미지와는 전혀 다른 분위기를 자아낸다.
카스텔로의 강변도로를 따라 산 피에트로 대성당까지 이어지는 콘칠리아치오네 거리(Via della Conciliazione)의 가로등과 광장의 희미한 불빛이 조화를 이룬다.

포폴로 광장에서 나보나 광장까지 이어지는 명소를 거닐며 낮과 다른 밤의 분위기를 느껴볼 수 있는 코스다. 포폴로 광장에 있는 핀초 언덕에 올라 석양의 전경을 본 후, 야경까지 감상한다. 야간에는 스페인 광장 전체에 오렌지색 조명이 켜지면서, 바르카차 분수를 하얗게 비추어 매우 멋스럽다. 여행객들로 붐벼 늘 활기 넘치는 트레비 분수의 생명력을 느껴보자. 판테온은 문이 닫혀 조용하지만, 외관에 비친 조명 덕분에 낮보다 밤에 보는 조각이 더욱 웅장하고 신비롭다.

나보나 광장의 야경

산탄젤로 성과 테베레강의 야경

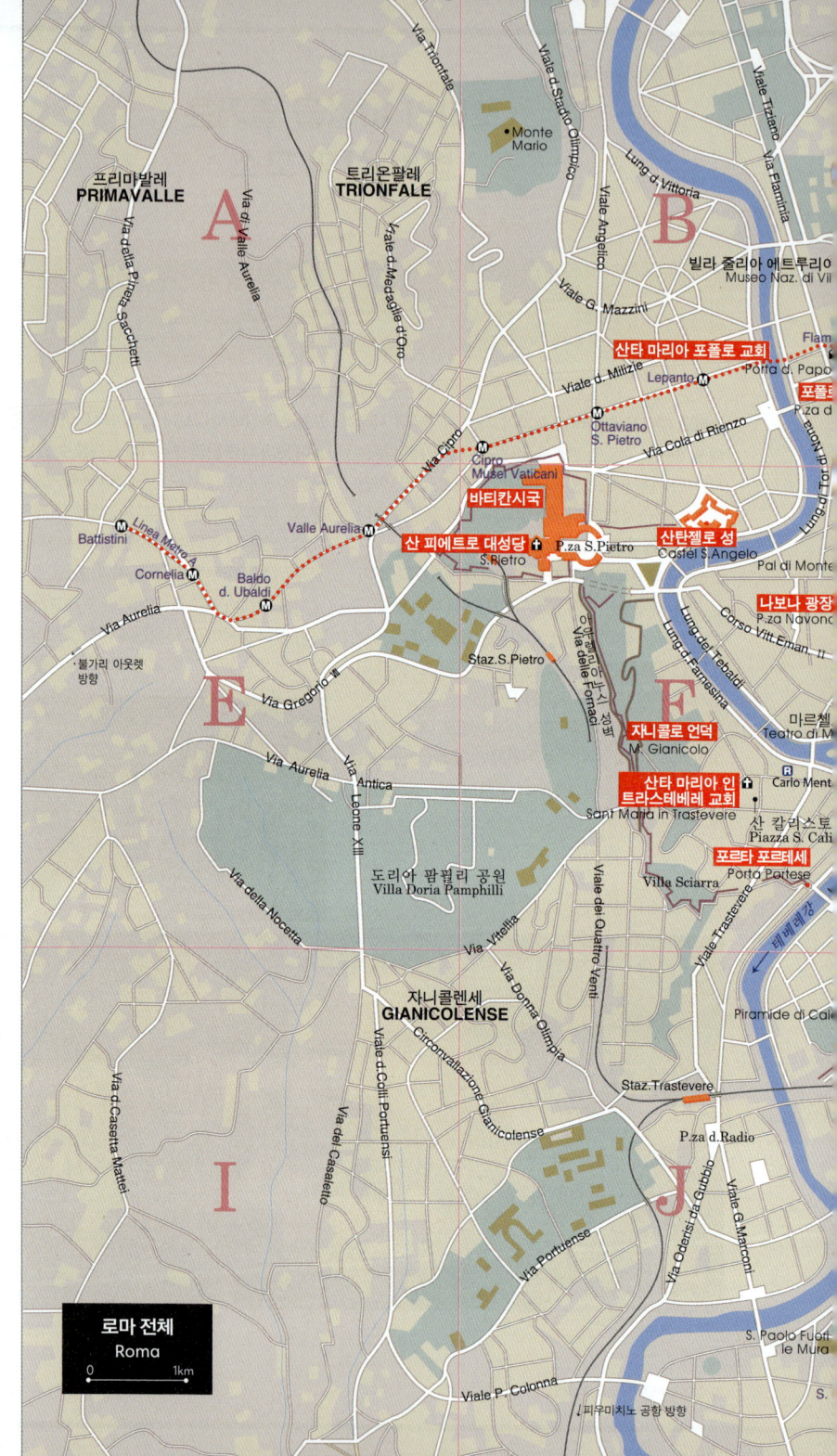

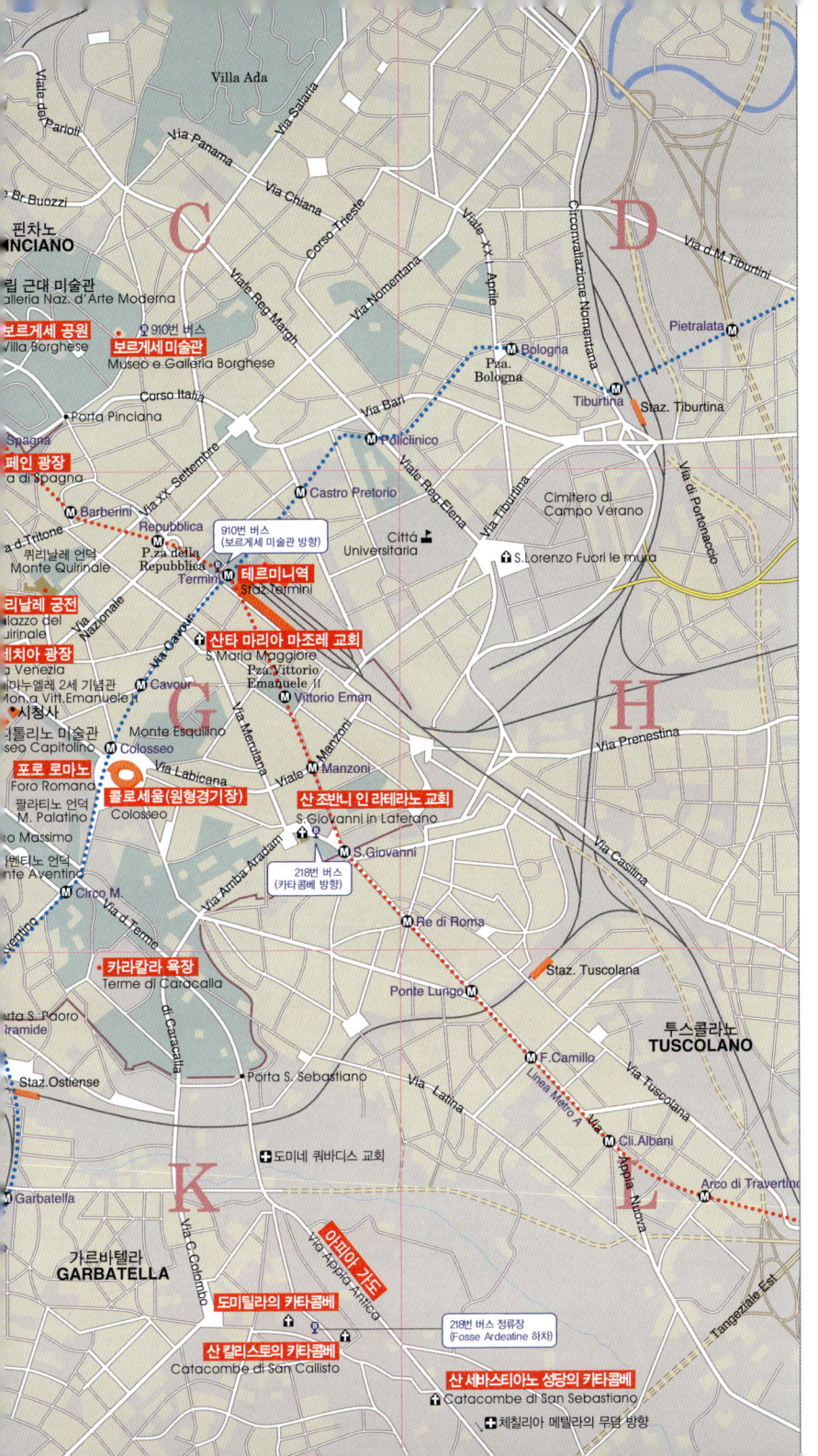

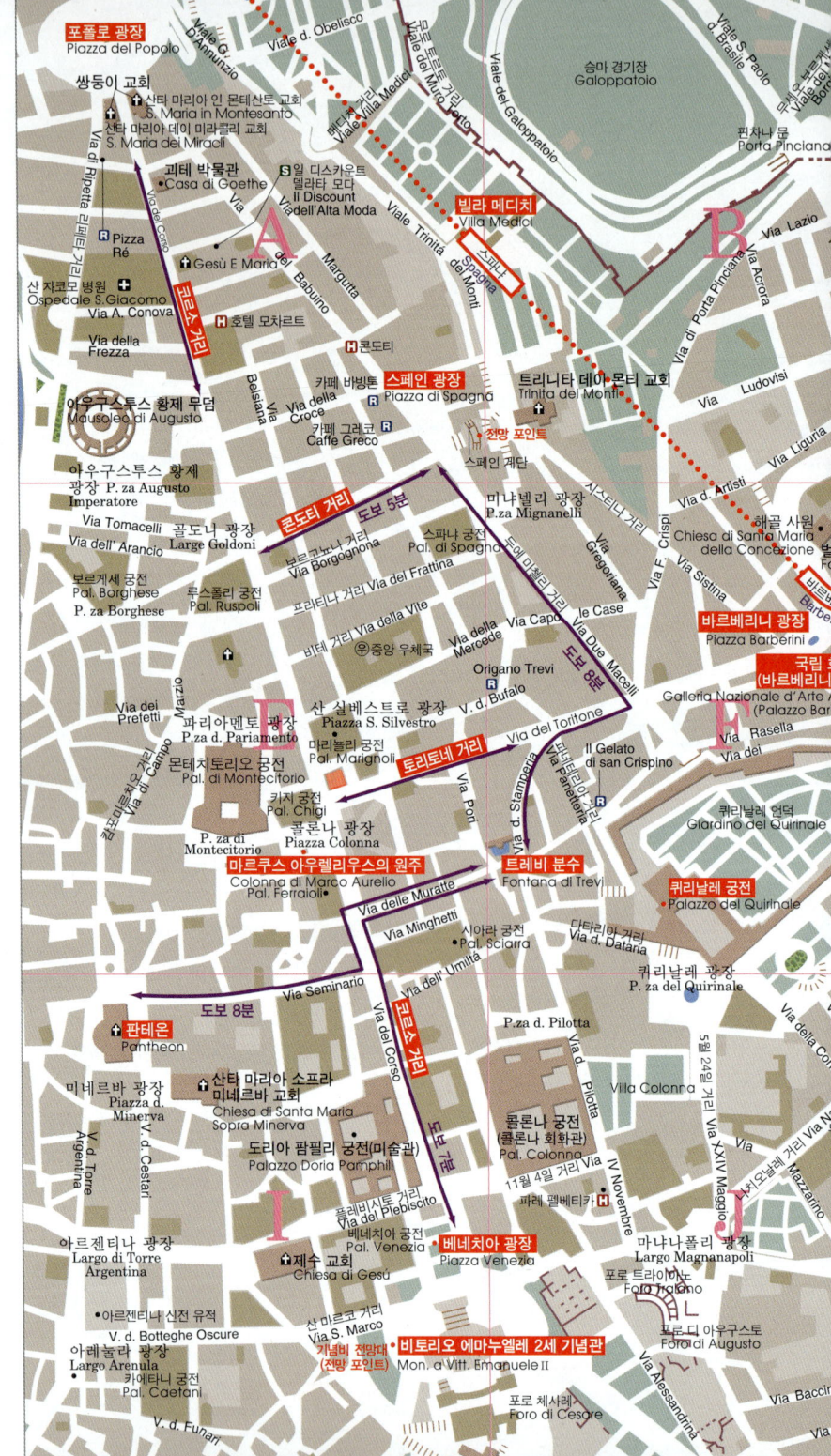

로마 : 테르미니~퀴리날레 언덕
Termini~Monte Quirinale

0    400m

Via Bergamo
거리 Corso d' Italia
Via Campania
사르데냐 거리
Via Sardegne
베네토 H
Via Abruzzi
Teatro delle Arti
Via Lucania Via Collina
Via Sicilia
Via Romagna
Via Boncompagni
Toscana
C
D
피아 문
Porta Pia
Via Piemonte
Via Luccolo
Via Sallustiana
살루스티오 광장
Piazza Sallustio
Via Q. Sella
Via Piave
Via Flavia
Via Aureliana
Via G. Carducci
Via Salandra
재무부
Ministero del
Tesoro e del Bilancio
9월 20일 거리
L. Bissolati
Via Pastrengo
Via Cernaia 체르나이아 거리
Via Volturno
Via Goito
Via Castelfidardo
산타 마리아 델라 비토리아 교회
Chiesa di Santa Maria della Vittoria
Via Gaeta
Piazza Indipendenza
산타 수산나 교회
a di Santa Susanna
디오클레티아누스의 욕장 유적
Museo Nazionale Roman
(Terme di Diocleziano)
Alessandro Palace H
Yellow Youth Hostel
The RomeHello H
산타 마리아 델리 안젤리 교회
Basilica di Santa Maria degli Angeli
The Independent
Hotel M&J Hostel
방향
Via XX settembre
레푸블리카
Repubblica
디오클레티아누스 황제의 욕장 유적
Terme di Diocleziano
Royal Santina
The Behive
G
Via Torino
공화국 광장
Piazza della Repubblica
Viale L. Einaudi
Viale E. de Nicola
리소르지멘토
H
500인 광장
Piazza dei Cinquecento
Via Magenta
Best WesternPremier Hotel Royal Santina
Fawlty Towers
Via Modena
도보 5분
로마 국립 박물관 (마시모 궁전)
Museo National Romano (Palazzo Massimo)
910번 버스 (보르게세 미술관 방향)
Pop Inn Hostel 방향
슈퍼마켓 S (지하 1층, 1번 플랫폼)
Via Nazionale
Via Firenze
Via Quattro Via Napoli
Hotel Rex
Hotel Universo
Hotel Nord Nuova Roma H
티부르티나
Termini
테르미니 역
Stazione Centrale di Termini
Via A. Depretis
비미날레 거리
Hive Hotel
Via d'Azeglio
Via Amendola
Mercato Centrale
비미날레 광장
Pza. del Viminale
Via Cesare Balbo
Via Torino
Manin
맥도날드
Elettra H
Giobert Via Giovanni Giolitti
Via Daniele
Via Principe Amedeo
Via Filippo Turati
산타 푸덴치아나 교회
Chiesa di Santa Pudenziana
Via Urbana
도보 4분
Hotel Maryelen H
Linea Metro A
Radisson Blu ES 방향
Via Napoleon III
Via C. Cattaneo
산타 마리아 마조레 성당
Basilica di Santa Maria Maggiore
Alessandro Downtown Hostel
K
L
Via Capocci
도보 6분
Linea Metro B
Via Cavour
Via Quattro Cantoni
Ambra Palace Hotel 방향
H
산타 프라세데 교회
Basilica di Santa Prassede
Via Carlo Alberto
Giovanni Eassi 방향
Via Storza
Via S. Martino ai Monti
Via S. Vito
Vittorio Emanuele
Zingari
카보우르
Cavour
Largo Venosta
Via in Selci
Lanza
Via Giovanni
브란카초 궁전 (국립 동양 미술관)
Pal. Brancaccio Museo Naz. D' Arte Orientale
비토리오 에마누엘레 2세 광장
Piazza Vittorio Emanuele II
산 피에트로 인 빈콜리 교회
Basilica di San Pietro in Vincoli

453

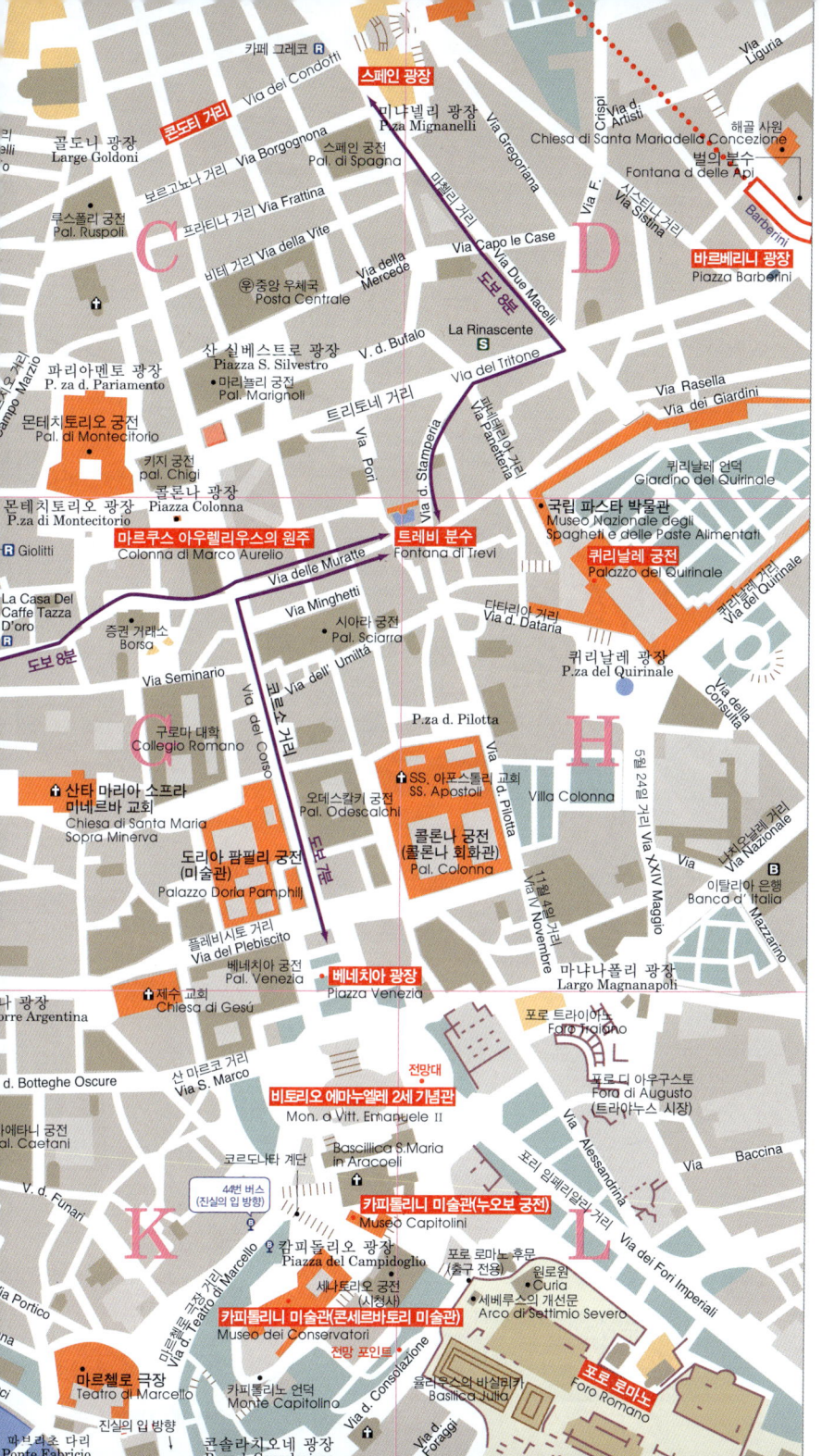

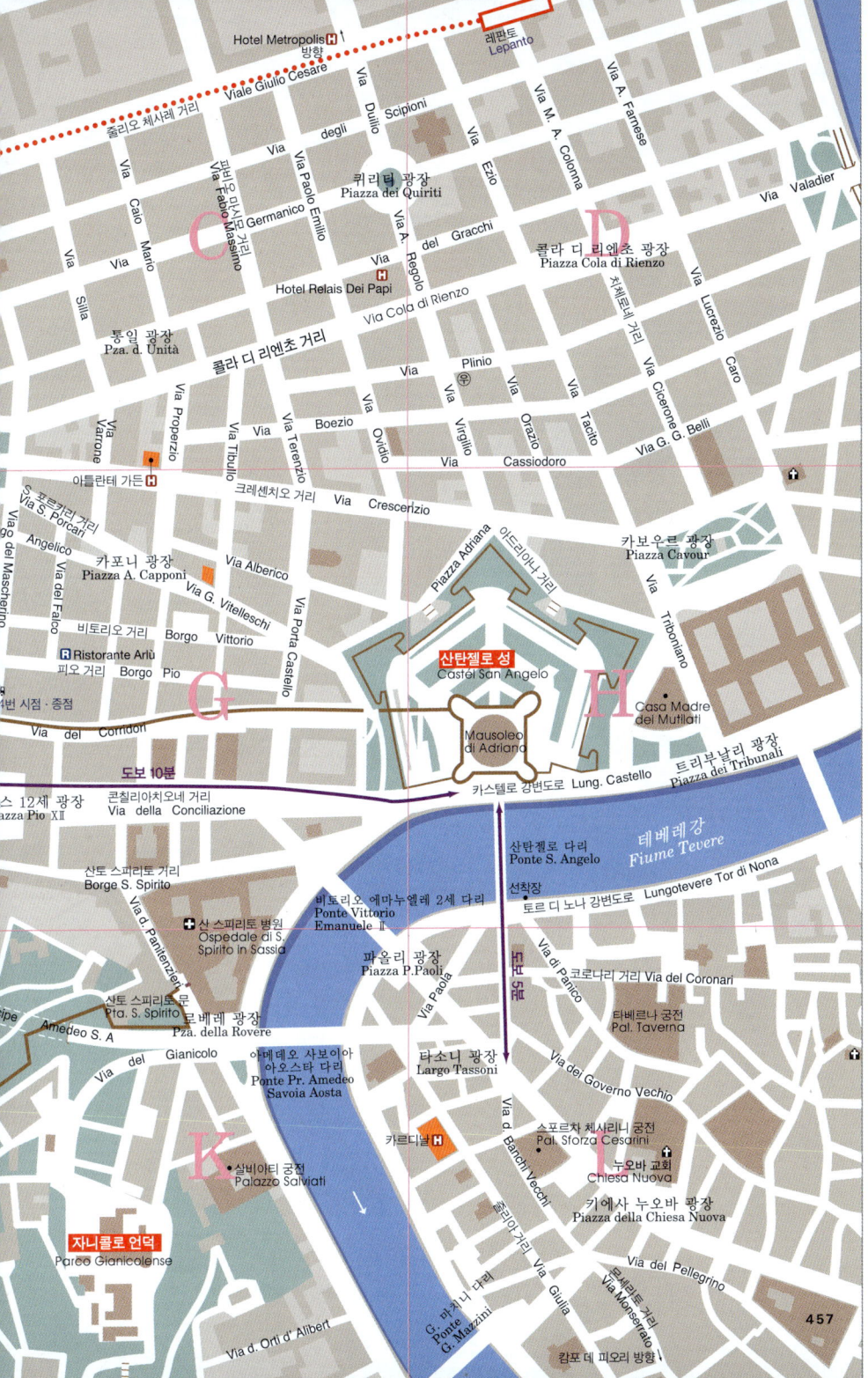

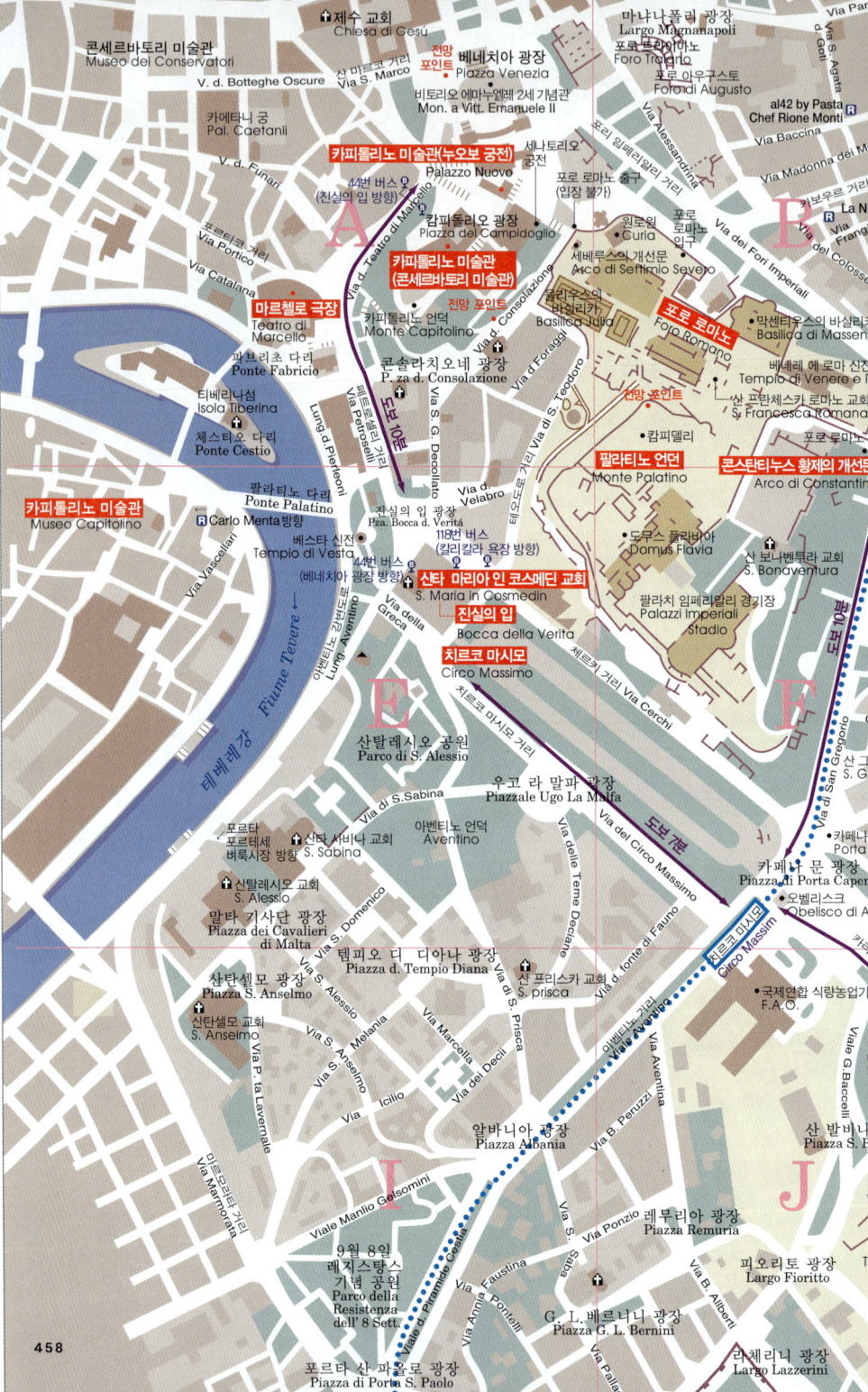

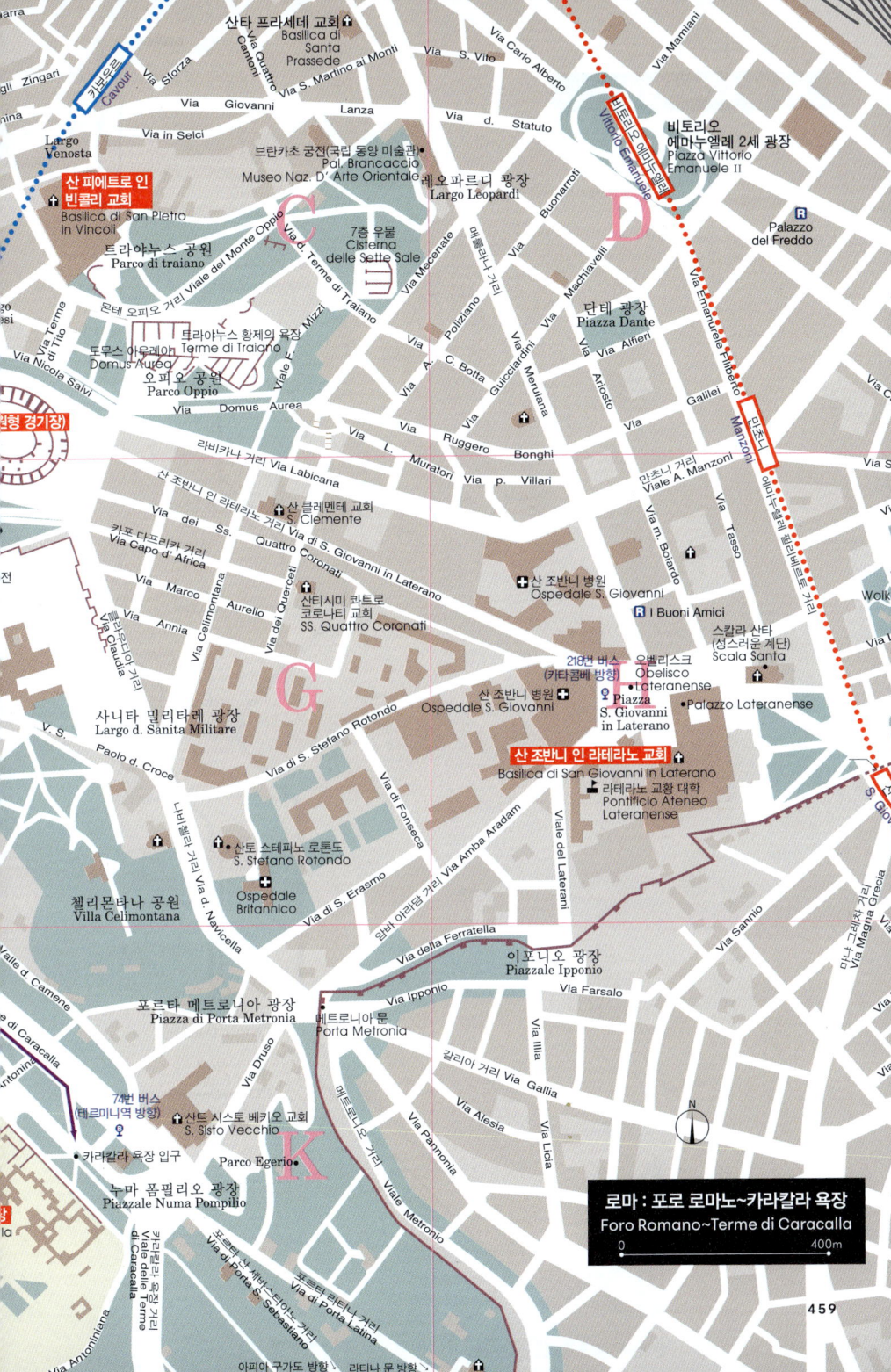

# 로마 메트로 / 버스 / 트램 노선도

Viterbo
Sacrofano
Montebello
La Giustiniana
Prima Porta
La Celsa
Labaro
Centro Rai
Saxa Rubra
Grottarossa
Due Ponti
Tor di Quinto
Monte Antenne
Campi Sportivi
Acqua Acetosa
Euclide

Grand Raccordo Anulare

S.Agn
Annibal

Battistini **M A** — Cornelia — Valle Aurelia — Ottaviano S.Pietro — Flaminio (Piazza del Popolo)
Baldo degli Ubaldi — Cipro — Lepanto

Spagna
Castro Pretorio
Barberini (Fontana Trevi)
Repubblica
**TERMINI**
Cavour
Laziali
Vittorio Emanuele
S.B
Colosseo
Manzoni (Museo della Liberazione)
S Giovanni
Re di Rom
Circo Massimo
Ponte
Fu
PORTA S.PAOLO — PIRAMIDE
Pa
Garbatella
P
Basilica S.Paolo
Marconi
EUR Magliana
EUR Fermi
EUR Palasport — Laurentina **M B**
Tor di Valle
Vitinia
Casal Bernocchi / Centro Giano
Acilia
Ostia Antica
Lido Nord
Lido Centro
Stella Polare
Castel Fusano
Cristoforo Colombo

Grand Raccordo Anulare

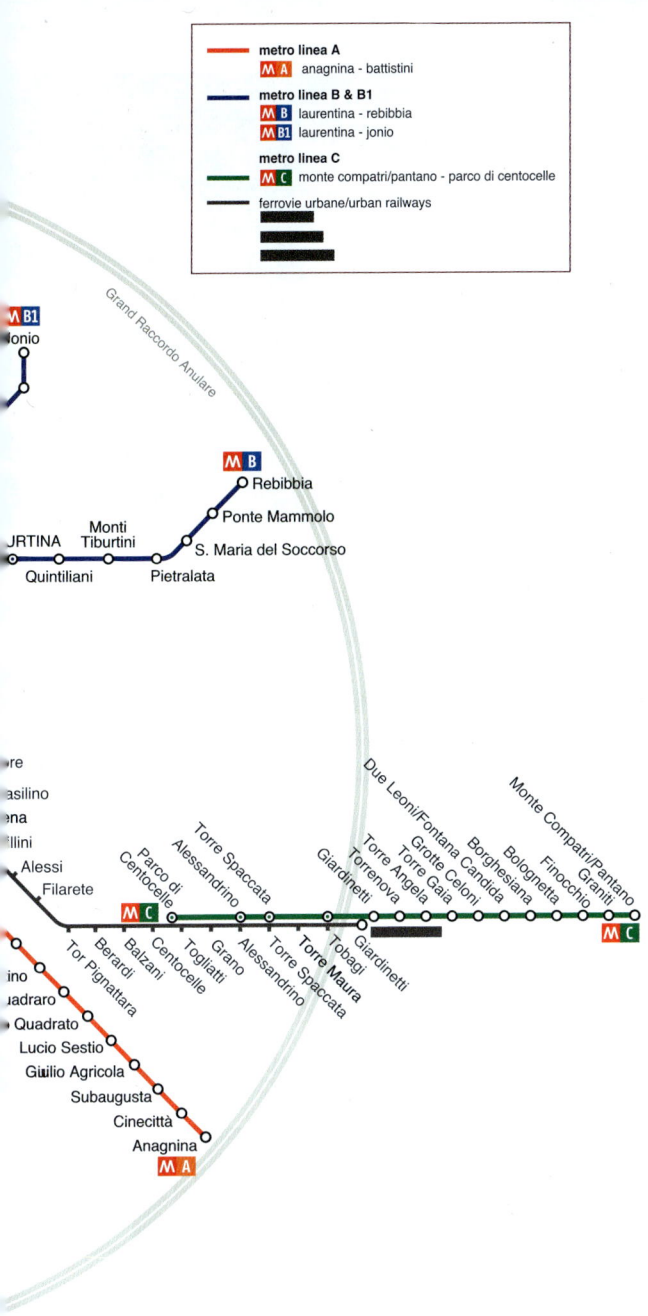

## SIGHTSEEING
# 테르미니역 주변

로마의 관문인 테르미니(Termini)역 주변은 로마의 역사와 문화를 간직하고 있는 박물관과 미술관이 모여 있는 구역이다. 다양한 숙소와 먹거리가 모여 있어 여행자 입장에서는 관광 기점으로 삼기에 편리한 곳이기도 하다.

### 500인 광장
**Piazza dei Cinquecento**

**기차역과 버스터미널이 있다**
로마의 중심 기차역인 테르미니역 앞에 펼쳐진 넓은 500인 광장은 과거 이탈리아 식민지였던 에티오피아에서 죽은 500명의 무명용사를 기념하기 위해 세운 것이다. 이 광장은 시내버스와 관광버스터미널로 이용되고 있으며 광장에 있는 단층 건물에는 ATAC 110 City Tour 사무실이 있다.

🔗 지도 P.453-H

### 산타 마리아 델리 안젤리 교회
**Basilica di Santa Maria degli Angeli**

**미켈란젤로가 욕장 일부를 개축**
디오클레티아누스 황제의 욕장을 건축할 때 순교한 그리스도교도들을 위해 교황 피우스 4세가 미켈란젤로에게 명해 1563~1566년에 욕장 일부를 개축한 교회이다. 그는 유적을 효과적으로 이용하기 위해 정면을 곡선으로 장식했다. 입구의 돔은 판테온을 모방해 지은 것이다.

🏠 P.za della Repubblica, 00185 Roma RM
@ www.santamariadegliangeliroma.com
🕐 월~금요일 08:00~13:00, 16:00~19:00, 토~일요일 10:00~13:00, 16:00~19:00  💰 무료
🚇 메트로 B선 Repubblica역 바로 옆  🔗 지도 P.453-H

# 로마 국립 박물관
## Museo Nazionale Romano
★

### 고대 로마 작품들이 다수
로마 국립 박물관은 시내 여러 곳에 흩어져 있는 4개의 박물관(마시모 궁전, 디오클레티아누스 황제의 욕장 유적, 알템프스 궁전, 발비 묘지)으로 구성되어 있다.

### 마시모 궁전 Palazzo Massimo
19세기 네오르네상스양식의 마시모 궁전에는 기원전 2세기부터 서기 4세기 때의 가장 아름다운 고대 로마의 회화, 조각, 모자이크 작품들이 전시되어 있어, 고대 로마를 이해하는 데 많은 도움이 된다.
1층과 2층은 조각, 3층은 모자이크와 프레스코화가 전시되어 있는데, 갤러리에서 가장 유명한 조각상인 〈원반 던지는 사람(Discobolo Lancellotti)〉의 복제품과 〈잠든 헤르메스와 아프로디테(L'Ermafrodito Addormentato)〉가 볼만하다. 3층의 하이라이트는 리비아가의 프레스코화이다.

#### 각 전시실의 주요 작품
- 1실 로마 상류층의 인물 조각상, 그리스 조각가의 티볼리 장군(Tivoli)
- 3실 로마 화폐 수집
- 5실 아우구스투스 황제의 조각상
- 6실 2세기 미론의 〈원반 던지는 사람〉 복제품
- 7실 니오베데(Niobede, 아폴로와 아르테미스가 살해한 니오베데의 신비스런 딸)

📍 Piazza dei Cinquecento 67

✉ www.museonazionaleromano.beniculturali.it
| www.coopculture.it
🕐 09:30~19:00 휴무 월요일, 12/25
🎫 로마 국립 박물관 통합권
(3일간 유효, 마시모 궁전+알템프스 궁전+발비 묘지+디오클레티아누스 황제의 욕장 유적) €14
🚇 메트로 B선 Repubblica역에서 도보 4분. Termini역에서 도보 2분(역에서 나와 왼쪽)
📍 지도 P.453-H

### 디오클레티아누스 황제의 욕장 유적
#### Terme di Diocleziano
298년 디오클레티아누스 황제가 건설한 대욕장으로 집회실, 온욕실, 체육관 등이 갖춰져 있다. 5~6세기에 이민족의 침입으로 파괴되었는데, 16세기에 지금의 모습으로 복원되었다.
미켈란젤로는 거대 욕장에 자신의 회랑(Chiostro di Michelangelo)을 지었다. 디오클레티아누스 황제 때 수천 명의 기독교인들이 처형되었던 아픈 역사를 간직한 곳이기도 하다.

📍 Terme di Diocleziano
✉ www.museonazionaleromano.beniculturali.it
| www.coopculture.it
🕐 09:30~19:00 휴무 월요일, 12/25
🎫 로마 국립 박물관 통합권
(3일간 유효, 마시모 궁전+알템프스 궁전+발비 묘지+디오클레티아누스 황제의 욕장 유적) €14
🚇 메트로 B선 Repubblica역 바로 옆
📍 지도 P.453-H

## 공화국 광장(레푸블리카 광장)
### Piazza della Repubblica

### 요정의 분수가 아름답다

1870년 디오클레티아누스 황제 욕장을 둘러싸고 있는 폐허가 된 건물터에 이탈리아 통일을 기념하기 위해 세워진 광장이다. 그리스·로마 건축 스타일인 엑세드라양식을 모방한 회랑이 있는 반원형 광장이라 엑세드라 광장(Exedra)이라 불린다.

중앙에는 조각가 마리오 루텔리가 1901년에 완성한 4개의 청동 여인상 요정의 분수(나이아디, Fontana delle Naiadi)가 있다. 당시 나체를 한 4명의 요정의 모습이 큰 반향을 일으켰는데 시원하게 물줄기를 뿜어내는 요염한 분수의 모습은 야간 조명 불빛에 어우러져 광장 분위기를 한층 돋워준다. 광장 주변에는 로마 국립 박물관, 디오클레티아누스 황제 욕장 유적 등이 있다.

📍 메트로 B선 Repubblica역 하차   🗺 지도 P.453-G

## 국립 회화관(바르베리니 궁전)
### Galleria Nazionale d'Arte Antica (Palazzo Barberini)

### 바로크양식의 궁전을 박물관으로

라 포르나리나

1625~1633년 바르베리니 가문의 교황 우르바누스 8세가 세운 바로크양식의 궁전. 1949년 바르베리니 가문의 사저를 이탈리아 정부가 구입해서 2층을 박물관으로 만들었다. 통유리로 된 회랑은 베르니니의 작품이고 오른쪽 나선 계단은 보로미니의 작품이다. 내부에 있는 회화관에는 **라파엘로의 〈라 포르나리나〉**, 홀바인의 〈헨리 8세 초상화〉를 비롯해 엘 그레코, 카라바조, 틴토레토 등의 작품들이 전시되어 있다.

📍 Via Quattro Fontane 13
🌐 https://barberinicorsini.org  🕙 10:00~19:00, 휴무 월요일, 1/1, 12/25  💶 통합권 €15, **무료** 입장 첫 번째 일요일 ※ 예약 필수  🚇 메트로 A선 Barberini역에서 도보 3분  🗺 지도 P.452-F

## 퀴리날레 궁전
### Palazzo del Quirinale

### 거장들이 손을 거친 궁전

로마 7개 언덕 중 가장 높은 퀴리날레 언덕에 사비니족이 살았는데, 그들은 **군신 마르스(Marte)**를 숭배했다. 마르스를 **퀴리노(Qurino)**라 부르면서 퀴리날레라는 이름이 생겼다. 이 언덕에 세워진 궁전은 1574년 교황 그레고리우스 13세 때 착공해서 18세기에 마데르노, 베르니니, 폰타나, 푸가 등의 거장들에 의해 완공되었다. 그 후 교황의 별장으로 사용되다 비토리오 에마누엘레 2세 때 교황령을 폐쇄하고 집무실로 사용했다. 1947년부터는 **대통령 관저**로 사용되고 있다. 광장 가운데에 분수, 그 위에 카스토르와 폴룩스의 석상, 오벨리스크가 있다.

근위대 교대식은 계절에 따라 오후 3시 또는 4시에 거행된다. 오전(09:00~13:00)에는 내부도 일반에게 공개된다(무료).

📍 메트로 A선 Barberini역 하차   🗺 지도 P.452-F

## 산타 마리아 마조레 성당
### Basilica di Santa Maria Maggiore
★

**로마 4대 성당 중 하나**

성모 마리아에게 바치는 로마 최고(最古) 성당이다. 교황의 대성당으로 매년 성모승천일(8월 15일)에 직접 미사를 집전한다. 356년 8월 4일 교황 리베리우스의 꿈속에 성모가 나타나 다음 날 눈이 내리는 곳에 교회를 세우라는 계시가 내려지자, 다음 날 8월 5일 한여름에 눈이 펑펑 쏟아지는 기적이 일어났다고 한다. 이를 토대로 5세기 중반에 성당을 세웠는데, 성당 입구 상부에 이 전설을 묘사한 모자이크가 있다. 내부 벽면에 눈에 띠는 36개의 화려하고 장대한 모자이크는 5~13세기에 걸쳐 제작된 모세, 이삭, 야곱, 아브라함의 에피소드와 성모 마리아 대관식을 묘사하고 있다. 또한 천장과 벽면에는 성모 마리아가 그려져 있다.

- Piazza di Santa Maria Maggiore
- www.vatican.va
- 바실리카 월~토요일 07:00~19:00  무료
- Termini역에서 도보 5분. Termini역 24번 플랫폼 방향 출구로 나와, 길 건너 골목길(Via Daniele Manin)로 직진
- 지도 P.453-L

## 비토리오 베네토 거리
### Via Vittorio Veneto

**고급 레스토랑과 명품 브랜드 거리**

바르베리니 광장 중앙에는 베르니니의 〈트리토네의 분수〉가 있다. 돌고래 4마리가 받치고 있는 조개 위에서 반신반어인 바다의 신 트리톤이 하늘을 향해 고둥을 불며 물을 뿜어내고 있는 모습이 역동적이다.

바르베리니 광장에서 보르게세 공원 입구인 핀차나 문(Porta Pinciana)까지 이어지는 거리. 1960년 페데리코 펠리니 감독은 영화 〈달콤한 인생〉에서 이 거리에 사는 상류층의 생활상을 생생하게 묘사했다. 현재도 상류층 사람들이 자주 이용하는 고급 레스토랑과 호텔, 카페, 명품점이 즐비하다.

- 메트로 A선 Barberini역 하차
- 지도 P.452-B

산타 마리아 마조레 성당

### SIGHTSEEING

## 콜로세움 주변

고대 로마시대의 중심지였던 포로 로마노를 비롯해 로마의 상징인 콜로세움 등 2,000년 역사의 숨결을 느껴볼 수 있는 이 지역은 로마 여행의 하이라이트다. 거리 자체가 유적이니 만큼 무심코 지나치지 말자.

### 콜로세움
#### Colosseo

#### 로마인들의 탁월한 건축공학

고대 로마인들의 뛰어난 건축공학 기술을 엿볼 수 있는 기념비적인 건축물이다. 콜로세움은 기원후 72년 베스파시아누스 황제가 세우기 시작해 80년 그의 아들 **티투스 황제**가 완성시킨 4층의 플라비우스 원형경기장(Anfiteatro Flavio)으로 **5만 명의 관중을 수용**할 수 있다. 장축지름 187m, 단축지름 155m, 둘레 527m, 높이 48m의 타원형 건물로 1층은 도리아식, 2층은 이오니아식, 3층은 코린트식으로 각층마다 양식을 달리했으며 외벽은 80개의 아치가 둘러싸고 있다. 신분과 성별에 따라 1층 가장 낮은 곳에 설치된 특별석은 황제와 베스타 여신, 그 옆에 **흰 토가(로마 시민의 겉옷)**를 입은 원로원, 2층에는 귀족과 무사, 3층에는 로마 시민권자, 4층에는 여자, 노예, 빈민층이 자리 잡았다.

#### 글래디에이터 스타 탄생

치열한 검투사의 격투 시합, 맹수 사냥 시합 등 목숨을 건 잔인한 전투 경기와 모의해전(경기장 내 수로를 통해 물이 지하로 흘러가 경기장 바닥에 물이 고이면 수중 경기를 했다)이 열렸다. 티투스 황제는 100일의 축제 기간 동안 5,000여 마리 맹수가 도살되는 것을 즐겼다고 한다. 검투사들은 전쟁 포로들로 시합에서 이기면 자유의 신분을 다시 얻을 수 있었다. 지하실 위에 덮개를 씌워 그 위에서 경기를 했고, 바닥 밑에는 지하실을 만들어 칸을 막고, 검투사들의 대기실과 맹수들의 우리로, 경기에 필요한 도구 보관 창고로 사용했다. 햇빛이 강하거나, 비가 올 때 **벨라리움(Velarium, 천막 지붕)**을 설치해 하늘을 가리고, 천장 가운데는 구멍을 뚫었다. 경기장 바닥에는 나무 마루를 깔고 그 위에 모래로 덮었다. **원형경기장을 아레나(Arena: 이탈리아어)**라고 부른다.

콜로세움 내부

## Colossus(거대하다)

네로 황제의 거대한 동상 이름인 콜로소(Colosso)에서 와전되었는데, 이는 라틴어 'Colossus(거대하다)'는 뜻에서 유래된 것이다. 이탈리아 표기법은 **콜로세오**. 217년 화재, 442년에는 지진으로 피해를 입었고, 후에는 성당 건물, 귀족 저택을 짓기 위해 건축 자재와 대리석을 채석하기 위해 파헤쳐졌다. 1744년 베네딕트 교황 14세는 순교한 수많은 기독교인들을 추모하기 위해 이곳을 신성시했다. 사실과는 달리 콜로세움에서는 기독교인들이 거의 죽지 않았다고 한다.

## 환상적인 야경

밤에 보는 콜로세움의 스펙터클한 야간 투광 조명이 무척 멋있다. 콜로세움의 야경은 웅장하고 화려하여 낮의 황량함과는 대조적이다.

### 참고하면 좋은 팁
- 출국 전에 검투사 영화 〈글래디에이터 1·2〉, 드라마 〈스파르타쿠스〉를 감상하자.
- 예약 필수(2€), 로마 패스를 구입한 경우도 예약 필수.
- 성수기에 콜로세움이 매진되어, 포로 로마노만 티켓 여유가 있을 때, 포로 로마노만 입장하더라도 통합권(콜로세움+포로 로마노+팔라티노 언덕)을 구입해야 한다.
- 통합권은 예전과는 달리 당일만 유효하므로 하루에 3곳을 모두 관람해야 한다.
- 사전 예약 시 예약 바우처(pdf파일)를 인쇄하거나 스마트폰에 저장해서 검표원에게 제시한다.

📍 Piazza del Colosseo, Via dei Fori Imperiali
🌐 https://parcocolosseo.it

예약 https://ticketing.colosseo.it
🕐 11/2~3/29 08:30~16:30, 3/30~8/31 08:30~18:00, 9월 08:30~19:00, 10월 08:30~18:30. 입장은 마감 1시간 전까지
💶 통합권(팔라티노+포로 로마노+콜로세움, 당일 유효) 성인 €18, 예약비 €2, 로마 패스 소지자도 예약 필수
🚇 메트로 B선 Colosseo역 하차. 또는 Termini역(500인 광장) 앞에서 75번·175번 버스를 타고 Colosseo 정류장에 하차
🗺 지도 P.458-B

## 콘스탄티누스 황제의 개선문
### Arco di Constantino

### 거대한 대리석의 개선문

315년 **콘스탄티누스 대제**가 로마 북서쪽의 밀비안 다리 전투에서 **라이벌 막센티우스 황제를 물리친 것을 기념하기 위해 세운 개선문**이다. 콜로세움 서

쪽에 세워진 콘스탄티누스 개선문은 높이 21m, 폭 25.7m의 흰색 대리석 건축물로 3개의 아치로 구성된, 로마에서 가장 크고 가장 보존이 잘된 문이다. 돌의 새김 장식은 이전 건축물에서 따온 것이며 벽면에는 대제의 업적과 전쟁 장면이 부조로 새겨져 있다. 훗날 파리 개선문이 이를 모방해 지었다.

ⓜ 메트로 B선 Colosseo역 하차. 또는 Termini역(500인 광장) 앞에서 75번·175번 버스를 타고 Colosseo 정류장에 하차
ⓜ 지도 P.458-B

## 팔라티노 언덕
### Monte Palatino
★

### 로마 건국 신화의 무대
포로 로마노 남쪽 위에 솟아 있는 팔라티노 언덕은 로마의 일곱 언덕 중 가장 역사가 오래된 곳으로 로물루스가 로마를 세웠다는 건국 신화의 무대이다. 기원전 8세기경부터 주거지가 형성되기 시작하였는데 입지 조건이 좋아 기원전 1세기부터 도시 부호와 권력층에 의해 세워진 거대한 궁전과 호화로운 저택의 유적들이 남아 있다. 아우구스투스 황제의 부인이 살던 궁전인 '리비아의 집(Casa di Livia)'은 흰 대리석 건축물로, 여기에는 벽화가 많이 남아 있다. 황제의 별궁인 도무스 아우구스티나(Domus Augustina), 플라비우스 도미티아누스 황제의 저택이었던 도무스 플라비아(Domus Flavia)는 매우

아름다운 집으로 안뜰은 아름다운 색깔의 대리석으로 되어있다. 정원, 그늘진 산책로, 분수, 작은 박물관, 오렌지 과수원이 조화를 이루며 매력적인 분위기가 풍긴다. 티투스 황제 개선문에서 **왼쪽(팔라티노 언덕 방향)으로 연결된 비스듬한 언덕으로 올라가면 전망대가 나온다.** 찬란했던 로마 고대 유적들이 파노라마처럼 펼쳐지는 **로마에서 가장 핫한 포토 스폿**이다.

🕐 콜로세움과 개방 시간 동일
💶 통합권(팔라티노+포로 로마노+콜로세움) 성인 €18
ⓜ 메트로 B선 Colosseo역 하차. 포로 로마노 메인 출입구로 들어가면 왼쪽에 위치
ⓜ 지도 P.458-B

## 포로 로마노
### Foro Romano
★

### 로마제국의 심장
포로 로마노가 세워진 지역은 원래 습지였는데, 하수 시설을 확충한 후 도시 생활의 구심점이 되었다. 주변 언덕들이 마주치는 곳이라 방어하기에 제격이었다. 점차 인구가 급증하면서 로마 중심지로 자리매김하였다. **포로(Foro, 라틴어 '포럼'의 이탈리어)** 는 공공장소로 신전, 바실리카(공회당), 기념비 등의 건물들로 구성된 도시 공간으로 공공생활을 할 수 있는 기능을 갖췄고 나중에는 **정치, 경제, 종교의 중심지로 발전하면서 약 1,000년 동안 로마제국의 심**

도무스 티베리아나

포로 로마노 전망대(오른쪽 위)

팔라티노 전망대에서 바라본 포로 로마노 전경

장 역할을 했다. 283년에 화재로 파괴된 후 복구되었으나 중세 이후 공회장이 건물들을 헐어 건축 자재로 쓰기도 하였다. 1871년부터 발굴 작업이 본격화되었다. 한때는 막강했던 위엄 있는 건물들이 지금은 거의 폐허가 되었지만, 옛 흔적이 남아 있는 유적을 통해 로마의 영광을 되새겨볼 수 있다.

### 메인 출입구

**콜로세움 광장(매표소+입구)** 콜로세움과 콘스탄티누스 황제 개선문 사이의 좁은 길이다. 입구로 들어가면 티투스 황제 개선문이 보이고, 왼편으로 가면 팔라티노 언덕으로 연결된다. 개선문에서 일직선인 돌로 포장된 신성한 길(Via Sacra)은 로마 공회장 내부의 주요 건물들을 연결하던 거리로 아직도 옛 모습이 남아 있다.

**라르고 델라 살라라 베키아(출구)**(Largo della Salara Vecchia, 2023.10.18.~) 안토니누스와 파우스티나의 신전 옆길로 빠지면 출구가 나오고 포리 임페리알리 거리와 연결된다. 출구가 자주 변경되므로 유의 바람.

### 관람 순서

입구 → 티투스 황제 개선문(中) → 팔라티노 언덕 전망대(左) → 사크라 거리(中) → 막센티우스 바실리카(右) → 로물루스 신전(中) → 안토니누스와 파우스티나의 신전(右) → 베스타 신전(左) → 율리우스 카이사르 신전(中) → 카스토르와 폴룩스의 신전(左) → 바실리카 줄리아(左) → 에밀리아 바실리카(右) → 원로원(右) → 셉티미우스 세베루스 황제개선문(中) → 사투르누스 신전(左) *방향 기준은 사크라 거리를 중심으로 좌·우로 구분

### 로마 최고의 포토 스폿 ★

티투스 황제 개선문에서 바로 **왼쪽(팔라티노 언덕 방향)**으로 연결된 비스듬한 언덕으로 올라가면 전망대가 나온다. 찬란했던 고대유적들 모습이 한눈에 들어온다. **캄피톨리오 광장의 세나토리오 궁전 뒤쪽 테라스(무료)**에서 바라본 포로 로마노 전경도 일품이다.

### 참고하면 좋은 팁

포로 로마노는 그늘진 곳이 없는 노천 공간이니 여름철이나 강렬한 햇빛이 비치는 오후는 가급적 피하거나, 양산, 수건, 생수 등을 지참한다. 콜로세움은 예약 필수이지만 포로 로마노(개별 티켓 없음)는 예약 없이도 입장할 수 있다.

🅐 Via dei Fori Imperiali, Via Scra, Via di San Teodore, Via di San Gregorio
🅞 콜로세움과 오픈 시간 동일, 가이드 투어(영어) 10:30
💶 통합권(팔라티노+포로 로마노+콜로세움) €18, 가이드 투어 €3
🚇 메트로 B선 Colosseo역 하차. 또는 Termini역(500인 광장) 앞에서 75번·175번 버스를 타고 Colosseo 정류장에 하차. 콘스탄티누스 황제의 개선문과 콜로세움 사이의 오른쪽 골목길로 들어가면 바로
🗺 지도 P.458-B

ITALIA

## 티투스 황제 개선문

포로 로마노 입구 초입에 있는 유적이 티투스 황제 개선문(Arco di Tito)이다. 도미티아누스 황제가 그의 형인 티투스 황제와 베스파시아누스 황제의 **예루살렘 전투 승전(70년)**을 기념해 81년에 세운 가장 오래된 개선문이다. 내벽에는 로마군의 전쟁 장면과 쌍두마차를 타고 개선하는 티투스의 모습이 아름답게 부조되어 있다. 개선문 꼭대기에는 라틴어로 '원로원과 로마 시민이 티투스에게 바친다'라고 쓰여 있다.

티투스 황제 개선문

## 막센티우스 바실리카

티투스 황제 개선문을 지나 사크라 거리의 오른쪽 아치 모양의 건물이 막센티우스 바실리카(Basilica di Massenzio)다. 이 공회당은 막센티우스 때 건축을 시작해서, 밀비안 다리 전투에서 막센티우스를 물리친 콘스탄티누스 대제 때 완성되었다. 훗날 브라만테가 이 건축물을 토대로 산 피에트로 대성당을 설계했다고 한다.

막센티우스 바실리카

### 로물루스 신전

막센티우스 바실리카 옆에 있는 팔각 모양 건물이 로물루스 신전(Tempio di Romolo)이다. 로마에서 가장 잘 보존된 신전 중 하나로, 청동문은 원형 그대로이다. 신전 명칭은 로마 건국 신화에 나오는 로물루스가 아니라, 막센티우스 황제의 아들 로물루스의 이름에서 딴 것이다. 307년 사망한 아들의 넋을 기리기 위해 세웠다.

### 안토니누스와 파우스티나의 신전

141년 안토니누스 황제가 죽은 황후 파우스티나를 위해 만든 신전. 황제 자신도 사후에 이곳에 매장되었다. 기독교시대에는 미란다의 산 로렌초로 옮겨졌다. 포로 로마노 입구로 들어와 티투스 황제 개선문을 지나 사크라 거리를 따라 막센티우스 황제의 바실리카를 지나면 바로 오른쪽에 있다.

### 에밀리아 바실리카

기원전 78년 마르쿠스 아이밀리우스 레피두스가 완성시킨 **아케이드**. 에밀리아 바실리카(Basilica Aemilia)는 대리석 바닥과 고급스럽게 장식한 거대한 홀을 갖춘 당대 최고 건축물로 외벽에 시민들을 위해 해시계를 걸어놓았다고 한다. 상점과 법정으로 사용되었는데 40년 이민족에 의해 약탈과 화재로 대부분 소실되었고, 후기 제국 때 재건축된 3개의 화강암 기둥과 터만 남아있다.

### 베스타 신전

베스타 신전(Tempio di Vesta)은 로마제국에서 오랫동안 **성화를 숭배하는 신앙의 전당으로서 매우 신성한 장소**였다. 이 신전에는 미네르바 여신의 형상과 로마의 영원함을 상징하는 성화가 모셔져 있었는데, 성화가 꺼지면 흉조라 여겼다. 귀족 가문에서 선발된 처녀로(7~8세) 30년간 순결을 지키며 이 성스러운 업무에 헌신해야만 비로소 자유로운 몸이 되었는데 처녀 제관들은 순결을 잃는 경우 생매장을 당해 죽었다고 한다.

### 율리우스 카이사르 신전

아우구스투스 황제가 된 옥타비아누스에 의해 기원전 29년에 세워진 건물로, **신격화된 인간을 숭배하기 위해 만든 최초의 신전**이다. 원로원과 일전을 겨루기 위해 루비콘강을 건너면서 '**주사위는 던져졌다**', 동방 원정 중에 원로원에 승전보를 알리면서 '**왔노라, 보았노라, 이겼노라(Veni, Vidi, Vici)**'라는 유명한 말을 남겼던 풍운아 카이사르. 그의 장례식에서 했던 마르쿠스 안토니우스의 연설은 유명하다.

에밀리아 바실리카 / 율리우스 카이사르 신전

카스토르와 폴룩스의 신전

원로원

### 포카 황제 기념 원주

로스트라 연단 앞에 우뚝 서 있는 13m 높이의 포카 황제 기념 원주(Culonna di Foca)는 602년 전임자 모리스 황제와 그의 다섯 아들을 죽인 후 황제에 오른 동로마 황제 포카를 기리기 위해 헌정되었다. 로마 공회장에 마지막으로 세워진 기념비다.

### 원로원

셉티미우스 세베루스 황제 개선문 옆의 붉은 벽돌의 큰 건물이 원로원(Curia)이다. 상당 부분을 복원해 가장 온전하게 보존된 건물이다. 로마 공화정 시대에 **입법 자문 기관으로 정치와 외교를 담당**했다. 303년 디오클레티아누스 황제 때 완성했다. 이곳에서 카이사르가 양아들 브루투스에게 암살되면서 **'브루투스! 너마저'**라는 유명한 말을 남겼다. 원로원 건물 앞의 광장은 코미티움(Comitium)이라 하여 시민들이 모여 집정관을 선출하던 곳이다.

### 카스토르와 폴룩스의 신전

제우스의 쌍둥이 아들인 카스토르와 폴룩스 신전(Tempio di Castore e Polluce)은 기품있는 3개 기둥이 남아있다. 일명 '쌍둥이 형제의 신전'이라 불린다. 레질루스 호수 전투에서 로마인들이 타르쿠인 왕조에 승리하자, 두 형제가 로마에 백마를 타고 달려와 승리 소식을 전해주었다고 한다. 기원전 489년 카스토르와 폴룩스 신에게 바치기 위해 세웠다.

### 바실리카 줄리아

바실리카 줄리아(Basilica Giulia)는 기원전 54년 카이사르가 짓기 시작해 아우구스투스 황제가 완성한 곳으로 **로마법을 제정해 많은 재판이 열렸던 곳**이다. 발굴 과정을 통해 회랑과 4개 구역으로 나누어진 대형 중앙홀과, 각 구역에 재판소가 있었음이 밝혀졌다.

바실리카 줄리아

셉티미우스 세베루스 황제 개선문

사투르누스 신전

## 셉티미우스 세베루스 황제 개선문

셉티미우스 세베루스 황제 개선문(Arco di Settimio Severo)은 그의 10년 통치를 치하하고, 그의 아들 카라칼라와 아라비아, 아시리아 등지에서의 승리를 기념하기 위해 원로원과 시민들이 203년에 세운 것이다. 이곳에 새겨진 신들의 모습은 르네상스 시대에 전 유럽에 전해졌다.

## 사투르누스 신전

세나토리오 궁전 뒤쪽 테라스에 서면 지근거리에서 무료로 포로 로마노 유적을 볼 수 있다. 기원전 497년에 세워진 사투르누스 신전(Tempio di Saturno)은 포로 로마노에서 가장 오래된 유적이다. **로마인들이 가장 공경한 농업의 신 사투르누스에게 바쳐진 신전이다.** 고대 로마인들은 도시의 번영과 힘은 훌륭한 농업 기술에서 비롯된다고 믿었다. 국가 보물을 보관하던 곳으로, 고대 로마에서 가장 중요한 신전 중 하나였다. 화재로 파괴된 후 기원전 4세기에 복원되었으나, 현재는 이오니아식 기둥 8개만 남아 있다.

# 캄피돌리오 광장
## Piazza del Campidoglio

### 로마에서 가장 신성한 언덕

캄피돌리오 언덕은 개선 행렬의 종착점으로서 로마 제국의 종교와 군사, 정치의 중심지가 되었고, 로마의 일곱 언덕 중에서 가장 신성한 언덕으로 여겨져 왔다. 광장 입구 양쪽에 1583년에 세운 대리석 조각품인 카스토르와 폴룩스 동상이 나란히 서 있다. 세나토리오 궁전(Palazzo Senatorio, 로마 시장 집무실과 시의회로 사용)을 기준으로 2개의 카피톨리니 미술관(누오보 궁전: 左, 콘세르바토리 궁전: 右)이 대칭을 이루고 있는데, **중앙에 마르쿠스 아우렐리우스 황제의 기마상**(5현제 중 마지막 황제)이 있다. 1527년 신성로마제국 카를 5세가 로마를 점령하면서 시내 전체가 파괴되었다. 1538년 로마 재건의 프로젝트의 일환으로 **미켈란젤로가 설계한 작품**이 캄피돌리오 광장이다. 투시법을 이용해 광장 좌우 건물을 서로 비스듬히 배치해 실제보다 넓어 보이고, 에워싸는 듯한 느낌을 준다. 바닥을 기하학적 무늬로 설계한 캄피돌리오 광장은 도시 계획적인 측면에서 볼 때 **베네치아의 산 마르코 광장, 시에나의 캄포 광장** 등과 함께 세계에서 가장 훌륭한 광장 중 하나이다. 세나토리오 궁전 뒤편 테라스로 가면 포로 로마노 전경을 즐길 수 있다.

기하학적 무늬로 장식한 캄피돌리오 광장

캄피돌리오 광장

코르도나타 계단

마르쿠스 아우렐리우스호 황제의 기마상

### 코르도나타 계단

캄피돌리오 광장으로 올라가는 계단이 그 유명한 코르도나타 계단(Cordonata)이다. **미켈란젤로가 착시현상을 이용해 설계한 완만한 경사 계단**이다. 아래에서 바라볼 때 높은 계단이 좁아 보이지 않게 위로 갈수록 폭을 넓게 만들어 계단 전체가 직사각형처럼 보이게 설계했다.

◈ 베네치아 광장(500인 광장에서 출발 시 40·64번 버스 탑승)에서 도보 5분. 베네치아 광장 앞에 있는 비토리오 에마누엘레 2세 기념관 오른쪽에 있는 코르도나타 계단을 따라 올라가면 캄피돌리오 광장이 나온다.

◈ 지도 P.458-A

> **tip** 노블레스 오블리주 정신이 탄생한 캄피돌리오 언덕
>
> 캄피돌리오 언덕은 그라쿠스 형제가 시민들에게 농지 개혁의 필요성을 외쳤던 곳이기도 하다. 귀족 출신인 그라쿠스 형제는 농민을 비롯한 소외계층을 위해 기득권을 포기하고 사회지도층으로서 솔선수범하여 개혁을 추진했으나 기득권 세력의 반대로 무참하게 이곳 언덕에서 죽임을 당했다.

## 카피톨리니 미술관
### Museo Capitolini
★

### 세계 최고의 고대 조각품을 전시
캄피돌리오 광장을 중심으로 양쪽에 세계 최고의 고대 조각품들을 소장하고 있는 2개의 박물관(궁전을 박물관으로 개조)이 있다. **세나토리오 궁전 정면을 바라볼 때 오른쪽 건물은 콘세르바토리 궁전(Palazzo dei Conservatori), 왼쪽 건물은 누오보 궁전(Palazzo Nuovo)**이다. 두 궁전은 지하로 연결되어 있다. 누오보 박물관은 세계 박물관 중 가장 먼저 일반인에게 공개된 박물관이다.

### 누오보 박물관
**〈죽어가는 갈리아인〉** 기원전 1세기에 제작된 이 대리석상은 자연스럽고 단순한 포즈를 취하고 있으나, 그 얼굴은 깊은 고뇌에 젖어 있으면서도 인간의 강한 의지력을 보여주고 있다.

### 콘세르바토리 박물관
**〈캄피톨리노의 늑대상〉** 기원전 5세기의 〈캄피톨리노의 늑대상〉에서 늑대는 로마를 상징한다. 로마 건국의 시조 로물루스와 레무스 쌍둥이 형제가 늑대의 젖을 먹고 있는 조각은 르네상스시대의 폴라이오의 작품이 첨가된 것이다.

**〈가시를 빼는 소년〉의 청동상** 그리스풍의, 전체적으로 매우 자연스러운 자태를 취하고 있는 기원전 2세기의 청동상이다.

**〈에스퀼리노의 비너스〉** 비너스 대리석상을 비롯한 주피터 신전터에서 출토된 유물들과 모자이크, 옛 동전 등 많은 작품들이 전시되어 있다.

**〈콘스탄티누스 대제의 거상〉**을 비롯해 클라디우스 황제가 영국을 점령한 것을 기념하기 위해 세운 개선문의 파편 일부인 'BRIT'이라고 쓰인 토막난 비명물이 전시되어 있는데 이는 영국을 뜻하는 'Britannia'의 일부이다.

🏠 Piazza del Campidoglio, 1
🌐 www.museicapitolini.org
🕐 매일 09:30~19:30, 12/24·31 09:30~14:00, 1/1 11:00~19:30 휴관 5/1, 12/25
💰 성인 €13, 학생 €9.5, **무료 입장** 매월 첫째 일요일
🚌 베네치아 광장(64번 버스 정차)에서 도보 5분. 베네치아 광장 앞에 있는 비토리오 에마누엘레 2세 기념관 오른쪽의 완만한 계단(코르도나타)을 따라 올라가면 캄피돌리오 광장(미술관)이 나온다. ➡ 지도 P.458-A

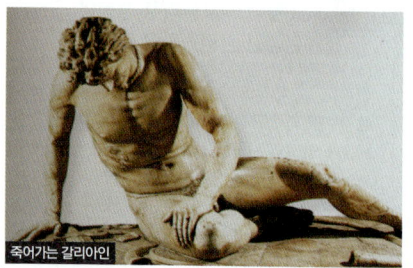
죽어가는 갈리아인

캄파톨리노의 늑대상

콘스탄티누스 대제의 거상

## 베네치아 광장
### Piazza Venezia
★

### 로마의 심장부 광장
베네치아 광장은 로마의 심장부에 위치한 로마의 주요 거리들과 연결되어 있으며 **이탈리아 국경일(6월 2일) 의식을 거행하는 장소**로 사용한다. 광장의 명칭은 이곳에 있는 베네치아 궁에서 기인한다. 르네상스 초기의 건물로 현재는 박물관으로 사용하고 있다. 무솔리니 정권 때 그의 집무실로 이용되었는데, 그가 궁전 발코니에서 2차 세계대전 참전 선포를 비롯해 군중집회와 연설을 한 곳으로 유명하다. 근처에는 장엄하게 우뚝 서 있는 110년에 건립된 트라야누스 황제의 기념 원기둥(Colonna Traiano)은 높이 30m, 19개의 계단이 원기둥의 정상까지 연결된다. 원기둥을 떠받치고 있는 기단 부분 근처에는 황제의 유언에 따라 그의 유해를 화장한 재를 안치했던 곳이 있다. 정상의 트라야누스 황제 청동상은 1587년에 제작한 베드로의 청동상으로 교체되었다. 원기둥 표면을 나선형으로 감싸고 있는 부조들에는 2,500여 명에 달하는 인물들과 전투 장면이 조각되어 있다.

🔂 지도 P.458-A

## 비토리오 에마누엘레 2세 기념관
### Monumento a Vittorio Emanuele
★

### 신고전주의양식의 백색 석조 건물
베네치아 광장의 분위기를 압도하는 것은 바로 웅장한 백색 석조 건물인 비토리오 에마누엘레 2세 기념관이다. 이 건물은 **통일 이탈리아 왕국의 초대 국왕이었던 비토리오 에마누엘레 2세의 위업을 기리기 위해** 1885~1991년에 지은 것으로, 내부는 통일 기념관이다. 중앙 계단은 '**조국의 제단**(Altare della Patria)'이라고도 불리는데 이탈리아인들은 이곳을 카피라이터(웨딩케이크)라 부른다. 통일을 기념하기 위해 세운 신고전주의양식의 기념관 중앙에는 그의 기마상이 있으며 그 밑에는 제1차 세계대전 중에 전사한 무명용사들의 묘지와 영원히 꺼지지 않는 불이 있다. 이 불을 2명의 경비병이 지키고 있다.

베네치아 광장

포로 트라이아노. 베네치아 광장 남쪽 모퉁이에 있는 공공 광장. 원주(좌)는 다키아(루마니아 트란실비니아) 원정을 승리한 것을 기념하기 위해 세운 높이 30m의 트라야누스 황제의 기념 원기둥이다.

콜로세움(가운데 맨 뒤쪽) 앞의 대로가 과거 정치·경제의 중심지였던 포리 임페리알리 거리

### 포토 스폿 ★
최근에 옥상 전망대를 설치해 고도(古都) 로마의 시내 전경을 즐길 수 있으니 놓치지 말고 꼭 올라가 보자. **전망대 카페에서 마시는 커피 맛이 일품**이다.

- www.vive.cultura.gov.it
- **전망대**(Panoramic Terrace) 09:30~19:30
  휴무 1/1, 12/25
- **통합권** €16(전망대+리소르지멘토 박물관+베네치아 궁전 박물관), **무료 입장** 매달 첫 번째 일요일
- 메트로 B선 Colosseo역 하차. 포리 임페리알리 거리(Via dei Fori Imperiali)를 따라 10분 정도 직진하면 나온다. 또는 40·64번 버스를 타고 Piazza Venezia에서 하차
- 지도 P.458-A

## 포리 임페리알리 거리
### Via dei Fori Imperiali

### 과거 정치·경제의 중심가
콜로세움에서 베네치아 광장에 이르는 넓은 거리를 말한다. 기존 포로 로마노만으로는 로마의 공회당(Foro) 기능이 부족해지자 카이사르 때부터 포리 임페리알리 거리에 정치·경제의 중심인 공회당을 5개 건축했다. 그러나 1930년대에 무솔리니가 그들의 심장부를 관통하는 커다란 도로를 건설하면서 많은 것들이 손상되었다.

- 메트로 B선 Colosseo역에서 오른쪽으로 가면 나온다.
- 지도 P.458-B

## 트라야누스 시장
### Mercati di Traiano

### 역사가 오래된 시장
11월 4일 거리(Via Ⅳ November) 근처에 위치한 트라야누스 시장은 비교적 보존이 잘된, 3층의 반원형 벽돌 건물의 유적으로 노천이 아닌 거대한 포로 트라이아노의 일부다. 트라야누스 황제의 포럼에 설치한 시장에는 150개가 넘는 가게가 늘어서 고기, 생선, 채소, 향신료들을 팔았다.

트라야누스 시장

🚌 40·64번 버스를 타고 Piazza Venezia에서 하차. 비토리오 에마누엘레 2세 기념관에서 베네치아 광장을 봤을 때 오른쪽(1시 방향) 도로 건너편에 위치한다.
➕ 지도 P.458-B

## 산 피에트로 인 빈콜리 교회
**Basilica di San Pietro in Vincoli**
★

### 2개의 쇠사슬을 보존

중앙 대제단 밑에 보관된 성 베드로의 쇠사슬

테오도시우스 황제의 딸인 에우도시아(발렌티아누스 황제 3세의 비)가 지하 감옥에 베드로가 갇혀 있을 때 그를 묶었던 **2개의 쇠사슬(Vincola(빈콜라), 1개는 예루살렘에서 베드로를 묶기 위해 사용했고, 또 1개는 로마 마메르티노 감옥에서 그를 묶기 위해 사용했다)**을 보존하기 위해 세운 교회이다. 제단 아래 성궤 안에 그 쇠사슬이 있다. 432년에 건설을 시작했으며 18세기 폰타나에 의해 복원되었다.

### 미켈란젤로의 대표 조각상 〈모세상〉

미켈란젤로가 자기를 후원하던 교황 율리우스 2세를 위해 그의 영묘를 이곳에 제작했다. 영묘 중앙에는 **미켈란젤로의 대표적인 조각상인 〈모세상〉(1503~1513년)**이 있다. 모세가 시나이산에서 하나님으로부터 십계명을 받고 하산할 때 이스라엘 백성이 우상숭배를 하는 백성을 향해 분노하는 모습을 담고 있다. 일설에 의하면 그가 웅장한 영묘를 짓기 위해 대리석을 구하려고 먼 곳으로 8년간 헤매고 다니던 사이에 그를 시기하던 자들이 교황에게 이 건물보다 훨씬 크고 위대한 성당을 세우라고 부추겨 결국 애초 계획보다 작은 규모의 영묘를 짓게 되었다고 한다.

**미켈란젤로 순례 여행** 산 피에트로 대성당(西) → 캄피돌리오 광장 → 산 피에트로 인 빈콜라 교회 → 포르타피아(Porta Pia: 동문(東))

📍 Piazza di San pietro in Vincoli 4a
🕘 4~9월 08:00~12:30, 15:00~19:00 / 10~3월 08:00~12:30, 15:00~18:00  💰 무료
🚇 메트로 B선 Cavour역에서 도보 4분. 역에서 나와 콜로세움 방향 카보우르 대로를 따라 직진하다 왼쪽 계단으로 올라가면 나온다. ➕ 지도 P.459-C

미켈란젤로의 〈모세상〉

## 진실의 입
**Bocca della Verita**
★

### 거짓말하면 손이 잘린다?

6세기 헤라클레스 신전 폐허 위에 산타 마리아 인 코스메딘 성당(Santa Maria in Cosmedin)이 세워졌다. 1118~1123년에 재건축하면서 7층 종탑을 추가로 증축했다. 로마에 있는 로마네스크양식의

산타 마리아 인 코스메딘 성당

종탑들 중에서 가장 아름다운 것 중의 하나이다.

## 밸런타인 데이의 유래

내부에는 대리석 상감 세공으로 장식된 바닥과 설교단, 부활절 촛대와 **성 발렌티누스**(사제 겸 의사, 병사들의 혼인 성사를 비밀리에 집전해주다 순교, 시신이 매장된 **2월 14일**이 밸런타인 데이)의 유골이 안치되어 있다.

여행객에게 가장 인기 있는 곳은 성당 입구 왼쪽에 있는 '진실의 입'이다. 플루비우스(강의 신)의 얼굴 앞면을 둥글게 새긴, 지름 1.5m 정도의 대리석 가면이다. **진실의 입에 손을 넣고 거짓말을 하면 플루비우스가 손을 삼켜버린다는 전설**이 있었는데, 중세 때 일부 악덕 영주들이 반감이 있는 사람에게 진실의 입에 손을 넣게 하고는, 뒤에서 몰래 손을 자르게 했다고 한다. 오드리 헵번과 그레고리 펙이 주연한 **영화 〈로마의 휴일〉**로 유명해진 후 로마의 명소로 자리 잡았다. 지금도 국내외 많은 관광객이 이곳을 찾는다.

- Via Bocca della Verita
- 09:30~17:50  기부금 €0.5
- 메트로 B선 Circo Massimo역에서 도보 6분. 또는 베네치아 광장(캄피돌리오 광장)에서 44·160·170번 버스를 타고 2정거장을 가서 산타 마리아 인 코스메딘 성당에 하차. 걸어갈 경우는 베네치아 광장(캄피돌리오 광장)에서 마르첼로 극장 거리(Via d. Marcello)~페트로셀리(Via Petroseli)를 따라 10분 정도 내려가면 나온다.
- 지도 P.458-E

## 치르코 마시모
### Circo Massimo

### 로마시대의 거대한 경기장 유적

진실의 입 뒤편에 있는 아주 널따란 벌판이 바로 로마 귀족들이 열광하며 관람하던 전차 경기장이다. 기원전 7세기 프리스쿠스 왕과 아우구스투스 황제를 거치면서 완성한 경기장은 **25만 명의 관람객을 수용**할 만큼 규모가 컸다. 당시 로마 인구가 100만 명이었으니 대단한 경기장 이라 할 수 있다.

### 치열한 전차 경기

말이 끄는 2두 전차나 4두 전차가 '**키루쿠스 막시무스**'라고 불리는 원형 대경기장을 달리는 광경은 당시로선 손에 땀을 쥐게 하는 장관이었다. 한 경주에 모두 12대의 전차가 출전해 7바퀴를 도는데 엄청난 속도와 전차의 무게 때문에 커브에서는 종종 전복 사고가 일어났다. 전차 경주는 스포츠라기보다는 상대를 쓰러뜨리기 위해 목숨을 걸고 말과 전차를 타고 겨루는 전투였다. 1959년에 제작된 **영화 〈벤허〉**는 사투를 벌였던 로마시대 전차 경주를 실감 나게 재현하고 있다(실제 촬영지는 아니다). 산책할 겸 천천히 거닐면서 당시 전차 경기장의 분위기를 상상해보자.

- 메트로 B선 Circo Massimo역 바로 옆에 위치. 또는 베네치아 광장에서 44·160·170번 버스를 타고 산타 마리아 인 코스메딘(진실의 입)에 하차. 성당 뒤쪽에 위치
- 지도 P.458-E

치르코 마시모

## SIGHTSEEING

# 스페인 광장·트레비 분수·나보나 광장 주변

로마 시내에서 가장 활기차고 화려한 지역이다. 영화 〈로마의 휴일〉로 잘 알려진 스페인 계단과 트레비 분수, 명품점이 즐비한 콘도티 거리, 로마에서 가장 아름다운 나보나 광장이 있다. 또한 2,000년의 풍상을 이겨낸 완벽한 건축물 판테온과 꽃의 광장인 캄포 데 피오리가 있는 곳이기도 하다.

포폴로 광장

## 포폴로 광장
### Piazza del Popolo

### 여행자들이 모이는 로마 관문

포폴로 광장은 예부터 로마 북쪽의 주요 출입구 역할을 해왔다. 광장에서 남쪽으로 3개의 길이 있다. 직진하면 **코르소 거리(Via di Corso)**, 왼쪽은 **바부이노 거리(Via del Babuino)**, 오른쪽은 **리페타 거리(Via di Ripetta)**와 연결된다. 포폴로 광장은 19세기 초반에 주세페 발라디에르가 설계했다. 광장 중앙에 서 있는 **높이 36m의 오벨리스크**는 아우구스투스 황제가 이집트에서 가지고 온 기원전 3세기 것으로 로마의 오벨리스크 중에서 2번째로 오래된 것이다. 코르소 거리 초입에 쌍둥이처럼 똑 닮은 2개의 바로크식 교회가 있다. 왼쪽이 **산타 마리아 인 몬테산토 교회(Santa Maria in Montesanto)**, 오른쪽이 **산타 마리아 데이 미라콜리 교회(Santa Maria dei Miracoli)**이다. 로마 북쪽 관문인 포폴로 문 안쪽 장식은 1655년 베르니니에 의해 완성되었다. 문 오른쪽에는 산타 마리아 델 포폴로 성당이 자리 잡고 있는데 이 성당은 네로 황제의 혼이 악령이 되었다는 소문을 진정시킬 목적으로 교황 파스칼리스 2세가 1099년에 건설했다. 베르니니의 조각을 볼 수 있으며 주제단 왼쪽 예배당에서는 카라바조의 〈베드로의 순교〉와 〈바울의 회심〉등 귀중한 작품을 볼 수 있다.

### 황홀한 일몰 장소, 핀초 ★

광장 언덕의 핀초(Pincio)는 발라디에르가 설계한 것으로 1810년에 완성되었다. 핀초의 테라스에서는 로마 시내의 멋진 경관을 한눈에 감상할 수 있다. 특히 **멀리 베드로 성당 위로 해가 지는 로마의 일몰은 일품이다.**

🚇 메트로 A선 Fla minio역에서 나와 포폴로 문을 지나면 바로
🗺 지도 P.452-A

산타 마리아 인 몬테산토 교회(좌), 산타 마리아 데이 미라콜리 교회(우)

스페인 광장과 바르카차 분수

## 스페인 광장
### Piazza di Spagna
★

### 분수가 유명한 만남의 장소
스페인 광장은 17세기 이곳에 있었던 **스페인 대사관**에서 이름을 따왔다. 영화 〈로마의 휴일〉의 **명장면**으로 유명해지면서 오랫동안 로마인과 여행객들이 가장 좋아하는 만남의 장소로 사랑받고 있다. 1722년에 건립된 137개의 우아한 스페인 계단을 올라가면 언덕 위에 삼위일체 성당(Trinita dei Monti)이 있고 그 앞에는 성모 마리아 기념 원기둥이 세워져 있다. 봄철에는 광장 계단을 커다란 진달래꽃 화분으로 장식해 로마 최대의 꽃 잔치가 열린다. 바이런, 리스트, 괴테, 발자크, 안데르센 등 유명 예술가들이 로마에 머물 때 이 광장 주변의 집에서 기거했다. 계단 초입 분홍색 건물은 **영국의 서정시인 존 키츠**가 1821년 26세의 젊은 나이에 숨을 거둔 집이다(광장 26번지). 현재는 키츠와 셸리 두 영국 시인의 기념관으로 사용하고 있다.

### 바르카차 분수
스페인 계단 초입에 있는 바르카차 분수(Fontana della Barcaccia)는 테베레강에서 와인을 운반하던 **낡은 배(바르카차)**를 본떠 만든 것으로 이탈리아 바로크를 대표하는 조각가이자 건축가인 로렌초 베르니니의 아버지 **피에트로 베르니니**가 제작했다. 로마에 홍수가 지나간 후 이곳에 조그만 조각배가 하나 남아 있었는데, 이 조각배에서 영감을 얻어 17세기에 만들었다고 한다.

### 핫한 포토 스폿 ★
계단에서 직선상으로 마주보이는 분수대와 콘도티 거리를 오고가는 사람들의 모습이 영화의 한 장면처럼 멋있다. 예전에는 스페인 계단에 잠시 앉아서 휴식을 취하기 좋은 장소였는데, 최근에는 계단 보호를 위해 **이곳에 앉거나 음식을 먹으면 벌금**을 부과한다. **경찰이 감시하고 있으니 유의한다.** 사람이 붐비는 곳이니 소매치기도 조심한다.

🚇 메트로 A선 Spagna역에서 도보 1분. 또는 500인 광장에서 117번 버스 이용 🗺 지도 P.452-A

삼위일체 성당과 존 키츠 집(오른쪽 분홍색 건물)

# 트레비 분수
### Fontana di Trevi

## 로마에서 가장 인기 있는 아름다운 분수

3갈래 길(Trevia)이 합류한다고 해서 붙여진 이름이다. 팔라초 폴리(Palazzo Poli)의 건물 한쪽 면을 조각군들로 장식하고 있는 트레비 분수는 로마 마지막 **바로크양식의 걸작**으로 상징되는 명물 중의 하나이다. 니콜라 살비에 의해 1732년에서 1762년까지 30년의 공사 기간을 거쳐 완성되었다.

예전에 '처녀의 샘(Acqua Vergine)'이라고 불리던 조그마한 샘이 있었다. 이 이름은 목마른 로마 병정들 앞에 한 소녀가 나타나 물이 있는 곳으로 인도한 데서 기인한다. 이 분수 가운데에 있는 조각상은 바다의 신 **넵튠(포세이돈)**이고, 그 아래 양쪽에는 그의 아들이자 반신반어의 바다의 신 **트리톤**이 나팔을 불면서 이끌고 있는 2마리의 말은 각각 잔잔한 바다와 격동의 바다를 상징하는데, 이 아름다운 배경 조각은 피에트로 브라치의 작품이다. 넵튠 좌우에 있는 여신의 석상은 풍요와 건강을 상징한다.

## 동전으로 소원 성취

분수를 뒤로 하고 오른손에 동전을 들고 왼쪽 어깨 너머로 1번 던지면 로마에 다시 올 수 있고, 2번 던지면 연인과의 사랑이 이루어지고, 3번을 던지면 소원이 이루어진다는 전설 때문에 분수대는 똑같은 행동을 반복하는 수많은 관광객들로 북새통을 이룬다.

## 환상적인 야경 뷰 ★

투광 조명이 비치는 트레비 분수의 야경 뷰는 눈부실 정도로 아름답다. 단, 소매치기는 조심해야 한다. 일요일은 현지인·여행객들로 발 디딜 틈이 없을 정도로 북적거리니, 로마 체류일이 여러 날이라면 가급적 일요일은 피하는 것이 좋다. 분수 주변에 있는

넵튠(중앙)

트레비 분수

밤의 트레비 분수

젤라토(Il Gelateria di San Crispino)가 유명하다. 음식물을 섭취하거나, 낙서를 하면 벌금을 부과하니 유의한다.

🚇 메트로 A선 Spagna역이나 Barberini역에서 도보 10분. 또는 500인 광장에서 117번 버스 이용

### 베네치아 광장에서 갈 때
'Trevi' 표지판을 보고 코르소 거리를 따라 5분 정도 직진하다 6번째 블록에서 Via delle Muratte로 우회전해서 도보 3분

### 스페인 광장에서 갈 때
미냐넬리 광장(Piazza Mignanelli)을 지나 두에 마첼리 거리(Via Due Marcelii)를 따라 직진하다 토리토네 거리(Via del Toritone)로 우회전해서 2번째 골목에서 좌회전(Via Pori)

🗺 지도 P.455-H

## 판테온
### Pantheon
★

### 완벽하게 보존된 고대 로마 유적
판테온은 그리스어로 '모든 신들에게 바쳐진 신전'이란 뜻이다. 로마 전역에 존재하는 모든 신을 위해 세운 성전으로 로마인의 관용 정신을 상징한다. 기원전 27~25년에 마르쿠스 아그리파에 의해서 7개 행성의 신들을 경배하기 위해 세워졌는데 80년에 화재로 파손되었다가 118~125년 하드리아누스 황제에 의해 재건되었다. 2,000년을 이어간 로마제국의 현존하는 건축물 중 보존이 가장 잘 되어 있다.

판테온 내부

특히 청동문과 돔은 손상되지 않아 원형 그대로 보존되고 있다.

### 우주를 본뜬 구조
판테온의 기본 구조를 이루고 있는 **반구(半球)는 우주를**, 거대한 돔의 정상에 뚫린 **구멍은 행성의 중심인 태양**을 상징한다. 둥근 천장에는 각 격자마다 청동 별들로 장식되어 있어 판테온 내부에서 '우주'를 느낄 수 있다. 지붕에는 금박을 입혀 외부에서, 특히 주변 언덕에서 봤을 때 태양처럼 보이도록 했다. 17세기 교황 우르바노 8세가 산 피에트로 대성당에 있는 베르니니의 〈천개〉에 사용하기 위해 금박 200톤을 제거해 갔다고 한다.

### 완벽한 비율(높이 = 지름 43.30m)
판테온의 입구는 16개의 코린트식 화강암 원기둥으로 된 주랑 현관으로 되어 있다. 건물 내부의 둥근 천장은 높이와 지름이 똑같이 43.30m(산 피에트로 대성당 돔보다 크다)로 완벽한 비율을 이루며, 돔은 정확하게 건물 내부 높이의 반을 차지하고 있

판테온의 야경

다. 중간 지점에서 바닥을 향해 원을 그려보면 정확한 구의 모양을 하고 있어 조화와 균형 잡힌 건축미가 돋보인다. **내부에 기둥은 없고 무거운 돔의 중량을 지탱하고 있는 벽이 유일하다.** 이 벽은 아치공법으로 만들어져 두터운 벽제 안에 7개의 부수 공간을 확보하고 있다. 이곳에는 로물루스, 주피터, 마르스, 카이사르 등의 석상이 있다.

### 르네상스 시대 대표 건축물에 지대한 영향을 미치다

천장에 뚫린 구멍으로 들어오는 빛은 내부를 고르게 밝혀주고 시간에 따라 빛의 각도가 변한다. 마치 하늘이 판테온의 내부 공간에 스며들어 오는듯한 느낌이 들게 해 사람들에게 성스러운 신에 대한 경의를 환기시켜 준다. 내부에 들어서면 당시의 탁월한 건축 수준을 알 수 있다. **피렌체 대성당과 산 피에트로 대성당은 판테온의 영향을 받은 대표적인 건축물이다.** 판테온은 이탈리아 왕들의 영묘로 사용되었다. 이곳에는 비토리오 에마누엘레 2세, 움베르토 1세와 왕비 마르게리타의 무덤이 있다. 라파엘로 1520년 사망하여 이곳에 안치되어 있는데, 그의 무덤 위에는 제자 로렌체토의 작품 〈돌의 성모 마리아〉라는 아름다운 조각상이 있다. 라파엘로 묘비명에 **'이제 그가 죽었으니, 그와 함께 자면 또한 죽을까 두려워하노라'** 라고 적혀있다.

🏛 Piazza della Rotonda
🌐 www.pantheonroma.com
🕐 매일 09:00~19:00 휴무 1/1, 8/15, 12/25
💶 €5, 오디오 가이드 €15, 2023년 7월부터 요일에 관계없이 유료 입장, **무료 입장** 매달 첫 번째 일요일
🚇 메트로 A선 Spagna역/Barberini역에서 도보 10분, 버스 30·40·62·64·81·87·492번 타고 Largo di Torre Argentina 정류장에서 하차 후 400m 거리
🗺 지도 P.454-F

라파엘로 무덤

비토리오 에마누엘레 2세 묘비

# 나보나 광장
## Piazza Navona
★

광장의 화가들

### 3개의 분수가 늘어선 아름다운 광장
바로크양식의 자랑거리인 나보나 광장은 다른 어느 광장보다도 장대해 마치 연극무대 같다. 로마 한복판에 위치해 생동감이 넘치고, 로마인과 여행객들의 사랑을 받아 늘 붐비는 만남의 장소이다. 여름철에는 거리의 퍼포먼스를 즐길 수 있고, 여행객들의 초상화를 그려주는 무명 화가들도 볼 수 있다. 때로는 정치적인 이슈로 인해 집회 장소가 되기도 한다. 밤에는 분수대에서 쏘아 올리는 야간 투광 조명을 비추고, 낮에는 화폭에 그림을 그리는 화가들의 분주한 모습이 어우러져 분위기를 한층 고조시킨다. 86년 도미티아누스 황제 때 경기장으로 사용되었는데, 지금도 남북으로 길게 뻗은 타원형 트랙의 모양을 그대로 간직하고 있다. 분수 앞에 종탑 2개가 높이 솟아 있는 건물은 **아고네 성당(Saint Agnese in Agone)**이다. 304년에 13세의 어린 소녀 성 아네제는 기독교를 포기하고 이교도인과 결혼하라는 명을 받았지만, 이를 거절하자 그녀는 옷이 모두 벗겨진 채 경기장 밖으로 내던져졌는데 갑자기 그녀의 머리카락이 길어지면서 알몸을 가려줘 순교했다고 한다. 이런 기적이 일어난 자리에 성당이 세워졌다. 광장에는 바로크양식의 3개 분수가 있다. **광장의 분수 배치는 넵튠 분수(북쪽) → 피우미 분수(중앙) → 모로 분수(남쪽)이다.**

### 피우미 분수
광장 중심부에 1651년에 제작된 베르니니의 걸작 '**피우미 분수(Fontana dei Fiumi, 4대강의 분수)'는 3개 분수 중 가장 유명하다.** 17m의 오벨리스크 하단에는 4개의 파라다이스강, 즉 유럽 대륙의 다뉴브강, 아시아 대륙의 갠지스강, 아프리카 대륙의 나일강, 남아메리카 대륙의 플라타나강을 상징하는 4개 신(神)의 모습을 석상으로 장식하고 있다.

### 모로 분수
광장 남쪽 끝에는 무어인의 분수(모로 분수, Fontana dei Moro)는 1576년 교황 그레고리 13세

나보나 광장의 넵튠 분수, 오른쪽이 아고네 성당

나보나 광장의 피우미 분수

나보나 광장의 모로 분수

의 명을 받아 포르타가 설계한 작품으로 용과 돌고래를 형상화했다. 분수 이름과는 달리 중앙의 인물은 다른 바다의 신이다. 잘못된 이름은 아마 베르니니가 설계한 것 중 돌고래를 첨가한 안토니오 모리(Antonio Mori)조각가의 이름에서 유래된 것으로 추측된다.

### 넵튠 분수

광장 북쪽의 넵튠 분수(Fontana di Nettuno)는 바다의 신 포세이돈이 바다뱀을 꽉 붙잡고 있는 모습을 보여준다.

📍 Piazza Navona
🚇 메트로 A선 Spagna역에서 도보 10분. 또는 500인 광장에서 버스 40·46번 이용
➕ 지도 P.454-F

## 캄포 데 피오리
### Campo de' Fiori

### 과일과 꽃가게가 즐비하다

캄포 데 피오리는 말 그대로 '꽃밭'을 의미하며 로마에서 가장 예쁜 광장으로 꼽힌다. 신선한 과일과 꽃, 생선 등을 파는 가게들이 줄지어 있다. 가급적 아침에 시간을 내서(월~토요일 06:00~14:00, 일요일

휴무) 노점상 주변을 거닐어 보자. 주변에는 바가 많아 밤이 되면 사람들로 북적거린다. 초창기에는 이곳 광장이 꽃밭이었다. 중세 때까지 이곳은 폼페이 극장에 테를 두르는 목초지로 사용되다가 식스투스 4세가 광장을 만들었는데 지금은 시민들의 생활 중심지가 되었다.

### 조르다노 브루노 동상

광장 중앙에는 **조르다노 브루노의 동상**(Giordano Bruno)이 있다. 1600년, 인문주의학자였던 그는 이단의 죄명을 뒤집어쓰고 이곳 광장에서 화형당했다. 이 광장에는 그 밖에도 수많은 유명인들과 관련된 사연들이 많다. 루크레치아 보르지아(알렉산데르 6세 교황의 고명딸)가 태어난 곳이고, 화가 카라바조는 광장에서 벌어진 테니스 시합에서 진 후 라이벌을 여기에서 죽였다고 한다. 광장 주변 카페는 식사하기 좋은 장소다. 오후 2시 전에 가면 싱싱한 과일과 생과일주스를 저렴하게 먹을 수 있다.

📍 Piazza Campo de' Fiori
🚇 나보나 광장에서 도보 6분. 또는 버스 40·46·62·64 (Vittorio Emanuele II 방향), 8·63·630·780 (Via Arenula 방향) 이용
➕ 지도 P.454-F

조르다노 브루노의 동상

## SIGHTSEEING

# 트라스테베레 주변

'테베레강 건너(Over the Tevere)'를 뜻하는 트라스테베레(Trastevere)는 로마의 역사와 옛 분위기가 물씬 풍기는 지역이다. 자니콜로 언덕에서 테베레강에 이르는 넓은 트라스테베레 지역은 서민들의 체취를 느껴볼 수 있는 곳이다. 주변에 유명한 레스토랑과 와인 바, 영화관 등이 있어 밤 문화를 즐기려는 여행객에게 인기가 많다.

자니콜로 언덕의 가리발디 청동기마상

## 자니콜로 언덕
### Gianicolo (Janiculum Hill)

로마의 7개 언덕 중 하나로, 올라가 볼만한 가치가 있다. 산타 마리아 인 트라스테베레 교회 뒤에 있는 자니콜로 언덕에 올라가면 **테베레강과 로마 시가지가 파노라마처럼 펼쳐진다.** 이 언덕은 **표리(表裏)의 신 야누스(Janus)를 숭배하던 곳**이다. 작곡가 레스피기의 교향시〈로마의 소나무〉중에서 자니콜로의 소나무(Pini del Gianicolo)를 연상시키는 언덕배기의 소나무 숲이 풍취를 더한다.
언덕 정상에는 이탈리아를 통일한 가리발디 청동기마상이 위용을 자랑하고 있는데, 그 시선이 로마 시가지의 캄피돌리오 언덕에 있는 비토리오 에마누엘레 2세 기념관을 향하고 있다.

자니콜로 언덕에서 바라본 전경

📍 지도 P.450-F

---

**tip** | **로마 시민들의 생활을 엿보다! 포르타 포르테세 벼룩시장** Porta Portese

유럽의 벼룩시장은 현지인의 생활상을 여과 없이 볼 수 있는 곳이므로 시간이 허락한다면 꼭 들러보자. 파리에 생투앙 벼룩시장이 있듯이 로마에는 포르타 포르테세가 있다.
진실의 입 광장 쪽에서 테베레강 변을 따라가다 수블리초 다리를 건너 왼쪽 포르테세 문을 지나면 시장이 나온다. 잡화, 의류, 의료품, 잡동사니 등 웬만한 중고 물건은 거의 다 있다. 단돈 €1라 해도 유용하게 쓸 수 있는 곳이다. 보는 재미도 있지만 먹는 재미도 쏠쏠하니 노상에서 파는 피자, 케밥 등을 먹으며 즐겨보자.
이곳 벼룩시장은 일요일 오전(08:30~13:30)에만 열기 때문에 가급적 아침 일찍 들러야 한다. 그리고 흥정하거나 계산할 때 소지품에 유의한다. 미리 쇼핑할 비용을 지갑에서 꺼내놓는 것이 좋다. 가급적 시장에서는 지갑을 꺼내지 말자.

📍 Termini역(베네치아 광장)에서 175번 버스를 타고 벨리 광장(Piazza Belli)에 하차. 또는 진실의 입 광장에서 44번 버스를 타고 엠포리오 광장에서 내린다. 또는 H번을 타고 테베레강을 건너 하차 📍 지도 P.450-F

## 산타 마리아 인 트라스테베레 교회
**Santa Maria in Trastevere**

**성모 마리아에게 바친 아름다운 모자이크**

222년에 세워진 이 성당은 로마에서 가장 오래된 성당 중 하나이다. 예수가 태어나던 날 **기적의 오일 분수**(기독교에서 기름의 원천은 은혜의 원천을 의미)가 흘렀다던 터전 위에 교황 율리우스 1세가 교회를 세웠다는 기록이 있다. 내부에는 비잔틴양식의 모자이크가 있는데, 피에트로 카발리니가 제작한 모자이크 작품 〈마리아의 생애〉가 유명하다. 밤이 되면 조명을 받은 교회 파사드와 모자이크가 매우 환상적이다. 이곳 주변은 안전하다고는 하지만 다른 곳과 마찬가지로 늦은 밤에 다니는 것은 삼가자.

- Piazza Santa Maria in Trastevere
- www.santamariaintrastevere.it
- 월~금요일 07:30~20:30, 토~일요일 07:30~20:00
- 무료
- Termini역에서 버스 H·8·630번(Viale di Trastevere 방향)을 타고 벨리 광장(Piazza Belli)에서 하차해 도보 5분
- 지도 P.450-F

### SIGHTSEEING
# 보르게세 공원 주변

로마 센트로(도심)의 북쪽에 위치한 보르게세 공원 주변은 자연과 예술을 동시에 즐기기에 안성맞춤인 곳이다. 보르게세 미술관에서 베르니니의 작품을 감상한 후 노을이 아름다운 핀초 언덕에 올라가보자.

## 보르게세 공원
**Villa Borghese**

로마 중심가에서 가장 크며 옛 모습을 그대로 간직하고 있는 공원이다. 17세기부터 추기경 쉬피오네 보르게세 가문이 몇 세기 동안 소유했던 영지로, 소나무 숲이 넓게 자리를 잡고 있다. 공원에는 미술관, 박물관 외에도 거위나 백조 등이 노니는 호수가 있어 산책하기 좋다.

- 메트로 A선 Flaminio역에서 도보 4분. 걷기 싫으면 이곳에서 95번 버스를 타고 공원 안에서 내린다. 또는 메트로 A선 Barberni역에서 버스 116번을 타고 보르게세 공원 내 하차
- 지도 P.451-C

# 보르게세 미술관 Galleria Borghese

1902년 이탈리아 정부는 보르게세 가문의 별장, 예술품들과 함께 영지를 사들여 공원, 박물관, 미술관으로 사용하기 시작했다. 다른 박물관에 비해 규모는 작지만, 귀중한 그림과 조각품을 많이 소장하고 있다. 보르게세 미술관은 인원 제한이 있기 때문에 반드시 예약을 해야 한다.

카노바의 〈파올리나 보나파르트(나폴레옹의 여동생)〉

- Piazzale Scipione Borghese 5
- 예약 www.ticketone.it | www.galleriaborghese.it | www.gebart.it/musei/galleria-borghese
- 화~일요일 09:00~19:00(입장 마감 17:00), 목요일 09:00~21:00(입장 마감 19:00), 2시간마다 180명만 입장 가능
- €15(티켓 €13+예약비 €2), 패스트트랙 티켓 €35/가이드 투어 €6.5, 한국 오디오 가이드 €5/로마 패스 사용 가능(예약은 홈페이지에서), 관람 시간 30분 전 티켓 창구에 줄 서 예약 확인증 제시, 무료 입장 매월 첫째 주 일요일
- 메트로 A선 Flaminio역에서 도보 10분. 또는 Termini역 500인 광장(맨 끝)에서 910번 버스를 타고 Pinciano 정류장에서 하차. 길 건너 보르게세 공원 입구로 들어가서 직진
- 지도 P.451-C

## 카노바 방

### 〈파올리나 보르게세〉

나폴레옹의 동생 〈파올리나 보르게세〉의 대리석상이 비스듬히 누워 요염한 자태로 방문객을 사로잡는다. 19세기의 신고전주의 조각가를 대표하는 안토니오 카노바의 걸작이다. 너무 에로틱한 작품이라 파올리나의 남편인 카밀로 보르게세는 조각상이 완성된 후 어느 누구에게도, 심지어 그녀에게조차도 보여주지 않았다고 한다.

## 베르니니 방

### 〈다윗상〉

쉬피오네 추기경의 의뢰로 로렌초 베르니니가 만든 다윗상. 거인 골리앗을 향해 돌을 던지는 순간을 포착해 조각한 이 작품에는 격노하고 굳은 결의에 찬 다윗의 모습과 동작이 완벽하게 사실적으로 묘사되어 있어 수작으로 일컬어진다.

### 〈아폴로와 다프네〉

베르니니의 초기걸작 〈아폴로와 다프네(Apollo and Daphne)〉. 숲 속에서 아폴로가 다가서자 다프네가 아버지 페네오스강(神)에 호소해 월계수로 변하는 모습을 표현한 것이다.

베르니니의 〈아폴로와 다프네〉

베르니니의 〈다윗상〉

## 라파엘로 방

### 〈예수를 십자가에서 내림〉

보르게세 미술관 최고의 하이라이트인 〈예수를 십자가에서 내림(The Deposition)〉은 죽은 아들을 추모하기 위해 아틀란타 빌리오니가 의뢰해 그렸다고 한다.

### 〈젊은 여자의 초상화〉

뿔이 하나 달린 동물을 안고 있는 그림으로 성 카테리나를 모델로 삼아 그렸다. 〈남자의 초상〉처럼 작가 미상으로 남아 있다가 후에 라파엘로의 작품이라는 것이 판명되었다.

## 카라바조 방

쉬피오네 보르게세 추기경이 카라바조의 작품을 좋아해 그린 〈병들은 젊은 바쿠스〉, 〈파라후레니에리의 성모(Madonn a dei Palafrenieri)〉, 〈과일 바구니를 든 젊은이〉, 〈글 쓰는 성 히에로니무스〉, 〈골리앗의 머리를 들고 있는 다윗〉이 전시되어있다.

## 티치아노 방

### 〈신성한 사랑과 세속적인 사랑〉

〈신성한 사랑과 세속적인 사랑(Sacred and Profane Love)〉은 **보르게세 미술관 소장품 중 가장 유명한 작품이다.** 원작에서는 화려한 비단 옷의 주름과 장식의 섬세하고 우아함, 밝고 따뜻한 색의 조화를 통한 예술적 감흥이 느껴진다. 왼쪽 흰색 드레스를 입은 여인은 신성한 결혼과 다산을, 오른쪽 나체 여인은 여신처럼 영원을 상징한다. 〈태형을 받는 그리스도〉, 〈성 도미니크의 유혹〉, 〈사랑에 눈먼 비너스〉등의 작품도 있다.

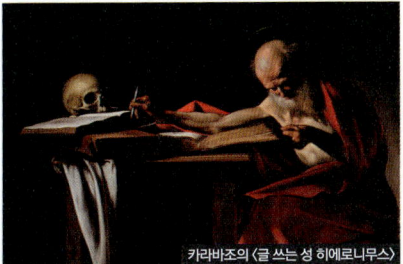

카라바조의 〈글 쓰는 성 히에로니무스〉

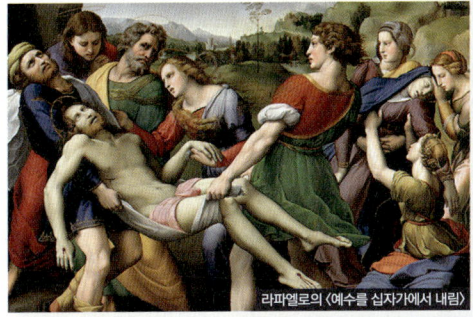

라파엘로의 〈예수를 십자가에서 내림〉

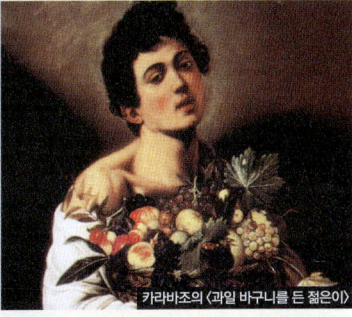

카라바조의 〈과일 바구니를 든 젊은이〉

라파엘로의 〈젊은 여자의 초상화〉

티치아노의 〈신성한 사랑과 세속적인 사랑〉

## SIGHTSEEING

# 아피아 가도 · 카라카라 주변

로마 최초의 군사도로였던 아피아 가도를 따라가면서 만날 수 있는 로마인의 공동묘지 카타콤베, 로마시대의 거대한 욕장인 카라칼라 황제 목욕장 등은 로마 외곽에 있어 교통이 불편하다. 당일에 다녀오려면 일찍부터 서둘러야 한다.

산 조반니 인 라테라노 교회

## 산 조반니 인 라테라노 교회
**Basilica di San Giovanni in Laterano**
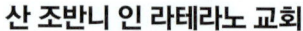

### 모든 성당의 어머니

콘스탄티누스 대제가 **313년 밀라노 칙령을 공포해 기독교를 처음으로 국교로 선포한 의미 있는 교회이**다. 그 후 19세기까지 역대 교황은 이 교회에서 즉위식을 거행하고 공관으로 사용하기도 했다. 이곳은 콘스탄티누스 대제와 권력 투쟁을 벌였던 막센티우스 황제의 기병 막사였다. 콘스탄티누스 대제가 정적 세력을 모두 물리치고 그 터전 위에 승리의 기념으로 세웠다. 기독교 세계의 첫 성당으로 '모든 성당의 어머니'로 로마에서 가장 오래된 역사와 권위를 상징하는 교회이다. 즉, **로마 교구의 주교좌성당으로 유일무이한 교황좌(성좌)가 있어, 가톨릭의 가장 으뜸가는 성당이다.**

### 걸작 〈사도들의 상〉

내부는 대부분 바로크양식의 대가 보로미니의 작품들로 장식되어 있다. 특히 그의 제자들이 제작한 〈사도들의 상〉은 꼭 봐야 한다. 오른쪽 제단에는 '그리스도가 승리하고, 그리스도가 군림하고, 그리스도가 통치하다'는 문구가 쓰여 있다. 그리스도가 재판을 받을 때 올라갔던 것과 똑같은 성스러운 계단 '스칼라 산타(Pontificio Santuario della Scala Santa)'가 있는 예배당도 있다.

⊙ Piazza di San Giovanni in Laterano
@ www.vatican.va
⊙ 07:00~19:00(겨울 ~18:00) **바실리카** 07:00~18:30 **성구실** 08:00~12:00, 16:00~18:00
⊙ 메트로 A선 San Giovanni역에서 도보 5분. 역에서 나

〈사도들의 상〉

산 조반니 인 라테라노 교회 내부

교회 내부

와 산 조반니 문을 통과하면 바로. 또는 Termini역 앞 500인 광장에서 714번 버스를 타고 산 조반니 인 라테라노 광장(Piazza di San Giovanni in Laterano)에 하차
🔼 지도 P.451-G

## 카라칼라 욕장
### Terme di Caracalla
★

### 고대 공중목욕탕

카라칼라 황제

FAO(세계식량농업기구) 본부 건물 근처에는 웅장한 카라칼라 욕장의 유적이 남아 있다. 비록 지금은 폐허가 된 황량한 목욕장이지만, 입구에 들어서면 엄청난 규모에 놀라게 된다. 206년 셉티미우스 세베루스 황제 때 공사를 시작해 217년 그의 아들 **카라칼라 황제 때 개장**했다. 한꺼번에 1,600여 명을 수용할 수 있었던 이 목욕장은 원래 피부 치료를 위해 설계했지만 주로 사교를 위한 만남의 장소로도 사용됐다.

### 화려한 모자이크로 장식

로마 목욕장 중 가장 화려한 장식과 선명한 모자이크로 바닥을 깔 정도로 시설이 훌륭했다. 발굴 당시, 욕장 유적지에서 조각품과 모자이크들이 많이 출토되었는데, 이 유물들은 로마와 나폴리 박물관에 소장되어 있다. 찬물이 나오는 프리지다리움(Frigidarium), 미지근한 물이 나오는 테피다리움(Tepidarium), 뜨거운 물이 나오는 칼다리움(Caldarium)이 있고, 목욕장 외에도 체육시설과 휴게시설, 도서관, 넓은 정원 등의 부대시설이 있다. 최근에 지하에서 미트라 신전이 발굴되었는데, 당시 이 신전에는 특수 계층만 입장시켰다고 한다. 여름 한 달간 로마의 명물인 야외 오페라를 공연하기도 했다.

📍 Viale delle Terme di Caracalla 52
🌐 www.soprintendenzaspecialeroma.it
🕐 11~2월 09:30~16:30, 3/1~3/30 09:00~17:30, 3/31~8/31 09:00~19:15, 9월 09:00~19:00, 10월 09:00~18:30 **휴무** 월요일, 부활절
💰 €8, 예약비 €2, **무료 입장** 18세 이하
🚇 메트로 B선 Circo Massimo역에서 도보 10분. 760·628번 버스. 카페나 문 광장에서 치르코 마시모를 등지고 넓은 카라칼라 거리를 직진. 🔼 지도 P.458-J

## 아피아 가도
### Via Appia Antica

### 세계에서 가장 오래된 간선도로

로마와 브린디시(Brindisi, 그리스와 중동으로 연결되는 항구 도시)를 연결시킨 아피아 가도는 로마제국의 중요한 간선도로로 군사적인 목적으로 건설된 최초의 도로이다. 기원전 312년 건설을 시작해 총 길이가 약 589km에 이른다. 지금은 로마~카푸아 구간 210km만 사용되고 있다. 가도 주변 15km에 걸쳐 귀족과 부호들의 묘지가 모여 있다.

🚌 베네치아 광장 서쪽에서 투어버스 출발(1시간마다 운행)
🔼 지도 P.451-K

## 카타콤베
### Catacombe
★

초기 기독교의 수난사를 말해주는 카타콤베 내부

### 기독교인들의 지하 묘지

'낮은 지대의 모퉁이'를 의미하는 카타콤베는 초기 기독교인들의 만남의 장소이자 지하 묘지로 사용되었다. 로마 카타콤베 중 아피아 가도를 따라 있는 산 칼리스토, 산 세바스티아노, 도미틸라의 카타콤베가 유명하다. 당시 그리스도교 신자들은 예수와 같이 아마천에 덮여 돌을 파서 만든 관에 매장되기를 원했는데 신자 대부분은 빈민층이나 노예 신분으로 비용이 많이 드는 지상 묘지 대신 지하 묘지를 쓰게 된 것이다. 지하 10~15m 정도에 계단을 만들어 지하 5~6층을 이루게 되었다. 로마법에 의하면 **묘지는 함부로 침범할 수 없는 성역**이므로 그리스도교 신자들은 박해를 피해 지하에 마련된 공동묘지의 미로로 피신할 수 있었다. 지하 묘소에는 양쪽 벽면에 시신이 들어갈 수 있는 크기의 장방형 공간들을 만들고 조금 넓은 공간에서는 종교의식을 행하기도 하였다. 로마의 지하 공동묘지들의 구조는 모두 동일하며 여기에 남겨진 많은 벽화들은 고대와 중세 기독교 미술을 보여준다.

🌐 www.catacombe.roma.it

### 산 칼리스토 카타콤베 Catacombe di San Callisto
산 칼리스토 카타콤베는 순교한 후 이곳에 묻힌 교황 칼리스토의 이름에서 유래했다. 로마에서 가장 보존이 잘된 곳으로 3세기부터 기독교인들의 공식 묘지가 되어 교황들의 묘소도 있다.

산 칼리스토 카타콤베 내부에 있는 성 체칠리아상

지하 묘지는 화산암 지대 밑 30m의 깊이에 4층으로 이루어진 총 길이 20km의 복잡한 통로로 이어져 있다. 성직자들이 직접 방문객들을 안내하고, 한국어 오디오 가이드도 제공된다. 음악의 수호성인 성녀 **체칠리아의 무덤(Cecilia)**도 있었는데, 831년에 교황 파스콸레의 명으로 트라스테베레의 성 체칠리아 성당으로 이장되었다. 성 체칠리아의 순교한 모습을 보여주는 대리석상은 체칠리아가 손가락으로 삼위일체를 표시한 채 고개를 벽쪽으로 돌리고 있으나 그녀의 목에는 칼자국이 선명하다. 1599년 관을 열었을 때 시신이 손상되지 않고 순교 당시의 모습 그대로였다고 한다. 당시 조각가 스테파노 마데르노는 그 모습 그대로 대리석 조각을 남겼는데 이곳에 있는 대리석상은 복제품이다.

---

🔺 **도로를 아스팔트가 아닌 사각형 돌로 덮는 이유는?**

유럽을 여행하다 보면 가장 눈에 띄는 것 중의 하나가 도로 모양이다. 우리나라 도로는 대부분 아스팔트로 포장되어 있는데 반해 유럽의 도로는 대부분 사각형 돌멩이로 포장되어 있다. 많은 차들이 도로를 질주할 때 차량의 무게로 인해 도로가 충격을 받게 되어 지하에 묻힌 문화재가 손상을 입을 수가 있는데 돌로 도로 바닥을 깔면 차량 중량으로 인한 충격을 완화시켜 주는 효과가 있기 때문이다.
로마의 지하는 무한정한 고대의 유물과 유적들이 보존되어 있는 곳이라 돌멩이야말로 그들의 문화재를 보존할 수 있는 가장 훌륭한 무기인 것이다.

- Via Appia Antica, 110/126
- www.catacombe.roma.it | www.catacombesan-callisto.it
- 09:00~12:00, 14:00~17:00
- 휴무 수요일, 1/1, 4/20, 12/25, 1/15~2/12(2025)
- 성인 €10, 학생 €7
- 테르미니역에서 메트로A(Anagnina 방향)를 타고 San Giovanni정류장 하차. 218번 버스(Ardeatina 방향)로 갈아타고 Fosse Ardeatine정류장 하차. / 메트로A(Anagnina 방향)를 타고 Arco di travertino정류장 하차. 660번 버스로 갈아타고 Appia Pignatelli / Appia Antica정류장 하차. / 메트로 B(Laurentina 방향)를 타고 Colosseo 또는 Circo Massimo역 하차. 118번 버스(Appia/Villa Dei Quintili 방향)로 갈아타고 Catacombs of San Callisto정류장 하차. / 버스 714번을 타고 Navigatori정류장 하차. 이곳에서 Via delle Sette Chiese를 따라 1km 이동. 지도 P.451-K

### 산 세바스티아노 성당의 카타콤베
**Catacombe di San Sebastiano**

258년 발레리아누스 황제의 그리스도교 박해를 피해 신자들이 성 베드로와 성 바울의 유해를 임시로 보관했던 곳이며, 후에는 **성 세바스티아노가 순교한 후 그의 유해를 보관했던 곳**이다. 성 세바스티아노는 로마제국 군대의 장교로 그리스도교 신자가 된 후 디오클레티아누스 황제의 그리스도교 박해 때 젊은 나이에 순교한 성인이다. 그래서 이곳은 그리스도교 신자들에게는 성지 순례지로서 각별한 의미가 있다. 성 베드로와 성 바울을 기념하는 커다란 성당이 있다. 성당 내부에는 17세기 조르제티의 작품인 성 세바스티아노가 화살을 맞고 순교한 모습의 대리석상이 장식되어 있고 그의 몸에 박혔던 화살이 따로 보존되어 있다.

- Via Appia Antica, 136
- www.catacombe.org
- 화~일요일 09:15~17:15
- 휴무 월요일, 1/1, 12/25, 4/20, 12/2~12/22(2025년)
- 성인 €10, 학생 €7
- 메트로 A선 Arco di travertino역에 하차해 버스 660번 환승, 또는 메트로 A선 San Giovanni역에 하차해 버스 218번 환승. 산 칼리스토의 카타콤베 내 티켓 창구에서 직진해 오른쪽 오솔길로 7분 정도 걸어가면 나온다.
- 지도 P.451-L

### 도미틸라의 카타콤베 Catacombe di Domitilla

로마에서 가장 규모가 큰 것으로 1세기 말에 시작해 4세기 말에 건축된 성 네리우스와 성 아킬레우스의 성당을 통해 들어갈 수 있다. 이 카타콤베는 황제 가문인 플라비우스가 출신 귀부인으로 기독교 신자였던 도미틸라의 이름에서 유래한다. 이곳에는 초창기 그리스도교의 종교 벽화와 그리스어로 쓰인 비문들을 볼 수 있다.

- Via delle Sette Chiese, 282
- www.domitilla.info | www.catacombedomitilla.it
- 09:00~12:00, 14:00~17:00
- 휴무 화요일, 12월 중순~1월 중순
- 성인 €10, 학생 €7
- 산 칼리스토의 카타콤베 부근 버스 714·716·160·670번
- 지도 P.451-K

산 칼리스토의 카타콤베

그리스도 발자국이 찍힌 대리석판

**SIGHTSEEING**

# 바티칸 시국 주변

세계 최고, 최대라는 수식어가 반드시 따라 다니는 로마 최고의 보물창고가 있는 곳이다. 세계 최대의 성당이며 가톨릭교회의 총본산인 산 피에트로 대성당과 세계 최고의 예술품을 소장하고 있는 바티칸 박물관은 꼭 가봐야 한다. 로마 일정 중 하루는 반드시 바티칸 시국을 보는 날로 정한다.

## 바티칸 시국
### Citta del Vaticano

전체 면적이 0.44㎢로 세계에서 가장 작은 도시국가이다. 교황은 전 세계 가톨릭교회의 수장이며 바티칸 시국의 국가 원수를 겸하고 있다. 산 피에트로 광장 앞 도로에 그어진 흰색 선은 이탈리아와 바티칸 시국의 국경이다. 바티칸 시국은 베드로 성인의 교차된 열쇠 위에 교황관이 있는 노랑과 흰색의 고유한 국기를 가지고 있으며, 관청, 박물관, 도서관, 은행, 우체국, 통화권, 인쇄국 등도 들어서 있다. 또한 바티칸 고유의 언론기관인 오세르바토레 로마노(Osservatore Romano, 1861년에 발족)와 다국어로 전 세계에 방송되는 라디오 방송국을 소유하고 있다. 교회 공용어는 라틴어, 대외용은 이탈리아어, 프랑스어, 영어다. 스위스 근위병, 추기경, 고위 성직자, 사제 등은 바티칸 영주권을 취득할 수 있다. 교황청 입구에는 교황의 신변 보호를 위해 제복을 입은 스위스 근위병이 근엄한 표정을 지은 채 보초를 서고 있다.

2013년 3월에 선출된 266대 교황 프란치스코 1세의 교황명인 프란치스코는 청빈, 소박함의 대명사인 아시시의 성 프란체스코를 따르겠다는 의지를 표명한 것이다.

# 바티칸 박물관 Musei Vaticani

미켈란젤로 | 교황 비오 11세 | 라파엘로

로마 여행에서 놓쳐서는 안 될 최고의 보물이 바로 바티칸 박물관이다. 세계에서 가장 규모가 크고 풍부한 보물이 있는 박물관이다. 1,400실에 고대부터 현대에 이르는 조각품, 명화, 유물들을 소장하고 있다. **교황 율리우스 2세**가 세계적으로 권위 있는 박물관을 짓기 위해 미켈란젤로, 라파엘로 등 당대의 유명 예술가를 불러 바티칸의 초석을 다졌다.

박물관 정문은 비알레 바티카노(Viale Vaticano)에 접해 있는데 출입구 위에 열쇠 2개가 조각되어 있다. **이 열쇠 왼쪽에 미켈란젤로, 오른쪽에 라파엘로의 대리석상**이 조각되어 있다.

정문으로 통과해서 들어가면 올라가는 길과 내려오는 길이 분리되어 있는 달팽이 모양의 나선형 계단이 나타나는데 이 계단은 1932년 **교황 비오 11세**의 명으로 만들어진 것이다. 바티칸 박물관들의 매우 중요한 작품들만 둘러보는 데에도 약 4시간이 소요된다. 내부에 레스토랑과 카페, 북센터도 있다.

- Viale Vaticano
- www.museivaticani.va
- 월~토요일 08:00~19:00(입장~17:00), 계절·요일에 따라 08:00~20:00(입장~18:00), 일요일 09:00~14:00(입장~12:30), 12/24, 31 08:00~15:00(입장~13:00)
**휴무** 일요일(마지막 일요일 개방)
※ 계절, 요일에 따라 입장시간이 다르므로, 홈페이지에서 확인 요망
- 성인 €20, 예약비 €5, 매월 마지막 일요일 무료
- 메트로 A선 Ottaviano역에서 도보 7분. 'Musei Vatican' 표지판 방향으로 나와 Via Ottaviano 거리를 따라 다 2번째 사거리에서 우회전 후 직진하면 높은 흰색 벽을 따라 줄 서있는 사람들이 보인다.
- 지도 P.456-B

### tip 반드시 관람해야 할 작품

라파엘로 방의 〈아테네 학당〉, 시스티나 성당의 미켈란젤로 걸작 〈천지창조〉, 〈최후의 심판〉, 뮤즈 여신들 전시실의 〈벨베데레의 토르소〉, 벨베데레 정원의 〈라오콘 군상〉

### tip 바티칸 박물관 공략하기

- 아침 일찍(오전 8시 10분 전) 입장한다. 성수기에는 줄 서는 데에만 1~2시간이 걸리므로 가급적 예매한다.
- 산 피에트로 대성당에서 교황 미사가 있는 수요일과 비오는 날은 한산한 편이다.
- 일요일은 마지막 일요일(무료 입장이라 혼잡)을 제외하고는 휴관이다. 로마의 다른 박물관은 월요일에 휴관하지만, 바티칸 박물관은 월요일에 개관한다.
- 3층 입구에서 한국어 오디오 가이드(요금 €8, 온라인 €7)를 대여한다.
- 한국인 전문 가이드의 박물관 투어에 참여하면 이해를 높일 수 있다.
- 효율적인 동선을 위해서는 바티칸 박물관을 오전에, 산 피에트로 대성당은 오후에 관람한다.
- 단정한 복장으로 입장한다. 반바지, 짧은 치마, 민소매, 슬리퍼는 착용 금지다.

**박물관 관람 순서**
개찰기 통과 → 나선형 계단 → (우측) 회화관(Pinacoteca) → (좌측) 피냐의 안뜰(Cortile della Pigna) → 피오 클레멘티노 박물관(Musee Pio Clementino) → 라파엘로의 방(Stanza di Raffaello) → 시스티나 예배당(Capella Sistina)

## 회화관 Pinacoteca

회화관과 시스티나 예배당은 바티칸 박물관에서 가장 핵심적인 작품들이 전시되어 있다. 특히 회화관에서 12~18세기 거장들의 회화 작품들을 감상할 수 있다. 서양 회화의 아버지 조토의 제단화인 〈스테파노스키 삼단 제단화(Stefaneschi Triptych)〉, 바로크 회화의 거장 카라바조의 대표작 〈그리스도의 매장(Deposizione)〉, 인체 구조를 세심하게 다룬 레오나르도 다 빈치의 작품 〈성 히에로니무스(St. Jerome)〉, 라파엘로의 유작이자 제자 로마노가 마무리한 〈그리스도의 변용(La Transfigurazione)〉이 전시되어 있다.

## 피냐의 안뜰 Cortile della Pigna

브라만테가 15세기 말 교황 이노센트 8세를 위해 만든 정원으로 솔방울 분수가 있어 **솔방울 정원**이라고도 부른다.

## 비오 클레멘티노 박물관
Museo Pio Clementino

교황 클레멘스 14세와 비오 6세가 만든 박물관으로 그리스·로마시대의 다양한 조각이 전시되어 있다.

### 벨베데레의 아폴로 Apollo del Belvedere

기원전 4세기 그리스 청동상을 로마인이 모방해서 만든 복사본. 르네상스 시대 조각가들의 표본이 될 정도의 걸작이다. 15세기 말 이탈리아 중부 지역에서 발견되어, 1511년부터 바티칸 궁전에 전시되었다. 조각상은 그리스·로마 신화에 나오는 태양신 아폴로를 조각한 작품으로, 활을 쏜 뒤의 아폴로의 모습을 묘사했다. 최근 5년간의 복원 작업을 마치고 산뜻한 모습으로 전시중이다.

### 라오콘 군상 Gruppo del Laocoonte

16세기 초 콜로세움 부근 티투스 목욕장 유적(Dormus Aurea)에서 발견된 〈라오콘 군상〉은 트로이의 사제인 라오콘을 주제로 한 것으로 신에게 벌을 받아,

조토의 〈삼단 제단화〉

레오나르도 다빈치의 〈성 히에로니무스〉

라파엘로의 〈그리스도의 변용〉

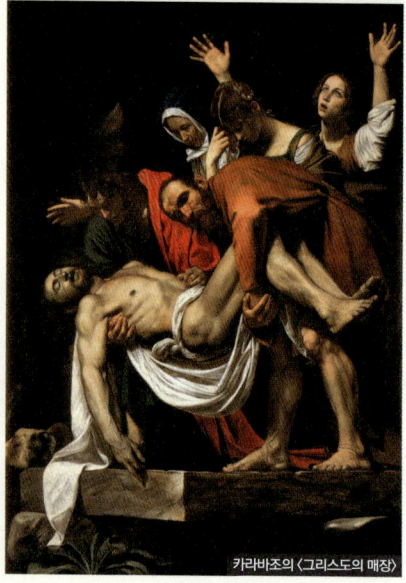

카라바조의 〈그리스도의 매장〉

바다에서 온 두 마리의 뱀에 감겨 아들과 함께 죽임을 당한 것을 표현했다.

### 벨베데레의 토르소 Torso Belvedere
미켈란젤로가 극찬했던 작품. 1430년대 로마에서 발견된 남성 누드 대리석. 머리와 팔다리가 없는 모습을 토르소라 부른다.

### 라파엘로의 방들 Stanza di Raffaello
시스티나 예배당에 만족하지 못한 교황 율리우스 2세는 1508년 그의 서재를 장식하기 위해 중요한 프로젝트를 시작했는데 그렇게 해서 만들어진 방이 그 유명한 라파엘로 방이다. 4개의 방이 있는데 이것을 연대순으로 정리하면 서명의 방(1508~1511년), 엘리오도르의 방(1512~1514년), 보르고의 화재의 방(1514~1517년), 콘스탄티누스의 방(1517~1524년)이다. 이중 서명의 방이 가장 유명하다.

### 서명의 방 Stanza della Segnatura
교황 율리우스 2세는 가장 먼저 라파엘로에게 서명의

〈벨베데레의 아폴로〉

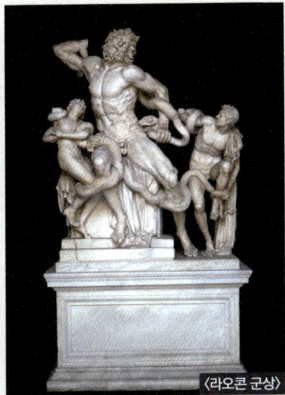
〈라오콘 군상〉

〈벨베데레의 토르소〉

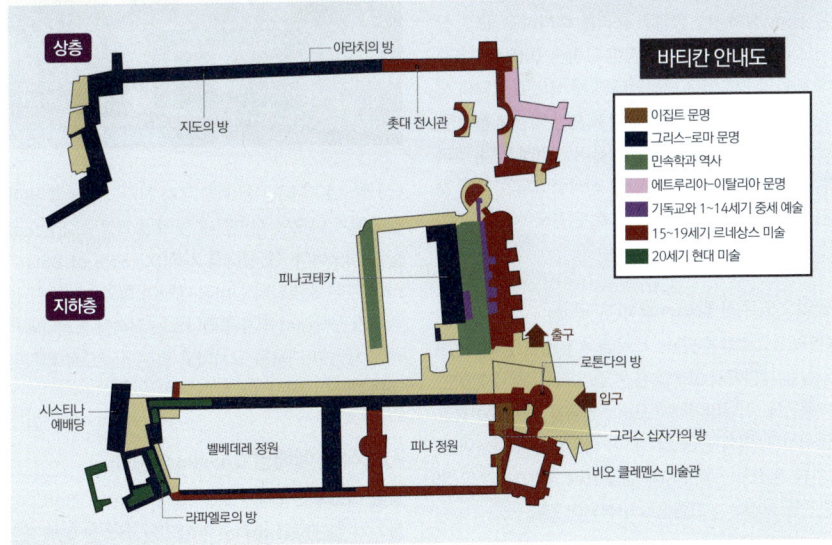

아테네 학당. 1 소크라테스 2 플라톤 3 아리스토텔레스 4 조로아스터 5 라파엘로 6 디오게네스 7 헤라클레이토스 8 피타고라스 9 프롤레마이오스

방 천장화를 그리게 했다. 서명의 방은 교황들이 서류를 결재하며 서명을 하던 곳이었다. **비평가들은 이곳에 있는 프레스코화가 시스티나 예배당의 것보다 훨씬 위대한 작품이라고 말한다.** 클래식하고 예술적이며 철학적인 주제에 포커스를 맞춘 4개의 주 그림들은 신학, 철학, 시, 정의의 승리를 축하하고 있다. 산치오 라파엘로의 가장 유명한 그림인 **〈아테네 학당〉** 속 배경의 건축물은 브라만테의 새 베드로 성당의 상징이다. 산 피에트로 대성당과 비슷한 학당에 플라톤, 아리스토텔레스 등 54명의 인물이 그려져 있다. 라파엘로가 치밀한 계산으로 그린 상상화이지만 무대 같은 공간에 인물들이 시각적으로 연결되어 있어 조화를 이룬다.

### 엘리오도르의 방 Stanza di Eliodoro

**〈엘리오도르의 추방〉**의 제목에서 유래된 방이다. 예루살렘 성전에서 보물을 훔친 엘리오도르를 추방하는 내용인데, 이탈리아에서 프랑스인들을 쫓아내는 것을 암시한다. 벽화들 중 일부만이 라파엘로의 작품이다. 이 방 천장화는 페루치의 작품이며 그리스도 신앙의 승리를 상징하는 그림들로 구성되어 있다.

라파엘로의 〈볼세나의 기적〉

〈성 베드로의 해방〉은 베드로가 천사의 인도를 받아 감옥에서 나오는 장면인데 빛의 효과를 최대한으로 살린 작품이다. 〈볼세나의 기적(Miracle of Bolsena)〉은 성체 변화의 신비에 대하여 회의적이던 한 성직자가 성체에서 피가 흘러나오는 기적을 볼세나에서 직접 체험한 내용을 묘사하고 있는 작품으로 라파엘로의 재능이 돋보인다.

### 시스티나 예배당 Capella Sistina

교황 식스투스 4세에 의해 1473~1481년 조반니 데 돌치가 설계하고 바치오 폰텔리가 건축한 예배당으

천지창조 〈아담의 창조〉 부분

로 성모 승천을 기념하기 위해 지어졌다. **새로운 교황을 선출할 때 추기경들이 모여 선거를 하는 장소**로 사용되는 등 중요한 의식을 위해 사용되고 있다. 예배당 안에는 이탈리아를 대표할 벽화들과 천장화가 있다. 천장 그림이 **〈천지창조〉**, 예배당 정면 그림이 **〈최후의 심판〉**이다. 좌우 벽면에는 모세의 생애(구약성서, 제대를 향해 있을 때 오른쪽)와 그리스도의 생애(신약성서, 왼쪽)를 그린 12개의 벽화가 그려져 있다. 이 그림들은 1481년에서 1483년 사이 보티첼리, 기를란다이오, 페루지노 등 당대의 대가들에 의해 그려졌다.

### 천지창조 Genesis

1508년 **교황 율리우스 2세**의 명을 받아 미켈란젤로가 시스티나 예배당 천장화를 그렸다. 당시 **미켈란젤로**와 라이벌이었던 건축가 **브라만테**는 프레스코화는 그려본 적 없는 미켈란젤로가 실패할 거라 예상하고 그를 교황 율리우스에게 권유했는데, 아이러니하게도 **세계 미술 사상 최고의 불후의 명작 〈천지창조〉**를 남겼다. 1508년 5월 10일 대작업에 착수해 4년 후 1512년 10월 31일에 800㎡에 달하는 원형 천장을 장식한 대작을 완성하였다.

• 천장화의 특징

천장화는 직사각형 그림 둘레에 테두리 장식을 그려 완벽한 조화를 이루었다. **중앙**에는 구약성서의 천지창조 일화를 주제로 한 〈빛과 어둠의 분리〉, 〈해와 달의 창조〉, 〈식생의 창조〉, 〈아담의 창조〉, 〈이브의 창조〉, 〈원죄와 낙원으로부터의 추방〉, 〈노아의 제물〉,

시스티나 예배당

〈노아의 대홍수〉, 〈술 취한 노아〉의 9개의 그림이 있다. 좌우와 그 이외의 공간(구석의 삼각형 부분, 창문 위 반원형 부분)에는 그리스도의 선조들과 다윗 왕조의 인물, 예언자들과 무녀들 인물화가 그려져 있다.

• 천장화 구도

천장 상(上)은 그림 순서대로 주제를 가볍게(노아의 방주)하고, 하(下)는 시대 순으로 주제를 무겁게(하느님) 구조를 잡았다. 또한 아래로 내려갈수록 사람을 단순화시키고 바닥에서 천장을 볼 때 쉽게 알아보도록 크게 그렸다.

• 3가지 조건

계약 당시 미켈란젤로는 교황에게 3가지 조건(대금 결제할 것, 소재에 제한을 두지 말 것, 그림에 간섭하지 말 것)을 요구했다고 한다. 작품이 완성될 때까지 보지 말 것을 약속했으나 교황 율리우스 2세가 이를 어겨 미켈란젤로가 거세게 항의하자 교황이 자신의 지팡이로 그를 때렸다고 한다. 이에 격분해 그가 고향으로 떠나려 하자 교황이 거액의 금화를 보내 사과했다는 일화가 있다. 천장화를 완성시킨 후 미켈란젤로는 피렌체로 돌아가 20여 년 동안 부와 명예를 누리며 살았지만, 천장화를 그린 후유증(목 디스크와 시력저하)으로 말년을 힘들게 보냈다.

**최후의 심판** Giudizio Universale

〈최후의 심판〉은 르네상스 예술의 극치이며 바오로 3세가 트렌토 공의회에서 규정한 것처럼 종교 개혁에 대처하는 최대의 작업이기도 했다. 〈천지창조〉가 완성된 22년 후, **교황 클레멘스 7세**(1523~1534년)의 부름을 받고 60세의 미켈란젤로가 로마로 되돌아와 6년의 각고 끝에 완성하였으며, 가톨릭 교리를 완벽하게 나타내는 작품이다. 맨 뒤에는 죄인을 심판하고 착한 사람에게 상을 주는 예수의 모습이 보인다. 390명 이상의 인물이 그려진 200㎡가 넘는 거대한 그림이다. 이 작품은 **3단계의 장면**으로 구성되어 있는데, 예수를 중심으로 정상의 천상계, 튜바를 부는 천사, 죽은 자의 부활 승천, 지옥으로의 추락 장면으로 나뉘어 있다. 예수 바로 옆에는 성모 마리아가 부드러운 표정을 지으며 앉아 있고 주위에는 순교한 성인과 교황이 그려져 있다. 이곳에 등장하는 **인물을 모두 나체로 그려 종교재판에 회부될 뻔했다**. 그의 사후에 **제자 볼테라**에 의해 그림 속의 나체 일부를 가려 수정했다.

미켈란젤로의 〈최후의 심판〉

❶ 치켜든 손이 거대한 회오리바람을 일으키고 있다.
❷ 종말의 날의 무서운 광경에 눈길을 돌린다.
❸ 로마의 수호 성인 가운데 하나. 인간의 가죽을 손에 쥐고 있다.
❹ 애처로운 사람의 가죽은 미켈란젤로의 자화상이라고 전해진다.
❺ 수호 성인이 석쇠를 손에 쥔 무서운 모습으로 그려져 있다.
❻ 회오리바람을 일으키려는 천사들의 왼쪽 아래에는 부활한 사람들이 있다.

## 산 피에트로 광장
### Piazza San Pietro
★

돔 전망대에서 바라본 산 피에트로 광장

### 거장 베르니니의 작품
산 피에트로 광장은 좌우 양쪽으로 큰 반원을 이루고 있는데 폭 240m, 길이 340m의 타원형 꼴로 약 30만 명을 수용할 수 있는 대광장이다. 광장은 교황 알렉산더 7세의 명에 의해 1656~1667년 베르니니가 설계했다. 중앙에 있는 오벨리스크는 로마제국 때(37년) 칼리쿨라 황제의 경기장을 장식하기 위해 이집트에서 가져왔다. 이 경기장은 후에 네로 경기장으로 이름이 바뀌었고 장소도 산 피에트로 광장으로 옮겨졌다.

### 열주회랑 列柱廻廊
광장에는 좌우로 반원을 이룬 열주회랑이 둘러져 있다. 그 위에는 3m 높이의 142인의 성인 대리석상들이 도열돼 있는데 284개의 원주와 88개 각주들이 4열 종대를 이루어 좌우 양쪽 열주회랑의 테라스를 떠받치고 있다. 오벨리스크의 오른쪽 분수(대성당 정면을 바라볼 때)는 1613년 마데르노에 의해, 왼쪽 것은 1675년 베르니니에 의해 제작되었다. 분수와 오벨리스크 중간에 서서 사방을 둘러보면 각각 앞 열의 원기둥만 보이는 구조로 되어 있다. 열주회랑은 그리스도가 전 인류를 향해 팔을 벌리고 있는 모습을 묘사한 것으로 그리스도의 사랑을 상징하고 있다.

### 교황 알현 Papal Audience
교황의 강복식이 거행되는 **매주 일요일 정오**에는 많은 로마 시민들과 세계 각 지역에서 모여든 관광객들로 광장이 붐빈다. 사전 예약 없이도 누구나 참여할 수 있다. 특히 1월 1일, 예수의 예루살렘 입성을 기념하는 주일, 부활주일, 성탄절에는 입추의 여지없이 신자들로 광장이 붐빈다. **매주 수요일 09:15~11:00에도 교황 미사(일반 알현)** 가 있다. 교황 집전 미사(Papal Mass)는 청동문 스위스 근위대에서 입장권을 발급받는다. 광장에서 하는 미사는 입장권이 필요 없다. 성당 입장 시 짧은 치마, 민소매, 반바지, 슬리퍼 착용을 금지한다.

- 교황 알현 신청 홈페이지 www.papalaudience.org
- 메트로 A선 Ottaviano역에서 도보 6분
- 지도 P.456-F

산 피에트로 광장과 대성당

## 산 피에트로 대성당
### Basilica di San Pietro
★

매주 수요일 오전 11시는 교황 미사(일반 알현)가 있어 성당 앞 광장은 인산인해를 이룬다.

### 가톨릭교의 정신적 수도

세계 최대 성당으로 로마 가톨릭교의 정신적인 수도이며, 가톨릭 순례 여행의 중요한 장소이다. 또한 기독교 서열상 대성전(Major Basilica) 중 라테라노 대성전에 이어 두 번째이다. 예수의 사후에 여러 나라를 돌아다니며 전도하던 베드로(산 피에트로: 초대 교황)는 현 교회 언덕에서 64년에 네로 황제에 의해 십자가에 거꾸로 매달려 처형되었다. **324~349년 콘스탄티누스 대제가 로마제국에 그리스도교를 공인하고 사도 베드로의 무덤 위에 성당을 지었다.**

### 율리우스 2세의 로마 부활 프로젝트

1505년 율리우스 2세(Pope Jlius II)가 로마 부활을 외치며 새로운 바실리카 건축을 명하면서 거대한 대성당의 역사가 시작되었다.
이때부터 120여 년 동안 콜로세움이나 판테온에서 수많은 자재를 약탈해 건물을 지으면서 로마 문화재가 많이 훼손되었다.

### 르네상스 거장들이 집대성한 대성당

공사비를 마련하기 위해 면죄부를 발행해 훗날 마틴 루터의 종교 개혁의 빌미를 제공하는 등 수많은 사연을 남기며 세계 최고의 건물이 탄생했다. 르네상스의 거장(미켈란젤로, 라파엘로, 베르니니 등)이 집대성한 대성당은 1984년 유네스코 세계문화유산으로 등재되었다.
산 피에트로 대성당은 길이 218m, 높이 137m, 총면적 2만 2,067㎡로, 로마 가톨릭 건물 중 규모가 가장 크다. 6만 명을 수용할 수 있는데 기둥 778개, 제단 44개, 모자이크 135개, 동상 395개로 되어있다. 미켈란젤로는 1546~1564년 기간 동안 중요 뼈

---

🔔 **교황청 근위병은 스위스 사람만 할 수 있다?!**

교황청 앞에는 노란색, 군청색의 세로 줄무늬에, 소매에는 붉은 띠를 두른 옷을 입고 미늘창을 들고 빨간 깃털 철모를 쓴 교황 근위병들이 있다. 이들을 '과르디아 스비체라(Guardia Svizzera, 스위스 근위병)'라고 부른다. 이들의 재미있는 중세풍 의상은 미켈란젤로의 작품이다. 재미있는 것은 이들은 스위스인들 중에서만 선택된다는 점이다.
1572년 로마는 카를 5세의 무자비한 독일 용병들의 침략을 받아 함락됐다. 당시 로마교황청은 로마를 지키기 위해 유럽 각국에서 파견된 근위병들에게 로마 사수를 명령했지만 대부분은 도망쳐 버리고 스위스 용병만이 끝까지 남아 사투를 벌였다. 교황은 이에 감복해 스위스 사람만을 교황청 근위병으로 복무할 수 있도록 제도화했다. 지금도 이 용병의 자격은 까다로운데 스위스 국민이면서 로마 가톨릭 신자여야 하며, 도덕적으로 훌륭하고 스위스 군사학교를 졸업해야 한다. 키도 174cm 이상이어야 한다. 한때는 1천여 명에 달했던 스위스 근위병이 지금은 100여 명도 안 된다고 한다. 500년 역사를 지닌 이들은 바티칸 성 안에서 가족과 함께 생활한다.

교황청 근위병

대성당 내부

대를 구축해 **최상의 르네상스 건축**의 종지부를 찍는 데 일조했다.

### 포토 스폿인 돔(쿠폴라) ★

돔은 1547년부터 대성당의 건축에 정진했던 **미켈란젤로가 설계**했으며 그의 제자인 쟈코모 델라 포르타가 맡아 1590년에 완성되었다. 돔 내부의 직경은 42.56m, 정상 높이는 136.57m이다. 돔 입구는 대성당 현관을 바라볼 때 성당 내 왼쪽에 입구(매표소)가 있다. 돔 전망대에 서면 웅장한 광장과 바티칸 시국의 전경이 한눈에 들어온다.

※ 입장 시 복장과 보안 검사가 엄격하다. 반바지, 미니스커트, 민소매 상의 착용 금지, 가방은 보안 검사하니 유의한다.

ⓔ www.vatican.va/various/basiliche/san_pietro
ⓞ **성당** 4~9월 07:00~19:00, 10~3월 07:00~18:30
**돔** 10~3월 07:30~17:00, 4~9월 07:30~18:00
ⓟ 성당 무료. 돔(쿠폴라) €8(엘리베이터 이용 시 €10)
ⓣ 메트로 A선 Ottaviano역에서 도보 6분
ⓜ 지도 P.456-F

### 피에타 Pieta

미켈란젤로의 〈피에타〉는 성당 안의 조각품 중 가장 아름다운 작품으로 늘 인파로 북적거린다. 피에타는 십자가에서 내려진 그리스도가 성모 마리아 팔에 안겨 있는 모습을 담은 조각이나 그림을 의미한다. 고통을 극복하고 편안하고 차분해 보이는 성모의 경건한 모습을 잘 묘사하고 있다. 현재 작품 보호를 위해

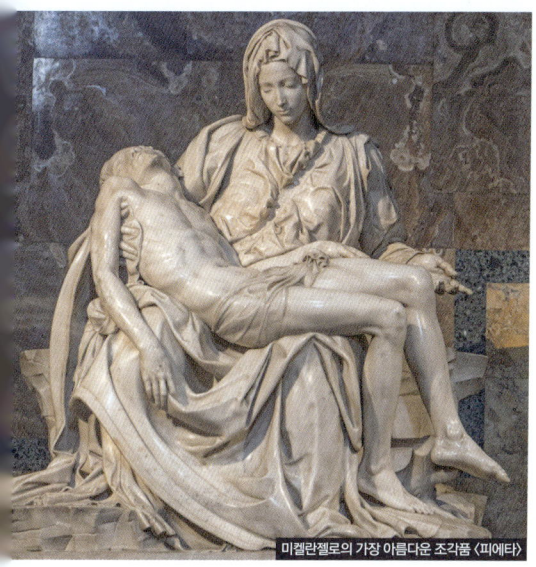

미켈란젤로의 가장 아름다운 조각품 〈피에타〉

크리스털 유리 칸막이로 전시하고 있다. 〈피에타〉는 미켈란젤로가 24세 때(1499년) 제작한 것으로 **그의 작품 중에서 유일하게 자신의 서명을 남긴 것으로** 유명하다. 당시 사람들이 다른 작가 작품으로 오인하는 바람에, 미켈란젤로가 아무도 없는 밤에 성모의 가슴 부분 옷 위에 자신의 이름을 새겼다는 일화가 전해지고 있다.

### 발다키노(천개) Baldacchino

베르니니 최고의 걸작. 교황 우르바노 8세의 요청으로 만들어진 것으로 **미켈란젤로가 설계한 돔과 함께 르네상스, 바로크의 양대 예술 작품 중 최고**로 일컬어진다. **천개(天蓋)**는 설교단 주위에 세워진 4개의 기둥 윗부분에 장식한 덮개로 베드로 무덤이 있는 자리를 알리는 지표를 의미한다. 4개의 나선형 기둥은 올리브 가지 모양으로 장식되어 있다. 위의 덮개에는 아름다운 조각들이 있는데 바르베리니 가문의 많은 업적을 표현하는 인장인 장식술과 부지런한 벌이 있다. 내부에는 황금으로 도금된, 성령을 상징하는 비둘기 한 마리가 있다. 천개는 중앙 제대를 덮고 있는데 교황만이 이 제대를 사용할 수 있는 특권을 갖고 있다. **가운데는 성령의 상징인 비둘기가 성령**

베르니니의 발다키노(천개)

의 빛을 드러내는 모습이 부조되어 있다. 위쪽은 천사 넷이 화관을 하늘로 끌어올리고 있고, 또 다른 작은 천사들은 교황의 상징인 삼중관과 열쇠, 칼, 복음서를 들고 있다.

### 성 베드로의 청동좌상

13세기 플로렌스 출신 조각가 아르놀포 디 캄비오의 작품으로, 산 피에트로 대성당 지하 무덤 출구 앞에 있는, 베드로의 오래된 대리석상에서 영감을 얻어 제작한 것이다. 베드로의 발에 입맞춤하면 소원이 이루어진다는 전설이 있어 중세부터 이곳에 다녀

교황 알렉산더 7세 기념비

# 산탄젤로 성
## Castel Sant'Angelo

### 하드리아누스 황제의 영묘로 세운 성

테베레강을 따라 산 피에트로 대성당 동쪽에 139년 하드리아누스 황제의 영묘로 세웠던 성으로, 내부보다 겉모습이 훨씬 화려하고 멋있는 건축물이다. 원통형 모양으로 디자인한 이 성채는 캄피돌리오 언덕 근처에 있는 아우구스투스 황제의 영묘를 복제한 것이다.

271년까지 황제의 거처로, 그 후 1,000년 동안은 방어 요충지로, 나중에는 감옥으로도 사용되어 벤베누티 첼리니(메두사의 머리를 든 페르시우스 작가) 등과 같은 인물들이 수감되는 등 참혹한 역사를 겪은 현장이기도 하다. **이곳과 바티칸 궁전 사이에 비밀 통로가 있어 비상시에는 교황이 이곳으로 피신**간 신도들로 인해 오른쪽 발가락이 거의 다 닳아버렸다.

### 교황 알렉산더 7세 기념비

베르니니의 작품으로 대리석 조각상 아래 물결치는 듯한 카펫 모양이 실제 천 조각처럼 보인다. 교황은 자비, 진리, 정의, 신중을 상징하는 4개의 여신상으로 둘러싸여 있다.

---

🔔 **성경에 자주 나오는 인물과 용어를 알아두자**

- **베드로** 본명은 시몬(Simon)이며, 12제자 중 한 명. 그리스도교의 중추적인 지도자로 가톨릭교회를 세우고 네로 황제에게 순교당했다. 초대 교황. 베드로가 성을 빠져나와 도망갈 때 환상 예수를 만나 'Domine(주여), Quo(어디에), Vadis(가십니까?)'하고 묻자, 예수께서 '나는 네가 도망나온 로마로 십자가를 지기 위해 다시 간다'라고 대답한 유명한 일화가 있다. 그 후 다시 로마로 돌아가 거꾸로 십자가에 못 박혀 죽었는데 그 자리에 산 피에트로 대성당이 세워졌다.
- **바울** 그리스도교 최대의 전도사이자 당대 최고 신학자. 복음을 국제화한 인물. 68년 로마 교외 톨레 파운타나에서 순교한 곳에 산 파울로 알레 트레 폰타네 대성당(San Paolo alle Tre Fontane)이 세워졌다.
- **야고보** 베드로, 요한과 함께 그리스도의 3제자 중 한 명. 요한의 형.
- **요한** 예수님의 애제자. 신약의 요한복음, 요한 제1, 2, 3서, 요한계시록의 저술자.
- **빌립** 12제자 중 한 명. 초대 교회 7명의 집사 중 한 사람인 빌립이 더 유명하다.
- **마태** 12제자 중 한 명. 마태복음 저술.
- **가롯 유다** 12제자 중 한 명. 예수를 배반한 인물로 겟세마네 언덕에서 예수에게 입을 맞춰 병사에게 예수를 알려주었으나 나중에 회개하며 자살했다.
- **마가** 바울과 베드로의 제자. 마가복음 저술.
- **누가** 바울의 제자. 누가복음, 사도행전 저술. 의사 출신으로 처녀수태를 인정했다.
- **요셉** 목수로서 예수의 아버지. 동정녀 마리아와 결혼하기 전에 예수가 잉태되었다.
- **마리아** 예수의 어머니. 결혼 전에 처녀의 몸으로 예수를 잉태했다.
- **수태고지** 천사 가브리엘이 성모 마리아에게 그리스도의 수태를 알리는 장면을 그린 그림을 의미한다. 레오나르도 다빈치의 수태고지(우피치 미술관), 프라 안젤리코의 수태고지(프라도 미술관)이 유명하다.
- **피에타** 이탈리아어로 '자비를 베푸소서'. 성모 마리아가 죽은 그리스도를 안고 있는 모습을 표현한 그림(조각상)을 의미한다. 미켈란젤로의 〈피에타〉(산 피에트로 대성당)가 유명하다.

했다고 한다. 전설에 의하면 6세기경 페스트(흑사병)가 유럽 전역으로 퍼져 수많은 희생자가 생기자, 교황 그레고리우스 1세가 기도하던 중 꿈에 대천사 미카엘이 나타나 칼을 칼집에 넣었다(이는 신의 은총이 내려진 것을 의미). 그 후 페스트가 사라졌고 이를 기념하기 위해 천사의 상으로 만들어 천사성이라는 이름을 붙였다.

### 오페라 <토스카> 무대

지금은 국립 박물관으로 이용되고 있다. 무기 컬렉션과 교황의 방, 감옥, 푸치니의 오페라 <토스카>의 무대가 된 6층 방 등이 볼만하다. 성 앞에는 거룩한 천사의 다리가 놓여 있다. 난간 위에 있는 석상들은 베르니니와 그의 제자들이 만든 작품이다. 다리에서 산탄젤로 성을 배경삼아 사진을 찍으면 멋있게 나온다. 성내 전망대에서 바라본 천사의 다리 주변 풍경도 좋다.

산탄젤로 성에서 바라본 천사의 다리

- Lungotevere Castello, 50
- www.castelsantangelo.com
- 화~일요일 09:00~19:30
- €17
- 메트로 A선 Lepanto역에서 하차
- 지도 P.457-H

# 로마의 쇼핑

### ◆ 쇼핑 거리 ◆

로마의 대표적인 쇼핑 거리로는 콘도티 거리, 코르소 거리, 비토리오 베네토 거리, 트리토네 거리 등이 있다. 그중에서 명품 거리로 우리에게 잘 알려진 곳이 스페인 광장에서 쭉 뻗어 있는 콘도티 거리다. 6월 하순~8월 중순과 1월 상순~2월 하순의 세일 기간에는 걸어가기도 불편할 정도로 상당히 혼잡하다.

효율적으로 쇼핑을 하고 싶다면 많은 상점이 쉬는 월요일 오전과 일요일(공휴일)을 피한다. 명품점에 들어갈 때는 가급적 단정한 차림으로 들어가자. 옷차림에 따라 직원의 서비스가 달라진다.

**상점** ⓘ 10:00~19:00, 일요일 13:30~19:30
**휴무** 일요일, 공휴일, 월요일 오전, 토요일 오후

### 콘도티 거리 Via dei Condotti

스페인 계단 앞에서 곧장 뻗어 있는 콘도티 거리는 로마 최대의 명품 거리로 코르소 거리와 교차하는 지점까지 구찌, 프라다 등 명품 숍이 줄지어 늘어서 있다. 명품 쇼핑을 할 때는 가급적 단정한 옷차림을 하자. 슬리퍼나 반바지 차림을 한 사람은 정장 차림의 경비원이 출입을 통제한다.

ⓘ 메트로 A선 Spagna역에서 도보 1분. 또는 버스 116번 이용 ⓘ 지도 P.452-B

코르소 거리

### 코르소 거리 Via del Corso

포폴로 광장(문)에서 베네치아 광장으로 길게 이어져 있는 거리.

ⓘ 지도 P.452-A

### 비토리오 베네토 거리 Via Vittorio Veneto

바르베리니 광장에서 보르게세 공원 입구인 핀차나 문까지 이어진 거리.

ⓘ 지도 P.452-B

### 트리토네 거리 Via del Toritone

바르베리니 광장에서 콜론나 광장(키지 궁전)까지 이어지는 거리.

ⓘ 지도 P.452-E

콘도티 거리

### ◆ 아웃렛 ◆

로마는 피렌체보다 아웃렛이 적어 선택의 폭이 좁지만, 일류 브랜드를 반값에 구입할 수 있으니 로마 시내나 근교에 있는 아웃렛을 이용하는 것도 좋다.

### La Rinascente
이탈리아 대표적인 체인 백화점 리나센테. 밀라노, 피렌체에도 지점이 있다. 로마 번화가에서 루이비통, 프라다 등의 명품 브랜드를 비롯해 이탈리아 수제 가방도 한곳에서 쇼핑할 수 있다.
쇼핑은 물론 푸드 홀(10:00~23:00)은 최상의 이탈리아 요리를 제공한다. 최상층 테라스로 올라가면 고도의 멋진 뷰도 감상할 수 있다.

- Via del Tritone, 61, 00187 Roma RM, 이탈리아
- www.rinascente.it
- 월~목요일 10:00~21:00, 금~일요일 10:00~22:00
- 메트로 A선 Barberini역에서 도보 5분
- 지도 P.455-D

### Castel Romano Designer Outlet
카스텔 로마노 디자이너 아웃렛은 질적인 면에서 피렌체, 밀라노 아웃렛보다는 못하지만, 로마에서는 제일 규모가 큰 아웃렛이다. 명품 브랜드 버버리, 캘빈클라인을 비롯해 아레나, 나이키, 핑코, 폴리니, 아디다스 등 유명 매장들이 즐비하며, 40~70% 할인된다. 매장 내에 카페와 레스토랑, 어린이 놀이터 등이 있어 편하게 쇼핑할 수 있다.
로마에서 남쪽으로 20km 떨어진 곳에 위치해 1시간 정도 걸린다. 테르미니역 부근에서 매일 셔틀버스가 운행된다.

- Via Ponte di Piscina Cupa, 64
- www.mcarthurglen.com  매일 10:00~21:00

**셔틀버스**
테르미니역 1번 출구 방향으로 나와 왼쪽 마르살라 거리로 가면 셔틀버스가 대기한다.
- 로마 출발 9:30, 10:30, 11:30, 12:30
  아웃렛 출발 16:30, 17:30, 19:00, 20:00
- 왕복 €18

**호텔 픽업 투어**
픽업 시간은 요청 시 문의
- 편도 €25(5~8인까지 1인당)
예약은 호텔 리셉션에 신청하거나 전화 신청

---

**tip | 이탈리아에서 식료품 쇼핑하기**

이탈리아에서 부담 없이 살 수 있는 식생활용품을 구입해보자. 파스타 소스부터 잼, 올리브오일, 커피, 발사믹 식초 등 품질이 좋고 포장도 예뻐 선물용으로 좋다. 직접 시식하는 것도 즐겁다.
- 올리브오일(Olio)과 발사믹 식초(Aceto Barsa mico)
- 건조 포르치니 버섯(Funghi Porcini)
- 파스타 소스(Salsa) 소나무 열매, 올리브오일이 들어간 제노베세 페스토가 유명하다.
- 엑스트라 베르지네 올리브오일(Olio Extra Ve rgine di Oliva)
- 일리 에스프레소 커피(illy Espresso)
- 보타르카(Bottarga) 숭어나 방어의 난소를 오랫동안 건조시킨 것.
- 스펙(Speck) 껍질이 붙은 북이탈리아산 베이컨.
- 홍차(The)
- 리몬치노(Limoncino) 남부 이탈리아(카프리섬 등)에서 마시는 레몬 맛이 나는 술.
- 파르미자노 레자노(Parmigiano Reggiano) 스파게티를 비롯한 이탈리아 요리에 뿌리는 치즈.

## THEME PAGE
# 이탈리아 대표 요리

파리지앵에게 있어 카페는 생활 그 자체이다. 친구와 담소를 나누기 위해, 피로를 풀기 위해, 신문이나 책을 읽기 위해 그들은 습관적으로 카페에 들른다. 파리를 이해하는 데 이보다 더 좋은 곳은 없다.

### 파스타 · 피자

**파파르델레 Pappardelle**
소고기와 사슴, 토끼 등의 고기로 만든 소스를 첨가한 다양한 파스타.

**라비올리 Ravioli**
손으로 만든 납작한 파스타. 속에 고기나 새우를 다져 넣는다.

**카프리초사 Capricciosa**
토핑이 다양한 피자. 살라미, 새우, 버섯 등 가게마다 토핑의 종류가 다르다.

**생햄과 루콜라 피자 Ruccora e Proscuitto**
구운 피자 빵 위에 재료를 뿌린다.

**칼초네 Calzone**
모차렐라 치즈와 햄을 넣고 반으로 접어서 구운 피자.

**마르게리타 Margherita**
토마토소스와 모차렐라 치즈만을 사용해서 만든 피자. 마르게리타를 잘 만드는 가게가 피자를 잘 만드는 집이다.

### 이탈리아의 식당

일반적인 레스토랑은 리스토란테(Ristorante)라고 부르며, 리스토란테보다 한 등급 낮은 레스토랑을 트라토리아(Trattoria) 또는 오스테리아(Osteria)라고 한다. 트라토리아/오스테리아는 우리나라의 갈빗집, 보쌈집 등과 같은 대중적인 곳으로, 먹고 싶은 것 1~2가지만(파스타, 샐러드, 와인) 주문해도 된다.

타볼라 칼타(Tavola Calta)는 미리 조리된 요리가 진열대에 놓여 있고, 이중 자기 취향에 맞는 요리를 고르는 음식점이다. 여행자 입장에서는 가장 부담 없는 곳이다. 일반 레스토랑에는 피자가 없으니 피자를 먹고 싶으면 피체리아(Pizzeria)를 찾아가야 한다. 간편하게 피자를 잘라 조각으로 판매하는 곳도 있고, 레스토랑처럼 분위기 있는 곳도 있다.

술집을 뜻하는 에노테카(Enoteca)는 한국보다 저렴하며 안주 주문도 가능하다. 잔으로 와인을 주문할 경우 "운비키엘레 디 비노(Un bicchiele di vino)"라고 말하면 된다. 와인 바(Wine Bar)는 와인을 팔지만 레스토랑처럼 요리를 파는 곳도 있다.

### 레스토랑 이용하기

점원이 좌석까지 안내해주면 자리에 앉아 식사나 물(별도 요금)을 주문한다. 코스 중에 몇 가지를 선택하는데, 안티파스토(전채)나 프리모피아토(메인 요리)만 주문해도 괜찮다. 식사가 끝나면 디저트나 커피를 주문한다.

식사 후 계산은 테이블에서 웨이터에게 한다. 테이블 담당 점원에게 계산서를 달라고 말한다. 계산서에 팁이 포함되어(Servizio incluso) 있지 않으면 요금의 10~15%를 접시 위에 놓는다. 물론 서비스가 좋지 않으면 팁을 줄 필요는 없다.

- 물 1병 주세요.
Una bottiglia di acquaminerale, per favore.
[우나 보틸리아 디 아쿠아미네랄레, 페르 파보레.]
- 계산서를 주세요.
Il conto per favore. [일 콘토 페르 파보레.]

### 메뉴 읽는 법

이탈리아 요리 메뉴는 전채(안티파스토), 제1요리(전채와 프리모 피아토), 메인 요리(세콘도 피아토), 디저트(돌체) 등으로 나뉜다. 레스토랑의 메뉴는 대략 아래와 같다.

#### 안티파스토 Antipasto (전채)

프로시우토 에 멜로네 Proscuitto e Melone
생햄과 멜론(또는 무화과)
프루티 디 마레 Frutti di Mare  어패류 모둠
살모네 아푸미카토 Salmone Affumicato  훈제연어
카르파초 Carpaccio
얇게 썬 소고기 위에 파르미자노(Parmigiano) 치즈를 뿌려 올리브유와 소금으로 간해서 먹는다.

#### 프리모 피아토 Primo Piatto (제1요리)

추파 디 페세 Zuppa di Pesce  생선 수프
스파게티 알라 봉골레 Spaghetti alla Vongole
조개 스파게티
스파게티 알라 볼로네세 Spaghetti alla Bolognese  미트소스 스파게티
링귀니 콘 아스티체 Linguine con Astice
면발이 넓고 납작한 파스타

#### 세콘도 피아토 Secondo Piatto (메인 요리)

| | |
|---|---|
| 카르네<br>Carne<br>(고기 요리) | 코토렐타 알라 밀라네세<br>Cotoletta alla Milanese<br>밀라노풍 송아지 커틀릿<br>오소부코 Ossobuco<br>토마토를 넣어 익힌 쇠고기 정강이살<br>마이알레 Maiale  돼지고기<br>만초 Manzo  소고기<br>폴로 Pollo  닭고기 |
| 페세<br>Pesce<br>(생선 요리) | 스캄피 알라 그릴리아 Scampi alla Griglia  빨간 가시발새우 구이<br>칼라마리 프리티 Calamari Fritti<br>화살오징어 튀김 |
| 페세<br>Pesce<br>(생선 요리) | 아라고스타 Aragosta  닭새우<br>콘킬리에 Conchiglie  조개류<br>감베리 Gamberi  보리새우<br>감베레티 Gamberetti  작은 새우 |
| 콘토르노<br>Contorno<br>(채소) | 알리오 Aglio  마늘<br>치폴라 Cipolla  양파<br>파졸리 비안키 Fagioli Bianchi<br>삶은 강낭콩<br>푼기 Funghi  버섯<br>인살라타 미스타 Insalata Mista<br>샐러드 모둠<br>페페로나타 Peperonata<br>피망, 호박, 가지를 익힌 것<br>파타테 프리테 Patate Fritte<br>감자튀김 |

#### 돌체 Dorce (디저트)

프라골라 Fragola  딸기
람포니 Lamponi  나무딸기
프루타 디 스타조네 Frutta di Stagione
제철 과일
티라미수 Tira mi su  마스카르포네 치즈 무스
토르타 Torta
서양 배나 사과 등을 넣어 오븐에 구운 케이크
프루티 디 보스코 Frutti di Bosco
산딸기 등에 시럽을 끼얹은 것

> **tip  레스토랑에서 가격 확인은 필수!**
>
> 음식값에 부가되는 비용은 자릿세(Pane e coperto €1.5~3.5)와 서비스 요금(Servizio), 물 요금이 있으니 유의해야 한다.
> 이탈리아 레스토랑에서는 주문 전에 반드시 가격을 확인하고 식사 후 계산서를 다시 확인한다. 즉 메뉴판의 가격과 계산서의 가격이 같은지 확인한다. 자릿세가 부담되면 서서 먹을 수도 있다.

## 이탈리아 와인

와인 전문점 에노테카

프랑스 못지않게 명품 와인으로 인정받는 이탈리아 와인은 1,000여 종이 넘으며 세계 제일의 생산량을 자랑한다. 이탈리아는 포도 재배에 적합한 기후, 지형, 토양에 그들만의 재배 기술까지 갖고 있어 프랑스 와인과 더불어 세계적인 명성을 누리고 있다.
이탈리아는 남북으로 길게 뻗은 부츠 모양의 지형 덕분에 남과 북의 기온 차가 10도 이상 난다. 그러므로 지역에 따라 포도 품종이 다르고, 지역의 특색에 맞춰 특유의 와인을 생산해낸다. 적포도의 최고 품종은 피에몬테 주의 네비올로 종(바르바레스코, 바롤로, 브루넬 디 몬탈치노 등)이고, 백포도의 최고 품종은 모스카토 종(피에몬테 주, 트렌티노알토아디제두 등)이다. 와인을 구입하고 싶으면 슈퍼마켓을 이용한다. 다양한 종류의 와인을 가장 저렴하게 살 수 있다. 좋은 와인을 고르고 싶으면 와인 전문점인 에노테카(Enoteca)를 찾는다. 시음을 할 수 있어 취향에 맞는 와인을 고를 수 있다. 와인 산지를 방문하는 경우는 그 지방의 와인을 구입하는 게 제일 낫다.

## 와인 등급

통상 포도 품종, 토양, 재배법에 따라 4단계로 등급을 매긴다. DOCG(통제보증원산지) → DOC(통제원산지) → VdTIGT(지리 표시가 붙은 비노 다 타보라) → VdT(비노 다 타보라) 순이다.
특히 북부 이탈리아에서 주로 생산되는 DOCG 와인은 국가에서 실시하는 엄격한 심사를 통과해야 와인병에 DOCG라고 쓰인 분홍색 라벨을 붙일 수 있다. DOCG보다 한 단계 아래인 DOC 와인은 일정한 조건만 충족시키면 부여된다. 북부 이탈리아를 중심으로 전국에서 생산된다.
DOCG의 대표적인 와인은 피에몬테 주(Piemonte)의 바르바레스코(Barbaresco), 바롤로(Barolo), 토스카나 주(Toscana)의 브루넬 디 몬탈치노(Brunello di Montalcino)이다. DOC의 대표적 와인은 토스카나 주의 로소 디 몬탈치노(Rosso di Montalcino), 롬바르디아 주(Lombardia)의 테레 디 프란차코르타(Terre di Franciacorta), 샤르데냐 주(Sardegna)의 칸노나우 디 샤르데냐(Cannonau di Sardegna)가 있다.

DOCG 라벨이 붙은 와인

---

### tip 로마에 가면 젤라토를 꼭 먹어보자

우리가 알고 있는 젤라토(Gelato)는 이탈리아어로 아이스크림이란 뜻이다. 젤라토는 우유, 달걀, 설탕에 향과 맛을 내는 다양한 천연 재료를 사용해 만드는 신선한 아이스크림으로, 일반 아이스크림보다 지방 함량이 낮은 것이 특징이다. 아이스크림 전문 가게를 젤라테리아(Gelateria)라 하는데, 대부분의 가게에서 직접 만들어 판매한다. 트레비 분수, 스페인 광장, 나보나 광장 주변의 가게가 유명하다. 크기별로 가격이 다르다(€2~5).

# 로마의 맛집

이탈리아를 비롯한 남부 유럽 음식은 대부분 짠 편이다. 주문할 때 "노 쌀레 뻬르 빠보레(소금을 넣지 마세요)"라고 말하고 필요 시 소금을 뿌려먹는 게 낫다.

◆ **테르미니역 주변** ◆

### Mercato Centrale Roma
테르미니역 내에 있는 푸드코트로 편하게 한 끼 식사하기 좋다. 메뉴가 다양해 만족도가 높다. 예산 €10~.

- Roma Termini, Via Giovanni Giolitti, 36
- 07:30~24:00
- 테르미니역 내 여행 안내소(24번 플랫폼 방향)
- 지도 P.453-H

### Gelateria Fassi
100년 이상의 전통을 가진 아이스크림 가게. 아이스크림 종류가 30종이 넘는다. 서울 남영동에 분점이 있다. 예산 €1.5~.

- Via Principe Eugenio, 65
- www.gelateriafassi.com
- 월~목요일 12:00~21:00, 금~토요일 12:00~24:00, 일요일 10:00~21:00
- 메트로 A선 Vittorio Emanuele역에서 도보 4분. Mr. Frills 호텔을 끼고 왼쪽 도로(via Principe Eugenio)로 직진 ● 지도 P.459-D

◆ **나보나 광장·트레비 분수 주변** ◆

### Alfredo e Ada
이탈리아 레스토랑. 가족이 운영하는 소규모 식당이지만, 주인의 오랜 노하우가 스며든 파스타 맛은 일품이다. 예산 €15~.

- Via dei Banchi Nuovi, 14
- 12:00~15:00, 19:00~22:00 휴무 일·월요일
- 나보나 광장에서 도보 8분
- 지도 P.454-E

### Origano Trevi
음식 맛이 좋고 실내 분위기가 우아해 현지인이 자주 찾는 이탈리아 레스토랑. 파스타 €10~, 피자 €8~, 샐러드 €10~, 생선과 고기 요리 €12~.

- Via di Sant'Andrea delle Fratte, 23/25
- www.origanotrevi.com
- 매일 11:30~22:45
- 메트로 A선 Barberini역에서 도보 6분
- 지도 P.452-F

### Il Gelato di San Crispino
이탈리아뿐만 아니라 세계 최고의 아이스크림 맛을 자랑하는 젤라토 가게. 콘은 없고 컵에 아이스크림을 담는다. 형제가 운영하는 이 가게의 모토는 콘과 같은 이물질은 아이스크림 본래의 맛에 방해가 된다는 것이다. 컵 크기에 따라 값이 다르다. 예산 €1.5~.

- Via della Panetteria 42
- 매일 11:00~00:30
- 트레비 분수 부근
- 지도 P.452-F

### Pizzeria da Baffetto
로마 시에서 공식 지정한 최고의 피자 맛집. 피자에 달걀 반숙이 올려져 있는데 그 맛이 일품이다. 식당이 협소해 줄 서서 기다리는 것은 기본. 예산 €10~.

- 1호점 Via del Governo Vecchio 114
- 12:00~15:30, 18:00~24:00
- 1호점 Termini역 앞에서 64번 버스 이용 Chiesa Nuova 하차. 나보나 광장에서 도보 5분. 광장 북쪽 끝에서 Via di Pasquino를 따라가면 나온다.
- 1호점 지도 P.454-E

### ♦ 판테온 주변 ♦

## Giolitti
1900년에 오픈한 전통 있는 가게. 산 크리스피노와 더불어 로마에서 최고의 맛을 자랑하는 젤라토 가게이다. 소 €2.5, 중 €3.5, 대 €4.3.

- Via degli Uffici del Vicario @ www.giolitti.it
- 07:30~24:00 판테온에서 도보 4분
- 지도 P.455-G

## La Casa Del Caffe Tazza D'oro
1946년 마리오 피노께또가 문을 연 로마 최고의 커피 전문점이다. 세계에서 가장 질 좋은 원두를 공급받아 커피 맛이 진하고 부드럽다. 커피 €1~2(서서 마실 경우), 원두 1봉지 €4~10.

- Via degli Orfani 84
- www.tazzadorocoffeeshop.com
- 07:00~20:00
- 64번 버스를 타고 아르젠티나 광장에 하차해 도보 7분. 판테온 로톤다 광장 부근 지도 P.455-G

### ♦ 콜로세움 주변 ♦

## al 42 by Pasta Chef Rione Monti
저렴한 파스타 맛집. 공간이 좁아 대기 시간이 길어져 Take-Away 방식으로 많이 주문한다. 파스타 €10~, 샐러드 €6.5~, 돼지갈비 €19. 예산 €10~.

- Via Baccina, 42, 00184 Roma RM
- www.al42.it
- 매일 12:30~15:30, 19:00~21:30 휴무 화요일
- 메트로 B선 Cavour역에서 도보 4분
- 지도 P.458-B

## La Nuova Piazzetta
파스타 피자 가게. 벽돌로 장식된 실내 분위기에 음식 맛이 좋고 직원들(한국어 유창)이 친절하고 유머감각이 풍부해 늘 손님들로 북적거릴 정도로 인기 많다. 추천 메뉴 피자, 파스타(카르보나라), 티라미수(후식). 테이크 아웃 가능. 예산 €10~20.

- Vicolo del Buon Consiglio, 23/a, 00184 Roma
- https://lanuovapiazzetta.shop
- 11:30~22:30

- 콜로세움에서 도보 7분
- 지도 P.458-B

### ♦ 포폴로 광장 주변 ♦

## Pizza Ré
로마에서 유명한 피자점이다. 피자에 들어가는 재료는 각각 유명 산지에서 직접 공급받는다. 참나무 화덕에서 직접 구운 피자라 담백하다. 점심 피자 €10~.

- Via di Ripetta, 14 @ www.pizzare.it
- 월~목요일 12:00~24:00, 금~토요일 12:00~24:30, 일요일 12:00~24:00
- 포폴로 광장에서 도보 2분. 광장에서 쌍둥이 성당 중 오른쪽 건물 옆길(Via di Ripetta)로 직진 지도 P.452-A

### ♦ 바티칸 박물관 주변 ♦

## Bonci Pizzarium
2003년 개업한 이래 피자로 성공하자 2012년 본치 제과점도 개장할 정도로 번창하고 있는 가게. 공간이 좁아 번호표를 뽑고 차례가 되면 원하는 만큼 피자(무게로 측정해 판매)를 주문한다. 예산 €18~(피자 1kg).

- Via della Meloria, 43, 00136 Roma RM
- www.bonci.it
- 화~토요일 11:00~22:00, 일 11:00~15:00, 17:00~22:00 휴무 월요일
- 메트로 A선 Cipro역에서 도보 1분 지도 P.456-A

## Ristorante Arlù
전통적인 지중해 요리를 맛볼 수 있는 레스토랑으로 가족이 운영한다. 수제 비스킷, 케이크, 파스타를 비롯해 셰프가 추천하는 오늘의 메뉴도 인기 있다. 예산 €20~.

- Borgo Pio, 135 @ www.ristorantearlu.it
- 월~토요일 11:30~22:00 휴무 일요일
- 메트로 A선 Ottaviano역에서 도보 7분. 바티칸 박물관 근처 지도 P.457-G

# 로마의 숙소

테르미니역 주변에 호텔과 유스호스텔이 몰려있다. 한인 민박도 역 주변에 있어 사전에 신청하면 무료 픽업(공항 픽업은 유료)을 해준다. 숙소 시설이 서유럽에 비해 다소 낙후되어있다. 특히 **역 주변은 소매치기가 많으니 유의한다.** 숙소는 테르미니역에 도착해서 도보 5분 내에 있는 호텔(3~4성급)과 유스호스텔을 소개한다.

### ◆ 피우미치노 공항 주변 ◆

**Hilton Garden Inn Rome Airport**
4성급 호텔로 공항 근처에 위치해 있어 공항에 늦게 도착하거나 일찍 출발할 경우에 편리하다. 공항에서 셔틀버스로 10분 정도 거리에 있으며, 요금 대비 시설과 조식(아침 5시부터 가능)이 양호하다. 참고로, Hilton Rome Airport Hotel은 공항에 위치해 있어 편리하나 객실료가 비싸다.

- Via Vittorio Bragadin 2
- www.hiltongardeninn3.hilton.com
- 2인 1실 €137~

공항 밖 셔틀버스 정류장에서 셔틀버스(15분마다 운행, 05:00~밤 01:00)로 10분

### ◆ 테르미니역 주변 ◆

**Yellow Youth Hostel**
식당, 카페, 매점, 사물함, 엘리베이터, 자전거 대여점 등의 시설을 갖춘 호스텔로 예약은 필수이다. 인터넷이 무료이며, 24시까지 체크인이 가능하다.

- Via Palestro 49
- www.the-yellow.com, www.yellowsquare.it
- 6인실 €30~, 2인실 €62~, 1인실 €85~
- Termini역 오른쪽(1번 플랫폼 방향) 출입구로 나가면 Via Marsala 거리가 나온다. 길 건너 정면 마르게라 거리(Via Marghera)를 따라 직진해 4번째 블록에서 좌회전(Via Palestro)해서 사거리를 지나면 바로
- 지도 P.453-H

## Hostel Alessandro

테르미니역 부근에 2개의 부속 건물이 흩어져 있다. 그중 가장 규모가 큰 호스텔이 Alessandro Palace 이다. 다른 호스텔과 달리 도미토리에 에어컨과 샤워실이 있다. 식당, 인터넷, TV, 휴게실, 로커, 수하물 보관소, 세탁기를 갖추고 있다.

**Alessandro Palace**
- Via Vicenza 42
- www.hostelsalessandro.com
- 더블 €119~, 4인실 €38.2~, 8인실 €22.5~
- Termini역 오른쪽(1번 플랫폼 방향) 출입구로 나가 왼쪽 마르살라 거리(Via Marsala)를 따라 직진해 첫 번째 블록에서 우회전해 Via Vicenza로 가면 나온다.
- 지도 P.453-H

## The Beehive

소규모의 유스호스텔. 공용 공간 안뜰 정원, 아늑한 거실, 공용 주방이 있다. 테르미니역 근처에 위치해 이동하기 편하다. 여성 전용실이 있어 여성에게 인기 있다.

- Via Marghera 8 00185 Rome
- www.the-beehive.com
- 리셉션 체크인 09:00~21:00(21시 이후에는 입실이 안되니 유의)  여성 4인실 €27.20~, 더블룸 €79.05~
- 테르미니역에서 도보 5분, 1번 출구로 나온다.
- 지도 P.453-H

## The RomeHello

호스텔 시설이 매우 양호해 만족도가 높다. 특히 여성 전용 객실이 있고, 객실과 화장실이 청결하고 직원이 친절하다. 세탁실에 세탁기, 건조기, 다리미가 구비되어있다.

- Via Torino, 45, 테르미니역, 00184 Rome
- https://theromehello.com
- 도미토리 10인실 €37~, 여성 전용 도미토리 €39~
- 테르미니역에서 도보 10분. 지하철 레푸블리카역이 도보 3분  지도 P.453-G

## Best Western Premier Hotel Royal Santina

4성급 호텔. 모던 스타일의 객실과 화장실이 넓고 조식도 양호해 만족도가 높다. 테르미니역에서 100m 거리에 위치해 야간 도착 시 편리하다.

- Via Marsala, 22, 00185 Roma
- www.hotelroyalsantina.com
- 2인 1실 €118~, 조식 별도(1인 €16)
- 테르미니역에서 도보 3분. 1번 출구로 나온다.
- 지도 P.453-H

## The Independent Hotel

4성급 호텔. 현대식 인테리어 시설로 객실이 깔끔하고 고급스럽다. 8층 테라스 레스토랑에서 조망을 즐기면 식사할 수 있다.

- Via Volturno, 48, 00185 Roma
- www.independenthotel.it
- 2인 1실 €130~, 조식 포함
- 테르미니역에서 도보 5분. 1번 출구로 나온다.
- 지도 P.453-H

## Hive Hotel

4성급 호텔. 최고의 시설과 서비스로 인기가 있다. 방이 넓고 깨끗해 고객의 만족도가 높다. 조식도 양호하고, 스파도 있다. 테르미니역과 산타 마리아 마조레 대성당 인근에 위치해 있다.

- Via Torino, 6, 00184 Roma RM
- www.thehiverome.com
- 2인 1실 €135~(조식 별도)
- 테르미니역에서 도보 6분, 역 정문에서 나와 왼쪽 방향
- 지도 P.453-K

## Hotel Nord Nuova Roma

1900년부터 개업한 전통 있는 3성급 호텔. 옥상 테라스에 정원과 루프 바가 있어 휴식을 취하기 좋고, 직원 서비스가 양호하다. 로마 고고학 박물관 인근에 위치해 있다.

- Via Giovanni Amendola, 3/Roma 00185, 00185 Roma RM
- http://www.hotelnordnuovaroma.it
- 2인 1실 €~103.7(조식 별도)
- 테르미니역에서 도보 3분. 역 정문에서 나와 왼쪽 방향
- 지도 P.453-H

# 티볼리
## TIVOLI

이탈리아 중부 라치오 주에 위치한 작은 도시. 계곡과 평원이 펼쳐진, 멋진 풍광을 자랑하는 심브루이니 언덕 기슭에 자리 잡고 있다. 빼어난 티볼리의 아름다움에 매료된 트라야누스 황제와 아드리안 황제는 휴식지로 이곳에 별장을 지었다.
17세기부터는 괴테를 비롯한 예술가들과 유럽의 부유한 젊은 귀족들이 그랜드 투어(17세기 중반부터 성행했던 유럽 귀족 자제들이 공부하기 위해 이탈리아를 돌아보는 여행)의 중심이기도 했다. 티볼리는 무엇보다 자연의 수압을 이용한 분수로 유명하다. 100여 개의 크고 작은 계단식 분수대가 꾸며져 있는 빌라 데스테와 화려한 황제의 별장인 빌라 아드리아는 찾는 이로 하여금 힐링할 수 있게 하는 천혜의 휴양지이다.

### 티볼리 가는 법

**기차** 로마 테르미니역(메트로 A/B선, 약 45분 소요) 또는 티부르티나역(메트로 B선, 약 30분 소요)에서 열차를 타고 티볼로역으로 간다. 역에서 5분 정도 걸으면 빌라 그레고리아나가, 10여 분 더 가면 빌라 데스테가 나온다. 빌라 데스테에서 빌라 아드리아나까지 약 3km 이상 떨어져 있으니, 빌라 데스테의 가리발디 광장 정류장에서 CAT 4X번 버스를 이용한다.

**버스** 메트로 B선 로마 폰테 맘몰로역(Roma Ponte Mammolo)에 내려 역 앞 버스터미널에서 코트랄 버스(Tivoli-Via Tiburtina 방향)를 타고 간다. 한 시간쯤 가다 보면 산길을 올라가다 작은 공원과 넓은 광장(Piazza Giuseppe.Garibaldi)이 보이는 버스정류장(Piazzale delle Nazioni Unite)에서 내린다. 빌라 아드리아나를 경유해 빌라 데스테로 가는 버스와 빌라 데스테행 직행 버스가 있으니 운전사에게 물어보고 탑승한다. 빌라 아드리아나행 버스(1회권 €1.3, 1일권 €4)는 일찍 끊기므로 먼저 빌라 아드리아나에 들른 다음 버스가 자주 있는 빌라 데스테로 가는 게 낫다. 로마 폰테 맘몰로역 내 바(Bar)에서 왕복 티켓을 구입할 수 있다.

**여행안내소**
 Palazzo San Bernardino　 www.visittivoli.eu
 월~토요일 10:00~14:00, 15:00~18:00 휴무 일요일
가리발디 광장 앞에 위치

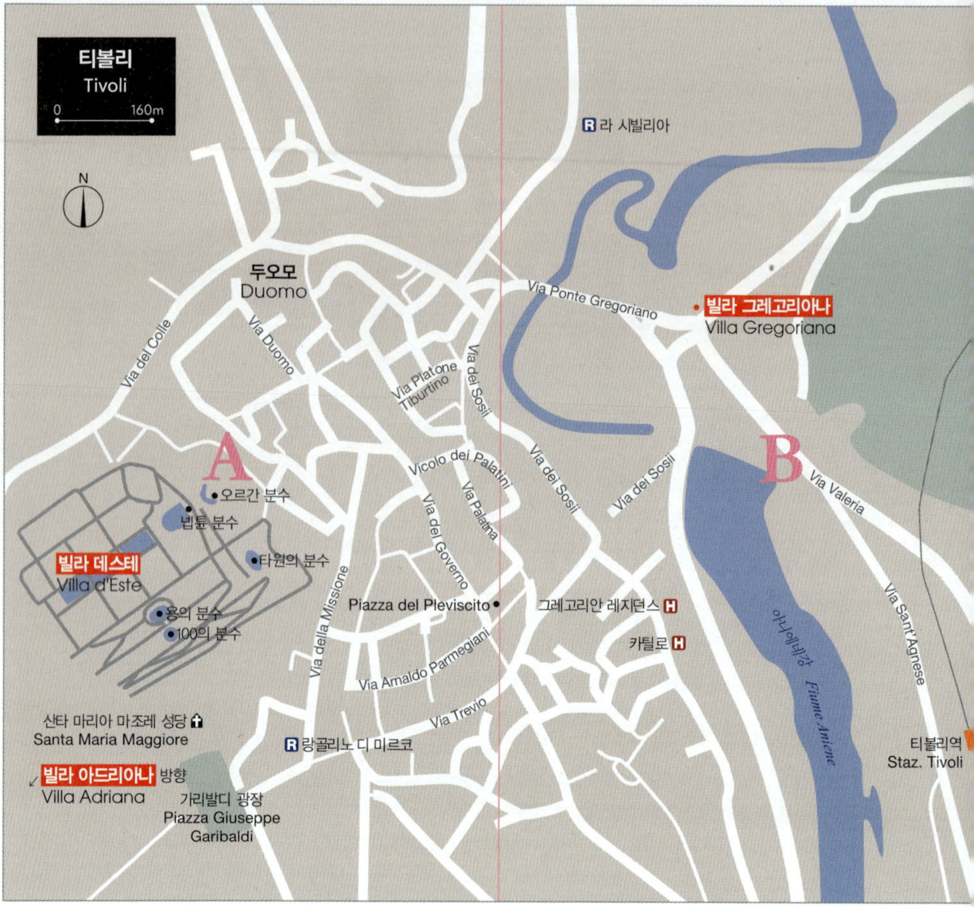

## 티볼리 Tivoli

0 — 160m

두오모 Duomo

라 시빌리아

Via Ponte Gregoriano

빌라 그레고리아나
Villa Gregoriana

Via del Colle
Via Duomo
Via Platone Tiburtino
Via dei Sosii
Vicolo dei Palatini
Via del Governo
Via Palatina
Via dei Sosii
Via Valeria
Via Sant'Agnese

A
오르간 분수
넵툰 분수
타원의 분수
용의 분수
100의 분수

빌라 데스테
Villa d'Este

Piazza del Pleviscito
그레고리안 레지던스
카틸로

B
Fiume Aniene
아니에네강

Via della Missione
Via Arnaldo Parmegiani
Via Trevio

산타 마리아 마조레 성당
Santa Maria Maggiore

랑골리노 디 마르코

티볼리역
Staz. Tivoli

빌라 아드리아나 방향
Villa Adriana

가리발디 광장
Piazza Giuseppe Garibaldi

---

### tip  효율적인 일정 짜기

빌라 데스테의 궁전 실내 천정

- 로마에서 출발 시 기차보다는 버스(CAT)로 이동하는 게 더 편하다.
- 빌라 아드리아나(관람 시간 2~4시간 소요)와 빌라 데스테(2시간 소요) 2곳 모두 보려면 로마에서 아침에 출발해야 관람이 가능하다. 빌라 아드리아나는 매우 넓고 유적이 곳곳에 흩어져 있어 의외로 시간이 많이 소요된다.
- 빌라 아드리아나는 티볼리 외곽에 있어 교통편이 일찍 끊기니 빌라 아드리아나를 먼저 보고 나서 빌라 데스테를 관람한다. 오후에 도착했다면 빌라 아드리아나는 포기하고 빌라 데스테만 관람한다.
- 일요일에 빌라 아드리아나를 방문할 경우, 버스 배차간격이 길어 곤혹스러울 수 있으니 유의한다.

## 빌라 데스테
### Villa d'Este

📍 Piazza Trento, 5
🌐 www.imuseidiroma.it/villa-d-este-tivoli
🕐 3/31~9/29 월요일 14:00~19:45, 화~일요일 08:45~19:45, 9/30~10/26 화~일요일 08:45~18:45, 10/27~1/26 화~일요일 08:45~17:15 휴무 1/1, 12/25, 월요일 오전(14:00~19:45 개방) 💶 €15, 무료 입장 매월 첫 번째 일요일
🚶 가리발디 광장(Piazza G.Garibaldi)에서 내려 근처 기념품 가게 골목길로 들어가면 빌라 데스테가 보인다.
🗺 지도 P.520-A

### 유럽에서 가장 아름다운 이탈리아식 정원

이탈리아 르네상스양식을 상징하는 건축물로, 유럽에서 가장 아름다운 이탈리아식 정원이다. 1550년부터 약 20년간 추기경 이폴리토 데스테 2세가 천재 건축가 피로 리고리오와 바로크의 거장 베르니니에 의뢰해 완성했다. 1차 세계대전 이후 복원을 시작해 2001년 유네스코 세계문화유산으로 지정되었고, 수백 개의 금으로 장식한 **계단식 분수**가 유명하다. **100여 개의 조각상**(Viale delle Cento Fontane)에서 **뿜어내는 분수대**와 데스테 궁전, **델 로바타 분수**(dell'Ovata, 13번), 베르니니의 작품인 커다란 **글라스의 분수**(Fontana del Bicchierone, 10번), **넵튠 분수**(Fontana di Nettuno) 등이 볼만하다. **3개의 연못**(Peschiere)에서 바라본 넵튠 분수 전경이 가장 빼어나 **포토 스폿**으로 좋다. **오르간 분수**(Fontana dell' Organo)에서는 하루 4번(10:30, 12:30, 14:30, 16:30) 음악이 연주되니 시간에 맞춰 가 보자.

넵튠 분수와 연못

베르니니의 작품인 큰 글라스의 분수(10번)

## 빌라 아드리아나

### Villa Adriana
★

### 로마시대의 종합 휴양 단지

빌라 아드리아나(Villa Hadriana)는 118~138년에 하드리아누스 황제가 티부르틴 언덕 기슭에 세운 별장으로, 1999년 **유네스코 세계문화유산**으로 지정되었다. 면적 120헥타르의 광대한 부지에 거주 공간과 목욕탕, 신전, 극장, 정원, 분수대, 오락 시설 등 30여 개의 건물이 들어선, 오늘날의 종합 휴양 단지였다. 지금은 많은 건축물이 파괴되어 곳곳에 잔해만 남아 있지만, 웅장한 규모의 폐허된 유적에서 하드리아누스 황제의 위세가 얼마나 대단했는지를 짐작해 볼 수 있다.

### 페칠레의 포토 스폿

입구에 들어서면, 거대한 성벽과 연못으로 다듬어진 페칠레가 눈에 띈다. **페칠레(Pecile)**는 장방형 연못으로 고대 아테네에서 '스토아 포이킬레(Stoa Poikile)'라 불리는 회랑이다. 연못에서 바라본 풍경이 일품이다. 중앙에는 **수중 극장(Teatro Marittimo**, 둥근 풀장이 있는 현관 지붕), 뒤쪽에는 건물 잔해만 남은 대궁전이 있다. 수중 극장 오른쪽에는 **대욕장 (Grandi Terme)**과 조각상으로 둘러싸인 긴 운하인 **카노포(Canopo)**가 있는데, 이집트 알렉산드리아의 카노푸스(주민들의 행락지)를 본떠 만든 연못이다. 빌라가 상당히 넓어 한 바퀴 돌며 관람하는 데 2시간은 족히 걸린다. 주변 수목이 울창해 산책하기도 좋으니 편히 쉬어 가면서 유적의 잔해를 보면서 2,000년 역사의 퍼즐을 맞춰 보는 즐거움을 가져보자.

- Largo Marguerite Yourcenar
- www.visittivoli.it/it/villa-adriana | www.coop-culture.it/en/products/ticket-for-villa-adriana
- 1/27~9/15 08:15~19:30, 9/16~29 08:15~19:00, 9/30~10/26 08:15~18:30, 10/27~1/26 08:15~17:00
- €12, **무료 입장** 매월 첫 번째 일요일
- 빌라 데스테의 가리발디 광장에서 CAT 4X번 버스를 타고 빌라 아드리아나 정류장에서 하차. 'Villa Adriana' 표지판을 따라 20분 정도 걷는다. 일요일은 버스 배차 간격이 길어 유의 바람. 지도 P.520-A

조각상으로 둘러싸인 긴 운하, 카노포(Canopo)

## 나폴리
### NAPOLI

세계 3대 미항 중 하나인 나폴리는 이탈리아 남부에서 가장 큰 도시이다. 여러 나라의 지배를 받아서인지, 얼핏 보면 황폐화된 것처럼 보이지만 오히려 다양한 건축양식과 예술적 보물들로 가득 차 있는 곳이다. 전형적인 지중해성 기후로 작열하는 태양과 코발트색 바닷가에서 휴양을 즐기기에도 좋은 해변도시이기도 하다. 포도, 올리브, 오렌지, 무화과, 레몬 등 지중해식 농업이 발달해서 이탈리아의 대표 요리인 피자, 스파게티 등의 원조가 된 곳이다.

## 나폴리 가는 법

**기차**

### 로마 테르미니역 → 나폴리 중앙역
FRECCIAROSSA 고속열차 1시간 10분 소요, 예약 필수

이탈리아는 예약비가 비싸므로 유레일 플렉시 패스가 있다면 날짜를 가급적 아끼고 구간권(일찍 예약하면 저렴함)을 구입하는 편이 훨씬 유리하다. FR고속열차로 피렌체에서 3시간, 밀라노에서 4시간 40분 소요되며, 사철로 폼페이에서 30분, 소렌토에서 1시간 소요된다.

### 나폴리 중앙역
플랫폼에서 내려 왼쪽으로 가면 티켓 판매소와 여행 안내소가 있다. 지하로 내려가면 가리발디 사철역(Stazione di Napoli Garibaldi/circumvesuviana)과 메트로 2호선으로 연결된다. 역 밖에서도 광장 지하 계단으로 내려가면 역으로 연결된다. 소렌토나 폼페이로 가려면 이곳에서 사철을 탄다. 플랫폼에서 나와 오른쪽에는 유인 짐 보관소(Ki Point)가 있다.

### 중앙역 여행 안내소
**서비스** 시내 지도 무료, 숙박 예약
 Stazione Centrale
🌐 www.comune.napoli.it / www.infoturismonapoli.com
🕘 09:00~20:00 ◎ 중앙역 플랫폼에 내려 왼쪽 방향으로 가면 있다.

# 나폴리의 시내 교통

나폴리 중앙역에서 시내까지는 걸어서 30분 이상 걸리므로 버스나 메트로를 이용한다. 중앙역과 연결된 메트로를 이용하거나, 역 앞 가리발디 광장 버스정류장에서 시내버스(R2는 카스텔 누오보행, R3는 산타루치아행)를 타고 시내로 간다. 나폴리는 교통 체증과 바가지가 심하다. 가급적 택시는 피하고 지하철로 관광한다. 또한 파업이 잦아 철도 등의 대중교통이 종종 마비되는데, 이 때는 순발력을 발휘하자. 만일 소렌토행 열차가 파업이면 페리를 이용하거나 여행 안내소에 도움을 청한다.

### ◆ 승차권 ◆

승차권은 버스, 메트로, 트램, 케이블카 모두 공통으로 사용한다. 중앙역 내 담배 가게에서 구입.

- www.unicocampania.it | www.anm.it
- 1회권 Biglietto Orario 시내 €1.3, 교외 €1.5, 1회권(90분간 환승) €1.8, 1일권 €4.5(동일 운송회사 버스 무제한 이용), €5.4(여러 운송회사 버스 무제한 이용)

### 유용한 교통카드

**아르테카드 Campania Artecard**
나폴리, 폼페이, 카프리에서 운행하는 버스(SIT, CSTP), 메트로, 기차, 사철, 공항버스 요금이 무료인 교통카드로 3일간(€32) 유효하다. 박물관, 기차역, 여행 안내소에서 구입할 수 있다. 아르테카드 소지자는 캄파니아 박물관(폼페이 포함) 중 처음 2곳은 무료이고 이후는 입장료 50% 할인 혜택이 있으며 줄 서지 않고 입장할 수 있다. 이중 폼페이 입장료가 가장 비싸므로 이곳을 먼저 방문하는 게 유리하다.

- www.campaniartecard.it | 나폴리 3일권 €27(학생 €16), 캄파니아 3일권 €41(학생 €36)

### ◆ 버스 ◆

관광 명소를 운행하는 시내버스(R2는 카스텔 누오보행, R3는 산타루치아행)를 이용하면 편하게 관광할 수 있다. 단, 버스와 트램은 소매치기가 많으니 유의한다.

### ◆ 메트로 ◆

메트로는 타원형을 그리며 운행하는 2호선과 북쪽으로 운행하는 1호선이 있다. 중앙역 지하의 가

나폴리 중앙역 내

리발디역(Garibaldi)에서 메트로 2호선을 타고 카보우르역(Cavour)이나 몬테산토역(Montesanto)에 내리면 주요 관광 명소로 쉽게 갈 수 있다.

**1호선** 중앙역(가리발디역)→두오모역(Duomo, 두오모)→무니치피오역(Municipio-누오보 성, 왕궁, 플레비시토 광장, 움베르토 1세 갈레리아)→단테역(Dante-산타키아라 교회, 스파카 나폴리)→뮤제오역(Museo-국립 고고학 박물관)
**2호선** 중앙역(가리발디역)→카보우르역(PiazzaCavour-국립고고학 박물관)→몬테산토역(Montesanto-산텔모 성, 산마르티노 국립 박물관)
※ 국립고고학 박물관을 가려면 1호선 뮤제오역 또는 2호선 카보우르역에서 하차한다.

> **tip** **나폴리 중앙역의 치안**
>
> 예전에는 역 부근과 광장 주변에 소매치기가 기승을 부렸는데 최근 역사를 새로 지은 후부터 경찰들이 상주해 로마 못지않게 안전하다. 하지만 항상 역 주변에서는 조심해야 한다. 소매치기의 수법 중 하나가 열차가 출발하기 바로 전에 열차 내에서 가방을 잽싸게 빼앗아 달아나는 것이다. 가방은 반드시 좌석 안쪽에 놓는다.

# ◆ 나폴리의 추천 코스 ◆

## [ Start ]

**메트로 Garibaldi역
(중앙역 지하)**

메트로 2호선을 타고
Cavour역에서 내려 연결 통로를
지나 1호선 Museo역 출구로
나온다.

**국립 고고학 박물관**

도보 10분.

**스파카 나폴리**

Dante역에서 메트로 1호선을
타고 Municipio역에서 하차.
도보 3분 소요.

**카스텔 누오보**

성에서 나와 왼쪽 길(Via San
Carlo)로 직진하면 넓은 Piazza
del Plebiscito이 보이고 광장
앞에 왕궁이 있다. 도보 5분 소요.

**왕궁**

플레비시토 광장에서 왕궁을
바라볼 때 오른쪽 거리(Via
Cesario Console)를 따라
직진하다 T자 길에서 우회전해
직진하면 성이 보인다.
도보 13분 소요.

**카스텔 델로보(달걀성)**

## [ Finish! ]

> **오전에 나폴리, 오후에 폼페이 관광도 가능**
>
> 나폴리 관광을 간단히 마치고 폼페이로 간다면, 먼저 나폴리 시내에 있는 국립 고고학 박물관을 오전에 관람하고 오후에 폼페이로 이동한다. 폼페이 유적에 관한 중요 유물은 국립 고고학 박물관에 모두 전시되어 있으니, 폼페이 유적을 이해하는 데 큰 도움이 된다.

카스텔 누오보

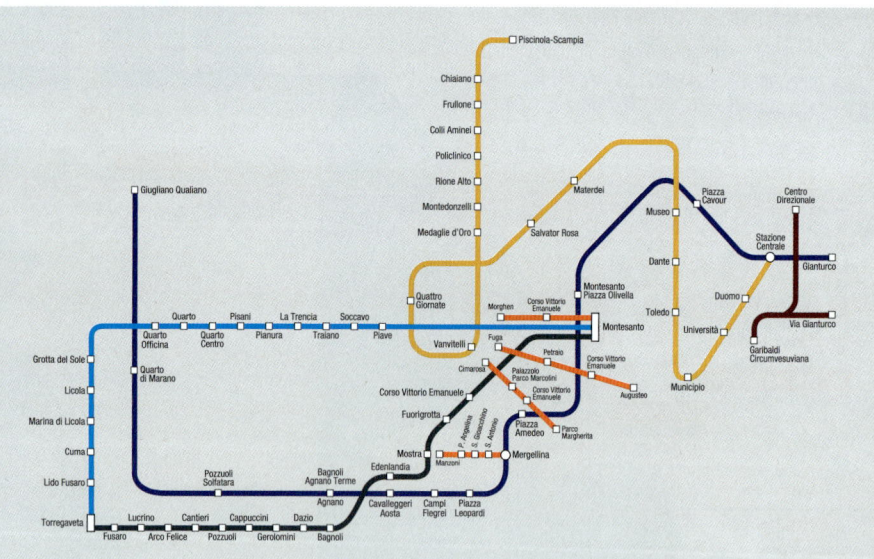

SIGHTSEEING

# 스파카 나폴리 주변

시내 동쪽에 위치한 스파카 나폴리 주변은 가장 서민적인 거리 풍경을 고스란히 보여 준다. 얼핏 보면 거리와 건물들이 지저분하고 시끄럽고 무질서해 보이지만, 미로 같은 좁은 골목들을 깊숙이 들여다보면 살아 숨 쉬는 나폴리의 정겨운 모습이 느껴진다.

잇는 주변 지역을 말한다. 구시가의 심장을 가로지르는 이곳은 미로 같이 비좁은 골목길의 건물 창밖에 세탁물이 주렁주렁 널려 있고, 고서적, 악기, 종교 관련 물건, 목각 등 다양한 일용품을 파는 특이한 상점들과 레스토랑, 바들이 모여 있어 오가는 주민과 여행객들로 늘 시끌벅적하며 활기가 넘친다.

🅐 Via Capiteli, Piazza del Gesu Nuova Via Brnedetto, Via San Biagio del Librai
🚇 메트로 1호선 Dante역 또는 2호선 Cavour역에서 도보 6분  🗺 지도 P.525-A

## 스파카 나폴리
### Spacca Napoli

### 서민들의 거리
나폴리에서 가장 오래된 시가지인 스파카 나폴리는 서민의 향취가 배어 있는 곳으로 가장 나폴리다운 모습을 보여 준다. '나폴리를 반으로 나눈다(Split Napoli)'라는 의미인 스파카 나폴리는 단테 광장(Piazza Dante)과 카리타 광장(Piazza Carita)을

## 국립 고고학 박물관
### Museo Archiologico Nazionale

### 유럽에서 가장 오래되고 중요한 고고학 박물관
세계에서 가장 중요한 고대 로마의 조각품, 청동, 모자이크, 보석 벽화, 유리, 은, 가재도구, 거울 등을 소장하고 있다. 대부분 나폴리 남부 주변에서 발굴된 것들이다. 1777년 개관한 박물관은 초창기에 부르봉 왕가의 샤를 3세가 외가의 파르네제가에서 상속받은 미술품과 폼페이, 에르콜라노에서 출토된 유물들을 전시하고 있다.
1층에는 17세기에 로마에서 주로 발굴된 조각품이 전시되어 있다. 꼭 봐야 할 작품은 높이가 3m나 되는 거대한 〈파르네제의 헤라클레스상(Farnese Hercules)〉과 〈파르네제의 황소(Farnese Bull)〉이다. 모자이크 컬렉션과 폼페이의 에로틱한 벽화 수집품이 있는 '비밀의 방(Gabinetto Segreto)'도 볼만

하다. 2층에는 폼페이와 에르콜라노에서 발굴된 유물들이 있다.

- Piazza Museo, 19
- www.museoarcheologiconapoli.it
- 09:00~19:30 휴무 화요일, 12/25
- €20, 무료 입장 매월 첫 번째 일요일
- 메트로 1호선 Museo역이나 2호선 Cavour역에서 도보 5분. 또는 버스 C57·C24·R4 이용  지도 P.525-A

## 두오모
### Duomo

### 고딕양식의 성당

1294~1323년 고딕양식으로 지은 두오모는 성 나폴리의 후원자였던 성 젠나로를 위해 봉헌한 것이다. 지진으로 크게 부서진 후 여러 차례 복원 작업을 거쳤다. 예배당 안에는 성 젠나로의 혈액을 보존한 유리 용기가 있는데, 이 속에 굳어 있는 혈액이 1년에 3번 액체로 변한다고 해서 '성 젠나로 기적의 날'을 정하고 이를 기념한다. 이 날은 나폴리 시민들이 줄을 지어 이 용기에 입을 맞춘다.

- Via Duomo, 147   08:30~19:30   무료
- 메트로 2호선 Cavour역에서 도보 5분
- 지도 P.525-A

두오모 성당

## 산타 키아라 교회
### Basilica Di Santa Chiara

### 나폴리에서 가장 큰 교회

고딕양식의 교회

나폴리에서 가장 큰 프란체스코 수도회의 교회인 산타 키아라 교회는 앙주가의 로베르토 1세의 아내가 후원해서 1310년에 완성한 고딕양식의 건축물이다. 앙주가의 통치자 여러 명이 이 곳에 묻혔다. 2차 세계대전 때 폭격을 받아 잿더미로 변한 것을 1952년 고딕양식으로 복원했다. 아쉽게도 내부에 소장되어 있던 그림들이 많이 소실되었다. 앙주가의 왕실 무덤 3개(로베르토 1세, 아들 샤를과 며느리)가 남아 있다. 교회 뒤에는 매혹적인 14세기의 수도원이 있는데, 이 건물은 1742년 도메니코 바카로가 리모델링했다. 중앙 정원에 72개의 팔각형 기둥이 있다.

- Via Benedetto Croce/Via Santa Chiara, 49
- www.monasterodisantachiara.it
- 월~토요일 09:30~17:00, 일요일 10:00~14:00 휴무 12/25, 1/1
- €7   메트로 1호선 Dante역에서 도보 5분
- 지도 P.525-A

수도원의 아름다운 팔각 기둥들

## SIGHTSEEING

# 산타루치아 항구 주변

지중해를 끼고 있는 항구 주변에는 고급 호텔과 레스토랑이 밀집해 있다. 나폴리 중앙역에서 왕궁까지 버스로 이동한 다음 왕궁에서 내려 10여 분 걸어가면 곶(바다 쪽으로 튀어나온 육지의 끝)에 위치한 달걀성이 나온다.

## 플레비시토 광장
### Piazza del Plebiscito
★

**반원형 파사드가 특징**

왕궁과 산 프란체스코 디 파올라 교회의 반원형 파사드로 둘러싸여 있는 광장. 19세기 나폴리를 지배한 부르봉 왕가의 페르디난도 1세가 건설했다. 광장 중앙에는 안토니오 카노바가 제작한 샤를 3세 기마상이 있다.

🚍 가리발디 광장에서 R2 버스를 타고 Piazza del Municipio (카스텔 누오보)에서 하차 후 도보 5분. 또는 지하철 1호선 톨레도역에서 도보 10분  📍 지도 P.525-E

## 왕궁
### Palazzo Reale

★

**호화로운 바로크양식 건축물**

17세기 나폴리를 지배했던 스페인 총독의 궁전으로, 건축가 도메니코 폰타나가 호화로운 바로크양식으로 지었다. 18세기에는 부르봉 왕가와 나폴리 국왕들이 건물을 확장해서 궁전으로 사용했고, 19세기에는 프랑스에 의해 왕궁이 많은 변화를 겪었다. 내부에는 왕가의 생활용품과 회화 등이 전시되어 있다.

🏠 Piazza Plebiscito, 1
@ www.palazzorealedinapoli.org/info-visita
🕐 **Historical Apartment** 09:00~20:00
**Gallery** 10:00~17:00
**Romantic Garden** 09:00(11~1월 ~16:30, 2월 ~17:30, 3·10월 ~18:00, 4·9월 ~19:00, 5~8월 ~20:00)
**휴무** 수요일, 1/1, 12/25
💰 Historical Apartment+Time Gallery+임시 전시 €15  🚍 가리발디 광장에서 R2 버스를 타고 Piazza del Municipio (카스텔 누오보)에 하차 후 도보 5분. 또는 지하철 1호선 톨레도역에서 도보 10분  📍 지도 P.525-E

왕궁

플레비시토 광장

## 움베르토 1세 갈레리아
### Galleria Umberto I

**고급 레스토랑과 쇼핑가의 거리**

1890년 움베르토 1세에 의해 세워진 근대적인 아케이드. 밀라노에 있는 비토리오 에마누엘레 2세의 아케이드와 매우 흡사하다. 천장은 통유리로 되어 있는데 이곳을 통해 햇빛이 들어온다. 내부는 쇼핑가로 고급 레스토랑, 의류, 카페 등이 있다.

- 플레비시토 광장에서 도보 1분. 산 카를로 극장 건너편에 위치
- 지도 P.525-E

## 카스텔 누오보
### Castel Nuovo
★

**프랑스 앙주가의 성**

'새로운(Nuovo) 성'을 의미하는 카스텔 누오보는 1282년 프랑스 앙주가의 샤를 1세가 앙주가의 성을 모델로 지은 성이다.

1467년 스페인 아라곤 왕국 알폰소 1세가 앙주 성을 공격한 후 이 성을 전면 개축해 왕궁으로 사용했다. 성 정면에 있는 3개의 탑 중 오른쪽 2개의 탑 중간에 르네상스양식의 개선문을 세웠다. 대리석으로 만든 개선문은 알폰소 1세가 행진하는 부조 장식이 돋보인다. 주위는 해자(성 주위에 둘러 판 못)로 둘러싸여 있고, 내부에 있는 시립 미술관은 프레스코화와 조각품들이 전시되어 있다.

- Piazza del Municipio
- http://www.comune.napoli.it | www.ngressi.comune.napoli.it/castelnuovo/richiesta-spazi
- 월~토요일 08:30~18:30 휴무 일요일
- 성인 €6, **무료 입장** 18세 이하, 65세 이상
- 메트로 1호선 Municipio역에서 도보 5분. 또는 버스 R2·R3·C25를 타고 Piazza del Municipio에서 하차 후 도보 5분
- 지도 P.525-E

카스텔 누오보

## 카스텔 델로보(달걀성)
### Castel dell'Ovo
★

**요새 같은 성에서 보는 전경**

산타루치아 항구의 부두에 세워진 나폴리에서 가장 오래된 성. 5세기까지는 수도승들이 거주했으나, 12세기 노르만 왕국이 증·개축해 이곳에서 생활하였고 1503년 지금의 모습으로 복원했다. 성을 세울 때 기초 부분에 달걀을 묻고 **'이 달걀이 깨질 때 성은 물론 나라의 존망이 위태롭다'**라는 주문을 걸었다는 전설 때문에 달걀성이라 부른다. 1970년 새로 단장된 후 전시회와 콘서트장으로 사용되고 있다. 주변에는 맛있는 해산물 레스토랑들이 있다. **'나폴리를 보고 죽어라(Vedi Napoli e poi muoia)'** 라는 말은 이 성에서 바라본 산타루치아 항구 주변의 전경을 두고 하는 말이다. 성에 올라가면 코발트색 지중해와 저 멀리 베수비오산, 소렌토 반도, 보메로 언덕 사이로 빼곡하게 들어선 가옥들의 모습이 주변과 조화를 이루며 멋진 전경을 선사한다.

※ 현재 리모델링으로 인해 임시 폐쇄 중

● Via Eldorado, 3, 80132 Napoli

● http://www.comune.napoli.it
● 플레비시토 광장에서 도보 13분. 또는 가리발디 광장에서 버스 140·R3 이용. 플레비시토 광장에서 왕궁을 바라볼 때 오른쪽 거리(Via Cesario Console)를 따라 직진한다. 막다른 길에서 우회전해 해안도로를 따라 계속 직진하면 왼쪽에 달걀성이 보인다.
● 지도 P.525-E

카스텔 델로보에서 바라본 산타루치아 항구

카스텔 델로보에서 결혼 사진을 촬영하는 신혼부부

### SIGHTSEEING

# 보메로 주변

도심(스파카 나폴리) 서쪽에 위치한 보메로(Vomero) 언덕에 반드시 들러 나폴리에서 가장 멋진 파노라마 전경을 즐겨보자.

## 산텔모 성
### Castel Sant'Elmo

**나폴리만이 한눈에 들어온다**

앙주가의 로베르토가 통치했던 1329년에 석회암석 위에 세워진 요새인데 형무소로 계속 사용되었다. 티켓을 산 후 엘리베이터를 타고 옥상으로 올라가면 사방이 뚫려 있는 전망대가 나온다. 나폴리만과 베수비오산, 언덕에 세워진 건물들이 어우러져 한 편의 파노라마가 펼쳐진다.

- Via Tito Angelini  www.coopculture.it/en
- 매일 08:30~19:30 휴무 1/1, 12/25
- 성인 €5, 학생 €2.5
- 푸니쿨라(케이블카)를 타고 보메로(종점)역에서 하차 후 도보 10분. 또는 나폴리역에서 나와 오른쪽 앞길에 있는 Piazza Vanvitelli 버스정류장에서 V1 버스를 타고 Largo San Martino에 하차 ● 지도 P.532

## 산 마르티노 수도원 & 산 마르티노 국립 박물관
### Certosa di San Martino / Museo Nazionale di San Martino

**전망 좋은 수도원**

1325년에 건축된 수도원을 개축해 1866년 박물관으로 개관했다. 나폴리 시가지가 한눈에 들어오는 보메로 언덕에 위치해 있어 전망이 아주 좋다.
르네상스양식의 회랑은 조각가 코시모 판차고의 작품이다. 나폴리 왕국의 미술품과 민속의상 등이 전시되어 있다. 특히 프레세피오(Precipio, 18세기의 크리스마스 아기 예수상의 미니어처 인형 컬렉션)는 놓치지 말자.

- Largo San Martino, 5
- www.coopculture.it/en
- 08:30~19:00 휴무 수요일, 12/25
- 성인 €6, 학생 €3
- 산텔모 성의 가는 방법과 동일. 또는 몬테산토(Montesanto)역에서 푸니쿨라를 타고 San Martino역에서 하차 후 도보 10분 ● 지도 P.532

ITALIA

# 나폴리의 맛집

◆ 플레비시토 광장 주변 ◆

## Pizzeria Brandi
마르게리타 왕비가 이곳의 피자를 먹고 난 후부터 '피자 마르게리타'가 생기게 되었다고 해서 유명한 레스토랑. 마리아 칼라스 등 유명인사들이 찾은 전통 있는 곳이다. 예산 €20~.

- Salita S. Anna di Palazzo, 2 @ www.brandi.it
- 12:30~15:30, 19:30~23:30 휴무 월요일
- 플레비시토 광장에서 도보 2분. 광장에서 톨레도 거리로 진입하는 코너에 위치 지도 P.525-E

◆ 가리발디 광장 주변 ◆

## L'Antica Pizzeria da Michele
맛으로 정평난 피자집. 현지인들과 여행객에게 인기가 많아 줄을 설 정도로 붐빈다. 〈먹고 기도하고 사랑하라〉의 촬영지로 유명세를 탔다. 예산 €6~.

- Via Cesare Sersale, 1 @ www.damichele.net
- 11:00~23:00 니콜라 아모레 광장(Piazza Nicola Amore)과 가리발디 광장(Piazza Galibaldi) 사이의 움베르토 1세 거리(Corso Umberto I) 한가운데에 위치
- 지도 P.525-B

## Mimì alla Ferrovia
전통 있는 이탈리아 요리 전문 레스토랑. 버팔로 모차렐라, 바닷가재 리소토, 봉골레 스파게티가 인기 있다. 예산 €25~.

- Via Alfonso D'Aragona, 19
- @ www.mimiallaferrovia.it
- 월~토요일 12:15~15:30, 19:00~23:00 휴무 일요일
- 메트로 Garibaldi에서 도보 3분 지도 P.525-B

◆ 단테 광장 주변 ◆

## Gino e Toto Sorbillo
현지인들이 찾는 피자 가게. 줄 서는 시간이 길므로 테이크아웃으로 주문하면 빨리 나온다. 근처에 이름이 비슷한 피자집(Antonio e Gigi Sorbillo)이 있으니 유의. 로마, 밀라노에 분점이 있다. 예산 €5~.

- Via dei Tribunali, 32, 80138 Napoli
- @ www.sorbillo.it 12:00~23:30 휴무 일요일
- 1호선 단테역에서 도보 5분 지도 P.525-A

🔔 **남부 이탈리아의 분위기는 어떻게 다른가요?**

이탈리아 북부와 남부의 격차는 크다. 이탈리아 남부 하면 '마피아'나 거친 뱃사람이 생각나는 것처럼 남부는 발전이 더딘 편이다. 외모에서도 차이가 나 남부 사람은 북부 사람에 비해 통통한 편이고 머리카락과 눈동자 색이 대체로 검다. 생활방식은 개방적이지만, 정치적인 면에서 보수적이고 독실한 가톨릭 신자이며 가족을 중요시 한다. 북부는 4세기경부터 서로마제국의 번영을 등에 업고 제국의 중심지로 발달했는데 여기에 게르만족이 이동해 와 게르만 문화가 발달했다. 그러나 남부 이탈리아는 그리스, 스페인 등의 영향으로 문화와 경제가 침체됐다. 이 같은 격차를 해소하기 위해 통일 후 정부 차원의 적극적인 지원이 있었지만 개발 자금이 범죄 조직으로 빠져나가는 등 바람직하지 못한 상황만 초래되었다. 관광객으로서는 그리 유쾌하지 못한 경험을 할 수도 있으므로 정보를 얻어 조심스럽게 여행하는 것이 좋다.

산타루치아 항구

## 폼페이
## POMPEI

나폴리에서 남쪽으로 약 20km 떨어진 폼페이는 79년 베수비오산이 폭발하면서 도시 전체가 한순간에 화산재에 묻혀 1,700여 년간 역사 속으로 사라져버린 도시였다. 1748년부터 나폴리 왕 카를로스 3세에 의해 발굴이 시작되면서 잊혀진 도시가 하나둘씩 세상에 드러났지만 아직도 절반밖에 발굴되지 않았다.

아폴로 신전

### 폼페이 가는 법

**기차** 로마 테르미니역 → ES고속열차(1시간 10분 소요) → 나폴리 중앙역 → 나폴리 사철역(Circumvesuviana) → R열차(30~40분 소요) → 폼페이역

로마에서 당일로 폼페이를 다녀오려면 일단 테르미니역에서 FRECCIAROSSA 초고속열차(예약 필수)를 타고 나폴리까지 간 다음, 나폴리 중앙역 지하 1층에서 사철로 갈아타고 폼페이로 간다. 역(입구 옆에 유인 짐 보관소가 있다)에서 나와 오른쪽으로 2분 정도 걸으면 왼쪽에 남쪽 유적지 입구가 나온다.

**여행안내소** 폼페이 유적지 지도를 반드시 챙긴다(무료).
 Piazza Porta Marina Inferiore, 12
 4~9월 월~토요일 08:00~19:00, 10~3월 월~토요일 08:00~15:30
유적지 입구 마리나 문(Porta Marina) 근처

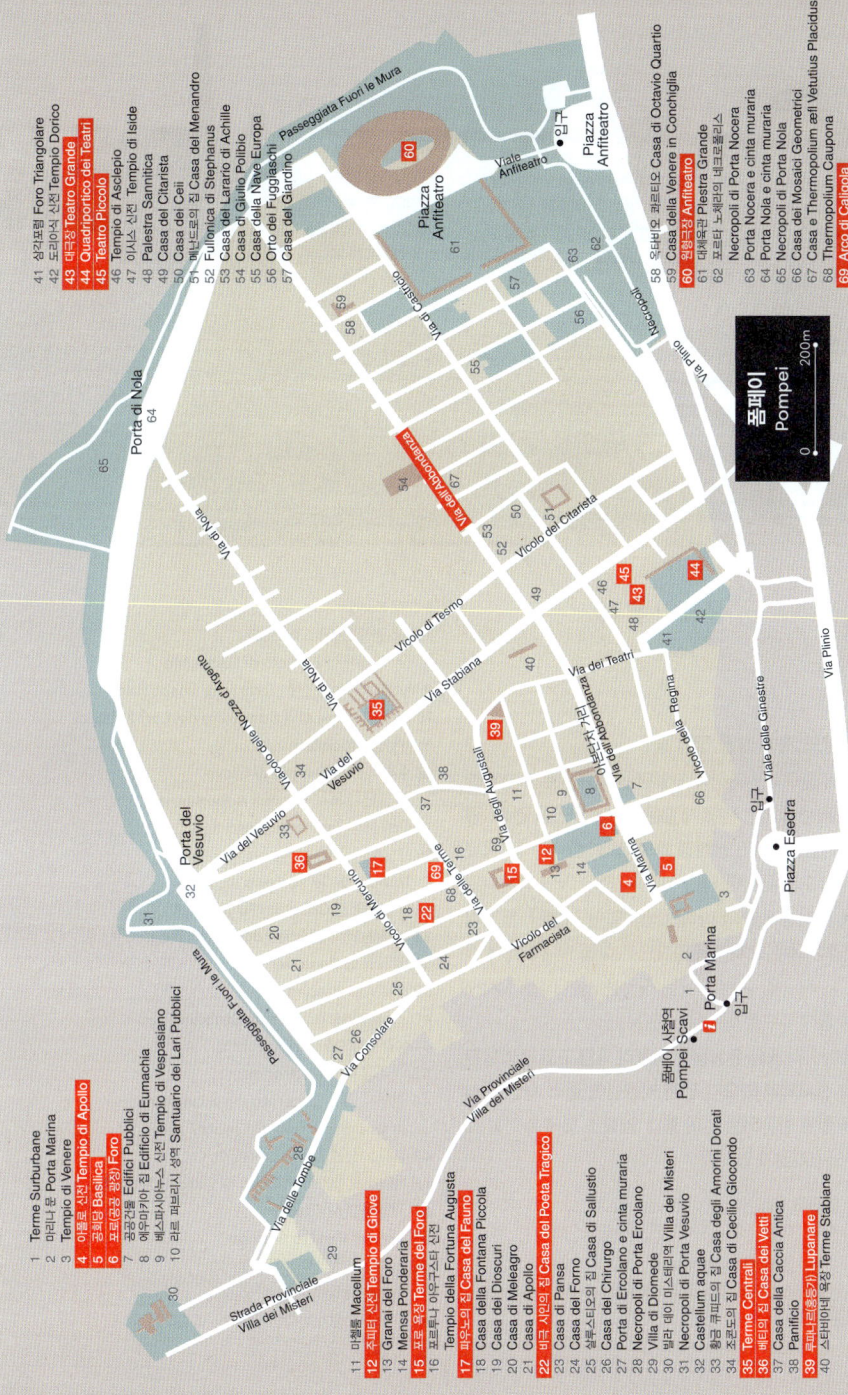

포로, 폼페이의 핵심적인 광장

## 폼페이 유적
### Pompei
★

### 지금도 계속 발굴 작업 중
당시 인구 2만 명이나 되었던 폼페이는 로마 부유층의 피서지(피한지)였기 때문에, 신전, 공공 건물, 광장, 원형경기장, 상점과 호화 별장, 윤락가 등 광대한 규모의 유적이 남아 있다. 유적은 거의 타원형으로 펼쳐져 있으며 바둑판처럼 길이 나뉜다. 폼페이 유적지에는 표지판이 없으므로 여행 안내소에서 반드시 지도를 구한다. 또는 티켓을 사면 티켓과 지도를 함께 주므로 이것을 잘 활용한다.
폼페이의 중요 유물들은 나폴리 국립 고고학 박물관에 전시되어 있으니 먼저 박물관에 들러 사전 지식을 쌓고 방문하는 것이 좋다. 매표소 옆에 수하물 보관소(무료)가 있다.

### 추천 관람 코스
총 4시간 이상 소요(★표시가 된 곳은 중요 명소)
2 마리나 문 Porta Marina
4 아폴로 신전 Tempio di Apollo ★
5 공회당 Basilica

6 포로 Foro ★
7 공공 건물 Edifici Pubblici
8 에우마키아 집 Edificio di Eumachia
9 베스파시아누스 신전 Tempio di Vespasiano
10 라르 퍼브리시 성역 Santuario dei Lari Pubblici
11 마첼룸 Macellum
12 주피터 신전 Tempio di Giove
　　(아본단차 도로 Via dell Abbondanza) ★
15 포로 욕장 Terme del Foro ★
16 포르투나 아우구스타 신전
　　Tempio della Fortuna Augusta
17 파우노의 집 Casa dei Fauno ★
22 비극 시인의 집 Casa del Poeta Tragico ★
36 베티의 집 Casa dei Vetti ★
39 루파나르 Lupanare ★
40 스타비아네 욕장 Terme Stabiane
41 삼각포럼 Foro Triangolare
43 대극장 Teatro Grande ★
44 검투사 막사 Caserma dei Gladiatori ★
　　(= Quadriportico dei Teatri)
47 이시스 신전 Tempio di Iside
58 옥타비오 콰르티오 Casa di Octavio Quartio
60 원형극장 Anfiteatro ★
61 대체육관 Plestra Grande
62 포르타 노체라의 네크로폴리스
　　Necropoli di Porta Nocera
69 칼리굴라 황제의 개선문 Arco di Caligola ★

📍 Scavi di Pompei, Via dei Misteri, 2
@ www.pompeiisites.com | **온라인 예약** www.ticketone.it ⏰ 4~10월 매일 09:00~19:00(17:30 입장 마감), 11~3월 매일 09:00~17:00(15:30 입장 마감)
**휴무** 1/1, 5/1, 12/25
💰 €20, **무료 입장** 첫 번째 일요일, 만 18세 이하
➕ 지도 P.517

### 포로 Foro

직사각형의 광장 주변에 정치, 경제, 종교시설 등 여러 공공 건축물로 둘러싸인 **폼페이의 가장 핵심적인 광장**. 광장의 보행자 전용도로로 마차가 들어오지 못하도록 돌멩이로 막아놓았다.

광장을 중심으로 아폴로 신전, 공회당, 공공 건물, 에우마키아 집(직물을 만들고 경매도 하던 곳), 베스파시아누스 신전(황소를 제물로 바치던 곳), 라르 퍼브리시 성역(신에게 재물을 바치던 곳), 마첼룸(폼페이 식품시장), 주피터 신전이 둘러싸고 있다.

### 아폴로 신전 Tempio di Apollo

48개의 이오니아식 원기둥으로 둘러싸인 대신전으로 바실리카 맞은편에 있다. 중앙에 있는 본전은 40개의 코린트식 원기둥으로 둘러싸여 있다. 동쪽에는 활을 쏘는 아폴로의 청동상, 서쪽에는 아폴로의 누이 다이아나상이 있다. 이곳에 있는 것은 복사품이고 원본은 나폴리 국립 고고학 박물관에 소장되어 있다.

### 주피터 신전 Tempio di Giove

포로 광장 남쪽에 위치한, 주피터, 유노, 미네르바 3신에게 제사를 지내던 신전. 베수비오산을 배경으로 하고 기원전 2세기에 세웠다. 신전 아래쪽은 이오니아식, 위쪽은 코린트식의 2층 원기둥이 있다.

### 아본단차 도로 Via dell Abbondanza

포로 광장에서 사르노 문(Porta di Sarno)까지 연결되어 있는 **폼페이에서 가장 중요한 도로**. 포로 광장, 스타비아네 욕장, 대극장, 이시스 신전, 원형경기장, 대체육관 모두 이 도로를 따라 위치해 있다. 최대 폭은 8.5m이고 군데군데 빗물을 피하기 위해 디딤돌을 세웠다. 주요 상점들(세탁소, 염색가게, 작업장, 대장간 등)은 고객을 유치하려고 간판을 도로변에 걸고 유리창에 선반과 카운터를 배치했다.

### 대극장 Teatro Grande

기원전 2세기에 그리스양식으로 세워진 말발굽 모양의 극장. 건축가 마르쿠스 아토리우스 프리무스가 설계했다. 수직으로 5개의 부채꼴 모양으로 나누어 5,000명의 관객을 수용할 수 있도록 지었다.

대극장

비콜로 토르토의 피스트리눔(빵 제조소). 빵을 제조하기 위해 4개의 맷돌을 사용했다.

> **tip 폼페이 유적 여행 시 준비해야 할 것들**
>
> - **유적지 지도** 티켓을 구입할 때 준다.
> - **모자, 우산, 선크림** 햇빛이나 비를 피할 공간이 없어 꼭 필요하다.
> - **편한 복장과 신발** 울퉁불퉁하고 넓은 도로를 3~4시간 걸어 다녀야 한다.
> - **간단한 음료(생수)와 빵** 매점이 없다.

### 원형극장 Anfiteatro

로마의 콜로세움보다 먼저 세워진 **세계 최초의 원형 경기장**이다. 귀족의 후원을 받아 원형극장에서 사냥과 검투사 경기를 벌였다. 시합을 통해 유명인이 된 검투사는 자유인이 될 수 있었다고 한다.

### 루파나르 Lupanare

폼페이의 유일한 창녀촌 루파나르

관광객들에게 가장 인기 있는 2층 집으로, 창녀들이 기거했던 **폼페이 유일의 매음굴**. 10개의 방이 아래층과 위층에 각각 5개씩 있고, 위층에는 발코니가 있다. 창녀들이 발코니에 서서 손님들에게 손을 흔들며 호객행위를 했다고 한다. 1층 입구에는 자신의 남근을 양손으로 쥐고 무화과나무 옆에 서 있는 프리아푸스의 그림이 있다. 각 방에는 창녀들이 손님과 사랑을 나누었던 돌침대가 있고 벽면에는 성애 장면이 그려져 있다. 당시 칼리쿨라 황제는 매춘에 세금을 부과했다.

### 베티의 집 Casa dei Vetti

부유한 상인 베티우스 등이 1962년 지진이 발생한 후 복원한 건물을 인수했다. 입구에 들어서면 에로틱한 프레스코화가 그려져 있다. 특히 오른쪽에 **프리아푸스(Priapus, 비옥의 신)**가 불운을 피하고 번영을 찾는 상징으로서 자신의 남근과 화폐가 든 자루를 저울에 올려놓고 있는 모습이 눈에 띈다. 큐피드가 와인과 향수를 조합하고 있는 벽화에는 '폼페이의 붉은 빛'이라는 주홍색이 남아 있다.

베티의 집 벽화

### 파우노의 집(목신의 집) Casa dei Fauno

**이탈리아와 헬레니즘의 양식으로 지어진 상류층의 호화 주택**. 폼페이에서 가장 규모가 크고 세련된 집이다. 문지방 위에는 수준 높은 모자이크(알렉산더 대왕과 다리우스의 전투 장면. 현재 국립 고고학 박물관에 보관)가 있다. 현관 로비에는 코린트식 원기둥을 사용한 신전 같은 제단이 있다. 아트리움(안마당)에는 세련된 헬레니즘 작품인 〈춤추는 파우노〉의 청동상이 있다(원본은 국립 고고학 박물관에 보관).

가운데 문이 칼리쿨라 황제의 개선문

### 칼리쿨라 황제의 개선문 Arco di Caligola
비아 디 메르쿠리오(Via de Mercurio) 입구에 세워진 칼리쿨라 황제의 개선문. 이 문을 통과하면 바로 포로(공공 광장)로 연결된다. 단일 통행로였던 이 개선문은 조각난 채 발굴된 황제의 청동기마상을 볼 때 칼리쿨라 황제를 기념하기 위해 세웠을 것으로 짐작된다.

### 포로 욕장 Terme del Foro
스타비아네 욕장을 기초로 해서 지은 욕장. 욕장은 남녀노소 불문하고 만남의 장소로 자유롭게 이용되었다. 남성용, 여성용은 서로 칸막이로 막았고, 더운 물과 증기를 제공해주는 프레퍼늄(Praefurnium)을 사이에 설치했다. 원형의 냉수욕탕은 성인 남자 4명 정도가 들어갈 수 있을 정도로 크며 사우나실 등이 남아 있다. 바닥의 모자이크는 당시의 것이며 입구 근처에는 주점이 있었다.

### 비극 시인의 집 Casa del Poeta Tragico
현관 입구 바닥에는 집을 지키는 개가 사슬에 묶여 있는 모습의 모자이크가 있는데, '개 조심(Cave Canem)'이라는 경고문이 적혀 있다. 중앙 홀로 가는 입구 벽면에는 일리아드의 영웅적이고 신화적인 모습이 그려져 있다.

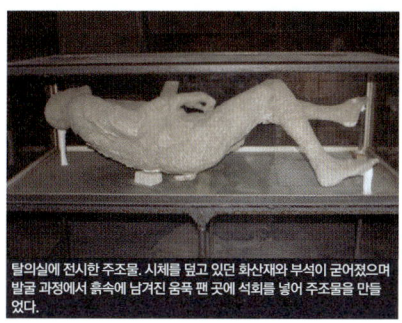

탈의실에 전시한 주조물. 시체를 덮고 있던 화산재와 부석이 굳어졌으며 발굴 과정에서 흙속에 남겨진 움푹 팬 곳에 석회를 넣어 주조물을 만들었다.

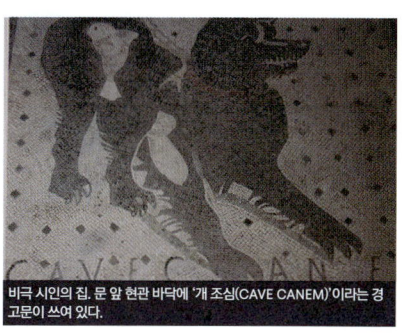

비극 시인의 집. 문 앞 현관 바닥에 '개 조심(CAVE CANEM)'이라는 경고문이 쓰여 있다.

# Costa di Amalfi

## 아말피 해안

아말피 해안은 이탈리아에서 가장 아름다운 나폴리 연안부를 따라 소렌토에서 살레르노까지 이르는 좁은 해안선이다. 중세에는 베네치아, 피사, 제노바와 더불어 4대 해운공화국의 하나로 세력을 떨쳤다. 지금은 그러한 모습을 찾아보기는 힘들지만, 아름다운 해안선을 따라 여유롭고 한적한 마을들이 늘어서 있다. 포지타노와 아말피가 여행객들이 가장 많이 찾는 곳이다.

## HOW TO GO
# 아말피 해안의 각 지역 가는 법

---

◆ 로마 → 소렌토 ◆

**기차로 가기**
나폴리 가리발디 사철역(Circumvesuviana)에서 소렌토행 열차를 타고 이동한다. 유레일패스는 사용 불가. 종종 철도 파업으로 소렌토행 열차가 중단되는 경우가 있다.
그럴 때는 택시(€11)나 버스 151번으로 나폴리 몰로 베베렐로 항구에 가서 페리를 타고 간다.

@ **열차 정보** www.eavsrl.it
**출발 시각표** www.sorrentotourism.com
🚆 소렌토행 06:11~21:41, 나폴리행 06:03~21:39(1시간에 2편) / 1시간 소요 💶 €4.5

**버스로 가기**
소렌토행 버스는 로마 티부르티나역 Marozzi 버스정류장에서 출발한다. 출발 시각표는 수시로 변하니 사전에 홈페이지에서 반드시 확인해야 한다

@ www.marozzivt.it
🚌 월~토요일 1일 2편(비수기 1회)
로마(07:00, 15:00) → 소렌토(10:45, 19:00),
소렌토(06:00, 17:00) → 로마(09:45, 21:00),
로마(07:00) → 아말피(12:00)
💶 편도 €22~

---

◆ 나폴리 → 소렌토 ◆

나폴리 중앙역에서 나폴리 몰로 베베렐로 항구(Porto Napoli Molo Beverello)까지 택시를 이용한다(€11 정도, 승차 전에 택시기사와 요금 협상이 필요). 나폴리 몰로 베베렐로 항구에서 페리에 탑승, 소렌토 마리나 피콜라 항구(Marina Piccola Port)에 내린다. 출발 시각표는 수시로 변하니 사전에 홈페이지에서 반드시 확인한다.

@ www.alilauro.it | www.caremar.it
🚢 1일 5편(09:00, 11:00, 13:00, 15:05, 17:15) / 35분 소요
💶 €16

---

◆ 카프리섬 → 소렌토 ◆

카프리 마리나 그란데 항구(Maria Grande Porta)에서 페리에 탑승, 소렌토 마리나 피콜라 항구에 내린다. 출발 시각표는 수시로 변하니 사전에 홈페이지에서 반드시 확인한다.

🚢 1시간 1~2편, 카프리섬 → 소렌토 07:00~18:45, 소렌토 → 카프리섬 07:15~19:25 / 20분 소요
💶 €16.4~22

---

◆ 소렌토 → 아말피 ◆

소렌토역 앞 SITA 버스정류장에서 아말피로 가는 버스를 이용, 포지타노의 키에사 누오바(Piazza Chiesa Nuova), 스폰다 아말피의 조이아 광장(Piazza F. Gioia)에 하차한다.

@ www.positano.com
🚌 버스 포지타노까지 50분, 아말피까지 90분 소요,
소렌토 → 포지타노 → 아말피(06:30~20:00), 아말피 → 포지타노 → 소렌토(07:10~21:00), 1시간에 1~2편
**페리** 11:00, 13:00, 17:10 아말피 → 소렌토
💶 버스 1일권 €10, 페리 €17.5~20

### ◆ 소렌토 → 포지타노 ◆

소렌토 마리나 피콜라 항구에서 페리를 타고 포지타노까지 갈 수 있다. 수시로 운행 시간이 변경되니 선착장에 도착하자마자 페리 시간을 확인해야 한다.

- 페리 11:00, 13:00, 1640, 17:10 소렌토 → 포지타노
- €18

### ◆ 아말피 → 포지타노 ◆

아말피 선착장에서 페리를 타고 포지타노까지 갈 수 있다. 수시로 운행 시간이 변경되니 선착장에 도착하자마자 페리 시간을 확인해야 한다.

- www.capri.net
- 08:55~16:20 / 20분 소요
- €9~10

### ◆ 나폴리 → 카프리섬 ◆

나폴리 몰로 베베렐로 항구(Porto Napoli Molo Beverello)에서 페리에 탑승, 카프리 마리아 그란데 항구(Maria Grande Porta)에 내린다. 페리는 소요 시간에 따라 완행, 일반, 직행으로 나뉘며, 가격도 각각 다르다.

- 05:35~20:00, 오전 1시간 2편, 오후 1시간 1편 운행
- €16.5~27

휴양지로 인기가 높은 카프리섬

> **tip** 아말피 해안을 당일치기로 여행하기

로마에서 일반 교통편을 이용해 소렌토를 거쳐 아말피 해안까지 당일로 다녀오려면 강행군을 해야 한다. 물론 여행사의 당일 투어에 참여하면 비용은 들지만 전세버스로 이동하니 편히 다녀올 수 있다. 소렌토는 도시 그 자체를 관광하기보다는 주변 아말피 해안과 카프리섬을 가기 위한 기착지로 생각하고 당일 투어와 1박 2일 투어로 나눠 일정을 짠다.

### 로마에서 소렌토로 이동하기
우선 로마에서 소렌토(아말피 해안)까지 당일 투어를 하려면 아침 일찍 서두른다. 로마에 도착하면 바로 나폴리행 왕복 티켓부터 예약하고 당일 고속열차(07:35→08:45/1시간 10분 소요)로 이동한다. 나폴리 중앙역에 도착하면 지하 계단으로 내려가 가리발디 사철역에서 1일권(€12, 사철은 유레일패스 사용 불가)을 끊고 소렌토행 사철을 탄다. 사철을 타면 1시간 후 소렌토에 도착한다(09:09→10:17/09:39→10:47).

### 소렌토에서 포지타노로 이동하기
역에 도착하면 역내 매점에서 아말피행 티켓을 구입한다. 역 앞에 아말피행 버스정류장(SITA)이 있으니, 운행시각표를 확인하고 바로 도보 5~10분 거리의 타소 광장으로 간다. 북쪽 바다쪽으로 직진하면 나오는 광장 주변에서 아담한 소렌토의 분위기를 즐겨보자. 광장을 지나 비토리오 베네토 거리에 있는 빌라 코뮤날레와 비토리아 광장의 전망대에 서면 아름다운 소렌토 항구와 나폴리 연안의 푸른 바다가 파노라마처럼 눈앞에 펼쳐진다. 점심은 간단히 해결하고, 바로 역 앞으로 되돌아가서 아말피행 버스를 타고 포지타노로 향한다(12:30→13:10/13:00→13:50). **오른쪽 좌석(버스 출입문 쪽)에 앉아야** 가는 길에 지중해의 절경을 만끽할 수 있다. 베테랑 운전사가 S자형 해안절벽 사이를 곡예하듯 주행한다. 평소 멀미를 하는 사람은 미리 약을 복용하는 게 좋다.

### 포지타노에서 아말피로 이동하기
포지타노에 도착하면 경사진 길을 따라 내려가면서 절벽 위에 세워진 하얀 집들의 그림같은 풍경을 감상한다. 포지타노는 작은 어촌 마을이니 1~2시간 정도면 대충 훑어볼 수 있다.
포지타노에서 아말피까지 페리를 타고 가면 포지타노 전경을 한눈에 볼 수 있어 좋다. 페리로 20분 정도 가면 아말피 해안이 나온다. 비용을 아끼려면 페리 대신 버스로 이동한다(15:10→16:00). 선착장에 내리면 돌아가는 소렌토행 버스편 시간을 우선 확인해야 한다.
아말피는 제노바 광장 주변에 볼거리가 몰려 있으니 이곳에서 1시간 정도 관광하고 바로 소렌토행 버스(17:30)를 탄다.

### 아말피에서 로마로 돌아가기
아말피에서 소렌토행 버스(17:30)를 놓치면 나폴리에서 로마행 열차가 없으니 유의한다. 소렌토역(19:10)에 도착해 나폴리행 열차(19:26)를 타고 나폴리(20:17)로 간다. 나폴리에서 로마행 열차로 갈아타면 빡빡한 하루 일정이 마무리된다(20:27→22:37/20:33→23:22).

※ 당일 투어는 반드시 일정대로 움직여야 차질없이 다녀올 수 있음을 명심해야 한다. 물론 운행 시각표는 수시로 변하니 일정을 짤 때 소렌토 홈페이지에서 확인해야 한다.

## 소렌토
### Sorrento

**아말피 해안 여행의 시발점**

우리에게도 익숙한 나폴리 민요 '**돌아오라 소렌토**'로 잘 알려진 소렌토는 나폴리만을 바라보는 화산절벽에 위치해 있다. 그러한 지리적 특성으로 인해 파노라마 전경을 즐길 수 있고 연중 따뜻한 기후로 여름에는 세계적인 해수욕장, 겨울에는 피한지로 유명하며 나폴리 연안 여행의 시발점이다.

**여신 시레나(인어)의 유혹**

오디세이 전설에 의하면 소렌토에 살던 **여신 시레나(인어)의** 노랫소리가 너무 아름다워 항해 중 많은 선원들이 넋을 잃고 바다에 빠져 죽었다고 한다. 마침 이곳을 지나던 율리시스는 그녀의 노랫소리가 들리지 않도록 선원 귀에 밀랍을 넣어 막고 자신은 배 돛대에 몸을 묶어 노랫소리를 들었다고 한다.

### 타소 광장 Piazza Tasso

소렌토 출신의 시인 타소의 이름을 따서 조성한 광장. 소렌토의 중심축인 코르소 이탈리아(Corso Italia) 거리 가운데에 위치해 있다. 야자수들이 늘어서 있는 광장은 아담한 카르미네 성당과 카페들로 둘러싸여 있고 한가운데 타소 동상이 서있다. 타소 광장(북쪽 바다를 바라볼 때)에서 오른쪽으로 가면 소렌토역이 나온다. 광장에서 왼쪽 비토리오 베네토 거리로 가면 빌라 코뮤날레(Villa Comunale) 와 **비토리아 광장의 전망대**가 나온다. 절벽 위에 있어 아름다운 소렌토 항구와 나폴리 연안의 푸른 바다가 파노라마처럼 눈앞에 펼쳐진다. 근처 **벨뷰 시레네**(Hotel Bellevue Syrene) **야외 바도 최고의 전망을 선사한다.** 빌라 코뮤날레에서 엘리베이터를 타면 바로 선착장으로 연결된다.

- 소렌토역에서 직진해 Corso Italia 거리가 나오면 왼쪽으로 5분 정도 걸어간다.
- 지도 P.550-A

---

**tip 캄파니아 지방의 시내 교통 승차권**
**우니코 캄파니아 카드 Unico Campania (U5)**

나폴리, 폼페이, 소렌토, 포지타노, 아말피 해안 등 캄파니아 지방에서 공용으로 쓸 수 있는 교통카드. 사철, 나폴리 시내버스, 메트로, 케이블카를 이용할 수 있다. 기차역, 신문가판대, 담배 가게에서 판매한다. 나폴리에서 소렌토 이동 시 종일 사용할 수 있는 1일권을 구입하는 것이 편하다.

- **1회권** €4(180분 유효), **1일권** €12, **주말 1일권** €6.3(토요일, 공휴일 이용)

## 포지타노
Positano

### 아말피 해안의 산토리니 마을
포지타노는 그림엽서나 캘린더에 자주 등장할 정도로 **최상의 포토 스폿을 자랑**하는 인기 마을이다. 자연이 숨 쉬는 곳에 세워진 조화로운 건축물, 레몬 향기가 물씬 풍기며 해안 절벽을 따라 옹기종기 모여 있는 하얀 집들이 장관을 이룬다. 이곳 경치에 매료되어 피카소를 비롯한 유명 예술가들이 피서지로 자주 찾았고, 영화와 소설 무대로도 자주 등장한다.

### 포지타노 여행 팁
**SITA 버스로 이용 시** 고지대에 위치한 키에사 누오바 광장(Piazza Chiesa Nuova, 서쪽 언덕 위치)보다는 **스폰다 버스정류장**(Sponda, 동쪽 언덕 위치)에서 내리는 게 더 편하다. 마을에 계단이 많은 언덕지라 짐을 갖고 이동한다면 중간 지점의 **물리니 광장**(Piazza Mulini, 마을버스 시발점)에서 마을버스(Interno Positano, €1.4)로 이동한다. 물리니 광장은 가장 붐비는 중심 광장으로 카페와 레스토랑, 기념품 숍, 담배 가게(티켓 판매)들이 옹기종기 모여 있어 생기가 넘쳐난다.
**페리로 이용 시** 선착장에 내리면 검은색 자갈이 깔린 **스피아자 그란데 해수욕장**(Spiaggia Grande)이 보인다. 지중해가 에메랄드빛을 내며 자태를 뽐낸다.

### 아말피 해안의 환상적 뷰 ★
**산타 마리아 아순타 성당 앞 테라스**에서 바라본 해안 뷰가 환상적이다. **라 부카 디 바코 포지타노**(La Buca di Bacco Positano, 성당 근처~커피숍). 포지타노의 색다른 풍광을 만끽하고 싶다면, 소렌토에서 포지타노 갈 때(버스 이용), 포지타노에서 아말피로 갈 때(페리 이동).

🌐 www.positano.com  📍 지도 P.550

## 아말피
### Amalfi

**옛 아말피 공화국의 수도**

아말피는 14세기에 제지와 철을 만들었던 고대 공업지대로 이탈리아 전역으로 종이를 수출해 부를 누렸다. 지금은 레몬과 올리브를 재배하고 수려한 자연경관과 따뜻한 기후로 많은 관광객들이 찾는다. 페리나 버스를 이용한다면 선착장 오른쪽에 위치한 **조이아 광장**(plazza Fla vio Gioia)이 여행 시발점이 된다. 근처에 버스(페리) 매표소가 있다. 소렌토로 되돌아간다면 도착 즉시 버스 편 출발 시간(저녁 1시간 1편 운행)을 꼭 확인하고 이동한다. 관광객들로 활기가 넘쳐나는 두오모 광장 중앙에는 포폴로 분수가 있고, 이 도시의 수호성인 안드레아 동상 주변은 아말피의 명물인 **리몬첼로**(레몬으로 만든 술)를 파는 상점과 기념품 숍들이 늘어서 있다. **두오모 대성당**은 11~12세기에 세워진 비잔틴양식의 모자이크로 장식된 호화스런 성당이다. 외관은 물론 내부의 천국의 회랑(Chiostro del Paradiso)과 안드레아 다스테의 천장화도 볼만하다. **포토 스폿은 아말피 해안의 방파제와 해변가 산책로**이다.

@ www.amalfitouristoffice.it
● 지도 P.551

아말피의 명물 리몬첼로

아말피의 두오모

# 카프리섬
## Capri

### 신비로운 바위섬

나폴리에서 남쪽으로 30km 정도 떨어진 곳에 우뚝 솟아 있는 신비로운 바위섬. 매혹적인 꽃향기와 갈매기 울음소리, 고요한 매력을 지닌 신비로운 분위기의 카프리섬은 이곳을 방문하는 모든 사람들을 매료시킨다. 카프리의 어원은 **그리스어 Kapro(멧돼지) 또는 Capreae(염소)**를 뜻한다. 온난한 지중해성 기후의 카프리섬은 코발트빛 지중해의 푸른 보석으로 로마시대부터 황제와 귀족들의 사랑을 받았다. **아우구스투스 황제**가 기원전 29년 처음 발견해 카프리의 매력에 흠뻑 빠졌고, 여러 별장을 지어 자주 이용했다. 19세기에 유럽에서 추방된 죄수들에 의해 유럽에 알려지기 시작했다.

### 푸른 동굴 Grotta Azzura ★

수천 년 동안 바다 침식으로 형성된 바다 속 천연 동굴이다. 1826년 현지 어부의 도움으로 화가 아우구스트 코피시와 에른스트 프라이스에 의해 재발견되면서 유명해졌다. 맑은 날씨로 파도가 잔잔할 때는 햇빛에 반사되어 동굴 속의 바다가 푸른빛을 띠며, 바다 밑이 훤히 보일 정도로 맑다. 날씨가 흐려 파도가 조금이라도 거칠어지면 운항을 중단한다. 가급적 인터넷으로 현지 날씨를 체크하고 맑은 날에 맞춰 일정을 짜야 한다. **방문하기 가장 좋은 시간대는 12~14시 전후이다.**

#### 가는 방법

※ 마리나 그란데 항구 → 모터보트 → 동굴 입구 → 노 젓는 배 → 푸른 동굴

- 마리나 그란데 항구에서 모터보트로 이동하거나, 아나카프리로 이동해서 버스(15분)나 택시(10분)를 타면 푸른 동

굴 입구 선착장이 나온다. 성수기에는 푸른 동굴로 들어가는 데 1시간 정도 기다려야 한다.
* 푸른 동굴행 모터보트는 동굴 입구까지만 간다. 동굴 입구가 너무 좁고 낮아 작은 노 젓는 배로 갈아타야 가까스로 동굴 안으로 들어갈 수 있다. 안으로 들어가면 천장이 높아지고 폭이 넓어지면서 상상할 수 없을 정도로 맑고 푸른 동굴의 진수를 볼 수 있다.

ⓢ 모터보트 €21~, 노 젓는 배 + 동굴 입장료 €18, 팁을 추가로 1인당 €2~5 정도 더 줘야 동굴 안에 머무는 시간이 길어진다. ⓞ 지도 P.551-C

푸른 동굴

### tip 카프리섬의 여행 정보

#### 카프리섬의 시내 교통
선착장에 내리면 오른쪽(비토리아 광장)에 버스정류장이 있다.

ⓢ 소요 시간 카프리~아나카프리 15분 / 카프리~마리아 피콜라 20분 / 마리나 그란데 항구~아나카프리 25분 / 아나카프리~푸른 동굴 20분
ⓢ 시내버스·푸니쿨라 1회권 €2.4
택시 마리나 그란데 항구~카프리 €17(4명), €22(5~6명) / 마리나 그란데 항구~아나카프리 €23(4명), €28(5~6명) / 아나카프리~푸른 동굴 €23(4명), €28(5~6명) / 카프리~푸른 동굴 €35(4명), €40(5~6명)

#### 카프리섬의 추천 코스
카프리섬은 숙박비가 비싸므로 소렌토나 나폴리에 머물면서 당일 코스로 다녀온다. 소렌토에서 아침 일찍 출발해 카프리 마리나 그란데 항구에 도착하면 페리 매표소(방파제 방향)로 가서 돌아가는 편의 출발 시각표를 확인하고 티켓을 미리 끊는다. 그리고 선착장 매표소(선착장 도착한 곳 바로 앞)에서 푸른 동굴 투어 티켓을 끊는다(날씨 사정에 따라 운항이 중단). 섬 일주 투어에 참여하거나, 직접 아나카프리에서 푸른 동굴로 가는 버스편을 이용한다.

카프리섬은 몬테 솔라로산을 경계로 **아나카프리(서쪽)와 카프리(동쪽)**로 나뉘는데, 카페와 레스토랑, 선물가게 등이 밀집되어 있는 카프리가 섬의 **번화가**다.
먼저 아나카프리로 갈 때는 선착장 버스정류장(비토리아 광장)에서 1번 버스를 타고 간다. 카프리섬에서 가장 높은 태양의 산 **몬테 솔라로(Monte Solaro)**까지 리프트를 타고 올라가면, 정상에서 내려다보이는 카프리섬과 나폴리 만의 전경이 아름답다.
카프리로 이동하려면 선착장으로 가서 버스 C번이나 케이블카를 탄다. 전망대에 도착하면 바로 움베르토 1세 광장 초입에 여행 안내소가 있다. 전망대에서 내려다보이는 가파른 절벽과 해안선이 한 폭의 그림처럼 멋있다. 광장 주변에는 기념품 가게, 레스토랑 등이 몰려 있어 관광객들로 늘 붐빈다. 미로 같은 카프리의 좁고 구불구불한 골목길을 헤매는 재미도 쏠쏠하다.

@ 여행 정보 www.capri.net

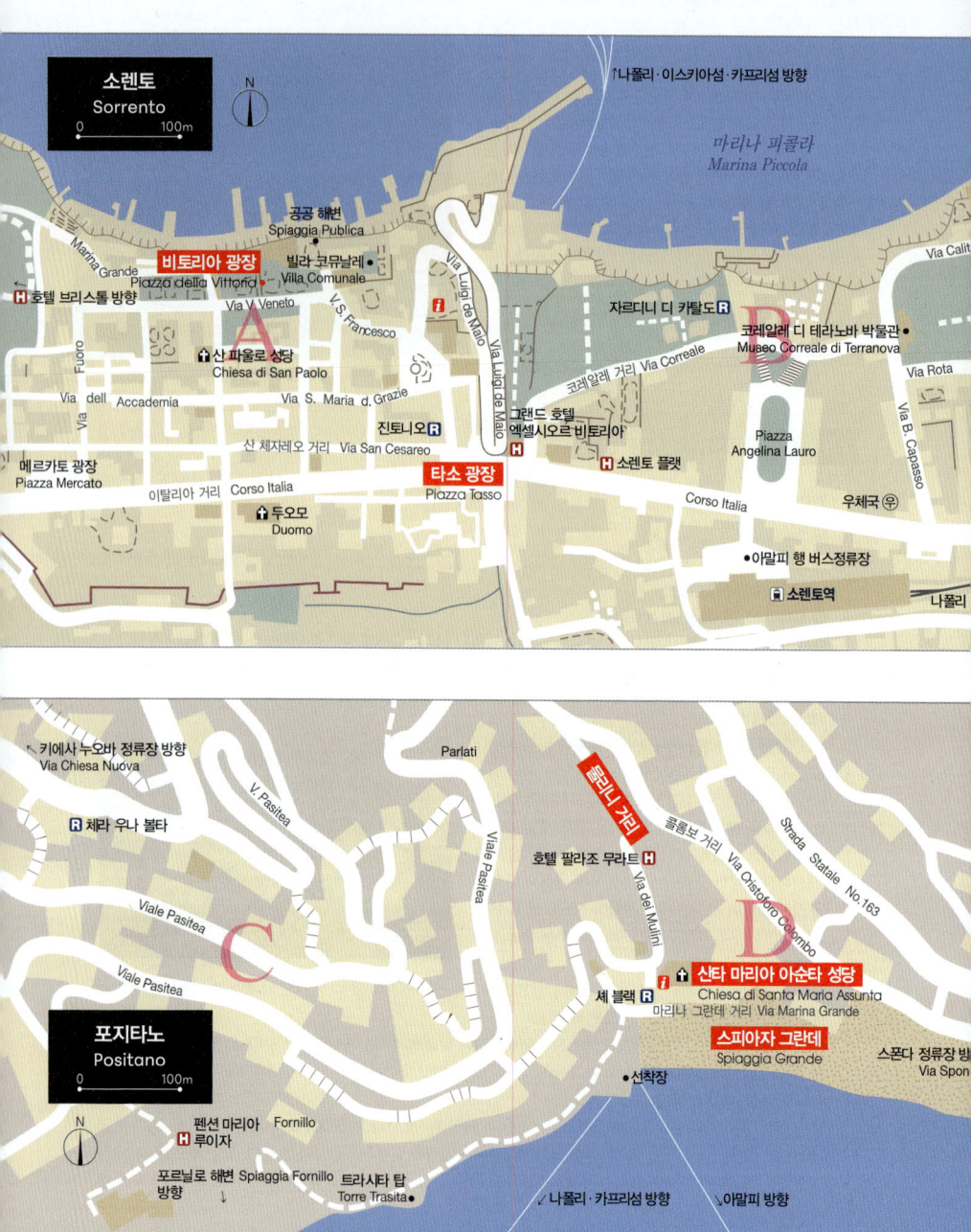

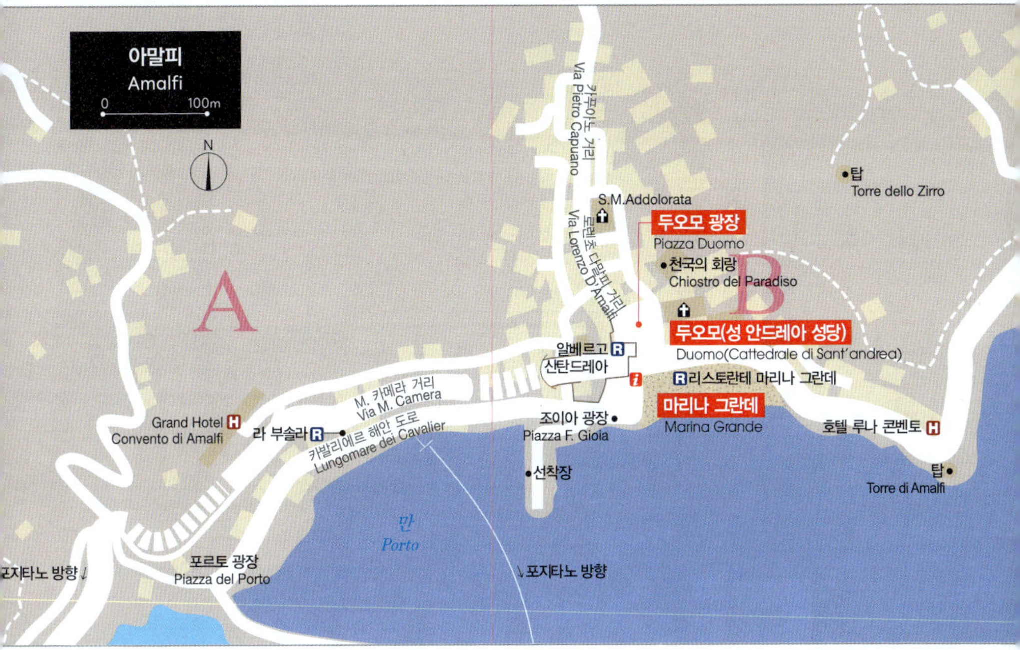

## 아말피 Amalfi

- Torre dello Zirro / 탑
- S.M.Addolorata
- Via Pietro Capuano / 카푸아노 거리
- Via Lorenzo d'Amalfi / 로렌초 다말피 거리
- 두오모 광장 Piazza Duomo
- 천국의 회랑 Chiostro del Paradiso
- 두오모(성 안드레아 성당) Duomo(Cattedrale di Sant'andrea)
- 알베르고 산탄드레아
- 리스토란테 마리나 그란데
- 마리나 그란데 Marina Grande
- M. 카메라 거리 Via M. Camera
- 라 부솔라
- 카발리에르 해안 도로 Lungomare dei Cavalier
- 조이아 광장 Piazza F. Gioia
- 선착장
- Grand Hotel Convento di Amalfi
- 호텔 루나 콘벤토
- 탑 Torre di Amalfi
- 만 Porto
- 포르토 광장 Piazza del Porto
- 포지타노 방향

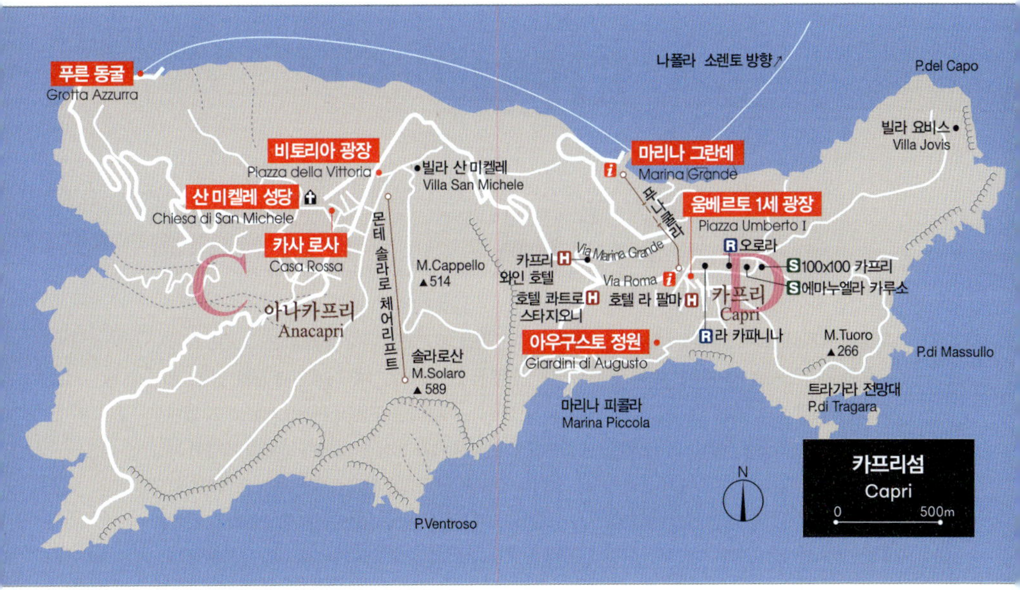

## 카프리섬 Capri

- 푸른 동굴 Grotta Azzurra
- 나폴리·소렌토 방향
- P.del Capo
- 빌라 요비스 Villa Jovis
- 비토리아 광장 Piazza della Vittoria
- 빌라 산 미켈레 Villa San Michele
- 마리나 그란데 Marina Grande
- 푸니쿨라
- 산 미켈레 성당 Chiesa di San Michele
- 움베르토 1세 광장 Piazza Umberto I
- 카사 로사 Casa Rossa
- 몬테 솔라로 체어리프트
- M.Cappello ▲514
- Via Marina Grande
- 카프리 와인 호텔
- 호텔 콰트로 스타지오니
- 호텔 라 팔마
- Via Roma
- 오로라
- 100x100 카프리
- 에마누엘라 카루소
- 아나카프리 Anacapri
- 솔라로산 M.Solaro ▲589
- 아우구스토 정원 Giardini di Augusto
- 라 카파니나
- 카프리 Capri
- M.Tuoro ▲266
- P.di Massullo
- 마리나 피콜라 Marina Piccola
- 트라가라 전망대 P.di Tragara
- P.Ventroso

# Firenze

## 피렌체

피렌체는 기원전 1세기 시저가 퇴역 군인들의 거주 공간을 제공하기 위해 동서남북으로 반듯하게 구획한 격자형 계획 도시이다. 13세기에 토스카나 맹주가 된 피렌체는 14~16세기에 정치, 경제, 문화 등 다방면에서 이탈리아 최강의 도시국가로 번성했다. 아름다운 구릉과 아르노강을 끼고 있는 예술의 도시, 꽃의 도시(Florence)라고 불리는 화려한 피렌체가 번성한 시기는 15세기 메디치 가문의 통치를 받을 때였다. 이때 문화, 예술, 정치의 발전이 최고조에 이르러 피렌체는 르네상스의 발상지가 되었다. 이탈리아에서 매혹적인 도시 중 하나이며 르네상스의 요람이자 미켈란젤로, 단테, 마키아벨리, 레오나르도 다빈치의 고향이고 역사, 예술, 문화유산의 보고이다. 중세의 모습과 르네상스의 유산인 화려한 건축물과 유명한 명작들은 아름다운 자연과 어우러져 피렌체 여행의 볼거리를 제공한다.

# 피렌체 가는 법

### 주요 도시와의 이동 시간
- 로마 → 피렌체  ES초고속열차 1시간 30분
- 밀라노 → 피렌체  S.M.N역
  ES초고속열차 1시간 45분
- 볼로냐 → 피렌체  ES초고속열차 37분
- 나폴리 중앙역 → 피렌체  ES초고속열차 3시간
- 베네치아 → 피렌체  ES초고속열차 2시간 10분
- 뮌헨 → 피렌체  EN야간열차 9시간
- 파리 → 피렌체  EN야간열차 12시간

산타 마리아 노벨라(S.M.N)역

## ◆ 기차로 가기 ◆

이탈리아 내에서는 철도로 이동하는 게 가장 편하다. 피렌체는 밀라노(베네치아)와 로마를 철도로 연결해주고, EU 국가와 이탈리아 각 도시로 오는 대부분의 열차가 정차하는 교통의 요충지다. 전원 분위기가 풍기는 토스카나나 움브리아 지방(피사, 시에나, 아시시, 볼로냐, 라벤나 등)은 피렌체에서 1~2시간 내에 갈 수 있으니 피렌체를 기점삼아 일정을 짠다(예약 불필요). 유레일패스가 없으면 버스편을 이용해도 괜찮다.

### 산타 마리아 노벨라역 Stazione S. Maria Novella

산타 마리아 노벨라(S.M.N)역은 피렌체의 중앙역으로 EU 국가와 이탈리아 각 도시에 오는 대부분의 열차가 정차한다. 그러나 아시시를 비롯한 일부 노선은 캄포 디 마르테(Campo di Marte)역에서도 발착한다. 플랫폼과 대합실 사이에 통유리 문이 있어 티켓 소유자만 플랫폼에 입장할 수 있다. 플랫폼에서 나와 왼쪽 맨끝으로 가면 16번 플랫폼 근처에 유인 보관소(1일 €10 추가)와 여행 안내소(지도 무료), 편의점 등이 있다. 역 밖으로 나가면 길 건너편에 버스정류장이 있다. 플랫폼에서 나와 맨 오른쪽에서 플랫폼 방향으로 들어가면 피사행 열차를 탈 수 있는 1번 플랫폼이 나온다. 화장실은 플랫폼 5번 옆에 있다.

역 출구에서 나와 오른쪽으로 가면 광장(Piazza della Stazione)이 나오고 계속 직진하면 센트로(도심)가 나온다.

## ◆ 버스로 가기 ◆

아시시, 시에나 지방이나 근교 유명 아웃렛 등을 다녀오려면 시외버스(SITA와 Lazzi)를 이용하는 게 편하다. 정류장이 중앙역 근처에 있으나 각 회사마다 위치가 다르므로 여행 안내소에서 확인해둔다.

@ SITA www.sitabus.it | Lazzi www.lazzi.it

산타 마리아 노벨라역 내. 최근 안전을 위해 플랫폼과 대합실 사이를 통유리로 차단한다.

TRANSPORT

# 피렌체의 시내 교통

### ◆ 시내버스 ◆

피렌체는 두오모를 기준으로 도보 30분 범위 안에 있어 걸어서 둘러볼 수 있다. 아르노강 건너편에 위치한 미켈란젤로 광장에 가려면 도보로는 20~30분 소요되니, 시내버스를 이용하는 편이 낫다. 버스 티켓은 역내 Tabacchi(담배 가게)나 버스정류장에서 구입한다.

시내버스에 승차하면 바로 티켓을 개찰기(펀칭기)에 넣어 개찰한다. 이때 찰칵 소리가 나면 개찰이 된 것이다. 목적지에 가까워지면 벨을 누른다.

※ 차내에서는 현금(카드) 결제가 안 되므로, 탑승 전에 티켓을 구매한다.

- www.at-bus.it
- 1회권 €1.7, 카르네(10매) €15.5

### 주요 버스의 노선
- 버스 7번
  - 산 마르코 광장, 산 도메니코, 피에솔레(Fiesole)
- 버스 12, 13번
  - 산타 마리아 노벨라역(SMN), 미켈란젤로 광장

### tip 여행 안내소

**산타 마리아 노벨라 교회 앞 여행 안내소**
**서비스** 여행 정보, 숙박 예약, 시내 지도, 버스 노선도 무료

- Piazza della Stazione 4
- www.feelflorence.it | www.florence.ala.it
- 월~토요일 09:00~19:00, 일요일·공휴일 09:00~17:30 휴무 1/1, 12/25
- 피렌체 S.M.N(산타 마리아 노벨라)역 앞 Piazza della Stazione 건너편에 산타 마리아 노벨라 교회가 있다. 교회 바로 옆에 위치

**카보우르 거리 여행 안내소**
**서비스** 여행 정보, 숙박 예약, 시내 지도, 버스 노선도 무료

- Via Cavour 1
- www.feelflorence.it
- 월~토요일 09:00~19:00, 일요일·공휴일 09:00~14:00 휴무 토·일요일, 공휴일
- 두오모 부근. 두오모에서 북쪽 방향의 마르텔리 거리(Via de' Martelli)를 지나면 카보우르 거리(Via Cavour)가 나온다. 메디치 리카르디 궁전을 지나 바로 왼쪽에 위치

**피렌체 카드**
3일 동안(사용한 시간부터) 대중교통 무료 이용은 물론 피렌체의 72개 박물관과 미술관, 명소 등에 줄 서지 않고 바로 무료 입장할 수 있다. 약간 비싸지만 대기 시간 없이 예정된 일정을 소화할 수 있어 효율적이다. 3일 이상 체류 시 유용.

- **구입처** 여행 안내소, 미술관
- www.firenzecard.it
- €85

미켈란젤로 광장행 버스 13번

버스를 타면 개찰기에 티켓을 터치한다. 현금, 카드 결제가 안 되니 사전에 티켓을 구입한다.

## ◆ 피렌체의 추천 코스 ◆

### [ Start ]

**산타 마리아 노벨라역**
역 앞 광장에서 Grand Hotel Baglioni의 오른쪽 북쪽 길인 Via de Panzani로 직진하면 두오모가 보인다. 도보 10분 소요.

↓

**두오모**
바로.

↓

**산 조반니 세례당(천국의 문)**
두오모 건물 서쪽 가운데와 마주한 골목길 Via Ricasoli로 직진. 도보 5분 소요.

↓

**아카데미아 미술관**
왔던 길로 되돌아와 두오모 정문(천국의 문 정면 앞)을 바라볼 때 오른쪽 길 Via Calzaiuoli로 직진. 도보 10분 소요.

↓

**시뇨리아 광장**
바로.

↓

**베키오 궁전**
바로.

↓

**우피치 미술관**
아르노강을 따라 직진. 도보 2분 소요.

↓

**베키오 다리**
다리 건너 정면 Via de Guicciardini를 따라 직진. 도보 5분 소요.

↓

**피티 궁전**
아름다운 주변 경관을 감상하고 싶다면 버스를 타기보다 아르노강 변을 따라 걸어가는 게 낫다. 도보 30분 소요.

TIP 버스를 이용하려면 피티 궁전에서 나와 베키오 다리를 건너기 전에 우회전해서 Bardi 정류장에서 D버스를 타고 Ferucci에서 12·13번 버스로 갈아탄다.

↓

**미켈란젤로 광장**

TIP 광장에서 역으로 되돌아가려면 12, 13번 버스를 탄다. 역에서 광장에 갈 때는 SMN역 플랫폼 왼쪽 출구(16번 방향)로 나와 12번 버스를 탄다.

### [ Finish! ]

## Q&A

**여행 적기는?**
4~6월, 9~10월, 7·8월은 더우니 가급적 피한다.

**피렌체 방문 시 유의할 점은?**
핵심 명소인 우피치 박물관, 아카데미아 미술관을 방문 시 다음 세 가지를 유의한다. 월요일 피하기(미술관 휴관), 사전 예약 필수, 매달 첫 번째 일요일은 무료 입장(입장료가 꽤 비싸므로 무료 입장일을 기억해 알뜰 공략)
※ 위의 추천 코스는 사전 예약을 했을 경우의 일정표이다.

**시간이 촉박하다면?**
두오모→시뇨리아 광장→우피치 미술관→베키오 다리→미켈란젤로 광장 코스로 만족한다.

**피렌체 최고의 포토 스폿**
두오모 전망대, 조토의 종루, 미켈란젤로 광장, 산 미니아토 알몬테 성당(Abbazia di San Miniato al Monte, 미켈란젤로 광장에서 도보 8분)

**성수기에 우피치 미술관 예약을 못했다면?**
예약을 안 했다면 일정을 수정해 아침 일찍 우피치 미술관으로 가서 대기한다. 대기 시간이 많이 걸리면 아카데미아 미술관은 생략한다.

**로마에서 피렌체에 당일로 다녀올 수 있나?**
로마에서 피렌체까지 고속열차로 1시간 30분 정도 걸리므로 여유 있게 다녀올 수 있다. 그러나 피렌체는 주변 지역에 볼거리가 많으므로 이곳에서 1박하는 게 여러모로 낫다.

**가 볼만한 근교의 아웃렛은?**
피렌체 근교는 아웃렛 천국이다. 아웃렛 쇼핑 투어에 참여하면 편하게 쇼핑할 수 있다.

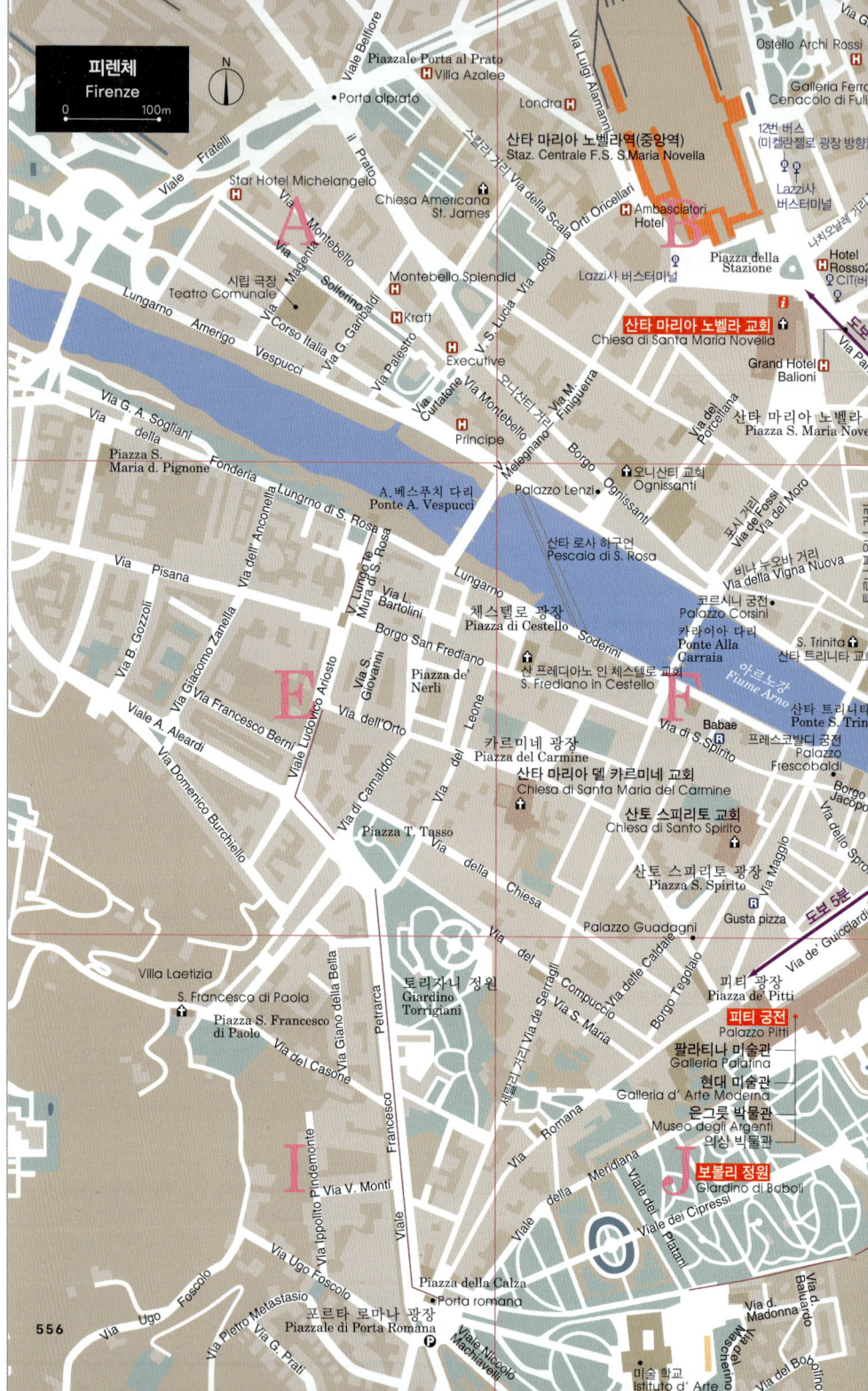

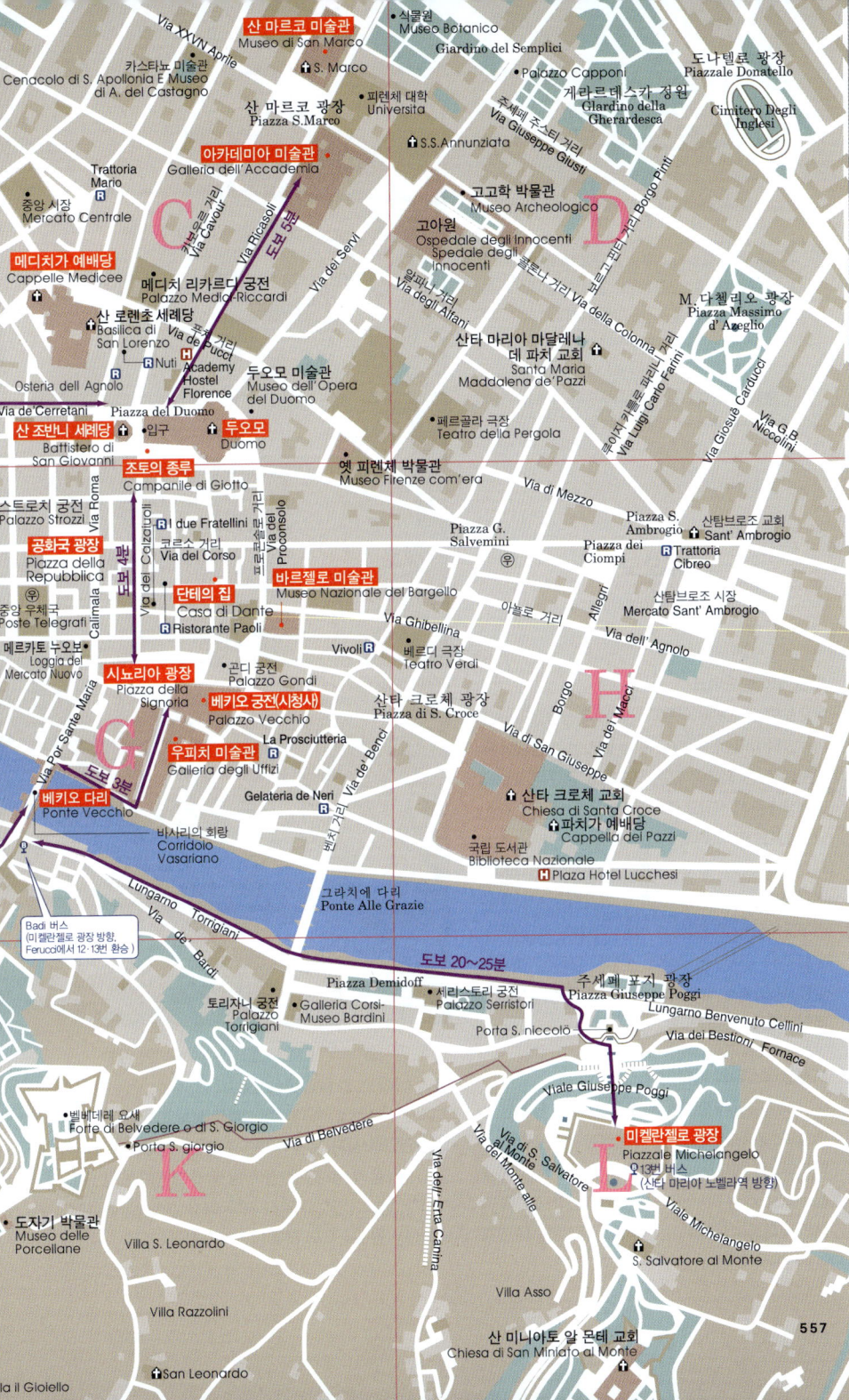

## SIGHTSEEING
# 두오모 주변

피렌체의 중심지로 두오모, 조토의 종루, 산 조반니 세례당 등이 모여 있다. 산 조반니 광장에서 시뇨리아 광장 사이로 뻗어 있는 칼차이우올리 거리와 스트로치 궁전에서 산타 트리니티 광장으로 연결되는 토르나부오니 거리의 쇼핑가는 늘 여행객들로 붐빈다.

## 두오모
### santa maria del fiore
★

**피렌체의 랜드마크**

두오모(Duomo)는 이탈리아어로 대성당을 의미한다. '산타 마리아 델 피오레'라 불리는 피렌체의 두오모는 둥근 지붕이 있는 푸근하고 친근한 모습의 르네상스양식 성당으로 '꽃의 성모 교회'라고도 한다. 아르놀포 디 캄비오에 의해 1296년부터 장장 140년의 세월에 걸쳐 완성되었다. 3만 명이 미사를 볼 수 있는 내부는 기베르티의 화려한 창문과 가티의 모자이크, 도나텔로가 만든 〈마리아 막달레나〉, 우첼로의 시계가 볼만하다. 천장을 장식한 〈최후의 심판〉은 조리조 바사리와 페데리코 주카리가 그린 대작이다.

**브루넬레스키의 불멸의 역작 '돔'**

높이 106m의 두오모의 돔(쿠폴라)은 그 유명한 브루넬레스키가 우여곡절 끝에 완성한 초기 르네상스양식의 걸작이다. 로마 판테온에 영감을 얻어, 지름 43m에 프레임 없이 돔의 무게를 지탱하기 위해 벽체의 두께를 4.3m의 이중벽 구조 팔각형으로 설계했다. 공사를 시작한 지 16년 만인 1436년에 공학적으로 불가능한 돔이 완성되었다.

좁다란 463개의 계단을 따라 **피렌체 최고의 돔 전망대(연인의 성지)**로 올라가면 주황색 지붕으로 뒤덮인 중세품의 시가지 전경이 한 폭의 그림처럼 펼쳐진다. 영화 〈냉정과 열정 사이〉에서 주인공들이 재회하는 장소로 나와 더욱 낭만적인 곳이 되었다.

천장화는 미켈란젤로의 〈최후의 심판〉을 주제로 한 프레스코화

두오모 정면 외관

매표소 두오모 정문을 바라볼 때 오른쪽 뒤편의 노랑 건물
두오모(돔) 입구 두오모 정문을 바라볼 때 왼쪽 뒤편
- Piazza del Duomo
- www.duomo.firenze.it
- 대성당 10:15~15:45, 박물관 08:30~19:00, 돔(쿠폴라) 08:15~18:45, 토요일 08:15~16:30, 공휴일·일요일 12:45~16:30 휴무 월요일(대성당), 1/1, 12/25
- 브루넬레스키 패스(돔+종탑+박물관+세례당+산타 레파라타 지하 예배당), 성인 €30, 학생 €12, 조토 패스(종탑+박물관+세례당+산타 레파라타 지하 예배당), 성인 €20, 학생 €7, 기베르티 패스(박물관+세례당+산타 레파라타 지하 예배당) 성인 €15, 학생 €5, 대성당 무료
- 산타 마리아 노벨라(S.M.N)역에서 도보 10분
- 지도 P.557-C

## 산 조반니 세례당
### Battistero di San Giovanni
★

### 3개의 청동문이 유명

6~7세기에 세워진 산 조반니 세례당은 피렌체에서 가장 오래된 8각형 세례당이다. 피렌체의 수호성인에게 헌납하기 위해 11세기에 리모델링을 했다. 두오모 맞은편에 있는 이 건물은 3개의 청동문으로 유명하다. 특히 로렌초 기베르티의 동쪽 청동문 '**천국의 문**'은 **미켈란젤로가 감탄하여 붙인 이름**이라고 한다. 이 문을 장식할 조각가를 뽑히기 위해, **기베르티(당시 20세)**와 **브루넬레스키**가 치열한 경합을 벌인 이야기는 유명하다. 경합에서 패한 브루넬레스키는 로마에서 수학한 후 결국은 불멸의 작품 두오모의 돔을 완성해냈다. 예수의 생을 묘사한 북쪽 문(1403~1424년) 역시 기베르티의 작품이며, 남쪽 문(1330년)은 성 요한에 대해 조각한 피사노의 것으로 가장 오래됐다.

- Piazza del Duomo
- www.museumflorence.com
- 매일 08:30~19:30(5월 7일부터 매월 첫 번째 일요일 ~14:00) 휴무 부활절, 1/1, 9/8, 12/24·25
- 브루넬레스키 패스 성인 €30 학생 €12, 조토 패스 성인 €20, 학생 €7, 기베르티 패스 성인 €15, 학생 €5
- 산타 마리아 노벨라(S.M.N)역에서 도보 10~15분. 두오모 맞은편에 위치 ● 지도 P.557-C

산 조반니 세례당

미켈란젤로도 감탄한 기베르티의 〈천국의 문〉

## 조토의 종루
### Campanile di Giotto
★

**종루에서 보는 전경이 일품**

1334년 **조토**가 종루를 설계했으나 완성을 보지 못하고 1337년에 사망했다. 이후 그의 제자인 **피사노와 탈렌티**가 원본 설계를 상당 부분 수정해 벽면과 창문을 크게 보강했다. 두오모 바로 앞에 세워진 84m 높이의 종탑은 녹색, 흰색, 분홍색 대리석으로 세련되게 장식되어 있다. 탑 최하단을 장식한 육각형 돋을새김 패널 원본은 두오모 미술관에 소장되어 있다. 동쪽 입구에서 414개의 계단을 올라가면 테라스가 나온다. 이곳에서 피렌체의 빨간 지붕들과 바로 앞에 있는 두오모의 웅장한 모습을 한눈에 볼 수 있다. 거대한 두오모의 돔을 가까이서 보고 싶다면 두오모의 돔보다 조토의 종루로 올라가는 게 낫다.

**입구** 두오모 정문을 바라볼 때 성당 오른쪽 뒤편
📍 Piazza del Duomo, 9
🌐 www.museumflorence.com
🕐 매일 08:15~18:45 휴무 부활절, 1/1, 9/8, 12/25

종루에서 바라본 돔 전망대

💶 브루넬레스키 패스 성인 €30, 학생 €12, **조토 패스** 성인 €20, 학생 €7
🚶 두오모에서 도보 1분
🗺 지도 P.557-C

조토의 종루

## 메디치 리카르디 궁전
### Palazzo Medici Riccardi
★

**피렌체 역사의 증인**

1444년 메디치 가문의 창업자로 불리는 **코시모 메디치**가 미켈로초(Michelozzo)에게 의뢰해 세운 르네상스 건축 양식의 궁전으로 메디치 가문이 저택으로 사용했다. 1659년 **리카르디 가문**이 인수해 메디치 리카르디 궁전이라 불린다. 수세기 동안 굴곡의 변천사를 겪은 궁전은 피렌체 역사를 대변하고 있

메디치 리카르디 궁전

궁전 내부

궁전 내부의 정원

동방박사의 행렬

메디치 가문의 알레고리 천장화

다. 1874년 피렌체시가 구입해 박물관으로 공개하고 있다. 궁전은 중정(ㄷ자, 또는 ㅁ자 형태의 건물 중앙의 마당)이 있는 回자형 구조다. 메디치 문양으로 장식된 프리즈, 코린트식 기둥으로 둘러싸인 회랑과 정원이 있다. 외벽에는 돌 의자를 비롯해 말을 묶는 쇠고리, 횃불 받침대 등이 설치되어 있다.

### 메디치 가문의 위상을 높여주는 주요 작품

메디치 가문의 후원을 받은 작가들이 가문의 위상을 높여주는 그림을 그렸다.

**동방박사의 행렬(Procession of the Magi) 프레스코화**: 15세기 베노초 고촐리(Benozzo Golzzoli)의 작품. 행렬에 메디치 가문의 인물들이 보인다. 중앙에 피에로(부), 옆의 코시모(조부), 로렌초(빨강 모자, 왼쪽)가 있다.

**메디치 가문의 알레고리 천장화(Allegory of the Medici Family), 메디치 가문의 신격화(Apotheosis of the Medici Family)**: 17세기 중엽의 루카 조르다노의 바로크양식의 작품이다.

- Via Camillo Cavour, 3, 50129 Firenze FI
- www.palazzomediciriccardi.it
- 09:00~19:00, 1/1 14:00~19:00
- **휴무** 수요일, 1/1 12/25
- €15, 학생 €10
- 산 로렌초 성당에서 도보 2분
- 지도 P.557-C

산 로렌초 성당

라우렌치아나 도서관

# 산 로렌초 성당
### Basilica di San Lorenzo
★

미켈란젤로가 설계한 메디치 가문의 묘들

### 피렌체 최초의 르네상스양식 성당
메디치가(家)의 건물은 성당과 도서관, 예배당으로 구성되어 있다. 393년에 세웠던 산 로렌초 성당은 1418~1461년에 걸쳐 브루넬레스키가 메디치가를 위해 다시 지었다. 피렌체 최초의 르네상스양식 성당으로 미켈란젤로, 브루넬레스키, 도나텔로 등 르네상스 시대 대가의 작품들이 남아 있다. 본당 회중석에 있는 **직사각형 설교단**은 도나텔로의 마지막 작품이다. 교회 정면 장식은 브루넬리스키의 급작스런 죽음으로 벽돌만 쌓여 있고 미완성으로 남아 있다.

도나텔로의 설교단

### 라우렌치아나 도서관
성당 2층에는 **미켈란젤로**가 설계한 '라우렌치아나 도서관(Biblioteca Laurenziana)'이 있다. 1만 권에 이르는 메디치 가문의 고문서를 보관하기 위해 만들어졌다. 마키아벨리 필사본, 레오나르도 다빈치의 노트 등이 있다.

### 예배당
성당 뒤편의 예배당은 **메디치 가문의 유해 대부분이 안치**되어 있다. 8각형 모양의 군주 예배당은 다양한 색상의 대리석으로 장식되어 있다. 1층은 청동상이 장식된 석관이 줄지어 있고, 벽면에는 16개의 도시 문장이 있다. 유리 상자에는 정교하게 다듬은 유물과 16세기 진주로 치장한 교구관 등의 교회 보물들이 전시되어 있다. 로렌초의 무덤은 〈새벽과 저녁〉 동상으로 장식되어 있고, 맞은편 무덤에는 미켈란젤로의 작품 〈낮과 밤〉과 〈성모 마리아와 어린 예수〉가 있다.

**성당 Basilica di San Lorenzo**
- Piazza San Lorenzo
- www.sanlorenzofirenze.it
- 월~토요일 10:00~17:30(입장~16:30)
- 휴무 일요일, 1/1, 1/6, 8/10 통합권 €9
- 두오모에서 도보 2분. 산 조반니 세례당에서 북쪽 방향 산 로렌초 거리(B.S Lorenzo)를 따라 올라가면 산 로렌초 광장이 나온다. 광장왼쪽 붉은 벽돌색으로 지어진 건물이 산 로렌초 성당이다.

**예배당 Medici Chapels**
- Piazza Madonna degli Aldobrandini, 2
- 08:15~18:50 휴무 화요일, 1/1, 12/25
- 통합권 €9
- 두오모에서 도보 2분. 산 로렌초 성당 옆에 위치. 입구는 산 로렌초 성당 뒤쪽 지도 P.557-C

메디치 예배당

군주의 예배당

### SIGHTSEEING

# 시뇨리아 광장 주변

중세부터 정치의 중심 터전이 되었던 시뇨리아 광장은 르네상스의 화려한 문화가 꽃피었던 곳이다. 베키오 궁전을 비롯한 우피치 미술관과 바르젤로 미술관, 아르노강 변에 보석가게가 몰려 있는 베키오 다리가 있고, 산타 크로체 교회 주변은 서민들의 동네인 피혁제품을 파는 노점상이, 스트로치 궁전 주변은 명품점들이 모여 있다.

첼리니의 <메두사 머리를 든 페르세우스>

잠볼로냐의 <사비니 여인의 강간>

있다. 한때 열병처럼 피렌체를 지배했던 완고한 수도사인 **사보나롤라**가 대중의 열화와 같은 지지 속에 모든 사치품을 태워버린 곳도, 1498년 부패한 군주와 교회를 타도한 죄로 교황에게 파문된 후 화형에 처해진 곳(넵튠 분수 옆 돌바닥에 박혀 있는 둥근 금속에 표시)도 이곳이다. 광장에는 1594년에 **잠볼로냐**가 제작한 **기마상**(피렌체 제1대 왕인 코시모 1세)이 있다. **미켈란젤로의 <다비드상>**(복사본), 암만나티의 <바다의 신 넵튠의 분수> 등도 있다.

## 시뇨리아 광장
### Piazza della Signoria
★

### 시민들의 소통 장소
13~14세기에 세워진, 피렌체에서 가장 오래된 광장으로 시민들의 자유를 위한 공간이다. 각종 정치와 사건의 무대가 되어 역사적으로 중요한 일이 있을 때면 시민들은 광장으로 모여들었다. 피렌체를 대표하는 건물들과 광장 곳곳에 예술 작품들이 산재해

### 광장의 조각 전시회장 '로지아 데이 란치'
베키오 궁전 앞 옆면에 조각회랑(로지아 데이 란치, Loggia dei Lanzi)에는 **첼리니의 <메두사의 머리를 든 페르세우스>(1545), 잠볼로냐의 <사비니 여인의 강간(Rape of the Sabine Women)>(1583), 도나텔로의 <유디트와 홀로페르네스>** 등 쟁쟁한 작품(모조품)들이 있다.

가운데 건물이 베키오 궁전. 오른쪽이 로지아 데이 란치. 1376년부터 시민행사와 집회를 위한 장소였는데, 지금은 여러 작품이 전시되어 있는 조각회랑으로 이용되고 있다.

📍 Piazza delle Signoria
🚶 두오모에서 도보 8분. 두오모에서 남쪽 방향으로 칼차이우올리 거리(Via dei Calzaiuoli)를 따라 곧장 내려오면 넓은 시뇨리아 광장이 나온다. 🗺 지도 P.557-G

## 베키오 궁전
### Palazzo Vecchio
★

### 지금은 시청사로 사용

시뇨리아 광장 옆에 위치한 베키오 궁전은 16세기까지 피렌체 공화국의 정부청사로, 주로 메디치가가 업무를 보았으나 현재는 시청사로 사용되고 있다. 1298년부터 증·개축을 거듭해 16세기에 완공되었다. 우뚝 솟은 종탑은 화재, 홍수, 적의 침입을 알리는 봉화역할을 했다.

### 피렌체 역사가 서린 500인 홀

1층 안뜰은 1453년 미켈로초가 복원한 것이다. 코시모 1세의 아들 결혼을 축하하기 위해 1565년 바사리가 우아하게 장식했다. 2층 **500인 홀(Salone dei Cinquecento)**은 가장 규모가 큰 방으로 만남

의 장소로 사용되었다. 천장의 39장 패널에는 피렌체 역사가 그려져 있다. 벽면에는 코시모 1세가 피사와 시에나 전투에서 승리한 것을 축하하기 위해 그린 **바사리의 유명한 프레스코화**, 가장 유명한 조각상 **미켈란젤로의 〈승리〉** 등이 있다. 그밖에 프란체스코 서재(Studiolo)의 〈코시모의 초상화〉, 〈이카로스의 추락(Fall of Icarus)〉, 백합실의 도나텔로의 청동상 〈유디트와 홀로페르네스〉, 엘레오노라 예배당의 브론치노의 〈모세이야기〉도 놓치지 말자.

〈이카로스의 추락〉

📍 Piazza della Signoria
🌐 https://biglietttimusei.comune.fi.it
| https://cultura.comune.fi.it
🕐 박물관 10~3월 09:00~19:00(목요일 ~14:00), 4~9월 09:00~23:00(목요일 ~14:00) 탑 10~3월 09:00~17:00(목요일 ~14:00), 4~9월 09:00~21:00(목요일 ~14:00)
💶 박물관 €12.5, 탑+흉벽 €12.5
🚶 시뇨리아 광장 옆 🗺 지도 P.557-G

# 우피치 미술관 Galleria degli Uffizi

르네상스 회화를 모아놓은 곳으로는 질적으로나 양적으로나 세계 제일인 미술관. ㄷ자형 건물(우피치=사무실)은 초대 토스카나 대공인 메디치가(家)의 **코시모 1세(1519~1574년)**가 정사를 돌보던 관청이다.

## 메디치 가문 미술품을 기증

미술관의 역사는 **바사리**가 이 건물을 완성한 1560~1574년에 시작되나 미술품이 수집된 것은 15세기 전반부터 피렌체를 다스린 **코시모 데 메디치(1389~1464년)** 시대까지 거슬러 올라간다. 메디치가는 200년 동안 예술가들에게 미술품 제작을 의뢰하고 작품을 수집했다. 코시모 1세 때부터 각지에 분산된 메디치가의 미술품을 모으기 시작했다. 1737년 메디치가의 마지막 후손으로 우피치 궁의 미술품을 물려받은 **안나 마리아 로도비카**가 토스카나 대공국에 기증했고, 그녀의 뜻에 따라 일반에게 공개되었다. 1층에는 고문서류도 있다. 4~16세기 이탈리아 르네상스 화가뿐 아니라 17~18세기 바로크와 로코코의 화가, 독일과 프랑스 르네상스 화가들의 중요한 작품도 포함되어 있다. 1993년 테러리스트가 폭탄을 던져 상당한 피해를 입었으나 그 후 중요한 부분을 개조했다.

🕐 화~일요일 08:15~18:30 휴무 월요일, 1/1, 12/25 💶 성수기 €25, 비수기 €12, 예약비 €4
**First Morning 티켓(2025.1~)** 사전 예약자 08:55 전까지 입장, 현장 구매자 08:45 전까지 구매 후 08:55에 입장
**무료 입장** 18세 이하, 매달 첫 번째 일요일 📍 시뇨리아 광장의 로자데이 린치 옆 ㄷ자 건물 🗺 지도 P.557-G

## 우피치 미술관 공략하기

- 워낙 관람객이 많아 몇십 명 단위로 입장을 허용하니 사전 예약하거나 아침 일찍 간다.
- 월요일은 휴관이니 피렌체 일정에 월요일은 피한다. 매달 첫 번째 일요일은 무료 입장이니 가급적 일요일에 방문한다. 단, 무료 입장도 예약 필수.

### 입장권 예매하기

- 사전 예약으로 입장권 구매 후 이메일 예약 티켓을 출력하거나 스마트폰에 저장해 당일 전용 매표소에서 현장 티켓으로 교환해 입장한다.

📞 전화 예약 +39 055 294883
🌐 인터넷 예약 www.virtualuffizi.com | www.uffizi.it

보티첼리의 〈비너스의 탄생〉

### ◆ 주요 작품 ◆

중요 회화가 3층에 몰려있으니 3층부터 순서대로 관람하고 2층으로 내려간다. 공사와 전시 등으로 위치가 자주 변경되므로 데스크에서 안내도를 받아 이동한다.

- 보티첼리의 〈봄의 향연 (La Primavera)〉
- 보티첼리의 〈비너스의 탄생 (The Birth of Venus)〉
- 레오나르도 다빈치의 〈수태고지 (Annunciation)〉
- 미켈란젤로의 〈성가족 (Holy Family)〉
- 루카스 크라나흐의 〈아담과 이브 (Adam & Eve)〉
- 라파엘로의 〈자화상 (Self-Portrait)〉
- 라파엘로의 〈검은 방울새의 성모〉
- 파르미자니노의 〈목이 긴 성모 (Madonna of the long neck)〉
- 퐁텐블로 학파의 〈두 여인의 목욕 (Two Woman Bathing)〉

루카스 크라나흐의 〈아담과 이브〉

파르미자니노의 〈목이 긴 성모〉

퐁텐블로 학파의 〈두 여인의 목욕〉

라파엘로의 〈자화상〉

티치아노의 〈우르비노의 비너스〉

〈우르노바 공작과 아내〉

카라바조의 〈바쿠스〉

두초의 〈마에스타〉

카라바조의 〈메두사〉

티치아노의 〈플로라〉

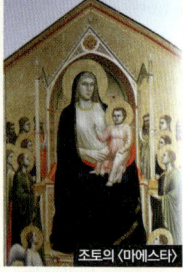
조토의 〈마에스타〉

- 티치아노의 〈플로라 (Flora)〉
- 티치아노의 〈우르미노의 비너스 (Venus of Urbino)〉
- 카라바조의 〈바쿠스 (Bacchus)〉
- 조토의 〈마에스타 (Ognissanti Madonna)〉
- 두초의 〈마에스타 (Rucellai Madonna)〉
- 피에로 델라 프란체스카의 〈우르노바 공작과 아내 (Duke & Duchess of Urbino)〉
- 카라바조의 〈메두사 (Medusa)〉

# 🔔 이탈리아 르네상스의 대표 화가들

## 보티첼리 Sandro Botticelli

매혹적인 이탈리아 르네상스 시대의 화가 보티첼리의 그림은 어디서나 인기를 독차지한다. 그의 본거지는 피렌체이다. 수도사로서 수녀를 아내로 맞아 엄청난 스캔들을 일으켰던 필리포 리피의 영향을 받아 그림에 눈을 떴다.

초기에 미묘하고 감상적인 선을 표현하며 일찍부터 대가로서의 징후를 보였으며 그 후 르네상스의 기운 속에서 안젤로 폴리치아노의 시에 심취해 그린 **〈봄의 향연(프리마베라: 봄)〉은 걸작**으로 평가된다. 한때 엄격한 리얼리즘의 영향을 받기도 했으나 그의 감미로운 성

보티첼리의 〈봄의 향연〉

향은 계속된다. 1481~1482년에는 기를란다요, 페루치노 등과 함께 교황 식스투스 4세의 부름을 받아 바티칸 궁전 시스티나 예배당의 측벽 장식 작업의 총감독을 맡기도 했다. 그의 작품은 일일이 열거할 수 없을 정도로 많으나 우피치 미술관에 소장되어 있는 〈봄의 향연〉과 **〈비너스의 탄생〉이 압권**이다.

## 미켈란젤로 Michelangelo Buonarroti

카프레세 출신의 천재 미술가. 레오나르도 다빈치와 함께 르네상스를 대표하는 인물이다. 기를란다요의 제자가 됐고 조각이 베르톨도에게로 옮겨가 고대 조각을 연구하기도 했다. 이후 1499년경 바티칸의 산 피에트로 대성당(성 베드로 성당)에서 〈피에타〉를 만들었다. 피렌체로 돌아온 그는 〈다비드〉 대리석상을 1504년에 완성하였다. 이 무렵에 그는 성모자를 다룬 2개의 원형 부조와 우피치 미술관에 있는 원형화 〈성가족〉을 제작했다.

미켈란젤로는 로마의 율리우스 2세에게 불려가 그의 기념 묘비를 만들게 됐지만 브라만테가 산 피에트로 대성당 개축에 착수한 이래 율리우스 2세가 냉담해지자 다시 피렌체로 돌아왔다. 1506년 말 미켈란젤로는 로마의 율리우스 2세와 볼로냐에서 화해하고 1508년에는 **시스티나 대성당의 천장화**를 그려달라는 부탁을 받고 1512년에 마침내 완성하였다.

미켈란젤로의 〈성가족〉

그는 〈천지창조〉, 〈인간의 타락〉, 〈노아 이야기〉 등 3장 9화면에 대리석상 같은 인간군상을 그려 넣었다. 메디치가의 예배당에 있는 줄리아노의 조상과 그 각각의 아래 관(棺)에 누워 있는 〈아침〉, 〈저녁〉, 〈낮〉, 〈밤〉의 네 우의상(寓意像) 중 〈저녁〉과 〈낮〉이라는 미완성의 두 남성상과 역시 미완성인 **〈성모자상〉은 르네상스 조각의 걸작**으로 꼽힌다.

우여곡절 끝에 결국 1534년 피렌체와 영원히 결별하고 로마로 옮겨간 그는 그해 새 교황 바오로 3세로부터 시스티나 성당의 안쪽 벽화를 그려달라는 의뢰를 받고 갖은 고생 끝에 6년 후인 1541년 **〈최후의 심판〉**을 완성하였다. 그의 작품에는 이와 같은 고뇌와 사회에 대한 분개, 우울과 신앙이 미적으로 형상화되어 있다. 또한 고집스러운 그의 작품들에서는 만만치 않은 인생의 초인적인 자제력을 느낄 수 있다.

**SIGHTSEEING**

# 아르노강 주변

아르노강 왼쪽 기슭은 피렌체에서 비교적 조용하면서 한적한 곳이지만 생각보다 볼거리가 풍부한 곳이기도 하다. 피티 궁전을 비롯해 팔라티노 미술관과 현대미술관 등 메디치 가문의 회화 컬렉션을 볼 수 있다. 피티 궁전 앞 좁은 골목은 수공예품을 만드는 장인들의 가게와 고가구점이 있어 앤티크를 좋아하는 사람들의 눈요기로 제격이다.

베키오 다리 위에 보석점과 금세공 상점들이 들어서 있다.

## 베키오 다리

**Ponte Vecchio**

### 피렌체에서 가장 오래된 다리

피렌체의 젖줄인 아르노강을 가로지르는, 피렌체에서 가장 오래된 다리다. 단순히 강을 건너는 보행 수단이 아니라 다리 난간에 보석점과 금세공 상점들이 즐비해 있어 삶의 터전과도 같은 다리이다.

이 다리는 1345년에 만들어져 2차 세계대전 때 파괴되지 않은 유일한 다리로, 본래 이곳에는 푸줏간과 가죽 처리장, 대장간 등이 있었다.

1593년에는 이 지역 군주였던 메디치가의 페르디난도 1세가 시끄럽고 냄새난다는 이유로 이들을 몰아내고 대신 금세공업자들을 불러들였다. 장인들이 만드는 **유색 보석**이나 **세련된 금세공품**은 여행자들이 가장 좋아하는 쇼핑 품목이다.

- 우피치 미술관에서 도보 2분
- 지도 P.557-G

미켈란젤로 광장에서 본 피렌체 전경. 가장 전면에 있는 다리가 베키오 다리.

# 피티 궁전
## Palazzo Pitti
★

### 중후함에 압도된다
붉은색 석조 건물인 피티 궁전은 1457년 대상인 루카 피티가 **브루넬레스키**에게 부탁해 건설한 르네상스양식 궁전으로, 피렌체에서 규모가 가장 크고 호화롭다. 메디치가의 라이벌인 피티가(家)가 몰락한 후에는 1550년 코스모 1세 메디치가 구입해 그들의 주궁으로 사용했다. 1549년 이후 증·개축해 지금의 모습이 되었다. 궁전 입장권에는 **팔라티나 미술관, 황실 아파트먼트**를 비롯해, **은 박물관**(Museo degli Argenti, 메디치 가문이 소장한 은그릇, 상아세공, 귀금속 등이 전시), **현대미술관**(Galleria d'Arte Moderna, 18~20세기 초의 토스카나주의 회화 작품이 전시), **도자기 박물관**(Museo delle Porcellane, 프랑스와 독일의 도자기가 전시), **의상 박물관**(Galleriadel Costume, 18~20세기의 역사적인 의상들이 전시)이 포함되어있다.

### 팔라티나 미술관
2층의 팔라티나 미술관(Galleria Palatina)은 12개의 방을 미술관으로 개조해 르네상스부터 바로크 시대까지의 작품을 전시하고 있다. **라파엘로의 〈대공의 성모〉, 〈의자에 앉은 성모〉, 〈베일을 쓴 여인〉, 필리포 리피의 〈성모자〉, 티치아노의 〈아름다운 여자〉, 〈어느 귀인의 초상〉, 〈회개하는 막달라〉** 외에도 루벤스 등의 작품으로 가득 차 있어, 우피치 미술관에 버금간다.

### 황실 아파트먼트
황실 아파트먼트(The Apartments)는 궁전 남쪽 건물에 위치한 1층에 14개실을 갖고 있다. 메디치, 합스부르크-로렌 및 사보이 왕가 컬렉션 작품으로 호화롭게 장식되어 있고, 변하는 왕조 흔적을 담고 있다. 왕의 서재, 침실, 여왕 살롱, 앵무새 홀 등에는 준보석 상감, 콘솔, 거울, 가구, 벽에 실크 태피스트리로 장식되어 있다. ※ 현재 보수 중이다.

### 보볼리 정원
르네상스풍의 보볼리 정원(Giardino di Boboli)은 코스모 1세가 아내를 위해 조성한 곳으로 여러 조각상들, 부온탈렌티 동굴, 분수 등이 조화를 이루어 산책하기 좋다.

- Piazza Pitti @ www.uffizi.it/en/pitti-palace
- 화~일요일 08:15~18:30 휴무 월요일, 1/1, 12/25
- 싱글 티켓(팔라티나 미술관+현대미술관+의상 박물관+그랜드 대공의 보물실) €16, 싱글 티켓+보볼리 €22, 예약비 €3, **무료 입장** 18세 미만, 매월 첫째 일요일
- 베키오 다리에서 도보 3분. 베키오 다리를 건너 구이차르디니 거리(Via Guicciardini)로 직진하면 바로 나온다.
- 지도 P.556-J

라파엘로의 〈베일을 쓴 여인〉

라파엘로의 〈의자 위의 성모〉

티치아노의 〈회개하는 막달라〉

## SIGHTSEEING
# 산 마르코 광장 주변

산 마르코 광장은 두오모 주변의 도심에서 약간 떨어진 외곽에 위치해 있다. 이곳에는 미켈란젤로의 불후의 명작 〈다비드상〉을 볼 수 있는 아카데미아 미술관과 프라 안젤리코의 걸작 〈수태고지〉를 비롯한 여러 프레스코화가 전시되어 있는 산 마르코 미술관이 있다.

## 아카데미아 미술관
### Galleria dell'Accademia
★

### 미켈란젤로의 〈다비드상〉을 소장

세계에서 가장 유명한 조각상이자 미켈란젤로의 최고의 걸작인 〈다비드상〉 원본을 소장한 미술관. 원래는 미술학도들에게 피렌체 회화와 조각을 체계적으로 공부시키기 위해 1784년에 설립한 미술학교였다. 입구에 들어서면 가장 먼저 **잠볼로냐의 〈사비니 여인의 강간〉(원본)**이 자태를 뽐내고 있다. 〈다비드상〉 다음으로 인기 있는 작품이다. 미켈란젤로는 1501년 피렌체의 요청으로 '공화국의 자유정신'을 표현하는 5m의 거대한 대리석 조각상을 제작하기 시작했다. 1504년 29세의 젊은 나이에 완성해 낸 〈다비드상〉은 공화국 자유를 상징함과 동시에, 그에게 최고의 조각가라는 명성을 얻게 해준 작품이다. 〈다비드상〉이 있는 홀로 통하는 좁고 기다란 복도 양쪽에는 교황 율리우스 2세의 묘비를 장식하기 위해 제작한 미켈란젤로의 미완성품 〈수염이 있는 노예〉, 〈잠에서 깬 노예〉, 〈젊은 노예〉, 〈아틀라스 노예〉의 4점의 노예상이 전시되어 있고, 필리포 리피, 페루지노, 보티첼리, 기를란다요의 작품 등도 볼 수 있다.

### 사전 예약과 월요일 휴관

피렌체에서 우피치 미술관과 더불어 관람객이 가장 많이 찾는 곳이라 늘 붐빈다. 대기 시간을 줄이기 위해 **사전 예약**을 해둔다. **월요일은 휴관**이니 유의한다.

※ 미켈란젤로의 3대 걸작 조각품 〈다비드상〉(아카데미아 미술관: 피렌체), 〈피에타〉(산 피에트로 대성당: 로마), 〈모세상〉(산 피에트로 인 빈콜리 교회: 로마)
📍 Via Ricasoli, 60
🌐 www.galleriaaccademiafirenze.it
🕐 08:15~18:50
※ 6~10월 화요일~22:00, 목요일~21:00, 유동적이니 홈페이지 확인 요망 **휴무** 월요일, 1/1, 12/25
💶 €16, 예약비 €4  🚶 산 마르코 광장에서 도보 1분. 두오모에서 도보 7분. 두오모에서 북쪽 방향으로 리카솔리 거리(Via Ricasoli)를 따라 직진하다가 2블록 지나면 오른쪽에 있다. 🗺 지도 P.557-C

미켈란젤로의 〈다비드상〉

미켈란젤로의 〈노예상〉

## 산 마르코 미술관
### Museo di San Marco

14세기 코시모 1세의 명을 받고 건축가 미켈로초가 옛 건물을 확장시켜 도미니크회 수도원으로 사용했다. 수도사 프라 안젤리코는 1436~1447년에 수도원에서 수도하면서 뛰어난 그림 솜씨를 발휘해 천사 그림에 있어서는 그를 따라올 자가 없을 정도로 실력을 인정받았다. 1869년 이곳을 미술관으로 개조한 다음 피렌체의 다른 미술관에 소장되었던 그의 그림을 옮겨왔다. 회랑을 지나 계단으로 올라가면 **안젤리코의 걸작 〈수태고지〉**가 있다. 수도사들이 거주했던 44개의 작은 독방 벽에도 안젤리코의 작은 프레스코화가 걸려 있는데 3번과 5번 방에 주요 프레스코화가 전시되어 있다. 안쪽에는 1491년 전제군주와 교회의 부패를 규탄했던 수도원장 사보나롤라의 방이 있다.

- Via San Marco, 1
- 화~일요일 08:30~13:50 **휴무** 월요일
- €11(예약비 별도 €3)
- 산 마르코 광장에서 도보 1분, 두오모에서 도보 10분. 두오모에서 북쪽 방향으로 리카솔리 거리(Via Ricasoli)를 따라 직진하다가 3블록 지나면 산 마르코 광장이 나온다. 광장 바로 앞에 있다.
- 지도 P.557-C

### 🔔 〈다비드상〉이 사랑받는 이유

꽃의 도시 피렌체는 작은 도시국가였지만 르네상스가 처음 시작된 곳이다. 당시 피렌체는 강력하고도 거대한 적들로 둘러싸여 있었다. 이들은 자신을 상징하면서 단합의 모티프가 될 수 있는 상징물을 원했을 것이다. 그게 〈다비드상〉이었으니 이들은 열광했고, 〈다비드상〉을 사랑했다.

다비드는 구약성경에 나오는 소년으로 적군의 거인 장수 골리앗을 돌팔매로 쓰러뜨리고 승리한 후에 왕이 된다. 피렌체의 영주 메디치의 뒤를 이은 종교적 압제자 사보나롤라를 몰아낸 피렌체 시민들에게, **다비드는 힘과 분노의 재현을 상징했다.**

이전에 제작된 베로키오와 도나텔로의 〈다비드상〉이 보통 골리앗의 머리를 발밑에 두고 손에 칼을 쥔 승리를 만끽하는 젊은이의 모습이었다면, 미켈란젤로의 〈다비드상〉은 싸움 전의 팽팽한 긴장을 유지하고 있는 모습이다. 원래 〈다비드상〉 진품은 시뇨리아 광장에 있었지만 훼손이 너무 심해 1837년부터 아카데미아 미술관으로 옮겨 보존하고 있다.

## 바르젤로 미술관
### Museo Nazionale del Bargello

- Piazza del Proconsolo, 4
- www.firenzemusei.it
- 08:15~13:50, 월·토·일요일 08:15~18:50
- 휴무 화요일, 1/1, 12/25, 일요일(2·4주 째)
- 성인 €10, 학생 €2, 예약비 €3
- 시뇨리아 광장에서 도보 3분. 시뇨리아 광장과 베키오 궁전 샛길(V.d.Ninna)로 가다 첫 번째 블록에서 좌회전해 2번째 블록을 지나면 오른쪽에 있다.
- 지도 P.557-G

### 거장들의 귀중한 조각 작품

바르젤로 미술관

이곳은 1255년에 세워진 후 16세기에 경찰청과 감옥으로 사용되다가 1865년에 단테 탄생 600년을 기념해 미술관으로 오픈해 일반에게 공개했다. 르네상스 시대 피렌체의 미술을 알고 싶으면 우피치와 피티 미술관, 그리고 바르젤로 미술관을 둘러봐야 한다는 말이 있을 정도로 유명한 곳이다. 미켈란젤로의 대리석 조각 작품인 〈술 취한 바쿠스〉, 도나텔로의 〈다비드상〉과 첼리니의 작품 등이 있다.

### 주요 작품들

1층 안뜰은 1786년까지 사형을 집행하던 곳이다. 건물 안에는 미켈란젤로의 〈술 취한 바쿠스〉, 〈피티 톤도〉(어린 요한과 함께 있는 마돈나와 아이), 벤베누토 첼리니의 〈나르시스〉, 〈페르세우스 청동상〉이 있다. 2층에는 피렌체의 상징인 도나텔로의 〈다비드상〉, 두초의 〈마돈나와 천사와 함께 있는 아이〉가 있다.

## 미켈란젤로 광장
### Piazzale Michelangelo

### 피렌체 중심부를 한눈에 본다

미켈란젤로 광장의 〈다비드상〉

피티 궁전 쪽 베키오 다리를 건너 왼쪽 아르노강을 따라 조금 내려가다 언덕을 따라 올라가면 나온다. 광장 중앙에는 거대한 조각상 〈다비드상〉(복제품)이 서 있고, 광장 난간에 서면 피렌체 시가지가 파노라마처럼 펼쳐진다. 피렌체 전경이 담긴 엽서들은 대부분 미켈란젤로 광장의 언덕에서 내려다본 풍경이다. 황혼녘에는 무척 근사한 풍경을 볼 수 있다.

도나텔로의 〈다비드상〉

미켈란젤로의 〈술 취한 바쿠스〉

미켈란젤로 광장 언덕에서 본 피렌체 전경

○ Piazzale Michelangelo
② 베키오 다리에서 도보 20분. 산타 마리아 노벨라(S.M.N) 역에서는 12·13번 버스를 탄다. ③ 지도 P.539-L

## 산타 마리아 노벨라 교회
### Chiesa di Santa Maria Novella
★

### 기하학적 문양의 대리석 파사드
14세기에 세워진 로마네스크와 고딕양식이 혼합된 아름다운 건축물로, 고리대금업자 스트로치 가문이 구원을 받기 위해 세운 성당이다. 스테인드글라스와 기하학적 문양이 있는 흰색과 흑색 대리석 파사드가 가장 눈에 띈다. 줄무늬로 장식한 둥근 천장의 고상한 인테리어는 차분하고 정돈된 느낌이 든다.

### 최초의 원근법이 적용된 프레스코화
가장 유명한 프레스코화는 **최초의 원근법이 적용된 마사초의 〈삼위일체(Trinita)〉**와 기를란다요의 〈마리아와 성 요한의 생애〉이다. 옆의 필리포 스트로치 예배당(Fillipo Strozzi Chapel)에는 성 요한과 성 필립의 생애를 묘사하는 필리피노 리피의 프레스코화가 그려져 있다.

마사초의 〈삼위일체〉

○ Piazza Santa Maria Novella
@ www.chiesasantamarianovella.it/en | www.smn.it/it/visita
⊙ 월~목요일 09:00~17:30, 금요일 11:00~17:30, 토요일 09:00~17:00, 일요일 13:00~17:00 **휴무** 1/1, 1/6, 8/15, 11/1, 12/8, 12/25, 부활절
€ 교회 성인 €7.5, 학생 €5
② 산타 마리아 노벨라(S.M.N)역에 나오면 바로. 역 광장(Piazza della Stazione) 남쪽에 위치
③ 지도 P.556-B

산타 마리아 노벨라

# 피렌체의 쇼핑

피렌체는 밀라노와 더불어 쇼핑의 천국이다. **피렌체의 명품 거리인 토르나부오니 거리(Via de Tornabuoni)**는 구찌와 페라가모 본점이 있다. 고급 브랜드 쇼핑의 경우 바겐세일을 하는 7월이 적기인데, 겨울 용품 바겐세일 기간인 1월도 좋다. 특히 근교에 명품 브랜드 아웃렛이 많아 관광객들이 많이 찾는다.
이탈리아의 명품 브랜드로는 프라다(Prada), 구찌(Gucci), 아르마니(Armani), 미소니(Missoni), 베르사체(Versace), 페라가모(Ferragamo) 등이 있다. 피렌체는 특히 피혁제품과 금은 세공품이 유명하다.

### 인기있는 쇼핑 품목
- 의류, 액세서리, 넥타이, 스카프 등 실크제품
- 구두, 가방, 장갑 등 가죽제품
- 반지와 목걸이 등 수공예품
- 주방용품과 식탁보, 냅킨 등 자수제품

### ◆ 아웃렛 매장 ◆

피렌체 근교에 위치한 아웃렛에서 고급 브랜드 제품을 저렴하게 살 수 있다.

### The Mall
구찌, 아르마니, 이브생로랑, 페라가모, 펜디, 버버리 등 명품 브랜드가 모여 있는 복합 아웃렛. 일반 매장보다 40~50% 할인 판매된다. 오후보다는 오전에 가야 여러 가지 브랜드를 편하게 고를 수 있다. 계절에 따라 제품의 종류와 품목에 차이가 있다.

📍 Via Europe 8  🌐 www.themall.it
🕐 매일 10:00~19:00 휴무 1/1, 부활절, 5/1, 12/25·26
🚌 셔틀버스가 피렌체 주요 호텔을 매일 운행한다(전화 예약). 또는 S.M.N역 근처 SITA 버스정류장(Via Santa Caterina da Siena 17)에서 아웃렛까지 매일 운행한다. Leccio행 버스를 타고 30분 소요(편도 €8, 왕복 €15).

### Prada Space Outlet
프라다 공장 옆에 자리한 직영 아웃렛. 피렌체 시 외곽 몬테바르키에 자리하고 있다. 대중교통으로 찾아가기 힘든 위치지만 저렴한 가격(30~50%) 때문에 많은 관광객들이 찾는다. 가죽제품(지갑, 가방)과 선글라스, 신발, 모자 등 다양한 패션 잡화와 의류를 취급하고 있다. 아침 일찍 가야 좋은 제품을 구입할 수 있다. 입구에서 번호표를 뽑고 매장에 들어가 원하는 물품을 점원에게 주문하면 점원이 번호표를 적어 카운터에 그 물품을 보관해둔다. 나올 때 계산대에 번호표를 제시하고 계산하면 주문한 물품을 준다.

📍 Levanella Montevarchi
🕐 10:00~19:00 휴무 일요일  🚆 피렌체 S.M.N역에서 아레초(Arezzo)행 열차를 타고 몬테바르키(Montevarchi)역 하차(50분 소요, 편도 €6.1, 왕복 티켓을 구입한다). 대중교통이 불편하니, 역에서 아웃렛까지는 택시로 이동(편도 약 €12~15. 합승해서 요금을 나누면 좋다). 10~15분 소요. 되돌아올 편도를 예약해 두면 편리하다.

> **tip  아웃렛 쇼핑 투어**
>
> 혼자 아웃렛을 찾아가기 힘들거나 편하게 쇼핑하고 싶으면 명품 아웃렛 투어에 참여해 보는 것도 좋다. 외국인이 운영하는 아웃렛 투어는 전용버스를 타고 프라다 스페이스 아웃렛과 더 몰(구찌)을 쇼핑한다. 인터넷으로 예약 결제를 하고 만남의 장소로 나가면 된다.
>
> 📍 Via degli Alfani | **사무실 위치** 메디치 리카르디 궁전에서 산 마르코 광장 방향으로 카보우르 거리(Via Cavour)를 따라가다 사거리에서 우회전하면 알파니 거리 바로 왼쪽에 있다. **만남의 장소** S.M.N 역 근처 정류장(상세한 위치는 예약 시 알려준다).
> 🌐 www.caftours.com  🕐 매주 월·화·금·토요일 13:15 출발(6시간 45분 소요)  💶 €35~

# 피렌체의 맛집

◆ 중앙역 주변 ◆

### Trattoria Mario

1953년에 오픈해 지금까지 피렌체 맛집으로 소문난 곳이다. 가격에 비해 음식이 맛있고 푸짐하다. 저녁 식사는 안 되고 점심 식사(저녁은 금)만 가능하다. 예약은 받지 않으며 도착 순서로 호명해 자리를 잡아준다. 메뉴는 매일 다르고, 금요일은 신선한 생선이 제공된다. 티본 스테이크(피렌체식 스테이크, Bistecca alla fiorentina), 리볼타(채소와 빵 수프, Ribollita), 토마토소스 파스타(Amatricina) 등이 맛있다. 예산 €20~. 현금만 가능.

- Via Rosina, 2
- www.trattoriamario.com
- 점심 월~토요일 12:00~15:00, 저녁 금요일 19:30~22:00 휴무 일요일
- 피렌체 S.M.N역에서 도보 5분. 중앙시장(Mercato Centrale) 옆에 위치
- 지도 P.557-C

◆ 시뇨리아 광장 주변 ◆

### Vivoli

피렌체에서 맛있기로 소문난 아이스크림 가게. 예산 €2.5~.

- Via dell'Isola delle Stinche, 7r
- www.vivoli.it
- 화~토요일 08:30~18:00, 일요일 09:30~18:00 휴무 월요일
- 시뇨리아 광장에서 도보 5분. 산타 크로체 성당 근처
- 지도 P.557-G

### Ristorante Paoli

1824년 오픈한 전통 있는 티본스테이크 레스토랑. 1909년 네오고딕양식으로 전면 개조했다. 특히 장미

Ristorante Paoli

티본 스테이크

실(Saletta delle Rose)은 칼리레오 끼니(Galileo Chini)의 유명 프레스코화로 장식되어 있다. 수제버섯 파스타, 티본 스테이크가 인기 있다. 예산 €40~.

- Via dei Tavolini, 12/R, 50122 Firenze
- www.ristorantepaoli.com
- 12:00~22:30
- 두오모에서 도보 4분
- 지도 P.557-G

### La Prosciutteria Firenze

현지에서 재배한 신선한 재료, 저렴한 가격, 고품질의 3박자를 갖춘 가성비 높은 샌드위치 가게. 토스카나 빵 스키아차타(Schiacciata)가 인기 있다. 예산 €10~.

- Via dei Neri, 54/R, 50122 Firenze FI, Italy
- www.laprosciutteria.com/ristorante-firenze
- 11:00~23:00
- 시뇨리아 광장에서 도보 2분
- 지도 P.557-G

### Gelateria dei Neri
고객 만족을 목표로 하는 아이스크림 가게. 고품질 재료를 사용해 젤라토 맛이 일품이다. 예산 €3~.

- Via dei Neri, 9/11R, 50122 Firenze FI, Italy
- 10:30~24:00, 금~토요일 10:30~01:00 휴무 월요일
- 시뇨리아 광장에서 도보 5분
- 지도 P.557-G

◆ 피티 궁전 주변 ◆

### 와인 창문 buchette del vino
이탈리아 흑사병 때 생긴 비대면 와인 전달 창구이다. 나무판자로 닫혀있는 창문을 손님이 문을 두드리면, 문이 열리고 주문을 하면 안에서 빈 잔에 와인을 채워 준다. 피렌체에 150개 정도 있다.

### Babae
매장 내에서 식사가 가능하다.

- Via Santo Spirito, 21R, 50125 Firenze
- (국제) 전화 예약 39 055 614 4729
- www.babaefirenze.it
- 월~목요일 12:00~24:00, 금요일 12:00~02:00, 토요일 10:00~02:00, 일요일 10:00~16:00
- 피티 궁전에서 도보 7분
- 지도 P.556-F

### Gustapizza
피티 궁전 근처에 있는 화덕피자 전문점. 도우가 부드럽고 바삭한 피자 맛으로 손님이 줄 설 정도로 인기가 있다. 마르게리타, 구스타, 크림류 피자가 주 메뉴. 테이크아웃 가능. 예산 €10~20

- Via Maggio, 46r, 50125 Firenze FI
- https://m.facebook.com/GustapizzaFirenze
- 11:30~23:30 휴무 일요일
- 피티 궁전에서 도보 3분
- 지도 P.556-F

## 🔔 메디치(Medici)가와 르네상스

12세기부터 피렌체는 상업과 금융의 중심지로 성장했다. **조반니 데 메디치**(1360~1429)는 은행대부업을 바탕으로 피렌체에서 막대한 부를 축적했고, 이를 바탕으로 정치에 입문해 피렌체의 권력을 장악했다.

아들 **코스모 데 메디치**(1389~1464년) 또한 막대한 유산을 물려받아 토스카나 지방의 최대 자본가가 되었으며, 권력을 장악해 국부라는 칭호까지 받았다. 그는 유럽 16개 도시에 메디치 은행 지점을 설립해 군주들에게 전쟁 비용을 빌려주는 방법으로 부를 축적했다. 메디치가의 도움 없이는 전쟁을 치루지 못할 정도로 그 위세가 대단했다.

코스모 데 메디치의 손자였던 **로렌초 데 메디치**(1449~1492년)는 탁월한 외교수완을 발휘해 피렌체를 이탈리아 최고 공국으로 확립시키고, 피렌체와 메디치 가문이 절정에 오를 정도로 번영시켰다. 메디치 가문은 미켈란젤로, 도나텔로, 기베르티 등의 조각가, 보티첼리, 라파엘로, 프라 안젤리코 등의 화가, 브루넬레스키를 비롯한 건축가, 레오나르도 다빈치, 갈릴레오 같은 과학자 등 르네상스를 빛냈던 거장들의 예술 활동을 적극 지원했다. 그러나 그의 사망 후 서서히 가세가 기울기 시작해 1737년 7대째 대공 가스토네가 죽으면서 가계가 단절되었다. 피렌체 가문 최후의 인물이었던 **안나 마리아 루도비카**(1667~1743년)가 토스카나공국에 미술품 컬렉션을 기증하여 훗날 우피치 미술관과 팔라티나 미술관에 소장될 수 있었다. 메디치 가문은 300년간 권력, 명예, 부를 누리면서 정치, 경제, 예술, 과학 분야 등 모든 분야에서 유럽을 지배했다.

※ **메디치 가계**

조반니 데 메디치(1360~1429년) → 코시모 데 메디치(1389~1464년) → 피에로 데 메디치(1416~1469년) → **로렌초 데 메디치**(1449~1492년)★ → 피에로 2세(1471~1503년) → 로렌초 2세(1492~1519년) → 카테리나(1519~1589년)

- 로렌초 데 메디치 둘째 아들(조반니) : 교황 레오 10세
- 로렌초 데 메디치 동생(줄리아노)의 사생아 줄리오 : 교황 클레멘스 7세
- 카테리나 데 메디치(프랑스어: 카트린 드 메디시스) : 앙리 2세 부인

# 피사
## PISA

고대 로마시대부터 교역으로 번영했고 12~13세기에는 제노바나 베네치아와 패권을 다툴 만큼 막강했던 해운 왕국이었다. 코르시카나 사르데냐도 피사의 영토였을 정도로 번영을 누렸지만, 연이은 해군의 패배로 상업제국의 황금시대가 서서히 몰락했다. 1406년 피렌체에 합병되자, 메디치가(家)에서 주요 건축물을 리모델링하고 피사를 과학과 학문의 도시로 중점적으로 육성했다. 아쉽게도 2차 세계대전으로 많은 유적들이 파괴되어, 옛 피사제국의 영광의 흔적들은 거의 사라진 아주 조용한 작은 도시에 불과하다. 그렇지만 피사의 사탑이 있는 두오모 광장 등은 이탈리아에서 가장 인기 있는 명소 중 하나이며, 갈릴레오 갈릴레이(1564~1642년)가 태어난 곳이기도 하다.

## 피사 가는 법

### 기차

피렌체 S.M.N역 → Livorno행 Reg열차 → 피사 Centrale역(1시간 소요)
피렌체 S.M.N역에서 피사로 갈 때는 1번 플랫폼에서 탄다. 역 내에 수하물 보관소(3번 플랫폼 왼쪽)가 있다.

로마 테르미니역 → ES초고속열차(1시간 30분) → 피렌체 S.M.N역에서 환승 → Livorno행 Reg열차(1시간) → 피사 Centrale역
역에서 두오모 광장까지는 버스로 이동한다. 버스 티켓은 신문가판대(Tabacchi)에서 산다. 역 앞 광장 건너편에서 빨간색 셔틀버스(Lam Rossa)를 타고 마닌 광장(Piazza di Manin)에서 내리면 두오모와 피사의 사탑이 보인다. 피사역에서 두오모까지 걸어가면 25분 정도 걸린다.
 1회권 €1.5

### 여행 안내소

피사역 주변 여행 안내소
🏠 Piazza duomo 7  @ www.turismo.pisa.it
 10:00~16:00  📍 두오모 광장

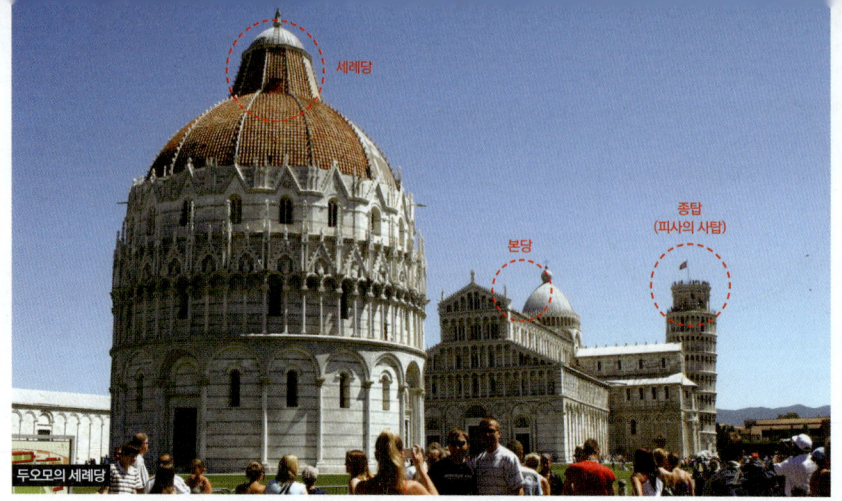

두오모의 세례당

## 피사의 사탑
### Torre di Pisa
★

### 피사 최고의 볼거리

피사의 사탑은 로마네스크양식의 흰 대리석으로 만든 8층 건물이다. 사라센 제국과의 전쟁에서 승리한 것을 기념하기 위해 지었다. 탑의 높이는 북쪽 55.2m, 남쪽 54.5m이며 남쪽으로 4.5° 기울어 있다.

피사의 사탑

### 세계 7대 불가사의 중 하나

나선형 계단을 통해 위층으로 오르면 서로 다른 음을 내는 7개의 종이 있다. 1173년 두오모 종탑을 만들 의도로 사암(砂巖)으로 착공했는데, 3층이 완성될 즈음 약한 지반 때문에 탑이 90cm 정도 기울어졌다. 1350년 지오반니 시모네가 **1.5m정도 기울어진 상태로 완공**을 했다. 그 후 매년 1mm씩 기울었으나 2001년 복구 작업이 완료되어 재개관했다. 갈릴레이가 이곳에서 낙하의 법칙을 실험했으며 세계 7대 불가사의 중 하나로 일컬어진다. 성수기에는 100m이상 줄을 서야하므로 사전 예약한다.

※ 시간당 입장 인원을 제한한다. 전광판에 시간대별로 입장 가능한 인원이 표시되므로 이를 확인하고 티켓을 구매한다.

📍 Piazza Duomo, 1　🌐 www.opapisa.it
🕐 피사의 사탑 4~10월 09:00~20:00, 11~3월 09:00~19:00　💶 €27(사탑 포함 6곳), €20(사탑+대성당), €8(사탑 제외 2곳)　🚌 피사역 앞 광장 건너편에서 빨간색 Lam Rossa 셔틀버스를 타고 Piazza di Manin에 내리면 두오모와 피사의 사탑이 눈에 들어온다.　🗺 지도 P.581-A

## 두오모
### Duomo

두오모는 정면이 4단의 기둥으로 장식되어 있는 아름다운 건축물로, 이탈리아에서 가장 오래된 성당이다. 두오모 광장은 그 균형미 때문에 기적의 광장이라고도 불리며 로마네스크 피사 양식의 대표작이다. 설계자는 부스케투스로, 1063년에 착공해 1118년 헌당식을 올렸고 1272년 이후 라이날두스가 회당부를 서쪽으로 연장했다. 대성당 앞에는 팔각형의 둥근 모양을 한 세례당(Battistero)이 있다. 안에는 니콜라 피사노의 고딕양식 최초의 조각 작품인 설교단이 있다.

📍 Piazza Duomo, 1
🕐 대성당 4~10월 10:00~20:00, 11~3월 10:00~18:00
💶 €20(사탑+대성당), €8(사탑 제외한 2곳), €10(사탑 제외한 5곳), €27(사탑 포함 6곳)　🚌 피사역 앞 광장 오른쪽 버스정류장에서 셔틀버스 N4를 타고 Via Cammeo 또는 Piazza Manin에서 하차 후 도보 10분
🗺 지도 P.581-A

피사
Pisa
0 200m
두오모
Duomo
피사의 사탑
Torre di Pisa
세례당
Battistero
마닌 광장
Piazza Daniele Manin
두오모 광장
Piazza del Duomo
시노피에 미술관
Museo delle Sinopie
두오모 미술관
Museo dell'Opera del Duomo
Palazzo Arcivescovile
Via Contessa Matilde
Via dei Brennero
Via Vittorio Veneto
Via San Zeno
S. Caterina
Buonarroti
두오모
Ospedali Riuniti di S. Chiara
A
B
Via San Lorenzo
Via Filippo
V. della Faggiola
Palazzo dei Cavalieri o della Carovana
Via dei Mille
P.za dei Cavalieri
S. Stefano dei Cavalieri
Via San Francesco
V.M.Lalli
경찰서
Via Roma
Via Derna
Via Bonanno Pisano
Via Risorgimento
Via Santa Maria
Via P.Paoli
Via San Frediano
V.Tavoleria
P.za Dante
S. Michele in Borgo
도보 20~25분
Via Nicola Pisano
Via Trieste
Via E.Fermi
Via Volturno
Pal.Upezzinghi
Pal. Agostini
San Nicola
V. S. Marta
Lungarno A. Pacinotti
Lung.Gambacorti
시청사
Lungarno Mediceo
Fiume Arno
산 마테오 국립 미술관
Museo Nazionale di S. Mateo
산 마리아 델라 스피나 교회
S. Maria della Spina
Lungarno Galilei
제노바 · 루카 방향
Via S.Antonio
V.A. Mario
V.S.Bernardo
Via San Martino
Lungarno Simonelli
아르노 강
Via Francesco Crispi
Via Giuseppe Mazzini
Corso Italia
Filippo Turati
Via Giordano Bruno
Via G.Bovio
Giardino Scotto
Lungarno Sonnino
S. Paolo a Ripa d'Arno
C
D
Via F.Niosi
Via E. Zerboglio
V.Lavagna
Piazza S. Antonio
Piazza Vittorio Emanuele II
Piazza G.Toniolo
Via Conte Fazio
Via Nino Bixio
Via Benedetto Croce
Piazza Guerrazzi
D'Azeglio
우체국
Via Cesare Battisti
Viale Bonaini
피사 역
Stazione
LAM ROSSA 버스 (피사의 사탑 방향)
Via Filippo Corridoni
로마 방향
로마 방향
피렌체 방향

아시시
Assisi
0 300m
T. Tescio
로카 마조레
Rocca Maggiore
Porta Perlici
Anfiteatro Romano
산 프란체스코 성당
Basilica di San Francesco
Porta S. Giacomo
Via della Rocca
Via del Colle
V. Porta Perlici
Via Santuario di Carceri
V.Merry del Val
V. S. Croce
V. S. Maria delle Rose
P. za S.Rufino
Porta Cappuccini
E
산 프란체스코
V. Metastasio
V. S. Paolo
미술관
Museo Civico
미네르바 신전
Temple di Minerva
산 루피노 대성당
Duomo di San Rufino
산 프란체스코 거리
Via s. Francesco
도보 15분
Viale Umberto I
Giardino Pubblico
V. Frate Elia
Via Fontebella
시청사(회화관)
Palazzo del Priori
신교회
F
Via Galeazzo Alessi
V. del Fosso Cupo
S. Maria Maggiore
코무네 광장
Piazza del Comune
Porta S. Pietro
Via Borgo S. Pietro
S. Pietro
Via S. Apollinare
산타 키아라 성당
Chiesa di Santa Chiara
Porta Sementone
Porta Moiano
Porta Nuova
Via delle Fonti di Moiao
아시시 역 방향
산 프란체스코 피콜리노
Oratorio di S. Francesco Piccolino
Viale Vittoria Emanuele II
Piazzale della Palestra

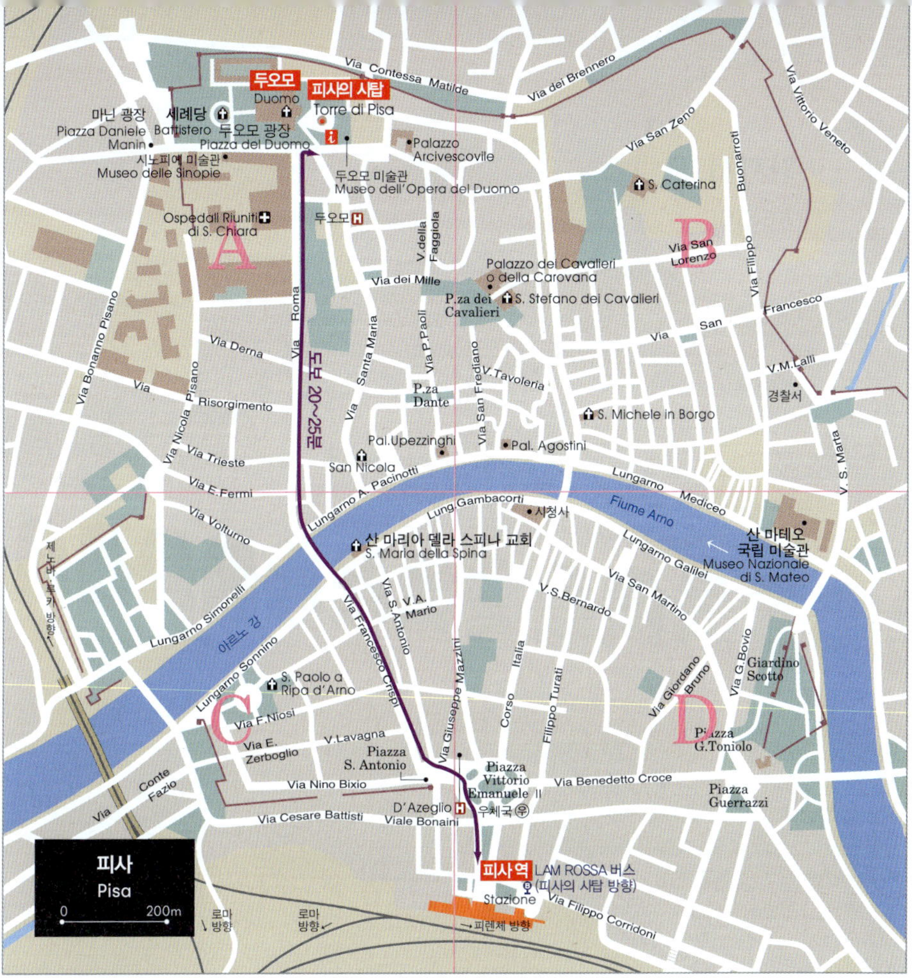

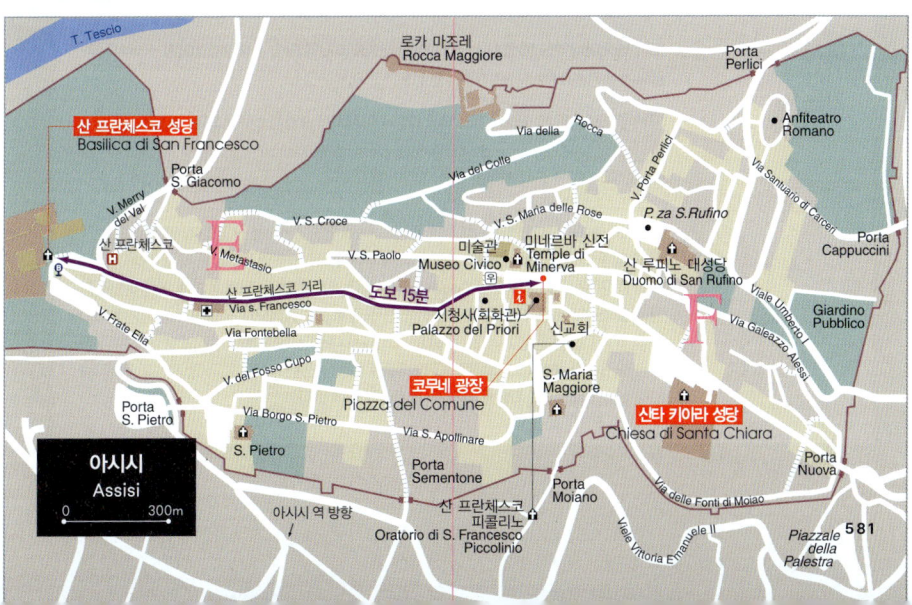

# 아시시
## ASSISI

움브리아 지방의 수바지오(Monte Subasio) 언덕 위에 중세의 모습을 그대로 간직하고 있는 마을이다. 아시시는 가톨릭의 성지로, 성 프란체스코가 태어난 곳이다. 그가 신의 뜻에 따라 사랑의 삶을 구현한 곳으로 지금도 아시시에는 세계 각지에서 온 순례자와 여행객의 발길이 끊이지 않는다.
아기자기한 기념품 가게들이 모여 있는 좁은 골목과 돌계단 위의 중세 집들, 포도나무, 올리브나무, 삼나무가 자라는 아름다운 들녘의 풍경은 한 폭의 그림처럼 아름답다.

## 아시시 가는 법

 **기차**

로마 테르미니역 → IC열차(1시간 45분) → Foligno역 환승 → R열차(20분) → 아시시역
로마에서 가는 직행열차는 하루 4편 정도이고 대부분은 1회 환승한다.

피렌체 S.M.N역/Campo di Marte역 → 아시시역(R열차 2시간 25분 소요)
아시시행 열차는 Firenze S.M.N역 또는 Campo di Marte역, Firenze Rifredi역에서 출발한다. 피렌체 근교 지역은 열차 예약이 필요없다.

 **시내 교통**

아시시역에 도착하면 역내 타바키에서 버스 티켓(편도 €1.5)을 구입한다. 역 광장으로 나와 역 앞 버스정류장에서 바로 산 프란체스코 성당으로 가려면 버스C를 타고 조바니 파올로 II 광장(Piazza Giovanni Paolo II)에서 내려, 산 피에트로 문을 통과해 왼쪽 비탈길을 따라 올라간다. 구시가를 먼저 관광하고 산 프란체스코 성당으로 이동하고 싶다면 버스C를 타고 마테오티 광장(Piazza Matteotti)에서 내린다. 광장에서 루피노 성당을 지나 직진하면 구시가 중심지인 코무네 광장이 나온다. 광장 근처에 포폴로 궁전, 시민의 탑, 미네르바 신전, 레스토랑, 기념품 가게 등 볼거리가 몰려 있다.

## 산 프란체스코 성당

**Basilica di San Francesco**

★

### 성인을 기리는 성당

성 프란체스코가 죽고 2년 후 **1228년 교황 그레고리우스 9세는 그를 성인으로 추대**하고 탄생지에 유해를 봉납하는 성당 건축을 명했다. 1228년 수도사 엘리아의 설계로 착공하여 1253년에 완성되었다. 비탈진 지형의 특색을 살린, 세계에서 보기 드문 상하 2층 구조의 건물이다. 프랑스의 고딕양식과 움브리아 지방의 로마네스크양식을 혼합했다. 개방적인 내부 공간은 설교를 중시한 교단의 의도가 잘 나타나 있다. 외관은 장식 없는 단아한 아이보리색 건물이지만 '**피에트라 아시시(아시시의 돌)**'이라 불리는 담홍색 돌이 성당 전체를 아름답게 채색하고 있다. 스테인드글라스도 따뜻한 느낌을 주어 아름답다.

### 상층 예배당

전형적인 이탈리아 고딕양식의 성당 내부는 **성 프란체스코의 생애를 28장면으로 묘사한 조토의 프레스코화 〈성 프란체스코의 생애〉가 장식**되어 있는데, 조토의 초기 작품으로 **이탈리아 최고의 프레스코화**로 손꼽힌다. 〈작은 새들에게 설교하는 성 프란체스코〉는 프란체스코가 베바그나 마을로 가는 중 주위에 몰려든 새들에게 설교를 하자, 새들이 날개를 퍼덕거리면서 몸을 앞으로 향하며 부리를 열고 그의 튜닉(소매가 짧고 무릎까지 내려오는 옷)을 만지고 있는 모습이 그려져 있다. 〈**프란체스코의 성흔**〉에서는 만년에 베르나산에서 금식기도를 하는 도중 십자가에 못 박힌 천사의 모습으로 나타난 예수가 그에게 성흔을 내리는 기쁘고 경건한 모습을 잘 표현했다.

작은 새들에게 설교하는 성 프란체스코

산 프란체스코 유해가 안치된 지하묘지

산 프란체스코 성당 상층 벽면은 프란체스코 생애 28장면의 프레스코화로 둘러싸여 있다.

### 단정한 복장은 필수

입장 시 셔츠, 슬리퍼, 미니스커트, 민소매 착용을 금하고 있다. 플래시 촬영도 금지되어 있으니 주의한다.

- Piazza San Francesco
- www.sanfrancescoassisi.org
- **하층 예배당** 06:00~19:00(비수기 06:00~18:30), **상층 예배당** 08:30~18:45(비수기 08:30~17:45)
- 입장 무료, 현금 받음
- 코무네 광장에서 도보 10분  지도 P.581-E

> **tip 여행 안내소**
>
> - Piazza del Comune, 22
> - www.assisionline.com
> - 월~토요일 08:00~14:00, 15:00~18:00
>   일요일 10:00~13:00, 14:00~17:00
>   비수기 09:00~13:00
> - 코무네 광장에 위치
> ※ 10월 4일, 아시시의 산 프란체스코 축일

### 하층 예배당

프란체스코 사후 4년이 흐른 1230년에 지어졌으며, 13~14세기 르네상스 시대의 유명한 화가들(치마부에, 조토, 마르티니, 로렌체티)이 그린 중세 벽화와 스테인드글라스로 가득 차 있다. 지하에는 성 프란체스코의 유해가 안치돼 있다.

---

🔔 **이탈리아의 수호성인 성 프란체스코와 그의 삶을 예술로 그려낸 르네상스 화가 조토**

성 프란체스코

성 프란체스코(St. Franceso)는 아시시의 산 프란체스코 성당을 탄생시킨 성자로 기독교 역사상 가장 빛나는 인물 중 한 사람으로 추앙받고 있다. 그는 1182년 이탈리아 움브리아의 아시시에서 부호의 아들로 태어났다. 한때 사치와 방탕에 빠져 인생을 허비하기도 했지만 27세이던 1209년 성 메시아의 날에 그리스도의 말씀을 듣게 되어 그 가르침대로 1226년 44세로 사망할 때까지 병든 자와 가난한 자들을 위해 일생을 바쳤고 자신을 따르는 많은 사람들을 마음으로 사로잡았다. 청빈, 복종, 순종으로 대변되는 프란체스코회의 정신을 몸소 실천했던 그는 프란체스코 수도회를 창립한 인물로 성녀 키아라와 함께 이탈리아의 수호성인으로 추앙받고 있다. 참고로 2013년에 선출된 교황 프란치스코 1세의 교황명인 프란치스코는 청빈, 겸손, 소박함의 대명사인 '아시시의 성 프란체스코'를 따르겠다는 의지를 표명한 것이다.

르네상스 초기에 혜성처럼 떠오른 **화가 조토(Giotto)** 는 매력적인 프란체스코의 삶을 사실적으로 나타낸 프레스코화를 산 프란체스코 성당에 남겼다. 프란체스코회의 정신을 상징하는 3겹의 매듭을 지은 밧줄을 투박한 수도사복 허리에 맨 채 가난한 사람들에게 사랑을 나누어주는 그의 모습을 보고 있자면 매우 단순한 감정 표현에 웃음이 나올 정도이다.

<성 프란체스코의 성흔>에서는 성 프란체스코가 만년에 베르나 산에서 금식기도를 하는 도중 예수의 성흔(예수가 십자가에 못 박혔을 때 양손과 양발, 옆구리에 생긴 5군데의 상처)을 받는 기쁘고도 경건한 모습을 극적으로 표현했다. 1997년 지진으로 심하게 파괴됐던 성당 위층 조토의 프레스코화 맞추기 작업에는 복원화가를 비롯해 역사가, 그래픽 예술가, 심지어는 연금술사와 물리학자까지 총동원되었다고 한다.

## 산타 키아라 성당
### Basilica di Santa Chiara
★

**아름다운 줄무늬 외벽이 일품**
1257~1265년에 세워진 산타 키아라 성당은 이 지방의 특산물인 **분홍색과 흰색 대리석**으로 만든 아름다운 줄무늬 외벽이 유명하다.

**성녀 클라라와 성 프란체스코의 운명적 만남**
키아라는 클라라(St. Clare)의 이탈리아식 이름이다. 성녀 클라라는 1193년 아시시 귀족의 딸로 태어났으나 16세에 성 프란체스코를 만나면서 운명이 바뀌었다. **그를 숭배하면서 그와 똑같은 수도 생활을 하고 일생을 하나님께 기도하며 생애를 마쳤다.** 1260년 이곳에 성녀 클라라의 유해를 안치했다. 성당 내부에는 클라라의 생애를 묘사한 프레스코화와 몸에 걸쳤던 성스러운 옷, 기도를 바쳤던 십자가 등의 유품이 남아 있다. 〈아기 예수를 껴안고 있는 성모 마리아〉, 〈성 프란체스코에게 말을 거는 십자가〉를 눈여겨보자. 파사드에 있는 장미창과 스테인드글라스 창문은 고전적인 작품을 현대풍으로 모방했다.

- Piazza di Santa Chiara
- www.assisisantachiara.it
- **성수기** 06:30~12:00, 14:00~19:00 **비수기** 06:30~12:00, 14:00~18:00  무료
- 코무네 광장에서 도보 5분  지도 P.581-F

## 코무네 광장
### Piazza del Comune

**시내 한가운데 있는 광장**
기원전 1세기 이 광장에 미네르바 신전이 세워졌는데 초석과 원기둥 등의 신전 구조물은 시립미술관 지하실에 보관되어 있다. 근처에 1275~1305년에 세워진 시민의 탑(Torre Comune)이 있고 왼쪽에는 1212~1282년에 세워진 카피타노 델 포폴로 궁전(Palazzo del Capitano del Popolo)이 있다. 광장 오른쪽에는 오늘날 시청사로 사용되고 있는 프리오리 궁전(Palazzo dei Priori)이 있다. 회화관 뒤쪽의 신교회(Chiesa Nuova)는 성 프란체스코가 부모와 함께 살았던 곳이다.

- 산타 키아라 성당에서 도보 5분
- 지도 P.581-F

# 시에나
## SIENA

피렌체 남쪽 50km, 해발 고도 320m 높이의 언덕 위에 세워진 도시이다. 이탈리아에서 가장 아름다운 중세도시 중 하나이고, 피렌체에 이어 르네상스의 예술과 건축 보물을 많이 간직하고 있다. 와인 산지로도 유명한 이곳은 중세풍의 시가지를 그대로 간직하고 있다. 세계에서 가장 유명한 전통 경마 축제인 팔리오(Palio)가 열리는 캄포 광장은 시에나의 대표적인 랜드마크다. 1995년 유네스코 세계문화유산으로 지정되었다.

## 시에나 가는 법

**기차**
피렌체 S.M.N역 → 직행 또는 Empoli역 환승 → 시에나역(R열차 1시간 30분 소요, 1시간 1~2편 운행)

피사 Centrale역 → Empoli역 환승 → 시에나역(R열차 1시간 40분 소요, 1시간 1편 운행)

**버스**
피렌체 산타 마리아 노벨라역 옆 버스터미널(Autostazione Santa Caterina/Autostazione Autolinee Toscane)에서 시에나행 버스(131R번)를 타고 시에나 그람시 광장에서 내린다. 광장에서 10분 정도 걸어가면 캄포 광장이 나오므로 기차보다 시외버스로 이동하는 편이 수월하다.
 교통 정보 www.flixbus.it ⏱ 약 1시간 20분 💶 €6.9~

**시내 교통**
시에나역(코인로커 없음)에는 버스 티켓(1회권 €1.5, 왕복 2장 구입)을 판매하는 Tabbachi와 시외버스 티켓 판매소가 있다. 역 앞에 있는 버스정류장에서 3·9·10번 버스를 타고 그람시 광장(Piazza A Gramsci)에서 내려 마테오티 광장(Piazza Matteotti)을 지나 10분 정도 가면 캄포 광장(Piazza del Campo)이 나온다. 미로 같은 좁은 도로를 통해 가야 하므로 지도보다는 표지판을 보고 따라가는 편이 낫다. 구시가지로 갈 때는 'Campo' 표지판, 구시가지에서 나갈 때는 'S. Domenico' 표지판을 따라가면 된다. 마테오티 광장에서 역으로 갈 때는 Ferrovia행 버스를 탄다.

**여행 정보**
 www.terresiena.it/en/siena

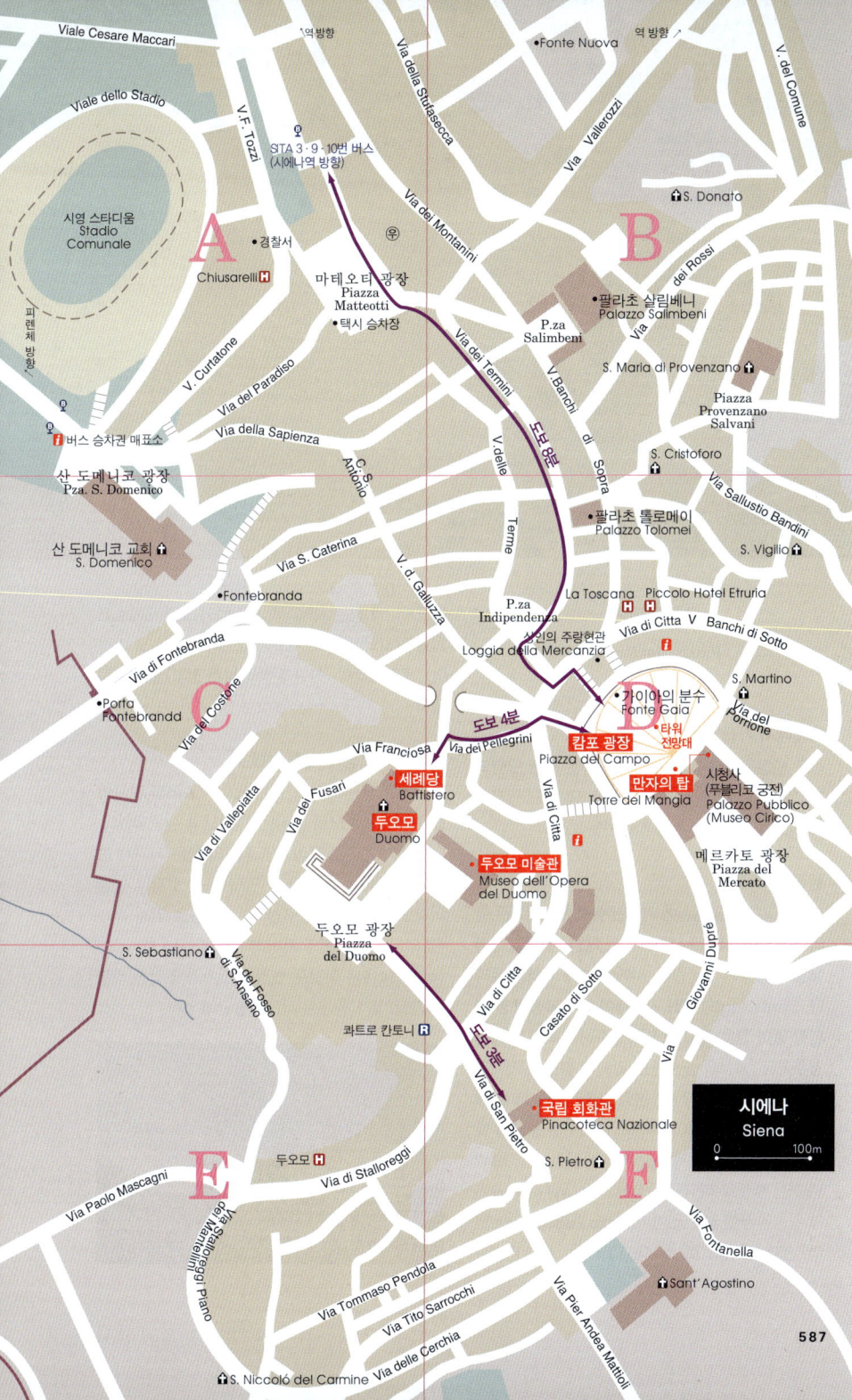

## 캄포 광장

### Piazza del Campo
★

**세계에서 가장 아름다운 광장**

캄포 광장은 세계에서 가장 아름다운 조개 모양의 광장이다. 12세기에 세워진 시에나의 주요 광장으로, 시민들 만남의 장소로 사랑받는다.

**팔리오 축제**

중세부터 시민들 생활에 커다란 활력소가 되어온 팔리오 축제(Festival of Palio)가 매년 7월 2일, 8월 16일에 광장에서 열린다. **시에나 17개 지역(콘트라다, Contrada)의 대표 기수들이 중세 복장을 한 채 안장 없이 말을 타고 광장을 질주하는 독특한 승마 경주**이다. 광장의 군중들은 일시에 함성을 지르며 열광의 도가니에 빠진다. 공영 방송에서도 TV로 생중계할 정도로 관심이 지대하다. 이곳을 방문할 계획이라면 가급적 축제 기간에 맞춰 들러보자. 1347년 붉은 벽돌로 바닥을 포장한 광장 앞에는 14세기에 완성된 **푸블리코 궁전(Palazzo Pubblico)**이 있다. 현재는 시청사로 쓰이며, 내부에는 시립 미술관이 있다. 각 방은 시에나파 화가들이 그린 프레스코화로 장식되어 있다. 시모네 마르티니의 〈성모 마리아〉, **로렌체티의 〈선한 정부와 나쁜 정부〉**를 놓치지 말자.

**중세고도 풍경에 넋을 잃다 ★**

푸블리코 궁전에 우뚝 솟는 높이 102m의 **만자의 탑(Torre del Mangia)**은 1334년에 완공되었다. 503개의 계단을 올라가면 중세의 붉은 시가지 모습이 한눈에 들어온다. 전망이 무척 멋지니 힘들더라도 올라가보자. 우천 시는 안전을 위해 폐쇄한다. 궁전 맞은편의 가이아 분수(Fonte Gaia)는 1409~1419년 야코포 델라 퀘르차가 조각한 작품(복제품)이다. 원본은 시립 미술관에 있다.

푸블리코 궁전과 만자의 탑

- Piazza del Campo
- www.terredisiena.it/siena
- 만자의 탑 3/1~10/15 10:00~19:00(입장~18:15), 10/16~2/28 10:00~16:00(입장~15:15), 1/1(12:00~16:00(입장~15:15), 푸블리코 궁전 3/16~10/31 10:00~19:00(입장~18:15), 11/1~3/15 10:00~18:00(입장~17:15) ⊙ 만자의 탑 €10, 시립미술관 €9, 시립미술관+산타 마리아 델라 스칼라(두오모 옆에 있는 박물관)+만자의 탑 €20, 만자의 탑+시립미술관 €15
- 시에나역 앞에서 3·9·10번 버스를 타고 Piazza A Gramsci에서 하차 후 도보 10분 ⊙ 지도 P.587-D

리석상감으로 장식했다. 기둥은 흰색과 검은색으로 번갈아 쌓아 화려하다. 1266~1268년에 건축한 **니콜라 피사노의 〈설교단〉**은 이탈리아에서 가장 훌륭한 조각품 중 하나이다. 두초의 마에스타 〈위대한 성모 마리아 제단화〉도 놓치지 말자.

성서 이야기로 모자이크한 대리석 바닥(montesapienza)

- Piazza del Duomo   www.operaduomo.siena.it
- 4~10월 10:00~18:00, 11~3월 10:30~17:30
- 통합권(두오모+피콜로미니 도서관+박물관+파사드+지하묘+세례당) €21
- 캄포 광장에서 도보 4분. 만자의 탑을 등지고 캄포 광장 북서쪽 통로로 나가 왼쪽으로 가면 보인다. ⊙ P.587-C

## 두오모
### Duomo
★

### 놓치기 아까운 피사노의 〈설교단〉

외관은 혼합형 건축 양식이다. 아래쪽 파사드(그리스·로마 신전처럼 삼각형 지붕선이 두드러진 기하학적 모양)는 1284년 조각가 피사노가 건축한 로마네스크양식이고, 위쪽 파사드는 체코가 14세 말 건축한 고딕양식이다. 외부와는 달리 내부는 아주 아름답게 장식되어 있다. 바닥은 40명의 시에나 화가들이 성서 이야기를 기하학적 무늬인 57개의 대

두오모에 있는 니콜라 피사노의 걸작 〈설교단〉

## tip 토스카나 지방 Toscana

아그리투리스모 포기오 코빌라

토스카나 지방은 르네상스의 발상지로 피렌체, 피사, 시에나, 아시시, 피엔차 등의 도시는 고색창연한 역사적 흔적이 고스란히 남은 **예향(藝鄕)**이자, 깊고 오묘한 맛을 내는 **와인의 산지**로도 유명하다. 이곳은 와인은 물론 아름다운 전원 풍경과 수백 년 역사의 흔적이 고스란히 남아 있는 유적지로 인해 여행객들이 꼭 가고싶은 여행지로 꼽힌다. 길가에서 춤추는 **사이프러스 나무**들과 계절에 따라 변신하는 포도밭, 올리브 나무, 해바라기가 산야를 화사하게 물들이고, 지중해의 파도처럼 덮쳐 오는 그림 같은 시골 풍경이 이방인을 사로잡는다. 토스카나 지방에서만 볼 수 있는 특이한 농가 가옥인 **아그리투리스모(Agriturismo)**는 길가 언덕 위에 사이프러스로 감싸여 있는 별장 가옥으로 이방인은 농가 체험을 할 수 있다. 토스카나 여행은 역사와 풍경, 와인의 그윽한 향기를 동시에 체험할 수 있는 절호의 기회가 된다.

### 여행 일정
- **여행 적기** 4~5월, 9~10월, 봄철에는 전원풍의 녹색 풍광을 즐길 수 있고, 가을철은 포도 수확기의 풍요로운 분위기를 만끽할 수 있다.
- **여행 기간** 1~3일
- **일정 짜기** 대중교통이 불편한 지역이므로, 버스 이동 시 시에나 또는 피렌체에서 숙소를 정하고 당일치기로 피엔차만 다녀온다. 여러 마을 중 피엔차와 발 도르차 계곡의 풍광이 가장 아름답다.

### 와인 투어
- **와인 투어** 평소 와인에 관심 있거나 환상적인 토스카나의 풍광에 매료되고 싶으면, 시에나 또는 피렌체 여행 안내소에 신청해 와인 투어에 참여하거나, 렌터카로 이곳저곳을 이동하면 토스카나의 매력에 푹 빠져본다.
- **와인 투어 코스** 몬탈치노(Montalcino)→피엔차(Pienza)→발도르차(Val d'Orcia)→몬티치오에요(Monticchiello)→키안치아노(Chianciano)→몬테풀치아노(Montepulciano) 코스가 무난하다.

@ https://www.caftours.com

와이너리

### 최고의 포토 스폿
토스카나 지방은 구릉 지대와 평원으로 조성된 지역이라 포도밭, 올리브, 밀밭, 사이프러스 나무로 어우러져 환상적인 풍광을 즐길 수 있다. 봄철에는 온통 초록색으로 물들인 초원에 사이프러스 나무가 지그재그 모양의 풍경을 뽐내며 여행객들을 매료시킨다.

토스카나 전원풍

### 사진 작가들이 선호하는 마을
피엔차(Pienza), 산 퀴리코 도르차(San Quirico d'Orcia), 바뇨 비뇨니(Bagno Vignoni), 발 도르차(Val d'Orcia)

> **tip** **피엔차** Pienza

시에나 지방의 작은 마을 피엔차는 마법과도 같은 느낌을 주는 곳으로, 1996년 유네스코 세계문화유산으로 지정되었다. 교황 비오 2세가 자신의 고향을 르네상스 도시로 재건하고자 했던 흔적들이 남아있다. 숨 막히는 풍경, 벨베데레, 위대한 인문주의자 교황 비오 2세, 르네상스, 두오모, 교황 관저인 피콜로미니 궁전, 중세풍의 골목길은 이곳을 찾는 여행객들을 매료시킨다. 피엔차의 골목길을 걸으면서 헤매다 보면 마치 르네상스 그림 속으로 시간여행 하는 것 같은 착각에 빠진다. 무엇보다 **발 도르차 평원의 아름다운 풍경을 만끽할 수 있는 시발점**이라 여행객들을 설레게 한다. 주요 볼거리는 두오모(Duomo), 비오 2세 광장(Piazza Pio II), 피콜로미니 궁전(Palazzo Piccolomini), 보르자 궁전(Palazzo Borgia) 등이 있다. **먹거리**로는 페코리노(Pecorino, 양 치즈), 토스카나 요리, 키안티 와인 등이 있다.

피엔차 풍경

두오모

### 피엔차 찾아가기

피엔차는 기차편이 없고 **시외버스도** 환승해서 가야하므로 대중교통이 매우 불편하다. 가장 편한 교통편은 로마 또는 피렌체에서 **렌터카**로 이동하거나, **버스 투어**에 참여하는 것이다.

피엔차 성벽

#### 렌터카
① 이탈리아 구도심은 차량진입을 금하고 있으니 렌터카로 이동 시 유의한다.
② 진입 금지 구역 표지판(ZTL)이 보이면 우회해서 인근에 주차해야한다.
③ 토스카나 지방은 한적한 농촌 마을이라 차량 이동이 뜸해 운전하기에 부담스럽지 않다. 렌터카 여행으로 토스카나의 멋진 풍광을 즐긴다면 좋은 추억들이 오래 남을 것이다.
④ 픽업 장소는 로마 공항 또는 피렌체 공항. 공항이 외곽에 위치해 고속도로 진입이 수월하다.

진입 금지 구역 표지판(ZTL)

#### 버스
피렌체 산타 마리아 노벨라 역 주변의 버스터미널(Via Santa Cate rina da siena, 50123 Fir enze)에서 시에나(1시간 소요)로 이동한 후, 시에나 기차역 앞에서 피엔차행 버스(2시간 소요)로 환승해 간다.
@ **교통 정보** www.flixbus.it | www.at-bus.it

#### 여행 안내소
🅐 Piazza Dante Alighieri, 18, 53026 Pienza 🌐 www.ufficioturisticodipienza.it
🕘 09:00~13:00, 15:00~18:30, 비수기 토·일요일 10:00~13:00
➡️ 뮤렐로 문(Porta al Murello) 입구 오른쪽

#### 빈티지 투어 토스카나(Vintage Tours Toscana)
피엔차와 발도르차 주변의 아름다운 풍광과 와이너리 등을 렌터카로 즐길 수 있는 투어.
- 준비물: 신분증, 국제운전면허증, 신용카드(보증금용)
🅐 Zona Pip-località Fornaci 53026 Pienza (Si) Tuscany (Italy)
@ www.vintagetours.it 💶 렌터카 차종에 따라 다름. 1일 €60~350

## tip 발 도르차 Val d'Orcia

발 도르차 주변 풍경

인간과 자연의 조화로운 관계를 보여주는 주요 사례로 2004년 유네스코 세계문화유산으로 지정되었다. 아미아타 산 북동쪽 그로세토 지역에 위치한 아름다운 계곡으로 그 이름을 딴 오르차(Orcia)강이 중앙에서 교차하고 환상적인 풍경을 자랑한다. 비탈레타 예배당과 영화 〈글래디에이터〉의 촬영지가 있다. **특히 피엔차에서 산 퀴리코까지 이어지는 길은 이탈리아에서 가장 매혹적인 길**이고, 몬티키엘로에서 몬테풀치아노 가는 길은 모든 곡선과 편백나무로 인해 매우 아름답다.

- **요리** 피치(Pici), 신타 세네즈(Cinta Senese) 염지 고기, 페코리노 디 피엔자(Pecorino di Pienza)
- **와인** 브루넬로 디 몬탈치노(Brunello di Montalcino), 노빌레 디 몬테풀치아노(Nobile di Montepulciano) 와인 및 새로운 DOC 오르시아 와인이 유명하다. ※ P.514 〈이탈리아 와인〉편 참조

## tip 산 퀴리코 도르차 San Quirico d'Orcia

바뇨 비뇨니의 노천 온천장

이탈리아 시에나 지방에 속한 작은 마을로 발 도르차 언덕 위에 있다. 피렌체에서 남동쪽 80km, 시에나에서 남동쪽 35km 거리에 있다. 이름은 성 퀴리쿠스에서 유래한다. 가는 길목에 천연 노천 온천장이 있는 **바뇨 비뇨니(Bagno Vignoni)**가 있다. 이곳은 **토스카나 최고의 와인 브루넬리 디 몬탈치노 와인**으로 유명하다. 인근에는 환상적인 **포토 존으로 유명한 치프레시 디 산 퀴리코 도르차**(Cipressi di SanQuirico d'Orcia)와 아그리투리스모 포기오 코빌라(Ag riturismo Poggio Covili)가 있다.

★ 가장 매혹적인 포토 스폿(산 퀴리코 도르차 주변)
- 치프레시 디 산 퀴리코 도르차(Cipressi di San Quirico d'Orcia)
  - 사이프러스 군락으로 유명한 곳
- 아그리투리스모 포기오 코빌라(Agriturismo Poggio Covili)
  - 한국인에게 가장 인기 있는 포토 스폿

아그리투리스모 바콜레노

치프레시 디 산 퀴리코 도로차

젠나 보르보리니 마리아 에바

- 영화 〈글래디에이터〉의 막시무스 장군 집 촬영지로 잘못 알려진 곳
- 아그리투리스모 바콜레노(Agriturismo Baccoleno)
  - 사이프러스 나무의 S자 코스 풍광이 가장 멋있는 곳
- 젠나 보르보리니 마리아 에바(Genna Borborini Maria Eva)
  - 영화 〈글래디에이터〉의 막시무스 장군 집 촬영지
- 포데레 벨베데레 발 도르차(Podere Belvedere Val d'Orcia)
  - 토스카나 지방의 대표적인 포토 존 지역
- 푼토 파노라미코 치프레세스 지그자그(Punto Panoramico Cipreces en Zigzag)
  - S로드 뷰 포인트, 영화 〈투스카니의 태양〉 오프닝 장면
  - 몬티키엘로(Monticchiello)로 가는 길목

아그리투리스모 포기오 코빌라

### tip 토스카나의 독특한 농가 가옥에서 숙박하기

아그리투리스모는 농업과 관광의 합성어로 옛 양조장이나 마구간을 개조한 농가 체험을 할 수 있는 일종의 민박집이다. 인기 있는 농가들은 몇 개월 전에 사전 예약해야 숙박할 수 있다.

**보르고 카날리치오(Borgo Canalicchio)**
@ www.canalicchiodisoprawinerelais.it

**아그리투리스모 일 카살리노(Agriturismo il Casalino)**
@ www.ilcasalino.com

아그리투리스모 농장에서 바라본 토스카나 전원 풍경

# 친퀘테레
## CINQUE TERRE

장화처럼 생긴 이탈리아 반도의 맨 위 왼쪽에 있는 레반토의 리구리아 해안을 따라 형성된 5개의 해안 마을로, 친퀘테레는 이탈리아어로 '5개의 땅'을 의미한다. 바다와 맞닿은 가파른 절벽 위로 연결되는 좁은 길, 산비탈의 계단식 포도밭과 올리브 나무, 절벽 위의 파스텔 색 가옥의 풍경이 산수화처럼 펼쳐진다. 리오마조레, 마나롤라, 코르닐리아, 베르나차, 몬테로소 알 마레 마을로 이루어진 친퀘테레는, 자연보호구역으로 차량 진입이 금지되는 청정마을이다. 1998년 유네스코 세계자연유산으로 지정되었다.

## 친퀘테레 가는 법

**기차** 피렌체 산타 마리아 노벨라역에서 라스페치아(La Spezia) 중앙역까지 열차로 약 2시간 30분 소요된다. 밀라노 중앙역에서 출발할 경우 몬테로소 알 마레역(Monterosso al Mare)까지 약 3시간 소요

**여행안내소**
- C/O La Spezia Railway Station
- www.parconazionale5terre.it | www.cinqueterre.it
- 09:00~19:00
- 라스페치아역 1번 플랫폼 근처. 몬테로소 알 마레역 1층에 위치

# 친퀘테레의 시내 교통

라스페치아역은 친퀘테레의 진입 관문이다. 이곳에서 친퀘테레 카드를 구입한 후 열차를 탄다. 또 라스페치아역에는 코인로커(12시간 €3)가 있으니, 무거운 짐은 이곳에 맡기는 것도 좋다.

밀라노에서는 몬테로소 알 마레역(친퀘테레 북쪽)에서, 피렌체에서는 라스페치아역(친퀘테레 최남단)에서 출발한다. 라스페치아역(또는 몬테로소역)에서 되돌아갈 피렌체(또는 밀라노)행 열차 시간을 확인해둔다.

### 친퀘테레 카드 Cinque Terre Card

트레킹 코스(산책로), 셔틀버스, 화장실, 기차, 박물관(할인), 와이파이 등을 개시 후 24시까지 이용할 수 있는 카드. 라스페치아역, 여행 안내소, 친퀘테레 각 역에서 판매한다.

ⓔ www.cinqueterrecard.com ⓣ (열차+트레킹) 1일권 성수기(3종류) Green €19.5, Yellow €27, Red €32.5, 비수기 €14.8, (트레킹) 1일권 성수기 €15, 비수기 €7.5

## 친퀘테레 트레킹 코스

| 구간 | 열차 소요시간 | 요금 | 트레킹 소요 시간 | 난이도 |
| --- | --- | --- | --- | --- |
| 라스페치아 - 리오마조레 | 9~10분 | €5 | 기차 이동 구간 | — |
| 리오마조레 - 마나롤라 | 2분 | €5 | 도보 20~30분 | 초급 |
| 마나롤라 - 코르닐리아 | 3~4분 | €5 | 도보 1시간~1시간 20분 | 중급 |
| 코르닐리아 - 베르나차 | 3~4분 | €5 | 도보 1시간 20분~1시간 40분 | 상급 |
| 베르나차 - 몬테로소 알 마레 | 3~4분 | €5 | 도보 2시간~2시간 20분 | 최상급 |

## 리오마조레
### Riomaggiore

비아 델아모레

**연인의 길로 유명**

라스페치아역에서 출발하면 처음 마주하는 마을로, 다양한 색상의 집들이 절벽 위에 빼곡히 서 있는 모습이 아름답다. 리오마조레에서 마나롤라로 넘어가는 완만한 바다를 낀 산책로의 경관이 좋다. 가는 길에 리오마조레에서 '연인의 길'로 유명한 **비아 델아모레(Via dell'Amore, 사랑의 길)**가 있다. 길목에는 사랑을 담은 낙서가 가득하며, 두 연인이 입을 맞추는 모습의 조형물은 바다와 어우러져 인생 사진을 남길 수 있는 스폿으로 인기가 높다.

📍 지도 P.595-A

친퀘테레의 시발점인 리오마조레

> **tip   친퀘테레 공략법**
>
> - 당일 일정이라면 피렌체 또는 밀라노에서 당일로 다녀온다. 타 지역으로 이동해야 할 경우에는 현지 역의 유인 로커에 짐을 맡긴다. 5개 마을 중 1곳만 트레킹하고 관광은 2~3개 마을을 돌아보거나, 트레킹은 생략하고 기차로 5개 마을을 모두 둘러본다. 시간이 부족하면 친퀘테레에서 전망 좋은 베르나차와 마나롤라 마을만 공략한다.
> - 트레킹을 하려면 편한 신발과 복장을 착용한다. 트레킹 코스에는 매점이 없으니 반드시 물과 간식을 미리 준비해야 한다.
> - **최고의 포토 스폿은 베르나차의 포도밭, 베르나차의 팔각형 종탑, 마나롤라의 포도밭에서 바라본 마을 풍경.**
>
> **출발역에 따라 달라지는 코스**
> - 피렌체 → 라스페치아 → 리오마조레 → 마나롤라 → 코르닐리아 → 베르나차 → 몬테로소 알 마레
> - 밀라노 → 몬테로소 알 마레 → 베르나차 → 코르닐리아 → 마나롤라 → 리오마조레 → 라스페치아

## 마나롤라
### Manarola
★

### 베르나차와 더불어 가장 아름다운 마을
친퀘테레에서 베르나차와 더불어 가장 아름다운 풍광을 자랑하는 마을이다. 파스텔 색의 가옥과 코발트 빛의 바다가 어우러진 풍경은 엽서나 그림책에 자주 등장한다. 절벽 위에 마치 어깨동무를 하고 있는 것처럼 모여 있는 색색의 집들은 마치 동화 속 마을을 보는 것 같다. 사진 작가들에게 인기 있는 촬영지이기도 하다.

▲ 지도 P.595-A

아름다운 마을 마나롤라

## 코르닐리아
### Corniglia

### 산비탈 정상에 위치한 마을
산비탈 정상에 자리한 마을. 친퀘테레에서는 유일하게 낮고 넓은, 육지에서 볼 법한 마을 형태를 갖추고 있다. 전형적인 가옥 모양이 해안보다는 육지의 가옥 스타일에 더 가깝다. 또한 옛스러운 마을

기차역에서 구시가로 가는 계단

위치가 바다보다는 육지를 향해 기울어져 있는 게 특징이다.

▲ 지도 P.595-A

## 베르나차
### Vernazza
★

**5개 마을 중 풍광이 가장 멋진 마을**

친퀘테레에서 두 번째로 큰 마을로, **5개 마을 중 풍광이 가장 멋지다.** 마을의 랜드마크인 산타 마르게리타 성당의 팔각형 종탑은 당시 외부로부터 방어하기 위해 세워졌다. 성당 맞은편으로는 높이 솟은 카스텔로 도리아(Castello Doria)와 성벽이 보인다. 이 역시 마을 방어를 위해 세운 탑으로, 전망대에 올라서면 계단식 포도밭과 성당, 알록달록한 가옥의 풍경이 한 폭의 그림처럼 펼쳐진다. 또한, 베르나차역에서 마을 방향으로 내려가다 마을 중간쯤 오른쪽의 좁은 골목길 'Direzione Consigliata' 표지판을 따라 산책로로 올라가면 환상적인 풍경이 펼쳐진다.

지도 P.595-A

## 몬테로소 알 마레
### Monterosso al Mare

**규모가 가장 큰 마을**

친퀘테레 맨 위쪽에 위치한 마을로, 1056년에 세워졌다. 5개의 마을 중 규모가 가장 크고 모래사장이 넓어 수영하기에 좋다. 마을은 구시가와 관광지인 페기나(Fegina)로 나뉜다. 페기나는 레스토랑, 호텔, 숍 등이 모여 있어 한적한 해안 마을과는 달리 늘 관광객들로 붐빈다.

지도 P.595-A

베르나차

몬테로소 알 마레

베르나차

# Milano

## 밀라노

알프스 산맥 남쪽에서 48km 떨어진 포강 지류의 비옥한 평야에 위치한 밀라노는 예부터 교통의 요충지로 일찍이 공업이 발달했고, 이탈리아 최대의 경제·산업 중심지로 부상했다. 세련된 패션과 최첨단 브랜드로 유행을 선도하는 밀라노는 유럽에서 가장 부유한 도시 중 하나다. 중세풍이나 르네상스양식의 건축물은 적지만 건축 스타일에서 네오클래식, 아르누보 등 현대적 분위기가 돋보인다. 세계 최대의 고딕 건축물인 두오모, 거장 레오나르도 다빈치의 불후의 명작 〈최후의 만찬〉, 세계 최대 오페라 극장인 라 스칼라가 있는 곳이기도 하다. 밀라노 중심부에서는 두오모가 관광의 기점이 된다. 이곳을 중심으로 쇼핑가인 몬테 나폴레오네 거리와 레스토랑 거리가 펼쳐진다.

# 밀라노 가는 법 · 시내 교통

### 주요 도시와의 이동 시간
- 인천 → 밀라노 비행기 13시간
- 로마 → 밀라노 ES초고속열차 3시간
- 피렌체 → 밀라노 ES초고속열차 1시간 45분
- 베네치아 → 밀라노 ES초고속열차 2시간 30분
- 뮌헨 → 밀라노 EN야간열차 10시간 30분
- 취리히 → 밀라노 EC/CIS열차 3시간 40분
- 파리(리옹역) → 밀라노 EN야간열차 9시간
- 니스 → 밀라노 IC/RE열차 5시간

리나테 공항/오리오 알 세리오 공항~시내 €7, 30분 소요
말펜사 공항~시내 €10, 50분 소요

### ◆ 기차로 가기 ◆

인접 국가에서 이동할 경우에는 철도를 이용하는 게 가장 편하다. 밀라노는 피렌체(베네치아)와 로마를 철도로 연결해 주고, EU 국가와 이탈리아 각 도시로 오는 대부분의 열차가 정차하는 교통의 요충지이다.

### tip 여행 안내소 & 긴급 연락처

**Yes Milano Tourism Space**
- Via dei Mercanti 8
- 월~금요일 10:00~18:00, 토·일요일·공휴일 14:30~18:00 두오모 정문에서 도보 4분

**Infomilano**
시내 정보, 시내 지도 무료 제공, 숙박 예약
- Piazza Duomo 14
- www.turismo.milano.it
- 월~금요일 10:00~18:00, 토·일요일·공휴일 10:00~14:00 휴무 1/1, 12/25
- 메트로 1·3호선 Duomo역에서 도보 3분. 스칼라 광장 코너에 위치

**긴급 연락처**
- 분실물 센터 02-8845-3900
- 앰뷸런스 118  경찰서 113

**중앙우체국**
- Via Corducio 4
- 월~금요일 08:00~19:00, 토요일 08:30~12:00 Cordusio역 부근

### ◆ 비행기로 가기 ◆

밀라노는 유럽 어디에서나 항공, 열차, 버스가 연결되어 있어 교통편이 양호하다. 저가 항공을 이용하면 보다 저렴하고 빠르게 갈 수 있다. 로마, EU 국가에서 오는 항공편은 시내에서 동쪽으로 10km 정도 떨어진 리나테 공항(Linate)을 이용하고, EU 국가 이외에서 출발하는 국제 항공편은 시내에서 북서쪽으로 60km 정도 떨어진 말펜사 공항(Malpensa)을 이용한다. 인천에서 말펜사 공항까지 대한항공 직항편이 운행한다. 라이언에어 등 저가 항공편은 오리오 알 세리오 공항(Orio al Serio)과 리나테 공항을 주로 이용한다.

- www.milanomalpensa-airport.com

### 공항에서 시내로 이동하기

리나테 공항이나 말펜사 공항에서 시내로 갈 때는 셔틀버스를 이용하면 밀라노 중앙역에 도착한다.

- www.malpensashuttle.it

### 밀라노 중앙역 Milano Centrale FS

건축학적으로 세계에서 가장 아름다운 역사 중 하나이다. 천장이 아주 높고 웅장한 옛 2층 건물이다. 밀라노를 오고 가는 열차는 대부분 밀라노 중앙역에서 발착한다. 플랫폼(2층)에 내려 유리 차단문을 통과하면 앞에 커다란 아치형 문이 3개 있다. 계단 따라 1층으로 내려가면 중앙홀에는 매표 창구(국내선, 국제선), 자동판매기, 수하물 보관소(5시간 €6, 시간당 €1 추가) 등이 있다. 지하철 티켓은 역내 Tabacchi에서 구입한다. 지하철을 타려면 Metro 표지판을 따라간다.

### ◆ 시내 교통 ◆

버스정류장

밀라노의 주요 교통수단인 메트로는 1호선(빨간색), 2호선(녹색), 3호선(노란색), 5호선(보라색) 4개 노선과 국철(파란색) 1개 노선이 있다. 메트로 입구는 'M'자로 표시한다.
주요 관광 명소를 운행하는 핵심 노선은 두오모와 몬테 나폴레오네를 연결하는 3호선이다. 승차권은 메트로, 버스, 트램 공용이고, 티켓은 메트로역이나 중앙역 담배 가게(Tabacchi), 자동발매기 등에서 살 수 있다.

🌐 www.atm.it
🎫 1회권 €2.2, 1일권 €7.6, 3일권 €15.5, 카르네(10매) €19.5

M(메트로)이라고 똑같은 M(맥도날드)이 아니다.

### tip 밀라노에서 축구경기 보기

이탈리아인의 축구에 대한 열정은 대단하다. 자신의 연고지 클럽 팀이 홈경기를 할 때는 물론 원정 경기를 할 때도 대형 버스를 동원해 찾아갈 정도로 열성적으로 응원한다. 만일 축구 시즌에 이탈리아에 가는 축구 팬이라면 축제 분위기에 동참하는 것도 재미있을 것이다. 프로축구 1부 리그는 세리에 A, 2부 리그는 세리에 B, 3부 리그는 세리에 C1, 4부 리그는 세리에 C2가 있다. 정규 시즌이 끝나면 세리에 A의 하위 4개 클럽과 세리에 B의 상위 4개 클럽이 자동으로 교체된다. 입장권은 €18~. 하지만 시즌권 소지자가 입장권 구입 우선권이 있어 일반인은 입장권 구하기가 쉽지 않다.

**경기 시즌** 8월 말(또는 9월 초)~다음 해 5월
**경기 시간** 15:30(또는 16:30)~, 20:30~
**경기장** 주세페 메아차 경기장(Stadio Giuseppe Meazza)
📍 Via Piccolonimi, 5
🌐 AC밀란 www.acmilan.com
AS로마 www.asroma.com
이탈리아 축구협회 www.figc.it

**AC Milan 경기 티켓 구입처**

Caripo 은행 본점과 지점
📍 Via Verdi
🌐 www.acmilan.com
🚇 메트로 1·3호선 Duomo역 하차

Milan Point Shop
📍 Piazza XXIV Magio(Via San Gottardo 부근)

**Inter Milan 경기 티켓 구입처**

Banca Popolare di Milano 본사와 지사
📍 Piazza Meda 4(메트로 1호선 S. Babila역)
🚇 메트로 1호선 Lotto역 하차. 셔틀버스(무료)를 타고 경기장에 내린다. 또는 메트로 1호선 De Angeli역 하차 후 트램 16번을 타고 경기장에 내린다. 돌아올 때는 셔틀버스가 운행되지 않으므로 Lotto역까지 걸어간다(도보 15~20분). 또는 Piazzale Axum에서 트램 16번을 타고 메트로 1호선 De Angeli역으로 간다.

**산시로 스타디움 박물관**
🌐 www.sansirostadium.com
🕘 09:30~17:00  💰 성인 €35, 학생 €26

## ◆ 밀라노의 추천 코스 ◆

### [ Start ]

**메트로 1·3호선 Duomo역**
Piazza Duomo 출구로 나오면 바로.

↓

**두오모**
바로. 두오모를 바라볼 때 왼쪽 아치 건물.

↓

**비토리오 에마누엘레 2세 갈레리아**
바로. 아케이드를 통과하면 스칼라 광장(레오나르도 다빈치 동상)이 나오고, 길 건너편에 스칼라 극장이 있다.

↓

**스칼라 극장(외관)**
극장을 바라볼 때 오른쪽 길 북쪽 Via Giuseppe Verdi → Via de Brera를 따라 직진하면 오른쪽에 벽돌색 건물이 보인다. 도보 7분 소요.

↓

**브레라 미술관(시간 없으면 생략)**
왔던 길로 되돌아가 첫 번째 길 Via del Carmine로 우회전해 직진하면 바로. 도보 10분 소요.

↓

**스포르체스코 성**
성 정문을 나와 분수대를 등지면 바로 단테 거리와 연결. 도보 3분 소요.

↓

**단테 거리(점심 식사)**
단테 거리에서 직진하면 코루두시오 광장이 나온다. 이곳에서 트램 16번을 타고 Santa Maria delle Grazie에서 하차하면 바로. 적색 벽돌 건물이 교회다. 총 15분 소요.

↓

**산타 마리아 델레 그라치에 교회**
교회 앞 길 건너편에서 트램 16번을 타고(10분 소요) Duomo에서 하차.

> **TIP** 두오모에서 바로 교회로 갈 경우 두오모를 등지고 트램이 다니는 차선 왼쪽 정류장에서 16번 트램을 탄다.

↓

**오후 쇼핑**
(두오모, 몬테 나폴레오네 거리)

### [ Finish! ]

---

### Q&A

**여행 적기는?**
4~6월, 9~10월, 7·8월은 더우니 가급적 피한다.

**교통비는 얼마나 들지?**
메트로를 3회 이상 이용한다면 1일권(€7.6)을 구입한다.

**점심 식사는 어디서 할까?**
두오모, 단테 거리 주변에서.

**쇼핑할 때 바가지를 조심해야 할 곳은?**
비토리오 에마누엘레 2세 갈레리아는 특히 동양인에게는 바가지 씌우기로 유명하니 가급적 쇼핑이나 식사를 피한다.

**최후의 만찬을 보려면?**
방문 일정에 맞춰 최소 3개월 전에 예약을 해둔다. 예약을 못했다면 과감히 포기한다.

**가 볼만한 근교 아웃렛은?**
세라발레 아웃렛(P. 611 참조)

**최고의 포토 스폿은?**
두오모 지붕은 꼭 올라간다. 밀라노 전경이 환상적으로 펼쳐진다.

일요일에 두오모 광장에서 시민을 위한 이벤트가 벌어진다.

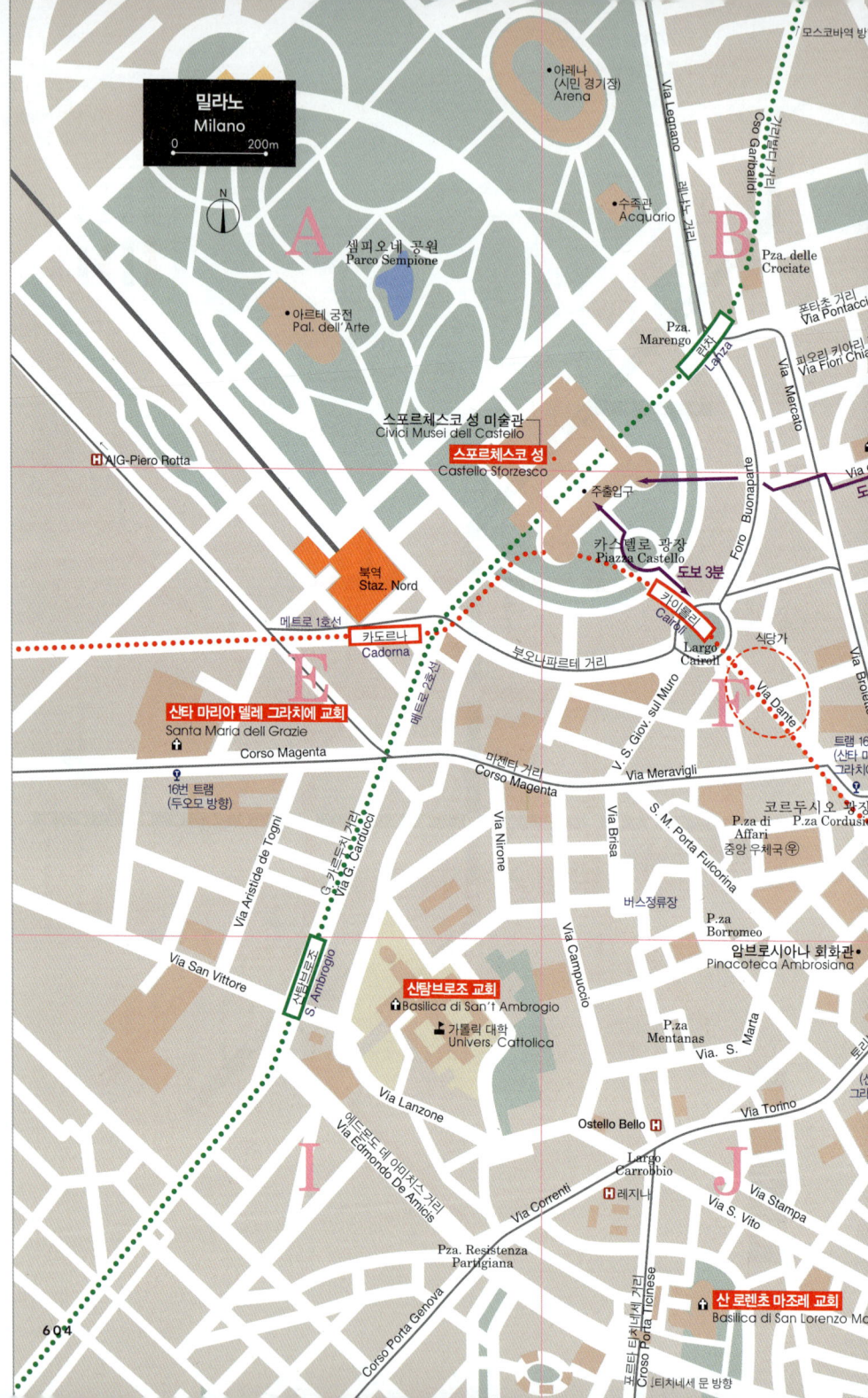

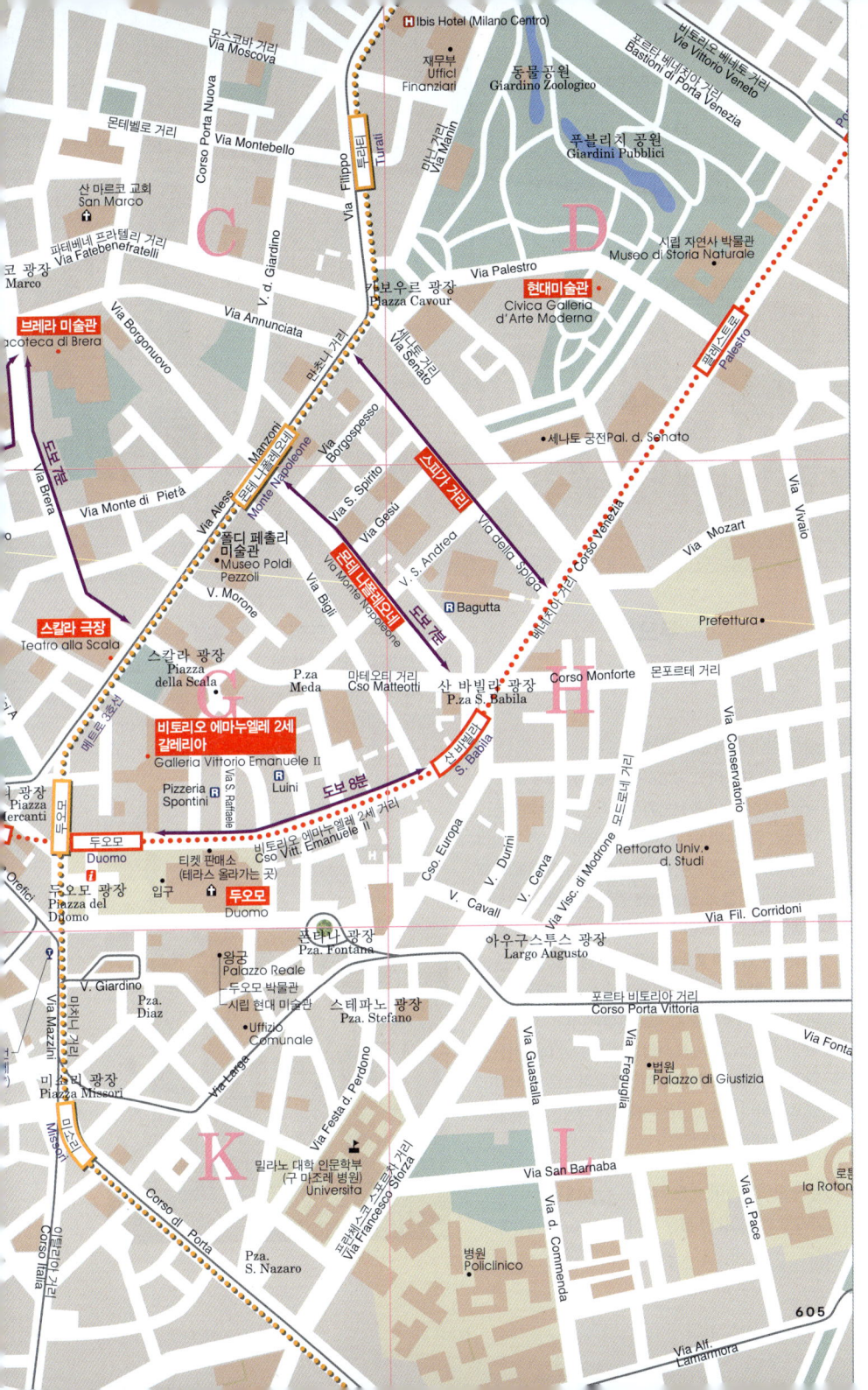

# SIGHTSEEING
## 밀라노

### 두오모
#### Duomo
★

**세계 최대 고딕양식 대성당**

밀라노의 랜드마크. 1386년에 세워진 세계 최대 고딕양식 대성당이며 유럽에서 바티칸의 산 피에트로 대성당, 런던 세인트 폴 대성당 다음으로 큰 교회이다. 1386년 밀라노공 잔 갈레아초 비스콘티에 의해 건축을 시작한 후 500년에 걸쳐 완성했다. 8년 후 나폴레옹은 이곳에서 황제로 즉위했다. 두오모는 **135개의 첨탑과 2,245점의 조각상**으로 장식된 하얀 대리석의 화려한 건축물이다. 그중 파사드는 고딕과 바로크양식을 가미한 혼합체이다. 가장 높은 첨탑(108.5m)에는 도시의 수호신 황금 마리아상이 있다. 내부는 화려한 스테인드글라스로 장식되어 있고 지하의 보물고에는 아름답게 세공된 보석 장식품이 전시되어 있다.

**두오모의 하이라이트 테라스 전망대 ★**

두오모의 하이라이트는 옥상 지붕(Terraces)이다.

광장에서 두오모 왼쪽으로 가면 옥상 출입구가 있다. 계단(엘리베이터)를 타고 옥상으로 올라가면 작은 첨탑으로 숲을 이룬 화려한 모습에 놀라게 된다. 수많은 첨탑과 성자와 사도들의 조각상을 가까이에서 볼 수 있으며 맑은 날에는 알프스 산맥까지 시야

두오모의 첨탑

두오모의 지붕

에 들어온다. 성당 지붕 대신 무료로 광장 뷰를 즐기고 싶으면 두오모 정면을 바라볼 때 오른쪽에 있는 계단으로 올라간다. 2층 난간에 서면 두오모의 측면의 웅장한 모습과 광장이 한눈에 들어온다. 두오모 앞의 넓은 두오모 광장은 주말이면 무대장치를 설치해 다채로운 볼거리를 제공한다. 중앙에 비토리오 에마누엘레 2세 기념 동상이 있다

### 단정한 복장, 사전 예약
짧은 치마(반바지), 민소매 착용 금지. 음료 및 액체류 반입이 안된다. 또한 시간대 별로 입장객 수를 제한해서 입장권이 마감될 수 있으니 가급적 사전 예약한다.

※ **무료 화장실** 광장에서 두오모를 바라볼 때 광장 오른쪽에 있는 지하 계단을 내려가면 화장실이 있다.

- Piazza del Duomo
- www.duomomilano.it
- **두오모** 09:00~19:00 휴무 5/1, 12/25
  **박물관** 10:00~19:00 휴무 수요일
- **Combo Lift**(성당+박물관+산고타도 교회+사진 전시+리프트) 성인 €25, 학생 €12.5
  **Combo Stairs**(두오모+박물관+산고타도 교회+계단) 성인 €20, 학생 €10, **Duomo+Museum**(두오모+박물관+산고타도교회) 성인 €10, 학생 €5
- 메트로 1·3호선 Duomo역에서 도보 1분. 티켓 창구는 두오모 서쪽(광장에서 바라볼 때)에 있다.
- 지도 P.605-G

# 비토리오 에마누엘레 2세 갈레리아
Galleria Vittorio Emanuele II

### 웅장한 쇼핑 아케이드
유리로 된 높은 돔형 천장과 모자이크로 장식된 바닥이 있는 쇼핑 아케이드이다. 1865~1877년 건축가 주세페 멩고니가 설계해 완성했다. 통일 이탈리아 왕국 초대 국왕의 이름을 딴 이곳은 두오모 광장과 스칼라 광장까지 200m 길이의 통로가 연결되어 있다. 아케이드 내부 바닥은 모자이크로 장식되어 있고 중앙은 십자로가 교차한다. 중앙 십자로 유리 창 돔형 천장 아래 4방향 벽면에는 프레스코화가 있는데, 이는 4대륙(유럽, 아시아, 아프리카, 아메리카)을 상징한다. 또한 중앙 십자로에 그려진 **8각형 모자이크 바닥에는 주요 4개 도시의 상징(피렌체의 백합, 로마의 늑대, 밀라노의 십자가, 토리노의 황소)**으로 둘러싸인 사보아 이탈리아 통치 가문의 상징이 그려져 있다.

### 황소 그림의 전설
특히 황소 그림의 생식기를 밟고 한 바퀴 돌면 소원이 이뤄진다는 **전설**이 있어 항상 많은 사람들로 붐빈다. 아케이드 안에는 루이비통, 프라다 등 유명 브랜드숍, 레스토랑, 카페, 대형 서점, 맥도날드 등이 있다.

- Galleria Vittorio Emanuele II
- 메트로 1·3호선 Duomo역에서 도보 1분
- 지도 P.605-G

스칼라 광장

## 스칼라 극장
### Teatro alla Scala

**세계 3대 오페라하우스**

밀라노의 스칼라 극장은 파리, 빈과 더불어 세계 3대 오페라하우스 중 하나이다. 1776년 신고전주의양식 건축가인 피에르 마리니가 설계해 1778년에 완공했다. 산타 마리아 델라 스칼라 교회 터에 지어진 데서 극장 이름이 유래했다. 1943년 전쟁으로 폐허가 된 것을 설계도를 토대로 복원했다.

2,000명을 수용할 만큼 규모가 큰 오페라 전문극장에서 베르니, 푸치니 등 세계적인 오페라 작곡가들이 초연했다. 유명한 성악가라면 누구나 이곳에서 공연하는 것 자체가 명예와 영광을 얻는 것이라 생각한다. 극장 건너편의 스칼라 광장에 레오나르도 다빈치와 그의 제자상이 있다.

- Corso Magenta ◎ www.teatroallascala.org
- 오페라 공연 €13~210, 발레 공연 €11~127

**스칼라 극장 박물관**
- 09:30~17:30(입장 마감 폐관 30분 전까지)
  휴무 1/1, 5/1, 8/15, 12/7, 12/25·26
- 성인 €15, 학생 €12
- 메트로 1·3호선 Duomo역에서 도보 5분. 두오모 광장에서 비토리오 에마누엘레 2세 갈레리아 통로를 지나면 스칼라 광장이 나오고 광장 건너편에 스칼라 극장이 있다.
- 지도 P.605-G

## 스포르체스코 성
### Castello Sforzesco
★

**거장들이 복원한 성**

15세기 비스콘티가(家)가 통치할 때 세운 성으로 밀라노의 랜드마크 중 하나이다. 1440년대에 파괴되었다가 밀라노의 성주 스포르차가 **레오나르도 다빈치**, **브라만테** 등 당대 유명 건축가에게 의뢰해 복원했다. 이곳은 그의 후원 세력과 더불어 유럽에서 가장 강력한 궁전의 심장이 되었다. 스포르차가 몰락하자, 19세기부터 박물관으로 변경해 사용하고 있다. 가장 볼만한 작품은 1층의 미켈란젤로가 말년에 조각한 〈론다니니의 피에타〉, 만테냐의 〈성모와 성인들〉, 벨리니의 〈성모자〉가 있으며 이 밖에도 많은 작품이 있다.

- Piazza Castello
- www.milanocastello.it
- 성 정원 매일 07:00~19:30, 박물관 화~일요일 10:00~17:30 휴무 월요일, 1/1, 5/1, 12/25
- 성 정원 무료, 박물관 성인 €5, 학생 €3
  무료 입장 매월 1, 3주 화요일 14:00~, 매월 첫 번째 일요일
- 메트로 1호선 Cairoli역에 내리면 바로 보인다.
- 지도 P.604-G

## 브레라 미술관
### Pinacoteca di Brera
★

### 르네상스 회화의 걸작 전시

피렌체의 우피치 미술관과 더불어 이탈리아에서 가장 유명한 미술관이다. 40개의 전시실에 롬바르디아파와 베네치아파의 르네상스 회화의 걸작을 비롯한 600여 점이 전시되어있다. 안드레아 만테냐의 〈죽은 그리스도〉, 조반니 벨리니의 〈피에타〉, 틴토레토의 〈성 마르코 유해의 발견〉, 라파엘로의 〈마리아의 결혼(Sposalizio della Vergine)〉, 베로네세의 〈시몬 집에서의 만찬〉 등 베네치아파의 작품과 가난한 사람들을 주로 그렸던 17세기 롬바르디아파의 카라바조 〈엠마오에서 저녁식사〉를 비롯한 사실주의 화가들의 작품들도 있다.

마리아의 결혼

- Via Brera 28
- www.pinacotecabrera.org
- 08:30~19:15 휴무 월요일, 12/25
- €15, 첫째 주 일요일 무료(예약 필수), 만 65세 이상 화~수요일 €1 두오모에서 도보 10분. 스칼라 광장에서 극장을 바라볼 때 극장 오른쪽의 북쪽 길(Via Guiseppe Verdi)을 따라 직진하면 벽돌색 건물이 보인다.
- 지도 P.605-G

## 산타 마리아 델레 그라치에 교회
### Santa Maria delle Grazie
★

### 〈최후의 만찬〉을 전시

15세기 중반 고딕양식으로 세워진 도미니크회 수도원. 1492년 건축가 브라만테가 설교단, 수도원, 돔 등을 개축해서 지금의 모습이 되었다. 이 교회가 유명세를 탄 이유는 수도원 내부 식당 벽에 그려진 레오나르도 다빈치의 불후의 명작 〈최후의 만찬〉 때문이다. 당시 43세였던 다빈치가 1495년 완성한 이 작품은 최후의 만찬에서 예수가 '여기 있는 제자 중의 한 명이 나를 배반할 것'이라 예언하자 이에 충격을 받은 제자들이 보인 찰나의 순간을 사실적으로 잘 드러내고 있다.

수도원 입구. 이곳에 레오나르도 다빈치의 〈최후의 만찬〉이 있다.

### 템페라 기법

그는 완벽한 작품을 만들기 위해 당시 사용했던 **프레스코화 기법**(회벽이 마르기 전에 그 위에 색을 칠하는 기법)대신 색을 칠해 놓은 벽이 다 마른 후 다시 덧칠을 하는 정교한 **방법(템페라 기법)**을 사용했다. 그러나 작품은 완성된 5년 후부터 훼손되기 시작했다. **다빈치는 템페라와 유화를 섞어 만든 벽화는 쉽게 변질된다는 사실을 당시에는 몰랐던 것이다.**

〈최후의 만찬〉이 있는 수도원 내부

나폴레옹 군대가 수도원을 마구간으로 사용하고 프레스코화를 사격 실습에 사용했다. 실내에 습기가 많아지면서 작품이 상당히 손상되었고, 1943년에는 2차 세계대전으로 폭격까지 당했지만 다행히 프레스코화는 심한 훼손을 피할 수 있었다. 1977년 이후 전문가들에 의해 대대적인 보수공사를 거쳐 어느 정도 원작이 복원되었다.

- Piazza Santa Maria delle Grazie
- www.legraziemilano.it
- 성당 월~토요일 07:00~13:00, 15:00~19:30, 일요일·공휴일 07:30~12:30, 15:00~21:00 휴무 1/1, 5/1, 12/25
- 성당 무료
- 두오모에서 트램 10분. 두오모 광장에서 두오모를 등지고 트램이 다니는 차선 왼쪽 정류장에서 트램 16번을 타고 교회 앞(5정거장)에서 내린다. 지도 P.604-E

> **tip** 〈최후의 만찬〉 관람 예약
>
> 〈최후의 만찬〉을 보려면 **전화나 인터넷 예약 필수**. 작품 보호를 위해 입장객을 15분 간격으로 30명씩 제한해서 입장시킨다. 예약 없이 관람할 수 있는 행운은 예약자가 취소하거나, 나타나지 않거나, 25명이 채워지지 않았을 때뿐이다. 관람을 원하면 한국에서 일정에 맞춰 인터넷 예약을 해둔다. 단, 3개월 단위로 예약을 받는데, 개시와 동시에 3개월분 예약이 당일에 마감된다. **매표소는 교회 정문을 바라볼 때 왼쪽**에 있으며, 예약 티켓은 입장 30분 전에 도착해 티켓과 신분증(여권)을 제시한다. 취소, 변경, 환불이 안 된다. **예약하기 힘들면 약간 비싸더라도 마음 편하게 가이드 투어(€24)에 참여한다**.
>
> - 예약 홈페이지 https://cenacolovinciano.vivaticket.it
> - 예약 전화 +39 02 92800360
> - 화~일요일 08:15~19:00(입장~18:45), 가이드 투어(영어) 9:30/11:30/12:30/15:00/17:00/17:30 휴무 월요일, 1/1, 5/1, 12/25
> - 입장료 €15, 가이드 투어(영어) €24, 무료(첫째 주 일요일, 18세 이하, 예약 필수)

성당 옆 수도원에 있는 레오나르도 다빈치의 〈최후의 만찬〉
1 요한 2 베드로 3 가룟 유다(배신자) 4 안드레(베드로의 동생) 5 야고보(알패오의 아들) 6 바돌로매 7 도마(토마스) 8 야고보(요한의 형) 9 빌립 10 마태 11 유다 다대오(야고보의 아들) 12 시몬

# SHOPPING
# 밀라노의 쇼핑

### ◆ 쇼핑 거리 ◆

유명 브랜드숍이 세련되고 현란하게 밀집되어 있는 몬테 나폴레오네 거리와 스피가 거리는 구경하는 것만으로도 여간 재미있는 게 아니다.

### 몬테 나폴레오네 거리 Via Monte Napoleone

메트로 3호선 몬테 나폴레오네역에서 메트로 1호선 산 바빌라역을 연결하는 약 500m 거리를 말한다. 거리 양쪽에는 구찌, 카르티에, 크리스찬 디오르, 베르사체, 프라다, 루이비통, 아르마니 등 세계적인 유명 브랜드숍이 줄지어 있다. 세련된 의상을 입고 명품 거리를 거니는 이탈리아 남성들의 모습을 보노라면 질투가 날 정도로 멋지다.

- 메트로 3호선 Montenapoleone역 하차
- 지도 P.605-G

### 스피가 거리 Via della Spiga

몬테 나폴레오네 거리와 평행을 그리며 나란히 있는 스피가 거리는 세계의 패션 흐름을 주도하는 사마(안경), 스포트막스, 토즈, 에르메스, 돌체 & 가바나, 질리, 로렌초반프(가죽) 등 명품 브랜드와 캐주얼 브랜드가 밀집해 있다.

- 메트로 1호선 S. Babila역 하차
- 지도 P.605-G

### ◆ 아웃렛 ◆

### Fidenza Village

밀라노 근교(밀라노와 볼로냐 사이)에 위치한 피덴자 빌리지는 아르마니, 베르사체, 미쏘니, 트루사디, 나이키, 쌤소나이트 등 100여 개의 유명 브랜드 매장이 입점해 있다. 40~60% 할인해 €50~300에 구입할 수 있다. €150 이상 구매 시 세금 환급(14%)을 받을 수 있다.

- Via San Michele Campagna Località Chiusa Ferranda 43036 Fidenza / www.fidenzavillage.com | www.thebicestercollection.com/fidenza-village/it
- 10:00~20:00 / 밀라노 중앙역에서 일반열차를 타고 피덴자(Fidenza)역 하차(1시간 10분 소요). 역 앞(Ex Foro Boario area)에서 아웃렛행 셔틀버스 운행(요금 €0.5). 또는 투어버스(Shopping Express)를 이용해도 편하다(왕복 요금 €20, 인터넷 예약 시 €10).

**셔틀버스 운행**
- 밀라노 공화국 광장(Piazza Della Repubblica 5 corner via Turati)에서 09:45 출발
- 피덴자 빌리지 17:30 출발

### Seravalle

면적이 3만 5,000㎡나 되는 유럽에서 가장 규모가 큰 아웃렛. 불가리, 프라다, 돌체 & 가바나, 페라가모, 베르사체 등 고급 브랜드 매장이 180개 이상 모여 있다. 제품에 따라 30~70% 할인을 한다. 여름 세일 기간은 7월 7일~8월 31일.

- Via della Moda, 11
- www.mcarthurglen.com/it/outlets
- 10:00~21:00 / 밀라노 중앙역에서 제노바로 가는 IR 열차를 타고 Arquata Scrivia역에서 하차. 역에서 아울렛까지는 셔틀버스(€2)로 이동한다. 밀라노에서 셔틀버스도 매일 운행된다(왕복 요금 €20).

**셔틀버스 운행**
출발지 Stazione Centrale Largo Cairoli(1호선)
- www.zaniviaggi.it
- 밀라노 출발 09:00/09:30/10:30/13:00, 아웃렛 출발 16:15/17:00/19:30/20:15

예약처 Zani Viaggi Milano

# 밀라노의 맛집

### ◆ 두오모 주변 ◆

**Panzerotti Luini**
1888년에 오픈한 전통 있는 빵집. 양질의 재료와 정교한 반죽 솜씨로 최상의 맛과 신선도를 보장한다. 밀라노에서 처음 만든 판체로티(Panzerotti, 반달 모양의 빵에 토마토, 치즈 등을 토핑)와 아이스크림 맛으로 정평이 나있다. 예산 €3~.

- Via Santa Radegonda, 16  www.luini.it
- 월~토요일 10:00~20:00 **휴무** 일요일  두오모 광장 근처. 두오모 서쪽 티켓 창구를 지나 왼쪽 좁은 길(Via Santa Radegonda)로 가면 나온다.  지도 P.605-G

**Pizzeria Spontini**
밀라노에 15개 분점이 있을 정도로 유명한 피자집이다. 이곳 두오모 분점은 포장 판매(takeaway)만 하고 있다. 피자 1조각 €5~.

- Via Santa Radegonda, 11
- www.spontinimilano.com
- 월~금요일 11:30~15:00, 18:30~22:30, 토~일요일 11:30~23:30  두오모 광장 근처. 두오모 서쪽 티켓 창구와 마주한 골목길(via S. Raffaele)에 위치
- 지도 P.605-G

# 밀라노의 숙소

### ◆ 중앙역 주변 ◆

**Ostello Milano "Piero Rotta"**
침대 376개를 갖춘 밀라노 공식 유스호스텔. 세탁실, 전자 로커, 수하물 보관함, 게임 룸, 자판기, 주차장 등을 완비했다. 객실은 2,3,4,6인실이 있고, 리셉션은 24시간 개방되어 있다.

- Via Salmoiraghi angolo via Calliano-20148 Milano  www.ostellomilano.com
- 도미토리 €19.91~, 더블 €64.3~, 조식 포함
- 중앙역에서 메트로 2호선(Famagosta행)을 타고 Cadorna역에서 하차. 메트로 1호선(RHO FIERA행)으로 환승해 QT8역에 하차 후 Via Cascina Majetta 방향으로 나와 오른쪽으로 100m 정도 걸어간다.  지도 P.604-A

**Ibis Hotel (Milano Centro)**
중앙역에 체인망을 두고 있는 저렴하고 세련된 호텔. 인터넷 사용 가능.

- Via Finocchiaro Aprile, 2  www.all.accor.com
- 2인 1실 €77~, 조식 별도  메트로 3호선 Repubblica역에서 도보 3분. 역에서 나와 레푸블리카 광장에서 비알레 비토리오 베네토 거리(Viale Vitorio Veneto)로 걷다 첫 번째 블록에서 좌회전해 좁은 골목(Via Zarotto)을 따라 사거리를 지나면 바로 오른쪽에 있다.  지도 P.605-D

### ◆ 두오모 주변 ◆

**Ostello Bello**
5층 건물에 침대 50개의 시설을 갖춘 호스텔. 두오모 광장 근처에 위치해 관광에 편리하다. 24시간 리셉션을 오픈한다. 침대마다 USB 플러그가 설치되어 있고, 수하물 보관소, 객실마다 에어컨이 있다.

- Via Medici, 4  www.ostellobello.com
- 8인실 €31.90~, 6인실 €33.90~, 더블 €84~
- 메트로 1·3호선 Duomo역에서 도보 10분
- 지도 P.604-J

> **tip  숙박비가 비싼 기간은?**
> 국제 가구박람회 개최 기간(숙박비가 비싼 기간은 2025.04.08.~2025.04.13.)에는 전체적으로 숙박료가 비싸니 그 기간은 피하는 것이 좋다.

# Venezia
## 베네치아

베네치아는 이탈리아에서 가장 독특한 아름다움을 간직하고 있는 곳으로, 석호(라구나) 한가운데 수로 위에 세워진 물의 도시이며, 150개의 운하와 400개의 다리가 거미줄처럼 연결되어 있는 미로의 도시이기도 하다. S자형을 그리면서 시내 중심부를 흐르는 길이 4km의 대운하(Canal Grande) 주변에는 귀족과 상인들의 호화로운 고딕양식 저택들이 고색창연한 자태를 뽐내고 있다. 한때(15~16세기) 동방의 향신료, 후추, 면직물과 지중해 연안국의 밀, 포도, 올리브유, 소금 등을 교역하며 크게 번창했던 베네치아는 피렌체와 더불어 르네상스 문화를 꽃피웠던 도시다. 베네치아파 회화를 구축했던 티치아노, 틴토레토, 베로네세 등 거장들의 작품을 접할 수 있는 곳, 곤돌라를 타고 미로 같은 소운하 사이를 헤치면서 가곡 산타루치아 한곡을 뽑으며 분위기를 낼 수 있는 곳, 좁다란 미로를 헤매며 숨바꼭질하는 재미를 느껴볼 수 있는 곳. 그곳이 바로 베네치아다.

# 베네치아 가는 법

### 주요 도시와의 이동 시간
- 파리 → 베네치아 EN야간열차 13시간
- 취리히 → 베네치아 EC열차 6시간 30분
- 뮌헨 → 베네치아 EN야간열차 10시간, EC열차 7시간
- 빈 → 베네치아 EN야간열차 8시간 50분
- 부다페스트 → 베네치아 EN야간열차 13시간
- 밀라노 → 베네치아 ES초고속열차 2시간 30분
- 피렌체 → 베네치아 ES초고속열차 2시간

### ◆ 비행기로 가기 ◆

베네치아는 유럽 어디에서나 항공, 열차, 버스가 연결되어 있어 교통편이 양호하다. 특히 저가 항공을 이용하면 저렴하고 빠르게 갈 수 있다. 한국에서는 아시아나항공이 주3회(성수기에 부정기선 운항) 직항편을 운항 중이다. 베네치아 마르코폴로 공항에서 산타루치아역 건너편에 있는 로마 광장까지는 ATVO 직행버스가 운행된다.

@ www.veniceairport.it

### 공항에서 시내로 이동하기
#### ACTV(시내버스) / ATVO(공항버스)
마르코폴로 공항~로마 광장(Piazzale Roma)을 연결하는 5·35번 버스와 마르코폴로 공항~메스트레역을 연결하는 15·45번 버스가 있다.

@ www.actv.it | www.atvo.it
편도 €10(75분 유효), 왕복 €18  20분 소요

#### 수상버스
공항에서 시내까지 연결하는 알리라구나 노선(Alilaguna Line)

@ www.alilaguna.com  편도 €15
1시간 소요(마르코폴로 공항 → 리도 → 산 마르코)

### ◆ 기차로 가기 ◆

#### 산타루치아역 Stazione S.Lucia
많은 국제 열차가 베네치아와 유럽의 주요 도시를 연결하고 있어 편리하다. 타 지역에서 베네치아로 들어올 때, 베네치아 산타루치아역(종착역) 전 역인 베네치아 메스트레역에 먼저 정차한다. 만약 메스트레역이 종착역이라면 이곳에서 갈아타고 산타루치아역으로 간다. **열차에 따라 종착역이 다를 수 있으니 탑승 전에 확인한다.** 산타루치아역은 베네치아 종착역으로 늘 여행객들로 붐빈다. 1층에 플랫폼, 매표소, 여행안

산타루치아역

내소, 담배 가게(Tabacchi, 바포레토 티켓 판매), 수하물 보관소 등의 시설이 있다.

### 수하물 보관소

- 대운하를 관통하는 바포레토로 이동 시 꽤 불편하다. 당일 일정이면 수하물 보관소에 짐을 맡기고 가볍게 이동한다.
  - 1일 €10, 5시간 €6, 이후 시간당 €1 추가
- 역에서 나오면 넓은 광장 끝자락에 **수상버스 승선장(Ferrovia)**이 있다.
- 역에서 나와 왼쪽으로 가면 리스타 디 스파냐거리 (Rio Terra lista di Spagna)로 연결된다. 〈PER RIALTO〉 표지판을 따라 20~30분 정도 걸어가면 **리알토 다리**와 **산 마르코 광장**이 나온다.

베네치아 전경

베네치아의 곤돌라

> **tip** 여행 안내소
>
> **산타루치아역 여행 안내소**
> 🏠 Ferrovia S. Lucia @ www.turismovenezia.it ⏰ 07:00~21:00  휴무 1/1, 12/25  📍 역내
>
> **산 마르코 광장 여행 안내소**
> 🏠 San Marco 71/f @ www.turismovenezia.it ⏰ 09:00~18:30
> 📍 산 마르코 성당에서 광장을 바라볼 때 왼쪽 건물(ㄷ자) 북쪽 끝에 위치

> **tip** 베네치아에서 유용한 교통카드
>
> **롤링 베니스 카드 Rolling Venice Card**
> 6~29세 여행객들에게 호텔, 식당, 쇼핑, 뮤지엄 등을 이용할 때 할인 혜택을 주는 카드로 공항버스도 이용 가능.
> - €6(롤링 베니스 카드 소지자가 72시간 유스패스 구입 시 €27로 할인해 준다)
>
> **베네치아 유니카 시티 카드 Venezia Unica**
> 기존 베니스 카드를 대체한 베네치아 유니카 시티 카드는 두칼레 궁전 및 10개 주요 박물관 등을 무료로 관람하고 주요 관광지를 할인받을 수 있는 카드. 최근 발급된 카드에는 가장 중요한 교통카드 기능이 빠졌으니 꼼꼼히 비교해보고 구입한다. 개시일로부터 7일 동안 사용할 수 있다.
> @ www.veneziaunica.it
> - Junior city pass(만 6~29세), Senior city pass(만 65세~) €31.9~, Adult city pass(만 30~64세) €52.9

# 베네치아의 시내 교통

베네치아는 바다와 운하로 둘러싸인 수상 도시이기 때문에 자동차가 없다. 유일한 교통수단은 **수상버스 (바포레토), 수상택시, 곤돌라**이다. 자동차나 공항버스, 플릭스버스를 이용해 베네치아에 올 경우 자유의 다리(Ponte della Liberta)를 건너 로마 광장(Piazzale Roma)에서 내린다. 자동차로 왔다면 광장 앞에 있는 공용 주차장 빌딩에 주차한다.

로마 광장 앞 바포레토 티켓 판매소

### 로마 광장 도착 시
광장에 있는 매표소에서 티켓을 구입하고 승선장(수상버스 정류장)으로 가서 수상버스를 타고 시내로 이동한다.

### 산타루치아역 도착 시
역에서 나오면 광장 끝자락에 **수상버스 승선장(Ferrovia, 승선장 옆에 매표소 위치)**이 있다. 이곳에서 티켓을 구입하고 승선장에서 바포레토(수상버스)를 탄다.

산타루치아역 앞 광장 왼쪽 끝이 바포레토 티켓 판매소

### 메스트레역 도착 시
메스트레역 주변에서 1박을 하고 산타루치아역으로 갈 경우 기차는 산타루치아행 열차, 버스는 2번 버스나 베네치아행 버스를 타고 로마 광장에 내린다.

---

◆ **바포레토(수상버스) Vaporetto** ◆

대운하를 누비는 바포레토는 베네치아의 주요 명소와 무라노, 리도, 부라노섬 등 인근 지역을 수시로 운항한다. 운항 시간은 아침 일찍부터 심야까지이며 약 10분 간격으로 다닌다. **Hop-On, Hop-Off** 방식이라 수시로 승하차할 수 있다.

### 승선권 구입
바포레토 승선장(노란색 표지판에 ACTV라 적혀있음)에서 티켓은 구입한다. 승선장은 노선별로 나뉘어 있으니 이용할 노선을 정확히 확인한다. 당일 일정(1박 포함)이면 24시간 티켓을 끊는다. 유효 시간은 개찰 후부터 적용된다. 만약 공항에서 출발한다면 1일 티켓에 공항버스 요금이 포함된 티켓을 구입한다.

- 1회권 €9.50(편도 75분 유효), 1일권 €25, 2일권 €35, 3일권 €45, 7일권 €65

여행자 카드(Travel Card ACTV)
@ 교통 정보 www.actv.it | www.veneziaunica.it
- 통합권 1일권+공항버스 왕복 €38(편도 €32), 2일권+공항버스 왕복 48(편도 €42), 3일권+공항버스 왕복 €58(편도 €52)

### 바포레토 핵심 노선
- **1번** 바포레토의 노선 중 1번이 주요 관광지를 통과하는 주요 노선이다. 로마 광장에서 산 마르코 광장까지 승선장마다 정차하며 리도섬까지 왕복한다. 맨 앞줄 또는 맨 뒤쪽에 앉으면 베네치아의 멋진 풍광을 사진에 담을 수 있다.

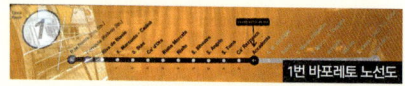
1번 바포레토 노선도

산타루치아 역 앞 광장

승선장에서 개찰기에 티켓을 터치하면 바가 열린다.

※ 주요 승선장

로마 광장(Piazzale Roma) → 페로비아(Ferovia, 산타루치아역) → 리알토(Rialto) → 아카데미아(Academia) → 산 마르코 광장(Piazza San Marco) → 리도(Rido)

- **2번** 산 마르코 광장(San Marco/S. Zaccaria B) → 주데카섬(Giudecca) → 트론케토(Tronchetto) → 로마 광장 → 페로비아 → 리알토 → 아카데미아 → 산 마르코 광장(Giardinetti)
- **4·1번, 4·2번** 본섬(로마 광장, 페로비아) → 무라노(Murano)

### 승선

승선장 대합실에 부착된 행선지별 노선도를 보고 **노선 번호와 행선지**를 확인한다. **진행 방향이 다르면 같은 노선이어도 반대 방향으로 가니 유의한다.** 승선장에 있는 전자 개찰기에 티켓을 터치하면 전자음을 내며 자동 개찰된다. 미개찰시 무임승차로 간주해 벌금(€52)을 문다.

### 하선

바포레토 노선도를 보고 출발지에서 목적지까지 선착장이 몇 번째인지 확인한다. 바포레토 승선장에 가까워지면 선착장 표지판에 적힌 정류장 이름을 확인하고 내린다.

> ◆ **곤돌라** Gondola ◆

'흔들린다'는 뜻의 곤돌라는 운하 사이를 날렵하게 빠져나간다. 운 좋으면 노래 잘하는 곤돌리에(Gondolier)를 만나 이탈리아 민요를 들을 수도 있다. 이곳 뱃사공들은 10년 이상 된 베테랑들이라 사고 위험은 없다. 곤돌라는 2인용, 6인용, 20인용 등 다양하다. 전

성기에는 곤돌라에 사치 예방을 위해 모든 곤돌라를 검은색으로 칠했다고 한다. 반드시 요금(기본 요금 30분 €80, 야간 €120)을 흥정한다. 1인당 €31~.

곤돌라

📧 **요금 정보** www.veneziagondola.com

> ◆ **수상택시** Taxi Acquei ◆

모터보트에 5~6명에 짐까지 실을 수 있다. 리알토 다리, 산 마르코 광장 등에 승선장이 있다. 마르코폴로 공항에서 산타루치아역까지 요금 €140. 짐이 많고 일행이 5~6명 된다면 비교적 저렴하게 이동할 수 있다.

📧 www.motoscafivenezia.it

수상택시

> ◆ **트라게토** Traghetto ◆

베네치아는 골목 사이사이도 그물처럼 소운하가 뻗어 있는데, 가까이에 대운하를 건널 수 있는 다리가 없을 때 다리 역할을 해주는 트라게토(작은 곤돌라)라는 교통수단이 있다. 대운하에서 느껴보지 못한 색다른 즐거움을 만끽할 수 있다.

💰 편도 €2~5

> **tip** 물의 도시 베네치아에서 길 찾기

### 거리 이름을 알아두자
베네치아는 150개의 운하와 400개의 다리가 있어 다른 지역과는 다른 특이한 거리 이름이 있다.

- 카날 Canal 큰 운하
- 리바 Riva 큰 운하와 맞닿아 있는 길
- 비아 Via 이탈리아어로 거리를 의미
- 살리차다 Salizzada 돌이 깔린 길
- 캄포 Campo 넓은 광장
- 소토 포르테고 Sotto Portego 터널 길
- 리오 Rio 작은 운하
- 폰다멘타 Fondamenta 작은 운하와 맞닿아 있는 길
- 칼레 Calle 베네치아에서 거리를 의미
- 라모 Ramo 좁은 골목길
- 캄피엘로 Campiello 작은 광장

리오

캄포

카날

폰타멘타

### 표지판 보는 방법
베네치아의 길은 대부분 미로처럼 비좁은 소로이기 때문에 자칫하면 헤매기 일쑤다. 건물 벽면 위쪽에 부착된 노란색 표지판의 화살표를 따라 이동하면 쉽게 찾아갈 수 있다.
예를 들어 산 마르코 광장은 'San Marco→', 리알토 다리는 '←Per Rialto' 등으로 표시되어 있다. 산 마르코 광장은 오른쪽으로, 리알토 다리는 왼쪽으로 가라는 표시이다. 건물 벽면에 붙어 있는 거리명과 지도상의 거리명을 비교하면 현 위치를 쉽게 찾을 수 있다.

길 안내 표지판

# ◆ 베네치아의 추천 코스 ◆

**[ Start ]**

**산타루치아역**
↓ 바포레토 1번, 2번(15분 소요).

**리알토 다리**
↓ 바포레토 1번, 2번(15분 소요).

**아카데미아 미술관**
↓ 지도상으로 동쪽으로 직진 (도보 5분).

**페기 구겐하임 컬렉션**
↓ 지도상으로 동쪽으로 직진 (도보 3분).

**산타 마리아 델라 살루테 교회**
↓ 바포레토 1번(5분 소요).

**산 마르코 광장(점심 식사)**
↓ 바로.

**산 마르코 대성당**
↓ 바로.

**종루**
↓ 바로.

**두칼레 궁전**
↓ 궁전에서 대운하를 볼 때 왼쪽으로 가면 바로.

**탄식의 다리**
↓ 무라노섬으로 갈 때는 산 마르코 광장의 S. Zaccaria 승선장에서 바포레토 4·1번 (1시간 소요/4·2번은 우회)을 이용. 리도섬으로 갈 때는 1번, 2번, 5·1번 이용(20분 소요).

**무라노섬 또는 리도섬**
위 코스는 본섬 1일 코스이므로, 여유롭게 무라노, 리도섬을 다녀오려면 2일 코스로 일정을 짠다.

**[ Finish! ]**

### 베네치아 제대로 즐기기

- 1일권을 구입해 바포레토(1번 또는 2번)를 탄다.
- 곤돌라는 단체로 타면 비용이 절감된다(1/N).
- 베네치아 여행 기념으로 가면을 사본다.
- 표지판을 보면서 미로 같은 거리를 즐긴다.
- 종루에 올라가 베네치아 전경을 즐긴다.
- 숙박비가 비싸므로 메스트레역 주변이나 섬 인근(파도나 등)에서 숙박한다.

---

**tip  화려한 가면과 의상이 인상적인 베네치아 축제**

2월 말이면 베네치아는 술렁거리기 시작한다. 이곳의 유명한 축제를 즐기기 위해 세계 각지에서 여행객들이 몰려들기 때문이다. 15세기 초 귀족들이 놀기 위해 만들었다는 베네치아 축제는 화려함의 극치이다. 축제는 재(災)의 수요일 전 10일 동안 개최된다. 산 마르코 광장이 중심이지만 베네치아의 좁고 꼬불꼬불한 골목길에도 사람이 넘쳐나 그들 사이에서 크고 작은 재미를 느낄 수 있다.
처음에는 각종 무늬와 색깔의 양말로 그들만의 개성을 표현했다는데, 이후 가면을 쓰는 것이 상류 파티의 상징이 됐다. 코메디아 델라르트(Commedia Dell'art) 행사 이후 많은 사람들이 광장으로 나와 서로 누군지 모르는 상태에서 즐거움을 만끽한다. 가장 흥미로운 것은 가면과 의상이다. 가면은 그로테스크한 것부터 부적 같은 의미를 갖는 것까지 다양하며, 이곳 사람들이 일 년 내내 축제 준비를 한다는 말이 과언이 아닐 정도로 의상은 화려하고 아름답다. 축제 기간에는 파티뿐만 아니라 레가테라고 불리는 노 젓기 시합, 권투 경기, 인간 탑 쌓기, 모의 해전 같은 행사도 열린다.

### SIGHTSEEING
# 베네치아

## 리알토 다리
### Ponte di Rialto
★

리알토 다리 위의 상가

**베네치아의 상징**
대운하의 중간쯤 가장 폭이 좁은 곳에 놓인, 베네치아에서 가장 유명한 다리. 셰익스피어의 소설 **〈베니스의 상인〉의 배경**이 되었던 곳이다. 베네치아를 상징하는 곤돌라가 지나는 광경은 한 폭의 멋진 그림 같다. 원래 목조 다리였던 것을 1557년 석조 다리로 건설하기 위해 설계를 공모했는데, 거장 미켈란젤로, 팔라디오, 산소비노 등을 제치고 **안토니오 다 폰데**의 작품이 당선되어 1592년 대리석 모습으로 완성했다. 1854년 아카데미아 다리가 건설되기 전에는 대운하를 도보로 건널 수 있는 유일한 수단이었다. 24개 아치와 1만 2,000여개에 달하는 나무 말뚝이 다리를 지탱하고 있다. 3개의 통로 중, 2개는 바깥 난간이고 1개는 널따란 가운데 길이다. 길이 48m의 다리 위에는 보석, 시트, 테이블보, 무라노 유리, 가면 숍 등이, 주변은 레스토랑과 싱싱한 과일 노점상들이 모여 있어 베네치아에서 가장 북적대는 번화가이다. 산타루치아역이나 산 마르코 광장에서 'Rialto' 표지판을 따라 걸어갈 수도 있다.

**가장 인기 있는 포토 스폿 ★**
- 리알토 다리를 배경 삼을 때 → 곤돌라 승선장(리알토 승선장 양방향)
- 운하를 배경 삼을 때 → 리알토 다리 위의 정중앙/ T 폰타코 테라스T Fondaco Rooftop Terrace(리알토 다리에서 산타루치아역 방향으로 도보 1분)

🚤 바포레토 1번, 2번을 타고 Rialto 하차
📍 지도 P.619-G

리알토 다리

# 산 마르코 광장
**Piazza Di San Marco**
★

### 베네치아 최고의 명소

나폴레옹은 산 마르코 광장을 '유럽에서 가장 멋진 응접실'이라고 표현했듯, **세계에서 가장 아름다운 광장으로 베네치아 관광의 하이라이트이다.** 괴테, 루소, 바이런, 모네 등이 인생에 대해 진지하게 얘기를 나누었던 장소이다. 산 마르코 대성당이 세워진 후 12세기경부터 광장을 만들었으며 16~18세기에는 프로쿠라토레 궁전(Palazzo Procuratore) 등 새 정부청사가 건축되면서 현재 모습이 되었다. 광장을 중심으로 3면이 대리석 주랑으로 둘러싸여, 화려한 홀과 명품점, 카페 등으로 채워져 있다. 광장에는 종루와 산 마르코의 상징인 사자상이 우뚝 솟아 있다. 비둘기 떼와 광장 한쪽에 자리 잡은 카페에서 흘러나오는 음악 소리가 광장에 활기를 더한다. 유명한 카페(**플로리안**)에 앉아 커피를 한잔 하며 사람 보는 재미도 쏠쏠하다. 물론 소매치기를 조심한다.

**아쿠아 알타(Acqua Alta)** 우기(11~3월)에는 아쿠아 알타(만조 현상)으로 광장이 침수해 관광에 불편하지만, 생소한 체험을 할 수 있는 귀한 기회일 수 있다.

**만조 책방(Libreria Acqua Alta Venezia)** 만조 시 책방에 물에 잠겨 곤돌라 위에 책이 쌓여 있는 장면을 볼 수 있다. 테라스로 올라가면 소운하의 운치 있는 풍경도 즐길 수 있다. 산 마르코 광장에서 도보 10분.

바포레토 1번, 2번, 4·1번, 4·2번을 타고 San Marco 선착장 하차 후 도보 1분 ◈ 지도 P.619-G

산 마르코 광장과 종루(중앙)

### 🔔 성 마르코는 누구인가?

신약성경 마가복음의 저자로, 헤브라이 이름은 요한네스. 예수가 직접 택한 제자는 아니었으나 예루살렘 교회의 유력자이다. 사도 바울을 여러모로 도왔다. 바울의 제1차 전도 여행 때 사이프러스, 밤필리아까지 동행했다. 예루살렘에 있는 그의 어머니 마리아의 집이 초대 교회의 집회 장소로 쓰였기 때문에 사도들과 친분이 있었다.

또 예수가 베푼 '최후의 만찬'이 2층 다락방에서 있었다는 기록이 있다. 9세기에 그의 유골이 이집트 알렉산드리아에서 발견되어 운구되었는데, 도중에 많은 기적이 일어났다고 한다. 이후 베네치아에는 그의 유골을 안치하기 위해 산 마르코 대성당이 세워졌다. 그의 상징인 사자상을 베네치아 곳곳에서 볼 수 있다.

종루에서 바라본 산 마르코 광장

산 마르코 대성당

산 마르코 대성당 지붕

## 산 마르코 대성당
### Basilica di San Marco
★

### 비잔티움 문화의 흔적을 보다
828년 베네치아 상인 2명이 이집트 알렉산드리아에서 가져온 마르코 성인 유골의 납골당으로 세워진 성당이다. 비잔틴 건축 양식을 대표하는 성당으로 정면 위의 **청동마상**(승리의 쾌드리가)이 가장 먼저 눈에 띈다. **아치 모양의 정문은 로마네스크양식이고, 5개의 돔은 비잔틴양식이다.** 베네치아의 전성기, 동방 침략 때 건축 장식물을 외국에서 들여온 탓에 매우 이국적인 모습이다. 동양적인 정면 아치 위에는 황금빛 모자이크로 장식되어 있다. 성당 안의 모자이크 벽화는 12세 기부터 17세기에 걸쳐 만들어졌다. 그리스 십자형 위에 5개의 돔 천장이 보인다.

### 화려함의 극치 팔라 도로

팔라 도로(황금 제단)

성 마르코의 업적을 묘사한 그림(12~13세기)과 티치아노가 바탕 그림을 그린 모자이크가 볼만 하다. **금박과 보석들로 장식된 팔라 도로(Pala d'Oro, 황금 제단)는 화려함의 극치**이다. 제단 뒤에는 성 마르코의 유해가 안치되어 있고, 제단 오른쪽 앞에 있는 보물관에는 동방 침략 때 약탈해 온 보물과 전리품 들이 있다. 입장료를 내고 계단 위로 올라가면 4마리 청동마상이 있는 테라스(Loggia del Cavalli)가 나온다. 이곳에서 내려다보이는 산 마르코 광장은 장관이다.

※ 반바지(반치마), 민소매, 슬리퍼 착용 금지. 대성당 계단에 걸터앉거나 품위 없는 행동을 하는 관광객에게 €50의 벌금을 물리고 있으니 조심하자.

📍 Piazza San Marco  🌐 www.basilicasanmarco.it
🕐 09:30~17:15, 일요일 09:30~14:00
💶 대성당 €3, 팔라도로 €5, 박물관 €7
🚤 바포레토 1번, 2번, 4·1번, 4·2번, 51번을 타고 San Marco 선착장 하차  📍 지도 P.619-G

### 🔔 청동마상 4마리에 얽힌 역사

1204년 제4차 십자군 원정 때 콘스탄티누스 대제가 콘스탄티노플, 즉 지금의 이스탄불에서 가져온 그리스시대의 작품으로 3세기에 경주장용으로 제작되었다. 이것은 베네치아의 힘을 과시하는 상징으로 산 마르코 대성당의 정면 화랑에 있었다. 외부의 침략이 있을 때마다 도난의 위험을 겪었고 실제로 1797년에는 나폴레옹이 베네치아 공화국과의 종언을 선언하면서 전리품으로 가져가 파리 개선문 위에 장식하기도 했다. 이후 나폴레옹의 패전으로 다시 돌아와 베네치아를 지키고 있다. 더 이상 침략군에게 침탈당할 일은 없으나 공해와 세월의 때로 훼손되어 1982년부터 복사품이 대신 자리하고 원본은 로자데이 카발리 박물관(Museo e Loggia dei Cavali)에 보관되어 있다.

## 종루
### Campanile
★

**전망대에서 바라보는 전경이 압권 ★**
산 마르코 광장에 우뚝 서 있는 종탑은 높이 99m로 10세기에 세워진 것이다. 갈릴레이가 천체 관측을 한 탑으로도 유명한데, 1902년 갑자기 무너져 10년에 걸친 공사 끝에 다시 세웠다. 엘리베이터를 타고 전망대에 오르면 아드리아해와 아름다운 주황색 물결의 중세 건물, 유유히 운하를 흐르는 곤돌라, 그리고 푸른 하늘과 햇빛이 어우러진 광경이 펼쳐진다.

※ P.623 사진(上) 참조
- Piazza San Marco / www.basilicasanmarco.it
- 09:30~21:15 휴무 1/7~24 / €10
- 바포레토 1번, 2번, 4·1번, 4·2번, 51번을 타고 San Marco 선착장 하차. 산 마르코 광장 바로 옆
- 지도 P.619-G

## 두칼레 궁전
### Palazzo Ducale
★

**베네치아 고딕양식의 완성작**
베네치아 공화국의 총독 관저였던 두칼레 궁전(Doge's Palace)은 9세기에 만들어져 보수 공사를 마친 후 1309~1442년 세계에서 가장 아름다운 베네치아 고딕양식으로 완성됐다. 외관이 흰색과 분홍색의 대리석으로 꾸며져 있어 산뜻하고 우아한 느낌을 준다. 특히 바닷가에서 바라보면 파사드의 장식창 격자와 규칙적으로 뻗어 있는 우아한 기둥이 무척 멋있다.

문서의 문(Porta della Carta)을 통과하면 주랑을 통해 안뜰로 연결된다. 1층은 사법기관이었다. 이곳에 '**보카 델 레오네(Bocca del Leone, 사자의 입)**'라는 이름을 가진 편지함이 있는데, 비리를 저지른 시민을 고발하는 수단이었다. 두 사람의 동의를 얻은 편지여야 신빙성을 인정받았다 하니 나름대로 무고를 방지하는 방법이라고 할 수 있다.

**놓치면 후회할 걸작 2편**
2층은 총독 거주지였다. 3층 대평의회의 방(Sala del Maggior Consiglio)에는 세계에서 가장 큰 유화인 **틴토레토의 벽화 〈천국(Paradiso)〉**(벽면 폭 25m의 단일 작품으로 세계에서 가장 규모가 큰 작품)과 **베로네세의 천정화 〈베네치아의 찬미(Apotheosis of Venice)〉**를 놓치지 말자. 대평의회 방을 나와 계단을 내려오면 탄식의 다리로 연결된다.

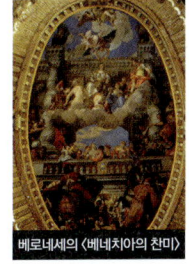
베로네세의 〈베네치아의 찬미〉

- Piazza San Marco 1
- palazzoducale.visitmuve.it/en/home
- 4~10월 09:00~19:00, 11~3월 09:00~18:00, 야간 5~9월 금·토요일 09:00~23:00 휴무 1/1, 12/25
- 통합권 €30, 온라인 구입 시 €25
- 바포레토 1번, 2번, 4·1번, 4·2번, 5·1번, 5·2(리도)번을 타고 San Marco 선착장 하차 후 도보 1분
- 지도 P.619-G

틴토레토의 〈천국〉

두칼레 궁전

## 탄식의 다리
Ponte dei Sospiri
★

### 궁전과 감옥을 연결
16세기까지 베네치아 죄수들을 다락방이나 두칼레 궁전의 물에 잠긴 지하실에 감금시켰다. 그 후 1598년 **누오베 감옥(Prigioni Nuove, 새 감옥)**을 지어 죄수들을 이곳으로 옮겼다. 운하를 사이에 두고 두칼레 궁전과 감옥이 떨어져 있는데, 이를 연결해주는 다리가 탄식의 다리이다.

### 유일한 탈옥수 카사노바
궁전 재판소에서 판결을 받은 죄수들은 이 다리를 통해 감옥으로 갔다. '탄식의 다리'라는 로맨틱한 이름은 다시는 햇빛과 자유를 보지 못할 것을 깨달은 한 불행한 죄수의 한숨에서 비롯되었다고 한다. 이 다리를 건넌 사람 중 유일한 탈옥수는 바람둥이로 유명한 카사노바이다. 신을 모독한 혐의로 체포된 그는 **'당신들이 나를 가둘 때 동의를 구하지 않았듯이 나도 자유를 찾아 이곳을 떠나면서 당신들의 동의를 구하지 않겠다'**는 메모를 남기고 떠났다고 한다. 그는 파리와 스페인에서 인생의 부침을 겪다가 마지막으로 보헤미아의 둑스에서 눈을 감는다. 이 다리를 배경으로 사진을 찍으면 운하와 어우러진 운치 있는 사진이 나온다. 곤돌라가 지나갈 때 찍으면 금상첨화다.

🚏 바포레토 1번, 2번, 4·1번, 4·2번을 타고 San Marco 선착장 하차. 두칼레 궁전 바로 옆 🗺 지도 P.619-G

탄식의 다리를 가운데 두고, 왼쪽 건물은 두칼레 궁전, 오른쪽 건물은 누오베 감옥이다.

뒤쪽 높은 건물이 산타 마리아 델라 살루테 교회

## 산타 마리아 델라 살루테 교회
Basillica di Santa Maria della Salute
★

### 바로크 건축물의 걸작
1630년 베네치아 시민 15만 명의 목숨을 앗아간 제3차 흑사병의 종결을 기원하며 마리아를 위해 바친 교회. 산 마르코 광장에서 운하 건너편에 있다. 돔과 육각형의 화려한 건물이 마치 보석함과도 같은 베네치아의 랜드마크 중 하나로, 건축가 발다 사레 롱게나가 설계한 바로크 건축물의 걸작이다. 틴토레토의 〈가나의 혼례〉와 티치아노의 〈코스마스, 다미안, 로흐, 세바스 티안과 함께 있는 산 마르코〉, 〈아브라함의 희생〉, 〈다윗과 골리앗〉 등의 작품을 소장하고 있다. 특히 마돈나와 아기 예수의 화려한 이미지 **〈메소판디티사(Mesopanditissa)〉 조각상**은 순례자들에게 구원을 베푼다는 믿음으로 관람객이 자주 찾는다. 매년 11월 21일에는 대운하를 부교로 건너와 **건강 성모 순례**(마리아에게 존경을 바치는 행사)가 열린다.

📍 Dorsoduro, Campo della Salute
🌐 www.basillicasalutevenezia.it
🕐 성당 4~10월 9:00~12:00, 15:00~17:30, 11~3월 09:30~12:30, 15:00~17:30 휴무 월~화요일(오전)
💶 성당 무료, 성물실 €6 🚏 바포레토 1번을 타고 Salute 선착장 하차 후 도보 1분 🗺 지도 P.619-G

ITALIA

> **tip** 대운하 주변의 중세 건축물을 빨리 찾는 법
> (지도 P.618~619에 표시된 번호를 참조할 것)

1 산 제레미아 교회 Chiesa San Geremia
 리바 데 비아시오(Riva de Biasio) 선착장 건너편
2 터키 상인 저택 Fondaco dei Turchi
 산 마루쿠올라(San Marcuola) 선착장 건너편
3 벤드라민 칼레르지 궁전 Palazzo Vendramin Calergi
 산 마루쿠올라 선착장을 지나 바로 옆
4 카페사로 Ca'pesaro
 산 스타에(San Stae) 선착장을 지나서 바로 옆
5 카도로 Ca'd'Oro 카도로 선착장
6 리알토 다리 Ponte di Rialto 리알토 다리 선착장
7 마닌 궁전 Palazzo Manin 리알토 다리 선착장을 지나 바로 옆
8 그리마니 궁전 Palazzo Grimani 마닌 궁전을 지나 바로 옆
9 베르나르도 궁전 Palazzo Bernardo
 파파도폴리 궁전을 지나 바로 옆
10 카포스카리 Ca'Foscari
 산 토마(San Toma) 선착장을 지나 바로 옆
11 카레초니코 Ca'Rezzonico 카 레초니코 선착장
12 아카데미아 미술관 Galleria dell'Accademia
 아카데미아 선착장
13 페기 구겐하임 컬렉션 Collezione Peggy Guggenheim
 아카데미아 선착장 옆
14 산타 마리아 델라 살루테 교회 Basilica di Santa Maria della
 살루테(Salute) 선착장
15 산 마르코 대성당 Basilica di San Marco
 산 마르코(S. Marco) 선착장
16 두칼레 궁전 Palazzo Ducale 산 마르코(S. Marco) 선착장
17 산 차카리아 교회 Chiesa di Zaccaria
 산 차카리아 교회 선착장
18 산 조르조 마조레 교회 Chiesa
 di San Giorgio Maggiore
 산 마르코 선착장 건너편

산 제레미아 교회. 4세기에 순교한 성 루치아를 모신 교회

카페사로, 건축가 롱게나에 의해 완성된 바로크 양식의 건축물로, 부호 페사로의 저택이다.

페기 구겐하임 컬렉션의 안마당

터키 상인 저택. 베네토 비잔틴 양식의 건축물

두칼레 궁전

그리마니 궁전

산 차카리아 교회

# 아카데미아 미술관
Gallerie dell' Accademia
★

### 베네치아 화파 걸작 전시

세계 최고의 전문가 컬렉션 중 하나인 베네치아 화파의 걸작이 전시되어 있는 미술관. 1750년 미술학도를 교육시키기 위해 아카데미아 디 벨레 아르테(미술학교)를 설립했는데, 1807년 나폴레옹 치하 때 수십 개의 수도원과 교회에서 가져온 소장품들을 이곳으로 옮겨와 미술관으로 개관했다. 화려한 색채와 유채화 기법으로 독자적인 회화 세계를 구축한 베네치아파 거장들의 작품 800점을 14~18세기까지 시기별로 전시하고 있다.

15세기 중엽 조반니 벨리니에 의해 기초가 닦이기 시작해 카르파초, 조르조네를 거쳐 티치아노의 〈마리아의 방문〉이 전시되었고, 틴토레토, 베로네세에 의해 완성되었다. 주요 작품으로 카르파초의 연작 〈성 우르술라의 전설〉, 티치아노의 유작 〈피에타〉, 〈세례자 요한〉, 틴토레토의 〈성 마르코의 기적〉, 〈성 모승천〉, 조르조네의 〈폭풍〉과 〈노파〉, 베로네세의 〈레비가의 향연〉 등 이탈리아 미술의 주옥같은 작품들이 있다.

※ 성수기에는 오랫동안 기다려야 하므로 사전 예약한다. 월요일은 2025년 1월부터 오전(~14:00)에만 개방한다.
- Campo Carita, Dorsoduro
- www.gallerieaccademia.it
- 월요일 09:00~14:00, 화~일요일 09:00~19:00
휴무 1/1, 12/25
- 성인 €15, 18세 이하 무료
- 바포레토 1번, 2번을 타고 Accademia 선착장 하차 후 도보 1분
- 지도 P.618-J

아카데미아 미술관

아카데미아 미술관의 전시실

### 🔔 베네치아에서 활약한 거장 미술가들

베네치아 화파로 불리는 일군의 미술가들이 있다. 베네치아에서 활약한 이들은 회화적인 요소를 강조하고 빛과 색채 기법을 중요시했다. 아찔할 정도로 청명한 자연과 풍요로운 도시의 현세적이며 향락적인 분위기가 이 화파의 화풍을 형성하는 데 큰 영향을 미쳤음은 두말할 필요가 없다.
지리적, 역사적 환경에 의해 북유럽, 독일이나 플랑드르와 영향을 주고받은 반면, 오리엔트와의 미술 교류도 활발했다. 대표적인 화가로는 지오반니 벨리니를 들 수 있다. 그의 형제인 젠틸레와 지오반니도 아버지에 이어 화려한 색채주의를 지향했다.
조르조네, 티치아노 등이 이 성향을 이어받아 15세기 후반부터 16세기에 전성기를 맞았다. 티치아노 이후에는 틴토레토, 베로네세 등이 크게 활약하며 16세기 후반 이탈리아 회화 활동에서 주도적인 역할을 한다.
르네상스 시대의 라이벌이라고도 할 수 있는 피렌체의 작가들과 비교하면 다소 경박하다는 느낌을 받을 수도 있다. 이는 색채와 빛이 주조인 이들 작품의 한계이자, 뒤집어 생각하면 장점이 될 수 있는 요소이기도 하다. 이들은 회화의 유쾌한 이미지 속에 자신들의 진지한 이야기들을 감춰 놓았다.

조르조네의 〈노파〉

틴토레토의 〈성 마르코의 기적〉

티치아노의 〈세례자 요한〉

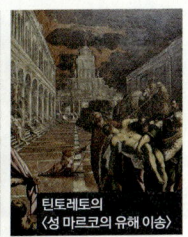
틴토레토의 〈성 마르코의 유해 이송〉

베로네세의 〈수태고지〉

베로네세의 〈레비가의 향연〉

### 15세기 베네치아파의 창시자와 주요 작품

- 로렌초 베네치아노
  (Lorenzo Veneziano, 1356~1372년: 15세기 이전 작가)
  〈수태고지의 다면제대화(Annunciation Polyptych)〉
- 야코포 벨리니(Jacopo Bellini, 1400~1470년)
  〈성모자(The Madonna)〉
- 조반니 벨리니(Giovanni Bellini, 1430~1516년)
  〈피에타(Pieta)〉, 〈옥좌에 앉은 성모자와 여러 성인(San Giobbe Altarpiece)〉, 〈두 그루의 나무와 성모(Madonna degli Alberetti)〉,
- 젠틸레 벨리니
  (Gentile Bellini, 1429~1507년, 조반니 벨리니의 형)
  〈산 마르코 광장의 행렬(Procession of the True Cross)〉
- 만테냐(Andrea Mantena, 1430~1506년)
  〈성 게오르게(Saint George)〉

### 16세기 베네치아파의 거장과 주요 작품

- 조르조네(Giorgione, 1477~1510년)
  〈노파(The Old Woman)〉, 〈폭풍(La Tempesta)〉
- 티치아노(Tiziano, 1490~1576년)
  〈피에타(Pieta)〉, 〈세례자 요한(Saint John the Baptist)〉, 〈마돈나와 예수〉
- 틴토레토(Tintoretto, 1518~1594년)
  〈성 마르코의 기적(Miracle of Saint Mark)〉, 〈성 마르코의 유해 이송(Transport of the Body of Saint Mark)〉, 〈십자가(Crucifixion)〉
- 베로네세(Veronese, 1528~1588년)
  〈레비가의 향연(Christ in the House of Levi)〉, 〈수태고지(Annunciation)〉

로렌초 베네치아노의 〈수태고지의 다면제대화〉

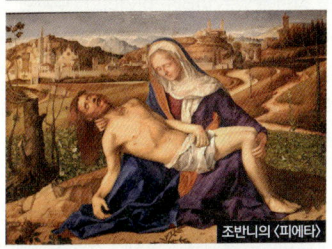
조반니의 〈피에타〉

티치아노의 〈피에타〉

페기 구겐하임 컬렉션

## 페기 구겐하임 컬렉션
### Collezione Peggy Guggenheim
★

### 20세기 거장 작품을 전시
현대 유럽 미술품 수집가인 미국인 백만장자 페기 구겐하임(1898~1979년)의 저택을 개조한 미술관. 피카소, 샤갈 등 현대미술가의 작품 300여 점이 전시되어있다. 1979년 그녀의 사후, 페기 구겐하임 컬렉션으로 명명해 20세기 거장들의 작품을 전시하고 있다.
건물 정면에 있는 마리노 마리니의 〈도시의 천사(L'angelo della Citta)〉라는 조금 민망한 자태의 조각을 시작으로 알렉산더 칼더의 〈암소〉, 살바도르 달리의 〈무제〉, 르네 마그리트의 〈빛의 제국(L'Empire des Lumieres)〉, 〈우주의 소리(Voice of Space)〉를 비롯해, 칸딘스키, 피카소, 몬드리안 등 열거하기조차 힘든 거장들의 작품들이 있다. 뉴욕 솔로몬 구겐하임 미술관과 관련은 있지만 거의 독립되어 있는 상태다. 테라스에서 대운하 전경을 배경 삼아 사진 찍기 좋고 안마당에서 휴식을 취하기도 좋다.

- Palazzo Venier dei Leoni, Dorsoduro
- www.guggenheim-venice.it

- 10:00~18:00 휴무 화요일, 12/25
- 성인 €16, 학생 €9 바포레토 1번, 2번을 타고 Accademia 또는 Salute 선착장 하차 후 도보 5분. Accademia 선착장에 내리면 아카데미아 미술관 뒤쪽에서 좌회전해 골목길을 따라 직진. 또는 Salute 선착장에 내리면 오른쪽으로 다리를 건너 직진한다. 지도 P.618-J

## 산 조르조 마조레 교회
### Chiesa di San Giorgio Maggiore

### 팔라디오양식을 강조한 건축물
산 조르조섬은 10세기부터 1806년까지 베네딕트 수도원의 본거지였다. 1565년 당시 유명한 건축가 겸 이론가였던 안드레아 팔라디오가 수도원을 위해 교회를 설계했다. **팔라디오양식(템플 포르티코)**의 특징은 주랑과 정면 입구 상부의 절묘한 조화와 완벽히 좌우대칭을 이루는 기둥 배치에 있다. 벽면에는 성찬식을 강조하는 틴토레토의 걸작 〈최후의 만찬〉, 〈마나의 수확〉과 그의 학파의 그림들로 장식되어 있다. **포토 스폿**으로 교회의 종루에 올라가면 베네치아의 멋진 전경이 한눈에 펼쳐진다.

※ P.26 사진(下) 참조
- Isola di San Giorgio Maggiore
- 4~10월 09:00~19:00, 11~3월 09:00~18:00, 일요일 10:40~12:00 잠정 휴무, 종탑 20분 전 마감
- 교회 무료, 종루 €8
- 바포레토 2번을 타고 산 조르조(San Giorgio) 선착장 하차 후 도보 1분. 산 마르코 광장에서 두칼레 궁전을 지나 산 차카리아(San Zaccaria) 선착장에서 2번 트론케토(Tronchetto) 방향 바포레토를 타고 운하 건너편에 있는 산 조르조(San Giorgio) 선착장에 하차하면 바로
- 지도 P.619-L

알렉산더 칼더 〈암소〉

살바도르 달리의 〈무제〉

마그리트의 〈우주의 소리〉

> **tip** 베네치아 주변 섬으로 떠나는 짧은 여행

### 무라노섬 Murano

베네치아 북쪽 1.5km에 있는 산호섬으로, 운하를 따라가면 르네상스 시대의 건물이 줄지어 나타난다. 13세기부터 번성했던 유리 세공업이 지금도 활발하다. 당시 유리 관련 직업의 지위가 가장 높아 무라노의 장인들은 자신들의 일에 대해 상당한 자부심을 가지고 있는데, 예전에는 이 섬을 탈출한 장인들에게는 손이 잘리는 형벌이 내려졌다고 한다. 물론 자신들의 유리공예 기법을 외부에 노출하지 않으려는 방편이었다.

운하를 따라 내려가면 왼쪽에 유리공예 박물관(Museo di Vetro)이 있는데, 고대에서 현대까지의 수준 높은 유리 세공품들이 전시되어 있다(목~화요일 10~17시, 10~3월 10~16시). 박물관 오른쪽에는 12세기경 베네치아 비잔틴양식으로 지어진 산 마리나(San Marina) 교회와 산 도나토(San Donato) 교회가 있다.

ⓔ www.comune.venezia.it
⚑ 산타루치아역 앞 Ferrovia 승선장에서 바포레토 D선 이용. 또는 산 마르코 광장의 S. Zaccaria 승선장에서 바포레토 4·1번(1시간 소요/4·2번은 우회)을 이용. 만약 무라노섬에서 리도섬으로 바로 가려면 바포레토 18번(20~30분 소요) 이용

- **무라노섬에서 유리세공 작업을 무료로 보려면**
배가 선착장에 도착하면 대기하고 있던 세공업자 직원이 유리공장으로 유도한다. 작업장에 들어가 의자에 앉으면 도공이 유리세공품을 만든다. 2~5분에 걸쳐 규사를 불에 달구어 말(馬)을 비롯한 여러 모양의 유리제품을 정교하게 만드는 과정을 세세히 보여 준다. 작업이 끝나면 유리세공품 가게로 안내한다. 구매를 강요하지는 않으니 솜씨 좋은 세공품을 보고 나오면 된다. 물론 입장료를 내고 유리 박물관에 가서 편하게 관람해도 된다.

유리말 한 개를 만드는 데 5분 정도 걸린다.

### 리도섬 Lido

베네치아의 동쪽에 위치한 리도섬은 남북으로 좁고 길게 뻗어 있는 섬이다. 19세기 말부터 이탈리아 유수의 리조트였는데 영화 축제 장소로 전 세계에 알려져 있다. 영화 〈베니스의 죽음〉이 그랜드 호텔 데 뱅을 무대로 촬영되었다.
아드리아해에 접한, 백사장이 길게 뻗어 있는 해수욕장을 따라 고급 호텔과 카지노, 레스토랑, 극장 등이 모여 있다. 프랑스 니스 해변은 자갈인데 비해 이곳은 곱고 부드러운 모래여서 산책하기에 안성맞춤이다. 시간적 여유가 있다면 코발트색 지중해에 몸을 담가 보자.

8~9월에는 카지노에서 베니스 국제 영화제가 개최되어 수많은 인파가 몰린다. 이 섬은 베네치아 섬과는 달리 자동차가 다닐 수 있어 1일권을 샀다면 V번 버스를 타고 카지노에 가 보자.

⚑ 산타루치아역의 Ferrovia(페로비아) C승선장에서 5·1번, D승선장에서 5·2번, 산 마르코 광장의 산자카리아(S.Zaccaria) A승선장에서 14번을 이용한다.

# 베네치아의 맛집

### ◆ 산 마르코 광장 주변 ◆

**Caffe Florian**

카페 플로리안은 바이런, 릴케, 괴테와 바그너가 자주 찾았던 곳이다. 나폴레옹도 베네치아에 입성한 후 이곳에 자주 들렀다고 하고, 토마스 만은 이곳에서 〈베네치아에서 죽다〉를 구상하기도 했다.
산 마르코 광장에 자리 잡은 이곳은 1720년에 문을 열었다. 세계적으로 유명한 이 카페에는 베네치아의 귀족, 대사, 상인, 예술가 등이 드나들었고 바람둥이로 이름난 카사노바는 여자 친구들을 만나기 위해 자주 왔다. 이곳의 무어풍 방은 동양적인 미로 가득 차 있다. 4~8월에는 광장에서 오케스트라 연주를 들을 수 있다. 연주비 1인당 €6, 커피 €6.5~, 샐러드 €12.5~.

- Piazza San Marco, 56
- www.caffeflorian.com
- 성수기 매일 09:00~23:00, 비수기 일~목요일 09:00~20:00, 금~토요일 09:00~23:00
- 바포레토 1번, 2번, 4·1번, 4·2번을 타고 San Marco 선착장 하차. 산 마르코 광장에서 산 마르코 대성당을 바라볼 때 오른쪽 회랑에 위치 ● 지도 P.619-K

### ◆ 카도로 주변 ◆

**Cà D'Oro alla Vedova**

미쉐린 스타 레스토랑. 현지인들이 가장 좋아하는 메뉴로 해산물 요리가 유명하다. 미트볼 요리와 스파게티도 추천할 만하다. 예산은 €25~.

- Calle Cà d'Oro, 3912
- 월~토요일 11:30~14:30, 18:30~22:30, 일요일 18:30~22:30 휴무 목요일
- 바포레토 1번을 타고 카도로(Cà D'Oro)에서 하차하면 바로 ● 지도 P.619-C

### ◆ 리알토 다리 주변 ◆

**Cantina Do Spade**

1448년 개업한 전통 있는 선술집. 치케티(cicchetti, 빵 위에 다양한 토핑을 얹어 먹는 베네치아의 핑거 푸드)로 유명하다. 예산 €15~, 메인 코스 €18~.

- Calle Do Spade, 859 30125 Venice @ www.cantinadospade.com ● 10:00~15:00, 18:00~22:00
- 리알토 다리에서 도보 3분 ● 지도 P.619-G

**Antico Forno**

20년의 장인 정신이 축적된 피자집. 도톰하고 부드러운 도우로 만든 피자치아(Pizzaccia)가 인기 있다. 가게가 비좁아 대기 시간이 길다. 예산 €10~, 오븐 피자(Ancient Oven) €11.

- San Polo 970/973, 30125 Venezia
- www.anticofornovenezia.com ● 11:30~21:30
- 리알토 다리에서 도보 3분 ● 지도 P.619-G

**Osteria alle Testiere**

규모가 작은 레스토랑이지만 젊은 주방장의 해물요리 솜씨가 일품이다. 여행객은 물론 현지인도 자주 찾는 곳이다. 삶은 새우요리와 토마토소스를 넣은 갯가재 파스타가 아주 맛있다. 가격 €38~.

- Castello, Calle del Mondo Nuovo 5801
- www.osterialletestiere.it ● 12:00~15:00, 19:00~23:00 휴무 월·일요일, 7/31~8/30 ● 바포레토 1번, 2번을 타고 Rialto 선착장 하차. 선착장에서 Salizzada di San Lio 거리를 따라 5분 정도 직진 ● 지도 P.619-G

> **tip** 베네치아의 전통요리
>
> 말린 대구 요리(Baccala), 와인과 볶은 양파에 재운 정어리 요리(Sarde in Saor).

# HOTEL
# 베네치아의 숙소

### ◆ 산타루치아역 주변 ◆

**Ostello Santa Fosca Hostel**
침대 280개를 갖춘 유스호스텔로 예약 필수. 배낭여행객에게 인기가 높다.

- Cannaregio, 2372
- www.ostellosantafosca.it
- 체크인 7~9월 14시 이후, 10~6월 17~20시
- 도미토리(7인실) €30~
- 산타루치아역에서 도보 20분. 역에서 나와 왼쪽 Fond D. Scalzi에서 Lista di Spagna 거리를 따라가다가 운하 다리를 건넌다. Rio Terra San Leonardo를 지나 우회전해서 Cappella d. Volto Santo 교회 쪽으로 가면 나온다. 또는 바포레토 1번을 타고 San Marcuola 선착장에서 하차해 북쪽으로 도보 5분 ● 지도 P.618-B

**Hotel Principe**
베네치아 본섬에 위치한 4성급 호텔. 리모델링해서 시설이 깨끗하고 대운하의 운치를 즐길 수 있는 테라스가 있다. 주변에 음식점이 많다.

- Lista di Spagna, Cannaregio, 146
- www.hotelprincipevenice.it
- 2인 1실 €88~
- 산타루치아역에서 도보 5분. 역에서 나와 왼쪽 길로 200m 정도 가면 오른쪽에 위치 ● 지도 P.618-B

**Hotel Antiche Figure**
작고 아담한 3성급의 부티크 호텔. 15세기 건물을 모던 스타일에 맞춰 리모델링했다. 중앙역과 대운하가 지근 거리에 있어 주변 경관이 멋있고 이동하기 편리하다.

- Santa Croce, 687 Fondamenta San Simeon Piccolo, 30135 Venezia
- www.hotelantichefigure.it ● 2인 1실 €82~
- 산타루치아역에서 스칼치 다리(ponte degli Scalzi)를 건너면 오른편에 있다. ● 지도 P.618-F

### ◆ 리알토 다리 주변 ◆

**Starhotels Splendid Venice**
리알토 다리 근처에 위치한 4성급 호텔. 시설이 깔끔하고, 루프톱 테라스에서 바라본 운하 전경이 멋있다.

- San Marco, Mercerie, 760
- www.collezione.starhotels.com
- 2인 1실 €144~ ● 리알토 다리에서 도보 5분
- 지도 P.619-G

### ◆ 메스트레역 주변 ◆

**Hotel Plaza Venice**
가격에 비해 시설, 서비스 등 만족도가 높은 4성급 호텔. 역 근처에 위치해 있고 주변에 슈퍼마켓과 중국 음식점 등이 있다.

- Viale Stazione, 36
- www.hotelplazavenice.com ● 2인 1실 €55~
- Venezia Mestre역 건너편에 위치

> **tip 베네치아 관광세 도입**
>
> 과잉관광문제(오버투어리즘)를 해결하기 위해 2025년 4월 18일부터 본 섬을 방문하는 여행객에게 관광세를 부과한다.
>
> - https://cda.ve.it
> - 관광세(입장료) €5
>
> **부과 시기** 성수기 08:30~16:00(4~7월. 금·토·일요일 위주, 자세한 내용은 홈페이지 참조)
>
> **부과 대상** 본 섬을 방문하는 당일치기 여행객(홈페이지에서 입장료 결제하기: payment of the fee 클릭)
>
> **부과 면제** 당일 숙박 예정자(홈페이지에서 Exemptions(면세) 배너 클릭 후 면제 바우처를 받음)

# 스페인

## Spain

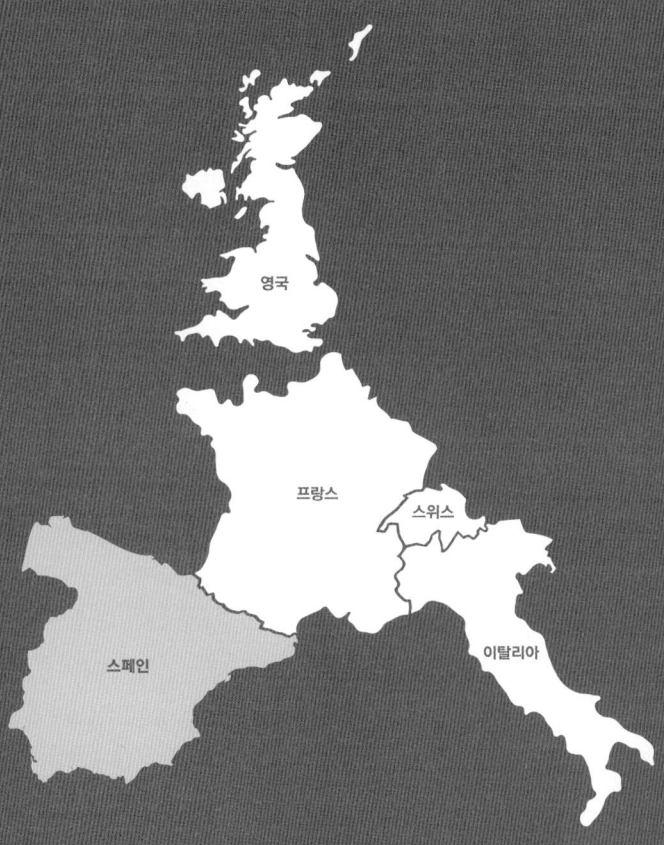

# 스페인 기초 정보

## 국가 기본정보

**국명** 에스파냐(España)
**수도** 마드리드(Madrid)
**면적** 약 505,955㎢
**인구** 약 4,800만 명
**종교** 가톨릭 99%
**인종** 라틴족
**언어** 카스티야어, 일부 지역은 카탈루냐어, 갈라시아어, 바스크어
**체제** 입헌군주제
**통화** 유로화(€)
**전압** 220V(플러그는 둥근 모양의 핀이 있는 C 타입으로 우리나라와 비슷해 그대로 사용 가능)
**시차** 한국보다 8시간 늦다. 서머타임 기간 (3월 마지막 일요일~10월)에는 7시간 늦다.

## 긴급 연락처

- **한국 대사관**
  - C/González Amigó 15, 28033
  - 91-353-2000
  - esp.mofat.go.kr
  - 월~금요일 09:00~14:00, 16:00~18:00
  - 메트로 4호선 Arturo Soria역 하차. 70번 버스(Plaza de Castilla 방향)를 타고 Arturo Soria 247번지에서 하차.
- **경찰** 091
- **응급차** 112
- **응급의료** 061
- **분실신고** 91-588-434-648

## 역사

정착민인 아프리카의 이베리아족과 인도 유럽계의 켈트족이 기원전 6세기부터 카르타고의 지배를 받아오다, 2차 포에니 전쟁에서 로마가 승리하자 이베리아반도는 500년간 로마의 지배하에 들어간다. 게르만족의 대이동으로 로마제국이 쇠퇴하고, 서고트족이 6세기에 이곳에 왕국을 세워 8세기 초까지 이베리아 반도를 지배한다. 그러나 내분으로 기반이 약해지자, 북아프리카 무슬림(무어인)이 서고트 왕국을 무너뜨리고 약 700년간 다스린다. 이슬람시대에 스페인은 문화·경제·산업적으로 크게 발전한다.
1469년 아라곤의 페르난도 2세와 카스티야의 이사벨라 여왕이 결혼하면서 통일국가를 이룬 후 이슬람교 세력의 최후 거점인 그라나다를 탈환하고 절대왕정시대를 연다. 15세기에는 콜럼버스가 신대륙을 발견하면서, 해외 진출로 막대한 부를 축적한다. 16~17세기에 정치·경제·문화의 황금기를 맞는다. 그러나 산업혁명에 동참하지 못하고 끊임없는 전쟁과 왕위계승 싸움 등으로 많은 식민지를 잃고 정치·경제적으로 몰락하게 된다. 1936년 스페인 내란이 일어나지만 독일과 이탈리아가 지원하는 프랑코 장군이 이를 진압하면서 일당 독재체제가 40년간 지속되어 유럽의 변방 국가로 고립된다. 1975년 프랑코 사후 왕족인 후안 카를로스 1세가 왕위에 즉위하면서 입헌군주제 민주국가로 탈바꿈한다.

## 지리와 기후

북동쪽으로 피레네 산맥, 북서쪽으로 대서양, 서쪽으로 포르투갈, 동남쪽으로 지중해와 접해 있다. 프랑스 남부에서 피레네 산맥을 넘을 때는 겨울에도 폭우가 쏟아진다. 북서부 지역은 서안해양성 기후, 안달루시아라고 불리는 남동부는 지중해성 기후이다. 남동부 지역은 여름에는 기온이 40℃를 넘지만 그늘진 곳에 가면 시원하고, 겨울에는 따뜻해서 여행하기 좋다. 중부 지역은 일교차가 심하다. 여행하기 좋은 시기는 봄, 가을이고, 남부는 겨울에 여행하기 좋다.

## 유의사항

예전에는 마드리드나 바르셀로나 같은 대도시는 상당히 위험했으나 최근에는 관광지 곳곳에 경찰이 순찰을 돌아 치안 상태가 양호한 편이다. 그러나 역 주변은 위험하니 긴장의 끈을 놓지 않는다. 특히 늦은 밤은 조심해야 한다. 가급적 지갑과 여권은 호텔 세이프티 박스에 놓고 약간의 현금만 여러 주머니에 분산시켜 소지한다.

## 전화

**스페인에서 시내, 시외로 전화할 때 (공통)**
지역번호 + 상대방 전화번호
마드리드 91-353-2000 → 91 + 353 + 2000

**스페인에서 한국으로 전화할 때**
국제식별번호(00) + 국가번호(82) + 0을 뺀
지역번호 + 상대방 전화번호
서울 02-3456-5678 → 00 + 82 + 2 + 3456 + 5678

## 숙소

최근 금융위기로 재정 상태가 악화되어 바르셀로나(카탈루냐 지역)에서는 2012년 11월부터 숙박시설을 이용하는 모든 관광객에게 관광세(City Tax, 호텔 등급별로 1인 1박 기준 €0.5~2.5)를 적용한다.

## 음식

스페인은 넓은 평야 지역이라 요리가 다양하며, 지방마다 독특한 음식들이 있다. 먹는 것을 꽤 즐기는 민족이라 먹거리를 걱정할 필요가 없다. 철판볶음밥 같은 파에야(Paella)와 새끼돼지 통구이인 코치니요 아사도(Cochinillo asado), 갈리시아의 유명한 홍합 요리인 비에라스 아 라 갈레가(Vieras a la gallega), 더울 때 원기를 북돋아주는 차가운 수프 가스파초(Gazpacho), 돼지 뒷다리 햄인 하몬(Jamón) 등이 있다. 스페인 와인도 유명하다. 갈리시아 지방의 리오하(Rioja), 안달루시아 지방의 헤레스(Jerez), 카탈루냐 지방의 페네데스(Penedes)산 포도주가 특히 유명하다.

## 공휴일

1월 1일 신년 연휴
1월 6일 동방박사의 날
4월 17~18일 부활절 주간 ★
5월 1일 근로자의 날
5월 2일 마드리드주 기념일(마드리드주)
5월 15일 산이시드로 축제(마드리드시) ★
7월 25일 사도 성 야고보의 날
8월 15일 성모승천일
11월 1일 성인의 날
11월 10일 알무데나 성모의 날 (마드리드시) ★
12월 6일 제헌절
12월 8일 성령수태일
12월 25~26일 크리스마스
★는 매년 날짜가 바뀜

## 영업시간

**은행** 월~금요일 09:00~14:00, 토요일 09:00~13:00
**상점** 월~금요일 09:00~13:30, 17:00~20:00, 토요일 09:00~13:00
**우체국** 월~금요일 09:00~13:30, 17:00~19:00, 토요일 09:00~14:00

## 전화번호

**스페인 국가번호 34**
**지역번호**
마드리드 91 바르셀로나 93 세고비아 921 톨레도 925 그라나다 958 세비야 954 코르도바 957

## 식수

수돗물은 마그네슘 등이 함유되어 있어 배탈이 날 수 있으니, 가급적 미네랄 워터를 마신다. 우리 입맛에 맞는 탄산 없는 생수는 아구아 신 가스(Agua Sin Gas)이다.

## 유럽 다른 국가에서 스페인으로 이동할 때

스페인은 유럽 남쪽 끝에 위치해 있고 국토가 넓어서 이동 거리가 길다. 유럽에서 스페인으로 이동 시 가급적 저가 항공을 이용하는 편이 낫다. 일찍 예약하면 기차 요금보다 저렴하면서 편하고 빠르게 이동할 수 있다.

## 역에서 알아야 할 용어

- 역 Estación(에스파시온)
- 열차 El tren(엘 뜨렌)
- 플랫폼 Andén(안덴)
- 출발 Partida(빠르띠다)
- 도착 Llegada(예가다)
- 출구 Salida(살리다)
- 입구 Entrada(엔뜨라다)
- 승차권 Billete(비예떼)
- 매표소 Taquilla(따끼야)
- 편도 Ida(이다)
- 왕복 Ida y vuelta(이다 이 부엘따)

## 철도

AVE 고속열차

스페인 국영철도 렌페(Renfe)가 마드리드를 중심으로 국내 전 지역(1만 2,000km)을 운행하고 있다. 차창 밖에 펼쳐지는 스텝 지역과 올리브, 포도, 오렌지, 아몬드 밭의 풍경은 가히 일품이다. 최근에는 연착이 별로 없고 정시에 발착하며 차량이 비교적 깨끗하고 안락하다.

그러나 스페인 철도는 유럽 대륙 국가들과 열차 궤도 폭이 달라서 다른 나라의 일반열차는 스페인으로 들어갈 수가 없다. 따라서 스페인(바르셀로나로 들어갈 때는 Portbou역, 마드리드로 들어갈 때는 Irun역)과 프랑스 국경역(바르셀로나에서 나갈 때는 Cerbere역, 마드리드에서 나갈 때는 Hendaye역)에서 열차를 갈아타야 하는 불편함이 있다.

@ www.renfe.com/es

## 열차의 종류와 예약 유무

| 열차명 | 주요 노선 | 예약 유무(예약비) | 유레일 시간표 표기 |
|---|---|---|---|
| AVE | 마드리드 → 바르셀로나, 세비야, 코르도바(고속열차) | 예약 필수(€10) | AVE |
| Alvia | 마드리드 → 산세바스티안, 빌바오, 세비야(고속열차) | 예약 필수(€6.5) | AA |
| Altaria | 마드리드 → 그라나다, 무르시아, 카르타헤나(고속열차) | 예약 필수(€6.5) | AA |
| Euromed | 바르셀로나 → 발렌시아, 알리칸테(고속열차) | 예약 필수(€6.5) | EUR |
| RENFE-SNCF | 파리 → 바르셀로나(초고속열차) | 예약 필수(1등석 €48.4, 2등석 €34.2) | HTL |
| Trenhotel Lusitania | 마드리드 → 리스본(야간 고속열차) | 예약 필수(2인용 €89.2, 4인용 €29.6) | HTL |
| Talgo de jour | 몽펠리에 → 바르셀로나(특급열차) | 예약 필수(€7) | Talgo |
| 지역열차 | Regionale(레히오날레), Cercanias(세르카니아스) 열차가 있다. | 예약 불필요 | R |

※ 예약비는 2등석 기준. AVE/Euromed/Alvia/Altaria고속열차 1등석 예약비는 €23.5(식사, 음료 포함).
※ 상기 예약비는 현지 철도역에서 별도 요금이 발생할 수 있으므로 달라질 수 있다.

스페인 대도시 역은 타 유럽 국가와는 달리 보안 검색이 철저해 개찰구를 통과해야 플랫폼으로 갈 수 있다.

웅장한 역내

물론 탈고(Talgo)를 비롯한 고속열차는 궤도수정장치(승객을 태운 채로 차축을 갈아 끼움)를 이용하기 때문에 열차를 갈아타지 않고 바로 스페인까지 운행된다.

### 열차 종류별 예약 포인트
- 유럽 최고의 인기 노선은 마드리드–바르셀로나 구간이다.
- **고속열차(국내, 국제), 야간열차는 예약이 필수다. 지역열차는 예약 없이 승차 가능하다.**
- AVE고속열차는 Preferente(프레페렌테)가 1등석, Turista(투리스타)가 2등석을 뜻한다.
- 바르셀로나–취리히/밀라노행 야간열차는 2012년 12월부터 운행이 중단되었다.

작은 역은 플랫폼이 개찰구와 약간 떨어져 있다.

### 티켓 예약 및 구입
승차권은 역내 티켓 창구나 자동발매기에서 구입한다. 역무원에게 편도(Ida 이다)와 왕복(Ida y vuelta 이다 이 부엘따) 중 필요한 것을 선택해 말한다. **스페인은 완행열차를 제외한 대부분의 초고속(특급)열차는 예약이 필수며 다른 나라보다 예약비가 비싼 편이다.** 패스 소지자도 예약비를 추가로 지불해야 하므로 패스권과 각 구간권 요금을 비교해 저렴한 쪽으로 구매한다.

### 개찰
2004년 마드리드 열차 폭파사고 이후 스페인 기차역 보안 검사가 강화됐다. 다른 유럽 국가와 달리 역마다 개찰구가 있고, 개찰구가 없는 곳은 바리케이드를 설치해 출입을 제한한다. 직원이 개찰구에서 직접 티켓에 펀치하고, 짐은 옆에 설치된 보안 검색(X-RAY)을 통과해서 대합실(플랫폼)로 이동한다. 대신 열차 내에서는 검표원이 티켓 검사를 하지 않는다. 유레일패스 소지자는 개찰구에서 검표원에게 유레일패스를 제시하면 된다.

### 역에서 유의할 점
기차역에 들어선 순간부터 열차가 출발할 때까지 절대로 긴장을 늦추지 않는다. 소매치기의 표적이 되어 조금이라도 빈틈이 보이면 기회를 놓치지 않고 표적이 된 물건을 가로챈다. 예를 들어, 티켓을 끊으려고 가방을 옆에 놓고 직원과 얘기를 나누는 동안 또는 전광판 열차 시각표를 쳐다보고 있을 때 등이다. 심지어 본인도 모르는 사이에 자신이 탄 열차까지 미행하기도 한다.
열차를 타면 무거운 가방은 반드시 본인 좌석 위 선반에 올려놓고, 귀중품(카메라 등)은 반드시 본인이 소지하거나 복도 쪽이 아닌 창가 쪽 좌석에 놓는다. 복도 쪽 좌석에 물건을 놓고 잠시 방심하고 있으면 열차가 출발하는 순간 잽싸게 훔쳐 열차 밖으로 뛰어내려 도망간다. 특히 마드리드(아토차역), 바르셀로나(산츠역)에서는 더욱 조심한다.

# Barcelona
## 바르셀로나

카탈루냐 지방의 주도(州都)인 바르셀로나는 관광, 경제, 문화, 스포츠에 있어 스페인의 수도 마드리드와 경쟁 관계에 있는 스페인 최대의 도시이다. 수세기 동안 프랑스와 스페인의 경계에 위치해 자주 침공당했지만 자신들만의 문화와 언어를 지키면서 민족적 자부심과 독립정신이 무척이나 강하다. 현재는 스페인어(카스티야어)와 함께 그들의 고유어인 카탈루냐어가 통용되고 있다. 바르셀로나는 중세의 흔적이 남아 있는 구시가지와 바둑판 모양으로 시원하게 뚫린 신시가지로 나뉜다. 천재 건축가 가우디의 건축물을 도시 곳곳에서 만날 수 있고, 피카소와 미로 등 유명 화가의 미술관, 중세의 건축이 남아 있는 고딕 지구, 24시간 활기찬 람블라스 거리, 몬주익 언덕 등 수많은 명소가 있다. 또한 지중해를 낀 천혜의 자연환경 덕분에 새우, 오징어, 홍합 등 풍부한 해산물과 채소를 이용한 맛있는 요리가 많다.

# 바르셀로나 가는 법

### 주요 도시와의 이동 시간
**마드리드 → 바르셀로나** AVE열차 2시간 30분 ~3시간
**파리 → 바르셀로나** 저가 항공 2시간 Trenhotel 야간기차 11시간 30분
**세비야 → 바르셀로나** AVE열차 5시간 30분
**코르도바 → 바르셀로나** AVE열차 4시간 40분
**그라나다 → 바르셀로나** Trenhotel 야간기차 11시간

바르셀로나 출국장

터미널2(T2)는 각각 A, B, C로 나뉘어 유럽의 저가 항공사들과 국내선이 이용한다.

www.barcelona-airport.com

### 공항에서 시내로 이동하기
공항에 도착하면 입국 수속을 마치고 공항 로비로 나온다. 로비에는 시내 투어, 리무진 버스, 렌터카, 호텔 예약 카운터와 여행 안내소 등이 있으니 이곳에서 무료 시내 지도 등 필요한 정보를 얻는다. 출구로 나와 버스정류장에서 공항버스를 타거나 터미널2에 있는 공항 렌페역으로 가서 공항열차를 탄다.

> **TIP** 짐이 적고 숙소가 산츠역(Sants) 부근이면 공항열차, 짐이 많고 에스파냐 광장(카탈루냐 광장) 부근이면 공항버스 또는 46번 버스(1회권 사용, 에스파냐 광장까지 운행)를 이용하는 게 편하다.

### 공항열차(Renfe Train) R2 Nord Line
공항역이 터미널2(T2)에 있어 터미널1(T1)에서는 셔틀버스(무료)를 타고 T2로 이동하거나, T1과 T2 사이의 긴 연결 통로를 걸어서 이동한다. T2에서 공항열차를 타고 산츠역(Sants)으로 간 다음 메트로(지하철)로 환승해 목적지로 간다. 티켓은 매표소나 자동발매기(주황색 R표시)에서 구입한다.

### ◆ 비행기로 가기 ◆
스페인 제2의 도시인 바르셀로나는 항공·기차·버스 등 교통편이 다양하다. 우리나라에서 가는 직항편은 아시아나항공이 운항한다. 유럽 내에서 이동한다면 저가 항공사인 이지젯, 라이언에어, 부엘링에어를 이용한다. 유럽 내에서는 1시간~1시간 30분 정도 소요된다.

### 바르셀로나 엘 프라트 국제공항
**BCN. El Prat International Airport**

바르셀로나 엘 프라트 국제공항은 시내에서 약 13km 떨어져 있으며, 터미널1(T1)과 터미널2(T2)로 나뉘어 있다.
터미널1(T1)은 대부분의 국제 항공사들이 이용한다.

터미널1(T1)은 왼쪽, 터미널2(T2)는 오른쪽이라는 의미

통로를 지나면 공항역(오른쪽 흰 건물)이 나온다.

@ 교통 정보 www.barcelona-airport.com
🕐 산츠역까지 19분, 카탈루냐 광장까지 25분 소요, 산츠역 → 공항 05:13~23:40, 공항 → 산츠역 05:42~23:38 (30분 간격) 💶 €4.6

### 공항버스(아에로부스) Aerobús

공항과 카탈루냐 광장(에스파냐 광장 경유)을 연결한다. 티켓은 매표소나 자동발매기, 버스기사나 버스정류장 직원에게도 구입할 수 있다. 버스정류장은 터미널1(T1)에 A1버스, 터미널2(T2)에 A2버스가 있다.

@ www.barcelona-airport.com
🕐 카탈루냐 광장까지 35분 소요, 카탈루냐 광장 → 공항(T1) 05:00~24:30, 공항(T1) → 카탈루냐 광장 05:35~01:05 💶 편도 €6.75, 왕복 €11.65

### 46번 버스(TMB)

공항과 에스파냐 광장을 연결하는 주간 버스. 30분 간격으로 운행한다. 공항에서 시내까지 가장 저렴하게 이용할 수 있다.

@ www.barcelona-airport.com
🕐 에스파냐 광장 → 공항(T1) 05:00~23:50, 공항(T1) → 에스파냐 광장 05:30~23:50 💶 편도 €2.65

### N17번(T1) / N18번(T2) / 버스 NitBus

야간버스. 20분 간격으로 운행한다.

@ www.barcelona-airport.com
🕐 카탈루냐 광장 → 공항(T1) 23:00~밤 05:00, 공항(T1) → 카탈루냐 광장 21:50~밤 04:45 💶 편도 €2.65

### 메트로(L9)

시내에서 터미널1과 터미널2까지 연결해주는 메트로 9호선이 운행되고 있다. 공항과 Zona Universitaria까지 연결한다. 공항에서 9호선을 타고 도중에 1호선(Torrassa역)·5호선(Collblanc역)·3호선(Zona Universitària 종착역)으로 환승해 목적지로 간다.

🕐 공항~시내 40분 소요
💶 €5.7(T-Casual/일반 티켓 1회용은 사용할 수 없으므로 공항 티켓을 끊는다)

## 지로나 공항
### Aeropuertos de Girona Costa Brava(GOR)

바르셀로나에서 95km 떨어진 곳에 위치해 있다. 주로 라이언에어 등 저가 항공이 운항한다.

@ www.aena.es (홈페이지 상단 화면 choose an airport에서 Girona Costa Brava를 클릭한다)

## 공항에서 시내로 이동하기

### 공항버스

공항 출구에서 나와 청사 오른쪽 정류장에서 버스를 탄다. 메트로 1호선 Arc de Triomf역 근처 북부 버스 터미널에 도착한다. 티켓은 온라인 예매 또는 공항 내 매표소에서 구입한다.

@ www.sagalesairportline.com/en 🕐 항공편 도착 20~25분 후에 출발 💶 지로나 ↔ 바르셀로나 공항 €22

### 택시

공항 택시 정류장에 흰색 또는 노란색 택시(허가받은 택시)가 대기하고 있다. 여러 가지 트러블이 생길 수 있으니 호객꾼의 차는 타지 않는다. 택시가 출발하기 전에 미터가 작동되고 있는지 확인한다. 요금표는 택시 내에 부착되어 있다.

**주요 택시회사 radio taxi**
@ www.barcelona-airport.com
💶 공항 → 에스파냐 광장(카탈루냐 광장) €25~30

## ◆ 기차로 가기 ◆

바르셀로나는 산츠역과 프란사역 2곳의 철도역이 있는데, 중심역인 산츠(Sants)역은 모든 국내선 열차가, 프란사(Franca)역은 야간 국제선 열차가 운행된다. 장거리열차의 경우 도중에 객차 일부가 다른 목적지로 분리되어 가는 경우가 있으니 승차 시 행선지를 꼭 확인한다.

### 산츠역 Estació Barcelona-Sants

플랫폼에 내리면 에스컬레이터를 타고 1층으로 올라가서 표지판(3호선은 초록색/5호선은 파란색)을 따라 계단으로 내려가면 메트로 산츠역이 나온다.

### 프란사역 Estació de França

쾌적하고 고풍스런 분위기의 1층 역사. 취리히, 밀라노, 파리를 연결하는 국제선 야간열차가 운행된다. 역에서 나와 왼쪽으로 5분 정도 걸어가면 메트로 4호선 바르셀로네타역이 나온다.

### tip 코인로커 사용법

① 비어 있는 로커에 짐을 넣고 문을 닫는다.
② 동전 주입기에 동전을 넣는다.
③ 동전 주입기에서 영수증이 나오니 잘 보관한다.
④ 짐을 찾을 때 동전 주입기 밑에 있는 적색 부분에 영수증을 대면 문이 열린다.
- €5(대), €3.5(소), 열쇠 분실 시 €9

### tip 알아두면 편리한 표기

**화장실** H는 남성용(Hombre), M은 여성용(Mujer)
**욕실** 수도꼭지 H(Hot), C(Cold)
※ C(Caliente 뜨거운), F(Fria 차가운)도 쓰임
**층수** 현지 1층은 우리식 2층, 현지 0층은 우리식 1층

### tip 소매치기를 조심하자

바르셀로나를 비롯한 대도시는 소매치기가 극성을 부리니 늘 조심한다. 귀중품은 호텔 금고(Safety box)에 보관하고 관광할 때는 약간의 현금만 주머니에 분산해 다닌다. 메트로에서는 출입문 근처에 있지 말고 카메라 등 작은 가방은 반드시 몸 앞으로 멘다. 만원 메트로나 버스는 가급적 타지 말고 다음 차를 기다린다.
길가에서는 인도 안쪽으로 걷고 횡단보도에서 신호대기 시 두 손으로 가방을 꽉 붙든다. 밤늦은 시간이나 대낮에도 한적한 곳은 다니지 않는다.

### tip 북부 버스터미널
#### Estació d'Autobúses Barcelona

규모가 큰 지상 2층 건물로 철도 안내소, 상점, 매표소, 여행 안내소가 있다. 몬세라트행 버스는 산츠역 앞에서 발착한다.

- Strt. Ali Bei
- 메트로 1호선 아르크 데 트리옴프(Arc de Triomf)역 하차. 또는 버스 TMB 54번 이용

# 바르셀로나의 시내 교통

버스, 메트로(지하철), 철도, 트램, 카탈루냐 철도를 TMB(Transport Metropolitans de Barcelona)에서 통합 운영하고 있다. 버스와 메트로를 번갈아 타며 시내 관광을 하면 된다. 국철은 유레일패스를 사용할 수 있다. 시내 교통 노선도는 여행 안내소나 호텔 등에서 무료로 구할 수 있다.

@ www.tmb.cat

### ◆ 승차권 ◆

승차권은 메트로(지하철), 버스, 트램, 푸니쿨라 모두 공용이다. 요금은 구역제이며 공항을 포함한 관광 명소가 대부분 Zone 1에 포함되어 있다. 승차권은 역내 매표소나 자동발매기, TMB 사무소에서 구입한다.

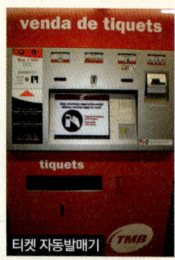

티켓 자동발매기

**1회권 Bitllet Senzill**
- €2.65(메트로, 버스, 트램, 카탈루냐 철도 75분간 환승 가능)

**10회권 T-Casual**
- Zone 1 €12.15(75분간 사용, 환승 3번 가능. 메트로, 버스 10회 이용. 한 번 사용할 때마다 티켓에 시간이 찍힌다. 여럿이 이용할 때는 앞사람이 티켓을 개찰하고 뒷사람에게 넘겨주면 된다.)

**1일권 T-Dia(Travel Card)**
- Zone 1 €11.55(당일 자정까지 메트로, 버스 무제한 이용)

**2일권 2-Dies(Travel Card)**
- €18.1(2일간 메트로, 버스 무제한 이용)

**3일권 3-Dies(Travel Card)**
- €26.5(3일간 메트로, 버스 무제한 이용)

**4일권 4-Dies(Travel Card)**
- €34.4(4일간 메트로, 버스 무제한 이용)

### 프란사역 Estació de França

**바르셀로나 카드 Barcelona Card**

메트로, 버스, 트램, 카탈루냐 철도 등 대중교통과 피카소 미술관, 카탈루냐 미술관 등 주요 명소를 무료로 이용하고 클럽, 상점, 레스토랑 등에서 5~30% 할인 혜택을 받을 수 있다. 바르셀로나에 3일 이상 머물 경우 유용하다. 여행 안내소, 카탈루냐 광장, 산츠역 내에서 구입할 수 있다.

@ bcnshop.barcelonaturisme.com
- 3일권 €57(온라인 구입 €48.45), 4일권 €67(온라인 구입 €56.95)

### tip 미술관을 3곳 이상 방문할 경우 유리한 티켓
**Articket BCN**

바르셀로나에 있는 6개 미술관의 공통 입장권. 미로 미술관(€11), 피카소 미술관(€11), 안토니 타피에스 미술관(€7), 카탈루냐 미술관(€12), CCCB(현대문화센터, €5), MACBA(현대미술관, €10)에 입장할 수 있다. 3곳 이상 관람한다면 공통권을 구입하자. 줄을 서지 않고 입장할 수 있다.

@ www.articketbcn.org
- €38

### ◆ 메트로 Metro ◆

바르셀로나 메트로는 10개의 노선(L1/L2/L3/L4/L5/L9(n)/L9(s)/L10/L11/FM)이 있다. 메트로역 입구에는 'M'이라고 적힌 붉은색 간판이 있다. 메트로는 평일에는 05:00~24:00까지 운행하고, 토요일에는 새벽 2시까지 운행한다. 이용 방법은 우리와 비슷하다. **출구**를 뜻하는 스페인어 Salida(또는 Sortida)를 알아두자.

### ◆ 버스 Bus ◆

시내버스는 지붕이 붉은색이고, 노선 수는 80개가 넘는다. 승차권은 메트로와 공용이고, 티켓(€2.65)은 역 내 자동발매기에서 구입한다. 노선 번호와 행선지를 확인하고 버스가 오면 손을 든다. 앞문으로 타서 티켓을 개찰하고, 하차 시 버튼을 누르고 뒷문으로 내린다.

버스 개찰기(빨간색 투입구에 티켓을 넣는다)

### 나이트버스 Nit Bus

메트로와 버스 운행이 끝난 22:30~밤 05:00 사이에 17개 노선의 야간버스가 운행되고 있다. 버스 내에서 승차권(€2.65)을 구입할 수 있다.

@ www.emt-amb.com

### ◆ 카탈루냐 철도 FGC ◆

바르셀로나 시내와 근교를 연결하는 철도(Ferrocarrils de la Generalitat de Catalunya). 시발역은 카탈루냐 광장과 에스파냐 광장 2곳이다.

상단은 메트로 마크, 하단은 FGC 마크

### ◆ 푸니쿨라 Funicular ◆

메트로 3호선 파랄렐(Paral-lel)역과 연결되는 푸니쿨라 승강장에서 몬주익 공원(Parc Montjuïc)까지 간다. 요금은 편도 €2.65, 운행 시간은 월~금요일 07:30~22:00, 토·일요일, 공휴일 09:00~22:00. 참고로 몬주익 공원에서 몬주익 성까지는 케이블카를 타고 간다. 케이블카 요금은 편도 €12(온라인 €10.8), 왕복 €17(온라인 €15.3). 운행 시간은 11~2월 10:00~18:00, 3~5월·10월 10:00~19:00, 6~9월 10:00~21:00.

@ www.telefericdemontjuic.cat

### ◆ 투어버스 Bus Turístic ◆

바르셀로나가 초행일 경우 시티투어를 이용하면 편하게 관광할 수 있다. 바르셀로나의 주요 관광 코스를 운행하므로 짧은 시간에 핵심 명소를 두루 다닐 수 있다. 북부(Red), 남부(Blue), 해안지대(Green)의 3개 노선이 있으며, 3개의 코스는 서로 번갈아 탈 수 있어 잘 활용하면 시간을 절약할 수 있다.

@ http://bcnshop.barcelonaturisme.com/Barcelona-Bus-Turistic
⏱ 09:00~21:30(5~25분 간격), 시즌에 따라 다름/2시간 소요
💰 1일권 €33(온라인 €29.7) 2일권 €44(온라인 €39.6)

**한국인 가이드 투어**
@ 유로자전거나라 https://eurobike.kr/index.php

## tip 여행 안내소 & 바르셀로나 여행 팁

### 여행 안내소

**카탈루냐 광장 여행 안내소**
**서비스** 여행 정보 제공, 호텔 예약, 버스투어 예약, 바르셀로나 카드 판매

- Plaça de Catalunya, 17-S
- www.barcelonaturisme.com
- 매일 08:30~20:30
- 메트로 1·3호선 카탈루냐(Catalunya)역에서 도보 2분. 또는 버스 9·22·28·42·47·58·66·67·68번 이용

### 긴급연락처
- 긴급구조 112  경찰 092  긴급의료 061

### 플라멩코 쇼를 볼 수 있는 극장식 레스토랑
가급적 1회 공연을 관람하자. 2회 공연은 밤늦게 끝나 숙소로 돌아갈 때 위험할 수 있다. 또한 숙소까지 픽업이 가능한 투어에 참여한다.

**Cordobes**
- Las Ramblas, 35
- www.tablaocordobes.es/es
- 19:15/21:00(공연+음료) €48, 18:00/19:30(공연+식사) €82  메트로 3호선 리세우(Liceu)역 하차. 람블라스 거리의 구엘 저택(콜럼버스 탑 방향)을 지나면 왼쪽에 있다.  지도 P.653-J

**Flamenco Barcelona SL**
- Rambla de Catalunya, 2, 08007 Barcelona
- www.flamencobarcelonacity.com
- 16:00, 17:45, 18:15, 19:30, 20:00, 21:00, 21:45
- VIP Zone €60(할인 €50), Zone A €40(할인 €35), Zone B €30(할인 €25), Zone C €20
- L1·L3·L6·L7·S7호선 카탈루냐역 근처
- 지도 P.652-F

### 축구 경기장
**캄프 누 스타디움 Camp Nou**
FC 바르셀로나의 홈구장. 유럽에서 가장 큰 축구 경기장이자 세계에서 11번째로 큰 경기장이다. 원래 이름은 에스타디 델 FC 바르셀로나(Estadi del FC Barcelona)였으며, 누 캄프라고도 불린다. 경기장 및 박물관 투어가 가능하며, 기념품 가게도 있다.

- Carrer d'Arítides Maillol, 12
- www.fcbarcelona.cat
- 1/2~3/22, 10/14~12/31 월~토요일 10:00~18:00, 일요일 10:00~15:00, 3/23~10/13 매일 09:30~19:00 휴무 1/1, 12/25
- 티켓 종류에 따라 €13~€79
- 3호선 Palau Reial or Les Corts역, 5호선 Collblanc or Badal역 하차  지도 P.650-l

### 바르셀로나의 축제
바르셀로나 사람들은 1년에 140여 개의 축제를 즐긴다고 한다. 대표적인 축제는 다음과 같다.

- **1월** 신년축제(1년의 행운을 위해 모든 사람이 12개의 포도를 먹는다)
- **2월** 사순절 축제(Carnestoltes)
- **3월** 전통복장을 한 기사의 시가전(Sant Medir de Grqacia)
- **4월** 성 조지 기념일(Sant Jordi)
- **5월** 거인들의 퍼레이드(Corpus Christi)
- **6월** 카탈루냐인의 카스텔(인간 탑) 축제(Trobada Castellera)
- **9월** 카탈루냐가 1714년 필리페 4세에 의해 점령당한 날을 기념(Diada de Catalunya)
- **10월** 마돈나가 바르셀로나를 비황(備荒, 메뚜기 떼)에서 구원함을 기리기 위해 4일 동안 거리에서 춤추는 축제(La Merce)
- **12월** 크리스마스 축제

카탈루냐 지방의 민속춤인 사르다나

### 유용한 웹사이트
- 바르셀로나 여행 정보
  www.barcelonaturisme.com
- 배낭여행 정보 www.backpackeurope.com
- 축제 정보 www.gospain.org
- 와인 정보 www.el-vino.com
- 호텔 정보 www.parador.es
- 안달루시아 유스호스텔
  www.inturjoven.com/albergues

# ◆ 바르셀로나의 추천 코스 ◆

## [ Start ]

**메트로 2·5호선
Sagrada Familia역**

↓

**사그라다 파밀리아**
Pl. de la Sagrada Familia 출구로 나오면 바ㄱㄱ로.

↓

다시 메트로 5호선(3정거장, 7분 소요)을 타고 Diagonal역 하차. Pau Claris-Rosselló 출구로 나오면 바로 앞 코너.

↓

**카사 밀라**
Passeig de Grcia 대로를 따라 남쪽으로 2블록 가면 길 건너편에 위치. 도보 5분 소요. 카사 바트요 왼쪽 건물이 카사 아마트예르.

↓

**카사 바트요 (관람 전후 점심 식사)**
카사 바트요 길 건너편에서 24번 버스를 타고(30분 소요) Parc Güell(구엘 공원 후문)에 하차하면 바로.

↓

**구엘 공원**
후문에서 24번 버스를 타고 (35분 소요) 카탈루냐 광장 (Plaça de Catalunya)에서 하차. 람블라스 거리(Las Ramblas)를 따라 직진 후 리세우(Liceu)역을 지나 2번째 골목길로 우회전하면 왼쪽(도보 10분).

↓

**구엘 저택**
바로. 구엘 저택 골목길에서 나와 람블라스 거리 맞은편.

↓

**레이알 광장의 가로등**

## [ Finish! ]

## Q&A

**여행 적기는?**
4~6월, 9~10월. 한여름은 매우 더우니 피한다. 겨울은 비교적 따뜻해 여행하는 데 지장 없다.

**교통비는 얼마나 들지?**
10회권(T-Casual, €12.55)을 구입해 메트로를 이용할 때마다 사용한다.

**점심 식사는 어디서 할까?**
사그라다 파밀리아 성당(관람이 늦어질 경우), 카사 밀라 주변.

**사그라다 파밀리아 성당 등 인기 명소는 줄 서는 시간이 길다는데?**
오전 일찍 가거나, 사전에 인터넷으로 예약.

**가우디의 건축물 중 눈여겨볼 것은?**
가우디 건축의 하이라이트인 옥상을 놓치지 않도록 한다. 사그라다 파밀리아 타워 전망대와 달팽이 모양의 나선형 계단, 카사 밀라 옥상 테라스에서 굴뚝 스타일을 감상하자.

**저녁 시간을 즐기려면?**
(마드리드에서 놓쳤다면) 플라멩코 공연 관람하기. 밤 늦게 끝나므로 안전을 위해 개별 방문보다는 투어로 참여할 것.

**최고의 포토 스폿은?**
- 구엘 공원 중앙 광장의 타일 벤치에서 바라본 석양
- 카사 밀라 옥상 테라스
- 사그라다 파밀리아 성당 광장, 가우디 광장에서 바라본 성당

구엘 공원

# Day 2

## [ Start ]

**메트로 1·4호선 Urquinaona역**

Jonqueres 출구로 나와 동상 왼쪽 골목길로 가면 나온다. 도보 2분 소요.

**카탈루냐 음악당(외관)**

Urquinaona역에서 메트로 4호선(1정거장)을 타고 Jaume I역 하차. 출구에서 나와 길 건너편 골목길로 직진 후 첫 번째 사거리에서 우회전해 직진.

**피카소 미술관**

Jaume I역으로 다시 되돌아와 오른쪽 북쪽 골목길로 직진하면 광장이 나온다. 도보 5분 소요.

**산 자우메 광장**

광장을 끼고 시청사(Ajuntament)와 자치정부청사(palau de la Generalitat, 건물 중앙에 조각상이 있음)가 있다. 자치정부청사를 볼 때 오른쪽 북쪽 골목길로 직진하면 오른쪽에 위치. 도보 3분 소요.

**카테드랄(관람 후 점심 식사)**

산 자우메 광장으로 다시 와서 오른쪽 C. de Ferrán 거리로 직진. 도보 6분 소요.

**람블라스 거리(보케리아 시장)**

메트로 3호선 Liceu역에서 Paral-lel(2정거장)로 가서 푸니쿨라(1회권 이용) 환승 후 종점에 하차. 바로 케이블카를 갈아타고 종점에 내린다. 저렴하게 가려면 Pl. Espanya역에 하차해 FGC(Fira Montjuïc) 출구로 나와 150번 버스를 타고 종점 하차.

**몬주익 지구(몬주익 성)**

버스를 타고 미술관 앞에서 하차, 도보 5분 소요.

**카탈루냐 미술관 (또는 미로 미술관)**

## [ Finish! ]

## Q&A

**점심 식사는 어디서 할까?**
산 자우메 광장, 람블라스 거리(보케리아 시장)에서.

**소매치기를 조심해야 할 곳은?**
람블라스 거리와 사람이 붐비는 보케리아 시장(산 조세프 시장)은 특히 조심하며, 카탈루냐 광장뿐 아니라 모든 관광지에서 핸드폰을 조심한다.

**소매치기 당했을 때 현명한 조치**
바로 경찰서로 가서 도난 신고를 한다. 본인 **핸드폰 IMEI 번호**를 알려주면 바로 회수 가능하다. ★ 중요 : 본인 휴대폰(설정 → 휴대전화 정보 → IMEI 일련번호 : 별도로 메모 요망)

**최근 뜨고 있는 핫 플레이스?**
**카멜 벙커(Bunkers El Carme)**는 일몰 명소로 젊은이들이 자주 찾는다. 구엘 공원에서 택시를 이용하거나 카탈루냐광장에서 V19/22 버스로 이동한다.

**몬주익에서 놓치지 말아야 할 것은?**
카탈루냐 미술관 앞 발코니(계단) 앞에서 야간 분수 쇼 즐기기.

**최고의 포토 스폿은?**
카탈루냐 미술관 앞 발코니(계단) 앞에서 펼쳐지는 바르셀로나 전경(야경도 멋지다).

몬주익 성

카멜 벙커의 야간 전경

## 2~3일은 필요하다

바르셀로나는 스페인에서 가장 볼거리가 많아 2~3일 일정으로 여행을 즐기는 것이 좋다. 무엇보다 세계적인 건축물이 즐비한 곳이므로 하루 정도는 모더니즘 건축의 대가인 가우디의 건축물을 집중적으로 감상해본다.

여행의 시작은 사그라다 파밀리아 성당이나 카탈루냐 광장을 기점으로 삼는다. 메트로를 이용하되, 시가지의 예술적인 모습을 즐기고 싶다면 천천히 걸으면서 거리의 건축물을 음미해본다. 사그라다 파밀리아 성당, 카사 칼베트, 카사 바트요, 카사 밀라, 카사 비센스 어느 것 하나 놓칠 수 없는 위대한 건축물들이다.

오전에는 가우디 건축물, 오후에는 구엘 공원으로 간다. 가우디의 천재성을 엿볼 수 있는 환상적인 공원이다. 이후 가우디의 건축물 중 구엘 저택, 레이알 광장의 가로등을 보고 항구 쪽으로 가서 콜럼버스 탑 전망대에 올라가본다. 파노라마처럼 펼쳐지는 람블라스 거리 주변의 전경이 무척이나 아름답다.

## 저녁에는 람블라스 거리로

저녁 시간에 여유가 있다면 당일 일정은 람블라스 거리를 거닐면서 마무리한다. 람블라스 거리는 유럽에서 밤 문화를 즐길 수 있는 몇 안 되는 곳이다. 활기찬 분위기는 물론이고 꽃가게, 레스토랑, 카페, 시장, 거리의 퍼포먼스 등 볼거리가 넘쳐나 눈이 즐겁다. 물론 플라멩코 공연(야간)도 놓치면 후회한다.

## 2일째는 고딕 지구로

다음 날은 고풍스런 옛 모습을 간직하고 있는 고딕 지구를 섭렵한다. 스페인이 낳은 세계적인 화가 피카소의 작품을 음미해볼 수 있는 피카소 미술관을 비롯해 카테드랄, 왕의 광장 등 볼거리가 많다. 시장기가 돌면 람블라스 거리를 거닐다가 보케리아 시장(산 조세프 시장)에 들러 싱싱한 과일을 비롯한 맛있는 먹거리를 맛보자.

그리고 바로 몬주익 지구(몬주익 성)로 향한다. 내려오는 길에 미로 미술관과 카탈루냐 미술관에도 들러본다. 저녁 시간이 되면 환상적인 하모니를 선보이는 야간 분수 쇼를 감상한다(카탈루냐 미술관 앞 광장, 저녁 7시나 8시~21시나 22시).

최대 재래시장인 보케리아 시장(산 조세프 시장)

구엘 공원의 나선형 벤치

람블라스 거리의 시발점인 카탈루냐 광장

## SIGHTSEEING

# 에이샴플레 지구

150년 전 구도시의 벽을 허물고 바둑판 모양으로 도시를 확장(에이샴플레 Eixample)한 지구. 그라시아 거리를 중심축으로 100여 개의 블록이 몰려 있어 황금 광장(꽈드라도오르)이라고 한다. 가우디의 건축물을 비롯한 여러 모데르니스모 건축물과 고급 부티크, 명품 브랜드숍 등이 즐비하여 관광객들로 늘 붐빈다.

## 만차나 데 라 디스코르디아
### Manzana de la Discordia

### 유명한 건축학적 앙상블

그라시아 거리의 한 블록에 카사 레오 모레라, 카사 아마트예르, 카사 바트요가 나란히 위치해 있어, 바르셀로나에서 가장 유명한 건축학적 앙상블을 이루고 있다. 모데르니스모 건축의 3대 라이벌이 지은 이 집들은 그 스타일이 각기 달라 '만차나의 부조화'라는 뜻의 이름(Manzana는 'Block'과 'Apple'을 의미함)이 붙여졌다.

## 카사 바트요
### Casa Batlló

### 바다를 주제로 한 가우디의 걸작

1904~1906년 파세치 데 그라시아 43번지에 세워진 카사 바트요는 바다를 주제로 한 가우디의 걸작 중 하나다. 직물업자 바트요를 위해 지은 저택으로,

외관은 **바르셀로나의 수호성인 성 조지의 전설**(기사 게오르기우스가 악한 용과 싸우는 황금 전설)을 담고 있다. 벽을 덮고 있는 **청록색 세라믹은 용의 껍질을, 발코니와 기둥은 시체의 해골과 뼈**를 연상시킨다.

### 트렌카디스 기법

외관의 정면은 세라믹 조각과 원형 타일로 마감한 **트렌카디스 기법**(Trencadis, 깨진 유리, 세라믹이나 도자기 조각으로 만든 모자이크 기법)을 활용해 햇빛을 받으면 거대한 보석처럼 가지각색으로 빛나고, 내부는 지중해를 테마로 하여 물결치듯 구불구불한 곡선을 이룬다. **옥상과 다락방, 2층 노블레 층은 일반인에게 공개**하고 있다. 햇살이 강한 정오는 **가급적 피한다.** 눈이 부셔서 건축물을 제대로 감상하기 어렵다.

● Passeige de Gràcia, 43 ● www.casabatllo.es
● 매일 09:00~22:00(입장 마감~21:15), 비수기 09:00~20:00 ● General visit €25~€45(요일, 티켓 종류에 따라 다름), 현장 요금은 €4 추가 ● 지하철 L3, L4호선 Passeig de Gràcia, L1호선 Pl. Catalunya역 하차, 버스 H10, V15, 7·22·24번 ● 지도 P.652-B

## 카사 밀라
### Casa Milà
★

### 가우디의 혼이 깃든 작품

바르셀로나를 상징하는 건축물 중 하나. 가우디가 사그라다 파밀리아 성당에 몰입하기 전 혼신을 다한 건축물로, 1906년에 설계해 1910년에 완공했다. 당시 신도시 계획하에 세워진 아파트로 가우디의 가장 시적이고 기념비적인 작품이다. **라 페드레라**(La Pedrera, 돌로 만든 마름모꼴 타일)라고도 불리는데, 고정화된 기존 건축(일직선, 사각형 등)을 벗어난 새로운 시도로 당시에는 혹평을 받았다. 건물 어느 곳도 일직선으로 된 벽이 없고, **산을 주제로 한 디자인에, 외벽을 석회암과 철을 이용해 파도처럼 굽이치는 부드러운 곡선 모양**이다. 이 도시에 처음으로 건물 지하에 주차장을 만들었다. 현재 Caixa 카탈루냐 은행에서 운영하고, 아파트 대부분은 개인 소유물이다. 건물 3개 부분이 일반인에게 공개되고 있다. 동굴 같은 출입구로 들어가면, 1층에는 고야, 샤갈 같은 유명 화가의 작품이 전시되어 있다. 한 층에 4가구가 있고 맨 꼭대기 층은 에스파이 가우디 박물관(Espai Gaudi)이 있다. 붉은 벽돌로 포물선 아치 모양을 이루고 있다.

### 옥상 굴뚝 전망대

도기 타일로 만든 옥상 굴뚝은 마치 투구를 쓴 기사의 얼굴처럼 보인다. 다양한 굴뚝 디자인과 주변 경관은 놓치기 아깝다. 재즈 공연+야간 투어 티켓 소유자는 야간 투어를 진행하기 전 옥상에서 20시부터 재즈(플라멩코)공연을 즐길 수 있다. 야간에 관람하면 불빛에 반사된 아름다운 모습이 낮과는 또 다르다.

⊙ Passeig de Gràcia, 92  @ www.lapedrera.com/en
⏰ 11/4(2024)~3/6 09:00~18:30, 3/7~11/9(2025) 09:00~20:30, 야간 21:00~23:00 휴무 12/25
💶 성인 €29~, 학생(시니어) €19~, 야간 €39~, 현장 €2 추가. 티켓 종류가 다양하다.
🚇 메트로 3·5호선 디아고날(Diagonal)역에서 도보 1분. 또는 버스 7·22·24·6·33·34번 이용. ⊙ 지도 P.653-C

카사 밀라

도기 타일로 만든 테라스 굴뚝

## 사그라다 파밀리아 성당
**Templo de la Sagrada Familia**
★

### 바르셀로나의 상징
1882년 건축가 비야르가 고딕양식 성당으로 계획했으나, 1883년 젊은 건축가 **가우디**가 인수해 1926년 사망할 때까지 40여 년 동안 반평생을 바친 미완의 작품이다. **네오고딕양식 성당**으로 바르셀로나의 대표적인 건축물이다. 매년 수백만 명의 관광객들과 건축·종교 관련자들이 끊임없이 찾아온다. 2005년 탄생 파사드가 유네스코 세계문화유산에 등재되었다. 지하에는 사그라다 파밀리아 성당의 건설 초기 사진들과 기록물들이 전시되어 있고, 마리아상 밑에 가우디의 무덤이 있다.

### 3개 파사드와 18개의 첨탑
그는 여태껏 누구도 상상하지 못한 '**사람들의 성당**'이라는 독창적인 프로젝트를 구상했다. 주 출입구는 탄생 파사드, 수난 파사드, 영광 파사드 3개가 있고, 각 파사드에는 각각 4개의 탑을 세워 총 12개의 종탑(옥수수 모양)을 세웠다. 12개는 예수의 12사도를 의미한다.

**탄생 파사드**(glory Façade, 동쪽 입구)는 예수의 탄생과 성장 과정을 다루며, 가우디가 생전에 완성했다. **수난 파사드**(Passion Façade, 서쪽 출구)는 최후의 만찬부터 십자가에 못 박혀 죽을 때까지 고난사를 다룬다. 그의 사후 2006년 카탈루냐 조각

탄생 파사드(외관)

탄생 파사드의 푸른 창(내부)

달팽이 모양의 나선형 계단

성당 내부의 골든 샹들리에

가 수비라치(Josep Maria Subirachs)에 의해 완성됐다. **영광 파사드(Glory Façade)**는 부활하신 영광의 예수를 표현했다. '4대 복음서 저자 탑', '예수와 성모 마리아 탑' 2개와 함께 그의 사후 100주년에 맞춰 **2026년 완성 예정**이다. 건설 초기에는 후원금으로 지어졌으나, 지금은 입장료에서 얻은 수익금으로 건설 비용을 충당하고 있다.

종탑에는 **4대 복음서 저자**(마태복음의 마태오, 마가복음의 마르코, 누가복음의 루카, 요한복음의 요한)를 표현했다. 여기에 예수와 마리아에게 바치는 중앙탑 6개를 추가해 모두 **18개의 첨탑(종탑 12개＋중앙탑 6개)**이 세워진 거대한 성당이다. 예수 그리스도를 상징하는 중앙 종탑의 높이는 약 170m이다.

### 타워 전망대 & 도움이 되는 팁

엘리베이터를 타고 꼭대기까지 올라가면 바르셀로나 시내가 한눈에 들어온다 내려올 때는 마치 달팽이처럼 보이는 나선형 계단을 따라 내려온다. 입구 밖 수난 파사드 방향 공원에서 바라본 성당 모습도 아주 멋있다.

대기 시간이 길므로 사전 예매한다. 예매를 못했다면 이른 아침(8시) 또는 늦은 오후(16시 이후)에 입장한다. 매표소는 사르데냐 거리(Carrer de Sardenya, 수난 파사드 방향)에 있고, 입구는 탄생 파사드 방향 마니라 거리(Carrer de Marina)에 있다.

📍 Carrer de Mallorca, 401
🌐 www.sagradafamilia.org
🕐 11~2월 월~토요일 09:00~18:00,
일요일 10:30~18:00 / 3, 10월 월~토요일 09:00~19:00,
일요일 10:30~19:00 / 4~9월 월~토요일 09:00~20:00,
일요일 10:30~20:00
💰 성당＋오디오 가이드 €26, 성당＋가이드 €30, 성당＋오디오 가이드＋종탑 €36, 성당＋가이드＋종탑 €40
🚇 메트로 2·5호선 사그라다 파밀리아(Sagrada Familia)역에서 하차 후 출구(Pl. de la Sagrada Familia)로 나오면 바로 보인다. 또는 버스 19·33·34·D50·H10·B24번 이용 🗺 지도 P.659-D

수난 파사드의 적색 창(내부)

수난 파사드(외관)

사그라다 파밀리아 성당 내부

# 구엘 공원
## Parc Güell
★

### 색상이 화려한 공원
가우디의 경제적 후원자였던 카탈루냐의 실업가 **에우세비 구엘**이 런던 정원을 모델삼아 이상적인 전원도시를 조성하기 위해 **가우디**에게 설계를 의뢰했다. 1900년경 외곽 언덕에 신주거지를 건설할 계획이었으나, 재정적 이유로 1914년까지 가우디가 기거하는 집(현재 가우디 박물관, 그의 가구와 유품들을 전시, 중앙 광장에서 바다를 바라볼 때 왼편에 위치, 박물관 방향에 버스정류장이 있음)을 포함한 2채와 중앙 광장, 타일 벤치 등만 지은 채 방치되었다. 1922년 시의회가 구입해 시립공원으로 꾸며 일반인에게 공개했다. 2005년 유네스코 세계문화유산으로 지정되었고, 가우디의 작품 중 가장 색상이 화려하다.

### 메인 출입구
공원의 가장 드라마틱한 건물은 요정 같은 메인 출입구이다. 입구에서 볼 때 오른쪽은 경비실이고, 왼쪽은 사무실인데 모자이크로 뒤덮인 외관이 독특해 '과자의 집'이라고도 불린다.

### 조각상 계단(Escala Monumental)
메인 출입구를 통과하면 조각상 계단에 화려한 색상으로 모자이크한 2개의 분수대가 있는데, 이포스틸라 홀 기둥에서 흘러 내려오는 배수구 역할을 한다. 연금술을 상징하는 도롱뇽과 의술의 신 아이스쿨라피우스를 상징하는 청동 뿔이 달린 뱀 머리가 조각되어 있다. 화재를 방지하기 위한 부적(符籍)용 분수대라 할 수 있다.

### 2층의 중앙 광장(나투라 광장, Placa de la Natura)
이포스틸라 홀 기둥이 받쳐주는 광장은 운동장처럼 넓은 공간이다. 가우디의 독창성과 혁신성이 돋보이는 물결 모양의 벤치는 색색의 타일을 이용해 뱀처럼 돌아가며 설치된 열린 공간이다. 시가지와 지중해가 한눈에 들어오는 포토 스폿이다. 벤치 맞은편은 언덕을 감싸고 있는 미로 같은 구불구불한 구름다리와 포르티코(Portico de la Bugadera, 현관 통로에 지붕이 있고 기둥으로 떠받침)도 아주 인상적이다. 보행자 통로는 현지 돌을 사용해 아치형으로 만들었다.

### 1층의 중앙 광장 홀(Sala Hipostila)
나투라 광장 아래 1층 홀은 유리와 세라믹으로 만든 86개의 도리아식 기둥이 지붕을 받쳐주고, 천장은 변화무쌍

돌기둥, 포르티코

정문을 통과하면 2개의 분수대가 있고 계단 끝의 중앙 광장으로 연결된다.

한 타일 조각, 파편된 병과 돌을 재료로 한 4개의 태양 모양(4계절 의미)의 원반형으로 장식되어 있다. 기둥 속의 빈 공간을 통해 나투라 광장의 고인 빗물을 배출했다. 가우디의 협력자인 조셉 후홀이 설계했다.

### 도움이 되는 팁

일요일, 공휴일은 대기 시간이 길므로 가급적 피하고 시간 절약을 위해 사전 예약을 한다. 시간이 허락하면 인근에 위치한 카멜 벙커(**Bunkers El Camel**, 구엘 공원에서 24번 버스를 타고 **Doctor Bové-Gran Vista에서 하차**)를 가본다. 최근에 뜨고 있는 핫 플레이스로 바르셀로나 야경이 매우 아름답다.

※ 외곽 공원은 무료이지만, 2013년부터 공원 건축물 보존을 위해 공원 중앙에 제한 구역을 설정해 30분 간격으로 500명씩 유료 입장시킨다.

- Carrer d'Olot  www.parkguell.barcelona
- 1/1~2/7 09:30~17:30, 2/8~3/29 09:30~18:00, 3/30~6/30, 9/1~10/25 09:30~19:30, 7/1~8/31 09:00~19:30, 10/26~12/30 09:00~17:30
- 성인 €18, 어린이(7~12세)·시니어 €13.5
- 메트로 L3선 Lesseps역 하차 후 도보 20분, 버스 H6/D40(Travessera de Dalt urban 정류장)에서 도보 10분, 또는 투어버스  지도 P.650-B

요정 같은 주 출입구

## 산 파우 병원
Hospital de la Santa Creu I de Sant Pau

### 우아한 건축미가 돋보인다

1997년 카탈루냐 음악당과 함께 세계문화유산에 등재될 정도로 우아한 건축미가 돋보이는 병원. 은행가 파우 길의 유언에 따라 도메네크 이 몬타네르가 지은 작품이다. 1902년에 착공해 그가 죽자 아들이 이어 1930년에 완성시켰다.

장식 타일을 많이 사용한 **무데하르양식**(스페인에서 발달한 이슬람풍의 그리스도교 건축양식)의 건물이다. 날개를 펼치듯 좌우대칭의 디자인이 특징이다. 대부분의 건물들이 공사 중이라 닫혀 있고, 실내도 아주 일부만 공개되어 있다. 이곳에서 약간 떨어진 곳에 현대식으로 지은 병원 건물이 있다. 병원 정문을 나서면 일직선상에 사그라다 파밀리아 성당이 보인다. **입원 환자들이 병실 창문을 통해 사그라다 파밀리아 성당을 보면서 새 희망을 얻으라는 의미에서 일직선으로 지었다고 한다.**

- St. Antoni M. Claret, 167
- www.santpaubarcelona.org/es
- 4~10월 09:30~18:30, 11~3월 09:30~17:00
- 휴무 12/25
- €18, 가이드 투어 €21, 오디오 가이드 €4 추가
- 메트로 5호선 오스피탈 드 산 파우(Hospital de Sant Pau)역에서 도보 5분. 또는 버스 H8·19·20·45·47·50·51·92·117·192번 이용
- 지도 P.651-C

## 카사 비센스
### Casa Vicens

**가우디의 첫 작품**

1878년에 시작해 1885년에 완공된 작품(실제 건축 기간은 1883~1885년). 조각가와 예술가로서의 천재성을 보인 가우디의 첫 작품으로, 타일 제조업자 비센스의 의뢰를 받아 지은 개인 저택이다. 이슬람풍의 영향을 받아 화려하고 아름다운 타일로 건물 외양을 장식했다. 정원에는 종려나무 문양이 새겨진 분수대가 있고, **종려나무**를 모티프로 한 철문, 녹색과 흰색 타일을 사용해서 소나무 모양으로 꾸민 외벽이 인상적이다. 개인 소유의 저택이라 일반인은 출입하지 못한다.

종려나무를 모티프로 한 철문

📍 Carrer de les Carolines, 18-24
🚇 메트로 3호선 폰타나(Fontana)역에서 도보 5분
🗺 지도 P.650-B

## 구엘 별장
### Els Pavellons de La Finca Güell

**가우디가 증·개축한 별장**

1884~1887년에 걸쳐 지은 구엘의 별장. 바르셀로나 외곽의 별장을 확장하기 위해 가우디에게 의뢰했고, 그가 경비실과 마구간, 문을 증·개축했다. 별장의 정문인 '**용의 문**'은 그리스신화에

구엘 별장 정문인 용의 문

나오는 정원의 황금사과를 지키는 머리가 여러 개 달린 **라돈 용**(헤라클레스에 의해 죽음)을 소재로 하고 있다. 철로 만든 용이 광대한 저택을 지키는 파수꾼으로 묘사되어 있다. 문설주 위에는 오렌지 모양으로 장식되어 있다.

📍 Avinguda de Pedralbes, 7  🌐 www.rutadelmodernisme.com/ca/ficha/pavellons-guell
🕐 10:00~16:00 휴무 1/1·6, 12/25·26
💶 성인 €6, 학생(만 18세 이하)·시니어 €3
🚇 메트로 3호선 팔라우 레이알(Palau Reial)역에서 도보 10분. 또는 3호선 마리아 크리스티나(Maria Christina)역에서 도보 10분  🗺 지도 P.650-E

## SIGHTSEEING
# 고딕 지구・구시가지

늘 관광객들로 붐비는 람블라스 거리(스페인어로 대도시 산책로를 의미)를 가로지르면 바르셀로나의 중심지인 카테드랄을 비롯해 중세풍의 건축물과 미술관, 박물관, 시민의 휴식처인 시우타데야 공원 등이 자리하고 있다. 좁은 미로 같은 골목길에 부티크, 카페, 선물가게들이 즐비하다.

보케리아 시장

## 람블라스 거리
### Las Ramblas

### 세계에서 가장 매력 있는 거리
람블라스 거리(Ramblas, 아랍어 Raml, 강바닥)는 북쪽 카탈루냐 광장(공항버스 발착지)에서 남쪽 항구의 포르탈 데 라 파우 광장까지 1km에 이르는 거리이다. 서머싯 몸이 '세계에서 가장 매력 있는 거리'라고 말했듯이 하루 종일 끊임없이 몰려드는 인파로 생동감이 넘친다. 피카소, 달리, 미로가 이 길을 자주 거닐었다. 리세우역 부근의 산책로 바닥에는 **호안 미로가 디자인한 다채로운 모자이크(1976년)**가 깔려있다. 주말에는 다양한 퍼포먼스를 펼치는 거리의 행위 예술가 덕분에 눈요기하기에 좋다. 리세우역 근처에는 바르셀로나 최대 재래시장인 **산 조세프 시장**(Mercat de Sant Josep, 보케리아 시장)이 있다. 싱싱한 채소와 과일, 생선, 고기, 햄 등이 진열되어있다.

### 레이알 광장과 구엘 저택
레이알 광장부터 람블라스 거리의 종점인 콜럼버스 탑이 있는 포르탈 데 라 파우 광장(Plaça Portal de la Pau) 사이에 오페라의 전당인 리세우 극장, 레이알 광장, 구엘 저택 등이 있다. **콜럼버스 탑 전망대에 올라가면 항구와 구가지가 한눈에 들어온다.**

※ 람블라스 거리는 소매치기가 빈번하게 일어나는 곳이니 조심한다. 특히 스마트폰을 허술하게 쥐고 있거나, 사진 촬영에 몰두할 때 잽싸게 낚아챈다.

🚇 메트로 1・3호선 카탈루냐(Catalunya)역 또는 3호선 리세우(Liceu)역, 드라사네스(Drassanes)역 하차
🗺 지도 P.652-F

미로가 디자인한 람블라스 거리의 모자이크

## 구엘 저택
### Palau Güell
★

**독창적이고 굴뚝이 인상적**

가우디가 그의 절친한 친구이자 경제적 후원자였던 **에우세비 구엘(1846~1918년)**을 위해 1885~1890년에 지은 초기 작품으로, 1984년 유네스코 세계문화유산으로 지정되었다.

중세의 요새 같은 아치형 입구 옆에는 **구엘 가문의 문장인 철제 독수리**가 있다. 지하 1층은 마구간, 1층은 마차고, 2층은 서재, 2층은 응접실, 3층은 침실, 4층은 다락방이다. 옥상으로 나가면 항구를 비롯한 El Raval(고딕 지구의 빽빽하게 들어선 좁은 거리)의 멋진 모습이 펼쳐진다. 옥상(지붕 테라스)에는 가우디의 독창성을 보여주는 20개의 특이한 굴뚝이 있다. 대리석, 타일, 토기 같은 여러 자재를 사용한 다양한 형태의 트렌카디스(Trencadis, 깨진 세라믹이나 도자기 조각)로 장식되어 있다. 중앙탑 꼭대기에는 철제 풍향계가 있다.

- Carrer Nou de la Rambla, 3-5
- https://inici.palauguell.cat/
- 4~9월 10:00~20:00, 10~3월 10:00~17:30
- 휴무 월요일, 12/25·26, 1/1, 1월 마지막 주
- 성인 €12, 학생 €9  메트로 3호선 리세우(Liceu)역에서 도보 5분  지도 P.652-J

옥상의 특이한 굴뚝들

## 레이알 광장의 가로등
### Fanals de la Plaça Reial

**가우디가 졸업 후 만든 가로등**

항구 방향으로 람블라스 거리의 서쪽에 위치한 광장. 사면이 똑같은 높이의 건물로 둘러싸여 이국적인 분위기를 풍기는 곳이다. 광장에는 커다란 종려나무들이 심어져 있고, 그 사이로 세워져 있

는 가로등이 바로 가우디가 졸업 후(1879년) 처음 만든 작품이다. 바르셀로나 시의 공공사업으로 시내 전역에 설치할 예정이었으나, 사정상 팔라우 광장(Plaça Palau)과 이곳에만 설치했다. 일요일 아침에는 우표와 화폐시장이 열려 사람들로 북적거린다. **주변 구역이 밤에는 위험하니 조심한다.** 특히 주변 골목길에는 들어서지 않아야 한다.

- Av. de les Drassanes
- 메트로 3호선 리세우(Liceu)역에서 도보 5분
- 지도 P.652-J

## 카테드랄(대성당)
### Catedral
★

**고딕 지구에서 가장 오래된 건축물**

1298년 자우메 2세 때 착공해 1448년 완성되었으나, 19세기 말 정면 파사드를 네오고딕양식으로 개축한 건축물로 고딕 지구에서 가장 오래되었다. 본당 안의 성가대석을 에워싼 흰 대리석 묘에는 바르셀로나의 수호 성녀 **산타 에우랄리아**(Santa Elulalia, 기독교로 개종해 13세에 혹독한 고문으로 순교함)가 처형되는 순교 장면이 조각되어 있다. 이 조각은 **스페인 르네상스 시대의 걸작으로 바르톨로메**

오르도네스가 **제작**한 것이다. 유골은 지하 성당에 안치되어 있고, 본당 오른쪽에는 세례장(세례 물통)이 있다. 1493년 콜럼버스가 신대륙에서 데려온 6명의 원주민들을 세례시킨 기록이 있다. 제단에는 2개의 커다란 6세기 서고트족 왕관 모양의 기둥머리와 장엄한 십자가 그림(Bermat Martorell 작품)이 있다. 엘리베이터를 타고 옥상으로 올라가면 중세 지구의 시가지가 한눈에 들어온다

### 순교자의 순결을 상징하는 흰 거위

수도원은 대성당에서 가장 아름다운 곳이다. 서양 모과나무, 목련, 종려나무는 지친 관광객이 쉬어갈 수 있는 휴식처이다. 연못에는 6마리의 흰 거위가 노닐고 있다. 중세 때 거위는 수도를 호위하는 수호자로 흰 거위는 순교자의 순결성을 의미한다. 원래는 13세에 순교한 산타 에우랄리아를 기리기 위해 거위 13마리를 키웠다고 한다.

- Pl de la Seu   www.catedralbcn.org
- 월~금요일 09:30~18:30, 토요일, 축제일 09:30~17:15, 일요일, 축제일 14:00~17:00
- €14(대성당+지붕+오디오 가이드+박물관)
- 메트로 4호선 자우메 1세(Jaume 1)역에서 도보 5분. 산 자우메 광장에서 자치정부청사(건물 중앙에 조각상 있음)를 바라볼 때 건물 오른쪽 북쪽 골목길로 가면 오른쪽에 위치
- 지도 P.652-J

## 왕의 광장
Plaça del Rei

### 중세의 흔적이 고스란히

카테드랄 북쪽에 위치한 왕의 광장은 고딕 지구의 중심지로 중세의 흔적이 잘 보존된 곳이다. 이곳은 중세 때 관료들과 방문객들이 건초와 밀가루를 사고팔던 시장이었다. 후에 시청사와 자치정부청사를 비롯한 행정기관 건물들이 들어섰다. 광장 옆에는 13~16세기에 세워진 아라곤 왕의 왕궁이 있다. 광장 서쪽에 있는 건물은 망루(감시탑, Mirador del Rei)로 사용되었고, 망루 왼쪽에 있는 요크티넨 궁(Palau de Lloctinent)은 1549년에 세운 카탈루냐 총독의 관저이다. 오른쪽에는 왕궁 예배당인 산타 아가타 예배당(Capella de Santa Agata)이

있다. 왕궁의 티넬의 방(Salodel Tinell)은 콜럼버스가 첫 항해를 마치고 돌아와 가톨릭 부부 왕을 알현했던 곳이다.

- Plaça del Rei
- 메트로 4호선 자우메 1세(Jaume I)역에서 도보 3분
- 지도 P.653-K

## 산 자우메 광장
### Plaça de Sant Jaume

### 고딕 지구의 중심부

역사적·정치적으로 고딕 지구의 심장부인 광장. **자우메**는 그리스도의 12제자 중 한 명인 **야고보**를 카탈루냐어로 읽은 것이다. 시청사(Ajuntament = Casa de la Ciutat, 중앙에 시계가 있는 건물)와 자치정부청사(Palau de la Generalitat, 중심에 조각상이 있는 건물)가 광장을 사이에 두고 마주보고 서 있다.
14세기에 세워진 시청사는 고딕양식의 파사드가 아름답다. 자치정부청사는 15~17세기에 지어졌다. 두 건물 모두 수세기에 걸쳐 화려한 신고전주의양식의 파사드를 개축했다. 공휴일에는 광장에 사람들이 모여 사르다나 춤을 춘다.

- 메트로 4호선 자우메 1세(Jaume I)역에서 도보 5분
- 지도 P.652-J

산 자우메 광장에 자리한 자치정부청사

## 피카소 미술관
### Museu Picasso

### 가장 인기 있는 고딕양식의 미술관

바르셀로나에서 가장 인기 있는 피카소 미술관은 고딕 지구의 중세 분위기가 풍기는 몬카다 거리(Calle de Montcada) 모퉁이에 있다. 5개의 귀족 저택을 고딕양식으로 개조한 미술관이다. 피카소는 말라가에서 태어나 미술 교사인 아버지를 따라 1895년 13세에 바르셀로나로 이사해 교육을 받았으나 19세에 미술 공부를 위해 마드리드를 거쳐 1904년 23세에 파리에 정착했다. 이곳 미술관은 피카소의 소년, 청년기, 말년에 그렸던 스케치, 습작, 판화, 도자기 등이 가장 많이 전시되어 있다. 15~16세에 그렸던 초기 작품들에서도 그의 천재성을 엿볼 수 있다.

### 피카소의 〈시녀들〉 vs 벨라스케스의 〈시녀들〉

10대에 제작한 〈과학과 자비(Ciencia i Caritat)〉, 〈아를레킨(Harlequin)〉, 〈첫 영성체(La Primera Comunion)〉와 말년작 〈비둘기(Los Pinchones)〉, 〈시녀들(Las Meninas)〉(벨라스케스의 〈시녀들〉에

시녀들(Las Meninas)

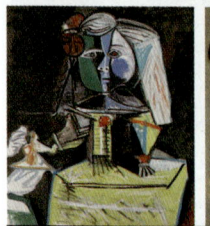

피카소의 〈마르가리타 테레사〉(좌), 〈목도리와 모자를 쓴 사바르테스〉(우)

영감을 얻어 그린 동명의 연작)이 유명하다. 〈시녀들〉 원작은 마드리드 프라도 미술관에 있으니 둘을 비교해 보는 것도 재미있다. 〈마르가리타 테레사〉, 〈목도리와 모자를 쓴 사바르테스〉도 놓치지 말자.

📍 Carrer de Montcada, 19-23
@ www.museupicasso.bcn.es, www.bcn.cat/museupicasso
🕐 10/14~4/13 화~일요일 10:00~19:00, 4/15~10/12 화·수·일요일 09:00~20:00, 목·금·토요일 09:00~21:00 💶 €13(온라인 €12), **무료 입장** 18세 이하, 매달 첫째 일요일, 4/15~10/12 목·금·토요일 19:00~21:00, 10/14~4/13 목요일 16:00~19:00
🚇 메트로 3호선 리세우(Liceu)역, 4호선 자우메 1세(Jaume I)역 하차, 역 건너편 좁은 길(C. de la Princesa)로 직진하다 첫 번째 사거리에서 우회전해 직진하면 바로
📍 지도 P.653-K

## 산타 마리아 델 마르 성당
### Iglesia de Santa María del Mar

**카탈루냐 고딕양식의 파사드**

1329~1384년에 세워진 성당. 선박공장과 수산업이 번창하던 중세 때 어부들과 부유한 시민들이 기금을 모아 화려한 성당을 지었다. 파사드는 전형적인 카탈루냐의 고딕양식으로 무척 아름답다. 팔각형의 첨탑과 입구 위쪽의 플랑부아양양식(고딕 건축의 개구부 골조가 타오르는 불꽃 같은 모양으로 된 건축양식)의 창문과 스테인드글라스가 볼만하다. 성당 내부는 화려한 바로크와 신고전주의양식으로 꾸며졌으나 스페인 내란으로 파괴되고, 고딕의 겉모습만 남아 있어 소박하고 단순해 보인다. 서쪽 제단 위의 장미 문양 창문은 성모 마리아의 대관식을 묘사하고 있다.

📍 Plaça de Santa María
@ www.santamariadelmarbarcelona.org
🕐 09:30~13:30, 16:30~20:00
💶 무료
🚇 메트로 4호선 자우메 1세(Jaume I)역에서 도보 5분
📍 지도 P.653-K

## 카탈루냐 음악당
Palau de la Música Catalana
★

### 모더니즘의 대표 건축물
1908년에 모더니즘(아르누보양식)의 대표 건축가인 도메네크 이 몬타네르(1850~1923년)가 심혈을 기울인 걸작으로 1997년 **유네스코 세계문화유산**으로 지정되었다. 카탈루냐의 전통과 역사를 대변하는 음악당으로 환상적인 합창, 실내악, 교향악을 선보인다. 파사드는 모자이크 타일의 기둥과 바흐, 베토벤, 바그너 등 유명 작곡가들의 흉상들로 장식되어 있다. 작품 대부분은 몬타네르의 상상력에서 나온 것으로 장미, 백합과 같은 꽃무늬를 주제로 한다.

### 둥근 스테인드글라스 천공광
내부는 가이드 투어로만 볼 수 있다. 하이라이트는 2층의 장엄한 콘서트홀이다. 안토니 리갈트의 작품인 화려한 푸른 황금색의 둥근 스테인드글라스 천공광(천장에 낸 채광창)이 천사들의 합창단을 의미하는 여자 40명의 머리로 둘러싸여 있다. 아치형의 무대 앞에 작곡가 바그너와 끌라베의 조각상이 있다. 현재 이곳에서 클래식 음악 콘서트가 개최된다. 성당 내부의 발코니나 천장 타일을 자세히 관찰하고 싶다면 쌍안경을 지참하는 게 좋다.

- C/Palau de la Música, 4-6
- www.palaumusica.org 09:00~15:00(가이드 투어), 09:00~15:30(셀프 가이드 투어) €18(디지털 안내서), €22(가이드 투어 = 오디오 가이드 투어)
- 메트로 1·4호선 우르키나오나(Urquinaona)역에서 도보 5분. Jonqueres 출구로 나와 동상 왼쪽 골목길로 간다.
- 지도 P.653-G

## 카사 칼베트
Casa Calvet

### 가우디가 지은 중산층 저택
가우디가 친구인 직물업자 칼베트의 의뢰를 받아 1898~1900년에 걸쳐 지은 전형적인 중산층 저택. 구조나 건설 수준에서 볼 때 그의 건축물 중 가장 평범하다는 이유로, **제1회 바르셀로나 건축상을 수상**했다(당시 건축 기준으로 볼 때 그의 다른 건축물들은 너무 상상력이 풍부해 인정받지 못했다). 2개의 메인 출입문 벨과 노커를 유심히 보면 노커 아래에 숨은 **딱정벌레**의 모습(전염을 가져오는 악의 상징인 곤충)을 볼 수 있다. 이는 **방문객들이 노커를 흔들어 악을 밖으로 쫓아낸다는 의미**가 있다. 1층은 칼베트의 섬유공장 사무실, 2층은 그의 자택, 3층 이상은 임대 맨션으로 지어졌다. 현재 1층은 레스토랑으로 이용되고 있다.

딱정벌레 모양의 노커

- Carrer de Casp, 48
- 메트로 1·4호선 우르키나오나(Urquinaona)역에서 도보 3분
- 지도 P.653-G

## SIGHTSEEING

# 몬주익 지구

바르셀로나 남서쪽의 몬주익(Montjuïc) 언덕 (일명 마술의 산)은 나지막하지만 가파른 전망 좋은 절벽에 위치해 있으며, 정상에는 몬주익 성이 있다. 이곳은 수세기 동안 고립되어 왔으나 1929년 만국박람회 이후 공원으로 개발되면서 미로 미술관, 카탈루냐 미술관 등이 개관되었다. 1992년 바르셀로나 올림픽이 개최되자 올림픽 주경기장을 비롯한 스포츠 시설과 기념공원, 스페인 마을 등이 다양하게 들어서 여행객들이 즐겨 찾는 명소로 탈바꿈했다. 에스파냐 광장에서 언덕을 향해 일직선으로 뻗어 있는 마리아 크리스티나 거리(Ae. de la Reina María Crístina)를 따라 올라가면 도로 중앙에 마히카 분수대(Font Màgica)가 있는데, 여름철 주말에 환상적인 레이저 분수 쇼가 펼쳐져 눈요기하기에 그만이다.

### 몬주익 지구 가는 법

① 메트로 L1·3·8호선 에스파냐(Espanya)역 FGC(Fira Monjuic) 출구로 나와 55번, 150번 버스를 타고 종점(Av. Miramar)에서 하차하면 몬주익 성이다.
② 메트로 2·3호선 파랄렐(Paral-lel)역과 연결된 푸니쿨라 승강장에서 푸니쿨라(1회권 통용)를 타고 몬주익 공원으로 가서 케이블카로 갈아타고 몬주익 성까지 간다.
③ 바르셀로네타의 케이블카 승강장(Torre de St. Sebastia Cable Car)에서 케이블카를 타고 미라마르 전망대까지 간다.

**케이블카(몬주익 공원 → 몬주익 성)**
@ www.telefericdemontjuic.cat

미히카 분수대

🕐 11~2월 10:00~18:00, 3~5월·10월 10:00~19:00, 6~9월 10:00~21:00
💶 편도 €12(온라인 €10.8), 왕복 €17(온라인 €15.3)
📍 지도 P.652-J

**레이저 분수 쇼**
🕐 5~9월 목~일요일 21:00~23:30, 10~4월 금~토요일 19:00~21:00

## 미로 미술관

**Fundació Joan Miró**

★

### 카탈루냐 천재 작가 미로의 설계

1975년 세계적인 건축가 미로가 그의 친구 호세 루이스 셀트와 함께 설계한 미술관으로, 시가지가 한눈에 들어오는 몬주익 언덕에 위치하며 주변 경관이 아름답다. 카탈루냐가 낳은 또 한 명의 천재 화가인 **미로(1893~1983년)는 초현실주의 화가이자 조각가이고 도예가이며 바르셀로나의 예술혼을 구현시킨 작가**이다. 공항 벽화에서 람블라스 거리의 모자이크 보행로에 이르기까지 시내 어디에서나 그의 작품을 만날 수 있다. 바르셀로나에서 시계공의 아들로 태어나 아버지의 강요로 장사를 하지만 적응하지 못하고 화가의 길로 나선다. 1920년 파리에 도착한 미로는 다다이즘과 초현실주의의 영향을 받아 단순함 속에서 강렬함을 표현하는 거장으로 거듭난다. **피카소와 달리 그는 이곳에서 태어났기 때문에 카탈루냐인들은 마음속 깊이 그를 아낀다**. 미술관에는 미로가 기증한 그림 200점, 조각과 태피스트리 150점, 스케치 5,000점 등 다양한 작품들이 전시되어 있다. 젊은 예술가들의 창조적인 실험을 통해 차세대 예술가를 육성하기 위해 젊은이들의 개인전시회, 현대미술전, 건축전, 음악회 등이 정기적으로 열린다.

### 현대적 조형미를 추구한 외관

건물 외형은 **현대적 조형미**를 추구하고 외벽은 흰색으로 마감했다. 내부는 천장을 원호로 설계해서 자연채광이 굴절되지 않아 밝고 개방적인 느낌을 준다. 그의 작품은 카탈루냐의 정신이 내재되어 향토적인 분위기가 풍긴다. 〈젊은 소녀의 초상화〉, 〈아침별〉, 〈바르셀로나〉, 〈밤의 여인〉 등이 전시되어 있다. 미술관 입구에는 수많은 그의 오브제(초현실주의 미술에서 작품에 쓴 일상생활용품이나 자연물)가 늘어서 있다. 7~9월에는 강당에서 콘서트가 개최된다.

- Plaça de Neptu, Parc de Montjuïc
- www.fmirobcn.org/en
- 11~3월 화~일요일 10:00~19:00, 일요일 10:00~15:00, 4~10월 화~토요일 10:00~20:00, 일요일 10:00~19:00 휴무 월요일(1/6, 4/21, 6/9, 12/8 개방)
- 성인 €15, 학생 €9  메트로 3호선 파랄렐(Paral-lel) 역에서 푸니쿨라를 타고 몬주익 공원(Parc de Montjuïc) 하차. 또는 에스파냐 광장에서 55·150번 버스를 타고 미술관 앞 하차  지도 P.652-J

미로의 〈아침별〉

미로의 〈젊은 소녀의 초상화〉

## 카탈루냐 미술관
Museu Nacional d'Art de Catalunya (MNAC)
★

〈전능하신 그리스도〉

### 중세미술의 가장 아름다운 컬렉션
1929년 만국박람회 때 몬주익 언덕에 전시관으로 건설된 건물을 1934년에 개조한 미술관이다. 로마네스크 미술은 유럽 중세미술에서 가장 아름다운 컬렉션이다. 중세부터 현대에 이르기까지 카탈루냐의 미술을 한눈에 볼 수 있다.

### 산 클레멘테 성당 벽화
로마네스크 갤러리는 연대 순으로 감상한다. 로마네스크 미술은 놀라울 정도로 심플하다. 중세 때는 많은 카탈루냐인들이 문맹이라 교회 벽이 이야기책으로 장식되어 있었다. 이곳의 하이라이트는 **산 클레멘테 성당 벽화(Sant Clemente de Tahull)**이다. 중앙 복도의 벽화 〈전능하신 그리스도〉는 넓은 눈, 처진 머리 칼, 왼손에 책(나는 세상의 빛이니라)을 든 예수의 모습이 섬세하게 잘 표현되어 있다. 이 작품은 피레네 산맥에 있는 타울 마을의 산 클레멘테 성당에서 이송해온 것이다. 그밖에 티에폴로, 티치아노, 루벤스, 크라나흐 작품들도 놓치지 말자.

- Mirador del Palau Naciona, 1
- www.museunacional.cat/ca
- 10~4월 화~토요일 10:00~18:00, 일요일, 공휴일 10:00~15:00, 5~9월 화~토요일 10:00~20:00, 일요일, 공휴일 10:00~15:00 **휴무** 월요일, 1/1, 5/1, 12/25
- 성인 €12, **무료 입장** 매주 토요일 15:00~, 매월 첫째 일요일(예약 필수)  에스파냐 광장(메트로 1·3호선 Espanya역)에서 넓은 대로(Avinguda de la Reina Maria Cristina)를 따라 10여 분 정도 걸어가면 분수대가 나오고 계단 위로 올라가면 미술관이다. 또는 광장에서 55·150번 버스를 타고 미술관 앞에서 하차
- 지도 P.652-J

## THEME PAGE
## 가우디의 건축물

### 시우타데야 공원
**Parc de la Ciutadella(1875~1881년)**
- Parc de la Ciutadella
- 메트로 1호선 아르크 데 트리옴프(Arc de Triomf)역 하차 후 도보 10분
- 지도 P.653-L

시우타데야 공원

### 레이알 광장의 가로등
**Fanals de la Plaça Reial(1878~1879년)**
▶ P.664 참조  지도 P.652-J

레이알 광장

### 카사 비센스 Casa Vicens(1878~1885년)
▶ P.662 참조  지도 P.650-B

### 구엘 별장 Finca Güell(1884~1887년)
▶ P.662 참조  지도 P650-E

### 구엘 저택 Palau Güell(1885~1890년)
▶ P.664 참조  지도 P.652-J

### 사그라다 파밀리아 성당
**Templo de la Sagrada Familia(1883~1926년)**
▶ P.658 참조  지도 P.653-D

### 카사 칼베트 Casa Calvet(1898~1900년)
▶ P.668 참조  지도 P.653-G

### 구엘 공원 Parc Güell(1900~1914년)
▶ P.660 참조  지도 P.650-B

### 피게라스 저택(베예스과르드)
**Casa Figueras(Bellesguard, 1900~1902년)**
- Carrer Bellesguard, 16-20
- 카탈루냐 철도 티비다보역 하차 후 도보 20분 참고 개인 소유 거주지
- 지도 P.650-A

피게라스 저택

SPAIN

### 카사 바트요 Casa Batlló(1904~1906년)
▶ P.656 참조  지도 P.652-B

### 카사 밀라 Casa Milla(La Pedrera, 1905~1910년)
▶ P.657 참조  지도 P.653-C

### 산타 테레사 학교
**Collegi de les Teresianes(1888~1889년)**
- Carre Ganduxer, 95-105
- 카탈루냐 철도 라 보나노바역 하차 후 도보 5분
- 참고 개인 대학  지도 P.650-E

### 콜로니아 구엘 성당
**Cripta Gaudi Colonia Güell(1895~1915년)**
- Santa Coloma de Cervello
- 카탈루냐 철도 콜로니아 구엘역 하차 후 도보 10분

카사 바트요

산타 테레사 학교

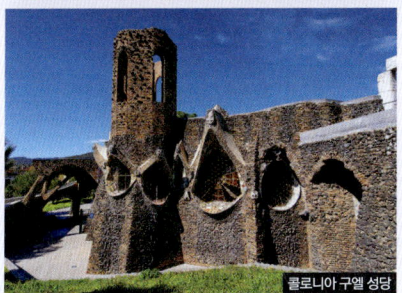
콜로니아 구엘 성당

## 안토니 가우디 Antoni Gaudí Cornet (1852~1926년)

### 스페인 천재 건축가

가우디는 건축, 정원, 장식 등에서 독보적인 재능을 발휘한 20세기 최고의 건축가이다. 자유분방하고 자연 친화적인 그의 작품은 오늘날 건축에 지대한 영향을 주었다. 그는 1852년 6월 25일 카탈루냐 레우스에서 태어났다. 무언가를 만들기 전에 미리 공간을 본다는 그의 공간 센스는 보일러 제작자인 아버지와 조부의 영향을 받았다.

### 자연에서 영감

어릴 적 류머티즘을 앓아 평생 걷는 게 부자연스러웠고 친구들과도 잘 어울리지 못한 채 자연을 벗 삼아 예리한 관찰력을 키웠다. 그의 작품 대부분은 자연에서 영감을 받았고, 이는 **'자연에는 직선이 없다'**라는 그의 건축관에도 영향을 미쳤다. 그의 **건축학적 특색은 곡선에 초점을 맞춘, 벽과 천장이 굴곡을 이루는 섬세한 장식과 풍부한 색채가 돋보이는 데 있다.**

### 구엘과의 운명적 만남

구엘과의 운명적인 만남은 대학 시절에 시작된다. 그는 죽을 때까지 **가우디의 친구이자 재정적 후원자**가 된다. 구엘 저택, 구엘 별장, 구엘 공원과 같은 천재적인 창작 작품은 모두 두 사람의 우정에서 가능했던 것이다. 1883년 사그라다 파밀리아 성당의 공사를 맡아 생애 마지막 12년(1912~1926년)을 이 건축물에 열정을 쏟는다. 구엘 공원, 카사 바트요, 카사 밀라, 사그라다 파밀리아 성당 등 수많은 걸작을 탄생시킨다.

### 사그라다 파밀리아 성당 지하실에 시신 안치

불행히도 **1926년 6월 7일** 전차에 치여 사망할 때 초라한 행색 때문에 아무도 그를 알아보지 못했다고 한다. 그의 시신은 교황청의 배려로 사그라다 파밀리아 성당 지하실에 안치되었다. 생전에는 그의 작품이 대중의 인정을 받지 못했지만 1960년대 이후부터 모든 사람의 사랑을 받으면서 매년 수많은 관광객을 불러 모으고 있다.

# THEME PAGE
## 스페인 대표 요리

스페인의 대표적인 전통요리는 우리식 철판볶음인 파에야(Paella), 새끼돼지 통구이 코치니요 아사도(Cochinillo asado) 등이다. 더울 때 원기를 북돋아주는 차가운 토마토 수프 가스파초(Gazpacho)와 우리나라 육포와 비슷한 돼지 뒷다리 햄인 하몬(Jamón) 등이 있다. 서민들이 자주 찾는 바르에서 부담 없이 먹을 수 있는 판 콘 토마테(Pan con tomate, 토마토와 올리브오일을 뿌린 빵)와 추로스(Churros, 막대 모양의 빵)를 먹어본다. 저녁이라면 스페인 전통 칵테일 상그리아(Sangria, 와인에 과일을 넣어 숙성시킨 술)도 마셔 보자.

### 레스토랑 이용하기

레스토랑 등급은 포크 수(1~5개)로 나타낸다. 포크가 1~2개인 레스토랑은 캐주얼 복장으로 예약 없이 이용할 수 있고 €10 정도면 음료까지 포함해서 식사할 수 있다. 포크가 5개인 최고급 레스토랑은 정장 차림에 미리 예약을 해야 한다. €60~70 정도면 5코스 이상의 요리를 맛볼 수 있다.

- **주문 요령**
점심식사를 저렴하게 즐기고 싶다면 오늘의 메뉴(메뉴 델 디아 Menu del dia)를 주문한다. 전채 요리, 주 요리(고기 또는 생선), 빵, 음료(와인, 맥주, 물), 디저트(커피)가 나온다.

### 메뉴

**전채 요리** Entremeses
가장 대중적인 것은 생햄과 치즈. 여러 종류의 음식을 맛보고 싶다면 Variados를 주문한다.
- 안초비 Anchoa [안초아]
- 새우 칵테일 Cóctel de gambas [콕델 데 감바스]
- 모둠요리(소시지, 햄 등) Fiambres variados [피암브레스 바리아도스]
- 훈제 연어 Salmón ahumado [살몬 아우마도]
- 생햄과 멜론 Melon con jamón [멜론 콘 하몬]

**수프** Sopa
여름에는 시원한 수프, 겨울에는 따뜻한 수프를 먹는다.
- 차가운 채소 수프(+토마토) Gazpacho andaluz [가스파초 안달루스]
- 마늘 수프 Sopa de ajo [소파 데 아호]
- 해산물 수프 Sopa de mariscos [소파 데 마리스코스]
- 채소 수프(갈리시아풍) Caldo gallego [칼도 갈레고]

**샐러드와 채소 요리** Ensalada y verduras
식초와 올리브오일, 소금, 후추를 적당히 뿌려 먹는다.
- 믹스 샐러드 Ensalada mixta [엔살라다 믹스타]
- 그린 샐러드 Ensalada verde [엔살라다 베르데]
- 포테이토 샐러드 Ensalada rusa [엔살라다 루사]
- 채소볶음 Pisto manchego [피스토 만체고]
- 버섯 철판구이 Champiñon al ajillo [참피논 알 아히요]

**달걀과 쌀 요리** Huevo y arroz
쌀은 샐러드나 수프의 재료로 자주 쓰인다. 달걀프라이는 올리브오일에 튀긴다.
- 플레인 오믈렛 Tortilla francesa [토르티야 프랑세사]
- 오븐구이(달걀+초리소+토마토소스) Huevos a la flamenca [우에보스 아 라 플라멩카]

생햄(Jamón)

파에야(Paella)

오징어먹물밥(Arroz negro)

- 중하 철판구이 Langostinos a la plancha [랑고스티노스 아 라 플란차]
- 해산물 튀김 Fritura de pescado [프리투라 데 페스카도]
- 참치와 감자조림 Marmitako [마르미타코]

### 디저트 Postre

평소 설탕을 사용하지 않아서인지 식후에 단 디저트를 먹는다. 아이스크림이나 푸딩 외에 콘나타(Con Nata, 생크림)를 얹는다.

- 아이스크림 Helado [엘라도]
- 푸딩 Flan [플란]
- 계절 과일 Fruta del tiempo [프루타 델 티엠포]
- 커스터드 크림 Natillas [나티야스]

- 파에야(닭고기) Arroz con pollo [아로스 폰 포요]
- 오븐구이(채소+쌀) Arroz al horno [아로스 알 오르노]

### 고기 요리 Carne

소, 돼지, 닭 외에 양이나 토끼도 대중적인 요리다. 향토요리는 세비야의 새끼돼지 통구이, 톨레도의 페르디스(메추라기)가 유명하다.

- 새끼돼지 통구이 Cochinillo asado [코치니요 아사도]
- 스페인풍 고기완자 Albóndigas [알본디가스]
- 송아지 커틀릿 Escalope de ternera [스칼로페 데 테르네라]
- 통째로 구운 양 구이 Cordero asado [코르데로 아사도]

추로스(Churros)

코치니요 아사도(Cochinillo asado)

> **tip 바르 Bar**
>
> 지역 주민의 사교장인 바르는 카페 겸 식당이다. 특별한 격식 없이 주문할 수 있다. 카운터에 진열된 타파스(안주)를 보면서 주문하거나, 메뉴판을 보면서 주문한다. 양이 많이 나오는 편이므로 혼자라면 타파(Tapa 小), 2~3명이면 메디아 라시온(Mediaracion 中), 여럿이라면 라시온(Racion 大)이라 말한다.

### 생선 요리 Pescado

대구, 도미 같은 흰살 생선 외에 문어나 오징어를 즐겨 먹는다.

- 필필 소스를 끼얹은 대구요리 Bacalao al pil pil [바칼라오 알 필필]

# 바르셀로나의 맛집

※ 스페인, 이탈리아 등 남부 음식이 대부분 짜기 때문에 '노 살 뽀르 빠보르(소금을 넣지 말아주세요)'라고 주문하고 필요 시 소금을 뿌려먹는 게 낫다.

### ♦ 람블라스 거리 ♦

**Irati Taverna Basca**
인기 높은 핀초스 바. 바스크 지방의 전통요리가 80가지 이상이 될 정도로 메뉴가 다양하다. 바게트 위에 토핑을 얹고 꼬치를 꽂아 내는데, 먹은 후에 꼬치를 접시에 올려놓으면 개수를 세서 계산한다(개당 €2.1). 와인과 곁들이면 맛이 더 좋다.

- Calle Cardenal Casanyes, 17
- www.iratitavernabasca.com
- 12:00~24:00, 금·토요일 12:00~00:30
- 메트로 3호선 Liceu역에 하차  지도 P.652-J

### ♦ 카탈루냐 광장 주변 ♦

**4 Gats**
1897년에 개업한 오래된 카페로 파리의 카바레〈검은 고양이〉를 모방했다고 한다. 피카소, 달리 등 예술가들이 자주 찾던 곳이다. 전채 요리, 생선 요리, 육류 요리, 디저트 등. 점심 세트 €15~, 세금 별도(8% 추가).

- Calle Montsio, 3-bis  www.4gats.com
- 화-토요일 11:00~24:00, 일요일 12:00~17:00
- 휴무 월요일  메트로 1·4호선 우르키나오나(Urquinaona)역 하차  지도 P.652-F

### ♦ 고딕·보른 지구 ♦

**7 Portes**
1836년 개업한 카탈루냐 전통요리 레스토랑. 피카소, 달리 등이 단골이었다고. 파에야, 해산물, 양고기 요리 등이 유명하다. 예산 €40~, 1인분도 주문 가능.

- Passeig Isabel II, 14  www.7portes.com
- 13:00~24:00  메트로 4호선 Barceloneta역에서 도보 3분  지도 P.653-K

**Colom Restaurant**
콜럼버스 테마 레스토랑. 파에야와 타파스가 조화를 이루는 맛집. 음식이 짜지 않고 맛있다. 추천요리는 파에야, 감바스(새우요리), 판 콘 토마테(토마토를 곁들인 빵). 테이크 아웃. 예산 €20~30.

- Carrer dels Escudellers, 33, Ciutat Vella, 08002 Barcelona  www.facebook.com  12:30~24:00
- 레이알 광장에서 도보 2분  지도 P.652-J

### ♦ 그라시아 거리 ♦

**Cervecería Catalana Indú**
맛으로 정평이 난 타파스 비어 바 겸 레스토랑. 몬타티토스(montaditos, 소고기 안심구이를 올린 빵)와 상그리아를 추천한다. 예산 €20~.

- Carrer de Mallorca, 236
- www.laflautagroup.com  08:00~01:30
- L3 Passeig de Gràcia역 또는 Diagonal역에서 도보 5분  지도 P.652-B

**Vinitus**
1984년 개장한 고급 생선 요리와 클래식한 타파스 맛집. 와인 선반으로 장식한 아늑한 분위기에서 베르무트 와인과 타파스를 맛볼 수 있다. 직원이 친절하고 음식이 우리 입맛에 맞아 인기가 있다. 추천요리는 랍스터 파에야. 꿀 대구(Bacalao Alioli Mel). 예약 불가. 예산 1인당 €20~.

- Carrer de Mallorca, 236
- www.laflautagroup.com  매일 11:00~01:00
- 카사 바트요에서 도보 4분  지도 P.652-B

**Ciutat Comtal**
타파스 맛집. 실내는 고급스런 다양한 가구로 장식되어 있다. 야외에 넓은 테라스가 있고. 직원이 친절하고 음식이 짜지 않아, 한국인들이 자주 찾는 곳이라 웨이

팅이 길다. 추천요리는 꿀 대구, 파타타 브라바스(Patatabravas, 감자튀김류), 새우 타파스. 예산 €30~.

⌂ Rambla de Catalunya, 18, Eixample, 08007 Barcelona ＠ www.laflautagroup.com
⏰ 08:00~01:30 🚇 카탈루냐 광장(또는 카사 바트요)에서 도보 5분 📍 지도 P.652-B

## El Nacional Barcelona

그라시아 번화가에 위치한 푸드 코트의 고기·해산물 고급 음식점. 다양한 요리점과 카페들이 모여 있어 선택의 폭이 넓다. 추천요리 파에야, 끌라라(레몬맥주). 예산 1인당 €30~.

⌂ Pg. de Gràcia, 24 Bis, 08007 Barcelona
＠ www.elnacionalbcn.com

⏰ 12:00~24:00, 금~토요일 12:00~01:00 🚇 카사 바트요에서 도보 5분 📍 지도 P.653-C

### ◆ 사그라다 파밀리아 성당 주변 ◆

## Glop Gaudí

1978년 개업한 카탈루냐 요리 전문점. 먹물 파에야, 이베리코 스테이크, 오징어 튀김이 인기가 있다. 카탈루냐 광장(Glop Plaza Cataluña)에도 분점이 있다. 예산 €15~.

⌂ C/de València, 443, L'Eixample, 08013 Barcelona
＠ www.elglop.com ⏰ 월~금요일 08:30~23:30, 토·일요일·공휴일 12:00~23:00 🚇 사그라다 파밀리아 성당에서 도보 3분 📍 지도 P.653-D

---

# 🏠 HOTEL 바르셀로나의 숙소

---

### ◆ 람블라스 거리 주변 ◆

## Be Sound Hostel

바르셀로나에 여러 체인이 있는데 시내에 Be Mar Hostel, Be Sound Hostel, Be Ramblas Hotel이 있고, 해변에 Be Dream Hostel이 있다. 시설 대비 가격이 저렴해 인기가 있다. 워킹투어, 와이파이, 시내 지도, 전자키 로커를 무료로 제공한다. 에어컨, 수하물 로커, 코인 세탁실, 시트(타월)는 €2.5, 리셉션은 24시간 운영한다.

⌂ Carrer Nou de La Rambla, 91
＠ http://behostels.com/sound 💰 8인실 €13.9, 6인실 €15.9, 4인실 €19.9 📍 지도 P.652-I

## TOC Hotel Las Ramblas

시설이 모던하고 깔끔한 체인 호스텔로 바르셀로나, 세비야, 그라나다, 말라가에도 있다. 바르셀로나 중심 거리인 람브라스 거리에 위치해 쇼핑, 여행하기 편하다. 와이파이, 세탁실, 개인사물함, 키친, 바, 카페 등을 갖추고 있다.

⌂ Carrer del Carme n. 25, Barcelona
＠ www.tochostels.com 💰 도미토리 €25.08~,

조식 €8 🚇 3호선 리세오(Liceo) 역에서 도보 3분
📍 지도 P.652-F

### ◆ 사그라다 파밀리아 주변 ◆

## Ibis Barcelona Centro

사그라다 파밀리아 근처에 위치한 이비스 호텔. 저렴한 숙박비가 장점이며, 시설이 깔끔하다.

⌂ Carrer Napols, 230-232 ＠ www.all.accor.com
💰 더블 €63~ 🚇 사그라다 파밀리아역에서 도보 6분. 또는 Verdaguer역에서 도보 3분. Carrer de Mallorca를 따라 걷다가 Carrer de Napols에서 좌회전하면 바로 보인다.
📍 지도 P.653-D

## Yeah Barcelona Hostel

호텔처럼 약간 고급스런 호스텔. 도미토리에도 전용 욕실이 있다. 인터넷 무료, 에어컨, 로커, 세탁실, 수하물 보관소, 헤어드라이어. 조식이 양호하다. 도심에 위치해 주요 명소를 도보로 다닐 수 있다.

⌂ Carrer de Girona, 176, L'Eixample, 08037 Barcelona
＠ www.yeahhostels.com 💰 6인실 €34~(조식별도)
🚇 L4, L5호선 Verdaguer역에서 도보 5분.
📍 지도 P.653-C

# 몬세라트
## MONTSERRAT

스페인의 몬세라트는 기암 절벽 위에 세운 수도원으로, 수도사들은 물론 많은 작가와 예술가의 영혼을 일깨우는 대표적인 성지이다. 스페인의 천재 건축가 가우디도 몬세라트의 뾰족한 봉우리에서 영감을 얻어 불후의 명작 사그라다 파밀리아를 건축했다. 현지인은 물론 여행객과 순례자들도 이곳에서 마음의 치유와 영험한 기운을 얻을 수 있어 영혼의 휴식처로 이름이 높다.

몬세라트는 피레네 산맥의 최고봉인 해발 1,236m의 산 헤로니(Sant Jeroni)에 속한 가파른 회백색 바위산이다. 톱니 산이라는 뜻의 몬세라트 바위산은 이름처럼 톱니 모양을 하고 있는데, 앞면 바위와 달리 뒷면 바위는 지중해의 파도를 닮았다.

### 몬세라트 가는 법

**기차** 바르셀로나 에스파냐(Espanya)역 1·3호선에서 FGC R5열차(Manresa행)를 탄다. 몬세라트 아에리(Monserrat Aeri)역에서 하차 후 케이블카로 갈아타고 수도원으로 가거나, 몬세라트 아에리 다음 역인 모니스트롤(Monistrol de Montserrat)역에 푸니쿨라(산악열차)로 환승해 수도원으로 가는 방법이 있다.

- **구입처** Espanya역 내 여행 안내소, 매표소(08:00~14:00)나 자동발매기
- www.cremalleradamontserrat.cat/en | www.aerideamontserrat.com
- 1시간 소요 **통합권 1**: 바르셀로나 지하철+열차(모니스트롤역+산악열차(몬세라트)+푸니쿨라(산호안+산타코바)+몬세라트 수도원 입장료) €49.3, **통합권 2**: 통합권 1+박물관+뷔페 레스토랑 €68.5

※ 바르셀로나에서 개별 이동 후 몬세라트 아에리역에서 케이블카로 몬세라트 이동 시 편도 €9.3, 왕복 €14

### 추천 코스

수도원 → 푸니쿨라(Sant Joan행) → 산 호안 정상 → 푸니쿨라 → 수도원 → 푸니쿨라(Santa Cova행) → 산타 코바 정상 → 푸니쿨라(또는 도보 이동) → 수도원

### tip 성모 마리아 수도원의 검은 마리아상

1025년 올리바 수도원장이 해발 725m 암반 위에 작은 성모 마리아 수도원(Santa Maria de Montserrat Abbey)을 세웠는데, 이곳에서 발견된 '검은 마리아상'이 영험하다는 소문이 퍼져, 13세기부터 몬세라트는 카탈루냐 지방에서 가장 권위 있는 성지가 되고, 점차 세계적인 순례지로 자리매김했다.

산 호안 정상에서 내려다본 수도원

검은 마리아상

대성당인 바실리카의 외관은 웅장하고 엄숙하지만, 내부는 다양한 벽화와 조각들이 화려할 정도로 아름답게 꾸며져 있다. 특히 제단 뒤쪽 2층에 있는 **검은 마리아상(라 모레네타 La Moreneta)은 몬세라트의 상징**으로서 관람객에게 인기가 많아 대기 시간이 길다. 수많은 기적을 일으켰다는 검은 마리아상의 오른손은 지구를 뜻하는 구슬을, 무릎 위 아기예수의 손은 생명을 뜻하는 솔방울을 들고 있다. 1881년 교황 레오 13세는 검은 마리아상을 카탈루냐의 수호성모로 인정했다. 대성당을 비롯한 수도원 건물 외에도 미술관, 박물관, 레스토랑, 호텔 등이 있다.

@ www.montserratvisita.com

### tip 몬세라트 즐기기

- 몬세라트에서 가장 인기 있는 코스는 바실리카 내 '검은 마리아상'과 소년 성가대 에스콜라니아 공연(Escolania: 월~금요일 13시, 일요일 12시. 정확한 시간은 홈페이지 참조)이므로 아침 일찍 도착해 먼저 검은 성모상을 보고 공연을 관람한다.

  **에스콜라니아** @ www.escolania.cat

- 정오를 넘겨 도착하면 시간상 성가대 공연은 볼 수 없고 검은 마리아상도 한참 줄을 서야 하므로 먼저 산 호안(Sant Joan)과 산타 코바(Santa Cova)에 들른 다음 수도원 내 검은 성모상을 관람한다.
- 푸니쿨라를 타고 산 호안 정상에서 환상적인 파노라마 뷰와 하이킹을 즐긴다. 자연보호 구역인 몬세라트 산자락은 해발 1,236m 정상의 산 헤로니 봉우리까지 이어지는 다양한 하이킹 루트가 있어, 코스마다 협곡의 비경과 각양각색의 기암괴석, 희귀 야생화를 만날 수 있다.

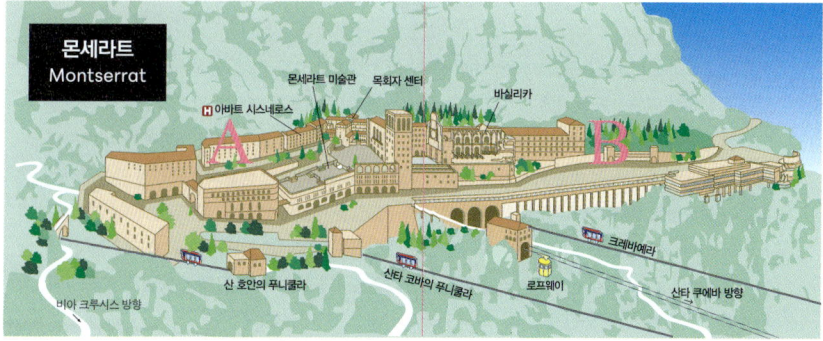

# Madrid
## 마드리드

마드리드는 이베리아반도 중앙부에 위치한 스페인의 수도이자 정치·경제·문화의 중심지로 역사적 유적과 현대적 인프라를 동시에 갖추고 있다. 역사는 짧지만 18세기 부르봉 왕조의 찬란한 문화를 반영한 왕궁을 비롯해 세계적인 명작들을 소유하고 있는 프라도 미술관, 국립 소피아 왕비 예술센터 등 유수의 미술관들이 미술 애호가와 여행객들을 매료시킨다. 또한 정열의 스페인을 연상시키는 투우와 플라멩코, 레알 마드리드를 비롯한 유명 축구클럽들이 있어 언제나 열기가 넘친다. 해발 고도 635m의 메세타 고원에 위치해 여름에는 덥고 건조하며 겨울에는 상당히 춥고 습도도 높다. 태양과 정열의 나라로 일컫는 스페인의 이미지와 반대되는 기후를 보이지만, 옛 스페인의 빛과 그림자를 동시에 볼 수 있는 멋진 곳이다.

# 마드리드 가는 법

---

### 주요 도시와의 이동 시간
- 인천 → 마드리드 비행기 직항 13시간
- 바르셀로나 → 마드리드 AVE초고속열차 2시간 30분~3시간
- 파리 → 마드리드 Trenhotel 야간기차 12시간 30분
- 세비야 → 마드리드 AVE초고속열차 2시간 30분
- 코르도바 → 마드리드 AVE초고속열차 1시간 50분
- 그라나다 → 마드리드 Ataria고속열차 4시간 30분

### ◆ 비행기로 가기 ◆

한국에서는 대한항공이 직항편을 운항 중이며, 그 외 다른 항공사는 1~2회 경유한다. 유럽 내에서 마드리드로 갈 때 저가 항공사인 이지젯과 라이언에어, 부엘링에어를 타면 저렴하다. 유럽 내에서는 1시간~2시간 30분 정도 소요된다.

#### 마드리드 바라하스 국제공항
#### Madrid-Barajas International Airport

마드리드 시내에서 북동쪽으로 약 13km 떨어져 있다. 4개의 터미널로 이루어져 있다. 터미널1(T1)은 대한항공을 비롯한 대부분 국제항공사, 저가 항공사가 이용하고, 터미널 2, 3, 4, 4S(T2, T3, T4, T4S)는 유럽계 항공사와 미국계 항공사들이 이용한다. 각 터미널 간의 이동은 셔틀버스를 이용한다.

@ www.aena.es

### 공항에서 시내로 이동하기

마드리드는 유럽의 다른 도시에 비해 공항에서 시내로 가는 요금이 매우 저렴하다. 공항버스와 메트로 요금이 비슷하니 편하게 공항버스를 이용하는 게 좋다. 시간적 여유가 있고 안전하게 가려면 공항버스, 빨리 이동하려면 메트로나 렌페 교외선(C-1), 가장 저렴하게 가려면 렌페(C-1)을 이용한다.

### 공항버스 Exprés Aeropuerto

노란색의 공항버스는 터미널1(T1) 출구로 나와 오른쪽에 있는 버스정류장에서 탄다. 터미널2(T2)와 터미널4(T4)에서도 출구로 나오면 쉽게 찾을 수 있다. 티켓은 버스 운전사에게 구입한다.

@ www.emtmadrid.es ⏱ 24시간 운행, 06:00~23:30 15분 간격, 23:30~06:00 35분 간격/40분 소요 💰 €5
노선 터미널4(T4) → 터미널2(T2) → 터미널1(T1) → 플라자 데 시벨레스역(야간 정류장) → 아토차 렌페역(주간 정류장)

### 교외선 렌페 (Cercanía-1)

터미널4(T4)에서만 이용할 수 있으므로 T1·T2·T3에서는 무료 셔틀버스를 타고 T4로 간다. 교외선(C-1)을 타면 Chamartin역, Atocha역, Principe Pio역까지 간다. Sol역으로 가려면 Chamartin역에서 메트로 10호선으로 환승한다.

⏱ 06:00~23:30, Atocha역까지 25분 소요
💰 €2.6(유레일패스 이용자는 무료)

### 메트로 8호선

터미널1·2·3(T1·T2·T3)에서는 T2의 8호선 공항역(Aeropuerto)을, 터미널4(T4)에서는 T4의 8호선 공항역을 이용한다. 역내 자동발매기에서 티켓을 산 후 메트로를 타고 8호선 종점인 누에보스 미니스테리오스(Nuevos Ministerios)역에 내려, 목적지로 가는 노선(아토차역, 솔역 등)으로 갈아탄다.

⏱ 06:05~밤 01:35/시내까지 1시간 소요 💰 €4.5~5(구간 요금은 €1.5~2이지만, 공항 통과세 €3가 가산된다)

## ◆ 기차로 가기 ◆

마드리드의 주요 기차역은 3곳으로, 중심역인 차마르틴역, 아토차역, 프린시페 피오역(서부 갈리시아 방면을 연결하는 열차가 발착)이다. 목적지에 따라 발착하는 기차역이 다르니 출발 전에 반드시 확인해야 한다. 장거리열차의 경우 도중에 객차 일부가 다른 목적지로 분리되어 가는 경우가 있으니 승차 시 행선지를 꼭 확인한다.

### 아토차역 Estación Puerta de Atocha

아토차역

근교(톨레도, 아란후에스)와 안달루시아 지방(코르도바, 세비야, 그라나다) 등 주로 남부 지역을 연결하는 열차가 발착하며, 고속철도인 아베(AVE)도 이곳에서 발착한다. 시내로 가려면 아토차역(1호선)에서 내리고, 근교(지방)로 가려면 다음 역인 아토차 렌페역(1호선)으로 간다. 아토차역에서는 C1~C10 외곽 라인으로 가는 빨간색 렌페와 각 지방으로 가는 보라색 렌페가 구분되어 있다.

#### 코르도바, 세비야, 그라나다로 갈 때
아토차역의 빨간색 렌페 개찰구 옆에 보라색 렌페 티켓 창구(운영 시간 07:00~23:00)가 있다. 창구에서 번호표를 뽑고 순번을 기다려 AVE(Avant) 고속열차의 좌석을 예약한다. 예약을 하고 나면 기차를 탈 플랫폼이 어디인지 꼭 물어보자.

### 차마르틴역 Estación de Chamartín

스페인 북부 지방과 근교(세고비아)로 가는 국내 야간열차, 유럽의 주요 도시를 연결하는 국제열차가 발착한다. 세고비아행 열차도 차마르틴역에서 출발한다.
- 예약비 편도 €6.5

## ◆ 버스로 가기 ◆

유레일패스 소지자가 아니라면 수시로 출발하는 장거리버스를 이용한다. 버스터미널이 여러 곳에 있는데 목적지에 따라 출발하는 곳이 다르므로 잘 확인한다. 세고비아를 가려면 몽클로아 버스터미널(Intercambiador de Moncloa, 메트로 3, 6호선과 연결)에서 아반사(Avanza) 버스로 이동한다.

### 마드리드 남부 버스터미널
### Estación Sur de Autobúses

아토차역 남서부에 위치한 마드리드 최대의 버스터미널. 메트로 6호선 멘데스 알바로(Méndez Alvaro)역 앞에 있다. 국제선 버스(프랑스)를 비롯해, 국내 중장거리버스(코르도바, 세비야, 그라나다, 바르셀로나, 아란후에스)가 이곳에서 발착한다. 지하 2층은 메트로(Metro)와 연결된다.

- Méndez Alvaro, 83
- www.estacionautobusesmadrid.com

### 몽클로아 버스터미널
### Intercambiador de Moncloa

여행자들이 자주 찾는 **세고비아행 버스**가 있는 터미널. 메트로 3·6호선 몽클로아역과 연결(3호선 솔 광장에서 승차)되어있다. 몽클로아역에서 출구로 나가 세고비아 표시판을 따라가면 매표소가 나온다. 플랫폼 8·9에서 아반자버스(Avanza)를 탄다

### 플라사 엘리프티카 버스터미널
### Intercambiador de Plaza Elíptica

메트로 6호선 플라사 엘리프티카역과 지하 3층에서 바로 연결된다. 지하 1~2층에 버스승강장이 있다. **톨레도**로 가는 직행편은 지하 1층에서 출발하고, 티켓은 지하 3층 ALSA 회사의 매표소에서 구입하면 된다.

# 마드리드의 시내 교통

관광 명소가 여러 곳에 흩어져 있어 도보 여행이 쉽지 않지만, 메트로(지하철)와 버스를 잘 활용하면 즐겁게 여행할 수 있다. 메트로와 국철은 환승이 자유롭고 국철은 유레일패스 이용이 가능하다.
시내 교통 노선도는 여행 안내소나 호텔 등에서 무료로 얻을 수 있다. 승차권은 역내에 있는 자동발매기나 매표소 창구에서 구입한다.

@ **시내 교통** www.metromadrid.es | www.esmadrid.com/en/getting-around-madrid-metro

### ◆ 승차권 ◆

승차권은 메트로·버스·렌페 모두 공용이고, 요금은 구역제이며 공항을 포함한 관광 명소가 대부분 A존에 포함된다.

#### 1회권 Billete Sencillo MetroMadrid(구간권)
€1.5(5정거장까지 이용)~€2(1정거장 추가마다 €0.1씩 부가, 10정거장 이상 시 €2). 환승 가능. 시내에서 공항까지는 €4.5~€5

#### 1회권 Billete Combinado Metro(통합권)
€3. MetroMadrid, Metrosur, Metronorte, TFM 노선에서 공용, 환승 가능

#### 10회권 10 Viajes Metrobús(구간권)
A존 €12.2. Metro Madrid(A존), EMT(버스 전 구간) 10회 사용 가능. 1회권 10장 묶

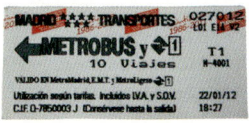

음이 아니고 1장 티켓으로 되어 있다. 통합권은 €18.3.

### 유용한 교통카드

**멀티카드** Trajeta Multi Card
마드리드 지하철을 탈 수 있는 충전용 시내 교통카드. 발급비 €2.5. 적색 스티커가 부착된 자동 발매기에서 구입한다. 카드 미소지자는 Adquirir, 충전은 Inserte su를 누른다. 카드 구입 후에는 해당 교통 요금만큼 충전해 사용한다. 여러 명이 사용하거나 1인이 여러 번 사용한다면 10회권을 충전한다.

1회권 €1.5(시내버스는 탑승 불가), 10회권 €12.2(시내버스 탑승 가능)

### 여행자 패스
**Abono Transportes Turístico (Tourist Card)**
마드리드 시내(A존)의 메트로, 버스, 렌페를 모두 탈 수 있다. 톨레도까지 다녀올 수 있는 T존 카드도 있다.

**사용 범위**
A존: 마드리드 시내, 경전철(ML1), 모든 EMT(마드리드 버스)
T존: A존, 시외버스(마드리드 근교), 과달라하라와 톨레도, 모든 메트로, 경전철(ML2 and ML3), 모든 구간을 포함한 근교열차(Cercanias-Renfe)

**구입처** 메트로 역내

A존 1일 €10.00, 2일 €17.00, 3일 €22.50, 4일 €27.00, 5일 €32.50, 7일 €42.00
T존 1일 €15.00, 2일 €25.50, 3일 €34.00, 4일 €42.00, 5일 €49.00, 7일 €61.00

### ◆ 메트로 Metro ◆

메트로 전동차의 문. 오른쪽 레버를 화살표 방향으로 올리면 문이 열린다.

마드리드와 근교 도시를 연결하는 교외버스(녹색 버스)

마드리드의 메트로는 총 13개 노선(근교 노선을 포함하면 16개)이 있으며, 각각 고유의 색으로 구분되어 있도록 되어 있다. 메트로 역 입구에는 붉은색 테두리의 마름모꼴 간판에 'Metro'라고 적혀 있고, 그 아래에 역 이름이 함께 표시되어 있어 눈에 잘 띈다. 메트로는 06:00~밤 01:30까지 운행한다. 이용 방법은 우리나라와 비슷하다.
10회권을 사용할 때는 개찰기를 통과할 때마다 1회씩 개찰된다. **출구**를 뜻하는 스페인어(Salida/Sortida)를 익혀두는 게 좋다. 찰기에 티켓을 넣어 개찰한다. 내릴 때에는 버튼을 누르고 뒷문으로 내린다.

www.metromadrid.es

### 야간버스

- 월~목요일 23:55~밤 04:00(35분 간격), 금~일요일 23:45~밤 05:30(15~20분 간격)
- €1.5(주간 요금과 동일)  출발지 시벨레스 광장

▲ 출구(Salida) 방향 표시
▲ 장거리 노선 방향 표시

메트로역 입구

### ◆ 택시 Taxi ◆

빈차는 앞 유리에 'LIBRE' 팻말을 내놓는다.

마드리드의 택시는 흰색 차체에 붉은색 사선이 그려져 있다. 빈차는 앞 유리에 'LIBRE'가 적힌 팻말을 내놓고, 야간에는 택시 지붕 위에 녹색등이 켜진다. 택시를 잡을 때에는 손을 들어서 타겠다는 의사를 표시하면 세워준다. 승차할 때에는 뒷좌석에 탄다. 대부분 영어가 통하지 않으니 종이에 목적지를 써서 보여주면 된다.

- **기본요금**
월~토요일 06:00~21:00 €2.1/21:00~밤 06:00, 일요일, 공휴일 06:00~21:00 €2.2/21:00~밤 06:00 €3.1
**1km당 추가요금**
월~금요일 06:00~21:00, 21:00~밤 06:00/토요일 06:00~15:00 €1/토요일 15:00~밤 06:00 €1.7
**Radio Taxi Independiente**
91-405-55-00, 91-405-12-13
**Radio Taxi Madrid** 91-547-82-00
**Tele Taxi** 91-371-21-31 www.tele-taxi.es

### 버스 Bus

시내버스는 3종류인데, 빨간색 버스 노선 수가 150개 이상으로 가장 많다. 노란색 버스는 급행버스이고, 초록색 버스는 교외버스다. 버스는 06:00~23:30까지 4~15분 간격으로 운행한다. 요금은 지하철과 동일한 €1.5이다. 10회용 회수권도 있으며, 티켓은 EMT의 키오스크(여행 안내소)나 운전사에게 구입한다. 노선 번호와 행선지를 확인하고 앞문으로 타서 버스 내 개

◆ 시티투어 City Tour ◆

마드리드가 처음이어서 어딜 가야 할지 모르겠다면 시티투어를 이용해본다. 마드리드의 주요 관광 코스를 운행하므로 짧은 시간에 핵심 명소를 두루 다닐 수 있다.

- Calle Felipe, 4(프라도 미술관 옆 마드리드 시티투어 센터)
- www.madrid.city-tour.com
- 1코스 80분, 2코스 60분 소요
- 1일 €24(온라인 €21.6), 1일(성인2인+어린이2) €80 (온라인 €72) 출발지 프라도 미술관(주요 명소)
- 티켓 구입처 시티투어 센터(마요르 광장 여행 안내소), 투어 버스 내, 홈페이지

### tip 여행 안내소

- www.esmadrid.com

**마요르 광장 여행 안내소**
- Plaza Mayor, 3  09:30~20:30 휴무 1/1, 12/24·25·31  메트로 1·2·3호선 Sol역 하차

**프라도 여행안내소**
- Plazade Neptuno 28014  매일 09:30~20:30  메트로 2호선 Banco de España역 하차

**시벨레스 광장 여행 안내(Plaza de Cibeles Tourist Information)**
- Plaza de Cibeles  09:30~20:30 휴무 월요일, 1/1·6, 5/1, 12/24·25·31
- 메트로 2호선 Banco de España역 하차. Paseo del Prado 코너에 위치(버스정류장 반대편)

**칼라오 광장 여행 안내소(Plaza de Callao Tourist Information Point)**
- Plaza de Callao  09:30~20:30  메트로 3·5호선 Callao역 하차. C/Preciados 코너에 위치

**마드리드 바라하스 국제공항 여행 안내소**
- 공항 Terminal 2(도착 홀 5, 6번), Terminal 4(도착 홀 10, 11번)

### tip 긴급연락처

긴급시 ☎ 112   경찰 ☎ 092/091
시민보호(Civil Guard) ☎ 062
앰뷸런스 ☎ 915-222-222
병원(La Paz) ☎ 917-277-000
교통센터 ☎ 900-123-505

### tip 투어 정보

**한국인 가이드 투어**
유로자전거나라
- https://eurobike.kr/index.php

# 마드리드의 추천 코스

## Day 1

**[ Start ]**

### 메트로 2호선 Banco de España역 (또는 1호선 Estación del Arte역)
↓ 도보 10분(또는 도보 6분).

### 프라도 미술관
미술관 길 건너 왼쪽으로 Paseo del Prado를 따라 직진, 카를로스 5세 광장 (Plaza Emperador Carlos V)에서 길을 건너 1분 정도 직진하면 오른쪽에 위치. 도보 8분 소요.
↓

### 국립 소피아 왕비 예술센터
Atocha역에서 메트로 1호선 (3정거장)을 타고 Sol역에서 하차. 출구로 나오면 바로 솔 광장이다.
↓

### 푸에르타 델 솔(점심 식사)
솔 광장(메트로역 Plaza Mayor 출구)에서 왼쪽 마요르 거리 (Calle Mayor)를 따라 직진. 도보 4분 소요.
↓

### 마요르 광장
마요르 광장에서 펠리페 3세 기마상 뒤쪽을 등지고 1시 방향 출구로 나와 직진하면 알무데나 대성당(Catedral de la Almudena)이 나온다. 성당 오른쪽의 흰색 건물이 왕궁이다. 도보 10분 소요.
↓

### 왕궁
왕궁에서 나와 왼쪽 대로 C.d Bailen를 따라 계속 직진한다. 도보 10분 소요.
↓

### 에스파냐 광장
바로. 큰 분수대에서 기념비를 볼 때 (뒤쪽에 23층 에스파냐 빌딩, 35층 마드리드 타워 빌딩이 있다) 1시 방향이 번화가인 그란 비아 거리다.
↓

### 그란 비아
공연 투어에 참여.
↓

### 플라멩코 관람(야간)

**[ Finish! ]**

## Q&A

**여행 적기는?**
4~6월, 9~10월, 한여름은 매우 더우니 피한다.

**교통비는 얼마나 들지?**
메트로 타는 횟수가 적으니 1회권을 구입해 사용한다.

**점심 식사는 어디서 할까?**
솔 광장, 또는 마요르 광장에서.

**프라도 미술관에서 눈여겨볼 것은?**
벨라스케스의 〈시녀들〉과 피카소 미술관에 있는 피카소의 〈시녀들〉을 비교 감상한다.

**저녁에는 무엇을 할까?**
플라멩코 공연 투어에 참여한다. 밤늦게 혼자 공연을 관람하는 것은 위험하니 조심한다.

**마드리드에서 꼭 가고 싶은 선술집은?**
저녁에 서민들이 즐겨찾는 산 미겔 시장(마요르 광장에서 펠리페 3세 기마상 뒤쪽을 등지고 1시 방향 출구로 나오면 바로)에서 칵테일과 타파스를 맛본다.

**최고의 포토 스폿은?**
마요르 광장.

**미술관 무료 입장 요일은?**
- **프라도 미술관**
  월~토요일 18:00~20:00, 일요일 17:00~19:00
- **국립 소피아 왕비 예술센터**
  월·수~토요일 19:00~21:00, 일요일 12:30~14:30

**소매치기를 조심할 곳?**
솔 광장, 마요르 광장, 아토차역 뿐 아니라 모든 관광지에서 핸드폰 조심. ※ 소매치기를 당했을 때 현명한 조치는 바르셀로나 P.648 참조.

## Day 2
근교의 톨레도, 세고비아 중 한 곳

프라도 미술관에 전시되어 있는 베로네세의 〈비너스와 아도니스〉

### 미술관 중심의 여행
마드리드는 바르셀로나만큼 볼거리가 많지는 않지만, 유명 미술관이 많아 미술에 관심이 있다면 만족스런 여행을 즐길 수 있다. 2일 일정이 무난하나, 시간적 여유가 없으면 핵심 명소만 골라서 하루에 다닐 수 있다. 여행은 아토차역(1호선)이나 방코 데 에스파냐역(2호선)에서 시작한다. 두 역 사이에 티센 보르네미사 미술관, 프라도 미술관, 국립 소피아 왕비 예술센터가 삼각형 구도로 위치해 있어 일명 '골든 트라이앵글(Golden Triangle)'이라 불린다. 마드리드에는 시간대에 따라 무료로 입장할 수 있는 명소가 많으니 미리 정보를 알아두면 알뜰한 여행을 즐길 수 있다.

특히 저녁 시간을 잘 활용한다. 프라도 미술관은 월~금요일 18:00~20:00, 국립 소피아 왕비 예술센터는 월~금요일 19:00~21:00에 무료 관람이 가능하다. 머리를 식히고 싶다면 프라도 미술관 동쪽에 위치한 레티로 공원에 가보자. 넓은 인공호수와 아름다운 조경이 있어 잠시 쉬어가기에 안성맞춤이다.

시벨레스 광장에서 오른쪽으로 가면 알칼라 문이 보인다. 시의 입구를 관리하기 위해 세웠다.

### 당일 여행이라면
당일 일정이면 오전에 미술관, 오후에 구시가지를 관광한다. 관광 시발점인 솔(Sol) 광장은 늘 인파로 북적거린다. 마요르 거리를 따라가면 마요르 광장과 왕궁이 나온다. 마드리드의 심장인 구시가의 역사적 흔적이 느껴진다. 베르사유 궁전과도 흡사한 왕궁에 도착하면 웅장하고 화려한 건축물에서 눈을 떼지 못한다. 매월 첫째 수요일 정오에는 위병 교대 퍼레이드가 펼쳐지니 기회가 된다면 놓치지 말고 구경하자.

### 2일 일정이라면
2일 일정이면 마드리드보다 스페인의 분위기를 더 진하게 느껴 볼 수 있는 근교(톨레도, 세고비아) 지역으로 가 보는 게 좋다. 마드리드는 미술관 중심으로, 나머지 일정은 근교 위주로 짜도 괜찮다.
여유가 있다면 스페인 축구의 열기를 몸소 느껴볼 수 있는 산티아고 베르나베우 스타디움에 가보거나, 정열과 스릴을 만끽할 수 있는 벤타스 투우장에 가보는 것도 좋다. 저녁에는 플라멩코 공연도 꼭 가보자. 공연이 밤늦게 끝나니 숙소까지 안전하게 픽업해주는 투어에 참여하는 게 좋다.

동굴 속에서 열리는 플라멩코 공연

### Q & A
**마드리드에서 톨레도에 다녀오려면?**
시외버스(왕복 €11.46)를 이용하는 게 가장 저렴하다. 만약 당일 마드리드 시내 교통을 여러 번 이용한다면 여행자패스(T존 카드 1일권 왕복 €15)을 구입해도 괜찮다.

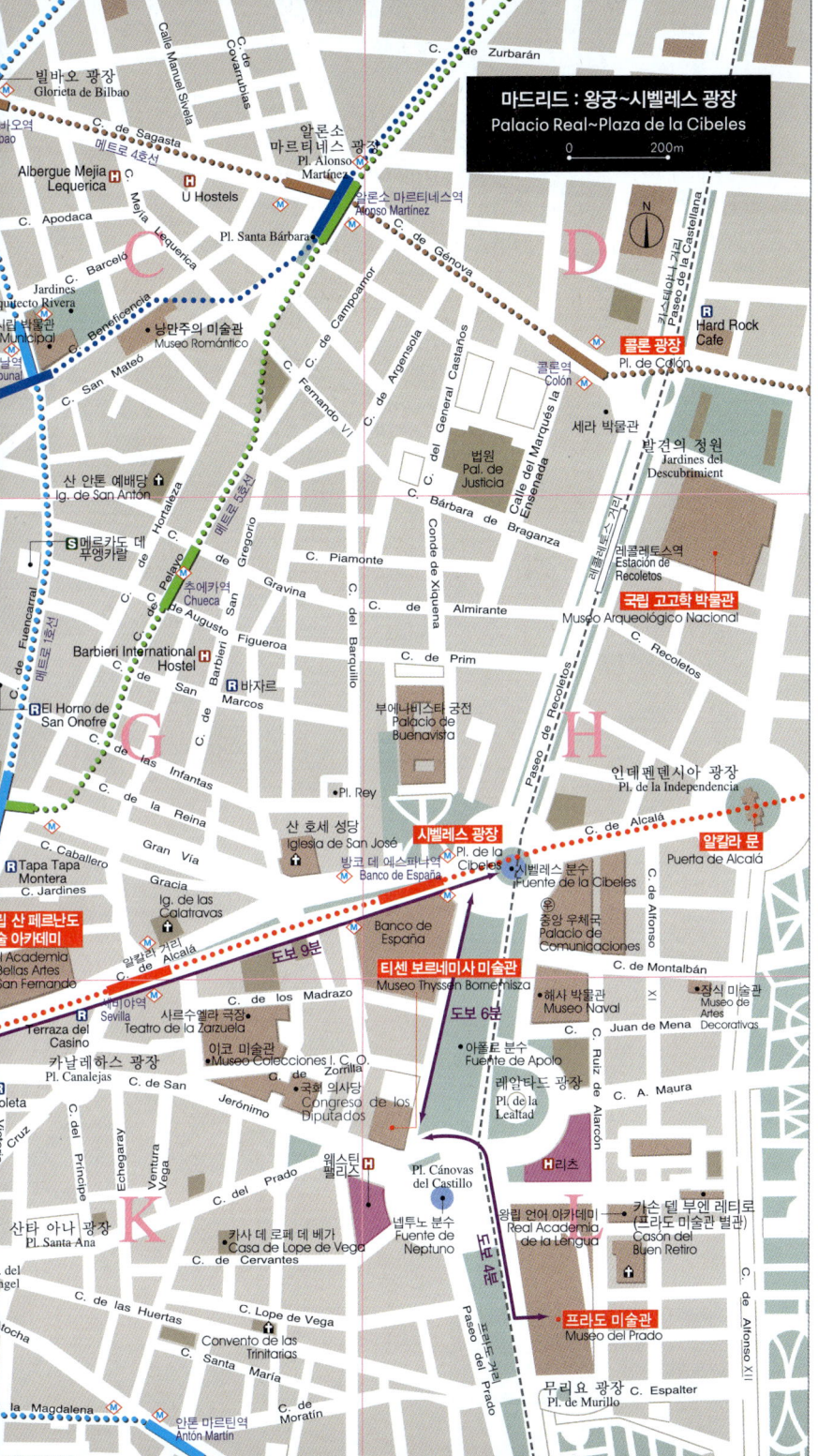

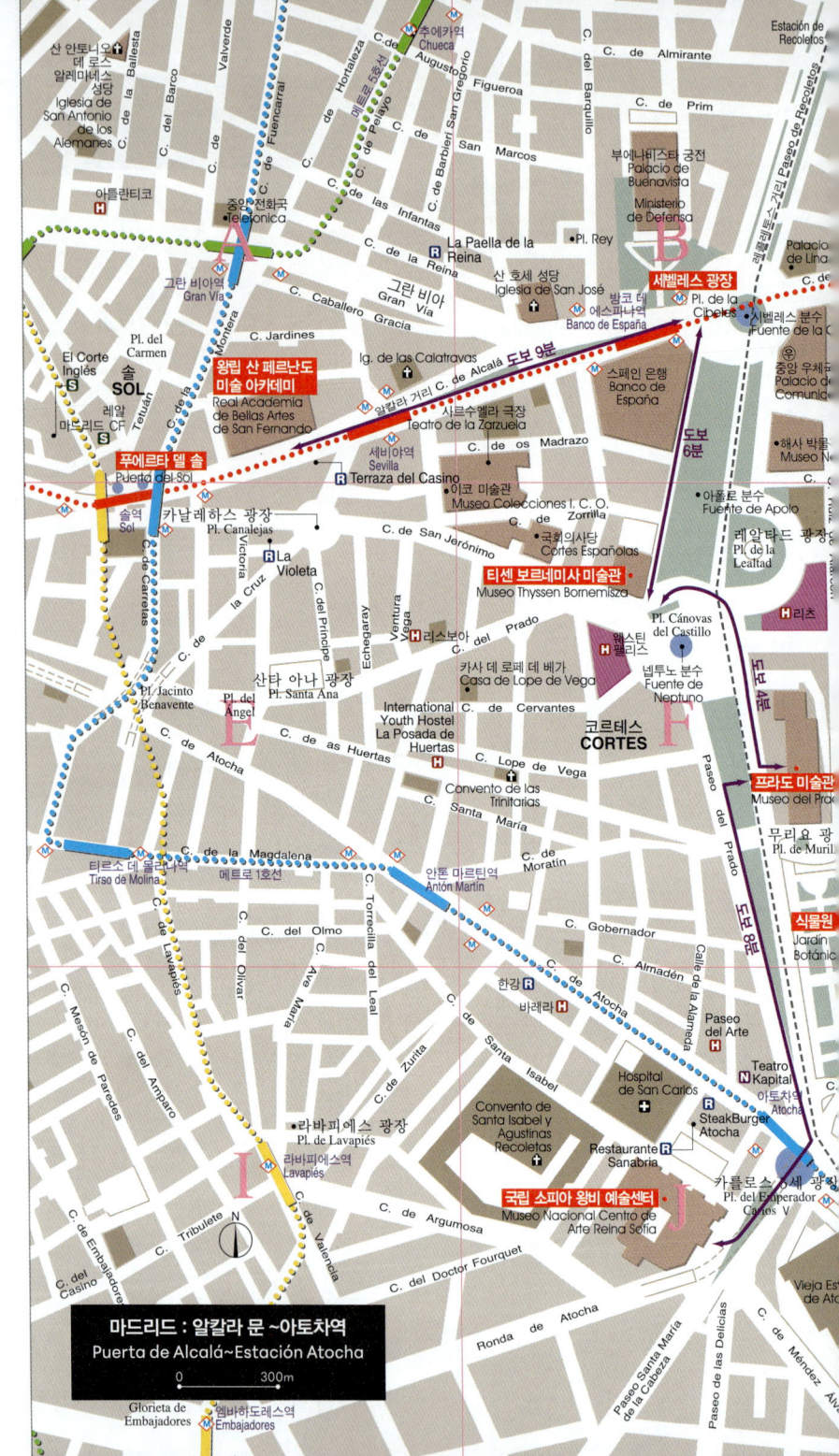

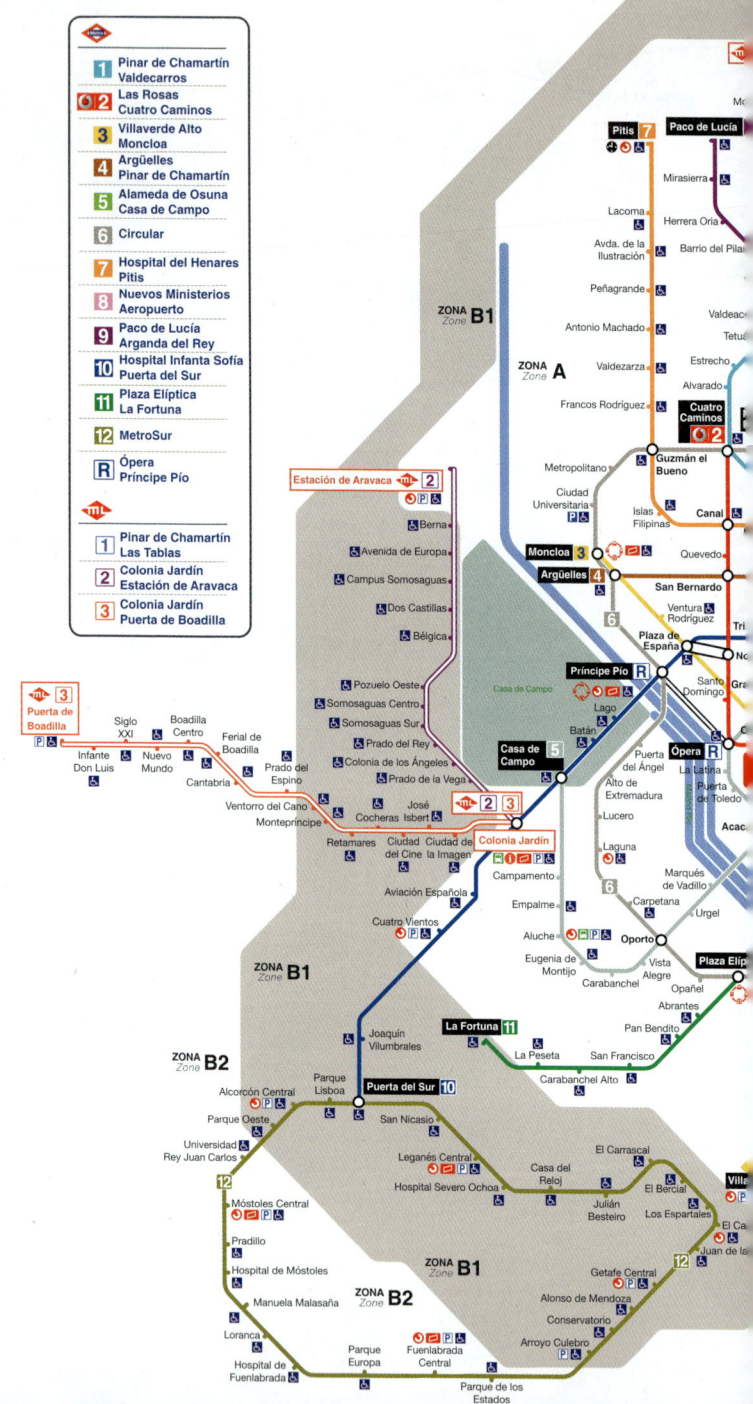

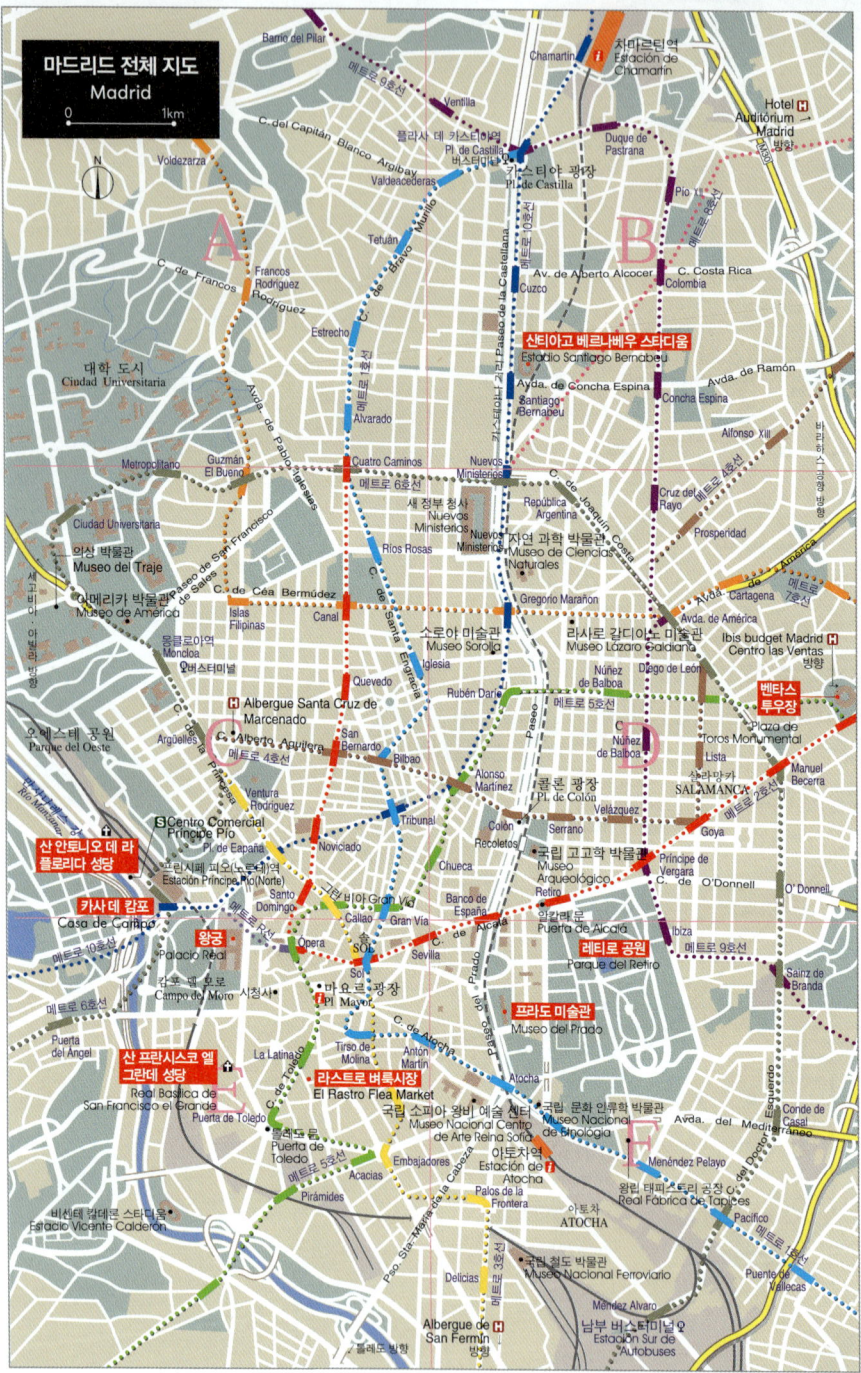

## SIGHTSEEING
# 골든 트라이앵글 주변

프라도 거리(Paseo del Prado)를 따라 국립 소피아 왕비 예술센터, 프라도 미술관, 티센 보르네미사 미술관이 삼각형 모양으로 위치해 있어 이 거리를 '골든 트라이앵글(Golden Triangle)'이라 부른다. 미술관을 관람하고 나면 마드리드 시민들의 휴식처인 레티로 공원에 들러 잠시 쉬어가자.

피카소의 〈게르니카〉

## 국립 소피아 왕비 예술센터
**Museo Nacional Centro de Arte Reina Sofía**

### 스페인의 근현대 미술 작품 전시

1986년에 개관하여 스페인의 근대 및 현대미술 작품 1만 6,000여 점을 소장하고 있다. 영국 건축가 이언 리치에 의해 설계된 건물 정면의 통유리 엘리베이터가 인상적이다. 상설 전시관은 2층과 4층에 있으며 1층과 3층 일부가 기획 전시관으로 이용되고 있다. 2층에는 피카소, 달리, 미로 등 유명 화가들의 작품이 전시되어 있다. 그중에서도 가장 유명한 것은 피카소의 〈게르니카(Guernica)〉이다. 1937년 스페인 내란 중 프랑코 세력을 지지한 나치 폭격기가 바스크 지방의 게르니카 마을을 무차별적으로 폭격해 수많은 희생자를 낳고 마을은 쑥대밭이 되었다. 이를 목격한 피카소는 〈게르니카〉라는 작품을 그려 전쟁의 참상을 알렸다. 〈아비뇽의 처녀들(Les Demoiselles d'Avignon)〉과 함께 피카소의 2대 걸작이라 불린다. 뒤틀린 인물 표현과 흑백톤의 컬러만 사용하여 분위기를 극대화했다.

※ **무료 관람 적극 활용** 월~토요일 19:00~21:00, 일요일 12:30~14:30

📍 Santa Isabel, 52  🌐 www.museoreinasofia.es
🕒 월·수~토요일 10:00~21:00, 일요일 10:00~14:30
**휴관** 화요일, 1/1, 1/6, 5/1, 5/15, 11/9, 12/24·25, 12/31
💰 성인 €12, 2인 이용 시 €18, **무료 입장** 월~토요일 19:00~21:00, 일요일 12:30~14:30, 4/18, 5/18, 10/12, 12/6
🚇 메트로 1호선 Estación del Arte/Atocha역 하차
🗺 지도 P.690-J

## 티센 보르네미사 미술관
**Museo Thyssen Bornemisza**

### 세계 최고 수집가의 컬렉션

세계 2위의 예술 수집가로 유명한 티센 보르네미사 남작 부자의 컬렉션을 바탕으로 전시하고 있는 마드리드의 3대 미술관 중 하나. 네오클래식양식의 걸작인 비야 에르모사 궁전을 스페인 건축가 라파엘 모네오가 리모델링하여 1992년에 개관하였다. 13세기 이탈리아 회화에서 20세기 현대 회화까지 775여 점에 이르는 작품들은 개인 소장품이라기에는 그 규모가 방대하다. 3층에서 1층까지 연대순으로 전

시되어 있어 유럽 미술사를 한눈에 볼 수 있다. 3층에서는 이탈리아 회화가 눈에 띈다. 두초 디 부오닌세냐의 〈그리스도와 사마리아인〉, 얀 반 에이크의 〈수태고지〉, 안토넬로 메시나의 〈남자의 초상〉, 카르파초의 〈기사의 초상〉, 한스 홀바인의 〈헨리 8세〉 등 주옥같은 걸작들이 있고, 엘 그레코의 〈수태고지〉와 루벤스 등의 작품도 보인다. 2층에는 17세기 독일, 네덜란드, 영국, 프랑스 회화들이 전시되어 있다. 우리에게 익숙한 모네, 르누아르, 고흐, 세잔 등 인상파 화가들의 작품도 있다. 1층은 피카소의 〈클라리넷을 든 남자〉, 미로, 몬드리안, 파울 클레 등 현대미술 대가들의 작품이 주를 이룬다. 컬렉션이 알차 근현대 미술사를 이해하는 데 매우 도움이 되는 미술관이다.

※ 무료 관람 적극 활용 월요일 12:00~16:00, 토요일 21:00~23:00

📍 Palacio de Villahermosa, Paseo del Prado 8
@ www.museothyssen.org
🕐 월요일 12:00~16:00, 화~일요일 10:00~19:00
휴관 1/1, 5/1, 12/25  💶 성인 €14, 학생 €10
무료 입장 월요일 12:00~16:00, 토요일 21:00~23:00
🚇 메트로 2호선 Banco de España역 하차
🗺 지도 P.689-H

## 왕립 산 페르난도 미술아카데미
### Real Academia de Bellas Artes de San Fernando

### 고야의 작품을 감상하자

고야를 비롯한 스페인 화가들의 작품을 다수 소장하고 있다. 특히 고야의 특별전시실에는 〈정어리의 매장〉, 〈이단심문〉 등 13점의 작품이 전시되어 있고, 그밖에 무리요의 〈막달라 마리아〉, 벨라스케스의 〈펠리페 4세〉 등 주옥같은 작품들을 감상하실 수 있다.

📍 Alcala, 13
@ www.realacademiabellasartessanfernando.com  🕐 화~일요일 10:00~15:00 휴무 월요일, 임시 전시회(1/1, 1/6, 5/1, 5/30, 11/9, 12/24~25, 12/31)
💶 성인 €10, 학생 €5, 무료 입장 18세 미만, 화~일요일 13:30~15:00, 5/18, 10/12, 12/6
🚇 메트로 1·2·3호선 Sol역이나 2호선 Sevilla역 하차
🗺 지도 P.689-G

## 레티로 공원
### Parque del Retiro

### 시민들의 휴식 장소

펠리페 2세가 부인을 위해 지은 부엔레티로 별궁의 정원이었다. 별궁 건물들은 나폴레옹 전쟁 때 거의 파괴되어 현재 남아 있는 부분은 군사 박물관과 프라도 미술관 별관으로 사용하고 있다. 1869년 마드리드 시에 기증하면서 현재는 시민들의 휴식 공간으로 사랑받고 있다. 120헥타르에 1만 5,000그루의 나무가 심어져 시민들에게 무공해 산소를 제공해주는 마드리드의 허파라 할 수 있다. 공원 한가운데에는 넓은 인공 호수가 있고, 그 옆에 마리아노 벤이우레의 작품인 알폰소 12세의 기마상이 있다. 철골과 유리로 지은 크리스털 궁전과 벨라스케스 궁전은 전시실로 사용되고 있다. 일요일이면 퍼포먼스와 노점상, 화가, 가족 동반 나들이객으로 붐빈다. 여름에는 야외 음악당에서 소규모 콘서트가 열린다.

🚇 메트로 2호선 Retiro역 하차  🗺 지도 P.691-G

## 프라도 미술관 Museo del Prado

파리의 루브르 박물관, 상트페테르부르크의 에르미타주 미술관과 함께 세계 3대 미술관으로 꼽히는 프라도 미술관은 회화, 조각 등 8,000점이 넘는 품격 높은 미술품을 소장하고 있는 대형 미술관이다. 1785년 카를로스 3세의 명으로 건축가 후안 데 비야누에바가 신고전주의양식의 자연박물관으로 지었다. 1808년 나폴레옹과의 전쟁으로 소실되었으나, 1819년 페르난도 7세에 의해 복구되어 스페인 왕가의 미술을 소장하는 왕립 미술관으로 변경되었다. 주요 작품들을 보면 **스페인의 3대 거장인 엘 그레코, 벨라스케스, 고야**를 비롯해 16~17세기 스페인 회화의 황금기에 활동했던 화가들의 주옥같은 작품들이 있다. 그리고 르네상스 시대의 거장인 라파엘로, 보티첼리, 베네치아파의 베로네세, 틴토레토의 작품들, 고대 조각품, 유럽 회화의 걸작들도 다수 전시되어 있다. 개별 입장은 고야의 문, 제로니무스 문을 통해 들어간다. 단, 작품 전시실은 수시로 변경되니 미리 확인한다.

Paseo del Prado s/n  http://www.museodelprado.es
월~토요일 10:00~20:00, 일요일, 공휴일 10:00~19:00(1/6, 12/24·31 10:00~14:00) **휴관** 1/1, 5/1, 12/25
€15, 가이드 투어 €25, **무료 입장** 만 18세 이하, 국제학생증 소지자(만 18~25세), 월~토요일 18:00~20:00, 일·공휴일 17:00~19:00)  메트로 2호선 Banco de España역이나 메트로 1호선 Estación del Arte역 하차
지도 P.690-F

## 스페인 3대 거장의 작품

### 엘 그레코 El Greco (1541~1614년)

그리스 출신으로 35세에 스페인에 건너와 스페인의 3대 거장으로 꼽힐 만큼 훌륭한 작품을 많이 남겼다. 종교적 주제를 독특한 화풍으로 그려낸 대표적 종교화가. 생전에는 그다지 주목받지 못했으나 20세기 초 독일의 표현주의에 지대한 영향을 주어 오늘날 미술사에서 중요한 작가로 평가받고 있다. 프라도 미술관에는 39점이 전시되어 있다. 최고의 수작이라 일컫는 〈가슴에 손을 얹은 기사의 초상(El Caballero de la Mano en el Pecho)〉을 비롯해, 〈성 삼위일체(Trinidad)〉, 〈목자들의 경배(La Adoracion de los Pastores)〉 등이 있다.

엘 그레코의 〈가슴에 손을 얹은 기사의 초상〉

엘 그레코의 〈수태고지〉

### 벨라스케스 Velázquez(1599~1660년)

24세 때 펠리페 4세에 의해 궁정화가로 발탁되어 〈펠리페 4세(Felipe Ⅳ)〉, 〈오스트리아 왕녀 마르가리타(La Infanta Doña Margarita de Austria)〉 등 왕족의 초상화를 비롯한 많은 작품을 남겼다. 또한 빛을 이용한 테네브리즘(Tenebrismo)풍의 그림도 많이 그렸다. 프라도 미술관에는 약 50여 점이 전시되어 있다. 17세기 최고의 걸작인 〈시녀들(Las Meninas)〉

벨라스케스의 〈시녀들〉

은 피카소에 의해 입체파풍으로 다시 그려지기도 했다. 〈브레다 성의 항복(La-rendición de Breda)〉, 〈실 잣는 사람들(아라크네의 우화, The Fable of Arachne)〉 등이 있다.

### 고야 Francisco de Goya (1746~1828년)

1771년 이탈리아 파르마에서 프레스코화를 공부하고, 30세 무렵 태피스트리(다채로운 선염색사로 그림을 짜 넣은 직물)의 밑그림(카르톤)을 그리면서 화가의 길을 걷기 시작했다. 카를로스 4세의 부름을 받아 궁정화가로 활동하면서 〈카를로스 4세의 가족들

---

**tip 효율적으로 관람하기**

- 입장료가 무료인 저녁 시간(18:00~20:00)을 적극 활용한다.
- 미리 인터넷으로 예매한다.
- 안내 데스크에서 안내서(무료)를 챙기고, 짐 보관소에 가방이나 외투를 맡긴다.
- 안내서를 보고 관심 있는 화가나 작품 위주로 관람한다.
- 관람 도중 허기지면 지하 카페나 레스토랑에서 해결한다.
- 한국어 오디오 가이드(€5)를 이용한다.

---

**tip 프라도 미술관에서 꼭 봐야 할 작품**

- 후안 데 플란데스 〈그리스도의 십자가 처형〉
- 엘 그레코 〈가슴에 손을 얹은 기사의 초상〉
- 벨라스케스 〈펠리페 4세〉, 〈시녀들〉
- 리베라 〈야곱의 꿈〉
- 고야 〈마드리드, 1808년 5월 3일〉
- 안젤리코 〈수태 고지〉
- 라파엘로 〈추기경〉
- 티치아노 〈말을 탄 카를로스 4세〉
- 티에폴로 〈무염시태〉
- 로제르 반 데 웨이든 〈십자가에서 내려오심〉
- 보쉬 〈쾌락의 동산〉
- 루벤스 〈세 여신〉
- 뒤러 〈자화상〉
- 렘브란트 〈유디트와 홀로페르네스〉

고야의 〈카를로스 4세의 가족들〉

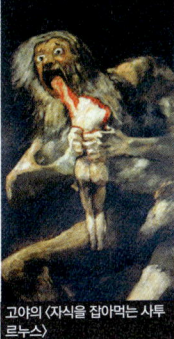

고야의 〈자식을 잡아먹는 사투르누스〉

(La Familia de Carlos IV)〉, 〈옷을 벗은(입은) 마야(La Maja Desnuda Vestida)〉 등 수많은 걸작을 남겼다. 말년에는 스페인 시민을 학살한 나폴레옹의 잔인한 탄압을 소재로 한 〈마드리드, 1808년 5월 3일(El tres de mayo de 1808)〉, 〈몽클로아의 총살(Los Fusilamientos de la Moncloa)〉, 〈자식을 잡아먹는 사투르누스(Saturno devorando a un hijo)〉 등 인간 내면의 고뇌와 갈등을 묘사한 작품들이 많다.

## 15~16세기 이탈리아 회화

르네상스의 대표 화가인 라파엘로의 〈추기경(El Cardenal)〉, 보티첼리의 〈나스타조 델리 오네스티 이야기(La historia de Nastagio degli Onesti)〉, 안젤리코의 〈수태고지(The Annunciation)〉 등 종교화의 대작들이 전시되어 있다.

안젤리코의 〈수태고지〉

## 16세기 베네치아파의 작품

티치아노의 〈안드로스인들의 주신제(Bacchanal of the Adrians)〉, 〈뮐베르크의 카를로스 5세(El Emperador Carlos V en Mühlberg)〉, 틴토레토의 〈제자의 발을 씻는 그리스도(El Lavatorio)〉, 그리스 신화에 나오는 비너스와 아

뒤러의 〈자화상〉

도니스의 비극적 사랑을 그린 베로네세의 〈비너스와 아도니스(Venus and Adonis)〉 등이 있다. 그 밖에 독일 회화로 알브레흐트 뒤러의 〈아담과 이브(Adány Eva)〉, 〈자화상(Self Portrait)〉 등이 볼만하다.

틴토레토의 〈제자의 발을 씻는 그리스도〉

## 17세기 플랑드르파의 작품

17세기를 대표하는 플랑드르파의 거장이자, 바로크 미술의 대표 화가인 루벤스의 걸작들을 볼 수 있다. 그중에서도 대표작인 〈세 여신(Las Tres Gracias)〉은 제우스의 세 딸을 그린 그림으로, 풍만한 나체의 여신을 이상적인 미로 승화시킨 걸작이다.

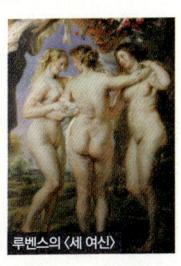

루벤스의 〈세 여신〉

벨라스케스의 〈브레다 성의 항복〉

## SIGHTSEEING
# 왕궁 주변

왕궁에서 시벨레스 광장까지는 마드리드 관광의 하이라이트. 호화로운 왕궁을 비롯해 비야 광장, 마요르 광장, 푸에르타 델 솔, 에스파냐 광장, 그란 비아 거리가 펼쳐져 마드리드 구시가의 다양한 매력을 느껴볼 수 있다.

## 왕궁
### Palacio Real
★

서 왕궁으로 사용했으나 1734년 화재로 소실되었다. **펠리페 5세**(루이 14세 손자)가 왕위를 계승하면서 어린 시절의 향수를 달래기 위해 이탈리아 건축가 유바라에게 베르사유 궁전처럼 지으라 했지만 착공 전에 세상을 떠났다. 이후 그의 제자들에 의해 1764년 바로크양식의 하얀 왕궁으로 완공했다.

### 볼거리로 가득한 화려한 내부
사케티가 설계한 **왕관의 방**(Salón del Trono)은 왕궁 내부의 3,000여 개의 방 중 50만이 일반인에게 공개 중이다. 베르사유 궁전의 거울의 방을 모방해 매우 화려하다. 베네치아 화가 티에폴로가 그린 화려한 천장화도 있다. **가스파리니 방**(Salón de Gasparini)은 마테오 가스파리니가 설계한 로코코 양식의 왕의 드레스룸이다. 금실과 은실의 비단으로 꾸며 화려하다.

**도자기 방**은 1880년 알폰소 12세가 왕비를 위해 지은 연회장으로 벽면이 도자기로 장식되어 있다. 164명이 식사할 수 있을 만큼 규모가 크다. 천장 프

### 펠리페 2세와 펠리페 5세
18세기에 지어진 왕궁은 역사적, 건축학적으로 기념비적인 건축물이다. 9세기 이슬람의 알카사르가 있던 곳에 **펠리페 2세**가 마드리드로 수도를 옮기면

왕관의 방

---

> **tip** 스페인의 합스부르크 왕가 (1516~1700년)

| 카를로스 1세(카를 5세) | 펠리페 2세 | 펠리페 3세 | 펠리페 4세 | 카를로스 2세 | 펠리페 5세 |
|---|---|---|---|---|---|
| 1대 | 2대 | 3대 | 4대 | 5대(마지막) | 부르봉 왕가 |
| 최강대국 | | | 쇠락의 시대 | | |

레스코화는 콜럼버스가 가톨릭 부부 왕에게 신대륙을 바치는 모습이다. 2,500여 점에 이르는 태피스트리와 고야, 보슈, 벨라스케스 등 거장들의 회화, 화려함의 극치인 금은 세공품, 샹들리에 등 볼거리가 매우 풍성하다.

왕궁 주변은 귀족 거주 구역으로 계획된 곳이라 녹지 공간이 매우 넓다. 서쪽에는 마차 박물관, 남쪽에는 왕궁 정문인 아르메리아 광장이 있고, **매월 첫째 수요일 정오에는 근위병 교대식이 있다.** 광장 근처 무기 박물관에는 카를로스 5세 갑옷과 엘시드 검 등 스페인 갑옷과 무기들이 있다.

### 알무데나 대성당

아르메리아 광장 맞은편에는 1993년에 완공된 대성당이다, 711년 이슬람교도가 마드리드를 침공할 때 성모상을 성벽에 숨겨둔 후 370년이 지난 후에 기적적으로 발견되어 그 자리에 성당을 지었다고 한다. 근처에 펠리페 4세의 기마상과 스페인 역대 왕들의 조각상들이 있다.

- Bailán s/n
- www.patrimonionacional.es
- 왕궁 4~9월 월~토요일 10:00~19:00, 일요일 10:00~16:00, 10~3월 월~토요일 10:00~18:00, 일요일 10:00~16:00 정원 10:00~20:00(10~3월 10:00~18:00)
- 휴일 1/1, 1/6, 5/1, 12/25
- 성인 €14, 학생(시니어) €7
- 메트로 2·5호선 Ópera역 하차
- 지도 P.688-E

## 그란 비아
Gran Via

### 마드리드의 번화가

에스파냐 광장에서 시벨레스 광장까지 이어지는 대로. 두 광장 사이에 카야오 광장과 그란 비아역이 있다. 도로 양쪽에는 영화관, 쇼핑몰, 항공사, 호텔, 레스토랑 등이 들어서 있어 번화가를 이룬다.

- 메트로 3·5호선 Callao역 또는 1·5호선 Gran Via역 하차
- 지도 P.688-E

## 에스파냐 광장
Plaza de España

### 세르반테스 300주년 기념

그란 비아가 시작되는 곳인 에스파냐 광장은 중앙에 세르반테스 300주년을 기념하기 위해 세운 기념비(5개의 대륙을 상징하는 5여신 조각상)가 있고, 앞쪽에 돈키호테와 노새를 탄 산초 판사의 동상이 있다. 과거에는 왕궁을 호위하는 군인들의 군대 막사가 있던 곳이다.

기념비 뒤쪽에는 1948년에 지은 23층, 117m 높이의 에스파냐 빌딩(Edificio España)이 있고, 왼쪽에는 1957년에 지은 35층, 124m 높이의 마드리드 타워(Torrede Madrid)가 있다. 1층에 여행 안내소가 있다.

- 메트로 3·10호선 Plaza de España역 하차
- 지도 P.688-E

## 마요르 광장
Plaza Mayor
★

### 마드리드의 중심 광장

가로 122m, 세로 94m에 이르는 광장으로 4층 건물이 주위를 감싸 사각형 모양을 이룬다. 건물 2~4층은 주택이고, 1층은 카페 등의 가게와 여행 안내소가 있어 늘 여행객들로 붐빈다. 원래는 도시 성벽 밖에 위치해 근교 광장(Plazade Arrabal)으로 알려져 있다.

1561년 펠리페 2세가 이곳을 수도 중심지로 삼았고, 1619년 **펠리페 3세** 때 도시 수호를 위해 그의 기마상을 세웠다. 광장은 연극, 가장행렬, 야외극, 마상시합, 공개처형, 투우시합을 구경할 수 있게 설계되었다. 프레스코화가 그려져 있는 **제빵업자 길드의 집(Casa de la Pana-deria)**이 지금도 남아 있다.

차량 통행은 금지되고 보행자는 광장에서 외부로 통하는 9개의 아치문을 통해 자유롭게 드나들 수 있다. 그중 쿠치예로스 아치문에서 돌계단을 따라 내려가면 바와 선술집이 밀집된 쿠치예로스 거리가 나온다.

▶ 메트로 1·2·3호선 Sol역 하차 ▶ 지도 P.688-J

## 푸에르타 델 솔
Puerta del Sol
★

### 마드리드 관광의 시작점

'**태양(Sol)의 문**'이라는 뜻으로, 15세기부터 도시의 심장부 역할을 해왔다. 지금도 마드리드 관광의 시발점이자 가장 인기 있는 만남의 장소로 꼽히고 있다. 특히 이곳은 스페인 곳곳으로 이어지는 9개의 도로가 시작되는데, 시계탑이 있는 붉은 벽돌 건물(마드리드 자치정부청사) 앞 보도에 스페인의 국도 기점을 나타내는 0km 표지가 있다. 그리고 마드리드의 상징인 아르부투스 나무(유럽 남부산의 상록수)의 잎을 먹는 곰의 동상이 카르멘 거리 초입에 있다. **고야의 작품 〈마드리드, 1808년 5월 3일〉의 무대(1808년 스페인을 침략한 나폴레옹 군대에 저항한 장소)**가 되었던 역사적인 장소로도 유명하다.

▶ 메트로 1·2·3호선 Sol역 하차 ▶ 지도 P.688-J

솔 광장

마요르 광장

쿠치예로스 아치문 앞의 쿠치예로스 거리

펠리페 3세 기마상

아르부투스 나뭇잎을 먹는 곰의 동상

**THEME PAGE**

# 엔터테인먼트 즐기기

### 축구

스페인 프로 축구연맹 1부 리그에는 레알 마드리드, 아틀레티코 마드리드, FC 바르셀로나 같은 세계적인 빅 클럽이 있다. 1929년 10개 클럽으로 창설된 스페인 프리메라 리가(Primera Liga)는 현재 20개 팀으로 운영되고 있다.

99/00시즌부터 리그 최하위 3팀이 세군다 A리가로 자동 탈락하고 세군다 A 상위 3팀이 승격하는 방식을 채택했다. 스페인 2부 리그는 22개 팀으로 구성된다. 프리메라 리가는 레알 마드리드와 FC 바르셀로나가 번갈아 우승했으나 최근에는 세비야와 AT 마드리드가 상위권에서 접전을 벌이고 있다.

마드리드에는 레알 마드리드의 홈구장인 산티아고 베르나베우 스타디움과 아틀레티코 마드리드의 홈구장인 비센테칼데론 스타디움이 있다.

### 시즌

매년 9월 말에 개막해 10개월 정도 경기가 진행된다. 경기는 매주 주말 오후에 열린다. 홈-어웨이 방식으로 번갈아 가면서 시합을 한다.

### 최강의 라이벌 팀들

**레알 마드리드**

크리스티아누 호날두를 비롯한 세계 최고의 선수들이 포진해 있는 레알 마드리드는 1902년 창단했다.

1950~60년대 최고의 전성기를 거쳐 1980년대 5년 연속 우승했으나, 1990년대 FC 바르셀로나에 밀려 잠시 주춤했다. 2000년대에 심기일전하여 4회 우승을 함으로써 예전의 명성을 되찾았다. 스페인 축구를 대표하는 최강의 클럽으로 총 31회 우승했다.

**FC 바르셀로나**

레알 마드리드와 더불어 스페인 리그를 이끌고 있는 전통 명문 클럽이다. 1980년대에는 레알 마드리드에 잠시 밀렸으나, 1990년대에 다시 전성기를 맞이해 거의 우승을 독점하다시피 했다. 레알 마드리드에 이어 2번째 최다 우승 기록을 보유하고 있다.

산티아고 베르나베우 스타디움

레알 마드리드 구장 내 전시장

### 축구 경기장

**산티아고 베르나베우 스타디움**
Estadio Santiago Bernabéu

레알 마드리드의 홈구장. 길이 107m, 폭 72m 크기의 필드를 갖추고 수용 인원이 8만 명에 달하는 대규모 축구 전용 경기장이다. 여러 번의 개조공사를 거쳐 최근에는 최대 12만 명까지 수용할 수 있게 되었다. 1957년, 1969년, 1980년 3번이나 유러피언컵 결승전을 치렀으며, 1982년에는 FIFA 월드컵도 개최했다.

- ⓐ Avenida de Concha Espina, 1
- @ www.realmadrid.com
- 월~토요일 09:30~19:00, 일요일, 공휴일 09:30~18:30, 경기 시작 5시간 전까지 입장 가능, 경기 당일은 로커룸 투어 제외 휴무 1/1, 12/25
- Classic €38(온라인 €25),
  Classic Flexible Hour €43(온라인 €40),
  Premium €50(온라인 €47)
- 메트로 10호선 Santiago Bernabéu역 하차
- 지도 P.694-B

### 투우

스페인어로는 **코리다 데 토로스**(Corrida de Toros). 정열적인 스페인 사람들에게 잘 어울리는 투우는 삶의 일부이자 축제 그 자체이다.

18세기 초 안달루시아 론다에서 시작해 20세기 호셀리토와 벨몬테라의 걸출한 스타를 배출하면서 전성기를 맞았다. 1936년 스페인 내란과 프랑코 총통의 독재시대, 민주주의 부활 등 시대적 변화에도 끊임없이 명투우사가 배출되면서 여전히 국민들의 사랑을 받고 있다.

**투우장**(Plaza de Toros)은 입장하기 전에 상인들이 근처 객줏집(Ventas)에 머물면서 숙박을 했던 탓에 '라스 벤타스'라 부르기도 한다. 마드리드 투우장은 건축가 아니발 곤살레스가 신 무데하르양식으로 설계했다.

투우 시즌은 3~10월(3월 19일 발렌시아의 산호세 불꽃 축제를 시작으로 10월 12일 사라고사의 필라르 축제까지 이어진다)이며, 매주 일요일(공휴일)에 경기가 있다. 통상 17시(여름에는 19시)에 시작해 2시간 정도 시합한다. 스페인의 여러 도시 중에서도 마드리드와 세비야에서 가장 수준 높은 경기를 볼 수 있다.
입장권은 호텔이나 시내 매표소에서도 구입할 수 있으나, 20% 정도 수수료가 붙기 때문에 투우장 매표소에서 구입하는 것이 가장 좋다. 좌석은 1층(텐디도 Tendido), 2층(그라다 Grada), 3층(안다나다 Andanada)으로 나뉘어 있다. 투우하는 경기장(아레나)에서 가까운 좌석일수록 비싸고 멀수록 싸다. 또한 햇빛이 비치는 곳(Sol)은 저렴하고, 햇빛을 가려 주는 그늘진 곳(Sombra)은 비싸다. 그 중간은 햇빛이 들다가 그늘지는 곳(Sol y Sombra)이다.

## 투우의 3장면

- **1장면**
마타도르(Matador, 주연급 투우사 1명)가 카포테(투우사의 망토. 겉은 분홍색이고 안은 노란색) 하나로 소를 다룬다.
피카도르(Picador, 조수 투우사 2명)가 창으로 소의 크루스(견갑골 돌기 부분)를 3회 찌른다.

- **2장면**
반데리예로(Banderillero, 조연급 투우사 3명)가 번갈아가며 작살로 소를 찌른다.

- **3장면**
마타도르가 등장하여 물레타(붉고 둥근 천)와 검으로 소를 다루면서 급소(견갑골 사이에 있는 바늘구멍)를 찌르며 소의 숨통을 끊는다.

## 투우장

### 벤타스 투우장 Plaza de Toros de Las Ventas
- Calle de Alcalá, 237
- www.las-ventas.com
- 투우장 가이드 투어 월~토요일 10:00~18:00(투우 경기 있을 시 경기 3시간 전까지 투어) 휴무 1/1, 12/25
- 좌석에 따라 다름(€5~227), 성인 €16(투우장+박물관+가상 체험), 투우장 앞 매표소에서 티켓 구입
- 메트로 2·5호선 Ventas역 하차
- 지도 P.694-D

## 플라멩코

플라멩코(Flamenco)의 본고장은 안달루시아로 알려져 있지만, 마드리드의 플라멩코 역시 유명하다. 특히 무용수들의 춤사위는 상당한 수준이다. 여행 일정에 안달루시아 지방이 포함되어 있지 않다면 마드리드의 극장식 레스토랑(타블라오)을 찾아 감상해보자. 단, 공연이 밤늦게 끝나면 귀가할 때 위험하니 숙소까지 안전하게 픽업해 주는 투어에 참여하는 게 좋다.

## 플라멩코를 볼 수 있는 극장식 레스토랑

### Las Tablas (Flamenco En Directo)
- Plaza de España, 9
- www.lastablasmadrid.com
- 19:00, 21:30
- 쇼 €45~, 식사+쇼 €102~
- 메트로 3·10호선 Plaza de España역에서 도보 5분
- 지도 P.688-E

### Corral de la Morería
- Calle de la Morería, 17
- www.corraldelamoreria.com
- 쇼 20:00, 22:55
- 쇼 €49.99
- 메트로 2·5호선 Ópera역에서 도보 10분
- 지도 P.688-I

### Torres Bermejas
- Calle Mesonero Romanos, 11
- www.torresbermejas.com
- 매일 17:00, 19:00, 21:00
- 쇼 €28~, 쇼+음료 €38~, 쇼+식사 €55~
- 메트로 1·2·3호선 Sol역에서 도보 5분 또는 메트로 3·5호선 Callao역에서 도보 2분
- 지도 P.688-F

## SHOPPING

# 마드리드의 쇼핑

마드리드의 쇼핑가는 명품 브랜드와 백화점이 몰려 있는 세라노 거리와, 스페인에서도 가장 화려한 번화가인 그란 비아에서 솔 광장으로 이어지는 구시가를 들 수 있다.

### Centro Comercial Príncipe Pío
프린시페 피오 역사에 있는 복합 쇼핑몰. 자라를 비롯한 유명 브랜드는 물론 중저가 브랜드를 포함한 수많은 의류매장과 레스토랑, 영화관, 카페 등이 있다.

- Paseo de la Florida, 2
- www.principe-pio.klepierre.es
- 월~토요일 10:00~22:00, 일요일 11:00~22:00
- 메트로 6·10호선 Príncipe Pía역 하차. 또는 버스 33·41·46·62·75번 이용
- 지도 P.694-C

### El Rastro Flea Market ★

라스트로 벼룩시장은 약 500년의 역사를 자랑하는 마드리드의 명물시장이다. 스페인뿐 아니라 세계적으로도 유명해서 가이드북에 빠지지 않고 소개된다. 마요르 광장에서 10분 정도 걸어가거나, 메트로 라티나역에서 톨레도 문으로 이어지는 거리(Calle de Toledo, Calle de Embajadores, Ronda de Toledo)의 삼각지대 안에 빼곡히 늘어선다. 시장이 열리는 날이면 아침 일찍부터 현지인은 물론 관광객들의 발길이 이어져 발 디딜 틈 없이 붐빈다. 스페인 느낌이 물씬 나는 가죽제품이나 수공예 장신구, 골동품, 축구용품 등 각양각색의 물건들이 나와 구경하는 재미가 쏠쏠하다. 단, 소매치기가 많으니 조심하자.

- Calle de la Ribera de Curtidores, 21
- 일요일, 공휴일 07:00~14:00
- 메트로 5호선 La Latina역, 1호선 Tirso de Molina역 하차. 또는 버스 3·17·18·23·41·60·148번 이용
- 지도 P.694-E

### Madrid Shop
마요르 광장 여행 안내소에 위치한 마드리드 공식 상점. 각종 기념품(티셔츠, 펜, 노트, 머그잔, 엽서, 포스터, 가방, 자석)과 다양한 서적, 스페인의 전통 음악 CD 등을 저렴하게 구입할 수 있다.

- Plaza Mayor, 27
- www.esmadrid.com/en/madrid-shop
- 09:30~20:30
- 메트로 1·2·3호선 Sol역이나 5호선 Ópera역 하차
- 지도 P.688-J

### ZARA
ZARA는 스페인이 자랑하는 세계적인 패션 브랜드로 스페인에만 100여 개의 매장이 있다. 캐주얼하면서도 세련된 디자인으로 젊은이들에게 인기가 높으며 가격도 저렴한 편이다.

- Gran Vía, 34
- www.zara.com
- 매일 10:00~22:00
- 메트로 3·5호선 Callao역이나 메트로 1·5호선 Gran Vía역에서 도보 3분
- 지도 P.688-F

### El Corte Inglés Preciados
스페인 유일의 대형 백화점 체인. 시내에는 Preciados, Castellana, Princesa 등에 지점이 있다. 여행 안내소에서는 여행객을 위한 서비스(할인카드 발행 시 10% 할인, 환전 서비스)를 제공한다. 지하에 생활용품을 갖춘 슈퍼마켓과 저렴한 셀프 레스토랑이 있어 여행자들이 저렴하게 선물을 사거나 식사를 할 수 있어 좋다.

- Calle de Preciados(Sol역 지점)
- www.elcorteingles.es
- 10:00~22:00, 일요일 11:00~21:00
- 메트로 1·2·3호선 Sol역 하차
- 지도 P.690-A

# 마드리드의 맛집

마드리드에서는 스페인 각지의 다양한 음식 문화를 즐길 수 있다. 솔 광장, 마요르 광장, 그란 비아 주변에 저렴하고 맛있는 음식점들이 즐비하다. 단, 음식이 대부분 짜기 때문에, "노 살 뽀르 빠보르(소금을 넣지 마세요)"라고 주문하고 필요 시 소금을 뿌려 먹는다.

### ◆ 마요르 광장 주변 ◆

### Botin
1725년 문을 연 이래 약 300년 가까이 꾸준한 사랑을 받고 있는 레스토랑. 특히 이곳은 헤밍웨이가 자주 다녔던 곳으로 유명하다. 마드리드의 명물 요리인 새끼돼지 통구이 '코치니요 아사도(Cochinillo asado)'가 대표 메뉴. 바삭하게 구워진 껍질의 식감과 육즙이 잘 어우러져 맛이 일품이다. 코치니요 아사도와 수프, 달걀, 디저트, 음료가 제공되는 하우스 메뉴 €39.

📍 Calle de los Cuchilleros, 17　🌐 www.botin.es
🕐 13:00~16:00, 20:00~23:30　🚇 메트로 1·2·3호선 Sol역에서 도보 10분　🗺 지도 P.688-J

### Mesón del Champiñón
TV 프로그램 〈꽃보다 할배〉에 소개된 후 한국인이 자주 찾는 레스토랑. 헤밍웨이도 자주 이용한 곳으로 참피뇽(버섯요리, €7.3)이 유명하다. 하몬 €4.6.

📍 C/ Cava de San Miguel, 17　🌐 www.mesondelchampinon.com　🕐 일~목요일 11:00~01:00, 금~토요일 11:00~02:00　🚇 메트로 1·2·3호선 Sol역에서 도보 6분. 마요르 광장 근처　🗺 지도 P.688-J

### ◆ 솔 광장 주변 ◆

### La Mallorquina
빵이 맛있어 늘 손님들로 북적거리는 아담한 제과점.

크루아상(€1.9~) 등 다양한 빵들은 간식용으로 좋다.

📍 Prta del Sol, 8, Centro　🌐 www.pastelerialamallorquina.es　🕐 08:30~21:00　🚇 메트로 1·2·3호선 Sol역 근처. 솔 광장에서 마요르 광장 가는 길목　🗺 지도 P.688-J

### Wok to Walk
유럽 전역에 체인이 있는 프랜차이즈 중국 요리점. 저렴하고 우리 입맛에 잘 맞는다. 예산 €10~.

📍 Calle Mayor, 4　🌐 www.woktowalk.com
🕐 월~수요일 12:00~24:00, 목~일요일 12:00~01:00　🚇 메트로 1·2·3호선 Sol역 근처. 솔 광장에서 마요르 광장 가는 길목　🗺 지도 P.688-J

### ◆ 에스파냐 광장 주변 ◆

### El Club Allard
미슐랭 2스타에 빛나는 고급 레스토랑. 최상의 음식과 서비스를 자랑한다. seduccion(14코스 €145), revolucion(10코스 €115)의 2가지 코스 요리가 있다.

📍 Calle de Ferraz, 2　🌐 www.elcluballard.com
🕐 13:30~15:30, 20:30~23:00　🚇 메트로 3·10호선 Pl. de España역에서 도보 1분. 에스파냐 광장 옆
🗺 지도 P.688-E

### ◆ 그란 비아 주변 ◆

### Burnout
가성비 좋은 햄버거 가게. 직원이 친절하고 패티 맛이 좋아 인기 있다. 예산은 €8~.

📍 Calle de Valverde, 6　🌐 www.burnoutburgers.com　🕐 월~수요일 13:00~16:00, 20:00~23:00, 목~금요일 13:00~16:00, 20:00~23:30, 토~일요일 13:00~16:30, 20:00~23:30　🚇 메트로 1·5호선 Gran Via역에서 도보 2분　🗺 지도 P.689-G

### tip 마드리드의 맛있는 디저트

#### 비올레타스 Violetas

비올레타스

마드리드의 상징 중 하나인 양딸기나무에서 추출한 과일. 양딸기로 유명한 아란후에스산 양딸기 열매와 친촌의 전통 리큐어(달콤한 알코올 음료수로 과일, 향신료, 씨앗, 꽃, 양념 등을 위스키나 브랜디에 섞어서 만든 술) 등 현지 재료를 완벽하게 조합해 만든 디저트다. 제비꽃(Violets)은 제비 같은 모양과 색채를 내는 사탕을 만들 때 사용된다. 마드리드에서 비올레타스를 맛볼 수 있는 곳으로는 Terraza del Casino(Calle de Alcalá 15, 지도 P.689-K)와 La Violeta(Plaza de Canalejas, 6, 지도 P.689-K)가 유명하다.

#### 토리하스 Torrijas

스페인식 전통 토스트. 빵조각을 우유와 와인에 담갔다가 오일을 뿌려 구운 후 꿀, 시럽, 설탕, 시나몬을 토핑해서 만든다. 마드리드에서 토리하스를 잘하는 곳으로는 El Horno de San Onofre(Calle de San Onofre, 3, 지도 P.689-G)를 들 수 있다.

토리하스

메손

Plaza de San Miguel
①Bodega Bohemia
②Guitarra
③Boqueron
④Tortilla
⑤Rincon
⑥Chanpiñon
⑦Tapa-Tapa
⑧Don Carnal
⑨Mazmorra
Calle Cava San Miguel
Plaza Mayor

#### 서민들의 선술집 메손 Meson

산 미겔 거리 양쪽에는 500년 이상 된 건물들이 줄지어 있다. 이 건물들 1층에 메손(선술집)이 모여 있는데, 낮에는 한산하지만 저녁이면 사람들이 삼삼오오 모여들며 붐비기 시작한다. 서민들은 이곳에서 칵테일 상그리아와 타파스를 안주 삼아 하루의 피로를 푼다. 타파스(Tapas)는 메인 요리를 주문하기 전에 작은 접시에 담겨 나오는 소량의 전채 요리(주로 안주류로 하몬, 치즈, 올리브, 소시지 등)를 말한다.

🚇 메트로 1·2·3호선 Sol역에서 도보 5분. 마요르 광장 왼쪽의 산 미겔 광장에서 좁다란 산 미겔 거리(Calle Cava de San Miguel) 사이에 총 9개의 메손이 옹기종기 모여 있다.

타파스

## 시내 교통

톨레도는 작은 도시라 역이나 버스터미널에서 소코도베르 광장까지 걸어서 30분 정도 걸린다. 짐이 있으면 버스를 탄다. 버스정류장은 역에서 나오면 오른쪽에 있다. 내릴 때에는 중심지인 소코도베르 광장에서 내린다. 시내버스 요금 €1.4.

@ www.unauto.es

## 추천 코스

알카사르→카테드랄→산토 토메 성당→엘 그레코 뮤지엄→전망대(Mirador del Valle)

기독교에 관심 있는 사람은 카테드랄 성구실의 대형 천장화에 그려진 성경의 인물들을 눈여겨보면 더욱 흥미로울 것이다. 엘 그레코 뮤지엄에 가면 〈오르가스 백작의 매장〉을 놓치지 말고 꼭 감상하자. 대성당 주변의 미로 같은 거리를 거닐며 중세의 분위기를 만끽할 수 있다.

> **tip 톨레도 제대로 즐기기**
> - 마드리드에서 톨레도로 갈 때는 시외버스가 가장 저렴하다.
> - 꼬마열차나 71번 버스를 타면 **톨레도 전망대(Mirador del Valle)**에서 구시가의 환상적인 전경을 즐길수 있다.
> - 엘 그레코의 작품은 꼭 감상한다.
> - 톨레도의 명물과자 마사판을 먹으며 전통공예품인 금은 상감세공을 즐긴다.
> - 중세의 흔적이 감도는 구시가 골목길을 거닐며 고도의 정취를 느껴본다.

아몬드와 설탕을 섞어 만든 마사판 과자

> **tip 소코도베르 광장 여행안내소**
> - plaza de zocodover 8
> @ www.turismotoledo.com
> 🕐 월~토요일 09:00~18:00, 일요일 10:00~15:00
> 휴무 1/1, 12/25  소코도베르 광장에 위치

> **tip 편리한 꼬마열차 소코트렌 Zocotren**
>
> 언덕 위에 세워진 미로 도시 톨레도를 편하게 관광하고 싶으면 소코트렌(꼬마열차)을 이용한다. 전망대와 관광 명소를 몇 군데 경유하면서 중세의 모습을 그대로 간직한 톨레도를 시계 방향으로 일주하고 다시 구시가로 들어온다. 타호강 건너편에 있는 전망대(Ermita del Valle, 또는 Mirador del Valle)에서 내려다보는 톨레도의 전경은 한 폭의 그림 같다. 탑승 시 조망권이 확보된 오른편 좌석에 앉는다. 참고로 전망대로 가는 버스편은 소코도베르 광장에서 1시간 간격으로 운행한다 (71번, 요금 €1.4).
>
>
>
>  Calle Silleria, 14
> @ www.trainvision.es/tour/toledo  09:30~21:30(30분 마다), 45분 소요
>  €9(+한국어 오디오 가이드)  소코도베르 광장(Plaza de Zocodover)
> ※ 티켓 판매처가 소코도베르 광장에 있으나 유동적이므로, 없을 경우에는 광장에 위치한 여행 안내소에 문의한다.

## SIGHTSEEING

# 톨레도

## 알카사르
### Alcázar
★

**요새에서 왕궁으로 개조**

해발 548m의 세르반테스 언덕 위에 있는 장방형 요새. **무데하르양식과 고딕양식이 혼합**된 건축물로 1986년 유네스코 세계문화유산으로 지정되었다.

알카사르 승리의 기념비

로마시대에 관아로, 그 후로는 이슬람 세력의 방어 요새로 사용되었다. 11세기에는 엘시드 장군이 지휘했던 곳이다. 1538년 카를로스 1세가 개축하기 시작해 1551년 카를로스 5세 때 최고 건축가를 동원해 왕궁으로 완공되었다. 알카사르는 이후 수차례에 걸친 화재와 스페인 내란으로 폐허가 되었다. 내란 당시에는 프랑코파의 주둔지로 군인과 그의 가족들이 격전을 벌였던 수난의 현장이기도 하다. 1961년 복원되어 현재 **군사 박물관**으로 이용하고 있다. 스페인 역사실, 무기 전시실, 군복 전시실(갑옷, 투구) 등이 있다.

- Calle de La Union
- www.turismotoledo.com
- 6/16~9/15 화~일요일 8:15~14:45, 9/15~6/14
- 휴관 수요일, 공휴일, 1/1, 1/6, 5/1, 12/24·25·31
- 군사 박물관 €5(**무료 입장** 일요일, 3/29, 4/18, 5/18, 10/12, 12/6), 통합권 €6.71, 학생(시니어) €3.56
- 카테드랄에서 도보 3분
- 지도 P.712-F

알칸타라 다리에서 바라본 알카사르

# 카테드랄
## Catedral
★

대제단

### 스페인 가톨릭 총 본산
이슬람 세력이 지배할 때는 이슬람교 사원이었으나 1086년 알폰소 6세가 톨레도를 수복하면서 가톨릭 성당으로 개조했다. 1227년 페르난도 3세에 의해 착공되어 1493년에 완공되었다. 스페인 가톨릭 총 본산인 카테드랄 중에서도 가장 규모가 크다. 수 세기를 거치면서 외관은 **프랑스 고딕양식**, 내부는 **무데하르양식과 플라테레스코양식**이 혼합되었다.

파사드의 3개문은 각각 종교적 특색이 있는 조각상이 새겨져 있다. 지옥의 문(Puerta del Infierno, 左), 용서의 문(Puerta del Perdon, 中), 심판의 문(Puerta del Perdon, 右)이 있다. 측면에는 평지문(Puerta Liana, 대성당 남쪽 골목에 있는 문으로 관람객 출입구). 사자의 문(Puerta del Leones, 평지문 오른쪽에 위치), 시계의 문(Puerta de Reloj, 성당 북문으로 무료 입장, 기도실 등 성당 일부만 관람 가능)이 있다.

**대제단(Capilla Mayor)** 화려하고 거대한 고딕양식의 **제단 병풍(Retablo Mayor)**이 세로로 7열 조각물로 나열되어 있다. 예수와 성모의 일생을 묘사하고 있다.

**성가대석(Coro)·참사 회의실(Sala Capitular)** 성가대석은 호두나무로 제작된 수많은 좌석이 있다. 의자 등받이마다 가톨릭 부부 왕이 그라나다를 함락시키는 장면이 새겨져 있고, 양쪽에는 황금 파이프 오르간이 있다. 참사 회의실은 주교들의 회의 장소이다.

**보물실(Tesoro)** 중앙 진열장에 독일 출신의 작가 엔리케 아르페가 제작한 높이 3m, 순금 18kg으로 장식된 **성체 현시대(Custodia)는 이곳의 백미**라 할 수 있다. 내부는 순금으로 장식되어 있고 수많은 보석들이 빛을 발한다. 매년 성체 축일에 성체 현시

SPAIN

성가대석

참사 회의실

보물실의 성체 현시대 / 성구실

## 산토 토메 성당
### Iglesia de Santo Tomé
★

### 엘 그레코의 걸작 전시

무데하르양식의 산토 토메 성당은 규모는 아주 작지만, 엘 그레코의 〈오르가스 백작의 매장(El Entierro del Conde de Orgaz)〉이라는 작품을 볼 수 있어 유명하다. 엘 그레코의 작품 중 최고의 걸작이라고 평가받는 이 그림은 사실적인 묘사가 압권이다. 성당에 엄청난 유산을 기부한 오르가스 백작을 위해 신부의 부탁으로 그린 작품이라고. 오르가스 백작의 장례식에 성 아우구스티누스와 성 스테파노가 지상으로 내려와 시신을 매장한 기적을 묘사한 것이다.

엘 그레코의 〈오르가스 백작의 매장〉

### 그림 위쪽(영적 세계) VS 그림 아래쪽(세속)

그림 위쪽(장례식장의 사람 머리 위)은 영혼(천국)의 세계가 펼쳐지면서 구름 사이로 금발의 천사가 오르가스 백작의 영혼을 위로 올려주고 그리스도와 성모 마리아가 그를 맞이하며, 아래쪽에는 백작을 보내는 톨레도의 귀족들과 성직자들이 사실적으로 그려져 있다. 이 사람들은 실제 인물들이었다고 전해진다.

📍 Plaza del Conde, 4　🌐 www.santotome.org | www.toledomonumental.com　🕐 3/1~10/15 10:00~18:45 10/16~2월 10:00~17:45(12/24·31 10:00~13:00)
휴무 1/1, 12/25　💶 성인 €4, 학생 €3
🚶 카테드랄에서 도보 5분　🗺 지도 P.712-E

대를 둘러메고 톨레도 시내를 순례한다.
**성구실(Sacristia)** 지오다노의 대형 천장화가 시선을 압도한다. 내부에는 반다이크, 벨라스케스, 리베라, 루벤스 등의 그림들이 전시되어 있다. 종교 화가인 엘 그레코의 성화 〈엘 엑스폴리오〉를 비롯해 사도들의 심오한 내면 세계를 표현한 베드로, 마테, 요한 등 사도들의 그림은 놓치기 아깝다. 고야의 〈유다의 입맞춤(Beso de Judas)〉도 볼만하다.
**트란스파렌테(EL Transparente)** 중앙 예배당에는 둥근 천장에 구멍을 내서 자연 빛이 제단과 병풍을 비쳐줄 트란스파렌테라는 채광창이 있다.

※ 매표소는 성당(정문을 바라볼 때) 오른쪽 골목길로 들어가면 평지문(첫번째 문) 맞은편 가게에 있다.

📍 C/Cardenal Cisneros, 1
🌐 www.catedralprimada.es
🕐 월~토요일 10:00~18:30, 일요일 14:00~18:30
휴무 1/1, 12/25　💶 €12　🚶 알카사르에서 도보 5분
🗺 지도 P.712-E

# 엘 그레코 뮤지엄
## Museo de El Greco
★

### 스페인 거장의 작품을 전시

엘 그레코가 생전에 살았던 집으로, 20세기 초 베가 인클란 후작이 개조해 박물관으로 사용하고 있다. 그리스 출신인 엘 그레코(1541~1614년)는 스페인에서 주로 활동했다. 스페인어로 개명한 이름 엘 그레코도 '그리스에서 온 사람'이라는 뜻이다. 베네치아에서 티치아노에게 그림을 배우고 틴토레토와 미켈란젤로의 작품에 영향을 받았다. **그의 작품들은 대부분 종교화와 초상화였지만, 깊은 명암과 색채, 비정상적으로 길쭉한 인체 묘사로 에스파냐 신비주의를 대표한다.** 생전에는 그다지 주목받지 못했으나 19세기 이후 재평가받으며 세잔을 비롯한 많은 화가들에게 영향을 주었다.

### 스페인의 3대 거장
### (벨라스케스, 고야, 엘 그레코)

현재는 벨라스케스, 고야와 더불어 스페인의 3대 거장으로 꼽히고 있다. 서양 미술사에서 고전주의 시대의 작품 중 가장 현대적인 것을 꼽는다면 16세기 후반에 활동한 엘 그레코가 으뜸이다. 최고의 기량을 지닌 베네치아 화파에 속했지만 **그의 절정기 그림에 등장하는 인물과 풍경은 현대 추상회화라고 해도 좋을 만큼 심하게 일그러지거나 뒤틀려 있다.** 내부에서는 톨레도 풍경을 비롯해 〈12사도 시리즈〉를 그린 작품들을 만나 볼 수 있다. 특히 〈톨레도의 풍경과 지도(La Vista y Plano de Toledo)〉는 엘 그레코의 후기 작품으로 그의 완숙미를 볼 수 있고, 〈베드로의 눈물(Lagrimas de San Pedro)〉은 예수를 3번 부인한 후 참회의 눈물을 흐르는 베드로의 얼굴이 사실적으로 묘사되어 있다.

- Paseo del Transito, s/n
- www.culturaydeporte.gob.es/mgreco
- 11~2월 화~토요일 09:30~18:00, 일요일 10:00~15:00/3~10월 화~토요일 09:30~19:30, 일요일 10:00~15:00 **휴관** 월요일, 1/1·6, 5/1, 12/24·25·31
- €3, **무료 입장** 토요일 14:00 이후, 일요일, 4/18, 5/18, 10/12, 12/6
- 카테드랄에서 도보 7분. 또는 소코도베르 광장에서 5번 버스로 이동. 지도 P.712-E

엘 그레코의 〈톨레도의 풍경과 지도〉

12사도의 초상화를 전시

엘 그레코의 〈베드로의 눈물〉

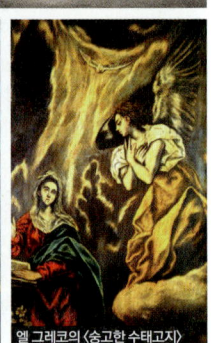
엘 그레코의 〈숭고한 수태고지〉

## 산타 크루스 미술관
### Museo de Santa Cruz

**플라테레스코양식의 미술관**

원래는 멘토사 추기경의 유지를 받들어 이사벨라 여왕이 고아들을 위해 세운 자선 병원이었다. 현재는 2층 규모의 아담한 미술관으로 사용되고 있다. 입구 정면은 플라테레스코양식(15~16세기 스페인 건축 양식으로 금은 세공사에 의해 사용된 세밀 장식 기법)으로 아름답게 꾸며져 있고, 안으로 들어가면 화려한 천장이 눈길을 끈다.

1층은 마드리드 프라도 미술관에서 작품을 가져온 임시 전시관이고, 2층은 16~17세기의 주요 작품을 비롯해 엘 그레코 등의 작품과 고고학(로마, 고트족, 아랍, 무데하르 문화)이 전시되어 있다. 특히 엘 그레코의 〈성모 마리아의 승천〉, 리베라의 〈나사렛 성가족〉, 고야의 〈십자가 위의 그리스도〉 등의 명작들을 만나볼 수 있다. 독창적인 구도와 색채가 특징인 16세기 플랑드르파의 아름다운 태패스트리, 톨레도의 역사적 유물도 전시되어 있다.

- Calle de Miguel de Cervantes, 3
- cultura.castillalamancha.es
- 월~토요일 10:00~18:00, 일요일 09:00~15:00
  **휴관** 1/1·6·23, 5/1, 12/24·25·31
- 성인 €4, 학생 €2, **무료** 입장 수요일 16:00~, 일요일, 5/18, 5/31, 18세 이하, 65세 이상
- 소코도베르 광장 근처  지도 P.712-C

---

# 톨레도의 쇼핑

---

### Simian

톨레도의 전통 공예인 금은 상감세공을 하는 모습을 직접 볼 수 있어 관광객들이 많이 찾는다. 다른 상점에 비해 가격은 비싼 편이지만, 옛날부터 전해오는 방식을 고수하고 있다.

- Calle de Santa úrsula, 6
- 09:30~21:00
- 시청사에서 도보 5분
- 지도 P.712-E

### Santo Tomé

톨레도의 명물 과자 마사판(Mazapán)으로 유명하다. 상자에 담긴 선물용도 있지만 kg 단위로 사는 게 더 저렴하다(1kg당 €2.5). 낱개로 사면 50센트 정도.

- Calle de Santo Tomé 3
- www.mazapan.com
- 09:00~21:00
- 산토 토메 성당에서 도보 1분
- 지도 P.712-E

---

> **tip 톨레도의 기념품**
>
> 톨레도에는 장인들이 만든 금은 상감세공과 도자기, 중세 분위기가 물씬 풍기는 중세 기사 갑옷 인형을 파는 기념품 가게들이 많다. 전통공예인 금은 상감세공(Damazquinado Toledano)을 직접 제작하는 과정을 구경할 수 있다.

톨레도 장인들이 만든 금은 세공

# 톨레도의 맛집

### ◆ 엘 그레코 뮤지엄 주변 ◆

**Maruxina Lounge**

톨레도에서 평이 좋은 레스토랑. 스테이크가 부드럽고 맛있다. 트립 어드바이저에서 예약 시 30% 할인. 메인 요리 €35.

🚇 Travesía de los Descalzos
🌐 www.maruxinalounge.com  🕐 화~목요일 11:00~23:00, 금요일 11:00~24:00, 토요일 12:00~24:00, 일요일 12:00~23:00, 월요일 11:00~16:00
📍 카테드랄에서 도보 5분  🗺 지도 P.712-E

### ◆ 소코도베르 광장 주변 ◆

**La Abadía Cervecería Artesana**

저렴하게 타파스를 즐길 수 있는 레스토랑. all tapas €18, 조식 €2.9~(주말 €3.9~)

🚇 C. Núñez de Arce, 3, 45001 Toledo
🌐 www.abadiatoledo.com
🕐 월~금요일 09:00~17:00, 20:00~24:00, 토요일 12:00~01:00, 일요일 12:00~24:00
📍 소코도베르 광장에서 도보 3분  🗺 지도 P.712-C

**Restaurante Alfileritos 24**

현지인들이 자주 찾는 스페인 전통 요리 레스토랑. 분위기, 친절, 맛 모두 평판이 매우 좋다. 타코 €19.9, 대구 요리(Bacalao) €17, 리소토 €15.9 등이 있다.

🚇 Restaurante Alfileritos, 24
🌐 www.alfileritos24.com
🕐 일~목요일 10:30~23:30, 금·토요일 10:30~00:30
📍 소코도베르 광장에서 도보 3분  🗺 지도 P.712-B

> **tip  톨레도에서 꼭 먹어봐야 할 음식**
>
> 메추리를 레드와인에 통째로 넣어 조린 톨레도의 향토 요리 페르디스(Perdiz)를 먹어보자. 그리고 디저트로 아몬드와 설탕을 섞어 만든 마사판(Mazapán) 과자도 놓치지 말고 맛보자.

# 톨레도의 숙소

※ 구시가와 비사그라 문 주변에 숙소가 많다.
🌐 숙소 정보 www.puertabisagra.com

🚌 톨레도역에서 차로 10분, 소코도베르 광장에서 7-1번 버스를 타고 Parador에서 하차  🗺 지도 P.712-E

### ◆ 파라도르 전망대 주변 ◆

**Parador de Toledo**

숙박비는 비싸지만 톨레도의 전경을 한눈에 볼 수 있어 좋은 파라도르(국영 호텔). 근사한 사진을 남기고 싶다면 1박의 가치가 있다. 엘 그레코의 걸작 〈톨레도의 풍경과 지도〉가 연상되는 멋진 경관이 펼쳐진다.

🚇 Cerro del Emperador, s/n
🌐 www.parador.es  💰 2인 1실 €130~

**Albergue San Servando**

언덕 위에 있어 시내 전망이 좋다. 톨레도의 공식 유스호스텔로, 회원증을 제시해야 한다.

🚇 Castillo de San Servando
🌐 juventud.jccm.es/sanservando/es/
💰 2~4인실 30세 미만 €14.05, 30세 이상 €16.90, 조식 포함 시 30세 미만 €16.65, 30세 이상 €20
🚌 소코도베르 광장에서 11번 버스((08:20~14:45, 배차 시간 1시간, Hospital Provincial행)를 타고 Castillo de San Servando에서 하차. 걸어갈 경우 얕간 다리를 건너 10분 정도 언덕길로 올라가면 나온다.  🗺 지도 P.712-C

# 세고비아
# SEGOVIA

마드리드에서 북서쪽으로 90km 떨어진 곳에 위치한 세고비아는 해발 1,000m의 석회암 위에 세워진 성채 도시이다. 기원전 1세기부터 로마의 지배를 받았지만 알폰소 10세 때 카스티야 왕국의 수도로 발전했다. 아직도 도시 구석구석에 로마인이 남긴 흔적이 원형 그대로 남아 있다. 2천 년의 장구한 역사를 간직한 건축물과 미로처럼 좁은 중세의 골목길이 고도의 매력에 더욱 빠져들게 한다. 1985년 도시 전체가 유네스코 세계문화유산으로 지정되었을 정도로 발길 닿는 곳마다 감탄을 자아내는 볼거리가 풍부하다.

## 세고비아 가는 법

### 기차

**마드리드 Chamartin역 → Avant/Alvia고속열차 → 세고비아(30분 소요)**
Avant/Alvia고속열차는 30분 소요되며, 지역열차는 1시간 50분 소요된다.

**세고비아역 Estación de Segovia**
1층에 티켓 창구, 여행 안내소 등이 있다. 정문 밖 버스정류장에서 11번 버스(요금 €2)를 타고 아르티렐리아 광장(로마 수도교)에서 내린다. 알카사르에 가려면 이곳에서 9번 버스로 갈아탄다.

### 버스

**마드리드 Moncloa역 → 세고비아**
마드리드 메트로 3·6호선 Moncloa역(3호선 종점)에 하차하여 출구(Salida)로 나가 Isla 방향으로 가면 SEGOVIA 표지판이 보인다. 던킨도너츠 옆 버스 매표소에서 티켓을 끊고 플랫폼(8·9번)에서 Avanza버스를 탄다. 소요 시간 1시간 20분, 요금 €5.
 www.avanzabus.com

**세고비아 버스터미널 Estación de Autobúses de Segovia**
터미널에서 12번 버스를 타면 기차역으로 간다. 버스터미널에서 아소게호 광장(로마 수도교)까지 도보로 10분 정도 걸린다.
 Paseo de Ezequiel Gonzalez, 12

### 여행 안내소

**아소게호 광장 여행 안내소(Visitor's Reception Centre)**
 Azoguejo, 1(로마 수도교를 바라보고 왼쪽)  www.turismodesegovia.com
월~토요일 10:00~14:00, 16:00~18:00, 일요일 10:00~15:00

# 로마 수도교

**Acueducto de Segovia**

★

## 2000년 전의 모습 그대로

유럽 곳곳에 남아 있는 로마시대 수도교 중에서 프랑스 님의 가르교와 함께 가장 완벽하게 보존된 다리로 손꼽힌다. 세고비아의 상징인 로마 수도교는 독특함과 웅장함에 있어 타의 추종을 불허할 정도로 로마인의 탁월한 건축 기술에 경이로움이 느껴진다. **유네스코 세계문화유산에** 등재되었다. 악마의 수도교(악마가 아니라면 도저히 만들 수 없었다는 전설)라고도 불리는 이 다리는 기원전 1세기 로마 트라야누스 황제 때 푸엔프리아 산맥에서 발원하는 아세베타 강물을 고지대인 세고비아 주택지까지 끌어들이려고 세운 수로이다.

길이 728m, 높이 28m, 166개의 2단 아치형으로 건설되었으며, 과달라마 산맥에서 가져온 화강암을 사용해 **그 어떤 접착 과정 없이 쌓은 것**이라고 한다. 1072년 톨레도의 알 마문의 공격을 받아 36개 아치가 손상되었으나, 15세기에 원형에 가깝게 복원되었다.

**포토 스폿**은 아르티렐리아 광장(Plaza de la Artil-

leria)에서 수도교를 바라볼 때 오른쪽 계단(아소게호 광장에서 수도교 바라볼 때 왼쪽)을 따라 올라가면 된다. 수도교 측면의 아름다운 전경을 포착할 수 있다.

🚌 세고비아역에서 11번 버스를 타고 아르티렐리아 광장에서 내린다. 버스 터미널에서 도보 10분
📍 지도 P.721-F

수도교 앞쪽이 아소게호 광장, 뒤쪽이 아르티렐리아 광장이다.

## 카테드랄
### Catedral
★

### 귀부인처럼 우아한 성당

1520년 코무네로스의 반란(카를로스1세의 고액 세금 부과로 일어난 민중 봉기)으로 파괴되었다가, 1525년 후기 고딕양식으로 재건축해 1577년에 완성되었다. '**카테드랄의 귀부인**'이라는 애칭이 있을 정도로 섬세하고 우아한 모습이 돋보인다. 주 파사드인 용서의 문(서쪽)에는 성모 마리아의 조각상이 있다. 종탑은 20세기 중반까지 종치기가 살던 곳이다. 북쪽의 산 프루토스의 문은 17세기 도시의 수호신을 기리기 위해 세웠다. 내부는 로마네스크양식의 그리스도 수난상과 18세기 바로크식 오르간, 고딕풍의 의자 세트가 있는 성가대, 14세기의 아름다운 스테인드글라스가 있다. 제단 뒤 장식 벽에는 16세기 스페인 조각가 인 후안 데 후니의 작품 〈그리스도의 매장〉과 루벤스의 모작인 〈시몬과 페로〉가 눈에 띤다. **종탑에 올라가면 아름다운 시내조망을 즐길 수 있다.**

- Calle del Marqué del Arco, 1
- www.catedralsegovia.es
- 4~10월 월~토요일 09:00~21:30, 일요일 12:30~21:30, 11~3월 09:30~18:30, 일요일 12:30~18:30 휴무 1/1, 1/6, 12/25, 12/31
- 성당 €4, 탑 €7, 통합권(성당+종탑) €10, 무료 입장 일요일 09:00~10:00(4~10월), 09:30~10:30(11~3월)
- 마요르 광장 앞  지도 P.739-E

## 알카사르
### Alcázar
★

### 백설공주 성의 모델

**알카사르는 아랍어로 왕이 거주하는 장소를** 의미한다. 월트 디즈니의 〈백설공주〉에 나오는 성의 모델로도 유명한 동화 같은 성이다. 알폰소 6세가 세운 후 여러 번 개보수를 걸쳐 펠리페 2세 시대까지 왕의 거주지로 사용되었다. 1474년 이사벨라 여왕 즉위식과, 펠리페 2세와 신성 로마제국 출신 안나 황후의 결혼식도 이곳에서 열렸다.

### 난공불락의 천연 요새

우뚝 솟은 바위 위에 세워진 **난공불락의 천연 요새**로, 바위 형태에 따라 지어진 뱃머리 같은 성채 모양이 특징이다. 중부 유럽 성의 특징인 뾰족한 첨탑으로 지붕을 쌓았다. 외적의 침입을 막기 위해 창문을 봉쇄하고, 군데군데 첨탑을 설치해 적의 동태를 파악했으며, 작은 탑에 총구멍을 뚫어 여러 방향으로 총이나 활을 쏠 수 있도록 했다. 또한 성벽 밖으로 튀어나온 흉벽에서는 적이 성벽을 타고 올라오는 것을 막기 위해 끓인 물이나 오물, 탄환 등을 적에게 쏟아 부었다. 성 입구 앞에 해자를 만들어 적의 진입을 막고 지하에 비밀통로를 뚫어 인근 강으로 통하는 탈출구를 만들었다. 왕궁이 마드리드로 이전하자 200년간 왕궁 지위를 잃었다. 사각형 탑은 감옥

으로 사용된 후 1762년 왕립 포병학교 박물관을 세웠다. 1862년 대형 화재로 훼손되었으나, 1896년에 복원했다.

### 관람해야 할 방들
**벽난로의 방(Sala de la Chimenea)** 16세기 가구와 벽난로, 태피스트리로 장식되어 있다.
**왕좌의 방(Sala del Trono o del Solio)** 가장 화려한 방. 붉은 천으로 장식된 캐노피 아래 2개의 왕좌(페르난도 왕과 이사벨라 여왕)가 나란히 놓여 있다.
**파인애플 방(Sala de las Pinas)** 천장에 장식된 솔방울(파인애플)에서 이름을 땄다. 방에는 392개의 솔방울이 있는데, 모두 다른 모양으로 장식되어 있다.
**군주의 방(Sala de los Reyes)** 이슬람양식으로 장식된 스페인 왕(카스티야-레온왕국)들의 조각상이 나란히 놓여 있다.
**무기의 방(Sala de Armas)** 당시 전투에 사용되던 석궁, 칼, 갑옷, 대포 등을 전시한다.

### 포토 스폿 ★
이곳의 하이라이트는 4층 탑 전망대의 전경이다. 152개 계단을 올라가면 360도로 펼쳐진 세고비아의 전경과 보는 각도와 장소에 따라 차별화된 성의 모습을 감상할 수 있다. **성 북쪽(Calle de San Marcos)와 성 남쪽(Cuesta de Los Hoyos)에서 바라본 알카사르의 모습은 마치 카멜레온처럼 전혀 다른 매력을 보여 준다.**

- Plaza de la Reina Victoria Eugenia, s/n
- www.alcazardesegovia.com
- 4~10월 10:00~20:00, 11~3월 10:00~18:00, 12/24·31, 1/5 10:00~14:30 휴무 12/25, 1/1, 1/6, 6/13
- 통합권(궁전+박물관+탑) €10, 티켓(궁전+박물관) €7
- 마요르 광장에서 도보 15분
- 지도 P.720-A

군주의 홀, 스페인 역대 왕들의 조각상이 있다.

# 그라나다
## GRANADA

안달루시아 지방의 보석 그라나다는 스페인을 방문한 여행객들이 가장 먼저 찾을 정도로 인기 있는 세계적인 고도(古都)다. 하얀 눈으로 덮여 있는 시에라네바다 산맥과 한 폭의 그림 같은 알푸하라 계곡, 비옥한 평야가 그라나다의 매력을 더해준다. 이슬람교도들의 최후의 거점 도시였던 그라나다는 1492년 기독교 세력에 점령되기까지 13~15세기 무어왕국의 수도로서 비약적인 발전을 이루었다. 이슬람 건축 예술의 정수라 일컫는 알람브라 궁전을 비롯해 무수한 역사적 유산이 고스란히 남아 있다. 겨울에는 시에라네바다 산맥에서 세계적인 스키 대회가 열린다.

## 그라나다 가는 법

 **기차**

마드리드 아토차 렌페역(07:55/08:00/10:55/14:35/19:35 출발)
→ 그라나다역(11:19/11:43/21:52/17:57/23:05 도착)
AVE열차 4회, 약 3시간 30분~11시간 소요. MD-AVANT 1회 운행(11시간 소요)

바르셀로나 산츠역(08:30/09:05/15:00 출발) → 그라나다역
(14:57/21:52/23:05 도착)
1일 3회 운행 약 6시간 30분(AVE)~13시간(LD-AVANT)

세비야 산타 주스터역(07:14/07:39/08:20/08:25/09:13/18:43/19:20/19:43 출발) → 그라나다역(10:22/10:22/11:19/11:43/11:43/21:52/21:52/23:05 도착)
1일 8회 운행, 2시간 30분~3시간 22분 소요

마드리드에서 그라나다로 가는 직행열차는 하루에 4편(시기에 따라 다름)밖에 없으니 열차 시간에 잘 맞춰 이동해야 한다. 장거리 이동은 버스보다는 열차가 더 편하다. 세비야, 코르도바 등에서는 기차로 2~3시간이면 이동할 수 있다.
만약 바르셀로나에서 이동할 경우 일찍 예약해 저가 항공을 이용한다면 저렴한 비용으로 빠른 시간에 이동할 수 있다. 공항에 도착하면 곧바로 공항 밖 버스정류장으로 가서 대기 중인 시내버스(요금 €3)를 타고 구시가로 간다. 1시간 간격으로 운행하니 곧장 가야 한다. 시내 시발점인 팔라시오 콘그레소 / 컨벤션 센터(Palacio de Congresos)에서 공항까지 약 45분 소요된다. ※열차 시각표는 수시 변경되므로 출발 전 확인 요망.

### 그라나다역 Estación de Granada

보통 규모의 1층 역사로, 코인로커는 없다. 역에서 직진하면 오른쪽에 있는 한국인 식품가게에 개인 짐을 맡길 수 있다. 역에서 50m 정도 직진하면 버스정류장이 있다.

@ www.renfe.es

### 시내 교통

기차역(버스터미널)에서 구시가까지는 꽤 거리가 있으니 버스(€1.4)로 이동한다. 알람브라 궁전으로 곧장 가려면, 직행버스가 없으니 시내버스(기차역 앞에서는 N1/N3/N9/SN1/U3번, 버스터미널에서는 5/33번)를 타고 카테드랄[Gran Via 1 (Cathedra)]에서 내려 근처 이사벨 라 카톨리카 광장에서 C30 버스로 갈아탄다. 기차역에서 총 25분, 버스터미널에서 35분 소요.

@ 교통 정보 > www.transportesrober.com

#### 주요 버스 정보

- 누에바 광장 → 알바이신 지구 : C31 버스
- 누에바 광장 → 사크로몬테 : C34 버스
- 이사벨라 카톨리카 광장(대성당 근처) → 알람브라 궁전: C30 버스
- 이사벨라 카톨리카 광장 → 알람브라 궁전 → 누에바 광장 → 알바이신 지구 → 대성당 : C32 버스

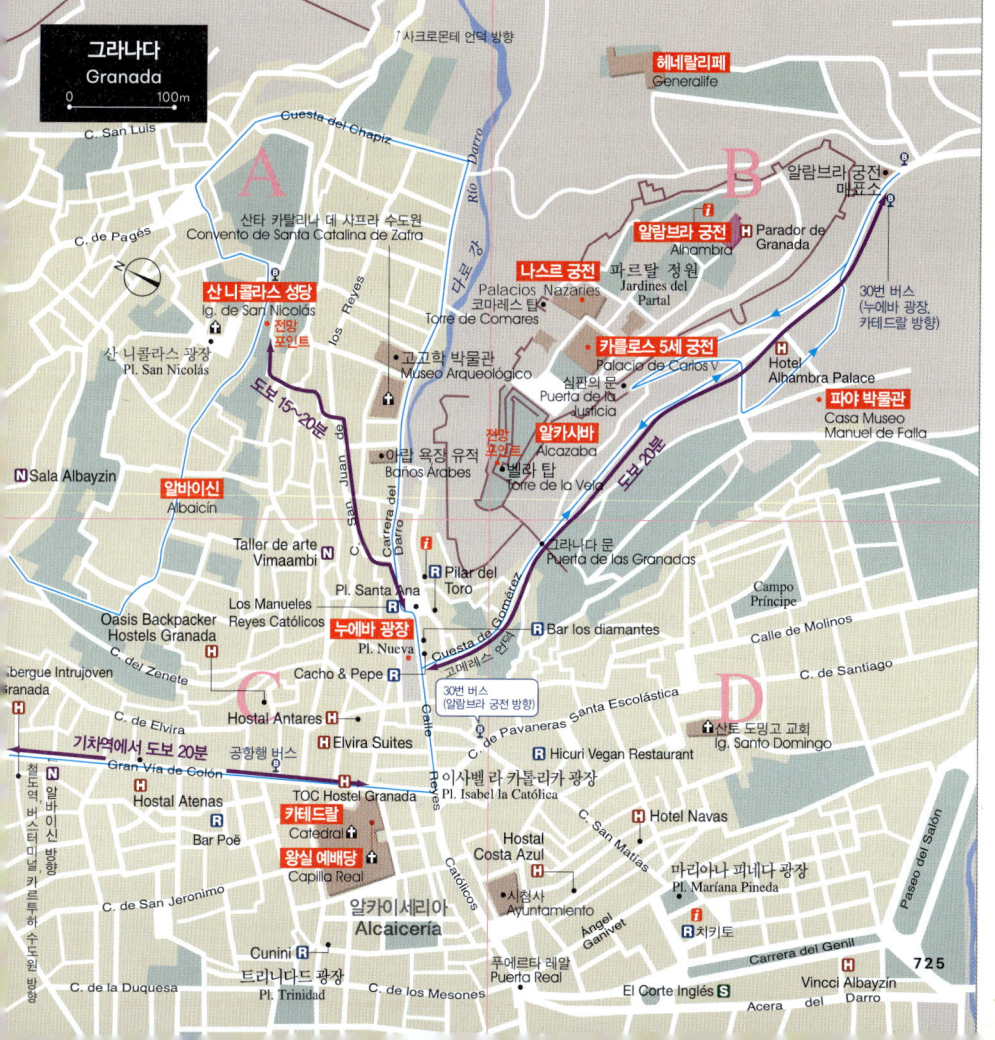

# ◆ 그라나다의 추천 코스 ◆

### [ Start ]  알람브라 궁전
궁전 앞에서 C30 버스를 타고 Plaza Isabel la Catolica 하차. 광장 건너 그란 비아 거리로 직진해서 왼쪽. 도보 3분 소요.

↓

### 카테드랄
바로.

↓

### 왕실 예배당
다시 광장(Plaza Isabel la Catolica)으로 되돌아와 왼쪽 대로(Calle Reyes Catolicos)로 가면 누에바 광장이다. 계속 직진해 개천길을 따라가면 알바이신 지구가 나온다. 도보 20~30분 소요. 또는 C31, C32 버스로 이동

↓

### 알바이신
근처.

↓

### 플라멩코 감상     [ Finish! ]


### 당일 여행 또는 1박 2일
당일 일정이라면 역에 도착해 바로 알람브라 궁전으로 출발한다. 알람브라 궁전은 인기가 많은 곳이니 미리 티켓을 예약해둔다. 1박할 예정으로 오후에 도착했다면 바로 시내로 이동해 관광의 시발점인 누에바 광장 주변에 숙소를 정하고 시내 관광을 시작한다.

### 알바이신 지구가 하이라이트
카테드랄과 왕실 예배당을 관람하고 나면 알바이신 지구로 이동한다. 그라나다의 옛 건물들이 남아 있는 알바이신 지구는 유네스코 세계문화유산에 지정될 정도로 볼만한 곳이다. 그러나 인적이 드문 골목길이나 밤에는 위험할 수 있으니 혼자 다니지 않도록 한다. 산 니콜라스 광장의 전망대(Mirador de San Nicolas)에서 보는 알람브라 궁전의 전경은 매우 아름답다. 하얀 집들이 옹기종기 모여 있는 알바이신 지구의 전경을 한눈에 보고 싶다면 다음 날 알람브라 궁전의 알카사바에서 내려다보면 된다. 알바이신 거리에서 서민들의 소박한 생활상을 보거나 쇼핑을 하는 즐거움도 쏠쏠하다. 그리고 이곳에서 공연하는 집시들의 플라멩코를 놓친다면 너무나 아쉽다. 공연 후 안전한 귀가를 위해서는 플라멩코 투어에 참여한다.

### 이슬람 건축물의 정수 알람브라 궁전
다음 날 아침 일찍 알람브라 궁전으로 떠난다. 오전 7시쯤 도착하면 예약 없이도 당일 입장이 가능하나, 그 이후에는 약 2~3시간 대기한 후 오후 5시쯤에 입장할 수 있는 티켓만 구할 수 있으니 미리 예약해둔다. 알람브라 궁전은 이슬람 건축물의 정수를 감상할 수 있는 곳이니 꼼꼼하게 챙겨본다.

### 그라나다에서 놓쳐서는 안 될 7가지
1. 알람브라 궁전과 헤네랄리페
2. 알바이신 지구
3. 시에라네바다산(해발 3,478m)에서 스키 타기
4. 플라멩코 감상하기
5. 누에바 광장
6. 알카이세리아에서 토산품과 그림엽서, 유리제품, 귀금속 등 쇼핑하기
7. 타파스와 그라나다 요리 즐기기

---

**누에바 광장 여행 안내소**
📍 Carrera Santa Ana, 2  🌐 www.lovegranada.com | www.turgranada.es  🕐 월~금요일 09:00~19:30, 토·일·공휴일 09:00~15:00
• 누에바 광장 부근의 산타 아나 교회 옆. 마리아나 피네다 광장 부근(www.turgranada.es)에도 있다.

**안달루시아 지방 유스호스텔**
🌐 www.inturjoven.com/albergues

## SIGHTSEEING
# 그라나다

## 알람브라 궁전
### Palacio de La Alhambra
★

### 이슬람 건축의 정수

아라비아어로 **'붉은 성'**이라는 뜻의 알람브라궁전은 **이슬람 건축의 백미**이다. 기독교인들에게 쫓겨 그라나다를 최후의 거점 도시로 삼은 이슬람교도들은 1238년 나스르 왕조 때부터 궁전을 세우기 시작해 역대 왕들에 계승되어 14세기 후반에 완성하였다. 1492년 레콘키스타(국토 회복 운동)로 가톨릭 부부 왕(페르난도 왕과 이사벨라 여왕)에 의해 정복당한 후, 1526년 까지 계속 확장하면서 현재의 모습을 갖추었다. 1832년 미국 외교관인 **워싱턴 어빙**이 〈알람브라 이야기〉를 출판하면서 국제적으로 알려져 궁전의 아름다움과 역사적 가치가 재발견되었다. 그리고 프란시스코 타레가가 발표한 〈알람브라

궁전의 추억〉의 애절한 멜로디는 여행객 들의 심금을 울리는 추억의 낭만을 간직하고 있다.

알람브라 궁전은 **알카사바, 헤네랄리페, 카를로스 5세 궁전, 나스르 궁전**의 4개 부분으로 나뉜다. 가는 곳마다 장대하면서도 섬세한 아름다움이 시선을 사로잡아 스페인 여행의 최고의 기쁨이라 할 수 있다. 1984년 유네스코 세계문화유산에 지정되었다.

🌐 www.alhambra-patronato.es
**인터넷 예약** tickets.alhambra-patronato.es
🕒 **주간** 10/15~3/31 08:30~18:00, 4/1~10/14 08:30~20:00 **야간** 10/15~3/31 20:00~21:30, 4/1~10/14 22:00~23:30 **휴무** 1/1, 12/25
💶 통합권(나스르 궁전+헤네랄리페+알카사바+카를로스 5세 궁전) €18(세금 별도 €1.09), 헤네랄리페+알카사바 €10(세금 별도 €0.61), 나스르 궁전 야간 €10(세금 별도 €0.61)
**티켓 구입** 아침 일찍 도착하면 예약없이 1~2시간 정도 기다리면 티켓을 구입해 입장이 가능하지만, 성수기(주말)에는

알바이신 지구에서 바라본 알람브라 궁전

인터넷에서 미리 예매해둔다. 인터넷 예매 시 카드로 결제하고 티켓을 프린트해서 보관한다(또는 QR코드를 스마트폰에 저장). 입장 1시간 전에 도착해 매표소에 예약번호와 여권을 보여주면 티켓을 준다.
걸어갈 때는 누에바 광장에서 고메레스 언덕(Cuesta de Gomerez)으로 20분 정도 올라가서 그라나다 문(Puerta de las Granada)을 통과하면 매표소가 보인다. 버스편은 카테드랄 근처 이사벨 라 카톨리카 광장(plaza Isabel la Católica)에서 C30, C32 버스를 타고(10~15분 소요) 헤네랄리페(Generalife)에서 내리면 바로 나온다.
지도 P.725-B

## 헤네랄리페 Generalife

13세기에 이슬람식으로 세운 왕의 여름 별궁으로 수많은 사이프러스와 오렌지나무, 분수, 연못 등이 아름답게 조화되어 있다. '우뚝 솟은 천국의 정원'이라고도 불리며, 어디에서나 물소리와 연못에 비치는 그림자들로 속계의 느낌이 든다.
**아세키아 정원(Patio de la Acequia)**은 중앙에 50m 정도의 긴 수로를 두고 양쪽으로 작은 분수를 만들었다. 끊임없이 솟는 물줄기와 주변의 수목이 어우러져 청량함을 더한다. 전망 탑에서 내려가면 물이 느리게 흘러가는 **물의 계단(the Escalera del Agua)**이 있다.

궁전 방향의 와인 문은 안에 있는 문으로 해가 지면 닫힌다. 알람브라 문들은 대부분 요새로서의 역할을 한다. L자 형으로 만들어 적이 쉽게 쳐들어올 수 없다. 와인 문은 방어벽이 아닌 보통 문이으로, 매우 장식적이고 예뻐서 19세기 프랑스와 영국의 화가들이 작품의 소재로 삼기도 했다. 이곳에서는 왕의 상징인 열쇠를 찾아보는 숨은 재미도 맛볼 수 있다.

## 알카사바 Alcazaba

알람브라 궁전에서 가장 오래된 성채이다(알카사바는 요새, 알카사르는 궁전). 9세기에 성벽을 방어용으로 건설해 현재의 규모로 확장되었다. 24개의 망루와 군인들의 숙소, 창고, 목욕탕까지 갖춘 성채였으나 지금은 몇몇 탑과 성벽, 건물 기초 등만 남아 있다. 가장 정교한 내부구 조를 갖춘 성벽은 깃발이 휘날리는 **벨라탑(Torre de la Bella)**이다. 포토 스

헤네랄리페

> **tip 알람브라 궁전의 관람 포인트**
> - 나스르 궁전에서 이슬람의 전통 무늬 아라베스크 감상하기
> - 프란시스코 타레가의 〈알람브라 궁전의 추억〉 음원 감상하기
> - 아라야네스 정원 앞에서 연못에 비치는 코마레스 탑을 배경으로 사진 찍기
> - 알카사바의 벨라 탑에서 알바이신 지구를 배경으로 사진 찍기

> **tip 알람브라 궁전 티켓 활용하기**
> 티켓을 보면 나스르 궁전 입장 시간에 오전 티켓 또는 오후 티켓이라 찍혀 있다. 알카사바, 헤네랄리페, 카를로스 5세 궁전은 시간 제한 없이 입장이 가능하지만, 나스르 궁전은 입장객이 워낙 많다 보니 하루 입장객 수를 제한하고 30분 간격으로 시간을 정해서 입장시킨다. 예를 들어 오전 티켓(Placios Nazaries 11:30~12:00)이라고 찍혀 있으면 나스르 궁전은 11:30~12:00에만 입장이 가능하다. 티켓에 나스르 궁전 입장 시간이 1시간 이상 남았다면 먼저 알카사바, 헤네랄리페, 카를로스 5세 궁전(약 1시간 소요)을 관람한다.

폿으로 산 중턱에 하얀 외벽의 집들이 옹기종기 모여 있는 **알바이신 지구**와 사계절 눈으로 덮여 있는 **시에라네바다산, 사크로몬테 언덕**의 파노라마는 놓칠 수 없는 풍경이다

### 나스르 궁전

**나스르 궁전**은 이슬람 문화의 정수를 보여주는 곳으로, 알람브라 궁전의 백미라 해도 과언이 아니다.
**메수아르 방(Sala del Mexuar)과 중정(Patio del Mexuar)** 중후한 분위기가 흐르는 술탄의 집무실. 벽면과 천장을 아라베스크 문양의 타일과 석회세공으로 꾸며 정교한 아름다움이 돋보인다. 벽을 석회세공으로 장식한 메수아르방 술탄의 기도실에서는 창밖으로 하얀색의 알바이신 전경이 펼쳐진다.

**코마레스 궁전(Comares)과 아라야네스 중정(Patio de los Arrayanes)** 술탄의 공식 거주지인 코마레스 궁전은 아라야네스 중정과 코마레스 탑과 이어져 있다. 아라야네스 중정은 남북으로 직사각형의 연못이 있고 주변에는 예쁜 꽃들이 심어져 있다.
**코마레스 탑(Torre Comares)** 정면에는 석주가 지탱하는 7개의 아치가 보이고 그 앞에 붉게 빛나는 45m 높이의 코마레스 탑이 서 있다. 연못에 비치는 탑(물 위로 건물이 비치도록 하는 것이 아랍 건축의 특징)과 아치의 모습이 너무 아름다워 이곳에 거주했던 무어 왕들의 숨결이 느껴지는 듯하다.
**대사의 방(Salon de los Embajadores)** 각국에서 온 사절단을 알현하던 장소로 넓은 정사각형 방에 천장, 벽면, 바닥에 이르기까지 정교하게 새겨진

사자의 중정

아라야네스 중정

**파르탈 정원(patio del Partal)** 나스르 궁전에서 나오면 파르탈 정원이 나온다. 꽃과 나무로 둘러싸인 연못에 비치는 귀부인의 탑(Torre de las Damas)이 매우 아름답다.

**카를로스 5세 궁전** Palacio de Carlos V
1526년 **카를로스 1세**가 포르투갈 이사벨라 여왕(포르투갈의 왕 마누엘 1세의 딸, 그녀의 아들이 펠리페 2세)과 신혼여행 차 알람브라 궁전을 방문했을 때 조부모인 페르난도 왕과 이사벨라 여왕이 이슬람교도를 물리치고 그라나다에서 승리한 것을 기념하기 위해 이곳에 새로운 궁전을 세우기로 결심했다. 페드로 마추카의 설계에 의해 르네상스양식으로 지어졌다. 사각형 건물 중앙에 원형 중정을 배치한 독특한 구조이다. 중정을 에워싸고 2층 구조의 회랑이 있는데, 1층 기둥은 도리아식이고 2층 기둥은 이오니아식이다. 과거에 투우 경기가 열리기도 했다는 원형 중정에서 소리를 내면 어느 위치에서나 똑같은 소리로 들린다고 한다. 1층에는 스페인 이슬람 미술관이 있고, 2층에는 알람브라 궁전의 공예품을 전시하는 주립미술관이 있는데 알람브라 꽃병이 유명하다.

**아라베스크 문양**은 감동 그 자체다. 특히 천장은 이슬람교에서 말하는 우주의 일곱 하늘을 말한다.

**사자의 중정(Patio de los Leones)** 왕궁 관람의 하이라이트인 사자의 중정(모스크 내부의 넓은 뜰)은 왕의 사적 공간으로 왕 이외의 남자는 출입을 금했던 곳이다. 이곳은 124개의 가느다란 아치형 대리석 기둥으로 둘러싸여 있고 기둥위의 벽면들은 모두 정교한 석회세공으로 입혀져 있다. 중앙에는 12마리의 사자가 물을 내뿜으면서 분수를 받치고 있는 사자의 샘이 있다.

**아벤세라헤스의 방(Sala de los Abencerrajes)** 남쪽의 모카라베양식으로 꾸며진 아벤세라헤스의 방은 질투심이 많았던 술탄이 아벤세라헤스 가족 36명을 초대해 몰살했다는 전설이 있다.

**자매의 방(Sala de las dos Hermanas)** 북쪽 자매의 방의 둥근 천장은 종유석 모양의 화려하고 아름다운 **모카라베**(Mocarabe, 벌집 모양의 장식)로 뒤덮여 있다.

**왕의 방(Sala de los Reyes)** 동쪽에는 대형 연회장으로 사용되었던 왕의 방이 있는데, 〈알람브라 이야기〉의 저자 **워싱턴 어빙**이 집필할 때 잠시 사용했다.

카를로스 5세 궁전

> **tip 카를로스 1세(1500~1588년)**
>
> 신성로마제국 황제인 카를 5세는 합스부르크가의 펠리페 1세와 스페인 가톨릭 공동 왕 이사벨라 여왕의 딸인 후아나의 아들. 신성로마제국의 황제 겸 스페인 왕위 계승자가 되어 통일된 최초의 스페인 국왕이 되었다. 카를 5세를 스페인에서는 카를로스 1세라 부른다. 신성로마제국의 명칭에 따라 카를로스 5세 궁전으로 정했다.

## 🔔 무어인(Moors)은 누구?

아랍계 이슬람교도를 일컫는 명칭. 아라비아인, 베르베르인, 흑인의 혼혈이지만 아랍적인 요소가 더 강하다. 자존심이 매우 강하고 용감한 전사로 알려져 있다. 710년부터 이베리아반도를 정복해 약 800년간 통치했다.

### 무어제국의 마지막 왕, 보아브딜(Boabdil)
스페인 그라나다의 마지막 술탄. 1482년 부왕에게 왕위를 물려받았으나 내전에 휘말려 결국 힘이 약화되는 바람에 그라나다를 떠나야 했던 무어제국의 마지막 왕이 되었다.
1492년 그가 알람브라 궁전을 눈물을 흘리며 떠날 때 뒤돌아보았다는 궁전 맞은편의 작은 언덕을 스페인 사람들은 '무어인의 한숨(The Last Sigh of the Moor)'이라고 부른다. 그의 모후는 그에게 '어른스럽게 지키지 못한 나라를 보며 어린애처럼 울지 마라'며 질책했다고 한다.
이로써 700년부터 1492년까지 약 800년간 계속되었던 무어인의 스페인 지배는 막을 내렸다. 이후 스페인은 가톨릭 국가가 되었으며 바다의 왕자로서 식민지를 거느리며 전성기를 누린다. 보아브딜은 모로코로 도망가 1538년에 생을 마쳤다.

알람브라 궁전

---

### 아라베스크의 의미는?
프랑스어로 '아라비아풍'이라는 뜻. 이슬람교 사원의 벽면 장식이나 공예품 장식에서 볼 수 있는 문자나 식물, 기하학적인 모티프가 어우러진 추상에 가까운 무늬이다.
알람브라 궁전에서는 바로 이러한 아라베스크 무늬를 많이 볼 수 있다. 이후 다른 분야의 예술 양식을 나타내는 데에도 이 용어가 쓰이고 있다. 음악에서는 고전 발레에서 한 발로 서서 한 손을 앞으로 뻗고 다른 한 손과 다리를 뒤로 뻗는 우아한 자세를 일컫는다.

# 알바이신
### Albaicín

### 무어인의 미로 같은 성채 도시의 신비로움

다로강을 끼고 알람브라 궁전 북쪽 언덕에 위치해 있다. 이슬람교도들이 처음 요새를 쌓은 성채 도시로, 그라나다에서 무어인의 자취가 가장 짙게 드리운 곳이다. 알람브라 궁전에서 내려다볼 때 옹기종기 모여 있는 하얀 집들의 아름다운 모습은 신비롭기까지 하다. 원래는 품격 있는 거리였으나 그라나다가 레콘키스타로 점령당하고 무어인들이 아프리카로 물러가자 추방된 사람들이 모여 살면서 쇠락의 길을 걸었다.

안달루시아의 전통 건축과 무어인 특유의 건축물이 조화를 이룬다. 성채 도시로 지은 탓에 적의 침입을 막기 위해 비탈지고 꼬불꼬불한 L자형 길이 이어져 있다. **보아브딜의 모후**가 거처했다는 다르알 호라 궁(Placio Dar-al Horra)은 여행 안내소로 이용되고 있다. 누에바 광장 근처에는 최신 유행의 동굴 바르, 아랍 찻집, 도자기 상점 등이 있다. 특히 **그라나다(석류)**를 그려 넣은 흰 바탕의 푸른 도자기를 보는 것도 재미있다.

### 놓치면 후회할 포토 스폿 ★

정상 부근에 있는 **산 니콜라스 성당(Iglesia de San Nicolas)** 앞 전망대에서 바라보는 **알람브라 궁전과 시에라네바다산의 풍광이 일품**이다. 밤에 플라멩코를 관람한 후 이곳에 들러 야경을 감상해도 좋다. 단, 좁은 골목길이 미로처럼 엉켜 있어 밤늦게 혼자 다니는 것은 위험하니 조심한다. 투어(플라멩코+알바이신 지구)에 참여하는 게 안전하다.

### 사크로몬테

알바이신 지구의 동쪽 언덕에 있는 마을로, 과거 집시들이 동굴을 파고 주거생활을 했던 곳이 사크로몬테(Sacromonte)이다. 알바이신 지구와 가까워 관광객들에게 인기 있는 **플라멩코 공연장**이 여러 곳 있다. 언덕 위에 오르면 알람브라 궁전의 환상적인 전경이 펼쳐진다.

누에바 광장에서 C34 버스를 타고 알바이신 지구(Albaicín)에서 내린다. 지도 P.725-A

사크로몬테

사크로몬테

알바이신 지구

## 카테드랄
### Catedral
★

**그라나다 최대의 기독교 건축물**

이슬람 사원이 있던 자리에 세워진 그라나다 최대의 그리스도 건축물로 고딕양식과 르네상스양식이 혼합되어 있다. 디에고 데 씰로에의 감독하에 1518년부터 건축했으나 180년이 지난 후에야 완성되었다. 주보랑으로 에워싸인 거대한 황금빛 주제단, 신약성서를 주제로 한 화려한 스테인드글라스, 가톨릭 부부 왕의 초상화를 눈여겨보자.

- Plaza Reina, s/n
- www.catedraldegranada.com
- 월~토요일 10:00~18:15, 일요일 15:00~18:15
- 휴무 1/1, 12/25  €7
- 누에바 광장에서 도보 5분  지도 P.725-C

## 왕실 예배당
### Capilla Real
★

**여왕의 화려한 소장품들**

후기고딕양식으로 지어진 왕실 예배당은 1505년 엔리케 데 에가스가 **페르난도 2세와 이사벨라 1세 여왕**을 위한 안식처로 짓기 시작해 1521년에 완성되었다.

금빛 철제 격자 안에 호화로운 조각이 새겨진 대리석 묘가 2쌍 배치되어 있는데, 오른쪽은 가톨릭 부부 왕(현재는 알람브라 궁전의 파라도르로 이장함), 왼쪽은 그의 딸 후아나를 비롯한 가까운 혈족이 안치되어 있다.

성구 보관실의 박물관에는 이사벨라 여왕의 화려한 소장품들을 비롯한 홀(왕권의 상징으로 드는 홀), 왕관, 페르난도 칼과 로히드반데르 웨이덴(1399~1464년. 캉팽에서 세밀한 사실주의를 배운 플랑드르의 화가)과 보티첼리의 작품들이 있다.

- Plaza Reina, s/n
- www.capillarealgranada.com
- 월~토요일 10:00~18:30, 일요일·공휴일 11:00~18:30
- 휴무 1/1, 12/25  €7
- 누에바 광장에서 도보 5분, 카테드랄 옆 부속 건물
- 지도 P.725-C

> **tip  쇼핑이 즐거운 곳**
> **알카이세리아** Alcaicería
>
> 과거 시장이었던 지역으로 왕실 예배당과 인접해 있다. 지금은 토산품점들이 모여 있으며 예쁜 그림엽서와 소품, 현란한 귀금속이나 유리 제품 등을 판매하고 있다.
>
> 지도 P.725-C

왕실 예배당

## THEME PAGE

# 플라멩코 감상하기

15~16세기 안달루시아 지방에서 탄생한 플라멩코는 19세기 들어 플라멩코를 전문으로 공연하는 칸탄테라(술집)가 등장하면서 번창하게 되었다. 이후 세계적 불황과 내전으로 쇠퇴하다가 1950년대부터 관광객이 늘면서 세계 각지에 플라멩코 애호가가 증가하기 시작했다.

스페인 플라멩코의 전설의 가수 까마론 데 라이슬라

노래하며, 손뼉을 치거나 넓적다리를 두드려 가며, 기타를 연주하다가 두드리기도 한다. 박수는 주요 연주 수단이다. 무희만을 생각하는 것은 무지의 소치이다. 노래의 묘미는 훨씬 더하다. 공연을 이끌어가는 힘은 노래이다. 물론 칸테 플라멩코는 노래 위주이고 바일레 플라멩코는 춤 위주이다. 하지만 그라나다의 플라멩코는 노래, 기타, 특히 무희들이 돌아가면서 보여주는 기교 없는 춤이 일상의 고단함을 잘 표현하여 전율을 일으킨다.

### 그라나다 플라멩코의 다른 점

안달루시아 지방에서도 그라나다의 플라멩코는 매우 슬프다. 세비야나 다른 도시의 플라멩코에서 볼 수 있는 화려함이 없다. 세비야의 플라멩코는 아주 세련된 워커힐쇼 같다. 움직임도 우아하고, 노래하는 사람도 약간 느끼한 듯하지만 기술은 최고이다. 그러나 그라나다의 플라멩코는 메마르고 처연하다. 플라멩코는 스페인 사람들이 기타노(Gitano)라 부르는 인도에 뿌리를 둔 집시들의 시름과 철학이 담긴 음악이다. 이 플라멩코는 그리스, 모로코, 이집트, 인도, 파키스탄 등 다양한 음악 장르를 포함한 것으로 무어족의 문화는 물론 유대문화와 가톨릭문화에 토착 음악이 융화되면서 수백 년에 걸쳐 안달루시아의 지방 음악으로 정착했다.

### 플라멩코의 매력

플라멩코는 바일레 플라멩코(춤), 칸테 플라멩코(노래), 토케 플라멩코(기타)의 삼위일체가 조화를 이루어 완성된다. 그들은 노래를 만든 후 고통, 슬픔, 행복을 표현하기 위해 손과 발로 리듬을 가미한다. 일상을

### 플라멩코를 감상할 수 있는 그라나다의 극장식 레스토랑 타블라오

**Tablao flamenco Albayzín**
- Carretera Murcia, Pl. Mirador de San Cristóbal
- www.tablaoflamencogranada.com
- 19:00, 21:30　€23, €28, €48
- 누에바 광장에서 도보 20분. 또는 누에바 광장에서 C31번을 타고 Placeta del Abad 정류장에서 하차 후 도보 6분
- 지도 P.725-A

**Taller de arte Vimaambi**
- Cuesta de san Gregorio
- www.vimaambi.com
- 21:00, 22:30　€25
- 누에바 광장에서 도보 5분. 광장에서 북쪽 Calle de la Carcel Alta 거리를 지나 Cuesta de San Gregorio 거리로 가면 나온다.
- 지도 P.725-C

# 그라나다의 맛집

### ◆ 누에바 광장 주변 ◆

**Bar los Diamantes**

다양한 해물 요리를 선보이는 맛집으로 늘 손님들로 북적거린다. 술 주문 시 타파스가 무료로 서비스된다. 새우튀김(Gambas Fritas), 오징어튀김(Calamares Fritos), 꼴뚜기튀김(Chipirones Fritos) 등 튀김 요리를 추천. 예산 €10~.

- Plaza Nueva
- www.barlosdiamantes.com
- 매일 12:00~23:30
- 누에바 광장에 위치    지도 P.725-C

**Cacho & Pepe**

이탈리아 요리 레스토랑. 실내는 좁지만 맛있고 파스타, 라자냐 등을 저렴한 가격에 맛볼 수 있다. 현금 결제만 가능하며 예산은 €5~.

- C. Colcha, 6, Centro, 18009 Granada
- www.cachoepepe.com
- 12:00~16:00, 19:30~22:30 **휴무** 화요일
- 누에바 광장에서 도보 2분    지도 P.725-C

**Los Manueles Reyes Católicos**

현지인이 추천하는 타파스 바. 늘 고객들로 붐빌 정도로 평판이 높다. 타파스 무료 제공. 해물 파에야, 튀김 오징어, 상그리아가 인기 있다. 예산 €10~.

- Reyes Católicos, 61, Centro, 18010 Granada
- www.losmanueles.es
- 12:00~24:00    누에바 광장 근처
- 지도 P.725-C

해물 파에야

**Bar Poë**

그라나다에서 아주 유명한 타파스 바. 친절한 영국 출신 할아버지가 운영하는데, 가격이 저렴하고 맛있어

### tip  그라나다에서 무엇을 먹을까?

안달루시아 지방의 다양한 토속 음식을 맛볼 수 있다. 토마토를 기본으로 한 차가운 수프 가스파초 안달루스와 오징어튀김인 칼라마레스 로마노가 유명하다.

가스파초 안달루스

현지인들이 자주 간다. 타파스를 무료 제공. 꼬치구이, 닭고기 요리, 타파스, 포크 스튜(Piri-Piri)등이 추천 메뉴. 예산 €10~20.

📍 C. Verónica de la Magdalena, 40, Centro, 18002 Granada 🌐 www.barpoe.com ⏰ 20:00~00:30
➡️ 카테드랄에서 도보 10분 📍 지도 P.725-C

### Hicuri Vegan Restaurant

스페인식 비건 채식 레스토랑. 실내에 그래피티 아티스트의 예술 작품이 벽면에 장식되어 아늑하다. 저렴한 가격으로 다양한 맛과 식감의 고품질 요리를 맛볼 수 있어 인기가 있다. 유기농 레드와인, 수제 비건 요리 등 메뉴가 다양하다. 메인 요리 €10~13, 세트 메뉴 €15(점심).

📍 Plaza de los Girones, 4, Centro, 18009 Granada
🌐 www.restaurantehicuriartvegan.com
⏰ 13:00~23:00 휴무 일요일
➡️ 이사벨라 카톨리카 광장에서 도보 4분
📍 지도 P.725-D

---

HOTEL

# 그라나다의 숙소

---

◆ 알람브라 궁전 주변 ◆

### Parador de Granada

알람브라 궁전 내에 위치한 국영 호텔 파라도르. 15세기 수도원을 개조해 만든 고풍스런 호텔이다. 역에서는 멀지만 알람브라 궁전에서 가까워 산책하기 좋고 아침 일찍 티켓 구입하기도 편하다.

📍 Calle Real de la Alhambra
🌐 www.parador.es 💰 2인 1실 €230~
➡️ 알람브라 궁전 내 📍 지도 P.725-B

◆ 그라나다역 주변 ◆

### Albergue Inturjoven Granada

그라나다의 공식 유스호스텔.

📍 Avda. Ramon y Cajal, 2 🌐 www.inturjoven.com
💰 도미토리 26세 이하 €15~29, 26세 이상 €19~33, 조식 추가 €2.5
➡️ 그라나다역 근처 📍 지도 P.725-C

### TOC Hostel Granada

시설이 클래식한 체인 호스텔. 알바이신 지구가 도보권이다. 추가 요금이 들지만 조식이 매우 양호하다. 무료 Wi-Fi, 세탁실, 개인 사물함, 키친, 바, 카페, 시티 투어 등을 갖추고 있다. 마드리드, 바르셀로나, 세비야에도 체인 유스텔이 있다.

📍 Pcta. de Castillejos, 1, Centro, 18001 Granada
🌐 www.tochostels.com
💰 도미토리 €15~, 조식 €7.50
➡️ 버스 터미널에서 33번, 기차역에서 21/33 버스를 타고 대성당(La Catedral) 정류장에서 하차
📍 지도 P.725-C

## 🔔 안달루시아의 매력 탐구?

안달루시아는 스페인 남동부에서 남서부에 이르는 8개 지방을 말한다. 각각의 주도는 카디스(Cádiz), 코르도바(Córdoba), 하엔(Jaén), 우엘바(Huelva), 알메리아(Almería), 말라가(Málaga), 그라나다(Granada), 세비야(Sevilla)이다.

안달루시아는 스페인의 전형적인 모습을 꾸밈없이 볼 수 있는 곳이다. 투우와 플라멩코의 본고장이며, 하얀 집들이 이어지는 마을, 동굴 가옥, 화려한 축제, 파타스 등 볼거리와 즐길거리가 넘친다.

그러나 뭐니 뭐니 해도 이곳의 가장 큰 특징은 무어인의 흔적이 남아 있는 위대한 건축물들이다. 코르도바, 세비야, 그라나다에서 그들의 세련된 문명의 발자취를 유감없이 볼 수 있다. 그중에서도 으뜸은 그라나다의 알람브라 궁전이다.

또한 500마일에 달하는 해안선이 있는데 그 가운데 70%가 모래해안이다. 지중해의 정취를 느낄 수 있고 모든 사람들이 즐겨 찾는 코스타 델 솔(Costa del Sol, 태양의 해안)은 또 다른 분위기를 자아낸다. 지중해 연안은 연중 따뜻하지만 내륙으로 들어가면 여름에는 49℃가 넘을 정도로 덥다. 하지만 아침에는 선선함을 느낄 정도로 일교차가 심하니 감기에 걸리지 않도록 조심한다.

안달루시아 지방의 프리힐리아나 마을

그라나다 구시가

코스타 델 솔

# 세비야
## SEVILLA

안달루시아 지방의 주도(州都)인 세비야는 과달키비르강을 끼고 있어 대항해시대에는 신대륙과의 무역항으로 영화를 누렸다. 정치·경제·문화적으로도 발달된 도시로서, 이슬람교와 기독교가 융합된 독특한 분위기를 자아낸다. 예술의 도시로 바로크의 거장 무리요, 궁정화가 벨라스케스, 마르티네스 몬타녜스 등 수많은 예술가들의 활동 무대였고, 오페라 비제의 <카르멘>과 로시니의 <세비야의 이발사>의 무대가 되기도 했다. 또한 플라멩코의 본고장답게 노래와 춤을 빼놓을 수 없다. 봄에는 부활절 전주행사인 세마나 산타와 스페인 3대 축제 중 하나인 페리아(Feria de Primavera)가 매년 4월 일주일 동안 열리면서 세비야 거리는 온통 축제 분위기로 들썩인다.

## 세비야 가는 법

 **저가 항공**
세비야는 교통편이 좋아 이동하기가 수월하다. 부엘링, 라이언에어 등 저가 항공을 이용하면 유럽 주요 도시에서 빠른 시간에 이동할 수 있다. 공항에서 시내까지는 공항버스 EA(20~30분 소요, 편도 €4)를 타면 세비야 산타후스타(Sevilla Santa Justa)역과 버스터미널 등에 정차한다.

 **기차**
마드리드(아토차 렌페역)에서 고속열차(AVE)를 타면 코르도바를 거쳐 세비야 산타후스타역(2시간 30분 소요)에 도착한다. 바르셀로나에서 5시간 30분, 그라나다에서 3시간 10분, 코르도바에서는 45분이 소요된다. 산타후스타역에 도착해 구시가로 가려면 21·32번 버스를 탄다.

 **버스**
장거리를 이동할 경우에는 기차나 저가 항공을 이용하고, 코르도바나 그라나다 등 단거리(2~3시간 소요)를 이동할 경우에는 시외버스를 이용한다. 터미널은 프라도 데 산 세바스티안 버스터미널(안달루시아 노선)이나 플라사 데 아르마스(plaza de Armas, 국제 노선) 버스터미널 2곳이 있다. 버스터미널에서 구시가로 이동하려면 C4번 버스를 탄다. 요금 시내버스 1회권 €1.4, 여행자 패스 1일권 €5.

◎ 관광 정보 www.turismosevilla.com  시내교통 www.tussam.es

카테드랄. 오른쪽 높은 탑이 히랄다 탑

## 카테드랄
### Catedral
★

### 유럽에서 3번째로 큰 성당

옛 이슬람교 사원 터에 1402년부터 100년 동안 세운 고딕양식 성당이다. 폭 116m, 높이 76m 규모로 로마의 산 피에트로 성당, 런던의 세인트폴 성당 다음으로 큰 성당이다. 르네상스양식의 왕실 예배당(Capilla Mayor) 좌우에는 알폰소 10세와 그의 모후 베아트리스의 묘가 안치되어 있다. 스페인 화가 무리요의 〈성모수태〉가 있는 성직자실(Sala Capitolar), 고야와 수르바란 등의 그림을 모아둔 성배실(Sacristia de los Calices), 성가대석(Coro) 등이 있다. 1987년 유네스코 세계문화유산에 등재됐다. 중앙 복도 오른쪽 산 크리스토발 문에는 스페인의 카스티야, 레온, 나바라, 아라곤 왕국을 상징하는 4명의 왕 조각상들이 콜럼버스의 관(Tumba de Cristobal Colon, 도미니카 공화국에 실제 묘가 있고, 이곳은 아들 묘라는 설이 있다)을 어깨에 짊어지고 있다.

Avenida de la Constitucion, S/N

www.catedraldesevilla.es

카테드랄(히랄다 탑) 11~3월 월~토요일 11:00~18:00, 일요일 14:30~19:00, 4~10월 월~토요일 11:00~19:00, 일요일 12:00~19:00 통합권(카테드랄+히랄다 탑) 성인 €14(온라인 €13), 학생 (시니어) €7(온라인 €6), 무료입장 일요일 16:30~18:00(예약 필수)

프라도 데 산 세바스티안 버스터미널에서 도보 10분

지도 P.739-D

## 히랄다 탑
### La Giralda
★

### 이슬람교도들이 세운 세비야의 상징

카테드랄 옆에 부설된 98m 높이의 히랄다 탑은 세비야의 상징으로 12세기 말 이슬람교도들이 세운 것이다. 16세기에 가톨릭교도가 전망대가 있는 높이 70m 이상의 종루와 풍향계를 추가했다.

탑 정상에는 '신앙의 승리'를 상징하는 청동 여신상이 있고 이 상이 바람에 의해 빙글빙글 돌기 때문에 히랄다(Giralda, 풍향계)라는 이름이 붙여졌다. 탑 내부는 카테드랄을 통해서만 들어갈 수 있다. 계단은 없고 왕이 말을 타고 올라갈 수 있도록 완만하게 경사진 오르막길이다. 탑 정상에 오르면 **구시가 전경이 한눈에 들어온다.** 특히 석양이 지는 저녁의 시내 풍경은 환상적이다.

📍 지도 P.739-D

## 알카사르
### Real Alcázar
★

**이슬람교도들이 요새에 세운 성**

1248년 이슬람교도로부터 세비야를 탈환한 후 역대 스페인 왕들이 이슬람 색채를 배제하는 방향으로 개축했으나, 결국 탁월한 이슬람 건축 양식을 수용해 **스페인의 기독교 문화와 중세 이슬람 문화가 융합된 무데하르양식의 건축물로** 발전했다. 14세기에 잔혹왕 페드로 1세가 대규모 개축 공사로 세운 **페드로 왕의 궁전**(Palacio de Don Pedro)은 이슬람 무데하르양식의 대표적인 건축물이다. **대사의 방**(Salon de los Embajadores, 아라베스크 모양), **소녀의 정원**(Patio de las Doncellas, 궁전의 중심 안뜰), **인형의 정원**(Patio de las Munecas, 알카사르의 하이라이트)을 둘러싼 회랑 기둥의 섬세한 장식무늬가 아름답다. 소녀의 정원 앞에 있는 **이슬람 왕의 침실**(Alcoba Real)도 무데하르양식이다.

🏠 Plaza del Triunfo, 7
@ www.alcazarsevilla.org
🕐 10~3월 09:30~17:00, 4~9월 09:30~19:00
휴무 1/1·1/6, 12/25
💶 성인 €15.5, 학생(시니어) €8, 월요일 무료
📍 카테드랄에서 도보 1분  📍 지도 P.739-D

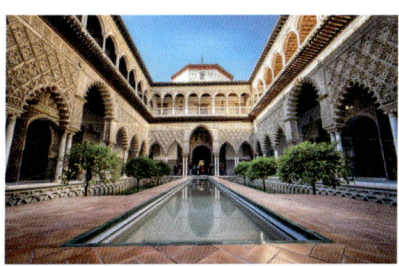

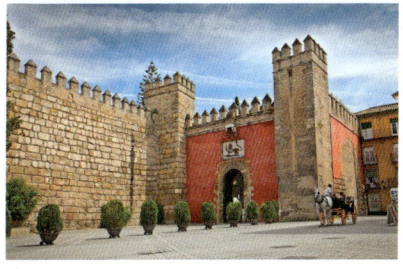

## 황금의 탑
### Torre del Oro

**정십이각형의 감시 탑**

과달키비르강에 놓인 산 텔모 다리(Puente San Telmo) 옆에 있는 정십이각형의 탑. 이슬람교도들이 세비야를 방어하기 위해 세운 망루로 적의 침입을 감시하는 역할을 했다. 황금의 탑은 13세기 건설 당시, 탑 위가 금색 세라믹으로 씌워진 데서 붙은 이름이다. 강 건너편에 은의 탑이 있고, 두 탑 사이를 굵은 쇠사슬로 연결해 적선을 막았다고 한다. 현재는 해양박물관으로 사용되고 있다.

🏠 Paseo Cristóbal Colón, S/N
@ www.fundacionmuseonaval.com
🕐 월~금요일 09:30~19:00, 토·일요일·공휴일 10:30~19:00 휴무 1/1, 1/6, 5/1, 12/25
💶 무료(기부 €3)
📍 카테드랄에서 도보 10분
📍 지도 P.739-C

## 마리아 루이사 공원
### Parque de María Luisa
★

### 궁전의 일부였던 아름다운 공원

1929년 이베로 아메리카 박람회 개최에 맞춰 조성한 공원이다. 종려나무를 비롯한 다양한 나무들이 시원한 그늘을 만들어 시민들의 안식처로 사랑받고 있다. 조깅 코스로도 많이 이용되며 좁은 수로를 따라 배도 탈 수 있었다고 한다. 과거에는 19세기에 지은 산 텔모 궁전의 일부였으나, 1893년 마리아 루이사 공주가 산 텔모 궁전의 일부를 세비야 시에 기증했다. 노란 흙은 마에스트란사 투우장과 이곳에만 있다.

공원 맞은편에는 가장 화려하고 멋있게 탑 2개를 양 끝으로 한 커다란 반원형 건물에 둘러싸인 **에스파냐 광장**이 있다. 20세기 최고의 스페인 건축가 **아니발 곤살레스**의 작품이다. 에스파냐 광장에 있는 반원형 건물을 따라 늘어선 **58개의 벤치에는 아름다운 채색 타일로 스페인 각지의 지도와 역사가 그려져 있다.** 바르셀로나의 구엘 공원에서나 볼 수 있는 타일 벤치, 연못 등이 있다.

- 카테드랄에서 도보 10분
- 지도 P.739-F

## 마에스트란사 투우장
### Plaza de Toros de la Real Maestranza
★

### 250년 전통의 투우장

250년의 역사가 깃든 마에스트란사 투우장은 스페인에서 가장 매력적이고 고아한 건물이다. 과거에는 세비야 항구 기지로 사용되었다. 투우 경기는 안달루시아 사람들에게는 생활의 일부다.

### 투우 시즌

투우 시즌은 통상 부활절부터 시작해 10월 12일 전통 투우 시합을 하는 산 미겔 축제 때 끝난다. 입장료는 €10~150정도 하는데 위치에 따라 가격 차가 크다. 그늘진 곳에서 보려면 최소 €100 이상 필요하다. 투우 시즌이 되면 주변 음식점들은 사람들로 북적거린다. 병설 투우 박물관에는 투우사 제복과 투우 관련 그림들이 전시되어 있다. 투우장 근처에 세비야에서 가장 유명한 황금의 탑이 있다.

- Paseo de Cristóbal Colón, 12
- www.visitaplazadetorosdesevilla.com
- 매일 09:30~21:30(비수기 09:30~19:30), 투우 경기일 09:30~15:00 휴무 12/25
- 성인 €10, 학생(시니어) €6, 어린이 €3.5
- 카테드랄 승천의 문에서 왼쪽으로 도보 10분
- 지도 P.739-C

## 세비야 대학
Universidad de Sevilla

### 바로크양식의 담배 공장
18세기에 세워진 바로크양식의 건물로 지금은 세비야 대학의 법과 대학으로 이용되고 있다. 본관 입구에 Tabacos라고 쓰여 있는데, 과거에 유럽 전체 담배의 절반 이상을 생산하던 담배 공장이었다.

### 오페라 〈카르멘〉의 무대
이곳은 비제의 오페라 〈카르멘〉의 무대로도 유명하다. 담배 공장의 경비병이었던 **돈 호세**는 이곳 파티오(Patio, 안뜰)에서 **카르멘**(친구와 다투다가 상대의 얼굴을 칼로 상처 내고 도망 중)을 만나 그 요염한 매력에 빠져 도망가게 해주고 대신 감옥에 들어간다. 석방 후 카르멘의 꼬임에 빠져 탈영하고 그녀와 함께 밀수단에 가입해 해적으로 타락한다. 하지만 그녀가 투우사 에스카밀리오에게 마음을 빼앗기자, 돈 호세는 분노와 절망에 사로잡혀 투우장에서 그녀를 죽이고 자신도 죽는다는 비극적인 사랑 이야기이다.

- 카테드랄에서 도보 5분, 알카사르 정원 남쪽
- 지도 P.739-F

## 산타 크루즈 거리
Barrio de Santa Cruz

### 화가 무리요가 살았던 거리
알카사르와 카테드랄 동쪽으로 구불구불한 골목길이 이어지는 산타크루스 거리는 과거에 유대인이 살던 곳이다. 17세기 이후 세비야 귀족들이 살면서 세비야의 보석지구로 유명해졌다. 아직도 산타 마리아 라 블랑카 유대인 교회가 남아 있다. 교회 내부에는 이곳에 거주했던 화가 무리요의 〈최후의 만찬〉이 걸려 있다.

골목길 안에는 하얀 집들이 오밀조밀 모여 있고 집집마다 예쁜 꽃들이 장식되어 있다. 아기자기한 소품을 파는 상점들과 카페, 레스토랑에서 들려오는 환한 웃음소리가 세비야의 분위기를 한층 북돋운다. 찾아가기 어려울 수 있으니 여행 안내소에서 지도를 얻고, 카테드랄 앞의 히랄다 탑을 기준으로 삼는다.

- 카테드랄에서 도보 5분
- 지도 P.739-D

## 필라토의 집
### Casa de Pilatos
★

**다양한 건축양식이 공존**

16세기에 완공된 **세비야의 명문 귀족 메디나셀리 공작의 저택**으로 아직도 후손들이 거주하고 있다. **이슬람양식에 기독교풍의 건축을 가미시킨 무데하르양식의 걸작**이다. 천장과 타일은 무데하르양식, 현관은 플라테레스코양식, 아치는 무어양식, 난간은 고딕양식으로 혼합된 독특한 건축 스타일이다. 예루살렘의 로마 총독 필라토(빌라도, 그리스도에게 사형을 집행한 총독)의 집을 모델로 했다는 설이 있다.

**파티오(Patio, 안뜰)가 가장 볼만하다.** 중앙에 르네상스풍의 로마 조각상과 제노바에서 수입해 온 분수대가 있다. 복도 벽면은 아름다운 타일 세공과 창으로 장식되어 있다. 방 주변에는 이탈리아 화가인 세바스티아노 델 피옴보(1485~1547년)와 프란시스코 델 고야(1746~1828년)의 작품들이 걸려 있다. 수많은 영화의 세트장이기도 하다.

- Plaza de Pilatos, 1
- fundacionmedinaceli.org
- 09:00~18:00  €12, 2층 €6
- 알카사르 정원(무리요 정원) 옆 대로인 메넨데스 펠라요 거리(Avenida Menendez pelayo)를 따라 북쪽으로 가다가 2번째 사거리에서 왼쪽으로 가면 나온다.
- 지도 P.739-D

## 메트로폴 파라솔
### Metropol Parasol
★

**새롭게 떠오른 복합 문화시설**

세비야의 새로운 명소로 떠오른 목조 건축물로, **라스 세타스 전망대(Las Setas)라고도 불린다.** 거대한 파라솔 모양의 우아한 곡선미가 돋보인다. 위르겐 메이어와 사시르의 설계로 2011년에 완성되었다. 지하층에는 안티코리움(Antiquarium) 박물관이 있고, 1층에는 전통 재래시장이 있다. 2층의 마이요 광장은 3,500㎡ 규모의 열린 공간으로 각종 문화행사와 엔터테인먼트가 열린다. 입구를 지나 계단이나 엘리베이터를 타고 올라가면 **세비야의 시내 전경이 한눈에 들어오는 스카이라인 전망대**가 있다. 250m에 이르는 산책로가 조성되어 있으며, 맥주나 와인을 마실 수 있는 바도 있다. 산책을 즐기며 여유로운 한때를 보내기에 좋은 곳이다.

- Plaza de la Encarnación, 18
- www.setasdesevilla.com
- 11~3월 매일 09:30~24:00, 4~10월 매일 09:30~00:30  €15  엥카르나시온 광장 옆. 버스 27·32번 이용
- 지도 P.739-D

# 코르도바
## CÓRDOBA

코르도바는 로마시대부터 안달루시아의 중심지였다. 8세기 이슬람교도가 정복해 300년간 이슬람 왕국의 수도로 발전하다가 10세기 아브드 알라흐만 3세 때(889~961년) 최전성기를 맞는다. 당시 인구는 100만 명 이상이었으며 모스크 1,000여 개, 공동 목욕탕 600개가 넘었다고 한다. 기독교, 이슬람교, 유대교가 융합되어 세계의 중심이라 할 정도로 발전했으나, 1236년 페르난도 3세가 주도한 레콘키스타(국토회복운동)로 이슬람교도들이 밀려나면서 코르도바는 점점 쇠퇴해 갔다. 세계에서 가장 크고 아름다운 모스크라고 평가 받는 메스키타를 비롯해 유대인 마을, 알카사르 등 무어인들이 남긴 찬란한 건축물들은 지금도 여행객들의 사랑을 듬뿍 받고 있다. 그리고 집집마다 예쁜 꽃들과 화분으로 정성스럽게 조경한 파티오(안뜰)가 코르도바 거리를 환하게 빛내 준다.

## 코르도바 가는 법

 **기차** 코르도바는 교통편이 좋아 마드리드, 안달루시아 지방에서 이동하기가 수월하다. AVE고속열차를 타면 마드리드에서 1시간 40분, 바르셀로나에서 4시간 40분, 그라나다에서 2시간 20분, 세비야에서 45분 소요된다. 고속열차는 사전 예약이 필수이며 예약비가 추가된다.

 **버스** 안달루시아 지방에서 이동한다면 요금이 저렴한 버스편이 좋은데, 시간이 더 많이 걸린다(세비야에서 2시간 소요).

 **시내교통** 코르도바 기차역이나 버스터미널이 구시가에서 도보로 15~20분 거리에 있으니 3·6번 버스(1회권 €1.3)로 이동해 메스키타(Puerta del Puente)에서 하차한다.
@ 시내교통 www.aucorsa.es

성당 내부. 말발굽 모양의 아치 기둥이 독특하다.

## 메스키타
### Mezquita
★

### 가톨릭과 이슬람교가 공존

아브드 알라흐만 1세(731~788년)가 코르도바를 메카로 삼기 위해 785년에 세운 이슬람교 사원이다. 잇따른 증축과 용도 변경으로 가톨릭과 이슬람교가 공존하는 이색적이고 독특한 모습을 갖게 됐다. 내부에는 붉은 벽돌로 치장된 850개의 석주와 아치, 가톨릭 성화가 공존해 색다르게 보인다. **말발굽 모양의 줄무늬 아치 기둥**(이슬람교 이전에 스페인을 지배했던 서고트족의 특이한 건축양식)은 붉은색과 흰색이 어우러져 환상적인 분위기를 자아낸다. 2층 아치는 중량을 분산시키고 천장을 더욱 높게 하기 위해 만든 것이다. 기둥은 이오니아식, 도리아식, 코린트식이 혼합된 형태이다.

 Calle de Torrijos, 10
 www.mezquita-catedraldecordoba.es
 **성당** 3~10월 월~토요일 10:00~19:00, 일요일, 공휴일 08:30~11:30, 15:00~19:00/11~2월 월~토요일 10:00~18:00, 일요일, 공휴일 08:30~11:30, 15:00~18:00
**종탑** 09:30~18:30(30분 간격으로 입장), 야간(비수기 20:00~, 성수기 22:00~)
 성인 €13, 학생(시니어) €10, 야간(The Soul of Córdoba) 성인 €20, 학생 €14, 월~토요일 08:30~09:30 무료 입장(예배 시간), 종탑 €3
 코르도바역에서 도보 20분 또는 3·12번 버스 이용
 지도 P.746-D

## 알카사르
### Alcázar
★

**콜럼버스가 가톨릭 부부 왕을 알현한 곳**

콜럼버스가 가톨릭 부부 왕을 알현하는 장면을 묘사한 동상

14세기 **알폰소 11세**(국토회복운동인 레콘키스타를 주도)가 세운 무데하르양식의 성이다. 그가 주도한 레콘키스타 당시 그라나다와 전쟁을 벌일 때 가톨릭 부부 왕의 거점이 되기도 했다. 1490~1821년에는 가톨릭교의 이단자 심문소로 사용되었다. 1492년 그라나다 함락으로 레콘키스타는 완성되었고, 눈물을 흘리며 시에라네바다 산을 넘던 그라나다의 마지막 술탄 보아브딜은 이곳에 압송되어 감금됐다. 콜럼버스가 신대륙을 찾아 떠날 때 가톨릭 부부 왕을 알현했던 곳이다. 내부의 박물관에는 로마시대의 석관이나 모자이크를 진열한 방들이 있다. 무어풍의 알카사르 정원에는 분수, 연못, 사이프러스 나무가 잘 조경되어 있어 아름답다.

- Calle de las Caballerizas Reales ⓔ www.alcazardelosreyescristianos.sacatuentrada.es
- 6/16~9/15 화~일요일 8:15~14:45, 9/15~6/14, 화~금요일 8:15~20:15, 토요일 09:30~17:30, 일요일 08:15~14:15 휴무 월요일 통합권 €6.71, 학생(시니어) €3.56
- 메스키타에서 도보 3분 지도 P.746-C

## 로마교
### Puente Romano

**아우구스투스 황제가 건설한 다리**

과달키비르강에 놓여 있는 다리 중 하나로 로마 아우구스투스 황제 때 건설되었다. 메스키타에서 나와 버스를 타려면 이 다리가 보인다. 길이 223m이며, 수차례의 전쟁으로 파괴와 개축을 거듭했다. 이슬람교도가 정비한 다리를 레콘키스타 후에 복원해 지금의 모습이 되었다. 코르도바의 역사를 다 알고 있다는 듯이 아직도 로마 병사처럼 당당하고 견고한 모습으로 서 있다.

- 메스키타에서 도보 2분
- 지도 P.746-D

로마교

알카사르 정원

## 유대인 마을과 꽃의 골목
### La Judería y Calleja de las Flores

### 꽃들이 만발한 골목길

과거 유대인들이 살았던 메스키타 주변의 거리인데, 1492년 유대인 추방령이 내려져 이곳을 떠났다. 하얀 벽의 집들과 좁고 구불구불한 골목길이 정겹게 다가온다. 골목길 양쪽으로 알록달록 예쁜 꽃들이 담긴 화분이 가득 걸려있어 꽃의 골목이라 불리는 곳으로 유네스코 세계문화유산으로 지정되었다. 집집마다 화사하게 꾸며놓은 파티오를 구경하는 것도 또 하나의 즐거움이다. 안달루시아 지방은 여름이 아주 덥기 때문에 시원한 분위기를 내기 위해 이렇게 뜰에 나무와 꽃들을 가꿔놓은 파티오가 많다. 골목길 끝에는 기념품 가게들이 늘어서 있고 메스키타의 탑도 보인다. 톨레도와 코르도바에만 남아있다는 시나고그(Sinagoga, 유대인 교회)도 들러보자. 무데하르양식의 아름다운 장식이 시선을 사로잡는다.

- 메스키타에서 도보 3분
- 지도 P.746-C·D

유대인 마을과 꽃의 골목

## 칼라오라 탑
### Torre de la Calahorra

### 요새의 역사를 간직한 역사박물관

메스키타에서 로마교를 건너면 바로 칼라오라 탑이 있다. 이슬람 시대에 요새로 세워진 곳이며, 현재 역사박물관으로 사용되고 있다. 옥상에서 과달키비르강 건너편의 코르도바 전경을 볼 수 있다.

- 메스키타에서 도보 5분
- 지도 P.746-D

## 포트로 광장
### Plaza del Potro

### 미술관이 있는 광장

포트로(Potro)는 스페인어로 작은 말(망아지)이라는 뜻이며, 광장 분수대 중앙에 작은 말 동상이 있는 것에서 유래했다. 이 광장은 〈돈키호테〉에  등장해 더욱 유명해졌다. 세르반테스가 묵었다는 포트로 여관(Posada del Potro)은 현재 국영 민예품 판매점인 아르테 에스파냐가 들어서 있다. 광장 동쪽에는 고야, 무리요 등의 작품을 소장한 코르도바 미술관이 있고, 맞은편에는 흑발의 여성만을 그려온 화가 훌리오 로메로 데 토레스의 미술관이 있다.

- 메스키타에서 도보 7분
- 지도 P.746-D

# 론다
## RONDA

스페인의 고도(古都) 론다는 말라가에서 북서쪽으로 110km 떨어져 있는 해발 720m 언덕 위에 세워진 요새이다. 도시 한가운데를 가로지르는 과달레빈강(Rio Guadalevín)이 깊은 타호 협곡을 형성하고, 주변이 산야로 둘러싸여 있어 산세가 아름답다. 헤밍웨이는 협곡의 환상적인 조망을 선사하는 누에보 다리에 반해, 이곳에서 〈누구를 위해 종을 울리나〉를 집필했다. 또한 론다는 투우의 본고장으로 스페인에서 가장 오래된 투우장이 있다. 누에보 다리를 경계로 신시가와 구시가로 나뉘는데, 하얀 집들이 모여 있는 구시가는 아랍 시대의 목욕탕 바뇨스 아라베스(Banos Arabes)를 비롯해 산타 마리아 라 마요르 성당, 무어인 왕의 궁전 등 옛 모습을 간직하고 있다.

## 론다 가는 법

 **기차** 말라가에서 약 2시간, 그라나다에서 약 2시간 40분, 마드리드에서 약 4시간이 걸린다. 기차 운행 횟수가 2~4편밖에 없으므로, 기차 시간을 확인하고 이동한다. 론다역에서 시내까지는 도보로 15분 정도.

 **버스** 안달루시아 지방은 버스 노선이 잘 갖춰져 있어 비교적 편리하다. 세비야에서 약 2시간 30분, 말라가에서 약 1시간 50분 걸린다. 론다 버스 터미널에서 시내까지는 도보 약 10분 소요. 요일에 따라 변동이 있으므로 출발 전 반드시 버스 시각표를 확인한다.
 버스 시각표 www.losamarillos.es

 **여행안내소** Paseo de Blas Infante s/n  www.turismoderonda.es
 월~금요일 09:30~18:00, 토요일 09:30~14:00, 15:00~18:00, 일요일·공휴일 09:30~15:00

에스파냐 광장 뒤쪽 테라스 전망대

누에보 협곡 위의 하얀 집

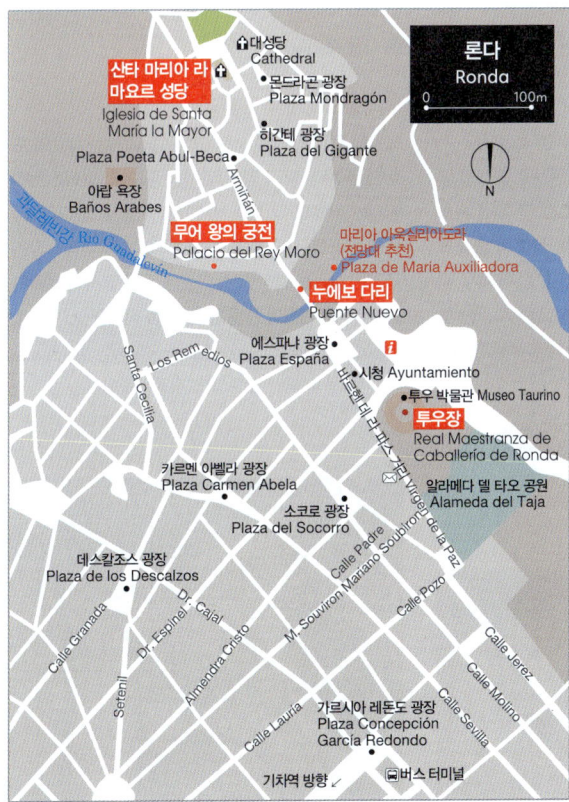

## 론다 공략법

안달루시아 지방의 여름은 매우 덥고, 겨울은 따뜻한 편이다. 가급적이면 여름은 피하고 봄, 가을 또는 겨울에 여행할 것을 권한다.

## 최고의 포토 스폿

- 알라메다 델 타호(Alameda del Tajo) 공원 전망대에서 바라본 전원 풍경
- 마리아 아우실리아도라 (Plaza de Maria Auxiliadora) 아래 전망대
 – 가는길: 구시가 방향으로 누에보 다리를 건너 첫 번째 오른쪽 골목길(Calle Tenorio)로 직진하면 마리아 아우실리아도라 광장(앞쪽이 절벽)이 나온다. 광장 아래의 좁은 비탈길로 내려가면 가파른 협곡 사이로 높게 세워진 누에보 다리의 웅장한 풍광이 파노라마처럼 펼쳐진다.

## 투우장
Real Maestranza de Caballería de Ronda
★

### 근대 투우의 발상지
1784년에 건립된 네오클래식양식과 바로크양식을 가미한 투우장으로, 누에보 다리를 설계한 호세 마르틴 알데우엘라가 건설했다. 근대 투우의 발상지이자 스페인에서 가장 오래된 투우장(플라사 데 토로스)으로, 1993년 문화관심유산으로 지정되었다. 2층 아케이드의 돔형 경기장으로 6,000여 명을 수용할 수 있다. 좌석은 2층으로 되어있고, 관중석 앞쪽으로 136개의 기둥이 타원형을 그리며 일렬로 배열되어 있다.

### 전설적인 투우 명문가 로메로 가문
1785년 **근대 투우의 창시자인 프란시스코 로메로** 가 처음으로 물레타(Muleta, 투우사가 사용하는 막대에 매단 붉은 천)를 사용해 돌진하는 황소를 현란한 솜씨로 다루면서 큰 인기를 누렸다. 로메로 가문은 3대에 걸쳐 전설적인 투우 명문가로 명성을 떨쳤는데, 그의 손자인 **페드로 로메로는** 한 해에 황소 6,000여 마리를 쓰러뜨릴 정도로 실력이 출중해 역대 최고의 투우사로 이름을 떨쳤다. 현재 투우 경기는 1년에 3~4번 정도 열린다. 1984년 개관한 투우 박물관에는 투우의 역사와 소품과 투우사 유니폼 등을 전시 중이다.

🏠 Calle Virgen de la Paz   @ www.rmcr.org
🕐 11~2월 10:00~18:00, 3·10월 10:00~19:00, 4~9월 10:00~20:00   💶 €9, 오디오 가이드 포함 €11
🚶 여행 안내소 맞은편에 위치   📍 지도 P.751

## 누에보 다리
Puente Neuevo

### 가파른 타호 협곡의 다리
론다 시내는 120m 깊이의 협곡이 이어져 있다. 그 사이를 과달레빈강이 흘러 자연스럽게 신시가와 구시가가 단절되었고, 1735년부터 3개의 다리를 건설하였다. 1741년 공사 중 붕괴 사고가 일어나 50여 명이 사망하는 등 우여곡절 끝에 1793년 3개의 다리가 모두 완공되었다.

3개의 다리 중 가장 늦게 건설된 다리가 누에보 다리(새로운 다리라는 뜻)다. 아치 모양의 다리 아래 중간에 있는 공간은 옛날에 감옥이나 고문 장소로 이용했으며, 또 스페인 내전 당시 포로들을 절벽으로 던져 죽였던 공포의 장소였다. 지금은 전시장으로 사용 중이다.

### 론다 최고의 포토 스폿 ★
협곡의 멋진 전망은 사진 마니아들에게는 최고의 포토 스폿이다. 다리 옆에 위치한 론다 파라도르 호텔에서는 누에보 다리를 가까이에서 볼 수 있다. 다리 뒤쪽 협곡으로 난 헤밍웨이 산책로를 따라 내려가면 웅장한 경관을 감상할 수 있는데, 이곳에서 **헤밍웨이는 〈누구를 위하여 종을 울리나〉를 집필**했다고 한다.

🚶 론다 투우장에서 도보 1분. 구시가 방향으로 걸어가면 론다 파라도르 호텔이 나온다. 호텔 바로 앞에 위치
📍 지도 P.751

누에보 다리

## 무어 왕의 궁전
### Casa del Rey Moro
★

### 무어풍의 정원에 선, 미, 힐링을 가미

무어 왕의 궁전은 누에보 다리와 협곡의 비경을 함께 감상할 수 있다. 1912년 파르센트 공작부인의 의뢰로 프랑스의 유명 조경 건축가인 포레스티에(Forestier)가 무어풍의 안달루시아 정원에 선, 미, 힐링을 가미해 설계하였다.

### 황홀한 협곡의 비경

아담한 정원은 분수와 수련으로 가득한 연못, 세라믹으로 장식된 계단이 조화를 이룬다. 현재는 개인 저택이라 정원과 지하실만 관람이 가능하다. 지하실은 비상시 탈출용으로 100m 깊이로 뚫어 계단과 복도가 미로처럼 되어있다. 365개의 암반 계단을 따라 내려가는 도중의 방들은 곡식과 탄창 창고로 사용했던 곳이다. 출구로 나오면 바로 협곡 아래 과달레빈강 바닥으로 연결 된다. 하천 바닥에서 바라본 장대하고 가파른 협곡과 누에보 다리의 풍광에 넋을 잃게 된다.

- Calle Cuesta de Santo Domingo
- casadelreymoro.org/en/visitas/
- 5~9월 10:00~21:30(10~4월 10:00~20:00)
- €10, 12세 이하 €3
- 구시가 쪽으로 누에보 다리를 건너자마자 왼쪽 골목길 Calle Cuesta de Santo Domingo 거리를 따라 내려간다.
- 지도 P.751

## 산타 마리아 라 마요르 성당
### Iglesia de Santa Maria la Mayor

### 론다 시민들의 정신적 지주

론다 시민들이 가장 신성한 건물로 여기는 성당이다. 1485년 가톨릭 세력이 이슬람의 요충지를 점령하고 모스크가 있는 자리에 성당을 건설해 17세기 말에 완공했다. 1580년 지진으로 건물 일부가 파괴된 후 고딕양식의 신랑, 로마네스크양식의 합창 단석, 바로크양식의 제단으로 복원하였다. 이슬람의 **미나레트**(이슬람교의 예배당인 모스크의 일부를 이루는 첨탑)를 개조해 종탑을 만들었다. 성당 바로 앞에는 시청사와 두께사 광장(Plaza Duquesa de Parcent)이 있다.

- Plaza de la Duquesa de Parcent
- www.colegiataronda.com
- 11~2월 10:00~18:00, 3·10월 10:00~19:00, 4~9월 10:00~20:00 휴무 1/1, 12/25
- €4.5
- 누에보 다리에서 구시가 방향으로 Via Calle Armiñán를 따라 약 7분 직진한다.
- 지도 P.751

# 여행 전 알아두기

## PREPARE TRAVEL

# 여행 준비 과정 한눈에 보기

유럽 여행은 비용이 많이 들고 여행 기간도 긴 만큼 여행 계획을 세우는 일이 무엇보다 중요하다.

**01 여행 계획 (6개월 전)**

여행 지역, 출발일, 여행 기간, 여행 경비 결정

**02 정보 수집 (6개월 전~출국 전)**

여행 지역, 출발일, 여행 기간, 여행 경비 결정

**03 항공권 예약 (6~3개월 전)**

항공사별 비교 선택, 비수기에 예약, 예약 후 결제 가능 기간이 짧으니 신중하게 검토 후 결제

**04 여권 만들기 (3~1개월 전)**

각 구청의 여권 발급과에 신청

**05 숙소 예약 (3~1개월 전)**

각종 사이트 비교 검색

**06 증명서 발급 (1개월)**

국제학생증, 유스호스텔증 발급, 여행자보험 가입

**07 철도패스 구입 (1개월~15일 전)**

유레일패스 구입, 일정에 맞춰 기차 예약

**08 일정 점검 (1개월~15일 전)**

항공권, 여권, 각종 증명서 점검, 여행 일정 최종 점검

| 09 | 준비물 구입 (1주일 전) |

꼭 필요한 것만 추려 목록 만들기, 준비물 구입

| 10 | 환전 (3~2일 전) |

시내 은행에서 환전

| 11 | 짐 꾸리기 (2~1일 전) |

짐은 최소화하기

## 여행 일정 짜기

**동선**
원을 그리듯 동 → 서(또는 서 → 동) 방향으로 일정을 짠다.

**체류일**
A도시(런던, 파리, 로마) 3일, B도시(마드리드, 바르셀로나, 프라하, 빈, 부다페스트 등) 2일, C도시(그라나다, 세비야, 니스, 피렌체, 베네치아 등) 1일이 적당하다.

**현지교통**
기차(유레일패스)와 저가 항공(항공권)을 적절하게 이용한다.

## 여행 정보 수집

- 관심사에 대해 철저히 공부한다.
- 다양한 여행자들의 경험과 조언을 듣는다.
- 각국 관광청의 정보를 최대한 활용한다.
- 인터넷 정보를 최대한 활용한다.
- 여행사의 여행 설명회에 참석한다.

---

**tip 주요 국가 관광청 홈페이지**

영국 www.visitbritain.com
프랑스 www.france.fr/ko
이탈리아 www.italia.it/en
스위스 www.myswitzerland.com
스페인 www.spain.info

**tip 유럽 각국의 철도 홈페이지**

영국 www.mytrainpal.com
　　　www.thetrainline.com
프랑스 www.sncf-connect.com
이탈리아 www.trenitalia.com
스위스 www.sbb.ch
스페인 www.renfe.com

# 여행 경비

경비가 가장 많이 드는 항공권과 숙박비는 품을 많이 팔수록 절약할 수 있다. 현지에서 쓰는 경비를 너무 아끼지는 말자. 적극적으로 현지 문화를 즐겨야 여행의 만족도가 높아진다. 최근 글로벌 인플레이션으로 항공료와 환율이 상승해 여행 경비[1일 약 €200(300,000원)]가 꽤 부담스러워졌다.

## 출발 전 경비

€1=1505.78(2025년 2월 기준)

| 항목 | 경비 | 포인트 |
|---|---|---|
| 항공권 | 약 150~200만원 | 항공사, 노선, 시기, 조건에 따라 요금 차이가 크다. |
| 유레일패스 | 약 €357(530,000원, 유스 2등석 15일 기준) | 여행 기간에서 7일을 뺀 패스를 구입한다. 만약 22일 여행인 경우 15일 패스 구입. |
| 각종 증명서 | 여권 53,000원<br>국제학생증 14,000원<br>유스호스텔증 22,000원 | 단수여권은 20,000원. 유스호스텔, 박물관(미술관) 이용 시 할인 혜택을 고려해 증명서를 발급받는다. |
| 여행자보험 | 20,000원~ | 여행 기간과 계약 조건에 따라 달라진다. |
| 여행 용품 | 300,000원~ | 여행 가방, 비상약, 메모리카드 등 |
| 여행 관련 책자 | 20,000원~ | 여행 책자, 방문국의 역사, 문화, 미술 관련 책자 |
| 총 비용 | 2,500,000~3,000,000원 | |

## 현지 여행 1일 경비

| 항목 | 경비 | 포인트 |
|---|---|---|
| 숙박비 | 100,000~250,000원 | 민박과 유스호스텔은 도미토리형(6~10인) 1박 기준. 호텔은 2인 1실 기준(2명 이용 시 요금이 저렴해진다) |
| 식비 | 40,000~60,000원 | 슈퍼마켓에서 구입하면 더욱 저렴하다. 샌드위치, 조각 피자, 핫도그 4,000원, 케밥 7,000원 정도. |
| 교통비 | 15,000~20,000원 | 패스 소지자는 대부분 공항 → 시내 교통이 무료. 시내 교통은 1일권이나 10장 묶음 티켓을 구입한다. |
| 입장료 | 30,000~50,000원 | 주요 박물관은 반드시 관람한다. 국제학생증을 잘 활용해 할인을 받자. |
| 문화비 | 20,000~40,000원 | 문화 공연, 레포츠에 참여하기. |
| 잡비 | 10,000~20,000원 | 코인로커, 화장실, 야간열차 예약비, 전화 등. |
| 예비비 | 15,000~30,000원 | 비상금은 총 경비의 5~10% 정도면 적당하다. |
| 총 비용 | 230,000~470,000원 | |

# 여권 & 항공권

## 전자여권

신규 발급 시 전자여권(내장된 전자칩에 개인 정보와 바이오 인증 정보 저장)을 발급해준다. **재발급(6개월 미만)**은 온라인(정부24)에서 신청 가능하나, 초기 여권 발급은 거주지 구청에 신청한다.

**준비서류** 신분증, 여권용 사진 1매, 복수여권 10년 53,000원

## 스마트패스

2023년 7월 10일부터 스마트패스 서비스를 도입해 안면 인식 정보 등록이 가능하다. 여권, 안면 정보, 탑승권 등을 사전 등록해 공항에서 여권이나 탑승권 제시 없이 얼굴 인증만으로 출국장을 통과할 수 있다. 사전에 스마트폰에 인천공항 스마트패스 앱을 설치해둔다. 스마트패스등록 승객도 여권과 항공권을 소지해야 한다.

## ETIAS

유럽여행 시 ETIAS(European Travel Information Authorisation System, 유럽 여행 정보 및 승인 시스템) 비자 발급을 2025년 중엽부터 실시할 예정이다. 영국은 실시 중이다. 온라인으로 신청해 발급 받는다. 3년간 유효한 복수입국비자로, 90일간 체류할 수 있다.

- @ **비자 신청** https://etias-euvisa.com
- ⓦ **수수료** €7, 18세 미만, 70세 이상은 면제

## 항공권 구입의 기본지식

항공권 예약 사이트(www.skyscanner.co.kr)나 항공사(여행사)홈페이지를 검색해 가장 저렴한 항공권을 찾는다.

## 할인 항공권의 조건

- 항공권 유효기간(30일 미만)이 짧다.
- 변경, 환불, 연장이 불가능하다.
- 스톱오버가 안 된다.
- 발권 기간이 짧다. 저렴한 항공권은 예약 후 대부분 72시간 내에 구입해야 한다.

## 할인 항공권의 구입 노하우

- 비수기(3~4월, 9~10월)에 6~8월이나 12~1월 항공권(얼리버드 항공권)을 구입한다.
- 땡처리 항공권을 공략한다. 출발일이 임박한 티켓이 재고로 남아 있어 파격적으로 할인한다. 하지만 미리 준비하는 여행자에게는 적합하지 않다.
- 직항편보다 경유편이 저렴하다. 1회보다 2회 경유가, 유럽계보다 아시아계 항공사가 저렴하다.
- 단기여행(7일)일 경우 여행사의 에어텔(항공권+호텔) 상품을 활용한다. 호텔 대신 민박을 이용할 경우 더 저렴하다.
- 성수기에는 인기 구간을 피한다. 런던 In/파리 Out보다는 빈, 취리히, 프랑크푸르트, 로마, 프라하 등으로 In/Out하는 게 저렴하다.

# 유레일패스

유레일패스는 각 1개국 패스와 글로벌 패스로 나뉜다. 여기에서는 유럽 전역에서 사용 가능한 유레일 글로벌 패스에 대해 자세히 소개한다.

유레일 글로벌 패스는 유럽 33개국 해당 지역의 열차와 일부 유람선, 일부 버스 등을 패스에 적힌 기간(15일~3개월) 동안 저렴한 비용으로 무제한 이용할 수 있는 편리한 철도패스다. 이용일을 연속으로 하는 연속 패스, 이용일은 지정해 선택하는 플렉시 패스로 나뉜다. 2019년에는 패스 이용 국가에 영국, 리투아니아, 마케도니아가 추가되었고, 시니어(경로) 패스와 글로벌 플렉시 패스의 3일권이 신설되었다. 반면 유레일 셀렉트 패스와 세이버 패스는 판매가 중단되었으니 유의한다.

## 패스 이용 가능 국가

| 지역 구분 | 국가 |
| --- | --- |
| 북부 유럽 | 노르웨이, 스웨덴, 핀란드, 덴마크 |
| 중서부 유럽 | 영국, 프랑스(모나코 포함), 독일, 스위스, 오스트리아(리히텐슈타인 포함), 벨기에, 네덜란드, 룩셈부르크, 아일랜드, 에스토니아, 라트비아 |
| 남부 유럽 | 이탈리아, 그리스, 스페인, 포르투갈 |
| 동부 유럽 | 헝가리, 루마니아, 체코, 크로아티아, 슬로베니아, 불가리아, 슬로바키아, 터키, 폴란드, 보스니아, 헤르체고비나, 세르비아, 몬테네그로, 리투아니아, 마케도니아 |

## 패스 구입

**유럽 현지에서는 판매하지 않는다. 출국 전에 국내 여행사를 통해 구입해야 한다.** 유레일패스를 검색해보면 각 여행사마다 판매 경쟁으로 15~25% 정도 할인 판매한다. 패스 요금은 매년 1월경 10%씩 인상되니 전년 12월에 미리 구입해둔다. 요금이 할인되는 유스(Youth)는 만 12~27세. 성인 1명당 4~11세 어린이 2명은 무료.

※ 유레일패스 발권은 실물 종이 티켓과 모바일 e-티켓(레일 플래너 어플에 등록 가능)이 있다.

## 패스 개시 Validation

유레일패스가 현지에서 효력을 발생하려면 다음과 같은 절차를 밟아야 한다.

- 탑승 전 기차역 티켓 창구나 철도안내소에 가서 직원에게 유레일패스를 개시하겠다고 말하고 패스와 여권을 제시하면 유효기간에 시작 일자 및 종료 일자를 기입해준다. 확인 도장(스탬프)을 받으면 바로 유레일패스가 개시된다.
- 시작 일자와 종료 일자를 본인 마음대로 기입하면 안 된다.
- 유레일패스 커버를 떼어내고 안의 내용물만 가지고 있으면 사용할 수 없다.
- 유레일패스에 적혀 있는 유효기간 첫날의 00:00부터 첫 여행을 시작할 수 있으며 반드시 마지막 여행을 유효기간의 마지막 날 자정(24:00)에 마쳐야 한다.

## 등급 구분

예전에는 만 28세 이상은 1등석 패스만, 27세 미만은 2등석 패스만 구입할 수 있었으나, 2019년부터는 나이에 상관없이 1등석, 2등석 패스를 자유롭게 구입할 수 있게 되었다. 또한 시니어(경로) 패스가 신설되어, 60세 이상은 성인 요금보다 저렴하게 1, 2등석을 이용할 수 있다.

## 사용 시 유의사항

### 패스 개시
유레일 글로벌 연속 패스는 연속적으로 사용하므로 사용 개시일을 잘 계산해야 한다. 첫 도착 도시(3일)와 마지막 출발 도시(3일), 귀국 날짜(1일)를 포함해서 대략 7~8일 정도를 빼고 구입하면 무난하다. 29일 일정인 경우는 대체로 21일 패스가 무난하다.

### 추가 요금
유레일 글로벌 패스는 유럽 33개 국가에서 무제한으로 사용할 수 있지만 **초고속열차, 야간열차(쿠셋/침대칸)**는 패스 소지자도 예약이 필수며 예약비를 지불해야 한다. 예약이 필수인 열차는 열차 시각표에 'R'로 표시되어 있다. 유레일패스가 통용되지 않는 동부 유럽 일부 국가를 통과할 때는 추가 요금을 지불해야 한다. 이때 구간권은 기차 안에서 구입하면 더 비싸므로 티켓 창구에서 구입한다.

## 패스의 종류

### 유레일 글로벌 연속 패스 Eurail Global Pass
**15일~3개월 내 패스 통용 국가에서 무제한 사용하는 패스.** 첫 여행이거나, 국가 간·도시 간 이동이 잦은 경우 유용하다.
예) 글로벌 패스 15일의 경우 7월 1일(사용 개시일)부터 7월 15일까지 33개국에서 15일 동안 무제한 열차 이용.

### 유레일 글로벌 플렉시 패스 Eurail Flexi Pass
**1개월 또는 2개월 내 선택한 일자에 패스 통용 국가에서 무제한 사용하는 패스.** 열차 타는 횟수가 적고 몇 개국(도시)만 집중 이용 시 유용하다.
예) 플렉시 패스 10일의 경우 7월 1일(사용개시일)부터 9월 1일까지 33개국에서 본인이 선택한 10일간 무제한 열차 이용.

### 유레일 글로벌 연속 패스
(2025년 기준, 단위 €)

| 기간 | 1등석 | | | 2등석 | | |
|---|---|---|---|---|---|---|
| | 성인 | 시니어 | 유스 | 성인 | 시니어 | 유스 |
| 15일 | 605 | 545 | 454 | 476 | 428 | 357 |
| 22일 | 744 | 670 | 558 | 586 | 527 | 440 |
| 1개월 | 884 | 796 | 663 | 696 | 626 | 522 |
| 2개월 | 1049 | 944 | 787 | 826 | 743 | 620 |
| 3개월 | 1214 | 1093 | 911 | 956 | 860 | 717 |

### 유레일 글로벌 플렉시 패스
(2025년 기준, 단위 €)

| 기간 | 1등석 | | | 2등석 | | |
|---|---|---|---|---|---|---|
| | 성인 | 시니어 | 유스 | 성인 | 시니어 | 유스 |
| 4일(1개월 이내) | 359 | 323 | 269 | 283 | 255 | 212 |
| 5일(1개월 이내) | 404 | 364 | 303 | 318 | 286 | 239 |
| 7일(1개월 이내) | 484 | 436 | 363 | 381 | 343 | 286 |
| 10일(2개월 이내) | 568 | 511 | 426 | 447 | 402 | 335 |
| 15일(2개월 이내) | 702 | 632 | 527 | 553 | 498 | 415 |

### 유레일 글로벌 플렉시 패스 사용 시 유의사항

- 패스 사용일자를 각 날짜별로 해당 달력 칸에 볼펜으로 기입한다(연필은 안 됨). 예를 들어 7월 10일은 아래와 같이 적는다. 탑승 전에 날짜를 기입해야 한다.
- Day : 10
- Mth : 07
- 당일 첫 여행이 19:00 이후에 출발하는 야간열차일 경우 24:00 전에 목적지에 도착하면 당일 날짜를 써도 되지만, 24:00를 넘을 때는 다음 날 날짜를 적어야 한다. 이 경우 다음 날 목적지에 도착해 시내 관광만 하면 패스 이용일 하루치를 손해보는 셈이 된다. 따라서 당일 여행으로 근교를 다녀오는 것이 경제적이다.
- 유레일패스가 제공하는 보너스(무료 선박 여행)를 이용하면 패스를 하루 사용하는 것으로 간주하니 유의한다. 단, 할인을 받을 경우는 하루 사용으로 보지 않는다.

### 유레일 글로벌 패스의 할인 혜택

- 뮌헨, 빈, 파리 등 대도시 공항역에서 국철로 시내 이동 시 무료.
- 라인강, 스위스 빙하 호수 유람선, 뮌헨-프라하 구간 버스(예약비만 지불)는 무료.
- 독일 유로파 버스, 유로스타, 독일 로맨틱 가도 구간 버스, 융프라우 철도 등 할인.

※ 4~11세 어린이가 어른과 동행할 때 모든 유레일패스 요금이 무료(성인 1명당 어린이 2명). 단, 패스 발권비와 예약 필수인 열차의 예약비는 유료.
※ 자세한 내용은 패스 구입 시 받는 〈여행자 가이드〉를 참고한다.

# 현지 저가 항공

유럽 현지에서 이동 시 저가 항공을 잘 활용하면 기차 여행보다 편하고 저렴하게 여행을 즐길 수 있다. 단, 여행 1~3달 전에 예매해야 한다.

### 장점

- 유럽 국가 간 이동을 1시간~1시간 30분 내에 편하고 빠르게 할 수 있다.
- 이동 시간이 절약되어 여행의 질을 높일 수 있다.
- 1~3달 전 일찍 예매하거나 시간대를 잘 활용하면 무척 저렴하게 이동할 수 있다. 이 경우 유레일패스보다 저가 항공권이 더 저렴하다.

예) **유레일 글로벌 패스(1개월)**
2등석 €522, 1등석 €696(예약비 별도, 유스 기준)
**저가 항공(35일 일정 12회 이용)** 최저가 €352. 열차 구간권(10회) €257를 추가해 총 €609

- 저가 항공 최저가 대비 1.5배 가격을 적용하면 항공권(€528) + 열차 구간권(10회 €257)을 합쳐도 총 €785이다. 결과적으로 만 28세 이상은 저가 항공이 경제적이다.

## 단점

- 공항이 도심에서 먼 곳에 위치한 경우가 많아, 소요 시간과 이동 비용이 추가된다.
- 이른 시간에 출발하거나 늦은 시간에 도착하게 되면 시내로 가는 교통편이 끊길 수 있다.
- 검색 요금(순수 항공 요금)에 공항세 등이 추가되므로 최종 요금은 달라진다.
- 수하물 무게 20kg 초과 시 추가 요금이 부과된다.
- 티켓 환불, 취소, 일정 변경이 안 된다.

## 효율적으로 이용하기

- 저가 항공은 사전에 충분한 시간을 갖고 치밀하게 일정을 짜고 예매해야(1~3개월 전) 실수하지 않고 저렴하게 이동할 수 있다. 또한 기간, 요일, 시간대에 따라 요금이 다르다.
- 저가 항공사 사이트에서 예매할 때 결제 과정에 여러 가지 옵션이 나오는데 이를 무시하고 건너뛰면 최종 요금만 나온다.
- 공항에는 1시간~1시간 30분 전에 도착한다. 시내 – 공항 교통편을 미리 확인해두고, 가급적 공항 근처에 숙소를 정한다.
- 저가 항공은 단거리 구간을 운항하지 않으므로 거리 개념이 아닌 시간과 비용을 감안해서 일정을 짠다.
- 저가 항공사 중 이지젯이 가장 노선이 많고 예매하기 편하지만, 타 저가 항공사보다 요금이 비싸다. 노선에 따라 셔틀버스가 공항까지 운행한다. 라이언에어와 위즈에어도 많이 이용하는 편이다.

## 예약 절차

1. 저가 항공사 홈페이지를 검색한다.
2. 출발/도착 도시명, 이동 시간대, 편도/왕복을 입력(클릭)한다.
3. 항공 구간과 요금이 나오면 본인 일정에 맞는 시간대를 클릭한다.
4. 옵션 사항을 무시한다(지정 좌석, 여행자보험, 수하물 추가, 스포츠 장비, 호텔, 렌터카, 공항-시내 간 교통편 등).
이중 렌터카나 호텔, 교통편(이른 아침 출발이나 늦게 도착하는 경우), 수하물 추가 등이 필요하면 체크한다.
5. 최종 요금이 산정된다.
검색 요금(순수 항공 요금)과 다르다. 검색 요금에 추가 보험, 추가 수하물, 카드 수수료 등이 추가된다.
6. 인적 사항(이메일, 영문 이름, 여권번호, 주소, 국적, 휴대전화 번호, 카드 결제 정보)을 입력한다.
7. 예약 버튼을 누르기 전에 다시 한번 입력 사항을 점검한 후 클릭한다.
8. 이메일로 전자티켓이 발송된다. 온라인 체크인을 하지 않았을 경우 벌금을 부과하는 항공사도 있으므로, 출발 전 반드시 온라인 체크인을 한 후 프린트해서 탑승 수속 시 제시한다.

## 탑승 수속 절차

일반 항공 수속 절차와 동일하다.

1시간~1시간 30분(성수기) 전에 공항 도착 → 항공사 카운터 대기 → 카운터 직원에게 전자티켓 프린트물과 여권 제시 → 탑승 게이트(번호 확인)로 이동 → 줄 서서 대기(저가 항공은 지정석이 없으므로 줄 선 순서로 탑승해 자리를 잡는다) → 탑승(음료는 유료).

## 주요 저가 항공사

이지젯(Easyjet) www.easyjet.com
라이언에어(Ryanair) www.ryanair.com
위즈에어(Wizzair) www.wizzair.com
부엘링(Vueling) www.vueling.com

**저가 항공 검색 사이트**
www.whichbudget.com
www.skyscanner.co.kr

# 숙소 선택

숙소는 여행 경비에서 차지하는 비중이 크므로, 사전 조사를 통해 가성비 높은 숙소를 정한다. 신뢰가 있는 여행 관련 업체 사이트나 직접 호텔을 선택하는 게 비교적 안전하다.

## 숙소 구하기 노하우

### 최상의 숙소
기차역(지하철 역) 근처에 숙소를 정한다. 공항에서 숙소로 가기 위해 무거운 짐을 들고 환승과 지하철 계단을 반복해 이동한다는 게 여간 힘든 것이 아니다. 공항에서 환승 없이 지하철을 타고 이동할 수 있고, 역에서 도보 5분 이내에 있는 호텔이 여행자 입장에서 최상의 숙소이다.

### 저렴한 숙소
민박이나 유스호스텔을 이용한다. 민박은 1일 2끼를 무료 제공하므로 가성비가 높고, 유스호스텔도 조식이 무료이고 도미토리는 비교적 저렴하다. 단 역에서 멀거나 여러 번 환승한다면 피한다.

※ 유스호스텔은 21시 이후 문을 잠그는 곳도 있으니 체크인 시간을 확인한다.
@ 유스호스텔 홈페이지 www.hihostels.com

### 시간차 활용
대부분 호텔이 계절, 요일에 따라 요금 차가 크므로 이를 잘 활용해 일정을 짜면 숙박비를 절약할 수 있다.

### 사전 예약은 필수
현지에서 숙소 구하는 것을 피한다. 숙소 구하느라 시간 낭비는 물론 성수기에는 숙소를 잡기도 쉽지 않다. 시기를 불문하고 한국에서 미리 호텔 사이트를 통해 예약하면 시간과 비용이 절약된다.

※ 호텔 사이트에서 특정 호텔을 예약 시 클릭을 조심한다. 특정 호텔을 클릭한 후 다시 클릭하면 요금이 변경되므로, 한번 클릭해 요금 등을 점검한 후 화면을 끄지 않는 상태에서 다른 호텔 등을 클릭해 비교한 후 가장 유리한 호텔을 최종적으로 선택한다. 그러나 자신이 잘 아는 호텔이라면 직접 호텔(가급적 체인 호텔에 회원가입)로 예약해도 저렴하게 이용할 수 있다.

## 가성비 높은 체인 호텔 활용

체인 호텔 - 이비스 호텔

유럽은 시설이 좋고 숙박료가 저렴한 체인 호텔들이 있다. 깔끔하고 모던한 시설이라 현지인은 물론 외국인 여행자들이 선호한다. 무료 회원가입을 하면 5~10% 할인이 적용된다.

※ 대표적인 아코르 체인 호텔(등급 순) 노보텔 호텔 〉 머큐어 호텔 〉 이비스 호텔 〉 이비스 버짓 호텔
@ 아코르 체인 호텔 www.all.accor.com

## 호텔 예약 사이트

각 사이트를 비교해 저렴한 곳을 이용하되, 만약의 경우 피해 보상을 위해 가급적 국내에 등록된 업체에 예약한다. 아파트먼트 호텔도 검색/예약할 수 있다 (P.42 참조).

@ 호텔패스 www.hotelpass.com
@ 아고다 www.agoda.co.kr
@ 트립어드바이저 www.tripadvisor.co.kr
@ 익스피디아 www.expedia.co.kr
@ 호텔스닷컴 www.hotels.com
@ 에어비앤비 www.airbnb.co.kr

# 환전 & 신용카드

예전과는 달리 카드 활용 범위가 넓어져 환전보다는 카드를 현명하게 사용하는 게 여행 안전을 위해 효율적이다. ※ 출국 전 발급해야 할 카드: 컨택리스 카드, 환전 전용 카드

## 카드 필수, 환전 선택

유럽 여행 시 카드는 필수, 환전은 선택이다. 렌터카나 호텔 예약 시 신분 증명을 위해 신용카드가 반드시 필요하다. 분실을 대비해 여분의 신용카드도 준비한다. 유럽에서는 소매치기가 빈번하므로 현찰 소지보다는 카드 사용이 안전하다.

## 환전은 NO

결론적으로 카드 한 장만 있으면 환전하지 않아도 현지에서 불편하지 않다. 지하철 탑승은 물론 화장실에서도 결재가 가능해 현금소지가 부담스러울 수 있다.

## 컨택리스 카드

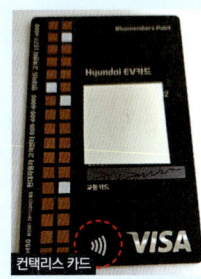

유럽에서 가장 똑똑한 카드가 **컨택리스 카드(Contactless Card)** 이다. 와이파이 표시가 있는 카드로 리더기에 꽂지 않고 갖다 대기만 하면 결제가 된다. 유럽 국가(5개국)에서 컨택리스 카드가 보편화되어 있어 사용하기 편하다. 특히 교통카드 기능이 있어, 현지 승차권 없이 지하철, 버스 등을 탑승할 수 있어 아주 유용하다. 만약 본인 카드에 와이파이 표시가 없으면 출국 전에 컨택리스 카드를 발급받는다.

## 환전 전용 카드

환전 전용 카드는 해외 이용 시 원화 환산 절차 없이 외화 결제 카드에서 해당 현지 통화로 인출되는 서비스로, 해외 서비스 수수료가 면제되어 유용하다. SOL/하나/KB 트래블 체크카드 등이 있다.

## 영국·스위스 통화는 소액 환전

중서부 유럽 통화는 유로지만, 영국은 파운드, 스위스는 스위스 프랑이다. 영국과 스위스 방문 일정이 2~3일 정도라면 해당 통화로 환전하지 않아도 불편하지 않다. 굳이 환전하겠다면 소액만 환전한다.

> **tip 인터넷 환전**
>
> 은행의 인터넷 홈페이지 또는 모바일 앱에서 환전을 신청한 뒤 공항 지점에서 찾을 수 있다. 은행 창구보다 수수료가 저렴한 데다 평소 시간 내기 어려운 직장인에게 요긴한 서비스다.

> **tip 복대 착용**
>
> 최근 바르셀로나, 로마 등에서 소매치기가 빈번하게 발생하고 있다. 현금, 카드, 여권은 분실 또는 도난 시 여행 일정에 지대한 영향을 미치므로, 예방이 중요하다. 복대는 귀중품을 지킬 수 있는 방안이니 가급적 착용한다. 또한 여권, 카드는 여러 장 준비해 분산 보관한다.

# 짐 꾸리기

효율적이고 편한 여행을 하려면 짐 꾸리기를 잘해야 한다. 가져갈지 망설여지는 물건은 빼고 현지에서 구하는 등 최대한 짐을 줄이자. 가방이 가벼울수록 여행이 수월해진다.

## 꼭 가져가야 할 것

여권, 항공권, 유레일패스, 현금/신용카드, 가이드 북, 옷, 세면도구, 상비약, 우산(우비), 복대, 카메라, 메모리카드, 멀티어댑터, 각종 증명서(국제학생증, 유스호스텔 회원증 등)

## 가져가면 편한 것

손톱깎이, 모자, 선글라스, 선크림, 비닐봉지, 읽을거리, 다용도 칼

## 가지고 가면 불편한 것

여행 회화 책, 계산기, 슬리퍼/샌들, 침낭, 취사도구

## 짐 꾸리는 노하우

- **짐 무게는 최소한 5~10kg**
  가방은 다 채우지 말고 70% 정도만 채운다.
- **생필품은 현지에서 구입**
  캔류, 면류, 세면도구, 여성용품, 화장품, 속옷 등은 현지에서 쉽게 구할 수 있다.
- **최대한 가볍고 방수가 잘 되는 가방**
  유럽은 울퉁불퉁한 길이 많아 바퀴가 튼튼해야 하고, 비가 자주 내리니 방수가 되는 것이 좋다.
  슈트케이스는 바퀴 4개 달린 것이 이동하기 편하다.
- **작은 배낭도 챙기기**
  시내 관광 시 여행 책자, 지도, 노트, 물병, 치약 등

> **tip** 기내 반입제한 품목 & 반드시 기내에 들고 탈 것
>
> 화장품이나 안약 등 겔이나 에어졸을 포함한 액체 물질을 기내로 반입할 때는 **100ml 이하의 용기에 넣고, 용량 1ℓ(약 20×20cm)** 이내의 투명한 지퍼백에 넣어야 한다. 맥가이버 칼, 드라이버, 각종 공구, 손톱깎이, 카메라 삼각대 등 흉기가 될 가능성이 있는 물건은 전부 수하물에 넣는다. 단, 보조 배터리와 포켓 와이파이 단말기는 부치는 짐에 넣지 말고 반드시 기내에 들고 타야 한다.

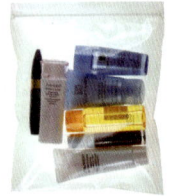

# 휴대폰으로 인터넷하기

스마트폰 하나면 어디서나 전화와 인터넷을 사용할 수 있는 편리한 세상이다. 물론 국제전화 요금과 데이터 요금이 든다는 점을 고려한다면 말이다.

## 전화

유럽에서 한국으로 전화할 때는 시차를 고려해 오전에 통화한다. 유럽에서 오전 11시에 걸면 한국은 오후 6~7시, 오후 6시에 걸면 한국은 새벽 1~2시다.

### 유럽에서 한국으로 걸 때

00 + 82(한국 국가번호) + 0을 뺀 지역번호 + 상대방 전화번호

서울 02-555-5555

→ 00 + 82 + 2 + 555-555

### 한국에서 유럽으로 걸 때

001 등 국제전화 접속번호 + 국가번호 + 0을 뺀 지역번호 + 상대방 전화번호

파리 01-4818215

→ 001 + 33 + 1 + 4818215

※ 이탈리아만 0을 포함한 지역번호를 누른다.

### 각국의 국가번호

| | | |
|---|---|---|
| 한국 82 | 영국 44 | 이탈리아 39 |
| 프랑스 33 | 오스트리아 43 | 헝가리 36 |
| 독일 49 | 체코 42 | 스페인 34 |
| 스위스 41 | 네덜란드 31 | 벨기에 32 |
| 크로아티아 385 | | 슬로베니아 386 |

## 국제로밍

스마트폰의 데이터로밍을 그대로 이용할 경우 엄청난 요금 폭탄을 맞게 되므로 아래 방법 중에서 적절히 선택하여 합리적인 가격으로 이용하자. 인터넷 세대는 유심칩, 중장년 세대는 데이터 로밍 장기 요금제가 무난하다.

### 유심칩(심 카드) Sim Card

선불 유심칩(Prepaid Sim Card)은 선불 요금의 개념으로 지정된 기간에 지정된 데이터 용량이나 통화량을 저렴하게 사용할 수 있다. 스마트 폰에 유심칩을 갈아 끼우고, 새로운 휴대번호를 부여받으므로 국내에서 걸려오는 전화나 문자를 받을 수 없다(카톡 등은 이용 가능). e심(e Sim)은 유심 교체 없이 QR코드를 통해 등록만 하면 사용할 수 있다.

### 포켓 와이파이 Pocket Wi-Fi

해당 국가 이동통신사의 3G/4G LTE 신호를 Wi-Fi 신호로 바꿔주는 휴대용 와이파이 단말기이다. 단말기 1대로 2~3명(최대 5명)이 동시 접속할 수 있어 비용도 저렴한 편. 단말기를 충전해 들고 다녀야하고, 분실 시 배상해야하는 불이익이 있다.

### 데이터 로밍 장기요금제

유럽에서 15일 이상 머물 예정이라면 통신사에서 판매하는 데이터 로밍 장기요금제를 활용하는 것이 경제적이다. 유심칩을 갈아 끼우거나 포켓 와이파이처럼 별도의 단말기를 소지할 필요가 없으며, 본인 스마트폰을 그대로 사용할 수 있어 편하다. 부부 이용 시 요금에 3,000원만 추가하면 된다.

# 출입국 수속

주말이나 성수기는 출입국 수속을 하는 데 더 많은 시간이 걸리므로 여유 있게 공항에 도착하는 것이 안전하다. 공항 면세점을 이용할 생각이라면 좀 더 서둘러야 한다. 2018년 인천공항 제2터미널이 문을 열었다. 제2터미널은 대한항공, 에어프랑스, 델타항공, KLM네덜란드항공, 체코항공, 알리탈리아항공, 중화항공, 아에로플로트러시아항공, 아에로멕시코항공, 가루다인도네시아항공, 샤먼항공 등 스카이팀 항공사가 이용 중이다(단, 공동운항편 이용 시 항공기 운항 항공사의 터미널을 이용). 제1터미널(3층 중앙 8번 출구)과 제2터미널(3층 중앙 4·5번 출구 사이)을 오가는 셔틀버스가 있지만 약 20분 소요된다.

※ **공항열차 출발지** 서울역, **도착지** 공항 터미널1 → 공항 터미널2(종착역)

### 01 공항 도착
- 3층 출국장 도착(인천공항)
- 평상시의 경우 2시간 전 도착(성수기는 3시간 전)

### 02 체크인
- 해당 항공사의 카운터로 이동
- 여권과 e티켓 프린트 제시
- 병무신고확인서 제시(만 25세 이상의 군 미필자)
- 보딩패스(탑승권) 받기
- 마일리지 입력

### 03 수하물 부치기
- Baggage Tag(짐표)는 목적지까지 잘 보관

### 04 환전·휴대폰 로밍 등
- 필요 시 데이터 로밍 상품 신청
- 환전 시 여권과 보딩패스 제시
- 여행자보험 가입(온라인 가입이 저렴)

### 05 출국 게이트 통과
- 여권·보딩패스 제시

### 06 세관 신고
- 고가 물품 휴대 시 신고

### 07 보안 검색
- 휴대용 짐의 X선 검사 후 통과

### 08 출국 심사대 통과
- 여권과 보딩패스 제시(안면 인식 정보를 등록하면 여권과 보딩패스 없이 자동 출입국 심사대를 통과할 수 있다)

| 09 | 탑승 라운지·게이트 도착 | ☐ |

- 면세점에서 쇼핑
- 면세품 인도장에서 쇼핑한 물품 찾기
- 멀티어댑터 등 준비 못한 것을 구입
- 탑승 30분 전 게이트 도착(탑승권에서 게이트 번호 확인)
- 비행기 탑승

| 10 | (경유 시) 경유지 도착 | ☐ |

- Transit/Transfer 표지판을 따라 이동
- Transfer Counter로 이동
- 여권·보딩패스 제시
- 게이트 번호 확인

| 11 | (경유 시) 환승 게이트 도착 | ☐ |

- 모니터에서 환승할 비행기 편명과 게이트 번호를 확인
- 20분 전 게이트 도착
- 환승 비행기 탑승

| 12 | 목적지 도착 | ☐ |

- Arrival/Exit 표지판을 따라 이동

| 13 | 입국 심사대 통과 | ☐ |

- 여권 제시

| 14 | 수하물 찾기 | ☐ |

- 수하물 수취소(Baggage Claim)에서 짐 찾기
- 짐 분실 시 분실 신고서와 Baggage Tag 제출

| 15 | 입국장 나오기 | ☐ |

※ 환전소, 이동통신사, 보험사는 출국장 층에 위치.
※ 인천공항 제1터미널의 일부 항공사 게이트(101~132번 게이트)는 셔틀열차를 타고 이동하니 시간 관리에 유의.
※ **자동 출입국심사 서비스(인천공항)**
: 출입국심사 시 지문인식기에 여권과 지문을 인식하면 자동으로 출입국이 승인된다.

**Transit와 Transfer은 무엇이 다를까?**

|  | Transit | Transfer |
|---|---|---|
| 환승 비행기 | 환승 항공편이 동일하다. | 환승 항공편이 다르다. |
| 소지품 관리 | 비행기에 소지품을 두고 내려도 괜찮지만 안전을 위해 가지고 내린다. | 비행기에서 반드시 소지품을 가지고 내린다. |
| 환승 장소 | 공항 라운지로 이동하지 않고 임시대합실에서 30분~1시간 정도 대기한다. | 보안 검색을 받은 후 공항 라운지로 이동하여 환승 항공편에 탑승할 때까지 자유롭게 다닌다. |
| 환승 수속 | 특별한 수속 절차가 없고 여권과 탑승권을 제시하면 비표를 나눠준다. | 환승 카운터에서 수속 절차를 밟는다. 보딩패스를 발급받거나, 출발지에서 발급받은 보딩패스에 게이트 번호를 기재해준다. |

※ 경유지에 잠깐 내릴 때는 'Transit/Transfer' 표지판을 따라가고, 최종 목적지에 도착할 때는 'Arrival/Immigration/Baggage Claim/Customs' 표지판을 따라가면 된다.

# 저렴하게 식사하기

유럽은 음식 값이 비싸기 때문에 나름대로 식사 해결 방법을 찾아야 한다. 가장 좋은 방법은 슈퍼마켓, 패스트푸드점, 레스토랑 등을 번갈아가며 적절히 이용하는 것이다.

### 슈퍼마켓 이용하기
**슈퍼마켓에서 판매하는 식료품은 매우 저렴하다.** 빵, 생수, 유제품(우유, 치즈, 버터), 햄, 소시지 등 이틀 정도 먹을 수 있는 장을 보는 데 1~2만 원이면 충분하다.

### 패스트푸드점
8,000~1만 2,000원 정도면 충분히 한 끼가 해결된다.

### 직접 요리하기
유스호스텔은 조리실을 갖추고 있어 식자재만 있으면 요리가 가능하다. 공원이나 거리 벤치에서 직접 만든 샌드위치나 빵, 과일로 점심을 해결해도 된다.

### 한국 음식점
한국과 달리 유럽에서는 손이 많이 가는 고급 요리에 속하기 때문에 한 끼에 2~3만 원 정도는 든다. 런던, 파리, 로마 등 한국 배낭여행객이 많이 가는 도시에는 한국 음식점이 있다.

### 중국 음식점
저렴하고 음식 종류가 다양하지만 메뉴판이 중국어로 쓰여 있어 주문이 쉽지 않다. 이럴 때는 중국식 뷔페 식당이 이용하기 편하다. 1만 원 정도면 먹을 수 있고, 물(수돗물)도 무료다.

### 일본 음식점
식당 바깥 진열장에 음식 모형을 만들어 진열하고 가격도 함께 표시하고 있어 주문하기 쉽다. 1만 5,000~2만 원 정도면 초밥, 튀김, 우동 등 다양한 요리를 먹을 수 있다.

### 현지의 전통 레스토랑
음식은 그 나라의 전통과 문화를 알 수 있는 좋은 기회다. 하루 중 한 끼 정도는 현지식을 먹도록 하자. 비싼 레스토랑보다 재래시장에 가면 서민적이고 토속적인 음식을 저렴하게 맛볼 수 있다. 보통 1~3만 원 정도면 충분하다. 메뉴를 보기 어려우면 종업원에게 물어보자.

### 길거리 음식
핫도그, 샌드위치, 와플, 케밥, 크레이프 등 가격도 €2~4로 저렴하여 간식이나 간단한 식사로 즐기기 좋다.

### 유럽의 대형 슈퍼마켓

| 국가 | 슈퍼마켓 체인 |
| --- | --- |
| 영국 | Sainsbury, Tesco |
| 프랑스 | Carrefour(식료품이 매우 다양), Monoprix, Champion |
| 독일 | ALDI(유럽에서 가장 저렴), Plus, Kauhof |
| 스위스 | Migros, Coop (유럽 다른 국가보다 약간 비싸다) |
| 오스트리아 | Hofer(식료품이 매우 저렴하다) |
| 이탈리아 | Standa, Despar, Conad |
| 스페인 | Champion |
| 체코 | Krone, Kmart |

# 트러블 대처

여행을 하다 보면 갑자기 몸이 아프거나, 소매치기를 당하거나, 물건을 잃어버리거나 하는 사고가 종종 생긴다. 이럴 경우 당황하지 말고 차분하게 대처하는 자세를 갖도록 하자.

## 도난 및 분실 사고를 당했을 경우

### 현금
현금을 분실, 또는 도난당했을 경우에는 방법이 없다. 여행자보험도 보상해 주지 않는다. 따라서 현금은 여러 주머니에 분산시키고 쓸 만큼만 지갑에 넣어서 다니도록 한다.

### 여권
여권을 분실하면 절차가 복잡하고 일부 국가는 국가 간 이동이 불가능하여 행동에 제약이 따른다. 여권 분실 시 먼저 경찰에 신고해 도난·분실증명서를 작성한 후 한국 대사관(영사관)을 찾아가 여권 재발급 신청을 한다. 신청 후 재발급되기까지 최대 7일 정도 걸린다.
여권 재발급에 필요한 것은 도난·분실증명서, 여권용 사진 2장, 여권 번호와 발행 일자다. 만약의 사태를 대비해 **여권 사본과 여권용 사진**을 준비해간다.

### 항공권
최근에는 전자항공권(e-ticket)이 발급된다. 항공권 구입과 동시에 인적 사항이 컴퓨터에 입력되어 전자 항공권 프린트물과 여권을 제시하면 보딩패스를 발급해준다.
만일을 대비해 본인 **메일함에 전자항공권을 저장**해 둔다.

### 신용카드
신용카드를 잃어버리면 즉시 신용카드 분실센터에 연락해 분실 신고를 해야 한다. 카드 사용 정지 처리를 한 후 카드 회사의 현지 사무소에 가서 재발급 수속을 한다. 분실을 대비해 **여분의 카드를 1~2장 더 준비**해 간다.

### 유레일패스
**유레일패스는 분실해도 재발급되지 않는다.** 여행 일정이 많이 남았으면 기차역 유레일 도우미 센터(Eurail Aid Office)에서 재구입하거나 한국 여행사에서 구입해 국제우편 등으로 받은 다음에 사용할 수밖에 없다. 남은 일정이 짧으면 필요할 때마다 구간승차권을 구입한다.

### 물품
가방을 분실했을 경우는 먼저 경찰서에 가서 도난 신고서를 작성하고 담당 경찰의 사인이나 도장을 받은 후 잘 보관해둔다. 귀국 후 여행자보험 회사에 도난 신고서를 제출하면 보상금 범위 내에서 보상을 받을 수 있다.
**분실(Lost)은 여행자보험의 보상 범위가 아니므로 반드시 도난(Stolen)으로 신고해야 한다.** ★

## 병이 났을 경우

### 호텔에서 아플 때
프런트에 알려 도움을 청한다.

### 공공장소에서 아플 때
주변 사람에게 부탁해 **구급차**를 호출한다. 공중전화 또는 휴대폰에서 **긴급신고 번호**(각 나라별 SOS 번호를 메모해둔다)를 눌러 교환원이 나오면 "Ambulance, please"라고 말한다. 나라에 따라 구급차 이용료가 유료인 곳도 있고 무료인 곳도 있다.

### 병원으로 갈 때
출국 전에 반드시 **여행자보험**(보험증서를 항상 소지)에 가입한다. 병원에 가면 우선 한국어를 할 수 있는 의사가 있는지 물어본다(Do you have a Korean Speaking Doctor?). 만약 입원해야 할 경우에는 한국에 있는 보험회사에 연락하여 병원을 소개받는다. 진료비를 비롯한 제반 비용은 본인이 지불한 후 현지에서 보험사로 청구한다. 또는 의사 진단서, 치료비 명세서, 약 처방 영수증 등을 잘 보관해 두었다가 귀국 후 보험회사에 신청서와 함께 제출한다.

---

**tip  분실이나 사고를 대비하여 미리 준비해갈 것은?**

- 여권 복사본(여권과 별도 보관)
- 전자항공권 복사본 여분(사용할 복사본과 별도 보관)
- 여권용 사진 3매
- 신용카드 번호와 분실 신고 전화번호를 따로 메모해둔다.

---

**tip  재외국민 보호센터**

외교통상부는 세계 각지의 치안 상황, 안전 수칙, 대처 방안 등을 홍보하고 있다.

- www.mofat.go.kr
- www.0404.go.kr

---

## 문제 발생 시 필요한 영어회화

- 욕실에 물이 넘쳤어요.
**My bathroom has flooded.**
- 방이 너무 추워요. 에어컨을 조절해주세요.
**My room is too cold. Could you adjust the air-conditioning?**
- 지갑을 택시에 두고 내렸어요.
**I have left my purse(wallet) in the taxi.**
- 신용카드를 정지해주세요.
**Please cancel my credit card.**
- 서울행 비행기를 놓쳤어요.
**I have missed the flight to Seoul.**
- 이용 가능한 다음 비행기로 예약해주세요.
**Please make a reservation for the next available flight.**
- 여행 상해보험에 가입되어 있습니다.
**I have travel insurance.**
- 의사를 만나고 싶은데요.
**I would like to see a doctor.**
- 병원에 데려다주세요.
**Please take me to a hospital.**
- 열이 있어요. **I have a fever.**
- 배가 아파요. **I have a pain in my stomach.**
- 가방을 도둑 맞았어요.
**My bag has been stolen.**

### 위험에 처했을 때 알아두어야 할 말

- 손 들어! **Hold up.**
- 물러나! **Get back.**
- 그만둬! **Drop it!**
- 엎드려! **Hit the floor! / Get on the floor!**
- 움직이지 마!
**Hold it! / Don't move! / Freeze! / Stay where you are!**
- 도와줘! **Help!**
- 그만두시오. **Please stop.**
- 쏘지 마세요. **Don't shoot.**
- 나가 버려! **Get out!**
- 만지지 마! **Don't touch! / Hands off!**

# 기차 예약과 열차 타기

한국에서 미리 기차 예약을 해두면 현지 기차역에서 예약하느라 줄을 설 필요가 없어 시간이 많이 절약된다. 단 현지에서 예약하는 게 예약비는 가장 저렴하다.

## 예약이 필요한 기차

유럽 기차 중에는 예약하지 않으면 탈 수 없는 열차가 있다. 이체(ICE), 레일젯(RJ) 등을 제외한 **초고속열차와 야간 호텔열차(침대차, 쿠셋)**는 물론 역내 열차 시각표에 **'R' 마크가 있는 열차**도 필히 예약해야 한다. ICE, IC, EC 등 예약 필수 열차가 아니더라도 성수기 인기 구간은 좌석 확보가 쉽지 않아 예약하는 게 좋다.

## 출발 전 한국에서 예약하기

성수기에 기차역에서 예약하려면 줄 서는 데 30분~1시간 정도 소요되고, 최악의 경우 매진되어 일정에 차질이 생길 수 있다. 한국에서 미리 예약하면 시간이 절약되고 차편을 놓칠 일 없어 일정대로 여행할 수 있다.
**유럽 철도 전문여행사(수수료 지불)**를 통해 예약하거나 자신이 직접 철도청 사이트를 검색해 예약하는 방법이 있다. 전문여행사를 통하면 현지의 최신 여행 정보를 받아볼 수 있고 여행 코스를 짜는 데 조언을 들을 수 있어 편하다.

## 현지에서 예약하기

**현지에서 예약하는 게 예약비가 가장 저렴하다.** 우선 기차역 예약 창구로 간다. 대부분 예약 창구와 티켓 창구가 나뉘어 있으나 작은 역은 통합되어 있다. 또한 큰 역은 국내선과 국제선으로 나뉘어 있다. 예약 창구가 없는 역은 철도 안내소나 티켓 창구에 가서 다음 행선지로 가는 열차를 예약한다. 예약 창구는 늘 붐비므로 성수기에는 미리 예약한다.

특히 대도시에 도착하면(1~3일 머물 경우) 바로 역으로 가서 **다음 행선지로 가는 열차를 예약한다.** 예약 창구 주변에 열차 시각표가 비치되어 있다. 없으면 프린트를 요청한다.
예약할 때는 예약 열차에 대한 사항을 정확히 전달한다. 메모로 전달하는 게 착오가 없다.
- 승차일과 좌석 등급, 출발역과 도착역, 출발 시각
- 금연석과 흡연석 여부, 창가와 통로석 여부
- 쿠셋은 침대의 위치

## 열차 타기

기차역에 도착하면, 유레일패스를 처음 사용하는 사람은 **철도 안내소나 티켓 창구로 가서 사용 개시일에 확인 도장**을 받는다. 대합실에 설치된 대형 전광판(출발 시각 20~30분 전에 표시됨)에서 열차 시각표를 확인한다. 시간대별로 각 도시의 출발 시각, 열차편명, 플랫폼 번호 등이 적혀 있다.
유럽의 기차역은 개찰구가 없고 대합실과 플랫폼이

대합실에 설치된 대형 전광판 열차 시각표가 가장 정확하다.

대합실에서 플랫폼으로 연결되는 길목에 개찰기가 있다. 개찰기에 티켓을 넣어 개찰한다.

바로 연결되어 있으니, 승차권 소지자는 플랫폼 입구에 설치된 **개찰기에 티켓을 펀칭**하고 탑승한다. **유레일패스 소지자는 개찰 없이 바로 탑승**하는 대신, 도중에 검표원이 검사한다. 플랫폼에 도착하면 플랫폼에 설치된 전광판에 표시된 차량 번호와 목적지를 다시 한번 확인한다. 역사에 따라 전광판 대신 **게시판(노란색: 출발 시각표 / 흰색: 도착 시각표)**만 설치되어 있는 곳도 있다.

열차를 탈 때 차량 문 입구에 커다랗게 표시된 '1'(1등석), '2'(2등석)을 보고 해당 칸에 승차한다. 특급열차는 한 차량에 1등석과 2등석이 모두 있고, 지역열차는 전 차량이 모두 2등석만 있는 경우도 있다. 특히 **승차 전에 차량 문 옆에 부착된 목적지 표시판을 꼭 눈여겨봐야 한다**. 출발할 때는 차량이 서로 연결되어 있더라도 도중에 일부 차량이 분리되어 다른 방향으로 이송되는 경우가 종종 있다. 현재 탑승하고 있는 차량이 원하는 목적지로 가는 차량인지 잘 확인해야 차질이 없다.

노란색 게시판은 출발 시각표, 흰색 게시판은 도착 시각표

---

### tip  예약이 뭐죠?

**예약은 열차 좌석을 지정하는 것을 말한다.** 유레일패스는 열차를 탑승할 수 있는 탑승권 개념이지 지정석을 의미하지 않는다. 좌석을 확보하고 싶으면 지정석을 예약해야 한다.

물론 예약이 필요 없는 열차는 일찍 탑승해 지정석[좌석 위에 '예약석(탑승객 이름이 적혀 있음)'이라 적혀 있다]이 아닌 좌석에 앉으면 되지만 **예약 필수 열차는 예약 없이는 탑승할 수 없다.**

**예약이 어려운 인기 열차**
- ICE열차의 취리히~슈투트가르트 구간(6~8월)  • 프랑크푸르트~뮌헨 구간(연중 내내)
- 빙하특급의 체르마트~생 모리츠~쿠어 구간(6~9월)  • 베르니나특급의 쿠어/생 모리츠~티라노 구간(6~9월)
- ES열차의 로마~피렌체 구간(연중 내내)

서둘러 예약하지 않으면 좌석이나 침대차를 확보하기 힘들다. 그 외에 뮌헨~프라하, 암스테르담~뮌헨, 베네치아~로마, 니스~로마, 취리히~로마, 니스~바르셀로나, 마드리드~파리도 가장 많이 이용하는 구간이다.

**예약 메모의 예**
역의 예약 창구에서 직접 예약하는 경우는 다음의 단어들을 참고해 필요 사항을 메모해서 건네주면 편하다. 먼저 다음과 같이 말한다.
- I want to make a reservation. / I have a Eurailpass.
  (예약을 하고 싶습니다. / 유레일패스가 있습니다.)

아래의 예처럼 메모해 건네준다.
- 11.03.2025 (출발 날짜)  • Frankfurt Hbf (출발역) → Praha-Holesovice (도착역)
- 23:38 (출발 시각) → 08:15 (도착 시각)  • D 352 (열차편) /4 Persons (인원) / Couchettes (쿠셋)
- * 쿠셋 이용 시 Upper(상) / Middle(중) / Lower(하) 중 1개를 선택해 메모한다.

탑승하면 먼저 **예약석을 확인**한다. 컴파트먼트는 'R' (예약석) 표시판이 칸막이 객실 문이나 옆 표지판에, 코치 좌석은 창가 쪽 좌석 머리 받침대 위에 있다. 예약석에 명단이 있으면 지정된 좌석이지만 명단이 없는 좌석은 자유석이니 재빨리 빈 자리를 확보한다.

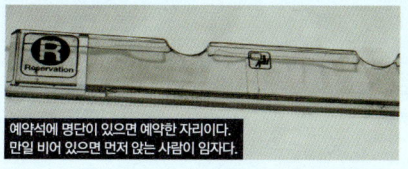

예약석에 명단이 있으면 예약한 자리이다. 만일 비어 있으면 먼저 앉는 사람이 임자다.

1등칸, 2등칸을 표시하는 숫자가 써 있다. 2등칸 소지자가 1등석에 승차하면 추가 요금을 내야 한다.

---

### tip  예약 시 알아두면 편리한 단어

역의 예약 창구에서 직접 예약하는 경우는 다음의 단어들을 참고해 필요 사항을 메모해서 건네주면 편하다.

| 의미 | 영어 | 스페인어 | 프랑스어 | 이탈리아어 |
|---|---|---|---|---|
| 승차일 | Date | Fecha de Embarque | Date | Data |
| 행선지 | Destination | Destino | Destination | Destinazione |
| 출발역 | Departure Station | Estación de Salida | Gare de Départ | Partenza Stazione |
| 발차 시각 | Departure Time | Hora de Salida | Heure De Départ | Orario di Partenza |
| 좌석 등급 | Class | Clase de Asiento | Classe | Classe |
| 흡연 | Smoking | de Fumar | Fumeur | Scompartimento Per Fumatori |
| 금연 | No Smoking | No Fumar | Non Fumeur | Non Fumatori |
| 창가 | Window | Ventana | Fenêtre | Posto Al Finestrino |
| 통로 | Aisle | Paso | Couloir | Posto Sul Corridoio Di Passaggio |
| (침대)상단 | Upper | Parte Superior | En Haut | In Alto |
| (침대)중간단 | Middle | Nivel Medio | Au Milieu | In Medio |
| (침대)하단 | Lower | Inferior | En Bas | In Basso |

# 유럽의 기차역

타국의 낯선 기차역에 도착하면 처음에는 낯설고 당황스럽지만 곧 익숙해지니 지레 겁먹지 말자. 유럽 기차역의 구조를 이해하고 나면 한결 쉽게 여행을 즐길 수 있다.

## 기차역의 내부 시설

기차역 내부

유럽의 철도역은 대부분 도심에 위치해 있고 전철, 지하철, 버스와의 환승편이 잘 연결되어 편리하다. 우리나라 기차역은 대합실에서 개찰구를 통과해야 플랫폼이 나오지만, 유럽 기차역은 역사에 들어가면 플랫폼이 개방되어 있다. 개찰구가 없는 대신 대합실과 플랫폼이 바로 연결되어 있다. 단, 스페인과 영국은 보안상 개찰구가 있다.

베를린을 비롯한 일부 기차역사는 공항처럼 규모가 커서 처음 도착하면 어리둥절할 수밖에 없다. 이때 가장 좋은 안내자가 바로 철도 안내소와 기차역 시설물을 그린 그림 기호다. 이 그림 기호를 잘 숙지해두자.

### 철도 안내소

기차역 내에 있으며 철도 전반에 관한 안내를 해준다. 여행 안내를 해주는 여행 안내소는 별도로 있다. 우선 번호표를 뽑은 다음 순서를 기다리다가 차례가 되면 안내 데스크로 가서 열차 시각표와 요금 등을 문의한다. **유레일패스를 개시하려면 이곳에서 확인 도장을 받는다.**

### 예약 창구

유럽의 기차는 우리나라와 달리 인기 구간은 열차에 따라 사전에 예약을 받는다. 유레일패스 소지자도 **예약 필수인 열차를 탈 때는 사전에 예약**해야 한다. 이곳에서도 유레일패스를 개시할 수 있다.

### 티켓 창구

큰 역사는 예약 창구와 티켓 창구가 구분되어 있으나, 작은 역사는 예약 창구와 티켓 창구가 단일 창구로 되어 있어 두 업무를 동시에 본다. 보통 티켓 창구에서 티켓 예약을 하는데, 큰 역은 국내선 열차 창구와 국제선 열차 창구가 구분되어 있다. 예약을 하거나 유레일패스를 개시하려면 큰 역에서는 철도 안내소나 예약 창구를, 작은 역에서는 티켓 창구를 이용하면 된다.

## 수하물 보관소

짐이 커서 코인로커에 들어가지 않거나 안전을 위한 경우에 이용한다. 코인로커(24시간)와 달리 보관 시간이 08~09시부터 20~22시까지이다. 밤에 맡기고 다음날 찾아가면 2일 요금을 지불해야 한다. 코인로커보다 안전한 대신 보관료가 비싸다.

## 자동발매기

역마다 티켓 자동발매기가 설치되어 있다. 지하철(버스) 티켓은 티켓 창구나 이곳에서 구입한다.

## 환전소

동부 유럽의 경우는 여행객들이 환전을 하기 위해 자주 이용하지만 그 외 지역은 단일 통화인 유로를 사용하므로 이용객이 적다.

## 코인로커

역마다 플랫폼 가장자리나 출입구 옆쪽에 코인로커(무인 보관소)가 있다. 보관료는 대형 €4~7, 소형 €2~5 정도. 이탈리아나 동부 유럽 등은 코인로커보다는 유인 보관소에 맡기는 게 안전하다.

사용 방법은 간단하다. 먼저 코인로커에 짐을 넣고 문을 닫는다. 동전을 넣고 열쇠로 잠근 후 열쇠를 잘 보관한다. 짐을 찾을 때는 열쇠로 라커 문을 열고 짐을 꺼내면 된다. 일부 역사는 열쇠 대신 종이티켓이 나오기도 한다. 잘 보관했다가 짐을 뺄 때 주입구에 넣거나 티켓에 적힌 비밀번호를 누른다.

## 화장실(샤워실)

유럽의 큰 기차역은 대부분 화장실이 유료지만 작은 역은 무료이다. 큰 기차역에는 화장실과 함께 샤워실이 설치되어 있다. 야간열차에서 내려 아침에 이용하기 좋다.

## 환승 교통수단

철도에서 다른 교통수단으로 환승할 때 이 표시를 따라가면 된다.

| | | | |
|---|---|---|---|
|  | 택시 |  | 버스 |
|  | 페리 |  | 지하철 |

## 기타 그림 기호

| | | | |
|---|---|---|---|
|  | 대합실 |  | 세관 |
|  | 유실물 취급소 |  | 우체국 |
|  | 공항 연결 |  | 공중전화 |
|  | 레스토랑 |  | 카페 |
|  | 입구 | | 출구 |

777

# 유럽 기차의 종류

지역마다 운행하는 열차가 다르고, 노선 및 특징과 예약 여부, 예약비 등도 차이가 있다. 어느 정도 미리 알아두고 있으면 현지에서 티켓 예약이나 구입 시 도움이 될 것이다.

## 초고속열차

| 의미 | 프랑스어 | 이탈리아어 |
|---|---|---|
| Euro Star 유로스타 (영국, 프랑스, 벨기에 공동) | 런던-파리/브뤼셀 구간을 연결하는 시속 300km의 초고속열차. 브뤼셀까지 2시간, 파리까지 2시간 15분 소요. 유레일패스 소지자는 할인. @ www.eurostar.com | 예약 필수 |
| TGV(Train Grande Vitesse) 테제베(프랑스) | 프랑스, 스위스, 벨기에를 연결하는 시속 320km의 초고속열차. 보르도, 마르세유, 니스, 아비뇽. 리옹 등 프랑스 내는 3~4시간 소요. 식당차(뷔페차)가 있다. @ www.frenchrails.com | 예약 필수 |
| THA(Thalys) 탈리스(프랑스) | 파리, 브뤼셀, 쾰른, 암스테르담을 운행하는 시속 300km의 초고속차. 1등석은 식사, 음료 제공. 예약비가 매우 비싸다. @ www.thalys.com | 예약 필수 |
| ICE(Inter City Express) 이체(독일) | 오스트리아, 벨기에, 덴마크, 프랑스, 네덜란드, 스위스와 독일 내 주요 도시를 연결하는 시속 250~300km의 초고속열차. 독일 내는 1시간~3시간 30분 소요. @ www.bahn.de | 예약 불필요 (인기 구간은 예약 권장) |
| Le Frecce 레프레체 (구 ES) (이탈리아) | 이탈리아 주요 도시를 운행하는 시속 250~300km의 초고속차. 밀라노, 피렌체, 베네치아, 로마, 나폴리 등 이탈리아 내는 1~3시간 소요. @ www.trenitalia.com | 예약 필수 |
| AVE(Alta Velocidad Espanola) 아베(스페인) | 스페인 주요 도시를 운행하는 시속 300km의 초고속열차. 마드리드, 바르셀로나, 세비야, 코르도바 등 스페인 내는 2~5시간 소요. @ www.renfe.es | 예약 필수 |
| RJ(Rail Jet) 레일젯(오스트리아) | 오스트리아, 체코, 독일, 헝가리, 스위스를 운행하는 시속 300km의 초고속열차. 빈, 잘츠부르크, 인스부르크, 린츠 등 오스트리아 내는 1~3시간 소요. @ www.oebb.at | 예약 불필요 (인기 구간은 예약 권장) |
| SC(SuperCity) 슈퍼시티(체코) | 프라하와 체코의 주요 도시를 운행하는 시속 200km의 고속열차. 오스트리아, 슬로바키아 운행 시 3~4시간 소요. 일명 펜돌리노 열차로 불린다. @ www.cd.cz | 예약 필수 |

유로스타 / 테제베 / 아베 / 이체

## 야간열차

| 종류 | 노선과 특징 | 예약 유무 |
|---|---|---|
| CNL(City Night Line) 시티 나이트 라인 | 스위스, 독일, 오스트리아, 네덜란드를 운행. | 예약 필수 |
| Elipsos 엘립소스 | 프랑스 파리, 스페인 마드리드, 바르셀로나를 운행. | 예약 필수 |
| Lusitania 루시타니아 | 스페인 마드리드와 포르투갈 리스본을 운행. | 예약 필수 |
| Allegro 알레그로 | 로마, 밀라노, 베네치아와 잘츠부르크, 빈을 운행. | 예약 필수 |

## 기타 열차

| 종류 | 노선과 특징 | 예약 유무 |
|---|---|---|
| EC(Euro City) 유로시티 | 유럽의 주요 도시를 연결하는 특급열차. 이탈리아 등 국가에 따라 예약 필수인 곳도 있다. | 예약 불필요 |
| IC(Inter City) 인터시티 | 유럽(국내)의 주요 도시를 연결하는 특급열차. 헝가리 등 국가에 따라 예약 필수인 곳도 있다. | 예약 불필요 |
| RE/IR/DIR/R/D/SE열차 | 지역열차로 과거 우리나라에서 운행했던 비둘기호와 비슷하다. 소도시에도 정차한다. | 예약 불필요 |

# 열차 시각표 활용하기

출국 전 일정을 짤 때 각국의 철도청 사이트나 유레일 타임테이블 소책자를 참조하고, 현지에서는 기차역 철도 안내소에 비치된 도시별 열차 시각표 책자(인쇄물)를 이용한다. 유레일 타임테이블은 대도시 열차 시각표만 수록하므로, 중소도시는 독일이나 스위스 철도청 사이트를 활용한다.

## 유레일 타임테이블 보는 법

### 출발지와 도착지를 찾는다
우선 출발할 도시를 찾는다. 지명이 알파벳 순으로 수록되어 있어 찾기 편하다. 출발지는 굵은 글씨로 크게 쓰여 있다. 예를 들면, 파리에서 취리히를 가고자 할 경우 먼저 출발지인 파리를 찾은 다음 도착지에서 취리히를 찾는다. 출발지는 왼쪽에, 도착지는 오른쪽에 적혀 있다.

### 출발지 역명을 확인한다
도시에 따라 출발역이 3~4개인 곳도 있으니 출발역이 어딘지 확인해야 한다. 파리의 기차역은 북역, 리옹역, 오스테를리츠역, 생라자르역, 몽파르나스역 등이 있다. 출발지 옆에 출발역이 적혀있다. 파리에서 취리히를 갈 경우 파리 오른쪽에 리옹역이, 취리히 오른쪽에 HB(Hauptbahnhof, 중앙역)가 적혀 있다.

### 출발 시각을 찾는다
왼쪽이 출발 시각이고, 오른쪽이 도착 시각이다.

### 열차명을 확인한다
출발 시각 오른쪽에 출발할 열차명이 보인다. 예약 필수인 열차는 옆에 'R'이 적혀 있다.

### 환승을 확인한다
목적지까지 직행이 아니고 도중에 갈아타는 경우는 열차편 오른쪽에 환승지와 환승 시각이 적혀 있다. 왼

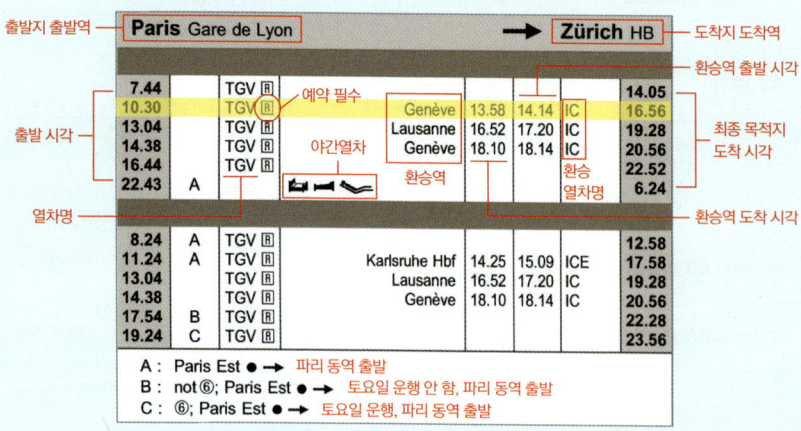

쪽 페이지 하단 시각표의 노란색으로 표시된 부분을 보자. 10:30에 **TGV열차**(예약 필수)를 타고 가다가 환승지인 제네바에 13:58에 도착하면 환승역에서 취리히행 IC열차로 갈아타고 14:14에 출발, 도착역인 취리히 중앙역에 16:56에 도착한다는 뜻이다.

> **tip 유럽의 열차 시각표 검색하기**
>
> 스위스 철도청 사이트의 열차 시각표나 독일 철도 사이트의 열차 시각표를 통해 유럽 전역의 열차 시각표를 검색할 수 있다.
>
> ◎ 스위스 철도청 www.sbb.ch/en
> ◎ 독일 철도청 www.reiseauskunft.bahn.de

## 스위스 철도청의 열차 시각표 보는 법

1 스위스 철도청 사이트에 들어간다.

◎ 스위스 철도청 www.sbb.ch/en

2 창에 타임테이블이 뜨면 공란에 다음 사항을 입력한다.
출발 날짜는 2025년 4월 19일 일요일인 경우 Sun. 25. 04. 19의 순서로 입력한다.
입력 후 아래의 동그라미 부분을 클릭한다.

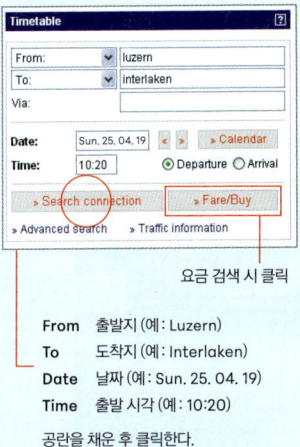

요금 검색 시 클릭

From 출발지 (예 : Luzern)
To 도착지 (예 : Interlaken)
Date 날짜 (예 : Sun. 25. 04. 19)
Time 출발 시각 (예 : 10:20)

공란을 채운 후 클릭한다.

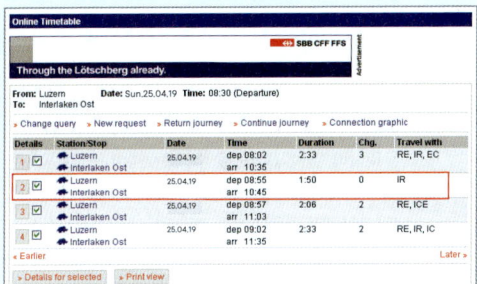

3 위 사진처럼 온라인 타임테이블이 나온다. 여기에는 출발 시각 전후의 시각표가 나온다. 8~9시 사이에 루체른에서 인터라켄까지 가는 4개의 열차 시각표가 보인다. 1번은 환승(Change) 3회, 2번은 0회, 3번은 2회, 4번은 2회로 확인된다. 환승 없이 직접 가는 2번을 택하는 것이 가장 편하다. 웹 페이지 하단에서 상세하게 나온 2번 시각표를 보면 아래와 같다.

| | |
|---|---|
| 출발지 | 루체른 (Luzern) |
| 출발 날짜 | 25.04.19 |
| 출발 시각 | 08:55 |
| 도착지 | 인터라켄 동역 (Interlaken Ost) |
| 도착 시각 | 10:45 |
| 출발지(플랫폼) | 루체른 (12번) |
| 도착지(플랫폼) | 인터라켄 동역 (4번) |
| 열차편 | IR 2214 |
| 소요 시간(Duration) | 1시간 50분, 매일 운행 |

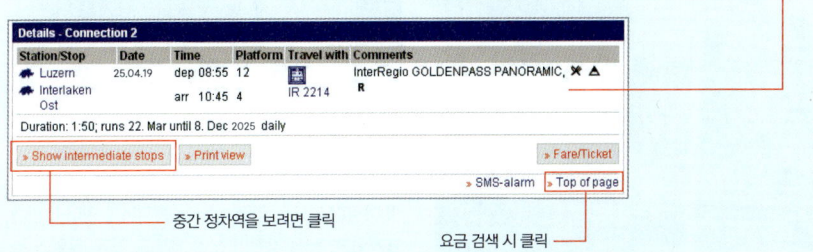

중간 정차역을 보려면 클릭         요금 검색 시 클릭

# 유럽 기차의 내부 구조

유럽의 기차는 1등석과 2등석으로 나뉘고 흡연석과 금연석으로 구분된다. 차량 밖의 출입문 옆에 숫자로 크게 1등석, 2등석이 표시되어 있다.

## 좌석차

### 컴파트먼트 Compartment

의자 밑의 고리를 잡아당겼을 때의 좌석

우리나라에서는 볼 수 없는 독특한 객실 형태. 차량 한 칸의 좌측에는 6~8개 정도의 칸막이 객실이 연달아 있고 우측에는 길고 좁은 복도가 있다. 1개의 방안에 1등석은 3개, 2등석은 4개의 좌석이 마주보는 구조다. 마주보는 좌석 밑을 잡아당기면 좌석이 서로 연결되어 간이침대가 된다. 야간에는 침대처럼 활용해 잠을 잘 수 있다.

특히 비수기에는 빈 좌석이 많아 편하게 이용할 수 있다. 그러나 컴파트먼트는 문 잠금고리가 없어(1등석에 문 잠금고리가 달린 열차도 있음) 야간에 깊이 잠들면 도난 위험이 있다. 요즘 열차는 대부분 컴파트먼트 문이 유리로 되어 있어 복도 쪽에서 내부를 볼 수 있다.

내부 출입문 위에 설치된 문 잠금고리 (1등칸)

### 코치 Coach

우리나라 열차에서도 볼 수 있는 객실 구조로 '오픈 살롱'이라고도 부른다. 차량 전체가 하나의 공간으로 되어 있으며 가운데에 통로가 있고 양쪽으로 좌석이 배열되어 있다. 주간에 운행되는 열차에서 많이 볼 수 있다. 코치의 1등석은 2등석에 비해 좌석 수가 적어 편안하고 차내 시설도 더 좋다. 좌석에 비디오가 있어 영화나 TV를 볼 수 있는 열차도 있다.

### 식당차

식당차가 가장 잘 갖춰진 곳은 독일과 스위스 열차이며 예약할 필요는 없다. 메뉴는 현지어와 영어가 함께 표기되고, 음식 사진이 실린 경우도 있다. 독일과 스

## 야간열차

유럽의 야간열차는 일반적으로 침대차와 쿠셋, 좌석차로 구성된다. 그리고 열차와 노선, 예약 상태에 따라 그 구성은 변하기도 한다. **쿠셋과 침대차는 승차권이나 철도패스 외에 침대차권, 쿠셋권이 필요하다.** 침대차권이나 쿠셋권에 특급 요금이 포함되는 경우가 많다.

승차 시 객실에 있는 주문서에 조식 메뉴를 기입해 승무원에게 주면 다음 날 승무원이 객실로 아침 식사를 가져다준다. 요금의 10~15% 정도 팁을 준다.

### 침대차 Sleeping Car

시설이 가장 쾌적하고 안전해 야간에 이용할 경우 편하게 보낼 수 있다. 1~4인용이 있으며 **예약은 필수.** 예약비는 쿠셋보다 비싼 편이다.

침대차의 시설은 열차에 따라 다르긴 하지만 보통 침대와 좌석, 테이블, 세면대, 샤워기 등이 설치되어 있다. 물론 베개와 시트, 담요, 비누, 수건도 준비되어 있다. 열차에 따라서는 생수와 과일, 아침식사가 요금에 포함되기도 한다.

가족이나 커플이 아니면 반드시 남녀를 구분해서 배정하므로 이성끼리 같은 방을 쓰는 일은 없다. 침대차는 문을 잠글 수 있으니 잠을 잘 때는 잊지 말고 문을 잠그도록 하자. 만약 방을 비울 때는 여권과 현금, 티켓, 귀중품 등은 꼭 몸에 지니고 나가야 한다.

### 쿠셋 Couchettes

컴파트먼트의 변형된 객실 형태인데 주로 야간열차에 이용되며 침대차보다 저렴하게 이용할 수 있다. 낮에는 2~3단으로 접혀 있던 좌석을 야간에는 펼쳐서 간이침대로 쓴다. 양쪽으로 1등석은 2층 침대(4인실), 2등석은 3층 침대(6인실)가 설치되어 있다. 1층을 Under, 2층을 Middle, 3층을 Upper Seat라 한다. 베개, 시트, 담요가 제공되지만 세면대는 없다. 침대 부분에는 커튼이 있는 경우가 적고 일부를 제외하고는 남녀 구분 없이 방을 배정하므로 여성 혼자일 경우는 다른 여성과 함께 배정받는 것이 좋다.

시티 나이트 라인의 내부

### 좌석차

보통 야간열차의 좌석차는 2등석인 경우가 많다. 좌석은 뒤로 젖힐 수 있게 된 경우가 많은데 비행기의 이코노미 좌석보다는 편하다. 좌석은 대부분 컴파트먼트나 코치이다. 겨울이나 밤에는 온도 변화가 심하므로 입고 벗기 편한 옷을 준비하는 것이 좋고, 여름에는 에어컨 때문에 감기에 걸릴 수 있으니 걸칠 옷을 가져가는 게 좋다.

시티 나이트 라인의 내부

# 자동차 여행법

자동차 여행은 시간·장소의 제약이 없고 무거운 짐에서 해방되는 장점이 있다. 유럽 대륙을 마음껏 질주하면서 여행의 참맛을 느껴볼 수 있다.

## 성공적인 자동차 여행의 조건

### 경비를 절감하려면 4명이 제격
렌터비, 주유비, 통행료, 주차료를 1~2명이 분담하는 것보다 4명이 분담하면 4분의 1로 줄어든다. 기차 여행보다 여행 일정도 줄어들어 상당한 경비를 절약할 수 있다. 또한 30일 일정이라면 1주일 정도 단축된다. 이동 시 기차나 버스 대기 시간이 상당히 절약되기 때문이다.

### 최소 2명은 운전에 능숙해야
초행에 장거리를 운행하다 보면 정신·육체적으로 쉽게 피곤해진다. 능숙한 운전자가 2명 이상이면 서로 교대할 수 있어 운전이 한결 수월해진다.

### 자동(오토) 변속기를 선택
유럽의 자동차는 대부분 수동 변속기가 주를 이룬다. 우리는 대부분 자동 변속기를 사용하므로 수동 변속기 차량을 피하는 게 좋다. 수동보다 자동이 렌트비가 약간 비싸다.

### 현지 교통 법규를 숙지
도로 상황과 표지판이 낯선 이국에서 처음 운전대를 잡으면 상당히 두렵다. 이때 든든한 아군이 조수의 도움이다. 지도와 표지판, 교통 법규 등을 숙지하면 돌발 상황에 대처하기 쉬우므로 한국에서 출발 전에 반드시 숙지한다.

### 내비를 최대한 활용
내비게이션만 있으면 아무리 낯선 곳에서도 운전하는 데 지장이 없다. 스마트폰에 **구글맵(지도) 앱**을 다운 받아 이용하면 한국어로 길 안내를 받을 수 있다. 구글맵이면 충분하니 별도의 비용이 요구되는 앱이나 기기 등을 준비할 필요가 없다.

### 초보자는 가급적 도심 진입을 자제
유럽의 시내 도로는 협소하고 일방통행이 많다. 우리에게 낯선 트램이 자동차와 함께 다니므로 잘못하다가는 사고가 날 수도 있다. 초반에는 가급적 외곽에 주차하고 도심은 대중교통을 이용하되, 어느 정도 익숙해지면 그때 도심 진입을 시도한다.

### 자동차 종합 보험에 가입
렌트비를 절약하려고 기본 보험에만 가입하지 말고 만일의 사태를 대비해 **종합 보험(Full Cover)**에 가입해둔다.

### 배짱과 자신감은 필수
용기는 여행의 최대 덕목이라는 사실을 명심한다. 한국에서 운전을 잘하면 타국에서도 잘한다. 유럽은 자동차 문화가 발달해 있어 운전자들이 교통 법규를 잘 지키며 난폭 운전을 하지 않는다.

돌로미테 S자 커브 코스

## 준비 과정

렌터카(리스) 사이트 검색 → 차량 예약(국내) → 차량 인수(현지) → 차량 반납(현지)

## 국내에서 준비할 사항

### 렌터카

각 렌터카 회사 사이트에서 정보 파악
- 허츠(Hertz) www.hertz.com
- 아비스(Abis) www.avis.com
- 알라모(Alamo) www.alamo.com
- 유럽카(Europcar) www.europcar.com
- 이지카(Easycar) www.easycar.com
- 여행과 지도(한국 업체 에이전시) www.leeha.net

### 렌트 비용 비교하기

렌터카 회사 중 공신력 있는 허츠, 아비스 등은 최상의 차량을 제공해주지만 가격이 비싸고, 알라모, 유럽카, 이지카 등은 다소 저렴하지만 차량 상태와 서비스가 다소 떨어진다. 나라에 따라 렌트비가 다른데, 독일이나 프랑스가 가장 저렴하고 북유럽이 가장 비싸다(성수기에는 2배 이상 차이가 난다). 그리고 남부 유럽, 동부 유럽 순으로 비싸다. 통상 픽업을 할 경우 **렌트비가 저렴한 독일이나 프랑스에서 자동차 여행을 시작**하도록 일정을 짠다.

### 예약은 한국에서 ★

예약 없이 바로 현지에서 렌트하면 한국에서 예약할 때보다 렌트비가 2~3배 비싸므로 **미리 한국에서 예약**한다. 가급적 공신력 있는 렌터카 회사에서 렌트하는 게 여러모로 안전하다.

### 차량 예약과 시기

유럽 여행은 7~8월이 성수기이므로 가급적 1~3월에 미리 예약해둔다. 성수기에는 원하는 차량 확보도 힘들고 요금도 다소 비싸진다. 예약 시기를 정했으면 전화 또는 인터넷 홈페이지를 통해 견적/예약 신청을 하면 예약 확인서를 메일로 발송해준다.

### 차량 종류는 반드시 자동(오토) 변속기 차종으로

유럽 자동차는 대부분 수동 변속기 차량이 주종이라 자동(오토)이 수동보다 렌트비가 비싸다. 수동 변속기에 익숙하지 않으면 자동 변속기 차량을 렌트한다. **오토 차종은 인기가 있어 모두 매진되므로 일찍 예약해 차량을 확보해둔**다. 전기차는 충전 시설이 아직 미비하므로 가급적 휘발유(디젤) 차량을 렌트한다.

오토 차량

### 계약 시 필요한 서류

**예약 확인증, 국제운전면허증, 국내운전면허증, 신용카드(주 운전자 본인)**. 국제운전면허증(구청 운전면허장에서 발급. 여권용 사진 1매, 여권, 8500원. 1년 간 유효)은 출국 전에 발급받아 둔다. 신용카드 사용 한도가 넘으면 다른 신용카드를 요구하므로 여분의 카드도 준비한다.

## 현지에서 실전 사항

### 현지 렌터카업체 찾아가기

공항(기차역)에 도착하면 CAR RENTAL 또는 RENT A CAR 표지판을 따라가면 렌터카 사무실이 나온다.

렌터카 사무실 표지판(위), 렌터카 사무실(아래)

### 계약서 작성과 결제 방식

현지 렌터카 사무실에 도착하면, 예약 확인증과 면허증, 신용카드를 제시하고 계약서를 작성한다. 결제 방식은 대부분 **신용카드 후불 결제**다. 신용카드로 보증금(Deposit)을 걸고 차를 인수한 후, **차를 반납할 때 정산해서 대금을 청구하는 방식이다**. 인수 전(에이전트 업체는 1주일 내)에는 취소 시에도 위약금이 없다. 현지에서 여러 명이 운전하려면 렌터카 사무실에서 추가 운전자(동일 요금으로 4명까지 가능. 업체에 따라 추가 요금을 요구)를 등록한다.

### 계약 시 유의 ★

유의할 점은 차량 옵션을 처음 예약한 대로 차를 렌트해야 바가지를 피할 수 있다. 현지에서 직원들이 **추가 사항(Additional charges)**을 권하거나, 본인이 예약 옵션과 다르게 변경할 시 반드시 바가지를 쓰게 된다. 꼭 필요한 옵션이나 추가 사항이 있다면 한국에서 담당자와 상담하거나 심사숙고한 후 계약한다.

### 차량 인수하기(Pick up)

차량 인수, 인도 장소

주로 공항이나 큰 역에 렌터카 사무실이 있다. 사무실에서 계약 관련 서류를 제출하고 계약서에 **사인(꼼꼼히 확인 필요)**한 후 **계약서 사본과 자동차 키**를 받고, 대부분 혼자서 지정 주차장으로 가서 대기 중인 렌터카를 인수한다. 승차 전에 **차량 흠집 상태를 스마트폰으로** 촬영하고, 작동 방법을 확인한 다음 출발한다. 공항 주차장을 통과할 시 주차 요금을 내야하므로 사전에 직원에게 무료 주차권이나 사용 방법에 대해 물어본다.

### 차량 반납하기(Return)

공항 반납 시 **Car rental return 표지판**이 있는 지정 주차장에 차량을 반납한다. 해당 반납 주차장(또는 렌터카 사무실)으로 가서 렌터카 직원에게 자동차 키를 반납하면, 직원이 연료와 차량 상태를 점검하고 이상 없으면 OK한다. 반납할 때 유의할 점은 **인수 시 들어 있던 연료(통상 full)만큼 채워야 한다.** 공항 도착 전 약 50km 거리 주유소에서 가득 채우면 공항에 도착하더라도 문제없다. 연료를 채우지 않을 시 부족한 만큼 돈을 지불해야 한다.

### 편도 렌탈

인수·인도 장소가 다를 때는 편도 렌탈비가 추가된다. 반납 시 동일 국가 내에서는 도시가 다르더라도 편도 렌탈비(Drop Fee)가 추가되지 않지만, 렌터카 회사 또는 국가에 따라 유료인 경우도 있다. 반납 국가가 다를 경우 나라에 따라 렌트비와 맞먹는 편도 렌탈비를 내야 하므로 가급적 **픽업과 반납 국가가 같도록 일정을 짜야 한다.** 허츠의 선불 예약의 경우는 프랑스 등 유럽 주요 국가에서 동일 국가 내 편도 렌탈비가 없다. 유의할 점은 서유럽에서 픽업한 차는 대부분 동유럽에 반납할 수 없다. 또한 BMW 등 고급 차량은 동부 유럽과 이탈리아 입국이 제한될 수 있으니 확인한다. 최근에는 국경(예: 프랑스)을 벗어나 다른 나라(예: 이탈리아)를 여행할 경우는 3만원 내외의 추가 비용을 지불한다.

### 리스

푸조 자동차가 자사 홍보를 위해 일정 기간 차를 빌려주는 시스템이다. **30일 이상 렌트한다면 렌터카보다 가격과 조건 면에서 유리하다.** 무엇보다 중고차가 아닌 신차를 대여해주므로 산뜻하게 자동차 여행을 즐길 수 있다. 렌터카보다 차량 확보가 쉽지 않으므로 일찍 문의해 예약해둔다. 절차 과정은 렌터카와 비슷하다.

리스 대행업체
● 여행과 지도 www.leeha.net

### 보험

#### 렌터카

- **기본 보험**: CDW(대인 대물, 자차 보험)+TP(차량 도난 보험)
- **추가 보험**: 슈퍼 커버(완전 면책)+여행자 보험(PAI /PEC: 상해와 물품 도난)

대부분 렌터카 운전자는 모든 항목이 보험 처리가 되는 **종합 보험(Full Cover. 기본 보험과 추가 보험)**에 가입하는 게 마음 편하다. 렌터카 업체에 따라 렌탈비를 기본 보험만 산정해 사이트에 올리는 경우가 많으므로 반드시 비교 분석한다.

#### 리스

가족 한정 종합 보험(리스 비용에 자차, 차량 도난, 자손, 대인, 대물, 제3자 보험)이다. 운전은 계약자의 직계 가족에 한정된다. 사고 발생 시 귀국 후 보험 처리가 된다.

## 유럽의 도로

### 시내도로

**도심은 대부분 일방통행이다.** 대부분 도로가 좁고 골목길이 많다. 진입금지 표지판과 일방통행 표지판을 잘 숙지한다. 영국은 시내 진입 시 교통혼잡통행료를 부과하고, 독일은 배기가스 제한구역 제도를 실시하고, 이탈리아는 시내(구도심) 진입을 금하고 있다. **도심에 진입 시 범칙금을 부과하니 유의한다.** 가급적 외곽 지하 주차장에 주차하고 도심은 대중교통을 이용한다. 물론 중소도시는 도심 진입을 허용하는 국가도 있지만, **이탈리아 중소도시는 도심 진입을 금지하고 있다.**

### 일반국도와 지방도로

일반국도는 2차선, 4차선 도로. 프랑스는 N/D, 이탈리아는 SS/P로 표시한다. **중앙선이 흰색이고, 차선 구분은 흰색 점선**으로 표시한다. 지방도로는 고속도로보다 소요 시간이 더 걸리지만, 유럽 특유의 아름다운 전원풍을 즐길 수 있다. 특히 프랑스·이탈리아는 통행료가 비싸므로 시간적 여유가 있다면 일반 국도 이용을 권한다.

### 고속도로

도로명은 A1, A2 등으로 표시한다. 제한 속도는 120~130km. **추월선은 1차선 도로이며, 추월할 때만 이용한다. 주행선은 2, 3차선 도로이며, 평상 시 주행할 때 이용한다.**

- **출구**: 나라별 용어를 숙지해 둔다. ★
  - Uscita(이탈리아), Sortie(프랑스), Ausfahrt(스위스), Salida(스페인)
- **통행료 무료 국가**: 독일, 네덜란드, 벨기에, 영국, 노르웨이(일부 구간)
- **통행료 유료 국가**: 프랑스, 이탈리아, 스페인, 포르투갈 등은 통행료 유료 국가이다. 특히 프랑스, 이탈리아는 통행료 부담이 크다. 200km 구간 통행료가 통상 4~7만원 정도.
- **비넷(Vignette)** ★: 스위스, 오스트리아, 체코, 헝가리, 슬로베니아는 '비넷(Vignette)'이라는 기간별 통행권(1주일권, 한달권 등)을 발급한다. 국경선 사무실(또는 직전 휴게소)에서 비넷을 구입해 차량 앞 유리창에 부착한다. 미 부착으로 적발되면 비넷 요금의 10~20배에 달하는 범칙금이 부과된다. 최근에는 자주 불시에 점검하므로 유의한다(특히 동유럽 조심).

### 톨게이트

통행료를 징수할 때, 전용 카드를 이용하는 곳(Telepass), 신용카드를 이용하는 곳(Card/Carte, 카드 표시 t), 직원이 직접 수령하는 곳(Biligetti, Manual↓, ↓t/, 동전 표시) 등이 있다(명칭은 나라별로 약간 차이가 있다). **전용 카드 톨게이트로 가지 말고, 신용카드 정산하는 곳이나 직원이 직접 수령하는 곳으로 간다.** ★

톨게이트

고속도로 출구(이탈리아)

오스트리아 비넷

---

**tip 톨게이트 정산하기**

- **톨게이트 IN**: 미터기에서 통행권을 뽑는다.
- **톨게이트 OUT**
  1. 정산기에 티켓을 넣으면 화면에 금액이 뜬다.
  2. 주입구에 지폐(동전) 또는 카드(컨택리스 카드는 터치하면 정산)를 넣는다.
  3. 동전은 항상 준비해둔다. 짧은 구간은 무인 정산기 주입구에 동전만 넣는 경우가 있다.
  4. 동전이 없어 정산하기 곤란하면 **경적**을 누른다. 규모가 큰 톨게이트는 직원이 나와 도와준다.
  5. 맨 아래 동전 주입구에서 잔액이 나온다. 통행료 영수증이 안 나오는 곳도 있다.
  6. 정산이 끝나면 차단기가 열린다.

### 고속도로 휴게소

간이 휴게소(P 표시)

휴게소 표지판(프랑스)

고속도로 휴게소

유럽의 휴게소는 우리나라와 달리 규모가 아주 작다. 휴게소에 잡화점과 주유소, 화장실 등이 있다.

- 화장실 무료 : 통행료 받는 국가(예: 프랑스)
- 화장실 유료(€1) : 통행료 받지 않는 국가(예: 독일)
- 유료 화장실 이용 시 바코드 영수증을 잘 챙긴다. 휴게소 편의점을 이용할 때 영수증을 제시하면 금액만큼 제외해준다.
- 고속도로 휴게소에서 숙박비를 절약하기 위해 간혹 차박하는 운전자들도 있다. 비교적 안전한 편이다.
- 간이 휴게소(P 표시) : 주차장과 화장실(무료)이 있다. **야간에는 위험하니 주차하지 않는다.**
- 로마·나폴리 등 이탈리아 남부에서는 휴게소나 시내 주유소에서 팁을 받기 위해 와이퍼를 닦아주려고 차량에 접근하는 사람들이 있다. **NO라는 의사 표시**를 단호하게 해둔다.

### 유럽의 교통체계

#### 라운드 어바웃(회전 교차로) Round About

신호등 없이 원을 그리면서 좌우남북으로 통행하는 시스템. 라운드 어바웃에 진입하기 전에는 일단 정차해야 한다. 항상 라운드 어바웃에 가까워지면 속도를 줄이고 정지선에 서서 왼쪽으로 시선 돌리는 것을 습관화한다. 원에 먼저 진입한(왼쪽에서 진입한) 차량에게 우선권이 있다. 즉 내가 정차한 곳을 기준으로 왼쪽 차량이 먼저 원에 진입하면 대기했다가 내 앞을 통과할 때 진입한다. 외지인이 무심코 라운드에 진입하다 원 안에서 돌고 있는 차량과 부딪히는 사고가 잦으니 반드시 라운드 진입 전 정차하는 습관을 갖는다.

#### 정지선

횡단보도 정지선에 도달하면 반드시 선 앞에 정차한다. 신호등이 정지선 옆에 설치되어 있어 한국처럼 무심코 정지선을 침범해 정차하면 신호등이 보이지 않아 곤혹스러워진다. **좌회전 금지 표시가 없을 경우에는 직진 신호가 켜지면 좌회전도 가능하다.** 좌(우)회전 화살 표시가 있을 경우는 녹색 신호등이 켜질 때 좌(우)회전한다. 간혹 주변 차량이 양쪽 라이트를 깜박거리는 경우가 있는데, 이는 끼어들어도 된다는 양보의 표시이니 알아두자.

#### 차선 지키기

유럽인들은 차선을 법규대로 지킨다. 고속도로에서 추월선과 주행선은 매우 중요하다. **편도 3차선일 때 추월선(1차선)은 앞 차를 추월할 때만 이용하고, 추월 후에는 반드시 주행선(2·3차선)으로 되돌아간다.** 그러므로 늘 추월선(1차선)은 비어 있어 통행이 수월하다. 여러 차선일 때는 맨 마지막 차선이 주행선이다.

#### 보행자 우선

유럽의 운전문화는 운전자보다 보행자가 우선이다. **보행자가 횡단보도에서 대기하고 있으면 운전자는 신호등에 관계없이 보행자가 건너가도록 정차한다.** 물론 대로에서는 차량 흐름에 따라 신호등을 따라 직진해도 되지만, 좁은 길이나 골목길에서는 횡단보도에 보행자가 서 있으면 신호등에 관계없이 반드시 정차해 양보한다. 특히 마을을 통과할 때는 시속 30~50km로 서행한다.

파란색 신호 시 우회전. 횡단보도에 보행자가 서 있으면 신호등에 관계없이 반드시 정차해 양보한다.

라운드 어바웃. 적색 차가 원 안으로 진입하려면 적색 차를 기준으로 왼쪽 원 안에 있는 차량 2대가 통과해야 한다.

### 일방통행

유럽의 구시가는 구불구불한 좁은 도로가 많아 쌍방향이 아닌 일방통행 도로가 주를 이룬다. 진입금지 구역도 있으니, 주변 도로 표지판을 반드시 잘 살핀다.

### 트램·버스 전용 차선

유럽의 고도(古都)는 우리와는 달리 도로 위로 트램이 다닌다. 구시가 도로는 트램만 다니는 전용선도 있지만, 트램 노선 위로 자동차가 다니는 경우도 있다. 이럴 경우는 **당황하지 말고 주변 차량의 흐름을 따라 운전하면 된다.**

### 전조등 켜기

남부 유럽을 제외한 대부분의 유럽은 맑은 날씨보다 우중충한 날씨가 잦아 대낮에도 습관적으로 전조등을 켜고 다닌다. 차량 안전을 위해서 라이트를 켜고 운전하는 게 안전하다.

### 과속 단속 카메라·벌칙금

고속도로에서는 통상 120~130km **초과 시** 이동식 과속 단속기에 걸린다. 특히 시골 마을이나 주택가 골목길은 **제한 속도가 30km** 내이므로 유의한다. 과속 또는 주차 위반으로 벌칙금을 낼 경우 현지에서 납부하거나(호텔 직원에게 문의) 차량 반납 시 렌터카 회사에 문의하고 대처한다. 미지불하고 귀국하면 후에 벌금 납부 고지서가 우편물로 온다.

## 주차

### 노상 주차장

노상 주차장

한적한 곳은 노상 주차하기 무난하지만 복잡한 시내에서는 주차장 찾기가 쉽지 않고 주차 시간도 제약이 있으며 도난 위험도 있다. 도로변에 **무인 주차 미터기가 없는 곳은 무료 주차**이고, **무인 주차 미터기가 있는 곳은 유료 주차**다. 이탈리아 노상 주차장의 경우, **파란색 선은 유료 주차이고 흰색 선은 무료 주차이다.**

### 유료 주차장

무인 주차 미터기

먼저 요금을 정산하고 **주차권을 운전대 위에 놓는다.** 지역에 따라 단시간 주차장(1~2시간)과 종일 주차장이 있다. **야간, 주말, 공휴일에는 이곳도 무료 주차가 된다.** 요일 정도의 현지어는 숙지하는 게 편하다. 거주우선 주차장이나 장애인 전용

789

주차장에는 주차해서는 안 된다. 위반 시 상당한 벌금이 부과된다. 거주지 우선 주차장에 주차하는 차량은 운전대 위에 스티커가 부착되어 있다.

### tip 노상 주차장 정산하기

1 주차 미터기 화면에 표시된 시간당 금액을 확인한다.
2 화면 아래 중앙에 위치한 동전 주입구에 주차할 시간만큼 동전을 넣는다.
• 기기에 따라 왼쪽 별표(*)를 눌러 주차할 시간을 정한다(1~4시간 등).
• 지역에 따라 차량 번호를 먼저 누르고 상기처럼 하는 경우도 있다.
3 하단의 녹색 버튼을 누르면 주차권이 나온다.
4 티켓은 차량 밖에서 쉽게 볼 수 있도록 운전대 위에 놓는다(프랑스, 이탈리아 등).
5 만약 운전대 위에 주차권이 없으면 주차 요원이 무단 주차로 오해하고 딱지를 붙인다.
6 야외 주차장에서 나갈 때는 주변의 무인 정산기에 주차권을 넣고 해당금액을 넣으면 정산된 티켓이 나온다. 출구 주입구에 주차권을 넣으면 차단기가 열린다.

### tip 도난사고에 주의

최근 노상 주차장에 세워둔 차량을 겨냥한 도난사고가 빈번하게 발행하고 있다. 차 안에 절대 귀중품을 놓지 말고, 가방은 뒤쪽 트렁크에 넣어두고 **차량 안은 깨끗하게 비워둔다.** 불안하면 지하 주차장에 주차시키는 게 가장 안전하다.

### tip 지하 주차장 정산하기

• 주상 주차 정산기보다 수월하다.
• IN : 주차 미터기 버튼을 누르면 주차권이 나온다.
• OUT : 건물 내 무인 정산기 주입권에 주차권을 넣으면 화면에 주차 금액이 뜬다.
 – 주차 금액만큼 정산 주입구에 동전·지폐·카드를 넣는다.
 – 맨 아래 주입구로 정산된 주차권이 나온다.
 – 출구 주차기에 주차권을 넣으면 차단기가 자동으로 열린다.

## 지하 주차장

도로변에 P라고 쓰여 있는 주차 건물로 들어간다. **시간의 제약 없이 주차시킬 수 있고 노상 주차보다 안전하다.** 주차 방법은 우리와 비슷하지만, 주차 요금이 약간 비싸다. 소도시는 지하 주차장이 별로 없으니 노상 주차장에 주차한다.

## 주유

유럽은 대부분 셀프 주유소다(이탈리아는 직원이 주유). 주유 방법은 다음과 같다.

1 주유기 앞에 주차한다.
2 **디젤(경유)와 휘발유를 반드시 구분한다.** ★
 휘발유가 디젤보다 비싸다. 주유비는 우리나라보다 약간 비싼 편이다.
 – **휘발유(녹색)** Super/Essence/Carburant. **Super95**가 무난하다.
 – **디젤(검정/노란색)** Gasolin Diesel/Gazole/Gasoil
3 연료 주입구에 호스를 넣는다.
4 주유기 손잡이 안쪽 방아쇠를 위쪽으로 잡아당긴다.
5 탁 소리가 나면 기름이 가득 찼다는 신호이다.
6 주유기를 원위치에 놓고 주유 번호(+주유 금액)를 확인한다.
7 주유가 끝났으면 사무실(휴게소)로 가서 계산대 직원에게 주유 번호를 말하고 계산한다. 유의할 점은 **주유 후 정산할 때까지 차를 그대로 둔다.** 만약 차량이 움직이면 주유소 사무실에서 지켜보는 직원의 의심을 받게 된다. 뒤에서 대기 중인 차량은 신경 안 써도 된다.
8 일부 주유소는 사무실 계산대에 먼저 가서 정산해야 주유기가 열려 작동하는 곳도 있다.

※ 고속도로 주유소보다 시내 주유소가 좀 더 저렴하다.
※ 일부 고속도로 휴게소에는 전기차 충전기가 있다. 아직 전기차 충전소가 미비해 충전소 찾기가 쉽지 않다. 또한 충전 시간을 낭비하게 된다. 휘발유(경유) 차량으로 운전하는 게 편하다.

주유기

## 캠핑장

캠핑장 안내 표지판

유럽인들은 여행 경비를 절약하면서 즐기는 분위기라 일찍부터 캠핑 문화가 발달했다. 캠핑장마다 다양한 부대시설(상급 캠핑장은 수영장, 테니스장, 골프장 등)을 갖춰 야외 생활을 하는 데 불편함이 없다.

### 캠핑장 여행의 특징

- 캠핑장은 방갈로와 캠핑카 사이트, 일반 차량 텐트 사이트로 나뉜다.
- 방갈로는 호텔보다는 저렴하지만, 텐트 사이트보다는 비싸다.
- 캠핑장은 예약 없이도 이용할 수 있지만, 성수기에는 일찍 도착하거나 미리 예약해둔다.
- 숙박비의 1/4~1/5수준이며 직접 요리할 수 있어 식비도 아낄 수 있다.
- 남부 유럽은 여름에 너무 더워 텐트에서 숙박하기 힘드니 여름철은 피하는 게 좋다.

### 캠핑장 활용하기

- 캠핑장을 찾아갈 때는 우선 인터넷 검색을 통해 위치를 파악한다.
- 현지 여행 안내소에서 캠핑장 안내 유인물을 얻은 후 캠핑장 표시판을 따라가면 쉽게 찾아 갈 수 있다. 구글맵을 이용하면 더욱 편하다.
- 캠핑장에 도착하면 **입구에 위치한 리셉션에서 접수**한다. 캠핑장 사용료는 캠핑장에 따라 선불 또는 후불하는 곳이 있다. 접수가 끝나면 직원이 안내한 텐트 사이트에 주차하고 텐트를 친다. 1~2인이면 텐트 없이 차박(4인용 차량의 경우)해도 된다.
- 전기를 사용하려면 **전용 통합형 콘센트(구멍 3개)**를 사용해야 한다. 접수처에서 대여하거나 대형 캠핑장에서는 구입해 사용할 수도 있다.
- 샤워는 대개 무료이지만, 지역에 따라 유료인 곳도 있다.
- 겨울철에는 대부분의 캠핑장이 잠정 폐쇄하니 사전에 문의해 결정한다.

**캠핑장 정보**
@ ADAC www.hymer.com
@ ACSI www.eurocamping.com
@ 유럽 캠핑 www.interhike.com

전용 통합형 콘센트(구멍 3개) / 캠핑장 접수처

### tip 내비게이션 활용

렌터카 업체에서 차량 대여 시 내비게이션 옵션을 추가하면 내비게이션이 장착된 차량을 제공해 준다. **대부분 오토 차량을 선택하면 내비게이션이 장착되니 옵션을 추가할 필요가 없다. 유럽에서 운전할 때 구글맵을 활용하는 게 가장 가성비가 높다.** 스마트폰에 구글맵 앱을 다운받아 이용하면 한국어로 길 안내를 받을 수 있다. 구글맵이면 충분하니 별도의 비용이 요구되는 앱이나 기기 등이 없어도 길 찾는데 불편하지 않다.

### tip 차량출입 제한지역 ZTL ★

ZTL(차량출입 제한지역)

이탈리아는 차량출입 제한지역(ZTL: Zona Traffico Limitato) 제도가 있다. 도심 핵심 구역을 지정해 그 지역 거주민 차량만 출입이 가능하고 외부 차량은 출입을 금지하고 있다. 허가받지 않은 외부 차량이 이 지역을 통과하면 범칙금이 부과된다. **ZTL 표시가 있으면 일단 진입하지 말고 주변 유료 주차장을 이용한다.** 만약 도심에 위치한 호텔을 예약할 때는 이메일로 ZTL에 해당되는지, 범칙금을 해결해주는지 문의하고 결정한다. 토스카나 마을(P.591) 참조.

# 나라별 놓치면 후회하는 여행 장소

**영국**
UNITED KINGDOM

### 런던 베스트 10 핫 플레이스
웨스트민스터 사원, 런던 아이, 버킹엄 궁전, 트라팔가 광장, 내셔널 갤러리, 영국 박물관, 세인트 폴 대성당, 타워 브리지, 런던 타워, 노팅 힐

### 런던 베스트 뷰
**런던 아이(내부 캡슐)** → 런던 시가지 야경 (유료)
**런던 아이 앞(템즈강)** → 국회의사당 주변 전경 (무료)
**웨스트민스터 브리지** → 런던 아이 주변 전경 (무료)
**런던 타워(시청사) 앞** → 템즈강 변의 타워 브리지 야경 (무료)
**테이트 모던(7층 전망대)** → 밀레니엄 브리지 주변 전경 (무료)

- 영국 왕실의 전통 의식 포착 → 근위병 교대식(버킹엄 궁전)
- 런던의 축제 노팅 힐 카니발 → 8월 마지막 주 일요일, 월요일
- 런던의 대표적 휴식 공간 → 하이드 파크, 세인트 제임스 파크
- 런던에서 세계적인 뮤지컬 공연 보기 → 오페라의 유령, 라이온 킹, 맘마미아, 레 미제라블
- 영국이 낳은 천재 건축가들 → 크리스토퍼 렌(세인트 폴 대성당), 노먼 포스터(시청, 거킨, 영국 박물관의 그레이트 코트)
- 런던 근교에서 가장 인기 있는 성 → 윈저 성
- 스테이트 아파트먼트(퀸 메리 인형관, 성 조지 홀), 근위병 교대식

- 영국의 아카데미를 상징하는 대학 도시 → 옥스퍼드
- 크라이스트 처치 칼리지, 셀도니언 극장, 래드클리프 광장, 애슈몰린 박물관
- 옥스퍼드에서 액티비티 즐기기 → 뱃놀이 펀팅
- 세계 시간의 기준점이 되는 그리니치 표준시 → 그리니치 천문대(왕립 천문대, 커티 사크호)
- 유럽에서 가장 미스터리한 세계자연유산 → 스톤헨지(스톤 헨지 비지터 센터)

### 드라마틱한 삶을 산 헨리 8세와 여인들
- 헨리 8세: 튜더 왕조의 왕. 6번 결혼과 이혼을 반복, 2명의 왕비를 사형시킴
- 앤(천일의 앤): 헨리 8세 왕비, 엘리자베스 여왕 1세의 모(母), 헨리 8세에 의해 사형
- 메리 여왕: 피의 여왕, 헨리 8세의 장녀(캐서린 왕비의 딸)
- 엘리자베스 여왕 1세: 헨리 8세 차녀

**프랑스** FRANCE

### 파리 베스트 10 핫 플레이스
에펠탑, 루브르 박물관, 오르세 미술관, 센강 변, 오페라 극장, 생트 샤펠, 그랑 팔레, 노트르담 대성당, 샤크레 쾨르 사원, 페르라셰즈 묘지, 룩상부르 공원

### 파리 베스트 뷰
**샤요 궁전 테라스** → 에펠 탑 야경 (무료)
**에펠 탑 전망대** → 파리 야경 (유료)
**샤크레 쾨르 사원** → 몽마르트르 언덕 전경 (무료)

몽파르나스 타워 전망대 → 파리 야경(유료)
개선문 전망대 → 샹젤리제 거리 전경(유료)

- 프랑스에서 가장 매혹적이고 성스러운 순례 도시 → 몽생미셸 수도원, 갯벌 체험
- 왕족과 귀족 생활의 화려한 무대를 느낄 수 있는 궁전 → 베르사유 궁전(정원)
- 프랑스 역대 왕들이 사랑한 궁전 → 퐁텐블로 성(귀양 가는 나폴레옹의 흔적)
- 자연과 예술의 정취를 함께 느끼는 마을 → 지베르니의 모네 정원, 에트르타 ★
- 고흐의 침묵의 성지 → 오베르 쉬르 우아즈(반 고흐의 집), 아를(에스파스 반 고흐)
- 로마시대의 모습을 그대로 간직한 유적지 → 아를(아레나, 고대 극장), 님(가르교, 아레나)
- 세계에서 가장 작은 국가 → 모나코 공국(모나코 왕궁, 대성당, 그랑 카지노)
- 코트다쥐르 지방의 환상적인 지중해 풍광 → 에즈(하늘 정원)
- 코트다쥐르 지방의 핫한 휴양지 → 니스(프로메나드 데 장글레, 성터의 언덕 전망대)
- 왕정시대의 흔적을 볼 수 있는 고성 → 루아르 고성(슈농소 성, 샹보르 성)
- 루아르 고성중 가장매혹적인정원→빌랑드리정원 ★
- **잊을 수 없는 환상적인 라벤더 꽃밭 → 라벤더루트 (고르드, 세낭크 수도원, 쏘, 바농, 시미라 로통드, 발랑송 고원)** (유럽 소도시참조) ★

 **스위스**
SWITZERLAND

- 알프스 산맥의 장엄한 빙하 풍광을 즐길 수 있는 마을 → 인터라켄
- 융프라우요흐(알레치 빙하): 한국인에게 가장 인기 있는 알프스의 랜드마크
- 하더쿨룸 전망대: 저녁 노을의 풍광이 환상적
- 이제발트: 〈사랑의 불시착〉 촬영지로 인기 상승
- 천혜의 빙하 계곡에서 하이킹과 스키를 즐길 수 있는 태곳적 마을 → 체르마트
- 마터호른: 파라마운트 영화사의 로고로 유명한 알프스 봉우리
- 마터호른 글래시어 파라다이스 전망대
- 고르너그라트 전망대(하이킹) → 5개 호수길: 슈텔리제, 그린지제, 그륀제, 무스지제, 라이제
- 전천후 스키 즐기기
- 레만 호수의 수려한 풍경을 만끽할 수 있는 호반도시 → 몽트뢰
- 시옹 성(레만 호수 위에 떠있는 성), 록 밴드 퀸의 프레디 머큐리 동상과 무대
- 스위스에서 가장 수려한 도시 → 루체른
- 카펠교(인기 촬영지), 빈사의 사자상, 구시가
- 근교 등산 철도 여행(스키) → 리기, 필라투스, 티틀리스 중 한 곳
- 스위스의 수도로 국제 금융업의 중심지 → 취리히: 반호프 거리·니더도르프 거리, 대성당(그로스뮌스터 전망대 포토 스폿)
- 유네스코 세계문화유산에 지정된 고도(古都) → 베른
- 구시가(고풍스런 중세 도시 모습), 베른 대성당, 장미 정원(포토 스폿)
- 레만 호수를 끼고 있어 자연 경관이 수려한 호반 도시 → 로잔
- 로잔 대성당(타워 전망대 포토스폿), 팔뤼 광장, 마르셰 계단, 플랫폼 10(로잔 주립 미술관 등)
- 종교 도시 겸 국제 도시로 유명한 도시 → 제네바
- 종교 개혁의 중심지(생 피에르 대성당, 바스티옹 공원, 종교 개혁 박물관), 제토 분수
- 스위스, 독일, 프랑스 3국과 인접한 교통 요충지 → 바젤
- 시립 미술관, 팅켈리 미술관(분수대), 바젤 대성당, 3개국 국경 지점
- 태곳적 빙하 지형을 지근거리에서 볼 수 있는 베스트 특급 관광 열차 노선
- 빙하특급 열차(체르마트 → 브리그 → 안데르마트 → 쿠어 → 생모리츠/다보스)
  ※ 란트바서 비아둑트 교각 감상(필리수르 Filisur 역 하차)
- 베르니나 특급(쿠어/다보스 → 생모리츠 → 베르니나 고개 → 포스키아보 → 티라노 → 루가노)
  ※ 절경 감상(알프그룸 휴게소, 브루시오(306도 환상(環狀)형 모양의 루프식 철도)

# 이탈리아 ITALIA

## 로마 베스트 10 핫 플레이스
콜로세움, 포로 로마노, 캄피톨리오 광장, 스페인 광장, 트레비 분수, 판테온, 보르게세 미술관, 바티칸 박물관, 산 피에트로 대성당, 나보나 광장

## 로마 베스트 뷰
팔라티노 언덕 전망대와 세나토리오 궁전 뒤편 테라스 → 포로 로마노(前 유료/後 무료)
포폴로 광장(핀초 테라스) → 로마의 환상적인 일몰(무료)
콘스탄티누스 황제 개선문 부근 → 콜로세움 야경(무료)
비토리오 에마누엘레 2세 기념관 전망대 → 고풍스런 시내 전경(유료)
산 피에트로 대성당 돔 전망대 → 산 피에트로 광장 주변 전경(유료)

- 시간이 멈춰버린 고대 유적지 → 폼페이 유적(포로, 대극장, 루파나르, 베티의 집, 목신의 집)
- 귀족적인 풍광을 자랑하는 티볼리 → 빌라 데스테, 빌라 아드리아나
- 이탈리아에서 가장 아름다운 아말피 해안 → 포지타노, 아말피, 카프리섬(푸른 동굴)
- 중세도시 시에나 최고의 전망 → 캄포 광장(만자의 탑 전망대)
- 세계 7대 불가사의 건축물 → 피사의 사탑
- 순례자와 관광객의 발길이 끊이지 않는 성지 순례 → 아시시(산 프란체스코 성당)
- 여행객들이 꼭 가고픈 전원풍 토스카나 마을 → 피엔차, 산 퀴리코 도르차, 발 도르차
- 토스카나의 매혹적인 사이프러스 풍경 5 → 치프레시 디 산 퀴리코 도로차, 아그리투리스모 포기오 코빌라, 포데레 벨베데레 발 도르차, 아그리투리스모 바콜레노, 푼토 파노라미코 치프레세스 지그자그
- 친퀘테레에서 가장 아름다운 해안 마을 → 마나롤라, 베르나차
- 피렌체의 환상적인 최상의 뷰 → 두오모 전망대, 조토의 종루, 미켈란젤로 광장
- 피렌체에서 놓치면 후회할 최고의 미술관 → 우피치 미술관, 아카데미아 미술관
- 베네치아 최고의 파노라마 전망 → 종루, 리알토 다리
- 베네치아에서 파도타기와 낭만을 만끽하기 → 곤돌라 타기

# 스페인 SPAIN

## 바르셀로나 베스트 3 핫 플레이스 가우디의 걸작
- 카사밀라: 가우디의 기념비적 작품
- 사그라다 파밀리아: 가우디가 반평생을 바친 미완의 작품(2026년 완공 예정)
- 구엘 공원: 구엘의 이상형 전원 도시를 구현

## 바르셀로나 베스트 뷰
카사밀라의 테라스(유료), 사그라다 파밀리아 타워 전망대(유료), 몬주익 성(유료), 카멜 벙커의 야간 전경(최근 떠오르는 핫 플레이스, 무료)

- 마드리드에서 꼭 관람해야 할 미술관 → 프라도 미술관, 국립 소피아 왕비 예술 센터
- 마드리드에서 최상의 체험 → 투우 경기(벤타스 투우장)
- 기암 절벽 위에 세워진 신비로운 몬세라트 → 수도사와 예술가의 영혼을 일깨우는 기암 절벽
- 천년고도의 흔적을 느껴보는 톨레도 → 카데드랄, 구시가 골목길 걷기
- 톨레도 최고의 고풍스런 전망대 → 미라도르 전망대(Mirador del Valle), 꼬마열차 타기
- 로마의 흔적을 볼 수 있는 세고비아 → 로마 수도교, 알카사르(백설공주 모델 성)
- 이슬람 건축의 백미 그라나다 → 알람브라 궁전(헤네랄리페, 알카사바, 나스르 궁전)
- 그라나다의 환상적인 전망대 → 알바이신 지구(산 니콜라스 성당 앞 전망대), 알카사바(벨라 탑)
- 안달루시아에서 집시의 매혹적인 정취를 느끼려면 → 플라멩코 감상(그라나다, 세비야)
- 이슬람교와 기독교의 융합된 독특한 분위기를 풍기는 세비야 → 카테드랄, 알카사르

- 신구 조화를 이루는 세비야 최고의 전망대 → 메트로폴 파라솔
- 로마시대의 안달루시아 중심지 코르도바 → 메스키타, 알카사르
- 스페인의 고도(古都)의 요새 론다 → 누에보 다리, 투우장, 무어왕의 궁전
- 론다 협곡의 환상적인 조망 → 알라메디 델 타호 공원 전망대, 마리아 아욱실리아도라

## 주요 명승지와 지하철

### 런던

| 주요 명승지 | 지하철 | |
|---|---|---|
| 히스로 공항 → 패딩턴역 | 엘리자베스 라인, 히스로 익스프레스, 피카딜리 라인 | |
| 국회의사당과 빅벤, 런던 아이, 웨스트민스터 사원 | Circle line/District line | Westminster역 |
| 버킹엄 궁전 | Cirle/District/victolia line | Victoria역 |
| 트라팔가 광장, 내셔널 갤러리 | Bakerloo line/Northern line | Charing Cross/ Leiceter Square역 |
| | Picadilly line | Leiceter Square역 |
| 레스터 광장, 차이나타운 | Picadilly line/Northern line | Leiceter Square역 |
| | Bakerloo line/Picadilly line | Pacadilly Circus역 |
| 코벤트 가든 | Picadilly line | Covent Gardend역 |
| 영국 박물관 | Northern line/Central line/Elizabeth line | Tottenham Court Road역 |
| 마담투소 밀랍 인형관, 셜록홈즈 박물관 | Metropolitan line/Bakerloo line/ Hammersmith & City line | Baker Street역 |
| 세인트 폴 대성당 | Central line | St Paul역 |
| 데이트 모던, 밀레니엄 브리지 | Circle line/District line | Blackfriars역 |
| 런던 타워, 타워 브리지 | Circle line/District line | Tower Hill역 |
| 하이드 파크 | Central line | Marble Arch역 |
| | Picadilly line | Hyde Park Corner역 |
| 노팅 힐 | Circle line/District line/Central line | Notting Hill Gate역 |
| 자연사 박물관, 빅토리아 & 앨버트 박물관 | Cirle/district/Piccadilly line | South Kenthington역 |

## 파리

| 주요 명승지 | 지하철 |
|---|---|
| 샤를 드골 공항 → 북역 | RER B선 Gare du Nord역 |
| 개선문, 샤를 드골 광장 | 1/2/6호선, RER A선 Charles-de-Gaulle-Etoile역 |
| 루브르 박물관, 카루젤 개선문 | 1/7호선 Palais Royal Musee du Louvre역 |
| 에펠탑, 샤요 궁전 | 6/9호선 Trocadero역(1번 출구)<br>6호선 BIR-Hakeim, RER C선 Champ de Mars Tour Eiffe |
| 노트르담 대성당, 생트 샤펠 | 메트로 4호선 Cité역 |
| 몽파르나스 타워 | 4/6/12/13호선 Montparnasee Bienvenue역 |
| 로댕 미술관 | 13호선 Varenne역, RER C선 Invalides역 |
| 퐁네프, 예술의 다리 | 7호선 Pont Neuf역 |
| 오르세 미술관 | 12호선 Solferino역, RER C선 Musee d'Orsay역 |
| 샤크레 쾨르 사원, 테르트르 광장 | 12호선 Abbesses, 2호선 Anvers역 |
| 퐁피두 센터 | 11호선 Rambuteau역 |
| 앵발리드, 알렉상드르 3세 다리 | RER C선 Invalides역 |
| 피카소 미술관, 카르나발레 박물관 | 8호선 Chemin-Vert역, 1호선 Saint Paul역 |
| 페르 라셰즈 묘지 | 2/3호선 Pere Lachaise역 |
| ★ 베르사유 궁전(파리 근교) | RER C선 Versailles-River Gauche역 |

## 로마

| 주요 명승지 | 지하철 |
|---|---|
| 피우미치노 공항 → 테르미니역 | 공항열차, 공항버스 |
| 콜로세움, 포로 로마노, 콘스탄티누스 황제 개선문 | 메트로 B선 Colosseo역, 75,81,673,175,204 번 버스 |
| 베네치아 광장, 캄피돌리오 광장, 비토리오 에마누엘레 2세 기념관 | 메트로 B선 Colosseo역, 40/64/170/175번 버스 |
| 진실의 입, 치르코 마시모, 카라칼라 욕장* | 메트로 B선 Circo Massimo역, 760,628번 버스* |
| 스페인 광장, 콘도티 거리, 판테온, 나보나 광장, 트레비 분수* | 메트로 A선 Spagna역, 메트로 A선 Barberni역* |
| 보르게세 미술관 | 메트로 A선 Flaminio역, 910번 버스 |
| 산 조반니 인 라테라노 교회 | 메트로 A선 San Giovanni역, 714번 버스 |
| 바티칸 미술관, 산 피에트로 대성당 | 메트로 A선 Ottaviano역, 49번 버스 |
| 산탄젤로 성 | 메트로 A선 Lepanto역 |
| 카타콤베 | 메트로 A선 San Giovanni역+218번 버스 |

## 바르셀로나

| 주요 명승지 | 지하철 |
|---|---|
| 엘 프라트 국제공항 →<br>산츠역, 카탈루냐 광장 | 공항열차(Sants역), 공항버스(카탈루냐 광장) |
| 카사 바트요 | 메트로 L3,4선 Passeig de Gràcia역, 7,22,24 버스 |
| 카사밀라 | 메트로 L3,5선 Diagonal역, 7,22,24,6,33,34 버스 |
| 사그라다 파밀리아 성당 | 메트로 L2,5선 Sagrada Familia역, 19,33,34 버스 |
| 구엘 공원 | 메트로 L3선 Lesseps역, 버스 H6, D40, 투어버스,<br>버스 24번(카탈루냐 광장), 92번(사그라다 파밀리아) 앞에서 탑승 |
| 람블라스 거리,<br>구엘 저택, 레이알 광장의 가로등 | 메트로 L1,3선 Catalunya역,<br>메트로 L3선 Liceu/Drassanes역 |
| 카테드랄, 왕의 광장, 피카소 미술관 | 메트로 L4선 Jaume역 |
| 몬주익 공원 | 메트로 L2,3선 Paral-lel역에서 푸니쿨라로 이동 |
| 카탈루냐 미술관, 미로 미술관 | 메트로 L1,3,8선 Espanya / L2,3선 Paral·lel역,<br>에스파냐광장에서 55,150 버스 |
| 카멜 벙커 | 메트로 L5선 El Carmel역<br>카탈루냐광장에서 22/24 버스, 버스편이 더 편하다. |

## 마드리드

| 주요 명승지 | 지하철 |
|---|---|
| 바라하스 국제 공항 → 아토차역 | 메트로 8호선 Nuevos Ministerios역(환승) →<br>메트로 1호선 Atocha역 또는 공항버스(Atocha역) |
| 국립 소피아 왕비 예술센터 | 메트로 1호선 Estación del Arte/Atocha역 |
| 티센 보르네미사 미술관 | 메트로 2호선 Banco de España역 |
| 왕립 산 페르난도 미술관 | 메트로 1/2/3호선 Sol역, 2호선 Sevilla역 |
| 레티로 공원 | 메트로 2호선 Retiro역 |
| 프라도 미술관 | 메트로 1호선 Estación del Arte역,<br>메트로 2호선 Banco de España역 |
| 왕궁 | 메트로 2/5호선 Opera역 |
| 마요르 광장 | 메트로 1/2/3호선 Sol역 |
| 푸에르타 델 솔 | 메트로 1/2/3호선 Sol역 |

# 영어 기초 단어

## 기초 회화

| 안녕하세요. | Hello (Hi). [헬로우 (하이)] |
| 고맙습니다. | Thank you. [땡큐] |
| 천만에요. | You're welcome. [유어 웰컴] |
| 실례합니다. | Excuse me. [익스큐즈 미] |
| 헤어질 때 | Good bye. [굿 바이] |
| 예 / 아니오 | Yes / No [예스 / 노] |

## 숫자

| 1 | one [원] |
| 2 | two [투] |
| 3 | three [쓰리] |
| 4 | four [포] |
| 5 | five [파이브] |
| 6 | six [식스] |
| 7 | seven [세븐] |
| 8 | eight [에잇] |
| 9 | nine [나인] |
| 10 | ten [텐] |
| 100 | one hundred [원 헌드레드] |
| 1000 | one thousand [원 싸우전드] |

## 요일

| 월요일 | Monday [먼데이] |
| 화요일 | Tuesday [튜즈데이] |
| 수요일 | Wednesday [웬즈데이] |
| 목요일 | Thursday [써즈데이] |
| 금요일 | Friday [프라이데이] |
| 토요일 | Saturday [새러데이] |
| 일요일 | Sunday [선데이] |

## 거리에서

| 버스 | bus [버스] |
| 지하철 | subway [써브웨이] |
| 택시 | taxi [택시] |

| 영업 중 | open [오픈] |
| 준비 중 | close [클로즈] |
| 공항 | airport [에어포트] |
| 환전소 | change [체인지] |
| 우체국 | post office [포스트 오피스] |
| 화장실 | toilet [토일렛] |
| 남성 | male [메일] |
| 여성 | female [피메일] |
| 교회 | church [처치] |
| 명소 | monument [모뉴먼트] |
| 미술관, 박물관 | museum [뮤지엄] |
| 공원 | park [파크] |
| 경찰 | police [폴리스] |
| 병원 | hospital [하스피털] |
| 금연 | no smoke [노 스모크] |
| 바겐세일 | sale [세일] |
| 거리 | street [스트리트] |
| 광장 | square [스퀘어] |

## 기차역에서

| 역 | station [스테이션] |
| 열차 | train [트레인] |
| 입구 | entrance [엔트런스] |
| 출구 | exit (way out) [엑시트] |
| 수하물 보관 | left baggage [레프트 배기지] |
| 출발 | departure [디팔쳐] |
| 도착 | arrival [어라이벌] |
| 매표소 | ticket office [티켓 오피스] |
| 플랫폼 | platform [플랫폼] |
| 개찰구 | gate [게이트] |
| 편도 | single [싱글] |
| 왕복 | return [리턴] |
| 열차 시각표 | timetable [타임테이블] |
| 식당차 | diningroom [다이닝룸] |
| 침대차 | sleeper [슬리퍼] |

# 프랑스어 기초 단어

### 기초 회화

| 안녕하세요. | Bonjour [봉주르] |
| --- | --- |
| 감사합니다. | Merci [메르시] |
| 미안합니다. | Excusez-moi [엑스퀴제 무와] |
| 얼마입니까? | Combien [콩비엥] |
| 예 / 아니오 | Oui / Non [위 / 농] |

### 숫자

| 1 | un [욍] |
| --- | --- |
| 2 | deux [두] |
| 3 | trois [트와] |
| 4 | quatre [카트르] |
| 5 | cinq [생크] |
| 6 | six [시스] |
| 7 | sept [세트] |
| 8 | huit [위뜨] |
| 9 | neuf [네프] |
| 10 | dix [디스] |
| 100 | cent [쏭] |
| 1000 | mille [밀] |

### 요일

| 월요일 | Lundi [렁디] |
| --- | --- |
| 화요일 | Mardi [마흐디] |
| 수요일 | Mercredi [메흐크흐디] |
| 목요일 | Jeudi [쥐디] |
| 금요일 | Vendredi [방드흐디] |
| 토요일 | Samedi [쌈디] |
| 일요일 | Dimanche [디망슈] |

### 거리에서

| 영업 중 | ouvert [우베르] |
| --- | --- |
| 준비 중 | fermé [훼르메] |
| 공항 | aéroport [아에로포르트] |
| 환전소 | change [샹쥬] |

| 우체국 | poste [포스트] |
| --- | --- |
| 화장실 | toilettes [투알레뜨] |
| 남성 | homme [옴므] |
| 여성 | femme [팜므] |
| 교회 | église [에글리즈] |
| 명소 | monument [모뉘망] |
| 미술관, 박물관 | musée [뮈제] |
| 공원 | parc [파르끄] |
| 정원 | jardin [자흐뎅] |
| 경찰 | police [뽈리스] |
| 병원 | hôpital [오뻬탈] |
| 금연 | défense de fumer [데팡스 드 휘메르] |
| 바겐세일 | soldes [솔드] |
| 거리 | rue [뤼] |
| 대로 | avenue (Ave.) [아브뉘] |
| 광장 | place [쁠라스] |
| 강변 | quai [께] |

### 기차역에서

| 역 | Gare [가흐] |
| --- | --- |
| 열차 | Train [트렝] |
| 입구 | Entree [앙트레] |
| 출구 | Sortie [쏘르티] |
| 수하물 보관 | Consigne [꽁씨뉴] |
| 출발 | Depart [데파] |
| 도착 | Arrivee [아리베] |
| 매표소 | Guichet [기셰] |
| 플랫폼 | Quai [께] |
| 개찰구 | l'acces aux quais [락쎄 오 께] |
| 편도 | aller simple [알레 쌩쁠] |
| 왕복 | aller-retour [알레르투르] |
| 환승 | correspondance [꼬레스퐁당스] |
| 1등석 | La premiere classe [라 프르미에르 끌라스] |
| 2등석 | La deuxieme classe [라 두지엠므 끌라스] |

# 독일어 기초 단어

## 기초 회화

| 안녕하세요. | Guten morgen [구텐 모르겐(아침)] |
| --- | --- |
| | Guten tag [구텐 탁(점심)] |
| | Guten abend [구텐 아벤트(저녁)] |
| 고맙습니다. | Danke sch [당케 쉔] |
| 천만에요. | Bitte sch [비테 쉔] |
| 실례합니다. | Entschldigung [엔슐디궁] |
| 헤어질 때 | Auf Wiedersehen [아우프 비더제엔] |
| 예 / 아니오 | Ja / Nein [야 / 나인] |

## 숫자

| 1 | ein [아인] |
| --- | --- |
| 2 | zwei [츠바이] |
| 3 | drei [드라이] |
| 4 | vier [피어] |
| 5 | fünf [퓐프] |
| 6 | sechs [젝스] |
| 7 | sieben [지벤] |
| 8 | acht [아후트] |
| 9 | neun [노인] |
| 10 | zehn [첸] |
| 100 | hundert [훈더트] |
| 1000 | tausend [타우젠트] |

## 요일

| 월요일 | Montag [몬탁] |
| --- | --- |
| 화요일 | Dienstag [디인스탁] |
| 수요일 | Mittwoch [미트보흐] |
| 목요일 | Donnerstag [도너스탁] |
| 금요일 | Freitag [프라이탁] |
| 토요일 | Samstag [잠스탁] |
| 일요일 | Sonntag [존탁] |

## 거리에서

| 남성 | Mann [만] |
| --- | --- |
| 여성 | Frau [프라우] |
| 개점 | geöffnet [게외프네트] |
| 폐점 | geschlossen [게슐로쎈] |
| 화장실 | Toilette [톨렛트] |
| 출입금지 | Eintritt Verboten [아인트릿 페어보텐] |
| 관광안내소 | Touristinformation [투리스트 인포마치온] |
| 성 | schloss [슐로쓰] |
| 광장 | platz [플라쯔] |
| 거리 | strasse [슈트라세] |

## 기차역에서

| 역 | Bahnhof [반호프] |
| --- | --- |
| 열차 | Zug [추크] |
| 입구 | Eingang [아인강] |
| 출구 | Ausgang [아우스강] |
| 수하물 보관 | Gepackaufbewahrung [개팩크아우프베봐룽] |
| 출발 | Abfahrt [압파르트] |
| 도착 | Ankunft [안쿤프드] |
| 매표소 | Fahrkartenschalter [파르카르텐샬터] |
| 플랫폼 | Bahnsteig [반슈타이크] |
| 개찰구 | Drehkreuz [드레이크로츠] |
| 편도 티켓 | einfache Fahrkarte [아인팍헤 파르카르테] |
| 왕복 티켓 | Ruckfahrkarte [뤽파르카르테] |
| 열차시각표 | Fahrplan [파르플란] |
| 1등석 | Erste Klasse [에르스테 클라쎄] |
| 2등석 | Zweite Klasse [쯔바이테 클라쎄] |
| 식당차 | Speisewagen [슈파이체봐겐] |
| 침대차 | Zug einen [추크 아이넨] |

# 이탈리아어 기초 단어

## 기초 회화

| | | |
|---|---|---|
| 안녕하세요. | Ciao | [차오] |
| | Buon Giorno | [본조르노(아침, 낮)] |
| | Buona sera | [보나 쎄라] |
| 고맙습니다. | Grazzie | [그라찌에] |
| 미안합니다. | Scusi | [스꾸지] |
| 예 / 아니오 | Si / No | [씨 / 노] |

## 숫자

| 1 | Uno | [우노] |
|---|---|---|
| 2 | Due | [두에] |
| 3 | Tre | [뜨레] |
| 4 | quattro | [꽈뜨로] |
| 5 | Cinque | [친꾸에] |
| 6 | Sei | [쎄이] |
| 7 | Sette | [쎄떼] |
| 8 | Otto | [오또] |
| 9 | Nove | [노베] |
| 10 | Dieci | [디에씨] |
| 100 | Cento | [첸또] |
| 1000 | Mille | [밀레] |

## 요일

| 월요일 | Lunedi | [루네디] |
|---|---|---|
| 화요일 | Martedi | [마르테디] |
| 수요일 | Mercoledi | [메르꼴레디] |
| 목요일 | Giovedi | [죠베디] |
| 금요일 | Venerdi | [베네르디] |
| 토요일 | Sabato | [사바또] |
| 일요일 | Domenica | [도메니까] |

## 거리에서

| 개점(개관) | aperto | [아페르토] |
|---|---|---|
| 폐점(폐관) | chiuso | [키우조] |
| 고장 | guasto | [구아스토] |

| 화장실 | bagno | [바뇨] |
|---|---|---|
| 사용 중 | occupato | [오쿠파토] |
| 비어 있음 | libero | [리베로] |
| 반일 관광 | gita di mezza giornata [지타 디 메차 조르나타] | |
| 1일 관광 | gita di una giornata [지타 디 우나 조르나타] | |
| 지불 | pagare | [파가레] |
| 박물관 | museo | [무제오] |
| 유적 | rovine | [로비네] |
| 성 | castello | [카스텔로] |

## 기차역에서

| 철도 | ferrovia | [페로비아] |
|---|---|---|
| 승차권 | biglietto | [빌리에또] |
| 역 | stazione | [스따지오네] |
| 편도 | andata sola | [안다따 솔라] |
| 왕복 | andata e ritomo [안다따 에 리또모] | |
| 열차 | treno | [또레노] |
| 1등석 | prima classe | [프리마 클라세] |
| 2등석 | Seconda classe [세꼰다 클라세] | |
| 입구 | entrata | [엔트라따] |
| 출구 | uscita | [우시따] |
| 예약석 | posto prenotato [포스또 프레노타또] | |
| 짐 보관 | deposito bagagli [데포시또 바갈리] | |
| 출발 | partenza | [파르텐차] |
| 도착 | arrivo | [아리보] |
| 플랫폼 | binario | [비나리오] |
| 매표소 | sportello biglietti [스포르텔로 빌리에띠] | |
| 환승 | coincidenza | [코인치데차] |
| 예약 | prenotazione [쁘레노따지오네] | |

# 스페인어 기초 단어

## 기초 회화

| | |
|---|---|
| 안녕하세요. | Buenos días [부에노스 디아스(아침)] |
| | Hola [올라(점심)] |
| | Buenas noches [부에나스 노체스(저녁)] |
| 실례합니다. | Perdon [뻬르돈] |
| 감사합니다. | Gracias [그라씨아스] |
| 얼마입니까? | Cuanto cuesta [꾸안또 꾸에스때] |
| 예 / 아니오 | Sí / No [씨 / 노] |

## 숫자

| | |
|---|---|
| 0 | cero [쎄로] |
| 1 | uno [우노] |
| 2 | dos [도스] |
| 3 | tres [뜨레스] |
| 4 | cuatro [꾸아뜨로] |
| 5 | cinco [씬꼬] |
| 6 | seis [쎄이쓰] |
| 7 | siete [씨에떼] |
| 8 | ocho [오초] |
| 9 | nueve [누에베] |
| 10 | diez [디에스] |

## 요일

| | |
|---|---|
| 월요일 | Lunes [루네스] |
| 화요일 | Martes [마르떼스] |
| 수요일 | Miercoles [미에르꼴레스] |
| 목요일 | Jueves [후에베스] |
| 금요일 | Viernes [비에르네스] |
| 토요일 | Sabado [싸바도] |
| 일요일 | Domingo [도밍고] |

## 거리에서

| | |
|---|---|
| 개점(개관) | cerrado [쎄라도] |
| 폐점(폐관) | abierto [아비에르또] |
| 출입금지 | prohibido el paso [쁘로히비도 엘 빠소] |
| 고장 | no funciona [노 풍씨오나] |
| 화장실 | servicio sanitario [세르비씨오스 싸니타리오] |
| 사용 중 | ocupado [오꾸빠도] |
| 비어 있음 | libre [리브레] |
| 지불 | pagar [빠가르] |
| 박물관 | museo [무세오] |
| 성 | castillo [까스띠요] |
| 광장 | plaza [쁠라사] |
| 거리 | calle / paseo / avenida [까예 / 빠세오 / 아베니다] |

## 기차역에서

| | |
|---|---|
| 역 | La estacion [라 에스따시온] |
| 열차 | El tren [엘 뜨렌] |
| 승차권 | El billete [엘 비예떼] |
| 편도 | ida [이다] |
| 왕복 | Ida y vuelta [이다 이 부엘따] |
| 1등석 | Asiento de primera clase [아시엔또 데 쁘리메라 끌라세] |
| 2등석 | Asiento de segunda clase [아시엔또 데 세군다 끌라세] |
| 입구 | La entrada [라 엔뜨라다] |
| 출구 | La Salida [라 살리다] |
| 예약석 | La Reserva de asiento [라 레세르바 데 아시엔또] |
| 플랫폼 | El andén [엘 안덴] |
| 출발 | La salida / la partida [라 살리다 / 라 빠르띠다] |
| 도착 | La llegada [라 예가다] |
| 매표소 | La taquilla [라 따끼야] |
| 개찰구 | el torniquete [엘 또르니께떼] |
| 열차시각표 | El horario del tren [엘 오라리오 델 뜨렌] |
| 환승 | La transferencia [라 뜨란스페렌씨아] |
| 요금 | La tarifa [라 따리파] |

# 찾아보기
## INDEX

3개국 국경 지점 · 426
500인 광장 · 462

### ㄱ

가르교 · 293
감옥탑 · 382
개선문 · 194
고고학 박물관(제네바) · 412
고대 극장 · 287
고딕 지구 · 663
고르너그라트 · 371
고타르 파노라마 특급 · 375
골든 트라이앵글 · 695
골든패스 특급 · 374
곰 공원 · 383
공화국 광장(레푸블리카 광장) · 464
구시가(루체른) · 347
구시가(제네바) · 410
구시가(베른) · 381
구시가지(니스) · 298
구시가지(바르셀로나) · 663
구엘 공원 · 660
구엘 별장 · 662
구엘 저택 · 664
국립 고고학 박물관(나폴리) · 527
국립 소피아 왕비 예술센터 · 695
국립 초상화 미술관 · 106
국립 해양 박물관 · 152
국립 회화관(바르베리니 궁전) · 464
국제연합(유엔) 본부 · 409
국회의사당(런던) · 94

### ㄴ

나보나 광장 · 486
나이츠브리지 · 123
나폴리 · 523
내셔널 갤러리 · 102
노트르담 대성당 · 208
노팅 힐 · 124
누에보 다리 · 752
니더도르프 거리 · 362
니스 · 294
님 · 291

### ㄷ

달걀성(카스텔 델로보) · 531
대성당(그로스뮌스터) · 363
대성당(카테드랄) · 664
더 몰 · 99
두오모(나폴리) · 528
두오모(밀라노) · 606
두오모(시에나) · 589
두오모(피렌체) · 558
두오모(피사) · 580
두칼레 궁전 · 625

### ㄹ

라 데팡스 · 206
라우터브루넨 · 332
라인강 변 산책로 · 427
람블라스 거리 · 663
래드클리프 광장 · 141
런던 · 68
런던 아이 · 96
런던 타워 · 118
레스터 광장 · 106
레이알 광장의 가로등 · 664
레 잘리스캉 · 290
레푸블리카 광장(공화국 광장) · 464
레티로 공원 · 696
로댕 미술관 · 218
로마 · 436
로마교(코르도바) · 748
로마 국립 박물관 · 463
로마 수도교 · 721
로열 앨버트 홀 · 127
로잔 · 388
로잔 대성당 · 394
로잔 주립 미술관 · 395
론다 · 750
루브르 박물관 · 200
루아르 · 275
루체른 · 338

뤽상부르 공원과 궁전 · 213
리기 · 350
리도섬 · 631
리알토 다리 · 622
리오마조레 · 596
리전트 파크 · 114
린덴호프 · 362

ㅁ
마나롤라 · 597
마담 투소 밀랍인형관 · 113
마드리드 · 680
마들렌 교회 · 223
마레 · 232
마르셰 계단 · 393
마리아 루이사 공원 · 742
마세나 광장 · 299
마에스트란사 투우장 · 742
마요르 광장 · 702
마터호른 · 370
마티스 미술관 · 300
만차나 데 라 디스코르디아 · 656
매릴러번 · 113
메디치 리카르디 궁전 · 560
메스키타 · 747
메종 카레 · 292
메트로폴 파라솔 · 744
모나코 공국 · 304
모나코 대성당 · 306
모나코 왕궁 · 305
모네의 정원과 집 · 264
몬세라트 · 678
몬주익 지구 · 669
몬테로소 알 마레 · 598
몽마르트르 · 229
몽마르트르 묘지 · 231
몽블랑 거리 · 408
몽블랑 호반 거리 · 408
몽생미셸 · 270
몽생미셸 수도원 · 273
몽트뢰 · 400
몽파르나스 · 214
몽파르나스 묘지 · 214
몽파르나스 타워 · 214
무라노섬 · 631
무어 왕의 궁전 · 753
무제크 성벽 · 345

물랭 루주 · 231
뮈렌 · 333
미로 미술관 · 670
미술 역사 박물관(제네바) · 414
미켈란젤로 광장 · 574
밀라노 · 599
밀레니엄 브리지 · 116

ㅂ
바르베리니 궁전(국립 회화관) · 464
바르셀로나 · 640
바르젤로 미술관 · 574
바르퓌서 교회 역사 박물관 · 425
바스티옹 공원 · 413
바스티유 광장 · 232
바젤 · 417
바젤 대성당 · 424
바티칸 박물관 · 497
바티칸 시국 · 496
반 고흐의 집 · 267
반 고흐 재단 미술관 · 289
반호프 거리 · 362
발 도르차 · 592
방돔 광장 · 222
버킹엄 궁전 · 97
베네치아 · 613
베네치아 광장 · 477
베르나차 · 598
베르니나 특급 · 373
베르사유 · 253
베르사유 궁전 · 255
베른 · 376
베른 대성당 · 384
베키오 궁전 · 565
베키오 다리 · 570
벵겐 · 333
보로 마켓 · 134
보르게세 공원 · 489
보르게세 미술관 · 490
보메로 · 532
보주 광장 · 232
브레라 미술관 · 609
브리엔츠 호수 · 322
블루아 성 · 281
비토리오 베네토 거리 · 465
비토리오 에마누엘레 2세 갈레리아 · 607

비토리오 에마누엘레 2세 기념관 · 477
빅벤 · 94
빅토리아 & 앨버트 박물관 · 126
빈사의 사자상 · 346
빌라 데스테 · 521
빌라 아드리아나 · 522
빙하 공원 · 346
빙하 특급 · 372

ㅅ
사그라다 파밀리아 성당 · 658
사랑해 벽 · 230
사크레 쾨르 사원 · 229
산 로렌초 성당 · 563
산 마르코 광장 · 623
산 마르코 대성당 · 624
산 마르코 미술관 · 573
산 마르티노 국립 박물관 · 532
산 마르티노 수도원 · 532
산 자우메 광장 · 666
산 조르조 마조레 교회 · 630
산 조반니 세례당 · 559
산 조반니 인 라테라노 교회 · 492
산 퀴리코 도르차 · 592
산 파우 병원 · 661
산 프란체스코 성당 · 583
산 피에트로 광장 · 504
산 피에트로 대성당 · 505
산 피에트로 인 빈콜리 교회 · 479
산타루치아 항구 · 529
산타 마리아 노벨라 교회 · 575
산타 마리아 델 마르 성당 · 667
산타 마리아 델라 살루테 교회 · 626
산타 마리아 델레 그라치에 교회 · 609
산타 마리아 델리 안젤리 교회 · 462
산타 마리아 라 마요르 성당 · 753
산타 마리아 마조레 성당 · 465
산타 마리아 인 트라스테베레 교회 · 489
산타 크루스 미술관 · 717
산타 크루스 거리 · 743
산타 키아라 교회(나폴리) · 528
산타 키아라 성당(아시시) · 585
산탄젤로 성 · 508
산텔모 성 · 532

804

산토 토메 성당 · 715
생 니콜라 러시아 정교회 대성당 · 299
생 메르 성 · 396
생 쉴피스 교회 · 210
생 제르맹 데 프레 · 210
생 제르맹 데 프레 교회 · 210
생 트로핌 성당 · 288
생 피에르 대성당 · 411
생트 샤펠 · 207
샤갈 미술관 · 300
샤를 드골 광장 · 194
샤요 궁전 · 217
샹 드 마르스 공원 · 217
샹보르 성 · 283
샹젤리제 거리 · 196
성모 교회(프라우뮌스터) · 363
성터의 언덕 · 298
세고비아 · 719
세비야 · 738
세비야 대학 · 743
세인트 제임스 파크 · 100
세인트 존스 칼리지 · 146
세인트 폴 대성당 · 115
셀도니언 극장 · 142
셜록 홈스 박물관 · 114
소렌토 · 544
소르본 대학 · 212
소호 · 101
쉴트호른 · 330
슈농소 성 · 279
슈팔렌토르 · 426
슈프로이어 다리 · 345
스위스 · 308
스위스 교통 박물관 · 347
스칼라 극장 · 608
스톤헨지 · 154
스파카 나폴리 · 527
스페인 · 634
스페인 광장 · 482
스포르체스코 성 · 608
시계탑 · 382
시뇨리아 광장 · 564
시립 미술관(바젤) · 422
시스티나 예배당 · 500
시에나 · 586
시옹 성 · 401
시청사(바젤) · 425
시청사(파리) · 234

시테섬 · 207
시티 · 115
신 개선문(그랑드 아르슈) · 206

**ㅇ**
아랍 세계 연구소 · 213
아레나(님) · 292
아레나(아를) · 287
아르노강 · 570
아를 · 285
아말피 · 547
아말피 해안 · 540
아시시 · 582
아인슈타인 하우스 · 383
아카데미아 미술관 · 628
아카데미아 미술관(피렌체) · 572
아쿠아리움 · 307
아피아 가도 · 493
알람브라 궁전 · 727
알렉상드르 3세 다리 · 220
알바이신 · 732
알카사르 · 713
알카사르(세고비아) · 722
알카사르(세비야) · 741
알카사르(코르도바) · 748
알카사르(톨레도) · 713
앙부아즈 성 · 277
애드미럴티 아치 · 99
애슈몰린 박물관 · 139
앨버트 공 기념비 · 127
앵발리드 · 220
에스파냐 광장 · 701
에스파스 반 고흐 · 288
에이샴플레 지구 · 656
에즈 · 302
에즈 정원 · 303
에투알 광장(샤를 드골 광장) · 194
에펠 탑 · 216
엘 그레코 뮤지엄 · 716
역사 박물관(카르나발레 저택) · 234
영국 · 62
영국 공원 · 410
영국 박물관 · 110
예술의 다리(퐁 데 자르) · 222
오 라팽 아질 · 230
오랑주리 미술관 · 198
오르세 미술관 · 224
오베르 쉬르 우아즈 · 265

오베르의 노트르담 교회 · 267
오페라 · 222
오페라 극장(팔레 가르니에) · 223
옥스퍼드 · 137
올림픽 박물관 · 397
왕궁(나폴리) · 529
왕궁(마드리드) · 700
왕립 산 페르난도 미술 아카데미 · 696
왕립 천문대 · 152
왕실 예배당 · 733
왕의 광장 · 665
우시 성 · 397
우피치 미술관 · 566
움베르토 1세 갈레리아 · 530
웨스트민스터 · 94
웨스트민스터 사원 · 95
웨스트엔드 · 108
윈저 · 148
윈저 성 · 149
유대인 마을과 꽃의 골목 · 749
유엔(국제연합) 본부 · 409
융프라우요흐 · 326
이제발트 · 325
이탈리아 · 430
인터라켄 · 315

**ㅈ**
자니콜로 언덕 · 488
자연사 박물관 · 125
장난감 박물관 · 423
장미 정원 · 385
제네바 · 402
제토 분수 · 409
조토의 종루 · 560
종교 개혁 박물관 · 412
종루(베네치아) · 625
중세 박물관 · 211
지베르니 · 263
진실의 입 · 479

**ㅊ**
차이나타운(런던) · 106
체르마트 · 367
취리히 · 356
취리히 미술관 · 364
취리히 호수 · 364

치르코 마시모 · 480
친퀘테레 · 594

ㅋ
카라칼라 욕장 · 493
카루젤 개선문 · 199
카르나발레 저택(역사 박물관) · 234
카르티에 라탱 · 210
카사 밀라 · 657
카사 바트요 · 656
카사 비센스 · 662
카사 칼베트 · 668
카스텔 누오보 · 530
카스텔 델로보(달걀성) · 531
카타콤베 · 494
카탈루냐 미술관 · 671
카탈루냐 음악당 · 668
카테드랄(그라나다) · 733
카테드랄(바르셀로나) · 664
카테드랄(세고비아) · 722
카테드랄(세비야) · 740
카테드랄(톨레도) · 714
카팩스 타워 · 139
카펠교 · 344
카프리섬 · 548
카피톨리니 미술관 · 476
칼라오라 탑 · 749
캄포 광장 · 588
캄포 데 피오리 · 487
캄피돌리오 광장 · 474
커티 사크호 · 152
케임브리지 · 143
켄싱턴 · 123
켄싱턴 궁전 · 125
코르닐리아 · 597
코르도바 · 745
코무네 광장 · 585
코벤트 가든 · 107
콘스탄티누스 황제의 개선문 · 467
콜로세움 · 466
콩시에르주리 · 207
콩코르드 광장 · 197
퀴리날레 궁전 · 464
퀸스 칼리지 · 145
크라이스트 처치 칼리지 · 140
킹스 칼리지 · 145

ㅌ
타워 브리지 · 117
탄식의 다리 · 626
테르미니역 · 462
테르트르 광장 · 230
테이트 모던 · 116
토스카나 · 590
톨레도 · 710
투우장(론다) · 752
툰 호수 · 322
튈르리 정원 · 198
트라스테베레 · 488
트라야누스 시장 · 478
트라팔가 광장 · 101
트레비 분수 · 483
트리니티 칼리지 · 146
티볼리 · 519
티센 보르네미사 미술관 · 695
티틀리스 · 354
팅겔리 미술관 · 427
팅겔리 분수 · 423

ㅍ
파리 · 164
파텍 필립 시계 박물관 · 414
판테온 · 484
팔라티노 언덕 · 468
팔레 가르니에(오페라 극장) · 223
팔뤼 광장 · 393
팡테옹 · 212
페기 구겐하임 컬렉션 · 630
페르 라셰즈 묘지 · 215
포럼 광장 · 289
포로 로마노 · 468
포르타 포르테세 · 488
포리 임페리알리 거리 · 478
포지타노 · 546
포트로 광장 · 749
포폴로 광장 · 481
폼페이 · 534
폼페이 유적 · 536
퐁 네프 · 222
퐁 데 자르(예술의 다리) · 222
퐁텐블로 · 260
퐁텐블로 성 · 261
퐁피두 센터 · 235
푸에르타 델 솔 · 702

프라도 미술관 · 697
프라우뮌스터(성모 교회) · 363
프랑스 · 158
프로메나드 데 장글레 · 298
프티 팔레 · 197
플레비시토 광장 · 529
플롱 지구 · 396
피렌체 · 552
피사 · 579
피사의 사탑 · 580
피엔차 · 591
피츠윌리엄 박물관 · 147
피카딜리 서커스 · 107
피카소 미술관(파리) · 233
피카소 미술관(바르셀로나) · 666
피티 궁전 · 571
필라토의 집 · 744
필라투스 · 352

ㅎ
하더쿨름 전망대 · 324
하이드 파크 · 123
해리포터 스튜디오 · 127
해양 박물관 · 307
현대 디자인 미술관 · 395
호스 가즈 · 99
화이트 홀 · 99
황금의 탑 · 741
히랄다 탑 · 740

# 융프라우 할인 쿠폰

### 융프라우 여행 필수템

할인 쿠폰은 대한민국 여권 소지자만 누리는 혜택으로 요금 할인은 물론 컵라면, 예약, 액티비티, 레스토랑, 액티비티, 버스, 스키 리프트권 등이 티켓 시즌에 따라 무료 & 할인가로 제공된다. 쿠폰이 없어 비싼 정상가로 구입하는 불상사는 피하자.

융프라우철도는 민영 철도여서 스위스 패스는 마을까지만 적용된다. 대부분의 경우 할인 쿠폰만으로 VIP 패스 또는 구간권을 구입하는 게 유리하다.

### 신청 방법
1. 스마트폰 또는 태블릿 PC를 이용해 상단의 QR코드를 스캔한다.
2. 시공사 제휴 페이지에서 안내에 따라 이메일 쿠폰을 신청한다.
3. 메인 화면에서 할인 쿠폰 사용법과 탑승·환승 방법을 확인한다.

### 할인 쿠폰 이용 · 현지 발권 방법
발권할 구간권 또는 VIP 패스 체크 후, 현지 역 발권 창구에 요금, 여권과 함께 1인 1매 제출

### 융프라우 VIP 1~6일 연속 패스
융프라우 VIP 패스 소지자는 융프라우요흐 1회 왕복을 포함해서 열차, 케이블카, 곤돌라, 마을버스 등 교통편을 무제한으로 이용할 수 있고, 겨울에는 스키 리프트권이 무료로 제공된다. 그뿐만 아니라 각종 액티비티와 레스토랑까지 무료나 할인 가격으로 이용하는 등 풍성한 혜택을 누릴 수 있다.

### 주의할 점
1. 구간 왕복 티켓은 1회 왕복만 가능.
2. 타인 양도·분할 사용, 타쿠폰과 중복 사용 불가. 구간권·패스 개시 후, 현금교환·잔액환불 불가.
3. 모든 티켓·혜택은 현지 사용으로 귀국 후 미 사용 티켓·혜택에 대해 일체의 교환 및 환불 불가. 환불은 현지 발권 역에서만 가능.
4. 모든 노선 탑승 및 혜택은 특정 기간 동안 정해진 횟수 제공(구간·혜택은 천재지변·운영사정 등에 따라 예고 없이 변경 취소 될 수 있음. 여행객의 운행·운영 기간 미확인으로 미탑승·미사용 시 환불·보상·배상·취소 등 불가).
5. 모든 분쟁은 스위스 융프라우 철도의 운송약관 및 정책이 적용되며 동신항운은 여행객의 철도·각종 교통여행·하이킹·액티비티·스키·눈썰매 등 이동·여가 활동 중 발생하는 변경·휴·운휴·취소·피해·상해·사망·사고 등에 대해 일체의 민·형사상 배상 및 보상 등의 책임이 없음을 정히 알립니다.

## 저스트고 유럽 5개국

**전면 개정판 1쇄 인쇄일** 2025년 4월 9일
**전면 개정판 1쇄 발행일** 2025년 4월 22일

**지은이** 최철호·최세찬

**발행인** 조윤성

**편집** 김예린 **디자인** 김효정, 정효진, 최희영 **마케팅** 김진규
**발행처** ㈜SIGONGSA **주소** 서울시 성동구 광나루로 172 린하우스 4층(우편번호 04791)
**대표전화** 02-3486-6877 **팩스(주문)** 02-598-4245
**홈페이지** www.sigongsa.com / www.sigongjunior.com

글 ⓒ 최철호·최세찬, 2025

이 책의 출판권은 ㈜SIGONGSA에 있습니다. 저작권법에 의해
한국 내에서 보호받는 저작물이므로 무단 전재와 무단 복제를 금합니다.

ISBN 979-11-7125-811-6 (14980)
ISBN 978-89-527-4331-2 (세트)

*SIGONGSA는 시공간을 넘는 무한한 콘텐츠 세상을 만듭니다.
*SIGONGSA는 더 나은 내일을 함께 만들 여러분의 소중한 의견을 기다립니다.
*잘못 만들어진 책은 구입하신 곳에서 바꾸어드립니다.

**WEPUB** 원스톱 출판 투고 플랫폼 '위펍' _wepub.kr
위펍은 다양한 콘텐츠 발굴과 확장의 기회를 높여주는
SIGONGSA의 출판IP 투고·매칭 플랫폼입니다.